Rechtsantragstelle

D1690752

BV-Nr. 324/12

Ausgesondert siehe
Beleg-Nr. 4/2024

SCHAUB/SCHRADER/STRAUBE/VOGELSANG
ARBEITSRECHTLICHES FORMULAR- UND VERFAHRENSHANDBUCH

Arbeitsrechtliches Formular- und Verfahrenshandbuch

Begründet von

Dr. h.c. Günter Schaub
Vorsitzender Richter am Bundesarbeitsgericht a.D.

Bearbeitet von

Dr. Peter Schrader
Fachanwalt für Arbeitsrecht
Lehrbeauftragter der Gottfried Wilhelm Leibniz Universität Hannover

Dr. Gunnar Straube
Fachanwalt für Arbeitsrecht
Lehrbeauftragter der Hochschule Hannover

Hinrich Vogelsang
Vizepräsident des Landesarbeitsgerichts Niedersachsen

Unter Mitarbeit von

Dr. Christopher Hilgenstock, LL.M. (Wellington)
Fachanwalt für Arbeitsrecht

Dr. Rhea-Christina Klagges
Fachanwältin für Arbeitsrecht

Tina Thoms
Fachanwältin für Arbeitsrecht

10., neu bearbeitete Auflage

Verlag C. H. Beck München 2013

Zitiervorschlag:
Schaub/Bearbeiter, ArbRFV-HdB, [Kapitel, zB A.] Rn. …

www.beck.de

ISBN 978 3 406 63495 6

© 2013 Verlag C. H. Beck oHG
Wilhelmstraße 9, 80801 München
Druck: Druckerei C. H. Beck Nördlingen
(Adresse wie Verlag)

Satz: Meta Systems, Wustermark

Gedruckt auf säurefreiem, alterungsbeständigem Papier
(hergestellt aus chlorfrei gebleichtem Zellstoff)

Vorwort

Nunmehr liegt die 10. Auflage des Arbeitsrechtlichen Formular- und Verfahrenshandbuches vor. Seit der 9. Auflage hat sich in Rechtsprechung und Literatur eine Menge getan, so dass es für die 10. Auflage galt, sämtliche Formulare und Muster vollständig zu überarbeiten.

Dies hat dazu geführt, dass die 10. Auflage letztlich eine völlige Neugestaltung des Arbeitsrechtlichen Formular- und Verfahrenshandbuches mit sich bringt. Der Leser wird Vertrautes finden, wie eine Vielzahl von Vertragsmustern, er wird allerdings auch feststellen müssen, dass wir die Anzahl der Muster zugunsten einzelner arbeitsvertraglicher Klauseln, die mehr oder weniger beliebig zu Arbeitsverträgen zusammengestellt werden können, reduziert haben. Bei den Mustern angebrachte Verweise mit vorangestelltem Pfeil [→] führen zu Erläuterungen und Varianten. Dies zieht sich durch die gesamte 10. Auflage. Darüber hinaus wurden die Gliederungsstruktur und Gliederungsebenen sowie die textliche Darstellung aktualisiert. Insgesamt wird der Leser ein zeitgemäßes Werk nicht nur in materieller und inhaltlicher, sondern nunmehr auch in gestalterischer Hinsicht finden.

Die dem Werk beigelegte DVD enthält alle Formulare und Klauseln, die anhand der im Buch fortlaufenden Nummerierung mit DVD-Symbol (💿) leicht aufzufinden sind. Sie ermöglicht ohne viel Arbeit und komfortabel die Verwendung der Muster und den „Einbau" einzelner Klauseln in Vertragstexte in der arbeitsrechtlichen Praxis.

Der Dank von Herrn Rechtsanwalt Dr. Peter Schrader und Herrn Rechtsanwalt Dr. Gunnar Straube gilt ihren Kollegen Dr. Rhea-Christina Klagges, Tina Thoms und Dr. Christopher Hilgenstock, ohne deren tatkräftige Hilfe das Erscheinen des Werkes noch längere Zeit benötigt hätte.

Ferner gilt der Dank von Herrn Rechtsanwalt Dr. Peter Schrader und Herrn Rechtsanwalt Dr. Gunnar Straube Frau Annkathrin Mogk für die unermüdliche – und teilweise wirklich nicht leichte – Betreuung des Manuskriptes.

Alle Verfasser danken ebenfalls Frau Schöberl vom Verlag C. H. Beck für die Betreuung des Manuskriptes. Sie hatte mit uns viel Arbeit und Mühe.

Hannover, im Oktober 2012 *Die Verfasser*

Inhaltsübersicht

Inhaltsverzeichnis IX
Abkürzungsverzeichnis XIX
Literaturverzeichnis XXIII

A. Individualarbeitsrecht

1. Teil. Begründung des Arbeitsverhältnisses 1
2. Teil. Arbeitsvertrag 14
3. Teil. Das laufende Arbeitsverhältnis 190
4. Teil. Beendigung des Arbeitsverhältnisses 245

B. Kollektivarbeitsrecht

1. Teil. Bildung einer betriebsverfassungsrechtlichen Vertretung 315
2. Teil. Beschlussfassung des Betriebsrats 327
3. Teil. Allgemeine Rechte des Betriebsrats 330
4. Teil. Mitbestimmung in personellen Angelegenheiten 363
5. Teil. Mitbestimmung in sozialen Angelegenheiten 388
6. Teil. Freiwillige Mitbestimmung (§ 88 BetrVG) 512
7. Teil. Mitbestimmung in wirtschaftlichen Angelegenheiten 516
8. Teil. Einigungsstelle 552
9. Teil. Kündigung von Arbeitsverhältnissen 563

C. Verfahrensrecht

1. Teil. Urteilsverfahren erste Instanz 571
2. Teil. Urteilsverfahren Berufungsinstanz 667
3. Teil. Nichtzulassungsbeschwerde 675
4. Teil. Urteilsverfahren Revisionsinstanz 685
5. Teil. Arrest 691
6. Teil. Beschlussverfahren 699
7. Teil. Gerichtliche Verfügungen und Entscheidungen 731

Stichwortverzeichnis 769

Inhaltsverzeichnis

Abkürzungsverzeichnis XIX
Literaturverzeichnis XXIII

A. Individualarbeitsrecht
1. Teil. Begründung des Arbeitsverhältnisses

I. Grundlagen 1
   1. Vorbemerkung 1
   2. Anbahnungsverhältnis 2
   3. Anforderungsprofil an die zu besetzende Stelle 2
   4. Stellenausschreibung 2
   5. Einladung zum Vorstellungsgespräch 4
   6. Dokumentation des Bewerbungsgespräches 5
   7. Fragenkatalog 6
   8. Personalfragebogen 6
   9. Eignungsuntersuchungen 10
   10. Datennutzung 11
II. Ausgang Anbahnungsverhältnis 12
   1. Einfühlungsverhältnis 12
   2. Absage 13

2. Teil. Arbeitsvertrag

I. Grundlagen 18
   1. Form 18
   2. Nachweisgesetz 18
   3. AGB-Kontrolle 19
   4. AGG-Kontrolle 22
II. Allgemeine Arbeitsvertragsbedingungen 23
   1. Vorbemerkung 23
   2. Anschrift 23
   3. Beschäftigungsbeginn 24
   4. Befristung 24
   5. Anrechnung Betriebszugehörigkeit 26
   6. Probezeit 27
   7. Tätigkeit 28
   8. Arbeitszeit 30
   9. Vergütung 31
   10. Über- und Mehrarbeit 36
   11. Abtretungsverbote und Lohnpfändung 39
   12. Arbeitsverhinderung 40
   13. Entgeltfortzahlung im Krankheitsfall 40
   14. Urlaub 41
   15. Verschwiegenheit 44
   16. Wettbewerbsverbot 45
   17. Nebentätigkeit 47
   18. Vertragsstrafe 48
   19. Kündigung 49
   20. Freistellung 50
   21. Altersgrenzen 52

22. Vorschüsse und Darlehen	53
23. Bezugnahme auf Tarifverträge	53
24. Ehrenamtliche Tätigkeit	54
25. Rückzahlung Fortbildungskosten	55
26. Dienstwagen	57
27. Internet und E-Mail	60
28. Telefonate	62
29. Foto	63
30. Leitende Angestellte	63
31. Annahme von Geschenken	64
32. Ausschlussfristen	65
33. Schriftformklausel	66
34. Change of Control	67
35. Sabbatical	68
36. Salvatorische Klausel	69
III. Muster: Arbeitsverträge	70
1. Vorbemerkung	70
2. Muster	70
IV. Besondere Arbeitsvertragsbedingungen	83
1. Einführung	83
2. Entsendungsvertrag	84
3. Fremdsprachige Verträge	92
4. Betriebliche Altersversorgung	98
5. Altersteilzeit	116
6. Teilzeit	121
7. Abrufarbeit	126
8. Geringfügige Beschäftigung	132
9. Sexuelle Dienstleistung	134
10. Widerspruch gegen Weiterbeschäftigung	137
11. Prozessrechtsverhältnis/Weiterbeschäftigung nach Ablauf der Kündigungsfrist	138
12. Wiedereingliederungsvertrag nach § 74 SGB V	139
V. Dienstverträge	142
1. Grundlagen	142
2. Vorstand und Geschäftsführer	142
3. Rechtliche Besonderheiten von Dienstverträgen	142
4. Muster	146
5. Interim Management	158
6. Freie Mitarbeit	160
7. Beauftragte	171
8. Arbeitnehmerüberlassung	176

3. Teil. Das laufende Arbeitsverhältnis

I. Einführung	191
II. Änderungen des Arbeitsvertrages	191
1. Vorbemerkung	191
2. Änderungskündigung	192
3. Änderungsvertrag	194
III. Teilzeitantrag des Arbeitnehmers	195
1. Gesetzliche Vorgaben	195
2. Muster	196
IV. Betriebsübergang	197
1. Gesetzliche Vorgaben	197

2. Muster	198
V. Pflichtverletzungen	206
1. Gesetzliche Vorgaben	206
2. Muster	207
VI. Urlaub	209
1. Gesetzliche Vorgaben	209
2. Muster	210
VII. Erkrankung	212
1. Gesetzliche Vorgaben	212
2. Krankheit und Entgeltfortzahlungsgesetz	213
3. Versuch der Wiedereingliederung	215
4. Betriebliches Eingliederungsmanagement	216
VIII. Schwangerschaft/Elternzeit	231
1. Gesetzliche Vorgaben	231
2. Muster	231
IX. Direktionsrecht	232
1. Gesetzliche Vorgaben	232
2. Muster	233
X. Geltendmachung leidensgerechter Beschäftigung	235
1. Gesetzliche Vorgaben	235
2. Muster: Geltendmachung Anspruch auf leidensgerechte Beschäftigung	235
XI. Lohnpfändung	236
1. Gesetzliche Vorgaben	236
2. Formulare für Pfandgläubiger	236
XII. Geltendmachung von Ansprüchen	242
1. Gesetzliche Vorgaben	242
2. Muster	242

4. Teil. Beendigung des Arbeitsverhältnisses

I. Grundlagen	247
1. Kündigung	247
2. Aufhebungsvertrag	247
3. Befristung	247
4. Tod des Arbeitnehmers	247
5. Anfechtung	247
6. Wegfall der Geschäftsgrundlage	247
II. Die unternehmerische Entscheidung	247
1. Gesetzliche Vorgaben	247
2. Muster	249
III. Anhörung des Arbeitnehmers	258
1. Gesetzliche Vorgaben	258
2. Muster	259
IV. Kündigung	260
1. Einseitige empfangsbedürftige Willenserklärung	260
2. Muster	260
V. Besonderer Kündigungsschutz	270
1. Vorbemerkung	270
2. Schwerbehinderte und ihnen Gleichgestellte (§§ 85 ff. SGB IX)	270
3. Mutterschutz (MuSchG)	274
4. Elternzeit (§ 18 BEEG)	275
5. Pflegezeit	278

6. Ordnungsgemäßer Versuch eines Interessenausgleichs und
   Massenentlassungsanzeige 280
7. Betriebsverfassungsrechtliche Organe (§ 15 KSchG) 287
VI. Beendigungsvereinbarung 288
1. Vorbemerkung 288
2. Form 288
3. Aufhebungsverträge 289
4. Abfindungsvergleich 297
5. Checkliste 302
6. Steuerrechtliche Behandlung der Abfindung 304
7. Abfindung und Arbeitslosengeld 306
VII. Bescheinigungen bei Beendigung des Arbeitsverhältnisses 309
1. Zeugnis 309
2. Bescheinigungen nach Ende des Arbeitsverhältnisses 312

B. Kollektivarbeitsrecht
1. Teil. Bildung einer betriebsverfassungsrechtlichen Vertretung

I. Einleitung 315
1. Vorbemerkung 315
2. Voraussetzungen 315
II. Muster 318
1. Muster: Information an den Arbeitgeber über die Einsetzung des
   Wahlvorstandes 318
2. Muster: Anforderung von Unterlagen durch den Wahlvorstand 319
3. Muster: Wahlausschreiben für die Wahl des Betriebsrats (normales
   Wahlverfahren) 320
4. Muster: Bekanntmachung des Wahlergebnisses 322
5. Muster: Information an den Arbeitgeber über das Wahlergebnis 323
6. Muster: Einladung zur konstituierenden Sitzung 323
7. Muster: Wahlausschreiben vereinfachtes Wahlverfahren, einstufig 324

2. Teil. Beschlussfassung des Betriebsrats

I. Vorbemerkung 327
II. Gesetzliche Vorgaben 327
III. Muster 327
1. Muster: Beschluss des Betriebsrats 328
2. Muster: Bildung von Ausschüssen 328
3. Muster: Mitteilungsschreiben an den Arbeitgeber (§ 28 BetrVG) 329

3. Teil. Allgemeine Rechte des Betriebsrats

I. Die Fortbildung des Betriebsrats 330
1. Gesetzliche Vorgaben 331
2. Muster 332
II. Kosten des Betriebsrats 333
1. Gesetzliche Vorgaben 333
2. Muster 334
III. Betriebsversammlung 336
1. Gesetzliche Vorgaben 336
2. Muster: Einladung zur Betriebsversammlung 336
IV. Sprechstunden 336
1. Gesetzliche Vorgaben 336
2. Muster 337

Inhaltsverzeichnis

3. Anrufung Einigungsstelle	337
V. Beschwerderechte Arbeitnehmer	338
1. Gesetzliche Vorgaben	338
2. Muster	339
VI. Allgemeine Aufgaben (§ 80 BetrVG)	343
1. Gesetzliche Vorgaben	343
2. Muster	343
VII. Hinzuziehung von Sachverständigen und sachkundigen Arbeitnehmern	356
1. Gesetzliche Vorgaben	356
2. Muster	356
VIII. Gestaltung von Arbeitsplatz, Arbeitsablauf und Arbeitsumgebung (§§ 90, 91 BetrVG)	357
1. Gesetzliche Vorgaben	357
2. Muster	358

4. Teil. Mitbestimmung in personellen Angelegenheiten

I. Gesetzliche Vorgaben	363
1. Grundsätzliches	363
2. Personalplanung	363
3. Stellenausschreibung	363
4. Auswahlrichtlinie	364
5. Einstellung, Versetzung, Eingruppierung, Umgruppierung (§ 99 BetrVG)	364
6. Anhörung nach § 102 BetrVG	364
7. Personalfragebogen, Formularverträge und Beurteilungsgrundsätze (§ 94 BetrVG)	364
II. Muster	364
1. Muster: Betriebsvereinbarung über Personalplanung	364
2. Muster: Betriebsvereinbarung über Stellenausschreibungen, Personalfragebögen und Beurteilungsgrundsätze (§§ 93, 94 BetrVG)	366
3. Muster: Betriebsvereinbarung über Beurteilungsgrundsätze und Leistungsbeurteilung	368
4. Muster: Auswahlrichtlinien	370
5. Muster: Betriebsvereinbarung über Bildungsmaßnahmen	374
6. Muster: Betriebsvereinbarung über die Berufsausbildung von Auszubildenden	376
7. Muster: Betriebsvereinbarung über die berufliche Fortbildung	378
8. Muster: Betriebsvereinbarung über E-Learning	380
9. Muster: Betriebsvereinbarung über die Führung von Personalakten	382
10. Muster: Antrag auf Zustimmung zur Einstellung eines Arbeitnehmers (§ 99 BetrVG)	384
11. Anhörung nach § 102 BetrVG	385

5. Teil. Mitbestimmung in sozialen Angelegenheiten

I. Gesetzliche Vorgaben	389
II. Anrufung der Einigungsstelle	390
1. Vorbemerkung	390
2. Muster: Anrufung der Einigungsstelle	390
III. Ordnung des Betriebes und des Verhaltens der Arbeitnehmer (§ 87 Abs. 1 Nr. 1 BetrVG)	391
1. Gesetzliche Vorgaben	391
2. Muster	392

IV. Beginn und Ende der täglichen Arbeitszeit (§ 87 Abs. 1 Nr. 2 BetrVG) 431
  1. Gesetzliche Vorgaben 431
  2. Muster 433
V. Verkürzung und Verlängerung der Arbeitszeit (§ 87 Abs. 1 Nr. 3 BetrVG) 437
  1. Gesetzliche Vorgaben 437
  2. Muster 438
VI. Betriebsvereinbarung zur Auszahlung des Arbeitsentgeltes (§ 87 Abs. 1 Nr. 4 BetrVG) 443
  1. Gesetzliche Vorgaben 443
  2. Muster: Betriebsvereinbarung zur Auszahlung des Arbeitsentgeltes ... 443
VII. Urlaubsgrundsätze und Urlaubsplan (§ 87 Abs. 1 Nr. 5 BetrVG) 445
  1. Gesetzliche Vorgaben 445
  2. Muster 445
VIII. Technische Überwachungseinrichtungen (§ 87 Abs. 1 Nr. 6 BetrVG) 451
  1. Gesetzliche Vorgaben 451
  2. Nutzung von Internet, Intranet und E-Mail 452
  3. Videoüberwachung 457
  4. Muster: Betriebsvereinbarung zur Einführung eines GPS-gestützten Einsatzsteuerungsunterstützungssystems 461
IX. Datenschutz und Dateneinsicht 465
  1. Gesetzliche Vorgaben 465
  2. Muster: Konzernbetriebsvereinbarung über Dateneinsicht bei DV-Anlagen am Arbeitsplatz 467
X. Regelung zum Arbeitsschutz (§ 87 Abs. 1 Nr. 7 BetrVG) 471
  1. Gesetzliche Vorgaben 471
  2. Muster 471
XI. Mitbestimmung bei Sozialeinrichtungen (§ 87 Abs. 1 Nr. 8 BetrVG) 486
  1. Gesetzliche Vorgaben 486
  2. Muster: Betriebsvereinbarung zum Hilfsfonds für Notlagen 487
XII. Werkwohnungen (§ 87 Abs. 1 Nr. 9 BetrVG) 489
XIII. Betriebliche Lohngestaltung (§ 87 Abs. 1 Nr. 10 BetrVG) 489
  1. Gesetzliche Vorgaben 489
  2. Muster 489
XIV. Mitbestimmung bei Leistungsentgelten (§ 87 Abs. 1 Nr. 11 BetrVG) 505
XV. Mitbestimmung beim betrieblichen Vorschlagswesen (§ 87 Abs. 1 Nr. 12 BetrVG) 506
  1. Gesetzliche Vorgaben 506
  2. Muster: Betriebsvereinbarung zu Verbesserungsvorschlägen 506
XVI. Mitbestimmungsrecht bei der Gruppenarbeit nach § 87 Abs. 1 Nr. 13 BetrVG 511

6. Teil. Freiwillige Mitbestimmung (§ 88 BetrVG)

I. Gesetzliche Vorgaben 512
II. Muster 512
  1. Muster: Betriebsvereinbarung über die Gewährung von Sterbebeihilfen 512
  2. Muster: Betriebsvereinbarung zur Gewährung von Arbeitnehmerdarlehen 514

7. Teil. Mitbestimmung in wirtschaftlichen Angelegenheiten

I. Gesetzliche Vorgaben 516

1. Vorbemerkung 516
2. Bestehender Betriebsrat 516
3. Schlechte wirtschaftliche Situation 517
4. Betriebsänderung 517
5. Verfahren 519
6. Sanktionen 520
7. Ergebnis 520
II. Muster 520
1. Muster: Verhandlungsangebot an den Betriebsrat 520
2. Muster: Antwort des Betriebsrats 521
3. Interessenausgleich 522
4. Sozialpläne 529
5. Abfindungsregelungen 539
6. Muster: Kooperationsvertrag 541
7. Muster: Überleitungsvertrag 547

8. Teil. Einigungsstelle

I. Einsetzung der Einigungsstelle 552
1. Gesetzliche Vorgaben 552
2. Muster 553
II. Verfahren der Einigungsstelle 555
1. Muster: Anschreiben eines Einigungsstellenvorsitzenden mit „Spielregeln" 555
2. Muster: Niederschrift der Einigungsstelle: Zeitpunkt einer Betriebsratsschulung 556
3. Ablehnung eines Vorsitzenden wegen Besorgnis der Befangenheit 557
4. Sprüche der Einigungsstelle 558
5. Sozialpläne 559
6. Einstellung des Einigungsstellenverfahrens 559

9. Teil. Kündigung von Arbeitsverhältnissen

I. Anhörung des Betriebsrats (§ 102 BetrVG) 563
1. Gesetzliche Vorgaben 563
2. Muster 563
II. Massenentlassung 566
1. Gesetzliche Vorgaben 566
2. Muster 567

C. Verfahrensrecht
1. Teil. Urteilsverfahren erste Instanz

I. Zuständigkeit 572
1. Rechtsweg 572
2. Örtliche Zuständigkeit 578
II. Kündigungsschutzverfahren 580
1. Kündigungsschutzklage 580
2. Kündigungsschutzklage mit Weiterbeschäftigungsantrag 584
3. Klageerwiderung 591
4. Nachträgliche Zulassung der Kündigungsschutzklage 599
5. Auflösungsantrag 602
6. Änderungskündigung 607
7. Betriebsübergang 611
8. Wiedereinstellungsklage 615

        9. Insolvenz 618
III. Einstweilige Verfügung auf Weiterbeschäftigung (Vollstreckung Weiterbeschäftigungstitel) 620
        1. Grundlagen 620
        2. Muster 623
        3. Vollstreckung des Weiterbeschäftigungstitels 630
IV. Leistungsklagen 631
        1. Arbeitsvergütung 631
        2. Zahlungsansprüche wegen Schmiergeld (und Auskunft) 632
        3. Entschädigungsanspruch gem. § 15 Abs. 2 AGG 636
        4. Nachteilsausgleichsansprüche gem. § 113 BetrVG (Ansprüche in der Insolvenz) 638
        5. Provision (Stufenklage) 643
        6. Betriebsrente 645
V. Befristungskontrollklage 653
        1. Grundlagen 653
        2. Muster: Befristungskontrollklage 653
VI. Elementenfeststellungsklage (Klärung des Inhalts des Arbeitsverhältnisses) 654
        1. Grundlagen 654
        2. Muster: Elementenfeststellungsklage 655
VII. Versetzung 656
        1. Grundlagen 656
        2. Muster 657
VIII. Anfechtung eines Aufhebungsvertrages 660
        1. Grundlagen 660
        2. Muster: Klage auf Anfechtung eines Aufhebungsvertrages 660
IX. Zeugnisklage 662
        1. Grundlagen 662
        2. Muster: Zeugnisklage 662
X. Entfernung einer Abmahnung aus der Personalakte 664
        1. Grundlagen 664
        2. Muster: Klage auf Entfernung einer Abmahnung 665

2. Teil. Urteilsverfahren Berufungsinstanz

I. Einlegung Rechtsmittel 667
        1. Grundlagen 667
        2. Muster: Berufungsschrift 668
II. Anträge 668
        1. Grundlagen 668
        2. Muster 669
III. Begründung der Berufung 669
        1. Grundlagen 669
        2. Muster: Berufungsbegründungsschrift 670

3. Teil. Nichtzulassungsbeschwerde

I. Einlegung Rechtsmittel 675
        1. Grundlagen 675
        2. Muster: Nichtzulassungsbeschwerde 675
II. Begründung 676
        1. Grundlagen 676
        2. Grundsatzbeschwerde 676
        3. Divergenzbeschwerde 679

4. Gehörsbeschwerde	681
III. Fortgang des Verfahrens	684

4. Teil. Urteilsverfahren Revisionsinstanz

I. Einlegung Rechtsmittel	685
1. Grundlagen	685
2. Muster: Revisionsschrift	685
II. Anträge	686
1. Grundlagen	686
2. Muster	687
III. Begründung der Revision	687
1. Grundlagen	687
2. Muster: Revisionsbegründungsschrift	688

5. Teil. Arrest

I. Arrestverfahren	691
1. Grundlagen	691
2. Muster: Arrestantrag	692
II. Arrestvollziehung	696
1. Grundlagen	696
2. Muster	697

6. Teil. Beschlussverfahren

I. Gesetzliche Vorgaben	699
II. Bestellung eines Wahlvorstands gem. § 17 Abs. 4 BetrVG	700
1. Grundlagen	700
2. Muster: Antrag auf Bestellung eines Wahlvorstands	700
III. Wahlanfechtungsverfahren gem. § 19 BetrVG	701
1. Grundlagen	701
2. Muster	702
IV. Ausschluss eines Betriebsratsmitglieds gem. § 23 Abs. 1 BetrVG	707
1. Grundlagen	707
2. Muster: Antrag auf Ausschluss eines Betriebsratsmitglieds	708
V. Antrag auf Unterlassung gegen den Arbeitgeber gem. § 23 Abs. 3 BetrVG	710
1. Grundlagen	710
2. Muster: Antrag auf Unterlassung gem. § 23 Abs. 3 BetrVG	711
VI. Erstattung von Schulungskosten gem. § 40 Abs. 1 BetrVG	713
1. Grundlagen	713
2. Muster: Antrag auf Erstattung von Schulungskosten	714
VII. Überlassung von sachlichen Hilfsmitteln gem. § 40 Abs. 2 BetrVG	716
1. Grundlagen	716
2. Muster: Antrag auf Überlassung von sachlichen Hilfsmitteln	716
VIII. Personelle Einzelmaßnahmen gem. §§ 99 ff. BetrVG	718
1. Grundlagen	718
2. Muster	719
IX. Zustimmungsersetzung gem. § 103 Abs. 2 BetrVG	723
1. Grundlagen	723
2. Muster: Antrag auf Zustimmungsersetzung gem. § 103 Abs. 2 BetrVG	724
X. Einigungsstelle	726
1. Grundlagen	726
2. Muster	727

7. Teil. Gerichtliche Verfügungen und Entscheidungen

I. Erstinstanzliches Verfahren 732
   1. Muster: Anberaumen der Güteverhandlung 732
   2. Muster: Streitigkeit aus einem bestehenden Berufsausbildungsverhältnis (Anfrage nach § 111 Abs. 2 ArbGG) 734
   3. (Un)Zuständigkeit des Gerichts 734
   4. Muster: Anberaumen der Kammerverhandlung 738
   5. Muster: Einleitung des Beschlussverfahrens 739
   6. Verfahrensverbindung und -abtrennung 740
   7. Beweisbeschluss mit Anordnung der schriftlichen Beantwortung der Beweisfrage 740
   8. Muster: Beschluss gem. § 356 ZPO (Zeugenladung nicht möglich) ... 741
   9. Beweisaufnahme durch Einholen eines Sachverständigengutachtens ... 741
   10. Ausbleiben eines Zeugen 743
   11. Muster: Beschluss gem. § 141 Abs. 3 iVm § 380 ZPO 744
   12. Muster: Zurückweisung eines Terminsverlegungsantrags ... 744
   13. Ausschluss der Öffentlichkeit 745
   14. Muster: Unterbrechung nach Insolvenzeröffnung 746
   15. Muster: Unterbrechung/Aussetzung nach Tod einer Partei ... 746
   16. Muster: Hinweis nach verspätetem Einspruch 747
   17. Vergleich gem. § 278 Abs. 6 ZPO 747
   18. Anfragen und Beschlüsse nach Erledigungserklärung 748
   19. Muster: Anfrage nach Klagerücknahme 750
   20. Muster: Zurückweisung eines Antrags auf Wiedereröffnung der mündlichen Verhandlung 750
   21. Anhörungsrüge 751
   22. Urteilsformeln; Beschlüsse im Beschlussverfahren 753
II. Verfahren vor dem Landesarbeitsgericht 758
   1. Verlängerung der Begründungs-/Beantwortungsfrist 758
   2. Muster: Zurückweisung des Antrags auf Fristverlängerung ... 758
   3. Verspätete Berufungseinlegung 759
   4. Verspätete Beschwerdeeinlegung 759
   5. Verspätete Berufungsbegründung 760
   6. Nicht ordnungsgemäße Berufungsbegründung 761
   7. Muster: Beschluss gem. § 516 Abs. 3 ZPO 762
   8. Muster: Entscheidung im schriftlichen Verfahren 762
   9. Urteilsformeln 763
III. Zwangsvollstreckung 764
   1. Beschluss nach § 62 ArbGG 764
   2. Muster: Dinglicher Arrest, stattgebende Entscheidung ... 765
   3. Muster: Beschlusstenor: Persönlicher Arrest 766
   4. Muster: Beschluss nach § 888 ZPO 767
   5. Muster: Beschluss nach § 887 ZPO 767

Stichwortverzeichnis 769

Abkürzungsverzeichnis

aA	anderer Ansicht
Abk.	Abkommen
abl.	ablehnend
Abs.	Absatz
Abschn.	Abschnitt
aE	am Ende
Änd.	Änderung
aF	alte Fassung
AGG	Allgemeines Gleichbehandlungsgesetz
AiB	Arbeitsrecht im Betrieb, Zeitschrift
aK	außer Kraft
allg.	allgemein
Alt.	Alternative
amtl.	amtlich
AN	Arbeitnehmer
AP	Arbeitsrechtliche Praxis, Nachschlagewerk des Bundesarbeitsgerichts
ArbG	Arbeitsgericht
ArbGG	Arbeitsgerichtsgesetz
ArbNErfG	Gesetz über Arbeitnehmererfindungen
ArbR Aktuell	Arbeitsrecht Aktuell, Zeitschrift
ArbRB	Der Arbeits-Rechts-Berater, Zeitschrift
ArbuR	Arbeit und Recht, Zeitschrift
Art.	Artikel
ATG	Altersteilzeitgesetz
AÜG	Gesetz zur Regelung der gewerbsmäßigen Arbeitnehmerüberlassung (Arbeitnehmerüberlassungsgesetz)
Aufl.	Auflage
AVmG	Gesetz zur Reform der gesetzlichen Rentenversicherung und zur Förderung eines kapitalgedeckten Altersvorsorgevermögens (Altersvermögensgesetz)
BAG	Bundesarbeitsgericht
BB	Betriebs-Berater, Zeitschrift
BBiG	Berufsbildungsgesetz
Bd.	Band
BDSG	Bundesdatenschutzgesetz
BeE	Betriebsorganisatorisch eigenständige Einheit
BEM	betriebliches Eingliederungsmanagement
BGB	Bürgerliches Gesetzbuch
BGHSt.	Entscheidungen des Bundesgerichtshofs in Strafsachen
BEEG	Gesetz zum Elterngeld und zur Elternzeit (Bundeselterngeld- und Elternzeitgesetz)
begr.	begründet
Beil.	Beilage
BetrAVG	Gesetz zur Verbesserung der betrieblichen Altersversorgung (Betriebsrentengesetz)
BetrVG	Betriebsverfassungsgesetz
BFH	Bundesfinanzhof

BFM	Bundesfinanzministerium
BGB	Bürgerliches Gesetzbuch
BGBl.	Bundesgesetzblatt
BGH	Bundesgerichtshof
BGHR	BGH-Rechtsprechung
BGleiG	Gesetz zur Gleichstellung von Frauen und Männern in der Bundesverwaltung und in den Gerichten des Bundes (Bundesgleichstellungsgesetz)
BildscharbV	Verordnung über Sicherheit und Gesundheitsschutz bei der Arbeit an Bildschirmgeräten (Bildschirmarbeitsverordnung)
BImSchG	Gesetz zum Schutz vor schädlichen Umwelteinwirkungen durch Luftverunreinigungen, Geräusche, Erschütterungen und ähnliche Vorgänge (Bundes-Immisionsschutzgesetz)
BR-Drs.	Bundesrats-Drucksache
BT-Drs.	Bundestags-Drucksache
BUrlG	Mindesturlaubsgesetz für Arbeitnehmer (Bundesurlaubsgesetz)
BVerfG	Bundesverfassungsgericht
bzw.	beziehungsweise
DGUV 2	Durchführungsvorschrift „Betriebsärzte und Fachkräfte für Arbeitssicherheit"
dh	das heißt
Drs.	Drucksache
EFZG	Gesetz über die Zahlung des Arbeitsentgelts an Feiertagen und im Krankheitsfalle (Entgeltfortzahlungsgesetz)
Einf.	Einführung
Einl.	Einleitung
EL	Ergänzungslieferung
EStG	Einkommensteuergesetz
EuGH	Europäischer Gerichtshof
evtl.	eventuell
f., ff.	folgende, fortfolgende
FaSi	Fachkraft für Arbeitssicherheit
geänd.	geändert
gem.	gemäß
GewO	Gewerbeordnung
GKG	Gerichtskostengesetz
HGB	Handelsgesetzbuch
hM	herrschende Meinung
Hrsg.	Herausgeber
Hs.	Halbsatz
idF	in der Fassung
idR	in der Regel
idS	in diesem Sinne
iHv	in Höhe von
iSd	im Sinne der/des
iSv	im Sinne von
iÜ	im Übrigen
iVm	in Verbindung mit

JVEG	Gesetz über die Vergütung von Sachverständigen, Dolmetscherinnen, Dolmetschern, Übersetzerinnen und Übersetzern, sowie die Entschädigung von ehrenamtlichen Richterinnen, ehrenamtlichen Richtern, Zeuginnen, Zeugen und Dritten (Justizvergütungs- und -entschädigungsgesetz)
krit.	kritisch
KrWG	Gesetz zur Förderung der Kreislaufwirtschaft und Sicherung der umweltverträglichen Beseitigung von Abfällen (Kreislaufwirtschaftsgesetz)
KSchG	Kündigungsschutzgesetz
KStDV	Körperschaftsteuer-Durchführungsverordnung
KStG	Körperschaftsteuergesetz
LAG	Landesarbeitsgericht
LAGE	Entscheidungen des Landesarbeitsgerichts
mwN	mit weiteren Nachweisen
mWv	mit Wirkung vom
mzN	mit zahlreichen Nachweisen
Nachw.	Nachweise
nF	neue Fassung
NJW	Neue Juristische Wochenschrift
nnv	noch nicht veröffentlicht
Nr.	Nummer
nrkr.	nicht rechtskräftig
NSpielO	Spielordnung für öffentliche Spielbanken in Niedersachsen
nv	nicht veröffentlicht
NZA	Neue Zeitschrift für Arbeitsrecht
oÄ	oder Ähnliche/s
og	oben genannte(r, s)
OLG	Oberlandesgericht
PflegeZG	Gesetz über die Pflegezeit (Pflegezeitgesetz)
PSA	Personal-Service-Agentur
PSVaG	Pensions-Sicherungs-Verein Versicherungsverein auf Gegenseitigkeit
RGBl.	Reichsgesetzblatt
rkr.	rechtskräftig
RL	Richtlinie
Rn.	Randnummer
S.	Satz
s.	siehe
SGB II	Sozialgesetzbuch – Grundsicherung für Arbeitsuchende
SGB III	Sozialgesetzbuch – Arbeitsförderung
SGB V	Sozialgesetzbuch – Gesetzliche Krankenversicherung
SGB VI	Sozialgesetzbuch – Gesetzliche Rentenversicherung
SGB IX	Sozialgesetzbuch – Rehabilitation und Teilhabe behinderter Menschen
Slg.	Sammlung
stRspr.	ständige Rechtsprechung

TKG	Telekommunikationsgesetz
TMG	Telemediengesetz
TzBfG	Teilzeit- und Befristungsgesetz
ua	unter anderem
uÄ	und Ähnliche/s
usw.	und so weiter
uU	unter Umständen
UWG	Gesetz gegen den unlauteren Wettbewerb
VAG	Gesetz über die Beaufsichtigung der Versicherungsunternehmen (Versicherungsaufsichtsgesetz)
vertr. d. d.	vertreten durch den/die
WHG	Gesetz zur Ordnung des Wasserhaushalts (Wasserhaushaltsgesetz)
WM	Zeitschrift für Wirtschafts- und Bankrecht
zB	zum Beispiel
z. Hd.	zu Händen
ZIP	Zeitschrift für Wirtschaftsrecht
zit.	zitiert
ZPO	Zivilprozessordnung
zT	zum Teil

Literaturverzeichnis

Bauer, Arbeitsrechtliche Aufhebungsverträge, 8. Aufl. 2007
Bauer/Lingemann/Diller/Haußmann, Anwalts-Formularbuch Arbeitsrecht, 4. Aufl. 2011
Beck'sches Formularbuch Arbeitsrecht, 2. Aufl. 2009 (zitiert: Beck'sches Formularbuch Arbeitsrecht/*Bearbeiter*)
Blomeyer/Rolfs/Otto, Betriebsrentengesetz, 5. Aufl. 2010
Däubler/Bertzbach (Hrsg.), Allgemeines Gleichbehandlungsgesetz, 2. Aufl. 2008 (zitiert: HK-AGG/*Bearbeiter*)
Däubler/Kittner/Klebe/Wedde, Betriebsverfassungsgesetz, 12. Aufl. 2010 (zitiert: DKKW/*Bearbeiter*)
Däubler/Kittner/Klebe/Wedde, Formularbuch BetrVG, 2006 (zitiert: DKKW/*Bearbeiter*)
Erfurter Kommentar zum Arbeitsrecht, hrsg. *Müller-Glöge/Preis/Schmidt*, 12. Aufl. 2012 (zitiert: ErfK/*Bearbeiter*)
Etzel/Bader/Fischermeiner u.a. (Hrsg.) KR – Gemeinschaftskommentar zum Kündigungsschutzgesetz und zu sonstigen kündigungsschutzrechtlichen Vorschriften, 9. Aufl. 2009 (zitiert: KR/*Bearbeiter*)
Fiebig/Gallner/Mestwerdt/Nägele (Hrsg.), Kündigungsschutzrecht, 4. Aufl. 2012 (HK-KSchG/*Bearbeiter*)
Fitting, Betriebsverfassungsgesetz, 26. Aufl. 2012
FS zum 25-jährigen Bestehen der Arbeitsgemeinschaft Arbeitsrecht im Deutschen Anwaltsverein, 2006
FS für Wolfdieter Küttner zum 70. Geburtstag, 2006
Gagel (Hrsg.), SGB II/SGB III, Grundsicherung und Arbeitsförderung, Loseblattsammlung, Stand 1.6.2012 (46. EL), 2012 (zitiert: Gagel/*Bearbeiter*)
Germelmann/Matthes/Prütting/Müller-Glöge, Arbeitsgerichtsgesetz, 7. Aufl. 2009 (zitiert: GMPM/*Bearbeiter*)
Henssler/Willemsen/Kalb, Arbeitsrecht Kommentar, 5. Aufl. 2012 (zitiert: HWK/*Bearbeiter*)
Höfer/Reiners/Wüst, BetrAVG, Loseblatt, Stand: 9/2012 (9. EL), 2012
Jaeger/Röder/Heckelmann, Praxishandbuch Betriebsverfassungsrecht, 2003
Küttner/Röller, Personalbuch 2012, 19. Aufl. 2012 (zitiert: Küttner/*Bearbeiter*)
Münchener Kommentar zur ZPO, 4. Aufl. 2012 (zitiert: MüKoZPO/*Bearbeiter*)
Niesel/Brand, SGB III, 5. Aufl. 2010
Preis, Der Arbeitsvertrag, 4. Aufl. 2011
Preis (Hrsg.), Innovative Arbeitsformen, 2005
Richardi (Hrsg.), Betriebsverfassungsgesetz, 13. Aufl. 2012 (zitiert: Richardi/*Bearbeiter*)
Schaub/Koch/Linck/Treber/Vogelsang, Arbeitsrechts-Handbuch, 14. Aufl. 2011 (zitiert: Schaub/*Bearbeiter*)
Schmidt, Einkommensteuergesetz, 31. Aufl. 2012
Schrader/Schubert, Das AGG in der Beratungspraxis, 2. Aufl. 2008
Schrader/Schubert, Das neue AGG, 2006
Schrader/Straube, Insolvenzarbeitsrecht, 2008
Schwarze/Eylert/Schrader, Kündigungsschutzgesetz, 2011
Tschöpe (Hrsg.), Anwalts-Handbuch Arbeitsrecht, 7. Aufl. 2011 (zitiert: Tschöpe/*Bearbeiter*)

Weber/Ehrich/Burmester, Handbuch der arbeitsrechtlichen Aufhebungsverträge, 5. Aufl. 2009

Wiese/Kreutz/Oetker/Raab/Weber/Franzen, Gemeinschaftskommentar zum Betriebsverfassungsgesetz, 9. Aufl. 2010 (zitiert: GK-BetrVG/*Bearbeiter*)

Zöller (Hrsg.), Zivilprozessordnung, 29. Aufl. 2012 (zitiert: Zöller/*Bearbeiter*)

A. Individualarbeitsrecht

1. Teil. Begründung des Arbeitsverhältnisses

Übersicht

	Rn.
I. Grundlagen	1–34
1. Vorbemerkung	1, 2
2. Anbahnungsverhältnis	3, 4
3. Anforderungsprofil an die zu besetzende Stelle	5, 6
a) Vorgaben des AGG	5
b) Muster: Anforderungsprofil	6
4. Stellenausschreibung	7–11
a) Vorgaben des AGG	7
b) Externe Stellenausschreibung	8, 9
aa) Definition	8
bb) Muster: Externe Stellenausschreibung	9
c) Interne Stellenausschreibung	10, 11
aa) Definition	10
bb) Muster: Interne Stellenausschreibung	11
5. Einladung zum Vorstellungsgespräch	12–15
a) Kosten	12, 13
b) Muster	14, 15
aa) Muster: Vorstellungseinladung mit Kostenübernahme	14
bb) Muster: Vorstellungseinladung ohne Kostenübernahme	15
6. Dokumentation des Bewerbungsgespräches	16–19
a) Protokollierung des Gespräches	16, 17
b) Muster: Protokoll über Bewerbergespräch	18, 19
7. Fragenkatalog	20–22
a) Dokumentation	20, 21
b) Muster: Fragenkatalog	22
8. Personalfragebogen	23–27
a) Verwendungsgrund	23–25
b) Muster: Personalfragebogen	26, 27
9. Eignungsuntersuchungen	28–32
a) Zulässigkeit	28–31
b) Muster: Einwilligung	32
10. Datennutzung	33, 34
a) Vorgaben des BDSG	33
b) Muster: Einwilligung zur Aufnahme personenbezogener Daten	34
II. Ausgang Anbahnungsverhältnis	35–40
1. Einfühlungsverhältnis	35, 36
a) Zulässigkeit	35
b) Muster: Einfühlungsverhältnis	36
2. Absage	37–40
a) Vorgaben des AGG	37, 38
b) Muster: Absageschreiben	39
c) Auskunft	40

I. Grundlagen

1. Vorbemerkung

Die Gestaltung des Arbeitsverhältnisses wird in drei Phasen unterteilt: **1**

Unter **Anbahnungsverhältnis** versteht man vereinfacht gesagt die Phase der Stellenausschreibung bis zum eventuellen Abschluss eines Arbeitsvertrages.[1] Bereits dieses Anbahnungsverhältnis als vorvertragliches Schuldverhältnis begründet sowohl für den Arbeitgeber als auch für den Bewerber Aufklärungs-, Solidaritäts- und Schutzpflichten.[2] Zweiter Schritt im Arbeitsverhältnis ist der **Abschluss des Arbeitsvertrages,** dritter Schritt – wenn es dazu kommt – die **Beendigung des Arbeitsverhältnisses.** **2**

---

[1] Schaub/*Linck,* ArbR-HdB, § 25 Rn. 3 ff. mwN.
[2] BAG 2.12.1976 – 3 AZR 401/75, AP BGB § 276 Verschulden bei Vertragsschluss Nr. 10.

2. Anbahnungsverhältnis

3 Der Arbeitgeber hat **zahlreiche Möglichkeiten,** Arbeitnehmer anzuwerben. Er hat die Möglichkeit, innerbetriebliche Stellenausschreibungen zu schalten, Stellenanzeigen in Zeitungen zu veranlassen beziehungsweise die Bundesagentur für Arbeit, Personalberatungsunternehmen, Headhunter uA einzuschalten.

4 Von der Stellenausschreibung angefangen bis hin zur tatsächlichen Auswahl eines Arbeitnehmers lauern sowohl für den Bewerber wie auch den Arbeitgeber zahlreiche Gefahren, die mit Rechtsverlusten und tatsächlichen Schäden verbunden sein können. Durch eine **rechts- und ordnungsgemäße Dokumentation** lassen sich für beide Seiten, für Bewerber wie Arbeitgeber, für den Streitfall Risiken minimieren.

3. Anforderungsprofil an die zu besetzende Stelle

a) Vorgaben des AGG

5 Sowohl im laufenden Arbeitsverhältnis wie auch im Bewerbungsverfahren darf der Arbeitgeber die Arbeitnehmer nicht aus sachfremden Erwägungen – Ausnahme: Leistungsgesichtspunkte – unterschiedlich behandeln. Er muss insbesondere bei der konkreten Bewerberauswahl die Vorgaben des AGG einhalten. Das bedeutet, dass der Arbeitgeber nicht gegen eines der in § 1 AGG genannten verpönten Merkmale (Rasse oder ethnische Herkunft, Geschlecht, Religion oder Weltanschauung, Behinderung, Alter oder sexuelle Identität) verstoßen darf. Beruft sich ein Bewerber auf einen derartigen Verstoß, sieht das AGG in § 22 eine abgestufte Darlegungs- und Beweislast vor.[3] Sie führt dazu, dass der Bewerber einen Sachverhalt vortragen muss, der eine Benachteiligung erkennen lässt, sodann muss der Arbeitgeber vortragen, dass – bezogen auf die Einstellung eines Arbeitnehmers – dies nicht unter Verstoß gegen einen der in § 1 AGG genannten Merkmale erfolgt ist.[4] Um im Streitfall darlegen und beweisen zu können, welches Anforderungsprofil der Arbeitgeber an eine Position angelegt hat, ist es sinnvoll, dieses Anforderungsprofil im Vorfeld festzulegen und zu dokumentieren.

b) Muster: Anforderungsprofil[5] [→ A. Rn. 5]

6

Zu besetzende Position: Arbeitsrechtlerin oder Arbeitsrechtler

Anforderungsprofil:

- 1. juristisches Staatsexamen
- 2. juristisches Staatsexamen
- Mindestnote im Examen: befriedigend
- Berufserfahrung: mindestens zwei Jahre
- Bestandener Fachanwaltslehrgang Arbeitsrecht
- Promotion wünschenswert

4. Stellenausschreibung

a) Vorgaben des AGG

7 § 11 AGG bestimmt, dass ein Arbeitsplatz nicht unter Verstoß gegen § 7 Abs. 1 AGG ausgeschrieben werden darf. Sinn und Zweck der Vorschrift ist, dass bereits bei der Ausschreibung einer Stelle eine potenzielle Benachteiligung bestimmter Gruppen von Bewerbern zu unterbleiben hat. Sie verbietet jede benachteiligende Form der Ausschreibung. Es werden alle Ausschreibungen für den in § 6 Abs. 1 AGG genannten Kreis von Beschäftigten erfasst, das bedeutet insbesondere Arbeitnehmer, aber auch

---

[3] BAG 17.8.2010 – 9 AZR 839/08, BB 2010, 2956; 22.10.2009 – 8 AZR 642/08, AP AGG § 15 Nr. 2; LAG Niedersachsen 12.3.2010 – 10 Sa 583/09, LAGE AGG § 15 Nr. 11.
[4] BAG 17.8.2010 – 9 AZR 839/08, BB 2010, 2956; 22.10.2009 – 8 AZR 642/08, AP AGG § 15 Nr. 2; LAG Niedersachsen 12.3.2010 – 10 Sa 583/09, LAGE AGG § 15 Nr. 11.
[5] Namen und Daten in den Mustern sind durchgehend frei erfunden und dienen der Illustration der Beispiele und Formulare.

Bewerber.⁶ Unter einen Stellenausschreibung ist die allgemeine Aufforderung an alle oder eine bestimmte Gruppe von Arbeitnehmern zu verstehen, sich für bestimmte Arbeitsplätze in einem Unternehmen zu bewerben. Dies erfordert die Bekanntgabe der Stelle nebst aufgabenbezogener Mindestinformationen, aus denen sich die Merkmale des in Bezug genommenen Arbeitsplatzes entnehmen lassen.⁷ Stellenausschreibungen können intern, aber auch extern erfolgen.

b) Externe Stellenausschreibung

aa) Definition

Unter externen Stellenausschreibungen erfasst man solche, die beispielsweise in Zeitungen, entweder direkt oder indirekt (über eine Personalvermittlungsgesellschaft, Headhunter oÄ) geschaltet werden. 8

bb) Muster: Externe Stellenausschreibung *[→ A. Rn. 8]*

Anton Beißer & Carl Doll Fachanwälte für Arbeitsrecht
Als überwiegend auf dem Gebiet des Arbeitsrechts überregional tätige Sozietät beraten und vertreten wir Unternehmen. Wir suchen zum Herbst 2012 eine Arbeitsrechtlerin oder einen Arbeitsrechtler.
Neben sehr guten juristischen Kenntnissen, die durch mindestens befriedigende Examina dokumentiert sein müssen, gehören eine mindestens zweijährige Berufserfahrung sowie die bestandene Fachanwaltsprüfung zum Anforderungsprofil. Eine zumindest abgeschlossene Promotion wäre wünschenswert und von Vorteil.
Wir bieten eine leistungsentsprechende Vergütung, eine fordernde und interessante Tätigkeit und die Möglichkeit zu wissenschaftlicher Betätigung. Über Ihre Bewerbung freuen wir uns. Bitte senden Sie diese an Herrn Rechtsanwalt Dr. Anton Beißer, Rechtsanwälte Anton Beißer und Carl Doll, Efeuallee 111, 30559 Hannover.
Nähere Informationen über uns können Sie auf unserer Homepage unter: www.beißer-doll.de erfahren.

9

c) Interne Stellenausschreibung

aa) Definition

In der Praxis relativ häufig ist die innerbetriebliche Stellenausschreibung. Auf Verlangen des Betriebsrats sind nach § 93 BetrVG Stellen innerbetrieblich auszuschreiben. In der Praxis ist dies häufig auch deswegen zweckmäßig, um innerbetrieblich vorhandenes Know-how zu nutzen. 10

bb) Muster: Interne Stellenausschreibung *[→ A. Rn. 10]*

Justitia GmbH – Internationale Anwaltssozietät – Innerbetriebliche Stellenausschreibung
In unserem Büro in München haben wir eine Vakanz im arbeitsrechtlichen Dezernat unseres Sozius Dr. Felix. Zu besetzen ist nachfolgende Stelle als Arbeitsrechtlerin/Arbeitsrechtler:

11

---

⁶ Tschöpe/*Schrader*/*Straube*, Anwalts-HdB Arbeitsrecht, Teil 1 F Rn. 146 mwN.
⁷ HK-AGG/*Buschmann* § 11 Rn. 7; zudem sind zusätzlich zum AGG die Prüf- und Bekanntgabepflichten des § 81 Abs. 1 SGB IX arbeitgeberseits bei Stellenausschreibungen einzuhalten (vgl. im Einzelnen zum Sach- und Streitstand *Breitfeld/Strauß* BB 2012, 2817).

Voraussetzungen für die Besetzung der Position sind:
- Das 1. juristische und das 2. juristische Staatsexamen müssen mindestens mit der Note „befriedigend" abgeschlossen sein.
- Es bedarf mindestens zweijähriger Berufserfahrung auf dem Gebiet des Arbeitsrechts.
- Ein erfolgreich abgeschlossener Fachanwaltslehrgang ist Voraussetzung.
- Eine Promotion wäre wünschenswert.

Wenn Sie Interesse an dieser Position haben, setzen Sie sich bitte mit dem zuständigen Sozius, Herrn Rechtsanwalt Dr. Felix, in unserem Münchener Büro in Verbindung.

5. Einladung zum Vorstellungsgespräch

a) Kosten

12 Gehen beim Arbeitgeber Bewerbungen ein, wird dieser aus dem Kreis der Bewerber einige zu Vorstellungsgesprächen bitten. Kommt es auf Veranlassung des Arbeitgebers zu einem Vorstellungsgespräch, trifft den **Arbeitgeber grundsätzlich die Kostentragungspflicht,** ohne dass es einer besonderen Vereinbarung bedarf. Ausreichend ist, dass der Bewerber mit Wissen und Wollen des Arbeitgebers zu einem Vorstellungsgespräch kommt.[8] Der Anspruch soll sich aus den §§ 662 ff. BGB ergeben.[9] Allerdings steht es dem Arbeitgeber frei, einen Kostenerstattungsanspruch auszuschließen. Es obliegt dann dem Bewerber, ob er tatsächlich die Einladung zum Vorstellungsgespräch wahrnehmen will oder nicht.[10]

13 Übernimmt der Arbeitgeber die Kosten oder wird keine anderweitige Regelung getroffen, umfasst der Kostenerstattungsanspruch die verkehrsüblichen und erforderlichen Auslagen, wie beispielsweise die Fahrtkosten, Verpflegungsaufwand und ggf. Übernachtungskosten.[11] Die **Regelung** in einem Einladungsschreiben sollte **klar und eindeutig** sein, um Rechtsstreitigkeiten, wie beispielsweise solche um die Erstattung etwaiger Taxikosten wegen unklarer Regelungen in dem Einladungsschreiben zum Vorstellungsgespräch (im konkreten Fall ging es darum, ob bei einer Kostenerstattung vom Bahnhof bis zum Betrieb die Kosten eines öffentlichen Verkehrsmittels oder eines Taxis erfasst waren),[12] zu vermeiden. Es sollten bereits in dem Einladungsschreiben klare und eindeutige Regelungen getroffen werden, ob und in welchem Umfang Kosten erstattet werden.

b) Muster

aa) Muster: Vorstellungseinladung mit Kostenübernahme [→ A. Rn. 12 f.]

14 **Betrifft Ihre Bewerbung vom 11.9.2012**

Sehr geehrte Frau Müller,

vielen Dank für Ihre Bewerbung vom 11.9.2012. Wir würden uns freuen, Sie persönlich kennen zu lernen. Als Termin für das Vorstellungsgespräch haben wir den 20.9.2012 um 11.00 Uhr in Hannover mit Herrn Dr. Anton Beißer vorgesehen. Sollten Sie verhindert sein, würden wir Sie bitten, mit uns einen anderen Termin zu vereinbaren.

Die Ihnen entstehenden Kosten erstatten wir mit 0,50 EUR/km, wenn Sie mit Ihrem Privat-Pkw anreisen, oder nach Maßgabe der Kosten eines 2. Klasse Tickets der Deutschen Bahn und/oder des öffentlichen Nahverkehrs gegen Nachweis.

Mit freundlichen Grüßen

---

[8] LAG Nürnberg 25.7.1995 – 2 Sa 73/94, LAGE BGB § 670 Nr. 12.
[9] BAG 29.6.1988 – 5 AZR 433/87, NZA 1989, 468; 14.2.1977 – 5 AZR 171/76, DB 1977, 1193.
[10] ArbG Kempten 12.4.1994 – 4 Ca 720/94, BB 1994, 1504.
[11] BAG 29.6.1988 – 5 AZR 433/87, NZA 1989, 468; 14.2.1977 – 5 AZR 171/76, AP BGB § 196 Nr. 8.
[12] ArbG Köln 20.5.2005 – 2 Ca 10220/04, NZA-RR 2005, 577.

bb) Muster: Vorstellungseinladung ohne Kostenübernahme [→ A. Rn. 12 f.]

> Sehr geehrte Frau Müller,
>
> vielen Dank für die Übersendung der Bewerbungsunterlagen vom 11.9.2012. Aufgrund der uns übersandten Unterlagen könnten wir uns vorstellen, dass Sie für die in Aussicht genommene Position in Frage kommen. Wir stellen Ihnen daher anheim, sich bei uns vorzustellen. In diesem Fall würden wir Sie bitten, sich mit Herrn Dr. Anton Beißer in Verbindung zu setzen und einen Termin abzustimmen. Die Ihnen entstehenden Kosten können wir allerdings nicht übernehmen.
>
> Mit freundlichen Grüßen

15

6. Dokumentation des Bewerbungsgespräches

a) Protokollierung des Gespräches

Aus Beweissicherungs- und Dokumentationsgründen ist eine ordnungsgemäße schriftliche Dokumentation des Bewerbungsgesprächs wichtig. 16

Der Arbeitgeber darf bei der Einstellung von Arbeitnehmern nicht gegen die in § 1 AGG genannten verpönten Merkmale (Rasse, ethnische Herkunft, Geschlecht, Religion, Weltanschauung, Behinderung, Alter, sexuelle Identität) verstoßen. Der insoweit benachteiligte Bewerber hat nach § 15 AGG Schadensersatz- und Entschädigungsansprüche. Es gilt eine abgestufte Darlegungs- und Beweislast.[13] Es empfiehlt sich aus Arbeitgebersicht, einerseits das Anforderungsprofil, andererseits aber auch das Verhältnis des Bewerbers zum Anforderungsprofil und das Ergebnis des Vorstellungsgespräches schriftlich zu dokumentieren. Dies hat Beweissicherungs- und Dokumentationsfunktion. 17

b) Muster: Protokoll über Bewerbergespräch [→ A. Rn. 16 ff.]

> **Hinweis:**
>
> Das nachstehende Protokoll ist natürlich nur ein knappes Beispiel und wird in der Praxis vollständiger und weitaus differenzierter auszufallen haben. Auch ein solches Protokoll gibt keine 100%ige Sicherheit gegen evtl. Schadensersatz- und Entschädigungsansprüche, deren ein Bewerber sich berühmt. Es macht aber die Entscheidungsfindung nachvollziehbar und erleichtert dem Arbeitgeber in einem Verfahren zumindest die Darlegung, dass ihn keine sachfremden Erwägungen zu seiner Entscheidung geführt haben.

18

> **Zu besetzende Position: Arbeitsrechtlerin oder Arbeitsrechtler**
>
> **Anforderungsprofil:**
>
> 1. und 2. juristisches Staatsexamen mit mindestens befriedigend abgeschlossen, mindestens zwei Jahre Berufserfahrung, bestandener Fachanwaltslehrgang, Promotion wünschenswert und von Vorteil.
>
> **Qualifikation der Bewerberin:**
>
> Die Bewerberin Müller hat das erste Staatsexamen mit der Note 6,2 (ausreichend) und das zweite Staatsexamen mit der Note 7,5 (befriedigend) bestanden. Die Promotion ist bei Prof. Dr. Wolf eingereicht. Von den vier Blöcken des Fachanwaltslehrganges beim Anbieter Schlau wurden drei Blöcke absolviert. Die Bewerberin hat 1 1/2 Jahre in der Kanzlei Humbug gearbeitet, nicht auf dem Gebiet des Arbeits-

19

---

[13] BAG 17.8.2010 – 9 AZR 839/08, BB 2010, 2956; 22.10.2009 – 8 AZR 642/08, AP AGG § 15 Nr. 2; LAG Niedersachsen 12.3.2010 – 10 Sa 583/09, LAGE AGG § 15 Nr. 11.

rechts. Die berufliche Tätigkeit erstreckte sich primär auf das Fertigen von Gutachten, forensische Erfahrung ist so gut wie nicht vorhanden.

Einschätzung nach Vorstellungsgespräch:

Die Bewerberin Müller erfüllt das Anforderungsprofil nicht voll. Vom persönlichen Auftreten her hat sie überzeugt, sie wirkt selbstbewusst, in sich ruhend. Bei Zusatzqualifikationen bzw. Weiterbildungen berief sie sich auf Fachvorträge im Rahmen einer privat von Anwälten in Stuttgart durchgeführten Veranstaltungsreihe. Gesellschaftlich organisiert ist sie im Rahmen der Jugendarbeit in der ev. Kirche.

Gesamteindruck:

Die Bewerberin macht persönlich einen guten Eindruck, erfüllt allerdings das Anforderungsprofil nicht.

7. Fragenkatalog

a) Dokumentation

20 Gespräche mit Bewerbern differieren in vielen Punkten. Einige Fragen oder Punkte, die den Arbeitgeber interessieren, werden aber mehr oder weniger in allen Gesprächen abgefragt. Um in einem evtl. späteren Rechtsstreit zumindest Indizien dafür vortragen zu können, was gefragt und geantwortet wurde, kann die Erstellung eines Fragenkataloges in Betracht gezogen werden.

21 Beim Fragenkatalog sollte das **Ergebnis des Bewerbergespräches** dokumentiert und protokolliert werden.

b) Muster: Fragenkatalog [→ A. Rn. 20 f.]

22

Allgemeine Daten: Sollten sich aus den Bewerbungsunterlagen ergeben.
Beruflicher Werdegang: Sollte sich aus den Bewerbungsunterlagen ergeben, sonst nachfragen.
Warum erfolgte die Bewerbung gerade auf diese Position? ......
Warum erfolgte die Bewerbung gerade bei unserem Unternehmen? ......
Warum erfolgt die berufliche Umorientierung? ......
Welche weiteren beruflichen Ziele verfolgen Sie? ......
Was schätzen Sie als Ihre größten Stärken an? ......
Was schätzen Sie als Ihre größten Schwächen ein? ......
Warum glauben Sie, dass Sie für die ausgeschriebene Position in Betracht kommen und geeignet sind? ......
Was erwarten Sie sich von der Position? ......
Welchen Einkommenswunsch haben Sie? ......
Besteht ein nachvertragliches Wettbewerbsverbot? ......
Ab wann wären Sie verfügbar? ......

8. Personalfragebogen

a) Verwendungsgrund

23 Arbeitgeber verwenden häufig Personalfragebögen, die vom Bewerber vor oder nach einem Vorstellungsgespräch ausgefüllt werden. Diese Fragebögen sollen dem Arbeitgeber **Informationen** geben. Die wechselseitigen Interessen liegen auf der Hand: Der Arbeitgeber möchte den bestgeeignetsten Bewerber einstellen. Er möchte möglichst umfangreiche Informationen über den Bewerber erlangen, um einigermaßen dessen Eigenschaften, Fähigkeiten und Kenntnisse beurteilen zu können. Es geht ihm darum, die Risiken zu begrenzen, um nach Möglichkeit einen geeigneten und arbeitsfähigen Arbeitnehmer zu beschäftigen. Der Bewerber wiederum möchte in der Regel möglichst wenig aus seiner Individualsphäre offenbaren, er möchte einen Arbeitsplatz erlangen. Die Informationen, die in einem solchen Personalfragebogen abgefragt werden, stehen daher in einem Spannungsverhältnis.

Es handelt sich bei einem Personalfragebogen letztendlich um eine **formularartige Zusammenfassung von Fragen** über die persönlichen Fähigkeiten, Verhältnisse und Kenntnisse eines Arbeitnehmers.[14] Die Erstellung eines solchen Fragebogens ist nach § 94 BetrVG mitbestimmungspflichtig, wenn im Unternehmen ein Betriebsrat besteht. Wird der Bewerber nicht eingestellt, besteht ein Anspruch auf Vernichtung des Fragebogens unabhängig von den Schutzvorschriften des BDSG.[15] Wird der Bewerber eingestellt, sollte der Einstellungsfragebogen zur Personalakte genommen werden.

24

Zu dem rechtlichen Problem, **welche Fragen des Arbeitgebers zulässig** sind oder nicht, gibt es eine umfangreiche Judikatur.[16] Der gedankliche Ansatzpunkt besteht im nachfolgenden Muster darin, dass eine unterschiedliche Behandlung teilweise zulässig sein kann, zB wegen beruflicher Anforderungen (§ 8 AGG). Man kann daher darüber nachdenken, in einem Personalfragebogen direkt einführend den Grund für die Abfrage bestimmter Daten deutlich zu machen, um zu dokumentieren, dass die Erhebung der Daten nicht aus sachfremden Erwägungen erfolgt, sondern letztendlich zur Rechtfertigung einer unterschiedlichen Behandlung führt. Es bleiben bei einzelnen abgefragten Daten Unsicherheiten, insgesamt geht es um eine Risikominimierung.

25

b) Muster: Personalfragebogen *[→ A. Rn. 23, 27]*

Dieser Einstellungsfragebogen dient der Besetzung eines Arbeitsplatzes. Bei den in diesem Einstellungsfragebogen angefragten Informationen geht es allein um die Besetzung des konkreten Arbeitsplatzes und die hierfür erforderlichen Informationen:
1. Zu besetzender Arbeitsplatz
Zu besetzen ist nachfolgender Arbeitsplatz: …… *(es folgt eine Beschreibung des Arbeitsplatzes)*
Mit der Besetzung des Arbeitsplatzes sind zwingend nachfolgende Tätigkeiten verbunden: …… *(es folgt eine Tätigkeitsbeschreibung).*[17]
2. Persönliche Daten
Die persönlichen Daten benötigen wir, damit das Arbeitsverhältnis ordnungsgemäß abgewickelt und abgerechnet werden kann. Die Ermittlung ihrer Kommunikationsdaten dient der Erreichbarkeit und der besseren Kommunikation.
Familienname: …… Vorname(n): …… Anschrift (Straße, Ort): …… E-Mail: ……

26

[14] BAG 21.9.1993 – 1 ABR 28/93, AP BetrVG 1972 § 94 Nr. 4.
[15] BAG 6.6.1984 – 5 AZR 286/81, AP BGB § 611 Persönlichkeitsrecht Nr. 7.
[16] Vgl. statt aller die Zusammenstellung in Tschöpe/Wisskirchen/Bissel, Anwalts-HdB Arbeitsrecht, Teil 1 C Rn. 117 mwN.
[17] Damit wird gleichzeitig die Verpflichtung aus § 2 Abs. 1 Satz 2 Nr. 5 NachwG erfüllt. Auch bei Beförderungen machen Tätigkeitsbeschreibungen im laufenden Arbeitsverhältnis Sinn, um zu dokumentieren, dass die Beförderung aus sachlichen Erwägungen und nicht sachfremd (kein Diskriminierungsverstoß) erfolgte (vgl. *Schrader* DB 2006, 2571 (2575 f.)).

Telefon: ......
Fax: ......
Staatsangehörigkeit: ......[18]
Arbeitserlaubnis bis: ......
Aufenthaltserlaubnis bis: ......
Familienstand: ......
Kinder: ......
Ist Ihre Frau/Ihr Mann/Lebenspartner/Kind in einem Konkurrenzunternehmen tätig? ......[19]
Sind Sie Gewerkschaftsmitglied und wenn ja, in welcher?: ......[20]

3. Schulische/berufliche Qualifikation

Diese Daten werden unsererseits erhoben, um sicherzustellen, dass Sie über die erforderliche Qualifikation für die konkrete Tätigkeit verfügen. Hinsichtlich Ihrer sonstigen Fähigkeiten und Kenntnisse geht es uns darum, auch sonst insgesamt den Umfang Ihrer Einsatzbreite abschätzen zu können. Die Information zu einem bestehenden Wettbewerbsverbot und der möglichen Arbeitsaufnahme benötigen wir aus Planungsgründen.

Schulabschluss: ......
Berufsschule/Studium: ......
Berufsabschluss: ......
Zusätzliche Abschlüsse/Titel: ......
Haben Sie an Fortbildungsveranstaltungen teilgenommen? ......
Welche Fremdsprachenkenntnisse haben Sie? ......
Schriftlich? ......
Bewertung: Keine Kenntnisse bis fließend: ......
Mündlich:
Bewertung: Keine Kenntnisse bis fließend: ......
Haben Sie eine Fahrerlaubnis? (Pkw, Lkw, Gabelstapler) ......
Haben Sie sonstige Fähigkeiten und Kenntnisse: ......
Derzeitige Beschäftigung: ......
Vorherige Beschäftigung: ......
Ab welchem Zeitpunkt können Sie die Arbeit aufnehmen? ......
Unterliegen Sie einem Wettbewerbsverbot (evtl. Umfang)? ......

---

[18] Die Frage nach der Staatsangehörigkeit war nach ständiger Rechtsprechung wegen der besonderen Voraussetzung und der Einstellung von Ausländern zulässig. Man kann darüber nachdenken, ob die Frage wegen des AGG eine mittelbare Diskriminierung im Hinblick auf das Merkmal „ethnische Herkunft" darstellt. Allerdings ist die Frage dann statthaft, wenn sie durch ein rechtmäßiges Ziel gerechtfertigt ist (§ 3 Abs. 2 AGG). Da der Arbeitgeber die Regelungen des Ausländergesetzes, das Europäische Gemeinschaftsrecht, zwischenstaatliche Vereinbarungen und §§ 284 ff. SGB III zu beachten hat, ist die Frage aber zulässig, so dass sich daraus die Folgefragen ergeben, ob eine Arbeitserlaubnis bzw. Aufenthaltserlaubnis vorliegt, mithin der Arbeitnehmer überhaupt tätig werden darf. Nur Arbeitnehmer mit einer Staatsangehörigkeit der EU oder des europäischen Wirtschaftsraumes bedürfen grundsätzlich keiner Arbeits- oder Aufenthaltsgenehmigung, wobei mit Ausnahmen in bestimmten Fällen zu rechnen ist. Alle anderen Ausländer dürfen nur nach Vorlage der genannten Genehmigungen eingestellt werden. Zuwiderhandlungen können mit einer Geldbuße von bis zu 500.000,00 EUR (§ 404 Abs. 2 Nr. 3 bis 5 SGB III) geahndet werden.

[19] Ein berechtigtes Interesse des Arbeitgebers an dieser Frage wird man bejahen müssen, da er vermeiden will, dass vertrauliche Informationen an Wettbewerber gelangen. Für die Frage, ob das Ersuchen des Arbeitgebers um diese Information zulässig ist, wird man sich allerdings auch die konkret zu besetzende Position ansehen müssen. Insoweit macht es einen Unterschied, ob jemand als gewerblicher Arbeitnehmer oder als Arbeitnehmer in der Forschungsabteilung eingestellt wird. Es kommt auf den Einzelfall an.

[20] Die Frage nach der Gewerkschaftszugehörigkeit war nach ständiger Rechtsprechung des BAG unzulässig. Nachdem das BAG aber den Grundsatz der Tarifeinheit aufgegeben hat und in einem Betrieb oder Unternehmen auch unterschiedliche Tarifverträge auf die Arbeitnehmer Anwendung finden können, muss es dem Arbeitgeber erlaubt sein, die Belegschaft zu fragen, ob und in welcher Gewerkschaft sie Mitglied sind. Denn nur dann kann er die geltenden Tarifverträge auch entsprechend auf das jeweilige Arbeitsverhältnis anwenden (str. vgl. *Freckmann/Müller* BB 2010, 1981 (1987)).

Waren Sie schon einmal in unserem Unternehmen oder im Unternehmen unseres/ unserer Rechtsvorgängers/Rechtsvorgängerin beschäftigt? ......[21]

4. Gesundheitszustand

Die Fragen nach dem Gesundheitszustand ermitteln wir einzig und allein deshalb, um festzustellen, ob Sie gesundheitlich in der Lage sind, die ausgeschriebene Tätigkeit zu übernehmen. Dem dient auch die Frage nach einer evtl. Behinderung. Sie wäre für uns an sich kein Kriterium, eine Einstellung nicht vorzunehmen, denn es geht alleine darum, dass die gesundheitlichen Voraussetzungen gegeben sind, den ausgeschriebenen Arbeitsplatz auszuüben.[22]

Bestehen Behinderungen, die Sie an der Ausübung der Tätigkeit ganz oder teilweise hindern? ......[23]
Sind Sie arbeitsunfähig erkrankt? ......
Ist das letzte Arbeitsverhältnis aufgrund einer Krankheit beendet worden? ......
Haben Sie eine ansteckende oder chronische Krankheit, die Ihre Arbeitsleistung mindert? ......
Haben Sie sonst eine Krankheit, die Sie an der Ausübung der Arbeit hindert? ......
Wären Sie bereit, sich auf Kosten unseres Unternehmens untersuchen zu lassen? ......
Sind Sie dazu bereit, Ihren Arzt von der ärztlichen Schweigepflicht zu entbinden? ......
Haben Sie einen Kurantrag gestellt? ......
Liegt eine Bewilligung vor? ......

5. Wehr- oder Zivildienst

Wir stellen diese Frage, da wir wissen müssen, ob Sie zu dem von uns gewünschten Beginn Ihre Tätigkeit aufnehmen können.
Liegt ein Einberufungsbescheid vor? ......

6. Vermögensverhältnisse

(Alternativ für den Fall, dass es sich bei der zu besetzenden Position um eine Vertrauensposition in Bezug auf Vermögenswerte und Betriebsgeheimnisse handelt.)
Bei der zu besetzenden Stelle handelt es sich um eine Vertrauensposition. Die Vertrauensstellung ergibt sich daraus, ... *(Hier müssen entsprechende Argumente, wie beispielsweise beim Bankkassierer oder Croupier, aufgeführt werden, gleiches gilt im Zusammenhang mit Betriebsgeheimnissen).*
Haben Sie Ihren künftigen Arbeitslohn abgetreten oder liegen Lohnpfändungen vor? ...

---

[21] Diese Frage sollte bei Abschluss eines befristeten Arbeitsvertrages sicherheitshalber gestellt werden. Denn nach § 14 Abs. 2 Satz 2 TzBfG ist eine Befristung ohne Sachgrund nicht zulässig, wenn mit demselben Arbeitgeber innerhalb der letzten drei Jahre bereits zuvor ein befristetes oder unbefristetes Arbeitsverhältnis bestanden hat (vgl. BAG 6.4.2011 – 7 AZR 716/09, NZA 2011, 905). Der Arbeitgeber würde Gefahr laufen, dass das Arbeitsverhältnis ansonsten in einen unbefristeten Arbeitsvertrag übergeht (vgl. *Schrader*, Rechtsfallen in Arbeitsverträgen, 2001, Rn. 338 bis 341).
[22] Die Darlegungs- und Beweislast für einen evtl. Entschädigungsanspruch des schwerbehinderten Arbeitnehmers für den Fall der Nichteinstellung war bis zum Inkrafttreten des AGG in § 81 Abs. 2 Satz 2 Nr. 1 Satz 3 SGB IX geregelt: Bereits danach trug der Arbeitgeber die Beweislast dafür (vgl. →A. Fn. 13), dass nicht auf die Behinderung bezogene Gründe seine Einstellungsentscheidung rechtfertigen, wenn der Bewerber glaubhaft macht, wegen seiner Behinderung benachteiligt worden zu sein (vgl. BAG 15.2.2005 – 9 AZR 635/03, NZA 2005, 870).
[23] Die Frage ist nur zulässig, soweit sie die Einsatzfähigkeit des Bewerbers auf den konkreten Arbeitsplatz betrifft (vgl. im Einzelnen Schaub/*Linck*, ArbR-HdB, § 26 Rn. 23; *Schrader/Siebert* ArbRAktuell 2012, 157); auch keine Änderung durch BAG 7.7.2011 – 2 AZR 396/10, NZA 2012, 34. Die Frage nach der Schwerbehinderung ist mit dem europäischen arbeitsrechtlichen Diskriminierungsverbot wie auch dem AGG nicht vereinbar und stellt eine unzulässige Benachteiligung dar, die Frage ist unzulässig (ebenso *Messingschlager* NZA 2003, 301 (305); *Joussen* NJW 2003, 2857 (2861)). Etwas anderes gilt jedoch für die Frage des Arbeitgebers im bestehenden Arbeitsverhältnis, sie ist zulässig (vgl. BAG 16.2.2012 – 6 AZR 553/10, NZA 2012, 555).

Haben Sie eine eidesstattliche Versicherung (§§ 899 ff. ZPO) abgeleistet? ......

7. Straffälligkeit[24]

Bei der zu besetzenden Position handelt es sich um eine Vertrauensstellung, weil ...... *(Es folgt eine Begründung, beispielsweise Kassierer oÄ)* ......

Haben Sie Vorstrafen, die für die zu vergebende Position von Bedeutung sind? ......
Muss in Folge laufender Ermittlungsverfahren mit Ihrer Abwesenheit gerechnet werden? ......
Droht eine Haftstrafe? ......

Ich versichere die Richtigkeit meiner Angaben. Dass bewusst falsche und unvollständige Angaben zur Anfechtung des Arbeitsvertrages wegen arglistiger Täuschung und zum Schadensersatz berechtigen, ist mir bekannt.[25]

....
(Ort, Datum)   (Unterschrift)

27 Hinweis:

Natürlich ist durch ein solches Muster nicht gewährleistet, dass die Fragen im Einzelnen einer gerichtlichen Überprüfung standhalten. Die Eingangsabsätze sollen das Risiko minimieren, dass ein Diskriminierungstatbestand verwirkt wird, zumindest soll – soweit bei Schadensersatzansprüchen relevant – das Verschulden ausgeschlossen werden. Der Bewerber hat folgendes taktisches Problem: Der Bewerber hat das Problem, dass er zulässige Fragen des Arbeitgebers wahrheitsgemäß beantworten muss. Ansonsten besteht die Gefahr der Anfechtung des Arbeitsvertrages mit der Konsequenz, dass dieser – je nachdem, ob das Arbeitsverhältnis schon in Vollzug ist oder nicht – rückwirkend oder für die Zukunft beendet wird. Insoweit besteht ein rechtliches, aber auch ein tatsächliches Problem für den Bewerber: Beantwortet er eine **zulässige Frage nicht wahrheitsgemäß,** läuft er Gefahr, dass der Arbeitgeber den Arbeitsvertrag anfechten wird. Beantwortet er dagegen eine **unzulässige Frage nicht wahrheitsgemäß**, ist dies zulässig; hier besteht ein „Recht auf Lüge". Allerdings läuft der Arbeitnehmer im Falle einer Lüge Gefahr, dass der Arbeitgeber das Arbeitsverhältnis kündigen wird, insbesondere dann, wenn er in den ersten sechs Monaten des Arbeitsverhältnisses, in denen sich der Arbeitnehmer noch nicht auf den Schutz des Kündigungsschutzgesetzes berufen kann, von der nicht wahrheitsgemäßen Beantwortung der Frage erfährt.

9. Eignungsuntersuchungen

a) Zulässigkeit

28   Der Arbeitgeber hat grundsätzlich ein berechtigtes Interesse daran, dass der Bewerber für den zu besetzenden Arbeitsplatz geeignet ist. Er muss die **erforderliche körperliche, ggf. aber auch psychische Eignung** mitbringen. Die körperliche Leistungsfähigkeit muss den Anforderungen der Stelle standhalten.[26]

29   Eignungsuntersuchungen im Hinblick auf die körperliche Leistungsfähigkeit werden in der Regel nur dann zulässig sein, wenn ein **bestimmtes Merkmal unerlässlich für die zu besetzende Position** ist. Dabei kann es um körperliche, aber auch

---

[24] Die Frage nach Ermittlungs- und Strafverfahren ist zulässig, wenn diese für die Tätigkeit relevant ist. So ist beispielsweise der öffentliche Arbeitgeber berechtigt, einen Bewerber um ein öffentliches Amt nach anhängigen Ermittlungs- und Strafverfahren zu befragen, wenn ein solches Verfahren Zweifel an der persönlichen Eignung des Bewerbers für die in Aussicht genommene Tätigkeit begründen kann (vgl. BAG 27.7.2005 – 7 AZR 508/04, NZA 2005, 1243).
[25] Zu den Rechtsfolgen bei Falschbeantwortung zulässiger Fragen vgl. Schaub/*Linck,* ArbR-HdB, § 26 Rn. 6 ff.
[26] *Zeller* BB 1987, 2439.

geistige Eigenschaften gehen, wie das Beispiel eines Piloten oder auch eines Gefahrguttransporteurs deutlich machen.[27]

Darüber hinausgehende Eignungsuntersuchungen können **aufgrund des AGG problematisch** sein, da die Abgrenzung zwischen der diskriminierungsrelevanten Behinderung nach §§ 1, 7 Abs. 1 AGG und einer „bloß" chronischen Erkrankung fließend ist.[28] Denn wenn sich bei der Einstellungsuntersuchung eine Erkrankung des Bewerbers herausstellt und aufgrund dessen vom Arbeitgeber nicht eingestellt wird, kann sich dieser den Vorwurf einer Benachteiligung wegen einer Behinderung ausgesetzt sehen.

Von den sicherheitsrelevanten Ausnahmefällen abgesehen, bedarf die Untersuchung von
– psychischen Eignungsuntersuchungen,
– physischen Eignungsuntersuchungen sowie
– graphologischen Eignungsuntersuchungen
der **ausdrücklichen Einwilligung des Bewerbers.** Zwar kann je nach Einzelfall und Auslegung auch eine konkludente Einwilligung anzunehmen sein, wenn beispielsweise bei graphologischen Gutachten der Arbeitgeber um Übersendung eines handschriftlichen Lebenslaufes bittet mit dem Hinweis, dass ein graphologisches Gutachten erstellt wird.[29] Um jegliche Auslegungsproblematik darüber zu vermeiden, ob und in welchem Umfang eine Einwilligung vorliegt, sollte jedoch in diesen Fällen empfehlenswerter Weise eine explizite Einwilligung des Bewerbers eingeholt werden.

b) Muster: Einwilligung [→ *A. Rn. 28 ff.*]

Einwilligung in eine Untersuchung

Ich erkläre hiermit mein Einverständnis mit *(Zutreffendes bitte ankreuzen)*:
☐ einer werks- oder vertrauensärztlichen körperlichen Eignungsuntersuchung,
☐ einem graphologischen Gutachten,
☐ einem psychologischen Eignungstest.

Den untersuchenden Arzt bzw. Gutachter entbinde ich in dem Umfang von seiner Schweigepflicht, in dem sein Befund zur Beurteilung meiner Eignung für die vorgesehene Tätigkeit als …… erforderlich ist.

……
(Ort, Datum)

……
(Unterschrift)

---

10. Datennutzung

a) Vorgaben des BDSG

In größeren Unternehmen mit einer Vielzahl von Bewerbern wird der Arbeitgeber in der Regel die Daten der Bewerber erheben und (EDV-technisch) speichern und verarbeiten. Die Erhebung, Verarbeitung und Speicherung dieser Daten in automatisierter und nichtautomatisierter Form unterliegt den Regelungen des Bundesdatenschutzgesetzes (BDSG). Das BDSG stellt ein Verbotsgesetz mit Erlaubnisvorbehalt auf.[30] Das bedeutet, für die Erhebung, Verarbeitung und Nutzung personenbezogener Daten muss ein besonderer Erlaubnistatbestand gegeben sein. Hierzu zählt § 32 BDSG sowie die in den §§ 4 Abs. 1, 4a BDSG normierte ausdrückliche schriftliche Einwilligung des betroffenen Bewerbers.

---

[27] *Bauer/Lingemann/Diller/Haußmann,* Anwalts-Formularbuch Arbeitsrecht, M 1.3.1 Fn. 8.
[28] So zutreffend *Tschöpe/Wisskirchen/Wissels:* Anwalts-HdB Arbeitsrecht, Teil 1 C Rn. 134a.
[29] ErfK/*Preis* BGB § 611 Rn. 305; ArbG München 14.4.1975 – 26 Ca 1674/75, BB 1975, 1205.
[30] § 4 BDSG; ErfK/*Wank* BDSG § 4 Rn. 1.

b) Muster: Einwilligung zur Aufnahme personenbezogener Daten
[→ A. Rn. 33]

34

> **Einwilligung zur Aufnahme personenbezogener Daten**
>
> Ich stimme der Erhebung, Verarbeitung und Nutzung meiner persönlichen Daten samt der von mir mitgeteilten Daten sowie der vorgelegten ärztlichen Atteste unter Einschluss jeglicher personenbezogener Daten zu, soweit sie der Begründung des Arbeitsverhältnisses, dem laufenden Arbeitsverhältnis bzw. der Abwicklung des Arbeitsverhältnisses dienen. Gleiches gilt für die Erhebung, Verarbeitung und Nutzung der meine Person betreffenden Daten durch Internetrecherche. Die vorstehende Zustimmung gilt ausdrücklich auch für das Anbahnungsverhältnis, im Vorfeld eines etwaigen Arbeitsverhältnisses.
>
> Sollte es nicht zur Begründung eines Arbeitsverhältnisses kommen, erlischt meine Einwilligung, insbesondere zur Datenverarbeitung und -nutzung, mit Ablauf von zwölf Monaten nach Zugang der Mitteilung über die Nichtbegründung des Arbeitsverhältnisses; jegliche meiner Daten sind dann arbeitgeberseits zu löschen. Unberührt bleibt die Möglichkeit, die Löschung meiner Daten jederzeit vorher zu verlangen, soweit kein berechtigtes Arbeitgeberinteresse an der Datenverarbeitung und -nutzung besteht.[31]
>
> ……   ……
> (Ort, Datum)   (Unterschrift)

II. Ausgang Anbahnungsverhältnis

1. Einfühlungsverhältnis

a) Zulässigkeit

35 Arbeitgeber und Arbeitnehmer haben eventuell ein Interesse daran, vor Abschluss des Arbeitsverhältnisses sich gegenseitig „zu erproben". Eine derartige Erprobung geht – auch ohne schriftlichen Vertrag – immer mit dem Risiko einher, dass ein Arbeitsverhältnis – gerade unbefristeter Natur – zustande kommt. Eine andere Möglichkeit stellt eventuell die Eingehung eines sogenannten Einfühlungsverhältnisses dar, wobei derzeit nicht höchstrichterlich geklärt ist, ob dadurch die Eingehung eines Arbeitsverhältnisses zwingend ausgeschlossen wird.

b) Muster: Einfühlungsverhältnis [→ A. Rn. 35]

36

> Sehr geehrte/r Frau/Herr ……,
>
> um zu verifizieren, ob sowohl für Sie wie auch für uns eine Beschäftigung in unserem Unternehmen in Betracht kommt und ein Arbeitsverhältnis eingegangen werden soll, verbleiben wir wie folgt:
>
> Sie werden sich die Tätigkeit in unserem Unternehmen am …… im Zeitraum von …… bis …… ansehen, mit Ablauf des Zeitraums endet das Einfühlungsverhältnis automatisch.
>
> Sie unterliegen im Einfühlungsverhältnis keinen arbeitgeberseitigen Weisungen und sind nicht verpflichtet, irgendwelchen Tätigkeiten nachzukommen.
>
> Es geht allein darum, herauszufinden, ob eine Beschäftigung für Sie und uns in Betracht kommt. Ein Arbeitsverhältnis oder ein Anspruch auf die Begründung eines Arbeitsverhältnisses entsteht durch das Einfühlungsverhältnis nicht.

---

[31] Vgl. auch *Bauer/Lingemann/Diller/Haußmann*, Anwalts-Formularbuch Arbeitsrecht, M 70.5.

Nur der guten Ordnung halber dürfen wir darauf hinweisen, dass für die Zeit der Einfühlung in ein mögliches Arbeitsverhältnis von uns keinerlei Vergütung gezahlt wird.

Auch gehören Sie im Rahmen des Einfühlungsverhältnisses nicht dem gem. § 2 SGB VII kraft Gesetzes in der Unfallversicherung versicherten Personenkreis an. Es obliegt daher Ihnen, auf eigene Kosten für anderweitigen Versicherungsschutz zu sorgen.

Zum Zeichen Ihres Einverständnisses bitten wir Sie, uns das beigefügte Doppel gegengezeichnet wieder zur Verfügung zu stellen.

Mit freundlichen Grüßen

2. Absage

a) Vorgaben des AGG

Das Anbahnungsverhältnis, dh die Bewerbung des Arbeitnehmers und die Entscheidung über seine Bewerbung endet entweder mit dem Abschluss eines Arbeitsvertrages und der Aufnahme der Tätigkeit oder aber mit der Mitteilung, dass es nicht zur Begründung eines Arbeitsverhältnisses kommen wird (Absage).

Während die Arbeitgeber in der Vergangenheit relativ „offenherzig" in den Absageschreiben den Grund für die Absage mitgeteilt haben, ist aus Sicht des Arbeitgebers nach der Einführung des AGG hierbei größte Vorsicht geboten. Denn ein Absageschreiben, in dem ein Grund genannt wird, aus dem sich ergeben könnte, dass die Absage wegen eines benachteiligenden Merkmals erfolgt, stellt ein Indiz für eine Benachteiligung dar, dass der Bewerber in einem Verfahren gegen den Arbeitgeber benutzen kann. Konsequenz: In dem Absageschreiben sollte der Arbeitgeber **auf jeglichen Grund oder weitergehende Aussage verzichten.**

b) Muster: Absageschreiben [→ A. Rn. 37 f.]

Anton Beißer & Carl Doll

Sehr geehrte Frau Müller,

wir dürfen zurückkommen auf Ihre Bewerbung vom 11.9.2012 und das zwischen Ihnen und uns geführte Vorstellungsgespräch am 20.9.2012. Da wir uns für einen anderen Bewerber entschieden haben, bedauern wir, Ihnen absagen zu müssen.

Mit freundlichen Grüßen

……
(Ort, Datum)

……
(Unterschrift)

c) Auskunft

Die Frage, ob der abgelehnte Bewerber gegen den Arbeitgeber einen Anspruch auf Mitteilung des tatsächlich eingestellten Bewerbers hat, damit der abgesagte Bewerber beurteilen kann, ob er sich Ansprüchen gegen den Arbeitgeber berühmt, ist streitig. Das BAG hat diese Frage dem EuGH vorgelegt.[32] Dieser hat mittlerweile bestätigt, dass kein Anspruch eines abgelehnten Bewerbers auf Auskunft über die anderweitige Besetzung einer ausgeschriebenen Stelle besteht.[33]

---

[32] BAG 20.5.2010 – 8 AZR 287/08 (A), NZA 2010, 1006.
[33] EuGH 19.4.2012 – C-415/10, DB 2012, 980.

2. Teil. Arbeitsvertrag

Übersicht

Rn.

I. Grundlagen 41–68
  1. Form 41, 42
  2. Nachweisgesetz 43–46
  3. AGB-Kontrolle 47–65
    a) Allgemeine Geschäftsbedingungen 47–49
    b) Vorrang Individualabrede 50
    c) Kein Verstoß gegen Transparenzgebot 51
    d) Keine überraschende Klausel 52
    e) Auslegung vor Inhaltskontrolle 53
    f) Unklarheitenregelung 54, 55
    g) Inhaltskontrolle 56–60
      aa) Unangemessene Benachteiligung 56–59
      bb) Klauselverbote der §§ 308, 309 BGB 60
    h) Besonderheiten des Arbeitsrechts 61, 62
    i) Rechtsfolge 63, 64
    j) Zusammenfassung 65
  4. AGG-Kontrolle 66–68
II. Allgemeine Arbeitsvertragsbedingungen 69–263
  1. Vorbemerkung 69
  2. Anschrift 70, 71
    a) Hintergrund 70
    b) Muster 71
  3. Beschäftigungsbeginn 72, 73
    a) Hintergrund 72
    b) Muster 73
  4. Befristung 74–83
    a) Gesetzliche Vorgaben 74–78
    b) Muster 79–83
      aa) Muster: Befristung ohne Sachgrund 79
      bb) Muster: Befristung mit Sachgrund 80
      cc) Muster: Sachgrund Erprobung 81
      dd) Muster: Vertretungsfall 82
      ee) Muster: Befristungsgrund Projektarbeit 83
  5. Anrechnung Betriebszugehörigkeit 84–87
    a) Gesetzliche Vorgaben 84, 85
    b) Muster 86, 87
      aa) Muster: Grundsätzliche Anrechnung 86
      bb) Muster: Eingeschränkte Anrechnung 87
  6. Probezeit 88–91
    a) Gesetzliche Vorgaben 88
    b) Muster 89–91
      aa) Muster: 6-monatige Probezeit 89
      bb) Muster: Kürzere Probezeit 90, 91
  7. Tätigkeit 92–100
    a) Gesetzliche Vorgaben 92–97
    b) Muster: Tätigkeit 98–100
      aa) Muster: Tätigkeitsfestschreibung 99
      bb) Muster: Formulierung mit Änderungsvorbehalt 100
  8. Arbeitszeit 101–107
    a) Gesetzliche Vorgaben 101–106
    b) Muster: Arbeitszeit 107
  9. Vergütung 108–129
    a) Gesetzliche Vorgaben 108–117
    b) Muster 118–129
      aa) Muster: Monatliche Bruttovergütung 118
      bb) Muster: Jahresvergütung 119
      cc) Muster: Vergütung nach Tarifvertrag 120, 121
      dd) Muster: Akkordvergütung 122
      ee) Muster: Provisionsvereinbarung 123
      ff) Muster: Gewinnbeteiligung 124, 125
      gg) Muster: Leistungen mit Widerrufsvorbehalt 126
      hh) Muster: Freiwilligkeitsvorbehalt 127
      ii) Muster: Widerruf übertariflicher Zulagen 128, 129
  10. Über- und Mehrarbeit 130–137
    a) Gesetzliche Vorgaben 130–132
    b) Muster 133–137

2. Teil. Arbeitsvertrag

	Rn.
aa) Muster: Pauschale Abgeltung durch vereinbarte Vergütung	133
bb) Muster: Abgeltung von Überstunden durch Pauschale	134
cc) Muster: Abgeltung durch Freizeitgewährung	135, 136
dd) Muster: Arbeitsvertragliche Regelung von Zuschlägen	137
11. Abtretungsverbote und Lohnpfändung	138–142
a) Gesetzliche Vorgaben	138–140
b) Muster	141, 142
aa) Muster: Absolutes Abtretungsverbot	141
bb) Muster: Abgeschwächtes Abtretungsverbot	142
12. Arbeitsverhinderung	143, 144
a) Gesetzliche Vorgaben	143
b) Muster: Vorübergehende Arbeitsverhinderung	144
13. Entgeltfortzahlung im Krankheitsfall	145–148
a) Gesetzliche Vorgaben	145
b) Muster	146–148
aa) Muster: Entgeltfortzahlung im Krankheitsfall	146
bb) Muster: Entgeltfortzahlung zu Gunsten des Arbeitnehmers	147, 148
14. Urlaub	149–154
a) Gesetzliche Vorgaben	149–152
b) Muster: Urlaub	153, 154
15. Verschwiegenheit	155–157
a) Gesetzliche Vorgaben	155, 156
b) Muster: Verschwiegenheitspflicht	157
16. Wettbewerbsverbot	158–162
a) Gesetzliche Vorgaben	158–160
b) Muster	161, 162
aa) Muster: Nachvertragliches Wettbewerbsverbot (Kurzform)	161
bb) Muster: Nachvertragliches Wettbewerbsverbot (Langform)	162
17. Nebentätigkeit	163–168
a) Gesetzliche Vorgaben	163–166
b) Muster: Nebentätigkeit	167, 168
18. Vertragsstrafe	169–175
a) Gesetzliche Vorgaben	169–173
b) Muster: Vertragsstrafe	174, 175
19. Kündigung	176–181
a) Gesetzliche Vorgaben	176–179
b) Muster	180, 181
aa) Muster: Regelung gesetzlicher Grundkündigungsfristen	180
bb) Muster: Vertraglich abweichende Kündigungsfrist	181
20. Freistellung	182–186
a) Gesetzliche Vorgaben	182–185
b) Muster: Freistellung	186
21. Altersgrenzen	187–190
a) Gesetzliche Vorgaben	187–189
b) Muster: Altersgrenze	190
22. Vorschüsse und Darlehen	191–194
a) Gesetzliche Vorgaben	191–193
b) Muster: Vorschüsse und Darlehen	194
23. Bezugnahme auf Tarifverträge	195–199
a) Gesetzliche Vorgaben	195–198
b) Muster: Bezugnahme auf Tarifverträge	199
24. Ehrenamtliche Tätigkeit	200, 201
a) Hintergrund	200
b) Muster: Ehrenamt	201
25. Rückzahlung Fortbildungskosten	202–207
a) Gesetzliche Vorgaben	202–206
b) Muster: Rückzahlung Fortbildungskosten	207
26. Dienstwagen	208–220
a) Gesetzliche Vorgaben	208–218
b) Muster	219, 220
aa) Muster: Dienstwagen ohne Privatnutzung	219
bb) Muster: Dienstwagen mit Privatnutzung	220
27. Internet und E-Mail	221–227
a) Gesetzliche Vorgaben	221–225
b) Muster	226, 227
aa) Muster: Verbot privater Nutzung von Internet und E-Mail	226
bb) Muster: Private Nutzung von Internet und E-Mail	227
28. Telefonate	228–233
a) Gesetzliche Vorgaben	228–231
b) Muster	232, 233
aa) Muster: Keine privaten Telefonate	232
bb) Muster: Erlaubte Privatnutzung Telefone	233

	Rn.
29. Foto	234–236
a) Hintergrund	234, 235
b) Muster: Foto	236
30. Leitende Angestellte	237–241
a) Gesetzliche Vorgaben	237–239
b) Muster: Vollmachtserteilung	240, 241
31. Annahme von Geschenken	242–244
a) Hintergrund	242
b) Muster	243, 244
aa) Muster: Verbot der Annahme von Geschenken	243
bb) Muster: Erlaubnis der Annahme von Geschenken bis zu einem bestimmten Wert	244
32. Ausschlussfristen	245–249
a) Gesetzliche Vorgaben	245–247
b) Muster: Ausschlussfristen	248, 249
33. Schriftformklausel	250–254
a) Gesetzliche Vorgaben	250–252
b) Muster	253, 254
aa) Muster: Einfache Schriftformklausel	253
bb) Muster: Doppelte Schriftformklausel	254
34. Change of Control	255–258
a) Hintergrund	255, 256
b) Muster: Change of Control	257, 258
35. Sabbatical	259–261
a) Hintergrund	259, 260
b) Muster: Sabbatical	261
36. Salvatorische Klausel	262, 263
a) Hintergrund	262
b) Muster: Salvatorische Klausel	263
III. Muster: Arbeitsverträge	264–267
1. Vorbemerkung	264
2. Muster	265–267
a) Muster: Unbefristeter Arbeitsvertrag	265
b) Muster: Befristeter Arbeitsvertrag	266
c) Muster: Arbeitsvertrag Führungskraft	267
IV. Besondere Arbeitsvertragsbedingungen	268–357
1. Einführung	268, 269
2. Entsendungsvertrag	270–279
a) Gestaltungsmöglichkeiten	270–273
b) Muster	274–279
aa) Muster: Arbeitsvertrag für Arbeitnehmer ausländischer Tochterunternehmen	274, 275
bb) Muster: Entsendungsvertrag für einen ins Ausland entsandten Arbeitnehmer	276, 277
cc) Muster: Ergänzung zum Arbeitsvertrag wegen Auslandseinsatz	278, 279
3. Fremdsprachige Verträge	280–283
a) Hintergrund	280, 281
b) Muster	282, 283
aa) Muster: Englische Fassung	282
bb) Muster: Deutsche Fassung	283
4. Betriebliche Altersversorgung	284–322
a) Begriff und Leistungen der betrieblichen Altersversorgung	284–286
b) Durchführungswege	287–313
aa) Versorgungszusage	287–290
bb) Direktversicherung	291–296
cc) Pensionskasse	297
dd) Unterstützungskasse	298–307
ee) Pensionsfonds	308–310
ff) Insolvenzsicherung	311
gg) Abfindung von Anwartschaften	312
hh) Teuerungsanpassung	313
c) Versorgungszusagen	314–322
aa) Hintergrund	314
bb) Muster	315–322
(1) Muster: Unmittelbare Versorgungszusage	315
(2) Muster: Versorgungszusage (Bank-)Vorstand	316
(3) Muster: Zusage einer Direktversicherung ohne Vorbehalt	317
(4) Muster: Zusage einer Direktversicherung mit Vorbehalt	318
(5) Muster: Gehaltsumwandelnde Lebensversicherung	319, 320
(6) Muster: Zusage in Form einer Gesamtzusage	321
(7) Muster: Satzung Unterstützungskasse	322
5. Altersteilzeit	323–327

	Rn.
a) Hintergrund	323–325
b) Muster: Altersteilzeitvertrag	326, 327
6. Teilzeit	328–336
a) Gesetzliche Vorgaben	328–334
b) Muster: Teilzeitarbeitsvertrag	335, 336
7. Abrufarbeit	337, 338
a) Gesetzliche Vorgaben	337
b) Muster: Abrufarbeit	338
8. Geringfügige Beschäftigung	339–343
a) Gesetzliche Vorgaben	339
b) Muster	340–343
aa) Muster: Geringfügige Beschäftigung	340, 341
bb) Muster: Jobsharing-Arbeitsverhältnis	342, 343
9. Sexuelle Dienstleistung	344–346
a) Gesetzliche Vorgaben	344, 345
b) Muster: Arbeitsvertrag über sexuelle Dienstleistungen	346
10. Widerspruch gegen Weiterbeschäftigung	347, 348
a) Gesetzliche Vorgaben	347
b) Muster: Widerspruch gegen Weiterbeschäftigung	348
11. Prozessrechtsverhältnis/Weiterbeschäftigung nach Ablauf der Kündigungsfrist	349–353
a) Gesetzliche Vorgaben	349, 350
b) Muster	351–353
aa) Muster: Neuer befristeter Arbeitsvertrag	351
bb) Muster: Auflösende Bedingung	352
cc) Muster: Prozessrechtsverhältnis	353
12. Wiedereingliederungsvertrag nach § 74 SGB V	354–357
a) Gesetzliche Vorgaben	354, 355
b) Muster	356, 357
aa) Muster: Nebenabrede zum Arbeitsvertrag	356
bb) Muster: Maßnahmen zur stufenweisen Wiedereingliederung in das Erwerbsleben (Wiedereingliederungsplan)	357
V. Dienstverträge	358–421
1. Grundlagen	358
2. Vorstand und Geschäftsführer	359
3. Rechtliche Besonderheiten von Dienstverträgen	360–382
a) Keine Arbeitnehmer	360–364
b) Organstellung und Dienstvertrag	365–368
c) Vertretungsbefugnis	369
d) Ruhen des Arbeitsverhältnisses	370–373
e) Befristungen	374, 375
f) Vergütung	376–378
g) AGB-Kontrolle	379, 380
h) Rechtsweg	381
i) Zusammenfassung	382
4. Muster	383–386
a) Muster: Geschäftsführer-Dienstvertrag	383, 384
b) Muster: Vorstandsvertrag	385, 386
5. Interim Management	387–391
a) Einführung	387–390
b) Muster: Interim Management	391
6. Freie Mitarbeit	392–404
a) Arbeitnehmer	392–394
b) Selbständige	395–398
c) Muster	399–404
aa) Muster: Übungsleiter Fußballmannschaft	400
bb) Muster: Vertrag mit einer Schreibkraft	401
cc) Muster: Beratervertrag	402
dd) Muster: Handelsvertretervertrag für Vermittlung von Versicherungen	403, 404
7. Beauftragte	405–413
a) Gesetzliche Vorgaben	405–407
b) Muster	408–413
aa) Muster: Regelung im Arbeitsvertrag	408–410
bb) Muster: Bestellung zum Datenschutzbeauftragten	411
cc) Muster: Bestellung zum Immissionsschutzbeauftragten	412
dd) Muster: Übertragung von Unternehmerpflichten, zum Arbeitsschutz und Umweltschutz	413
8. Arbeitnehmerüberlassung	414–421
a) Gesetzliche Vorgaben	414–417
b) Muster	418–421
aa) Muster: Vertrag Arbeitnehmer und Verleiher	418, 419
bb) Muster: Vertrag zwischen Verleiher und Entleiher	420
cc) Muster: Werkvertrag	421

I. Grundlagen

1. Form

41 Ein Arbeitsvertrag ist ein privatrechtlicher, gegenseitiger Austauschvertrag. Der Arbeitnehmer ist zu persönlichen (§ 613 BGB) Leistungen von fremdbestimmter, abhängiger oder unselbständiger Arbeit unter der Leitung und Weisung des Arbeitgebers und der Arbeitgeber zur Zahlung einer Vergütung verpflichtet.[34] Für den **Abschluss des Arbeitsvertrages** gilt **grundsätzlich Formfreiheit**. Arbeitsverträge können mündlich, schriftlich, ausdrücklich oder durch schlüssiges Verhalten wirksam abgeschlossen werden. Eine Aushändigung von Arbeitspapieren ist für das wirksame Zustandekommen des Vertrages unerheblich. Im Unterschied dazu ist für die **Beendigung des Arbeitsverhältnisses** nach § 623 BGB die **Schriftform** einzuhalten.

42 Entscheidend ist, dass unabhängig von der Form die Parteien sich darüber einig sind, **dass und welche Arbeitsleistung** durch den Arbeitnehmer gegen Zahlung einer Vergütung zu erbringen ist. Es ist daher nur eine Einigung über die wesentlichen Vertragsbestandteile erforderlich, dh die Leistung von fremdbestimmter Arbeit gegen Vergütung. Die Einzelheiten im Übrigen ergeben sich aus dem Gesetz (so für die Vergütung § 612 BGB, für die Zuweisung von Arbeit das Direktionsrecht in § 106 GewO, für den Urlaub das Bundesurlaubsgesetz, für den Krankheitsfall das Entgeltfortzahlungsgesetz etc.).

2. Nachweisgesetz

43 Dieser Grundsatz der Formfreiheit wird durch das Nachweisgesetz (NachwG) nicht in Frage gestellt. Das NachwG gilt für Arbeitnehmer und gibt diesen das Recht, vom Arbeitgeber einen **Nachweis über die vereinbarten Arbeitsbedingungen in Form einer Niederschrift** zu verlangen. In diese Niederschrift sind insbesondere aufzunehmen (§ 2 Abs. 1 S. 2 NachwG):
– der Name und die Anschrift der Vertragsparteien,
– der Zeitpunkt des Beginns des Arbeitsverhältnisses,
– für den Fall von Befristungen die Befristungsdauer,
– der Arbeitsort bzw. die Möglichkeit, mittels Direktionsrecht des Arbeitgebers den Arbeitnehmer an verschiedenen Arbeitsorten zu beschäftigen,
– eine kurze Charakterisierung oder Beschreibung der zu leistenden Tätigkeit,
– die Zusammensetzung und Höhe des Arbeitsentgeltes einschl. Zuschläge, Zulagen uÄ,
– die vereinbarte Arbeitszeit,
– die Dauer des jährlichen Erholungsurlaubes,
– die Kündigungsfristen sowie
– soweit relevant, ein Verweis auf evtl. geltende Tarifverträge, Betriebs- oder Dienstvereinbarungen.

44 Diese Vorschrift gilt **für alle Arbeitnehmer,** es sei denn, dass sie nur zur vorübergehenden Aushilfe von höchstens einem Monat eingestellt werden (§ 1 NachwG). Änderungen der Vertragsbedingungen im Laufe der Arbeit sind dem Arbeitnehmer spätestens einen Monat nach der Änderung schriftlich mitzuteilen (§ 3 NachwG).

45 Statt einer Niederschrift können die **Daten in einen Arbeitsvertrag** übernommen werden. Dies entspricht der arbeitsrechtlichen Praxis. Der Nachweis der wesentlichen Vertragsbedingungen in elektronischer Form ist ausgeschlossen (§ 2 Abs. 1 S. 3 NachwG).

46 Kommt der Arbeitgeber seiner Verpflichtung, einen Nachweis der wesentlichen Arbeitsvertragsbedingungen (oder einen Arbeitsvertrag, mit dem er die gleichen rechtlichen Wirkungen herbeiführt) abzuschließen, nicht nach, ergeben sich im Wesentlichen zwei für ihn relevante **Auswirkungen:**

---

[34] Zum Arbeitsvertrag und Arbeitsverhältnis vgl. ausführlich Schaub/*Linck*, ArbR-HdB, § 29 Rn. 1 ff. mwN.

– Der Arbeitgeber kann sich **schadensersatzpflichtig** machen. In einem vom BAG entschiedenen Fall hatte der Arbeitgeber keinen Hinweis auf die in seinem Betrieb üblicherweise anwendbaren Tarifverträge erteilt. Tatsächlich fand ein solcher Tarifvertrag betriebsüblicherweise Anwendung. Dieser Tarifvertrag enthielt Ausschlussfristen. Gegenüber den geltend gemachten Ansprüchen des Arbeitnehmers konnte sich der Arbeitgeber trotz Verletzung seiner Pflichten aus dem NachwG konkret aus der fehlenden Angabe des anwendbaren Tarifvertrages auf die in diesem enthaltenen Ausschlussfristen berufen, machte sich aber nach §§ 286 Abs. 1, 280 Abs. 2 BGB wegen der unterlassenen Aushändigung einer Niederschrift nach § 2 Abs. 1 NachwG schadensersatzpflichtig.[35]
– In einem arbeitsgerichtlichen Verfahren gilt für den Fall der Nichterteilung eines Nachweises oder eines Arbeitsvertrages, dass sich der Arbeitgeber zwar auf die schriftlich nicht niedergelegten Vertragsbedingungen, die auf das Arbeitsverhältnis Anwendung finden, berufen kann, aber zu Gunsten des Arbeitnehmers die **Grundsätze der Beweiserleichterung** Anwendung finden.[36] Der bloße Verstoß gegen das NachwG bedeutet noch nicht die Richtigkeit der Behauptung eines Arbeitnehmers, der Arbeitnehmer muss hierzu Anhaltspunkte vortragen. Stellt aber der Arbeitnehmer Tatsachenbehauptungen auf, die der Arbeitnehmer zwar nicht beweisen, aber der Arbeitgeber auch nicht widerlegen kann, geht in dieser Situation des non-liquet die Unmöglichkeit der Tatsachenaufklärung zu Lasten des Arbeitgebers, wenn dieser entgegen § 2 NachwG dem Arbeitnehmer keinen Nachweis der wesentlichen Vertragsbedingungen erteilt hat.[37]

3. AGB-Kontrolle

a) Allgemeine Geschäftsbedingungen

Nach §§ 305 ff. BGB unterliegen Arbeitsverträge einer **Inhaltskontrolle,** wobei nach § 310 Abs. 4 S. 2 BGB die im Arbeitsrecht geltenden Besonderheiten angemessen zu berücksichtigen sind. 47

Allgemeine Geschäftsbedingungen sind für eine Vielzahl von Verträgen vorformulierte **Vertragsbedingungen,** die eine Vertragspartei der anderen bei Vertragsabschluss stellt (§ 305 Abs. 1 S. 1 BGB). Vertragsbedingungen sind für eine Vielzahl von Verträgen bereits dann vorformuliert, wenn ihre dreimalige Verwendung beabsichtigt ist.[38] Nach § 310 Abs. 3 Nr. 2 BGB finden auf Verträge zwischen einem Unternehmer und einem Verbraucher (Verbraucherverträge) § 305c Abs. 2 BGB und die §§ 306 und 307–309 BGB auch dann Anwendung, wenn die vorformulierten Vertragsbedingungen nur zur einmaligen Verwendung bestimmt sind und der Verbraucher aufgrund der Vorformulierung auf ihren Inhalt keinerlei Einfluss nehmen konnte. 48

Bei den Regelungen in Arbeitsverträgen handelt es sich dementsprechend um Allgemeine Geschäftsbedingungen, die damit der Inhaltskontrolle nach den §§ 305 ff. BGB unterliegen. Arbeitsverträge sind Verträge zwischen einem Unternehmer (Arbeitgeber) und einem Verbraucher (Arbeitnehmer), so dass es sich bei den Arbeitsverträgen um Verbraucherverträge iSv § 310 Abs. 3 BGB handelt.[39] 49

b) Vorrang Individualabrede

Nach § 305 Abs. 1 S. 3 BGB, § 305 b BGB liegen Allgemeine Geschäftsbedingungen dann nicht vor, wenn sie individuell ausgehandelt worden sind. Eine Individualabrede ist aber nicht bereits dann gegeben, wenn der Arbeitnehmer in einem Einzelgespräch sein Einvernehmen mit der Vereinbarung erklärt und erst danach der Vertrag mit der vereinbarten Regelung ausgehandelt wird. „Aushandeln" bedeutet mehr als 50

---

[35] BAG 17.4.2002 – 5 AZR 89/01, AP NachwG § 2 Nr. 6.
[36] BAG 20.5.2008 – 9 AZR 382/07, NZA 2008, 1233; Schaub/*Linck,* ArbR-HdB, § 32 Rn. 45 mwN.
[37] LAG Niedersachsen 21.2.2003 – 10 Sa 1683/02, NZA-RR 2003, 520.
[38] BAG 1.3.2006 – 5 AZR 363/05, AP BGB § 308 Nr. 3.
[39] BAG 18.3.2008 – 9 AZR 186/07, AP BGB § 310 Nr. 12; 14.8.2007 – 8 AZR 973/06, AP BGB § 307 Nr. 28.

Verhandeln. Es genügt nicht, dass das gestellte Formular den Verhandlungspartnern bekannt ist und nicht auf Bedenken stößt, dass der Inhalt lediglich erläutert oder erörtert wird und den Vorstellungen des Partners entspricht. Von einem „Aushandeln" wird nur dann gesprochen, wenn der Verwender zunächst in seinen Allgemeinen Geschäftsbedingungen den enthaltenen „gesetzesfremden" Kerngehalt, also die den wesentlichen Inhalt der gesetzlichen Regelung ändernden oder ergänzenden Bestimmungen, inhaltlich ernsthaft zur Diskussion stellt und dem Verhandlungspartner Gestaltungsfreiheit zur Wahrung eigener Interessen einräumt mit zumindest der realen Möglichkeit, die inhaltliche Ausgestaltung der Vertragsbedingungen zu beeinflussen.[40] Nur dann läge eine individuell ausgehandelte Vereinbarung vor mit der Folge, dass eine AGB-Kontrolle nicht stattfindet.

c) Kein Verstoß gegen Transparenzgebot

51 Nach dem Transparenzgebot des § 307 Abs. 1 S. 2 BGB sind Verwender von Allgemeinen Geschäftsbedingungen gemäß den Grundsätzen von Treu und Glauben verpflichtet, Rechte und Pflichten ihrer Vertragspartner möglichst klar und durchschaubar darzustellen. Allgemeine Geschäftsbedingungen müssen wirtschaftliche Nachteile und Belastungen soweit erkennen lassen, wie dies nach den Umständen gefordert werden kann.[41] Voraussetzungen und Rechtsfolgen der Vertragsregeln müssen so genau umschrieben werden, dass für den Verwender keine ungerechtfertigten Beurteilungsspielräume entstehen. Eine Klausel verletzt das Bestimmtheitsgebot des § 307 Abs. 1 S. 2 BGB, wenn sie – im Rahmen des rechtlich und tatsächlich Zumutbaren – vermeidbare Unklarheiten und Spielräume enthält.[42] Maßstab ist dabei nicht der flüchtige Betrachter, sondern der aufmerksame und sorgfältige Teilnehmer am Wirtschaftsleben.

d) Keine überraschende Klausel

52 Nach § 305c Abs. 1 BGB werden Bestimmungen in den Allgemeinen Geschäftsbedingungen, die nach den Umständen, insbesondere nach dem äußeren Erscheinungsbild des Vertrages, so ungewöhnlich sind, dass der Vertragspartner des Verwenders mit ihnen nicht zu rechnen braucht, nicht Vertragsbestandteil. Überraschenden Klauseln muss ein „Überrumpelungs- und Übertölpelungseffekt" innewohnen. Zwischen den durch die Umstände bei Vertragsschluss begründeten Erwartungen und dem tatsächlichen Vertragsinhalt muss ein deutlicher Widerspruch bestehen.[43] Das Überraschungsmoment kann sich auch aus dem Erscheinungsbild des Vertrages ergeben, wenn sich beispielsweise eine Klausel an einer unerwarteten Stelle oder ohne Hervorhebung findet. Das Überraschungsmoment ist umso eher zu bejahen, je belastender die Bestimmung ist. Im Einzelfall kann der Verwender gehalten sein, auf die Klausel besonders hinzuweisen oder die Klausel drucktechnisch hervorzuheben, hierdurch kann das Überraschungsmoment ausgeschlossen werden.[44]

e) Auslegung vor Inhaltskontrolle

53 Die Auslegung Allgemeiner Geschäftsbedingungen ist vor der Inhaltskontrolle vorzunehmen. Erst der durch die Auslegung festgestellte Inhalt der Allgemeinen Geschäftsbedingungen, also des Arbeitsvertrages, ist einer Inhaltskontrolle nach §§ 307–309 BGB zu unterziehen.[45]

f) Unklarheitenregelung

54 Nach § 305c Abs. 2 BGB gehen Zweifel bei der Auslegung von Allgemeinen Geschäftsbedingungen zu Lasten des Verwenders. Die Unklarheitenregelung beruht

---
[40] BGH 19.5.2005 – III ZR 437/04, NJW 2005, 2543.
[41] BAG 3.4.2007 – 9 AZR 867/06, AP TVG § 4 Nachwirkung Nr. 46.
[42] BAG 14.8.2007 – 8 AZR 973/06, AP BGB § 307 Nr. 28.
[43] BAG 16.4.2008 – 7 AZR 132/07, AP BGB § 305c Nr. 10.
[44] BAG 8.8.2007 – 7 AZR 605/06, AP TzBfG § 21 Nr. 4; 9.5.2007 – 4 AZR 319/06, AP BGB § 305c Nr. 8; 15.2.2007 – 6 AZR 286/06, AP BGB § 620 Aufhebungsvertrag Nr. 35.
[45] BGH 24.5.2006 – IV ZR 263/03, NJW 2006, 2545, zu den Auslegungskriterien im Einzelnen vgl. Schaub/Linck, ArbR-HdB, § 35 Rn. 27 ff. mwN.

auf dem Gedanken, dass es Sache des Verwenders ist, die von ihm vorgegebenen Vertragsbedingungen klar und unmissverständlich zu formulieren.

Die Anwendbarkeit der Unklarheitenregelung setzt voraus, dass nach Ausschöpfung 55 aller Auslegungsgesichtspunkte ein nicht behebbarer Zweifel verbleibt und mindestens zwei Auslegungen rechtlich vertretbar sind.[46]

g) Inhaltskontrolle

aa) Unangemessene Benachteiligung

Der Inhaltskontrolle nach §§ 307–309 BGB unterliegen gem. § 307 Abs. 3 S. 1 BGB 56 nur Bestimmungen in Allgemeinen Geschäftsbedingungen, durch die von Rechtsvorschriften abweichende oder diese ergänzende Regelungen vereinbart werden. Nach § 310 Abs. 4 S. 3 BGB stehen Tarifverträge, Betriebs- und Dienstvereinbarungen Rechtsvorschriften gleich.

Generalklauselartig sind nach § 307 Abs. 1 S. 1 BGB Bestimmungen in Allgemeinen 57 Geschäftsbedingungen unwirksam, wenn sie den Vertragspartner des Klauselverwenders entgegen Treu und Glauben unangemessen benachteiligen. Unangemessen ist **jede Beeinträchtigung eines rechtlich anerkannten Interesses des Arbeitnehmers**, die nicht durch begründete und billigenswerte Interessen des Arbeitgebers gerechtfertigt ist oder durch gleichwertige Vorteile ausgeglichen wird.[47] Die Feststellung einer unangemessenen Benachteiligung setzt eine wechselseitige Berücksichtigung und Bewertung rechtlich anzuerkennender Interessen der Vertragspartner voraus. Bei diesem Vorgang sind auch grundrechtlich geschützte Rechtspositionen zu beachten. Es bedarf einer umfassenden Würdigung der beiderseitigen Positionen unter Berücksichtigung des Grundsatzes von Treu und Glauben. Dabei ist auch die Stellung der Klausel im Gesamtvertrag zu berücksichtigen ebenso wie kompensierende oder summierende Effekte.[48]

Zur **Beurteilung der Unangemessenheit** ist ein genereller, typisierender, vom 58 Einzelfall losgelöster Maßstab anzulegen. Im Rahmen der Inhaltskontrolle sind dabei Art und Gegenstand, Zweck und besondere Eigenart des jeweiligen Geschäftes zu berücksichtigen. Zu prüfen ist, ob der Klauselinhalt bei der in Rede stehenden Art des Rechtsgeschäftes generell unter Berücksichtigung der typischen Interessen des beteiligten Verkehrskreises eine unangemessene Benachteiligung des Vertragspartners ergibt. Werden Allgemeine Geschäftsbedingungen für verschiedene Arten von Geschäften oder gegenüber verschiedenen Verkehrskreisen verwendet, deren Interessen, Verhältnisse und Schutzbedürfnisse generell unterschiedlich gelagert sind, so kann die Abwägung zu gruppentypisch unterschiedlichen Ergebnissen führen. Die Abwägung ist daher in den Vertrags- oder Fallgruppen vorzunehmen, wie sie durch die an dem Sachgegenstand orientierte typische Interessenlage gebildet werden.

Eine **unangemessene Benachteiligung** ist im Zweifel dann anzunehmen, wenn 59
– eine Bestimmung mit wesentlichen Grundgedanken der gesetzlichen Regelung nicht zu vereinbaren ist (§ 307 Abs. 2 Nr. 1 BGB) oder
– eine Bestimmung mit wesentlichen Grundgedanken der Regelung in einem Tarifvertrag nicht zu vereinbaren ist (§ 307 Abs. 2 Nr. 1 BGB iVm § 310 Abs. 4 S. 3, § 307 Abs. 3 BGB) oder
– eine Bestimmung mit wesentlichen Grundgedanken der Regelung in einer Betriebsvereinbarung/Dienstvereinbarung nicht zu vereinbaren ist (§ 307 Abs. 2 Nr. 1 BGB iVm § 310 Abs. 4 S. 3 BGB, § 307 Abs. 3 BGB).

bb) Klauselverbote der §§ 308, 309 BGB

Die §§ 308, 309 BGB enthalten Klauselverbote mit und ohne Wertungsmöglichkeit. 60 Hier ist im Einzelfall bei jeder Vertragsklausel zu prüfen, ob diese gegen die §§ 308, 309 BGB verstößt.

---
[46] BAG 30.7.2008 – 10 AZR 606/07, NZA 2008, 1173.
[47] BAG 21.4.2005 – 8 AZR 425/04, AP BGB § 307 Nr. 3.
[48] BAG 4.3.2004 – 8 AZR 196/03, AP BGB § 309 Nr. 3.

h) Besonderheiten des Arbeitsrechts

61 Bei der Anwendung der §§ 305 ff. BGB sind nach § 310 Abs. 4 S. 2 BGB die Besonderheiten des Arbeitsrechts angemessen zu berücksichtigen. Von Bedeutung sind nicht nur die rechtlichen, sondern auch die tatsächlichen Besonderheiten des Arbeitslebens, denn es geht um die Beachtung der dem Arbeitsverhältnis innewohnenden Besonderheiten.[49]

62 Das BAG ist in Einzelfällen, bei denen jeweils auf die Besonderheiten des Arbeitsrechts gesondert und nicht generalisierend eingegangen wurde, zu dem Ergebnis gekommen, dass einzelne Klauseln unter Berücksichtigung der Besonderheiten des Arbeitsrechts eine gesonderte Betrachtung erfordern und die Klausel nicht unwirksam ist, sondern wegen der Besonderheiten des Arbeitsrechts – noch – wirksam ist.

i) Rechtsfolge

63 Hält eine arbeitsvertragliche Klausel einer Überprüfung der Inhaltskontrolle nicht stand, ist sie unwirksam, eine geltungserhaltende Reduktion findet nicht statt. Gegenstand der Inhaltskontrolle sind die einzelnen, nur formal verbundenen Allgemeinen Geschäftsbedingungen, wenn sie sprachlich und inhaltlich teilbar sind. Eine Teilung einer Vertragsklausel in einen zulässigen und einen unzulässigen Teil ist nur dann möglich, wenn der unzulässige Teil sprachlich eindeutig trennbar ist. Enthält die Klausel neben dem unwirksamen Teil auch unbedenkliche, sprachlich und inhaltlich abtrennbare Bestandteile, bleiben diese wirksam, auch wenn sie den gleichen Sachkomplex betreffen. Voraussetzung dafür ist aber, dass nach dem Wegstreichen der unwirksamen Teilregelung ein aus sich heraus verständlicher Klauselrest verbleibt (Blue-Pencil-Test).[50]

64 Allerdings führt die **Unwirksamkeit einer einzelnen Vertragsklausel nicht zur Unwirksamkeit des Vertrages insgesamt.** § 306 Abs. 1 BGB enthält eine kodifizierte Abweichung von der Auslegungsregel des § 139 BGB, nach der im Zweifel der Vertrag im Ganzen unwirksam ist, und bestimmt, dass bei Teilnichtigkeit grundsätzlich der Vertrag im Übrigen aufrechterhalten bleibt. Nach Beanstandung einer Allgemeinen Geschäftsbedingungen-Klausel oder eines Klauselteils setzt die Aufrechterhaltung des restlichen Vertrages voraus, dass das Klauselwerk in einen zulässigen und einen unzulässigen Teil aufgespalten werden kann.[51]

j) Zusammenfassung

65 Die Inhaltskontrolle von Arbeitsverträgen ist in bestimmten Schritten vorzunehmen. Sie kann und muss systematisch Schritt für Schritt abgearbeitet werden. Diese Inhaltskontrolle kann in Abhängigkeit von der verwendeten Klausel zu vollkommen unterschiedlichen Ergebnissen kommen. Für den arbeitsrechtlichen Praktiker ist sie einerseits in gerichtlichen Verfahren von Bedeutung, weil damit Ansprüche verhindert oder durchgesetzt werden können. Sie ist aber auch für die Beratungspraxis von erheblicher Bedeutung, wenn der Anwalt aufgefordert ist, Arbeitsverträge zu entwerfen oder zu überarbeiten.

4. AGG-Kontrolle

66 Nach § 1 AGG ist eine Benachteiligung aus Gründen der Rasse oder wegen der ethnischen Herkunft, wegen des Geschlechtes, der Religion oder der Weltanschauung, einer Behinderung, des Alters oder der sexuellen Identität zu verhindern oder zu beseitigen.[52] Das AGG ist deswegen bei arbeitsvertraglichen Klauseln relevant, weil § 2 Abs. 1 AGG ausdrücklich normiert, dass **Benachteiligungen in Bezug auf Beschäftigungs- und Arbeitsbedingungen einschließlich Arbeitsentgelt und Entlassungsbedingungen,** insbesondere in individual- und kollektivrechtlichen Vereinbarungen und Maßnahmen bei der Durchführung und Beendigung eines Beschäftigungsverhältnisses sowie beim beruflichen Aufstieg unzulässig sein können.

---

[49] BAG 25.5.2005 – 5 AZR 572/04, AP BGB § 310 Nr. 1.
[50] BAG 16.5.2012 – 5 AZR 251/11, NZA 2012, 971; 18.12.2008 – 8 AZR 81/08, AP BGB § 309 Nr. 4; 21.4.2005 – 8 AZR 425/04, AP BGB § 307 Nr. 3.
[51] BAG 12.3.2008 – 10 AZR 152/07, AP BGB § 305 Nr. 10.
[52] Zum AGG, seiner Reichweite und Voraussetzungen vgl. im Einzelnen Schaub/*Linck,* ArbR-HdB, § 36 Rn. 4 ff. mzN.

So hat das BAG beispielsweise dem EuGH zur Entscheidung die Frage vorgelegt, ob **67** Regelungen in Tarifverträgen, die – vereinfachend – unterschiedliche Vergütungen abhängig von der Lebensaltersstufe vorsehen, rechtmäßig sind oder einen Verstoß gegen das AGG darstellen.[53] Der EuGH hat letzteres bejaht.[54] Die Frage der Benachteiligung dürfte daher in arbeitsvertraglichen Klauseln eine Rolle spielen, wenn durch die Klausel ein Benachteiligungstatbestand iSv § 1 AGG gesetzt ist (beispielsweise eine unterschiedliche Vergütung von Männern und Frauen für die gleiche Arbeit) oder Ähnliches.

Die konkreten Bestimmungen, die eine Benachteiligung darstellen, sind unwirksam **68** (§ 7 Abs. 2 AGG).

II. Allgemeine Arbeitsvertragsbedingungen

1. Vorbemerkung

Arbeitsverträge sind in der Praxis dadurch geprägt, dass einmal entworfene Muster **69** unverändert fortgeschrieben werden ohne Beachtung der Gestaltungsmöglichkeiten, die geänderte Gesetze oder die Rechtsprechung bieten. Oft wissen Arbeitgeber und Arbeitnehmer überhaupt nicht um die Bedeutung, aber auch den Spielraum, die die von ihnen vereinbarten Klauseln in einem Arbeitsvertrag bieten. Bei der Überprüfung oder Gestaltung von Arbeitsverträgen ist es angezeigt, statt überkommene Muster zu verwenden, zunächst einmal danach zu fragen, was die Parteien in einem Arbeitsvertrag tatsächlich geregelt haben wollen. Wenn diese Feststellungen getroffen worden sind, kann anschließend unter Berücksichtigung der zahlreichen zur Verfügung stehenden Klauseln mit der Zusammenstellung und Gestaltung von Arbeitsverträgen begonnen werden. Das Angebot von Klauseln für die Gestaltung von Arbeitsverträgen ist reichhaltig.

2. Anschrift

a) Hintergrund

Am Anfang eines Arbeitsvertrages sollten die Arbeitsvertragsparteien genannt und **70** aufgeführt, ferner sollten die Anschriften mit aufgenommen werden. Dies mag banal sein, hat aber folgenden Hintergrund: Arbeitgeber und Arbeitnehmer haben Klarheit über die Identität des Vertragspartners, sie verfügen darüber hinaus über die jeweils aktuelle Anschrift. Eine von beiden Seiten unterzeichnete Vertragsurkunde hat mit den darin enthaltenen Klauseln die Vermutung der Vollständigkeit und Richtigkeit für sich.[55] Derjenige Vertragspartner, der etwas anderes behauptet als in der Vertragsurkunde festgehalten, muss dies darlegen und beweisen. Damit keine Unklarheiten über die Identität der Vertragspartner bestehen, sollte daher dem Arbeitsvertrag immer die Benennung der Vertragspartner nebst Anschrift vorangestellt werden. Rechtliche Bedenken dagegen bestehen nicht.

b) Muster [→ A. Rn. 70]

Zwischen der
..... GmbH, ... *(Anschrift)*
— nachfolgend Arbeitgeber genannt
und
Frau/Herrn ......, ... *(Anschrift)*
— nachfolgend Arbeitnehmer genannt —
wird folgender Arbeitsvertrag vereinbart:
......

71
◐ 13

---

[53] BAG 20.5.2010 – 6 AZR 319/09 (A), NZA 2010, 768; 20.5.2010 – 6 AZR 148/09 (A), NZA 2010, 961.
[54] EuGH 8.9.2011 – C 297/10 u.a., NZA 2011, 1100.
[55] So bereits BAG 9.2.1995 – 2 AZR 389/94, NZA 1996, 249.

3. Beschäftigungsbeginn

a) Hintergrund

72 Um jegliche Diskussionen darüber zu vermeiden, wann die tatsächliche Tätigkeitsaufnahme begonnen hat, sollte der Beginn der Beschäftigung in einer separaten Klausel ausdrücklich geregelt werden.

b) Muster

73

> **§ ...... Beginn der Beschäftigung**
>
> Das Arbeitsverhältnis beginnt am ......

4. Befristung

a) Gesetzliche Vorgaben

74 Die Befristung von Arbeitsverträgen ist zulässig und im **TzBfG** geregelt. Die Befristung des Arbeitsvertrages bedarf nach § 14 Abs. 4 TzBfG der Schriftform. Das Schriftformerfordernis erfordert nicht die schriftliche Vereinbarung des Sachgrundes für die Befristung des Arbeitsvertrages oder die schriftliche Niederlegung von befristeten Änderungen. Haben die Parteien einen Sachgrund im Arbeitsvertrag genannt, ist der Arbeitgeber dennoch berechtigt, in einem gerichtlichen Verfahren einen anderen Sachgrund nachzuschieben oder darzulegen, dass die Voraussetzungen für eine sachgrundlose Befristung vorliegen.[56]

75 Für die Frage, ob der **Sachgrund** in den Arbeitsvertrag mit aufgenommen werden sollte, sind folgende Überlegungen maßgebend:
- Die Vereinbarung eines Sachgrundes in einem Arbeitsvertrag, also einer von beiden Seiten unterzeichneten Urkunde, hat die Richtigkeit und Vollständigkeit dieser Urkunde für sich. Derjenige, der geltend macht, der vorgegebene Sachgrund läge nicht vor, wird das Gegenteil darlegen und beweisen müssen.
- Bei der Aufnahme eines Sachgrundes in den Arbeitsvertrag verliert der Arbeitgeber letztendlich nichts, da er im Prozess nicht gehindert ist, einen anderen Sachgrund nachzuschieben.

76 Ist eine Befristung **sachgrundlos** möglich (kein vorheriges Arbeitsverhältnis zum Arbeitgeber während der letzten drei Jahre,[57] Dauer maximal zwei Jahre mit zweimaliger Verlängerung[58]), bedarf es nicht der Aufnahme eines Sachgrundes. Für das Befristungsrecht ist es wichtig, dass die Befristung **vor** Antritt der Tätigkeit schriftlich fixiert ist. Tritt der Arbeitnehmer seine Tätigkeit an und wird der schriftliche Arbeitsvertrag erst später abgefasst, ist die Befristung unwirksam. Es gilt: Die Voraussetzungen des § 14 Abs. 4 TzBfG müssen grundsätzlich bis zum Vertragsbeginn, dh der erstmaligen Arbeitsaufnahme vorliegen.

77 Vereinbaren die Parteien vor Vertragsbeginn **zunächst nur mündlich** die Befristung des Arbeitsvertrages und halten sie die mündlich getroffene Befristungsabrede in einem nach Vertragsbeginn unterzeichneten Arbeitsvertrag schriftlich fest, ist die zunächst mündlich vereinbarte Befristung nichtig, so dass bei Vertragsbeginn ein unbefristetes Arbeitsverhältnis besteht.[59] Zur Vermeidung dieser Rechtsfolge kann der Arbeitgeber den Abschluss eines befristeten Arbeitsvertrages von der Unterzeichnung der Vertragsurkunde durch den Arbeitnehmer abhängig machen. Der Arbeitnehmer kann das schriftliche Angebot des Arbeitgebers dann noch nach der Arbeitsaufnahme durch die Unterzeichnung des Arbeitsvertrages annehmen.

---

[56] Zu den Voraussetzungen der Befristung vgl. ausführlich Schaub/*Koch*, ArbR-HdB, §§ 38–40 mzN.
[57] BAG 6.4.2011 – 7 AZR 716/09, NZA 2011, 905.
[58] Vgl. im Einzelnen: Schaub/*Koch*, ArbR-HdB, § 39 Rn. 2 ff. mzN; allerdings kann die Anzahl der Verlängerungen und die Höchstdauer der Befristung durch Tarifvertrag abweichend geregelt werden (vgl. § 14 Abs. 2 Satz 3 und 4 TzBfG sowie BAG 15.8.2012 – 7 AZR 184/11, NZA 2013, 45).
[59] Schaub/*Koch*, ArbR-HdB, § 38 Rn. 57 mzN.

Der Arbeitgeber macht den Vertragsschluss von der **Einhaltung der Schriftform** 78
abhängig, wenn er zB in den Vertragsverhandlungen der Parteien den Abschluss des befristeten Arbeitsvertrages ausdrücklich und unter den Vorbehalt eines schriftlichen Vertragsschlusses gestellt oder dem Arbeitnehmer die schriftliche Niederlegung des Vereinbarten angekündigt hat. Dies gilt gleichermaßen, wenn der Arbeitgeber dem Arbeitnehmer ein von ihm bereits unterschriebenes Vertragsformular mit der Bitte um Unterzeichnung übersendet. Der Arbeitnehmer kann in diesen und anderen Fällen, in denen der Abschluss des befristeten Arbeitsvertrages nach den Vertragsumständen von der Einhaltung des Schriftformerfordernisses abhängen soll, ein spätestens bei der Arbeitsaufnahme vorliegendes schriftliches Vertragsangebot des Arbeitgebers nicht durch die Arbeitsaufnahme konkludent, sondern nur durch die Unterzeichnung der Vertragsurkunde annehmen. Nimmt der Arbeitnehmer vor diesem Zeitpunkt die Arbeit auf, kommt zwischen den Parteien nur ein faktisches Arbeitsverhältnis zustande, in der reinen Entgegennahme der Arbeitsleistung des Arbeitnehmers liegt keine Annahme des Vertragsangebotes des Arbeitnehmers, die eine formunwirksame Befristungsabrede bewirkt.[60]

b) Muster

aa) Muster: Befristung ohne Sachgrund *[→ A. Rn. 74 ff.]*

§ ...... Befristung
Das Arbeitsverhältnis ist vom ...... bis zum ...... befristet. Es endet mit Befristungsablauf, ohne dass es einer weiteren Erklärung oder Handlung bedarf.

79

bb) Muster: Befristung mit Sachgrund *[→ A. Rn. 74 ff.]*

§ ...... Befristung
(1) Das Arbeitsverhältnis ist vom ...... bis zum ...... befristet. Es endet mit Befristungsablauf, ohne dass es einer weiteren Erklärung oder Handlung bedarf.
(2) Die Befristung beruht auf nachfolgendem Sachgrund: ...... *(Hier muss der Sachgrund aufgeführt werden.)* ......

80

cc) Muster: Sachgrund Erprobung *[→ A. Rn. 74 ff.]*

§ ...... Befristung
(1) Das Arbeitsverhältnis ist vom ...... bis zum ...... befristet. Es endet mit Befristungsablauf, ohne dass es einer weiteren Erklärung oder Handlung bedarf.
(2) Die Befristung beruht darauf, dass die Befähigung und Erprobung des Arbeitnehmers für die vertraglich geschuldete Arbeitsleistung im Befristungszeitraum geprüft und festgestellt werden soll.

81

dd) Muster: Vertretungsfall *[→ A. Rn. 74 ff.]*

§ ...... Befristung
(1) Das Arbeitsverhältnis ist vom ...... bis zum ...... befristet. Es endet mit Befristungsablauf, ohne dass es einer weiteren Erklärung oder Handlung bedarf.
(2) Die Befristung beruht darauf, dass die Stelleninhaberin, Frau Schulze, in dem Befristungszeitraum Elternzeit in Anspruch nimmt, so dass die Befristung für diesen Vertretungsfall erfolgt.

82

---

[60] Schaub/*Koch*, ArbR-HdB, § 38 Rn. 56 mzN.

ee) Muster: Befristungsgrund Projektarbeit [→ A. Rn. 74 ff.]

> **§ ...... Befristung**
>
> (1) Das Arbeitsverhältnis ist vom ...... bis zum ...... befristet. Es endet mit Befristungsablauf, ohne dass es einer weiteren Erklärung oder Handlung bedarf.
>
> (2) Die Befristung beruht darauf, dass der betriebliche Bedarf an der Arbeitsleistung nur vorübergehend besteht. Das Projekt besteht in der Einführung der Software ...... im Unternehmen .... Im Befristungszeitraum wird die Software nicht mehr im Unternehmen eingearbeitet, dh auf die einzelnen Rechner aufgespielt, sondern die Arbeitnehmer werden in der Anwendung dieser Software geschult. Für diesen Zeitraum und diese Tätigkeit gibt es eine entsprechende Dienstleistungsvereinbarung mit dem Unternehmen. Das Projekt wird absehbar mit Ablauf des Befristungszeitraumes abgeschlossen sein.

5. Anrechnung Betriebszugehörigkeit

a) Gesetzliche Vorgaben

Zeiten eines früheren Arbeitsverhältnisses bei demselben Arbeitgeber sind bei der Betriebszugehörigkeit **regelmäßig nicht anzurechnen,** wenn zwischen den Arbeitsverhältnissen ein **Unterbrechungszeitraum** gelegen hat. Eine **Zusammenrechnung von Beschäftigungszeiten** im Anwendungsbereich des § 622 Abs. 2 BGB wie auch des § 1 Abs. 1 KSchG (Berechnung Kündigungsfristen, Erfüllung der Wartezeit für die Anwendbarkeit des Kündigungsschutzgesetzes) erfolgt dann, wenn ein **enger zeitlicher und sachlicher Zusammenhang** zwischen den Arbeitsverhältnissen besteht.[61] Ein solcher zeitlicher und sachlicher Zusammenhang liegt beispielsweise dann vor, wenn ein Arbeitnehmer bei einem Arbeitgeber beschäftigt war, dieser insolvent wurde und der Insolvenzverwalter das Arbeitsverhältnis kündigte und der Arbeitnehmer, der gegen die Kündigung nicht geklagt hatte, von der Gesellschaft, die den Betrieb fortgeführt hat, und bei der der Arbeitnehmer nahtlos beschäftigt war, einen neuen Arbeitsvertrag erhält. Bei unveränderter Tätigkeit „rechnet" die Betriebszugehörigkeit durch.[62]

Der Arbeitgeber darf allerdings frühere Betriebszugehörigkeitszeiten anrechnen oder sich verpflichten, den Arbeitnehmer so zu behandeln, als hätte dieser eine bestimmte Betriebszugehörigkeit absolviert. Dies kann wichtig sein, damit der Arbeitnehmer die **Wartezeit** des § 1 Abs. 1 KSchG für das Eingreifen des Kündigungsschutzgesetzes erfüllt, aber auch für die Unverfallbarkeit von Betriebsrentenansprüchen. Wenn eine Anrechnung von Betriebszugehörigkeitszeiten erfolgen soll, muss der Arbeitgeber aufpassen: Erfolgt die Anrechnung ohne jegliche Einschränkungen, wird sich im Streitfall die Frage stellen, ob sich die Anrechnung grundsätzlich auf das Arbeitsverhältnis in allen Punkten erstrecken soll (also beispielsweise Anwendbarkeit Kündigungsschutz, Betriebsrentenansprüche und ähnliches). Wenn nur gewollt ist, dass die Anrechnung auf einen bestimmten Tatbestand (beispielsweise Erfüllung der Wartezeit für das Eingreifen des Kündigungsschutzgesetzes, § 1 Abs. 1 KSchG) erfolgen soll, muss dies der Klarheit halber ausdrücklich klargestellt werden.

b) Muster

aa) Muster: Grundsätzliche Anrechnung [→ A. Rn. 84 f.]

> **§ ...... Betriebszugehörigkeit**
>
> Auf das Arbeitsverhältnis wird die Betriebszugehörigkeit seit dem ...... bis zum ...... angerechnet.

---
[61] BAG 7.7.2011 – 2 AZR 12/10, AP KSchG 1969 Wartezeit § 1 Nr. 25; 18.9.2003 – 2 AZR 330/02, AP BGB § 622 Nr. 62.
[62] BAG 18.9.2003 – 2 AZR 330/02, AP BGB § 622 Nr. 62.

Oder:

Der Arbeitgeber verpflichtet sich, den Arbeitnehmer so zu stellen, als ob die Betriebszugehörigkeit ab dem ...... rechnet.

bb) Muster: Eingeschränkte Anrechnung

§ ...... **Betriebszugehörigkeit**

Die Parteien vereinbaren, dass für die Anwendbarkeit des Kündigungsschutzgesetzes von einer Betriebszugehörigkeit ab dem ...... bei dem Arbeitgeber ausgegangen wird.

87
↦ 21

6. Probezeit

a) Gesetzliche Vorgaben

§ 622 Abs. 3 BGB lässt die Möglichkeit, während einer vereinbarten Probezeit, längstens für die Dauer von sechs Monaten, das Arbeitsverhältnis mit einer Frist von zwei Wochen zu kündigen. Das bedeutet: Will der Arbeitgeber die Möglichkeit haben, das Arbeitsverhältnis in den ersten sechs Monaten mit einer kürzeren als der gesetzlichen Grundkündigungsfrist von vier Wochen zum 15. oder zum Monatsende (§ 622 Abs. 1 BGB) zu kündigen, muss er eine solche Probezeit vereinbaren. Die Vereinbarung einer Probezeit hat daher in rechtlicher Hinsicht (nur) Bedeutung für die Möglichkeit der Vereinbarung einer verkürzten Kündigungsfrist. Damit diese Möglichkeit besteht, ist es aber unbedingt erforderlich, diese Probezeit ausdrücklich im Arbeitsvertrag festzuschreiben. Die Probezeit kann bis zu sechs Monate, allerdings auch einen kürzeren Zeitraum betragen, so dass beispielsweise eine Kündigung nur innerhalb der ersten drei Monate mit der 14-tägigen Kündigungsfrist und anschließend unter Einhaltung der gesetzlichen Grundkündigungsfrist von vier Wochen zum 15. oder zum Monatsende möglich ist.[63]

88

b) Muster

aa) Muster: 6-monatige Probezeit *[→ A. Rn. 88, 90]*

§ ...... **Probezeit**

Die ersten sechs Monate des Arbeitsverhältnisses gelten als Probezeit. Innerhalb der Probezeit ist das Arbeitsverhältnis mit einer Frist von 14 Tagen kündbar.

89
↦ 22

bb) Muster: Kürzere Probezeit *[→ A. Rn. 88, 89]*

§ ...... **Probezeit**

Die ersten drei Monate des Arbeitsverhältnisses gelten als Probezeit. Innerhalb der Probezeit kann das Arbeitsverhältnis mit einer Frist von 14 Tagen gekündigt werden. Nach Ablauf der Probezeit gelten die gesetzlichen Kündigungsfristen.

90
↦ 23

Hinweis:

Insgesamt ist es auch möglich, in der Klausel mit dem Beginn der Beschäftigung die Probezeit zu vereinbaren und die Regelungen zur Kündigung unter derjenigen Klausel des Arbeitsvertrages zu berücksichtigen, die die Kündigung insgesamt betrifft, und hier einen speziellen Absatz zur Kündigung in der Probezeit mit aufzunehmen. Die Vereinbarung eines befristeten Probearbeitsverhältnisses dürfte aus

91

---

[63] Vgl. statt aller: Schaub/*Koch*, ArbR-HdB, § 41 Rn. 3 ff. mzN.

> Arbeitgebersicht noch sinnvoller sein. Das Arbeitsverhältnis würde mit Fristablauf enden, ohne dass es einer Kündigung bedarf. Dies macht gerade die Schwangerschaft einer Arbeitnehmerin innerhalb der ersten sechs Monate eines Arbeitsverhältnisses deutlich: Im Falle der Befristung würde das Probearbeitsverhältnis mit Befristungsende enden.[64] Bei einem unbefristeten Arbeitsverhältnis würde es einer Kündigung seitens des Arbeitgebers bedürfen, für die die Zustimmung nach § 9 MuSchG notwendig wäre. Bedenken gegen eine Befristung des Probearbeitsverhältnisses innerhalb der ersten sechs Monate des Arbeitsverhältnisses aus dem Gesichtspunkt der Inhaltskontrolle von Arbeitsverträgen bestehen nicht. Sowohl ein unbefristetes Probearbeitsverhältnis wie auch ein befristetes Probearbeitsverhältnis sind zulässig und gesetzlich vorgesehen (vgl. § 622 Abs. 3 BGB, § 14 Abs. 1 Nr. 5 TzBfG). Es liegt kein Abweichen von einer gesetzlichen Regelung vor, so dass eine Inhaltskontrolle nicht stattfindet (§ 307 Abs. 3 BGB).
>
> **Konsequenz:** Wenn man ein Probearbeitsverhältnis vereinbart, dürfte in der arbeitsrechtlichen Praxis ein befristetes Arbeitsverhältnis vorzuziehen sein, während des befristeten Arbeitsverhältnisses kann der Arbeitgeber sich die ordentliche Kündigung des Arbeitsverhältnisses, dann unter Einhaltung der verkürzten gesetzlichen Kündigungsfrist, vorbehalten.[65]

7. Tätigkeit

a) Gesetzliche Vorgaben

92 Grundsätzlich ist es das Recht des Arbeitgebers, die Tätigkeit eines Arbeitnehmers zu bestimmen. § 106 GewO normiert, dass es dem Arbeitgeber obliegt, Inhalt, Ort und Zeit der Arbeitsleistung **nach billigem Ermessen näher zu bestimmen,** soweit diese Arbeitsbedingungen nicht durch den Arbeitsvertrag, Bestimmungen einer Betriebsvereinbarung, eines anwendbaren Tarifvertrages oder gesetzliche Vorschriften festgelegt sind.

93 Die Arbeitsvertragsparteien haben die Möglichkeit, durch eine Regelung in einem Arbeitsvertrag die Tätigkeit näher zu bestimmen. Die Vertragsgestaltung kann Vor- und Nachteile haben: Der Arbeitgeber wird regelmäßig ein Interesse daran haben, dass das **Direktionsrecht** möglichst weit gefasst ist, damit er den Arbeitnehmer möglichst umfassend versetzen kann. Dies hat für ihn im Fall einer betriebsbedingten Kündigung Nachteile: Der Kreis der in die Sozialauswahl einzubeziehenden Arbeitnehmer ist relativ weit. Denn in eine Sozialauswahl sind diejenigen Arbeitnehmer mit einzubeziehen, die einseitig im Wege des Weisungsrechts durch den Arbeitgeber auf einen anderen Arbeitsplatz um- oder versetzt werden können.[66]

94 Umgekehrt gilt es für den Arbeitnehmer: Ist die von ihm geschuldete Tätigkeit genau umrissen und umfasst (zB durch eine Tätigkeitsbeschreibung oÄ) und enthält der Arbeitsvertrag keinen Änderungs- oder Versetzungsvorbehalt, kann der Arbeitgeber ihn nicht innerhalb der Grenzen des Direktionsrechts versetzen. Im Falle der betriebsbedingten Kündigung wäre allerdings der Kreis der vergleichbaren Arbeitnehmer sehr viel kleiner, was sich kündigungsrechtlich negativ auf den Arbeitnehmer auswirken kann.[67] Bei der Vertragsgestaltung sind diese Vor- und Nachteile aus Arbeitgeber- und Arbeitnehmersicht jeweils zu bedenken.

95 Ist die Tätigkeit festgeschrieben, behält sich der Arbeitgeber aber vor, die Tätigkeit zu ändern, handelt es sich um einen **Änderungsvorbehalt.**

---

[64] Natürlich unter der Voraussetzung, dass die Nichtverlängerung nicht wegen der in der Vertragslaufzeit aufgetretenen Schwangerschaft der Arbeitnehmerin erfolgt: LAG Düsseldorf 29.6.1992 – 10 Sa 595/92, LAGE BGB § 611a Nr. 8; LAG Hamm 13.3.1992 – 18 Sa 1262/91, LAGE BGB § 620 Nr. 29 und 30.
[65] Schaub/*Koch*, ArbR-HdB, § 38 Rn. 43 mwN.
[66] BAG 29.3.1990 – 2 AZR 369/89, AP KSchG 1969 § 1 Betriebsbedingte Kündigung Nr. 50; 15.6.1989 – 2 AZR 580/88, AP KSchG 1969 § 1 Soziale Auswahl Nr. 18.
[67] BAG 17.2.2000 – 2 AZR 142/99, AP KSchG 1969 § 1 Soziale Auswahl Nr. 46; 17.9.1998 – 2 AZR 725/97, AP KSchG 1969 § 1 Soziale Auswahl Nr. 36.

Änderungsvorbehalte unterliegen der **Inhaltskontrolle von Arbeitsverträgen** nach §§ 308 Nr. 4, 307, 305c Abs. 1 BGB. Bei der Vertragsgestaltung ist Folgendes zu beachten:[68] Die äußere Grenze für Änderungsvorbehalte liegt bei 25% der Hauptabreden über Arbeitszeit und Arbeitsentgelt. Änderungsvorbehalte, die diese Grenze überschreiten, sind unwirksam. Innerhalb der äußeren Grenzen findet eine Angemessenheitskontrolle statt, deren Ausmaß wesentlich von der Art des betreffenden Vertragsbestandteils abhängt. Auch innerhalb der äußeren Grenzen (25%) gibt es Abstufungen der Angemessenheit. Denn es ist ein Unterschied, ob ein Zusatzentgelt entzogen oder ggf. unter Beeinträchtigung der Äquivalenz von Leistung und Gegenleistung in das Austauschverhältnis der Arbeitsvertragsparteien eingegriffen wird oder ob ein Änderungsvorbehalt zwar das Austauschverhältnis wahrt, aber das Wirtschaftsrisiko auf den Arbeitnehmer verlagert. Insofern bedarf es der Differenzierung innerhalb eines einheitlichen Kontrollansatzes.

96

Die Kontrolle erfolgt nach Maßgabe des § 308 Nr. 4 bzw. des § 307 BGB. Bei der **Flexibilisierung von Entgeltbestandteilen** muss dem Arbeitnehmer stets der Tariflohn verbleiben. Bei allen Änderungsvorbehalten ist das Transparenzgebot zu beachten, dh die Klauseln dürfen nicht versteckt sein (dann scheitern sie schon als formale Überraschungsklausel, § 305 c Abs. 1 BGB), sie müssen einen Änderungsgrund in der Klausel selbst enthalten sowie den Änderungsgrund bzw. den Zweck des Änderungsvorbehaltes so klar und transparent wie möglich umreißen.[69] Bei der Inhaltskontrolle von Arbeitsverträgen und insbesondere von Änderungsvorbehalten, wie beispielsweise einer Versetzung, ist Folgendes zu beachten: § 308 Nr. 4 BGB ist nicht auf **Versetzungsklauseln** in Arbeitsverträgen anzuwenden. Nach dieser Vorschrift ist die Vereinbarung eines Rechts des Verwenders Allgemeiner Geschäftsbedingungen, die versprochene Leistung zu ändern oder von ihr abzuweichen, wenn nicht die Vereinbarung der Änderung oder Abweichung unter Berücksichtigung der Interessen des Verwenders für den anderen Vertragsteil zumutbar ist, unwirksam. Denn diese gesetzliche Regelung erfasst nur einseitige Bestimmungsrechte hinsichtlich der Leistung des Verwenders, nicht aber hinsichtlich der ihm geschuldeten Gegenleistung, nämlich der Arbeitsleistung.[70] Das bedeutet: § 308 Nr. 4 BGB findet auf die originäre Hauptleistung des Arbeitgebers Anwendung (zB Widerrufsvorbehalt bei Teilen der Vergütung oÄ), aber nicht bei der Gegenleistung, also der Arbeitsleistung (relevant bei Versetzungs- und Tätigkeitsänderungsklauseln). Bei Versetzungsklauseln verstößt es nicht gegen das Transparenzgebot nach § 307 Abs. 1 S. 2 BGB, wenn die konkreten Versetzungsgründe nicht im Arbeitsvertrag benannt sind. § 106 S. 1 GewO bringt zum Ausdruck, dass in Arbeitsverträgen regelmäßig nur eine rahmenmäßig umschriebene Leistungspflicht festgelegt werden kann und muss. Das ist eine Besonderheit des Arbeitsrechts, die nach § 310 Abs. 4 S. 2 BGB zu berücksichtigen ist.[71]

97

b) Muster: Tätigkeit

Hinweis:

Bei den Mustern ist danach zu differenzieren, ob die Tätigkeit festgeschrieben wird oder aber der Arbeitgeber sich ein erweitertes Direktionsrecht vorbehält.

98

---

aa) Muster: Tätigkeitsfestschreibung *[→ A. Rn. 92 ff.]*

---

§ ...... Tätigkeit

Der Arbeitnehmer wird eingestellt als ......

99

👉 24

---

[68] Schaub/*Linck*, ArbR.-HdB, § 35 Rn. 84; *Preis/Lindemann* NZA 2006, 632.
[69] BAG 7.12.2005 – 5 AZR 535/04, AP BGB § 310 Nr. 8; 27.7.2005 – 7 AZR 486/04, AP BGB § 307 Nr. 6; 12.1.2005 – 5 AZR 364/04, AP BGB § 308 Nr. 1.
[70] BAG 11.4.2006 – 9 AZR 557/05, AP BGB § 307 Nr. 17.
[71] BAG 11.4.2006 – 9 AZR 557/05, AP BGB § 307 Nr. 17; 13.3.2007 – 9 AZR 433/06, AP BGB § 307 Nr. 26.

bb) Muster: Formulierung mit Änderungsvorbehalt [→ A. Rn. 95 ff.]

100

> **§ ...... Tätigkeit**
>
> (1) Der Arbeitnehmer wird eingestellt als ...... in ......
>
> (2) Der Arbeitgeber behält sich vor, dem Arbeitnehmer auch an einem anderen Arbeitsort andere oder zusätzliche, der Vorbildung oder den Fähigkeiten und Kenntnissen des Arbeitnehmers entsprechende zumutbare und gleichwertige Tätigkeiten zu übertragen, wenn dies aus betrieblichen oder in der Person oder in dem Verhalten des Arbeitnehmers liegenden Gründen geboten erscheint.

8. Arbeitszeit

a) Gesetzliche Vorgaben

101 Nach § 2 Abs. 1 S. 2 Nr. 7 NachwG ist die vereinbarte Arbeitszeit in den Arbeitsvertrag mit aufzunehmen. Die konkrete Lage und Verteilung der vereinbarten Arbeitszeit unterliegt in Betrieben mit Betriebsrat der Mitbestimmung (§ 87 Abs. 1 Nr. 2 und 3 BetrVG).

102 Die **Dauer der Arbeitszeit** ist häufig in kollektivrechtlichen Vereinbarungen, insbesondere in Tarifverträgen, festgelegt. Für diesen Fall bedarf es keiner Regelung in einem Arbeitsvertrag. Verlängerungen oder Verkürzungen während der tariflichen Arbeitszeit würden zu Gunsten bzw. zu Lasten der Arbeitnehmer gehen, soweit eine beiderseitige Tarifbindung gegeben ist oder arbeitsvertraglich der entsprechende Tarifvertrag in seiner jeweiligen Fassung in Bezug genommen wurde.[72]

103 Der davon nicht berührte Arbeitnehmer „verkauft" gegen eine bestimmte **Vergütung** seine Arbeitszeit. Von daher gesehen ist es für ihn wichtig, seine regelmäßige Arbeitszeit zu definieren, da sie Gegenleistung für die geschuldete Vergütung ist. Die Vereinbarung der Arbeitszeit an sich unterliegt keiner Inhaltskontrolle nach den §§ 305 ff. BGB. Insoweit geht es um das Verhältnis von Leistung und Gegenleistung. Nur die §§ 307 Abs. 1 S. 2 iVm § 307 Abs. 3 S. 2 BGB (Transparenzgebot) können Anwendung finden, da dieses Gebot auch für kontrollfreie Klauseln gilt. Anders wäre es nur dann, wenn sich der Arbeitgeber die Änderung von Arbeitsbedingungen in dem Vertrag vorbehalten hat. Ist beispielsweise die Dauer der Arbeitszeit nicht festgeschrieben und ergibt diese sich auch nicht aus sonstigen kollektivrechtlichen Regelungen und behält sich der Arbeitgeber vor, die Arbeitszeit zu erhöhen, hat dies idR Auswirkungen auf die Höhe der Vergütung und bezieht sich damit auf eine synallagmatische Leistung. Diese darf jedenfalls nach der bisherigen Rechtsprechung des BAG nicht zur Disposition des Arbeitgebers stehen. Deshalb hat das BAG eine Klausel in einem Einzelarbeitsvertrag, durch die der Arbeitgeber zur Festlegung der Arbeitszeit ermächtigt wurde, wegen Eingriffs in das Austauschverhältnis für unwirksam erklärt.[73]

104 Die genaue Festlegung und Verteilung der vereinbarten Arbeitszeit unterliegt, soweit ein Betriebsrat vorhanden ist, dessen **Mitbestimmung.** Aber auch wenn ein Betriebsrat nicht vorhanden ist, ist es wenig empfehlenswert, jedenfalls aus Arbeitgebersicht, die Verteilung der Arbeitszeit in einem Arbeitsvertrag genau zu definieren, da ansonsten eine Änderung dieser genau definierten arbeitsvertraglichen Regelung einer Änderungskündigung bedürfte. Ist allerdings die Festlegung der Arbeitszeit für den Arbeitnehmer extrem wichtig (beispielsweise wegen Betreuung von Angehörigen), muss gerade aus diesem Grund darauf geachtet werden, dass die genaue Verteilung der Arbeitszeit festgeschrieben wird.

105 Häufig kann es wichtig sein, auch eine **Regelung zur Kurzarbeit** mit aufzunehmen. Denn zur einseitigen Einführung der Kurzarbeit ist der Arbeitgeber nicht

---

[72] Vgl. beispielsweise BAG 28.11.2007 – 6 AZR 390/07, ZTR 2008, 445.
[73] BAG 12.12.1984 – 7 AZR 509/83, NZA 1985, 321.

berechtigt. Sie unterliegt der erzwingbaren Mitbestimmung des Betriebsrats nach § 87 Abs. 1 Nr. 3 BetrVG. Besteht kein Betriebsrat oder handelt es sich bei dem Arbeitnehmer um einen leitenden Angestellten iSv § 5 Abs. 3 BetrVG, kann vergütungsfreie Kurzarbeit einseitig nur durchgesetzt werden, wenn dies einzelvertraglich entweder aus konkretem Anlass oder bereits im Arbeitsvertrag vereinbart ist.[74]

Besteht beim Arbeitgeber ein **Arbeitszeitkonto,** hat der Arbeitgeber Folgendes zu beachten: Das auf einem Arbeitszeitkonto ausgewiesene Zeitguthaben des Arbeitnehmers darf vom Arbeitgeber nur mit Minusstunden verrechnet werden, wenn ihm die der Führung des Arbeitszeitkontos zugrunde liegende Vereinbarung (Arbeitsvertrag oder Tarifvereinbarung oder Tarifvertrag) die Möglichkeit dazu eröffnet.[75] **106**

b) Muster: Arbeitszeit *[→ A. Rn. 101 ff.]*

§ ...... Arbeitszeit	**107**
(1) Die regelmäßige Arbeitszeit beträgt ...... Stunden wöchentlich. (2) Beginn und Ende der täglichen Arbeitszeit und der Pausen richten sich nach den jeweils geltenden betrieblichen Regelungen und/oder Erfordernissen. (3) Bei Einführung von Kurzarbeit ist der Arbeitnehmer damit einverstanden, dass die Arbeitszeit vorübergehend entsprechend verkürzt und für die Dauer der Arbeitszeitverkürzung die Vergütung entsprechend reduziert wird.	⊂⊃ 26

9. Vergütung

a) Gesetzliche Vorgaben

Die Vergütung, das Arbeitsentgelt, ist die Gegenleistung, die der Arbeitgeber für die Arbeitsleistung des Arbeitnehmers erbringt. Bei der Vergütung gibt es **unterschiedliche Arten:** Es gibt den reinen Zeitlohn, den Leistungslohn, die Provisionsabreden, leistungsabhängige Gehaltsbestandteile, es gibt die leistungsbezogene Vergütung (zB Akkord) und die erfolgsbezogene Vergütung (beispielsweise Gewinnbeteiligung). Darüber hinaus gibt es Gehaltsbestandteile, die der Arbeitgeber flexibel halten will (zB Weihnachts- oder Urlaubsgeld). **108**

Anspruchsgrundlage für die Vergütung ist idR der Arbeitsvertrag (§§ 611, 612 BGB). Anspruchsgrundlage kann aber auch beispielsweise ein Tarifvertrag sein (man denke an Zuschläge, aber auch an Sonderzahlungen wie Urlaubs- und Weihnachtsgeld). Regelungen finden sich aber auch häufig in Betriebsvereinbarungen. Im Bereich von **Sonderzahlungen** findet sich oft eine **betriebliche Übung,** dh ein Verhalten des Arbeitgebers, aus dem die Arbeitnehmer entnehmen können, dass sich der Arbeitgeber auch zukünftig rechtlich binden will. Eine betriebliche Übung wird beispielsweise dann angenommen, wenn der Arbeitgeber mindestens dreimal vorbehaltlos eine Leistung gewährt. Diese betriebliche Übung begründet einen arbeitsvertraglichen Anspruch des Arbeitnehmers. Das BAG ging in der Vergangenheit davon aus, dass eine solche betriebliche Übung durch eine gegenläufige betriebliche Übung abgelöst werden konnte. Konkret: Der Arbeitgeber hatte dreimal vorbehaltlos eine Leistung, wie beispielsweise ein Weihnachtsgeld, gezahlt. Es bestand eine betriebliche Übung. Hat der Arbeitgeber in den folgenden drei Jahren die gleiche Leistung erbracht, allerdings ausdrücklich unter dem Vorbehalt, dass darauf kein Rechtsanspruch besteht, sollte diese betriebliche Übung gelten und die vorherige, vorbehaltslose Leistung abändern. Die Annahme, durch eine dreimalige widerspruchslose Entgegennahme einer vom Arbeitgeber ausdrücklich unter dem Vorbehalt der Freiwilligkeit gezahlten Gratifikation werde die Verpflichtung des Arbeitgebers zur Gratifikationszahlung aus betrieblicher Übung beendet, ist allerdings mit dem Klauselverbot für fingierte Erklä- **109**

---
[74] Schaub/*Linck,* ArbR-HdB, § 47 Rn. 7–9 mwN.
[75] BAG 21.3.2012 – 5 AZR 676/11, NZA 2012, 870.

rungen in § 308 Nr. 5 BGB nicht zu vereinbaren.[76] Das bedeutet: Wenn eine betriebliche Übung einmal besteht, bleibt sie erhalten und kann nur durch eine entsprechende anderslautende arbeitsvertragliche Regelung zwischen Arbeitgeber und Arbeitnehmer abgeändert werden.

110 Unter dem Gesichtspunkt der Inhaltskontrolle von Arbeitsverträgen nach den §§ 305 ff. BGB ist hohe Sorgfalt geboten: Regelungen in Arbeitsverträgen müssen **klar und eindeutig** formuliert sein, sie dürfen einander nicht widersprechen, ansonsten läge ein Verstoß gegen das Transparenzgebot des § 307 Abs. 1 S. 2 BGB vor. Sagt der Arbeitgeber beispielsweise dem Arbeitnehmer in einem Arbeitsvertrag eine bestimmte Sonderzahlung ausdrücklich zu und ist auch die Höhe der versprochenen Sonderzahlung präzise bestimmt, fehlt es an einer Transparenz, wenn eine andere Vertragsklausel im Widerspruch dazu bestimmt, dass der Arbeitnehmer keinen Rechtsanspruch auf die Sonderzahlung hat.[77]

111 Seine Auffassung, dass eine **Kombination von Freiwilligkeit- und Widerrufsvorbehalt** intransparent und damit unwirksam ist, hat das BAG mehrfach bestätigt.[78] Offen gelassen, aber angedeutet hat das BAG, ob solche generellen Regelungen in Arbeitsverträgen überhaupt zulässig sind. So heißt es, dass ein **vertraglicher Freiwilligkeitsvorbehalt,** der alle zukünftigen Leistungen unabhängig von ihrer Art und ihrem Entstehungsgrund erfasst, den Arbeitnehmer regelmäßig unangemessen iSv § 307 Abs. 1 S. 1, Abs. 2 Nr. 1 und Nr. 2 BGB benachteiligen könne und deshalb unwirksam sei.[79] In der arbeitsrechtlichen Literatur wird daher die Frage problematisiert, ob vertragliche Freiwilligkeitsvorbehalte in Arbeitsverträgen überhaupt noch zulässig sind.[80]

112 Vergütungsregeln an sich unterliegen vom Grundsatz her keiner Inhaltskontrolle, da es sich letztendlich um Klauseln handelt, die Art, Inhalt und Umfang von Leistung und Gegenleistung festlegen (§ 307 Abs. 3 S. 1 BGB). Sobald allerdings der Arbeitsvertrag bestimmte Gestaltungsmöglichkeiten vorsieht, wie sie typischerweise bei flexiblen Entgeltbestandteilen vorhanden sind, findet sehr wohl eine **Inhaltskontrolle** statt:

113 Arbeitsverträge enthalten häufig **Widerrufsvorbehalte.** Die AGB-rechtliche Zulässigkeit von Widerrufsvorbehalten richtet sich nach § 308 Nr. 4 BGB. Danach ist die Vereinbarung eines Rechts des Verwenders, die versprochene Leistung zu ändern, nur dann zulässig, wenn dies unter Berücksichtigung der Interessen des Verwenders für den anderen Vertragsteil zumutbar ist. Hieraus folgt, dass ein Widerruf nur bei Vorliegen eines sachlichen Grundes gerechtfertigt ist.[81] Darüber hinaus darf der Widerrufsvorbehalt zu keiner unangemessenen Verlagerung des wirtschaftlichen Risikos führen. Ein Eingriff in den Kernbereich des Arbeitsverhältnisses ist unzulässig. Ob dies der Fall ist, hängt von Art und Höhe der unter Widerruf gestellten Leistung, von der Höhe des verbleibenden Verdienstes und der Stellung des Arbeitnehmers im Unternehmen ab. In der Regel muss der widerrufliche Anteil am Gesamtverdienst unter 25% bis 30% liegen, wobei der Tariflohn nicht unterschritten werden darf. Dem Arbeitnehmer werde die Leistung dann nur zusätzlich zu dem üblichen Entgelt gewährt, woraus sich ein geringeres Schutzbedürfnis ergebe.[82]

114 Eine Klausel, wonach der Widerruf jederzeit und somit auch ohne das Vorliegen eines sachlichen Grundes gerechtfertigt sein soll, ist unwirksam. Die Vertragsklausel muss daher zumindest die Richtung angeben, aus der der Widerruf möglich sein soll (wirtschaftliche Gründe, Leistung oder Verhalten des Arbeitnehmers).[83]

---

[76] BAG 18.3.2009 – 10 AZR 281/08, AP BGB § 242 Betriebliche Übung Nr. 83.
[77] BAG 30.7.2008 – 10 AZR 606/07, AP BGB § 611 Gratifikation Nr. 274.
[78] Auch wieder BAG 14.9.2011 – 10 AZR 526/10, NZA 2012, 81.
[79] BAG 14.9.2011 – 10 AZR 526/10, NZA 2012, 81, Orientierungssatz 3.
[80] *Hromadka* DB 2012, 1037.
[81] BAG 20.4.2011 – 5 AZR 191/10, NZA 2011, 976; 11.10.2006 – 5 AZR 721/05, AP BGB § 308 Nr. 6.
[82] BAG 12.1.2005 – 5 AZR 364/04, NZA 2005, 465.
[83] BAG 12.1.2005 – 5 AZR 364/04, NZA 2005, 465.

In Arbeitsverträgen finden sich häufig **Freiwilligkeitsvorbehalte.** Der Arbeitgeber 115 möchte durch einen Freiwilligkeitsvorbehalt bei Sonderzahlung, die Entstehung eines Anspruches des Arbeitnehmers auf die Leistung für künftige Bezugszeiträume verhindern. Ist im Arbeitsvertrag bestimmt, dass es sich bei näher bezeichneten Leistungen, wie zB Weihnachts- oder Urlaubsgeld sowie bei Bonuszahlungen um freiwillige Leistungen handelt, „die ohne Anerkennung einer Rechtspflicht gewährt werden und auch bei wiederholter Zahlung keinen Rechtsanspruch für die Zukunft begründen", steht das dem Entstehen vertraglicher Ansprüche auf diese Leistung entgegen. Ein solcher Freiwilligkeitsvorbehalt lässt dem Arbeitgeber vom Grundsatz her die Freiheit, jedes Jahr neu zu entscheiden, ob und unter welchen Voraussetzungen die Leistung erbracht werden soll.[84] Der Arbeitgeber muss nicht jede Sonderzahlung mit einem Freiwilligkeitsvorbehalt verbinden, wenn er einen Rechtsanspruch des Arbeitnehmers auf die Leistung für künftige Bezugszeiträume ausschließen will. Es genügt(e) bisher ein klarer und verständlicher Hinweis im Formulararbeitsvertrag.[85] § 308 Nr. 4 BGB findet auf Freiwilligkeitsvorbehalte anders als auf Widerrufsvorbehalte keine Anwendung.[86] Dies liegt daran, dass dem Arbeitgeber durch eine Freiwilligkeitsklausel kein Recht zur Änderung der versprochenen Leistung verliehen wird, denn dies setzt voraus, dass bereits eine vertragliche Leistungspflicht besteht, die durch einen Freiwilligkeitsvorbehalt gerade ausgeschlossen werden soll.

Die früher weit verbreitete arbeitsrechtliche Praxis, Freiwilligkeits- und Widerrufs- 116 vorbehalte zu koppeln, ist unter dem **Gesichtspunkt des Transparenzgebotes** (§ 307 Abs. 1 S. 2 BGB) höchst bedenklich. Die Klausel: „Die Angestellte erhält eine Weihnachtsgratifikation in Höhe des Bruttogehaltes nach den betrieblichen Vereinbarungen. Ein Rechtsanspruch auf eine Weihnachtsgratifikation besteht nicht. Wird eine solche gewährt, stellt sie eine freiwillige, stets widerrufbare Leistung des Arbeitgebers dar.", ist intransparent: Der erste Satz enthält die Zusage einer bestimmten Sonderzahlung und damit einen Rechtsanspruch, der zweite Satz den Hinweis darauf, dass der Arbeitnehmer keinen Rechtsanspruch auf diese Sonderzahlung hat. Dies ist widersprüchlich und damit intransparent iSv § 307 Abs. 1 S. 2 BGB.[87]

Vollkommen unabhängig von der Inhaltskontrolle nach den §§ 305 ff. BGB bleibt 117 die **Inhaltskontrolle von Vergütungsvereinbarung gem. § 134 BGB iVm § 291 StGB (Lohnwucher) und § 138 BGB (Sittenwidrigkeit):** Der Bundesgerichtshof hat in einem Fall der strafrechtlichen Beurteilung des Lohnwuchers die tatrichterliche Würdigung, ein auffälliges Missverhältnis liege bei einem Lohn vor, der 2/3 des Tariflohnes betrage, revisionsrechtlich gebilligt.[88] Auf einen genauen Wert, wann ein auffälliges Missverhältnis zwischen Leistung und Gegenleistung iSv § 138 BGB vorliegt, hat das BAG sich bisher nicht festgelegt. Es sei aber revisionsrechtlich nicht zu beanstanden, wenn das Berufungsgericht bei der Vereinbarung von 70% des üblichen Gehaltes ein auffälliges Missverhältnis verneint.[89]

b) Muster

aa) Muster: Monatliche Bruttovergütung *[→ A. Rn. 108 ff.]*

---

§ ...... **Vergütung** 118

Der Arbeitgeber verpflichtet sich, dem Arbeitnehmer eine monatliche Bruttovergütung in Höhe von ...... EUR jeweils zum Monatsletzten zu zahlen.

---

[84] BAG 12.1.2005 – 10 AZR 840/98, AP BGB § 611 Gratifikation Nr. 223.
[85] BAG 30.7.2008 – 10 AZR 606/07, NZA 2008, 1173; vgl. aber → A. Rn. 111.
[86] BAG 10.12.2008 – 10 AZR 1/08, AP BGB § 307 Nr. 40; 30.7.2008 – 10 AZR 606/07, NZA 2008, 1173.
[87] BAG 30.7.2008 – 10 AZR 606/07, NZA 2008, 1173; 24.10.2007 – 10 AZR 825/06, AP BGB § 307 Nr. 32.
[88] BGH 22.4.1997 – 1 StR 701/96, BGHSt 43, 54.
[89] BAG 23.5.2001 – 5 AZR 527/99, ArbuR 2001, 509.

bb) Muster: Jahresvergütung [→ A. Rn. 108 ff.]

119

§ ...... Vergütung

Der Arbeitgeber verpflichtet sich, dem Arbeitnehmer eine jährliche Vergütung in Höhe von ...... EUR brutto zu zahlen. Die Vergütung wird unter Abzug der gesetzlichen Abgaben monatlich in zwölf gleichen Teilbeträgen jeweils am Monatsende ausgezahlt.

cc) Muster: Vergütung nach Tarifvertrag [→ A. Rn. 108 ff.]

120

§ ...... Vergütung

Der Arbeitnehmer wird in die Vergütungsgruppe ...... Fallgruppe ...... des Tarifvertrages ...... eingruppiert. Daraus ergibt sich aktuell folgende Vergütung:
- Tariflicher Grundlohn ...... EUR
- Tarifliche Zulagen ...... EUR
- Sonstige Zuschläge (......) ...... EUR

121

Hinweis:

Da bei solchen Klauseln das Risiko besteht, dass nicht nur deklaratorisch etwas wiedergegeben wird, was per se gelten soll, also die Anwendung eines bestimmten Tarifvertrages und die sich daraus ergebende Vergütung des Arbeitnehmers, sondern für den Fall eines Tarifwechsels aus einer solchen Klausel eine konstitutive Anwendung des Tarifvertrages folgen kann, ist bei solchen Formulierungen Vorsicht geboten. Wenn eine solche Formulierung verwandt wird, sollte zugleich eine so genannte „Große Tarifwechselklausel" in den Arbeitsvertrag mit aufgenommen werden.

dd) Muster: Akkordvergütung [→ A. Rn. 108 ff.]

122

§ ...... Vergütung

(1) Der Arbeitgeber verpflichtet sich, dem Arbeitnehmer pro ...... (hier muss die Maßeinheit wie gefertigte Teile, bearbeitete Flächen oder ähnliches aufgenommen werden) ...... EUR brutto zu zahlen.

(2) Es gilt Zeitakkord. Bei der Ermittlung der Vorgabezeiten finden die REFA-Grundsätze Anwendung. Der Akkordrichtsatz beträgt zurzeit ...... EUR.

(3) Unabhängig vom Akkord gilt ein täglicher Mindestlohn von ...... EUR brutto.

ee) Muster: Provisionsvereinbarung [→ A. Rn. 108 ff.]

123

§ ...... Vergütung

(1) Der Arbeitgeber verpflichtet sich, dem Arbeitnehmer eine fixe monatliche Bruttovergütung in Höhe von ...... EUR jeweils am Monatsende zu zahlen.

(2) Der Arbeitgeber verpflichtet sich darüber hinaus, dem Arbeitnehmer eine Provision auf alle provisionspflichtigen Geschäfte zu zahlen. Provisionspflichtig sind alle während des Vertragsverhältnisses abgeschlossenen Geschäfte, die auf die Tätigkeit des Arbeitnehmers zurückzuführen sind oder mit Dritten abgeschlossen werden, die er als Kunden für Geschäfte der gleichen Art geworben hat, sofern kein Provisionsanspruch eines anderen Arbeitnehmers bereits entstanden ist.

(3) Die Provisionssätze belaufen sich
- für ...... auf ...... %
- für ...... auf ...... %.
Die Provision wird von dem Entgelt berechnet, das der Kunde für die Waren zu leisten hat. Sonderrabatte, die für Barzahlungen gewährt werden, sind in die Provisionsberechnung einzubeziehen. Nebenkosten, die gesondert in Rechnung gestellt werden, sind nicht provisionspflichtig.

(4) Der Anspruch auf die Provision wird fällig, sobald das Geschäft ausgeführt worden ist. Der Provisionsanspruch wird über einen Zeitraum von ...... abgerechnet. Die Abrechnung erfolgt in dem Monat, der dem Fälligkeitsmonat der Provision folgt. Am Ende eines jeden Monats wird ein Provisionsvorschuss für solche Geschäfte errechnet, die unter Mitwirkung des Arbeitnehmers zustande gekommen und vom Arbeitgeber ausgeführt worden sind. Der Provisionsvorschuss soll angemessen sein. Er ist angemessen, wenn er mindestens die Hälfte der zu erwartenden Provision beträgt.

(5) Der Anspruch auf eine Provision entfällt, wenn der Kunde ganz oder teilweise nicht leistet. Vorweg geleistete Provisionsvorschüsse sowie Provisionsbeträge werden zurückgerechnet. Ist der Grund für die Nichtleistung des Kunden nicht offenkundig, hat der Arbeitgeber glaubhaft zu machen, dass der Kunde nicht leisten wird. Der Nachweis gilt als geführt, wenn eine Wirtschaftsauskunft oder Gläubigerschutzorganisation bescheinigt, dass nach ihrem Ermessen eine Zwangsvollstreckung nicht zum Erfolg führen wird. In diesen Fällen kann der Arbeitnehmer die Durchführung eines Rechtsstreites nicht verlangen.

ff) Muster: Gewinnbeteiligung *[→ A. Rn. 108 ff., 125]*

§ ...... Vergütung

(1) Der Arbeitgeber verpflichtet sich, dem Arbeitnehmer eine monatliche Bruttovergütung in Höhe von ...... EUR jeweils am Monatsletzten zu zahlen.

(2) Der Arbeitgeber verpflichtet sich, dem Arbeitnehmer eine Gewinnbeteiligung in Höhe von ...... % zu zahlen. Der Prozentsatz wird berechnet vom festgestellten und testierten Gewinn des Unternehmens (gemäß Handelsbilanz). Die Gewinnbeteiligung wird fällig binnen eines Monats nach der Feststellung des Jahresabschlusses.

Hinweis:
Gerade bei Gewinnbeteiligungen gilt, dass die Bezugsgröße möglichst genau und exakt definiert werden sollte, um für den Streitfall Klarheit zu schaffen.

gg) Muster: Leistungen mit Widerrufsvorbehalt *[→ A. Rn. 109 ff.]*

§ ...... Vergütung

(1) Der Arbeitgeber verpflichtet sich, an den Arbeitnehmer eine monatliche Bruttovergütung in Höhe von ...... EUR jeweils am Monatsletzten zu zahlen.

(2) Der Arbeitgeber gewährt dem Arbeitnehmer jährlich als Sonderzuwendung ein Weihnachtsgeld in Höhe von ...... EUR. Das Weihnachtsgeld wird jeweils fällig mit der Gehaltsabrechnung für ......

(3) Der Arbeitgeber behält sich vor, die Sonderzuwendung bei Vorliegen wirtschaftlicher Gründe für die Zukunft insoweit zu widerrufen, als die Gesamtvergütung des Arbeitnehmers um weniger als 25% verringert wird. Wirtschaftliche Gründe sind

insbesondere aber nicht ausschließlich, ein Umsatz- und/oder Gewinnrückgang, Investitionserfordernisse sowie eine Verfehlung der Geschäftsziele.[90]

hh) Muster: Freiwilligkeitsvorbehalt [→ A. Rn. 109 ff.]

127

§ ...... Vergütung

(1) Der Arbeitgeber verpflichtet sich, an den Arbeitnehmer eine monatliche Bruttovergütung in Höhe von ...... EUR jeweils am Monatsletzten zu zahlen.

(2) Die Gewährung sonstiger Leistungen (zB Weihnachts-/Urlaubsgeld etc.) durch den Arbeitgeber erfolgen freiwillig und mit der Maßgabe, dass auch mit einer wiederholten Zahlung kein Rechtsanspruch für die Zukunft begründet wird.[91]

ii) Muster: Widerruf übertariflicher Zulagen [→ A. Rn. 109 ff.]

128

§ ...... Vergütung

(1) Der Arbeitgeber verpflichtet sich, an den Arbeitnehmer eine monatliche Bruttovergütung in Höhe von ...... EUR jeweils am Monatsletzten zu zahlen.

(2) Der Arbeitgeber gewährt dem Arbeitnehmer daneben eine Zulage in Höhe von ...... EUR brutto.

(3) Der Arbeitgeber behält sich vor, die Zulage bei Vorliegen wirtschaftlicher Gründe mit Wirkung für die Zukunft insoweit zu widerrufen, als durch sie die Gesamtvergütung des Arbeitnehmers um weniger als 25% verringert wird. Wirtschaftliche Gründe sind insbesondere, aber nicht ausschließlich, ein Umsatz- oder Gewinnrückgang, Investitionserfordernisse sowie eine Verfehlung der Geschäftsziele. Die monatliche Bruttovergütung bleibt hiervon unberührt.

129

Hinweis:

Ein solcher Widerrufsvorbehalt kann neben übertariflichen Zulagen auch mit anderen Leistungen verbunden werden.

10. Über- und Mehrarbeit

a) Gesetzliche Vorgaben

130 Überstunden werden definiert als **auf Anordnung oder mit Billigung des Arbeitgebers über die regelmäßige Arbeitszeit hinaus geleistete Arbeitsstunden.** Macht der Arbeitnehmer Überstunden geltend, gehört zu einer schlüssigen Klagebegründung, dass er darlegen und beweisen muss, dass die Überstunden vom Arbeitgeber angeordnet, gebilligt oder geduldet wurden oder jedenfalls zur Erledigung der geschuldeten Arbeit notwendig waren. Hierzu hat der Arbeitnehmer aufzuzeigen, dass ihm der Arbeitgeber Arbeit zugewiesen hat, die nur mit Überschreitung der regelmäßigen Arbeitszeit geleistet werden konnte und der Arbeitgeber hierbei die baldige Erledigung zum Ausdruck gebracht hat. Es kann daher auch genügen, wenn der Arbeitgeber die vom Arbeitnehmer geleistete Überstundenarbeit kennt und mit deren Erbringung einverstanden ist oder ihre Leistung duldet.[92]

131 Geleistete Überstunden sind **grundsätzlich zu vergüten:** Besteht keine ausdrückliche Regelung der Überstundenvergütung, gilt nach § 612 Abs. 1 BGB eine Vergü-

---

[90] Unter Verweis auf → A. Fn. 83.
[91] BAG 21.1.2009 – 10 AZR 219/08, NZA 2009, 310, aber eventuell weitere Konkretisierung der Leistungen nach Art und Entstehungsgrund erforderlich (→ A. Fn. 79).
[92] Vgl. statt aller Schaub/*Linck,* ArbR-HdB, § 69 Rn. 23 mzN.

tung als stillschweigend vereinbart.⁹³ Der Arbeitnehmer hat dann Anspruch auf die vereinbarte Stundenvergütung, da der Arbeitgeber davon ausgehen musste, dass der Arbeitnehmer angeordnete Überstunden nur gegen eine Vergütung leistet. Einen allgemeinen Rechtsgrundsatz, dass jede Mehrarbeitszeit oder jede dienstliche Anwesenheit über die vereinbarte Arbeitszeit hinaus zu vergüten ist, gibt es jedoch gerade bei Diensten höherer Art nicht. Die Vergütungserwartung ist deshalb stets anhand eines objektiven Maßstabs unter Berücksichtigung der Verkehrssitte, der Art, des Umfangs und der Dauer der Dienstleistung sowie der Stellung der Beteiligten zueinander festzustellen, ohne dass es auf deren persönliche Meinung ankäme.⁹⁴ Die Darlegungs- und Beweislast dafür, dass die Überstunden vom Arbeitgeber angeordnet oder zumindest gebilligt oder geduldet wurden, trägt der Arbeitnehmer.⁹⁵

Pauschale Überstundenabgeltungen sind zulässig, aber an § 307 Abs. 1 S. 1 BGB zu messen. Eine Klausel in einem Arbeitsvertrag, etwaig notwendige Über- oder Mehrarbeit sei mit der Bruttomonatsvergütung abgegolten, ist intransparent und damit unwirksam, wenn sich aus dem Arbeitsvertrag nicht ergibt, welche Arbeitsleistungen in welchem (zeitlichem) Umfang von ihr erfasst werden.⁹⁶ Um das Synallagma nicht unangemessen zu beeinträchtigen, ist die Zahl der pauschal abzugeltenden Überstunden im Vertrag zu beschränken, eine Pauschalierung kommt darüber hinaus nur im Rahmen der gesetzlich zulässigen Überstunden (maximale Höchstdauer von geleisteten Arbeitsstunden nach dem Arbeitszeitgesetz 48 Stunden wöchentlich) in Betracht.⁹⁷ Es muss sich aus dem Arbeitsvertrag selbst ergeben, welche Arbeitsleistungen in welchem zeitlichen Umfang von der pauschalen Vergütung erfasst werden. Der Arbeitnehmer muss bereits bei Vertragsschluss erkennen können, was ggf. „auf ihn zukommt" und welche Leistungen er für die vereinbarte Vergütung maximal erbringen muss.⁹⁸ Das BAG hat jüngst entschieden, dass eine Klausel, in der vereinbarten Vergütung seien die ersten zwanzig Überstunden im Monat „mit drin", klar und verständlich ist.⁹⁹ **132**

b) Muster

aa) Muster: Pauschale Abgeltung durch vereinbarte Vergütung
[→ A. Rn. 130 ff., 134, 135]

---

§ ...... Überstunden und Mehrarbeit **133**

(1) Der Arbeitnehmer verpflichtet sich, im Rahmen des gesetzlich Zulässigen Überstunden und Mehrarbeit zu leisten.

(2) Ein Anspruch auf Über- oder Mehrarbeitsstundenabgeltung besteht nur, wenn die Über- oder Mehrarbeit arbeitgeberseits angeordnet oder vereinbart worden ist oder wenn sie aus dringenden betrieblichen Interessen erforderlich war und der Arbeitnehmer Beginn und Ende der Über-/Mehrarbeit spätestens am folgenden Tag dem Arbeitgeber gegenüber schriftlich anzeigt.

(3) Mit der vereinbarten Bruttovergütung gem. § ...... dieses Vertrages sind Über- und Mehrarbeit, soweit sie ...... Stunden pro Woche nicht überschreiten, abgegolten.

(4) Darüber hinausgehende Überstunden werden mit ...... EUR/Std. vergütet. Der Arbeitgeber behält sich vor, diese Überstunden nicht in Geld, sondern mit bezahltem Freizeitausgleich abzugelten.

---

⁹³ BAG 17.8.2011 – 5 AZR 406/10, DB 2011, 2550.
⁹⁴ BAG 17.8.2011 – 5 AZR 406/10, DB 2011, 2550.
⁹⁵ BAG 29.5.2002 – 5 AZR 370/01, EzA BGB § 611 Nr.10.
⁹⁶ BAG 22.2.2012 – 5 AZR 765/10, EzA-SD 2012, Nr. 13, 7; 17.8.2011 – 5 AZR 406/10, DB 2011, 2550.
⁹⁷ BAG 28.9.2005 – 5 AZR 52/05, AP BGB § 307 Nr. 7.
⁹⁸ BAG 22.2.2012 – 5 AZR 765/10, EzA-SD 2012, Nr. 13, 7; 17.8.2011 – 5 AZR 406/10, DB 2011, 2550.
⁹⁹ BAG 16.5.2012 – 5 AZR 331/11, NZA 2012, 908.

bb) **Muster: Abgeltung von Überstunden durch Pauschale** *[→ A. Rn. 130 ff., 133, 135]*

134

§ ...... **Überstunden und Mehrarbeit**

(1) Der Arbeitnehmer verpflichtet sich, im Rahmen des gesetzlich Zulässigen Überstunden und Mehrarbeit zu leisten.

(2) Ein Anspruch auf Über- oder Mehrarbeitsstundenabgeltung besteht nur, wenn die Über- oder Mehrarbeit arbeitgeberseits angeordnet oder vereinbart worden ist oder wenn sie aus dringenden betrieblichen Interessen erforderlich war und der Arbeitnehmer Beginn und Ende der Über-/Mehrarbeit spätestens am folgenden Tag dem Arbeitgeber gegenüber schriftlich anzeigt.

(3) Zur Abgeltung etwaiger Über- oder Mehrarbeit in Höhe von bis zu ...... Stunden pro Woche erhält der Arbeitnehmer eine monatliche Pauschale in Höhe von ...... EUR.

cc) **Muster: Abgeltung durch Freizeitgewährung** *[→ A. Rn. 130 ff., 133, 134]*

135

§ ...... **Überstunden und Mehrarbeit**

(1) Der Arbeitnehmer verpflichtet sich, im Rahmen des gesetzlich Zulässigen Überstunden und Mehrarbeit zu leisten.

(2) Ein Anspruch auf Über- oder Mehrarbeitsstundenabgeltung besteht nur, wenn die Über- oder Mehrarbeit arbeitgeberseits angeordnet oder vereinbart worden ist oder wenn sie aus dringenden betrieblichen Interessen erforderlich war und der Arbeitnehmer Beginn und Ende der Über-/Mehrarbeit spätestens am folgenden Tag dem Arbeitgeber gegenüber schriftlich anzeigt.

(3) Mit der vereinbarten Bruttovergütung gem. § ...... dieses Vertrages sind bis zu ...... Überstunden monatlich ausgeglichen. Darüber hinausgehende Überstunden werden durch Freizeit abgegolten. Soweit Letzteres nicht möglich ist, beträgt die Überstundenvergütung ...... EUR pro Stunde.

(4) Überstunden, für die eine Vergütungspflicht besteht, können auch im Verhältnis 1:1 durch Freizeitgewährung abgegolten werden, wenn dies vom Arbeitsanfall und -ablauf her sinnvoll erscheint und vom Arbeitnehmer gewünscht wird.

136 | **Hinweis:**

Soweit auf das Arbeitsverhältnis eines Arbeitnehmers Tarifverträge Anwendung finden, enthalten diese erfahrungsgemäß konkrete Regelungen zur Abgeltung von Über- und Mehrarbeit sowie von zu zahlenden Zuschlägen. Im Arbeitsvertrag können auch Zuschläge für sonstige Schichten geregelt werden.

dd) **Muster: Arbeitsvertragliche Regelung von Zuschlägen** *[→ A. Rn. 130 ff.]*

137

§ ...... **Überstunden und Mehrarbeit**

(1) Der Arbeitnehmer verpflichtet sich, im Rahmen des gesetzlich Zulässigen Überstunden und Mehrarbeit zu leisten.

(2) Ein Anspruch auf Über- oder Mehrarbeitsstundenabgeltung besteht nur, wenn die Über- oder Mehrarbeit arbeitgeberseits angeordnet oder vereinbart worden ist oder wenn sie aus dringenden betrieblichen Interessen erforderlich war und der

Arbeitnehmer Beginn und Ende der Über-/Mehrarbeit spätestens am folgenden Tag dem Arbeitgeber gegenüber schriftlich anzeigt.

(3) Liegt Über- oder Mehrarbeit im Sinne des Abs. 2 vor, verpflichtet sich der Arbeitgeber, nachfolgende Zuschläge zur jeweiligen Bruttomonatsvergütung zu zahlen:
– Normalschicht …… % pro geleisteter Stunde;
– Nachtschicht …… % pro geleisteter Stunde;
– Samstagsarbeit …… % pro geleisteter Stunde;
– Sonn- und Feiertagsarbeit …… % pro geleisteter Stunde.
Nachtarbeit ist in der Zeit von 23.00 Uhr bis 6.00 Uhr.

(4) Die Abgeltung der Überstunden erfolgt mit der nächsten Gehaltsabrechnung. Der Arbeitgeber behält sich vor, statt einer Abrechnung in Geld bezahlten Freizeitausgleich zu gewähren.

11. Abtretungsverbote und Lohnpfändung

a) Gesetzliche Vorgaben

Die Abtretung von Lohnforderungen kann wirksam ausgeschlossen werden mit der Folge, dass eine Abtretung gegenüber dem Abtretungsempfänger absolut unwirksam ist (§ 399 Alt. 2 BGB). Der Ausschluss bedeutet nach § 1274 Abs. 2 BGB zugleich den **Ausschluss der Verpfändbarkeit.** Derartige Abtretungsverbote mit der Folge der Unwirksamkeit einer Verpfändung sind in Arbeitsverträgen von gewerblichen Arbeitnehmern eher üblich, die Üblichkeit nimmt ab, je mehr sich die Tätigkeit der einer Führungskraft annähert. **138**

Der Ausschluss der Abtretung oder der Verpfändbarkeit hindert Gläubiger nicht, im Wege der Lohnpfändung auf die Vergütung des Arbeitnehmers zuzugreifen. Ein pauschalisierter Schadensersatz ist allerdings nicht möglich. Der Arbeitgeber hat keinen gesetzlichen Anspruch gegenüber dem Arbeitnehmer auf Erstattung der Kosten für die Bearbeitung von Lohn- und Gehaltspfändungen. Ein solcher Anspruch ergibt sich nicht aus §§ 788 Abs. 1, 840 Abs. 1 ZPO oder den §§ 670, 683 BGB. Ebenso wenig ergibt sich der Anspruch aus einer Verletzung vertraglicher Pflichten durch den Arbeitnehmer oder den Grundsätzen der Drittschadensliquidation. Die Regelung eines solchen Erstattungsanspruches in einem Arbeitsvertrag ist daher unzulässig.[100] Um die evtl. Unwirksamkeit einer solchen Klausel wegen einer zu weitreichenden oder unzutreffenden Schadensersatzregelung zu vermeiden, sollte daher auf Schadensersatzbestimmungen in arbeitsvertraglichen Klauseln verzichtet werden.[101] Dies hindert insgesamt den Arbeitgeber nicht, den tatsächlich eingetretenen Schaden, wenn er einen solchen darlegen und beweisen kann, geltend zu machen. In der arbeitsrechtlichen Praxis wird dies höchst problematisch sein. **139**

Die Vereinbarung eines Abtretungsverbotes hat für den Arbeitnehmer insoweit einschneidende Konsequenzen, als dass ihm ein Kreditmittel (Abtretung von Lohn- und Gehaltsansprüchen) nicht zur Verfügung steht. Daher ist auch eine abgeschwächte Formulierung denkbar, nach der Abtretungsverbote unter den Vorbehalt der arbeitgeberseitigen Zustimmung gestellt werden. **140**

b) Muster

aa) Muster: Absolutes Abtretungsverbot [→ A. Rn. 138 ff., 142]

§ …… Abtretungsverbote und Lohnpfändung
Die Abtretung und Verpfändung von Lohn- und sonstigen Vergütungsansprüchen ist ausgeschlossen.

141
☞ **40**

---

[100] BAG 18.7.2006 – 1 AZR 578/05, BB 2007, 221.
[101] So auch zutreffend: *Preis*, Der Arbeitsvertrag, II. A 10 Rn. 41 mwN.

bb) **Muster: Abgeschwächtes Abtretungsverbot** *[→ A. Rn. 138 ff., 141]*

142

> § ...... **Abtretungsverbote und Lohnpfändung**
>
> Die Abtretung oder Verpfändung von Lohn- und sonstigen Vergütungsansprüchen ist ausgeschlossen, es sei denn, es liegt die vorherige schriftliche Zustimmung des Arbeitgebers vor.

12. Arbeitsverhinderung

a) Gesetzliche Vorgaben

143 Von einer Klausel zur Arbeitsverhinderung ist der Sonderfall der Arbeitsunfähigkeit und Entgeltfortzahlung im Krankheitsfall zu trennen, die regelmäßig in einer separaten Regelung in einem Arbeitsvertrag behandelt werden. Es geht um die Arbeitsverhinderung aus sonstigen, persönlichen Gründen. Darunter sind Hindernisse auf dem Weg zur Arbeit, wie Schneeverwehungen,[102] Glatteis,[103] Hochwasser und allgemeine Verkehrsstörungen, aber auch familiäre Ereignisse zu verstehen.[104] Für diesen Fall bei Eintreten der Voraussetzungen des § 616 BGB würde der Arbeitnehmer seinen Vergütungsanspruch behalten. Allerdings ist die Bestimmung des § 616 BGB abdingbar, wie sich aus § 619 BGB ergibt.[105] Aus Arbeitgebersicht kann aus Kostengründen darüber nachgedacht werden, eine solche Klausel in einen Arbeitsvertrag mit aufzunehmen.

b) Muster: Vorübergehende Arbeitsverhinderung *[→ A. Rn. 143]*

144

> § ...... **Vorübergehende Verhinderung**
>
> Ist der Arbeitnehmer durch einen in seiner Person liegenden Grund ohne sein Verschulden an der Dienstleistung verhindert, besteht kein Vergütungsanspruch, es sei denn, dieser ergibt sich aus gesetzlichen Bestimmungen. § 616 BGB ist abbedungen.

13. Entgeltfortzahlung im Krankheitsfall

a) Gesetzliche Vorgaben

145 Das Entgeltfortzahlungsgesetz enthält zwingende Vorschriften, von denen zu Lasten der Arbeitnehmer in Einzelarbeitsverträgen nicht abgewichen werden kann.[106] Einzige Ausnahme: Das Entgeltfortzahlungsgesetz sieht vor, dass im Falle der Arbeitsunfähigkeit diese durch Arbeitsunfähigkeitsbescheinigung nachzuweisen ist, die spätestens nach drei Tagen der Arbeitsunfähigkeit beim Arbeitgeber vorliegen muss. Hier ist es rechtlich zulässig, dass der Arbeitgeber einen früheren Zeitpunkt bestimmt. Hierbei ist zu beachten, dass ein Mitbestimmungsrecht des Betriebsrats besteht.[107] **Günstigere Regelungen,** zB eine Verlängerung des Entgeltfortzahlungszeitraumes, sind selbstverständlich **möglich.**

b) Muster

aa) Muster: Entgeltfortzahlung im Krankheitsfall *[→ A. Rn. 145, 147, 148]*

146

> § ...... **Entgeltfortzahlung im Krankheitsfall**
>
> (1) Die Entgeltfortzahlung im Krankheitsfall richtet sich nach den gesetzlichen Bestimmungen.
>
> (2) Der Arbeitnehmer ist verpflichtet, dem Arbeitgeber jede Arbeitsunfähigkeit und deren voraussichtliche Dauer unverzüglich mitzuteilen. Dauert die Arbeitsunfähig-

---

[102] BAG 8.9.1982 – 5 AZR 283/80, AP BGB § 616 Nr. 59.
[103] BAG 8.12.1982 – 4 AZR 134/80, AP BGB § 616 Nr. 58.
[104] Vgl. die Aufstellung bei ErfK/*Dörner* BGB § 616 Rn. 4.
[105] BAG 7.2.2007 – 5 AZR 270/06, ZTR 2007, 391; 25.4.1960 – 1 AZR 16/58, AP BGB § 616 Nr. 23.
[106] Zur Entgeltfortzahlung im Einzelnen vgl. Schaub/*Linck*, ArbR-HdB, § 98.
[107] BAG 25.1.2000 – 1 ABR 3/99, AP BetrVG 1972 § 87 Ordnung des Betriebes Nr. 34.

keit länger als drei Kalendertage, hat der Arbeitnehmer eine ärztliche Bescheinigung über das Bestehen der Arbeitsunfähigkeit sowie deren voraussichtliche Dauer spätestens am darauffolgenden Arbeitstag vorzulegen.

(3) Der Arbeitnehmer ist verpflichtet, die Art und Ursache der Erkrankung, soweit bekannt, anzugeben, wenn diese Schutzmaßnahmen des Arbeitgebers für andere Arbeitnehmer erfordert (zB eine Infektionsgefahr).

(4) Darüber hinaus ist die Ursache der Arbeitsunfähigkeit dem Arbeitgeber auch dann mitzuteilen, wenn der Arbeitnehmer von einem Dritten geschädigt worden ist, damit der Arbeitgeber Erstattungsansprüche prüfen und durchsetzen kann.

(5) Der Arbeitnehmer ist verpflichtet, den Arbeitgeber für den Fall der Arbeitsverhinderung mit der unverzüglichen Anzeige der Arbeitsunfähigkeit auf innerhalb der Arbeitsunfähigkeit ablaufende Fristen hinzuweisen.

bb) Muster: Entgeltfortzahlung zu Gunsten des Arbeitnehmers
[→ A. Rn. 145, 146, 147]

Hinweis:

Veränderungen zu Gunsten des Arbeitnehmers sind zulässig. Eine Verlängerung des Entgeltfortzahlungszeitraumes könnte beispielsweise wie folgt formuliert werden:

§ ...... Entgeltfortzahlung im Krankheitsfall

(1) Für den Fall der Arbeitsunfähigkeit gilt das Entgeltfortzahlungsgesetz. Abweichend vom Entgeltfortzahlungsgesetz verpflichtet sich der Arbeitgeber, dem Arbeitnehmer die ausstehende Bruttomonatsvergütung für die Dauer von sechs Monaten weiter zu zahlen.

(2) Der Arbeitnehmer ist verpflichtet, dem Arbeitgeber jede Arbeitsunfähigkeit und deren voraussichtliche Dauer unverzüglich mitzuteilen. Dauert die Arbeitsunfähigkeit länger als drei Kalendertage, hat der Arbeitnehmer eine ärztliche Bescheinigung über das Bestehen der Arbeitsunfähigkeit sowie deren voraussichtliche Dauer spätestens am darauffolgenden Arbeitstag vorzulegen.

(3) Der Arbeitnehmer ist verpflichtet, die Art und Ursache der Erkrankung, soweit bekannt, anzugeben, wenn diese Schutzmaßnahmen des Arbeitgebers für andere Arbeitnehmer erfordert (zB eine Infektionsgefahr).

(4) Darüber hinaus ist die Ursache der Arbeitsunfähigkeit dem Arbeitgeber auch dann mitzuteilen, wenn der Arbeitnehmer von einem Dritten geschädigt worden ist, damit der Arbeitgeber Erstattungsansprüche prüfen und durchsetzen kann.

(5) Der Arbeitnehmer ist verpflichtet, den Arbeitgeber für den Fall der Arbeitsverhinderung mit der unverzüglichen Anzeige der Arbeitsunfähigkeit auf innerhalb der Arbeitsunfähigkeit ablaufende Fristen hinzuweisen.

14. Urlaub

a) Gesetzliche Vorgaben

Bei der Gestaltung von Arbeitsverträgen besteht beim Urlaub wenig Spielraum: Gesetzliche Grundlage des Urlaubsrechts ist das Bundesurlaubsgesetz. Die gesetzlichen Bestimmungen sind nach § 13 Abs. 1 BUrlG **unabdingbar.** Dies gilt allerdings nur für den gesetzlichen Mindesturlaub (24 Werktage bei einer 6-Tage-Woche, 20 Werktage bei einer 5-Tage-Woche oder anders: vier Wochen).[108]

---
[108] Vgl. ausführlich zu den gesetzlichen Bestimmungen des Urlaubsrechts Schaub/Linck, ArbR.-HdB, § 104.

150 Urlaub wird nicht, wie umgangssprachlich häufig formuliert wird, vom Arbeitnehmer „genommen", der Urlaub wird **vom Arbeitgeber gewährt**.[109] Die Modalitäten zu klären, ist häufig zweckmäßig.

151 Kann der Urlaub wegen der Beendigung des Arbeitsverhältnisses nicht mehr genommen werden, ist er **abzugelten**. Nach früherer Rechtsprechung, die sich an dem klaren und eindeutigen Wortlaut des § 7 Abs. 3 BUrlG orientiert hat, galt, dass, wenn wegen einer Erkrankung der Urlaub bis zum Ende des Übertragungszeitraumes (31.3. des Folgejahres) nicht gewährt werden konnte, dieser ersatzlos verfiel. Der Europäische Gerichtshof hat mit Urteil vom 20.1.2009[110] entschieden, dass das Erlöschen des Urlaubs- und Urlaubsabgeltungsanspruches bei Arbeitsunfähigkeit bis zum Ende des Übertragungszeitraumes nach § 7 Abs. 3 BUrlG mit der europäischen Arbeitszeitrichtlinie unvereinbar ist. In konsequenter Fortsetzung hat das BAG[111] seine bisherige Rechtsprechung vollständig geändert und ist nunmehr ebenfalls der Auffassung, dass der Anspruch auf Abgeltung des gesetzlichen Voll- und Teilurlaubes nicht erlischt, wenn der Arbeitnehmer bis zum Ende des Urlaubsjahres oder des Übertragungszeitraumes durchgängig erkrankt und deshalb der Urlaub nicht genommen werden kann. Allerdings hat das BAG ausdrücklich klargestellt, dass dies nur für den gesetzlichen Mindesturlaub gilt. Hinsichtlich des darüber hinausgehenden Urlaubes sind die Arbeitsvertragsparteien in ihrer Gestaltungsmacht frei.[112] Von einer Gestaltungsmöglichkeit sollte aus Sicht des Arbeitgebers in jedem Fall Gebrauch gemacht werden, um zumindest hinsichtlich des über den gesetzlichen Urlaubsanspruch hinausgehenden Urlaubes sicherzustellen, dass eine Abgeltungspflicht nicht besteht. Eine derartige Gestaltungsmöglichkeit könnte sich für den gesetzlichen Mindesturlaub durch die Vereinbarung von Ausschlussfristen im Arbeitsvertrag oder durch die Inbezugnahme eines Tarifvertrages ergeben. Denn das BAG erkennt an, dass der Anspruch auf Abgeltung des nach lang andauernder Arbeitsunfähigkeit bestehenden gesetzlichen Mindesturlaubs aufgrund tarifvertraglicher Ausschlussfristen verfallen kann. Der Anspruch sei nicht Surrogat des Urlaubsanspruches, sondern ein reiner Geldanspruch, der sich nicht mehr von sonstigen Entgeltansprüchen aus dem Arbeitsverhältnis unterscheidet.[113]

152 Die **zwingenden gesetzlichen Urlaubsregelungen** sind – wie erwähnt – **nicht abdingbar**. Die Vertragsfreiheit erlaubt den Parteien des Arbeitsvertrages nicht, gesetzlich zwingende Urlaubsbestimmungen abzubedingen oder zum Nachteil des Arbeitnehmers zu modifizieren. Allerdings schließen die gesetzlichen Bestimmungen gerade nicht aus, dass die Parteien neben den gesetzlichen Rechten vertragliche Ansprüche begründen, also Regelungen, die einen so genannten übergesetzlichen Urlaub betreffen. Von daher besteht, was den übergesetzlichen Urlaub angeht, Gestaltungsfreiheit bei dem Abschluss von Arbeitsverträgen.[114] Darüber hinaus lässt der EuGH nunmehr auch eine Einschränkung in Bezug auf den gesetzlichen Mindesturlaub zu.[115] Allerdings lag der Entscheidung ein Tarifvertrag zugrunde, in dem eine Regelung enthalten war, nach der Urlaubsansprüche nach Ablauf von 15 Monaten nach Ende des jeweiligen Urlaubsjahres auch im Falle der Arbeitsunfähigkeit verfallen. Die Frage ist, ob nach dem Unionsrecht eine Begrenzungsregelung im Arbeitsvertrag genügt. Dies lässt sich zumindest aus der Entscheidung des EuGH herauslesen. Denn dort ist die Rede von einzelstaatlichen Rechtsvorschriften oder Gepflogenheiten, nach denen auch die Urlaubsansprüche arbeitsunfähig erkrankter Arbeitnehmer nach einem Übertragungszeitraum von 15 Monaten erlöschen. Eine explizite Beschränkung auf Tarifverträge findet sich nicht.[116] Seit dem 7.8.2012 liegt zudem eine Entscheidung des BAG zu einer „Höchstzeitbegrenzung" von Urlaubsansprüchen bei

---

[109] Schaub/*Linck*, ArbR-HdB, § 104 Rn. 86 mwN.
[110] EuGH 20.1.2009 – C-350/06 und C-520/06, C-350/06, C-520/06, NZA 2009, 135.
[111] BAG 24.3.2009 – 9 AZR 983/07, NZA 2009, 538.
[112] BAG 24.3.2009 – 9 AZR 983/07, NZA 2009, 538.
[113] BAG 9.8.2011 – 9 AZR 365/10, NZA 2011, 1421.
[114] BAG 18.10.2011 – 9 AZR 303/10, NZA 2012, 143.
[115] EuGH 22.11.2011 – C-214/10, NZA 2011, 1333.
[116] EuGH 22.11.2011 – C-214/10, NZA 2011, 1333.

dauerhafter Arbeitsunfähigkeit vor. Das BAG formuliert wörtlich: „In Anwendung dieser Grundsätze ist § 7 Abs. 3 Satz 3 BUrlG unionsrechtskonform so auszulegen, dass gesetzliche Urlaubsansprüche vor Ablauf eines Zeitraums von 15 Monaten nach dem Ende des Urlaubsjahres nicht erlöschen, wenn der Arbeitnehmer aus gesundheitlichen Gründen an seiner Arbeitsleistung gehindert war. Sie gehen jedoch mit Ablauf des 31. März des zweiten Folgejahres unter. Dies gilt auch bei fortdauernder Arbeitsunfähigkeit. Ein solcher Übertragungszeitraum von 15 Monaten wurde vom EuGH als unionsrechtskonform gebilligt."[117]

b) Muster: Urlaub[118] *[→ A. Rn. 149 ff.]*

> **§ ...... Urlaub**
>
> (1) Der Arbeitnehmer erhält bei einer 6-Tage-Woche kalenderjährlich einen Urlaub von 24 Arbeitstagen als gesetzlichen Mindesturlaub. Der gesetzliche Mindesturlaub muss im laufenden Kalenderjahr gewährt und genommen werden. Eine Übertragung des gesetzlichen Mindesturlaubs auf das nächste Jahr ist nur statthaft, wenn dringende betriebliche oder in der Person des Arbeitnehmers liegende Gründe dies rechtfertigen. Im Falle der Übertragung muss der gesetzliche Mindesturlaub in den ersten drei Monaten des folgenden Kalenderjahres gewährt und genommen werden, ansonsten verfällt er. (Konnte der gesetzliche Mindesturlaub wegen Arbeitsunfähigkeit des Arbeitnehmers nicht genommen werden, geht der gesetzliche Mindesturlaubsanspruch fünfzehn Kalendermonate nach dem Ende des Urlaubsjahres, mithin am 31.3. des 2. Folgejahres unter.)[119]
>
> (2) Der Arbeitnehmer erhält darüber hinaus kalenderjährlich einen übergesetzlichen Zusatzurlaub von weiteren sechs Arbeitstagen. Der übergesetzliche Zusatzurlaub ist innerhalb des Kalenderjahres zu nehmen. Eine Übertragung des übergesetzlichen Zusatzurlaubes auf das nächste Jahr ist nur statthaft, wenn dringende betriebliche oder in der Person des Arbeitnehmers liegende Gründe eine Übertragung erforderlich machen. Im Fall der Übertragung muss der Zusatzurlaub in den ersten drei Monaten des nachfolgenden Kalenderjahres gewährt und genommen werden. Ansonsten verfällt der Zusatzurlaub mit Ablauf des 31.3. des nachfolgenden Kalenderjahres auch dann, wenn er wegen Arbeitsunfähigkeit des Arbeitnehmers nicht genommen werden konnte. Eine Abgeltung des übergesetzlichen Urlaubsanspruches ist ausgeschlossen.
>
> (3) Die Festlegung des Urlaubs erfolgt durch den Arbeitgeber auf Antrag und unter Berücksichtigung der Wünsche des Arbeitnehmers. Dringende betriebliche Gründe haben Vorrang. Ein Urlaubsantrag gilt mit schriftlicher Bestätigung durch den Arbeitgeber als bewilligt. Als bewilligt gilt zunächst der gesetzliche Mindesturlaub gem. Abs. 1 bis zu dessen vollständiger Erfüllung, erst danach der übergesetzliche Zusatzurlaub gem. Abs. 2. Während des Übertragungszeitraumes (1.1. bis 31.3. des nachfolgenden Kalenderjahres) gilt zunächst der übertragene gesetzliche Regelurlaub, danach der übertragene übergesetzliche Zusatzurlaub und erst danach der in dem betreffenden Kalenderjahr entstehende bzw. entstandene gesetzliche Regelurlaub und übergesetzliche Zusatzurlaub als bewilligt.

Hinweis:
Zu beachten ist, dass mit der vorrangigen Gewährung des gesetzlichen Mindesturlaubs vor dem übergesetzlichen Zusatzurlaub möglicherweise Urlaubsgrundsätze

---

[117] BAG 7.8.2012 – 9 AZR 353/10, NZA 2012, 1216.
[118] *Straube/Hilgenstock* ArbRAktuell 2010, 333 (335).
[119] Vorsicht: Über die arbeitsvertragliche Regelung in Klammern ist höchstrichterlich nicht abschließend entschieden.

aufgestellt bzw. geändert werden und damit ein Mitbestimmungsrecht gem. § 87 Abs. 1 Nr. 5 BetrVG bestehen könnte.

15. Verschwiegenheit

a) Gesetzliche Vorgaben

155 Eine Verschwiegenheitspflicht kann sich als **arbeitsvertragliche Nebenpflicht** aus dem Arbeitsvertrag ergeben. Darüber hinaus besteht eine gesetzliche Verpflichtung zur Wahrung von Betriebsgeheimnissen, ein Verstoß ist **strafbewährt** (§ 17 Abs. 1 UWG). Die vertragliche Verschwiegenheitspflicht erstreckt sich auf alle Geschäfts- und Betriebsgeheimnisse. Dies sind alle Tatsachen, die in einem Zusammenhang mit dem Geschäftsbetrieb stehen, nur einem eng begrenzten Personenkreis bekannt und nicht offenkundig sind, nach dem Willen des Arbeitgebers und im Rahmen seines berechtigten wirtschaftlichen Interesses geheim gehalten werden sollen.[120] Allgemein bekannte oder übliche Verfahren oder Tatsachen sind keine Geschäfts- oder Betriebsgeheimnisse,[121] auch wenn der Arbeitgeber sie als solche bezeichnet.[122] Die Verschwiegenheitspflicht während des Bestandes des Arbeitsverhältnisses kann vertraglich erweitert werden. Umfang und Grenzen derartiger vorformulierter Klauseln richten sich nach § 307 Abs. 1 BGB. **Wirksamkeitsvoraussetzung** solcher Klauseln ist die Transparenz sowie ein berechtigtes betriebliches Interesse an der Geheimhaltung. Eine Verschwiegenheitspflicht besteht nur dann, wenn der Arbeitgeber an der Einhaltung ein berechtigtes geschäftliches Interesse hat, dieses ist objektiv zu beurteilen. Nach Auffassung des Bundesgerichtshofes besteht die Verschwiegenheitspflicht über Betriebs- und Geschäftsgeheimnisse **auch nach rechtlicher Beendigung des Arbeitsverhältnisses** fort.[123] Nach überwiegender Auffassung in der Literatur können nachvertragliche Verschwiegenheitspflichten nur auf einzelne, konkret bezeichnete Geschäfts- oder Betriebsgeheimnisse bezogen werden. Das BAG differenziert, nach Beendigung des Arbeitsverhältnisses könne der Arbeitnehmer – sofern kein wirksames nachvertragliches Wettbewerbsverbot vereinbart worden sei – das im Arbeitsverhältnis erworbene Erfahrungswissen zu eigenem Nutzen verwenden, die Grenze zu einem faktischen Wettbewerbsverbot dürfte jedoch nicht überschritten werden.[124]

156 Für den Arbeitgeber besteht die Gefahr darin, dass nachvertragliche Verschwiegenheitsklauseln **zu weit gefasst** werden: Das BAG hat beispielsweise die Verpflichtung eines im Weinhandel tätigen Außendienstmitarbeiters, Kundennamen auch nach Vertragsende in keiner Weise zu verwenden, als Wettbewerbsabrede iSd §§ 74 ff. HGB bewertet, die zu ihrer Verbindlichkeit eine **Entschädigungsvereinbarung** voraussetzt.[125] Von daher gesehen ist es für den Arbeitgeber unabdingbar, gerade bei der nachvertraglichen Verschwiegenheitspflicht genau zu formulieren, um eine Unwirksamkeit der entsprechenden nachvertraglichen Verpflichtung zu vermeiden.

b) Muster: Verschwiegenheitspflicht *[→ A. Rn. 155 f.]*

157

> § ...... **Verschwiegenheitspflicht**
>
> (1) Der Arbeitnehmer verpflichtet sich, über alle ihm bekannt gewordenen Geschäfts- und Betriebsgeheimnisse während der Dauer des Arbeitsverhältnisses Stillschweigen zu bewahren.

---

[120] BAG 15.12.1987 – 3 AZR 474/86, AP BGB § 611 Betriebsgeheimnis Nr. 5; 16.3.1982 – 3 AZR 83/79, AP BGB § 611 Betriebsgeheimnis Nr. 1.
[121] Zu den Beispielen vgl. im Einzelnen: Schaub/Linck, ArbR-HdB, § 53 Rn. 52 mzN.
[122] BAG 16.3.1982 – 3 AZR 83/79, AP BGB § 611 Betriebsgeheimnis Nr. 1.
[123] BGH 16.11.1954 – I ZR 180/53, AP HGB § 60 Nr. 1.
[124] BAG 19.5.1998 – 9 AZR 394/97, AP BGB § 611 Treuepflicht Nr. 11.
[125] BAG 15.12.1987 – 3 AZR 474/86, AP BGB § 611 Betriebsgeheimnis Nr. 5.

> (2) Nach Beendigung des Arbeitsverhältnisses besteht die Verpflichtung zur Verschwiegenheit hinsichtlich nachfolgender Betriebs- und Geschäftsgeheimnisse fort:
> ......
>
> (3) Die Verschwiegenheitspflicht erstreckt sich nicht auf solche Kenntnisse, die jedermann zugänglich sind oder deren Weitergabe für den Arbeitgeber ersichtlich ohne Nachteil ist. Im Zweifelsfall ist der Arbeitnehmer verpflichtet, eine Weisung des Arbeitgebers einzuholen, ob eine bestimmte Tatsache vertraulich zu behandeln ist.
>
> (4) Der Ausdruck „Betriebs- und/oder Geschäftsgeheimnisse" umfasst dabei alle geschäftlichen, betrieblichen und technischen Kenntnisse, Angelegenheiten, Vorgänge und Informationen, die nur einem beschränkten Personenkreis zugänglich sind und nach dem Willen des Arbeitgebers nicht der Allgemeinheit bekannt werden sollen.

16. Wettbewerbsverbot

a) Gesetzliche Vorgaben

158 Bei Wettbewerbsverboten ist zu unterscheiden: Während des bestehenden Arbeitsverhältnisses darf der Arbeitnehmer keinen Wettbewerb betreiben.[126] Nach Beendigung des Arbeitsverhältnisses unterliegt der Arbeitnehmer grundsätzlich keinen Wettbewerbsbeschränkungen. Um dies zu vermeiden, können Arbeitgeber und Arbeitnehmer für die Zeit nach Beendigung des Arbeitsverhältnisses vertraglich ein Wettbewerbsverbot vereinbaren. Die gesetzliche Zulässigkeit ergibt sich aus den §§ 74 ff. HGB.

159 Bei der Gestaltung von Arbeitsverträgen bergen **nachvertragliche Wettbewerbsverbote**[127] erhebliche Risiken, speziell für den Arbeitgeber. Will insbesondere der Arbeitgeber erreichen, dass das Wettbewerbsverbot verbindlich und damit auch für die Zeit nach der Beendigung des Arbeitsverhältnisses für den Arbeitnehmer bindend ist, muss er typische Fehler vermeiden. Dazu gehört, dass der Umfang des Wettbewerbsverbotes zu weit gefasst oder die Karenzentschädigung zu gering bemessen ist; beides kann zur Unverbindlichkeit des Wettbewerbsverbotes führen mit der Folge, dass der Arbeitnehmer sich entweder lossagen kann oder das Wettbewerbsverbot gegen sich gelten lässt (dann aber unter Umständen mit der geringeren Karenzentschädigung). Dem Arbeitgeber fehlt aber im Vorfeld eine Sicherheit darüber, ob das nachvertragliche Wettbewerbsverbot gelten wird oder nicht. Daher ist es grundsätzlich empfehlenswert, sich weitgehend an den Gesetzestext zu halten.

160 Bei einer **Inhaltskontrolle** nach §§ 305 ff. BGB begegnen dem nachvertraglichen Wettbewerbsverbot keine Bedenken. Problematisch könnte nur ein drucktechnisch nicht hervorgehobenes Wettbewerbsverbot als überraschende Klausel iSv § 305c Abs. 1 BGB sein. Um insoweit jegliches Risiko zu vermeiden, sollte ein nachvertragliches Wettbewerbsverbot drucktechnisch hervorgehoben im Arbeitsvertrag vereinbart werden. Gleiches gilt für die mit einem Wettbewerbsverbot verbundene aufschiebende Bedingung (es soll zB erst nach Ablauf des zweiten Vertragsjahres greifen): Dieses kann in einem Arbeitsvertrag in einem Paragraphen, der drucktechnisch hervorgehoben mit „nachvertragliches Wettbewerbsverbot" überschrieben ist, vereinbart werden. Die aufschiebende Bedingung muss nicht extra hervorgehoben werden. Sie ist nach dem BAG keine überraschende Klausel iSv § 305c Abs. 1 BGB, da es insoweit an dem hierfür vorgesehenen „Überrumpelungs- oder Übertölpelungseffekt" mangelt.[128]

---

[126] Vgl. statt aller Schaub/*Linck*, ArbR-HdB, § 54 Rn. 1 ff. mzN.
[127] Vgl. im Einzelnen: Schaub/*Vogelsang*, ArbR-HdB, § 55.
[128] BAG 13.7.2005 – 10 AZR 532/04, AP HGB § 74 Nr. 78.

b) Muster

aa) Muster: Nachvertragliches Wettbewerbsverbot (Kurzform)
[→ A. Rn. 158 ff., 162]

§ ...... Nachvertragliches Wettbewerbsverbot

(1) Der Arbeitnehmer verpflichtet sich, für die Dauer von zwei Jahren nach der Beendigung des Arbeitsverhältnisses in Deutschland nicht für ein Konkurrenzunternehmen tätig zu sein, noch unmittelbar oder mittelbar an der Gründung oder an dem Betrieb eines solchen Unternehmens mitzuwirken.

(2) Für jedes Jahr des Wettbewerbsverbotes zahlt der Arbeitgeber dem Arbeitnehmer 50% der zuletzt bezogenen vertragsmäßigen Leistungen.

(3) Im Übrigen gelten die Vorschriften der §§ 74 ff. HGB.

bb) Muster: Nachvertragliches Wettbewerbsverbot (Langform)
[→ A. Rn. 158 ff., 161]

§ ...... Nachvertragliches Wettbewerbsverbot

(1) Der Arbeitnehmer verpflichtet sich, für die Dauer von zwei Jahren nach der Beendigung des Arbeitsverhältnisses für kein Unternehmen tätig zu sein, das mit dem Arbeitgeber in direktem oder indirektem Wettbewerb steht oder mit einem Wettbewerbsunternehmen verbunden ist.[129]

(2) Dieses Wettbewerbsverbot gilt für die Bundesrepublik Deutschland.

(3) Das Wettbewerbsverbot umfasst jede unselbständige wie selbständige Konkurrenztätigkeit. Für Wettbewerbsunternehmen wird der Arbeitnehmer weder unmittelbar noch mittelbar, weder in einem freien Dienstverhältnis noch in einem Arbeitsverhältnis Dienste leisten. Der Arbeitnehmer wird ein solches Konkurrenzunternehmen weder errichten noch erwerben und sich auch nicht an einem solchen maßgeblich finanziell beteiligen.

(4) Der Arbeitgeber verpflichtet sich, für jedes Jahr des Wettbewerbsverbotes dem Arbeitnehmer eine Karenzentschädigung in Höhe von 50% seiner zuletzt bezogenen vertragsmäßigen Leistungen zu zahlen. Die Karenzentschädigung ist in monatlichen Beträgen jeweils zum Monatsende fällig. Auf die fällige Entschädigung wird angerechnet, was der Arbeitnehmer während der Laufzeit des Wettbewerbsverbotes durch anderweitige Verwertung seiner Arbeitskraft erwirbt oder zu erwerben böswillig unterlässt. Eine Anrechnung findet jedoch nur insoweit statt, als die Entschädigung unter Hinzuziehung des Betrages die Summe der zuletzt bezogenen vertragsmäßigen Leistungen um mehr als 10% übersteigt. Ist der Arbeitnehmer gezwungen, wegen der Beschränkung der beruflichen Tätigkeit einen Wohnsitzwechsel vorzunehmen, so tritt an Stelle der Erhöhung um 10% eine solche um 25%.

(5) Dieses nachvertragliche Wettbewerbsverbot tritt nur in Kraft, wenn das Arbeitsverhältnis nicht vor Ablauf der Probezeit gekündigt wird.

(6) Kündigt der Arbeitgeber das Arbeitsverhältnis aus wichtigem Grund wegen vertragswidrigen Verhaltens des Arbeitnehmers, so wird das Wettbewerbsverbot unwirksam, sofern der Arbeitgeber binnen eines Monats nach Zugang der Kündigung dem Arbeitnehmer schriftlich mitteilt, dass er sich nicht an die Vereinbarung gebunden halte (Lossagung).

---

[129] LAG Hamm 1.12.2009 – 14 SaGa 59/09, BeckRS 2010, 67131.

> Kündigt der Arbeitgeber das Arbeitsverhältnis ordentlich, ohne dass ein erheblicher Anlass in der Person des Arbeitnehmers vorliegt, so wird das Wettbewerbsverbot unwirksam, sofern der Arbeitgeber binnen eines Monats nach Zugang der Kündigung dem Arbeitnehmer schriftlich mitteilt, dass er sich nicht an die Vereinbarung gebunden hält. Das Wettbewerbsverbot bleibt in diesem Fall aber wirksam, wenn sich der Arbeitgeber bei der Kündigung bereit erklärt, mit der vorgesehenen Laufzeit des Verbotes die vollen zuletzt bezogenen vertragsmäßigen Leistungen an den Arbeitnehmer zu zahlen.
>
> (7) Im Übrigen gelten die §§ 74 ff. HGB.

17. Nebentätigkeit

a) Gesetzliche Vorgaben

163 Grundsätzlich steht dem Arbeitnehmer die Verwendung seiner Arbeitskraft außerhalb der Arbeitszeit frei. Soweit die Nebentätigkeit beruflicher Natur ist, kann sich der Arbeitnehmer auf das Grundrecht der freien Berufswahl berufen (Art. 12 Abs. 1 S. 1 GG).[130] Nicht berufliche Tätigkeiten sind durch das Recht auf freie Entfaltung der Persönlichkeit (Art. 2 Abs. 1 GG) geschützt und stehen daher dem Arbeitnehmer ebenfalls als Nebentätigkeiten frei.[131] Nebentätigkeiten sind nur dann unzulässig, wenn sie zu einer erheblichen Beeinträchtigung der Arbeitskraft des Arbeitnehmers führen, entgegenstehende Wettbewerbsinteressen des Arbeitgebers berühren oder Schwarzarbeit vorliegt. Eine erhebliche Beeinträchtigung der Arbeitskraft wäre beispielsweise dann gegeben, wenn ein Schlosser eine Nebentätigkeit bei einem Gebäudereinigungsunternehmen aufnimmt und dort körperlich und zeitlich so beansprucht wird, dass er seinen normalen Arbeitspflichten nicht mehr genügt.[132]

164 **Entgegenstehende Wettbewerbsinteressen** des Arbeitgebers liegen vor, wenn der Arbeitnehmer, wie es in § 60 HGB heißt, ohne Einwilligung des Prinzipals in dem Handelszweig des Prinzipals ein Handelsgewerbe oder für eigene oder fremde Rechnung Geschäfte betreibt. Während des laufenden Arbeitsverhältnisses gilt ein Wettbewerbsverbot.

165 Da Nebentätigkeiten nicht grundsätzlich verboten sind, ist einzelvertraglich ein grundsätzliches Nebentätigkeitsverbot unzulässig. Davon zu trennen ist der **Vorbehalt der Genehmigung:** In einem solchen Fall bedarf die Nebentätigkeit der vorherigen Zustimmung des Arbeitgebers. Eine solche Vereinbarung dient dazu, dem Arbeitgeber die Überprüfung zu ermöglichen, ob durch die beabsichtigte Nebentätigkeit berechtigte betriebliche Interessen beeinträchtigt werden. Ist das nicht gegeben, hat er die Zustimmung zu erteilen.

166 Soweit eine Beeinträchtigung der Interessen des Arbeitgebers durch die Nebentätigkeit nicht ausgeschlossen werden kann, hat der Arbeitgeber gegen den Arbeitnehmer einen **Anspruch auf Auskunft** über das Ob und den Umfang seiner Nebentätigkeit.[133]

b) Muster: Nebentätigkeit [→ A. Rn. 163 ff.]

167

> § ...... Nebentätigkeit
>
> (1) Der Arbeitnehmer verpflichtet sich, eine Nebentätigkeit während der Dauer des Arbeitsverhältnisses nur mit vorheriger schriftlicher Zustimmung des Arbeitgebers zu übernehmen.
>
> (2) Der Arbeitgeber hat die Entscheidung über den Antrag des Arbeitnehmers auf Zustimmung zur Nebentätigkeit innerhalb von zwei Wochen nach Eingang des Antrages zu treffen. Wird innerhalb dieser Frist eine Verweigerung der Zustimmung zur Nebentätigkeit nicht erklärt, gilt die Zustimmung als erteilt.

---

[130] BAG 11.12.2001 – 9 AZR 464/00, AP BGB § 611 Nebentätigkeit Nr. 8.
[131] BAG 18.1.1996 – 6 AZR 314/95, AP BGB § 242 Auskunftspflicht Nr. 25.
[132] Schaub/*Linck*, ArbR-HdB, § 42 Rn. 5.
[133] BAG 11.12.2001 – 9 AZR 464/00, AP BGB § 611 Nebentätigkeit Nr. 8.

168 | **Hinweis:**

Die Aufnahme einer Zustimmungsfiktion macht Sinn, da sie überflüssigen Formalismus vermeidet, der Arbeitgeber aber nicht gezwungen ist, eine separate Erklärung abzugeben. Für den Arbeitnehmer wird es wichtig sein, den Zugang des Antrages im Streitfall beweisen zu können.

18. Vertragsstrafe

a) Gesetzliche Vorgaben

169 Vertragsstrafen kommen in Arbeitsverträgen relativ häufig vor. Sie dienen der **Absicherung der vertraglichen Pflichten des Arbeitnehmers:** Zum einen der Absicherung der Einhaltung vertragsimmanenter oder entsprechend geregelter Treuepflichten beziehungsweise der Absicherung, eines vertraglich vereinbarten Wettbewerbsverbotes oder von Verschwiegenheits- oder Rückgabepflichten, zum anderen der Gewährleistung der Einhaltung vertraglicher Kündigungsfristen oder des Arbeitsantrittes überhaupt. Inhaltlich findet sich zudem oftmals eine Differenzierung zwischen Einzel- und Dauerverstößen. Regelmäßig sind die maximal verwirkten Strafen der Höhe nach auf einen am monatlichen Bruttogehalt orientierten Betrag begrenzt.[134] Ebenfalls wird bei den Vertragsstrafenklauseln oftmals zwischen dem vertragsbrüchigen Verhalten während oder nach der Probezeit differenziert, was durch die regelmäßig verschieden langen Kündigungsfristen während und nach der Probezeit bedingt ist.[135]

170 Vertragsstrafen können in vorformulierten Arbeitsverträgen vereinbart werden. § 309 Nr. 6 BGB steht dem nicht entgegen. Die Besonderheiten des Arbeitsrechts erfordern nach § 310 Abs. 4 S. 2 BGB die Möglichkeit, für den Fall des verschuldeten Vertragsbruches Vertragsstrafen wirksam vereinbaren zu können. Dies folgt mittelbar aus § 12 Abs. 2 Nr. 2 BBiG, der nur für Berufsausbildungsverhältnisse die Vereinbarung von Vertragsstrafen ausschließt. Zum anderen dient die Vertragsstrafe dem Arbeitgeber dazu, sich wirksam vor einem Vertragsbruch zu schützen, wobei ihm regelmäßig der Nachweis eines konkreten Schadens nicht möglich sein wird. Auch kann der Arbeitgeber nach § 888 Abs. 3 ZPO die Erfüllung der Arbeitspflicht nicht durch Zwangshaft oder Zwangsgeld gegenüber dem Arbeitnehmer durchsetzen. Hierin liegt gerade die Besonderheit des Arbeitsrechts.[136]

171 Allerdings dürfen die in Formulararbeitsverträgen vereinbarten Vertragsstrafen nicht an versteckter Stelle stehen, sie müssen **klar und eindeutig formuliert** sein. Das bedeutet, dass die vereinbarte Vertragsstrafe nicht nur die zu leistende Strafe, sondern auch die auslösende Pflichtverletzung so klar bezeichnen muss, dass sich der Versprechende in seinem Verhalten darauf einstellen kann.[137] Allgemeine Tatbestände ohne weitere Erläuterungen wie etwa „schuldhaft vertragswidriges Verhalten" oder „im Falle eines gravierenden Vertragsverstoßes" genügen dem Bestimmtheitsgebot nicht.[138]

172 Darüber hinaus muss der Arbeitgeber ein berechtigtes Interesse an der Vertragsstrafe haben, damit die Vereinbarung nicht unangemessen iSv § 307 Abs. 1 BGB ist. Dies ist allerdings bei einem angestrebten Schutz vor einem Vertragsbruch regelmäßig anzu-

---

[134] Das BAG lehnt jedoch eine generelle und absolute Höchstgrenze von einem Bruttomonatsgehalt für die Rechtswirksamkeit einer Vertragsstrafenabrede ab. Maßgebend sei der Einzelfall und eine Interessenabwägung (vgl. BAG 25.9.2008 – 8 AZR 717/07, AP BGB § 307 Nr. 39).
[135] Zur Vertragsstrafe vgl. ausführlich Schaub/*Linck,* ArbR-HdB, § 57 (vgl. BAG 23.9.2010 – 8 AZR 897/08, NZA 2011, 89).
[136] BAG 14.8.2007 – 8 AZR 973/06, AP BGB § 307 Nr. 28; 4.3.2004 – 8 AZR 196/03, AP BGB § 309 Nr. 3.
[137] BAG 18.8.2005 – 8 AZR 65/05, AP BGB § 336 Nr. 1.
[138] BAG 18.8.2005 – 8 AZR 65/05, AP BGB § 336 Nr. 1; 21.4.2005 – 8 AZR 425/04, AP BGB § 307 Nr. 3.

nehmen, gilt aber auch für die Nichtaufnahme der Arbeit nach einer unberechtigten Kündigung vor Dienstantritt.[139]

Die Vertragsstrafe darf **nicht zu hoch** sein. Sie ist unangemessen, wenn die Sanktion außer Verhältnis zum Gewicht des Vertragsverstoßes und zu dessen Folgen für den Vertragspartner steht.[140] Bei Nichtantritt der Arbeit darf die Vertragsstrafe das für die Dauer der vereinbarten Kündigungsfrist zu zahlende Gehalt nicht übersteigen.[141]   173

b) Muster: Vertragsstrafe *[→ A. Rn. 169 ff.]*

---

§ ...... Vertragsstrafe   174

Nimmt der Arbeitnehmer die Arbeit nicht oder verspätet auf, verweigert er vorübergehend unberechtigt die Arbeit, löst er das Arbeitsverhältnis ohne Einhaltung der maßgeblichen Kündigungsfrist auf oder wird der Arbeitgeber durch vertragswidriges Verhalten des Arbeitnehmers zur außerordentlichen Kündigung veranlasst, so hat der Arbeitnehmer dem Arbeitgeber eine Vertragsstrafe zu zahlen. Als Vertragsstrafe wird für den Fall der verspäteten Aufnahme der Arbeit, der vorübergehenden Arbeitsverweigerung und der Auflösung des Arbeitsverhältnisses ohne Einhaltung der maßgeblichen Kündigungsfrist ein sich aus der Bruttomonatsvergütung nach vorstehendem § ...... zu errechnendes Bruttotagegeld für jeden Tag der Zuwiderhandlung vereinbart, insgesamt jedoch nicht mehr als das in der gesetzlichen Mindestkündigungsfrist ansonsten zu zahlende Arbeitsentgelt. Im Übrigen beträgt die Vertragsstrafe ein Bruttomonatsgehalt.

Hinweis: 175

Diese Klausel hat das BAG ausdrücklich als wirksam angesehen, da sie eine klare, verständliche, transparente und angemessene Regelung darstellt. Das BAG[142] hat betont, dass durch die Vereinbarung der Vertragsstrafenobergrenze die zur Dauer der Vertragsverletzung vorbezeichnete Vertragsstrafe eine angemessene Gestaltung sei.

---

19. Kündigung

a) Gesetzliche Vorgaben

Bei der Vereinbarung von Kündigungsfristen sind die **gesetzlichen Mindestkündigungsfristen** einzuhalten (§ 622 BGB). Gleiches gilt für zwingend anwendbare sonstige Vorschriften, wie beispielsweise Kündigungsregelungen in Tarifverträgen.   176

Insbesondere können die Arbeitsvertragsparteien auch eine **längere als die gesetzliche Kündigungsfrist** vereinbaren. Dies gilt auch dann, wenn in einem Tarifvertrag eine Grundkündigungsfrist und arbeitsvertraglich eine längere Kündigungsfrist, beispielsweise auch für die Eigenkündigung durch den Arbeitnehmer, vereinbart worden ist. Die vertragliche Vereinbarung einer längeren Kündigungsfrist ist nicht wegen Verstoßes gegen das Günstigkeitsgebot des § 4 Abs. 3 TVG unwirksam, wenn und soweit der Tarifvertrag lediglich die Grundkündigungsfrist des § 622 BGB abändert.[143] Daher gilt: Findet ein Tarifvertrag Anwendung, kommt es für die Wirksamkeit einzelvertraglich verlangerter Kundigungsfristen darauf an, was hinsichtlich der Kündigungsfristen konkret im Tarifvertrag geregelt ist.   177

Wenn in einem Arbeitsvertrag längere als die gesetzlichen Kündigungsfristen für die ordentliche Kündigung sowohl des Arbeitgebers wie auch des Arbeitnehmers verein-   178

---

[139] BAG 19.8.2010 – 8 AZR 645/09, AP BGB § 307 Nr. 49; 4.3.2004 – 8 AZR 196/03, AP BGB § 309 Nr. 3.
[140] BGH 7.5.1997 – VIII ZR 349/96, NJW 1997, 3233.
[141] BAG 4.3.2004 – 8 AZR 196/03, AP BGB § 309 Nr. 3; LAG Chemnitz 25.11.1997 – 9 Sa 731/97, LAGE BGB § 339 Nr. 12.
[142] BAG 28.5.2009 – 8 AZR 896/07, AP BGB § 306 Nr. 6.
[143] BAG 29.8.2001 – 4 AZR 337/00, AP TVG § 1 Auslegung Nr. 174.

bart werden, kann dies für den Arbeitnehmer nachteilig sein. Einerseits spricht für eine Verlängerung der Kündigungsfristen, dass der Arbeitnehmer eine längere Beschäftigungszeit und damit eine gewisse soziale Absicherung hat, andererseits kann es für den Fall eines beabsichtigten Arbeitgeberwechsels wegen einer kurzfristigen Verfügbarkeit Probleme geben. Für den Arbeitnehmer wird es daher regelmäßig günstig sein, dass im Verhältnis zu den gesetzlich verlängerten arbeitsvertraglichen Kündigungsfristen diese nur für die arbeitgeberseitige Kündigungsfrist gelten. Darauf wird sich regelmäßig aber kein Arbeitgeber einlassen: Verlängerte arbeitsvertragliche Kündigungsfristen haben für den Arbeitgeber letztendlich den Vorteil, mehr Zeit für die Suche eines Nachfolgers zu haben, letztendlich aber auch, den Arbeitnehmer länger „vom Markt" fernzuhalten.

179 Zwingend zu beachten sind die gesetzlichen und tariflichen Mindestfristen. Darüber hinaus darf die Kündigungsfrist für den Arbeitgeber nicht kürzer sein als die für die Eigenkündigung durch den Arbeitnehmer.[144]

b) Muster

aa) Muster: Regelung gesetzlicher Grundkündigungsfristen
[→ A. Rn. 176 ff., 181]

180

§ ...... Beendigung des Arbeitsverhältnisses

(1) Das Arbeitsverhältnis kann von Arbeitgeber und Arbeitnehmer mit einer Frist von vier Wochen zum 15. oder zum Monatsende gekündigt werden.

(2) Die Kündigungsfrist beträgt, wenn das Arbeitsverhältnis in dem Betrieb oder Unternehmen
– zwei Jahre bestanden hat, einen Monat zum Ende eines Kalendermonats,
– fünf Jahre bestanden hat, zwei Monate zum Ende eines Kalendermonats,
– acht Jahre bestanden hat, drei Monate zum Ende eines Kalendermonats,
– zehn Jahre bestanden hat, vier Monate zum Ende eines Kalendermonats,
– zwölf Jahre bestanden hat, fünf Monate zum Ende eines Kalendermonats,
– 15 Jahre bestanden hat, sechs Monate zum Ende eines Kalendermonats,
– 20 Jahre bestanden hat, sieben Monate zum Ende eines Kalendermonats.

(3) Jede gesetzliche Verlängerung der Kündigungsfrist zu Gunsten des Arbeitnehmers gilt auch zu Gunsten des Arbeitgebers.

bb) Muster: Vertraglich abweichende Kündigungsfrist *[→ A. Rn. 176 ff., 180]*

181

§ ...... Beendigung des Arbeitsverhältnisses

(1) Die ersten sechs Monate des Arbeitsverhältnisses gelten als Probezeit. Innerhalb der Probezeit kann das Arbeitsverhältnis mit einer Frist von 14 Tagen gekündigt werden.

(2) Nach Ablauf der Probezeit beträgt die Kündigungsfrist ...... Monate zum Monatsende/Quartalsende/Halbjahresende/Jahresende.

(3) Jede Verlängerung der (gesetzlichen) Kündigungsfrist zu Gunsten des Arbeitnehmers gilt auch zu Gunsten des Arbeitgebers.

20. Freistellung

a) Gesetzliche Vorgaben

182 Die Vereinbarung einer Freistellung von der Verpflichtung zur Erbringung der Arbeitsleistung nach Ausspruch einer Kündigung bietet sowohl für Arbeitnehmer wie

---

[144] BAG 2.6.2005 – 2 AZR 296/04, NZA 2005, 1176.

auch für den Arbeitgeber **Vorteile**. Die Freistellung des Arbeitnehmers von der Verpflichtung zur Erbringung der Arbeitsleistung beseitigt den ansonsten im Arbeitsverhältnis bestehenden Beschäftigungsanspruch. Erklärt der Arbeitgeber die Freistellung von der Verpflichtung zur Erbringung der Arbeitsleistung, macht er von seinem Weisungs- und Direktionsrecht, seinem Leistungsbestimmungsrecht, Gebrauch (§ 106 GewO, § 315 Abs. 3 BGB). Das bedeutet, dass es bei jeder Freistellungserklärung – sei sie vertraglich vorbehalten oder nicht – einer Ausübungskontrolle bedarf und diese vorzunehmen ist.

Eine generelle Freistellungsklausel ohne Vorliegen besonderer Umstände dürfte einer **Angemessenheitskontrolle** nach § 307 Abs. 1 S. 1 BGB nicht standhalten. Hierbei muss insbesondere der allgemeine Beschäftigungsanspruch als Leitbild iSv § 307 Abs. 2 Nr. 1 BGB berücksichtigt werden.[145] Unbedenklich dürfte aber eine Freistellungsklausel dann sein, wenn die sachlichen Gründe, zB der Ausspruch einer (betriebsbedingten) Kündigung,[146] nach denen die Freistellung möglich sein soll, in der Klausel aufgeführt werden, wobei jeweils für den konkreten Einzelfall im Wege der Ausübungskontrolle zu beachten ist, ob die konkrete Ausübung im Einzelfall billigem Ermessen entspricht (§ 106 GewO, § 315 Abs. 3 BGB).

183

Hauptfall einer Freistellungsvereinbarung ist derjenige **nach Ausspruch einer Kündigung**. Das BAG bejaht in einem solchen Fall das überwiegende Interesse des Arbeitgebers, den Arbeitnehmer nicht weiter zu beschäftigen.[147] Darüber hinaus muss die Freistellung unwiderruflich erfolgen, um tatsächlich ein Erlöschen des Urlaubsanspruches zu bewirken.[148] Und schließlich ist die genaue zeitliche Lage des Urlaubs sowie bei einer Freistellung im Nachgang zu einer Kündigung dessen Umfang[149] im Freistellungszeitraum anzugeben und festzuschreiben.[150] Im Einzelfall kann allerdings eine andere Beurteilung geboten sein, beispielsweise bei einer sehr langen Kündigungsfrist und der Notwendigkeit des Arbeitnehmers, tatsächlich weiter zu arbeiten, um notwendiges Know-how nicht zu verlieren.

184

Für den Fall der vertraglichen Vereinbarung einer Freistellung ist es für den Arbeitgeber wichtig, klarzustellen, dass **anderweitiger Verdienst** angerechnet wird. Gleiches gilt für den **Urlaub:** Erfolgt eine Freistellung ohne ausdrückliche Erklärung, dass die Befreiung unter Anrechnung des Resturlaubsanspruches erfolgt, besteht auch nach Beendigung des Arbeitsverhältnisses ein Urlaubsabgeltungsanspruch.[151] Gleiches gilt für das **vertragliche Wettbewerbsverbot:** Will der Arbeitgeber sicherstellen, dass der Arbeitnehmer sich auch für die Zeit der Freistellung an das vertragliche Wettbewerbsverbot hält, muss er dies in der Freistellungsklausel ausdrücklich erklären.[152]

185

b) Muster: Freistellung *[→ A. Rn. 182 ff.]*

§ ...... Freistellung	**186**
Der Arbeitgeber ist berechtigt, den Arbeitnehmer nach Ausspruch einer Kündigung bis zur Beendigung des Arbeitsverhältnisses (unwiderruflich) von der Verpflichtung zur Erbringung der Arbeitsleistung freizustellen. Die Freistellung erfolgt unter Anrechnung sämtlicher dem Arbeitnehmer noch zustehenden (Rest-)Urlaubsansprüche sowie evtl. Guthaben auf dem Arbeitszeitkonto. Der Urlaub wird zu Beginn der Freistellungsphase gewährt. In der Zeit der Freistellung gilt § 615 BGB entspre-	🔗 **53**

---

[145] LAG Baden-Württemberg 5.1.2007 – 7 Sa 93/06, LAGE KSchG § 1 Soziale Auswahl Nr. 52b; LAG München 7.5.2003 – 5 Sa 297/03, LAGE BGB 2002 § 307 Nr. 2.
[146] LAG Hamburg 22.10.2008 – 5 SaGa 5/08, BeckRS 2008, 58013 ; LAG Baden-Württemberg 5.1.2007 – 7 Sa 93/06, LAGE KSchG § 1 Soziale Auswahl Nr. 52b; LAG München 7.5.2003 – 5 Sa 297/03, LAGE BGB 2002 § 307 Nr. 2.
[147] BAG 27.2.1985 – GS 1/84, AP BGB § 611 Beschäftigungspflicht Nr. 14.
[148] BAG 19.5.2009 – 9 AZR 433/08, AP BUrlG § 7 Nr. 41.
[149] BAG 17.5.2011 – 9 AZR 189/10, NZA 2011, 1032.
[150] BAG 19.3.2002 – 9 AZR 16/01, NZA 2002, 1055.
[151] BAG 9.6.1998 – 9 AZR 43/97, AP BUrlG § 7 Nr. 23.
[152] BAG 6.9.2006 – 5 AZR 703/05, AP BGB § 615 Nr. 118.

> chend mit der Folge, dass sich der Arbeitnehmer einen in der Zeit der Freistellung durch Verwendung seiner Arbeitskraft erzielten Verdienst auf den Vergütungsanspruch gegenüber dem Arbeitgeber anrechnen lassen muss. Für die Dauer der Freistellung gilt das vertragliche Wettbewerbsverbot (§ 60 HGB).[153]

21. Altersgrenzen

a) Gesetzliche Vorgaben

187 Unter Altersgrenzen in Arbeitsverträgen versteht man Bestimmungen, nach denen das Arbeitsverhältnis zu einem bestimmten Zeitpunkt endet. Unterschieden wird zwischen Regelungen, die an eine Beendigung des Arbeitsverhältnisses mit **Eingreifen gesetzlicher Rententatbestände** anknüpfen, und solchen, die eine Beendigung des Arbeitsverhältnisses vor diesem Zeitpunkt vorsehen. Bei einer auf das Rentenalter bezogenen Altersgrenze endet das Arbeitsverhältnis zu dem Zeitpunkt, in dem der Arbeitnehmer Anspruch auf eine Rente wegen Alters iSv § 35 SGB VI hat. Eine tarif- oder arbeitsvertragliche Befristung des Arbeitsverhältnisses auf den Zeitpunkt des Erreichens des Regelrentenalters ist eine sachlich gerechtfertigte Befristung des Arbeitsverhältnisses iSv § 14 Abs. 1 S. 1 TzBfG und zulässig, wenn der Arbeitnehmer nach dem Inhalt des Arbeitsvertrages und der Vertragsdauer eine Altersversorgung in der gesetzlichen Rentenversicherung erwerben kann oder bei Abschluss des Arbeitsvertrages die für den Bezug einer Altersrente erforderliche rentenrechtliche Wartezeit erfüllt hat.[154]

188 Altersgrenzen, die die Beendigung des Arbeitsverhältnisses zu einem Zeitpunkt vorsehen, in dem der Arbeitnehmer **noch keine Altersrente** beziehen kann, waren in der bisherigen Rechtsprechung des BAG teilweise zulässig, wenn das Erreichen eines bestimmten Lebensalters wegen der vom Arbeitnehmer ausgeübten Tätigkeit zu einer Gefährdung wichtiger Rechtsgüter führen kann. Dies hat das BAG bisher bei der tariflichen Altersgrenze für Piloten bejaht. Da allerdings bei Altersgrenzenregelungen vor Eintritt des gesetzlichen Rentenalters ein Verstoß gegen das AGG vorliegen kann, hatte das BAG dem EuGH zur Vorabentscheidung die Frage vorgelegt, ob eine tarifliche Altersgrenze von 60 Jahren für Piloten zulässig ist, da zwar eine unmittelbare Benachteiligung wegen des Alters iSv §§ 1, 3 Abs. 1 AGG vorliegt, die aber nach §§ 8, 10 AGG gerechtfertigt sein könnte, oder ob ein Verstoß gegen das Gemeinschaftsrecht vorliegt.[155] Der EuGH hat die Frage nunmehr entschieden.[156] Er ist zu dem Ergebnis gekommen, dass die tarifliche Altersgrenze von 60 Jahren mit dem Gemeinschaftsrecht nicht zu vereinbaren ist, soweit nationale bzw. internationale Regelungen die Altersgrenze auf 65 Jahre festlegen.

189 Damit ist von der Aufnahme von Regelungen, wenn sie an Altersgrenzen unterhalb der gesetzlichen Regelaltersgrenze anknüpfen, abzuraten. Der Arbeitsvertrag sollte allein auf das Erreichen der Regelaltersrente abstellen. Darüber hinaus gilt im Formulararbeitsvertrag § 305c Abs. 1 BGB, eine Hervorhebung der Altersgrenzenregelung mit Beendigungsautomatik scheint daher angeraten.[157]

b) Muster: Altersgrenze [→ A. Rn. 187 ff.]

190

> § ...... **Beendigung des Arbeitsverhältnisses mit Erreichen der Regelaltersgrenze**
>
> (1) Das Arbeitsverhältnis endet spätestens, ohne dass es einer Kündigung bedarf, mit Ablauf des Monats, in dem der Arbeitnehmer die Regelaltersgrenze der gesetzli-

---

[153] Hierzu → A. Fn. 479.
[154] BAG 18.6.2008 – 7 AZR 116/07, AP TzBfG § 14 Nr. 48; 17.6.2009 – 7 AZR 112/08 (A), AP TzBfG § 14 Nr. 64.
[155] BAG 17.6.2009 – 7 AZR 112/08 (A), AP TzBfG § 14 Nr. 64.
[156] EuGH 13.9.2011 – C-447/09, NZA 2011, 1039; das BAG hat sich angeschlossen (vgl. BAG 18.1.2012 – 7 AZR 112/08, NZA 2012, 575).
[157] *Kramer* ArbRAktuell 2011, 549.

chen Rentenversicherung erreicht und an den unmittelbar anschließend der Arbeitnehmer Anspruch auf eine gesetzliche Regelaltersrente hat.

(2) Die Regelung zur Altersgrenze in Abs. 1 tangiert nicht das jeweilige Recht der Arbeitsvertragsparteien zur ordentlichen Kündigung des Arbeitsverhältnisses. Die Regelung dient einer sachgerechten, berechenbaren Personal- und Nachwuchsplanung und einer in der Altersstruktur ausgewogenen Personalverwaltung.[158]

22. Vorschüsse und Darlehen

a) Gesetzliche Vorgaben

Im Arbeitsverhältnis kann es vorkommen, dass Arbeitgeber und Arbeitnehmer **separate Kreditverträge oder Vereinbarungen** abschließen, beispielsweise wenn der Arbeitgeber dem Arbeitnehmer aus einer „finanziellen Klemme" helfen will. Arbeitsverträge enthalten häufig Regelungen, wie im Fall der Beendigung des Arbeitsverhältnisses mit solchen Verpflichtungen umzugehen ist. **191**

Dabei ist zu beachten, dass geschlossene Ratenzahlungsvereinbarungen für den Fall der Beendigung des Arbeitsverhältnisses nicht per se gegenstandslos werden.[159] **192**

Ohne abweichende Vereinbarung besteht ein Darlehensvertrag **auch über das Ende des Arbeitsverhältnisses hinaus** fort. Es gelten dann die in dem Darlehensvertrag vereinbarten Kündigungsbedingungen. Eine Verpflichtung zur sofortigen Rückzahlung des Darlehens bei Beendigung des Arbeitsverhältnisses wird nicht anwendbar sein, wenn der Arbeitgeber betriebsbedingt kündigt oder der Arbeitnehmer aus einem wichtigen Grund kündigt, den der Arbeitgeber verursacht hat. Bei Eigenkündigung des Arbeitnehmers und Darlehensverpflichtungen über das monatliche Entgelt des Arbeitnehmers hinaus verlangt die Rechtsprechung in Anlehnung an § 307 BGB eine langfristige Tilgungsvereinbarung.[160] **193**

b) Muster: Vorschüsse und Darlehen [→ A. Rn. 191 ff.]

§ ...... **Vorschüsse und Darlehen**   **194**

Vorschüsse und Darlehen werden im Falle der Beendigung des Arbeitsverhältnisses wegen des noch offenen Restbetrages fällig, es sei denn, es besteht eine abweichende Vereinbarung. Ferner entfällt die sofortige Rückzahlung von Vorschüssen und Darlehen, wenn der Arbeitgeber das Arbeitsverhältnis aus betriebsbedingten Gründen kündigt oder der Arbeitnehmer aus einem vom Arbeitgeber zu vertretenden Grund außerordentlich gekündigt hat.

23. Bezugnahme auf Tarifverträge

a) Gesetzliche Vorgaben

In Arbeitsverträgen finden sich häufig Klauseln, in denen auf Tarifverträge Bezug genommen wird. Hintergrund ist idR, dass der Arbeitgeber seine Arbeitnehmer unabhängig von der Tarifbindung einheitlich vergüten will. Um die tarifgebundenen wie die nicht tarifgebundenen Arbeitnehmer gleichzustellen, waren gerade in größeren Unternehmen solche Klauseln Standard (bezeichnet als so genannte **„Gleichstellungsabrede"**). Die Reichweite und Bedeutung solcher Klauseln hat das BAG in den letzten Jahren immer weiter konkretisiert, ergänzt und abgeändert. Entscheidend ist der Zweck, der mit der vereinbarten Bezugnahmeklausel verfolgt wird bzw. werden **195**

---

[158] Entsprechend *Kramer* ArbRAktuell 2011, 549.
[159] Schaub/*Linck,* ArbR-HdB, § 70 Rn. 21.
[160] LAG Hamm 19.2.1993 – 10 Sa 1397/92, DB 1994, 1243.

soll.[161] Dieser sollte im Arbeitsvertrag seinen Niederschlag gefunden haben, um für den Arbeitgeber unerwartete und unerwünschte Ergebnisse zu vermeiden.[162]

196 Bei der Gestaltung von Arbeitsverträgen gilt es für den Arbeitgeber aufzupassen: Wenn der Arbeitgeber eine Bindung an einen bestimmten Tarifvertrag, ein bestimmtes Tarifvertragswerk in seiner jeweils gültigen oder in einer bestimmten Fassung vermeiden und sich der Arbeitgeber die Option für den Fall eines Tarifwechsels offenhalten will (beispielsweise Beitritt in einen anderen Arbeitgeberverband, Möglichkeit der Änderung des Betriebes, des Unternehmens oder Ähnliches), ist es für ihn notwendig, arbeitsvertraglich eine so genannte **„Tarifwechselklausel"** zu vereinbaren. Dem dient die hier vorgeschlagene Formulierung.

197 Arbeitsvertragliche Bezugnahmeklauseln unterliegen der **AGB-Kontrolle**.[163] Sie sind zulässig und verstoßen nicht gegen die Unklarheitenregelung (§ 305c Abs. 2 iVm § 310 Abs. 4 S. 2 BGB).[164] Eine solche Klausel muss aber eindeutig formuliert sein, da Zweifel bei der Tragweite der Verweisung auf Tarifnormen in einem Formulararbeitsvertrag nach § 305c Abs. 2 BGB zu Lasten des Arbeitgebers und bei einer Auslegung zu Lasten des Verwenders gehen können.[165] Bezugnahmeklauseln sind keine überraschenden Klauseln, weil sie im Arbeitsleben als Gestaltungsinstrument so verbreitet sind, dass ihre Aufnahme in Formulararbeitsverträgen nicht überraschend ist.[166]

198 Da das BAG eine „Tarifwechselklausel" für zulässig erklärt und ausdrücklich als Möglichkeit benennt, einen Tarifwechsel herbeizuführen,[167] ist davon auszugehen, dass eine solche Klausel in einem Arbeitsvertrag auch zulässig ist.

b) Muster: Bezugnahme auf Tarifverträge *[→ A. Rn. 195 ff.]*

199
⌾ 56

§ ...... **Tarifbindung**

(1) Im Übrigen finden auf das Arbeitsverhältnis mit dem Arbeitnehmer die für den Arbeitgeber geltenden Tarifverträge in der jeweils gültigen Fassung Anwendung. Der Arbeitgeber ist tarifgebunden. Kraft seiner Tarifgebundenheit gelten derzeit für das Arbeitsverhältnis die Tarifverträge ......

(2) Die Regelung in Abs. 1 bezweckt die Gleichstellung tarifgebundener mit nicht tarifgebundenen Arbeitnehmern. Sie sichert nicht tarifgebundenen Arbeitnehmern die Anwendung der dort benannten Tarifverträge schuldrechtlich zu, soweit und solange der Arbeitgeber gegenüber den tarifgebundenen Arbeitnehmern an diese Tarifverträge kraft den Vorgaben im TVG gebunden ist.

24. Ehrenamtliche Tätigkeit

a) Hintergrund

200 Sofern Ehrenämter im politischen Bereich übernommen werden, gibt es häufig **Spezialregelungen,** die diese Materie regeln. Grundsätzlich gilt: Das Ehrenamt wird in der Freizeit, in der Privatsphäre ausgeübt, es begründet kein Arbeitsverhältnis.[168] Ein grundsätzliches Verbot oder ein Erlaubnisvorbehalt für derartige Ehrenämter in der Freizeit sind unzulässig.[169] Wenn solche Regelungen in Arbeitsverträge aufgenommen werden, dann höchstens mit einem gewissen „pädagogischen" Hintergrund, um aus

---

[161] BAG 18.4.2007 – 4 AZR 652/05, AP TVG § 1 Bezugnahme auf Tarifvertrag Nr. 53; 14.12.2005 – 4 AZR 536/04, AP TVG § 1 Bezugnahme auf Tarifvertrag Nr. 39.
[162] Vgl. hierzu und zur Rechtsprechung und Rechtsprechungsentwicklung *Bauer/Lingemann/Diller/Haußmann*, Anwalts-Formularbuch Arbeitsrecht, Kap. 2 Rn. 98 ff.; Schaub/*Treber*, ArbR-HdB, § 206 Rn. 1 ff.
[163] BAG 14.3.2007 – 5 AZR 630/06, AP TVG § 1 Bezugnahme auf Tarifvertrag Nr. 45.
[164] BAG 19.3.2003 – 4 AZR 331/02, NZA 2003, 1207.
[165] BAG 24.9.2008 – 6 AZR 76/07, AP BGB § 305c Nr. 11.
[166] BAG 24.9.2008 – 6 AZR 76/07, AP BGB § 305c Nr. 11.
[167] BAG 29.8.2007 – 4 AZR 767/06, AP TVG § 1 Bezugnahme auf Tarifvertrag Nr. 61; 16.10.2002 – 4 AZR 467/01, AP TVG § 1 Bezugnahme auf Tarifvertrag Nr. 22.
[168] BAG 29.8.2012 – 10 AZR 499/11, NZA 2012, 1433.
[169] So zutreffend, *Preis*, Der Arbeitsvertrag, II E 10 Rn. 5 ff.

Arbeitgebersicht den Arbeitnehmer zu einer gewissen Vorsicht vor der allzu schnellen Übernahme von Ehrenämtern anzuhalten.

b) Muster: Ehrenamt *[→ A. Rn. 200]*

> **§ ...... Ehrenamt**
>
> (1) Der Arbeitnehmer verpflichtet sich, dem Arbeitgeber unverzüglich mitzuteilen, falls er ein Ehrenamt übernommen hat. Ferner hat er dem Arbeitgeber die Dauer mitzuteilen und ob die ehrenamtliche Tätigkeit in die Arbeitszeit fällt.
>
> (2) Der Arbeitnehmer darf privaten Ehrenämtern während der Arbeitszeit nicht nachgehen. Übernimmt der Arbeitnehmer öffentliche Ehrenämter, verpflichtet er sich, seine Arbeitszeit nicht stärker als zu der ordnungsgemäßen Erfüllung des öffentlichen Ehrenamtes erforderlich in Anspruch zu nehmen.
>
> (3) Der Arbeitnehmer verpflichtet sich, bei der Ausübung von Ehrenämtern, gleich welcher Art, auf die Interessen des Arbeitgebers in angemessener Weise Rücksicht zu nehmen.

25. Rückzahlung Fortbildungskosten

a) Gesetzliche Vorgaben

Der Arbeitgeber hat in einem bestehenden Arbeitsverhältnis häufig ein Interesse daran, dass Arbeitnehmer sich fortbilden. Dies ist regelmäßig mit Kosten verbunden. Der Arbeitgeber ist häufig bereit, diese Kosten zu tragen, möchte aber als Gegenleistung eine gewisse **Bindung des Arbeitnehmers an sein Unternehmen** und für den Fall eines früheren Ausscheidens die Rückzahlung von zumindest Teilen dieser Fortbildungskosten erreichen. Von daher gesehen finden sich in Arbeitsverträgen häufig **Rückzahlungsvereinbarungen** für solche Fortbildungskosten.

Nach der Rechtsprechung des BAG sind **einzelvertragliche Vereinbarungen grundsätzlich zulässig,** in denen sich ein Arbeitnehmer an den Kosten einer vom Arbeitgeber finanzierten Ausbildung beteiligt, soweit er vor Ablauf bestimmter Fristen aus dem Arbeitsverhältnis eigenverantwortlich ausscheidet.[170] Bei arbeitsvertraglichen Rückzahlungsvereinbarungen über Fortbildungskosten handelt es sich regelmäßig um allgemeine Geschäftsbedingungen, da diese in Arbeitsverträgen enthalten sind oder mit Arbeitsverträgen in Zusammenhang stehen. Sie unterliegen der Inhaltskontrolle nach §§ 305 ff. BGB. Sie müssen klar und verständlich sein (Transparenzgebot § 307 Abs. 1 S. 2 BGB) und sind einer Angemessenheitskontrolle an dem Maßstab der Generalklauseln nach § 307 BGB zu unterziehen. Unangemessen sind sie, wenn der Verwender durch einseitige Vertragsgestaltung missbräuchlich eigene Interessen auf Kosten seines Vertragspartners durchzusetzen versucht, ohne von vornherein auch dessen Belange hinreichend zu berücksichtigen und ohne ihm einen angemessenen Ausgleich zu gewähren. Ob dies der Fall ist, ist anhand einer Güteabwägung nach der Maßgabe des Verhältnismäßigkeitsgrundsatzes unter Heranziehung aller Umstände des Einzelfalles zu ermitteln. Dabei ist das Interesse des Arbeitgebers, die vom Arbeitnehmer erworbene Qualifikation möglichst langfristig zu nutzen, einerseits mit dem Interesse des Arbeitnehmers, durch Ausbildung die eigenen Arbeitsmarktchancen zu verbessern und sich gegenüber dem Arbeitgeber nur in einem solchen Umfang zu binden, wie das im Verhältnis zu dessen Aufwendungen angemessen ist, andererseits ins Verhältnis zu setzen.[171]

Das BAG hat zunächst offen gelassen, ob eine in allgemeinen Geschäftsbedingungen enthaltene Rückzahlungsvereinbarung wegen Intransparenz unwirksam ist, wenn in ihr die Größenordnung des zurückzuzahlenden Betrages nicht angegeben ist beziehungsweise deswegen unwirksam ist, weil sich im Rahmen einer zulässigen Gesamt-

---
[170] BAG 13.12.2011 – 3 AZR 791/09, DB 2012, 1155.
[171] BAG 14.1.2009 – 3 AZR 900/07, NZA 2009, 666; *Straube* NZA-RR 2012, 505.

bindungsdauer der zurückzuzahlende Betrag nicht monatlich anteilig verringert oder in ihrer Wirksamkeit davon abhängt, dass sie vor Beginn der Schulungsmaßnahme abgeschlossen wurde.[172] Um insoweit keinerlei Risiko hinsichtlich der Unwirksamkeit einer vertraglichen Klausel einzugehen, sollten diese Gesichtspunkte des BAG bei der Vertragsgestaltung mit berücksichtigt werden.

205 Bei der Frage, **welche Bindungsdauer bei welcher Lehrgangsdauer** möglich ist, gilt Folgendes:
– Bei einer Lehrgangsdauer bis zu einem Monat ist eine Bindungsdauer bis zu sechs Monaten zulässig,[173]
– bei einer Lehrgangsdauer bis zu zwei Monaten ist eine Bindungsdauer bis zu zwölf Monaten zulässig,[174]
– bei einer Lehrgangsdauer bis zu drei bis vier Monaten ist eine Bindungsdauer bis zu 24 Monaten zulässig,[175]
– bei einer Lehrgangsdauer von sechs bis zwölf Monaten ist eine Bindungsdauer bis zu 36 Monaten zulässig,[176]
– bei einer Lehrgangsdauer von mehr als 24 Monaten kann eine Bindungsdauer bis zu 60 Monaten zulässig sein.[177]

206 Bei den vorstehend aufgeführten Angaben handelt es sich um solche, die natürlich im Einzelfall unter Berücksichtigung der konkreten Lehrgangsdauer und der damit verbundenen Vorteile für den Arbeitnehmer beurteilt werden müssen. Einzelfallbezogen können sich daher Abweichungen ergeben.

b) Muster: Rückzahlung Fortbildungskosten [→ A. Rn. 202 ff.]

207

§ ...... **Fortbildungskosten und Rückzahlung**

(1) Arbeitgeber und Arbeitnehmer können vereinbaren, dass der Arbeitgeber die Fortbildungskosten für den Arbeitnehmer für bestimmte, konkrete Fortbildungsveranstaltungen übernimmt. Zur Wirksamkeit der Verpflichtung des Arbeitgebers ist es erforderlich, dass die Parteien eine individuelle Vereinbarung über die Fortbildungsveranstaltung, die Kostentragungspflicht des Arbeitgebers sowie die genaue Höhe der Fortbildungskosten treffen. Die Vereinbarung muss ferner die Bindungsdauer, innerhalb derer der Arbeitnehmer zur (zeitanteiligen) Rückzahlung verpflichtet sein soll, beinhalten.

(2) Kommt eine Fortbildungsvereinbarung zustande, verpflichtet sich der Arbeitnehmer zur Rückzahlung, falls er vor Erreichen der in der Fortbildungsvereinbarung genannten Bindungsdauer aus dem Arbeitsverhältnis ausscheidet, wenn
– das Arbeitsverhältnis aus einem nicht von dem Arbeitgeber zu vertretenden Grund durch den Arbeitnehmer gekündigt wird;[178]
– der Arbeitnehmer seitens des Arbeitgebers aus einem vom Arbeitnehmer zu vertretenden Grund gekündigt wird;
– ein Aufhebungsvertrag infolge von verhaltensbedingten Pflichtverletzungen des Arbeitnehmers geschlossen wird.

---

[172] BAG 15.9.2009 – 3 AZR 173/08, AP BGB § 611 Ausbildungsbeihilfe Nr. 42; allerdings ist aktuell dem Transparenzgebot nur dann genügt, wenn die entstehenden Kosten dem Grunde und der Höhe nach im Rahmen des Möglichen und Zumutbaren angegeben sind (vgl. BAG 21.8.2012 – 3 AZR 698/10, NZA 2012, 1428).
[173] BAG 5.12.2002 – 6 AZR 539/01, NZA 2003, 559; 14.1.2009 – 3 AZR 900/07, NZA 2009, 666.
[174] BAG 14.1.2009 – 3 AZR 900/07, NZA 2009, 666; 15.12.1993 – 5 AZR 279/93, NZA 1994, 835.
[175] BAG 14.1.2009 – 3 AZR 900/07, NZA 2009, 666; 6.9.1995 – 5 AZR 241/94, NZA 1996, 314.
[176] BAG 5.6.2007 – 9 AZR 604/06, AP BGB § 611 Ausbildungsbeihilfe Nr. 40; 14.1.2009 – 3 AZR 900/07, NZA 2009, 666.
[177] BAG 14.1.2009 – 3 AZR 900/07, NZA 2009, 666; 12.12.1979 – 5 AZR 1056/77, AP BGB § 611 Ausbildungsbeihilfe Nr. 4.
[178] Vgl. BAG 13.12.2011 – 3 AZR 791/09, DB 2012, 1155.

(3) Der zurückzuzahlende Betrag umfasst die Fortbildungskosten gem. der Fortbildungsvereinbarung nach Abs. 1. Der zurückzuzahlende Betrag vermindert sich innerhalb des Zeitraums für jeden vollen Monat, den der Arbeitnehmer nach dem Ende der Fortbildungsveranstaltung im Arbeitsverhältnis zum Arbeitgeber verbracht hat pro rata temporis im Verhältnis von Fortbildungskosten und Bindungsdauer.

26. Dienstwagen

a) Gesetzliche Vorgaben

Arbeitgeber stellen häufig Arbeitnehmern Dienstwagen nicht nur **zur Erledigung ihrer dienstlichen Verpflichtungen,** sondern **auch zur privaten Nutzung** zur Verfügung. Solche Regelungen können in dem Arbeitsvertrag selbst vollständig aufgenommen werden. Der Arbeitsvertrag kann aber auch nur eine kurze Regelung zum Dienstwagen enthalten und im Übrigen auf einen gesonderten Dienstwagenvertrag oder aber auch eine im Unternehmen geltende Dienstwagenordnung verweisen. Die Modalitäten der Dienstwagenüberlassung können – was in der Praxis ebenso häufig geschieht – auch vollständig in einem Dienstwagenvertrag geregelt werden. 208

Vertragliche Regelungen zur Dienstwagenüberlassung unterliegen der **Inhaltskontrolle** nach §§ 307 ff. BGB, so dass es insbesondere erforderlich ist, sie klar, eindeutig und transparent zu fassen. Eine Bezugnahme auf betriebliche Regelungen ist zulässig und keine überraschende Klausel nach § 305c Abs. 1 BGB, da sie praktikabel ist und in der Praxis regelmäßig verwendet wird.[179] Voraussetzung für eine wirksame Einbeziehung in den Arbeitsvertrag ist allerdings, dass die in Bezug genommene Richtlinie hinreichend konkret bezeichnet ist, so dass der Arbeitnehmer genau weiß, welche Regelungen für seinen Dienstwagen gelten sollen. Ansonsten scheitert die wirksame Einbeziehung bereits am Transparenzgebot.[180] 209

Aus diesem Grund ist auch eine vertragliche Vereinbarung unwirksam, die auf die „jeweilige Fassung der **Firmenwagenordnung**" verweist, da der Arbeitgeber dann einseitig und für den Arbeitnehmer nicht vorhersehbar in das Vertragsgefüge aus Leistung und Gegenleistung durch Veränderung der Firmenwagenordnung eingreifen könnte. Neben dem Verstoß gegen das Transparenzgebot gem. § 307 Abs. 1 S. 2 BGB läge deshalb zudem eine unangemessene Benachteiligung iSv § 307 Abs. 1 S. 1 BGB vor.[181] 210

Es ist empfehlenswert, in einer arbeitsvertraglichen Regelung Fabrikat, Typ, Ausstattung, Kostentragungs- und Instandhaltungspflicht sowie auch die Entscheidungsbefugnis über die Auswahl des Wagens zu regeln, um jeglichen Streit genau darüber zu vermeiden. Vereinbart werden kann auch, dass der Arbeitnehmer eine teurere **Ausstattung** bekommt, als ihm nach seiner Position eigentlich zusteht. Fehlt es an einer Bindung (beispielsweise Tarifvertrag) steht es den Arbeitsvertragsparteien grundsätzlich frei, die sich aus einer solchen Regelung ergebenden finanziellen Folgen selbst zu regeln. Verpflichtet sich der Arbeitnehmer in diesem Zusammenhang zur Übernahme der dem Arbeitgeber entstandenen Mehrkosten, so ist eine solche Regelung regelmäßig nicht zu beanstanden. Erhöht sich durch das Sonderzubehör die monatliche Leasingrate, kann der Arbeitgeber den Arbeitnehmer vertraglich verpflichten, den überschießenden Teil der monatlichen Leasingrate an den Arbeitgeber in der Form zu zahlen, dass der Betrag monatlich im Wege der Aufrechnung mit der Vergütung verrechnet wird.[182] Dem Arbeitnehmer kann allerdings dann nicht vertraglich auferlegt werden, bei einer Beendigung des Arbeitsverhältnisses den verbleibenden Restbetrag des Eigenanteils bis zum Ende der Leasinglaufzeit in einer einmaligen Summe zu zahlen, da dies den Arbeitnehmer iSd § 307 Abs. 1 S. 1 BGB unangemessen benachteiligt. 211

Unabhängig von einer Sonderausstattung darf dem Arbeitnehmer durch die Überlassung des Dienstwagens eine **Kündigung des Arbeitsverhältnisses** nicht in unzu- 212

---

[179] LAG Berlin-Brandenburg 5.12.2007 – 21 Sa 1770/07, BeckRS 2008, 54759.
[180] LAG Köln 19.6.2009 – 4 Sa 901/08, BeckRS 2009, 68708.
[181] LAG Köln 10.3.2008 – 14 Sa 1331/07, BeckRS 2008, 55384.
[182] BAG 9.9.2003 – 9 AZR 574/02, AP BGB § 611 Sachbezüge Nr. 15.

lässiger Weise erschwert werden. Eine Regelung, die die Übernahme von Kosten durch den Arbeitnehmer vorsieht, die dadurch entsteht, dass der Leasingvertrag bei einer Kündigung des Arbeitsverhältnisses durch den Arbeitnehmer selbst vorzeitig aufgelöst werden muss, stellt eine unzulässige Kündigungserschwerung dar.[183] Ebenso ist – allerdings wegen Verstoßes gegen das Transparenzgebot des § 307 Abs. 1 S. 2 BGB – eine Regelung unwirksam, nach der der Arbeitnehmer bei der Beendigung des Arbeitsverhältnisses auf seine Veranlassung hin verpflichtet ist, den Leasingvertrag bei seinem neuen Arbeitgeber einzubringen, innerhalb des alten Arbeitgebers einen Arbeitnehmer zu finden, der firmenwagenberechtigt ist und sein Fahrzeug übernehmen möchte oder den Leasingvertrag auf eigene Kosten aufzulösen. Denn der Arbeitnehmer weiß bei einer solchen Regelung nicht, „was auf ihn zukommt", zumal er in allen drei Fällen auf die Mitwirkung des Arbeitgebers angewiesen ist.[184]

213 Eine Regelung, die eine einseitige Änderung in Form einer Verschlechterung der Konditionen zu Lasten des Arbeitnehmers vorsieht, unterliegt ebenfalls der Inhaltskontrolle. Ist der Arbeitnehmer auch zur Privatnutzung berechtigt, sind derartige Regelungen insbesondere an § 308 Nr. 4 BGB zu messen, da die Gestellung auch zur privaten Nutzung Hauptleistungspflicht ist und dem Arbeitgeber durch eine derartige Regelung das Recht eingeräumt wird, diese Hauptleistungspflicht einzuschränken. Die **einseitige Verschlechterung der Überlassungskonditionen** kann danach nur dann wirksam sein, wenn sie einen Sachgrund vorsieht und der verschlechternde Teil des Gesamtverdienstes unter 25% liegt.[185] Eine einseitige Verschlechterungsmöglichkeit der Überlassungskonditionen kann auch nicht uneingeschränkt für den Fall der Zuweisung einer anderen Tätigkeit vereinbart werden. Verändert ein Arbeitgeber durch eine Versetzung die Wertigkeit der Funktion des Arbeitnehmers, kann er sich jedenfalls dann nicht auf eine Regelung zur einseitigen Verschlechterung der Nutzungsbedingungen berufen, wenn die Tätigkeitszuweisung vertragswidrig vorgenommen wurde. Denn eine solche vertragswidrig vorgenommene Tätigkeitszuweisung kann keinen Rechtsgrund für Eingriffe in die Vergütungsregelung abgeben.[186]

214 Die Parteien haben die Möglichkeit, vertraglich zu regeln, unter welchen Voraussetzungen der Arbeitgeber die **Herausgabe des Dienstwagens** verlangen kann. Bei der Überlassung des Dienstwagens nur zur dienstlichen Nutzung ist das Herausgabeverlangen unproblematisch. Es wird sich nur die Frage stellen, ob der Arbeitnehmer durch die Herausgabe des Dienstwagens seinen arbeitsvertraglichen Pflichten nachkommen kann oder nicht, das Recht des Arbeitgebers an sich, die Herausgabe des Dienstwagens zu verlangen, besteht. Allerdings darf dies nicht dazu führen, dass eine Beschäftigung des Arbeitnehmers überhaupt nicht mehr möglich ist, da der Arbeitgeber im Rahmen seines Direktionsrechts den Arbeitnehmer tatsächlich beschäftigen muss. Führt der Widerruf dazu, dass eine Beschäftigung überhaupt nicht mehr bzw. im Rahmen des Direktionsrechts nicht mehr möglich ist, wird der konkrete Widerruf des Dienstwagens als Leistungsbestimmungsrecht des Arbeitgebers einer Ausübungskontrolle unterliegen und kann, sofern damit verbunden ist, dass der Arbeitnehmer nicht mehr beschäftigt werden kann, unwirksam sein (§ 106 GewO, § 315 Abs. 3 BGB).

215 Problematischer sieht es bei einer vereinbarten Privatnutzung aus. Die Überlassung eines Dienstwagens auch zur privaten Nutzung ist **Sachbezug und damit geldwerter Vorteil**. Der Widerruf ist daher nur dann zulässig, wenn der geldwerte Vorteil der Privatnutzung des Firmenwagens nur einen Anteil von weniger als 25% des regelmäßigen Verdienstes ausmacht.[187]

216 Darüber hinaus hält eine Herausgabeklausel nur dann einer Inhaltskontrolle stand, wenn der Arbeitnehmer weiß, in welchen Fällen er mit der Ausübung des Widerrufs

---

[183] LAG Köln 10.3.2008 – 14 Sa 1331/07, BeckRS 2008, 55834.
[184] LAG Köln 19.6.2009 – 4 Sa 901/08, BeckRS 2009, 68708.
[185] BAG 11.10.2006 – 5 AZR 721/05, AP BGB § 308 Nr. 6.
[186] LAG Baden-Württemberg 20.4.2009 – 4 Sa 4/09, BB 2009, 1069.
[187] BAG 13.4.2010 – 9 AZR 113/09, NZA-RR 2010, 457; 19.12.2006 – 9 AZR 294/06, AP BGB § 611 Sachbezüge Nr. 21.

der Dienstwagennutzung rechnen muss. Es bedarf mithin der **Angabe von Sachgründen,** unter denen der Widerruf erfolgen kann. Eine Regelung, die den jederzeitigen Widerruf der Zurverfügungstellung vorsieht, ist unwirksam.[188] Einen Sachgrund stellt die berechtigte **Freistellung des Arbeitnehmers** von der Arbeitsleistung dar. Dabei ist zu beachten, dass eine wirksame Freistellung unter Umständen selbst eine vertragliche Freistellungsregelung voraussetzt, die ihrerseits einer Inhaltskontrolle unterliegt. Dabei wird insbesondere von den Instanzgerichten eine vertragliche Regelung kritisch betrachtet, die die Freistellung eines Arbeitnehmers nach Ausspruch einer betriebsbedingten Kündigung noch während der Kündigungsfrist vorsieht.[189] Das bedeutet, dass ein wirksamer Widerruf der Dienstwagenregelung daran scheitern kann, dass eine unwirksame Freistellungsregelung in dem Vertrag vorgesehen ist, obwohl die Widerrufsregelung selbst mit der Freistellung einen anerkannten Sachgrund vorsieht. Zulässig kann darüber hinaus eine Regelung sein, die den Widerruf aus wirtschaftlichen Gründen regelt.[190] Es wird aber erforderlich sein, die wirtschaftlichen Gründe in dem Vertrag näher zu konkretisieren. Zwar ist aus Sicht des BAG das Widerrufsrecht wegen der unsicheren Entwicklung der Verhältnisse als Instrument der Anpassung notwendig, allerdings nur dann zumutbar, wenn es für den Widerruf einen sachlichen Grund gibt und dieser sachliche Grund bereits in der Änderungsklausel beschrieben ist. In der konkreten Entscheidung waren die Widerrufsgründe nur pauschal angegeben, der Entscheidung lässt sich aber in der Tendenz entnehmen, dass die Widerrufsgründe präziser bezeichnet sein müssen.[191] Das BAG hat nunmehr eine **Widerrufsklausel** als präzise genug eingestuft, sie lautet wie folgt:

„§ 7 Widerrufsvorbehalte
Der Arbeitgeber behält sich vor, die Überlassung des Dienstwagens zu widerrufen, wenn und solange der Pkw für dienstliche Zwecke seitens des Arbeitnehmers nicht benötigt wird. Dies ist insbesondere dann der Fall, wenn der Arbeitnehmer nach Kündigung des Arbeitsverhältnisses von der Arbeitsleistung freigestellt wird. Im Falle der Ausübung des Widerrufs durch den Arbeitgeber ist der Arbeitnehmer nicht berechtigt, eine Nutzungsentschädigung oder Schadensersatz zu verlangen." [192]

Als weiterer Sachgrund kommt die **Beendigung des Arbeitsverhältnisses** in Betracht. Eine Krankheit des Arbeitnehmers rechtfertigt den Widerruf, soweit diese über den gesetzlichen Entgeltfortzahlungszeitraum hinausgeht.[193] Vor diesem Zeitraum schuldet der Arbeitgeber die Überlassung des Firmenwagens als Teil der Arbeitsvergütung.[194] Dies wird selbst dann gelten müssen, wenn der Arbeitgeber den Dienstwagen zur Dienstverrichtung einer Ersatzkraft braucht. Dementsprechend wird die Vereinbarung weiterer Widerrufsgründe (zB Entzug der Fahrerlaubnis, erheblicher Verstoß gegen die Dienstwagenregelung) immer dann problematisch sein, wenn der Arbeitgeber zum Zeitpunkt des vereinbarten Widerrufs die Gebrauchsüberlassung nach wie vor als Teil der Arbeitsvergütung schuldet. Allerdings bedarf es (eventuell) zur Rechtswirksamkeit eines Widerrufsvorbehalts einer expliziten Aufnahme einer Ankündigungsfrist. Für eine derartige Ankündigungsfrist gibt es keinen Ansatz im Gesetz. Die Einräumung einer Auslauffrist ist vielmehr bei der Ausübungskontrolle in Betracht zu ziehen.[195] 217

Ein generelles Wahlrecht des Arbeitgebers dahingehend, dass er entscheiden kann, ob er den Dienstwagen dem Arbeitnehmer belässt oder diesen gegen Zahlung eines Wertersatzes entzieht, besteht angesichts des gesetzlichen Transparenzgebotes nicht. 218

---

[188] BAG 19.12.2006 – 9 AZR 294/06, AP BGB § 611 Sachbezüge Nr. 21; vgl. auch *Straube/Klagges* ArbRAktuell 2010, 211.
[189] ArbG Bielefeld 2.9.2009 – 6 Ga 69/09, nv.
[190] LAG Berlin-Brandenburg 24.11.2008 – 2 Sa 1462/08, BB 2009, 493.
[191] BAG 13.4.2010 – 9 AZR 113/09, NZA-RR 2010, 457.
[192] BAG 21.3.2012 – 5 AZR 651/10, NZA 2012, 616.
[193] BAG 14.12.2010 – 9 AZR 631/09, NZA 2011, 569.
[194] BAG 11.10.2000 – 5 AZR 240/99, AP BGB § 611 Sachbezüge Nr. 13.
[195] BAG 21.3.2012 – 5 AZR 651/10, NZA 2012, 616.

b) Muster

aa) Muster: Dienstwagen ohne Privatnutzung [→ A. Rn. 208 ff., 220]

219
🖉 59

> § ...... Dienstwagen
>
> Der Arbeitgeber verpflichtet sich, dem Arbeitnehmer einen Dienstwagen zur Verfügung zu stellen. Auswahl, Kauf und Finanzierung des Dienstwagens obliegen dem Arbeitgeber. Der Dienstwagen wird alleine und ausschließlich zur dienstlichen Nutzung zur Verfügung gestellt.

bb) Muster: Dienstwagen mit Privatnutzung [→ A. Rn. 208 ff., 219]

220
🖉 60

> § ...... Dienstwagen
>
> (1) Der Arbeitgeber wird dem Arbeitnehmer auch zur privaten Nutzung einen Dienstwagen der Marke ...... des Typs ...... mit der Ausstattung ...... zur Verfügung stellen. Auswahl, Kauf und Finanzierung des Dienstwagens obliegen dem Arbeitgeber.
>
> (2) Der Arbeitgeber ist berechtigt, den Dienstwagen heraus zu verlangen, wenn
> – im Falle der Erkrankung des Arbeitnehmers der Entgeltfortzahlungszeitraum abgelaufen ist sowie
> – für den Fall der Freistellung des Arbeitnehmers nach Ausspruch einer Kündigung.
>
> Mit der Ausübung des Widerrufsrechts ist der Dienstwagen am Sitz des Arbeitgebers an den Arbeitgeber zurückzugeben. Mit der Rückgabe endet die Pflicht zur Versteuerung des Dienstwagens als geldwerter Vorteil und Sachbezug.
>
> (3) Der Arbeitgeber behält sich zudem vor, die Zurverfügungstellung des Dienstwagens auch zur privaten Nutzung aus wirtschaftlichen Gründen zu widerrufen. Wirtschaftliche Gründe in diesem Sinne sind ...... Für den Fall des Widerrufs endet das Recht zur Nutzung des Dienstwagens auch zur privaten Nutzung mit Ablauf des Folgemonats, der auf den Zugang der Widerrufserklärung folgt. Der Dienstwagen ist am Sitz des Arbeitgebers zurückzugeben.
>
> (4) Die Rückgabepflicht des Arbeitnehmers und der Widerrufsvorbehalt des Arbeitgebers gem. vorstehenden Absätzen gelten nur, sofern der geldwerte Vorteil des Dienstwagens weniger als 25% der Gesamtvergütung des Arbeitnehmers ausmacht.

27. Internet und E-Mail

a) Gesetzliche Vorgaben

221 Internet und E-Mail haben das Arbeitsleben und die Gestaltung des Arbeitsplatzes im erheblichen Umfang beeinflusst. Die Nutzung von Internet und E-Mail ist größtenteils Standard. Das macht es geradezu zwingend notwendig, diese Komplexe auch arbeitsvertraglich zu regeln. Hierbei ist zunächst aus Arbeitgebersicht zu beachten, dass unabhängig davon, ob die private Nutzung von Internet und E-Mail am Arbeitsplatz erlaubt wird, ein **Mitbestimmungsrecht des Betriebsrats** (§ 87 Abs. 1 Nr. 6 BetrVG) **bzw. des Personalrats** (§ 75 Abs. 3 Nr. 17 BPersVG) besteht.

222 Unproblematisch ist die Fallkonstellation, dass der Arbeitgeber die Privatnutzung von Internet und E-Mail am Arbeitsplatz **verbietet.** Eine solche Regelung ist selbstverständlich zulässig. Dürfen Internet- und E-Mail-Funktion nur dienstlich genutzt werden, bestehen weite Kontrollmöglichkeiten des Arbeitgebers, abzuleiten aus der Rechtsprechung des BAG zu Diensttelefonaten und der jeweils zulässigen Speicherung von Verbindungsdaten.[196] Deswegen ist in diesem Fall auch die Speicherung von Datum, Uhrzeit und Datenvolumen von E-Mail-Sendungen zulässig.

Problematisch wird die Angelegenheit, wenn der Arbeitgeber die Privatnutzung von E-Mail und Internet **gestattet**. In diesem Fall wird der Arbeitgeber gegenüber dem Arbeitnehmer zum Dienstanbieter von Telekommunikationsleistungen (§ 88 Abs. 2 S. 1 TKG).[197] Dies hat zur Konsequenz, dass der Arbeitgeber dafür sorgen muss, dass das Telekommunikationsgeheimnis der Arbeitnehmer gewahrt bleibt. Damit wiederum ist die Kontrolle für den Arbeitgeber höchst problematisch. **223**

Als **relevante Verletzung von arbeitsvertraglichen Verpflichtungen bei erlaubter privater Nutzung** des Internets oder von E-Mails kommen in Betracht: **224**
– das Herunterladen einer erheblichen Menge von Daten aus dem Internet auf betriebliche Datensysteme (unbefugter Download), insbesondere wenn damit einerseits die Gefahr möglicher Vireninfizierungen oder anderer Störungen des – betrieblichen – Systems verbunden sein könnte oder andererseits von solchen Daten, bei deren Rückverfolgung es zu möglichen Rufschädigungen des Arbeitgebers kommen kann, beispielsweise weil strafbare oder pornographische Daten heruntergeladen werden;[198]
– die private Nutzung des vom Arbeitgeber zur Verfügung gestellten Internetanschlusses, weil dadurch dem Arbeitgeber möglicherweise – zusätzliche – Kosten entstehen können und der Arbeitnehmer jedenfalls die Betriebsmittel – unberechtigterweise – in Anspruch genommen hat;[199]
– die private Nutzung des vom Arbeitgeber zur Verfügung gestellten Internets oder anderer Arbeitsmittel während der Arbeitszeit, weil der Arbeitnehmer während des Surfens im Internet oder einer intensiven Betrachtung von Videofilmen oder -spielen zu privaten Zwecken seine arbeitsvertraglich geschuldete Arbeitsleistung nicht erbringt und dadurch seiner Arbeitspflicht nicht nachkommt oder verletzt.[200]

Erlaubt der Arbeitgeber die private Nutzung von Internet und E-Mail, ist es geradezu zwingend, **Umfang, Grenzen, aber auch Kontrolle** zu regeln. **225**

b) Muster

aa) Muster: Verbot privater Nutzung von Internet und E-Mail
[→ A. Rn. 221 ff., 227]

§ ...... Internet- und E-Mail-Nutzung	**226** 61
Die private Nutzung von Internet und E-Mail ist nicht gestattet.	

bb) Muster: Private Nutzung von Internet und E-Mail [→ A. Rn. 221 ff., 226]

§ ...... Internet- und E-Mail-Nutzung	**227** 62
(1) Die private E-Mail-Nutzung am Arbeitsplatz ist innerhalb der Zeit von ...... bis ...... sowie von ...... bis ...... zulässig.	
(2) Die private Nutzung des Internets am Arbeitsplatz ist innerhalb der Zeit von ...... bis ...... sowie von ...... bis ...... zulässig.	
(3) Außerhalb dieser Zeiten ist die private Nutzung des Internets und der E-Mail-Funktion am Arbeitsplatz nicht gestattet. Ausnahmen bedürfen der vorherigen schriftlichen Zustimmung des Vorgesetzten.	

---

[196] BAG 27.5.1986 – 1 ABR 48/84, AP BetrVG 1972 § 87 Überwachung Nr. 15; ErfK/*Wank* BDSG § 32 Rn. 23.
[197] AA LAG Berlin-Brandenburg 16.2.2011 – 4 Sa 2132/10, NZA-RR 2011, 342.
[198] BAG 31.5.2007 – 2 AZR 200/06, NZA 2007, 922 mzN.
[199] ErfK/*Müller-Glöge* BGB § 626 Rn. 100.
[200] BAG 7.7.2005 – 2 AZR 581/04, AP BGB § 626 Nr. 192.

(4) Die private Nutzung von Internet und E-Mail-Funktionen gem. vorstehenden Absätzen wird nur denjenigen Arbeitnehmern gestattet, die zuvor in einer schriftlichen Erklärung gegenüber dem Arbeitgeber ihr Einverständnis abgeben, dass das Telekommunikationsgeheimnis und weitere einschlägige Rechte entsprechend dieser Erklärung eingeschränkt werden. Soweit ein Arbeitnehmer keine Erklärung abgibt oder sie widerruft, ist die private Nutzung von Internet und E-Mail-Funktionen untersagt. Es steht jedem Arbeitnehmer frei, eine solche Erklärung abzugeben.

(5) Der Datenverkehr für Internet und E-Mail-Funktionen wird kontrolliert und protokolliert, um die Einhaltung der arbeitsvertraglichen Regelungen sicherzustellen.

(6) Die private Nutzung von Internet und/oder E-Mail-Funktionen stellt zuwider den vorstehenden Absätzen eine arbeitsvertragliche Pflichtverletzung dar, bei denen der Arbeitgeber arbeitsrechtliche Maßnahmen von der Abmahnung bis hin zur Kündigung des Arbeitsverhältnisses ergreifen kann.

28. Telefonate

a) Gesetzliche Vorgaben

228 Ein Telefon ist ein Betriebsmittel, das üblicherweise zur Erledigung der arbeitsvertraglichen Pflichten zur Verfügung gestellt wird. Allerdings ist es vielfach üblich, den Arbeitnehmern beispielsweise Handys zur Verfügung zu stellen, die – ganz oder teilweise – auch privat genutzt werden dürfen.

229 Liegt **keine Erlaubnis zur privaten Nutzung** vor, stellt eine Privatnutzung eine arbeitsvertragliche Pflichtverletzung dar, die mit einer Abmahnung oder im Wiederholungsfall bis hin zur Kündigung geahndet werden kann.

230 Ist allerdings die **Privatnutzung erlaubt,** sollte der Umfang definiert werden. Da der Arbeitgeber, der die private Nutzung des Telefons gestattet, letztendlich Dienstanbieter iSv § 88 Abs. 2 S. 1 TKG[201] ist, bedarf es ferner einer Regelung zur Überwachung der Daten, da Überwachung und Kontrolle der Daten ansonsten höchst problematisch ist.

231 Eine nur **teilweise Erlaubnis zur Privatnutzung** eines Telefons (beispielsweise bis zu einem bestimmten Bruttobetrag) macht in der Praxis wenig Sinn, da zum einen der Abrechnungsaufwand relativ hoch (Trennung in erlaubten und nicht erlaubten Teil), aber auch für den Arbeitnehmer kaum durchführbar ist, da er schwerlich weiß, ob er im Laufe eines Monats den erlaubten Anteil bereits erreicht oder nicht erreicht hat und ob er sich in den Bereich einer arbeitsvertraglichen Pflichtverletzung begibt oder nicht.

b) Muster

aa) Muster: Keine privaten Telefonate [→ A. Rn. 228 ff., 233]

232

§ ...... Telefonate

(1) Private Telefonate von den vom Arbeitgeber zur Verfügung gestellten Telefonen sind untersagt. Telefone gleich welcher Art dienen alleine der Erfüllung arbeitsvertraglicher Pflichten.

(2) Eine Zuwiderhandlung gegen Abs. 1 stellt eine arbeitsvertragliche Pflichtverletzung dar, die seitens des Arbeitgebers eine Abmahnung oder im Wiederholungsfall eine Kündigung des Arbeitsverhältnisses nach sich ziehen kann.

---

[201] AA LAG Berlin-Brandenburg 16.2.2011 – 4 Sa 2132/10, NZA-RR 2011, 342.

bb) Muster: Erlaubte Privatnutzung Telefone [→ A. Rn. 228 ff., 232]

> **§ ...... Telefonate**
>
> (1) Der Arbeitgeber stellt dem Arbeitnehmer ein Handy zur Verfügung. Auswahl und finanzielle Konditionen des Handys obliegen dem Arbeitgeber.
>
> (2) Die Privatnutzung des Handys ist gestattet. Der Anteil der Privatnutzung unterliegt als geldwerter Vorteil der Versteuerung.
>
> (3) Zur ordnungsgemäßen Abrechnung ist es erforderlich, den Umfang der Privatnutzung zu ermitteln. Der Arbeitnehmer erklärt sich damit einverstanden, dass der Arbeitgeber die Daten der Telefonnutzung erheben, verarbeiten und nutzen darf.
>
> (4) Die Genehmigung zur Privatnutzung unterliegt dem Vorbehalt, dass der Arbeitnehmer die Erhebung, die Verarbeitung und die Nutzung der Daten zur Abrechnung gestattet. Gibt der Arbeitnehmer eine entsprechende Erklärung nicht ab oder widerruft er diese in der Zukunft, erlischt die Genehmigung zur Privatnutzung.

233

29. Foto

a) Hintergrund

Der Arbeitgeber kann ein Interesse daran haben, ein **Foto des Arbeitnehmers im Internet** zu veröffentlichen. Hintergrund ist, dass die Suche von Dienstleistern durch Dritte häufig über das Internet erfolgt. Hier kann es aus Arbeitgebersicht einen positiven Eindruck erwecken, wenn die jeweiligen Ansprechpartner in seinem Hause mit Bild hinterlegt sind, da dies einen persönlicheren Eindruck erwecken und Dritte veranlassen kann, ihn (den Arbeitgeber) zu kontaktieren.

234

Das Recht am Bild, also des eigenen Fotos, hat der Arbeitnehmer.[202] Der Arbeitgeber darf hierüber nur mit seiner **Einwilligung** verfügen. Beabsichtigt also der Arbeitgeber, ein Foto des Arbeitnehmers zu verwenden, sollte dies vertraglich geregelt werden.

235

b) Muster: Foto [→ A. Rn. 234 f.]

> **§ ...... Foto**
>
> (1) Der Arbeitgeber beabsichtigt, auf eigene Kosten ein Foto des Arbeitnehmers zu erstellen, um dieses Foto im Rahmen seiner Internetpräsentation zu verwenden.
>
> (2) Der Arbeitnehmer erklärt seine Erlaubnis zu der Verwendung des Fotos im Rahmen der Internetpräsentation des Arbeitgebers, solange das Arbeitsverhältnis besteht. Die Erlaubnis erlischt mit der Beendigung des Arbeitsverhältnisses.

236

30. Leitende Angestellte

a) Gesetzliche Vorgaben

In Arbeitsverträgen von Führungskräften findet sich häufig die Formulierung, dass ein bestimmter Arbeitnehmer leitender Angestellter iSv § 5 Abs. 3 BetrVG ist.

237

Ob ein Arbeitnehmer leitender Angestellter iSv § 5 Abs. 3 BetrVG oder § 14 Abs. 2 KSchG ist, hängt nicht davon ab, ob er im Arbeitsvertrag als solcher bezeichnet wird. Entscheidend ist allein seine **tatsächliche Tätigkeit und Funktion,** die er auch ausüben muss. Treten Tätigkeit und Funktion oder Vertretungsbefugnis iSv § 5 Abs. 3 BetrVG oder § 14 Abs. 2 KSchG praktisch hervor, wäre der Arbeitnehmer leitender Angestellter. Allein die „Ernennung" des Arbeitnehmers zum „leitenden Angestellten" in einem Arbeitsvertrag als solche genügt nicht.

238

---

[202] LAG Schleswig-Holstein 23.6.2010 – 3 Sa 72/10, BeckRS 2011, 65356.

239 Dass jemand leitender Angestellter iSv § 5 Abs. 3 BetrVG oder § 14 Abs. 2 KSchG ist, lässt sich aber durch eine **entsprechende arbeitsvertragliche Regelung,** die allerdings auch tatsächlich durchgeführt werden muss, festhalten. Durch konkrete arbeitsvertragliche Regelungen und insbesondere die Festschreibung einer Vertretungsbefugnis (zB Prokuraerteilung) lässt sich Aussagekräftiges zur „leitenden Angestellteneigenschaft" ableiten.

b) Muster: Vollmachtserteilung *[→ A. Rn. 237 ff.]*

240
66

§ …… **Vertretung**

(1) In seiner Position als …… untersteht der Arbeitnehmer direkt der Geschäftsleitung.

(2) Zur Erfüllung seiner Tätigkeiten wird dem Arbeitnehmer Einzelprokura erteilt. Die Prokura bevollmächtigt insbesondere zu nachfolgenden Rechtsgeschäften:
……

(3) Der Arbeitgeber behält sich vor, die Prokura zu widerrufen, falls dies aus betrieblichen, in der Person oder in dem Verhalten des Arbeitnehmers liegenden Gründen geboten erscheint.

241

Hinweis:

Die Frage, ob jemand leitender Angestellter ist, wird aus Sicht des Arbeitgebers insbesondere für einen Kündigungsschutzprozess relevant, wenn der Arbeitnehmer selbständig Einstellen oder Entlassen darf: Unabhängig vom Vorliegen eines Kündigungsgrundes könnte der Arbeitgeber nach Ausspruch einer ordentlichen Kündigung einen Auflösungsantrag stellen, der keiner Begründung bedarf, und der das Arbeitsverhältnis gegen Zahlung einer Abfindung auflösen würde.[203]

31. Annahme von Geschenken

a) Hintergrund

242 Im Geschäftsleben erhalten die Ansprechpartner von Unternehmen häufig zu Weihnachten mehr oder weniger werthaltige Präsente. Diese werden oft nicht mit der konkreten Zielsetzung, eine Gegenleistung, eine Vergünstigung, gleich welcher Art, zu erhalten, geleistet, sondern nur als Aufmerksamkeit, Höflichkeit oder Üblichkeit. Die Annahme von Geschenken, gleich welcher Art, ist nicht unproblematisch, da sie immer die Frage impliziert, ob mit der Zuwendung nicht eine Gegenleistung, welcher Art auch immer, erwartet wird. In der Praxis sind daher viele Unternehmen dazu übergegangen, die Frage der Annahme von Geschenken entweder in einer allgemeinen Unternehmensrichtlinie, in einer Betriebsvereinbarung oder letztendlich auch in Arbeitsverträgen zu regeln. Diese Regelungen können **von einem gänzlichen Verbot über die Annahme bis hin zu einer bestimmten Wertgrenze** gehen. Die Klärung dieser Frage in einem Arbeitsvertrag erscheint zweckmäßig, um jegliche Unklarheiten über die Handhabung zu vermeiden.

b) Muster

aa) Muster: Verbot der Annahme von Geschenken *[→ A. Rn. 242, 244]*

243
67

§ …… **Zuwendungen Dritter**

(1) Dem Arbeitnehmer ist die Annahme von Zuwendungen Dritter, gleich welcher Art, gleich von welchem Wert, ausdrücklich untersagt.

---

[203] Vgl. dazu im Einzelnen Überblick bei Schaub/*Koch*, ArbR-HdB, § 212 Rn. 19.

(2) Eine Zuwiderhandlung gegen das Verbot in Abs. 1 stellt eine arbeitsvertragliche Pflichtverletzung dar, die arbeitsrechtliche Maßnahmen von der Abmahnung bis hin zur Kündigung des Arbeitsverhältnisses durch den Arbeitgeber nach sich ziehen kann.

bb) Muster: Erlaubnis der Annahme von Geschenken bis zu einem bestimmten Wert *[→ A. Rn. 242, 243]*

§ ...... **Zuwendungen Dritter**

(1) Dem Arbeitnehmer ist es erlaubt, Zuwendungen Dritter (beispielsweise zu Weihnachten, die Einladungen zu einer Tasse Kaffee oder Ähnliches) bis zu einem Wert von maximal 20,00 EUR im Jahr anzunehmen bzw. entgegenzunehmen.

(2) Ausgenommen davon ist die Entgegennahme von Bargeld, unabhängig von der Höhe.

(3) Der Arbeitnehmer verpflichtet sich, den Arbeitgeber über die Zuwendungen Dritter, gleich welcher Art, gleich welcher Höhe, unverzüglich zu unterrichten.

(4) Die Zuwiderhandlung gegen die vorstehenden Absätze stellt eine arbeitsvertragliche Pflichtverletzung dar, die arbeitsrechtliche Maßnahmen von der Abmahnung bis hin zur Kündigung des Arbeitsverhältnisses durch den Arbeitgeber nach sich ziehen kann.

32. Ausschlussfristen

a) Gesetzliche Vorgaben

Unter Ausschlussfristen (auch Verfallfristen, Verwirkungsfristen, Präklusivfristen genannt) werden Fristen verstanden, **nach deren Ablauf ein Recht erlischt,** es sei denn, dass es innerhalb der Frist geltend gemacht worden ist. Ausschlussfristen sind von Amts wegen zu berücksichtigen.[204] Verfallfristen gibt es als einfache, also solche, innerhalb derer ein Anspruch geltend gemacht werden muss. Es gibt allerdings auch so genannte doppelte Ausschlussfristen. Darunter versteht man solche, nach denen nach der Geltendmachung eines Anspruches dieser binnen einer weiteren Frist rechtshängig zu machen ist. Werden diese Fristen versäumt, ist der Anspruch nicht mehr durchsetzbar.

Ausschlussfristen sind in **Tarifverträgen** üblich und finden sich in so gut wie jedem Tarifvertrag. Ob diese in **Arbeitsverträgen** zulässig sind, war streitig: Die gerichtliche Geltendmachung in der zweiten Stufe der Verfallfrist ist eine über die Schriftform hinausgehende Anzeigeform, so dass Verfallfristen nach § 309 Nr. 13 BGB hätten unwirksam sein können. Das BAG jedoch hält solche Fristen als arbeitsrechtliche Besonderheiten für zulässig, da sie dazu dienen, Klarheit und Rechtssicherheit herbeizuführen, welcher Vertragspartner sich nach Beendigung des Arbeitsverhältnisses noch welcher Ansprüche berühmt.[205] Die Beachtung von Verfallfristen bringt aus anwaltlicher Sicht ein hohes Regressrisiko mit sich, da die Rechtsprechung dem Anwalt teilweise auferlegt, Nachforschungen darüber anzustellen, ob Ausschlussfristen Anwendung finden und ggf. ansonsten Ansprüche des Arbeitnehmers, die zu verfallen drohen, unverzüglich einzuklagen.[206]

Das BAG ist allerdings der Auffassung, dass arbeitsvertragliche Verfallfristen **nicht kürzer als drei Monate** sein dürfen. Diese 3-Monats-Frist leitet das BAG aus § 61b ArbGG ab. Bei der Vertragsgestaltung ist darauf zu achten, dass die Ausschlussfristen

---

[204] BAG 17.7.1958 – 2 AZR 312/57, AP BGB § 611 Lohnanspruch Nr. 10.
[205] BAG 28.11.2007 – 5 AZR 992/06, NZA 2008, 293; 28.9.2005 – 5 AZR 52/05, AP BGB § 307 Nr. 7; 25.5.2005 – 5 AZR 572/04, NZA 2005, 1111.
[206] Vgl. im Einzelnen: *Schrader* NZA 2003, 345 ff.; *Ganz/Schrader* NZA 1999, 570 ff.

mit einem besonderen Hinweis und drucktechnischer Hervorhebung und nicht unter falscher oder missverständlicher Überschrift geregelt werden, da sie ansonsten als überraschende Klausel nicht Vertragsinhalt werden.[207]

b) Muster: Ausschlussfristen *[→ A. Rn. 245 ff.]*

248

§ ...... **Ausschlussfristen**

(1) Alle beiderseitigen Ansprüche aus dem bestehenden Arbeitsverhältnis müssen innerhalb einer Frist von drei Monaten nach Fälligkeit schriftlich gegenüber der anderen Vertragspartei geltend gemacht werden, ansonsten verfallen sie.

(2) Lehnt eine Vertragspartei den Anspruch schriftlich ab oder erklärt sie sich nicht innerhalb von zwei Wochen nach der Geltendmachung des Anspruches, so verfällt der Anspruch, wenn er nicht innerhalb einer weiteren Frist von drei Monaten nach der Ablehnung oder nach dem Fristablauf gerichtlich geltend gemacht wird.[208]

(3) Ansprüche, die auf strafbaren Handlungen oder unerlaubten Handlungen beruhen, unterliegen nicht diesen Ausschlussfristen. Die Ausschlussfristen beziehen sich darüber hinaus nicht auf Ansprüche, die auf vorsätzlichen oder grob fahrlässigen Pflichtverletzungen des Arbeitgebers oder des Arbeitnehmers beruhen.

249

Hinweis:

Zu der Frage, welche Ansprüche im Arbeitsverhältnis im Einzelnen Ausschlussfristen unterliegen, gibt es eine umfangreiche Judikatur, auf die verwiesen wird.[209]

33. Schriftformklausel

a) Gesetzliche Vorgaben

250 Geradezu zum Standardrepertoire von Arbeitsverträgen gehören Schriftformklauseln. Sie haben den Zweck, Arbeitgeber und Arbeitnehmer **vor mündlichen Vertragsänderungen zu schützen.** Sie haben letztendlich das Ziel, die Vertragsparteien daran zu erinnern, dass alle Änderungsvereinbarungen schriftlich niedergelegt werden sollten.

251 Eine von einem Arbeitgeber in einem Arbeitsvertrag verwendete **doppelte Schriftformklausel** erweckt allerdings beim Arbeitnehmer den Eindruck, jede spätere vom Vertrag abweichende mündliche Abrede sei nach § 125 S. 2 BGB nichtig. Dies ist unzutreffend: Nach § 305b BGB haben individuelle Vertragsabreden Vorrang vor Allgemeinen Geschäftsbedingungen (wie Arbeitsverträgen). Dieses Prinzip des Vorrangs mündlicher individueller Vertragsabreden setzt sich auch gegenüber doppelten Schriftformklauseln durch. Eine aus diesem Grund zu weit gefasste Schriftformklausel ist irreführend. Sie benachteiligt den Vertragspartner deshalb unangemessen iSv § 307 Abs. 1 BGB.[210] Der Vorrang von **Individualabreden** gem. § 305b BGB gilt nicht für die betriebliche Übung, da diese keine Individualabrede darstellt.[211]

252 Wegen des Vorrangs der Individualabrede mag die doppelte Schriftformklausel im Verhältnis zu ihrer früheren Bedeutung entwertet sein. Nichts desto weniger empfiehlt sich die Aufnahme, auch um eine betriebliche Übung zu verhindern, aber auch um

---

[207] BAG 31.8.2005 – 5 AZR 545/04, AP ArbZG § 6 Nr. 8; 29.11.1995 – 5 AZR 447/94, AP AGB-Gesetz § 3 Nr. 1.
[208] Auch zur Wahrung der zweiten Stufe einer Ausschlussfrist genügt die Erhebung einer Kündigungsschutzklage (vgl. BAG 19.3.2008 – 5 AZR 429/07, AP BGB § 305 Nr. 11; *Matthiesen* NZA 2008, 1165).
[209] Vgl. statt aller: Schaub/*Treber,* ArbR-HdB, § 209 Rn. 7 ff. mzN.
[210] BAG 20.5.2008 – 9 AZR 382/07, NZA 2008, 1233; 25.4.2007 – 5 AZR 504/06, AP BGB § 615 Nr. 121.
[211] BAG 20.5.2008 – 9 AZR 382/07, NZA 2008, 1233; 24.6.2003 – 9 AZR 302/02, AP BGB § 242 Betriebliche Übung Nr. 63.

Arbeitgeber und Arbeitnehmer daran zu erinnern, individuelle Vertragsabreden zu Beweissicherungs- und Dokumentationszwecken schriftlich festzuhalten.

b) Muster

aa) Muster: Einfache Schriftformklausel [→ A. Rn. 250 ff., 254]

> **§ ...... Schriftformklausel**
>
> (1) Änderungen des Arbeitsvertrages bedürfen der Schriftform.
>
> (2) Zur Wahrung der Schriftform reicht die Textform.
>
> (3) Das Schriftformerfordernis gilt nicht für individuelle vertragliche Abreden zwischen Arbeitgeber und Arbeitnehmer zur Abänderung des Arbeitsvertrages.

253
↔ 70

bb) Muster: Doppelte Schriftformklausel [→ A. Rn. 250 ff., 253]

> **§ ...... Schriftformklausel**
>
> (1) Änderungen und Ergänzungen des Arbeitsvertrages bedürfen der Schriftform. Dies gilt auch für ein Abgehen von der Schriftform.
>
> (2) Zur Wahrung der Schriftform reicht die Textform.
>
> (3) Das Schriftformerfordernis gilt nicht für eine individuelle vertragliche Abrede zwischen Arbeitgeber und Arbeitnehmer, sofern diese Individualabrede nicht nur die Änderung des Arbeitsvertrages, sondern auch das Abgehen vom Schriftformerfordernis für die konkrete individuelle Vertragsänderung betrifft.

254
↔ 71

34. Change of Control

a) Hintergrund

Eine „Change of Control-Klausel" ist ein Versprechen einer Gesellschaft, einem Arbeitnehmer oder einem zukünftigen oder bereits amtierenden Organmitglied **im Falle eines Kontrollwechsels bestimmte Leistungen zu gewähren.** Ziel ist es, Führungskräfte oder Organmitglieder in unruhigen wirtschaftlichen Zeiten an die Gesellschaft zu binden oder für sie zu gewinnen, und das selbst dann, wenn zu befürchten ist, dass sich die Gesellschafter- oder Aktionärsstruktur später ändert. Eine sinnvolle „Change of Control-Klausel" zeichnet sich also dadurch aus, dass sie das Interesse der Gesellschaft an einer loyalen Zusammenarbeit und das Interesse der Führungskräfte an einer persönlichen Absicherung ausgewogen berücksichtigt. **255**

„Change of Control-Klauseln" in Arbeitsverträgen von Führungskräften und in Dienstverträgen von Geschäftsführern oder Vorständen haben in den letzten Jahren erheblich zugenommen. Grund sind die **steigende Anzahl von Unternehmensübernahmen** und die Risiken und die Perspektivänderungen, die damit für das Management der bisherigen Gesellschaft verbunden sind. Durch die Aufnahme von „Change of Control-Klauseln" sollen Führungskräfte, Geschäftsführer und Vorstände finanziell abgesichert sein, aber auch Klarheit für die zu ubernehmende oder ubernommene Gesellschaft geschaffen werden. Die Sensibilität und die Aufmerksamkeit der Öffentlichkeit durch den „Fall Mannesmann" für Managementänderungen und Abfindungen für Manager nach Unternehmensübernahmen haben dazu geführt, dass solche Punkte sensibel abgewickelt werden müssen. Auch die im Zuge des „Falles Mannesmann" ergangenen Entscheidungen führen dazu, dass die Fälle von Unternehmensübernahmen vertraglich geregelt werden sollten.[212] Vielfach wird eine Offenlegungspflicht von „Change of Control-Klauseln" verlangt, damit Dritte die Handlung und Intention von Führungskräften, Geschäftsführern oder Vorständen besser ein- **256**

---

[212] Vgl. auch *Kliemt/von Tiling* ArbRB 2006, 86 ff.

schätzen können. Die Gesetzeslage ist nicht klar. Vorzuziehen ist ein offener Umgang mit solchen „Change of Control-Klauseln", um Anleger-, Investoren-, Unternehmens- und Vorstandsinteressen gleichermaßen zu begegnen.[213]

b) Muster: Change of Control [→ A. Rn. 255 f., 258]

257

§ ...... **Change of Control**

(1) Im Falle eines Kontrollwechsels iSv Abs. 2 hat der Arbeitnehmer ein einmaliges Sonderkündigungsrecht, den Arbeitsvertrag mit einer Kündigungsfrist von ...... Monaten zum Monatsende zu kündigen. Er hat bei Ausübung des Sonderkündigungsrechts Anspruch auf Zahlung einer Abfindung nach Abs. 3. Das Sonderkündigungsrecht besteht nur innerhalb von drei Monaten, nachdem dem Arbeitnehmer der Kontrollwechsel bekannt geworden ist.

(2) Ein Kontrollwechsel liegt vor, wenn ein Dritter oder mehrere gemeinsam handelnde Dritte mehr als 50% der Geschäftsanteile einer Gesellschaft erwerben und die Stellung des Arbeitnehmers in Folge der Änderung der Mehrheitsverhältnisse mehr als nur unwesentlich berührt wird. Die Stellung ist insbesondere bei folgenden Veränderungen mehr als nur unwesentlich berührt:
– wesentliche Änderung der Strategie des Unternehmens (zB ......);
– wesentliche Veränderung im Tätigkeitsbereich des Arbeitnehmers (zB wesentliche Verringerung der Kompetenzen, wesentliche Veränderung der Ressortzuständigkeit uÄ);
– wesentliche Veränderung des Arbeitsortes (zB in das Ausland oder in einen weit vom gegenwärtigen Arbeitsort entfernten Ort).

(3) Die Abfindung, die auf insgesamt maximal ...... EUR brutto begrenzt ist, setzt sich zusammen aus 50% der Summe des aufgrund der vorfristigen Beendigung des Arbeitsverhältnisses nicht mehr zur Entstehung und zur Auszahlung gelangten Entgeltes (Festgehalt und variable Erfolgsvergütung auf Basis einer unterstellten 100%igen Zielerreichung) und einer zusätzlichen Zahlung in Höhe von einem Jahresbruttogrundgehalt. Eine Anrechnung anderweitiger Einkünfte gem. §§ 326 Abs. 2, 615 S. 2 BGB findet nicht statt. Der Abfindungsanspruch entsteht frühestens im Zeitpunkt der dinglichen Übertragung der Geschäftsanteile, wenn sämtliche Genehmigungen vorliegen und sämtliche aufschiebenden Bedingungen eingetreten sind. Er wird mit Beendigung des Arbeitsverhältnisses zur Auszahlung fällig.

(4) Ein Anspruch auf Zahlung einer Abfindung nach Abs. 3 besteht nicht, wenn das Arbeitsverhältnis auch unabhängig vom Eintritt des Kontrollwechsels innerhalb der nächsten sechs Monate automatisch geendet hätte, etwa durch Ablauf einer Befristung oder durch Erreichen der Regelaltersgrenze.

(5) Jeglicher Abfindungsanspruch entfällt, wenn der Arbeitgeber das Arbeitsverhältnis wirksam außerordentlich aus wichtigem Grund iSv § 626 BGB kündigt.

258

Hinweis:

Handelt es sich um einen Geschäftsführer oder Vorstand, muss die Klausel im Sinne eines Dienstverhältnisses umformuliert werden. Ferner müsste in Abs. 1 nicht nur das Recht zur Kündigung, sondern das Recht zur Amtsniederlegung zum Kündigungstermin normiert werden.

35. Sabbatical

a) Hintergrund

259 Unter Sabbatical versteht man eine **zeitlich festgelegte, in der Regel bezahlte Freistellung von der Arbeit.** In größeren Unternehmen gibt es hierzu häufig

[213] So zutreffend *Bittmann/Schwarz* BB 2009, 1014 ff.

Betriebsvereinbarungen. Die häufigste Fallkonstellation ist, dass der Arbeitnehmer entweder für eine gewisse Zeit als Teilzeitbeschäftigter geführt wird, tatsächlich aber Vollzeit arbeitet, um im Gegenzug eine gewisse Zeit von der Verpflichtung zur Erbringung der Arbeitsleistung unter Fortzahlung der (Teilzeit-)Vergütung freigestellt zu werden. In der arbeitsrechtlichen Praxis schwankt der Zeitraum der Freistellung, man trifft häufig Regelungen, bei denen sich der Zeitraum zwischen sechs und zwölf Monaten bewegt. Letztendlich handelt es sich um die Vereinbarung einer – befristeten – Teilzeitarbeit oder aber einer unentgeltlichen Freistellung für eine gewisse Phase mit der Möglichkeit des Arbeitnehmers, nach Ablauf dieser Phase wieder in ein Arbeitsverhältnis einzutreten (vgl. §§ 7b ff. SGB IV zur Vereinbarung von Wertguthaben, deren Verwendung, Führung und Verwaltung sowie deren Insolvenzsicherung).

Solche Regelungen werden regelmäßig in den den ursprünglichen Arbeitsvertrag abändernden und modifizierenden Vereinbarungen festgehalten. Man kann aber auch darüber nachdenken, direkt in den Arbeitsvertrag ein entsprechendes Recht und die sich daraus ergebenden Rechtsfolgen mit aufzunehmen.

b) Muster: Sabbatical *[→ A. Rn. 259 ff.]*

§ ...... Sabbatical

(1) Der Arbeitnehmer hat das Recht, für eine Zeit von sechs Monaten ein Sabbatical in Anspruch zu nehmen.

(2) Das Sabbatical hat der Arbeitnehmer mit einer Ankündigungsfrist von neun Monaten zum Monatsende anzukündigen. Nach Ablauf von drei Monaten nach Eingang der Erklärung wandelt sich das Arbeitsverhältnis zum nächsten Monatsbeginn in ein Teilzeitarbeitsverhältnis mit einer Anspar- und Freistellungsphase um: Der Zeitraum von sechs Monaten vor dem Sabbatical stellt die Ansparphase dar, innerhalb derer sich die Vergütung auf 50% der bisherigen vertragsgemäßen Vergütung reduziert, der Arbeitnehmer aber weiterhin Vollzeit arbeitet. In der Freistellungsphase (sechs Monate) wird der Arbeitgeber 50% der vertraglich geschuldeten Tätigkeit weiterzahlen.

In der Anspar- und Freistellungsphase gilt der Arbeitnehmer als Teilzeitarbeitnehmer mit ...... Wochenstunden und einer Vergütung von ...... EUR brutto monatlich.

(3) Im Falle der Arbeitsunfähigkeit des Arbeitnehmers in der Ansparphase verlängert sich diese um den Zeitraum der Arbeitsunfähigkeit, für den kein Anspruch auf Entgeltfortzahlung besteht. Mit Einwilligung des Arbeitgebers kann der Arbeitnehmer diese Zeit auch im Anschluss an die Freistellungsphase nacharbeiten. Eine Erkrankung während der Freistellungsphase verlängert diese nicht.

(4) Auf die Freistellung in der Freistellungsphase werden bestehende Urlaubsansprüche des Arbeitnehmers angerechnet.

(5) Während der Anspar- und Freistellungsphase ist eine betriebsbedingte Kündigung des Arbeitsverhältnisses ausgeschlossen.

(6) Das Recht auf ein Sabbatical steht unter dem Vorbehalt, dass es dem Arbeitgeber gelingt, für die Zeit des Sabbaticals, dh die Anspar- und Freistellungsphase, die betrieblichen Abläufe so zu organisieren, dass die Tätigkeit des Arbeitnehmers substituiert werden kann. Soweit dies mit Mehrkosten verbunden ist, steht dem Arbeitgeber ein Recht auf Ablehnung eines Sabbaticals zu.

36. Salvatorische Klausel

a) Hintergrund

Die Vereinbarung einer salvatorischen Klausel findet sich in vielen Arbeitsverträgen, sie ist aber eigentlich überflüssig. Zunächst bestimmt § 306 BGB, dass bei Unwirksamkeit von allgemeinen Geschäftsbedingungen der Inhalt des Vertrages sich nach den gesetzlichen Vorschriften richtet. § 306 Abs. 1 BGB enthält insoweit eine kodifizierte Abweichung von der Auslegungsregel des § 139 BGB und bestimmt, dass bei Teilnichtigkeit grundsätzlich der Vertrag im Übrigen aufrechterhalten bleibt. Für die Aufnahme einer solchen Klausel spricht, dass sie eine einvernehmliche Vertragsanpassung erleichtern kann.

b) Muster: Salvatorische Klausel *[→ A. Rn. 262]*

263

§ ...... Salvatorische Klausel

Sollte eine Bestimmung dieses Vertrages und/oder seine Änderungen bzw. Ergänzungen unwirksam sein, so wird dadurch die Wirksamkeit des Vertrages im Übrigen nicht berührt. Die unwirksame Bestimmung wird durch eine wirksame ersetzt, die dem wirtschaftlich Gewollten am nächsten kommt.

III. Muster: Arbeitsverträge

1. Vorbemerkung

264 Aus den ganzen vorstehenden allgemeinen Vertragsklauseln mitsamt der vorstehend zitierten Literatur und Rechtsprechung lassen sich vollständige Arbeitsverträge zusammenstellen, die den individuellen Bedürfnissen von Arbeitgebern und Arbeitnehmern gerecht werden.

2. Muster

a) Muster: Unbefristeter Arbeitsvertrag

265

Zwischen der
...... GmbH, ... *(Anschrift)*
　　　　　　　　　　　　　　　– nachfolgend Arbeitgeber genannt –
und
Frau/Herrn ......, ... *(Anschrift)*
　　　　　　　　　　　　　　　– nachfolgend Arbeitnehmer genannt –
wird folgender Arbeitsvertrag vereinbart:

§ 1 Beginn des Arbeitsverhältnisses *[→ A. Rn. 72 f.]*

(1) Das Arbeitsverhältnis beginnt am ......

(2) Die ersten sechs Monate des Arbeitsverhältnisses gelten als Probezeit.

§ 2 Tätigkeit *[→ A. Rn. 92 ff.]*

(1) Der Arbeitnehmer wird eingestellt als ...... in .... Sein Aufgabengebiet umfasst folgende Tätigkeiten:
......

Oder:

(1) Der Arbeitnehmer wird eingestellt als ...... in .... Die vertraglich geschuldeten Tätigkeiten ergeben sich aus der als **Anlage** beigefügten Stellenbeschreibung, die Bestandteil des Arbeitvertrages ist.

(2) Der Arbeitgeber behält sich vor, dem Arbeitnehmer auch an einem anderen Arbeitsort eine andere oder zusätzliche, der Vorbildung oder den Fähigkeiten und Kenntnissen des Arbeitnehmers entsprechende zumutbare und gleichwertige Tätigkeit zu übertragen, wenn dies aus betrieblichen oder in der Person oder in dem Verhalten des Arbeitnehmers liegenden Gründen geboten erscheint.

§ 3 Arbeitszeit *[→ A. Rn. 101 ff.]*

(1) Die regelmäßige Arbeitszeit beträgt ...... Stunden wöchentlich.

(2) Beginn und Ende der täglichen Arbeitszeit und der Pausen richten sich nach den betrieblichen Regelungen und Erfordernissen.

(3) Bei Einführung von Kurzarbeit ist der Arbeitnehmer damit einverstanden, dass sich seine Arbeitszeit entsprechend verkürzt und für die Dauer der Arbeitszeitverkürzung die Arbeitsvergütung entsprechend reduziert wird.

§ 4 Vergütung *[→ A. Rn. 108 ff.]*

(1) Der Arbeitgeber verpflichtet sich, dem Arbeitnehmer eine monatliche Bruttovergütung in Höhe von ...... EUR jeweils zum Monatsletzten zu zahlen.

(2) Die Gewährung sonstiger Leistungen, insbesondere von Urlaubs- und Weihnachtsgeld, durch den Arbeitgeber erfolgen freiwillig und mit der Maßgabe, dass auch mit einer wiederholten Zahlung kein Rechtsanspruch für die Zukunft begründet wird.[214]

§ 5 Über- und Mehrarbeit *[→ A. Rn. 130 ff.]*

(1) Der Arbeitnehmer verpflichtet sich, im Rahmen des gesetzlich Zulässigen Überstunden und Mehrarbeit zu leisten.

(2) Ein Anspruch auf Über- oder Mehrarbeitsstundenabgeltung besteht nur, wenn die Über- oder Mehrarbeit arbeitgeberseits angeordnet oder vereinbart worden ist oder wenn sie aus dringenden betrieblichen Interessen erforderlich war und der Arbeitnehmer Beginn und Ende der Über-/Mehrarbeit spätestens am folgenden Tag dem Arbeitgeber gegenüber schriftlich anzeigt.

(3) Mit der vereinbarten Bruttovergütung gem. § 4 Abs. 1 dieses Vertrages sind bis zu ...... Überstunden monatlich ausgeglichen. Darüber hinausgehende Überstunden werden durch Freizeit abgegolten. Soweit Letzteres nicht möglich ist, beträgt die Überstundenvergütung ...... EUR pro Stunde.

§ 6 Gehaltsverpfändung und -abtretung *[→ A. Rn. 138 ff.]*

Die Abtretung oder Verpfändung von Lohn- und sonstigen Vergütungsansprüchen ist ausgeschlossen, es sei denn, es liegt die vorherige schriftliche Zustimmung des Arbeitgebers vor.

§ 7 Arbeitsverhinderung *[→ A. Rn. 143 f.]*

Der Arbeitnehmer ist verpflichtet, dem Arbeitgeber jede Arbeitsverhinderung und ihre voraussichtliche Dauer unverzüglich anzuzeigen. Auf Verlangen sind die Gründe der Arbeitsverhinderung mitzuteilen. Bei anstehenden Terminsachen hat der Arbeitnehmer den Arbeitgeber auf vordringlich zu erledigende Arbeiten hinzuweisen.

§ 8 Entgeltfortzahlung im Krankheitsfall *[→ A. Rn. 145 ff.]*

(1) Die Entgeltfortzahlung im Krankheitsfall richtet sich nach den gesetzlichen Bestimmungen.

(2) Der Arbeitnehmer ist verpflichtet, dem Arbeitgeber jede Arbeitsunfähigkeit und deren voraussichtliche Dauer unverzüglich mitzuteilen. Dauert die Arbeitsunfähig-

---

[214] Vgl. aber → A. Fn. 79 und 91.

keit länger als drei Kalendertage, hat der Arbeitnehmer eine ärztliche Bescheinigung über das Bestehen der Arbeitsunfähigkeit sowie deren voraussichtliche Dauer spätestens am darauffolgenden Arbeitstag vorzulegen.

(3) Der Arbeitnehmer ist verpflichtet, die Art und Ursache der Erkrankung – soweit bekannt – anzugeben, wenn diese Schutzmaßnahmen des Arbeitgebers für andere Arbeitnehmer erfordert (zB eine Infektionsgefahr).

(4) Darüber hinaus ist die Ursache der Arbeitsunfähigkeit dem Arbeitgeber nur dann mitzuteilen, wenn der Arbeitnehmer von einem Dritten geschädigt worden ist, damit der Arbeitgeber Erstattungsansprüche prüfen und durchsetzen kann.

§ 9 Urlaub [→ A. Rn. 149 ff.]

(1) Der Arbeitnehmer erhält bei einer 6-Tage-Woche kalenderjährlich einen Urlaub von 24 Arbeitstagen als gesetzlichen Mindesturlaub. Der gesetzliche Mindesturlaub muss im laufenden Kalenderjahr gewährt und genommen werden. Eine Übertragung des gesetzlichen Mindesturlaubs auf das nächste Kalenderjahr ist nur statthaft, wenn dringende betriebliche oder in der Person des Arbeitnehmers liegende Gründe dies rechtfertigen. Im Falle der Übertragung muss der gesetzliche Mindesturlaub in den ersten drei Monaten des folgenden Kalenderjahres gewährt und genommen werden, ansonsten verfällt er. (Konnte der gesetzliche Mindesturlaub wegen Arbeitsunfähigkeit des Arbeitnehmers nicht genommen werden, geht der gesetzliche Mindesturlaubsanspruch 15 Kalendermonate nach dem Ende des Urlaubsjahres, mithin am 31.3. des 2. Folgejahres unter.)[215]

(2) Der Arbeitnehmer erhält darüber hinaus kalenderjährlich einen übergesetzlichen Zusatzurlaub von weiteren sechs Arbeitstagen. Der übergesetzliche Zusatzurlaub ist innerhalb des Kalenderjahres zu nehmen. Eine Übertragung des übergesetzlichen Zusatzurlaubes auf das nächste Jahr ist nur statthaft, wenn dringende betriebliche oder in der Person des Arbeitnehmers liegende Gründe eine Übertragung erforderlich machen. Im Fall der Übertragung muss der Zusatzurlaub in den ersten drei Monaten des nachfolgenden Kalenderjahres gewährt und genommen werden. Ansonsten verfällt der Zusatzurlaub mit Ablauf des 31.3. des nachfolgenden Kalenderjahres auch dann, wenn er wegen Arbeitsunfähigkeit des Arbeitnehmers nicht genommen werden konnte. Eine Abgeltung des übergesetzlichen Urlaubsanspruches ist ausgeschlossen.

(3) Die Festlegung des Urlaubs erfolgt durch den Arbeitgeber auf Antrag und unter Berücksichtigung der Wünsche des Arbeitnehmers. Dringende betriebliche Gründe haben Vorrang. Ein Urlaubsantrag gilt mit schriftlicher Bestätigung durch den Arbeitgeber als bewilligt. Als bewilligt gilt zunächst der gesetzliche Mindesturlaub gem. Abs. 1 bis zu dessen vollständiger Erfüllung, erst danach der übergesetzliche Zusatzurlaub gem. Abs. 2. Während des Übertragungszeitraumes (1.1. bis 31.3. des nachfolgenden Kalenderjahres) gilt zunächst der übertragene gesetzliche Regelurlaub, danach der übertragene übergesetzliche Zusatzurlaub und erst danach der in dem betreffenden Kalenderjahr entstehende bzw. entstandene gesetzliche Regelurlaub und übergesetzliche Zusatzurlaub als bewilligt.

§ 10 Verschwiegenheitspflicht [→ A. Rn. 155 ff.]

(1) Der Arbeitnehmer verpflichtet sich, über alle Betriebs- und Geschäftsgeheimnisse und ihm während der Vertragsdauer bekannt gewordenen betrieblichen Vorgänge während der Dauer des Arbeitsverhältnisses Stillschweigen zu bewahren.

---

[215] Vgl. zur Urlaubsregelung auch → A. Fn. 119.

(2) Nach Beendigung des Arbeitsverhältnisses besteht die Verpflichtung zur Verschwiegenheit hinsichtlich nachfolgender Betriebs- und Geschäftsgeheimnisse fort:
......

(3) Die Verschwiegenheitspflicht erstreckt sich nicht auf solche Kenntnisse, die jedermann zugänglich sind oder deren Weitergabe für den Arbeitgeber ersichtlich ohne Nachteil ist. Im Zweifelsfall ist der Arbeitnehmer verpflichtet, eine Weisung des Arbeitgebers einzuholen, ob eine bestimmte Tatsache vertraulich zu behandeln ist oder nicht.

(4) Der Ausdruck „Betriebs- und/oder Geschäftsgeheimnisse" umfasst dabei alle geschäftlichen, betrieblichen und technischen Kenntnisse, Angelegenheiten, Vorgänge und Informationen, die nur einem beschränkten Personenkreis zugänglich sind und nach dem Willen des Arbeitgebers nicht der Allgemeinheit bekannt werden sollen.

§ 11 Ehrenamt [→ A. Rn. 200 f.]

(1) Der Arbeitnehmer verpflichtet sich, dem Arbeitgeber unverzüglich mitzuteilen, falls er ein Ehrenamt übernommen hat. Ferner hat er dem Arbeitgeber die Dauer mitzuteilen und ob die ehrenamtliche Tätigkeit in die Arbeitszeit fällt.

(2) Der Arbeitnehmer darf privaten Ehrenämtern während der Arbeitszeit nicht nachgehen. Übernimmt der Arbeitnehmer öffentliche Ehrenämter, verpflichtet er sich, seine Arbeitszeit nicht stärker, als zu der ordnungsgemäßen Erfüllung des öffentlichen Ehrenamtes erforderlich, in Anspruch zu nehmen.

(3) Der Arbeitnehmer verpflichtet sich, bei der Ausübung von Ehrenämtern, gleich welcher Art, auf die Interessen des Arbeitgebers in angemessener Weise Rücksicht zu nehmen.

§ 12 Nebenbeschäftigung [→ A. Rn. 163 ff.]

(1) Der Arbeitnehmer verpflichtet sich, eine Nebentätigkeit während der Dauer des Arbeitsverhältnisses nur mit vorheriger schriftlicher Zustimmung des Arbeitgebers zu übernehmen.

(2) Der Arbeitgeber hat die Entscheidung über den Antrag des Arbeitnehmers auf Zustimmung zur Nebentätigkeit innerhalb von zwei Wochen nach Eingang des Antrages zu treffen. Wird innerhalb dieser Frist eine Verweigerung der Zustimmung zur Nebentätigkeit nicht erklärt, gilt die Zustimmung als erteilt.

§ 13 Vertragsstrafe [→ A. Rn. 169 ff.]

Nimmt der Arbeitnehmer die Arbeit nicht oder verspätet auf, verweigert er vorübergehend unberechtigt die Arbeit, löst er das Arbeitsverhältnis ohne Einhaltung der maßgeblichen Kündigungsfrist auf oder wird der Arbeitgeber durch vertragswidriges Verhalten des Arbeitnehmers zur außerordentlichen Kündigung veranlasst, so hat der Arbeitnehmer dem Arbeitgeber eine Vertragsstrafe zu zahlen. Als Vertragsstrafe wird für den Fall der verspäteten Aufnahme der Arbeit, der vorübergehenden Arbeitsverweigerung und der Auflösung des Arbeitsverhältnisses ohne Einhaltung der maßgeblichen Kündigungsfrist ein sich aus der Bruttomonatsvergütung nach vorstehendem § 4 Abs. 1 zu errechnendes Bruttotagegeld für jeden Tag der Zuwiderhandlung vereinbart, insgesamt jedoch nicht mehr als das in der gesetzlichen Mindestkündigungsfrist ansonsten zu zahlende Arbeitsentgelt. Im Übrigen beträgt die Vertragsstrafe eine Bruttomonatsvergütung.

§ 14 Beendigung des Arbeitsverhältnisses [→ A. Rn. 176 ff.]

(1) Die ersten sechs Monate des Arbeitsverhältnisses gelten gemäß § 1 Abs. 2 als Probezeit. Innerhalb der Probezeit kann das Arbeitsverhältnis mit einer Frist von 14 Tagen gekündigt werden.

(2) Nach Ablauf der Probezeit beträgt die Kündigungsfrist ...... Monate zum Quartalsende.

(3) Jede gesetzliche Verlängerung der Kündigungsfrist zu Gunsten des Arbeitnehmers gilt auch zu Gunsten des Arbeitgebers.

§ 15 Beendigung des Arbeitsverhältnisses mit Erreichen der Regelaltersgrenze [→ A. Rn. 187 ff.]

(1) Das Arbeitsverhältnis endet spätestens, ohne dass es einer Kündigung bedarf, mit Ablauf des Monats, in dem der Arbeitnehmer die Regelaltersgrenze der gesetzlichen Rentenversicherung erreicht und an den unmittelbar anschließend der Arbeitnehmer Anspruch auf eine gesetzliche Regelaltersrente hat.

(2) Die Regelung zur Altersgrenze in Abs. 1 tangiert nicht das jeweilige Recht der Arbeitsvertragsparteien zur ordentlichen Kündigung des Arbeitsverhältnisses. Die Regelung dient einer sachgerechten, berechenbaren Personal- und Nachwuchsplanung und einer in der Altersstruktur ausgewogenen Personalverwaltung.

§ 16 Ausschlussfristen [→ A. Rn. 245 ff.]

(1) Alle beiderseitigen Ansprüche aus dem bestehenden Arbeitsverhältnis müssen innerhalb einer Frist von drei Monaten nach Fälligkeit schriftlich gegenüber der anderen Vertragspartei geltend gemacht werden, ansonsten verfallen sie.

(2) Lehnt eine Vertragspartei den Anspruch schriftlich ab oder erklärt sie sich nicht innerhalb von zwei Wochen nach der Geltendmachung des Anspruches, so verfällt der Anspruch, wenn er nicht innerhalb einer weiteren Frist von drei Monaten nach der Ablehnung oder nach dem Fristablauf gerichtlich geltend gemacht wird.

(3) Ansprüche, die auf strafbaren Handlungen oder unerlaubten Handlungen beruhen, unterliegen nicht diesen Ausschlussfristen. Diese Ausschlussfristen beziehen sich darüber hinaus nicht auf Ansprüche, die auf vorsätzlichen oder grob fahrlässigen Pflichtverletzungen des Arbeitgebers oder des Arbeitnehmers beruhen.

§ 17 Schriftformklausel [→ A. Rn. 250 ff.]

(1) Änderungen und Ergänzungen des Arbeitsvertrages bedürfen der Schriftform. Dies gilt auch für ein Abgehen.

(2) Zur Wahrung der Schriftform reicht die Textform.

(3) Das Schriftformerfordernis gilt nicht für eine individuelle vertragliche Abrede zwischen Arbeitgeber und Arbeitnehmer, sofern diese Individualabrede nicht nur die Änderung des Arbeitsvertrages, sondern auch das Abgehen vom Schriftformerfordernis für die konkrete individuelle Vertragsänderung betrifft.

§ 18 Salvatorische Klausel [→ A. Rn. 262 ff.]

Sollte eine Bestimmung dieses Vertrages und/oder seine Änderungen bzw. Ergänzungen unwirksam sein, so wird dadurch die Wirksamkeit des Vertrages im Übrigen nicht berührt. Die unwirksame Bestimmung wird durch eine wirksame ersetzt, die dem wirtschaftlich Gewollten am nächsten kommt.

§ 19 Vertragsaushändigung

Arbeitgeber und Arbeitnehmer erklären und versichern durch ihre Unterschrift, jeweils ein Exemplar dieses Vertrages im Original wechselseitig unterzeichnet erhalten zu haben.
......, den ......

Arbeitgeber   Arbeitnehmer

b) Muster: Befristeter Arbeitsvertrag

Zwischen der
...... GmbH, ... *(Anschrift)*
                                          – nachfolgend Arbeitgeber genannt –
und
Frau/Herrn ......, ... *(Anschrift)*
                                          – nachfolgend Arbeitnehmer genannt –
wird folgender Arbeitsvertrag vereinbart:

§ 1 Beginn des Arbeitsverhältnisses *[→ A. Rn. 72 f.]*

(1) Das Arbeitsverhältnis beginnt am ......

(2) Die ersten sechs Monate des Arbeitsverhältnisses gelten als Probezeit.

§ 2 Tätigkeit *[→ A. Rn. 92 ff.]*

(1) Der Arbeitnehmer wird eingestellt als ...... in ...... Sein Aufgabengebiet umfasst folgende Tätigkeiten:
......

(2) Der Arbeitgeber behält sich vor, dem Arbeitnehmer auch an einem anderen Arbeitsort eine andere oder zusätzliche, der Vorbildung oder den Fähigkeiten und Kenntnissen des Arbeitnehmers entsprechende zumutbare und gleichwertige Tätigkeit zu übertragen, wenn dies aus betrieblichen oder in der Person oder in dem Verhalten des Arbeitnehmers liegenden Gründen geboten erscheint.

§ 3 Befristungsdauer *[→ A. Rn. 74 ff.]*

Das Arbeitsverhältnis ist vom ...... bis zum ...... befristet. Die Befristung beruht auf ...... *(Entweder Angabe des Sachgrundes oder Verweis auf § 14 Abs. 2 TzBfG)*.

§ 4 Arbeitszeit *[→ A. Rn. 101 ff.]*

(1) Die regelmäßige Arbeitszeit beträgt ...... Stunden wöchentlich.

(2) Beginn und Ende der täglichen Arbeitszeit und der Pausen richten sich nach den betrieblichen Regelungen und Erfordernissen.

(3) Bei Einführung von Kurzarbeit ist der Arbeitnehmer damit einverstanden, dass sich seine Arbeitszeit entsprechend verkürzt und für die Dauer der Arbeitszeitverkürzung die Arbeitsvergütung entsprechend reduziert wird.

§ 5 Vergütung *[→ A. Rn. 108 ff.]*

(1) Der Arbeitgeber verpflichtet sich, dem Arbeitnehmer eine monatliche Bruttovergütung in Höhe von ...... EUR jeweils zum Monatsletzten zu zahlen.

(2) Die Gewährung sonstiger Leistungen, insbesondere von Urlaubs- und Weihnachtsgeld,[216] durch den Arbeitgeber erfolgen freiwillig und mit der Maßgabe, dass auch mit einer wiederholten Zahlung kein Rechtsanspruch für die Zukunft begründet wird.

§ 6 Über- und Mehrarbeit [→ A. Rn. 130 ff.]

(1) Der Arbeitnehmer verpflichtet sich, im Rahmen des gesetzlich Zulässigen Überstunden und Mehrarbeit zu leisten.

(2) Ein Anspruch auf Über- oder Mehrarbeitsstundenabgeltung besteht nur, wenn die Über- oder Mehrarbeit arbeitgeberseits angeordnet oder vereinbart worden ist oder wenn sie aus dringenden betrieblichen Interessen erforderlich war und der Arbeitnehmer Beginn und Ende der Über-/Mehrarbeit spätestens am folgenden Tag dem Arbeitgeber gegenüber schriftlich anzeigt.

(3) Mit der vereinbarten Bruttovergütung gem. § 5 Abs. 1 dieses Vertrages sind bis zu ...... Überstunden monatlich ausgeglichen. Darüber hinausgehende Überstunden werden durch Freizeit abgegolten. Soweit Letzters nicht möglich ist, beträgt die Überstundenvergütung ...... EUR pro Stunde.

§ 7 Gehaltsverpfändung und -abtretung [→ A. Rn. 138 ff.]

Die Abtretung oder Verpfändung von Lohn- und sonstigen Vergütungsansprüchen ist ausgeschlossen, es sei denn, es liegt die vorherige schriftliche Zustimmung des Arbeitgebers vor.

§ 8 Arbeitsverhinderung [→ A. Rn. 143 f.]

Der Arbeitnehmer ist verpflichtet, dem Arbeitgeber jede Arbeitsverhinderung und ihre voraussichtliche Dauer unverzüglich anzuzeigen. Auf Verlangen sind die Gründe der Arbeitsverhinderung mitzuteilen. Bei anstehenden Terminsachen hat der Arbeitnehmer den Arbeitgeber auf vordringlich zu erledigende Arbeiten hinzuweisen.

§ 9 Entgeltfortzahlung im Krankheitsfall [→ A. Rn. 145 ff.]

(1) Die Entgeltfortzahlung im Krankheitsfall richtet sich nach den gesetzlichen Bestimmungen.

(2) Der Arbeitnehmer ist verpflichtet, dem Arbeitgeber jede Arbeitsunfähigkeit und deren voraussichtliche Dauer unverzüglich mitzuteilen. Dauert die Arbeitsunfähigkeit länger als drei Kalendertage, hat der Arbeitnehmer eine ärztliche Bescheinigung über das Bestehen der Arbeitsunfähigkeit sowie deren voraussichtliche Dauer spätestens am darauffolgenden Arbeitstag vorzulegen.

(3) Der Arbeitnehmer ist verpflichtet, die Art und Ursache der Erkrankung – soweit bekannt – anzugeben, wenn diese Schutzmaßnahmen des Arbeitgebers für andere Arbeitnehmer erfordert (zB eine Infektionsgefahr).

(4) Darüber hinaus ist die Ursache der Arbeitsunfähigkeit dem Arbeitgeber nur dann mitzuteilen, wenn der Arbeitnehmer von einem Dritten geschädigt worden ist, damit der Arbeitgeber Erstattungsansprüche prüfen und durchsetzen kann.

§ 10 Urlaub [→ A. Rn. 149 ff.]

(1) Der Arbeitnehmer erhält bei einer 6-Tage-Woche kalenderjährlich einen Urlaub von 24 Arbeitstagen als gesetzlichen Mindesturlaub. Der gesetzliche Mindesturlaub

---
[216] Vgl. aber → A. Fn. 79 und 91.

muss im laufenden Kalenderjahr gewährt und genommen werden. Eine Übertragung des gesetzlichen Mindesturlaubs auf das nächste Kalenderjahr ist nur statthaft, wenn dringende betriebliche oder in der Person des Arbeitnehmers liegende Gründe dies rechtfertigen. Im Falle der Übertragung muss der gesetzliche Mindesturlaub in den ersten drei Monaten des folgenden Kalenderjahres gewährt und genommen werden, ansonsten verfällt er. (Konnte der gesetzliche Mindesturlaub wegen Arbeitsunfähigkeit des Arbeitnehmers nicht genommen werden, geht der gesetzliche Mindesturlaubsanspruch 15 Kalendermonate nach dem Ende des Urlaubsjahres, mithin am 31.3. des 2. Folgejahres unter.)[217]

(2) Der Arbeitnehmer erhält darüber hinaus kalenderjährlich einen übergesetzlichen Zusatzurlaub von weiteren sechs Arbeitstagen. Der übergesetzliche Zusatzurlaub ist innerhalb des Kalenderjahres zu nehmen. Eine Übertragung des übergesetzlichen Zusatzurlaubes auf das nächste Jahr ist nur statthaft, wenn dringende betriebliche oder in der Person des Arbeitnehmers liegende Gründe eine Übertragung erforderlich machen. Im Fall der Übertragung muss der Zusatzurlaub in den ersten drei Monaten des nachfolgenden Kalenderjahres gewährt und genommen werden. Ansonsten verfällt der Zusatzurlaub mit Ablauf des 31.3. des nachfolgenden Kalenderjahres auch dann, wenn er wegen Arbeitsunfähigkeit des Arbeitnehmers nicht genommen werden konnte. Eine Abgeltung des übergesetzlichen Urlaubsanspruches ist ausgeschlossen.

(3) Die Festlegung des Urlaubs erfolgt durch den Arbeitgeber auf Antrag und unter Berücksichtigung der Wünsche des Arbeitnehmers. Dringende betriebliche Gründe haben Vorrang. Ein Urlaubsantrag gilt mit schriftlicher Bestätigung durch den Arbeitgeber als bewilligt. Als bewilligt gilt zunächst der gesetzliche Mindesturlaub gem. Abs. 1 bis zu dessen vollständiger Erfüllung, erst danach der übergesetzliche Zusatzurlaub gem. Abs. 2. Während des Übertragungszeitraumes (1.1. bis 31.3. des nachfolgenden Kalenderjahres) gilt zunächst der übertragene gesetzliche Regelurlaub, danach der übertragene übergesetzliche Zusatzurlaub und erst danach der in dem betreffenden Kalenderjahr entstehende bzw. entstandene gesetzliche Regelurlaub und übergesetzliche Zusatzurlaub als bewilligt.

§ 11 Verschwiegenheitspflicht [→ A. Rn. 155 ff.]

(1) Der Arbeitnehmer verpflichtet sich, über alle Betriebs- und Geschäftsgeheimnisse und ihm während der Vertragsdauer bekannt gewordenen betrieblichen Vorgänge während der Dauer des Arbeitsverhältnisses Stillschweigen zu bewahren.

(2) Nach Beendigung des Arbeitsverhältnisses besteht die Verpflichtung zur Verschwiegenheit hinsichtlich nachfolgender Betriebs- und Geschäftsgeheimnisse fort:
……

(3) Die Verschwiegenheitspflicht erstreckt sich nicht auf solche Kenntnisse, die jedermann zugänglich sind oder deren Weitergabe für den Arbeitgeber ersichtlich ohne Nachteil ist. Im Zweifelsfall ist der Arbeitnehmer verpflichtet, eine Weisung des Arbeitgebers einzuholen, ob eine bestimmte Tatsache vertraulich zu behandeln ist oder nicht.

(4) Der Ausdruck „Betriebs- und/oder Geschäftsgeheimnisse" umfasst dabei alle geschäftlichen, betrieblichen und technischen Kenntnisse, Angelegenheiten, Vorgänge und Informationen, die nur einem beschränkten Personenkreis zugänglich sind und nach dem Willen des Arbeitgebers nicht der Allgemeinheit bekannt werden sollen.

---

[217] Vgl. zur Urlaubsregelung auch → A. Fn. 119.

§ 12 Ehrenamt [→ A. Rn. 200 f.]

(1) Der Arbeitnehmer verpflichtet sich, dem Arbeitgeber unverzüglich mitzuteilen, falls er ein Ehrenamt übernommen hat. Ferner hat er dem Arbeitgeber die Dauer mitzuteilen und ob die ehrenamtliche Tätigkeit in die Arbeitszeit fällt.

(2) Der Arbeitnehmer darf privaten Ehrenämtern während der Arbeitszeit nicht nachgehen. Übernimmt der Arbeitnehmer öffentliche Ehrenämter, verpflichtet er sich, seine Arbeitszeit nicht stärker, als zu der ordnungsgemäßen Erfüllung des öffentlichen Ehrenamtes erforderlich, in Anspruch zu nehmen.

(3) Der Arbeitnehmer verpflichtet sich, bei der Ausübung von Ehrenämtern, gleich welcher Art, auf die Interessen des Arbeitgebers in angemessener Weise Rücksicht zu nehmen.

§ 13 Nebenbeschäftigung [→ A. Rn. 163 ff.]

(1) Der Arbeitnehmer verpflichtet sich, eine Nebentätigkeit während der Dauer des Arbeitsverhältnisses nur mit vorheriger schriftlicher Zustimmung des Arbeitgebers zu übernehmen.

(2) Der Arbeitgeber hat die Entscheidung über den Antrag des Arbeitnehmers auf Zustimmung zur Nebentätigkeit innerhalb von zwei Wochen nach Eingang des Antrages zu treffen. Wird innerhalb dieser Frist eine Verweigerung der Zustimmung zur Nebentätigkeit nicht erklärt, gilt die Zustimmung als erteilt.

§ 14 Vertragsstrafe [→ A. Rn. 169 ff.]

Nimmt der Arbeitnehmer die Arbeit nicht oder verspätet auf, verweigert er vorübergehend unberechtigt die Arbeit, löst er das Arbeitsverhältnis ohne Einhaltung der maßgeblichen Kündigungsfrist auf oder wird der Arbeitgeber durch vertragswidriges Verhalten des Arbeitnehmers zur außerordentlichen Kündigung veranlasst, so hat der Arbeitnehmer dem Arbeitgeber eine Vertragsstrafe zu zahlen. Als Vertragsstrafe wird für den Fall der verspäteten Aufnahme der Arbeit, der vorübergehenden Arbeitsverweigerung und der Auflösung des Arbeitsverhältnisses ohne Einhaltung der maßgeblichen Kündigungsfrist ein sich aus der Bruttomonatsvergütung nach vorstehendem § 5 Abs. 1 zu errechnendes Bruttotagegeld für jeden Tag der Zuwiderhandlung vereinbart, insgesamt jedoch nicht mehr als das in der gesetzlichen Mindestkündigungsfrist ansonsten zu zahlende Arbeitsentgelt. Im Übrigen beträgt die Vertragsstrafe eine Bruttomonatsvergütung.

§ 15 Beendigung des Arbeitsverhältnisses

(1) Die ersten sechs Monate des Arbeitsverhältnisses gelten gemäß § 1 Abs. 2 als Probezeit. Innerhalb der Probezeit kann das Arbeitsverhältnis mit einer Frist von 14 Tagen gekündigt werden.

(2) Nach Ablauf der Probezeit kann das Arbeitsverhältnis mit gesetzlicher Kündigungsfrist, das heißt mit einer Frist von vier Wochen zum 15. oder zum Ende eines Kalendermonats, gekündigt werden. Es endet spätestens, ohne dass es einer Kündigung, Erklärung oder weiteren Handlung bedarf, mit Ablauf der Befristung, das heißt mit Ablauf des ......

§ 16 Ausschlussfristen [→ A. Rn. 245 ff.]

(1) Alle beiderseitigen Ansprüche aus dem bestehenden Arbeitsverhältnis müssen innerhalb einer Frist von drei Monaten nach Fälligkeit schriftlich gegenüber der anderen Vertragspartei geltend gemacht werden, ansonsten verfallen sie.

(2) Lehnt eine Vertragspartei den Anspruch schriftlich ab oder erklärt sie sich nicht innerhalb von zwei Wochen nach der Geltendmachung des Anspruches, so verfällt der Anspruch, wenn er nicht innerhalb einer weiteren Frist von drei Monaten nach der Ablehnung oder nach dem Fristablauf gerichtlich geltend gemacht wird.

(3) Ansprüche, die auf strafbaren Handlungen oder unerlaubten Handlungen beruhen, unterliegen nicht diesen Ausschlussfristen. Diese Ausschlussfristen beziehen sich darüber hinaus nicht auf Ansprüche, die auf vorsätzlichen oder grob fahrlässigen Pflichtverletzungen des Arbeitgebers oder des Arbeitnehmers beruhen.

§ 17 Schriftformklausel [→ A. Rn. 250 ff.]

(1) Änderungen und Ergänzungen des Arbeitsvertrages bedürfen der Schriftform. Dies gilt auch für ein Abgehen.

(2) Zur Wahrung der Schriftform reicht die Textform.

(3) Das Schriftformerfordernis gilt nicht für eine individuelle vertragliche Abrede zwischen Arbeitgeber und Arbeitnehmer, sofern diese Individualabrede nicht nur die Änderung des Arbeitsvertrages, sondern auch das Abgehen vom Schriftformerfordernis für die konkrete individuelle Vertragsänderung betrifft.

§ 18 Salvatorische Klausel [→ A. Rn. 262 f.]

Sollte eine Bestimmung dieses Vertrages und/oder seine Änderungen bzw. Ergänzungen unwirksam sein, so wird dadurch die Wirksamkeit des Vertrages im Übrigen nicht berührt. Die unwirksame Bestimmung wird durch eine wirksame ersetzt, die dem wirtschaftlich Gewollten am nächsten kommt.

§ 19 Vertragsaushändigung

Arbeitgeber und Arbeitnehmer erklären und versichern durch ihre Unterschrift, jeweils ein Exemplar dieses Vertrages im Original wechselseitig unterzeichnet erhalten zu haben.

......, den ......

Arbeitgeber   Arbeitnehmer

c) Muster: Arbeitsvertrag Führungskraft

Zwischen der
...... GmbH, ... (Anschrift)
                             – nachfolgend Arbeitgeber genannt –
und
Frau/Herrn ......, ... (Anschrift)
                             – nachfolgend Arbeitnehmer genannt –
wird folgender Arbeitsvertrag vereinbart:

§ 1 Beginn des Arbeitsverhältnisses [→ A. Rn. 72 f.]

(1) Das Arbeitsverhältnis beginnt am ......

(2) Die ersten sechs Monate des Arbeitsverhältnisses gelten als Probezeit.

§ 2 Tätigkeit [→ A. Rn. 92 ff., 237 ff.]

(1) Der Arbeitnehmer wird eingestellt als Leiter des/der ...... in ......

(2) In seiner Funktion als Leiter des/der ...... obliegen dem Arbeitnehmer schwerpunktmäßig folgende Tätigkeiten:

......

(3) Dem Arbeitnehmer wird zur Erfüllung seiner Tätigkeiten Generalvollmacht/Prokura/Handlungsvollmacht/genau bezeichnete Vollmacht ...... erteilt.

(4) Der Arbeitgeber behält sich vor, dem Arbeitnehmer auch an einem anderen Arbeitsort eine andere oder zusätzliche, der Vorbildung oder den Fähigkeiten und Kenntnissen des Arbeitnehmers entsprechende zumutbare und gleichwertige Tätigkeit zu übertragen, wenn dies aus betrieblichen oder in der Person oder in dem Verhalten des Arbeitnehmers liegenden Gründen geboten erscheint.

§ 3 Vergütung [→ A. Rn. 108 ff.]

(1) Der Arbeitgeber verpflichtet sich, dem Arbeitnehmer eine jährliche Vergütung in Höhe von ...... EUR brutto zu zahlen. Die Vergütung wird unter Abzug der gesetzlichen Abgaben monatlich in zwölf gleichen Teilbeträgen jeweils am Monatsende ausgezahlt.

(2) Der Arbeitgeber verpflichtet sich, dem Arbeitnehmer eine Gewinnbeteiligung in Höhe von ...... % zu zahlen. Der Prozentsatz wird berechnet vom festgestellten und testierten Gewinn des Unternehmens gemäß Handelsbilanz. Die Gewinnbeteiligung wird fällig binnen eines Monats nach der Feststellung des Jahresabschlusses.

§ 4 Arbeitszeit, Überstunden und Mehrarbeit [→ A. Rn. 101 ff., 130 ff.]

(1) Die regelmäßige Arbeitszeit beträgt ...... Stunden pro Woche.

(2) Bei der Tätigkeit des Arbeitnehmers handelt es sich um eine hervorgehobene und verantwortliche im Sinne des Unternehmens, bei der es erforderlich sein kann, auch über die vertraglich geschuldete Arbeitszeit hinaus tätig zu werden. Der Arbeitnehmer erklärt sich aus diesem Grunde bereit, im Rahmen des gesetzlich Zulässigen, Überstunden und Mehrarbeit zu leisten.

(3) Mit der Vergütung gem. § 3 Abs. 1 sind bis zu ...... Überstunden bzw. Mehrarbeit pro Woche abgegolten. Darüber hinausgehende Überstunden und Mehrarbeit werden durch Freizeit abgegolten, soweit sie vom Arbeitnehmer nachweisbar angefallen sind und betriebsnotwendig waren.

§ 5 Arbeitsverhinderung und Arbeitsunfähigkeit [→ A. Rn. 143 f., 145 ff.]

(1) Der Arbeitnehmer ist verpflichtet, dem Arbeitgeber jede Arbeitsverhinderung und ihre voraussichtliche Dauer unverzüglich anzuzeigen. Auf Verlangen sind die Gründe der Arbeitsverhinderung mitzuteilen. Bei anstehenden Terminsachen hat der Arbeitnehmer den Arbeitgeber auf vordringlich zu erledigende Arbeiten hinzuweisen.

(2) Der Arbeitnehmer ist auch verpflichtet, dem Arbeitgeber jede Arbeitsunfähigkeit und deren voraussichtliche Dauer unverzüglich mitzuteilen. Dauert die Arbeitsunfähigkeit länger als drei Kalendertage, hat der Arbeitnehmer eine ärztliche Bescheinigung über das Bestehen der Arbeitsunfähigkeit sowie deren voraussichtliche Dauer spätestens am darauffolgenden Arbeitstag vorzulegen.

(3) Der Arbeitnehmer ist verpflichtet, die Art und Ursache der Erkrankung – soweit bekannt – anzugeben, wenn diese Schutzmaßnahmen des Arbeitgebers für andere Arbeitnehmer erfordert (zB eine Infektionsgefahr).

(4) Darüber hinaus ist die Ursache der Arbeitsunfähigkeit dem Arbeitgeber nur dann mitzuteilen, wenn der Arbeitnehmer von einem Dritten geschädigt worden ist, damit der Arbeitgeber Erstattungsansprüche prüfen und durchsetzen kann.

(5) Die Entgeltfortzahlung im Krankheitsfall richtet sich vom Grundsatz her nach den gesetzlichen Bestimmungen. Abweichend hiervon besteht ein Anspruch des Arbeitnehmers auf Entgeltfortzahlung im Krankheitsfall für einen Zeitraum von 12 Wochen.

§ 6 Urlaub [→ A. Rn. 149 ff.]

(1) Der Arbeitnehmer erhält bei einer 6-Tage-Woche kalenderjährlich einen Urlaub von 24 Arbeitstagen als gesetzlichen Mindesturlaub. Der gesetzliche Mindesturlaub muss im laufenden Kalenderjahr gewährt und genommen werden. Eine Übertragung des gesetzlichen Mindesturlaubs auf das nächste Kalenderjahr ist nur statthaft, wenn dringende betriebliche oder in der Person des Arbeitnehmers liegende Gründe dies rechtfertigen. Im Falle der Übertragung muss der gesetzliche Mindesturlaub in den ersten drei Monaten des folgenden Kalenderjahres gewährt und genommen werden, ansonsten verfällt er. (Konnte der gesetzliche Mindesturlaub wegen Arbeitsunfähigkeit des Arbeitnehmers nicht genommen werden, geht der gesetzliche Mindesturlaubsanspruch 15 Kalendermonate nach dem Ende des Urlaubsjahres, mithin am 31.3. des Folgejahres unter.)[218]

(2) Der Arbeitnehmer erhält darüber hinaus kalenderjährlich einen übergesetzlichen Zusatzurlaub von weiteren sechs Arbeitstagen. Der übergesetzliche Zusatzurlaub ist innerhalb des Kalenderjahres zu nehmen. Eine Übertragung des übergesetzlichen Zusatzurlaubes auf das nächste Jahr ist nur statthaft, wenn dringende betriebliche oder in der Person des Arbeitnehmers liegende Gründe eine Übertragung erforderlich machen. Im Fall der Übertragung muss der Zusatzurlaub in den ersten drei Monaten des nachfolgenden Kalenderjahres gewährt und genommen werden. Ansonsten verfällt der Zusatzurlaub mit Ablauf des 31.3. des nachfolgenden Kalenderjahres auch dann, wenn er wegen Arbeitsunfähigkeit des Arbeitnehmers nicht genommen werden konnte. Eine Abgeltung des übergesetzlichen Urlaubsanspruches ist ausgeschlossen.

(3) Die Festlegung des Urlaubs erfolgt durch den Arbeitgeber auf Antrag und unter Berücksichtigung der Wünsche des Arbeitnehmers. Dringende betriebliche Gründe haben Vorrang. Ein Urlaubsantrag gilt mit schriftlicher Bestätigung durch den Arbeitgeber als bewilligt. Als bewilligt gilt zunächst der gesetzliche Mindesturlaub gem. Abs. 1 bis zu dessen vollständiger Erfüllung, erst danach der übergesetzliche Zusatzurlaub gem. Abs. 2. Während des Übertragungszeitraumes (1.1. bis 31.3. des nachfolgenden Kalenderjahres) gilt zunächst der übertragene gesetzliche Regelurlaub, danach der übertragene übergesetzliche Zusatzurlaub und erst danach der in dem betreffenden Kalenderjahr entstehende bzw. entstandene gesetzliche Regelurlaub und übergesetzliche Zusatzurlaub als bewilligt.

§ 7 Verschwiegenheit [→ A. Rn. 155 ff.]

(1) Der Arbeitnehmer verpflichtet sich, über alle Betriebs- und Geschäftsgeheimnisse und ihm während der Vertragsdauer bekannt gewordenen betrieblichen Vorgänge während der Dauer des Arbeitsverhältnisses Stillschweigen zu bewahren.

(2) Nach Beendigung des Arbeitsverhältnisses besteht die Verpflichtung zur Verschwiegenheit hinsichtlich nachfolgender Betriebs- und Geschäftsgeheimnisse fort:
......

---

[218] Vgl. zur Urlaubsregelung auch → A. Fn. 119.

(3) Die Verschwiegenheitspflicht erstreckt sich nicht auf solche Kenntnisse, die jedermann zugänglich sind oder deren Weitergabe für den Arbeitgeber ersichtlich ohne Nachteil ist. Im Zweifelsfall ist der Arbeitnehmer verpflichtet, eine Weisung des Arbeitgebers einzuholen, ob eine bestimmte Tatsache vertraulich zu behandeln ist oder nicht.

(4) Der Ausdruck „Betriebs- und/oder Geschäftsgeheimnisse" umfasst dabei alle geschäftlichen, betrieblichen und technischen Kenntnisse, Angelegenheiten, Vorgänge und Informationen, die nur einem beschränkten Personenkreis zugänglich sind und nach dem Willen des Arbeitgebers nicht der Allgemeinheit bekannt werden sollen.

§ 8 Nebentätigkeit [→ A. Rn. 163 ff.]

(1) Der Arbeitnehmer verpflichtet sich, eine Nebentätigkeit während der Dauer des Arbeitsverhältnisses nur mit vorheriger schriftlicher Zustimmung des Arbeitgebers zu übernehmen.

(2) Der Arbeitgeber hat die Entscheidung über den Antrag des Arbeitnehmers auf Zustimmung zur Nebentätigkeit innerhalb von zwei Wochen nach Eingang des Antrages zu treffen. Wird innerhalb dieser Frist eine Verweigerung der Zustimmung zur Nebentätigkeit nicht erklärt, gilt die Zustimmung als erteilt.

§ 9 Vertragsstrafe [→ A. Rn. 169 ff.]

Nimmt der Arbeitnehmer die Arbeit nicht oder verspätet auf, verweigert er vorübergehend unberechtigt die Arbeit, löst er das Arbeitsverhältnis ohne Einhaltung der maßgeblichen Kündigungsfrist auf oder wird der Arbeitgeber durch vertragswidriges Verhalten des Arbeitnehmers zur außerordentlichen Kündigung veranlasst, so hat der Arbeitnehmer dem Arbeitgeber eine Vertragsstrafe zu zahlen. Als Vertragsstrafe wird für den Fall der verspäteten Aufnahme der Arbeit, der vorübergehenden Arbeitsverweigerung und der Auflösung des Arbeitsverhältnisses ohne Einhaltung der maßgeblichen Kündigungsfrist ein sich aus der Bruttomonatsvergütung nach vorstehendem § 3 Abs. 1 zu errechnendes Bruttotagegeld für jeden Tag der Zuwiderhandlung vereinbart, insgesamt jedoch nicht mehr als das in der gesetzlichen Mindestkündigungsfrist ansonsten zu zahlende Arbeitsentgelt. Im Übrigen beträgt die Vertragsstrafe eine Bruttomonatsvergütung.

§ 10 Beendigung des Arbeitsverhältnisses [→ A. Rn. 176 ff.]

(1) Die ersten sechs Monate des Arbeitsverhältnisses gelten gemäß § 1 Abs. 2 als Probezeit. Innerhalb der Probezeit kann das Arbeitsverhältnis mit einer Frist von 14 Tagen gekündigt werden.

(2) Nach Ablauf der Probezeit beträgt die Kündigungsfrist ...... Monate zum Quartalsende.

(3) Jede gesetzliche Verlängerung der Kündigungsfrist zu Gunsten des Arbeitnehmers gilt auch zu Gunsten des Arbeitgebers.

§ 11 Beendigung des Arbeitsverhältnisses mit Erreichen der Regelaltersgrenze [→ A. Rn. 187 ff.]

(1) Das Arbeitsverhältnis endet spätestens, ohne dass es einer Kündigung bedarf, mit Ablauf des Monats, in dem der Arbeitnehmer die Regelaltersgrenze der gesetzlichen Rentenversicherung erreicht und an den unmittelbar anschließend der Arbeitnehmer Anspruch auf eine gesetzliche Regelaltersrente hat.

(2) Die Regelung zur Altersgrenze in Abs. 1 tangiert nicht das jeweilige Recht der Arbeitsvertragsparteien zur ordentlichen Kündigung des Arbeitsverhältnisses. Die Regelung dient einer sachgerechten, berechenbaren Personal- und Nachwuchsplanung und einer in der Altersstruktur ausgewogenen Personalverwaltung.

§ 12 Ausschlussfristen [→ A. Rn. 245 ff.]

(1) Alle beiderseitigen Ansprüche aus dem bestehenden Arbeitsverhältnis müssen innerhalb einer Frist von drei Monaten nach Fälligkeit schriftlich gegenüber der anderen Vertragspartei geltend gemacht werden, ansonsten verfallen sie.

(2) Lehnt eine Vertragspartei den Anspruch schriftlich ab oder erklärt sie sich nicht innerhalb von zwei Wochen nach der Geltendmachung des Anspruches, so verfällt der Anspruch, wenn er nicht innerhalb einer weiteren Frist von drei Monaten nach der Ablehnung oder nach dem Fristablauf gerichtlich geltend gemacht wird.

(3) Ansprüche, die auf strafbaren Handlungen oder unerlaubten Handlungen beruhen, unterliegen nicht diesen Ausschlussfristen. Diese Ausschlussfristen beziehen sich darüber hinaus nicht auf Ansprüche, die auf vorsätzlichen oder grob fahrlässigen Pflichtverletzungen des Arbeitgebers oder des Arbeitnehmers beruhen.

§ 13 Schriftformklausel [→ A. Rn. 250 ff.]

(1) Änderungen und Ergänzungen des Arbeitsvertrages bedürfen der Schriftform. Dies gilt auch für ein Abgehen.

(2) Zur Wahrung der Schriftform reicht die Textform.

(3) Das Schriftformerfordernis gilt nicht für eine individuelle vertragliche Abrede zwischen Arbeitgeber und Arbeitnehmer, sofern diese Individualabrede nicht nur die Änderung des Arbeitsvertrages, sondern auch das Abgehen vom Schriftformerfordernis für die konkrete individuelle Vertragsänderung betrifft.

§ 14 Salvatorische Klausel [→ A. Rn. 262 f.]

Sollte eine Bestimmung dieses Vertrages und/oder seine Änderungen bzw. Ergänzungen unwirksam sein, so wird dadurch die Wirksamkeit des Vertrages im Übrigen nicht berührt. Die unwirksame Bestimmung wird durch eine wirksame ersetzt, die dem wirtschaftlich Gewollten am nächsten kommt.

§ 15 Vertragsaushändigung

Arbeitgeber und Arbeitnehmer erklären und versichern durch ihre Unterschrift, jeweils ein Exemplar dieses Vertrages im Original wechselseitig unterzeichnet erhalten zu haben.

......, den ......

Arbeitgeber   Arbeitnehmer

IV. Besondere Arbeitsvertragsbedingungen

1. Einführung

Die allgemeinen Arbeitsvertragsbedingungen enthalten Klauseln, die für alle beliebigen Verträge miteinander kombinierbar sind. Der Arbeitgeber ist daher gut beraten, sich zu überlegen, welchen **Regelungsbedarf** im Einzelnen er hat. Anhand der allgemeinen Arbeitsvertragsklauseln kann er sich sodann den gewünschten, für seinen konkreten Fall und für seine Interessen relevanten Arbeitsvertrag mit den relevanten arbeitsvertraglichen Bedingungen zusammenstellen. **268**

269 Die besonderen Arbeitsvertragsbedingungen finden sich in Arbeitsverträgen, die – wie der Name bereits sagt – **besondere Fallgestaltungen** betreffen. Hier gilt, dass auch die besonderen Arbeitsvertragsbedingungen, die Besonderheiten geregelt werden müssen, sie allerdings darüber hinaus mit den allgemeinen Arbeitsvertragsbedingungen, also den allgemeinen Regeln, kombiniert werden können. So enthalten Geschäftsführer-Dienstverträge, Altersteilzeitverträge und ähnliche Verträge selbstverständlich Sonderbedingungen, die auf die bestimmten Fallkonstellationen zugeschnitten sind, sie enthalten darüber hinaus aber auch Regelungen, die aus den allgemeinen arbeitsvertraglichen Klauseln übernommen werden können (seien es Verfallfristen, Versetzungsklauseln, besondere Vergütungsregelungen oÄ).

2. Entsendungsvertrag

a) Gestaltungsmöglichkeiten

270 Als Entsendungsvertrag oder Entsendungsvereinbarung im klassischen Sinne versteht man den **Auslandseinsatz des Arbeitnehmers. Zwei grundsätzlich verschiedene Vertragstypen** sind zu unterscheiden: Bei der Entsendung im eigentlichen Sinne bleibt der ursprüngliche Anstellungsvertrag mit dem Arbeitgeber bestehen. Die Besonderheiten des Auslandseinsatzes werden in einem gesonderten Entsendungsvertrag, der idR auf die Zeit der Entsendung befristet ist, vereinbart. Alternativ dazu besteht die Möglichkeit, dass der ins Ausland entsandte Arbeitnehmer mit der ausländischen Gesellschaft direkt einen Arbeitsvertrag abschließt. Parallel dazu wird regelmäßig vereinbart, dass der Anstellungsvertrag mit dem Inlandsunternehmen für die Zeit der Auslandsentsendung ruht. An seine Stelle tritt eine Ruhensvereinbarung, die die Beschäftigung nach der Entsendung ins Ausland beim eigentlichen, ursprünglichen Arbeitgeber regelt.

271 Ob der **Arbeitnehmer verpflichtet** ist, für seinen Arbeitgeber im Ausland zu arbeiten, hängt von den vertraglichen Vereinbarungen ab. Wenn hierzu keine besonderen Regelungen getroffen worden sind, richtet sich die Verpflichtung des Arbeitnehmers zu einem Auslandseinsatz nach dem Umfang des Direktionsrechts des Arbeitgebers (§ 106 GewO). Die vereinbarte Tätigkeit ist maßgeblich. Von einem Vertriebsmitarbeiter wird man eher eine vorübergehende Tätigkeit im Ausland erwarten können, gleiches mag bei einem Bauarbeiter der Fall sein, hier wird es auf den Einzelfall ankommen.

272 IdR wird der **Auslandseinsatz freiwillig** aufgrund einer Vereinbarung mit dem Arbeitnehmer und nicht durch Ausübung des Direktionsrechts erfolgen. Denn für den Fall der Einvernehmlichkeit ist die Wahrscheinlichkeit für den Arbeitgeber höher, dass er als Gegenwert für die Entsendung eine adäquate Arbeitsleistung erhält.

273 Bei einer Beschäftigung im Ausland ist es gerade aus Arbeitnehmersicht wichtig, die **steuerliche Behandlung der Vergütungszahlung,** aber auch seine **sozialversicherungsrechtliche Stellung** sicherzustellen.[219]

b) Muster

aa) Muster: Arbeitsvertrag für Arbeitnehmer ausländischer Tochterunternehmen [→ A. Rn. 270 ff.]

274

Zwischen
......, ... (Anschrift)
                  – nachfolgend Arbeitgeber genannt –
und
Frau/Herrn ......, ... (Anschrift)
                  – nachfolgend Arbeitnehmer genannt –
wird folgender Arbeitsvertrag geschlossen:

---

[219] Vgl. hierzu im Einzelnen: Schaub/*Linck*, ArbR-HdB, § 7 Rn. 25 ff.

§ 1 Beginn und Dauer des Vertrages

(1) Der Arbeitnehmer wird nach Vorlage einer Bescheinigung über seine Tropentauglichkeit ab dem …… in Übersee als …… in …… eingestellt. Der Arbeitsvertrag beginnt mit Eintreffen im Beschäftigungsland und gilt befristet für …… Monate. Mit Ablauf der Befristung endet das Arbeitsverhältnis.

(2) Der Arbeitgeber wird bei der Beschaffung der Arbeitserlaubnis und der Aufenthaltsbewilligung behilflich sein. Wird die Erteilung einer Arbeitserlaubnis oder die Aufenthaltsgenehmigung versagt, so endet das Arbeitsverhältnis mit der Rechtskraft der Versagung.

§ 2 Arbeitsbereich und Arbeitszeit

(1) Der Arbeitnehmer hat folgende Aufgaben: ……

(2) Auf Wunsch des Arbeitgebers hat der Arbeitnehmer bei betrieblicher Notwendigkeit auch andere angemessene Aufgaben zu übernehmen, insbesondere als Urlaubs- und Krankheitsvertretung.

(3) Den Tätigkeitsort innerhalb des Landes bestimmt der Arbeitgeber; ein Ortswechsel bleibt vorbehalten.

(4) Die Arbeitszeit beträgt ……

§ 3 Allgemeine Pflichten

(1) Der Arbeitnehmer hat seine ganze Arbeitskraft und seine gesamte Arbeitszeit dem Arbeitgeber zu widmen. Er hat seine Interessen zu wahren und die Weisungen seiner Vorgesetzten zu befolgen.

(2) Der Arbeitnehmer und seine Familie sind verpflichtet, Gesetze, Kultur und Religion des Gastlandes zu achten. Eine aktive Teilnahme am politischen Leben ist untersagt.

(3) Der Arbeitnehmer ist verpflichtet, über alle Betriebs- und Geschäftsgeheimnisse sowie über alle betriebsinternen vertraulichen Angelegenheiten während und nach Beendigung des Arbeitsverhältnisses Stillschweigen zu wahren.

(4) Der Arbeitnehmer darf ohne Einwilligung des Arbeitgebers weder ein Handelsgewerbe betreiben, noch für eigene oder fremde Rechnung Geschäfte machen. Im Rahmen seiner Tätigkeit für den Arbeitgeber darf er sich von dritter Seite keine Vorteile ausbedingen oder solche annehmen.

§ 4 Vergütung

(1) Der Arbeitnehmer erhält während seiner Tätigkeit im Ausland eine monatliche Vergütung in Höhe von …… EUR brutto. Die Vergütung wird nachträglich jeweils zum Monatsende am Tätigkeitsort in Landeswährung ausgezahlt.

(2) Dem Arbeitnehmer werden außerdem während seiner Tätigkeit am Beschäftigungsort gewährt: ……[220]

(3) Der Arbeitnehmer ist für die Abführung der persönlichen Steuern sowie sonstiger staatlicher oder ähnlicher Abgaben auf das Gehalt bzw. auf sonstige Bezüge im Beschäftigungsland verantwortlich. Bei Beendigung der Tätigkeit im Beschäftigungsland hat der Arbeitnehmer dem Arbeitgeber eine Bescheinigung hierüber vorzulegen.

---

[220] ZB angemessene freie Wohnung, Dienstwagen, Gestellung von Personal, Geldmittel für Repräsentation usw.

§ 5 Tropentauglichkeits-Untersuchung

Der Arbeitnehmer ist verpflichtet, sich vor Arbeitsantritt einer Untersuchung auf Tropentauglichkeit zu unterziehen sowie die vorgeschriebenen Pflichtimpfungen durchzuführen. Die hierfür verauslagten Kosten werden von dem Arbeitgeber bis zu einer Höhe von ...... EUR gegen entsprechende Belege erstattet.

§ 6 Urlaub

(1) Der Arbeitnehmer erhält je Beschäftigungsjahr im Ausland ...... Wochen/Monate Urlaub.

(2) Der Urlaub wird nach Abstimmung mit dem Arbeitgeber jährlich im Beschäftigungsland unter Fortzahlung der Bezüge (§ 4) gewährt.

(3) Auf Wunsch des Arbeitnehmers wird der 3 Wochen übersteigende Jahresurlaub nach Vertragsende/nach Ablauf von 3 Jahren als Heimaturlaub gewährt.[221]

(4) Endet das Arbeitsverhältnis vor Ablauf des Beschäftigungsjahres, so erhält der Arbeitnehmer anteiligen Urlaub.

§ 7 Aus- und Rückreise

(1) Der Arbeitgeber übernimmt die Kosten der Aus- und Rückreise für den Arbeitnehmer, seine Ehefrau und seine Kinder. Der Arbeitgeber bestimmt Art, Klasse und Buchung der Beförderungsmittel sowie den Reisetermin.

(2) Will der Arbeitnehmer nach Beendigung des Arbeitsverhältnisses in ein anderes Land als das Ausreiseland reisen, übernimmt der Arbeitgeber die Reisekosten bis zur Höhe der Rückreisekosten in das Ausreiseland.

(3) Der Anspruch auf freie Rückreise entfällt,
    (a) bei Vertragsbruch des Arbeitnehmers,
    (b) wenn der Arbeitgeber den Arbeitnehmer außerordentlich aus wichtigem Grund kündigt.

(4) Umzugskosten werden ......[222]

§ 8 Krankheit, Unfall, Invalidität

(1) Ist der Arbeitnehmer in Folge auf Krankheit beruhender Arbeitsunfähigkeit an der Arbeitsleistung verhindert, ohne dass ihn hieran ein Verschulden trifft, so erhält er Gehaltsfortzahlung nach § 4 Abs. 1 für die Dauer von ...... Monaten. Die Gewährung der Zuwendungen nach § 4 Abs. 2 wird von der Erkrankung nicht berührt.

(2) Der Arbeitgeber schließt für den Arbeitnehmer sowie dessen Ehefrau und Kinder eine Krankenversicherung nach den Bedingungen eines Privatpatienten bei der ......-Versicherung entsprechend den Tarifen Nr. ...... ab. Die Kosten der Versicherung übernimmt der Arbeitgeber. Der Arbeitnehmer verauslagt im Krankheitsfall alle Kosten. Die spezifizierten Rechnungen von Ärzten, Krankenhäusern und Apotheken werden über den Arbeitgeber bei der Versicherungsgesellschaft eingereicht. Der Arbeitgeber wird zur Abdeckung der Kosten dem Arbeitnehmer angemessene Vorschüsse gewähren.

(3) Der gesetzliche Unfallversicherungsschutz im Rahmen der Leistungen der zuständigen Berufsgenossenschaft wird für ...... Monate/Jahre aufrechterhalten.

Oder:

---

[221] Es empfiehlt sich eine Kostenregelung für die Heimreise zu treffen, zB: „Der Arbeitnehmer und seine Familienangehörigen können einmal jährlich/alle ...... Jahre auf Kosten des Arbeitgebers eine Heimreise antreten. Die Flugreisekosten werden bis zur Höhe der Kosten für die Businessklasse ersetzt".
[222] Zweckmäßigerweise wird eine Vereinbarung über die Umzugskosten getroffen.

(3) Der Arbeitgeber schließt zu Gunsten des Arbeitnehmers eine Unfallversicherung für alle betrieblichen und außerbetrieblichen Unfälle ab. Der Unfallversicherungsschutz beginnt mit der Ausreise und endet mit der Beendigung des Arbeitsverhältnisses, frühestens jedoch mit Abschluss der Rückreise. Die Versicherungssumme beträgt für den Todesfall ...... EUR, für den Fall der Berufs- oder Erwerbsunfähigkeit ...... EUR und das Tagegeld für den Fall der durch den Unfall verursachten Arbeitsunfähigkeit ...... EUR.

(4) Der Arbeitgeber wird in der gesetzlichen Rentenversicherung einen Antrag nach § 4 Abs. 1 SGB VI stellen, um eine Versicherungspflicht auf Antrag zu begründen. Soweit die Versicherung in der gesetzlichen Rentenversicherung nicht auf Antrag möglich ist, wird der Arbeitnehmer sich freiwillig nach § 7 SGB VI versichern. Der Arbeitgeber übernimmt die Hälfte der Beiträge, die im Falle einer gesetzlichen Rentenversicherung anfallen.[223]

§ 9 Kündigung aus besonderem Anlass

(1) Das Arbeitsverhältnis kann von jedem Vertragsteil aus wichtigem Grund ohne Einhaltung einer Kündigungsfrist gekündigt werden, wenn Tatsachen vorliegen, aufgrund derer dem Kündigenden unter Berücksichtigung aller Umstände des Einzelfalles und unter Abwägung der Interessen beider Vertragsteile die Fortsetzung des Arbeitsverhältnisses bis zu seiner vereinbarten Beendigung nicht zugemutet werden kann.

(2) Ist der Arbeitnehmer aus gesundheitlichen oder sonstigen Gründen den Anforderungen seines Aufgabengebietes nicht voll gewachsen, so kann das Arbeitsverhältnis durch den Arbeitgeber mit einer Frist von 3 Monaten zum Monatsschluss gekündigt werden. Dasselbe Recht steht dem Arbeitgeber zu, wenn politische oder wirtschaftliche Umstände eintreten, die ihm nach vernünftiger kaufmännischer Überlegung eine weitere Geschäftstätigkeit im Beschäftigungsland überhaupt, in der bisherigen Form oder im bisherigen Umfang unmöglich oder unzumutbar machen.

(3) Das Recht zur Kündigung durch den Arbeitnehmer bleibt unberührt.

......, den ......

Arbeitgeber   Arbeitnehmer

Hinweis:

Ergänzend dazu können Regelungen zum nachvertraglichen Wettbewerbsverbot, Dienstwagen, sonstigen Zusatzleistungen uÄ getroffen werden. Dies ist letztendlich eine Frage dessen, wo aus Sicht der Arbeitsvertragsparteien ein Regelungsbedarf besteht.

275

bb) Muster: Entsendungsvertrag für einen ins Ausland entsandten Arbeitnehmer [→ A. Rn. 270 ff., 277, 278]

Zwischen
......, ... (Anschrift)
                                    – nachfolgend Arbeitgeber genannt –
und
Frau/Herrn ......, ... (Anschrift)
                                    – nachfolgend Arbeitnehmer genannt –
wird folgender Arbeitsvertrag geschlossen:

276
☞ 79

---
[223] Zur sozialversicherungsrechtlichen Rechtslage vgl. Schaub/Linck, ArbR-HdB, § 7 Rn. 26 ff.

§ 1 Beginn und Dauer des Vertrages

Der Arbeitnehmer wird vom ...... bis ...... zu dem Unternehmen ...... (Auslandsunternehmen) nach ...... (Einsatzland) entsandt. Für die Dauer der Auslandstätigkeit ruht das Arbeitsverhältnis zum bisherigen Arbeitgeber. Eine Verlängerung der Beschäftigung im Auslandsunternehmen ist im beiderseitigen Einverständnis möglich. Sie ist spätestens 3 Monate vor dem Ende der Vertragslaufzeit zu vereinbaren.

§ 2 Tätigkeit

...... (Hier sollte die Tätigkeit wie auch in den vorherigen Mustern im Einzelnen definiert werden.)

§ 3 Vergütung

(1) Der Arbeitnehmer erhält eine Vergütung in Höhe von ...... EUR monatlich. Die Auszahlung der Vergütung erfolgt nach der betrieblichen Übung des Arbeitgebers in ...... (Landeswährung/EUR). Die gesetzlichen Abgaben werden einbehalten.

(2) Der Arbeitgeber beteiligt sich in Höhe von 50% an den Kosten, die dem Arbeitnehmer durch die Mitgliedschaft in der bei der Tochterfirma eingeführten Krankenversicherung erwachsen. Während der Wartezeit bleibt der Arbeitnehmer in der Bundesrepublik Deutschland versichert.

(3) Zusätzlich erhält der Arbeitnehmer für die Dauer der Tätigkeit gem. § 1 eine Auslandszulage in Höhe von ...... % der Inlandsvergütung. Diese Auslandszulage deckt alle zusätzlichen Erschwernisse, die mit dem Auslandsaufenthalt verbunden sind, ab.

(4) Der Arbeitgeber und der Arbeitnehmer werden Verhandlungen über eine Anpassung der Vergütung für den Fall führen, dass sich der Wechselkurs um mehr als ...... % gegenüber dem Wechselkurs zum Zeitpunkt des Vertragsschlusses ändert.[224]

(5) Die Auslandsvergütung nimmt für die Dauer der Auslandstätigkeit an etwaigen allgemeinen Gehaltsänderungen teil. Leistungen aus der betrieblichen Altersversorgung richten sich nach der Vergütung gem. Abs. 1.[225]

(6) Zahlungen werden auf das bisherige Konto des Arbeitnehmers geleistet, sofern der Arbeitnehmer nicht mindestens 6 Wochen vor der nächsten fälligen Zahlung ein anderes Konto im Einsatzland mitteilt.[226]

§ 4 Versetzung, Kündigung, Abberufung

(1) Der Arbeitgeber kann den Arbeitnehmer auf einen anderen angemessenen Arbeitsplatz im Beschäftigungsland oder in einem anderen Land versetzen, wenn er aus gesundheitlichen oder sonstigen Gründen den Anforderungen seines Aufgabenbereiches nicht voll gewachsen ist.

(2) Das Arbeitsverhältnis kann nur aus wichtigem Grund gekündigt werden.

---

[224] Eine solche Klausel sollte in den Entsendungsvertrag mit aufgenommen werden, wenn die Auszahlung der Vergütung in Landeswährung erfolgt.

[225] Eine solche Regelung ist sinnvoll und zweckmäßig, da in der Regel die erhöhte Auslandsvergütung mit den Erschwernissen der Auslandstätigkeit zu tun hat und die Altersversorgung sich nach dem „normalen" regelmäßigen Gehalt bemisst, also ohne die aufgrund der Erschwernisse der Auslandstätigkeit erhöhte Vergütung.

[226] Das Arbeitsverhältnis besteht zum Stammhaus fort. Von dort wird regelmäßig die Vergütung gezahlt. Die Zahlung erfolgt auf ein deutsches Konto, auf das der Arbeitnehmer aus dem Ausland Zugriff nimmt. Die Übernahme der entstehenden Kosten ist Verhandlungssache. Sie sind meist in der Auslandszulage enthalten.

(3) Der Arbeitgeber behält sich vor, den Arbeitnehmer mit einer Ankündigungsfrist von einem Vierteljahr zum Ende eines Kalendermonats von der Auslandstätigkeit abzuberufen,
  (a) wenn der Arbeitnehmer die ihm auferlegten Pflichten grob verletzt;
  (b) wenn politische oder wirtschaftliche Umstände eintreten, die dem Arbeitgeber eine weitere Geschäftstätigkeit im überseeischen Gastland überhaupt, in der bisherigen Form oder in bisherigem Umfang wirtschaftlich unzumutbar machen.

§ 5 Wiedereingliederung

Nach Ablauf der Entsendung wird der Arbeitgeber dem Arbeitnehmer eine seiner bisherigen Position hinsichtlich Funktion, Qualifikation und Vergütung gleichwertige Tätigkeit anbieten. Eine Wiedereingliederung beim Arbeitgeber entfällt, wenn der Arbeitnehmer gegen vertragliche Verpflichtungen verstößt, die eine Kündigung des Arbeitsverhältnisses aus wichtigem Grund rechtfertigen. Gleiches gilt für den Fall der Zuwiderhandlung gegen Verpflichtungen aus dem Arbeitsvertrag oder der Entsendungsvereinbarung.

......, den ......

Arbeitgeber   Arbeitnehmer

Hinweis:

In die Entsendungsvereinbarung im Übrigen können noch aufgenommen werden sonstige allgemeine arbeitsvertragliche Klauseln, die für die Parteien relevant sind (Urlaub, Aus- und Heimreise etc.). Wiedereingliederungsklauseln sind aus Arbeitnehmer- wie auch aus Arbeitgebersicht eher unüblich: Wenn die Entsendung endet, besteht ein Beschäftigungsanspruch des Arbeitnehmers gegen seinen eigentlichen Vertragsarbeitgeber. Die konkrete Zuweisung der Tätigkeit richtet sich nach den vertraglichen Vereinbarungen und dem Direktionsrecht des Arbeitgebers, bei dem die beiderseitigen Belange angemessen berücksichtigt sein müssen (§ 106 GewO, § 315 Abs. 3 BGB). Letztendlich nur für den Fall, dass der Arbeitnehmer direkt einen Arbeitsvertrag mit der ausländischen Tochtergesellschaft abschließt und damit das ursprüngliche Arbeitsverhältnis zum eigentlichen ursprünglichen Arbeitgeber endet, kann eine Wiedereingliederungsklausel sinnvoll sein.

cc) **Muster: Ergänzung zum Arbeitsvertrag wegen Auslandseinsatz**
[→ A. Rn. 270 ff., 276, 279]

Zwischen
......, ... *(Anschrift)*
                                    – nachfolgend Arbeitgeber genannt –
und
Frau/Herrn ......, ... *(Anschrift)*
                                    – nachfolgend Arbeitnehmer genannt –
wird eine Ergänzung des Arbeitsvertrages vom ...... vereinbart.

Präambel

Zwischen den Parteien herrscht Einigkeit, dass der Arbeitnehmer vorübergehend als ...... in ...... eingesetzt wird. Zweck des Auslandseinsatzes ist ...... Zur Regelung dieser Tätigkeit vereinbaren die Parteien eine Ergänzung des Arbeitsvertrages vom ...... Dieser Vertrag besteht fort. Der Ergänzungsarbeitsvertrag tritt außer Kraft, wenn der Auslandseinsatz beendet wird.

§ 1 Gegenstand der Auslandstätigkeit

(1) Der Arbeitnehmer wird vom ...... als ...... in ...... tätig werden.

(2) Der Arbeitnehmer wird zur Einarbeitung zunächst als ...... arbeiten.

(3) Der Arbeitgeber ist berechtigt, den Arbeitnehmer mit einer anderen zusätzlichen gleichwertigen und zumutbaren Tätigkeit, die seinen Kenntnissen und Fähigkeiten entspricht, zu betrauen. Der Arbeitgeber kann den Arbeitnehmer unter Wahrung billigen Ermessens auch an einen anderen Ort oder in einen anderen Betrieb oder Unternehmen des Konzerns versetzen.

(4) Während des Auslandseinsatzes ist der Arbeitnehmer ...... unterstellt. Die Unterstellung kann jederzeit geändert werden.

§ 2 Arbeitsvertragspflichten und Arbeitsbedingungen

(1) Der Arbeitnehmer ist verpflichtet seine Arbeitsaufgaben sorgfältig zu erfüllen. Er hat die gesetzlichen Vorschriften, Sitten und Gebräuche des Gastlandes zu beachten. Bei Zweifeln wird er den Arbeitgeber um Auskunft ersuchen, um sein Ansehen nicht zu gefährden.

(2) Nach der Rückkehr nach Deutschland gelten die alten Arbeitsbedingungen. Es wird jedoch gewährleistet, dass der Arbeitnehmer mindestens in dem gleichen Umfang befördert wird, wie ein in Deutschland verbliebener Arbeitnehmer. Der Arbeitgeber ist auch berechtigt, den Arbeitnehmer bei Rückkehr in einem anderen Betrieb oder Unternehmen an einem anderen Ort innerhalb des Konzerns entsprechend seinen Kenntnissen und Fähigkeiten zu beschäftigen, soweit es billigem Ermessen entspricht.

§ 3 Dauer des Auslandseinsatzes

(1) Die Dauer des Auslandseinsatzes ist befristet bis zum ...... Der Auslandseinsatz endet zu diesem Zeitpunkt, wenn er nicht zuvor verlängert wird.

Oder:

(1) Die Auslandsbeschäftigung erfolgt auf unbestimmte Zeit.

(2) Der Arbeitgeber behält sich vor, den Auslandseinsatz aus sachlichen/wirtschaftlichen Gründen zu beenden und den Arbeitnehmer wieder in Deutschland zu beschäftigen. Solche Gründe sind ...... Es gelten alsdann wieder die alten Arbeitsbedingungen. Erfolgt die Beendigung aus wichtigem Grund, findet § 2 Abs. 2 S. 1 keine Anwendung.

(3) Während des Auslandseinsatzes ist das Arbeitsverhältnis mit den gesetzlichen Kündigungsfristen kündbar. Verlängert sich die Kündigungsfrist für den Arbeitnehmer, gilt dies in gleicher Weise für den Arbeitgeber./Während des Auslandseinsatzes ist die ordentliche Kündigung ausgeschlossen. Das Recht zur außerordentlichen Kündigung bleibt unberührt.

§ 4 Arbeitsvergütung

(1) Während der Auslandstätigkeit wird das Arbeitsentgelt des Arbeitnehmers auf monatlich ...... EUR angehoben. Mit dem Gehalt sind etwaige Überstunden, Nachtarbeit, Arbeit an Samstagen, Sonn- und Feiertagen (§ 5 Abs. 3) bis zu ...... Stunden pro Woche abgegolten.

(2) Für die Dauer des Auslandseinsatzes erhält der Arbeitnehmer eine Auslandszulage in Höhe von ...... EUR. Mit dieser Zulage sind alle Mehraufwendungen, soweit sie nicht in § ... geregelt sind, abgegolten. Die Auslandszulage wird unter Berücksichtigung eines etwaigen Geldwertverlustes jährlich angepasst.

(3) Die Arbeitsvergütung ist jeweils am Monatsende fällig. Sie wird bis zum letzten Werktag des Monats unter Berücksichtigung der steuer- und sozialversicherungsrechtlichen Vorschriften auf ein von dem Arbeitnehmer anzugebendes Konto gezahlt. Der Arbeitnehmer kann die Zahlung der Arbeitsvergütung sowie der Auslandszulage nach Abs. 1 auf ein Konto in Deutschland verlangen. Die Zahlung erfolgt alsdann in Euro. Die Kosten einer Zahlung im Gastland trägt der Arbeitgeber.

(4) Der Arbeitgeber übernimmt die Kosten einer jährlichen steuerlichen Beratung des Arbeitnehmers bis zur Höhe von ...... EUR.

(5) Nach Beendigung des Auslandseinsatzes gelten für die Vergütung die Regelungen des Vertrages vom ...... Der Arbeitgeber ist verpflichtet, die Arbeitsvergütung entsprechend der allgemeinen Gehaltsentwicklung im Betrieb anzupassen.

(6) Sollte der Arbeitsvertrag von einer kollektivrechtlichen Vereinbarung erfasst werden, ist der Arbeitgeber berechtigt, die Leistungen nach Abs. 1, 2 auf die kollektivrechtlich zu erbringenden Leistungen anzurechnen.

§ 5 Arbeitszeit

(1) Die individuelle regelmäßige Arbeitszeit beträgt ...... Stunden wöchentlich.

(2) Beginn, Ende und Dauer der täglichen Arbeitszeit sowie die Lage der Arbeitszeit richten sich nach den Weisungen des Arbeitgebers, soweit im Ausland keine zwingenden gesetzlichen, tariflichen oder betrieblichen Regelungen bestehen.

(3) Der Arbeitnehmer ist verpflichtet, bei Bedarf Überstunden, Nachtarbeit und Arbeit an Samstagen, Sonn- und Feiertagen im gesetzlich zulässigen Umfang zu leisten.

§ 6 Urlaub und Feiertage

(1) Der Urlaub richtet sich nach den bestehenden Vereinbarungen und betrieblichen Regelungen in Deutschland.

(2) Die Feiertage richten sich nach den Regelungen des ausländischen Arbeitsortes. Unabhängig hiervon wird der Arbeitnehmer an folgenden Tagen unter Fortzahlung der Vergütung von der Arbeit freigestellt: 1. Weihnachtstag, 1. Januar, Karfreitag, Ostersonntag und Ostermontag (Pfingstsonntag).

§ 7 Entgeltfortzahlung im Krankheitsfall

(1) Die Entgeltfortzahlung im Krankheitsfall richtet sich nach dem Entgeltfortzahlungsgesetz und den hierzu im Arbeitsvertrag vom ...... getroffenen Vereinbarungen.

(2) Der Arbeitgeber erstattet die Kosten einer privaten Krankenzusatzversicherung und ...... % der durch Versicherungen nicht gedeckten Krankheitskosten.

(3) Der Arbeitgeber schließt für den Arbeitnehmer eine Rücktransportversicherung ab.

(4) Bei Erkrankungen von mehr als ...... Tagen kann der Arbeitgeber eine Untersuchung durch einen Amtsarzt oder Vertrauensarzt verlangen.

(5) Kann der Arbeitnehmer aufgrund gesetzlicher Vorschriften von einem Dritten Schadensersatz wegen des Arbeitsausfalls verlangen, der ihm durch die Arbeitsunfähigkeit entstanden ist, so geht dieser Anspruch insoweit auf den Arbeitgeber über, als dieser dem Arbeitnehmer nach dem Entgeltfortzahlungsgesetz Arbeitsentgelt fortgezahlt und darauf entfallende vom Arbeitgeber zu tragende Beiträge zur Bundesagentur für Arbeit, Arbeitgeberanteile an Beiträgen zur Sozialversicherung und zur Pflegeversicherung sowie zu Einrichtungen der zusätzlichen Alters- und Hinterbliebenenversorgung abgeführt hat.

§ 8 Aufwendungen und Spesen

(1) Spesen und sonstige Aufwendungen werden nach den Konzernrichtlinien Auslandseinsatz gezahlt.

(2) Der Arbeitnehmer erhält einen Intensivkurs in der ...... Sprache.

(3) Der Arbeitgeber erstattet dem Arbeitnehmer die Kosten der Wohnungssuche, des Umzugs und der ersten Anreise des Arbeitnehmers nach ...... bis zu einer Höhe von ...... EUR. Dasselbe gilt für den Rückumzug nach Deutschland.

(4) Der Arbeitgeber übernimmt monatliche Mietkosten in Höhe von ...... EUR.

(5) Der Arbeitgeber übernimmt die Kosten für jährlich ...... Heimflüge in der ...... Class, zuzüglich der Heimflugkosten von Familienmitgliedern. Statt in diesem Abs. geregelter Reisekosten werden Reisekosten im Ausland zum Besuch von Familienmitgliedern bis zur Höhe der Heimflugkosten bezahlt.

(6) Die vorstehenden Reisekosten und sonstigen Aufwendungen werden unter Berücksichtigung der steuerlichen und sozialversicherungsrechtlichen Vorschriften gezahlt.

......, den ......

Arbeitgeber   Arbeitnehmer

Hinweis:

Auch hier gilt, dass die Vereinbarung um weitere allgemeine Vertragsklauseln je nach Wunsch und je nach Bedürfnis ergänzt werden kann.

3. Fremdsprachige Verträge

a) Hintergrund

Die weltweite Globalisierung hat zur Folge, dass immer mehr Unternehmen ausländische Gesellschafter haben oder ausländische Unternehmen selbst in Deutschland werbend tätig sind. Folge ist, dass Arbeitsverträge mit ausländischen Unternehmen und deutschen Arbeitnehmern in englischer Sprache geschlossen werden. Dabei werden die Verträge **häufig in einer englischen und einer deutschen Fassung** vereinbart. Hierbei ist es sowohl für den Arbeitnehmer wie auch für den Arbeitgeber unabdingbar, darauf zu achten, dass die deutsche und englische Fassung identisch sind oder zumindest eine Regelung dahingehend aufgenommen wird, welche Fassung (die deutsche oder englische) relevant sein soll. Nachstehend finden sich zwei Muster eines Arbeitsvertrages, einmal in Englisch und einmal in Deutsch. Diese Muster beziehen sich auf einen Geschäftsführer und differieren absichtlich bei der Frage der Vertragslaufzeit, um deutlich zu machen, welche Probleme entstehen können, wenn beide Fassungen nicht identisch sind. Zwei Lösungsmöglichkeiten bieten sich – wie erwähnt – an:

Entweder beide Fassungen sind identisch oder aber es wird in der englischen und deutschen Fassung festgelegt, welche maßgebend sein soll. **281**

b) Muster

aa) Muster: Englische Fassung *[→ A. Rn. 280 f., 283]*

282
⌦ 81

Managing Director Agreement

between

...... GmbH, represented by its managing Director ......

– hereinafter „Company" –

and

......

– hereinafter „Managing Director" –

Whereas the Company is a limited liability company formed in Germany for the purpose of engaging ...... initially in Germany and later in Europe.

Whereas, ... shall become Managing Director by this agreement (the „Agreement").

The parties agree as follows:

Managing Director Agreement

§ 1 Scope of Services

(1) The Managing Director shall be appointed as „CEO" (Chief Executive Officer).

(2) The Managing Director shall represent the Company in accordance with the provisions of the shareholders' agreement and the shareholders' instructions.

(3) The Company may appoint additional managing directors. The shareholders are entitled to redistribute from time to time the responsibilities among the managing directors.

(4) The Managing Director shall manage the business of the Company in accordance with applicable laws, the sharholders' agreement, the by-laws of the Company and the instructions of the shareholders.

(5) The Managing Director shall provide his service to the Company at its headquarter, it is being understood that the Company's current headquarters shall be established at ...... (Germany).

§ 2 Salary

(1) The Managing Director shall be paid an annual fixed gross income of 280 000,00 EUR. Payment shall be made in 12 equal monthly installments payable at the 15th day of each month. The minimum increase of the fixed gross income shall be 1% per year.

(2) In addition to the fixed gross income in accordance with section I., the Managing Director shall receive an annual variable bonus of up to 60 000,00 EUR pro rata payable by March 1 of the year after the one for which it is paid. The target for the variable bonus and the bonus for the new year shall be agreed upon no later then 30. April.

(3) In addition to the annual gross salary, the Company will provide the Managing Director with an appropriate Company car during the term of his employment. A Mercedes Class E or BMW series 5 or an equivalent car shall be deemed appro-

priate. Such a car may also be used by the Managing Director for private purposes without restrictions. However, such private use shall be taxable in accordance with the applicable rules of the tax authorities.

(4) The Managing Director shall participate in any other employee benefit program maintained by the Company for similarly situated employees.

(5) Expenses incurred by the Managing Director in connection with the business of the Company shall be reimbursed by presentation of individual invoices and in accordance with applicable laws.

§ 3 Sideline Activities

The Managing Director is hired on a full-time basis. For the performance of sideline business activities of any kind, expert opinions, publications and similar activities relating to the Company's field of operation as well as for the assumption of supervisory board positions, functions in federations and similar activities, the Managing Director is obligated to obtain the prior written approval of the Company's shareholders.

§ 4 Confidentiality

(1) The Managing Director shall be obligated to comply with the confidentiality agreement attached (as annex ......) and incorporated herein by reference and to keep confidential all business matters, especially business secrets. An exception hereof shall only apply for those cases where the transmission of such business secrets is effectuated upon approval of the Company's shareholders or if it is required in due performance of the duties of the Managing Director or if the interest of the Company so requires or if such transmission is required by law.

(2) Such obligation shall survive the termination of this Agreement.

(3) Documents that refer to the Company shall be kept in a safe and secure manner and shall be returned to the Company (including any copies) upon termination of this Agreement.

(4) Any violation of the agreed upon confidentiality provisions shall entitle the Company to terminate this Agreement without notice.

§ 5 Inventions

The Company shall be entitled to use (or, if the Company so desires, to purchase exclusive rights to) any invention made by the Managing Director during the term of this agreement if such invention is related to the duties of the Managing Director or if it is based on experience, preliminary work or other ideas provided by the Company. The Managing Director shall therefore be obligated to inform the Company of all inventions he makes during the term of this Agreement. With respect to the details of the foregoing, the rules set forth in the code on employee inventions shall be deemed accepted hereby.

§ 6 Inability to Work

(1) The Managing Director shall be required to give the Company immediate notice of every absence from work, the estimated duration and the reason and shall present a written doctor's certificate for any illness that lasts longer than two days.

(2) In case of inability to work because of illness, the Managing Director shall receive his monthly salary according to article 2 section I. for up to three months.

§ 7 Vacation

(1) The Managing Director shall be entitled to 30 business days' vacation per year. Business days shall be defined as any day of the week except for Saturdays, Sundays and holidays.

(2) The vacation has to be coordinated with and approved by the management of the Company in advance.

§ 8 Term of the Agreement

(1) At the Managing Director's express request this Agreement is entered into for a 5 (five) year term and may be terminated by either party earlier with the notice period provided by law. The employment begins on ......

(2) During the notice period or alternatively subsequent to the revocation of his appointment as Managing Director, the Company shall be entitled to suspend the Managing Director from his duties.

(3) This Agreement shall terminate without notice upon completion of the calendar month of the Managing Director's 65th birthday.

(4) If not otherwise expressly agreed by the parties a revocation of the Managing Director's position as Managing Director shall also be deemed a termination of the underlying employment agreement.

§ 9 Exclusion Deadline

(1) Any claim arising out of this Agreement must be asserted by the Managing Director in writing within six months after it has become due against the Company. Thereafter all claims will be barred.

(2) If any claim asserted by the Managing Director has not therefore been resolved, the claim must be enforced by court action within three months of asserting the claim against the Company; otherwise, it will be barred.

§ 10 Miscellaneous

(1) This Agreement shall be governed by German law.

(2) Amendments to this Agreement shall only become effective upon their execution in writing. This shall also apply to this clause.

(3) In case one or more provisions of this Agreement shall be deemed void completely or in part, the parties agree, that the Agreement shall remain valid with the valid clauses, whereas the void parts shall be replaced by provisions which meet the economic intentions of the parties with respect to the void portions.

Place ...... Date ......

Company   Managing Director

bb) Muster: Deutsche Fassung *[→ A. Rn. 280 f., 282]*

283

Geschäftsführervertrag

zwischen

der ...... GmbH, vertreten durch den Geschäftsführer ......

– nachfolgend Gesellschaft –

und

Frau/Herrn ......

– nachfolgend Geschäftsführer –

Die Gesellschaft ist eine deutsche Gesellschaft mit beschränkter Haftung, deren Absicht die Schaffung und der Betrieb von ...... in Deutschland und später in Europa ist.

Frau/Herr ...... soll in dieser Gesellschaft Geschäftsführer werden.

Dieses vorausgeschickt wird folgender Geschäftsführervertrag geschlossen:

§ 1 Aufgabenbereich

(1) Der Geschäftsführer wird zum Vorsitzenden der Geschäftsführung der Gesellschaft ernannt.

(2) Der Geschäftsführer vertritt die Gesellschaft nach Maßgabe der Vorschriften des Gesellschaftsvertrages der Gesellschaft und den Bestimmungen der Gesellschafter.

(3) Die Gesellschaft ist berechtigt weitere Geschäftsführer zu bestellen. Die Gesellschafter sind berechtigt, von Zeit zu Zeit die Geschäftsverteilung unter den Geschäftsführern neu zu ordnen.

(4) Der Geschäftsführer führt die Geschäfte nach Maßgabe der Gesetze, des Gesellschaftsvertrages, der Geschäftsordnung für die Geschäftsführung und den Bestimmungen der Gesellschafter aus.

(5) Der Geschäftsführer ist verpflichtet, seine Geschäftsführertätigkeit gegenüber der Gesellschaft am Sitz der Gesellschaft zu erbringen, wobei Einigkeit bezüglich der Parteien besteht, dass der Sitz der ...... in ...... (Deutschland) sein soll.

§ 2 Vergütung

(1) Der Geschäftsführer erhält ein festes jährliches Bruttogehalt von 280.000,00 EUR. Die Zahlungen erfolgen monatlich in 12 gleichen Raten zum 15. eines jeden Monats. Die minimale Steigerungsrate des Bruttogehaltes beträgt 1% pro Jahr.

(2) Über das feste Bruttogehalt nach Abs. 1. hinaus erhält der Geschäftsführer eine erfolgsabhängige jährliche Tantieme in Höhe von 60 000,00 EUR (pro rata temporis) zum 1. März des folgenden Jahres, für das die Tantieme gezahlt wird. Die Beurteilung der Einhaltung der im Businessplan gesteckten Ziele und die Vereinbarung der Ziele für das jeweils laufende Jahr werden spätestens zum 30. April vorgenommen.

(3) Zusätzlich zum festen jährlichen Bruttogehalt stellt die Gesellschaft dem Geschäftsführer für den Zeitraum seiner Bestellung als Geschäftsführer ein angemessenes Dienstfahrzeug zur Verfügung. Als angemessen gilt gegenwärtig ein Mercedes der E-Klasse oder ein BMW der Fünfer-Serie oder ein vergleichbares Fahrzeug. Dieses Fahrzeug kann auch für Privatzwecke uneingeschränkt genutzt werden. Die private Nutzung ist vom Geschäftsführer über einen gemäß den Richtlinien der Finanzverwaltung festzusetzenden monatlichen Pauschalbetrag zu versteuern.

(4) Der Geschäftsführer erhält auch Sonderleistungen, die die Gesellschaft für vergleichbare Angestellte vorgesehen hat.

(5) Ausgaben, die der Geschäftsführer in Ausübung seiner Tätigkeit für die Gesellschaft aufwendet, werden ihm bei Vorlage der einzelnen Rechnungen entsprechend der geltenden gesetzlichen Regelungen erstattet.

§ 3 Nebentätigkeit

Der Geschäftsführer ist für eine Vollzeitbeschäftigung eingestellt. Der Geschäftsführer bedarf der vorherigen schriftlichen Zustimmung der Gesellschafter zur Ausführung von geschäftlichen und gewerblichen Nebentätigkeiten jeder Art, zu Gutachten, Vorträgen, Veröffentlichungen und ähnlichen außerdienstlichen Betätigungen, die sich auf das Arbeitsgebiet der Gesellschaft beziehen wie zur Übernahme von Aufsichtsratsmandaten, zu Funktionen in Verbänden und zu ähnlichen Tätigkeiten.

§ 4 Geheimhaltung

(1) Der Geschäftsführer ist verpflichtet, nach Maßgabe der Geheimhaltungsvereinbarung (Confidentiality Agreement; Anhang ......) geschäftliche Angelegenheiten, insbesondere Geschäfts- und Betriebsgeheimnisse geheim zu halten. Eine Ausnahme gilt nur für solche Fälle, in denen die Mitteilung an Dritte mit Zustimmung der Gesellschafter erfolgt oder in Ausführung dienstlicher Aufgaben nach pflichtgemäßem Ermessen des Geschäftsführers im Interesse der Gesellschaft notwendig ist oder sie vom Gesetz gefordert ist.

(2) Diese Verpflichtung überdauert auch die Beendigung dieses Vertrages.

(3) Schriftstücke, die die Gesellschaft betreffen, sind während der Dauer des Vertrages bis zu dessen Beendigung sorgfältig und unter Berücksichtigung der Geheimhaltungspflicht aufzubewahren und anschließend zurückzugeben.

(4) Jede vorsätzlich oder grob fahrlässige Verletzung dieser Verpflichtung berechtigt die Gesellschaft zur fristlosen Kündigung des Vertrages.

§ 5 Diensterfindung

Die Gesellschaft ist berechtigt alle Erfindungen, die der Geschäftsführer während der Dauer des Geschäftsführervertrages macht, zu nutzen (oder ausschließliche Rechte daran zu erwerben), sofern die Erfindungen mit der betrieblichen Tätigkeit des Geschäftsführers in Zusammenhang stehen oder maßgeblich auf betrieblichen Erfahrungen, Vorarbeiten oder sonstigen betrieblichen Anregungen beruhen. Der Geschäftsführer ist daher verpflichtet, der Gesellschaft alle Erfindungen, die er während der Geltung des Geschäftsführervertrages macht, unverzüglich anzuzeigen. Im Einzelnen gelten die hiermit vereinbarten Bestimmungen des Gesetzes über Arbeitnehmererfindungen und die dazu ergangenen Verordnungen und Richtlinien.

§ 6 Dienstverhinderung

(1) Der Geschäftsführer ist verpflichtet, jede Dienstverhinderung, deren voraussichtliche Dauer und den Grund unverzüglich der Gesellschaft mitzuteilen. Sofern die voraussichtliche Dauer einer krankheitsbedingten Abwesenheit zwei Tage überschreitet, ist ein ärztliches Attest vorzulegen.

(2) Im Falle der Dienstverhinderung wegen Krankheit erhält der Geschäftsführer sein monatliches Gehalt für die Dauer von bis zu 3 Monaten weiter.

§ 7 Urlaub

(1) Der Geschäftsführer hat einen Anspruch auf einen Jahresurlaub von 30 Arbeitstagen. Als Arbeitstage gelten alle Tage außer Samstag, Sonntag und gesetzliche Feiertage.

(2) Die Festlegung des Urlaubs erfolgt durch die Gesellschaft unter Berücksichtigung der Wünsche des Geschäftsführers. Dringende betriebliche Gründe gehen vor.

§ 8 Vertragsdauer

(1) Dieser Vertrag wird für die Dauer von 5 Jahren fest abgeschlossen. Dieser Vertrag verlängert sich um jeweils zwei weitere Jahre, wenn er nicht spätestens sechs Monate vor Ablauf von einer der Vertragsparteien gekündigt wird. Während der Vertragsdauer nach S. 1 ist eine ordentliche Kündigung dieses Vertrages beiderseits ausgeschlossen. Das Recht zur außerordentlichen Kündigung bleibt hiervon unberührt. Das Beschäftigungsverhältnis beginnt am ......

(2) Nach dem Widerruf der Bestellung als Geschäftsführer ist die Gesellschaft berechtigt, den Geschäftsführer von seinen Pflichten freizustellen.

(3) Ohne dass es einer Kündigung bedarf, endet der Geschäftsführervertrag spätestens mit Ablauf des Monats, in dem der Geschäftsführer das 65. Lebensjahr vollendet.

(4) Eine Abberufung des Geschäftsführers gilt, sofern nichts anderes ausdrücklich zwischen den Parteien vereinbart wird, als Kündigung des Anstellungsvertrages zwischen der Gesellschaft und dem Geschäftsführer.

§ 9 Ausschlussfristen

(1) Alle Ansprüche aus dem Vertragsverhältnis gegen die Gesellschaft sind innerhalb einer Frist von 6 Monaten nach Fälligkeit schriftlich geltend zu machen. Danach verfallen die Ansprüche.

(2) Wird ein Anspruch nicht innerhalb der Frist geltend gemacht, muss der Anspruch innerhalb einer Frist von 3 Monaten nach Geltendmachung gegenüber der Gesellschaft bei Gericht geltend gemacht werden; anderenfalls verfällt er.

§ 10 Schlussbestimmungen

(1) Dieser Vertrag unterliegt deutschem Recht.

(2) Änderungen oder Ergänzungen bedürfen der Schriftform, auf die nur in Schriftform verzichtet werden kann. Das gilt auch für die Schriftformklausel an sich.

(3) Sollten eine oder mehrere Bestimmungen dieses Vertrages teilweise oder insgesamt ungültig sein oder werden, so wird die Gültigkeit der übrigen Bestimmungen davon nicht berührt. Die Vertragsparteien sind verpflichtet, die unwirksame Bestimmung durch eine wirksame Bestimmung zu ersetzen, die den mit der unwirksamen Bestimmung angestrebten wirtschaftlichen Erfolg soweit wie möglich erreicht.

......, den ......

Gesellschaft   Geschäftsführer

4. Betriebliche Altersversorgung

a) Begriff und Leistungen der betrieblichen Altersversorgung

284 In Einzelarbeitsverträgen, insbesondere von Führungskräften und leitenden Angestellten, finden sich häufig Regelungen, in denen diesen Arbeitnehmern eine **Versorgungszusage** unterbreitet wird.

285 Die Vorschriften des BetrAVG beziehen sich ausschließlich auf Leistungen der betrieblichen Altersversorgung iSv § 1 Abs. 1 S. 1 BetrAVG. Danach umfasst die betriebliche Altersversorgung Leistungen der **Alters-, Invaliditäts- oder Hinterbliebenenversorgung,** die einem Arbeitnehmer aus Anlass eines Arbeitsverhältnisses vom Arbeitgeber zugesagt worden sind. Der Arbeitgeber kann sich verpflichten, bestimmte Leistungen für das Alter und/oder andere biometrische Ereignisse, wie Invalidität oder Tod, entweder selbst oder über einen Versorgungsträger (§ 1 Abs. 1 S. 2 BetrAVG), dh aufgrund einer Leistungszusage zu erbringen.

Leistungen der betrieblichen Altersversorgung sind idR **Geldleistungen in Form** 286 **laufender Renten und/oder einmaliger Kapitalzahlungen.** Eine Untergrenze für Leistungen der betrieblichen Altersversorgung gibt es nicht. Auch Nutzungs- und/oder Sachleistungen können betriebliche Altersversorgung sein.[227]

b) Durchführungswege

aa) Versorgungszusage

Für die Durchführung der betrieblichen Altersversorgung stehen **fünf Wege** zur 287 Verfügung:

Der auch vom Gesetzgeber (§ 1 Abs. 1 BetrAVG) an erster Stelle geregelte Ausgangsfall ist der der **unmittelbaren Versorgungszusage.** Der Arbeitgeber verspricht dem Arbeitnehmer, diesen in den Fällen des Alters, der Invalidität oder des Todes zu versorgen. 288

Der Arbeitnehmer hat in diesem Fall einen **vertraglichen Anspruch** gegen den 289 Arbeitgeber. Für die Erfüllung dieser Zusage haftet der Arbeitgeber mit dem Betriebsvermögen und – soweit es sich um einen Einzelkaufmann oder einen persönlich haftenden Gesellschafter handelt – auch mit seinem Privatvermögen.[228] Der Arbeitgeber kann die Pensionsverpflichtung (Pensionsrückstellung) bei seinem Jahresabschluss als ertrags- und damit steuermindernd geltend machen (sein Vermögen vermindert sich durch die zusätzlich eingegangene Versorgungsverpflichtung, ohne dass bereits zu diesem Zeitpunkt Liquidität benötigt wird).[229] Der Arbeitnehmer erhält Geldleistungen erst nach Eintritt des Versorgungsfalles. Erst bei Zahlung dieser Geldleistungen (Zuflussprinzip: § 11 Abs. 1 S. 1 EStG) fällt für ihn Lohnsteuer bzw. Einkommensteuer an.[230] Die Bezüge, die der Arbeitnehmer vom Arbeitgeber als betriebliche Altersversorgung erhält, gehören zu den Einkünften aus nicht selbständiger Arbeit nach § 19 Abs. 1 EStG.[231]

Wird der Arbeitgeber **insolvent,** wird der Versorgungsanspruch des Arbeitnehmers 290 im Regelfall wertlos. Dieses Risiko nimmt ihm § 7 Abs. 1 S. 1 BetrAVG ab. Der Arbeitnehmer bzw. Pensionär erhält seine Altersversorgung vom PSVaG in der Höhe, in der er sie sonst – ohne Insolvenz – vom Arbeitgeber erhalten hätte.

bb) Direktversicherung

Unter einer Direktversicherung versteht man folgendes Versorgungsmodell: Der 291 Arbeitgeber schließt mit einem Versicherungsunternehmen einen **Versicherungsvertrag auf das Leben des Arbeitnehmers** ab. Vertragspartner des Vertrages sind somit Arbeitgeber und Versicherungsgesellschaft.[232] Die Lebensversicherung wird zu Gunsten des Arbeitnehmers abgeschlossen, dieser ist bezugsberechtigt. Durch die Beitragszahlung erhält der Arbeitnehmer einen Anspruch gegen die Lebensversicherung. Da dem Arbeitnehmer damit Leistungen aus dem Arbeitsverhältnis zufließen, ist die Beitragszahlung auf die Direktversicherung an sich lohnsteuerpflichtig. Nach § 3 Nr. 63 EStG sind jedoch Beiträge zu einer Direktversicherung bis zu 4% der Beitragsbemes-

---

[227] ErfK/*Steinmeyer* BetrAVG § 1 Rn. 3; *Blomeyer/Rolfs/Otto,* BetrAVG, § 16 Rn. 33; grundlegend: BAG 16.3.2010 – 3 AZR 594/09, AP BetrAVG § 7 Nr. 116; 19.2.2008 – 3 AZR 61/06, AP BetrAVG § 1 Nr. 52; 12.12.2006 – 3 AZR 476/05, AP BetrAVG § 1 Nr. 45; 11.8.1981 – 3 AZR 395/80, AP BetrAVG § 16 Nr. 11; LAG Köln 4.6.2009 – 13 Sa 253/09, BeckRS 2009, 69951.
[228] Tschöpe/*Schipp,* Anwalts-HdB Arbeitsrecht, Teil 2 E Rn. 84.
[229] § 249 Abs. 1 HGB, § 6a EStG.
[230] Küttner/*Macher,* Personalbuch 2012, Betriebliche Altersversorgung Rn. 178.
[231] *Blomeyer/Rolfs/Otto,* BetrAVG, StR B Rn. 2.
[232] *Blomeyer/Rolfs/Otto,* BetrAVG, § 1 Rn. 214.

sungsgrenze der Rentenversicherung (West) zuzüglich 1.800,00 EUR für Neuzusagen steuerfrei.[233]

292 **Keine Direktversicherung** liegt vor, wenn der Arbeitnehmer selbst Versicherungsnehmer ist und der Arbeitgeber lediglich die Prämienzahlungen übernimmt.[234] Dies gilt auch dann, wenn der Arbeitgeber die Rahmenbedingungen durch Gruppenversicherungsvertrag festgelegt hat oder dann, wenn er dem Arbeitnehmer einen Beitragszuschuss leistet.

293 Im Versicherungsvertrag kann dem Versicherten die **Anwartschaft** auf die Versicherungsleistung entweder unwiderruflich oder widerruflich eingeräumt werden. Das **Bezugsrecht ist widerruflich,** wenn nicht ausdrücklich ein unwiderrufliches Bezugsrecht vereinbart wird (§ 159 Abs. 1 VVG). Bei einem widerruflichen Bezugsrecht kann der Arbeitgeber einseitig die Person des Bezugsberechtigten verändern. Der Arbeitgeber kann die Rechte aus dem Versicherungsvertrag abtreten, beleihen oder verpfänden. Auch nach Eintritt der Unverfallbarkeitsvoraussetzung ist der Widerruf des Bezugsrechts zwar versicherungsrechtlich noch möglich, arbeitsrechtlich aber unwirksam. Der Arbeitgeber ist dann zum Schadensersatz verpflichtet. Er muss dem Arbeitnehmer eine beitragsfreie Versicherungsanwartschaft verschaffen, deren Wert dem widerrufenen Bezugsrecht bei Beendigung des Arbeitsverhältnisses entspricht.[235] Wird ein Insolvenzverfahren gegen den Arbeitgeber eröffnet, so fällt bei einer widerruflichen Bezugsberechtigung der Anspruch auf den Rückkaufswert in die Masse. Eines Widerrufes der Bezugsberechtigung bedarf es nicht.[236]

294 Bei Einräumung eines **unwiderruflichen Bezugsrechts** erwirbt der bezugsberechtigte Arbeitnehmer ein durch den Eintritt des Versorgungsfalles bedingtes, vom Arbeitgeber auch nicht mehr beeinflussbares Recht auf die Leistungen aus dem Versicherungsvertrag. Eine wirtschaftliche Nutzung durch den Arbeitgeber ist nur mit Zustimmung des Arbeitnehmers zulässig. Unwiderrufliche Bezugsrechte sind auch insolvenzfest; sie fallen nicht in die Insolvenzmasse.[237] Der Versorgungsberechtigte kann die Aussonderung der Rechte aus dem Versicherungsvertrag verlangen.[238] Hat der Arbeitnehmer Beiträge durch Entgeltumwandlung wirtschaftlich selbst aufgebracht, steht ihm im Insolvenzfall ebenfalls ein Aussonderungsrecht nach § 47 InsO zu, falls sich aus der Ausgestaltung des Versicherungsverhältnisses nichts Gegenteiliges ergibt.[239]

295 Diese Grundsätze über das unwiderrufliche Bezugsrecht gelten auch für ein **eingeschränkt unwiderrufliches Bezugsrecht,** wonach dieses durch Vorbehalte, wie zB eine Ermächtigung, den Versicherungsanspruch abzutreten oder zu beleihen, eingeschränkt wird. Wenn die Voraussetzungen des Vorbehaltes im konkreten Fall nicht erfüllt sind, hat der eingeschränkt unwiderruflich Bezugsberechtigte bei Insolvenz des Arbeitgebers die gleiche Rechtsstellung wie ein uneingeschränkt unwiderruflich Bezugsberechtigter.[240]

296 § 1b Abs. 2 S. 3 BetrAVG enthält für die Direktversicherung die **Verpflichtung des Arbeitgebers,** beim Ausscheiden des Arbeitnehmers nach Erfüllung der Unverfallbarkeitsvoraussetzungen etwaige Beleihungen oder Abtretungen der Ansprüche aus der Direktversicherung rückgängig zu machen. Da der Arbeitgeber Versicherungsnehmer ist und ihm damit alle Rechte aus dem Versicherungsvertrag zustehen, ist diese

---

[233] Heubeck/Seybold DB 2007, 592 ff.
[234] BAG 10.3.1992 – 3 AZR 153/91, AP BetrAVG § 1 Lebensversicherung Nr. 17.
[235] BAG 28.7.1987 – 3 AZR 694/85, AP BetrAVG § 1 Lebensversicherung Nr. 4.
[236] BGH 4.3.1993 – IX ZR 169/92, NJW 1993, 1994.
[237] BAG 15.6.2010 – 3 AZR 334/06, AP BetrAVG § 1 Lebensversicherung Nr. 31.
[238] BAG 18.9.2012 – 3 AZR 176/10, ZIP 2012, 2269; 15.6.2010 – 3 AZR 334/06, AP BetrAVG § 1 Lebensversicherung Nr. 31; 26.6.1990 – 3 AZR 651/88, AP BetrAVG § 1 Lebensversicherung Nr. 10; 28.7.1987 – 3 AZR 694/85, AP BetrAVG § 1 Lebensversicherung Nr. 4.
[239] BAG 8.6.1999 – 3 AZR 136/98, AP BetrAVG § 1 Lebensversicherung Nr. 26.
[240] BAG 15.6.2010 – 3 AZR 334/06, AP BetrAVG § 1 Lebensversicherung Nr. 31; 26.6.1990 – 3 AZR 651/88, AP BetrAVG § 1 Lebensversicherung Nr. 10.

Verpflichtung versicherungsvertragsrechtlich nicht durchsetzbar.[241] Verstößt der Arbeitgeber gegen diese Vorschrift, macht er sich im Versorgungsverhältnis zu seinem Arbeitnehmer jedoch schadensersatzpflichtig, wenn er es unterlässt, die wirtschaftliche Nutzungsmöglichkeit des Versicherungsvertrages rechtzeitig wiederherzustellen. Er hat die ohne Beleihung und Abtretung aus dem Versicherungsvertrag fließenden Versorgungsleistungen dann unmittelbar selbst zu erbringen.

cc) Pensionskasse

Eine Pensionskasse ist eine **Lebensversicherung auf Unternehmens- oder Konzernebene.** Es handelt sich um eine Sonderform einer Lebensversicherung (§ 1b Abs. 3 BetrAVG). Besonderes Merkmal der Pensionskassen ist, dass sie regelmäßig nur bestimmte Gruppen von Arbeitnehmern versichern. Hierbei handelt es sich um Angehörige eines oder mehrerer Trägerunternehmen. Sie wird genauso abgewickelt wie eine Direktversicherung, unterscheidet sich von dieser aber dadurch, dass die Ansprüche der Arbeitnehmer gegen die Pensionskasse, die häufig auch zT mit eigenen Beiträgen der Arbeitnehmer finanziert worden sind, nicht beliehen oder abgetreten werden können. Daher lässt eine Insolvenz des Arbeitgebers die Ansprüche der Arbeitnehmer gegen die Pensionskasse unberührt. Eine über eine Pensionskasse durchgeführte betriebliche Altersversorgung unterliegt keinem Insolvenzrisiko des Arbeitgebers.[242]

297

dd) Unterstützungskasse

Die Unterstützungskasse ist in § 1b Abs. 4 BetrAVG **gesetzlich definiert:**[243]

298

„Wird die betriebliche Altersversorgung von einer rechtsfähigen Versorgungseinrichtung durchgeführt, die auf ihre Leistungen keinen Rechtsanspruch gewährt (Unterstützungskasse), ..."

Eine Unterstützungskasse ist eine **juristische Person, im Regelfall ein Verein, manchmal auch eine GmbH,**[244] deren satzungsmäßiger Zweck es ist, Versorgungsleistungen ausschließlich auf freiwilliger Basis und ohne Rechtsanspruch zu erbringen. Würde die Unterstützungskasse einen Rechtsanspruch einräumen, wäre sie eine Versicherungsgesellschaft mit allen Konsequenzen des Direktversicherungsmodells, nämlich

299

– Steuerpflicht der Beitragszahlung;
– Versicherungsaufsicht und restriktiven Bestimmungen hinsichtlich der Anlage des Vermögens des Unternehmens.

Diese **Konsequenzen** wollte man bei Unterstützungskassen, die es schon lange vor Inkrafttreten des BetrAVG gab, vermeiden. Im Einzelnen:

300

Da die Unterstützungskasse keinen Rechtsanspruch gewährt, also keinerlei Verpflichtungen eingeht, handelt es sich um **keine Versicherungsgesellschaft** mit der Folge, dass

301

– sie nicht der Versicherungsaufsicht unterliegt;[245]
– sie in der Lage ist, ihr Vermögen beliebig anzulegen, insbesondere auch, es vollständig einem Arbeitgeber als Darlehen zu gewähren.

Da die Unterstützungskasse **keinen Rechtsanspruch gewährt,** wendet der Arbeitgeber, wenn er die Unterstützungskasse mit Geldern dotiert, dem Arbeitnehmer nichts zu, auch keinen Anspruch.[246] Aus diesem Grunde sind Zahlungen des Arbeitgebers an die Unterstützungskasse (im Gegensatz zu Zahlungen an die Direktversicherung) nicht lohnsteuerpflichtig. Dem Arbeitnehmer fließt erst dann etwas zu, wenn er von der Unterstützungskasse die (freiwilligen) Pensionsleistungen erhält. Diese unterliegen der Lohnsteuer.[247]

302

---

[241] Tschöpe/*Schipp,* Anwalts-HdB Arbeitsrecht, Teil 2 E Rn. 97.
[242] *Blomeyer/Rolfs/Otto,* BetrAVG, § 1 Rn. 231.
[243] *Höfer/Reiners/Wüst,* BetrAVG, ART Rn. 192.
[244] *Blomeyer/Rolfs/Otto,* BetrAVG, § 1 Rn. 257.
[245] *Höfer/Reiners/Wüst,* BetrAVG, ART Rn. 196.
[246] Zum Umfang der Dotierung: § 4 d EStG.
[247] Küttner/*Macher,* Personalbuch 2012, Betriebliche Altersversorgung Rn. 151.

102   A. Individualarbeitsrecht

303   Auch wenn eine Altersversorgung über eine Unterstützungskasse somit ohne Rechtsanspruch durchgeführt wird, wird damit ein **Vertrauen der Arbeitnehmer auf eine Altersversorgung** begründet. Aus diesem Grunde entschied das BAG im Jahre 1973:

> „Im Bereich der betrieblichen Altersversorgung bedeutet der „Ausschluss des Rechtsanspruches" ein Widerrufsrecht, das an Treu und Glauben, dh an billiges Ermessen, und damit an sachliche Gründe gebunden ist."[248]

304   Auch nachdem der Gesetzgeber durch das Ende 1974 in Kraft getretene BetrAVG eine Unterstützungskasse **gesetzlich als eine Versorgungseinrichtung ohne Rechtsanspruch** definiert hatte, blieb das BAG bei seiner Rechtsauffassung, dass der Arbeitnehmer einen Rechtsanspruch gegen die Unterstützungskasse habe, der nur deshalb vom Gesetzgeber als Ausschluss des Rechtsanspruches behandelt worden sei, um den steuerrechtlichen und versicherungsaufsichtsrechtlichen Gestaltungsmöglichkeiten nachzukommen.[249] Diese Rechtsprechung des BAG ist durch das BVerfG im Großen und Ganzen bestätigt worden.[250] Es ist daher heute davon auszugehen, dass der Ausschluss des Rechtsanspruches die Einräumung eines solchen, wenn auch mit Widerrufsvorbehalt, bedeutet.[251]

305   Die **eigentliche Versorgungszusage** erblickt die Rechtsprechung nicht im Verhältnis Arbeitnehmer/Unterstützungskasse, sondern im **Verhältnis Arbeitnehmer/Arbeitgeber**.[252] Der Arbeitgeber hat durch die Einführung der Unterstützungskassenversorgung dem Arbeitnehmer einen Anspruch dahingehend zugewandt, dass er, der Arbeitgeber, dafür sorgen werde, dass der Arbeitnehmer eine Altersversorgung erhalte, sei es über die Unterstützungskasse oder, falls dies nicht gelingt, durch den Arbeitgeber selbst. Das BAG betont ausdrücklich, dass auch dann, wenn der Arbeitgeber eine Versorgungsleistung durch eine Unterstützungskasse verspricht, es sich um eine Gegenleistung des Arbeitgebers für die vom Arbeitnehmer erbrachte Betriebstreue handelt.[253] Daraus folgt, dass sich der Arbeitnehmer hinsichtlich seiner Altersversorgungsansprüche zunächst an die Unterstützungskasse halten muss;[254] ist diese jedoch zahlungsunfähig, kann er auch unmittelbar den Arbeitgeber verklagen.[255]

306   Die Versorgungszusage über eine Unterstützungskasse ist daher letztlich eine **Sonderform der unmittelbaren Versorgungszusage**.[256] Für den Arbeitgeber besteht der Unterschied zwischen einer unmittelbaren Versorgungszusage und einer Unterstützungskassenversorgung im Wesentlichen in unterschiedlichen steuerrechtlichen Regelungen. Bei einer unmittelbaren Versorgungszusage kann der Arbeitgeber den künftigen Versorgungsaufwand bereits jetzt als Versorgungsverbindlichkeit geltend machen mit der Folge, dass er eine Ergebnisbelastung und damit eine Steuerminderung erzielt. Ihm wird jedoch in § 6a EStG ein bestimmtes Schema vorgeschrieben. An die Unterstützungskasse kann der Arbeitgeber Geldzahlungen überweisen (dotieren), die sich in bestimmten Grenzen (§ 4d EStG) Steuer mindernd auswirken. Dabei ist er in Zeit und Höhe weitgehend frei, hat aber weniger steuerliche Vorteile.

307   Da Grundlage der Unterstützungskassenversorgung ein Anspruch gegen den Arbeitgeber ist und die Unterstützungskassen ihr Vermögen häufig beim Arbeitgeber ange-

---

[248] BAG 17.5.1973 – 3 AZR 381/72, AP BGB § 242 Ruhegehalt-Unterstützungskassen Nr. 6.
[249] BAG 5.7.1979 – 3 AZR 197/78, AP BGB § 242 Ruhegehalt-Unterstützungskassen Nr. 9.
[250] BVerfG 16.2.1987 – 1 BvR 727/81, AP Unterstützungskassen Nr. 13.
[251] BAG 16.2.2010 – 3 AZR 181/08, AP BetrAVG § 1b Nr. 10.
[252] Hierzu: Tschöpe/*Schipp*, Anwalts-HdB Arbeitsrecht, Teil 2 E Rn. 131.
[253] BAG 24.1.1980 – 3 AZR 181/79, nv.
[254] BAG 10.11.1977 – 3 AZR 705/76, AP BGB § 242 Ruhegehalt-Unterstützungskassen Nr. 8; LAG Hamm 20.7.1983 – 12 Sa 613/83, BB 1983, 1923.
[255] BAG 11.2.1992 – 3 AZR 138/91, AP BetrAVG § 1 Unterstützungskassen Nr. 32; 22.10.1991 – 3 AZR 486/90, AP BetrAVG § 7 Widerruf Nr. 17; 24.1.1989 – 3 AZR 519/88, AP BetrAVG § 7 Widerruf Nr. 15.
[256] *Höfer/Reiners/Wüst*, BetrAVG, ART Rn. 199; BVerfG 16.2.1987 – 1 BvR 727/81, AP BetrAVG § 1 Unterstützungskassen Nr. 13.

legt haben, ist – von Ausnahmefällen abgesehen – die Unterstützungskasse bei **Insolvenz des Arbeitgebers** ebenfalls notleidend. Aus diesem Grunde sieht das BetrAVG vor, dass bei Insolvenz des Arbeitgebers, nicht der Unterstützungskasse, die Pensionäre und Arbeitnehmer einen Anspruch gegen den PSVaG in der Höhe haben, in der sonst die Unterstützungskasse nach ihrem Leistungsplan an sie Leistungen erbracht hätte (§ 7 Abs. 1 S. 2 Nr. 2 BetrAVG). An Stelle des „freiwilligen Anspruches" gegen die Unterstützungskasse erhalten sie somit einen gesetzlichen Anspruch gegen den PSVaG. Sofern die Unterstützungskasse über Vermögen verfügt, geht dieses gem. § 9 Abs. 3 BetrAVG auf den PSVaG über. Soweit das Vermögen der Unterstützungskasse – was regelmäßig der Fall ist – zur Deckung der Pensionsleistungen nicht ausreicht, hätten die Pensionäre und Arbeitnehmer einen zusätzlichen Anspruch gegen den Arbeitgeber, ihre Pensionsansprüche unmittelbar zu erfüllen. Dieser unmittelbare (Teil-)Anspruch geht ebenfalls gem. § 9 Abs. 2 BetrAVG auf den PSVaG über.[257]

ee) Pensionsfonds

Der Pensionsfonds wurde als neuer, fünfter Durchführungsweg mit dem Altersvermögensgesetz (AVmG) vom 26.6.2001 in das BetrAVG aufgenommen. Bei dem Pensionsfonds handelt es sich nach den §§ 112 Abs. 1, 113 Abs. 2 Nr. 3 VAG um eine **rechtlich selbständige, rechtsfähige Einrichtung in Form einer AG oder eines Pensionsfondsvereins auf Gegenseitigkeit,** die rechtlich weitgehend wie ein Versicherungsunternehmen zu behandeln ist und versicherungsrechtlich der Aufsicht durch das Bundesaufsichtsamt für Versicherungswesen unterliegt. Der Pensionsfonds kann die betriebliche Altersversorgung für einen oder mehrere Arbeitgeber durchführen. Nach § 112 Abs. 1 Nr. 3 VAG besteht ein unmittelbarer Leistungsanspruch der Arbeitnehmer gegenüber dem Pensionsfonds, der seinerseits nach § 112 Abs. 1 Nr. 4 VAG verpflichtet ist, die Altersversorgungsleistungen als lebenslange Altersrente bzw. in Form eines Auszahlungsplanes mit unmittelbar anschließender Restverrentung zu erbringen. Pensionsfonds können sowohl mit Leistungs- als auch mit Beitragszusagen verbunden werden, Gleiches gilt für Entgeltumwandlungen.[258]

308

Im Versorgungsfall „Alter" kann im Pensionsfall nur eine **lebenslange Rente** zugesagt werden (§ 112 Abs. 1 S. 2 Nr. 4 VAG). Invaliditäts- und Hinterbliebenenleistungen können als Kapital oder Rente gezahlt werden. Bei Inanspruchnahme der steuerlichen Förderung gem. § 1a Abs. 3 BetrAVG sind auch Invaliditäts- und Hinterbliebenenleistungen nur in Form einer Rente möglich (§ 1a Abs. 3 BetrAVG iVm §§ 10a, 82 Abs. 2 EStG).[259]

309

Der Pensionsfonds unterscheidet sich von der Pensionskasse dadurch, dass die **Höhe** der Altersversorgungsleistungen oder die Höhe der für diese Leistungen zu entrichtenden künftigen Beiträge nicht für alle im Pensionsplan vorgesehenen Leistungsfälle zugesagt werden kann, also der Arbeitnehmer ein gewisses Anlagerisiko trägt.

310

ff) Insolvenzsicherung

Versorgungszusagen sind **regelmäßig insolvenzgesichert.**[260] Versorgungszusagen sind unverfallbar – und damit insolvenzgesichert –, wenn entweder die Zusage mindestens fünf Jahre (nach dem 1.1.2001, zu den Übergangsregelungen vgl. § 30f BetrAVG) bestanden hat und der Arbeitnehmer mindestens 25 Jahre alt. Ist eine Versorgungszusage beim vorzeitigen Ausscheiden nach § 1b Abs. 1 BetrAVG unverfallbar, so berechnet sich ihre Höhe nach § 2 BetrAVG (so genannte „ratierliche Kürzung").

311

gg) Abfindung von Anwartschaften

Die Abfindung von Versorgungsanwartschaften ist nach § 3 Abs. 1 BetrAVG **nur eingeschränkt möglich:** Im Zusammenhang mit der Beendigung des Arbeitsverhält-

312

---
[257] BAG 6.10.1992 – 3 AZR 41/92, AP BetrAVG § 9 Nr. 16.
[258] Küttner/*Kreitner,* Personalbuch 2012, Betriebliche Altersversorgung Rn. 30.
[259] HWK/*Schipp* BetrAVG Vorb. Rn. 72.
[260] Zu dem Verfahren und Umfang der Insolvenzsicherung vgl. im Einzelnen: *Schrader/Straube,* Insolvenzarbeitsrecht, 186 ff. mzN.

nisses und danach in der Anwartschaftsphase bis zum Erreichen des Rentenalters ist eine Abfindung grundsätzlich ausgeschlossen, selbst wenn der Arbeitnehmer zustimmt. Hintergrund ist, dass der Arbeitnehmer nicht leichtfertig auf seine Alterssicherung verzichten soll. Nur bei Bagatellanwartschaften von weniger als 1% der monatlichen Bezugsgröße nach § 18 SGB IV kann der Arbeitgeber – nicht der Arbeitnehmer – die Anwartschaft durch eine einmalige Kapitalzahlung ablösen (vgl. § 3 Abs. 2 BetrAVG). Der Arbeitnehmer kann die Abfindung dadurch abwehren, dass er von seinem Recht auf Übertragung der Anwartschaft auf einen neuen Arbeitgeber nach § 4 Abs. 3 BetrAVG Gebrauch macht. Die Abfindung laufender Rentenzahlungen ist unzulässig.

hh) Teuerungsanpassung

313 Nach § 16 BetrAVG sind laufende Renten (nicht Anwartschaften) **alle drei Jahre** an die gestiegenen Lebenshaltungskosten anzupassen, soweit die Anpassung für das Unternehmen aus den Erträgen finanzierbar ist.[261]

c) Versorgungszusagen

aa) Hintergrund

314 Aus diesen möglichen Versorgungszusagen lassen sich eine Vielzahl von Mustern im Rahmen der betrieblichen Altersversorgung denken.

bb) Muster

(1) Muster: Unmittelbare Versorgungszusage *[→ A. Rn. 287 ff.]*

315

§ ...... **Unmittelbare Versorgungszusage**

(1) Der Arbeitnehmer erwirbt einen Anspruch auf eine betriebliche Altersrente, wenn das Arbeitsverhältnis mit Erreichen der Regelaltersgrenze beendet wird. Die Leistungen beginnen mit dem nächsten Ersten, der dem Monat des Erreichens der Regelaltersgrenze folgt.

(2) Endet das Arbeitsverhältnis vor Erreichen der Regelaltersgrenze, hat der Arbeitnehmer frühestens ab Vorliegen der Voraussetzungen für den Bezug einer gesetzlichen Altersrente Anspruch auf die betriebliche Altersrente, dh, wenn er eine Altersrente aus der gesetzlichen Rentenversicherung als Vollrente oder eine – bei Befreiung von der Versicherungspflicht – entsprechende Leistungen bezieht.

(3) Der Versorgungsfall tritt auch ein, wenn das Arbeitsverhältnis wegen Invalidität oder voller Erwerbsminderung endet.

(4) Die monatliche Altersrente beträgt 0,7% des letzten Gehaltes des Arbeitnehmers pro Jahr der Betriebszugehörigkeit.

(5) Gehalt iSd Abs. 4 ist die regelmäßige Bruttomonatsvergütung ohne Berücksichtigung von Sonderzahlungen, Zuschlägen etc.

(2) Muster: Versorgungszusage (Bank-)Vorstand *[→ A. Rn. 287 ff.]*

316

§ ...... **Versorgung**

(1) Wenn das Vorstandsmitglied fünf Jahre bei der ......-Bank ...... tätig war und diese Tätigkeit durch Zurruhesetzung beendet wird, erhält es eine Gesamtversorgung. Diese Gesamtversorgung (Rentenanspruch) besteht aus der gesetzlichen Rente, dem Ruhegehalt (Beamtenversorgung, die vom ...... gezahlt wird) zuzüglich einer betrieblichen Zusatzleistung der ......-Bank.

Der Rentenanspruch entsteht als

---

[261] Zur Anpassungsverpflichtung nach § 16 BetrAVG vgl. im Einzelnen: *Blomeyer/Rolfs/Otto*, BetrAVG, § 16 Rn. 65 ff. mzN.

(a) Altersrente nach Beendigung des Dienstverhältnisses, und zwar frühestens nach Vollendung des 62. Lebensjahres, spätestens nach Vollendung des 65. Lebensjahres.
(b) Dienstunfähigkeitsrente, wenn das Vorstandsmitglied vor der Vollendung des 62. Lebensjahre wegen Dienstunfähigkeit eine Beamtenversorgung nach den Bestimmungen des Beamtenversorgungsgesetzes bezieht.

Der monatliche Rentenanspruch beträgt nach fünf Dienstjahren 35% des pensionsfähigen Monatseinkommens und steigt ab dem 10. Dienstjahr für die nächsten 15 Jahre pro Jahr um 2%; für die darauffolgenden 10 Jahre pro Jahr um 1% bis zum Höchstanspruch von 75% des pensionsfähigen Monatseinkommens.

Dabei gilt als pensionsfähiges Monatseinkommen ein Zwölftel der Jahresvergütung der letzten 12 Monate vor Eintritt des Versorgungsfalles.

Als anrechnungsfähige Dienstzeiten gelten alle im Bereich der ......-Banken des Verbandes der ......-Banken ...... erbrachten Dienstjahre.

Angefangene Dienstjahre zählen als volle Dienstjahre, wenn mehr als 6 Monate zurückgelegt sind.

Auf den sich ergebenden Rentenanspruch werden die Leistungen der gesetzlichen Rentenversicherung und der Beamtenversorgung angerechnet. Der/Die entsprechende(n) Bescheid(e) der zuständigen Rentenanstalt bzw. des ...... sind der ......-Bank auf Anforderung vorzulegen. Im Falle der Durchführung eines Versorgungsausgleichs wird der Betrag zugrunde gelegt, wie er sich ohne diese Maßnahme ergeben hätte. Nach Eintritt des Versorgungsfalles wird die betriebliche Zusatzleistung jeweils neu berechnet, indem der Rentenanspruch entsprechend dem Gehaltstarifvertrag der ......-Banken angepasst wird und die sonstigen Bestandteile der Gesamtversorgung (gesetzliche Rente bzw. Beamtenversorgung) jeweils mit den aktualisierten Werten angesetzt werden.

(2) Scheidet das Vorstandsmitglied aus der Bank weder auf eigene Veranlassung noch aus Gründen aus, die in seiner Person liegen,
   (a) so erhält es ein Fünftel der Jahresvergütung (§ ......) für so viele Jahre, als es hauptamtlich dem Vorstand angehörte, jedoch höchstens für 10 Jahre, unverzüglich in einem Betrag ausgezahlt;
   (b) außerdem erhält es im Falle seiner Zurruhesetzung oder erhalten seine Hinterbliebenen im Falle seines Todes, wenn es mindestens 5 Jahre hauptamtlich im Vorstand tätig war, eine Versorgung, die wie folgt berechnet wird: Von der Gesamtversorgung (Rentenanspruch), die das Vorstandsmitglied bei einem Verbleiben bei der ......-Bank in dem Amt, das es beim Ausscheiden innehatte, nach Abs. 1 erhalten hätte, werden die Leistungen der gesetzlichen Rentenversicherung und der Beamtenversorgung abgezogen. Der Restbetrag ist anteilig im Verhältnis der Zeit, die das Vorstandsmitglied bei der ......-Bank tätig war, zu der Zeit seit Beginn der Banktätigkeit bis zum Eintritt in den Ruhestand oder ggf. bis zum Ableben zu leisten. Mit dieser Leistung sind die Ansprüche nach dem Betriebsrentengesetz abgegolten.

(3) Die Unverfallbarkeit der Versorgung bei einem Ausscheiden aus anderen Gründen richtet sich ausschließlich nach dem Betriebsrentengesetz. Feste Altersgrenze im Sinne von § 2 Betriebsrentengesetz ist die Vollendung des 62. Lebensjahres.

(4) Im Falle des Todes des Vorstandmitgliedes erhalten die überlebende Ehefrau Witwenrente sowie die Kinder Waisenrente, solange die Hinterbliebenen eine Hinterbliebenenversorgung nach den Bestimmungen der gesetzlichen Rentenversicherung bzw. des Beamtenversorgungsgesetzes beziehen. Die Witwenrente beträgt 60% und die Waisenrente 12% (Vollwaisen 20%) des dem Vorstandsmitglied im

Zeitpunkt des Todes zustehenden Rentenanspruchs. Die Regelung des Abs. 1 letzter Satz gilt entsprechend. Die Hinterbliebenenrenten dürfen zusammen den Rentenanspruch nicht übersteigen.

(3) Muster: Zusage einer Direktversicherung ohne Vorbehalt
[→ A. Rn. 291 ff.]

Zwischen der
...... GmbH, ... *(Anschrift)*

– nachfolgend Arbeitgeber genannt –

und
Frau/Herrn ......, ... *(Anschrift)*

– nachfolgend Arbeitnehmer genannt –

wird zur betrieblichen Altersversorgung[262] vom Arbeitgeber bei der ...... AG eine Lebensversicherung auf das Leben des ...... abgeschlossen. Die Gewinnanteile werden zur Erhöhung der Versicherungsleistung verwandt.

Im Einzelnen gelten nachfolgende Regelungen:

§ 1 Bezugsrecht

(1) Der Arbeitnehmer ist sowohl für den Todes- als auch den Erlebensfall bezugsberechtigt. Das Bezugsrecht ist unwiderruflich. Das Bezugsrecht ist nicht übertragbar und nicht belastbar.

(2) Im Todesfall ist die Versicherungsleistung
– an den Ehegatten des Arbeitnehmers,
– falls ein anspruchsberechtigter Ehegatte nicht vorhanden ist, an die ehelichen und die diesen gleichgestellten Kinder zu gleichen Teilen,
– falls keine anspruchsberechtigten Kinder vorhanden sind, an die Eltern zu gleichen Teilen,
– falls keine vorrangigen Berechtigten vorhanden sind, an die Erben
zu zahlen.

Die für den Todesfall begünstigten Hinterbliebenen haben einen unwiderruflichen Anspruch auf die Versicherungsleistungen für den Eintritt des Todes der versicherten Person.

Die Versicherungsleistungen werden von der ...... Versicherungs AG über den Arbeitgeber an die Berechtigten ausgezahlt.

§ 2 Beitragszahlung

(1) Die Beiträge der Direktversicherung werden von dem Arbeitgeber des Versicherten für die Dauer des Arbeitsverhältnisses gezahlt. Die Zahlung erfolgt, solange dies dem Arbeitgeber wirtschaftlich möglich ist. Dabei werden die Belange des Arbeitnehmers berücksichtigt.

(2) Der Arbeitnehmer hat bei Zuwachsversicherungen keinen Anspruch auf Erhöhung der Versicherungsleistungen.

§ 3 Vorzeitige Beendigung des Arbeitsverhältnisses

(1) Scheidet der Arbeitnehmer aus dem Arbeitsverhältnis mit dem Arbeitgeber aus, so wird die Versicherung nach § 2 Abs. 2 S. 3 BetrAVG auf die von dem Versicherer

---

[262] Vgl. im Einzelnen Schaub/*Vogelsang*, ArbR-HdB, § 86 Rn. 36 ff.

aufgrund des Versicherungsvertrages zu erbringenden Versicherungsleistungen begrenzt. Der Arbeitgeber wird innerhalb von drei Monaten etwaige Beitragsrückstände ausgleichen. Außerdem wird die Versicherung auf den Arbeitnehmer übertragen, sofern er nicht bereits mit dem Ausscheiden Versicherungsnehmer geworden ist. Es besteht die Option, die Versicherung als Einzelversicherung nach dem jeweils geltenden Tarif bei der ...... Versicherungs AG fortzuführen.

(2) Sind bei dem Ausscheiden die gesetzlichen Bestimmungen über die Unverfallbarkeit von Versorgungszusagen eingetreten, so ist eine Abtretung, Beleihung oder ein Rückkauf der Versicherung nicht zulässig. Dies gilt jedoch nicht für den Teil der Versicherung, der auf Beiträgen beruht, die nach der Beendigung des Arbeitsverhältnisses vom Arbeitnehmer geleistet sind.

§ 4 Vorzeitiges Auskunftsrecht

Will der Arbeitnehmer nach § 6 BetrAVG die Versicherungsleistung der betrieblichen Altersversorgung vorzeitig in Anspruch nehmen (flexible Altersgrenze), richtet sich die Höhe der Versicherungsleistung nach dem Geschäftsplan des Versicherers. Nach Vollendung des 58. Lebensjahres kann die Höhe der Versicherungsleistung bei der ...... Versicherungs AG abgefragt werden.

......, den ......

Arbeitgeber　　　　　　　　　　　Arbeitnehmer

(4) Muster: Zusage einer Direktversicherung mit Vorbehalt
[→ A. Rn. 291 ff.]

Zwischen der
...... GmbH, ... *(Anschrift)*
　　　　　　　　　　　　　　　– nachfolgend Arbeitgeber genannt –
und
Frau/Herrn ......, ... *(Anschrift)*
　　　　　　　　　　　　　　　– nachfolgend Arbeitnehmer genannt –
wird zur betrieblichen Altersversorgung[263] vom Arbeitgeber bei der ...... AG eine Lebensversicherung auf das Leben des ...... abgeschlossen. Die Gewinnanteile werden zur Erhöhung der Versicherungsleistung verwandt.

Im Einzelnen gelten nachfolgende Regelungen:

§ 1 Bezugsrecht

(1) Der Arbeitnehmer ist sowohl für den Todes- als auch den Erlebensfall bezugsberechtigt. Das Bezugsrecht ist nicht übertragbar und nicht belastbar.

(2) Im Todesfall ist die Versicherungsleistung
– an den Ehegatten des Arbeitnehmers,
– falls ein anspruchsberechtigter Ehegatte nicht vorhanden ist, an die ehelichen und die diesen gleichgestellten Kinder zu gleichen Teilen,
– falls keine anspruchsberechtigten Kinder vorhanden sind, an die Eltern zu gleichen Teilen,
– falls keine vorrangigen Berechtigten vorhanden sind, an die Erben
zu zahlen.

---

[263] Vgl. im Einzelnen Schaub/*Vogelsang*, ArbR-HdB, § 86 Rn. 36 ff.

Die für den Todesfall begünstigten Hinterbliebenen haben einen widerruflichen Anspruch auf die Versicherungsleistungen für den Eintritt des Todes der versicherten Person.

Die Versicherungsleistungen werden von der ...... Versicherungs AG über den Arbeitgeber an die Berechtigten ausgezahlt.

(3) Dem Arbeitgeber ist vorbehalten, alle Versicherungsleistungen aus dem Versicherungsvertrag in Anspruch zu nehmen. Das gilt nicht, soweit das Arbeitsverhältnis vor Eintritt des Versicherungsfalles endet, sofern die gesetzlichen Bestimmungen über die Unverfallbarkeit von Versorgungszusagen erfüllt sind.

§ 2 Beitragszahlung

(1) Die Beiträge der Direktversicherung werden von dem Arbeitgeber des Versicherten für die Dauer des Arbeitsverhältnisses gezahlt. Die Zahlung erfolgt, solange dies dem Arbeitgeber wirtschaftlich möglich ist. Dabei werden die Belange des Arbeitnehmers berücksichtigt.

(2) Der Arbeitnehmer hat bei Zuwachsversicherungen keinen Anspruch auf Erhöhung der Versicherungsleistungen.

§ 3 Vorzeitige Beendigung des Arbeitsverhältnisses

Stehen bei Beendigung des Arbeitsverhältnisses die Rechte aus der Versicherung wegen Eintritts der Unverfallbarkeit dem Arbeitnehmer zu, so erklärt der Arbeitgeber dem Arbeitnehmer und der ...... Versicherungs AG, dass die Versicherung nach § 2 Abs. 2 S. 3 BetrAVG auf die von dem Versicherer aufgrund des Versicherungsvertrages zu erbringenden Versicherungsleistungen begrenzt wird, die aufgrund der Beitragszahlung aus dem Versicherungsvertrag fällig werden. Der Arbeitgeber wird innerhalb von drei Monaten eine evtl. Vorauszahlung rückgängig machen und etwaige Beitragsrückstände ausgleichen. Die Versicherung wird auf den Arbeitnehmer übertragen, wenn er nicht ohnehin mit dem Ausscheiden Versicherungsnehmer geworden ist. Es besteht die Option, die Versicherung als Einzelversicherung nach dem geltenden Tarif gegen laufende Beitragszahlung bei der ...... Versicherungs AG fortzuführen. Nach den gesetzlichen Bestimmungen ist eine Abtretung, Beleihung oder ein Rückkauf insoweit unzulässig, als die Versicherung auf Beiträgen des Unternehmens beruht.

§ 4 Vorzeitiges Auskunftsrecht

Will der Arbeitnehmer nach § 6 BetrAVG die Versicherungsleistung der betrieblichen Altersversorgung vorzeitig in Anspruch nehmen (flexible Altersgrenze), richtet sich die Höhe der Versicherungsleistung nach dem Geschäftsplan des Versicherers. Nach Vollendung des 58. Lebensjahres kann die Höhe der Versicherungsleistung bei der ...... Versicherungs AG abgefragt werden.

......, den ......

Arbeitgeber   Arbeitnehmer

(5) Muster: Gehaltsumwandelnde Lebensversicherung

Hinweis:

Nach § 1 Abs. 2 Nr. 3 BetrAVG liegt eine betriebliche Altersversorgung[264] auch dann vor, wenn künftige Entgeltansprüche in eine wertgleiche Anwartschaft auf

---

[264] Vgl. im Einzelnen Schaub/*Vogelsang*, ArbR-HdB, § 86 Rn. 59 ff.

Versorgungsleistungen umgewandelt werden (Entgeltumwandlung). Gem. § 1b Abs. 5 BetrAVG besteht von vornherein ein unentziehbares Bezugsrecht, die Leistung kann also nicht entzogen werden.

Zwischen der
...... GmbH, ... *(Anschrift)*

– nachfolgend Arbeitgeber genannt –

und

Frau/Herrn ......, ... *(Anschrift)*

– nachfolgend Arbeitnehmer genannt –

wird in Abänderung des Arbeitsvertrages[265] vom ...... Folgendes vereinbart:

(1) Der Anspruch des Arbeitnehmers aus
  (a) Gehalt
  (b) Sonderbezügen (Tantieme, Gewinnbeteiligung, Leistungsprämie, Weihnachtsgratifikation)

wird teilweise, und zwar in Höhe eines Betrages von ....../...... jährlich ...... EUR, zahlbar jeweils zum ......, erstmals zum ......, in einen Anspruch auf Versicherungsschutz in Form von Beiträgen zu einer Direktversicherung iSv § 1 Abs. 2 BetrAVG umgewandelt.

Die Gesamtbezüge des Arbeitnehmers werden um die nach § 40b EStG auf den Versicherungsbetrag jeweils entfallende Pauschallohnsteuer sowie Kirchensteuer gemindert.

Die Steuersätze betragen zurzeit ......

Der Arbeitgeber gewährt dem Arbeitnehmer ab ...... einen Betrag von ....../...... jährlich ...... EUR, der als Versicherungsbetrag zu der bei der ...... Versicherungs AG abgeschlossenen Direktversicherung hinzu gezahlt wird.

(2) Bei Gehaltserhöhungen sowie bei der Bemessung gehaltsabhängiger Leistungen (zB Jubiläumsgeld, Gratifikationen) bleiben die Bezüge einschl. der vom Arbeitnehmer finanzierten Direktversicherungsbeträge einschl. der darauf entfallenden Steuern maßgebend.

(3) Ändern sich die bei Abschluss dieser Vereinbarung maßgebenden Verhältnisse, so kann die Vereinbarung von jedem Vertragspartner mit einer Frist von ...... gekündigt werden. Die Vertragspartner werden sich bemühen, die Vereinbarung den veränderten Verhältnissen anzupassen. Zusätzliche finanzielle Belastungen dürfen dem Arbeitgeber daraus nicht erwachsen.

(4) Im Versicherungsvertrag wird vereinbart, dass während der Dauer des Arbeitsverhältnisses eine Übertragung der Eigenschaft als Versicherungsnehmer und eine Abtretung von Rechten aus diesem Vertrag auf den versicherten Arbeitnehmer bis zu dem Zeitpunkt, in dem dieser das 59. Lebensjahr vollendet, ausgeschlossen sind, soweit der Arbeitgeber die Beiträge entrichtet hat. Im Versicherungsvertrag wird weiter vereinbart, dass insoweit die Abtretung oder Beleihung des unwiderruflichen Bezugsrechts des Arbeitnehmers ausgeschlossen ist.

(5) Im Übrigen gilt für das Versicherungsverhältnis der Versicherungsvertrag einschl. der zugrundeliegenden allgemeinen Versicherungsbedingungen sowie die diesen ergänzenden Bestimmungen.

---

[265] Quelle: Schaub/*Vogelsang*, ArbRFV-HdB, 9. Aufl., § 21 Rn. 18 ff.

(6) Muster: Zusage in Form einer Gesamtzusage

Sehr geehrte(r) ......,

hiermit erteilen wir Ihnen eine Zusage auf Leistungen der betrieblichen Altersversorgung. Die Einzelheiten entnehmen Sie bitte der als **Anlage** beigefügten Versorgungsordnung. Identische Versorgungszusagen haben wir auch gegenüber den übrigen Arbeitnehmern erklärt.

Die beigefügte Versorgungsordnung kann durch eine zukünftige Betriebsvereinbarung ersetzt und/oder abgelöst werden. Dies gilt unabhängig davon, ob für Sie vorteilhafte oder nachteilige Neuregelungen eingeführt werden.[266]

Zur Bestätigung Ihres Einverständnisses mit der Versorgungszusage und deren Inhalt sowie ihrer Ablösbarkeit und Abänderbarkeit reichen Sie uns bitte die als weitere **Anlage** beigefügte Zweitschrift der Versorgungszusage gegengezeichnet zurück.

......, den ......

Arbeitgeber   Arbeitnehmer

(7) Muster: Satzung Unterstützungskasse [→ A. Rn. 298 ff.]

§ 1 Name, Sitz, Geschäftsjahr

(1) Der Verein führt den Namen „...... Überbetriebliche Unterstützungskasse" (nachfolgend als Unterstützungskasse bezeichnet). Er soll in das Vereinsregister beim Amtsgericht in ...... eingetragen werden. Nach der Eintragung lautet der Name:

„...... Übertriebliche Unterstützungskasse e.V."

(2) Die Unterstützungskasse hat ihren Sitz in ......

(3) Das Geschäftsjahr ist das Kalenderjahr.

§ 2 Vereinszweck

(1) Die Unterstützungskasse ist eine soziale Einrichtung, die es Arbeitgebern ermöglicht, ihre betriebliche Altersversorgung ganz oder teilweise über eine gemeinsame Gruppenunterstützungskasse unter Einschaltung der ...... Lebensversicherung a. G. zu finanzieren und abzuwickeln. Arbeitgeber, die ihre betriebliche Altersversorgung über die Unterstützungskasse durchführen, werden nachfolgend als „Trägerunternehmen" bezeichnet.

(2) Ausschließlicher und unabänderlicher Zweck der Unterstützungskasse ist die Führung einer Unterstützungskasse, die einmalige oder laufende Unterstützungen an Betriebsangehörige oder frühere Betriebsangehörige der Trägerunternehmen sowie an deren Hinterbliebene (auch Begünstigte bzw. Leistungsempfänger genannt) im Rahmen einer betrieblichen Alters-, Invaliditäts- oder Hinterbliebenenversorgung aus Anlass eines Arbeitsverhältnisses gewährt. Ein wirtschaftlicher Geschäftsbetrieb wird nicht bezweckt.

(3) Als Betriebsangehörige eines Trägerunternehmens gelten auch Personen, die nicht Arbeitnehmer sind, wenn ihnen Leistungen der Alters-, Invaliditäts- oder Hinterbliebenenversorgung aus Anlass ihrer Tätigkeit für das Trägerunternehmen von diesem zugesagt worden sind (§ 17 Abs. 1 S. 2 BetrAVG).

---

[266] Nicht pauschal vertretbar, vgl. im Einzelnen Abänderbarkeit von Zusagen in Form von vertraglichen Einheitsregelungen Schaub/*Vogelsang*, ArbR-HdB, § 85 Rn. 131 ff. mwN.

(4) Zur Wahrung des Charakters einer sozialen Einrichtung der Unterstützungskasse sind die Organe verpflichtet, die einschlägigen steuerlichen Vorschriften zu befolgen.

§ 3 Erwerb der Mitgliedschaft

Mitglieder der Unterstützungskasse sind die Gründungsmitglieder. Weitere Mitglieder können natürliche und juristische Personen werden sowie Arbeitgeber, die die betriebliche Altersversorgung ganz oder teilweise über die Unterstützungskasse durchführen wollen. Voraussetzung für den Erwerb der Mitgliedschaft ist ein schriftlicher Aufnahmeantrag, der an den Vorstand zu richten ist und über den der Vorstand nach freiem Ermessen entscheidet. Bei Ablehnung des Antrages ist der Vorstand nicht verpflichtet, dem Antragsteller die Gründe mitzuteilen. Mit dem Beitritt erkennt der Beitretende die Satzung der Unterstützungskasse als verbindlich an.

§ 4 Erlöschen der Mitgliedschaft

(1) Die Mitgliedschaft erlischt durch
  (a) freiwilligen Austritt, der nur zum Ende eines Geschäftsjahres unter Einhaltung einer einjährigen Kündigungsfrist zulässig und dem Vorstand schriftlich zu erklären ist;
  (b) Beendigung eines Arbeitsvertrages oder eines sonstigen selbständigen Versicherungsvermittlervertrages mit einem der ......-Unternehmen, es sei denn, die Mitgliedschaft des selbständigen Versicherungsvermittlers leitet sich zugleich auch aus dessen Stellung als Trägerunternehmen ab;
  (c) Vollendung des 70. Lebensjahres;
  (d) Ausschluss durch den Vorstand aus wichtigem Grund, insbesondere wenn ein Trägerunternehmen die vorgesehenen Zuwendungen nicht oder nicht rechtzeitig leistet;
  (e) Liquidation eines Trägerunternehmens.

(2) Bevor die Mitgliedschaft des Inhabers eines Trägerunternehmens altersbedingt erlischt (§ 4 Abs. 1 Buchstabe (c)), ist dieser berechtigt, eine andere natürliche Person zur Wahrnehmung der Mitgliedschaftsrechte und Fortsetzung der Mitgliedschaft zu benennen.

(3) Im Falle des Ausscheidens eines Trägerunternehmens stehen die von ihm auf dem für dieses Trägerunternehmen geführten Konto eingebrachten Finanzierungsmittel mit ihrem dann vorhandenen Wert (§ 11 Abs. 3) zur Verfügung und werden entsprechend § 16 verteilt.

§ 5 Organe

Organe der Unterstützungskasse sind der Vorstand, die Mitgliederversammlung und der Beirat.

§ 6 Vorstand

(1) Der Vorstand besteht aus mindestens drei Vorstandsmitgliedern. Der Vorstand führt die Geschäfte der Unterstützungskasse und vertritt die Unterstützungskasse gerichtlich und außergerichtlich. Die Unterstützungskasse wird durch zwei Vorstandsmitglieder gemeinsam vertreten.

(2) Der Vorstand fasst seine Beschlüsse mit Stimmenmehrheit.

(3) Der Vorstand wird vom Vorstand der „......" bestellt und abberufen. Die Abberufung kann auch durch Beschluss der Mitgliederversammlung mit einer Mehrheit von

9/10 der abgegebenen Stimmen erfolgen. In beiden Fällen bleibt der Vorstand bzw. das abberufene Vorstandsmitglied solange im Amt, bis ein neuer Vorstand bestellt ist.

(4) Ist ein neues Vorstandsmitglied bzw. ein neuer Vorstand nicht innerhalb von drei Monaten durch die „......" bestellt worden, ist eine Mitgliederversammlung einzuberufen, die mit einfacher Mehrheit ein neues Vorstandsmitglied bzw. einen neuen Vorstand wählt und bestellt.

(5) Der Vorstand ist ehrenamtlich tätig. Er führt die Geschäfte nach freiem Ermessen mit der Sorgfalt eines ordentlichen Kaufmannes. Ihm kann eine pauschale Aufwandsentschädigung gewährt werden, deren Höhe dem durch die Führung der Geschäfte der Kasse verursachten Aufwand angemessen ist. Eine darüber hinausgehende Vergütung ist ausgeschlossen. Über die Höhe der Aufwandsentschädigung entscheidet die Mitgliederversammlung.

(6) Der Vorstand kann einen Geschäftsführer bestellen und/oder einen Dritten mit der entgeltlichen Verwaltung und/oder Geschäftsführung der Unterstützungskasse beauftragen.

§ 7 Mitgliederversammlung

(1) Eine ordentliche Mitgliederversammlung soll jährlich innerhalb der ersten sechs Monate eines jeden Geschäftsjahres stattfinden.

(2) Der Vorstand beruft die Mitgliederversammlung schriftlich mit Bekanntgabe der Tagesordnung und unter Einhaltung einer Frist von drei Wochen ein.

(3) Jedes Mitglied kann bis spätestens zwei Wochen vor einer Mitgliederversammlung schriftlich eine Ergänzung der Tagesordnung beantragen. In diesem Fall gibt der Vorstand den Mitgliedern die endgültige Tagesordnung spätestens eine Woche vor der Mitgliederversammlung bekannt. Durch Beschluss der Mitgliederversammlung kann die vom Vorstand festgesetzte Tagesordnung geändert oder ergänzt werden.

(4) Außerordentliche Mitgliederversammlungen sind einzuberufen, wenn es das Interesse der Unterstützungskasse erfordert oder wenn mindestens 2/5 der Mitglieder die Einberufung fordern.

(5) Die Mitgliederversammlung wird vom Vorstand oder einem von ihm benannten Vertreter geleitet. Ist weder der Vorstand noch ein von ihm benannter Vertreter anwesend, bestimmt die Versammlung einen Versammlungsleiter.

(6) Über die Beschlüsse und den wesentlichen Inhalt der Tagesordnungspunkte ist eine Niederschrift zu fertigen, die von dem Verfasser der Niederschrift und von dem Leiter der Mitgliederversammlung gegenzuzeichnen und zu den Geschäftspapieren zu nehmen ist.

§ 8 Beschlüsse der Mitgliederversammlung

(1) Zu den Beschlüssen der Mitgliederversammlung ist die einfache Mehrheit der abgegebenen Stimmen erforderlich. Bei Stimmengleichheit gilt ein Antrag als abgelehnt.

(2) Satzungsänderungen bedürfen der Zustimmung von 9/10 der erschienenen Mitglieder. § 6 Abs. 2, § 8 Abs. 2, § 9 Abs. 2, § 10 Abs. 1a und § 17 können nur aufgrund einstimmigen Beschlusses der Mitgliederversammlung geändert werden.

§ 9 Beirat

(1) Jedes Trägerunternehmen entsendet aus dem Kreis der Mitglieder seines Betriebsrats oder – falls ein solcher nicht vorhanden ist – aus den Reihen der

begünstigten Belegschaftsmitglieder einen von diesen gewählten Vertreter in den Beirat des Vereins. Der Vertreter ist berechtigt, bei der Anlage und Verwaltung des auf das Trägerunternehmen entfallenden Teiles des Kassenvermögens beratend mitzuwirken. Er ist insbesondere zu hören, wenn der Leistungs- und Finanzierungsplan für Begünstigte und Leistungsempfänger des Trägerunternehmens geändert wird.

(2) Der Beirat wählt auf die Dauer von fünf Jahren bis zu drei Betriebsvertreter, die berechtigt sind, an den Mitgliederversammlungen beratend teilzunehmen.

§ 10 Einkünfte

(1) Die Einkünfte der Unterstützungskasse bestehen aus
  (a) Zuwendungen der Trägerunternehmen nach Maßgabe des im Einvernehmen mit dem Vorstand und den Trägerunternehmen festzusetzenden Leistungs- und Finanzierungsplans;
  (b) den Erträgen des Vereins;
  (c) freiwilligen Zuwendungen von Dritten.

(2) Mitgliedsbeiträge werden nicht erhoben. Insbesondere dürfen Betriebsangehörige oder frühere Betriebsangehörige der Trägerunternehmen und deren Angehörige zu Beiträgen an die Unterstützungskasse nicht herangezogen werden. Zur Deckung der laufenden Verwaltungskosten kann die Unterstützungskasse bei den Trägerunternehmen eine Umlage erheben, sofern nicht ein Dritter gem. § 6 Abs. 6 mit der Verwaltung beauftragt wurde und dieser die Kosten den Trägerunternehmen direkt in Rechnung stellt.

(3) Die Unterstützungskasse ist darüber hinaus berechtigt, sich nachzuweisende und den einzelnen Trägerunternehmen entsprechend zuzurechnende Aufwendungen für bestimmte Verwaltungsarbeiten erstatten zu lassen. Hinzu kommt ggf. die gesetzliche Mehrwertsteuer. Über Art und Berechnung der zu erstattenden Aufwendungen entscheidet die Mitgliederversammlung.

§ 11 Vermögen

(1) Die Einkünfte und das Vermögen der Unterstützungskasse dürfen nur für die in § 2 aufgeführten Zwecke verwendet werden. Zuwendungen an Betriebsangehörige oder frühere Betriebsangehörige der Trägerunternehmen oder deren Hinterbliebene sind nur zulässig, wenn ein getrennt ausgewiesenes, dem jeweiligen Trägerunternehmen zuzurechnendes Vermögen (§ 11 Abs. 3) in ausreichender Höhe vorhanden ist. Satz 1 gilt insoweit nicht, als das von dem einzelnen Trägerunternehmen finanzierte Vereinsvermögen das um 25% erhöhte zulässige Kassenvermögen des einzelnen Trägerunternehmens im Sinne des § 4d EStG übersteigt und für den übersteigenden Betrag die steuerliche Zweckbindung entfällt (§ 6 Abs. 6 KStG). In diesen Fällen sind die nicht zweckgebundenen Mittel in Abstimmung mit dem jeweils betroffenen Trägerunternehmen zu verwenden.

(2) Der Vorstand hat das Vermögen der Unterstützungskasse so anzulegen, wie es der Erfüllung der in der Satzung bestimmten Zwecke der Unterstützungskasse entspricht.

(3) Die Zuwendungen der Trägerunternehmen sowie die Leistungen an Betriebsangehörige und frühere Betriebsangehörige der Trägerunternehmen und deren Angehörige werden gesondert verbucht. Über die Vermögensteile der einzelnen Trägerunternehmen werden getrennte Kapitalkonten geführt. Die Erträge aus dem Kassenvermögen und die sonstigen Einnahmen können entsprechend der durch die Trägerunternehmen finanzierten Vermögensteile verteilt werden. Soweit mit Zustimmung eines einzelnen

Trägerunternehmens Vermögensteile gesondert angelegt werden (zB in Rückdeckungsversicherungen), werden die Erträge zu diesen Vermögensteilen dem betreffenden Trägerunternehmen direkt zugeordnet.

§ 12 Leistungen

(1) Die Unterstützungskasse wird im Rahmen der für die einzelnen Trägerunternehmen geltenden Leistungs- und Finanzierungspläne und gem. §§ 13 und 14 dieser Satzung Betriebsangehörigen bzw. früheren Betriebsangehörigen der einzelnen Trägerunternehmen sowie deren Hinterbliebenen Alters-, Invaliditäts- bzw. Hinterbliebenenrenten und/oder einmalige Kapitalleistungen gewähren, soweit das jeweils betroffene Trägerunternehmen die hierfür erforderlichen Mittel zur Verfügung gestellt hat.

(2) Werden solche Leistungen gewährt, so dürfen sie die in §§ 2 und 3 KStDV festgesetzten Höchstbeträge nicht überschreiten.

(3) Die Personen, denen die Leistungen der Unterstützungskasse zugute kommen sollen, dürfen sich in der Mehrzahl nicht aus den Arbeitgebern und/oder deren Angehörigen zusammensetzen. Die Leistungsanwartschaften aus der Unterstützungskasse dürfen von den Leistungsempfängern nicht abgetreten oder verpfändet werden.

§ 13 Freiwilligkeit der Leistungen

(1) Die Leistungsempfänger haben keinen Rechtsanspruch auf Leistungen der Unterstützungskasse. Auch durch wiederholte oder regelmäßige Zahlungen von Alters-, Invaliditäts- oder Hinterbliebenenrenten sowie von Kapitalzahlungen kann ein Rechtsanspruch gegen die Unterstützungskasse nicht begründet werden. Alle Zahlungen werden freiwillig und mit der Möglichkeit eines jederzeitigen Widerrufs geleistet.

(2) Jeder Begünstigte bzw. Leistungsempfänger hat, soweit erforderlich, spätestens vor Auszahlung der ersten Leistung eine schriftliche Erklärung mit folgendem Wortlaut abzugeben:

„Es ist mir bekannt, dass es sich bei der ...... Überbetriebliche Unterstützungskasse e. V. um eine Versorgungseinrichtung handelt, die auf ihre Leistungen keinen Rechtsanspruch gewährt und für die die Bestimmungen des Gesetzes zur Verbesserung der betrieblichen Altersversorgung vom 19.12.1974 in der jeweils gültigen Fassung gelten. Es ist mir ferner bekannt, dass mir auch durch wiederholte oder regelmäßige laufende Leistungen kein Anspruch gegen die ...... Überbetriebliche Unterstützungskasse e. V. erwächst. Mit dieser Regelung bin ich einverstanden."

§ 14 Einstellung von Leistungen

(1) Stellt ein Trägerunternehmen die für die Leistungen an die Betriebsangehörigen oder früheren Betriebsangehörigen des Trägerunternehmens oder deren Hinterbliebenen erforderlichen Mittel der Unterstützungskasse nicht bzw. nicht mehr zur Verfügung, so wird die Unterstützungskasse – soweit das dem betroffenen Trägerunternehmen gem. § 11 Abs. 3 dieser Satzung zugeordnete Vermögen nicht ausreicht – die Leistungen (§ 12 dieser Satzung) entsprechend kürzen bzw. einstellen. Eine Finanzierung der Leistungen aus anderen dem Trägerunternehmen zuzuordnenden Vermögensteilen ist ausgeschlossen. Die Haftung des Vereins gegenüber jedem Trägerunternehmen ist auf dessen jeweiliges Teilvermögen beschränkt.

(2) Soweit Begünstigte bzw. Leistungsempfänger nach der arbeitsgerichtlichen Rechtsprechung Rechtsansprüche auf Versorgungsleistungen haben, bleibt für den

Fall der Einstellung bzw. Kürzung der Versorgungsleistungen (vgl. Abs. 1) das jeweilige Trägerunternehmen insoweit alleiniger Versorgungschuldner. Jedes Trägerunternehmen gibt gegenüber seinen Betriebsangehörigen bereits bei Einbeziehung in den Kreis der Begünstigten eine dementsprechende Erklärung ab und verzichtet gegenüber der Unterstützungskasse unwiderruflich darauf, die betroffenen Begünstigten bzw. Leistungsempfänger nach einer Einstellung bzw. Kürzung der Leistungen gem. Abs. 1 an die Unterstützungskasse zu verweisen.

(3) Jeder Begünstigte bzw. Leistungsempfänger hat, soweit erforderlich, – unbeschadet der Erklärung gem. § 13 Abs. 2 – nachfolgende schriftliche Erklärung abzugeben:

"Es ist mir bekannt, dass die ...... Überbetriebliche Unterstützungskasse e. V. satzungsgemäß ihre Leistungen einstellt bzw. kürzt, wenn mein Arbeitgeber der Unterstützungskasse die zur Erfüllung des Leistungs- und Finanzierungsplans erforderlichen Mittel nicht bzw. nicht mehr zur Verfügung stellt. Sofern mir im Falle der Einstellung bzw. Kürzung der Leistungen dennoch ein Rechtsanspruch auf Versorgungsleistungen zustehen sollte, richtet sich dieser nicht gegen die Unterstützungskasse, sondern nur gegen meinen Arbeitgeber.

Auch ist mir bekannt, dass ich von der Unterstützungskasse keine Leistungen aus dem Vermögen verlangen kann, das anderen Trägerunternehmen bzw. deren Begünstigten und Leistungsempfängern satzungsgemäß zuzurechnen ist. Nach einer Einstellung bzw. Kürzung der Leistungen durch die Unterstützungskasse gem. § 14 Abs. 1 der Satzung werde ich insoweit meinen Leistungsanspruch nur gegenüber meinem Arbeitgeber – nicht aber gegenüber der Unterstützungskasse – geltend machen."

§ 15 Auflösung

Zur Auflösung der Unterstützungskasse ist der übereinstimmende Beschluss von Vorstand und Mitgliederversammlung notwendig. Der Beschluss der Mitgliederversammlung bedarf einer Mehrheit von 9/10 der erschienenen Mitglieder.

§ 16 Verwendung des Vermögens im Falle der Auflösung

(1) Der Unterstützungskasse steht es frei, die Unterstützungskasse unter Wahrung der steuerlichen Vorschriften in eine andere Rechtsform derselben Zweckbestimmung oder in eine steuerfreie Pensionskasse zu überführen. Auch eine Ausgliederung von entsprechenden Teilen des Unterstützungskassenvermögens zur Gründung und Ausgestaltung einer steuerfreien Pensionskasse oder einer anderen Unterstützungskasse ist zulässig. Ebenso kann das Vermögen ganz oder teilweise in Kapital- oder Rentenversicherungen für die Begünstigten bzw. Leistungsempfänger angelegt werden.

(2) Im Falle der Auflösung der Unterstützungskasse ist ihr Vermögen in Bezug auf die einzelnen Trägerunternehmen gem. § 11 Abs. 3 zu ermitteln und alsdann – unbeschadet der Bestimmung des § 11 Abs. 1 S. 3 – im Benehmen mit dem jeweiligen Trägerunternehmen
    (a) auf die gem. § 2 Abs. 2 Begünstigten bzw. Leistungsempfänger zu verteilen oder
    (b) ausschließlich gemeinnützigen oder mildtätigen Zwecken im Sinne der §§ 52 und 53 der Abgabenordnung zuzuführen.

(3) Jeder Beschluss der Mitgliederversammlung über die Verwendung des Vereinsvermögens darf erst nach Zustimmung des zuständigen Finanzamtes durchgeführt werden.

§ 17 Liquidation

Im Falle der Auflösung der Unterstützungskasse wird als Liquidator der Vorstand eingesetzt, der zur Zeit der Auflösung im Amt ist.

5. Altersteilzeit

a) Hintergrund

323 Das Altersteilzeitgesetz bezweckt einen **vereinfachten, vorzeitigen, gleitenden Übergang in den Ruhestand,** der für Arbeitgeber und Arbeitnehmer durch bestimmte Zusatzleistungen seitens der Bundesagentur für Arbeit attraktiv gemacht werden sollte. Die Förderung durch die Bundesagentur für Arbeit läuft aufgrund der auf sechs Jahre begrenzten Förderungsdauer (vgl. § 4 Abs. 1 ATG) spätestens Ende 2015 aus. Sie gilt nur noch für Altersteilzeitarbeitsverhältnisse, die bis zum 31.12.2009 angelaufen sind (vgl. § 1 Abs. 2 ATG).

324 Ohne Förderungsmöglichkeit bzw. Subventionierung stellt das Altersteilzeitarbeitsverhältnis[267] eine Möglichkeit dar, das Arbeitsverhältnis in ein Teilzeitarbeitsverhältnis entweder als **Kontinuitäts- oder Blockmodell** umzuwandeln, um den gleitenden Übergang des Arbeitnehmers in „die Rente" zu ermöglichen.

325 Nur noch für eine Übergangszeit besteht nach Beendigung von Altersteilzeit bei Vorliegen der Voraussetzungen die Möglichkeit, bei geringeren dauerhaften Rentenkürzungen eine Altersrente nach Altersteilzeitarbeit zu beziehen.[268]

b) Muster: Altersteilzeitvertrag[269] [→ A. Rn. 323 ff., 327]

326

Altersteilzeitvertrag

zwischen
der ...... GmbH, ... (Anschrift)

– nachfolgend Arbeitgeber genannt –

und
Frau/Herrn ......, ... (Anschrift)

– nachfolgend Arbeitnehmer genannt –

wird folgender Altersteilzeitvertrag geschlossen:

§ 1 Beginn der Altersteilzeit

Das zwischen den Parteien seit dem ...... bestehende Arbeitsverhältnis wird unter Abänderung und Ergänzung nach Maßgabe der folgenden Arbeitsbedingungen ab dem ...... als Altersteilzeitarbeitsverhältnis fortgeführt.

§ 2 Tätigkeit

(1) Der Arbeitnehmer übt seine bisherige Tätigkeit als ...... im Rahmen der begrenzten Arbeitszeit weiter aus.

(2) Der Arbeitgeber behält sich vor, dem Arbeitnehmer auch an einem anderen Arbeitsort eine andere oder zusätzliche zumutbare und gleichwertige Tätigkeit zu übertragen, die dessen Leistungen und Fähigkeiten entspricht, soweit der Arbeitnehmer vorab der Tätigkeitsänderung bzw. Versetzung zugestimmt hat.

---

[267] Vgl. ausführlich zum Altersteilzeitverhältnis und seinen Voraussetzungen: Schaub/*Vogelsang*, ArbR-HdB, § 83 Rn. 2 ff. mzN.
[268] Vgl. im Einzelnen Tschöpe/*Schrader*/*Straube*, Anwalts-HdB Arbeitsrecht, Teil VII C Rn. 121 ff. mzN.
[269] Vgl. auch *Bauer*/*Lingemann*/*Diller*/*Haußmann*, Anwalts-Formularbuch Arbeitsrecht, M 7.2.

§ 3 Arbeitszeit

(1) Die Arbeitszeit des Arbeitnehmers beträgt im Jahresdurchschnitt jeweils die Hälfte der bisherigen wöchentlichen Arbeitszeit von …… Stunden, also …… Stunden.

(2) Die Arbeitszeit wird in der Weise aufgeteilt, dass sie in der ersten Hälfte des Altersteilzeitarbeitsverhältnisses abgeleistet wird und der Arbeitnehmer im Anschluss hieran gemäß der von ihm erworbenen Zeitguthaben von der Erbringung der Arbeitsleistung freigestellt wird. Das heißt, der Arbeitnehmer erbringt vom …… **bis zum** …… die volle bisherige Arbeitszeit (Arbeitsphase); danach, in der Zeit vom …… **bis zum** ……, erfolgt die Freistellung des Arbeitnehmers (Freistellungsphase).

(3) Der Arbeitnehmer ist verpflichtet, auf Anordnung des Arbeitgebers Mehrarbeit und Überstunden bis zu …… Stunden pro Woche zu leisten.

§ 4 Home-Office

(1) Der Arbeitnehmer erbringt seine Tätigkeit als …… in der Arbeitsphase aus dem eigens dafür eingerichteten Home-Office heraus. Der Arbeitgeber führt alle hierfür notwendigen Umstrukturierungen durch.

(2) Der Arbeitgeber richtet das Home-Office ein. Alle für den Arbeitnehmer zur Erbringung und zur Ausführung seiner Tätigkeit notwendigen Gegenstände, wie Schreibtisch, Telefon, Handy, Computer etc., werden dem Arbeitnehmer unentgeltlich auf Rechnung des Arbeitgebers zur Verfügung gestellt; sie bleiben Eigentum des Arbeitgebers.

(3) Das Home-Office wird mit Beendigung der Arbeitsphase am …… aufgelöst. Die Kosten für die Auflösung und die Rückführung der arbeitgeberseitigen Gegenstände sowie Geschäftsunterlagen zum Betriebssitz trägt der Arbeitgeber.

§ 5 Arbeitsentgelt

(1) Der Arbeitnehmer erhält für die Dauer des Altersteilzeitarbeitsverhältnisses ein monatliches Arbeitsentgelt entsprechend der nach § 3 reduzierten Arbeitszeit in Höhe von …… EUR brutto. Das Arbeitsentgelt wird unabhängig von der Verteilung der Arbeitszeit auch in der Freistellungsphase durchgehend gezahlt.

(2) Mit dem vereinbarten Arbeitsentgelt sind Mehrarbeit und Überarbeit bis zum Umfang von § 3 Abs. 3 abgegolten. Darüber hinausgehende Mehr- und Überarbeit ist durch Freizeit auszugleichen.

(3) Ein Anspruch des Arbeitnehmers auf eine jährlich zahlbare Tantieme besteht nicht.

§ 6 Altersteilzeitleistungen

(1) Der Arbeitnehmer erhält monatlich eine zusätzliche Aufstockungszahlung in Höhe von 20% des Regelarbeitsentgeltes für die Altersteilzeitarbeit.

Oder bzw. kumulativ:

(1) Die Parteien sind sich darüber einig, dass dem Arbeitnehmer während der Gesamtdauer des Altersteilzeitarbeitsverhältnisses monatlich ein Gesamtbetrag in Höhe von …… % seines früheren Vollzeitnettogehaltes (Berechnungsgrundlage: Bruttomonatsgehalt in Höhe von …… EUR inkl. der 1%-Versteuerung für den Firmen-Pkw = netto …… EUR), das heißt insgesamt …… EUR netto zur Verfügung stehen. Der Arbeitgeber zahlt daher an den Arbeitnehmer pro Monat eine zusätzli-

che Aufstockungszahlung bis der Gesamtbetrag des früheren Vollzeitnettogehaltes von ...... EUR erreicht ist.

(2) Der Arbeitgeber zahlt für den Arbeitnehmer zusätzlich Beiträge zur gesetzlichen Rentenversicherung in Höhe des Beitrages, der auf 80% des Regelarbeitsentgeltes für die Altersteilzeit entfällt. Die Verpflichtung ist begrenzt auf den Unterschiedsbetrag zwischen 90% der monatlichen Beitragsbemessungsgrenze in der gesetzlichen Rentenversicherung und dem Regelarbeitsentgelt gem. § 5 Abs.1, höchstens aber bis zur Beitragsbemessungsgrenze.

§ 7 Nebentätigkeitsverbot

(1) Der Arbeitnehmer verpflichtet sich, neben seiner Altersteilzeitarbeit keine Beschäftigungen oder selbständigen Tätigkeiten auszuüben, die die Geringfügigkeitsgrenze des § 8 SGB IV übersteigen. Satz 1 findet auch dann Anwendung, soweit der Arbeitnehmer aufgrund einer solchen Beschäftigung eine Lohnersatzleistung erhält. Ansonsten ruht der Anspruch auf die Aufstockungszahlungen nach § 6 Abs. 1.

(2) Der Arbeitnehmer verpflichtet sich zudem, eine Nebentätigkeit während der Dauer des Altersteilzeitarbeitsverhältnisses nur mit vorheriger schriftlicher Zustimmung des Arbeitgebers einzugehen.

§ 8 Urlaub

(1) Der Arbeitnehmer erhält bei einer 5-Tage-Woche kalenderjährlich einen Urlaub von 20 Arbeitstagen für jeden vollen Beschäftigungsmonat als gesetzlichen Mindesturlaub.

(2) Der Arbeitnehmer erhält darüber hinaus für jeden vollen Beschäftigungsmonat kalenderjährlich einen übergesetzlichen Zusatzurlaub von weiteren zehn Arbeitstagen. Der übergesetzliche Zusatzurlaub ist innerhalb des Kalenderjahres zu nehmen, ansonsten verfällt er auch dann, wenn er wegen Arbeitsunfähigkeit des Arbeitnehmers nicht genommen werden konnte. Eine Abgeltung des übergesetzlichen Urlaubsanspruches ist ausgeschlossen.

(3) Die Festlegung des Urlaubs erfolgt durch den Arbeitgeber auf Antrag und unter Berücksichtigung der Wünsche des Arbeitnehmers. Dringende betriebliche Gründe haben Vorrang. Ein Urlaubsantrag gilt mit schriftlicher Bestätigung durch den Arbeitgeber als bewilligt. Als bewilligt gilt zunächst der gesetzliche Mindesturlaub gem. Abs. 1 bis zu dessen vollständiger Erfüllung, erst danach der übergesetzliche Zusatzurlaub gem. Abs. 2.

(4) Jegliche Urlaubsansprüche gelten mit Beginn der Freistellung als abgegolten und erledigt. Für das Jahr des Übergangs von der Arbeits- in die Freistellungsphase erfolgt die Berechnung pro rata temporis.

(5) Im Übrigen gelten die Bestimmungen des Bundesurlaubsgesetzes.

§ 9 Arbeitsverhinderung

Der Arbeitnehmer ist verpflichtet, dem Arbeitgeber während der Arbeitsphase jede Arbeitsverhinderung und ihre voraussichtliche Dauer unverzüglich anzuzeigen. Auf Verlangen sind die Gründe der Arbeitsverhinderung mitzuteilen.

§ 10 Entgeltfortzahlung im Krankheitsfall

(1) Der Arbeitnehmer ist verpflichtet, dem Arbeitgeber während der Arbeitsphase jede Arbeitsunfähigkeit und deren voraussichtliche Dauer unverzüglich anzuzeigen.

Dauert die Arbeitsunfähigkeit länger als drei Kalendertage, hat der Arbeitnehmer eine ärztliche Bescheinigung über das Bestehen der Arbeitsunfähigkeit sowie deren voraussichtliche Dauer spätestens am darauffolgenden Arbeitstag vorzulegen. Dasselbe gilt für Folgebescheinigungen.

(2) Die Entgeltfortzahlung im Krankheitsfall richtet sich während der Arbeitsphase nach den gesetzlichen Bestimmungen. Bei der fortzuzahlenden Vergütung werden auch die in § 6 Abs. 1 dieses Altersteilzeitvertrages benannten Aufstockungsbeträge sowie der Zuschuss zur Rentenversicherung berücksichtigt. Gleiches gilt während des Bezuges von Krankengeld, Versorgungskrankengeld, Verletztengeld oder Übergangsgeld nach Ablauf des gesetzlichen Entgeltfortzahlungszeitraumes; der Arbeitgeber leistet die Aufstockungsbeträge zum Arbeitsentgelt und den Zuschuss zur Rentenversicherung weiter.

(3) Während der Freistellungsphase erhält der Arbeitnehmer das monatliche Arbeitsentgelt einschließlich der Aufstockungsbeträge (vgl. § 6 Abs. 1) und des Zuschusses zur Rentenversicherung unabhängig davon, ob Arbeitsfähigkeit besteht.

§ 11 Mitwirkungspflichten

(1) Der Arbeitnehmer übergibt dem Arbeitgeber bei Abschluss dieses Altersteilzeitvertrages eine Rentenauskunft des zuständigen Rentenversicherungsträgers, aus der sich der Zeitpunkt ergibt, zu dem der Arbeitnehmer erstmals eine Regelaltersrente beanspruchen kann.

(2) Der Arbeitnehmer verpflichtet sich, dem Arbeitgeber alle Umstände und deren Änderungen, die sein Arbeitsentgelt, den Anspruch auf Aufstockungszahlung oder die Bezüge zur Rentenversicherung berühren können, unverzüglich mitzuteilen.

(3) Erfüllt der Arbeitnehmer seine Mitwirkungspflichten nicht oder gibt er unrichtige oder unvollständige Angaben oder Auskünfte, die seinen Anspruch auf Arbeitsentgelt oder seinen Anspruch auf Aufstockungszahlung betreffen könnten, steht dem Arbeitgeber ein Zurückbehaltungsrecht zu; der Arbeitnehmer ist verpflichtet, zu unrecht empfangene Leistungen zurückzuerstatten.

§ 12 Erlöschen des Anspruches auf Altersteilzeitleistungen

Der Anspruch auf die Altersteilzeitleistungen erlischt, wenn er mindestens 150 Tage geruht hat. Mehrere Ruhenszeiten werden zusammengerechnet.

§ 13 Pensionszuschuss

(1) Spätestens nach Erreichen der Regelaltersgrenze erhält der Arbeitnehmer einen Pensionszuschuss durch …… neben seiner Regelaltersrente sowie der betrieblichen Altersversorgung.

(2) Der Pensionszuschuss errechnet sich auf der Grundlage des Durchschnittseinkommens. Das Durchschnittseinkommen beträgt …… EUR.

(3) Im Übrigen gelten die Gesamtversorgungs-Richtlinien für die Gewährung von Pensionszuschüssen aus …… mit Stand ……

§ 14 Dienstwagen

(1) Der Arbeitgeber stellt dem Arbeitnehmer bis zur Beendigung des Altersteilzeitvertrages am …… den Dienst-Pkw des Fahrzeugtyps …… mit dem amtlichen Kennzeichen …… zur Verfügung. Der Arbeitnehmer ist berechtigt, den Dienst-Pkw im

bisherigen Umfang gemäß den (arbeits-)vertraglichen Regelungen zu nutzen. Die Kosten für den Unterhalt und die Wartung des Dienst-Pkws trägt der Arbeitgeber.

(2) Der Arbeitnehmer hat das Recht, bei Beendigung des Altersteilzeitvertrages am ...... den Dienst-Pkw mit dem amtlichen Kennzeichen ...... zu einem Kaufpreis von ...... EUR zu erwerben. In diesem Fall geht der Dienst-Pkw in das Eigentum des Arbeitnehmers über.

§ 15 Unfallversicherung

Die Parteien sind sich einig, dass die Unfallversicherung des Arbeitnehmers bei ...... auf Kosten des Arbeitgebers bis zur Beendigung des Altersteilzeitvertrages am ...... im bisherigen Umfang fortbesteht. Der Umfang ergibt sich aus § ...... des Arbeitsvertrages vom ....

§ 16 Beendigung des Altersteilzeitverhältnisses

(1) Das Altersteilzeitarbeitsverhältnis endet
– mit Ablauf des ...... ;
– wenn der Anspruch auf Altersteilzeitleistungen gem. § 12 erlischt;
– mit dem Tod des Arbeitnehmers.

(2) Die ordentliche Kündigung des (Altersteilzeit-)Arbeitsverhältnisses ist ausgeschlossen, dies gilt gleichsam für die Arbeits- wie die Freistellungsphase. Das Recht zur außerordentlichen Kündigung aus wichtigem Grund bleibt unberührt.

§ 17 Insolvenzsicherung

(1) Der Arbeitgeber wird das vom Arbeitnehmer in der Arbeitsphase erarbeitete Wertguthaben sowie den darauf entfallenden Arbeitgeberanteil am Gesamtsozialversicherungsbeitrag in geeigneter Weise gegen Insolvenz absichern.

(2) Der Arbeitgeber wird dem Arbeitnehmer erstmals mit der ersten Gutschrift und anschließend alle sechs Monate die zur Insolvenzsicherung ergriffenen Maßnahmen in Textform (§ 126b BGB) nachweisen.

§ 18 Schriftformklausel

Änderungen und/oder Ergänzungen zu diesem Vertrag durch individuelle Vertragsabreden sind formlos wirksam. Im Übrigen bedürfen Vertragsänderungen/-ergänzungen der Schriftform. Die elektronische Form ist ausgeschlossen. Mündliche Vereinbarungen über die Aufhebung der Schriftform sind nichtig.

§ 19 Schlussbestimmungen

(1) Mündliche Nebenabreden bestehen nicht.

(2) Sollten einzelne Bestimmungen dieses Vertrages ungültig sein oder werden, so hat dies auf die Gültigkeit des sonstigen Vertrages keinen Einfluss.

(3) Im Übrigen gelten die bisherigen arbeitsvertraglichen Regelungen und Bestimmungen weiter.

......, den ......

Arbeitgeber　　　　　　　　　　　　Arbeitnehmer

> **Hinweis:** 327
>
> Da das Altersteilzeitgesetz und seine Förderung durch die Bundesagentur für Arbeit zum 31.12.2009 ausgelaufen sind, ist letztendlich das Ergebnis eines solchen Altersteilzeitvertrages als „gleitender Übergang in den Ruhestand" freie Verhandlungssache. Die arbeitsrechtliche Praxis zeigt, dass man sich bei den finanziellen Aufstockungsleistungen des Arbeitgebers vielfach an den früheren Regelungen des Altersteilzeitgesetzes orientiert, nur, dass eine teilweise Refinanzierungsmöglichkeit durch eine Förderung und Subventionierung der Bundesagentur für Arbeit für den Arbeitgeber nicht mehr besteht. Insgesamt ist ein Altersteilzeitvertrag eine Möglichkeit für den Arbeitgeber, das Arbeitsverhältnis durch Übergang in den Ruhestand zu beenden, allerdings nach dem Wegfall der Förderung und Subventionierung eine eher teure. Der Vorteil besteht in der arbeitsrechtlichen Praxis in einer relativ hohen Akzeptanz durch die betroffenen Arbeitnehmer.

6. Teilzeit

a) Gesetzliche Vorgaben

Der Begriff des Teilzeitbeschäftigten ergibt sich aus § 2 Abs. 1 TzBfG: Teilzeitbe- 328 schäftigt ist ein Arbeitnehmer, dessen **regelmäßige Wochenarbeitszeit kürzer** ist als die eines vergleichbaren vollzeitbeschäftigten Arbeitnehmers. Ist eine regelmäßige Wochenarbeitszeit nicht vereinbart, ist der **Jahresdurchschnitt** maßgebend (§ 2 Abs. 1 S. 2 TzBfG). Vergleichbar ist ein vollzeitbeschäftigter Arbeitnehmer des Betriebes mit derselben Art des Arbeitsverhältnisses und der gleichen oder einer ähnlichen Tätigkeit.[270]

§ 8 Abs. 1 TzBfG gewährt nach Maßgabe der Absätze 2 bis 7 der Norm einen 329 **Rechtsanspruch auf Teilzeitarbeit.** Dieser Anspruch gilt für alle Arbeitnehmer, soweit das Arbeitsverhältnis länger als sechs Monate bestanden hat (§ 8 Abs. 1 TzBfG). Er muss spätestens drei Monate vor Beginn der gewünschten Teilzeitarbeit unter Angabe des Umfanges der Verringerung geltend gemacht werden. Wird die Frist nicht eingehalten, richtet sich der Antrag hilfsweise auf den Zeitpunkt, zu dem der Arbeitnehmer die Verringerung frühestmöglich verlangen kann.[271]

Eine bestimmte **Form für die Geltendmachung** ist nicht vorgeschrieben, so dass 330 dies auch mündlich erfolgen kann.[272] Aus Beweissicherungs- und Dokumentationsgründen sind aber die Schriftform des Antrages und die Dokumentation des Nachweises anzuraten.

Arbeitgeber und Arbeitnehmer haben den Teilzeitantrag zu erörtern. Der Arbeitge- 331 ber hat schriftlich bis zu einem Monat vor dem gewünschten Beginn der Verringerung seine **Entscheidung über den Teilzeitantrag** des Arbeitnehmers mitzuteilen (§ 8 Abs. 5 S. 1 TzBfG). Die Schriftform ist zwingend. Lehnt der Arbeitgeber nicht frist- und formgemäß ab, so tritt die Fiktion des § 8 Abs. 5 S. 2 und S. 3 TzBfG ein: Die gewünschte Verringerung der Arbeitszeit und deren Verteilung sind entsprechend den Wünschen des Arbeitnehmers festgelegt. Es handelt sich um gesetzliche Fiktionen arbeitsvertraglicher Vereinbarungen zur Dauer und Lage der Arbeitszeit.

Im Falle der Ablehnung des Arbeitgebers hat der Arbeitnehmer die Möglichkeit, 332 im Wege **arbeitsgerichtlicher Klage** seinen Teilzeitwunsch auf dem Rechtsweg zu verfolgen.[273]

Einen Rechtsanspruch auf Teilzeit gibt es darüber hinaus während der **Elternzeit** 333 (§ 15 Abs. 5 bis 7 BEEG) sowie für **schwerbehinderte Menschen** (§ 81 Abs. 5 S. 3 SGB IX). Eine weitere Form der Teilzeit ist das **Jobsharing** (das sich in der Praxis

---
[270] Zum Teilzeitarbeitsverhältnis im Einzelnen vgl. Schaub/Linck, ArbR-HdB, § 43 Rn. 2 ff. mzN.
[271] BAG 20.7.2004 – 9 AZR 626/03, NZA 2004, 1090.
[272] ErfK/Preis TzBfG § 8 Rn. 12.
[273] Vgl. im Einzelnen Schaub/Linck, ArbR-HdB, § 43 Rn. 148 f. mzN.

kaum durchgesetzt hat). Darunter bezeichnet man die Arbeitsplatzteilung von Arbeitnehmern (§ 13 TzBfG).

334 Letztendlich unterscheidet sich der Teilzeitarbeitsvertrag von einem normalen Arbeitsvertrag nur dadurch, dass die **Arbeitszeit und deren Verteilung** anderweitig geregelt sind. Daher kann grundsätzlich bei Teilzeitarbeitsverträgen auf dieselben Vereinbarungen wie in einem normalen Arbeitsvertrag zurückgegriffen werden. Nach § 4 Abs. 1 S. 1 TzBfG darf ein Arbeitgeber einen teilzeitbeschäftigten Arbeitnehmer nicht wegen der Teilzeitarbeit gegenüber vollzeitbeschäftigten Arbeitnehmern schlechter behandeln, es sei denn, dass sachliche Gründe eine unterschiedliche Behandlung rechtfertigen. Nach § 4 Abs. 1 S. 2 TzBfG ist einem teilzeitbeschäftigten Arbeitnehmer Arbeitsentgelt oder eine andere teilbare geldwerte Leistung mindestens in dem Umfang zu gewähren, der dem Anteil seiner Arbeitszeit an der Arbeitszeit eines vergleichbaren vollzeitbeschäftigten Arbeitnehmers entspricht. Teilbare geldwerte Leistungen sind pro rata temporis zu erbringen. Unteilbare geldwerte Leistungen sind voll zu erbringen. Dazu gehören etwa die Zulagen oder die Kantinenverpflegung. Bei der Verteilung der Arbeitszeit gilt – unabhängig ob Vollzeit- oder Teilzeitarbeitnehmer – das Mitbestimmungsrecht des Betriebsrats nach § 87 Abs. 1 Nr. 2 BetrVG.

b) Muster: Teilzeitarbeitsvertrag[274] *[→ A. Rn. 328 ff.]*

335

Zwischen der

...... GmbH, ... *(Anschrift)*

– nachfolgend Arbeitgeber genannt –

und

Frau/Herrn ......, ... *(Anschrift)*

– nachfolgend Arbeitnehmer genannt –

wird folgender Teilzeitarbeitsvertrag vereinbart:

§ 1 Beginn, Art und Ort der Tätigkeit

(1) Der Arbeitnehmer wird mit Wirkung ab dem ...... als Teilzeitarbeitnehmer seine Beschäftigung beim Arbeitgeber aufnehmen.

(2) Der Arbeitnehmer wird als ...... in ...... eingestellt. Die vertraglich geschuldeten Tätigkeiten ergeben sich aus der als **Anlage** beigefügten Stellenbeschreibung, die Bestandteil des Arbeitsvertrages ist.

(3) Der Arbeitgeber behält sich vor, dem Arbeitnehmer auch an einem anderen Arbeitsort eine andere oder zusätzliche, der Vorbildung oder den Fähigkeiten und Kenntnissen des Arbeitnehmers entsprechende zumutbare und gleichwertige Tätigkeit zu übertragen, wenn dies aus betrieblichen oder in der Person oder in dem Verhalten des Arbeitnehmers liegenden Gründen geboten erscheint.

§ 2 Arbeitszeit

(1) Die regelmäßige Arbeitszeit beträgt ...... Stunden pro Woche.

Oder:

(1) Die regelmäßige Arbeitszeit beträgt ...... Stunden pro Tag.

(2) Die Arbeitszeit beginnt jeweils gegen ...... Uhr, sie endet gegen ...... Uhr.

Oder:

(2) Der Arbeitnehmer wird jeweils am Montag, am Mittwoch sowie am Freitag ...... Stunden pro Tag arbeiten und zwar in der Zeit von ...... Uhr bis ...... Uhr.

---

[274] Klarstellung notwendig, dass Teilzeitvereinbarung vorliegt (vgl. BAG 21.6.2011 – 9 AZR 238/10, EzA BGB 2002 § 306 Nr. 5.

(3) Dem Arbeitgeber bleibt vorbehalten, die Lage der Arbeitszeit mit einer Ankündigungsfrist von ...... Woche(n) neu zu verteilen.

§ 3 Vergütung

(1) Der Arbeitgeber verpflichtet sich, dem Arbeitnehmer eine monatliche Bruttovergütung in Höhe von ...... EUR jeweils zum Monatsletzten zu zahlen.

Oder:

(1) Der Arbeitgeber verpflichtet sich, dem Arbeitnehmer eine monatliche Bruttovergütung jeweils zum Monatsletzten zu zahlen, deren Grundlage ein Stundenlohn in Höhe von ...... EUR brutto ist.

(2) Die Gewährung sonstiger Leistungen, insbesondere von Urlaubs- und Weihnachtsgeld, durch den Arbeitgeber erfolgen freiwillig und mit der Maßgabe, dass auch mit einer wiederholten Zahlung kein Rechtsanspruch für die Zukunft begründet wird.[275]

§ 4 Über- und Mehrarbeit *[→ A. Rn. 130 ff.]*

(1) Der Arbeitnehmer verpflichtet sich, im Rahmen des gesetzlich Zulässigen Überstunden und Mehrarbeit zu leisten. Als Überstunden und Mehrarbeit gelten Arbeitsstunden, die über die in § 2 genannte regelmäßige tägliche/wöchentliche Arbeitszeit hinausgehen.

(2) Ein Anspruch auf Über- oder Mehrarbeitsstundenabgeltung besteht nur, wenn die Über- oder Mehrarbeit arbeitgeberseits angeordnet oder vereinbart worden ist oder wenn sie aus dringenden betrieblichen Interessen erforderlich war und der Arbeitnehmer Beginn und Ende der Über-/Mehrarbeit spätestens am folgenden Tag dem Arbeitgeber gegenüber schriftlich anzeigt.

(3) Mit der vereinbarten Bruttovergütung gem. § 3 Abs. 1 dieses Vertrages sind bis zu ...... Überstunden monatlich ausgeglichen. Darüber hinausgehende Überstunden werden durch Freizeit abgegolten. Soweit Letzteres nicht möglich ist, beträgt die Überstundenvergütung ...... EUR pro Stunde.

§ 5 Gehaltsverpfändung und -abtretung *[→ A. Rn. 138 ff.]*

Die Abtretung oder Verpfändung von Lohn- und sonstigen Vergütungsansprüchen ist ausgeschlossen, es sei denn, es liegt die vorherige schriftliche Zustimmung des Arbeitgebers vor.

§ 6 Arbeitsverhinderung *[→ A. Rn. 143 f.]*

Der Arbeitnehmer ist verpflichtet, dem Arbeitgeber jede Arbeitsverhinderung und ihre voraussichtliche Dauer unverzüglich anzuzeigen. Auf Verlangen sind die Gründe der Arbeitsverhinderung mitzuteilen. Bei anstehenden Terminsachen hat der Arbeitnehmer den Arbeitgeber auf vordringlich zu erledigende Arbeiten hinzuweisen.

§ 7 Entgeltfortzahlung im Krankheitsfall *[→ A. Rn. 145 ff.]*

(1) Die Entgeltfortzahlung im Krankheitsfall richtet sich nach den gesetzlichen Bestimmungen.

(2) Der Arbeitnehmer ist verpflichtet, dem Arbeitgeber jede Arbeitsunfähigkeit und deren voraussichtliche Dauer unverzüglich mitzuteilen. Dauert die Arbeitsunfähig-

---

[275] Vgl. aber → A. Fn. 79 und 91.

keit länger als drei Kalendertage, hat der Arbeitnehmer eine ärztliche Bescheinigung über das Bestehen der Arbeitsunfähigkeit sowie deren voraussichtliche Dauer spätestens am darauffolgenden Arbeitstag vorzulegen.

(3) Der Arbeitnehmer ist verpflichtet, die Art und Ursache der Erkrankung – soweit bekannt – anzugeben, wenn diese Schutzmaßnahmen des Arbeitgebers für andere Arbeitnehmer erfordert (zB eine Infektionsgefahr).

(4) Darüber hinaus ist die Ursache der Arbeitsunfähigkeit dem Arbeitgeber nur dann mitzuteilen, wenn der Arbeitnehmer von einem Dritten geschädigt worden ist, damit der Arbeitgeber Erstattungsansprüche prüfen und durchsetzen kann.

§ 8 Urlaub *[→ A. Rn. 149 ff.]*

(1) Der Arbeitnehmer erhält bei einer 5-Tage-Woche kalenderjährlich einen Urlaub von 20 Arbeitstagen als gesetzlichen Mindesturlaub. Der gesetzliche Mindesturlaub muss im laufenden Kalenderjahr gewährt und genommen werden. Eine Übertragung des gesetzlichen Mindesturlaubs auf das nächste Kalenderjahr ist nur statthaft, wenn dringende betriebliche oder in der Person des Arbeitnehmers liegende Gründe dies rechtfertigen. Im Falle der Übertragung muss der gesetzliche Mindesturlaub in den ersten drei Monaten des folgenden Kalenderjahres gewährt und genommen werden, ansonsten verfällt er. (Konnte der gesetzliche Mindesturlaub wegen Arbeitsunfähigkeit des Arbeitnehmers nicht genommen werden, geht der gesetzliche Mindesturlaubsanspruch 15 Kalendermonate nach dem Ende des Urlaubsjahres, mithin am 31.3. des 2. Folgejahres unter.)[276]

(2) Der Arbeitnehmer erhält darüber hinaus kalenderjährlich einen übergesetzlichen Zusatzurlaub von weiteren zehn Arbeitstagen. Der übergesetzliche Zusatzurlaub ist innerhalb des Kalenderjahres zu nehmen. Eine Übertragung des übergesetzlichen Zusatzurlaubes auf das nächste Jahr ist nur statthaft, wenn dringende betriebliche oder in der Person des Arbeitnehmers liegende Gründe eine Übertragung erforderlich machen. Im Fall der Übertragung muss der Zusatzurlaub in den ersten drei Monaten des nachfolgenden Kalenderjahres gewährt und genommen werden. Ansonsten verfällt der Zusatzurlaub mit Ablauf des 31.3. des nachfolgenden Kalenderjahres auch dann, wenn er wegen Arbeitsunfähigkeit des Arbeitnehmers nicht genommen werden konnte. Eine Abgeltung des übergesetzlichen Urlaubsanspruches ist ausgeschlossen.

(3) Die Festlegung des Urlaubs erfolgt durch den Arbeitgeber auf Antrag und unter Berücksichtigung der Wünsche des Arbeitnehmers. Dringende betriebliche Gründe haben Vorrang. Ein Urlaubsantrag gilt mit schriftlicher Bestätigung durch den Arbeitgeber als bewilligt. Als bewilligt gilt zunächst der gesetzliche Mindesturlaub gem. Abs. 1 bis zu dessen vollständiger Erfüllung, erst danach der übergesetzliche Zusatzurlaub gem. Abs. 2. Während des Übertragungszeitraumes (1.1. bis 31.3. des nachfolgenden Kalenderjahres) gilt zunächst der übertragene gesetzliche Regelurlaub, danach der übertragene übergesetzliche Zusatzurlaub und erst danach der in dem betreffenden Kalenderjahr entstehende bzw. entstandene gesetzliche Regelurlaub und übergesetzliche Zusatzurlaub als bewilligt.

§ 9 Verschwiegenheitspflicht *[→ A. Rn. 155 ff.]*

(1) Der Arbeitnehmer verpflichtet sich, über alle Betriebs- und Geschäftsgeheimnisse und ihm während der Vertragsdauer bekannt gewordenen betrieblichen Vorgänge während der Dauer des Arbeitsverhältnisses Stillschweigen zu bewahren.

---

[276] Vgl. zur Urlaubsregelung auch → A. Fn. 119.

(2) Nach Beendigung des Arbeitsverhältnisses besteht die Verpflichtung zur Verschwiegenheit hinsichtlich nachfolgender Betriebs- und Geschäftsgeheimnisse fort:
......

(3) Die Verschwiegenheitspflicht erstreckt sich nicht auf solche Kenntnisse, die jedermann zugänglich sind oder deren Weitergabe für den Arbeitgeber ersichtlich ohne Nachteil ist. Im Zweifelsfall ist der Arbeitnehmer verpflichtet, eine Weisung des Arbeitgebers einzuholen, ob eine bestimmte Tatsache vertraulich zu behandeln ist oder nicht.

(4) Der Ausdruck „Betriebs- und/oder Geschäftsgeheimnisse" umfasst dabei alle geschäftlichen, betrieblichen und technischen Kenntnisse, Angelegenheiten, Vorgänge und Informationen, die nur einem beschränkten Personenkreis zugänglich sind und nach dem Willen des Arbeitgebers nicht der Allgemeinheit bekannt werden sollen.

§ 10 Nebenbeschäftigung [→ A. Rn. 163 ff.]

(1) Der Arbeitnehmer verpflichtet sich, eine Nebentätigkeit während der Dauer des Arbeitsverhältnisses nur mit vorheriger schriftlicher Zustimmung des Arbeitgebers zu übernehmen.

(2) Der Arbeitgeber hat die Entscheidung über den Antrag des Arbeitnehmers auf Zustimmung zur Nebentätigkeit innerhalb von zwei Wochen nach Eingang des Antrages zu treffen. Wird innerhalb dieser Frist eine Verweigerung der Zustimmung zur Nebentätigkeit nicht erklärt, gilt die Zustimmung als erteilt.

§ 11 Beendigung des Arbeitsverhältnisses [→ A. Rn. 176 ff.]

(1) Das Arbeitsverhältnis kann vom Arbeitgeber und Arbeitnehmer unter Einhaltung der gesetzlichen Kündigungsfrist gekündigt werden.

(2) Jede gesetzliche Verlängerung der Kündigungsfrist zu Gunsten des Arbeitnehmers gilt auch zu Gunsten des Arbeitgebers.

§ 12 Beendigung des Arbeitsverhältnisses mit Erreichen der Regelaltersgrenze [→ A. Rn. 187 ff.]

(1) Das Arbeitsverhältnis endet spätestens, ohne dass es einer Kündigung bedarf, mit Ablauf des Monats, in dem der Arbeitnehmer die Regelaltersgrenze der gesetzlichen Rentenversicherung erreicht und an den unmittelbar anschließend der Arbeitnehmer Anspruch auf eine gesetzliche Regelaltersrente hat.

(2) Die Regelung zur Altersgrenze in Abs. 1 tangiert nicht das jeweilige Recht der Arbeitsvertragsparteien zur ordentlichen Kündigung des Arbeitsverhältnisses. Die Regelung dient einer sachgerechten, berechenbaren Personal- und Nachwuchsplanung und einer in der Altersstruktur ausgewogenen Personalverwaltung.

§ 13 Ausschlussfristen [→ A. Rn. 245 ff.]

(1) Alle beiderseitigen Ansprüche aus dem bestehenden Arbeitsverhältnis müssen innerhalb einer Frist von drei Monaten nach Fälligkeit schriftlich gegenüber der anderen Vertragspartei geltend gemacht werden, ansonsten verfallen sie.

(2) Lehnt eine Vertragspartei den Anspruch schriftlich ab oder erklärt sie sich nicht innerhalb von zwei Wochen nach der Geltendmachung des Anspruches, so verfällt der Anspruch, wenn er nicht innerhalb einer weiteren Frist von drei Monaten nach der Ablehnung oder nach dem Fristablauf gerichtlich geltend gemacht wird.

(3) Ansprüche, die auf strafbaren Handlungen oder unerlaubten Handlungen beruhen, unterliegen nicht diesen Ausschlussfristen. Diese Ausschlussfristen beziehen sich darüber hinaus nicht auf Ansprüche, die auf vorsätzlichen oder grob fahrlässigen Pflichtverletzungen des Arbeitgebers oder des Arbeitnehmers beruhen.

§ 14 Schriftformklausel *[→ A. Rn. 250 ff.]*

(1) Änderungen und Ergänzungen des Arbeitsvertrages bedürfen der Schriftform. Dies gilt auch für ein Abgehen.

(2) Zur Wahrung der Schriftform reicht die Textform.

(3) Das Schriftformerfordernis gilt nicht für eine individuelle vertragliche Abrede zwischen Arbeitgeber und Arbeitnehmer, sofern diese Individualabrede nicht nur die Änderung des Arbeitsvertrages, sondern auch das Abgehen vom Schriftformerfordernis für die konkrete individuelle Vertragsänderung betrifft.

§ 15 Salvatorische Klausel *[→ A. Rn. 262 f.]*

Sollte eine Bestimmung dieses Vertrages und/oder seine Änderungen bzw. Ergänzungen unwirksam sein, so wird dadurch die Wirksamkeit des Vertrages im Übrigen nicht berührt. Die unwirksame Bestimmung wird durch eine wirksame ersetzt, die dem wirtschaftlich Gewollten am nächsten kommt.

§ 16 Vertragsaushändigung

Arbeitgeber und Arbeitnehmer erklären und versichern durch ihre Unterschrift, jeweils ein Exemplar dieses Vertrages im Original wechselseitig unterzeichnet erhalten zu haben.

......, den ......

Arbeitgeber   Arbeitnehmer

Hinweis:

Die Verträge können im Übrigen kombiniert werden mit den unter den allgemeinen Arbeitsvertragsbedingungen aufgeführten Klauseln. Der obige Vertrag ist daher nur beispielhaft. Letztendlich unterscheidet sich der Teilzeitvertrag vom Vollzeitvertrag eines Arbeitnehmers nur durch die unterschiedliche Arbeitszeit und die daraus resultierende angepasste Vergütung.

7. Abrufarbeit

a) Gesetzliche Vorgaben

Die gesetzliche Möglichkeit der Vereinbarung von Abrufarbeit ergibt sich aus § 12 TzBfG. Die Vereinbarung muss eine **bestimmte Dauer der wöchentlichen und täglichen Arbeitszeit** beinhalten. Fehlt eine solche, gilt eine wöchentliche Arbeitszeit von zehn Stunden als vereinbart. Der Arbeitgeber hat die Arbeitsleistung des Arbeitnehmers jeweils für mindestens drei aufeinanderfolgende Stunden in Anspruch zu nehmen, der Arbeitgeber hat dem Arbeitnehmer die Lage der Arbeitszeit jeweils mindestens vier Tage im Voraus mitzuteilen. Allerdings können die Arbeitsvertragsparteien auch wirksam vereinbaren, dass der Arbeitnehmer über die vertragliche Mindestarbeitszeit hinaus Arbeit auf Abruf leisten muss. Dabei darf die bei einer Vereinbarung von Arbeit auf Abruf einseitig vom Arbeitgeber abrufbare Arbeit des Arbeitnehmers nicht mehr als 25% der vereinbarten wöchentlichen Mindestarbeitszeit betragen.[277] Eine solche Vertragsklausel muss allerdings klar und eindeutig formuliert sein. Dies gilt insbesondere mit Blick auf das Verhältnis von geleisteter Arbeit und Vergütung. Die Klausel muss erkennen lassen, dass sie Abrufarbeit und keine Überstunden regelt. Unklare Regelungen werden nach § 305c Abs. 2 BGB zu Lasten des Arbeitgebers ausgelegt. Solche Vereinbarungen sind **abzugrenzen von einer arbeitsvertraglichen Verpflichtung zur Leistung von Überstunden.** Überstunden werden wegen bestimmter besonderer Umstände vorübergehend zusätzlich erbracht. Sie dienen der Befriedigung eines unvorhergesehenen zusätzlichen Arbeitsbedarfes.[278] Da der Arbeitnehmer mit Ausnahme von Notfällen nicht zur Erbringung von Überstunden verpflichtet ist, muss auch der Anordnung von Überstunden eine entsprechende vertragliche Abrede der Arbeitsvertragsparteien zugrunde liegen. Um Arbeit auf Abruf handelt es sich hingegen, wenn für den Arbeitnehmer eine selbständige, nicht auf Unregelmäßigkeiten oder Dringlichkeiten beschränkte Verpflichtung besteht, auf Anforderung des Arbeitgebers zu arbeiten.[279] Die Vereinbarung von Arbeit auf Abruf und die Anordnung von Überstunden schließen sich also nicht aus und können miteinander kombiniert werden. Eine zulässige Vertragsklausel könnte lauten:

b) Muster: Abrufarbeit *[→ A. Rn. 337]*

338

Zwischen der
...... GmbH, ... *(Anschrift)*
– nachfolgend Arbeitgeber genannt –

und
Frau/Herrn ......, ... *(Anschrift)*
– nachfolgend Arbeitnehmer genannt –

wird folgender Arbeitsvertrag vereinbart:

§ 1 Beginn des Arbeitsverhältnisses *[→ A. Rn. 72 f.]*

(1) Das Arbeitsverhältnis beginnt am ......

(2) Die ersten sechs Monate des Arbeitsverhältnisses gelten als Probezeit.

§ 2 Tätigkeit *[→ A. Rn. 92 ff.]*

(1) Der Arbeitnehmer wird eingestellt als ...... in ...... Sein Aufgabengebiet umfasst folgende Tätigkeiten:
......

(2) Der Arbeitgeber behält sich vor, dem Arbeitnehmer auch an einem anderen Arbeitsort eine andere oder zusätzliche, der Vorbildung oder den Fähigkeiten und Kenntnissen des Arbeitnehmers entsprechende zumutbare und gleichwertige Tätigkeit zu übertragen, wenn dies aus betrieblichen oder in der Person oder in dem Verhalten des Arbeitnehmers liegenden Gründen geboten erscheint.

§ 3 Arbeitszeit

Die wöchentliche Arbeitszeit beträgt 32 Stunden. Der Arbeitnehmer verpflichtet sich, je nach Arbeitsanfall auf Aufforderung des Arbeitgebers bis zu 40 Stunden in der Woche zu arbeiten. Der Arbeitgeber teilt dem Arbeitnehmer spätestens bis Mittwoch einer jeden Kalenderwoche die Arbeitszeitdauer für die Folgewoche und die Zeiteinteilung mit.

---

[277] BAG 7.12.2005 – 5 AZR 535/04, DB 2006, 897.
[278] BAG 7.12.2005 – 5 AZR 535/04, DB 2006, 897 (898).
[279] BAG 7.12.2005 – 5 AZR 535/04, DB 2006, 897 (898).

§ 4 Vergütung

Die Vergütung erfolgt nach den angeordneten und abgeleisteten Arbeitsstunden. Der Arbeitnehmer erhält eine Vergütung in Höhe von ...... EUR brutto pro Arbeitsstunde.

§ 5 Über- und Mehrarbeit

(1) Der Arbeitnehmer verpflichtet sich, im Rahmen des gesetzlich Zulässigen Überstunden und Mehrarbeit über 40 Wochenstunden hinaus zu leisten.

(2) Ein Anspruch auf Über- oder Mehrarbeitsstundenabgeltung besteht nur, wenn die Über- oder Mehrarbeit arbeitgeberseits angeordnet oder vereinbart worden ist oder wenn sie aus dringenden betrieblichen Interessen erforderlich war und der Arbeitnehmer Beginn und Ende der Über-/Mehrarbeit spätestens am folgenden Tag dem Arbeitgeber gegenüber schriftlich anzeigt.

(3) Mit der vereinbarten Bruttovergütung gem. § 4 dieses Vertrages sind bis zu 3,2 Überstunden monatlich abgegolten. Darüber hinausgehende Überstunden werden durch Freizeit abgegolten. Soweit dies nicht möglich ist, beträgt die Überstundenvergütung ...... EUR pro Stunde.

§ 6 Gehaltsverpfändung und -abtretung *[→ A. Rn. 138 ff.]*

Die Abtretung oder Verpfändung von Lohn- und sonstigen Vergütungsansprüchen ist ausgeschlossen, es sei denn, es liegt die vorherige schriftliche Zustimmung des Arbeitgebers vor.

§ 7 Arbeitsverhinderung *[→ A. Rn. 143 f.]*

Der Arbeitnehmer ist verpflichtet, dem Arbeitgeber jede Arbeitsverhinderung und ihre voraussichtliche Dauer unverzüglich anzuzeigen. Auf Verlangen sind die Gründe der Arbeitsverhinderung mitzuteilen. Bei anstehenden Terminsachen hat der Arbeitnehmer den Arbeitgeber auf vordringlich zu erledigende Arbeiten hinzuweisen.

§ 8 Entgeltfortzahlung im Krankheitsfall *[→ A. Rn. 145 ff.]*

(1) Die Entgeltfortzahlung im Krankheitsfall richtet sich nach den gesetzlichen Bestimmungen.

(2) Der Arbeitnehmer ist verpflichtet, dem Arbeitgeber jede Arbeitsunfähigkeit und deren voraussichtliche Dauer unverzüglich mitzuteilen. Dauert die Arbeitsunfähigkeit länger als drei Kalendertage, hat der Arbeitnehmer eine ärztliche Bescheinigung über das Bestehen der Arbeitsunfähigkeit sowie deren voraussichtliche Dauer spätestens am darauffolgenden Arbeitstag vorzulegen.

(3) Der Arbeitnehmer ist verpflichtet, die Art und Ursache der Erkrankung – soweit bekannt – anzugeben, wenn diese Schutzmaßnahmen des Arbeitgebers für andere Arbeitnehmer erfordert (zB eine Infektionsgefahr).

(4) Darüber hinaus ist die Ursache der Arbeitsunfähigkeit dem Arbeitgeber nur dann mitzuteilen, wenn der Arbeitnehmer von einem Dritten geschädigt worden ist, damit der Arbeitgeber Erstattungsansprüche prüfen und durchsetzen kann.

§ 9 Urlaub *[→ A. Rn. 149 ff.]*

(1) Der Arbeitnehmer erhält bei einer 5-Tage-Woche kalenderjährlich einen Urlaub von 20 Arbeitstagen als gesetzlichen Mindesturlaub. Der gesetzliche Mindesturlaub

muss im laufenden Kalenderjahr gewährt und genommen werden. Eine Übertragung des gesetzlichen Mindesturlaubs auf das nächste Kalenderjahr ist nur statthaft, wenn dringende betriebliche oder in der Person des Arbeitnehmers liegende Gründe dies rechtfertigen. Im Falle der Übertragung muss der gesetzliche Mindesturlaub in den ersten drei Monaten des folgenden Kalenderjahres gewährt und genommen werden, ansonsten verfällt er. (Konnte der gesetzliche Mindesturlaub wegen Arbeitsunfähigkeit des Arbeitnehmers nicht genommen werden, geht der gesetzliche Mindesturlaubsanspruch 15 Kalendermonate nach dem Ende des Urlaubsjahres, mithin am 31.3. des 2. Folgejahres unter.)[280]

(2) Der Arbeitnehmer erhält darüber hinaus kalenderjährlich einen übergesetzlichen Zusatzurlaub von weiteren zehn Arbeitstagen. Der übergesetzliche Zusatzurlaub ist innerhalb des Kalenderjahres zu nehmen. Eine Übertragung des übergesetzlichen Zusatzurlaubes auf das nächste Jahr ist nur statthaft, wenn dringende betriebliche oder in der Person des Arbeitnehmers liegende Gründe eine Übertragung erforderlich machen. Im Fall der Übertragung muss der Zusatzurlaub in den ersten drei Monaten des nachfolgenden Kalenderjahres gewährt und genommen werden. Ansonsten verfällt der Zusatzurlaub mit Ablauf des 31.3. des nachfolgenden Kalenderjahres auch dann, wenn er wegen Arbeitsunfähigkeit des Arbeitnehmers nicht genommen werden konnte. Eine Abgeltung des übergesetzlichen Urlaubsanspruches ist ausgeschlossen.

(3) Die Festlegung des Urlaubs erfolgt durch den Arbeitgeber auf Antrag und unter Berücksichtigung der Wünsche des Arbeitnehmers. Dringende betriebliche Gründe haben Vorrang. Ein Urlaubsantrag gilt mit schriftlicher Bestätigung durch den Arbeitgeber als bewilligt. Als bewilligt gilt zunächst der gesetzliche Mindesturlaub gem. Abs. 1 bis zu dessen vollständiger Erfüllung, erst danach der übergesetzliche Zusatzurlaub gem. Abs. 2. Während des Übertragungszeitraumes (1.1. bis 31.3. des nachfolgenden Kalenderjahres) gilt zunächst der übertragene gesetzliche Regelurlaub, danach der übertragene übergesetzliche Zusatzurlaub und erst danach der in dem betreffenden Kalenderjahr entstehende bzw. entstandene gesetzliche Regelurlaub und übergesetzliche Zusatzurlaub als bewilligt.

§ 10 Verschwiegenheitspflicht *[→ A. Rn. 155 ff.]*

(1) Der Arbeitnehmer verpflichtet sich, über alle Betriebs- und Geschäftsgeheimnisse und ihm während der Vertragsdauer bekannt gewordenen betrieblichen Vorgänge während der Dauer des Arbeitsverhältnisses Stillschweigen zu bewahren.

(2) Nach Beendigung des Arbeitsverhältnisses besteht die Verpflichtung zur Verschwiegenheit hinsichtlich nachfolgender Betriebs- und Geschäftsgeheimnisse fort:
......

(3) Die Verschwiegenheitspflicht erstreckt sich nicht auf solche Kenntnisse, die jedermann zugänglich sind oder deren Weitergabe für den Arbeitgeber ersichtlich ohne Nachteil ist. Im Zweifelsfall ist der Arbeitnehmer verpflichtet, eine Weisung des Arbeitgebers einzuholen, ob eine bestimmte Tatsache vertraulich zu behandeln ist oder nicht.

(4) Der Ausdruck „Betriebs- und/oder Geschäftsgeheimnisse" umfasst dabei alle geschäftlichen, betrieblichen und technischen Kenntnisse, Angelegenheiten, Vorgänge und Informationen, die nur einem beschränkten Personenkreis zugänglich sind und nach dem Willen des Arbeitgebers nicht der Allgemeinheit bekannt werden sollen.

---

[280] Vgl. zur Urlaubsregelung auch → A. Fn. 119.

§ 11 Arbeitnehmererfindungen

Für die Behandlung von Arbeitnehmererfindungen gelten die Vorschriften des Gesetzes über Arbeitnehmererfindungen vom 25.7.1957 in der jeweiligen Fassung sowie die hierzu ergangenen Richtlinien für die Vergütung von Arbeitnehmererfindungen im privaten Dienst.

§ 12 Ehrenamt [→ A. Rn. 200 f.]

(1) Der Arbeitnehmer verpflichtet sich, dem Arbeitgeber unverzüglich mitzuteilen, falls er ein Ehrenamt übernommen hat. Ferner hat er dem Arbeitgeber die Dauer mitzuteilen und ob die ehrenamtliche Tätigkeit in die Arbeitszeit fällt.

(2) Der Arbeitnehmer darf privaten Ehrenämtern während der Arbeitszeit nicht nachgehen. Übernimmt der Arbeitnehmer öffentliche Ehrenämter, verpflichtet er sich, seine Arbeitszeit nicht stärker, als zu der ordnungsgemäßen Erfüllung des öffentlichen Ehrenamtes erforderlich, in Anspruch zu nehmen.

(3) Der Arbeitnehmer verpflichtet sich, bei der Ausübung von Ehrenämtern, gleich welcher Art, auf die Interessen des Arbeitgebers in angemessener Weise Rücksicht zu nehmen.

§ 13 Nebenbeschäftigung [→ A. Rn. 163 ff.]

(1) Der Arbeitnehmer verpflichtet sich, eine Nebentätigkeit während der Dauer des Arbeitsverhältnisses nur mit vorheriger schriftlicher Zustimmung des Arbeitgebers zu übernehmen.

(2) Der Arbeitgeber hat die Entscheidung über den Antrag des Arbeitnehmers auf Zustimmung zur Nebentätigkeit innerhalb von zwei Wochen nach Eingang des Antrages zu treffen. Wird innerhalb dieser Frist eine Verweigerung der Zustimmung zur Nebentätigkeit nicht erklärt, gilt die Zustimmung als erteilt.

§ 14 Vertragsstrafe [→ A. Rn. 169 ff.]

Nimmt der Arbeitnehmer die Arbeit nicht oder verspätet auf, verweigert er vorübergehend unberechtigt die Arbeit, löst er das Arbeitsverhältnis ohne Einhaltung der maßgeblichen Kündigungsfrist auf oder wird der Arbeitgeber durch vertragswidriges Verhalten des Arbeitnehmers zur außerordentlichen Kündigung veranlasst, so hat der Arbeitnehmer dem Arbeitgeber eine Vertragsstrafe zu zahlen. Als Vertragsstrafe wird für den Fall der verspäteten Aufnahme der Arbeit, der vorübergehenden Arbeitsverweigerung und der Auflösung des Arbeitsverhältnisses ohne Einhaltung der maßgeblichen Kündigungsfrist ein sich aus der Bruttomonatsvergütung nach den vorstehenden §§ 3, 4 zu errechnendes Bruttotagegeld für jeden Tag der Zuwiderhandlung vereinbart, insgesamt jedoch nicht mehr als das in der gesetzlichen Mindestkündigungsfrist ansonsten zu zahlende Arbeitsentgelt. Im Übrigen beträgt die Vertragsstrafe eine Bruttomonatsvergütung in Höhe von ...... EUR.

§ 15 Beendigung des Arbeitsverhältnisses [→ A. Rn. 176 ff.]

(1) Während der Probezeit gemäß § 1 Abs. 2 kann das Arbeitsverhältnis mit einer Kündigungsfrist von 14 Tagen gekündigt werden.

(2) Nach Ablauf der Probezeit beträgt die Kündigungsfrist ...... Monate zum Quartalsende.

(3) Jede gesetzliche Verlängerung der Kündigungsfrist zu Gunsten des Arbeitnehmers gilt auch zu Gunsten des Arbeitgebers.

§ 16 Beendigung des Arbeitsverhältnisses mit Erreichen der Regelaltersgrenze [→ A. Rn. 187 ff.]

(1) Das Arbeitsverhältnis endet spätestens, ohne dass es einer Kündigung bedarf, mit Ablauf des Monats, in dem der Arbeitnehmer die Regelaltersgrenze der gesetzlichen Rentenversicherung erreicht und an den unmittelbar anschließend der Arbeitnehmer Anspruch auf eine gesetzliche Regelaltersrente hat.

(2) Die Regelung zur Altersgrenze in Abs. 1 tangiert nicht das jeweilige Recht der Arbeitsvertragsparteien zur ordentlichen Kündigung des Arbeitsverhältnisses. Die Regelung dient einer sachgerechten, berechenbaren Personal- und Nachwuchsplanung und einer in der Altersstruktur ausgewogenen Personalverwaltung.

§ 17 Ausschlussfristen [→ A. Rn. 245 ff.]

(1) Alle beiderseitigen Ansprüche aus dem bestehenden Arbeitsverhältnis müssen innerhalb einer Frist von drei Monaten nach Fälligkeit schriftlich gegenüber der anderen Vertragspartei geltend gemacht werden, ansonsten verfallen sie.

(2) Lehnt eine Vertragspartei den Anspruch schriftlich ab oder erklärt sie sich nicht innerhalb von zwei Wochen nach der Geltendmachung des Anspruches, so verfällt der Anspruch, wenn er nicht innerhalb einer weiteren Frist von drei Monaten nach der Ablehnung oder nach dem Fristablauf gerichtlich geltend gemacht wird.

(3) Ansprüche, die auf strafbaren Handlungen oder unerlaubten Handlungen beruhen, unterliegen nicht diesen Ausschlussfristen. Diese Ausschlussfristen beziehen sich darüber hinaus nicht auf Ansprüche, die auf vorsätzlichen oder grob fahrlässigen Pflichtverletzungen des Arbeitgebers oder des Arbeitnehmers beruhen.

§ 18 Schriftformklausel [→ A. Rn. 250 ff.]

(1) Änderungen und Ergänzungen des Arbeitsvertrages bedürfen der Schriftform. Dies gilt auch für ein Abgehen.

(2) Zur Wahrung der Schriftform reicht die Textform.

(3) Das Schriftformerfordernis gilt nicht für eine individuelle vertragliche Abrede zwischen Arbeitgeber und Arbeitnehmer, sofern diese Individualabrede nicht nur die Änderung des Arbeitsvertrages, sondern auch das Abgehen vom Schriftformerfordernis für die konkrete individuelle Vertragsänderung betrifft.

§ 19 Salvatorische Klausel [→ A. Rn. 262 f.]

Sollte eine Bestimmung dieses Vertrages und/oder seine Änderungen bzw. Ergänzungen unwirksam sein, so wird dadurch die Wirksamkeit des Vertrages im Übrigen nicht berührt. Die unwirksame Bestimmung wird durch eine wirksame ersetzt, die dem wirtschaftlich Gewollten am nächsten kommt.

§ 20 Vertragsaushändigung

Arbeitgeber und Arbeitnehmer erklären und versichern durch ihre Unterschrift, jeweils ein Exemplar dieses Vertrages im Original wechselseitig unterzeichnet erhalten zu haben.

......, den ......

Arbeitgeber   Arbeitnehmer

8. Geringfügige Beschäftigung

a) Gesetzliche Vorgaben

339 Bei der geringfügigen Beschäftigung gelten besondere Regelungen: Arbeitsrechtlich handelt es sich um ein **Teilzeitarbeitsverhältnis, allerdings mit einer geringen Entlohnung bzw. einem relativ geringen Umfang.** Nach § 40a Abs. 2 EStG kann der Arbeitgeber unter Verzicht auf die Vorlage einer Lohnsteuerkarte die Lohnsteuer einschließlich Solidaritätszuschlag und Kirchensteuer für das Arbeitsentgelt aus geringfügig entlohnter Beschäftigung[281] – auch im Privathaushalt – mit einem einheitlichen Pauschsteuersatz in Höhe von insgesamt 2% des Arbeitsentgeltes erheben, wenn er Beiträge zur Rentenversicherung nach § 168 Abs. 1 Nr. 1b oder 1c (geringfügig versicherungspflichtig Beschäftigte) oder nach § 172 Abs. 3 oder Abs. 3a (versicherungsfrei geringfügig Beschäftigte) SGB VI zu entrichten hat. Für die Möglichkeit der Steuerpauschalierung ist unerheblich, ob der Arbeitnehmer in der Rentenversicherung versicherungsfrei ist oder nach § 5 Abs. 2 S. 2 SGB VI den Verzicht auf die Versicherungsfreiheit erklärt und von der Möglichkeit der Aufstockung nach § 168 Abs. 1 Nr. 1b oder 1c SGB VI Gebrauch gemacht hat. Wegen der bestehenden Möglichkeit, auf die Versicherungsfreiheit in der gesetzlichen Rentenversicherung zu verzichten und von der Möglichkeit der Aufstockung Gebrauch zu machen, kann es angezeigt sein, in den Arbeitsverträgen geringfügig Beschäftigter auf die Möglichkeit des Verzichts der Versicherungsfreiheit hinzuweisen und den Vertrag um folgende Klausel zu ergänzen:

b) Muster

aa) Muster: Geringfügige Beschäftigung[282] *[→ A. Rn. 339, 341]*

340

§ ...... **Steuer und Sozialversicherung**

Bei der Tätigkeit handelt es sich um eine Teilzeitbeschäftigung mit geringfügiger Vergütung. Die Lohnsteuer wird pauschaliert durch den Arbeitgeber übernommen. Der Arbeitgeber weist den Arbeitnehmer darauf hin, dass er in der gesetzlichen Rentenversicherung die Stellung eines versicherungspflichtigen Arbeitnehmers erwerben kann, wenn er nach § 5 Abs. 2 S. 2 SGB VI auf die Versicherungsfreiheit durch schriftliche Erklärung gegenüber dem Arbeitgeber verzichtet. Der Verzicht kann nur für die Zukunft und, sofern der Arbeitnehmer mehrere geringfügige Beschäftigungen ausübt, nur einheitlich für alle Beschäftigungen erklärt werden. Erklärt der Arbeitnehmer den Verzicht, so ist er verpflichtet, den gesetzlichen Pauschalbetrag zur Rentenversicherung von ...... % des Arbeitsentgeltes auf den jeweils geltenden Rentenversicherungsbeitrag aufzustocken. Durch diese eigenen Zuzahlungen erwirbt der Arbeitnehmer volle Leistungsansprüche aus der Rentenversicherung.

341

Hinweis:

Die Aufnahme eines solchen Hinweises ist auch deswegen empfehlenswert, weil § 2 Abs. 1 S. 4 NachwG dem Arbeitgeber diese Verpflichtung auferlegt.

bb) Muster: Jobsharing-Arbeitsverhältnis *[→ A. Rn. 328 ff.]*

342

Zwischen der
...... GmbH, ... *(Anschrift)*

---

[281] Zum Begriff der geringfügig entlohnten Beschäftigung iSv § 8 SGB IV vgl. ausführlich: Schaub/*Linck*, ArbR-HdB, § 44 Rn. 5 ff. mzN.
[282] Vgl. auch *Bauer/Lingemann/Diller/Haußmann*, Anwalts-Formularbuch Arbeitsrecht, M 6.3.1. Beachte aber die Gesetzesänderung zum 1.1.2013 durch Art. 1 des G v. 5.12.2012 (BGBl. I 247). Danach sind geringfügig Beschäftigte gem. § 8 Abs. 1 Nr. 1 SGB IV zukünftig versicherungspflichtig in der gesetzl. Rentenversicherung. Es besteht allein nach § 6 Abs. 1b SGB VI die Möglichkeit, sich auf Antrag von der Versicherungspflicht befreien zu lassen. Damit wird das bisherige Regel-Ausnahme-Verhältnis für geringfügig Beschäftigte iSd § 8 Abs. 1 Nr. 1 SGB IV in Zukunft umgekehrt.

und
– nachfolgend Arbeitgeber genannt –

Frau/Herrn ......, ... *(Anschrift)*

– nachfolgend Arbeitnehmer genannt –

wird folgender Arbeitsvertrag nach dem Jobsharing-System (dem System der Arbeitsplatzteilung) vereinbart:

§ 1 Einstellung

(1) Der Arbeitnehmer wird mit Wirkung vom ...... als ...... im Jobsharing-System eingestellt (nach dem System der Arbeitsplatzteilung).

(2) Arbeitsort ist ......

(3) Der Arbeitgeber behält sich vor, dem Arbeitnehmer auch an einem anderen Arbeitsort eine andere oder zusätzliche, der Vorbildung oder den Fähigkeiten und Kenntnissen des Arbeitnehmers entsprechende zumutbare und gleichwertige Tätigkeit zu übertragen, wenn dies aus betrieblichen oder in der Person oder in dem Verhalten des Arbeitnehmers liegenden Gründen geboten erscheint.

§ 2 Besetzungspflicht und Vertretung

(1) Der Arbeitnehmer verpflichtet sich, während der betriebsüblichen Arbeitszeit den zugewiesenen Arbeitsplatz in Abstimmung mit dem anderen am gleichen Arbeitsplatz beschäftigten Arbeitnehmer ständig zu besetzen. Eine gleichzeitige Beschäftigung ist ausgeschlossen.

(2) Erbringt ein Teilnehmer an der Arbeitsplatzteilung seine Arbeitsleistung nicht (zB wegen Urlaub, Krankheit usw.), so stellt der Arbeitgeber einen Vertreter. Dies gilt dann nicht, wenn die übrigen Arbeitnehmer und Teilnehmer an der Arbeitsplatzteilung der Vertretung im Einzelfall zugestimmt haben. Eine Pflicht zur Vertretung besteht auch aus dringenden betrieblichen Gründen, soweit diese im Einzelfall zumutbar ist. Die Teilnehmer an der Arbeitsplatzteilung können die Vertretung im Einzelfall regeln.

§ 3 Abstimmung

(1) Die am gleichen Arbeitsplatz beschäftigten Arbeitnehmer haben sich über die Aufteilung der Arbeitszeit im Rahmen der betriebsüblichen Arbeitszeit untereinander abzustimmen. Sie haben jeweils für einen Zeitraum von ...... einen Arbeitsplan nach Maßgabe von § 2 Abs. 1 vorzulegen.

(2) Die Abstimmung hat so zu erfolgen, dass jeder Teilnehmer an der Arbeitsplatzteilung im Laufe eines Zeitraumes von ...... (1 bis 3) Monaten seinen vertraglich vereinbarten Zeitanteil erreicht. Die Übertragung von Zeitguthaben oder Zeitschulden in den nächsten Abrechnungszeitraum ist nur bis zu zehn Stunden zulässig. Größere Zeitüberhänge werden nur mit Zustimmung des Arbeitgebers übertragen.

(3) Können sich die am Job-Sharing beteiligten Arbeitnehmer über die Verteilung der Arbeitszeit nicht einigen, kann der Arbeitgeber die Verteilung verbindlich regeln.

(4) Zeiten, in denen ein Arbeitnehmer den/die andere(n) am gleichen Arbeitsplatz beschäftigten Arbeitnehmer vertreten muss, weil diese(r) seine/ihre Pflichten nicht erfüllen oder wegen Urlaub, Krankheit oder aus anderen Gründen zeitweilig nicht erfüllen kann/können, werden auf die vertraglich vereinbarte Arbeitszeit nicht angerechnet.

(5) Über- und Mehrarbeit liegt nur vor, wenn die vertraglich vereinbarte Arbeitszeit und die Vertretungsarbeitszeit die arbeitsvertragliche Wochenarbeitszeit für Vollzeit-

arbeitnehmer bei dem Arbeitgeber übersteigt und die Über- und Mehrarbeit arbeitgeberseits angeordnet und vereinbart worden ist.

§ 4 Arbeitszeit

Die vertragliche Arbeitszeit beträgt ...... Stunden in der Woche.

§ 5 Vergütung

(1) Der Arbeitnehmer erhält eine Vergütung in Höhe von ...... EUR monatlich. Arbeitszeit, die der Arbeitnehmer aufgrund seiner Verpflichtung nach § 2 Abs. 2 dieses Vertrages leistet, wird zusätzlich vergütet. Die Vergütung beträgt ...... EUR je geleisteter Stunde.

(2) Die Auszahlung der Vergütung erfolgt am Schluss eines jeden Kalendermonats. Sind Vertretungszeiten abzurechnen, wird am Schluss des Kalendermonats ein angemessener Vorschuss gezahlt. Die Abrechnung und Auszahlung erfolgt bis zum 10. des Folgemonats.

343 **Hinweis:**

Auch hier gilt, dass der Vertrag entsprechend der allgemeinen Arbeitsvertragsbedingungen um die von den Parteien gewünschten Klauseln ergänzt werden kann und muss. So können sich Regelungen zum Urlaub, zur Kündigung, zur Entgeltfortzahlung im Krankheitsfall etc. anschließen.

Jobsharing kommt in **zwei Formen** vor: Der Arbeitsplatz kann zeitlich aufgeteilt werden, wobei die Aufgabenprofile der Arbeitnehmer gleich sind, der Arbeitsplatz kann aber auch funktionell aufgeteilt werden, so dass ein Arbeitnehmer funktional beschränkte Aufgaben übernimmt.

9. Sexuelle Dienstleistung

a) Gesetzliche Vorgaben

344 Das Gesetz zur Regelung der Rechtsverhältnisse der Prostituierten (ProstG)[283] ist seit dem 1.1.2002 in Kraft. Folgende **vier Punkte** sind darin geregelt:
- Verträge über sexuelle Dienstleistungen sind nicht sittenwidrig. Dies gilt auch für entsprechende Arbeitsverhältnisse.
- Prostituierte können nicht verpflichtet werden, sexuelle Dienstleistungen zu erbringen.
- Das eingeschränkte Weisungsrecht steht der Annahme einer Beschäftigung iSd Sozialversicherungsrechts nicht entgegen.
- Strafbar ist nicht mehr die „Förderung der Prostitution", sondern deren Ausbeutung (§ 180a StGB).

345 Die Arbeitsverhältnisse im Bereich sexueller Dienstleistungen kann folgender Musterarbeitsvertrag[284] regeln:

b) Muster: Arbeitsvertrag über sexuelle Dienstleistungen *[→ A. Rn. 344 f.]*

346 Zwischen der
95 ...... GmbH, ... *(Anschrift)*

– nachfolgend Arbeitgeber genannt –

und

---

[283] Vom 20.12.2001, BGBl. I 3983.
[284] Entwickelt von der Gewerkschaft verdi AuR 2005, 321 f.

Frau ......, ... (Anschrift)

– nachfolgend Arbeitnehmerin genannt –

wird folgender Vertrag über sexuelle Dienstleistungen vereinbart:

§ 1 Beginn, Dauer und Kündigung des Arbeitsverhältnisses

(1) Das Arbeitsverhältnis beginnt am ......

(2) Die ersten sechs Wochen gelten als Probezeit. Während dieser Zeit kann das Arbeitsverhältnis mit einer Frist von zwei Wochen gekündigt werden.

(3) Das Arbeitsverhältnis wird auf unbestimmte Zeit geschlossen. Für die Kündigungsfrist gilt § 622 BGB.

Oder:

(3) Das Arbeitsverhältnis wird befristet für ...... *(12 Monate)* bis zum ...... abgeschlossen. Die Befristung beruht auf § 14 Abs. 2 TzBfG.

(4) Das Arbeitsverhältnis unterliegt der Sozialversicherungspflicht. Der Arbeitgeber wird die Arbeitnehmerin bei den Trägern der Sozialversicherung anmelden und die monatlich fällig werdenden Beträge abführen.

Oder:

(4) Die Arbeitnehmerin wird geringfügig beschäftigt. Aus diesem Grund unterliegt das Beschäftigungsverhältnis nicht der Sozialversicherungspflicht.

§ 2 Tätigkeit

(1) Die Arbeitnehmerin wird eingestellt als ...... *(Bezeichnung der Tätigkeit, zB Sexarbeiter).*

Oder:

im ...... *(Bereich sexueller Dienstleistungen).*

(2) Die Tätigkeit unterfällt dem Gesetz zur Regelung der Rechtsverhältnisse der Prostituierten vom 1.1.2002. Die Arbeitnehmerin ist danach nicht verpflichtet, sexuelle Handlungen vorzunehmen oder an sich vornehmen zu lassen.

(3) Die Arbeitnehmerin übt ihre Tätigkeit in ...... *(Ort/Adresse/Gebäude etc.)* aus.

Zusätzlich möglich:

(4) Die Arbeitnehmerin kann zu folgenden anderen Betriebsstätten des Arbeitgebers versetzt werden:

...... *(Bezeichnung der Orte).*

§ 3 Arbeitszeit

(1) Die regelmäßige Arbeitszeit beträgt ...... Stunden in der Woche.

(2) Die Arbeitszeit verteilt sich auf höchstens fünf Tage in der Woche.

(3) Beginn und Ende der täglichen Arbeitszeit legt der Arbeitgeber in einem Dienstplan fest, der für jede Woche (Montag – Sonntag) 14 Tage im Voraus der Arbeitnehmerin bekannt gegeben wird.

Zusätzlich möglich:

(4) Mindestens jedes dritte Wochenende (Sonnabend und Sonntag) ist freizuhalten.

§ 4 Vergütung

(1) Grundvergütung mit Umsatzbeteiligung

Die Arbeitnehmerin erhält als Vergütung ...... EUR brutto monatlich. Zusätzlich erhält sie ...... % von dem auf ihre Tätigkeit zurückzuführenden Umsatz (oder für die Bedienung jedes Kunden einen einmaligen Betrag von ...... EUR brutto).

Oder:

(1) Umsatzbeteiligung mit Fixum

Die Arbeitnehmerin erhält als Vergütung ...... % von dem auf ihre Tätigkeit zurückzuführenden Umsatz, mindestens jedoch monatlich ...... EUR brutto. Der Arbeitgeber unterrichtet die Arbeitnehmerin zum Ende eines jeden Monats über die von ihr erzielten Umsätze. Die Arbeitnehmerin ist berechtigt, zur Überprüfung der auf ihre Tätigkeit zurückzuführenden Umsätze in die Geschäftsbücher Einsicht zu nehmen. Die Arbeitnehmerin kann einen Steuerberater oder Rechtsanwalt mit der Einsichtnahme beauftragen. Der Arbeitgeber übernimmt hierfür die Kosten.

Oder:

(1) Monatsvergütung

Die Arbeitnehmerin erhält für ihre Tätigkeit eine monatliche Bruttovergütung von ...... EUR. Die Vergütung ist jeweils am Monatsende fällig.

(2) Preise für Dienstleistungen, Speisen, Getränke ua setzt der Arbeitgeber fest. Die Arbeitnehmerin ist nicht berechtigt, abweichende Vereinbarungen mit dem Kunden zu treffen. Die Annahme von Trinkgeldern bleibt hiervon unberührt.

(3) Der Arbeitgeber hat monatlich über das Arbeitsentgelt eine Abrechnung zu erteilen (§ 108 GewO). Die Grundvergütung wird bargeldlos auf eine von der Arbeitnehmerin umgehend anzugebende Bankverbindung gezahlt.

§ 5 Arbeitsverhinderung

(1) Die Arbeitnehmerin ist verpflichtet, den Arbeitgeber unverzüglich zu unterrichten, wenn sie an der Arbeitsleistung verhindert ist.

(2) Dauert eine Arbeitsunfähigkeit länger als drei Kalendertage, hat die Arbeitnehmerin eine ärztliche Bescheinigung über das Bestehen der Arbeitsunfähigkeit und deren voraussichtlicher Dauer spätestens am darauffolgenden Arbeitstag vorzulegen.

§ 6 Fortzahlung der Vergütung bei Arbeitsverhinderung

(1) Ist die Arbeitnehmerin in Folge krankheitsbedingter Arbeitsunfähigkeit an der Arbeitsleistung verhindert, richtet sich die Fortzahlung der Vergütung nach dem Entgeltfortzahlungsgesetz. Ist die Vergütung erfolgsabhängig oder enthält sie variable Bestandteile, berechnet sich die Entgeltfortzahlung nach dem Durchschnitt der letzten drei Monate vor Beginn der Arbeitsunfähigkeit.

(2) In den übrigen Fällen einer persönlichen Arbeitsverhinderung gilt § 616 BGB.

§ 7 Erholungsurlaub

(1) Die Arbeitnehmerin erhält einen Erholungsurlaub von 30 Arbeitstagen je Kalenderjahr.

(2) Im Übrigen gilt das Bundesurlaubsgesetz.

§ 8 Sonderzahlung

Die Arbeitnehmerin erhält als Sonderzahlung pro Kalenderjahr eine Monatsvergütung, die je zur Hälfte als Weihnachtsgeld mit den Bezügen für den Monat November und als Urlaubsgeld mit den Bezügen für den Monat Mai ausgezahlt wird. Im Kalenderjahr in das Arbeitsverhältnis eintretende und aus dem Arbeitsverhältnis ausscheidende Arbeitnehmerinnen erhalten je Monat des Bestandes des Arbeitsverhältnisses 1/12 der Sonderzahlung. Ist die Vergütung erfolgsabhängig oder enthält sie variable Bestandteile, berechnet sich die Sonderzahlung nach dem Durchschnitt des vorherigen Kalenderjahres. Hat das Arbeitsverhältnis noch nicht zwölf Monate bestanden, wird die tatsächliche Dauer des Arbeitsverhältnisses zu Grunde gelegt.

§ 9 Gesundheitsschutz

Die Arbeitnehmerin hat in jedem Monat Anspruch auf bezahlte Freistellung für eine ärztliche Untersuchung nach dem Infektionsschutzgesetz. Evtl. Kosten der Untersuchung trägt der Arbeitgeber. Besteht Anlass für die Annahme akuter Erkrankungen, erstreckt sich der Anspruch auch auf mehrere Untersuchungen im Monat.

§ 10 Nebentätigkeit

Will die Arbeitnehmerin einer entgeltlichen Nebentätigkeit im Bereich sexueller Dienstleistungen nachgehen, so bedarf sie hierzu der vorherigen Zustimmung des Arbeitgebers.

§ 11 Schlussbestimmungen

(1) Änderungen dieses Vertrages bedürfen der Schriftform.

(2) Soweit ein Tarifvertrag für die Branche abgeschlossen werden sollte, werden die Parteien prüfen, ob und inwieweit dieser Arbeitsvertrag dessen Regelungen angepasst wird.

......, den ......

Arbeitgeber   Arbeitnehmerin

10. Widerspruch gegen Weiterbeschäftigung

a) Gesetzliche Vorgaben

Nach § 15 Abs. 5 TzBfG gilt ein Arbeitsverhältnis, das nach Ablauf der Zeit, für die es eingegangen ist, mit Wissen des Arbeitgebers fortgesetzt wird, als auf unbestimmte Zeit verlängert, wenn der Arbeitgeber nicht unverzüglich widerspricht. Ein Widerspruch des Arbeitgebers kann bereits vor dem vereinbarten Vertragsende erklärt werden. Das ist der Fall, wenn der Arbeitgeber dem Arbeitnehmer kurz vor Ablauf der Vertragslaufzeit einen befristeten Anschlussvertrag anbietet. Dies hindert den Eintritt der Fiktion eines unbefristeten Arbeitsverhältnisses grundsätzlich auch dann, wenn der Arbeitnehmer nach dem Ablauf der Vertragslaufzeit zunächst weiterbeschäftigt wird, der angebotene befristete Arbeitsvertrag jedoch letztendlich nicht zustande kommt.[285]

b) Muster: Widerspruch gegen Weiterbeschäftigung [→ A. Rn. 347]

Unternehmen ......

Sehr geehrte(r) Frau/Herr ......,

das zwischen Ihnen und uns befristet bestehende Arbeitsverhältnis läuft mit Ablauf des ...... aus. Es ist unsererseits nicht beabsichtigt, das Arbeitsverhältnis zu verlän-

---
[285] BAG 5.5.2004 – 7 AZR 629/03, NZA 2004, 1346.

> gern. Einem weiteren Tätigwerden nach Ablauf der Befristung, also ab dem ......
> widersprechen wir vorsorglich hiermit bereits jetzt und dürfen der Klarheit halber
> betonen, dass das Arbeitsverhältnis mit Ablauf des ...... sein Ende finden wird.
>
> Mit freundlichen Grüßen

11. Prozessrechtsverhältnis/Weiterbeschäftigung nach Ablauf der Kündigungsfrist

a) Gesetzliche Vorgaben

349 Bei prozessualen Fragen betreffend die Wirksamkeit von Befristungen geht es insbesondere darum, **formelle Fehler zu vermeiden**. Für Arbeitgeber finden sich hier potenziell erhebliche Fehlerquellen, die dazu führen können, dass es statt des Ablaufes eines befristeten Arbeitsverhältnisses zur Entstehung eines unbefristeten Arbeitsverhältnisses kommt.

350 Prozessual kann im Rahmen des Kündigungsschutzverfahrens für den Arbeitgeber die Situation eintreten, dass er erstinstanzlich verurteilt wird, den Arbeitnehmer auch nach Ablauf der Kündigungsfrist weiter zu beschäftigen. Der Arbeitgeber hat hierzu **drei Möglichkeiten:** Er kann ein neues befristetes Arbeitsverhältnis abschließen, eine Zweckbefristung beziehungsweise ein reines Prozessrechtsverhältnis vereinbaren.[286] Für den Fall der Vereinbarung befristeter Arbeitsverhältnisse gilt es zu beachten, dass die Befristung in jedem Fall der Schriftform bedarf. Anderenfalls besteht die Gefahr, dass der Arbeitgeber zwar ein Kündigungsschutzverfahren erfolgreich gestalten kann, aber ein neues unbefristetes Arbeitsverhältnis wegen unwirksamer, weil nicht schriftlich festgehaltener Befristung, entstanden ist.[287]

b) Muster

aa) Muster: Neuer befristeter Arbeitsvertrag *[→ A. Rn. 349 f., 352, 353]*

351

> Zwischen der
> ...... GmbH, ... *(Anschrift)*
>
> – nachfolgend Arbeitgeber genannt –
>
> und
> Frau/Herrn ......, ... *(Anschrift)*
>
> – nachfolgend Arbeitnehmer genannt –
>
> wird zur Regelung der Weiterbeschäftigung nach Ablauf der Kündigungsfrist folgende Vereinbarung getroffen:
>
> (1) Zwischen den Parteien ist unter dem Aktenzeichen ...... ein Verfahren vor dem Arbeitsgericht/Landesarbeitsgericht ...... über die Wirksamkeit einer arbeitgeberseitigen Kündigung vom ...... zum ...... anhängig.
>
> (2) Die Parteien vereinbaren, dass der Arbeitnehmer in einem neuen, zweckbefristeten Arbeitsvertrag nach Ablauf der Kündigungsfrist bis zum (rechtskräftigen) Abschluss des Kündigungsschutzverfahrens weiterbeschäftigt wird.
>
> (3) Die materiellen Arbeitsbedingungen dieses neuen, zweckbefristeten Arbeitsvertrages richten sich nach den Bedingungen des Arbeitsvertrages vom ...... *(Bezeichnung des früheren Arbeitsvertrages).*
>
> ......, ...
>
> Arbeitgeber   Arbeitnehmer

---

[286] Schaub/*Koch,* ArbR.-HdB, § 40 Rn. 60 mwN.
[287] BAG 22.10.2003 – 7 AZR 113/03, NZA 2004, 1275.

bb) Muster: Auflösende Bedingung [→ A. Rn. 349 f., 351, 353]

Zwischen der
...... GmbH, ... *(Anschrift)*

– nachfolgend Arbeitgeber genannt –

und
Frau/Herrn ......, ... *(Anschrift)*

– nachfolgend Arbeitnehmer genannt –

wird zur Regelung der Weiterbeschäftigung nach Ablauf der Kündigungsfrist folgende Vereinbarung getroffen:

(1) Zwischen den Parteien ist unter dem Aktenzeichen ...... ein Verfahren vor dem Arbeitsgericht/Landesarbeitsgericht ...... über die Wirksamkeit einer arbeitgeberseitigen Kündigung vom ...... zum ...... anhängig.

(2) Die Parteien vereinbaren, dass das bisherige Arbeitsverhältnis, das am ...... begonnen hat und dessen Rechtswirksamkeit Gegenstand des unter Abs. 1 genannten Verfahrens ist, auflösend bedingt bis zum rechtskräftigen Abschluss des unter Abs. 1 bezeichneten Kündigungsschutzverfahrens fortgeführt wird. Für den Fall, dass die soziale Rechtfertigung der Kündigung bestätigt wird, endet das Arbeitsverhältnis mit Ablauf der rechtskräftigen Entscheidung, für den Fall, dass die Kündigung für sozial ungerechtfertigt erachtet wird, wird das Arbeitsverhältnis als unbefristetes fortgesetzt.

(3) Die materiellen Arbeitsbedingungen für den Zeitraum der auflösenden Bedingung richten sich nach den bisherigen arbeitsvertraglichen Regelungen.

......, den ......

Arbeitgeber   Arbeitnehmer

352
⌾ 98

cc) Muster: Prozessrechtsverhältnis [→ A. Rn. 349 f., 351, 352]

Arbeitgeber ......
...... *(Anschrift)*

Sehr geehrte(r) Frau/Herr ......,

das Arbeitsgericht ...... hat uns mit Urteil vom ...... verurteilt, Sie bis zum rechtskräftigen Abschluss des Kündigungsschutzverfahrens zu unveränderten Bedingungen weiterzubeschäftigen. Mit Schreiben vom ...... haben Sie uns gegenüber die Zwangsvollstreckung aus diesem vorläufig vollstreckbaren erstinstanzlichen Urteil (§ 62 ArbGG) angedroht.

Wir dürfen klarstellen: Wir werden Sie weiterbeschäftigen, aber allein und ausschließlich zur Vermeidung der Zwangsvollstreckung. Arbeitsvertragliche Bindungen zwischen uns, gleich welcher Art, werden dadurch nicht begründet.

Mit freundlichen Grüßen

353
⌾ 99

12. Wiedereingliederungsvertrag nach § 74 SGB V

a) Gesetzliche Vorgaben

Wenn eine **stufenweise Wiedereingliederung** des Arbeitnehmers in den Arbeitsprozess medizinisch sinnvoll ist, können Arbeitgeber und Arbeitnehmer ein Wiedereingliederungsverhältnis nach § 74 SGB V vereinbaren. Ein Rechtsanspruch des Arbeitnehmers besteht nicht. Andererseits kann aber auch der Arbeitgeber vom Arbeitnehmer nicht verlangen, dass dieser im Rahmen eines Wiedereingliederungsver-

354

hältnisses die Arbeitsleistung wieder aufnimmt. Hintergrund ist, dass das Wiedereingliederungsverhältnis eine stufenweise Wiedereingliederung ermöglichen soll, der Arbeitnehmer aber insgesamt während der Dauer des Wiedereingliederungsverhältnisses weiterhin arbeitsunfähig ist, da er die volle arbeitsvertraglich geschuldete Arbeitsleistung nicht erbringen kann.[288]

355 Es bestehen **zwei vertragliche Gestaltungsmöglichkeiten:** Zum einen eine arbeitsvertragliche Abrede, zum anderen aber die Vereinbarung eines Wiedereingliederungsplanes. Der Wiedereingliederungsplan gibt den ärztlich bescheinigten Ablauf der Wiedereingliederung wieder. Die ärztliche Bescheinigung enthält außerdem eine Prognose darüber, ob und wann mit einer Wiederherstellung der vollen Arbeitsfähigkeit zu rechnen ist. Ein solcher Wiedereingliederungsplan ist sinnvoll, da der Arbeitgeber entscheiden kann, ob ihm unter diesen Prämissen eine Beschäftigung des Arbeitnehmers zumutbar ist oder nicht.[289]

b) Muster

aa) Muster: Nebenabrede zum Arbeitsvertrag *[→ A. Rn. 354 f., 357]*

356

Zwischen der
...... GmbH, ... *(Anschrift)*

– nachfolgend Arbeitgeber genannt –

und
Frau/Herrn ......, ... *(Anschrift)*

– nachfolgend Arbeitnehmer genannt –

wird folgende Nebenabrede zum Arbeitsvertrag vereinbart:

(1) Der Arbeitnehmer ist in Folge Krankheit an der Erfüllung seiner arbeitsvertraglichen Pflichten verhindert und fortgehend arbeitsunfähig erkrankt.

(2) Der Arbeitnehmer wird im Rahmen einer stufenweisen Wiedereingliederung nach § 74 SGB V von ...... bis ...... mit einer Arbeitszeit von ...... Stunden wöchentlich am bisherigen Arbeitsplatz beschäftigt.

(3) Ein Anspruch auf Vergütung besteht nicht.[290]

(4) Der Arbeitsvertrag im Übrigen bleibt von dieser Nebenabrede unberührt.

......, den ......

Arbeitgeber   Arbeitnehmer

---

[288] Vgl. ausführlich Schaub/*Linck*, ArbR-HdB, § 98 Rn. 18 mwN.
[289] BAG 13.6.2006 – 9 AZR 229/05, NZA 2007, 91.
[290] Es besteht weiterhin Arbeitsunfähigkeit, so dass ein Anspruch auf Vergütung nicht besteht, vgl. im Einzelnen: Schaub/*Linck*, ArbR-HdB, § 98 Rn. 18 mwN.

bb) Muster: Maßnahmen zur stufenweisen Wiedereingliederung in das Erwerbsleben (Wiedereingliederungsplan)[291] [→ A. Rn. 354 f., 356]

Maßnahmen zur stufenweisen Wiedereingliederung in das Erwerbsleben (Wiedereingliederungsplan) 20 357

Krankenkasse bzw. Kostenträger
Name, Vorname des Versicherten / geb. am
Kassen-Nr. / Versicherten-Nr.
Betriebsstätten-Nr. / Arzt-Nr. / Datum

Zuletzt ausgeübte Tätigkeit: _____

Wieviel Stunden täglich: _____

Durch eine stufenweise Wiederaufnahme seiner Tätigkeit kann der o. g. Versicherte schonend wieder in das Erwerbsleben eingegliedert werden. Nach meiner ärztlichen Beurteilung empfehle ich mit Einverständnis des Versicherten und nach dessen Rücksprache mit dem Arbeitgeber folgenden Ablauf für die stufenweise Wiederaufnahme der beruflichen Tätigkeit:

vom	bis	Stunden täglich	Art der Tätigkeit (ggf. Einschränkungen)

Zeitpunkt der Wiederherstellung der vollen Arbeitsfähigkeit absehbar?

☐ ja, ggf. wann _____ ☐ z. Z. nicht absehbar

Für die Erstellung des ärztlichen Wiedereingliederungsplanes ist die Nr. 01622 EBM berechnungsfähig

Vertragsarztstempel / Unterschrift des Arztes

Erklärung des Versicherten
Mit dem vorgeschlagenen Wiedereingliederungsplan bin ich einverstanden. Falls nachteilige gesundheitliche Folgen erwachsen, kann nach Absprache mit dem behandelnden Arzt eine Anpassung der Belastungseinschränkungen vorgenommen oder die Wiedereingliederung abgebrochen werden.

Datum _____   Unterschrift des Versicherten

Erklärung des Arbeitgebers
Mit dem vorgesehenen Wiedereingliederungsplan bin ich einverstanden   ☐ ja   ☐ nein

☐ nur unter folgenden Voraussetzungen:

Wird für die geleisteten Stunden ein (Teil-)Arbeitsentgelt gezahlt   Datum
☐ ja ☐ nein

Stempel und Unterschrift des Arbeitgebers

Ausfertigung für den Arbeitgeber   Dieses Formular wurde mittels Laserdrucker in der Arztpraxis erzeugt   KBV-PRF.NR. Muster 20a/E (4.2009)

---

[291] Das Muster ist dem Bundesmanteltarifvertrag Ärzte entnommen.

V. Dienstverträge

1. Grundlagen

358 Dienstverträge unterscheiden sich von Arbeitsverträgen insbesondere dadurch, dass die arbeitsrechtlichen Schutzvorschriften (KSchG, EFZG, BUrlG etc.) regelmäßig keine Anwendung finden. Für Dienstnehmer gelten bis auf wenige Ausnahmen die normalen zivilrechtlichen Vorschriften. Das führt zwangsläufig dazu, dass bei der Gestaltung der Dienstverträge für den jeweiligen Einzelfall Besonderheiten zu berücksichtigen sind, mit denen der spezifischen Situation (beispielsweise kein Kündigungsschutz bei Dienstverträgen von Vorständen oder Geschäftsführern) Rechnung getragen werden muss.

2. Vorstand und Geschäftsführer

359 Die Dienstverträge von Geschäftsführern und Vorständen unterscheiden sich nur in Teilen von den Arbeitsverträgen von Arbeitnehmern. Eine Vielzahl von Bestimmungen ist identisch, allerdings gibt es Besonderheiten, die insbesondere mit der Rechtsnatur der Verträge von Vorständen und Geschäftsführern zusammenhängen.

3. Rechtliche Besonderheiten von Dienstverträgen

a) Keine Arbeitnehmer

360 Bei Dienstverträgen von Vorständen und Geschäftsführern sind folgende Besonderheiten zu berücksichtigen:

361 Nach § 14 Abs. 1 Nr. 1 KSchG, § 5 Abs. 1 S. 3 ArbGG sowie § 5 Abs. 2 Nr. 1 BetrVG gelten Personen, die aufgrund von Gesetz, Satzung oder Gesellschaftsvertrag zur Vertretung einer juristischen Person oder Personengemeinschaft berufen sind (zB Vorstand und Geschäftsführer), unabhängig von ihrer materiell-rechtlichen Rechtsstellung nicht als Arbeitnehmer.

362 Der BGH verneint in ständiger Rechtsprechung die Arbeitnehmereigenschaft eines GmbH-Geschäftsführers.[292] Die Parteien des Dienstvertrages seien jedoch frei, die entsprechende Geltung arbeitsvertraglicher Normen zu vereinbaren und deren Regelungsgehalt zum Vertragsinhalt zu machen.[293] Das BAG steht auf dem Standpunkt, dass bei einem GmbH-Geschäftsführer jedenfalls die Möglichkeit bestehe, dass dieser als Arbeitnehmer einzustufen sei. Ansonsten bestünde die Gefahr, dass arbeitsrechtliche Schutzbestimmungen umgangen würden. Dies wäre dann der Fall, wenn der Geschäftsführer aufgrund des Gesellschafts- bzw. Anstellungsvertrages überhaupt keine Rechte im Innenverhältnis hat. In diesem Fall stellt sich der Anstellungsvertrag als objektive Umgehung der arbeitsrechtlichen Schutzbestimmungen dar. Wenn aber arbeitsrechtliche Schutzbestimmungen objektiv umgangen werden, so sei das Rechtsverhältnis, das der Anstellung des Organs zugrunde liege, als Arbeitsverhältnis zu qualifizieren.[294] Das BAG nimmt insoweit die Abgrenzung nach den allgemeinen Kriterien der Unterscheidung von Arbeitsvertrag und von Dienstverhältnis vor.[295]

363 In der Praxis kommt das BAG allerdings fast ausnahmslos zu dem Ergebnis, der Vertrag des Vorstandes oder des Geschäftsführers sei als **Dienstvertrag** und nicht als Arbeitsvertrag zu qualifizieren. Abzuwarten bleibt, ob das BAG vor dem Hintergrund der jüngsten Rechtsprechung des Europäischen Gerichtshofes bei diesem Ergebnis bleibt. Der Europäische Gerichtshof hat die Arbeitnehmereigenschaft eines Mitgliedes der Unternehmensleitung einer Kapitalgesellschaft bejaht, soweit die Tätigkeit bestimmten Weisungen unterliegt und gegen Entgelt erfolgt.[296]

364 Das bedeutet: Das Vertragsverhältnis, das der Beschäftigung eines Vorstandes oder Geschäftsführers zugrunde liegt, wird in der Regel ein **Dienstverhältnis und kein**

---

[292] BGH 9.2.1978 – II ZR 189/76, DB 1978, 878; 29.1.1981 – II ZR 92/80, DB 1981, 982.
[293] BGH 10.5.2010 – II ZR 70/09, DB 2010, 1518; vertiefend: *Stagat* NZA 2010, 975.
[294] BAG 31.8.1998 – 5 AZB 21/98; 22.3.1995 – 5 AZB 21/94, DB 1995, 1714; 13.5.1992 – 5 AZR 344/91, ZIP 1992, 1496; 15.4.1982 – 2 AZR 1101/79, DB 1983, 1442.
[295] BAG 26.5.1999 – 5 AZR 664/98, DB 1999, 1906.
[296] EuGH 11.11.2010 – C-232/09, NZA 2011, 143.

Arbeitsverhältnis sein. Das heißt, dass die arbeitsrechtlichen Schutzvorschriften, insbesondere das Kündigungsschutzgesetz, grundsätzlich nicht zu Gunsten der Organvertreter eingreifen. Ausnahmen sind aber wie die jüngste europarechtliche Rechtsprechung zeigt, nicht ausgeschlossen. Der fehlende Schutz wird wiederum regelmäßig bei der Vertragsgestaltung der Dienstverträge berücksichtigt, um hinsichtlich der Vergütung, aber auch der Laufzeit und Dauer der Verträge einen gewissen Ausgleich zu schaffen. Dies ist einer der Gründe dafür, dass sich in den Dienstverträgen von Vorständen und Geschäftsführern häufig Befristungen finden.

b) Organstellung und Dienstvertrag

Der Geschäftsführer ist Organ der GmbH. Organbestellung und -widerruf erfolgt 365
in der nicht mitbestimmten GmbH grundsätzlich durch **Mehrheitsbeschluss der Gesellschafter** nach § 46 Nr. 5 GmbHG. Die Bestellung kann gem. § 6 Abs. 3 S. 2 GmbHG auch im Gesellschaftsvertrag erfolgen. In Gesellschaften, die dem Mitbestimmungsgesetz unterliegen, ist gem. § 31 Abs. 1 MitbestG der Aufsichtsrat zuständig. Unterliegt die GmbH dem Drittelbeteiligungsgesetz 1952, so bleibt die Gesellschafterversammlung zuständig.

Die **Organstellung** eines Vorstandsmitgliedes beginnt mit der Annahme der 366
Bestellung durch den Aufsichtsrat (§ 84 Abs. 1 S. 1 AktG). Anders als bei der GmbH kann die Satzung der AG die Bestellungskompetenz keinem anderen Organ zuweisen. Die Dauer der Bestellung ist kraft Gesetzes beschränkt auf maximal fünf Jahre (§ 84 Abs. 1 S. 1 und 2 AktG).

Die **Abberufung,** also der Widerruf der Bestellung, ist ebenso wie die freiwillige 367
Amtsniederlegung des Geschäftsführers nach § 38 Abs. 1 GmbHG grundsätzlich jederzeit und ohne Grund möglich. Allerdings kann im Gesellschaftsvertrag bestimmt werden, dass die Abberufung nur zulässig sein soll, wenn wichtige Gründe dieselbe notwendig machen (§ 38 Abs. 2 GmbHG). Anders beim Vorstand: Die Bestellung zum Vorstandsmitglied kann nach § 84 Abs. 3 S. 1 AktG nur widerrufen werden, wenn ein wichtiger Grund vorliegt.

Das bedeutet: Organvertreter wie Geschäftsführer und Vorstände unterliegen einem 368
Doppelverhältnis: Auf der einen Seite der gesellschaftsrechtlichen Bestellung zum Geschäftsführer bzw. Vorstand, auf der anderen Seite dem dieser Bestellung zugrunde liegenden Dienstvertrag. Auch hier gilt, dass bei der Gestaltung der Dienstverträge, insbesondere bei dem des Geschäftsführers, Abberufungsgründen entgegengewirkt oder die Rechtsfolgen für den Fall einer Abberufung geklärt werden können.

c) Vertretungsbefugnis

§ 37 GmbHG regelt die Geschäftsführungsbefugnis und das Innenverhältnis zwi- 369
schen Gesellschaft und Geschäftsführer. Der Geschäftsführer ist den Weisungen der Gesellschafterversammlung unterworfen. Satzung, Geschäftsordnung, Anstellungsvertrag können dementsprechend einen Zustimmungskatalog oder Beschränkungen der Geschäftsführungsbefugnis enthalten. Aus diesem Grunde findet man relativ häufig in den Dienstverträgen mehr oder weniger enge Regelungen zu Geschäftsführungsbefugnissen. Die Vertretungsmacht des Vorstandes einer Aktiengesellschaft ist dagegen unbeschränkt und unbeschränkbar (§§ 78 Abs. 1, 82 Abs. 1 AktG). Im Gegensatz zum Geschäftsführer der GmbH ist der Vorstand auch im Innenverhältnis nicht Weisungen anderer Gesellschaftsorgane (Aufsichtsrat, Hauptversammlung) unterworfen, sondern unabhängig. Der Vorstand leitet die Gesellschaft unter eigener Verantwortung (§ 76 Abs. 1 AktG, Ausnahmefälle finden sich in § 119 Abs. 2 und § 308 AktG). Unterschiede zwischen Geschäftsführungsbefugnis und Vertretung der Gesellschaft bestehen nach Maßgabe des § 111 Abs. 4 AktG und im Rahmen der Geschäftsverteilung.

d) Ruhen des Arbeitsverhältnisses

Relativ häufig findet sich der Fall, dass eine **Führungskraft eines Unternehmens** 370
zum Geschäftsführer berufen wird.

371 Wird anlässlich der Bestellung zum Geschäftsführer ein **neuer schriftlicher Dienstvertrag** abgeschlossen, wahrt dieser das Schriftformerfordernis des § 623 BGB **für die Auflösung des Arbeitsverhältnisses.** Kurz gesagt: In dem neuen Dienstvertrag liegt gleichzeitig die Aufhebung des früheren Arbeitsverhältnisses.[297] Erfolgt keine neue schriftliche Regelung, sondern wird der Geschäftsführer nur aufgrund einer mündlichen Vereinbarung tätig, wäre das frühere Arbeitsverhältnis nicht nach § 623 BGB aufgehoben, die Schriftform wäre nicht gewahrt, so dass das Arbeitsverhältnis in jedem Fall mangels formgerechter Aufhebung weiterbestehen würde.

372 Wird der Geschäftsführer wieder **abberufen,** stellt sich die Frage, ob das frühere Arbeitsverhältnis wieder auflebt. Dies kann der Fall sein, wenn ein Arbeitnehmer zum Geschäftsführer bestellt wird, ohne dass mit ihm ein neuer Vertrag geschlossen wird oder seine Konditionen der geänderten Position angepasst werden.[298] Dieses Problem wird in der Praxis allerdings nur dann auftauchen, wenn mit dem Geschäftsführer kein neuer schriftlicher Dienstvertrag abgeschlossen wird. Erfolgt dies, liegt darin formwahrend die Aufhebung des früheren Arbeitsverhältnisses.[299] Wird kein neuer schriftlicher Vertrag abgeschlossen, ist das Arbeitsverhältnis nicht wirksam beendet und besteht fort, so dass auch nach Abberufung der Geschäftsführer regelmäßig nicht gehindert ist, sich auf eben dieses Arbeitsverhältnis zu berufen.

373 All dies führt dazu, dass auch Regelungen in dem Vertrag eines Organvertreters möglich und denkbar sind, indem geklärt wird, was mit früheren Arbeitsverhältnissen bzw. was nach einem Widerruf der Bestellung aus dem Organvertreter wird (beispielsweise eine Weiterbeschäftigung als Arbeitnehmer oÄ).

e) Befristungen

374 Als Ausgleich dafür, dass arbeitsrechtliche Schutzbestimmungen nicht greifen, sind Verträge von Geschäftsführern häufig befristet, in der Praxis hat sich ein Befristungsraum zwischen drei und fünf Jahren herauskristallisiert. Die Dienstverträge von Vorstandsmitgliedern werden nach § 84 Abs. 1 S. 1 AktG **für die Dauer ihrer Bestellung,** somit auf höchstens fünf Jahre, geschlossen. In dem Abschluss des Dienstvertrages auf eine feste Dauer liegt sogleich der Ausschluss einer ordentlichen Kündigung.[300]

375 Zulässig ist es, in den Dienstverträgen so genannte **Kopplungsklauseln** aufzunehmen. Diese knüpfen den Fortbestand des Dienstvertrages an die Organstellung und führen für den Fall des Widerrufes zur gleichzeitigen Beendigung des Dienstvertrages, allerdings nicht mit sofortiger Wirkung, sondern unter Einhaltung der gesetzlichen Kündigungsfrist.[301] Bei der Gestaltung von Dienstverträgen kann und sollte daher auch in Betracht gezogen werden, eine Kopplungsklausel mit aufzunehmen.

f) Vergütung

376 Bei der Vergütung von Organvertretern finden sich häufig **Sonderregelungen.** Dies geht über Gewinnbeteiligung, Aktienoptionsprogramme, aber auch ganz spezielle Versorgungszusagen.

377 **Besonderheiten** gelten bei Vorstandsmitgliedern: Nach § 87 Abs. 1 AktG hat der Aufsichtsrat bei der Festsetzung der Gesamtbezüge des einzelnen Vorstandsmitgliedes (Gehalt, Gewinnbeteiligungen, Aufwandsentschädigungen, Versicherungsentgelte, Provisionen, anreizorientierte Vergütungszusagen, wie zB Aktienbezugsrechte und Nebenleistungen jeder Art) dafür zu sorgen, dass diese in einem angemessenen Verhältnis zu den Aufgaben und Leistungen des Vorstandsmitgliedes sowie zur Lage der

---

[297] BAG 23.8.2011 – 10 AZB 51/10, DB 2011, 2386; 3.2.2009 – 5 AZB 100/08, NZA 2009, 669; 19.7.2007 – 6 AZR 774/06, NZA 2007, 1095; 14.6.2006 – 5 AZR 592/05, AP ArbGG 1979 § 5 Nr. 62.
[298] BAG 24.11.2005 – 2 AZR 614/04, NZA 2006, 366.
[299] BAG 19.7.2007 – 6 AZR 774/06, NZA 2007, 1095.
[300] StRspr., vgl. BGH 21.6.1999 – II ZR 27/98, NJW 1999, 3263 (3264); BAG 19.6.1980 – 2 AZR 660/78, AP BGB Befristeter Arbeitsvertrag § 620 Nr. 55.
[301] BGH 21.6.1999 – II ZR 27/98, NJW 1999, 3263 (3264); 29.5.1989 – II ZR 220/88, NJW 1989, 2683 (2684).

Gesellschaft stehen und die übliche Vergütung nicht ohne besondere Gründe übersteigen. Die Vergütungsstruktur ist bei börsennotierten Gesellschaften auf eine nachhaltige Unternehmensentwicklung auszurichten. Variable Vergütungsbestandteile sollen daher eine mehrjährige Bemessungsgrundlage haben; für außerordentliche Entwicklungen soll der Aufsichtsrat eine Begrenzungsmöglichkeit vereinbaren. Dies gilt ebenfalls für Ruhegehalt, Hinterbliebenenbezüge und Leistungen verwandter Art. Bei einer Verschlechterung der wirtschaftlichen Lage hat der Aufsichtsrat ebenfalls die Möglichkeit, in die Vergütungsansprüche der Vorstandsmitglieder einzugreifen. Nach § 87 Abs. 2 S. 1 AktG bzw. im Falle des § 85 Abs. 3 AktG über das Gericht können die Bezüge des Vorstandsmitgliedes auf eine angemessene Höhe herabgesetzt werden, wenn sich die Lage der Gesellschaft nach der Festsetzung so verschlechtert hat, dass die Weitergewährung der Bezüge für die Gesellschaft unbillig wäre. Dies soll insbesondere dann der Fall sein, wenn die Billigkeit der Vergütung trotz veränderter Rahmenbedingungen nicht bereits durch eine entsprechende Variabilisierung erfasst wird. Dies führt für den Vorstand zu einer doch recht erheblichen Rechtsunsicherheit, da umfassende Möglichkeiten des Aufsichtsrats bestehen, in seine Bezüge einzugreifen, was sich auch in den Verhandlungen um den Abschluss von Aufhebungsverträgen mit Vorstandsmitgliedern auswirkt.[302] In der Praxis wird diskutiert, Abfindungsobergrenzen in Vorstandsverträge mit aufzunehmen.[303]

§ 87 AktG gilt zunächst nur für **Vorstandsmitglieder von Aktiengesellschaften** 378 sowie über § 94 AktG für **ihre Stellvertreter.** Die Bestimmung gilt nicht für Geschäftsführer.[304]

g) AGB-Kontrolle

Die Dienstverträge von Organvertretern unterliegen der AGB-Kontrolle nach 379 §§ 305 ff. BGB. Dies gilt nur dann nicht, wenn sie individuell ausgehandelt werden. Das wiederum bedeutet, dass sämtliche Klauseln zur Disposition der Verhandlungspartner stehen müssen.[305] Kommt eine AGB-Kontrolle in Betracht (zB bei Mustern, die bei Konzernen und einer Vielzahl von Vorstandsmitgliedern für diverse Tochtergesellschaften mehr oder weniger einheitlich verwendet werden), wird insbesondere das **Transparenzgebot** des § 307 Abs. 1 S. 2 BGB zu beachten sein, aber auch die Angemessenheit von einseitigen Widerrufserklärungen des Unternehmens (§ 308 Nr. 4 BGB), wie beispielsweise bei Kopplungsklauseln uÄ.

Typischerweise besteht jedoch bei Organvertretern ein **weiter Verhandlungsspiel-** 380 **raum,** die Verträge sind im Regelfall individualisiert.

h) Rechtsweg

Streitigkeiten zwischen Organvertretern und Unternehmen sind vor den Landgerichten 381 (Kammer für Handelssachen) auszutragen (§§ 71, 93 ff. GVG). Das bedeutet, dass der Organvertreter ein erheblich höheres Kostenrisiko hat, dies betrifft sowohl die Gerichts- wie auch die Anwaltskosten, § 12a ArbGG findet keine Anwendung. Daher sollte der Organvertreter entweder selbst oder durch Aufnahme in den Dienstvertrag entsprechend Vorsorge treffen (beispielsweise mit der Verpflichtung zum Abschluss einer Rechtsschutz- oder Vermögensschadenhaftpflichtversicherung, „D&O").

i) Zusammenfassung

Diese zusammenfassenden Überlegungen bei der Gestaltung der Dienstverträge von 382 Organvertretern machen deutlich, dass ein ganzes „Bündel" von Problemen, die an dieser Stelle auch nicht vollständig wiedergegeben, sondern nur die wesentlichen „angerissen" werden können, besteht.[306] Vorstehende Überlegungen machen aber auch deutlich, dass vom Ergebnis her jeder Dienstvertrag eines Organvertreters als

---

[302] Vgl. ausführlich *Jaeger* NZA 2010, 128.
[303] *Hohenstatt/Willemsen* NJW 2008, 3462.
[304] *Lunk/Stolz* NZA 2010, 121 ff. mzN.
[305] BGH 19.5.2005 – III ZR 437/04, NJW 2005, 2543 (2544).
[306] Zur Vertiefung vgl. Schaub/*Vogelsang*, ArbR-HdB, § 14 Rn. 1 ff.

eigenständiger Vertrag behandelt und bedacht werden sollte, der den Eigenheiten des individuellen Vertragsverhältnisses und der individuellen Vertragspartner gerecht wird.

4. Muster

a) Muster: Geschäftsführer-Dienstvertrag [→ A. Rn. 358 ff., 384]

Zwischen
der ...... GmbH, vertr. d. d. Gesellschafter(Versammlung), ... *(Anschrift)*
– nachfolgend Gesellschaft genannt –
und
Frau/Herrn ......, ... *(Anschrift)*
– nachfolgend Geschäftsführer genannt –
wird nachfolgender

Dienstvertrag

vereinbart, der die vertraglichen Konditionen des Geschäftsführers, der durch die Gesellschafterversammlung vom ...... bestellt wurde, regelt.

§ 1 Geschäftsführung

(1) Der Geschäftsführer wird mit Wirkung ab dem ...... als Geschäftsführer für die Gesellschaft tätig.

(2) Seine Zuständigkeit umfasst das Geschäftsgebiet ...... mit nachfolgenden Geschäftsbereichen:
......

(3) Die Gesellschaft behält sich vor, das Geschäftsgebiet des Geschäftsführers zu ändern und ihm ein anderes oder zusätzliches zumutbares und angemessenes Geschäftsgebiet zu übertragen.

§ 2 Vertretung

(1) Der Geschäftsführer vertritt die Gesellschaft zusammen mit einem anderen Geschäftsführer oder Prokuristen.

(2) Der Geschäftsführer wird seine Geschäfte nach Maßgabe der Gesetze, dieses Vertrages, des Gesellschaftsvertrages, einer etwaigen Geschäftsordnung für die Geschäftsführung in ihrer jeweils gültigen Fassung sowie den Weisungen der Gesellschafter führen.

(3) Der Geschäftsführer bedarf für alle Geschäfte und Maßnahmen, die über den gebührlichen Geschäftsbetrieb der Gesellschaft hinausgehen, der ausdrücklichen vorherigen schriftlichen Zustimmung der Gesellschafter. Hierzu zählen insbesondere
– Veräußerung und Stilllegung des Betriebes der Gesellschaft oder wesentlicher Teile hiervon,
– Errichtung von Zweigniederlassungen,
– Erwerb oder Veräußerung anderer Unternehmen oder Beteiligungen der Gesellschaft,
– Erwerb, Veräußerung und Belastung von Grundstücken und grundstücksgleichen Rechten sowie die Verpflichtung zur Vornahme derartiger Rechtsgeschäfte,
– Übernahme von Bürgschaften und Garantien sowie Übernahme von Wechselverbindlichkeiten jeder Art,
– Inanspruchnahme oder Gewährung von Krediten oder Sicherheitsleistungen jeglicher Art, die ...... EUR übersteigen,

- Abschluss, Änderung oder Aufhebung von Verträgen, die die Gesellschaft im Einzelfall mit mehr als ...... EUR belasten,
- Einstellung, Beförderung oder Entlassung von Arbeitnehmern, deren Vergütung ...... EUR jährlich brutto übersteigt,
- Erteilung von Versorgungszusagen jeder Art.

Die Auflistung kann durch Beschluss der Gesellschafterversammlung erweitert oder eingeschränkt werden.

§ 3 Vergütung

(1) Die Gesellschaft zahlt dem Geschäftsführer eine jährliche Vergütung in Höhe von ...... EUR brutto. Die Vergütung wird pro rata temporis zum 15. eines Monats auf das vom Geschäftsführer zu benennende Konto bargeldlos gezahlt.

(2) Die Gesellschaft verpflichtet sich, dem Geschäftsführer eine Gewinnbeteiligung in Höhe von ...... % zu zahlen. Der Prozentsatz wird berechnet vom festgestellten und testierten Gewinn des Unternehmens gemäß Handelsbilanz. Die Gewinnbeteiligung wird fällig binnen eines Monats nach der Feststellung des Jahresabschlusses.

§ 4 Versorgungszusage

Die Gesellschaft schließt zum Zwecke der Alters-, Erwerbsminderungs- und Hinterbliebenenversorgung auf das Leben des Geschäftsführers eine Direktversicherung mit einer Versicherungssumme von ...... EUR ab, die mit Vollendung der gesetzlichen Regelaltersrente oder dem Tod des Geschäftsführers zur Zahlung fällig wird. Die Versicherungsprämien werden für die Dauer dieses Dienstvertrages von der Gesellschaft gezahlt. Sie sind steuerpflichtige Vergütung, werden jedoch in der gesetzlich zulässigen Höhe pauschal versteuert.

Unwiderruflich bezugsberechtigt aus der Versicherung sollen im Erlebensfall der Geschäftsführer, im Todesfall die von ihm bestimmten Personen oder bei Fehlen einer solchen Bestimmung seine Erben sein. Das unwiderrufliche Bezugsrecht kann nicht beliehen, abgetreten oder verpfändet werden.

§ 5 Vertragslaufzeit

(1) Der Dienstvertrag beginnt am ...... und wird für die Dauer von ...... Jahren abgeschlossen. Er verlängert sich jeweils um ...... Jahre, wenn er nicht mit einer Frist von ...... Monaten zum Vertragsende gekündigt wird.

(2) Die Bestellung zum Geschäftsführer kann jederzeit durch Beschluss der Gesellschafterversammlung widerrufen werden. Der Widerruf der Bestellung (Abberufung) gilt als Kündigung dieses Vertrages zum nächstmöglichen Zeitpunkt. Beruht der Widerruf auf einem Grund, der nicht zugleich ein wichtiger Grund nach § 626 BGB für die fristlose Kündigung des Dienstvertrages ist, so endet der Dienstvertrag erst mit Ablauf der gesetzlichen Kündigungsfrist ab Ende der Organstellung. Verlängert sich die Kündigungsfrist für die Gesellschaft in Anwendung von § 622 Abs. 2 BGB, gilt das auch für die Kündigung durch den Geschäftsführer.

§ 6 Freistellung

Die Gesellschaft behält sich vor, nach Ausspruch einer Kündigung den Geschäftsführer unter Anrechnung des ihm noch zustehenden Resturlaubs sowie sonstiger Freistellungsansprüche bei Fortzahlung der vertragsgemäßen Bezüge unter Anrechnung anderweitigen Verdienstes unwiderruflich freizustellen. Der Urlaub wird zu Beginn der Freistellungsphase gewährt. Während der Zeit der Freistellung besteht das vertragliche Wettbewerbsverbot fort.[307]

§ 7 Dienstverhinderung

(1) Im Falle der Arbeitsunfähigkeit wird die Gesellschaft dem Geschäftsführer für die Dauer von sechs Monaten die vertraglich vereinbarte Vergütung nach § 3 Abs. 1 fortzahlen. Der Geschäftsführer muss sich auf diese Zahlungen anrechnen lassen, was er von Sozialversicherungen oder privaten Krankenversicherungen (Krankengeld, Krankentagegeld, Rente) erhält, soweit die Leistungen nicht ausschließlich auf seinen eigenen Beiträgen beruhen.

(2) Beruht die Arbeitsunfähigkeit auf einem Verhalten Dritter, tritt der Geschäftsführer etwaige Ansprüche gegenüber Dritten an die Gesellschaft ab. Die Abtretung ist begrenzt auf die Höhe der durch die Gesellschaft nach Abs. 1 erbrachten Leistungen.

(3) Im Falle des Versterbens des Geschäftsführers während der Laufzeit dieses Vertrages haben seine Witwe und seine unterhaltsberechtigten Kinder als Gesamtgläubiger Anspruch auf Fortzahlung der Vergütung nach Abs. 1 für den Sterbemonat und die zwei folgenden Monate. Hinterlässt der Geschäftsführer weder Witwe noch unterhaltsberechtigte Kinder, so besteht kein Anspruch.

§ 8 Spesen und Kosten

(1) Die Gesellschaft verpflichtet sich, dem Geschäftsführer Spesen und Kosten, die für die Gesellschaft aufgebracht werden, entsprechend den Höchstsätzen, die vom Finanzamt anerkannt werden, zu erstatten.

(2) Soweit sich der Geschäftsführer bei Geschäftsreisen öffentlicher Verkehrsmittel bedient, ist er berechtigt, die erste Klasse zu benutzen.

(3) Die Gesellschaft trägt die Kosten für ein dienstliches Handy mit den dazugehörigen Vertrags-, Geräte- und Gesprächskosten. Die Auswahl des Gerätes und des Vertrages obliegen der Gesellschaft. Der Geschäftsführer darf das Mobiltelefon in angemessenem Umfang privat nutzen.[308]

§ 9 Change of Control [→ A. Rn. 255 ff.]

(1) Im Falle eines Kontrollwechsels iSv Abs. 2 hat der Geschäftsführer ein einmaliges Sonderkündigungsrecht, den Dienstvertrag mit einer Kündigungsfrist von ...... Monaten zum Monatsende zu kündigen und sein Amt zu diesem Zeitpunkt niederzulegen. Er hat bei Ausübung des Sonderkündigungsrechts Anspruch auf Zahlung einer Abfindung nach Abs. 3. Das Sonderkündigungsrecht besteht nur innerhalb von drei Monaten, nachdem dem Geschäftsführer der Kontrollwechsel bekannt geworden ist.

---

[307] Die Vereinbarung einer Freistellung im Geschäftsführer-Dienstvertrag scheint vor dem Hintergrund jüngster Rechtsprechung des Bundesgerichtshofes nicht mehr zwingend notwendig zu sein (vgl. BGH 11.10.2010 – II ZR 266/08, NJW 2011, 920). Der Bundesgerichtshof hat bestätigt, dass der Geschäftsführer einer GmbH nach Widerruf seiner Bestellung bei fortbestehendem Anstellungsverhältnis in der Regel keinen Anspruch auf Weiterbeschäftigung in einer seiner früheren Tätigkeit vergleichbaren leitenden Funktion hat. Eine Ausnahme bestehe dann, soweit sich dem Anstellungsvertrag eine dahingehende Vereinbarung entnehmen ließe. Daraus folgt: Der Vereinbarung einer Freistellung aufgrund eventuell bestehendem Weiterbeschäftigungsanspruch bedarf es zivilrechtlich gesehen nicht, etwas Anderes kann sich jedoch aus dem Anstellungsvertrag selbst oder der arbeitsgerichtlichen Rechtsprechung ergeben (vgl. hierzu: *Lunk/Rodenbusch* NZA 2011, 497).

[308] Diese pauschale Regelung ist zwar üblich, aber nicht unproblematisch, da im Streitfall über die Angemessenheit gestritten werden kann.

(2) Ein Kontrollwechsel liegt vor, wenn ein Dritter oder mehrere gemeinsam handelnde Dritte mehr als 50% der Geschäftsanteile der Gesellschaft erwerben und die Stellung des Geschäftsführers in Folge der Änderung der Mehrheitsverhältnisse mehr als nur unwesentlich berührt wird. Die Stellung ist insbesondere bei folgenden Veränderungen mehr als nur unwesentlich berührt:
– wesentliche Änderung der Strategie des Unternehmens (zB ......);
– wesentliche Veränderung im Tätigkeitsbereich des Geschäftsführers (zB wesentliche Verringerung der Kompetenzen, wesentliche Veränderung der Geschäftsgebietzuständigkeit uÄ);
– wesentliche Veränderung des Arbeitsortes (zB in das Ausland oder in einen weit vom gegenwärtigen Arbeitsort entfernten Ort).

(3) Die Abfindung, die auf insgesamt maximal ...... EUR brutto begrenzt ist, setzt sich zusammen aus 50% der Summe des aufgrund der vorfristigen Beendigung des Dienstverhältnisses nicht mehr zur Entstehung und zur Auszahlung gelangten Entgeltes (Festgehalt und variable Erfolgsvergütung auf Basis einer unterstellten 100%igen Zielerreichung) und einer zusätzlichen Zahlung in Höhe von einem Jahresbruttogrundgehalt. Eine Anrechnung anderweitiger Einkünfte gem. §§ 326 Abs. 2, 615 S. 2 BGB findet nicht statt. Der Abfindungsanspruch entsteht frühestens im Zeitpunkt der dinglichen Übertragung der Geschäftsanteile, wenn sämtliche Genehmigungen vorliegen und sämtliche aufschiebenden Bedingungen eingetreten sind. Er wird mit Beendigung des Dienstverhältnisses zur Auszahlung fällig.

(4) Ein Anspruch auf Zahlung einer Abfindung nach Abs. 3 besteht nicht, wenn das Dienstverhältnis auch unabhängig vom Eintritt des Kontrollwechsels innerhalb der nächsten sechs Monate automatisch geendet hätte, etwa durch Ablauf einer Befristung oder durch Erreichen der Regelaltersgrenze.

(5) Jeglicher Abfindungsanspruch entfällt, wenn die Gesellschaft das Dienstverhältnis wirksam außerordentlich aus wichtigem Grund iSv § 626 BGB kündigt.

§ 10 Dienstwagen

(1) Die Gesellschaft wird dem Geschäftsführer auch zur privaten Nutzung einen Dienstwagen der Marke ...... des Typs ...... mit der Ausstattung ...... zur Verfügung stellen. Auswahl, Kauf und Finanzierung des Dienstwagens obliegen der Gesellschaft.

(2) Die Gesellschaft ist berechtigt, den Dienstwagen heraus zu verlangen, wenn
– im Falle der Erkrankung des Geschäftsführers der Entgeltfortzahlungszeitraum abgelaufen ist sowie
– für den Fall der Freistellung des Geschäftsführers nach Ausspruch einer Kündigung.

Mit der Ausübung des Widerrufsrechts ist der Dienstwagen am Sitz der Gesellschaft an die Gesellschaft zurückzugeben. Mit der Rückgabe endet die Pflicht zur Versteuerung des Dienstwagens als geldwerter Vorteil und Sachbezug.

(3) Die Gesellschaft behält sich vor, die Zurverfügungstellung des Dienstwagens auch zur privaten Nutzung aus wirtschaftlichen Gründen zu widerrufen. Wirtschaftliche Gründe in diesem Sinne sind ...... Für den Fall des Widerrufs endet das Recht zur Nutzung des Dienstwagens auch zur privaten Nutzung mit Ablauf des Folgemonats, der auf den Zugang der Widerrufserklärung folgt. Der Dienstwagen ist am Sitz der Gesellschaft zurückzugeben.

(4) Die Rückgabepflicht des Geschäftsführers und der Widerrufsvorbehalt der Gesellschaft gemäß vorstehenden Absätzen gelten nur, sofern der geldwerte Vorteil

des Dienstwagens weniger als 25% der Gesamtvergütung des Geschäftsführers ausmacht.

(5) Nach dem Widerruf der Bestellung als Geschäftsführer ist das Fahrzeug unverzüglich an die Gesellschaft zurückzugeben. Die private und die dienstliche Nutzungsmöglichkeit enden. Ein Zurückbehaltungsrecht besteht nicht.

§ 11 Arbeitszeit

Der Geschäftsführer stellt seine gesamte Arbeitskraft, fachliche Kenntnisse und Erfahrungen der Gesellschaft zur Verfügung.

§ 12 Nebentätigkeit

(1) Der Geschäftsführer verpflichtet sich, eine Nebentätigkeit während der Dauer des Dienstverhältnisses nur mit vorheriger schriftlicher Zustimmung der Gesellschafter zu übernehmen.

(2) Die Gesellschafter haben die Entscheidung über den Antrag des Geschäftsführers auf Zustimmung zur Nebentätigkeit innerhalb von zwei Wochen nach Eingang des Antrages zu treffen. Wird innerhalb dieser Frist eine Verweigerung der Zustimmung zur Nebentätigkeit nicht erklärt, gilt die Zustimmung als erteilt.

§ 13 Urlaub

(1) Der Geschäftsführer hat Anspruch auf einen Jahresurlaub von 30 Arbeitstagen. Der Urlaub ist unter Berücksichtigung der Belange der Gesellschaft im Einvernehmen mit den übrigen Geschäftsführern festzulegen.

(2) Der Urlaub ist im laufenden Kalenderjahr zu nehmen. Ist die Gewährung des Urlaubs im laufenden Kalenderjahr aus betrieblichen Gründen nicht möglich, ist der Urlaubsanspruch auf schriftlichen Antrag des Geschäftsführers und nach schriftlicher Genehmigung durch die Gesellschafter auf das nächste Kalenderjahr zu übertragen. Der übertragene Urlaub ist innerhalb der ersten sechs Monate des Folgejahres zu nehmen, anschließend verfällt er.

§ 14 Wettbewerbsverbot

Während der Laufzeit dieses Vertrages ist es dem Geschäftsführer nicht gestattet, in selbständiger, unselbständiger oder sonstiger Weise für ein Unternehmen tätig zu sein, das mit der Gesellschaft in direktem oder indirektem Wettbewerb steht oder mit einem Wettbewerbsunternehmen iSv § 15 AktG verbunden ist. Gleichsam ist es dem Geschäftsführer nicht gestattet, während der Dauer dieses Vertrages ein solches Unternehmen zu errichten, zu erwerben oder sich hieran unmittelbar oder mittelbar zu beteiligen, es sei denn, der Anteilsbesitz ermöglicht keinen Einfluss auf die Organe des betreffenden Unternehmens.

§ 15 Nachvertragliches Wettbewerbsverbot

(1) Der Geschäftsführer verpflichtet sich, für die Dauer von zwei Jahren nach Beendigung des Dienstverhältnisses für kein Unternehmen tätig zu sein, das mit der Gesellschaft in direktem oder indirektem Wettbewerb steht oder mit einem Wettbewerbsunternehmen verbunden ist.

(2) Dieses Wettbewerbsverbot gilt für die Bundesrepublik Deutschland.

(3) Das Wettbewerbsverbot umfasst jede unselbständige wie selbständige Konkurrenztätigkeit. Für Wettbewerbsunternehmen wird der Geschäftsführer weder unmit-

telbar noch mittelbar, weder in einem (freien) Dienstverhältnis noch in einem Arbeitsverhältnis Dienste leisten. Der Geschäftsführer wird ein solches Konkurrenzunternehmen weder errichten noch erwerben und sich auch nicht an einem solchen maßgeblich finanziell beteiligen.

(4) Die Gesellschaft verpflichtet sich, für jedes Jahr des Wettbewerbsverbotes dem Geschäftsführer eine Karenzentschädigung in Höhe von 50% seiner zuletzt bezogenen vertragsmäßigen Leistungen zu zahlen. Die Karenzentschädigung ist in monatlichen Beträgen jeweils zum Monatsende fällig. Auf die fällige Entschädigung wird angerechnet, was der Geschäftsführer während der Laufzeit des Wettbewerbsverbotes durch anderweitige Verwertung seiner Arbeitskraft erwirbt oder zu erwerben böswillig unterlässt. Eine Anrechnung findet jedoch nur insoweit statt, als die Entschädigung unter Hinzuziehung des Betrages die Summe der zuletzt bezogenen vertragsmäßigen Leistungen um mehr als 10% übersteigt. Ist der Geschäftsführer gezwungen, wegen der Beschränkung der beruflichen Tätigkeit einen Wohnsitzwechsel vorzunehmen, so tritt an Stelle der Erhöhung um 10% eine solche um 25%.

(5) Kündigt die Gesellschaft das Dienstverhältnis aus wichtigem Grund wegen vertragswidrigen Verhaltens des Geschäftsführers, so wird das Wettbewerbsverbot unwirksam, sofern die Gesellschaft binnen eines Monats nach Zugang der Kündigung dem Geschäftsführer schriftlich mitteilt, dass sie sich nicht an die Vereinbarung gebunden halte (Lossagung).

Kündigt die Gesellschaft das Dienstverhältnis ordentlich, ohne dass ein erheblicher Anlass in der Person des Geschäftsführers vorliegt, so wird das Wettbewerbsverbot unwirksam, sofern die Gesellschaft binnen eines Monats nach Zugang der Kündigung dem Geschäftsführer schriftlich mitteilt, dass sie sich nicht an die Vereinbarung gebunden hält. Das Wettbewerbsverbot bleibt in diesem Fall aber wirksam, wenn sich die Gesellschaft bei der Kündigung bereit erklärt, mit der vorgesehenen Laufzeit des Verbotes die vollen zuletzt bezogenen vertragsmäßigen Leistungen an den Geschäftsführer zu zahlen.

(6) Im Übrigen gelten die §§ 74 ff. HGB.

(7) Das Wettbewerbsverbot tritt erst nach einer Vertragslaufzeit von ...... Monaten/ Jahren in Kraft.

§ 16 Verschwiegenheit

(1) Der Geschäftsführer verpflichtet sich, über alle ihm bekannt gewordenen Geschäfts- und Betriebsgeheimnisse und ihm während der Vertragsdauer bekannt gewordenen betrieblichen Vorgänge während der Dauer des Dienstverhältnisses Stillschweigen zu bewahren.

(2) Nach Beendigung des Dienstverhältnisses besteht die Verpflichtung zur Verschwiegenheit hinsichtlich nachfolgender Betriebs- und Geschäftsgeheimnisse fort:
......

(3) Die Verschwiegenheitspflicht erstreckt sich nicht auf solche Kenntnisse, die jedermann zugänglich sind oder deren Weitergabe für die Gesellschaft ersichtlich ohne Nachteil ist. Im Zweifelsfall ist der Geschäftsführer verpflichtet, eine Weisung der Gesellschaft einzuholen, ob eine bestimmte Tatsache vertraulich zu behandeln ist.

(4) Der Ausdruck „Betriebs- und/oder Geschäftsgeheimnisse" umfasst aber alle geschäftlichen, betrieblichen und technischen Kenntnisse, Angelegenheiten, Vorgänge und Informationen, die nur einem beschränkten Personenkreis zugänglich sind und nach dem Willen der Gesellschaft nicht der Allgemeinheit bekannt werden sollen.

§ 17 Ausschlussfristen

(1) Alle beiderseitigen Ansprüche aus dem bestehenden Dienstverhältnis müssen innerhalb einer Frist von drei Monaten nach Fälligkeit schriftlich gegenüber der anderen Vertragspartei geltend gemacht werden, ansonsten verfallen sie.

(2) Lehnt eine Vertragspartei den Anspruch schriftlich ab oder erklärt sie sich nicht innerhalb von zwei Wochen nach der Geltendmachung des Anspruches, so verfällt der Anspruch, wenn er nicht innerhalb einer weiteren Frist von drei Monaten nach der Ablehnung oder nach Fristablauf gerichtlich geltend gemacht wird.

(3) Ansprüche, die auf strafbaren Handlungen oder unerlaubten Handlungen beruhen, unterliegen nicht diesen Ausschlussfristen. Die Ausschlussfrist bezieht sich darüber hinaus nicht auf Ansprüche, die auf vorsätzlichen oder grob fahrlässigen Pflichtverletzungen der Gesellschaft oder des Geschäftsführers beruhen.

§ 18 Schriftformklausel

(1) Änderungen und Ergänzungen des Dienstvertrages bedürfen der Schriftform. Dies gilt auch für ein Abgehen von der Schriftform.

(2) Zur Wahrung der Schriftform reicht die Textform.

(3) Das Schriftformerfordernis gilt nicht für individuelle vertragliche Abreden zwischen der Gesellschaft und Geschäftsführer, sofern diese Individualabrede nicht nur die Änderung des Dienstvertrages, sondern auch das Abgehen vom Schriftformerfordernis für die konkrete individuelle Vertragsänderung betrifft.

§ 19 Salvatorische Klausel

Sollte eine Bestimmung dieses Vertrages und/oder seiner Änderungen bzw. Ergänzungen unwirksam sein, so wird dadurch die Wirksamkeit des Vertrages im Übrigen nicht berührt. Die unwirksame Bestimmung wird durch eine wirksame ersetzt, die dem wirtschaftlich Gewollten am nächsten kommt.

......, den ......

Gesellschaft   Geschäftsführer

Hinweis:

Diese Klauseln können mit anderen allgemeinen Vertragsbedingungen je nach Bedarf kombiniert werden. Das Muster stellt insoweit nur eine Auswahl dar.

b) Muster: Vorstandsvertrag *[→ A. Rn. 358 ff., 386]*

Zwischen
der ...... AG, vertr. d. d. Aufsichtsrat, dieser wiederum vertr. d. d. Vorsitzenden des Aufsichtsrats, ... *(Anschrift)*

– nachfolgend Gesellschaft genannt –

und
Frau/Herrn ......, ... *(Anschrift)*

– nachfolgend Vorstand genannt –

wird nachfolgender

Dienstvertrag

abgeschlossen, der die vertraglichen Bestimmungen des Vorstandsmitgliedes, der durch Beschluss des Aufsichtsrats der Gesellschaft vom ...... zum ordentlichen Mitglied des Vorstandes für die Zeit vom ...... bis ...... bestellt wurde, regelt.

§ 1 Tätigkeit

(1) Der Vorstand führt die Geschäfte nach Maßgabe der Gesetze, der Satzung der Gesellschaft und der Geschäftsordnung für den Vorstand.

(2) Der Vorstand ist zuständig für nachfolgende Geschäftsbereiche:
……

(3) Der Vorstand wird auf Wunsch des Vorstandes oder des Aufsichtsrats Aufsichtsratsmandate und ähnliche Ämter in Gesellschaften, an denen die Gesellschaft mittelbar und unmittelbar beteiligt ist, sowie eine Tätigkeit in Verbänden, denen die Gesellschaft aufgrund ihrer geschäftlichen Betätigung angehört, oder ein Ehrenamt in Verwaltung und Rechtsprechung übernehmen. Der Vorstand ist verpflichtet, die Ämter niederzulegen, wenn der Dienstvertrag endet.

§ 2 Vertragsdauer

(1) Der Dienstvertrag wird für die Zeit vom …… bis …… geschlossen. Über die Verlängerung des Dienstvertrages und die Wiederbestellung zum Vorstand soll spätestens sechs Monate vor Ablauf der Vertragslaufzeit entschieden werden.

(2) Der Dienstvertrag endet, wenn der Vorstand während der Laufzeit des Dienstvertrages dauernd arbeitsunfähig wird. Dauernde Arbeitsunfähigkeit ist gegeben, wenn das Vorstandsmitglied aus gesundheitlichen Gründen voraussichtlich mehr als 1 Jahr nicht in der Lage ist, die ihm als Vorstandsmitglied obliegenden Aufgaben zu erfüllen. Die Arbeitsunfähigkeit gilt als festgestellt, wenn sie länger als zwölf Monate dauert, es sei denn, der Vorstand weist durch Gutachten eines einvernehmlich benannten Arztes nach, dass mit einer Wiederherstellung der uneingeschränkten Arbeitsfähigkeit innerhalb der nächsten sechs Monate zu rechnen ist. Kommt eine Einigung auf einen Arzt nicht zustande, so ist die Ärztekammer am Sitz der Gesellschaft um die Benennung eines ärztlichen Gutachters zu bitten.

(3) Im Falle des Widerrufs der Bestellung als Vorstandsmitglied endet der Dienstvertrag. Beruht der Widerruf auf einem wichtigen Grund, der nicht zugleich ein wichtiger Grund gem. § 626 BGB für die fristlose Kündigung des Dienstvertrages ist, so endet der Dienstvertrag erst mit Ablauf der gesetzlichen Kündigungsfrist ab Ende der Organstellung. Verlängert sich die Kündigungsfrist für die Gesellschaft in Anwendung von § 622 Abs. 2 BGB gilt das auch für die Kündigung durch das Vorstandsmitglied.

(4) Für den Fall des Widerrufes der Bestellung und daraus folgender Beendigung des Dienstvertrages verpflichtet sich die Gesellschaft, dem Vorstand eine Abfindung in Höhe der Bezüge nach § 3 Abs. 1 für zwei Jahre, maximal aber in Höhe der Bezüge nach § 3 Abs. 1 für die Restlaufzeit des Dienstvertrages zu zahlen.

§ 3 Bezüge

(1) Der Vorstand erhält, beginnend mit dem …… eine jährliche Vergütung in Höhe von …… EUR brutto. Die Vergütung wird pro rata temporis und jeweils zum 15. eines Monats auf ein vom Vorstand zu benennendes Konto bargeldlos ausgezahlt.

(2) Der Vorstand erhält darüber hinaus eine Tantieme, die der Aufsichtsrat für das abgelaufene Geschäftsjahr festsetzt. Die Festlegung erfolgt unter Berücksichtigung der persönlichen Leistungen und der wirtschaftlichen Situation der Gesellschaft. Der Anspruch besteht nur für die Dauer der Bestellung. Die Tantieme wird drei Monate nach dem Ende der ordentlichen Hauptversammlung fällig.

§ 4 Versorgungszusage

Die Gesellschaft schließt zum Zwecke der Alters-, Erwerbsminderungs- und Hinterbliebenenversorgung auf das Leben des Vorstandes eine Direktversicherung mit einer Versicherungssumme von ...... EUR ab, die mit Vollendung der gesetzlichen Regelaltersrente oder dem Tod des Vorstandes zur Zahlung fällig wird. Die Versicherungsprämien werden für die Dauer dieses Dienstvertrages von der Gesellschaft gezahlt. Sie sind steuerpflichtige Vergütung, werden jedoch in der gesetzlich zulässigen Höhe pauschal versteuert.

Unwiderruflich bezugsberechtigt aus der Versicherung sollen im Erlebensfall der Vorstand, im Todesfall die von ihm bestimmten Personen oder bei Fehlen einer solchen Bestimmung seine Erben sein. Das unwiderrufliche Bezugsrecht kann nicht beliehen, abgetreten oder verpfändet werden.

§ 5 Dienstverhinderung

(1) Im Falle der Arbeitsunfähigkeit wird die Gesellschaft dem Vorstand für die Dauer von sechs Monaten die vertraglich vereinbarte Vergütung nach § 3 Abs. 1 fortzahlen. Der Vorstand muss sich auf diese Zahlungen anrechnen lassen, was er von Sozialversicherungen oder privaten Krankenversicherungen (Krankengeld, Krankentagegeld, Rente) erhält, soweit die Leistungen nicht ausschließlich auf seinen eigenen Beiträgen beruhen.

(2) Beruht die Arbeitsunfähigkeit auf einem Verhalten Dritter, tritt der Vorstand etwaige Ansprüche gegenüber Dritten an die Gesellschaft ab. Die Abtretung ist begrenzt auf die Höhe der durch die Gesellschaft nach Abs. 1 erbrachten Leistungen.

(3) Im Falle des Versterbens des Vorstandes während der Laufzeit dieses Vertrages haben seine Witwe und seine unterhaltsberechtigten Kinder als Gesamtgläubiger Anspruch auf Fortzahlung der Vergütung nach Abs. 1 für den Sterbemonat und die zwei folgenden Monate. Hinterlässt der Vorstand weder Witwe noch unterhaltsberechtigte Kinder, so besteht kein Anspruch.

§ 6 Spesen und Kosten

(1) Die Gesellschaft verpflichtet sich, dem Vorstand Spesen und Kosten, die für die Gesellschaft aufgebracht werden, entsprechend den Höchstsätzen, die vom Finanzamt anerkannt werden, zu erstatten.

(2) Soweit sich der Vorstand bei Geschäftsreisen öffentlicher Verkehrsmittel bedient, ist er berechtigt, die erste Klasse zu benutzen.

(3) Die Gesellschaft trägt die Kosten für ein dienstliches Handy mit den dazugehörigen Vertrags-, Geräte- und Gesprächskosten. Die Auswahl des Gerätes und des Vertrages obliegen der Gesellschaft. Der Vorstand darf das Mobiltelefon in angemessenem Umfang privat nutzen.[309]

§ 7 Change of Control [→ A. Rn. 255 ff.]

(1) Im Falle eines Kontrollwechsels iSv Abs. 2 hat der Vorstand ein einmaliges Sonderkündigungsrecht, den Vorstandsvertrag mit einer Kündigungsfrist von ...... Monaten zum Monatsende zu kündigen und sein Amt zu diesem Zeitpunkt niederzulegen. Er hat bei Ausübung des Sonderkündigungsrechts Anspruch auf Zahlung einer Abfindung nach Abs. 3. Das Sonderkündigungsrecht besteht nur innerhalb von drei Monaten, nachdem dem Vorstand der Kontrollwechsel bekannt geworden ist.

---

[309] Diese pauschale Regelung ist zwar üblich, aber nicht unproblematisch, da im Streitfall über die Angemessenheit gestritten werden kann.

(2) Ein Kontrollwechsel liegt vor, wenn ein Dritter oder mehrere gemeinsam handelnde Dritte mehr als 50% der Geschäftsanteile der Gesellschaft erwerben und die Stellung des Vorstandes in Folge der Änderung der Mehrheitsverhältnisse mehr als nur unwesentlich berührt wird. Die Stellung ist insbesondere bei folgenden Veränderungen mehr als nur unwesentlich berührt:
– wesentliche Änderung der Strategie des Unternehmens (zB ......);
– wesentliche Veränderung im Tätigkeitsbereich des Vorstandes (zB wesentliche Verringerung der Kompetenzen, wesentliche Veränderung der Geschäftsbereichszuständigkeit uÄ);
– wesentliche Veränderung des Arbeitsortes (zB in das Ausland oder in einen weit vom gegenwärtigen Arbeitsort entfernten Ort).

(3) Die Abfindung, die auf insgesamt maximal ...... EUR brutto begrenzt ist, setzt sich zusammen aus 50% der Summe des aufgrund der vorfristigen Beendigung des Dienstverhältnisses nicht mehr zur Entstehung und zur Auszahlung gelangten Entgeltes (Festgehalt und variable Erfolgsvergütung auf Basis einer unterstellten 100%igen Zielerreichung) und der zusätzlichen Zahlung in Höhe von einem Jahresbruttogrundgehalt. Eine Anrechnung anderweitiger Einkünfte gem. §§ 326 Abs. 2, 615 S. 2 BGB findet nicht statt. Der Abfindungsanspruch entsteht frühestens im Zeitpunkt der dinglichen Übertragung der Geschäftsanteile, wenn sämtliche Genehmigungen vorliegen und sämtliche aufschiebenden Bedingungen eingetreten sind. Er wird mit Beendigung des Dienstverhältnisses zur Auszahlung fällig.

(4) Ein Anspruch auf Zahlung einer Abfindung nach Abs. 3 besteht nicht, wenn das Dienstverhältnis auch unabhängig vom Eintritt des Kontrollwechsels innerhalb der nächsten sechs Monate automatisch geendet hätte, etwa durch Ablauf einer Befristung oder durch Erreichen der Regelaltersgrenze.

(5) Jeglicher Abfindungsanspruch entfällt, wenn die Gesellschaft das Dienstverhältnis wirksam außerordentlich aus wichtigem Grund iSv § 626 BGB kündigt.

§ 8 Dienstwagen

(1) Die Gesellschaft wird dem Vorstand auch zur privaten Nutzung einen Dienstwagen der Marke ...... des Typs ...... mit der Ausstattung ...... zur Verfügung stellen. Auswahl, Kauf und Finanzierung des Dienstwagens obliegen der Gesellschaft.

(2) Die Gesellschaft ist berechtigt, den Dienstwagen heraus zu verlangen, wenn
– im Falle der Erkrankung des Vorstandes der Entgeltfortzahlungszeitraum abgelaufen ist sowie
– für den Fall der Freistellung des Vorstandes nach Ausspruch einer Kündigung.

Mit der Ausübung des Widerrufsrechts ist der Dienstwagen am Sitz der Gesellschaft an die Gesellschaft zurückzugeben. Mit der Rückgabe endet die Pflicht zur Versteuerung des Dienstwagens als geldwerter Vorteil und Sachbezug.

(3) Die Gesellschaft behält sich vor, die Zurverfügungstellung des Dienstwagens auch zur privaten Nutzung aus wirtschaftlichen Gründen zu widerrufen. Wirtschaftliche Gründe in diesem Sinne sind ...... Für den Fall des Widerrufes endet das Recht zur Nutzung des Dienstwagens auch zur privaten Nutzung mit Ablauf des Folgemonats, der auf den Zugang der Widerrufserklärung folgt. Der Dienstwagen ist am Sitz der Gesellschaft zurückzugeben.

(4) Die Rückgabepflicht des Vorstands und der Widerrufsvorbehalt der Gesellschaft gemäß vorstehenden Absätzen gelten nur, sofern der geldwerte Vorteil des Dienstwagens weniger als 25% der Gesamtvergütung des Vorstandes ausmacht.

(5) Nach dem Widerruf der Bestellung als Vorstand ist das Fahrzeug unverzüglich an die Gesellschaft zurückzugeben. Die private und die dienstliche Nutzungsmöglichkeit enden. Ein Zurückbehaltungsrecht besteht nicht.

§ 9 Arbeitszeit

Der Vorstand stellt seine gesamte Arbeitskraft, fachliche Kenntnisse und Erfahrungen der Gesellschaft zur Verfügung.

§ 10 Nebentätigkeit

(1) Der Vorstand verpflichtet sich, eine Nebentätigkeit während der Dauer des Dienstverhältnisses nur mit vorheriger schriftlicher Zustimmung der Gesellschaft zu übernehmen.

(2) Die Gesellschaft hat die Entscheidung über den Antrag des Vorstandes auf Zustimmung zur Nebentätigkeit innerhalb von zwei Wochen nach Eingang des Antrages zu treffen. Wird innerhalb dieser Frist eine Verweigerung zur Zustimmung zur Nebentätigkeit nicht erklärt, gilt die Zustimmung als erteilt.

§ 11 Urlaub

(1) Der Vorstand hat Anspruch auf einen Jahresurlaub von 30 Arbeitstagen. Der Urlaub ist unter Berücksichtigung der Belange der Gesellschaft im Einvernehmen mit den übrigen Vorstandsmitgliedern festzulegen.

(2) Der Urlaub ist im laufenden Kalenderjahr zu nehmen. Ist die Gewährung des Urlaubs im laufenden Kalenderjahr aus betrieblichen Gründen nicht möglich, ist der Urlaubsanspruch auf schriftlichen Antrag des Vorstandes und nach schriftlicher Genehmigung durch den Aufsichtsrat auf das nächste Kalenderjahr zu übertragen. Der übertragene Urlaub ist innerhalb der ersten sechs Monate des Folgejahres zu nehmen, anschließend verfällt er.

§ 12 Wettbewerbsverbot

Während der Laufzeit dieses Vertrages ist es dem Vorstand nicht gestattet, in selbständiger, unselbständiger oder sonstiger Weise für ein Unternehmen tätig zu sein, das mit der Gesellschaft in direktem oder indirektem Wettbewerb steht oder mit einem Wettbewerbsunternehmen iSv § 15 AktG verbunden ist. Gleichsam ist es dem Vorstand nicht gestattet, während der Dauer dieses Vertrages ein solches Unternehmen zu errichten, zu erwerben oder sich hieran unmittelbar oder mittelbar zu beteiligen, es sei denn, der Anteilsbesitz ermöglicht keinen Einfluss auf die Organe des betreffenden Unternehmens.

§ 13 Nachvertragliches Wettbewerbsverbot

(1) Der Vorstand verpflichtet sich, für die Dauer von zwei Jahren nach der Beendigung des Dienstverhältnisses für kein Unternehmen tätig zu sein, das mit der Gesellschaft in direktem oder indirektem Wettbewerb steht oder mit einem Wettbewerbsunternehmen verbunden ist.

(2) Dieses Wettbewerbsverbot gilt für die Bundesrepublik Deutschland.

(3) Das Wettbewerbsverbot umfasst jede unselbständige wie selbständige Konkurrenztätigkeit. Für Wettbewerbsunternehmer wird der Vorstand weder unmittelbar noch mittelbar, weder in einem (freien) Dienstverhältnis noch in einem Arbeitsverhältnis Dienste leisten. Der Vorstand wird ein solches Konkurrenzunternehmen weder errichten noch erwerben und sich auch nicht an einem solchen maßgeblich finanziell beteiligen.

(4) Die Gesellschaft verpflichtet sich, für jedes Jahr des Wettbewerbsverbotes dem Vorstand eine Karenzentschädigung in Höhe von 50% seiner zuletzt bezogenen

vertragsmäßigen Leistungen zu zahlen. Die Karenzentschädigung ist in monatlichen Beträgen jeweils zum Monatsende fällig. Auf die fällige Entschädigung wird angerechnet, was der Vorstand während der Laufzeit des Wettbewerbsverbotes durch anderweitige Verwertung seiner Arbeitskraft erwirbt oder zu erwerben böswillig unterlässt. Eine Anrechnung findet jedoch nur insoweit statt, als die Entschädigung unter Hinzuziehung des Betrages die Summe der zuletzt bezogenen vertragsmäßigen Leistungen um mehr als 10% übersteigt. Ist der Vorstand gezwungen, wegen der Beschränkung der beruflichen Tätigkeit einen Wohnsitzwechsel vorzunehmen, so tritt an Stelle der Erhöhung um 10% eine solche um 25%.

(5) Kündigt die Gesellschaft das Dienstverhältnis aus wichtigem Grund wegen vertragswidrigen Verhaltens des Vorstandes, so wird das Wettbewerbsverbot unwirksam, sofern die Gesellschaft binnen eines Monats nach Zugang der Kündigung dem Vorstand schriftlich mitteilt, dass sie sich nicht an die Vereinbarung gebunden halte (Lossagung).

Kündigt die Gesellschaft das Dienstverhältnis ordentlich, ohne dass ein erheblicher Anlass in der Person des Vorstandes vorliegt, so wird das Wettbewerbsverbot unwirksam, sofern die Gesellschaft binnen einen Monats nach Zugang der Kündigung dem Vorstand schriftlich mitteilt, dass sie sich nicht an die Vereinbarung gebunden hält. Das Wettbewerbsverbot bleibt in diesem Fall aber wirksam, wenn sich die Gesellschaft bei der Kündigung bereit erklärt, mit der vorgesehenen Laufzeit des Verbotes die vollen zuletzt bezogenen vertragsmäßigen Leistungen an den Vorstand zu zahlen.

(6) Im Übrigen gelten die §§ 74 ff. HGB.

(7) Das Wettbewerbsverbot tritt erst nach einer Vertragslaufzeit von ...... Monaten/ Jahren in Kraft.

§ 14 Verschwiegenheit

(1) Der Vorstand verpflichtet sich, über alle ihm bekannt gewordenen Geschäfts- und Betriebsgeheimnisse während der Dauer des Dienstverhältnisses Stillschweigen zu bewahren.

(2) Nach Beendigung des Dienstverhältnisses besteht die Verpflichtung zur Verschwiegenheit hinsichtlich nachfolgender Betriebs- und Geschäftsgeheimnisse fort: ......

(3) Die Verschwiegenheitspflicht erstreckt sich nicht auf solche Kenntnisse, die jedermann zugänglich sind oder deren Weitergabe für die Gesellschaft ersichtlich ohne Nachteil ist. Im Zweifelsfall ist der Vorstand verpflichtet, eine Weisung der Gesellschaft einzuholen, ob eine bestimmte Tatsache vertraulich zu behandeln ist.

(4) Der Ausdruck „Betriebs- und/oder Geschäftsgeheimnisse" umfasst aber alle geschäftlichen, betrieblichen und technischen Kenntnisse, Angelegenheiten, Vorgänge und Informationen, die nur einem beschränkten Personenkreis zugänglich sind und nach dem Willen der Gesellschaft nicht der Allgemeinheit bekannt werden sollen.

§ 15 Ausschlussfristen

(1) Alle beiderseitigen Ansprüche aus dem bestehenden Dienstverhältnis müssen innerhalb einer Frist von drei Monaten nach Fälligkeit schriftlich gegenüber der anderen Vertragspartei geltend gemacht werden, ansonsten verfallen sie.

(2) Lehnt eine Vertragspartei den Anspruch schriftlich ab oder erklärt sie sich nicht innerhalb von zwei Wochen nach der Geltendmachung des Anspruches, so verfällt der

Anspruch, wenn er nicht innerhalb einer weiteren Frist von drei Monaten nach der Ablehnung oder nach Fristablauf gerichtlich geltend gemacht wird.

(3) Ansprüche, die auf strafbaren Handlungen oder unerlaubten Handlungen beruhen, unterliegen nicht diesen Ausschlussfristen. Die Ausschlussfrist bezieht sich darüber hinaus nicht auf Ansprüche, die auf Vorsatz oder grob fahrlässigen Pflichtverletzungen der Gesellschaft oder des Vorstandes beruhen.

§ 16 Schriftformklausel

(1) Änderungen und Ergänzungen des Dienstvertrages bedürfen der Schriftform. Dies gilt auch für ein Abgehen von der Schriftform.

(2) Zur Wahrung der Schriftform reicht die Textform.

(3) Das Schriftformerfordernis gilt nicht für individuelle vertragliche Abreden zwischen der Gesellschaft und Vorstand, sofern diese Individualabrede nicht nur die Änderung des Dienstvertrages, sondern auch das Abgehen vom Schriftformerfordernis für die konkrete individuelle Vertragsänderung betrifft.

§ 17 Salvatorische Klausel

Sollte eine Bestimmung dieses Vertrages und/oder seiner Änderungen bzw. Ergänzungen unwirksam sein, so wird dadurch die Wirksamkeit des Vertrages im Übrigen nicht berührt. Die unwirksame Bestimmung wird durch eine wirksame ersetzt, die dem wirtschaftlich Gewollten am nächsten kommt.

......, den ......

Gesellschaft   Vorstand

386 | **Hinweis:**

Diese Klauseln können mit anderen allgemeinen Vertragsbedingungen je nach Bedarf kombiniert werden. Das Muster stellt insoweit nur eine Auswahl dar.

5. Interim Management

a) Einführung

387 Der Einsatz von Interim Managern hat in den letzten Jahren zunehmend an Bedeutung gewonnen. Als Interim Management oder Management auf Zeit bezeichnet man den **befristeten Einsatz externer Führungskräfte im Unternehmen.** Anwendungsfälle sind einzelfallbezogene Projekte, wie geplante Börsengänge oder insbesondere auch Unternehmensumstrukturierungen. Der zeitlich befristete Einsatz von externen Führungskräften ist insbesondere darauf zurückzuführen, dass diese zumeist über ausgeprägte Erfahrungen und Spezialwissen für eine erfolgreiche Bewältigung dieser besonderen Szenarien verfügen.

388 Es lassen sich **zwei grundlegende Modelle** voneinander trennen:
– Der Interim Manager schließt direkt einen Vertrag mit dem Unternehmen.
– Das Unternehmen schließt einen Vertrag mit einem Provider, der dem Unternehmen eine Auswahl geeigneter Interim Manager zur Verfügung stellt. Der Interim Manager wiederum schließt einen Dienstverschaffungsvertrag mit dem Provider.

389 Letzteres ist das in Deutschland gängige Modell.[310] Bei der Vertragsgestaltung ist darauf zu achten, dass die rechtlichen Grundsätze zur Abgrenzung zwischen Dienst- und Arbeitsvertrag eingehalten werden.[311]

---

[310] *Buschbaum/Klösel* NJW 2012, 1482 ff. (1482) mzN.
[311] Zur Abgrenzung zwischen Dienst- und Werkvertrag im Allgemeinen und den von der Rechtsprechung entwickelten Indizien vgl. HK-AGG/*Schrader* § 6 Rn. 4 ff.

Das nachfolgende Muster ist das **Grundgerüst eines Dienstleistungsvertrages** 390
zwischen Provider und Interim Manager.[312] Ein solcher Vertrag ist jedoch immer
an die Gegebenheiten des Einzelfalles anzupassen.

b) Muster: Interim Management *[→ A. Rn. 387 ff.]*

Dienstleistungsvertrag
§ 1 Vertragsgegenstand

391

(1) Die Gesellschaft beauftragt den Interim Manager mit folgender Dienstleistung: ......

(2) Dieser Dienstleistungsvertrag begründet kein Arbeitsverhältnis. Die Parteien verpflichten sich, den Dienstleistungsvertrag als freies Dienstverhältnis durchzuführen.

(3) Für die steuerlichen und sozialversicherungsrechtlichen Belange sowie für die Gewerbeanmeldung wird der Interim Manager selbst Sorge tragen. Steuern und Sozialversicherungsbeiträge führt der Interim Manager selbst an die zuständigen Stellen ab. Dies ist bei der Kalkulation der Vergütung berücksichtigt worden.

(4) Der Interim Manager ist frei darin, auch für andere Auftraggeber tätig zu werden. Er wird jedoch seinen Auftrag für die Gesellschaft mit Loyalität und Gewissenhaftigkeit ausführen und alles unterlassen, was der Gesellschaft oder ihren Kunden schaden könnte.

§ 2 Vertragsdauer

(1) Das Dienstverhältnis beginnt mit dem ...... und endet am ......

(2) Die Kündigungsfrist beträgt ......

§ 3 Art der Leistungserbringung

(1) Der Interim Manager ist in der Gestaltung seiner Dienste frei. Er kann insbesondere seine Tätigkeitszeit nach pflichtgemäßem Ermessen gestalten. Er hat jedoch die Interessen der Gesellschaft mit der Sorgfalt eines ordentlichen Kaufmanns wahrzunehmen. Die Erfüllung seiner Aufgaben muss jederzeit gewährleistet sein.

(2) Der Interim Manager ist nicht an Weisungen der Gesellschaft oder ihrer Kunden gebunden. Dies gilt nicht für projektbezogene Weisungen.

(3) Der Interim Manager verpflichtet sich, auf Verlangen der Gesellschaft, innerhalb des ersten Monats seiner Tätigkeit an einem sozialrechtlichen Statusverfahren gem. § 7a SGB IV über seine Stellung als freier Berater mitzuwirken. Dem Interim Manager ist bekannt, dass die Gesellschaft das Dienstverhältnis beenden wird, soweit er seine Mitwirkung hieran verweigert oder die zuständige Behörde das Dienstverhältnis als Arbeitsverhältnis einstuft.

(4) Sofern der Interim Manager an der Auftragserfüllung gehindert sein sollte, verpflichtet er sich, die Gesellschaft unverzüglich im Voraus darüber zu informieren.

§ 4 Vergütung

Der Interim Manager erhält für seine Tätigkeit eine Tagespauschale von ...... EUR. Die Parteien gehen dabei von einer durchschnittlichen Tätigkeit von acht Stunden pro Tag aus.

---

[312] Entnommen *Buschbaum/Klösel* NJW 2012, 1482 (1485).

§ 5 Haftung

Der Interim Manager ist verpflichtet, für sich und für Dritte, die von ihm mit der Ausführung von Tätigkeiten im Zusammenhang mit dem Auftrag betraut worden sind, geeignete Haftpflichtversicherungen abzuschließen (üblicherweise eine Betriebshaftpflichtversicherung und eine Vermögensschadenhaftpflichtversicherung). Diese müssen sich auf den Ersatz von direkten oder indirekten Schäden erstrecken, die durch die Tätigkeit des Interim Managers im Rahmen der Vertragserfüllung entstehen, und müssen insbesondere Vermögensschäden wegen Schlechterfüllung dieses Vertrags sowie Sach- und Personenschäden der Gesellschaft und Kunden der Gesellschaft abdecken. Erfordert ein Kundenauftrag die Übernahme einer Führungsposition beim Kunden durch den Interim Manager, so hat dieser eine geeignete D&O-Versicherung abzuschließen. Der Interim Manager ist verpflichtet, innerhalb von 30 Tagen nach Abschluss dieses Vertrags der Gesellschaft eine Kopie der entsprechenden Police vorzulegen.

§ 6 Ausschlussfristen

Ansprüche aus dem Vertragsverhältnis verfallen, sofern sie nicht innerhalb von sechs Monaten ab Fälligkeit schriftlich geltend gemacht werden.

§ 7 Schlussbestimmungen

(1) Sollten einzelne Bestimmungen dieses Dienstleistungsvertrags ganz oder teilweise unwirksam sein oder werden, oder sollte sich hierin eine Lücke befinden, so bleibt dadurch die Gültigkeit der übrigen Bestimmungen unberührt. An Stelle der unwirksamen Bestimmungen verpflichten sich die Parteien, eine wirksame Bestimmung zu vereinbaren, welche dem Sinn und Zweck der unwirksamen Bestimmung entspricht. Im Falle einer Lücke gilt diejenige Bestimmung als vereinbart, die dem entspricht, was nach Sinn und Zweck dieses Vertrages vereinbart worden wäre, hätte man die Angelegenheit von vornherein bedacht. Dies gilt auch dann, wenn die Unwirksamkeit einer Bestimmung auf einem Maß der Leistung oder Zeit beruht. Es gilt dann das rechtlich zulässige Maß.

(2) Alle Änderungen dieser Vereinbarung bedürfen zu ihrer Wirksamkeit der Schriftform. Das gilt auch für die Änderung des Schriftformerfordernisses.

......, den ......

Provider   Interim Manager

6. Freie Mitarbeit

a) Arbeitnehmer

392 Von Arbeitnehmern, die mit ihren Arbeitgebern Arbeitsverträge abschließen, sind freie Mitarbeiter zu unterscheiden.

393 Nach herrschender Meinung ist **Arbeitnehmer** derjenige, der aufgrund eines privatrechtlichen Vertrages im Dienste eines anderen (des Arbeitgebers) **zur Leistung fremdbestimmter Arbeit in persönlicher Abhängigkeit verpflichtet** ist. Insoweit enthält § 84 Abs. 1 S. 2 HGB ein typisches Abgrenzungsmerkmal: Nach dieser Bestimmung ist **selbständig,** wer im Wesentlichen frei seine Tätigkeit gestalten und seine Arbeitszeit bestimmen kann. Unselbständig und deshalb persönlich abhängig ist dagegen der Mitarbeiter, dem dies nicht möglich ist.[313] Zwar gilt diese Regelung unmittelbar nur für die Abgrenzung des selbständigen Handelsvertreters vom abhängig beschäftigten Handlungsgehilfen. Über diesen unmittelbaren Anwendungsbereich

---

[313] StRspr., vgl. BAG 20.8.2003 – 5 AZR 610/02, NZA 2004, 39.

hinaus enthält die Vorschrift jedoch eine allgemeine gesetzgeberische Wertung, die bei der Abgrenzung des Dienstvertrages vom Arbeitsvertrag zu beachten ist, zumal dies die einzige Norm ist, die hierfür Kriterien enthält.[314] Unterliegt also der Beschäftigte hinsichtlich Zeit, Dauer und Ort der Ausführung der versprochenen Dienste einem umfassenden Weisungsrecht, liegt ein Arbeitsverhältnis vor. Kann er im Wesentlichen die Arbeitsbedingungen frei gestalten, ist er ein freier Mitarbeiter.[315]

Keine Arbeitnehmer sind „Ein-Euro-Jobber". Das Rechtsverhältnis zwischen einem erwerbsfähigen Leistungsberechtigten und einer Leistungserbringerin auf der Basis des früheren § 16d S. 2 SGB II (so genannter Ein-Euro-Job) ist kein Arbeitsverhältnis, sondern öffentlich-rechtlicher Natur.[316] **394**

b) Selbständige

Der Arbeitnehmer ist abzugrenzen von den selbständig Tätigen, auf die das **Arbeitsrecht keine Anwendung** findet. Das BAG differenziert dabei insbesondere zwischen dem **Grad der persönlichen Abhängigkeit** und der **Eingliederung in die Arbeitsorganisation:** Danach unterscheidet sich das Arbeitsverhältnis vom Rechtsverhältnis eines freien Mitarbeiters durch den Grad der persönlichen Abhängigkeit, in welchem der zur Dienstleistung Verpflichtete jeweils zum Dienstberechtigten steht. Arbeitnehmer ist, wer seine Dienstleistung gegenüber einem Dritten im Rahmen einer von diesem bestimmten Arbeitsorganisation zu erbringen hat. Die Eingliederung in die fremde Arbeitsorganisation wird insbesondere dadurch deutlich, dass der Arbeitnehmer hinsichtlich Zeit, Dauer und Ort der Ausführung der übernommenen Dienste einem **umfassenden Weisungsrecht des Arbeitgebers** unterliegt.[317] Häufig – bei Diensten höherer Art nicht notwendig – tritt auch eine fachliche Weisungsgebundenheit hinzu.[318] Die nur weitgehende Bestimmung der zu erbringenden Leistungen im Vertrag selbst spricht erheblich gegen eine persönliche Abhängigkeit vom Dienstberechtigten mit der Folge, dass kein Arbeitsverhältnis vorliegt. Bei der Frage nach der persönlichen Abhängigkeit des Mitarbeiters muss vor allem auf die **Eigenart der jeweiligen Tätigkeit** abgestellt werden. Denn abstrakte, für alle Arbeitsverhältnisse geltende Kriterien lassen sich nicht aufstellen.[319] Eine Vielzahl von Tätigkeiten kann sowohl im Rahmen eines Arbeitsverhältnisses als auch im Rahmen eines freien Dienstverhältnisses (freie Mitarbeiterverhältnisse) erbracht werden. Maßgeblich für ein Arbeitsverhältnis ist insoweit, dass der Arbeitgeber innerhalb eines bestimmten, zeitlichen Rahmens über die Arbeitsleistung des Arbeitnehmers verfügen darf.[320] Hierfür ist auch kennzeichnend, dass der Arbeitgeber über die Verteilung der **Arbeitszeit** auf die einzelnen Arbeitstage sowie über Beginn und Ende der regelmäßigen Arbeitszeit entscheidet.[321] **395**

Die **Abgrenzung** im Einzelfall ist höchst problematisch, wie die umfangreich dazu ergangene Judikatur zeigt.[322] Die Einzelheiten der Abgrenzung und der Merkmale sind umstritten. In der arbeitsrechtlichen Praxis sind diese unterschiedlichen Rechtsauffassungen nicht wirklich weiterführend. In erster Linie geht es darum, den Sachverhalt vernünftig und umfassend aufzuklären. Wenn der Sachverhalt vernünftig und umfassend geklärt ist, wird man idR unter Berücksichtigung der oben aufgeführten Kriterien die Frage, ob jemand Arbeitnehmer oder freier Mitarbeiter (Selbständiger) ist, entscheiden können. Es empfiehlt sich, die Abklärung des Sachverhaltes anhand von Indizien vorzunehmen, die **396**

---

[314] BAG 20.9.2000 – 5 AZR 61/99, NZA 2001, 551.
[315] StRspr. des BAG, vgl. statt aller: BAG 9.5.1984 – 5 AZR 195/82, AP BGB § 611 Abhängigkeit Nr. 45; BAG 25.3.1992 – 7 ABR 52/91, AP BetrVG 1972 § 5 Nr. 48.
[316] BAG 20.2.2008 – 5 AZR 290/07, AP SGB II § 16 Nr. 4; 26.9.2007 – 5 AZR 857/06, AP SGB II § 16 Nr. 3.
[317] BAG13.3.2008 – 2 AZR 1037/06, AP KSchG 1969 § 8 Betriebsbedingte Kündigung Nr. 176.
[318] StRspr.: BAG 13.1.1983 – 5 AZR 149/82, AP BGB § 611 Abhängigkeit Nr. 42; 29.5.1991 – 7 ABR 67/90, AP BetrVG 1972 § 9 Nr. 2.
[319] BAG 13.1.1983 – 5 AZR 149/82, AP BGB § 611 Abhängigkeit Nr. 42.
[320] BAG 27.3.1991 – 5 AZR 194/90, AP BGB § 611 Abhängigkeit Nr. 53.
[321] BAG 30.10.1991 – 7 ABR 19/91, AP BGB § 611 Abhängigkeit Nr. 59.
[322] Vgl. die Aufstellung bei Schaub/*Vogelsang*, ArbR-HdB, § 8 Rn. 32 ff. mzN.

alleine für sich nicht ausschlaggebend sind, jedoch ein Bild dahingehend geben können, ob jemand als Arbeitnehmer oder freier Mitarbeiter anzusehen ist.[323] Das Problem hat hohe praktische Relevanz, wie nachfolgendes Beispiel zeigt:

397 Ein Mitarbeiter hat mit einem Unternehmen einen Vertrag. Es gibt eine **Rahmenvereinbarung,** die sich auf eine Tätigkeit als „freier Mitarbeiter" bezieht. Für jede einzelne Tätigkeit werden **gesonderte Vereinbarungen** abgeschlossen. Die Vereinbarungen sind befristet. Der Mitarbeiter arbeitet mehr oder weniger regelmäßig in einem relativ hohen Umfang. Der Mitarbeiter ist – mehr oder weniger – in den Organisationsablauf eingebunden und weisungsgebunden. Nach Ablauf einer Befristung – oder anders ausgedrückt: unterlassener Verlängerung durch das Unternehmen – fällt es dem Mitarbeiter ein, dass er doch Arbeitnehmer ist, und er erhebt eine Statusklage und macht geltend, Arbeitnehmer zu sein. Das Unternehmen fordert im Gegenzug bezahlte Honorare zurück, da es geltend macht, einem Arbeitnehmer regelmäßig weniger zu zahlen als einem freien Mitarbeiter. Diese Fallkonstellationen finden sich vielfach im Rundfunkbereich.[324] Anhand der oben aufgeführten Kriterien wird subsumiert, wie im Einzelfall entschieden, ob es sich bei dem Mitarbeiter um einen Arbeitnehmer oder freien Mitarbeiter handelt. Ist er Arbeitnehmer, sind Befristungen nach dem TzBfG zu überprüfen, hinsichtlich des Honorars kommen, soweit das Honorar das übliche Entgelt für einen Arbeitnehmer übersteigt, Rückforderungsansprüche durch das Unternehmen in Betracht. Den Einwand, die jeweils andere Partei verhalte sich rechtsmissbräuchlich (der freie Mitarbeiter, weil er nach Jahren der Zusammenarbeit geltend macht, Arbeitnehmer zu sein; der Arbeitgeber, weil er trotz entsprechender Handhabung und Abrechnung überzahlte Honorare zurückfordert), lässt das BAG idR nicht durchgreifen.[325] Zu guter Letzt ist bei der Abgrenzung von Arbeitnehmern zu freien Mitarbeitern zu berücksichtigen, dass für den Fall, dass ein freier Mitarbeiter sich tatsächlich als Arbeitnehmer erweist, auf den Arbeitgeber das Risiko zukommt, dass bis zur Grenze der Verjährung (vier Jahre) Sozialversicherungsbeiträge nachgeleistet werden müssen, eine Gegenrechnung gegenüber dem Arbeitnehmer aber nur eingeschränkt möglich ist.[326]

398 Die Frage der Abgrenzung Arbeitnehmer/freier Mitarbeiter (Selbständiger) ist ebenfalls relevant für die **Frage des Gerichtsweges:** Für Klagen von Arbeitnehmern sind idR die Gerichte für Arbeitssachen nach § 2 Abs. 1 Nr. 4 ArbGG zuständig, die nach § 2 Abs. 5 iVm §§ 46 ff. ArbGG im Urteilsverfahren entscheiden, während für Rechtsstreitigkeiten von Selbständigen die Zuständigkeit der ordentlichen Gerichte gegeben wäre (§ 13 GVG).[327]

c) Muster

399 | Hinweis:

Freie Mitarbeiterverträge gibt es in vielfältiger Form für die unterschiedlichsten Gestaltungen. Nachfolgend sollen einige Muster für unterschiedlichste Fallgestaltungen aufgezeigt werden.

aa) Muster: Übungsleiter Fußballmannschaft *[→ A. Rn. 392 ff., 401, 402]*

400 | **Freier Mitarbeiter-Vertrag**
Zwischen dem ......, ... *(Anschrift)*
  – nachfolgend Verein genannt –
und

---

[323] Vgl. eine Aufstellung dieser Indizien bei HK-AGG/*Schrader/Schubert* § 6 Rn. 6 ff.
[324] Vgl. beispielsweise BAG 8.11.2006 – 5 AZR 706/05, NZA 2007, 321.
[325] Vgl. statt aller: BAG 8.11.2006 – 5 AZR 706/05, NZA 2007, 321.
[326] Vgl. statt aller: Küttner/*Voelzke,* Personalbuch 2012, Freie Mitarbeit Rn. 39 f. mzN.
[327] Vgl. zur Zuständigkeitsprüfung statt aller: GMPM/*Matthes/Schlewing,* ArbGG, § 2 Rn. 155 ff. mzN.

Frau/Herrn ......, ... *(Anschrift)*

– nachfolgend freier Mitarbeiter genannt –

wird nachfolgender Freier Mitarbeiter-Vertrag geschlossen:

§ 1 Gegenstand der Vereinbarung

(1) Der Verein beauftragt den freien Mitarbeiter ab dem ...... mit folgender Dienstleistung: Der freie Mitarbeiter übernimmt die Betreuung sowie das Training der beim Verein bestehenden Fußballmannschaften.

(2) Ein Arbeitsverhältnis wird, da die in § 1 Abs. 1 bezeichnete Dienstleistung durch einen freien Mitarbeiter erbracht wird, nicht begründet.

(3) Für die steuerlichen und sozialversicherungsrechtlichen Belange sowie für eine eventuelle Gewerbeanmeldung wird der freie Mitarbeiter selbst Sorge tragen. Dies ist bei der Kalkulation der Vergütung berücksichtigt.

(4) Der freie Mitarbeiter ist frei darin, auch für andere Auftraggeber tätig zu sein. Durch seine anderweitige Tätigkeit darf jedoch die Tätigkeit für den Verein nicht beeinträchtigt werden.

§ 2 Leistungsumfang

(1) Die Dienstleistung des freien Mitarbeiters umfasst im Einzelnen:
– ......
– ......

Die Leistungserbringung erfolgt in Abstimmung mit einem von dem Verein benannten Verantwortlichen.

(2) Der freie Mitarbeiter ist verpflichtet, die in § 1 Abs. 1 und § 2 Abs. 1 bezeichnete Dienstleistung selbst zu erbringen. Zudem besteht für den Fall der Erkrankung oder Dienstverhinderung für den freien Mitarbeiter die Pflicht, den Verein, insbesondere den Vorsitzenden der Fußballabteilung, rechtzeitig und unverzüglich im Voraus über die Verhinderung zu informieren.

§ 3 Vergütung und Rechnungsstellung

(1) Der freie Mitarbeiter erhält eine monatliche Pauschalvergütung in Höhe von ...... EUR. Über die Pauschalvergütung hat der Mitarbeiter eine Rechnung zu erstellen.

(2) Soweit der freie Mitarbeiter mehrwertsteuerpflichtig ist, ist die Vergütung jeweils zzgl. Mehrwertsteuer zu zahlen. Die Mehrwertsteuer ist auf der Rechnung gesondert auszuweisen.

(3) Mit der Vergütung sind sämtliche Aufwendungen des freien Mitarbeiters abgegolten.

§ 4 Krankheit, Arbeitsverhinderung und Urlaub

(1) Dem freien Mitarbeiter steht ein Honoraranspruch nicht zu, wenn er infolge Krankheit oder sonstiger Arbeitsverhinderung an der in § 1 Abs. 1 und § 2 Abs. 1 genannten Leistung der Dienste verhindert ist. Die in § 3 Abs. 1 vereinbarte monatliche Pauschalvergütung wird anteilig um die Zeiten der Krankheit oder Arbeitsverhinderung gekürzt.

(2) Der freie Mitarbeiter hat keinen Anspruch auf Urlaub.

§ 5 Vertragsdauer

(1) Das freie Mitarbeiterverhältnis endet frühestens am ....

(2) Das freie Mitarbeiterverhältnis kann von jeder Vertragspartei spätestens am 15. eines Monats für den Schluss des Kalendermonats (vgl. § 621 BGB) gekündigt werden. Das Recht zur außerordentlichen Kündigung bleibt unberührt.

§ 6 Materialien und Gegenstände zur Leistungserbringung

Arbeitsgeräte, Werkzeuge und Materialien, die zur Erbringung und Erledigung der in § 1 Abs. 1 sowie § 2 Abs. 1 genannten Dienstleistung erforderlich sind, werden durch den Verein gestellt.

§ 7 Schlussbestimmungen

(1) Sollten sich einzelne Bestimmungen des freien Mitarbeiter-Vertrages als ungültig oder unwirksam erweisen, werden die übrigen Bestimmungen dieses Vertrages dadurch nicht berührt. Die ungültige oder unwirksame Bestimmung ist durch eine andere gültige Bestimmung zu ersetzen, die dem Willen der Parteien so nah wie möglich kommt.

(2) Änderungen und/oder Ergänzungen zu diesem Vertrag durch individuelle Vertragsabreden sind formlos wirksam. Im Übrigen bedürfen Vertragsänderungen sowie -ergänzungen der Schriftform. Die elektronische Form ist ausgeschlossen. Mündliche Vereinbarungen über die Aufhebung der Schriftform sind nichtig.

......, den ......

Übungsleiter   Freier Mitarbeiter

bb) Muster: Vertrag mit einer Schreibkraft *[→ A. Rn. 392 ff., 400, 402]*

Zwischen

...... GmbH, ... *(Anschrift)*

– im Folgenden Auftraggeber genannt –

und

Frau/Herrn ......, ... *(Anschrift)*

– im Folgenden freier Mitarbeiter genannt –

wird nachstehender Vertrag über die Tätigkeit als freier Mitarbeiter geschlossen.

§ 1 Aufgabe

(1) Der freie Mitarbeiter wird für den Auftraggeber als Schreibkraft tätig. Er kann Ort und Arbeitszeit frei bestimmen. Er darf auch für Dritte tätig werden.

(2) Dem freien Mitarbeiter erteilte Schreibaufträge sind innerhalb einer Frist von drei Tagen zu erledigen.

(3) Alle erforderlichen Arbeitsmittel (Schreibmaschine, PC, Papier) werden von dem freien Mitarbeiter gestellt.

§ 2 Vergütung

(1) Der freie Mitarbeiter erhält für die Verrichtung von Schreibarbeiten ein Stundenhonorar in Höhe von ...... EUR. Mit dem Honorar sind auch die Auslagen abgegolten.

Oder:

(1) Der freie Mitarbeiter erhält für die Verrichtung von Schreibarbeiten ein Honorar, das nach der Seitenzahl berechnet wird. Je Seite mit ...... Zeilen zu ...... Anschlägen werden ...... EUR vergütet.

(2) Die Abrechnung der Vergütung erfolgt monatlich nach Rechnungslegung und -erstellung durch den freien Mitarbeiter.

(3) Der freie Mitarbeiter hat die Vergütung zur Einkommensteuer anzumelden. Eine Versicherung in der gesetzlichen Sozialversicherung erfolgt nicht.

§ 3 Schweigepflicht

Der freie Mitarbeiter verpflichtet sich, über alle Geschäfts- und Betriebsgeheimnisse auch nach seinem Ausscheiden Stillschweigen zu bewahren.

§ 4 Kündigung

Das freie Mitarbeiterverhältnis kann mit einer Frist von ...... zum ...... gekündigt werden (vgl. § 621 BGB).

§ 5 Schlussbestimmungen

(1) Sollten sich einzelne Bestimmungen des freien Mitarbeiter-Vertrages als ungültig oder unwirksam erweisen, werden die übrigen Bestimmungen dieses Vertrages dadurch nicht berührt. Die ungültige oder unwirksame Bestimmung ist durch eine andere gültige Bestimmung zu ersetzen, die dem Willen der Parteien so nah wie möglich kommt.

(2) Änderungen und/oder Ergänzungen zu diesem Vertrag durch individuelle Vertragsabreden sind formlos wirksam. Im Übrigen bedürfen Vertragsänderungen sowie -ergänzungen der Schriftform. Die elektronische Form ist ausgeschlossen. Mündliche Vereinbarungen über die Aufhebung der Schriftform sind nichtig.

......, den ......

Auftraggeber   Feier Mitarbeiter

cc) Muster: Beratervertrag *[→ A. Rn. 392 ff., 400, 401]*

Zwischen
...... GmbH, ... *(Anschrift)*
– nachfolgend Unternehmen genannt –
und
Frau/Herrn ......, ... *(Anschrift)*
– nachfolgend Berater genannt –
wird Folgendes vereinbart:

§ 1 Aufgabengebiet

(1) Der Berater wird das Unternehmen in allen Fragen der ......, insbesondere ...... beraten.

(2) Der Berater ist in der Bestimmung seines Arbeitsortes und seiner Arbeitszeit frei. Er verpflichtet sich aber, für das Unternehmen wöchentlich während ...... Stunden, maximal aber ...... Stunden tätig zu sein.

§ 2 Vergütung und sonstige Leistungen

(1) Der Berater erhält für seine Tätigkeit eine Vergütung in Höhe von ...... EUR brutto pro Stunde, soweit er mehrwertsteuerpflichtig ist, zzgl. Mehrwertsteuer.

(2) Das Honorar wird jeweils bis zum ...... eines Monats für den vorangegangenen Monat nach Rechnungsstellung abgerechnet.

(3) Steuern und Sozialabgaben führt der Berater selbst ab. Ansprüche auf Urlaub und Entgeltfortzahlung im Krankheitsfall bestehen nicht. Es ist der ausdrückliche Wunsch des Beraters, dass das vorliegende Vertragsverhältnis als freies Mitarbeiterverhältnis praktiziert wird, damit er auch anderen Tätigkeiten nachgehen kann, um für Dritte tätig zu werden.

§ 3 Aufwendungsersatz

(1) Das Unternehmen bezahlt dem Berater gegen Nachweis die entstandenen Aufwendungen für Reisen, Telefon und Porto, die in Ausübung seiner vertraglichen Pflichten entstehen, bis zu einer Höhe von ...... EUR brutto monatlich.

(2) Die Erforderlichkeit von Reisen, die voraussichtlich einen Betrag von ...... EUR brutto übersteigen werden, ist vor Reiseantritt mit dem Unternehmen abzustimmen.

§ 4 Vertragsdauer

(1) Dieser Vertrag beginnt ab dem ......

(2) Der Vertrag kann ohne Angabe von Gründen spätestens am 15. eines Monats zum Schluss des Kalendermonats (vgl. § 621 BGB) gekündigt werden.

(3) Die Kündigung bedarf zu ihrer Rechtswirksamkeit der Schriftform.

§ 5 Schweige- und Treuepflicht

(1) Der Berater verpflichtet sich, über alle ihm während seiner Tätigkeit in Bezug auf das Unternehmen bekannt gewordenen Geschäfts- und Betriebsgeheimnisse während und nach der Beendigung des Vertragsverhältnisses Stillschweigen zu bewahren.

(2) Der Berater verpflichtet sich, während der Dauer des Vertragsverhältnisses nicht für ein Unternehmen tätig zu sein, das mit dem Unternehmen im Wettbewerb steht. Davon ausgenommen ist die Tätigkeit für folgende Unternehmen:
......

§ 6 Aufbewahrung und Rückgabe von Unterlagen

(1) Der Berater verpflichtet sich, alle ihm zur Verfügung gestellten Unterlagen sowie sämtliche selbst angefertigten Schriftstücke oder andere Aufzeichnungen, auch Konzepte, die sich in seinem Besitz befinden und die Angelegenheiten des Unternehmens betreffen, ordnungsgemäß aufzubewahren, insbesondere dafür Sorge zu tragen, dass Dritte nicht Einsicht nehmen können.

(2) Unterlagen und Aufzeichnungen nach Abs. 1 sind während der Dauer des Vertragsverhältnisses auf Anforderung, nach Beendigung des Vertragsverhältnisses unverzüglich unaufgefordert dem Unternehmen zurückzugeben.

(3) Dem Berater steht an Unterlagen kein Zurückbehaltungsrecht zu.

§ 7 Sonstiges
......

§ 8 Schlussbestimmungen

(1) Sollten sich einzelne Bestimmungen des Beratervertrages als ungültig oder unwirksam erweisen, werden die übrigen Bestimmungen dieses Vertrages dadurch nicht berührt. Die ungültige oder unwirksame Bestimmung ist durch eine andere gültige Bestimmung zu ersetzen, die dem Willen der Parteien so nah wie möglich kommt.

(2) Änderungen und/oder Ergänzungen zu diesem Vertrag durch individuelle Vertragsabreden sind formlos wirksam. Im Übrigen bedürfen Vertragsänderungen sowie -ergänzungen der Schriftform. Die elektronische Form ist ausgeschlossen. Mündliche Vereinbarungen über die Aufhebung der Schriftform sind nichtig.

……, den ……

Unternehmen   Berater

dd) Muster: Handelsvertretervertrag für Vermittlung von Versicherungen
[→ A. Rn. 392 ff.]

Hinweis: 403

Der Sonderfall eines selbständig Tätigen ist der Handelsvertreter nach §§ 84 ff. HGB.[328]

Zwischen 404
der …… GmbH, …… *(Anschrift)*
— nachfolgend Unternehmer —
und
Frau/Herrn ……, …… *(Anschrift)*
— nachfolgend Handelsvertreter —
wird der folgende Handelsvertretervertrag geschlossen:

§ 1 Rechtsstellung des Handelsvertreters

Der Handelsvertreter wird als selbständiger Handelsvertreter im Sinne der §§ 84 ff., 87 Abs. 1 des Handelsgesetzbuches (HGB) mit der Vermittlung von Versicherungsverträgen, insbesondere im Bereich der Personenversicherungen, betraut. Der Unternehmer behält sich vor, in dem Tätigkeitsfeld „Versicherungsvermittlung" selbst oder durch Beauftragte tätig zu werden und Geschäfte abzuschließen.

§ 2 Aufgaben des Handelsvertreters

(1) Dem Handelsvertreter obliegt die Akquise von Neukunden und deren Betreuung. Die Tätigkeit des Handelsvertreters bezieht sich auf alle vom Unternehmer angebotenen (Versicherungs-)Produkte und (Versicherungs-)Leistungen.

(2) Der Handelsvertreter hat Kundenschutz für alle Geschäfte mit Kunden, die er neu für den Unternehmer geworben hat.

(3) Der Handelsvertreter hat keinen Kundenschutz für alle Kunden, die bereits in der Kundenkartei des Unternehmers enthalten sind.

---

[328] Zu Sonderfällen im Übrigen vgl. ausführlich Schaub/*Vogelsang*, ArbR-HdB, § 9 Rn. 1 ff. mzN; zum Recht der Handelsvertreter vgl. im Einzelnen und ausführlich Schaub/*Vogelsang*, ArbR-HdB, § 11 Rn. 1 ff. mzN.

§ 3 Pflichten des Handelsvertreters

(1) Der Handelsvertreter ist verpflichtet, auf Verlangen des Unternehmers eine Kundenkartei zu führen und diese stets auf dem neusten Stand zu halten. Nach Beendigung des Dienstverhältnisses bleibt die Kundenkartei Eigentum des Handelsvertreters.

(2) Der Handelsvertreter ist verpflichtet,
  (a) den Unternehmer über die allgemeine Marktlage, insbesondere über die Wünsche der Kunden und die Konkurrenzangebote, zu unterrichten;
  (b) dem Unternehmer über die Verhältnisse der einzelnen Kunden und Interessenten einschließlich deren Bonität zu berichten;
  (c) dem Unternehmer Zweifel an der Bonität von Kunden nach Prüfung unverzüglich mitzuteilen.

(3) Der Handelsvertreter ist bei Hinzuziehung von Hilfspersonen zur unverzüglichen Mitteilung gegenüber dem Unternehmer verpflichtet. Vertragliche Beziehungen zwischen den Hilfspersonen und dem Unternehmer bestehen nicht. Hierauf hat der Handelsvertreter in den Verträgen mit den Hilfspersonen ausdrücklich hinzuweisen.

(4) Der Handelsvertreter ist verpflichtet, Geschäfts- und Betriebsgeheimnisse, die ihm durch die Tätigkeit als Versicherungsvermittler bekannt geworden sind, wie ein ordentlicher Kaufmann, geheim zu halten. Dies gilt auch nach Vertragsbeendigung. Der Handelsvertreter darf die Geschäfts- und Betriebsgeheimnisse nicht selbst oder im Interesse eines Dritten verwerten.

(5) Der Handelsvertreter ist verpflichtet, nach Vertragsbeendigung sämtliche Unterlagen wie Leistungsangebote, Preislisten und Geschäftsbedingungen, Werbe- und Demonstrationsmaterial, die er zur Ausübung seiner Tätigkeit erhalten hat, an den Unternehmer herauszugeben, soweit sie nicht bereits verbraucht sind.

§ 4 Pflichten des Unternehmers

(1) Der Unternehmer verpflichtet sich, dem Handelsvertreter die zur Ausübung seiner Tätigkeit erforderlichen Unterlagen wie Leistungsangebote, Preislisten und Geschäftsbedingungen, Werbe- und Demonstrationsmaterial, unentgeltlich zur Verfügung zu stellen.

(2) Der Unternehmer schuldet sämtliche für die Vermittlung von Versicherungen notwendigen Informationen, zum Beispiel über vollzogene Änderungen der Preise und des Leistungsangebotes. Auch geplante Kooperationen und Zusammenschlüsse mit anderen Unternehmern sowie eine beabsichtigte Veräußerung des Unternehmens ist dem Handelsvertreter rechtzeitig zur Kenntnis zu bringen.

(3) Der Unternehmer hat dem Handelsvertreter im Einzelfall nach vorheriger Rücksprache mit Herrn/Frau ......, Zugang zur Kundenkartei der ...... zu Akquisezwecken zu gewähren.

§ 5 Provision des Handelsvertreters

Der Handelsvertreter erhält für seine Tätigkeit eine Provision. Er hat grundsätzlich Anspruch auf die Provision für alle Versicherungsgeschäfte und Versicherungsverträge, die während des Vertragsverhältnisses zustande kommen, abgeschlossen sowie ausgeführt werden und auf seine Tätigkeit zurückzuführen sind.

§ 6 Entstehung des Provisionsanspruches

(1) Der Provisionsanspruch des Handelsvertreters entsteht, sobald und soweit der Versicherer den Versicherungsantrag angenommen **und** der erste Versicherungsbeitrag vom Kunden gezahlt ist.

(2) Ein Provisionsanspruch entsteht nicht für Geschäftsabschlüsse mit Kunden aus der Kundenkartei des Unternehmers, die erst nach Vertragsende mit dem Handelsvertreter zustande kommen, gleichgültig, ob der Geschäftsabschluss überwiegend auf seine Tätigkeit zurückzuführen ist oder nicht. Für Geschäftsabschlüsse mit Neukunden gilt § 87 Abs. 3 HGB.

§ 7 Höhe der Provision

(1) Die Höhe der dem Handelsvertreter zustehenden Provision beträgt 70%. Sie errechnet sich aus den vom Unternehmer erhaltenen Abschluss- und Bestandsprovisionen, diese entsprechen 100%. Die verbleibenden 30% stehen dem Unternehmer zu.

(2) Die Provision wird jeweils zuzüglich der gesetzlichen Umsatzsteuer gezahlt, sofern der Handelsvertreter umsatzsteuerpflichtig ist.

§ 8 Abrechnung und Fälligkeit der Provision

(1) Der Unternehmer hat über die Provision monatlich, spätestens bis zum ersten des folgenden Kalendermonats abzurechnen. Der Provisionsanspruch wird mit der Abrechnung fällig.

(2) Der Handelsvertreter wird die Durchschrift der Abrechnung prüfen und binnen zwei Wochen etwaige Einwendungen mitteilen.

§ 9 Stornohaftung

(1) Die Stornohaftungszeit beträgt bei ......-versicherungs-, ...-versicherungs- und ......-versicherungsverträgen ...... Monate/Jahre.

(2) Der Provisionsanspruch des Handelsvertreters entfällt, wenn und soweit nach Zahlung des ersten Versicherungsbeitrages feststeht, dass der Kunde seinen weiteren Beitragsverpflichtungen nicht bzw. in zu geringem Umfang nachkommt. Die vollständige Provision gilt nur dann und insoweit als verdient, wie der Kunde innerhalb der Stornohaftungszeit seinen Beitragsverpflichtungen aus dem Versicherungsvertrag nachkommt. Für den Fall, dass die Provision bereits vollständig bzw. anteilig an den Handelsvertreter ausgezahlt ist, so ist dieser zur Rückzahlung der bereits gezahlten Provisionsbeträge an den Unternehmer verpflichtet.

(3) Der Unternehmer ist zu einer gerichtlichen Geltendmachung von rückständigen Versicherungsbeiträgen gegenüber Kunden nur verpflichtet, wenn sie aussichtsreich ist.

§ 10 Zuwendungen

An separaten Zuwendungen der Versicherungsgesellschaften, wie zum Beispiel Bonifikationen, wird der Handelsvertreter zu 70% beteiligt, soweit die Zuwendungen für die Vermittlung von Versicherungen an Neukunden durch den Handelsvertreter während der Vertragslaufzeit dieses Handelsvertretervertrages gezahlt werden.

§ 11 Aufwendungen

Der Handelsvertreter kann den Ersatz seiner im regelmäßigen Geschäftsbetrieb entstandenen Aufwendungen verlangen, soweit dies handelsüblich ist. Ausdrücklich ausgenommen sind die Kosten für die Beschäftigung von Hilfspersonen.

§ 12 Tätigkeitsunterbrechungen

(1) Stellt der Handelsvertreter seine Tätigkeit wegen Erkrankung mehr als fünf Werktage ein, hat er die Pflicht, seine Dienstunfähigkeit dem Unternehmer unverzüglich mitzuteilen. Besonders im Fall einer länger andauernden Erkrankung des Handelsvertreters ist der Unternehmer berechtigt, selbst oder durch Beauftragte tätig zu werden.

(2) Geplante Unterbrechungen sowie deren Termine hat der Handelsvertreter dem Unternehmer rechtzeitig mitzuteilen. Bei einer Tätigkeitsunterbrechung von mehr als sechs Wochen wird der Handelsvertreter dafür Sorge tragen, dass während dieser Zeit die Betreuung seiner Kundschaft sichergestellt ist.

§ 13 Vertragsdauer, Vertragsende

(1) Der Vertrag beginnt mit Wirkung ab dem 1.1.2012 und wird auf unbestimmte Zeit geschlossen.

(2) Der Vertrag kann im ersten Jahr von beiden Seiten mit einer Frist von einem Monat, im zweiten Jahr mit einer Frist von zwei Monaten, im dritten bis zum fünften Jahr mit einer Frist von drei Monaten, danach mit einer Frist von sechs Monaten gekündigt werden. Die Kündigung ist allein für den Schluss eines Kalendermonats zulässig, sofern keine abweichende Vereinbarung getroffen ist.

(3) Das Recht zur Kündigung aus wichtigem Grund bleibt unberührt.

(4) Die Kündigung bedarf zu ihrer Wirksamkeit der Schriftform.

(5) Der Vertrag endet, ohne dass es einer Kündigung bedarf, spätestens mit Ablauf des Kalendervierteljahres, in dem der Handelsvertreter das 65. Lebensjahr vollendet.

(6) Die dem Handelsvertreter gem. § 4 Abs. 1 überlassenen Unterlagen sowie sonstige Gegenstände sind innerhalb von zwei Wochen nach dem Vertragsende zurückzugeben. Der Unternehmer hat binnen eines Monats nach Vertragsbeendigung eine Schlussabrechnung vorzunehmen.

§ 14 Nebentätigkeiten, Wettbewerb des Handelsvertreters

(1) Dem Handelsvertreter ist die Aufnahme von anderweitigen Nebentätigkeiten ohne vorherige schriftliche Zustimmung des Unternehmers gestattet.

(2) Der Handelsvertreter unterliegt während der Vertragslaufzeit des Handelsvertretervertrages einem Wettbewerbsverbot. Das heißt, er übt keine weiteren Handelsvertretungen in Bezug auf die Vermittlung von Versicherungen anderer Konkurrenzunternehmer aus.

§ 15 Verjährung

Ansprüche aus diesem Vertrag verjähren gemäß §§ 195 ff. BGB.

§ 16 Gerichtsstand

Ausschließlicher örtlicher Gerichtsstand für alle Streitigkeiten aus diesem Vertrag ist der Sitz des Unternehmers. Der Unternehmer behält sich vor, den Handelsvertreter auch an seinem allgemeinen Gerichtsstand zu verklagen.

§ 17 Sonstige Bestimmungen

(1) Mündliche Nebenabreden zu diesem Vertrag bestehen nicht.

(2) Änderungen und/oder Ergänzungen zu diesem Vertrag durch individuelle Vertragsabreden sind formlos wirksam. Im Übrigen bedürfen Vertragsänderungen sowie -ergänzungen der Schriftform. Die elektronische Form ist ausgeschlossen. Mündliche Vereinbarungen über die Aufhebung der Schriftform sind nichtig.

(3) Die §§ 84 ff. HGB gelten ergänzend.

(4) Sollten Bestimmungen dieses Vertrages ganz oder teilweise unwirksam oder undurchführbar sein oder werden oder sollte sich in diesem Vertrag eine Lücke befinden, so wird hierdurch die Gültigkeit der übrigen Bestimmungen nicht berührt. Anstelle der unwirksamen oder undurchführbaren Bestimmung gilt diejenige wirksame Bestimmung als vereinbart, die dem Zweck der unwirksamen Bestimmung am nächsten kommt. Im Falle einer Lücke gilt diejenige Bestimmung als vereinbart, die dem entspricht, was nach dem Zweck dieses Vertrages vereinbart worden wäre, hätten die Vertragspartner die Angelegenheit bedacht.

……, den ……

Unternehmer   Handelsvertreter

7. Beauftragte

a) Gesetzliche Vorgaben

Unter bestimmten Voraussetzungen sind Unternehmer aufgrund öffentlich-rechtlicher Normen verpflichtet, Beauftragte zu bestellen. Diese sollen in bestimmten Bereichen eine **betriebliche Selbstüberwachung,** insbesondere in Bezug auf die Einhaltung öffentlich-rechtlicher Vorschriften gewährleisten. Sie haben, je nach Art, Beratungs-, Informations- und Initiativaufgaben. Bei der Auswahl der Beauftragten können die Arbeitgeber grundsätzlich auf eigene fachkundige Arbeitnehmer zurückgreifen. Solche Beauftragten sollen idR selbständig und unabhängig agieren, stehen aber in einem gewissen Spannungsverhältnis, da sie auf der anderen Seite regelmäßig auch abhängige Arbeitnehmer sind. Da die Beauftragten nicht aus Angst vor einer drohenden Kündigung von einer sachgerechten Ausübung ihres Amtes abgehalten werden sollen, hat der Gesetzgeber in einigen Fällen Benachteiligungsgebote und sogar einen Kündigungsschutz gesetzlich aufgenommen. Ein solcher **Sonderkündigungsschutz** besteht beispielsweise für

– Immissionsschutzbeauftragte (§ 58 BImSchG)
– Störfallbeauftragte (§ 58d BImSchG iVm § 58 BImSchG)
– Betriebsbeauftragte für Abfall (§ 60 Abs. 3 KrWG iVm § 58 BImSchG)
– Gewässerschutzbeauftragte (§ 66 WHG iVm § 58 BImSchG)
– Gleichstellungsbeauftragte auf Bundesebene (§ 18 Abs. 5 S. 3 BGleiG iVm § 15 Abs. 2 KSchG)
– Betriebliche Datenschutzbeauftragte (§ 4f Abs. 3 S. 5 und 6 BDSG).

Die **arbeitsrechtlichen Folgen einer Bestellung** hat das BAG für den Datenschutzbeauftragten beantwortet:[329] Wird ein Arbeitnehmer von seinem Arbeitgeber mit seiner Zustimmung zum Beauftragten für Datenschutz bestellt, ändert sich regelmäßig der Inhalt seines Arbeitsvertrages. Dies hat zur Folge, dass mit der Bestellung zum internen Beauftragten für Datenschutz die damit verbundene Tätigkeit für die Dauer des Amtes zur (bisher) vertraglich geschuldeten Leistung des Arbeitnehmers hinzutritt. Die Übertragung des Amtes und der damit verbundenen Aufgaben ist gegenüber dem Arbeitnehmer regelmäßig nicht durch Ausübung des Direktionsrechts möglich. Es bedarf vielmehr einer Vereinbarung der Arbeitsvertragsparteien, dass die Wahrnehmung des Amtes und der damit verbundenen Tätigkeit Teil der vertraglich geschuldeten Leistung werden soll. Diese Vereinbarung kann konkludent geschlossen werden, indem der Arbeitnehmer das angetragene Amt annimmt. Damit erweitern

---

[329] BAG 29.9.2010 – 10 AZR 588/09, NZA 2011, 151; 23.3.2011 – 10 AZR 562/09, NZA 2011, 1036.

sich seine arbeitsvertraglichen Rechte und Pflichten um die Tätigkeit eines betrieblichen Datenschutzbeauftragten. Hier gilt, dass, wenn ein Arbeitnehmer das ihm angebotene Amt des Datenschutzbeauftragten durch Übernahme der Tätigkeit annimmt und damit sein Einverständnis mit der Bestellung dokumentiert, der Arbeitsvertrag für die Zeitspanne der Amtsübertragung entsprechend geändert und angepasst wird. Wird die Bestellung sodann nach § 4f Abs. 3 S. 4 BDSG wirksam widerrufen, ist die Tätigkeit des Beauftragten für den Datenschutz nicht mehr Bestandteil der vertraglich geschuldeten Leistung. Insbesondere bedarf es dann keiner Teilkündigung mehr. Etwas Anderes kann aber wohl dann gelten, wenn arbeitsvertraglich eine dauerhafte Übertragung der Aufgaben oder eine dauerhafte Änderung des Arbeitsvertrages geregelt wurde.[330]

407 Es sind grundsätzlich **zwei Fallkonstellationen** zu unterscheiden: Werden die Aufgaben des Datenschutzbeauftragten von einem bereits beim Arbeitgeber beschäftigten Arbeitnehmer zusätzlich übernommen, werden sie zu einer weiteren Arbeitsaufgabe, und es gelten die oben dargestellten Grundsätze. Handelt es sich dagegen um einen externen Datenschutzbeauftragten, der etwa aufgrund eines freien Dienstvertrages tätig wird, wird neben dem Widerruf der Bestellung zum Datenschutzbeauftragten die Kündigung des gesamten der Bestellung zugrunde liegenden Vertrages erforderlich sein.

b) Muster

aa) Muster: Regelung im Arbeitsvertrag *[→ A. Rn. 405 ff.]*

408 Hinweis:

Hier kann zunächst auf die allgemeinen arbeitsvertraglichen Regelungen zurückgegriffen werden. Diese sollten um einen separaten Paragraphen ergänzt werden:

409 **§ ...... Bestellung zum Datenschutzbeauftragten**

108

(1) Der Arbeitnehmer wird mit Wirkung ab dem ...... die Dienste eines Datenschutzbeauftragten übernehmen.

(2) Im Rahmen der Tätigkeit als Datenschutzbeauftragter ist der Arbeitnehmer unmittelbar der Geschäftsleitung unterstellt. Er ist bei der Anwendung seiner Fachkunde auf dem Gebiet des Datenschutzrechts weisungsfrei.[331] Als Datenschutzbeauftragter hat er das Recht und die Pflicht, seine Vorschläge und Bedenken unmittelbar der Geschäftsleitung bzw. dem zuständigen Vertreter der Geschäftsleitung vorzutragen.[332]

(3) Der Arbeitgeber wird den Arbeitnehmer in seiner Funktion als Datenschutzbeauftragten bei der Arbeit unterstützen. Er wird das für die Tätigkeit erforderliche Personal sowie Räume, Einrichtungen, Geräte und sonstige Hilfsmittel zur Verfügung stellen, soweit dies zur Erfüllung der in § 4g BDSG genannten Aufgaben erforderlich ist.

(4) Dem Arbeitgeber bleibt vorbehalten, die Bestellung zum Beauftragten für den Datenschutz auf Verlangen der Aufsichtsbehörde oder aus wichtigem Grund (§ 626 BGB) zu widerrufen (§ 4f Abs. 3 S. 4 BDSG).

(5) Vom Widerruf der Bestellung zum Datenschutzbeauftragten bleibt der Arbeitsvertrag unberührt. Die Kündigung richtet sich nach den allgemeinen arbeitsrechtlichen Grundsätzen.

---

[330] *Göpfert* ArbRAktuell 2011, 437.
[331] Beides ergibt sich aus § 4f Abs. 3 S. 1 und 2 BDSG.
[332] Die Mindestrechte und -pflichten ergeben sich aus § 4g BDSG.

> **Hinweis:** 410
> Die Arbeitsverträge anderer Beauftragter (beispielsweise Umweltschutzbeauftragter oÄ) können ähnlich gefasst werden.

bb) Muster: Bestellung zum Datenschutzbeauftragten *[→ A. Rn. 405 ff.]*

> Sehr geehrte(r) Frau/Herr ......, 411
>
> wir bestellen Sie mit sofortiger Wirkung gem. § 4f BDSG zum Datenschutzbeauftragten.
>
> In Ihrer Funktion als Datenschutzbeauftragter unterstehen Sie der Geschäftsführung unmittelbar. Ihr in diesem Zusammenhang zuständiger Ansprechpartner bei der Geschäftsführung ist derzeit Frau/Herr ......
>
> Ihre Aufgaben als Datenschutzbeauftragter ergeben sich im Einzelnen aus dem BDSG. Sie sind in Anwendung Ihrer Fachkunde auf dem Gebiet des Datenschutzes weisungsfrei.
>
> Allerdings werden Sie über Ihre Tätigkeit der zuständigen Geschäftsführung laufend Bericht erstatten. Erforderliche Organisationsanweisungen sind der Geschäftsführung vorzuschlagen.
>
> Mit freundlichen Grüßen
>
> ......, den ......
>
> Geschäftsführung
>
> Mit der Bestellung bin ich einverstanden
>
> ......, den ......
>
> Datenschutzbeauftragter

cc) Muster: Bestellung zum Immissionsschutzbeauftragten *[→ A. Rn. 405 ff.]*

> Sehr geehrte(r) Frau/Herr ......, 412
>
> hiermit bestellen wir Sie mit Wirkung vom ...... zum Immissionsschutzbeauftragten für ......
>
> (1) Der Immissionsschutzbeauftragte berät den Betreiber und die Betriebsangehörigen in Angelegenheiten, die für den Immissionsschutz bedeutsam sein können. Er ist berechtigt und verpflichtet,
> (a) auf die Entwicklung und Einführung
>   (aa) umweltfreundlicher Verfahren, einschließlich Verfahren zur Vermeidung oder ordnungsgemäßen und schadlosen Verwertung der beim Betrieb entstehenden Reststoffe oder deren Beseitigung als Abfall sowie zur Nutzung von entstehender Wärme
>   (bb) umweltfreundlicher Erzeugnisse, einschließlich Verfahren zur Wiedergewinnung und Wiederverwertung
>   hinzuwirken,
> (b) bei der Entwicklung und Einführung umweltfreundlicher Verfahren und Erzeugnisse mitzuwirken, insbesondere durch Begutachtung der Verfahren und Erzeugnisse unter dem Gesichtspunkt der Umweltfreundlichkeit,
> (c) soweit dies nicht Aufgabe des Störfallbeauftragten nach § 58b Abs. 1 S. 2 Nr. 3 Bundes-Immissionsschutzgesetz (BImSchG) ist, die Einhaltung der Vorschriften des BImSchG und der aufgrund des BImSchG erlassenen Rechtsverordnungen und die Erfüllung erteilter Bedingungen und Auflagen zu über-

wachen, insbesondere durch Kontrolle der Betriebsstätte in regelmäßigen Abständen, Messungen von Emissionen, Mitteilung festgestellter Mängel und Vorschläge über Maßnahmen zur Beseitigung dieser Mängel,

(d) die Betriebsangehörigen über die von der Anlage verursachten schädlichen Umwelteinwirkungen aufzuklären sowie über die Einrichtungen und Maßnahmen zu ihrer Verhinderung unter Berücksichtigung der sich aus dem BImSchG oder der Rechtsverordnung aufgrund des BImSchG ergebenden Pflichten.

(2) Der Immissionsschutzbeauftragte erstattet dem Betreiber jährlich einen Bericht über die nach § 54 Abs. 1 S. 2 Nr. 1 bis 4 BImSchG getroffenen und beabsichtigten Maßnahmen.

dd) Muster: Übertragung von Unternehmerpflichten[333, 334] zum Arbeitsschutz und Umweltschutz[335] [→ A. Rn. 405 ff.]

413

......, Leiter AA

Hiermit übertrage/n ich/wir Herrn/Frau ...... für den/die Bereich/Abteilung ...... die dem Unternehmer hinsichtlich des Arbeitsschutzes (Verhütung von Arbeitsunfällen, Berufskrankheiten und arbeitsbedingten Gesundheitsgefahren) und des Umweltschutzes obliegenden Pflichten:

(1) Aufgaben (Rangfolge ohne Wertung)

Herr/Frau ...... hat im Rahmen seiner/ihrer betrieblichen und finanziellen Kompetenzen in eigener Verantwortung insbesondere dafür Sorge zu tragen, dass
- die Gefährdungsbeurteilung unter Beteiligung der betroffenen Beschäftigten sowie die Beurteilung von Umweltrisiken durchgeführt, dokumentiert und regelmäßig fortgeschrieben wird und Maßnahmen zur Minimierung festgelegt werden;
- für den Arbeitsbereich Betriebsanweisungen erstellt werden, die Mitarbeiter hierin vor Arbeitsaufnahme und danach mindestens jährlich nachweislich unterwiesen werden und deren Anwendung und Umsetzung regelmäßig kontrolliert wird;
- notwendige Mittel (zB Arbeitsmittel; Erste-Hilfe-Mittel; persönliche Schutzausrüstung; Mittel zum Schutz von Boden, Luft und Wasser) beschafft bzw. zur Verfügung gestellt werden, dazugehörige Unterlagen in deutscher Sprache vorgehalten werden, die Mittel regelmäßig nachweislich fachkundig überprüft und diese entsprechend den Weisungen von den Mitarbeitern verwendet werden;
- festgestellte Mängel unverzüglich beseitigt oder entsprechende Informationen zur Einleitung von Maßnahmen zu deren Beseitigung unverzüglich weitergegeben werden;
- Prüfbücher für prüfpflichtige Anlagen geführt werden;
- Beschäftigungsbeschränkungen (Behinderte, Kinder und Jugendliche, werdende Mütter, physische und psychische Eignung) eingehalten werden;
- regelmäßig auf Angebotsuntersuchungen hingewiesen wird und die Pflichtuntersuchungen fristgerecht (vor Aufnahme der Tätigkeit und danach in regelmäßigen Abständen) durchgeführt werden;
- eine wirksame Erste Hilfe sichergestellt wird, Ersthelfer bestellt sind und für eine regelmäßige Aus- und Fortbildung der Ersthelfer gesorgt wird;
- Brandschutzhelfer bestellt sind und für eine regelmäßige Aus- und Fortbildung der Brandschutzhelfer gesorgt wird;

---

[333] Aus dem Merkblatt Berufsgenossenschaften ergeben sich Mustervereinbarungen.
[334] Nach § 7 ArbSchG können Unternehmerpflichten zur Unfallverhütung übertagen werden. Eine ordnungsgemäße Pflichtübertragung bewirkt, daß neben dem Unternehmer der Beauftragte verantwortlich ist. Die Verantwortung des Unternehmers kann nach § 130 OWiG gemildert sein. Die Pflichtenübertragung kann sich aus dem Vertragsverhältnis ergeben (§ 9 I OWiG); sie kann auch vereinbart werden (§ 9 II OWiG).
[335] http://works.bepress.com/hartmut_h_frenzel/19/.

- Evakuierungshelfer bestellt sind und für eine regelmäßige Aus- und Fortbildung der Evakuierungshelfer gesorgt wird;
- behördliche Auskünfte erteilt (zB Unfallanzeige) sowie vollziehbare Anordnungen von Aufsichtspersonen bzw. Aufsichtsbehörden beachtet werden;
- sich Versicherte nicht durch den Konsum von Alkohol, Drogen oder anderen berauschenden Mitteln in einen Zustand versetzen, durch den sie sich selbst oder andere gefährden können;
- Benachteiligungen aus Gründen der Rasse oder wegen der ethnischen Herkunft, des Geschlechts, der Religion oder Weltanschauung, einer Behinderung, des Alters oder der sexuellen Identität verhindert oder beseitigt werden.

(2) Befugnisse

Herr/Frau ...... ist befugt, zur Erfüllung seiner/ihrer vorstehenden Aufgaben
- verbindliche Weisungen gegenüber den ihm unterstellten Mitarbeitern zu erteilen;
- verbindliche Weisungen gegenüber Mitarbeitern aus anderen Bereichen zu erteilen, sofern gegen geltendes Recht verstoßen wird;
- notwendige Anschaffungen zu tätigen. Sind Aufwendungen im größeren Rahmen oder wesentliche organisatorische Änderungen der Arbeitsabläufe erforderlich, ist unverzüglich der übergeordnete Vorgesetzte einzuschalten, der über die weitere Abwicklung entscheidet. Sofortmaßnahmen zur Schadensbegrenzung im Rahmen von Störungen sowie Gefahren für Leib und Leben oder Gefahren für die Umwelt sind unabhängig von finanziellen Kompetenzen durchzuführen.

(3) Zeitlicher Umfang

Wenn und soweit es zur ordnungsgemäßen Durchführung der vorstehenden Aufgaben erforderlich ist, wird Herr/Frau ...... von seinen/ihren anderen Aufgaben zeitweise befreit.

(4) Fortbildung

Herr/Frau ...... ist verpflichtet, sich über den aktuellen Inhalt der für seinen/ihren Aufgabenbereich einschlägigen Rechtsvorschriften zu informieren (Gesetze, Verordnungen, Unfallverhütungsvorschriften, Richtlinien etc.). Dazu steht Herrn/Frau ...... das betriebliche Rechtskataster zur Verfügung.

Das Unternehmen stellt sicher, dass sich Herr/Frau ...... durch den Besuch von Lehrgängen (zB Berufsgenossenschaft) und Messen das notwenige Wissen aneignen kann.

(5) Unterstützung

Er/Sie wird dabei durch die beauftragten Personen[336] des Unternehmens sowie durch die Mitarbeiter der Personalabteilung unterstützt.

(6) Vertretung

Herr/Frau ...... wird durch Herrn/Frau ...... hinsichtlich der vorgenannten Pflichten vertreten.

(7) Haftungsfreistellung

Herr/Frau ...... wird im Verhältnis zu Dritten von allen Verbindlichkeiten freigestellt, die aus der Ausübung der übertragenen Unternehmerpflichten resultieren.

Die mit der Ausübung der Tätigkeit verbundenen Risiken sind in versicherungsüblicher Weise versichert, vorliegend durch folgende Versicherung(en):

---

[336] Beauftragte Personen (zB Abfallbeauftragter, Betriebsarzt, Biostoffbeauftragter, Brandschutzbeauftragter, Brandschutzhelfer, Datenschutzbeauftragter, Ersthelfer, Frauenbeauftragte, Gefahrgutbeauftragter, Gewässerschutzbeauftragter, Hygienebeauftragter, Immissionsschutzbeauftragter, Laserschutzbeauftragter, Qualitätsmanagementbeauftragter, Schwerbehindertenbeauftragter, Sicherheitsbeauftragter, Sicherheitsfachkraft, Störfallbeauftragter, Strahlenschutzbeauftragter).

Betriebshaftpflichtversicherung bei der V-Versicherungs-AG
Strafrechtsschutz-Versicherung bei W-Versicherungs-AG

Für im Zusammenhang mit der Ausübung der übertragenen Aufgaben verbundene Schäden haftet Herr/Frau ...... im Verhältnis zum Unternehmen nur bei vorsätzlichem Verhalten (Tun oder Unterlassen).

Ist ein Schaden entstanden und lässt sich aufgrund der Gesamtumstände ein vorsätzliches Verhalten des Arbeitnehmers nicht ausschließen, so trifft Herrn/Frau ...... die Beweislast im Verhältnis zwischen ihm/ihr und dem Unternehmen.

Herr/Frau ...... bestätigt mit seiner/ihrer Unterschrift, dass er/sie mit der Übertragung der Unternehmerpflichten im og Umfang ausdrücklich einverstanden ist.

Ort, Datum

Unterschrift des Unternehmers   Unterschrift des Verpflichteten

8. Arbeitnehmerüberlassung

a) Gesetzliche Vorgaben

414 In der arbeitsrechtlichen Praxis hat sich die Arbeitnehmerüberlassung als wesentliches Instrument zur Personalsteuerung herauskristallisiert. Die Arbeitnehmerüberlassung ist gesetzlich und tarifvertraglich reglementiert und unterliegt relativ strengen Voraussetzungen.[337] Zu unterscheiden sind letztendlich **drei Rechtsverhältnisse:**
– der Arbeitsvertrag zwischen Leiharbeitnehmer und Verleihunternehmen (also dem eigentlichen Arbeitgeber),
– die Vereinbarung zwischen dem Entleiher und Verleiher (also der Vertrag zur Überlassung des Arbeitnehmers),
– die Rechtsbeziehung zwischen dem Leiharbeitnehmer und dem Entleiher (also dem Unternehmen, bei dem der Leiharbeitnehmer tatsächlich vor Ort eingesetzt wird).

415 Der **Arbeitnehmerüberlassungsvertrag** ist zu trennen von einem Einsatz eines Dritten mittels Werkvertrages. Ein **Werkvertrag** ist dann möglich, wenn es sich um abtrennbare Arbeitsaufgaben handelt. Das BAG hat einen drittbezogenen Personaleinsatz ua zugelassen bei der Tauchgrundierung in einem Eisengusswerk,[338] Rücksendung von Leergut in einem Automobilwerk,[339] Zulieferungen in einem Automobilwerk.[340] Schließlich ist denkbar, dass die Verpackung der Produkte einem Dritten überlassen wird. Die Abgrenzung von Werkverträgen und Arbeitnehmerüberlassung bereitet häufig Schwierigkeiten. Der Geschäftsinhalt kann sich sowohl aus den ausdrücklichen Vereinbarungen der Parteien als auch aus der praktischen Durchführung des Vertrages ergeben. Widersprechen sich beide, ist die tatsächliche Durchführung des Vertrages maßgebend.[341] Für einen **Werkvertrag** sprechen:
– unternehmerische Eigenverantwortlichkeit und Dispositionsmöglichkeit des Werkunternehmers gegenüber dem Besteller,
– Vereinbarung und Erstellung eines qualitativ individualisierbaren und dem Werkunternehmer zurechenbaren Werkergebnisses,
– ausschließliches Weisungsrecht des Werkunternehmens gegenüber dem Arbeitnehmer im Betrieb des Bestellers und Erfüllung seiner Aufgaben aus dem Werkvertrag,
– Tragen des Unternehmerrisikos, insbesondere der Gewährleistung,
– herstellungsbezogene Vergütungsregelung.

---

[337] Zur Arbeitnehmerüberlassung im Einzelnen vgl. ausführlich Schaub/*Koch,* ArbR-HdB, § 120 Rn. 1 ff. mzN.
[338] BAG 11.9.2001 – 1 ABR 14/01, BeckRS 2001, 30982415.
[339] BAG 18.10.1994 – 1 ABR 9/94, AP BetrVG 1972 § 99 Nr. 5.
[340] BAG 30.1.1991 – 7 AZR 497/89, AP AÜG § 10 Nr. 8.
[341] Schaub/*Koch,* ArbR-HdB, § 120 Rn. 7.

Dagegen spricht für **Arbeitnehmerüberlassung**: 416
- Planung und Organisation der Arbeit durch den Besteller, Aufnahme der Arbeitnehmer in die Betriebsräume des Bestellers,
- fehlende beziehungsweise nicht ausgeübte Personalhoheit des Werkunternehmens, Pflicht des eingesetzten Arbeitnehmers zur Vorlage von Personaleinsatz- und Anwesenheitslisten,
- Ausstattung mit Werkzeugen des Bestellers,
- Benutzung der Sozialräume des Bestellers.[342]

Da sich an die Abgrenzungsfrage eine Reihe von **Folgefragen** anschließen (Mitbestimmungs- und/oder Beteiligungsrechte des Betriebsrats, Arbeitnehmerstellung etc.), ist hier sorgfältig zu differenzieren. 417

b) Muster

aa) Muster: Vertrag Arbeitnehmer und Verleiher [→ A. Rn. 414 ff.]

Leiharbeitsvertrag 418

Zwischen der Firma ......

– im folgenden Arbeitgeber –

und

Herrn/Frau ......

– im folgenden Arbeitnehmer –

wird nachfolgender Arbeitsvertrag geschlossen.

§ 1 Erlaubnis[343]

(1) Der Firma ...... wurde am ...... die Erlaubnis zur Arbeitnehmerüberlassung nach § 1 des Gesetzes zur Regelung der gewerbsmäßigen[344] Arbeitnehmerüberlassung (Arbeitnehmerüberlassungsgesetz – AÜG) vom 7.8.1972 (BGBl. I 1393) idF vom 3.2.1995 (BGBl. I 158) zul. geänd. 20.12.2011 (BGBl. I 2854) ausgestellt von der Bundesagentur für Arbeit, Regionaldirektion ......, zuletzt verlängert ...... erteilt.

(2) Der Arbeitnehmer hat die ...... Staatsangehörigkeit und darf aufgrund dessen eine Beschäftigung nur mit Genehmigung der Bundesagentur für Arbeit ausüben. Der Arbeitgeber hat die von der Agentur für Arbeit ...... am ...... erteilte Arbeitsgenehmigung des Arbeitnehmers eingesehen. Der Arbeitnehmer versichert, den Arbeitgeber unverzüglich zu unterrichten, falls seine Arbeitsgenehmigung vorzeitig beendet oder geändert wird.[345]

§ 2 Gegenstand des Vertrages

(1) Der Arbeitnehmer wird als Arbeiter/Angestellter im Berufsbild ...... eingestellt. Er ist verpflichtet, bei Kunden des Arbeitgebers – auch außerhalb seines Sitzes in ...... – tätig zu werden.

(2) Der Arbeitnehmer hat folgende Abschlüsse oder sonstige Qualifikationen erworben:

---

[342] BAG 27.1.1993 – 7 AZR 476/92, BeckRS 1993, 30743764; 20.7.1994 – 5 AZR 627/93, AP BGB § 611 Abhängigkeit Nr. 73; 30.1.1991 – 7 AZR 497/89, AP AÜG § 10 Nr. 8; 3.4.1990 – 3 AZR 258/88, AP HAG § 2 Nr. 11; 15.6.1983 – 5 AZR 111/81, AP AÜG § 10 Nr. 5; 13.8.2008 – 7 AZR 269/07, BeckRS 2010, 71643.
[343] Die Angabe ist nach § 11 Abs. 1 S. 2 Nr. 1 AÜG vorgeschrieben.
[344] Auch wenn der Titel des Gesetzes zur Regelung der gewerbsmäßigen Arbeitnehmerüberlassung insoweit unverändert geblieben ist, wurde durch die jüngste Gesetzesänderung das Merkmal der Gewerbsmäßigkeit in § 1 Abs. 1 S. 1 AÜG gestrichen und insoweit weiter gefasst, als nunmehr jede Überlassung eines Arbeitgebers vom AÜG erfasst ist, die „im Rahmen der wirtschaftlichen Tätigkeit" des Verleihers erfolgt. Vgl. zur „wirtschaftlichen Tätigkeit" Schaub/*Koch*, ArbR-HdB, § 120 Rn. 100 mwN.
[345] Ausländische Arbeitnehmer bedürfen zur Arbeitsaufnahme, soweit sie nicht EU-Bürger sind, der Arbeitserlaubnis und eines Einreisesichtvermerkes (vgl. zu den Voraussetzungen und den Rechtsfolgen bei Verstoß im Einzelnen Schaub/*Koch*, ArbR-HdB, § 27 Rn. 4 ff.).

(a) ......
(b) ......
Der Arbeitnehmer verfügt über berufliche Erfahrungen in den folgenden Tätigkeitsbereichen:
(a) ......
(b) ......
Der Arbeitnehmer hat diese Qualifikationen durch Vorlage der Zeugnisse/Prüfungsbescheinigungen nachgewiesen.

(3) Der Arbeitnehmer ist ohne besondere schriftliche Ermächtigung des Arbeitgebers nicht berechtigt, Geld zu befördern oder Inkasso vorzunehmen.

(4) Der Arbeitnehmer ist verpflichtet, seine Aufgaben gewissenhaft zu erfüllen und die Interessen des Arbeitgebers wahrzunehmen. Er ist ferner verpflichtet, sowohl über Geschäftsgeheimnisse des Arbeitgebers wie seiner Kunden Stillschweigen zu bewahren.

§ 3 Beginn und Dauer des Vertrages

(1) Das Arbeitsverhältnis wird auf unbestimmte Zeit ab ...... abgeschlossen.

Oder:

(1) Das Arbeitsverhältnis wird für die Zeit vom ...... bis ...... abgeschlossen. Es ist befristet, weil ...... [→ A. Rn. 74]

(2) Das Arbeitsverhältnis ist während der ...... Monate betragenden Probezeit kündbar mit einer Frist[346] von ...... zum ...... [→ A. Rn. 176]

(3) Nach Ablauf der Probezeit ist das Arbeitsverhältnis kündbar mit einer Frist von ...... zum ......

(4) Abs. 2 und 3 gelten entsprechend für das befristete Arbeitsverhältnis.

§ 4 Arbeitszeit

(1) Die regelmäßige wöchentliche Arbeitszeit beträgt ...... Stunden. Der Arbeitnehmer wird in Tagschicht/Wechselschicht/Nachtschicht eingesetzt.

(2) Der Arbeitnehmer ist verpflichtet, im Rahmen des Gesetzes zulässige Über- und Mehrarbeit zu leisten.

§ 5 Arbeitsentgelt und Zahlungsweise

(1) Der Arbeitnehmer wird in die Vergütungsgruppe ...... des ...... eingereiht.

(2) Die Arbeitsvergütung beträgt zurzeit monatlich/wöchentlich/stündlich/...... EUR.

(3) Überstunden sind die über die in § 4 festgelegte regelmäßige Arbeitszeit hinaus geleisteten Stunden.[347] Überstunden werden mit 1/173 des Monatsgehalts/1/40 des Wochenlohnes/dem Stundenlohn von ...... EUR und einem Zuschlag von 25% je Stunde vergütet. Eine Vergütung der Überstunden erfolgt nur, wenn diese im Einvernehmen mit dem Arbeitgeber geleistet werden.[348]

---

[346] Wegen der Dauer der Kündigungsfristen vgl. im Einzelnen Schaub/*Linck,* ArbR-HdB, § 126 Rn. 15 ff. zu den gesetzlichen Kündigungsfristen, zu tariflichen Kündigungsfristen vgl. Schaub/*Linck,* ArbR-HdB, § 126 Rn. 45 ff.
[347] Schaub/*Linck,* ArbR-HdB, § 43 Rn. 61 ff.
[348] Schaub/*Linck,* ArbR-HdB, § 69 Rn. 10 ff. Da der Zeitarbeitgeber regelmäßig die Überstunden nicht ohne Weiteres kontrollieren kann, ist diese Regelung üblich. Die Regelung muss an die jeweilige Arbeitszeit angepasst werden. Enthält der Tarifvertrag eine Überstundenregelung, kann die im Muster vorgegebene entfallen.

(4) Der Arbeitnehmer ist verpflichtet, täglich/wöchentlich/monatlich Tätigkeitsnachweise vom Kunden unterzeichnen zu lassen. Die Auszahlung der Arbeitsvergütung erfolgt täglich/wöchentlich/monatlich nach Vorlage der Tätigkeitsnachweise. Bei monatlicher Zahlungsweise werden wöchentlich Abschläge in Höhe von 60% der wöchentlich verdienten Vergütung gezahlt.

(5) Sondervergütungen, insbesondere Weihnachtsgratifikationen werden freiwillig und ohne Rechtsanspruch für die Zukunft gezahlt.[349] [→ A. Rn. 115]

(6) Die Abrechnung erfolgt jeweils am 15. des Folgemonats aufgrund der vom Entleiher auf dem Tätigkeitsnachweis bestätigten Stunden. Die Auszahlung der Vergütung erfolgt bargeldlos. Der Arbeitnehmer verpflichtet sich, dem Arbeitgeber vor Beginn des Arbeitsverhältnisses eine Bankverbindung anzugeben.

(7) Für die Erstattung von Fahrt- und Reisekosten gilt die betriebliche Reisekostenrichtlinie

Oder:

(7) Fahrt- und Reisekosten werden gegen Nachweis bei betrieblicher Veranlassung nach folgender Regelung erstattet: ......

Alternativ zu § 5:

§ 5 Anwendung der wesentlichen Arbeitsbedingungen[350]

Die jeweiligen wesentlichen Arbeitsbedingungen einschließlich des Arbeitsentgeltes eines vergleichbaren Arbeitnehmers des Entleiherbetriebes werden vor Beginn jeder Entleihe in der Anlage 1 „Wesentliche Arbeitsbedingungen beim Entleiherbetrieb" festgeschrieben. Auf das Arbeitsverhältnis finden die aus der jeweils einschlägigen Anlage 1 ersichtlichen wesentlichen Arbeitsbedingungen Anwendung.[351] Während der Zeiten, in denen der Arbeitnehmer nicht verliehen wird, zahlt der Arbeitgeber dem Arbeitnehmer ein monatliches Bruttomonatsgehalt von ...... EUR, zahlbar jeweils zum Monatsende. Die Zahlungen von etwaigen Boni, Gratifikationen oÄ Sonderleistungen erfolgen freiwillig mit der Maßgabe, dass auch durch eine wiederholte Zahlung ein Rechtsanspruch des Arbeitnehmers – weder dem Grunde noch der Höhe nach, weder für die Vergangenheit noch für die Zukunft – begründet wird.

§ 6 Urlaub [→ A. Rn. 149 ff.]

(1) Der Arbeitnehmer hat in jedem Kalenderjahr Anspruch auf Erholungsurlaub unter Fortzahlung der Bezüge. Der Jahresurlaub beträgt ......

(2) Der Zeitpunkt des Jahresurlaubs wird nach den Wünschen des Arbeitnehmers unter Berücksichtigung der betrieblichen Erfordernisse vom Arbeitgeber festgelegt. Der Urlaub ist auf Verlangen des Arbeitnehmers zusammenhängend zu gewähren. Der Jahresurlaub ist spätestens 3 Monate/6 Wochen vorher anzumelden.

---

[349] Zum Freiwilligkeits- und Widerrufsvorbehalt vgl. Schaub/*Linck*, ArbR-HdB, § 35 Rn. 67, 84 mwN.
[350] Hinsichtlich der Vergütung der Arbeitnehmer gibt es zwei Möglichkeiten: Entweder wird der Leiharbeitnehmer nach einem bestimmten, bei seinem Arbeitgeber geltenden Tarifvertrag vergütet. Er ist dann regelmäßig entsprechend einzugruppieren, dies sieht § 5 in der ersten Fassung vor. Gilt allerdings beim Leiharbeitgeber ein solcher Tarifvertrag nicht, gilt der Grundsatz des „equal pay" (§ 9 Nr. 2 AÜG): Nach diesem Schlechterstellungsverbot sind die Leiharbeitnehmer im Wesentlichen so zu vergüten, wie die Arbeitnehmer des Entleiherbetriebes. Die Gestaltung des Vertrages zwischen Leiharbeitnehmer und Leiharbeitgeber hängt dementsprechend maßgeblich davon ab, ob auf das Arbeitsverhältnis ein einschlägiger Tarifvertrag Anwendung findet. Für den Fall, dass dies nicht gegeben ist, greift die Alternativformulierung.
[351] Dies sollte dann auch so gehandhabt werden: Für jeden Fall der Verleihung sollten in einer Anlage die wesentlichen Arbeitsbedingungen notiert werden, damit Klarheit herrscht, welche Konditionen gelten.

(3) Der Anspruch auf den vollen Jahresurlaub kann erstmals nach 6-monatiger ununterbrochener Betriebszugehörigkeit geltend gemacht werden.

§ 7 Arbeitsverhinderung [→ A. Rn. 143]

(1) Im Falle der Arbeitsverhinderung ist der Arbeitnehmer verpflichtet, dem Arbeitgeber unverzüglich Mitteilung zu machen.

(2) Ist der Arbeitnehmer in Folge Krankheit arbeitsunfähig, so hat er unabhängig von der Mitteilungspflicht nach Abs. 1 vor Ablauf des dritten Kalendertages nach Beginn der Arbeitsunfähigkeit dem Arbeitgeber eine ärztliche Bescheinigung über die Arbeitsunfähigkeit sowie deren voraussichtliche Dauer einzureichen. Dauert die Arbeitsunfähigkeit länger als in der Bescheinigung angegeben, so ist der Arbeitnehmer verpflichtet, eine neue ärztliche Bescheinigung vorzulegen.

§ 8 Krankheit, Arbeitsfreistellung [→ A. Rn. 145]

(1) Ist der Arbeitnehmer in Folge Krankheit an seiner Arbeitsleistung verhindert, ohne dass ihn ein Verschulden trifft, so erhält er Fortzahlung des Arbeitsentgelts nach den gesetzlichen Vorschriften.

(2) Der unverschuldeten Erkrankung gleichgestellt wird ein von einem gesetzlichen Sozialversicherungsträger[352] gewährtes Kur- oder Heilverfahren und eine damit im Zusammenhang stehende ärztlich verordnete Schonungszeit sowie ein Fernbleiben von der Arbeit bei ärztlich verordneter Arbeitsaussetzung, zB im Falle von ansteckenden Erkrankungen.

§ 9 Sozialversicherungsausweis[353]

(1) Der Arbeitnehmer verpflichtet sich, seinen Sozialversicherungsausweis bei allen Kundeneinsätzen mit sich zu führen. Etwaige Fehlzeiten, die entstehen, weil der Arbeitnehmer den Sozialversicherungsausweis bei behördlichen Kontrollen nicht vorlegen kann, sind eine arbeitsvertragliche Pflichtverletzung und werden nicht vergütet.

(2) Während einer Arbeitsunfähigkeit ist der Arbeitnehmer verpflichtet, den Sozialversicherungsausweis zusammen mit seiner Arbeitsunfähigkeitsbescheinigung bei dem Arbeitgeber abzugeben.

(3) Solange die Vorlage des Sozialversicherungsausweises nicht erfolgt, kann die Entgeltfortzahlung verweigert werden.

§ 10 Weisungsrecht[354]

(1) Der Arbeitgeber ist berechtigt, den Arbeitnehmer jederzeit von seinem Einsatzort aus betrieblichen oder leistungsbedingten Gründen abzuberufen und für die Dauer des Vertrages im Rahmen der getroffenen Vereinbarungen anderweitig einzusetzen.

---

[352] Zum Entgeltfortzahlungsanspruch vgl. im Einzelnen Schaub/*Linck,* ArbR-HdB, § 99 Rn. 4 ff.

[353] Nach § 18h Abs. 3 SGB IV hat der Arbeitnehmer bei Beginn der Beschäftigung seinem Arbeitgeber den Sozialversicherungsausweis vorzulegen. Eine für Arbeitnehmer in bestimmten Wirtschaftsbereichen bestehende Verpflichtung, den Sozialversicherungsausweis bei der Ausübung einer Beschäftigung mitzuführen, besteht seit dem 31.12.2008 nicht mehr. Stattdessen sind Beschäftigte in Wirtschaftsbereichen, in denen ein erhöhtes Risiko für Schwarzarbeit besteht, nunmehr nach § 2a SchwarzArbG verpflichtet, einen amtlichen Lichtbildausweis mitzuführen.

[354] Dem Entleiher steht das Weisungsrecht zu. Voraussetzung für die Annahme einer Arbeitnehmerüberlassung im Sinne des AÜG ist, dass eine Vereinbarung zwischen dem Vertragsarbeitgeber und dem Dritten besteht, nach der der Arbeitnehmer für den Dritten tätig werden soll und dem Dritten ein Weisungsrecht übertragen wird (vgl. BAG 26.4.1995 – 7 AZR 850/94, AP AÜG § 1 Nr. 19). Die Anwendung des AÜG bei freien Mitarbeitern setzt voraus, dass ihre Tätigkeit im Verhältnis zu den Vertragspartnern die eines Arbeitnehmers ist (vgl. BAG 9.11.1994 – 7 AZR 217/94, AP AÜG § 1 Nr. 18).

(2) Solange der Arbeitnehmer bei Kunden des Arbeitgebers eingesetzt ist, unterliegt er dem Weisungsrecht des Kunden im Rahmen des Vertrages. Änderungen von Einsatzdauer, Arbeitszeit sowie Art der Tätigkeit und Vergütung sind jedoch nur bei Vereinbarung zwischen Arbeitnehmer und Arbeitgeber wirksam.

§ 11 Arbeitskampf

Arbeitgeber und Arbeitnehmer sind sich darüber einig, dass der Arbeitnehmer nicht bei solchen Kunden eingesetzt wird, die rechtmäßig bestreikt werden.

§ 12 Verweisung auf Tarifrecht[355]

Für das Arbeitsverhältnis im Übrigen gelten die Tarifverträge …… in ihrer jeweils gültigen Fassung und die diese ergänzenden Tarifverträge.

§ 13 Merkblatt

(1) Der Arbeitnehmer bestätigt, das Merkblatt für Leiharbeitnehmer der Bundesagentur für Arbeit in seiner Muttersprache, und zwar der …… Sprache erhalten zu haben.

(2) Der Arbeitnehmer verpflichtet sich, spätestens bei Arbeitsaufnahme seine Lohnsteuerkarte an den Arbeitgeber auszuhändigen.

§ 14 Arbeitsschutz[356]

(1) Der Arbeitnehmer wird vor Beschäftigungsbeginn vom Arbeitgeber über die Unfallverhütungsvorschriften und arbeitssicherheitstechnischen Anweisungen unterrichtet. Der Arbeitnehmer bestätigt dies in der Dokumentation nach § 6 ArbSchG.

(2) Der Arbeitnehmer verpflichtet sich, sich beim ersten Einsatztag bei einem Kunden von dem dafür zuständigen Personal in die maßgeblichen Unfallverhütungsvorschriften einweisen zu lassen. Erfolgt eine Einweisung nicht, ist der Arbeitgeber unverzüglich zu unterrichten.

(3) Die Arbeitsschutzkleidung wird dem Arbeitnehmer entweder vom Arbeitgeber oder vom Kunden zur Verfügung gestellt. Der Arbeitnehmer ist verpflichtet, die notwendige Schutzkleidung zu tragen.

(4) Arbeits- und Wegeunfälle sind unverzüglich anzuzeigen, auch wenn sie nicht zur Arbeitsunfähigkeit führen.

§ 15 Gerichtsstand und Änderungen des Vertrages

(1) Gerichtsstand ist für Klagen gegen den Arbeitgeber der Sitz der Firma, gegen den Arbeitnehmer der Wohnsitz des Arbeitnehmers.

---

[355] Mit Beschluss vom 14.12.2010 hat das BAG entschieden, dass die Tarifgemeinschaft Christlicher Gewerkschaften für Zeitarbeit und Personal-Service-Agenturen (CGZP) nicht tariffähig ist (BAG 14.12.2010 – 1 ABR 19/10, BB 2011, 827). Dies führt dazu, dass die von der CGZP geschlossenen Tarifverträge von Anfang an unwirksam sind (vgl. BAG 15.11.2006 – 10 AZR 665/05, AP TVG § 4 Tarifkonkurrenz Nr. 34). Die Folge hieraus ist wiederum, dass der equal pay-Grundsatz (§ 9 Nr. 2 AÜG) von vornherein in Kraft war und die Leiharbeitnehmer ggf. Nachzahlungsansprüche gegen den Entleiher als ihren Arbeitgeber geltend machen können.

[356] Aus dem ArbSchG ergeben sich Informations- und Dokumentationspflichten. Diese sollen hier zusammengefasst werden. Dass sowohl der Arbeitgeber als auch der Verleiher arbeitsschutzrechtlich verantwortlich sind, muss bei der Fallgestaltung bedacht werden.

(2) Nebenabreden und Änderungen des Vertrages bedürfen zu ihrer Rechtswirksamkeit der Schriftform. Sind einzelne Bestimmungen dieses Vertrages unwirksam, so wird hierdurch die Wirksamkeit des übrigen Vertrages nicht berührt.

§ 16 Zusätzliche Vereinbarungen[357]

......

......, den ......

Arbeitnehmer   Arbeitgeber

---

419 **Hinweise für Verleiher und Entleiher:**

a) Nach § 11 Abs. 2 AÜG ist der Verleiher verpflichtet, dem Leiharbeitnehmer bei Vertragsschluss ein Merkblatt der Bundesagentur für Arbeit über den wesentlichen Inhalt des Arbeitnehmerüberlassungsgesetzes auszuhändigen. Nicht deutsche Leiharbeitnehmer erhalten auf Kosten des Leiharbeitgebers das Merkblatt und die Urkunde über den Vertragsinhalt in ihrer Muttersprache. Das Merkblatt kann von der zuständigen Agentur für Arbeit bezogen werden.

b) Als Arbeitgeber haftet der Verleiher für nicht einbehaltene und abgeführte Lohnsteuer (§ 42d Abs. 1 EStG) oder ist in den Fällen der §§ 40 bis 40b EStG Steuerschuldner. Ferner haftet der Verleiher, ohne Arbeitgeber zu sein, wenn der Entleiher als Arbeitgeber anzusehen ist, wie ein Entleiher (§ 42d Abs. 7 EStG) gesamtschuldnerisch neben diesem und dem Arbeitnehmer.

---

bb) Muster: Vertrag zwischen Verleiher und Entleiher[358]

420

Zwischen
der Firma ......

– Verleiher –

und
der Firma ......

– Entleiher –

wird ein Arbeitnehmerüberlassungsvertrag geschlossen.

§ 1 Erlaubnis[359]

Der Verleiher besitzt eine Erlaubnis zur gewerbsmäßigen Arbeitnehmerüberlassung von Arbeitnehmern gem. § 1 Abs. 1 des Gesetzes zur Regelung der gewerbsmäßigen Arbeitnehmerüberlassung (AÜG) idF vom 3.2.1995 (BGBl. I 158) zul. geänd. 20.12.2011 (BGBl. I 2854) ausgestellt von der Bundesagentur für Arbeit, Regionaldirektion ......, am ......, zuletzt verlängert am ...... Er verpflichtet sich, den Entleiher über alle Änderungen der Erlaubnis iSv § 2 Abs. 2 AÜG unverzüglich schriftlich zu unterrichten.

---

[357] In dem Arbeitsvertrag zwischen Verleiher und Arbeitnehmer können noch eine Vielzahl von Sonderregelungen, wie Nebenbeschäftigung, Verfallfristen etc., aufgenommen werden. Entsprechende Formulierungen lassen sich den Mustern (→ A. Rn. 264 ff.) entnehmen.
[358] Der Vertrag zwischen dem Verleiher und dem Entleiher bedarf der Schriftform (§ 12 Abs. 1 S. 1 AÜG). Alternativ wäre es auch möglich, die materiellen Bedingungen statt in einem Vertrag in AGB zu regeln und nur die darüber hinausgehenden Sonderpunkte separat zu vereinbaren.
[359] Die Angabe der Erlaubnis zur Arbeitnehmerüberlassung ist vorgeschrieben (§ 12 Abs. 1 S. 2 AÜG).

§ 2 Überlassung[360]

(1) Der Verleiher verpflichtet sich, dem Entleiher für die Zeit vom ...... bis ...... zum .... die in der Anlage zu diesem Vertrag aufgezählten Arbeitnehmer zum Einsatz in dessen Betrieb in ...... zu überlassen.

Oder:

(1) Der Verleiher verpflichtet sich, dem Entleiher in der Zeit vom ...... bis ...... Arbeitnehmer mit den Qualifikationen und für die Tätigkeiten, die in der Anlage zu diesem Vertrag aufgeführt sind, zur Arbeitsleistung zu überlassen.

Oder:

(1) Der Verleiher verpflichtet sich, dem Entleiher für die Zeit vom ...... bis zum ...... Arbeitnehmer zu überlassen, die folgende Qualifikationen besitzen und für folgende Tätigkeiten eingesetzt werden:
   (a) Anzahl der Arbeitnehmer
       ......
   (b) Erforderliche Qualifikationen
       ......
   (c) Vorgesehene Tätigkeiten
       ......
   (d) Stundensatz ...... EUR zuzüglich MwSt.

(2) Jeder Seite bleibt überlassen, den Arbeitnehmerüberlassungsvertrag mit einer Frist von ...... zu kündigen.

§ 3 Arbeitsumfang

(1) Die in der Anlage aufgezählten Arbeitnehmer haben in der Zeit vom ...... bis ...... eine regelmäßige wöchentliche Arbeitszeit von ...... Stunden (tägliche Normalarbeitszeit von ...... Stunden) an den Wochentagen Montag bis Freitag. Die regelmäßige tägliche Arbeitszeit kann zwischen 6.30 Uhr und 20.15 Uhr abgeleistet werden.

(2) Der Verleiher kann pro Woche bis zu fünf Überstunden anordnen. Zu darüber hinausgehenden Überstunden, zu Arbeitszeiten außerhalb des genannten Zeitkorridors und/oder zu Arbeit in Wechselschicht müssen die Arbeitnehmer nur dann zur Verfügung stehen, wenn und soweit dies in der Anlage ausdrücklich erwähnt ist.

§ 4 Austausch

(1) Der Entleiher kann am ersten Tage des Arbeitseinsatzes eines Zeitarbeitnehmers bis 15 Uhr verlangen, dass dieser ausgetauscht wird. Nach diesem Zeitpunkt besteht ein Recht auf Austausch nur, wenn der Leiharbeitnehmer für die vorgesehene Tätigkeit nicht geeignet ist. Kommt der Verleiher nicht dem Verlangen unverzüglich nach, kann der Entleiher den Vertrag hinsichtlich dieses Arbeitnehmers ohne vorherige Fristsetzung mit sofortiger Wirkung kündigen (Teilkündigung) und Schadensersatz wegen Nichterfüllung verlangen.

(2) Der Verleiher kann während des Arbeitseinsatzes Zeitarbeitnehmer ohne Einhaltung einer Frist abberufen, sofern er sie gleichzeitig durch andere, in gleicher Weise geeignete Arbeitnehmer ersetzt. Es sind dabei die in der Anlage dieses Vertrages aufgezählten Angaben zu machen.

---

[360] Die Frage der Überlassung konkreter Arbeitnehmer und des Leistungsgegenstandes ist wichtig für die Frage evtl. Haftungsansprüche oder des Annahmeverzuges (vgl. *Boemke* BB 2006, 997 (999)).

§ 5 Vergütung[361]

(1) Der Entleiher ist verpflichtet, dem Verleiher für jeden Zeitarbeitnehmer die aus der Anlage ersichtliche Vergütung einschl. der gesetzlichen Mehrwertsteuer zu zahlen.

(2) Die Vergütung wird monatlich aufgrund der Arbeitsnachweise der eingesetzten Arbeitnehmer für den jeweils zurückliegenden Monat abgerechnet.

(3) Die Vergütung wird am 25. des der Arbeitsleistung folgenden Monats gezahlt, wenn die Rechnung zusammen mit den vom Entleiher bestätigten Arbeitsnachweisen spätestens am fünften Arbeitstag dieses Monats bei der Rechnungsprüfung des Werkes des Entleihers vorliegt, welches den Verleiher beauftragt hat. Der Entleiher verpflichtet sich, die Arbeitsnachweise des abzurechnenden Monats dem Verleiher spätestens am ersten Arbeitstag des der Arbeitsleistung folgenden Monats zur Verfügung zu stellen.

Oder:

(3) Der Entleiher zahlt bei Vorlage der entsprechenden Rechnung an den Verleiher wöchentlich jeweils montags im Nachhinein einen Abschlag in Höhe von 20% der bei Durchführung dieses Vertrages voraussichtlich anfallenden Monatsvergütung. Die Endabrechnung erfolgt am Monatsende aufgrund der vom Entleiher unterzeichneten Stundennachweise und unter Berücksichtigung der bereits geleisteten Anzahlungen. Diejenige Partei, die eine Zahlung schuldet, hat den jeweiligen Betrag bis zum ...... Werktag des auf die Endabrechnung folgenden Monats zu zahlen.

(4) Der Verleiher erklärt, tarifgebunden zu sein, so dass eine abweichende Regelung iSv § 3 Abs. 1 Nr. 3 AÜG vorliegt. Es findet der Tarifvertrag ...... Anwendung. Sollten Leiharbeitnehmer dennoch Auskunftsansprüche nach § 13 AÜG geltend machen, wird der Verleiher dem Entleiher den sich daraus ergebenden Aufwand gegen Nachweis erstatten.[362]

§ 6 Direktionsrecht

Der Entleiher verpflichtet sich, die Leiharbeitnehmer nur mit Arbeiten zu beschäftigen, für die sie vertraglich vorgesehen sind oder die der Qualifikation der Leiharbeitnehmer entsprechen. Der Entleiher ist berechtigt, den Leiharbeitnehmer hinsichtlich der konkreten Ausgestaltung der Tätigkeit Weisungen zu erteilen und die Arbeitsausführung zu überwachen.[363]

§ 7 Verschwiegenheitspflicht

Der Verleiher ist verpflichtet, die Zeitarbeitnehmer zur Verschwiegenheit wie gegenüber einem Arbeitgeber zu verpflichten, soweit nicht berechtigte Interessen des Verleihers entgegenstehen.[364]

---

[361] Zur Zulässigkeit einer Abweichung vom Gebot des „equal pay" mittels Tarifvertrag vgl. BAG 12.1.2006 – 2 AZR 126/05, NZA 2006, 587.

[362] Die Klausel dient dazu, den Entleiher finanziell schadlos zu stellen, falls Leiharbeitnehmer dem Grundsatz des „equal pay" folgend Auskunftsansprüche nach § 13 AÜG geltend machen. Der Grundsatz des „equal pay" gilt nicht, wenn der Verleiher tarifgebunden ist und die Leiharbeitnehmer nach diesem Tarifvertrag vergütet werden; insoweit sieht § 3 Abs. 1 Nr. 3 AÜG eine vom Grundsatz des „equal pay" abweichende Regelungsmöglichkeit vor. Der Grundsatz des „equal pay" ist verfassungsgemäß (vgl. BVerfG 24.12.2004 – 1 BvR 2283/03, 1 BvR 2504/03, 1 BvR 2582/03, NZA 2005, 153).

[363] Die Ausübung des Direktionsrechts ist übertragbar (vgl. Schaub/*Linck*, ArbR-HdB, § 45 Rn. 9 ff.); dies ist notwendig, damit der Entleiher den Arbeitnehmer sachgemäß einsetzen kann.

[364] Schon aus der Art des Arbeitnehmerüberlassungsvertrages werden sich Verschwiegenheitspflichten (Schutzpflichten zugunsten Dritter) ergeben. Zweckmäßig werden diese aber in den Arbeitsvertrag (s. Muster → A. Rn. 418) aufgenommen. Nach § 311 Abs. 3 BGB kann auch ein Schuldverhältnis mit Pflichten nach § 241 Abs. 2 BGB zu Personen bestehen, die nicht selbst Vertragspartei werden sollen. Die Schweigepflicht

§ 8 Schutzpflicht

Der Entleiher ist verpflichtet, die allgemeinen Vorschriften des Arbeitsschutzes gegenüber dem Zeitarbeitnehmer zu erfüllen.

§ 9 Haftung[365]

(1) Der Verleiher steht dafür ein, dass die Arbeitnehmer für die Ausführung der in der Anlage zu diesem Vertrage bezeichneten Arbeiten geeignet sind. Zur Nachprüfung von Zeugnissen oder sonstigen Papieren ist der Verleiher nicht verpflichtet.

(2) Über die Auswahl des Arbeitnehmers hinaus trifft den Verleiher keine Haftung für etwaige von dem Zeitarbeitnehmer ausgeführte Arbeiten.

§ 10 Vermittlungsprovision

(1) Die Übernahme des Arbeitnehmers während oder nach vorangegangenem Verleih gilt als Vermittlung im Sinne des § 9 Nr. 3 AÜG.[366]

(2) In dem Fall, dass der Arbeitnehmer im Zuge einer Vermittlung des Entleihers in ein Arbeitsverhältnis bei dem Entleiher eintritt, ist der Entleiher zur Zahlung eines Vermittlungshonorars verpflichtet, das
– bei einer Überlassung bis zu 3 Monaten ...... EUR
– bei einer Überlassung von bis zu 6 Monaten ...... EUR
zuzüglich der gesetzlichen Mehrwertsteuer beträgt.[367]

(3) Nach einer Überlassungsdauer von mehr als 6 Monaten wird kein Honorar mehr berechnet. Das jeweilige Honorar ist fällig mit Abschluss des Arbeitsvertrages zwischen Arbeitnehmer und Entleiher.

§ 11 Sonstige Vereinbarungen

(1) Sollten eine oder mehrere Bestimmungen dieses Vertrages nichtig sein oder werden oder dem AÜG nicht entsprechen, so sind Verleiher und Entleiher verpflichtet, die nichtige Bestimmung durch eine neue, dem Sinn und Zweck des Vertrages entsprechende Bestimmung schriftlich zu ersetzen. Die übrigen Vertragsteile werden dadurch nicht berührt.

(2) Änderungen und Ergänzungen dieses Vertrages bedürfen zu ihrer Wirksamkeit der Schriftform. Diese Formvorschrift kann nur schriftlich abbedungen werden.

---

des Arbeitnehmers (vgl. Schaub/*Linck*, ArbR-HdB, § 53 Rn. 51) bezieht sich auf Geschäfts- und Betriebsgeheimnisse. Sie kann vertraglich auf alle betrieblichen Angelegenheiten erweitert werden, da anderenfalls ein sinnvoller Arbeitseinsatz nicht möglich ist.

[365] Das Muster schließt die Haftung des Verleihers im Wesentlichen aus. Selbstverständlich sind auch andere Formulierungen denkbar, nach denen insbesondere der Entleiher von Schadensersatzansprüchen, die der Zeitarbeitnehmer verursacht, durch den Verleiher freigestellt wird. Darüber hinaus kann man darüber nachdenken, Schadensersatzansprüche auf den Umfang evtl. abgeschlossener Versicherungen zu beschränken. Dies wird letztendlich das Ergebnis der Verhandlungen zwischen Ent- und Verleiher sein.

[366] Nach § 9 Nr. 4 AÜG aF war die Vereinbarung von Vermittlungsprovisionen unzulässig. Seit Inkrafttreten des § 9 Nr. 3 AÜG in der Neuen Fassung des „Hartz III-Gesetzes" vom 23.12.2003 kann sich der Verleiher vom Entleiher nunmehr formularmäßig eine angemessene Vermittlungsprovision für den Fall versprechen lassen, dass der Entleiher den Leiharbeitnehmer im Anschluss an die Überlassung übernimmt (BGH 7.12.2006 – III ZR 82/06, NZA 2007, 571).

[367] Hier ist es erforderlich, die Vermittlungsprovision nach Dauer des vorangegangenen Verleihs zu staffeln, damit die Klausel nicht als unwirksam eingestuft wird. Nach der Rechtsprechung sind bei der Beurteilung der Angemessenheit einer Vermittlungsprovision die Dauer des vorangegangenen Verleihs, die Höhe des vom Entleiher für den Verleih bereits gezahlten Entgelts sowie der Aufwand für die Gewinnung eines vergleichbaren Arbeitnehmers zu berücksichtigen. Die hier gefundene Regelung wurde vom Bundesgerichtshof sinngemäß für wirksam erachtet (BGH 7.12.2006 – III ZR 82/06, NZA 2007, 571). Vgl. auch BGH 11.3.2010 – III ZR 240/09, NJW 2010, 2048; 10.11.2011 – III ZR 77/11, NZA-RR 2012, 67.

§ 12 Erfüllungsort und Gerichtsstand

(1) Erfüllungsort ist ......

(2) Gerichtsstand ist für beide Parteien ......

Anlage zum Arbeitnehmerüberlassungsvertrag

Folgende Arbeitnehmer werden überlassen:
1. Name
2. Vorname
3. geboren am
4. Staatsangehörigkeit
5. Tätigkeit
6. Stundensatz
7. Krankenversicherung
8. Rentenversicherung

......, den ......

Verleiher   Entleiher

cc) Muster: Werkvertrag

Zwischen
der Firma ......

— nachstehend Unternehmer genannt —

und
der Firma ......

— nachstehend Auftragnehmer genannt —

wird nachfolgender Vertrag geschlossen:

§ 1 Gegenstand des Vertrages

Gegenstand dieses Vertrages ist die Ausführung von ...... nach Maßgabe der Leistungsbeschreibung.

§ 2 Vertragsgrundlagen

Maßgebend für die Art und den Umfang der auszuführenden Leistungen und Lieferungen sowie für die Abwicklung sind die folgenden rechtlichen und technischen Vertragsbestandteile in der angegebenen Reihenfolge:

(1) Rechtliche Vertragsbestandteile:
    (a) das Auftragsschreiben,[368]
    (b) die Bestimmungen dieses Vertrages,
    (c) der Leistungszeitplan,[369]
    (d) der Mietvertrag,[370]
    (e) das gesetzliche Werkvertragsrecht des BGB.

(2) Technische Vertragsbestandteile:
    (a) das Leistungsverzeichnis,

---

[368] Der Vertrag stellt einen Rahmenvertrag dar, zu dem jeweils einzelne Arbeitsaufträge übertragen werden.

[369] Auch in einem Werkvertrag können Zeitvorgaben für die Erstellung des Werkes gegeben werden.

[370] Es soll vermieden werden, dass aus der Überlassung von Maschinen Schlussfolgerungen gezogen werden können. Stahlwerke haben seit Jahrzehnten das Schneiden der Knüppel Werkvertragsunternehmen überlassen.

(b) die Allgemeinen Technischen Vorschriften für ......,
(c) Vorschriften der Berufsgenossenschaften und der zuständigen Behörden.

§ 3 Vergütung

(1) Der Vertragspreis beträgt ...... EUR (ohne Mehrwertsteuer) als Pauschalpreis.

(2) Die Vertragspreise sind Festpreise.

(3) In den Preisen ist alles enthalten, was zur ordnungsgemäßen, vollständigen und termingerechten Ausführung der Leistungen notwendig ist, sowie alle Kosten, die zur Erfüllung der vertraglichen Verpflichtungen des Auftragnehmers anfallen.

(4) Der Unternehmer leistet Zahlungen jeweils in Höhe von 90% des Wertes der bis zur Fälligkeit ausgeführten Arbeiten.

§ 4 Ausführungstermine – Vertragsstrafe[371]

(1) Vertragstermine sind:

Arbeitsbeginn: ......
Zwischentermine: ......
Fertigstellungstermin: ......

(2) Im Falle der schuldhaften Nichteinhaltung der Vertragstermine haftet der Auftragnehmer für alle Schäden und Nachteile, die dem Auftraggeber entstehen.

(3) Der Unternehmer behält sich Terminplanänderungen im Rahmen des Gesamtterminplanes vor. Tritt eine solche Änderung ein und wird der Subunternehmer von der Verschiebung rechtzeitig unterrichtet, so ist die Zahl der vereinbarten Werktage für die Ausführung der Gesamt- oder Einzelleistung einzuhalten, es sei denn der gesamte Terminplan würde nachhaltig so gravierend gestört, dass die Einhaltung der Ausführungsfrist nach Werktagen unzumutbar wäre.

(4) Der Unternehmer ist berechtigt, für jeden Fall der schuldhaften Überschreitung eine Vertragsstrafe von ...... EUR für jeden Kalendertag vom Subunternehmer zu fordern, bis zur Höhe von 5% der Vertragssumme, ohne dass es des Nachweises von Schäden oder Nachteilen bedarf. Die Vereinbarung einer Vertragsstrafe schließt die Geltendmachung weitergehender Ansprüche nicht aus. Bereits verwirkte Vertragsstrafen entfallen nicht durch Vereinbarung neuer Termine.

§ 5 Ausführung

(1) Der Auftragnehmer führt die ihm übertragenen Aufgaben fachgerecht und in unternehmerischer Eigenverantwortlichkeit aus.

(2) Der Auftragnehmer stellt die erforderlichen Arbeitskräfte. Diese unterliegen ausschließlich seinem Weisungsrecht.[372, 373] Der Auftragnehmer ist für die Überwachung der Arbeitsausführung selbst verantwortlich.

---

[371] Nach der Rechtsprechung des BGH ist eine summarische Begrenzung der Vertragsstrafe erforderlich (BGH 23.1.2003 – VII ZR 210/01, NJW 2003, 1805).

[372] Die Arbeitnehmer stehen in vertraglichen Beziehungen zum Werkunternehmer. Es müssen mithin dessen Tarifverträge im Falle der Tarifbindung Anwendung finden. Im Falle des Outsourcing sehen fast alle Satzungen der DGB-Gewerkschaften vor, dass die Tarifzuständigkeit der Gewerkschaft des Unternehmens erhalten bleibt. Bei der Werkvertragskonstruktion darf es nicht zum Teilbetriebsübergang kommen.

[373] Der Einsatz von Fremdpersonal ist nur dann nach § 99 BetrVG mitbestimmungspflichtig, wenn dieses Personal in den Betrieb eingegliedert wird. Die Eingliederung setzt voraus, dass der Arbeitgeber des Betriebes auch gegenüber dem Fremdpersonal wenigstens einen Teil der Arbeitgeberstellung übernimmt (BAG 18.10.1994 – 1 ABR 9/94, AP BetrVG 1972 § 99 Einstellung Nr. 5; 11.9.2001 – 1 ABR 14/01, BeckRS 2001, 30982415).

(3) Der Auftragnehmer versichert ausdrücklich, dass bei allen bei ihm beschäftigten Mitarbeitern die gesetzlichen Anforderungen bezüglich Lohnsteuer, Sozialversicherung, Aufenthalts- und Arbeitsgenehmigungen erfüllt sind.[374] Ein Verstoß gegen einen dieser Punkte kann die sofortige Beendigung des Vertragsverhältnisses nach sich ziehen.

(4) Für Unterbringung und Transport von Arbeitskräften hat der Auftragnehmer zu sorgen.[375]

§ 6 Gewährleistung

Der Umfang der Gewährleistung richtet sich nach den Bestimmungen des BGB.

§ 7 Arbeitsraum und Geräte

Der Unternehmer stellt dem Auftragnehmer die zur Ausführung der vertraglichen Aufgaben nötigen Räumlichkeiten und Arbeitsgeräte gemäß gesondertem Mietvertrag zur Verfügung. Bei der Bemessung des Mietzinses sind die Wartung, Reparatur und die zur Erbringung der vertraglichen Aufgaben erforderliche Maschinenumrüstung enthalten. Übernimmt der Auftragnehmer diese Arbeiten ganz oder teilweise, vermindert sich der Mietzins nach Absprache entsprechend.

§ 8 Geheimhaltungspflicht[376]

(1) Der Auftragnehmer verpflichtet sich, sämtliche Informationen und Daten, die das Unternehmen betreffen und ihm im Verlaufe der Erfüllung und Durchführung des Vertragsverhältnisses bekannt werden, an Dritte weder weiterzugeben noch sonst zugänglich zu machen.

(2) Keine Dritten in diesem Zusammenhang sind lediglich in jedem Einzelfall ausdrücklich zur Geheimhaltung verpflichtete Mitarbeiter, sonstige Erfüllungs- und Verrichtungsgehilfen sowie Subunternehmer des Auftragsnehmers, wenn und soweit sie für ihre Tätigkeit Zugang zu den Informationen und Daten benötigen.

(3) Der Auftragnehmer verpflichtet sich, erlangte Unternehmensdaten und Informationen ausschließlich im Rahmen des Vertragsverhältnisses zu dem sich aus dem Vertrag ergebenden Zweck zu nutzen.

§ 9 Kündigung

(1) Der Vertrag tritt ab dem …… in Kraft und läuft auf unbestimmte Zeit. Er kann mit einer Frist von einem Monat zum Monatsende schriftlich gekündigt werden. Das Recht zur außerordentlichen Kündigung bleibt unberührt.

(2) Kündigt der Unternehmer den Vertrag mit dem Auftragnehmer, weil die Arbeiten in Folge höherer Gewalt eingestellt werden oder weil ihre Fortführung aus einem wichtigen Grund für das Unternehmen nicht mehr zumutbar sind, so hat der Auftragnehmer in diesen Fällen nur dann Anspruch auf Bezahlung bereits ausgeführter Arbeiten, wenn das Unternehmen vom …… eine Vergütung für die Leistungen des Auftragnehmers erhält.[377]

---

[374] Die Klausel findet sich zumeist in Arbeitnehmerüberlassungsverträgen. Sie kann aber auch in Werkverträgen aufgenommen werden und dient zur Risikominimierung.
[375] In grenznahen Bereichen werden häufig Arbeitnehmer aus Osteuropa herangezogen. Es soll gewährleistet werden, dass der Werkunternehmer für die Unterbringung verantwortlich ist.
[376] Der Werkunternehmer kommt mit zahlreichen Betriebsgeheimnissen in Berührung, so dass in jedem Fall besondere Geheimhaltungspflichten zu normieren sind.
[377] Die Klausel soll vor allem bei konzernabhängigen Unternehmen einem Schadensersatzanspruch und Teilleistungsanspruch Rechnung tragen (§ 628 BGB).

§ 10 Weitervergabe

Dem Auftragnehmer ist es nicht gestattet, den ihm erteilten Auftrag ganz oder teilweise auf Dritte zu übertragen.

§ 11 Gerichtsstand

Gerichtsstand für beide Vertragspartner ist ......

......, den ......

Unternehmer   Auftragnehmer

3. Teil. Das laufende Arbeitsverhältnis

Übersicht

Rn.

- I. Einführung ... 422–424
- II. Änderungen des Arbeitsvertrages ... 425–435
  - 1. Vorbemerkung ... 425
  - 2. Änderungskündigung ... 426–431
    - a) Gesetzliche Vorgaben ... 426
    - b) Muster ... 427–431
      - aa) Muster: Änderungskündigung ... 427–429
        - (1) Variante 1 ... 427
        - (2) Variante 2 ... 428, 429
      - bb) Muster: Ankündigung Änderungskündigung ... 430
      - cc) Muster: Antwortschreiben ... 431
  - 3. Änderungsvertrag ... 432–435
    - a) Vorbemerkung ... 432
    - b) Muster ... 433–435
      - aa) Muster: Neuer Arbeitsvertrag ... 433, 434
      - bb) Muster: Änderungsvertrag ... 435
- III. Teilzeitantrag des Arbeitnehmers ... 436–439
  - 1. Gesetzliche Vorgaben ... 436
  - 2. Muster ... 437–439
    - a) Muster: Antrag des Arbeitnehmers nach § 8 TzBfG ... 437
    - b) Muster: Ablehnung durch den Arbeitgeber ... 438, 439
- IV. Betriebsübergang ... 440–450
  - 1. Gesetzliche Vorgaben ... 440–443
  - 2. Muster ... 444–450
    - a) Muster: Unterrichtung über einen Betriebsübergang nach § 613a Abs. 5 BGB . 444
    - b) Muster: Unterrichtung nach BAG (Auszug) ... 445, 446
    - c) Muster: Widerspruchsschreiben ... 447, 448
    - d) Muster: Vereinbarung zur Absicherung des Arbeitgeberwechsels ... 449, 450
- V. Pflichtverletzungen ... 451–460
  - 1. Gesetzliche Vorgaben ... 451–453
  - 2. Muster ... 454–460
    - a) Muster: Arbeitsanweisung ... 454
    - b) Muster: Abmahnung wegen unentschuldigten Fehlens ... 455
    - c) Muster: Abmahnung wegen Verstoß gegen Alkoholverbot ... 456
    - d) Muster: Abmahnung wegen Vernachlässigung der Ausbildung ... 457
    - e) Muster: Allerletzte Abmahnung ... 458–460
- VI. Urlaub ... 461–469
  - 1. Gesetzliche Vorgaben ... 461
  - 2. Muster ... 462–469
    - a) Muster: Antrag auf Urlaubserteilung mit formularmäßiger Bewilligung ... 462
    - b) Muster: Erteilung von bezahltem und unbezahltem Urlaub ... 463
    - c) Muster: Vereinbarung über unbezahlten Urlaub ... 464
    - d) Muster: Hinweis auf Verfall des Resturlaubs ... 465
    - e) Muster: Antrag auf Übertragung des Urlaubes ... 466
    - f) Muster: Urlaubsunterbrechung ... 467, 468
    - g) Muster: Urlaubsbescheinigung nach dem Ende des Arbeitsverhältnisses ... 469
- VII. Erkrankung ... 470–492
  - 1. Gesetzliche Vorgaben ... 470
  - 2. Krankheit und Entgeltfortzahlungsgesetz ... 471–477
    - a) Muster: Anzeige Arbeitsunfähigkeit ... 471
    - b) Muster: Aufforderung zur Vorlage einer Arbeitsunfähigkeitsbescheinigung ... 472
    - c) Muster: Bescheinigung des behandelnden Arztes ... 473
    - d) Muster: Ärztliche Arbeitsunfähigkeitsbescheinigung ... 474
    - e) Muster: Schreiben bei Unfall ... 475
    - f) Muster: Anfrage wegen Fortsetzungserkrankung ... 476
    - g) Muster: Aufforderung zur Untersuchung durch den Medizinischen Dienst .. 477
  - 3. Versuch der Wiedereingliederung ... 478–481
    - a) Gesetzliche Vorgaben ... 478–480
    - b) Muster: Anschreiben an Arbeitnehmer ... 481
  - 4. Betriebliches Eingliederungsmanagement ... 482–492
    - a) Gesetzliche Vorgaben ... 482–484
    - b) Muster ... 485–492
      - aa) Muster: Anschreiben des Arbeitgebers an den Arbeitnehmer ... 485
      - bb) Muster: Anschreiben des Arbeitgebers an Arbeitnehmer (ausführliche Form) ... 486
      - cc) Muster: Antwortschreiben des Arbeitnehmers ... 487
      - dd) Muster Antwortschreiben des Arbeitnehmers (ausführliche Form) ... 488

		Rn.
	ee) Einverständniserklärung/Ablehnungserklärung	489
	ff) Erklärung zur Entbindung von der Schweigepflicht	490
	gg) Datenschutzerklärung	491
	hh) Betriebsvereinbarung zum betrieblichen Eingliederungsmanagement (BEM)	492
VIII.	Schwangerschaft/Elternzeit	493–496
	1. Gesetzliche Vorgaben	493
	2. Muster	494–496
	a) Muster: Informationsschreiben des Arbeitgebers an schwangere Arbeitnehmerin	494
	b) Muster: Informationsschreiben des Arbeitgebers nach Entbindung	495, 496
IX.	Direktionsrecht	497–503
	1. Gesetzliche Vorgaben	497, 498
	2. Muster	499–503
	a) Muster: Arbeitsanweisung	499
	b) Muster: Aushang Alkoholverbot	500, 501
	c) Muster: Verhaltensregelung bei Durchsuchung	502, 503
X.	Geltendmachung leidensgerechter Beschäftigung	504–506
	1. Gesetzliche Vorgaben	504
	2. Muster: Geltendmachung Anspruch auf leidensgerechte Beschäftigung	505, 506
XI.	Lohnpfändung	507–518
	1. Gesetzliche Vorgaben	507, 508
	2. Formulare für Pfandgläubiger	509–518
	a) Muster: Vorpfändung	509, 510
	aa) Wortlaut	509
	bb) Zustellungsersuchen	510
	b) Pfändungs- und Überweisungsbeschluss	511
	c) Pfändung eines Anwartschaftsrechts	512
	d) Pfändung von Steuererstattungsansprüchen	513, 514
	aa) Anspruch aus der Einkommensteuererklärung gegen Finanzamt	513
	bb) Lohnsteuererstattungsanspruch gegen Arbeitgeber	514
	e) Pfändung wegen einer Forderung aus unerlaubter Handlung	515
	f) Pfändungsantrag bei Kontoguthaben	516
	g) Antrag auf Nichtberücksichtigung von Unterhaltsberechtigten	517
	h) Antrag auf Zulassung der Arrestvollziehung gem. §§ 111g Abs. 2, 111h Abs. 2 StPO	518
XII.	Geltendmachung von Ansprüchen	519–527
	1. Gesetzliche Vorgaben	519–521
	2. Muster	522–527
	a) Muster: Geltendmachungsschreiben Arbeitnehmer	522
	b) Muster: Geltendmachungsschreiben Arbeitgeber	523
	c) Muster: Verzicht auf Ausschlussfristen	524, 525
	d) Muster: Geltendmachung von Schadensersatz- und Entschädigungsansprüchen	526, 527

I. Einführung

Besteht ein Arbeitsverhältnis, gibt es für beide Parteien, dh sowohl für den Arbeitnehmer wie auch für den Arbeitgeber diverse **Rechte**, aber auch **Pflichten** aus diesem Arbeitsvertrag.[378] 422

Wichtig erscheint aus **Darlegungs- und Beweiszwecken**, sämtliche im Arbeitsvertrag getroffenen Absprachen und Abreden, Rechte und Pflichten, **schriftlich festzuhalten**. In der arbeitsgerichtlichen Praxis geht es in einer Vielzahl von Verfahren weniger um Rechts- als vielmehr um Tatsachenfragen, insbesondere, ob und wer wann was zu wem gesagt hat, seien es Arbeitsanweisungen seitens des Arbeitgebers, seien es Gründe für ein entschuldigtes Fehlen (Krankheit oder Ähnliches) seitens des Arbeitnehmers. 423

Folgende Muster versuchen, typische Beispiele aus dem laufenden Arbeitsverhältnis wiederzugeben, in denen es darum geht, Vertragsänderungen, Rechte und Pflichten, Willenserklärungen und Sachfeststellungen wiederzugeben. 424

II. Änderungen des Arbeitsvertrages

1. Vorbemerkung

Die Änderung von Arbeitsverträgen erfolgt entweder einseitig durch den Arbeitgeber mittels des Ausspruches einer **Änderungskündigung,** die vom Arbeitnehmer 425

---

[378] Vgl. im Einzelnen zu den Rechten und Pflichten von Arbeitnehmer und Arbeitgeber: Schaub/*Linck,* ArbR-HdB, § 45 ff.

gerichtlich auf die soziale Rechtfertigung der Änderung der Arbeitsbedingungen hin überprüft werden kann, durch **einvernehmliche Erklärung** oder ggf. durch **rechtsgestaltenden Akt,** insbesondere durch Urteil eines Arbeitsgerichts. Eine Änderung des Arbeitsvertrages, insbesondere durch einen Arbeitgeberwechsel, kann sich aber auch durch einen Betriebsübergang ergeben.

2. Änderungskündigung

a) Gesetzliche Vorgaben

426 Die Änderungskündigung[379] ist hinsichtlich ihrer arbeitsgerichtlichen Prüfbarkeit aus Sicht des Arbeitgebers höchst problematisch: Nach der Rechtsprechung des BAG muss bei jeder Kündigung der **Grundsatz der Verhältnismäßigkeit** überprüft werden. Es ist daher in jedem Fall die Änderungskündigung vor einer Beendigungskündigung zu prüfen.[380] Die rechtliche Überprüfung bei einer Änderungskündigung ist kompliziert: Die betriebsbedingte Änderungskündigung ist sozial gerechtfertigt, wenn sich der Arbeitgeber bei einem an sich anerkennenswerten Anlass darauf beschränkt hat, solche Änderungen vorzuschlagen, die der Arbeitnehmer billigerweise hinnehmen muss. Ein **anerkennenswerter Anlass** wäre dann gegeben, wenn das Bedürfnis für die Weiterbeschäftigung des Arbeitnehmers zu den bisherigen Bedingungen entfallen ist (zB Outsourcing). Dieses kann auf einer der Missbrauchskontrolle unterliegenden unternehmerischen Entscheidung zur Umstrukturierung des Betriebes beruhen. Ob der Arbeitnehmer die vorgeschlagenen Änderungen billigerweise hinnehmen muss, richtet sich nach dem Verhältnismäßigkeitsgrundsatz. Keine der angebotenen Änderungen darf sich weiter vom Inhalt des bisherigen Arbeitsverhältnisses entfernen, als es zur Anpassung an die geänderten Beschäftigungsmöglichkeiten erforderlich ist. Wenn durch das Änderungsangebot neben der Tätigkeit (Arbeitsleistungspflicht) auch die Gegenleistung (Vergütung) geändert werden soll, sind beide Elemente des Änderungsangebotes am Verhältnismäßigkeitsgrundsatz zu messen. Eine gesonderte Rechtfertigung der Vergütungsänderung ist nur dann entbehrlich, wenn sich die geänderte Vergütung aus einem im Betrieb angewandten Vergütungssystem ergibt.[381]

b) Muster

aa) Muster: Änderungskündigung

(1) Variante 1 [→ A. Rn. 426, 428, 557 f.]

427

> Sehr geehrte(r) Frau/Herr ......,
>
> in Folge der angespannten Finanzlage unseres Unternehmens haben wir uns leider entschließen müssen, die Verkaufsaußenstelle in Dortmund aufzugeben. Wir beabsichtigen, mit mehreren befreundeten Unternehmen einen Handelsvertreter mit dem Vertrieb unserer Erzeugnisse zu beauftragen.
>
> Aus diesem Grund kündigen wir das Arbeitsverhältnis ordentlich fristgemäß zum nächstzulässigen Termin, das ist nach unseren Berechnungen der ......, und bieten Ihnen an, den anliegenden Handelsvertretervertrag mit uns abzuschließen.
>
> Die Rechte des Betriebsrats sind gewahrt.
>
> In der Hoffnung auf eine weitere angenehme Zusammenarbeit verbleiben wir
>
> mit freundlichen Grüßen
>
> **Anlage:** 1 Handelsvertretervertrag

---

[379] Vgl. im Einzelnen Schaub/*Linck,* ArbR-HdB, § 137 Rn. 1 ff. mzN.
[380] BAG 27.9.1984 – 2 AZR 62/83, AP KSchG 1969 § 2 Nr. 8.
[381] Tarifautomatik, vgl. insgesamt: BAG 23.6.2005 – 2 AZR 642/04, AP KSchG 1969 § 2 Nr. 81.

(2) Variante 2 *[→ A. Rn. 426, 427, 557 f.]*

Sehr geehrte(r) Frau/Herr ......,	**428**
aufgrund der Umstrukturierungen in unserem Unternehmen ist ein Beschäftigungsbedarf für Ihre bisherige Tätigkeit weggefallen. Allerdings haben wir einen anderen freien Arbeitsplatz. Es handelt sich um folgende Position:	↯ **116**
...... *(Hier folgt die genaue und konkrete Beschreibung der Position und Vergütung.)*	
Hiermit kündigen wir das zwischen Ihnen und uns bestehende Arbeitsverhältnis ordentlich fristgerecht zum nächstzulässigen Zeitpunkt, das ist nach unseren Berechnungen der	
Zugleich bieten wir Ihnen mit Ablauf der Kündigungsfrist, also ab dem ......, an, den oben dargestellten freien Arbeitsplatz zu den dort aufgeführten finanziellen Konditionen zu übernehmen.	
Bitte teilen Sie uns binnen drei Wochen nach Zugang dieses Schreibens, dessen Empfang wir Sie bitten, auf dem beigefügten Doppel zu quittieren, mit, ob Sie die Änderung Ihrer Arbeitsbedingungen akzeptieren, ablehnen oder unter Vorbehalt (§ 2 KSchG) annehmen.	
Mit freundlichen Grüßen	

Hinweis: **429**

Zulässig ist es auch, die Änderung der Arbeitsbedingungen dem Arbeitnehmer anzukündigen und ihn aufzufordern, sich binnen drei Wochen zu erklären. Erforderlich ist hierbei, dass der Arbeitnehmer über seine Rechte, Pflichten, aber auch Rechtsfolgen aufgeklärt wird.

bb) Muster: Ankündigung Änderungskündigung *[→ A. Rn. 429, 431]*

Sehr geehrte(r) Frau/Herr ......,	**430**
aufgrund der Umstrukturierung in unserem Unternehmen ist ein Beschäftigungsbedarf für Ihre bisherige Tätigkeit weggefallen. Allerdings haben wir einen anderen freien Arbeitsplatz. Es handelt sich um folgende Position:	↯ **117**
...... *(Hier folgt die genaue und konkrete Beschreibung der Position und Vergütung.)*	
Das bedeutet, dass mit Ablauf der ordentlichen Kündigungsfrist, der bei einem Ausspruch der Kündigung in diesem Monat mit Ablauf des ...... eintreten würde, ein Beschäftigungsbedarf für Sie entfallen ist.	
Es besteht allein die Möglichkeit, Sie auf dem oben dargestellten anderen freien Arbeitsplatz zu den dort aufgeführten finanziellen Konditionen nach Ablauf Ihrer Kündigungsfrist, also ab dem ......, zu beschäftigen.	
Bitte teilen Sie uns binnen drei Wochen nach Zugang dieses Schreibens, dessen Erhalt wir Sie bitten würden, auf dem beigefügten Doppel zu bestätigen, mit, ob Sie	
– die Änderungen akzeptieren, also nach Ablauf der Kündigungsfrist die geänderte Tätigkeit zu den oben aufgeführten Konditionen übernehmen,	
– eine Änderung Ihrer Arbeitsvertragsbedingungen ablehnen, dh den oben aufgeführten freien Arbeitsplatz nicht annehmen oder	
– uns erklären, dass Sie die Änderung der Arbeitsvertragsbedingungen unter Vorbehalt annehmen würden (§ 2 KSchG), also nach Ausspruch einer Änderungs-	

> kündigung binnen drei Wochen nach Zugang derselbigen eine Klage vor dem Arbeitsgericht einreichen würden mit dem Ziel, die Änderung der Arbeitsbedingungen arbeitsgerichtlich überprüfen zu lassen.
>
> Für den Fall, dass Sie die Änderung der Arbeitsbedingungen ablehnen, würden wir eine Beendigungskündigung aussprechen. Auf den oben aufgeführten freien Arbeitsplatz könnten Sie sich im Laufe des arbeitsgerichtlichen Verfahrens nicht berufen.
>
> Akzeptieren Sie die Änderungen Ihrer Arbeitsbedingungen, ändert sich Ihre arbeitsvertragliche Tätigkeit nach Ablauf der Kündigungsfrist in die oben aufgeführte Tätigkeit zu den dortigen Konditionen.
>
> Für den Fall, dass Sie erklären, eine Änderung nur unter Vorbehalt anzunehmen, würden wir eine Änderungskündigung aussprechen, bei der Sie innerhalb von drei Wochen nach Zugang der Änderungskündigung eine Klage zum Arbeitsgericht erheben müssten mit dem Ziel, die soziale Rechtfertigung der Änderung der Arbeitsbedingungen gerichtlich überprüfen zu lassen.
>
> Bitte teilen Sie uns binnen drei Wochen nach Zugang dieses Schreibens mit, wie Sie sich entscheiden. Den Entwurf eines Antwortschreibens mit allen denkbaren Alternativen finden Sie beigefügt.
>
> Mit freundlichen Grüßen

cc) Muster: Antwortschreiben [→ A. Rn. 429, 430]

431

> An die
> …… GmbH
> …… (Anschrift)
>
> Sehr geehrte Damen und Herren,
>
> Ihre Ankündigung einer Änderung der Arbeitsbedingungen mit dem Angebot der Weiterbeschäftigung auf einer geänderten Position zu einer geänderten Vergütung mit den darin enthaltenen Rechtsfolgen vom …… habe ich dankend erhalten.
>
> Hiermit erkläre ich (Zutreffendes bitte ankreuzen):
> ☐ Die Änderungen des Arbeitsvertrages gemäß Schreiben vom …… nehme ich an.
> ☐ Die Änderungen des Arbeitsvertrages gemäß Schreiben vom …… lehne ich ab.
> ☐ Die Änderung der Arbeitsvertragsbedingungen gemäß Schreiben vom …… werde ich unter dem Vorbehalt ihrer sozialen Rechtfertigung (§ 2 KSchG) annehmen.
>
> Mit freundlichen Grüßen

3. Änderungsvertrag

a) Vorbemerkung

432 Jederzeit ist es möglich, einen Arbeitsvertrag im beiderseitigen Einvernehmen zu ändern. Letztendlich ist eine solche Vereinbarung nichts anderes, als dass entweder ein vollkommen neuer Arbeitsvertrag abgeschlossen wird oder der Arbeitsvertrag Geltung behält bis auf die Konditionen, die abgeändert werden.

b) Muster

aa) Muster: Neuer Arbeitsvertrag [→ A. Rn. 432, 435]

433 **Hinweis:**
> Bei Abschluss eines neuen Arbeitsvertrages wird dieser idR vollständig neu formuliert, er gibt die neue Tätigkeit und die neue Vergütung im Einzelnen vor. Um aus Arbeitnehmersicht sicherzustellen, dass die bisherige Betriebszugehörigkeit „durch-

rechnet" und um aus Arbeitgebersicht sicherzustellen, dass der Vertrag im Übrigen aufgehoben ist, empfiehlt es sich, in einem solchen Arbeitsvertrag folgende Regelung mit aufzunehmen:

> § ...... **Arbeitsvertrag vom** ......
> Die Parteien sind sich darüber einig, dass mit Unterzeichnung dieses Arbeitsvertrages alle bisher vorhandenen mündlichen oder schriftlichen Absprachen und Abreden, insbesondere der Arbeitsvertrag vom ...... aufgehoben und damit hinfällig sind. In Bezug auf den Beginn der Betriebszugehörigkeit verbleibt es beim ursprünglichen Beginn des Arbeitsverhältnisses, die Betriebszugehörigkeit rechnet sich also ab dem ......

434
⮕ 119

bb) Muster: Änderungsvertrag *[→ A. Rn. 432 ff.]*

> Zwischen
> der ...... GmbH, ... *(Anschrift)*
>   – nachfolgend Arbeitgeber genannt –
> und
> Herrn/Frau ......, ... *(Anschrift)*
>   – nachfolgend Arbeitnehmer genannt –
> wird in Abänderung des Arbeitsvertrages vom ...... bei dessen Aufrechterhaltung im Übrigen nachfolgendes vereinbart:
>
> 1. Die in § 1 des Arbeitsvertrages festgeschriebene Tätigkeit als ...... wird der Arbeitnehmer in Zukunft nicht mehr ausüben. Der Arbeitnehmer wird vielmehr ab dem ...... als ...... für den Arbeitgeber tätig sein. Als ...... ist der Arbeitnehmer schwerpunktmäßig mit folgenden Aufgaben betraut: ......
> 2. § ...... des Arbeitsvertrages wird dahingehend geändert, dass die monatliche Bruttovergütung von ...... EUR auf ...... EUR ab dem ...... angehoben/herabgestuft wird.
> 3. Zusätzlich zu der in § ...... geregelten Vergütung wird der Arbeitnehmer ab dem ...... eine außertarifliche Zulage in Höhe von ...... EUR erhalten. Der Arbeitgeber behält sich den Widerruf dieser Zulage aus wirtschaftlichen Gründen insoweit vor, als die Gesamtvergütung des Arbeitnehmers um weniger als 25% verringert wird. Wirtschaftliche Gründe sind insbesondere, aber nicht ausschließlich ......
> 4. ......
>
> ......, den ......
>
> Arbeitgeber   Arbeitnehmer

435
⮕ 120

III. Teilzeitantrag des Arbeitnehmers

1. Gesetzliche Vorgaben

Nach dem Teilzeit- und Befristungsgesetz (TzBfG)[382] hat der Arbeitnehmer die Möglichkeit, einen Antrag auf Teilzeit zu stellen. Die **Antragstellung** hat **spätestens drei Monate vor Beginn der Arbeitszeitverringerung** zu erfolgen (§ 8 Abs. 2 S. 1 TzBfG). Arbeitgeber und Arbeitnehmer haben über die gewünschte Verringerung der Arbeitszeit zu verhandeln (§ 8 Abs. 3 S. 1 TzBfG), auch hat der Arbeitgeber mit dem Arbeitnehmer Einvernehmen über die von ihm festzulegende Verteilung der Arbeitszeit zu erzielen (§ 8 Abs. 3 S. 2 TzBfG). Werden sich die Parteien einig, sollte dies aus Beweissicherungs- und

436

---
[382] Vom 21.12.2000 (BGBl. I 1966).

Dokumentationszwecken **schriftlich** fixiert werden. Werden die Parteien sich nicht einig, muss der Arbeitgeber spätestens einen Monat vor dem gewünschten Beginn die **Ablehnung** der Verringerung und Verteilung der Arbeitszeit dem Arbeitnehmer schriftlich mitteilen (§ 8 Abs. 5 S. 1 TzBfG). Er hat sich dabei auf **betriebliche Gründe** zu berufen. Der Arbeitnehmer wiederum hat die Möglichkeit, für den Fall der Ablehnung eine Klage zum Arbeitsgericht zu erheben und die betrieblichen Gründe auf ihre Rechtfertigung hin überprüfen zu lassen. Kommt das Arbeitsgericht zu dem Ergebnis, dass der Arbeitgeber zu Recht den Teilzeitwunsch des Arbeitnehmers abgelehnt hat, verbleibt es beim bisherigen Arbeitsvertrag, kommt das Arbeitsgericht zu dem Ergebnis, dass die Ablehnung zu Unrecht erfolgt ist, wird es kraft rechtsgestaltenden Urteils dem Teilzeitwunsch des Arbeitnehmers stattgeben, so dass es zu einer Änderung des Arbeitsvertrages durch Urteil des Arbeitsgerichts kommt.[383]

2. Muster

a) Muster: Antrag des Arbeitnehmers nach § 8 TzBfG [→ A. Rn. 436, 438]

437
121

> An die
> ...... GmbH
> Personalabteilung
> – persönlich/vertraulich –
> ...... *(Anschrift)*
>
> **Verringerung der Arbeitszeit nach § 8 TzBfG**
>
> Sehr geehrte Damen und Herren,
>
> nach § 8 TzBfG beantrage ich hiermit die Reduzierung meiner Arbeitszeit von ...... auf ...... Wochenstunden. Hinsichtlich der Verteilung der Arbeitszeit stelle ich mir vor, dass die Arbeitszeit wie folgt verteilt wird:
>
> ...... *(Konkrete Verteilung der Arbeitszeit)*[384] ......
>
> Für Gespräche stehe ich selbstverständlich jederzeit zur Verfügung.
>
> Mit freundlichen Grüßen

b) Muster: Ablehnung durch den Arbeitgeber [→ A. Rn. 436, 437]

438
122

> Frau/Herrn ......
> ...... *(Anschrift)*
>
> **Ihr Wunsch auf Reduzierung der Arbeitszeit gem. § 8 TzBfG**
>
> Sehr geehrte(r) Frau/Herr ......,
>
> vielen Dank für Ihr Schreiben vom ...... Leider können wir Ihrem Wunsch auf Reduzierung der Arbeitszeit nicht entsprechen, und zwar aus betrieblichen Gründen:
>
> ...... *(Es folgt ausführliche Darlegung der betrieblichen Gründe, die entgegenstehen.)* ......
>
> Wir bedauern, dass wir Ihrem Wunsch nicht entsprechen können, und verbleiben für heute
>
> mit freundlichen Grüßen

---

[383] Zu dem Verfahren und zum Rechtsschutz vgl. im Einzelnen Schaub/*Linck*, ArbR-HdB, § 43 Rn. 80 ff. mzN.

[384] Der Arbeitnehmer muss die Verringerung der Arbeitszeit geltend machen und hat einen Anspruch auf Festlegung der Lage der Arbeitszeit als Annex zum Verringerungsanspruch.

> **Hinweis:**
> Einen weiteren Anspruch auf Teilzeit gibt es neben dem Teilzeit- und Befristungsgesetz in den §§ 15 Abs. 5 bis 7 BEEG für Arbeitnehmerinnen und Arbeitnehmer in Elternzeit. Es können insoweit die vorgenannten Muster verwendet werden, allerdings gilt es hinsichtlich der Fristen die im BEEG vorgesehenen zu beachten. Zudem müssen bei Ablehnung durch den Arbeitgeber dringende betriebliche Gründe entgegenstehen (vgl. § 15 Abs. 7 Nr. 4 BEEG).[385]

439

IV. Betriebsübergang

1. Gesetzliche Vorgaben

Ein Betriebsübergang nach § 613a BGB führt zu einem **gesetzlichen Arbeitgeberwechsel** und damit letztendlich vom Ergebnis her zu einer **Vertragsänderung**. § 613a Abs. 5 BGB verlangt die Unterrichtung der Arbeitnehmer, § 613a Abs. 6 BGB gibt den Arbeitnehmern ein Widerspruchsrecht binnen einer bestimmten Frist. Nach § 613a Abs. 5 BGB ist der Arbeitnehmer über den Zeitpunkt oder über den geplanten Zeitpunkt des Überganges, den Grund für den Übergang, die rechtlichen, wirtschaftlichen und sozialen Folgen des Überganges für die Arbeitnehmer und die hinsichtlich der Arbeitnehmer in Aussicht genommenen Maßnahmen zu unterrichten. Der Umfang der Unterrichtung orientiert sich an seinem Zweck, nämlich Entscheidungsgrundlage für das Widerspruchsrecht zu sein.[386] Die **Anforderungen an die Unterrichtungspflicht** hat das BAG in mehreren Entscheidungen konkretisiert: Erforderlich ist keine individuelle Unterrichtung der einzelnen vom Betriebsübergang betroffenen Arbeitnehmer. Erforderlich ist jedoch eine konkrete betriebsbezogene Darstellung in einer für einen juristischen Laien möglichst verständlichen Sprache. Eine standardisierte Information muss darüber hinaus etwaige Besonderheiten der Arbeitsverhältnisse erfassen. Zu der Unterrichtungsverpflichtung gehört Klarheit über die Identität des Erwerbers. Dies bedeutet, dass dieser genau zu bezeichnen ist. Sitz und Adresse sind ebenso anzugeben wie ein etwaiger Handelsregistereintrag und der Gegenstand des Betriebsüberganges. Anzugeben ist ferner der Grund für den Betriebsübergang, also der Rechtsgrund (Kaufvertrag, Pachtvertrag, Umwandlung etc.). Im Hinblick auf den Sinn und Zweck der Unterrichtung, den vom Betriebsübergang betroffenen Arbeitnehmern eine ausreichende Wissensgrundlage für ihre Entscheidung über die Ausübung oder Nichtausübung des Widerrufsrechts zu geben, sind die zum Betriebsübergang führenden unternehmerischen Erwägungen, soweit sie sich auf den Arbeitsplatz auswirken können, zumindest schlagwortartig anzugeben. Anzugeben ist ein Hinweis auf den Eintritt des Übernehmers in die Rechte und Pflichten aus dem bestehenden Arbeitsverhältnis, auf die Gesamtschuldnerschaft des Übernehmers und des Veräußerers nach § 613a Abs. 2 BGB und grundsätzlich auch ein Hinweis auf die kündigungsrechtliche Situation.[387]

440

Hat der bisherige Arbeitgeber oder der neue Inhaber den Arbeitnehmer **nicht hinreichend unterrichtet**, ist die **Unterrichtung unwirksam**. Folge ist, dass die Widerspruchsfrist nicht zu laufen beginnt.[388] Rechtsfolge ist, dass der Arbeitnehmer noch nach Jahren Widerspruch erheben kann. Allerdings kann das Recht zum Widerspruch verwirkt werden, soweit Zeit- und Umstandsmoment vorliegen. Beim Zeitmo-

441

---

[385] Vgl. im Einzelnen Schaub/*Linck*, ArbR-HdB, § 172 Rn. 40 ff.
[386] Zum Tatbestand des Betriebsüberganges und seiner Rechtsfolgen vgl. im Einzelnen Schaub/*Koch*, ArbR-HdB, §§ 117, 118 jeweils mzN.
[387] Vgl. im Einzelnen BAG 18.3.2010 – 8 AZR 840/08, AP BGB § 613a Nr. 14; 23.7.2009 – 8 AZR 538/08, AP BGB § 613a Unterrichtung Nr. 10; 22.1.2009 – 8 AZR 808/07, AP BGB § 613a Unterrichtung Nr. 4; 21.8.2008 – 8 AZR 407/07, AP BGB § 613a Nr. 348; 20.3.2008 – 8 AZR 1016/06, AP BGB § 613a Nr. 345; 14.12.2006 – 8 AZR 763/05, AP BGB § 613a Nr. 318; 13.7.2006 – 8 AZR 305/05, AP BGB § 613a Nr. 312; LAG München 21.5.2008 – 4 Sa 1181/07, BeckRS 2009, 67676 sowie mit (weiteren) Mustern zur Unterrichtung *Bauer/Lingemann/Diller/Haußmann*, Anwalts-Formularbuch Arbeitsrecht, M 60.1 und M 60.2.
[388] Vgl. BAG 24.2.2011 – 8 AZR 699/09, BeckRS 2011, 72476; 11.11.2010 – 8 AZR 158/09; 20.5.2010 – 8 AZR 68/09, AP BGB § 613a Widerspruch Nr. 26.

ment ist keine feststehende Monatsfrist, zB sechs Monate, maßgebend, sondern die Umstände des Einzelfalls. Bei schwierigen Sachverhalten tritt die Verwirkung erst nach längerer Untätigkeit ein. Beim Umstandsmoment ist auf das Vertrauen des bisherigen Arbeitgebers in die Nichtausübung des Widerspruchsrechts abzustellen. Ein derartiges Vertrauen ist gegeben, wenn der Arbeitnehmer bereits über die Beendigung seines Arbeitsverhältnisses disponiert hat.[389] Ist der Widerspruch des Arbeitnehmers jedoch berechtigt erhoben, muss der Betriebsveräußerer kündigen und haftet ggf. aus Annahmeverzug. Im Allgemeinen werden daher nach einer Betriebsveräußerung neue Arbeitsverträge mit dem Betriebserwerber abgeschlossen werden müssen.[390]

442 Die **Unterrichtung** hat in **Textform** (§ 126b BGB) gegenüber den von dem Betriebsübergang betroffenen Arbeitnehmern zu erfolgen. Über den Zugang sollte in geeigneter Weise ein Nachweis aus Beweissicherungs- und Dokumentationszwecken auch wegen des Beginns des Laufes der Widerspruchsfrist geführt werden. Der **Widerspruch des Arbeitnehmers** bedarf zu seiner Wirksamkeit der Schriftform (§ 126 BGB), die Ersetzung durch die elektronische Form (§ 126a BGB) ist zulässig. Das Formerfordernis hat Warn- und Beweisfunktion, es soll dem Arbeitnehmer die Bedeutung seiner Erklärung bewusst machen und ihn vor einer vorschnellen Äußerung über das Schicksal seines Arbeitsverhältnisses bewahren. Daneben soll es sowohl Betriebsveräußerer wie auch -erwerber die Beweisführung erleichtern, welche Arbeitnehmer auf den Erwerber übergegangen sind bzw. übergehen. Die formgerechte Erklärung muss dem Erklärungsempfänger auch zugehen. Wird das gesetzliche Schriftformerfordernis nicht beachtet und zB per Fax widersprochen, ist der Widerspruch unwirksam (§ 125 S. 1 BGB); der Empfänger des Widerspruches hat ohne Hinzutreten besonderer Umstände keine Hinweispflicht auf die Formunwirksamkeit. Hingegen unterliegt eine Vereinbarung über die Ausübung des Widerspruchsrechts nicht dem Formerfordernis des § 613a Abs. 6 BGB. Allerdings muss der Widerspruch nicht ausdrücklich als solcher bezeichnet sein, es reicht aus, dass der einschlägige rechtsgeschäftliche Wille des Arbeitnehmers in einer formgerechten Urkunde einen andeutungsweisen Ausdruck gefunden hat.[391]

443 Ein **Unterrichtungsschreiben** gem. § 613a Abs. 5 BGB ist daher insgesamt **von hoher haftungsrechtlicher Qualität** für den Anwalt, der mit der Erstellung beauftragt ist. Es empfiehlt sich in jedem Fall, vor Erstellung eines solchen Schreibens die aktuelle Rechtsprechung zu Rate zu ziehen.

2. Muster

a) Muster: Unterrichtung über einen Betriebsübergang nach § 613a Abs. 5 BGB *[→ A. Rn. 440 ff., 445 ff.]*

444
123

```
...... GmbH
Geschäftsführer: ......
...... (Straße)
...... (Ort)
Sitz der Gesellschaft: ......

...... GmbH
Geschäftsführer: ......
...... (Straße)
...... (Ort)
Sitz der Gesellschaft: ......

Herrn/Frau
......
```

---

[389] Vgl. statt aller: BAG 24.2.2011 – 8 AZR 699/09, BeckRS 2011, 72476.
[390] Ähnlich Schaub/*Koch,* ArbR-HdB, § 118 Rn. 37 und 46.
[391] Andeutungstheorie, vgl. BAG 13.7.2006 – 8 AZR 382/05, AP BGB § 613a Widerspruch Nr. 1.

Unterrichtung über einen geplanten Betriebsübergang gem. § 613a Abs. 5 BGB

Sehr geehrte(r) Frau/Herr ......,

hiermit unterrichten wir Sie über die Absicht der ...... GmbH, den Bereich ...... auf die ...... GmbH zu übertragen. Dieser Vorgang ist rechtlich gesehen ein Teilbetriebsübergang.

Das Gesetz gibt dem Arbeitgeber auf, bei einem geplanten Betriebsübergang oder Teilbetriebsübergang die Arbeitnehmer schriftlich über
1. den Zeitpunkt oder den geplanten Zeitpunkt des Übergangs
2. den Grund für den Übergang
3. die rechtlichen, wirtschaftlichen und sozialen Folgen des Übergangs für die Arbeitnehmer und
4. die hinsichtlich der Arbeitnehmer in Aussicht genommenem Maßnahmen
zu unterrichten. Dieser Pflicht entsprechen wir mit diesem Unterrichtungsschreiben.

Die ...... GmbH soll mit Wirkung zum ...... den Bereich ......, dem auch Sie zugeordnet sind, von der ...... GmbH übernehmen. Alle bisher dort von dem Bereich ...... wahrgenommenen Aufgaben einschließlich dessen technischer Betriebsmittel werden von der ...... GmbH übernommen und fortgeführt. Alle in diesem Bereich bei der ...... GmbH tätigen Mitarbeiter sollen von der ...... GmbH im Wege des Teilbetriebsübergangs übernommen werden. Dem Teilbetriebsübergang liegt ein Vorstandsbeschluss der ...... AG als Muttergesellschaft zugrunde. Aufgrund des Vorstandsbeschlusses haben die ...... GmbH und die ...... GmbH einen „Rahmenvertrag über die Abwicklung von Leistungen zur Verrechnung von ......" geschlossen, der dem Teilbetriebsübergang ebenfalls zugrunde liegt.

Die ...... GmbH ist eine zentrale Einkaufs-, Beschaffungs- und Logistikgesellschaft der ......-Unternehmensgruppe, die im Bereich des ...... tätig ist und die gesamte den Gesellschaften nachgelagerte ......-Abwicklung sowie die ......-Abwicklung zu Cooperationmarkets und in Einzelfällen zu Kunden verantwortet. Der unternehmerische Grund der Entscheidung für die Übertragung auf die ...... GmbH liegt darin, dass zum Zwecke der Harmonisierung und Zentralisierung vorhandener Prozesse zukünftig alle Finanztransaktionen im ......-Geschäft mit Ausnahme der ......-Abwicklung in ...... in der ...... GmbH zusammengeführt werden mit der Folge, dass es zu einer direkten Verrechnung von der ...... GmbH an die Regionalgesellschaften kommt (wodurch eine interne organisatorische Stufe in der Verrechnungskette im ......-Verkauf entfällt).

Der Teilbetriebsübergang betrifft Ihr Arbeitsverhältnis. Ihr Arbeitsverhältnis geht deswegen kraft Gesetzes (§ 613a BGB) mit allen Rechten und Pflichten auf die ...... GmbH über. Die ...... GmbH tritt damit in die Rechte und Pflichten aus Ihrem Arbeitsverhältnis ein. Damit wird auch Ihre bisherige Betriebszugehörigkeit bei der ...... GmbH beziehungsweise deren Rechtsvorgängern ab dem Zeitpunkt des Übergangs von der ...... GmbH übernommen. Ihre vertraglichen Ansprüche werden in Ihrem derzeitigen Bestand nach Maßgabe des § 613a BGB auf die ...... GmbH übertragen.

Bei der übertragenden ...... GmbH finden keine Tarifverträge kollektivrechtlich Anwendung. Aufgrund arbeitsvertraglicher Bezugnahmeklauseln finden dort die Tarifverträge für die ...... in ihrer jeweils gültigen Fassung Anwendung. Bei der aufnehmenden ...... GmbH finden ebenfalls keine Tarifverträge kollektivrechtlich Anwendung. Auch dort gelten die Tarifverträge für die ...... in ihrer jeweils gültigen Fassung. Demzufolge finden die Tarifverträge für die ...... in ihrer jeweils gültigen Fassung mithin auch nach dem Betriebsübergang weiterhin aufgrund der arbeitsvertraglichen Bezugnahmeklausel individualrechtlich Anwendung.

Der Betriebsteilübergang führt zu einer Spaltung des Betriebes ...... der ...... GmbH. Die ...... GmbH wird den bislang zum Betrieb ...... der ...... GmbH gehörenden Betriebsteil „...-Verkauf" als selbständigen Betrieb in ...... fortführen. Bei der ...... GmbH gibt es keinen Betriebsrat. Der für den Betrieb ...... der ...... GmbH gewählte Betriebsrat erhält aufgrund der Betriebsspaltung für den auf die ...... GmbH übergehenden Betriebsteil ein Übergangsmandat (§ 21a BetrVG). Er bleibt deshalb auch zunächst für den auf die ...... GmbH übergehenden Betriebsteil zuständig und führt die Geschäfte weiter. Dabei hat er insbesondere einen Wahlvorstand für die Wahl eines Betriebsrats in dem auf die ...... GmbH übergehenden Betriebsteil zu bestellen. Das Übergangsmandat endet, sobald in dem auf die ...... GmbH übergehenden Betriebsteil ein neuer Betriebsrat gewählt und das Wahlergebnis bekannt gegeben ist, spätestens jedoch zwölf Monate nach dem Betriebsteilübergang.

Die für ihr Arbeitsverhältnis bisher geltenden Regelungen aus Konzernbetriebsvereinbarungen, Gesamtbetriebsvereinbarungen und Betriebsvereinbarungen mit der ...... GmbH bleiben auch nach dem Betriebsteilübergang als Betriebsvereinbarungen und damit kollektivrechtlich auf ihr Arbeitsverhältnis anwendbar. Die Anwendbarkeit endet, wenn und soweit von der ...... GmbH eine Betriebsvereinbarung zum gleichen Regelungsgegenstand abgeschlossen wird.

Ihre Anwartschaften aus betrieblicher Altersversorgung bleiben bestehen und werden von der ...... GmbH fortgeführt, die ...... GmbH schuldet Ihnen also ab dem Zeitpunkt des Übergangs die betriebliche Altersversorgung.

Was Ansprüche aus Ihrem Arbeitsverhältnis anbelangt, haften der bisherige Arbeitgeber, die ...... GmbH und der übernehmende Arbeitgeber, die ...... GmbH, gesamtschuldnerisch für solche Ansprüche, die bereits vor dem Zeitpunkt des Übergangs entstanden sind und die vor Ablauf eines Jahres nach dem Zeitpunkt des Übergangs fällig werden (§ 613a Abs. 2 S. 1 BGB). Werden solche Verpflichtungen nach dem Zeitpunkt des Übergangs fällig, so haftet die ...... GmbH als bisheriger Arbeitgeber für Sie jedoch nur in dem Umfang, der dem im Zeitpunkt des Übergangs abgelaufenen Teil ihres Bemessungszeitraums entspricht (§ 613a Abs. 2 S. 2 BGB). Für alle anderen Ansprüche ist ab dem Zeitpunkt des Übergangs Ihre alleinige Schuldnerin die ...... GmbH.

Im Zusammenhang mit dem Betriebsübergang sind keine Kündigungen vorgesehen, wobei Sie insofern den Schutz des § 613a Abs. 4 BGB genießen. Diese Vorschrift schließt Kündigungen wegen eines Betriebsübergangs aus. Die ...... GmbH plant darüber hinaus zurzeit auch keine anderweitigen Maßnahmen für Sie. Es sind keine Ihre berufliche Entwicklung betreffenden Maßnahmen in Aussicht genommen.

Die ...... GmbH und der Betriebsrat haben einen Interessenausgleich nebst Sozialplan abgeschlossen. Dieser kann beim Betriebsrat eingesehen werden. Der Sozialplan sieht unter anderem vor, dass die ...... GmbH den Arbeitsort von Mitarbeitern, die dem Betriebsteilübergang nicht widersprechen, für einen Zeitraum von fünf Jahren nicht ändert. Die ...... GmbH hat diese Pflicht aus dem Sozialplan als für sich verbindlich anerkannt.

Sie haben das Recht, diesem Betriebsteilübergang innerhalb eines Monats ab Zugang dieses Schreibens zu widersprechen. Der Widerspruch kann gegenüber der ...... GmbH oder der ...... GmbH erklärt werden. Er bedarf der Schriftform. Die Adressen beider Unternehmen sind diesem Schreiben vorangestellt (Absender). Im Fall des form- und fristgerechten Widerspruchs wird Ihr Arbeitsverhältnis nicht auf die ...... GmbH übergeleitet, es besteht vielmehr zu der ...... GmbH fort. Ein Widerspruch bewirkt aber, dass Ihr Arbeitsverhältnis eventuell aus betriebsbedingten

Gründen seitens der ...... GmbH gekündigt wird. Wenn Sie nicht form- und fristgerecht widersprechen, geht Ihr Arbeitsverhältnis auf die ...... GmbH über.

Die ...... GmbH bedankt sich Ihnen für Ihre Tätigkeit. Die ...... GmbH begrüßt Sie gern. Wir hoffen auf Ihr Einverständnis zum Fortbestand Ihres Arbeitsverhältnisses mit der ...... GmbH und verbleiben

mit freundlichen Grüßen

....
GmbH   GmbH

b) Muster: Unterrichtung nach BAG (Auszug) [→ A. Rn. 440 ff., 444]

Hinweis:

Die Rechtsprechung des BAG hinsichtlich der Unterrichtungspflichten des Arbeitgebers ist sehr restriktiv. Von dem Arbeitgeber wird eine genaue, exakte, verständliche und umfassende Unterrichtung verlangt. In der Rechtsprechung des BAG gibt es bisher nur eine Entscheidung, in der eine Unterrichtung für ordnungsgemäß erachtet worden ist. Diese Unterrichtung stellt nachfolgendes Muster dar, das dem Urteil des BAG[392] entnommen ist.

445

......,

wie Ihnen möglicherweise bereits bekannt ist, ist entschieden worden, den Standort B von der V GmbH (im Folgenden: V) an die T GmbH, eingetragen im Handelsregister des Amtsgerichts H unter der Nummer, mit Sitz in H und der Anschrift K (im Folgenden: T), derzeit vertreten durch die Geschäftsführer Ha, F und W (letzterer bisher nur per Gesellschafterbeschluss bestellt, Handelsregister-Eintragung ist beantragt), zu verkaufen und zu übertragen.

446

Durch die Veräußerung kommt es zu einem so genannten Betriebsübergang gemäß § 613a BGB, über den wir Sie nachfolgend unter Berücksichtigung der gesetzlichen Vorschriften (§ 613a Abs. 5 BGB) unterrichten.

I. Grund für den Betriebsübergang und Zeitpunkt

Der Betriebsübergang erfolgt voraussichtlich zum 1. Dezember 2008 („geplanter Übergangsstichtag").

Dem Betriebsübergang liegt ein zwischen der V und der T am 25. Oktober 2008 abgeschlossener Unternehmenskaufvertrag zugrunde, aufgrund dessen die T den Geschäftsbetrieb am Standort B erwerben und ab dem geplanten Übergangsstichtag fortführen wird.

Der unternehmerische Grund für die Übertragung des Betriebes liegt darin, dass die V CallCenter-Aufgaben betreibt, die nicht mehr zu dem Kerngeschäft der Deutschen Telekom AG (DTAG) gehören. Bereits in der Vergangenheit ist immer betont worden, dass die DTAG an dem Ziel, sich von erkannten „Nichtkernkompetenzen" zu trennen, festhalten und daher eine möglichst kurzfristige Veräußerung der Geschäftsmodelle anstreben würde. Vor diesem Hintergrund sind bereits in der Vergangenheit mehrere Geschäftsbetriebe von der V veräußert worden. Mit der Veräußerung des Geschäftsbetriebs am Standort B wird die Trennung weiter vollzogen.

---

[392] BAG 10.11.2011 – 8 AZR 430/10, BeckRS 2012, 66397, dort zu [5].

II. Folgen und Maßnahmen im Zusammenhang mit dem Betriebsübergang

Die Folgen eines Betriebsübergangs sind in § 613a BGB geregelt. Der Wortlaut der Regelung ist in der Anlage 1 abgedruckt. Im Einzelnen gelten folgende Grundsätze:

1. Durch den Betriebsübergang tritt für Sie ein Arbeitgeberwechsel von der V zur T ein. Mit dem Betriebsübergang, somit mit Wirkung zum 1. Dezember 2008, geht Ihr Arbeitsverhältnis kraft Gesetzes von der V auf die T über. Das heißt, die T wird Ihr neuer Arbeitgeber. Ihr bisheriges Arbeitsverhältnis zur V erlischt. Der Abschluss eines neuen Arbeitsvertrages wegen des Betriebsübergangs ist nicht notwendig.

2. Soweit sich aus dem Folgenden nichts anderes ergibt, geht Ihr Arbeitsverhältnis mit allen zum Zeitpunkt des Betriebsübergangs bestehenden Rechten und Pflichten auf die T über.

(1) Die in Ihrem Arbeitsvertrag unmittelbar getroffenen Regelungen gehen inhaltlich unverändert über.

(2) Bei der T sind momentan keine Tarifverträge anwendbar. Die T hat bisher weder Firmentarifverträge abgeschlossen noch sind auf die T kraft Mitgliedschaft in einem Arbeitgeberverband Tarifverträge anwendbar. Es ist auch nicht beabsichtigt, Firmentarifverträge abzuschließen oder einem Arbeitgeberverband beizutreten.

Soweit auf Ihr Arbeitsverhältnis daher vor dem Übergang unmittelbar Tarifverträge anwendbar waren und Sie tarifgebundener Arbeitnehmer sind, werden die in diesen Tarifverträgen geregelten Arbeitsbedingungen nach dem Betriebsübergang grundsätzlich nach § 613a Abs. 1 S. 2 BGB Inhalt des Arbeitsverhältnisses zwischen Ihnen und der T und wirken wie arbeitsvertragliche Regelungen fort; sie können innerhalb eines Jahres nach dem Übergang nicht zu Ihrem Nachteil geändert werden. Diese Sperre gilt allerdings dann nicht, soweit bei der T zum selben Regelungskomplex Tarifverträge mit der Gewerkschaft ver.di abgeschlossen werden. In diesem Fall lösen die Regelungen bei der T die bisher geltenden Regelungen der V ab. Dies gilt für tarifgebundene Arbeitnehmer aufgrund der gesetzlichen Regelung des § 613a Abs. 1 S. 3 BGB. Die tariflichen Regelungen gelten mit dem Inhalt, den sie zum Zeitpunkt des Betriebsübergangs haben.

Sofern tarifliche Regelungen für Ihr Arbeitsverhältnis bislang aufgrund einer arbeitsvertraglichen Bezugnahmeklausel gegolten haben, entscheidet die arbeitsvertragliche Bezugnahme auf die Tarifverträge darüber, ob zukünftige etwaige Tarifverträge der T Anwendung finden oder es bei einer Geltung der bisherigen tarifvertraglichen Regelung bleibt. Wir möchten Sie darauf hinweisen, dass nach der derzeitigen Rechtsprechung des Bundesarbeitsgerichts sog. dynamische Verweisungen auf die einschlägigen Tarifverträge in Arbeitsverträgen, die vor dem 1. Januar 2002 abgeschlossen wurden, als sog. Gleichstellungsabrede zu bewerten sind, mit der Folge, dass diese Regelungen im Zeitpunkt des Betriebsüberganges ihre Dynamik verlieren und statisch fortgelten. In später abgeschlossenen Arbeitsverträgen (also seit dem 1. Januar 2002) behalten solche Regelungen nach der o. g. Rechtsprechung ihre Dynamik.

(3) Die T behält sich vor, die bisherigen Entgeltbedingungen und damit die Gesamtvergütung ab dem 1. Dezember 2009 abzusenken. Die Einzelheiten werden zu gegebener Zeit mit den Arbeitnehmern und ihren Interessenvertretern erörtert. Es ist vereinbart, dass jeder Arbeitnehmer bis zum 1. Dezember 2009 – berechnet auf der Grundlage der gleichen Dauer der Arbeitszeit und unveränderter Stellenbeschreibung – monatlich mindestens ein Brutto-Entgelt erhält, das seinem individuellen monatlichen Entgeltanspruch gegenüber der V zum 30. November 2008 (einschließlich sämtlicher – zB tariflicher oder individualvertraglicher – Entgeltbestandteile, Zuschläge und durchschnittlicher leistungsabhängiger Vergütung in den zwölf

Monaten vor dem 1. Dezember 2008) entspricht. Es ist darüber hinaus vereinbart worden, dass bis zum Ablauf des 30. November 2013 das Brutto-Mindestentgelt für übergehende Agenten nicht unter 25.000,00 EUR brutto jährlich, für übergehende Teamleiter nicht unter 29.000,00 EUR brutto jährlich abgesenkt wird. Das Entgelt von anderen Arbeitnehmergruppen (Ausnahme Standort- und Abteilungsleiter) soll sich höchstens bis auf 70% des zum 30. November 2008 jeweils gültigen jährlichen Brutto-Entgelts reduzieren. Das Brutto-Mindestentgelt schließt jeweils sämtliche – zB tarifliche oder individualvertragliche – Entgeltbestandteile, Zuschläge und durchschnittliche leistungsabhängige Vergütung in den zwölf Monaten ab dem 1. Dezember 2008 ein. In welcher Höhe das Entgelt von Abteilungsleitern und Standortleitern angepasst werden soll, steht noch nicht fest.

3. Die T beschäftigt derzeit noch keine Arbeitnehmer und verfügt derzeit noch über keinen Betrieb; es besteht somit auch kein Betriebsrat oder Gesamtbetriebsrat. Demzufolge sind derzeit bei der T auch keine Betriebs- oder Gesamtbetriebsvereinbarungen in Kraft. Im D Konzern gelten Konzernbetriebsvereinbarungen, die auf Ihr Arbeitsverhältnis Anwendung finden werden, sofern die T in den Anwendungsbereich der Konzernbetriebsvereinbarungen fällt.
....

4. Die in Ihrem Betrieb geltenden Betriebsvereinbarungen gelten auch nach dem Betriebsübergang als Betriebsvereinbarungen (kollektivrechtlich) für Sie weiter, soweit sie nicht durch Konzernbetriebsvereinbarungen des D Konzerns geändert oder ersetzt werden. Soweit Gesamt- oder Konzernbetriebsvereinbarungen gelten, gelten diese als Betriebsvereinbarungen mit der nunmehrigen Zuständigkeit eines Betriebsrats fort, soweit sie nicht durch Konzernbetriebsvereinbarungen des D Konzerns geändert oder ersetzt werden.

5. T tritt in die Versorgungsverpflichtungen aus den bestehenden Zusagen der betrieblichen Altersversorgung (BAV) ein. Die für die Beurteilung der Unverfallbarkeit maßgebliche Betriebszugehörigkeitsdauer erfasst auch die bisherigen Beschäftigungszeiten bei der V. Die zum Zeitpunkt des Betriebsübergangs geltenden Regelungen zur BAV gelten individualrechtlich fort.

Soweit die Rechte und Pflichten aus der Ihnen erteilten Versorgungszusage auf einer Parallelverpflichtung der Deutschen Telekom AG im Rahmen der Satzung der Versorgungsanstalt der Deutschen Bundespost (VAP) beruhen, verbleiben diese bei der Deutschen Telekom AG. In jedem Fall hat sich die Deutsche Telekom AG verpflichtet, alle Pensionsverpflichtungen, die sich aus der Parallelverpflichtung ergeben, zu tragen und zu erfüllen.

6. Die Dauer Ihrer Betriebszugehörigkeit bei der V bleibt Ihnen auch bei T erhalten.

7. T haftet auch für Ansprüche aus Ihrem Arbeitsverhältnis, die Ihnen vor dem Betriebsübergang gegen die V zustanden. Für Ansprüche, die vor dem Zeitpunkt des Betriebsübergangs entstanden sind und die vor Ablauf eines Jahres nach diesem Zeitpunkt fällig werden, haften die V und die T als Gesamtschuldner. Dabei ist die Haftung der V für erst nach dem Übergang fällig werdende Ansprüche auf den anteiligen Betrag bis zum Betriebsübergang beschränkt.

8. Eine Kündigung Ihres Arbeitsverhältnisses durch die V oder die T wegen des Betriebsübergangs ist gesetzlich ausgeschlossen (§ 613a Abs. 4 S. 1 BGB). Die Kündigung Ihres Arbeitsverhältnisses aus einem anderen Grund ist dadurch, wie unten ausgeführt wird, nicht ausgeschlossen (§ 613a Abs. 4 S. 2 BGB).

9. ......
Trotz vorrangiger Ausschöpfung der Möglichkeiten zur Prozessoptimierung zeichnet sich daher ab, dass Maßnahmen zur Anpassung des Entgeltniveaus an ein markt-

gerechtes Entgeltniveau innerhalb der in 2. (3) dargestellten Grenzen erforderlich werden. Hierbei setzt T vorrangig auf freiwillige Maßnahmen. In diesem Zusammenhang wird T Ihnen den Abschluss neuer Arbeitsverträge anbieten. Eine Pflicht zum Abschluss neuer Arbeitsverträge besteht nicht. Sollte es aber zum Neuabschluss von Arbeitsverträgen kommen, so hat der Neuabschluss rechtlich zur Folge, dass der bisherige Arbeitsvertrag durch den neuen Arbeitsvertrag ersetzt wird. Wirtschaftlich und sozial hat der Neuabschluss von Arbeitsverträgen jeweils zur Folge, dass der bisherige einzelvertraglich und kollektivrechtlich gewährte Leistungsumfang verringert wird.

Eine weitere Maßnahme freiwilliger Art wird das Angebot der T an interessierte Mitarbeiter sein, gegen Zahlung einer einmaligen Abfindungssumme einen Aufhebungsvertrag abzuschließen. Kommt es zum Abschluss eines Aufhebungsvertrages, so hat dieser Abschluss rechtlich zur Folge, dass der bisherige Arbeitsvertrag aufgehoben und das Arbeitsverhältnis endgültig beendet wird. Wirtschaftlich und sozial hat der Abschluss eines Aufhebungsvertrages zur Folge, dass mit der Zahlung der Abfindungssumme alle gegenseitigen Ansprüche aus dem bisherigen Arbeitsverhältnis abgegolten sind.

Diese in Aussicht genommenen Maßnahmen werden von T unter Berücksichtigung der in 2. (3) beschriebenen Entgeltbindung in Einzelfällen und nur im Rahmen des rechtlich Zulässigen auch vor dem Ablauf von einem Jahr und nach dem Vollzugstag ergriffen werden.

Darüber hinaus liegen T zum gegenwärtigen Zeitpunkt keine Erkenntnisse dazu vor, ob die in Aussicht genommenen Maßnahmen ausreichen werden, um die notwendige Wirtschaftlichkeit am Standort zu erreichen. Daher sind außer den von T in Aussicht genommenen Maßnahmen gegenwärtig für den Zeitraum nach Ablauf von einem Jahr nach dem Vollzugstag auch keine weiteren Maßnahmen konkret geplant. Sollte sich nach dem Übergang jedoch herausstellen, dass Maßnahmen zur Prozessoptimierung und die weiteren, oben beschriebenen in Aussicht genommenen Maßnahmen nicht ausreichen, um die Konkurrenzfähigkeit des Standortes herzustellen, behält sich T ausdrücklich vor, nach dem Ablauf von einem Jahr nach dem Vollzugstag weitere Maßnahmen zu ergreifen, um eine optimierte Wirtschaftlichkeit des Standortes zu erreichen. Als weitere Maßnahmen kommen insoweit Maßnahmen arbeitsrechtlicher, betrieblicher und gesellschaftsrechtlicher Art in Betracht. Auch insoweit gilt aber die in 2. (3) beschriebene Entgeltbindung.

III. Widerspruchsrecht

Sie haben das Recht, dem Übergang ihres Arbeitsverhältnisses auf die T innerhalb eines Monats ab Zugang dieses Schreibens zu widersprechen. Ein Widerspruch hat zur Folge, dass das Arbeitsverhältnis beim bisherigen Arbeitgeber verbleibt.

Wir weisen allerdings darauf hin, dass die Arbeitsplätze an Ihrem Standort unabhängig von Ihrem Widerspruch von der V auf die T übergehen und demnach die entsprechenden Arbeitsplätze bei der V nicht mehr vorhanden sind. Im Falle eines Widerspruchs können Sie daher bei der V auf Ihrem bisherigen Arbeitsplatz nicht mehr beschäftigt werden.

Sollten Sie dem Übergang widersprechen, wird die V Ihnen gegenüber – nach Prüfung der individuellen Voraussetzungen – voraussichtlich eine betriebsbedingte Beendigungskündigung aussprechen müssen. Dem steht nicht die oben unter Ziffer 8 angesprochene Gesetzesregelung des § 613a Abs. 4 S. 1 BGB entgegen, da eine solche Kündigung nicht wegen des Betriebsübergangs, sondern wegen der gegebenenfalls fehlenden Weiterbeschäftigungsmöglichkeit erfolgen würde. Die Vorschrift des § 613a Abs. 4 S. 2 BGB lässt die Kündigung aus einem anderen Grund als dem Betriebsübergang ausdrücklich zu.

In diesem Zusammenhang weisen wir ausdrücklich darauf hin, dass der arbeitgeberseitige Verzicht auf betriebsbedingte Beendigungskündigungen nach § 9 UTV V im Falle eines solchen Widerspruchs nicht eingreift, da keine Rationalisierungsmaßnahme im Sinne des UTV vorliegt. Eine solche würde den „Wegfall eines Arbeitsplatzes" voraussetzen, was hier nicht der Fall ist. Ihr Arbeitsplatz fällt nicht weg, sondern geht in der jetzigen Form auf die T über.

Eine betriebsbedingte Beendigungskündigung kommt vorbehaltlich einer individuellen Prüfung sowohl für ordentlich kündbare Mitarbeiter als auch für ältere Mitarbeiter mit einem besonderen Kündigungsschutz (für diese jedoch ebenfalls nur unter Einhaltung der ordentlichen Kündigungsfrist) in Betracht. Wir weisen unabhängig davon darauf hin, dass – wie Ihnen bekannt ist – demnächst beabsichtigt ist, weitere Standorte der V zu veräußern.

Sollten Sie trotz dieser Sach- und Rechtslage dem Übergang Ihres Arbeitsverhältnisses auf die T widersprechen wollen, ist hierbei eine Frist von einem Monat einzuhalten, die mit Zugang dieses Schreibens in Lauf gesetzt wird. Den Widerspruch erklären Sie bitte schriftlich an die V. Wir bitten Sie, dabei folgende Anschrift zu verwenden: ......

Wahlweise können Sie Ihren Widerspruch auch an die T GmbH richten. Die Adresse lautet: ......

c) Muster: Widerspruchsschreiben [→ A. Rn. 441 f.]

An die
...... GmbH, ... (Anschrift)

Widerspruch gegen den Betriebsübergang

Sehr geehrte Damen und Herren,

hiermit widerspreche ich dem Übergang meines Arbeitsverhältnisses von der ...... GmbH auf die ...... GmbH.

Mit freundlichen Grüßen

447
◉ 125

Hinweis:

Der Widerspruch des Arbeitnehmers gegen einen Betriebsübergang kann trotz nicht ordnungsgemäßer Unterrichtung verwirken (→ A. Rn. 441). Die bloße Weiterarbeit bedeutet keine Bestätigung der Fortführung der Arbeit beim Betriebserwerber, ebenso wie die Änderung von Jahreszielen und allgemeine arbeitsvertragliche Änderungen und Modifikationen, die üblich sind. Durch den Abschluss eines Aufhebungsvertrages und eines Abwicklungsvertrages mit dem neuen Betriebsinhaber disponiert der Arbeitnehmer aber über sein Arbeitsverhältnis, in diesem Fall kann sich der bisherige Arbeitgeber darauf berufen, dass das Widerspruchsrecht verwirkt ist, weil der Arbeitnehmer über sein übergegangenes Arbeitsverhältnis verfügt hat.[393]

448

---

[393] Im Einzelnen → A. Fn. 389 sowie BAG 20.3.2008 – 8 AZR 1016/06, AP BGB § 613a Nr. 345; *Jacobsen/Menke* NZA-RR 2010, 393 ff.; *Gaul/Niklas* DB 2009, 452 ff.; *Schaub/Koch*, ArbR-HdB, § 118 Rn. 43a mzN.

d) Muster: Vereinbarung zur Absicherung des Arbeitgeberwechsels
[→ A. Rn. 440 ff.]

449

Hinweis:

Um eine Unsicherheit über die ordnungsgemäße Unterrichtung und den Arbeitgeberwechsel zu beseitigen, empfiehlt es sich häufig, den Betriebsübergang durch eine dreiseitige Vereinbarung abzusichern.

450

Zwischen

Herrn/Frau ......, ... *(Anschrift)*

– nachfolgend Arbeitnehmer genannt –

und

der ...... GmbH, ... *(Anschrift)*

– nachfolgend bisheriger Arbeitgeber genannt –

sowie

der ...... GmbH, ... *(Anschrift)*

– nachfolgend neuer Arbeitgeber genannt –

Die Parteien dieser Vereinbarung gehen davon aus, dass aufgrund eines Betriebs-(Teil-)übergangs das Arbeitsverhältnis gem. § 613a BGB mit Wirkung zum ...... auf den neuen Arbeitgeber übergeht (übergangen ist). Zur rechtlichen Absicherung dieses von den Vertragsparteien gewollten Ergebnisses wird Folgendes vereinbart:

1. Sollte rechtlich – gleich aus welchen Gründen – kein Betriebs-(Teil-)übergang erfolgen (erfolgt sein), so wird das Arbeitsverhältnis des Arbeitnehmers mit dem bisherigen Arbeitgeber gem. Anstellungsvertrag vom ...... mit Wirkung zum ...... von dem neuen Arbeitgeber aufgrund dieser Vereinbarung rechtsgeschäftlich übernommen.

2. Die Rechte und Pflichten der Arbeitsvertragsparteien gehen unverändert auf den neuen Arbeitgeber über. Der soziale Besitzstand des Arbeitnehmers wird nicht angetastet.

3. Es besteht Einigkeit darüber, dass mit der Vertragsübernahme durch den neuen Arbeitgeber alle rechtlichen Beziehungen des Arbeitnehmers zum bisherigen Arbeitgeber enden.

4. Sollte die Zustimmung Dritter zu dieser Vertragsübernahme oder zur Übernahme von Rechten und/oder Pflichten aus dem Arbeitsverhältnis erforderlich sein, so verpflichten sich hiermit die Vertragsparteien dieser Vereinbarung, alle zur Erteilung der Zustimmung erforderlichen und zulässigen Mitwirkungshandlungen, einschließlich der Abgabe von Willenserklärungen, zu erbringen.

5. Sollten diese Vereinbarung oder einzelne Elemente dieser Vereinbarung unwirksam sein oder werden, so verpflichten sich die Vertragsparteien dieser Vereinbarung, selbige oder deren unwirksame Elemente durch wirksame zu ersetzen, die diesen nach dem beabsichtigten Zweck so nahe wie möglich kommen.

......, den ......

Arbeitnehmer	...... GmbH	...... GmbH
	(bisheriger Arbeitgeber)	(neuer Arbeitgeber)

V. Pflichtverletzungen

1. Gesetzliche Vorgaben

451 Bei einer verhaltensbedingten Kündigung müssen grundsätzlich **drei Voraussetzungen** erfüllt sein:

- Zunächst ist festzustellen, ob eine Verletzung vertraglicher Pflichten vorliegt.
- Sodann ist zu prüfen, ob eine einschlägige Abmahnung erfolgt ist oder ob diese wegen der Schwere der Pflichtverletzung ausnahmsweise entbehrlich ist. Hiervon hängt ab, ob die Gefahr künftiger Störungen des Arbeitsverhältnisses besteht (negative Prognose).
- Zu guter Letzt ist eine Interessenabwägung vorzunehmen.[394]

Nach § 1 Abs. 2 S. 4 KSchG trägt der **Arbeitgeber die Darlegungs- und Beweislast** für das Vorliegen der verhaltensbedingten Kündigungsgründe. Er muss also in einem Verfahren nicht nur darlegen und beweisen, dass der Arbeitnehmer eine schuldhafte Pflichtverletzung begangen hat und dass ggf. eine vorherige einschlägige, wirksame Abmahnung vorlag, er muss insbesondere auch darlegen und beweisen, dass überhaupt eine Pflicht bestanden hat, die der Arbeitnehmer in konsequenter Fortsetzung zur Begründung einer verhaltensbedingten Kündigung verletzt haben müsste. 452

Für die notwendigen Formulare bedeutet das, dass der Arbeitgeber zu Beweissicherungs- und Dokumentationszwecken, die dem Arbeitnehmer obliegende Pflicht **schriftlich** festhalten sollte. Im Falle von Pflichtverletzungen ist es daher wichtig, entsprechende Formulare zur Dokumentation von den dem Arbeitnehmer obliegenden Pflichten zu haben, um gerade unter Berücksichtigung der einzuhaltenden Formalien formwirksame Abmahnungen auszusprechen.[395] 453

2. Muster

a) Muster: Arbeitsanweisung *[→ A. Rn. 451 ff.]*

> Sehr geehrte(r) Frau/Herr ......,
>
> der guten Ordnung halber machen wir darauf aufmerksam, dass der Alkoholgenuss während der Arbeitszeit und auf den Baustellen untersagt ist. Sie gefährden ansonsten nicht nur Ihre eigene Gesundheit.
>
> Wir betrachten ein solches Verhalten als arbeitsvertragliche Pflichtverletzung und behalten uns vor, im Wiederholungsfall Ihr Arbeitsverhältnis zu kündigen, im Fall von schweren Verstößen auch außerordentlich.
>
> Mit freundlichen Grüßen

454
127

b) Muster: Abmahnung wegen unentschuldigten Fehlens *[→ A. Rn. 451 ff., 456, 457]*

> Sehr geehrte(r) Frau/Herr ......,
>
> zu unserem Bedauern müssen wir feststellen, dass Sie am ...... ohne Angabe von Gründen gefehlt haben/am ...... erst um ...... und damit verspätet die Arbeit aufgenommen haben/wegen Ihrer Erkrankung vom ...... bis ...... die Arbeitsunfähigkeitsbescheinigung nicht innerhalb einer Frist von drei Tagen vorgelegt haben.
>
> Wir betrachten dieses Verhalten als arbeitsvertragliche Pflichtverletzung.
>
> Wir fordern Sie auf, zukünftig Ihren Pflichten aus dem Arbeitsvertrag nachzukommen und zu genügen, anderenfalls werden wir uns vorbehalten, das Arbeitsverhältnis zu kündigen.
>
> Eine Durchschrift dieses Briefes werden wir zu Ihren Personalakten nehmen *(evtl.)* und dem Betriebsrat zur Kenntnisnahme zuleiten.
>
> Mit freundlichen Grüßen

455
128

---

[394] Vgl. statt aller: Schaub/*Linck*, ArbR-HdB, § 133 Rn. 2 ff. mzN sowie *Schrader* NJW 2012, 342 ff.
[395] Zu den Wirksamkeitsvoraussetzungen einer Abmahnung vgl. im Einzelnen: Schaub/*Linck*, ArbR-HdB, § 132 Rn. 8 ff. mzN.

c) Muster: Abmahnung wegen Verstoß gegen Alkoholverbot
[→ A. Rn. 451 ff., 455, 457]

456

Sehr geehrte(r) Frau/Herr ......,

am ...... haben Sie während der Arbeitszeit zwei Flaschen Bier getrunken.

Sie haben damit gegen Ihre arbeitsvertraglichen Pflichten verstoßen. Dieser Vorfall ist nicht der erste. Bereits am ...... haben Sie gegen das betriebliche Alkoholverbot verstoßen und sind deswegen mit Schreiben vom ...... abgemahnt worden.

Wir mahnen Sie hiermit wegen des zweiten Verstoßes gegen das Alkoholverbot ab. Die Abmahnung nehmen wir zur Personalakte.

Wir weisen Sie darauf hin, dass wir in diesem Verhalten einen Verstoß gegen Ihre arbeitsvertraglichen Pflichten sehen. Wir sind nicht bereit, derartige Pflichtwidrigkeiten in Zukunft hinzunehmen und bitten Sie nachdrücklich, den Ihnen obliegenden arbeitsvertraglichen Pflichten ordnungsgemäß nachzukommen.

Sollten Sie gleichwohl – entgegen dieser Abmahnung – erneut in der von uns gerügten oder ähnlichen Art und Weise gegen Ihre arbeitsvertraglichen Pflichten verstoßen, müssen Sie mit einer, ggf. auch außerordentlichen, Kündigung Ihres Arbeitsverhältnisses rechnen.

Mit freundlichen Grüßen

d) Muster: Abmahnung wegen Vernachlässigung der Ausbildung
[→ A. Rn. 451 ff., 455, 456]

457

Sehr geehrte(r) Frau/Herr ......,

Sie haben am ...... unentschuldigt nicht an den unternehmensinternen Unterrichtsstunden teilgenommen.

Oder:

Sie haben am ...... unentschuldigt am Berufsschulunterricht nicht teilgenommen. Sie sind an diesem Tag aber auch nicht im Unternehmen erschienen.

Sie gefährden mit Ihrem Verhalten den erfolgreichen Abschluss Ihrer Ausbildung.

Ihr unentschuldigtes Fehlen stellt eine arbeitsvertragliche Pflichtverletzung dar, derentwegen wir Sie abmahnen. Wir weisen darauf hin, dass Sie bei weiterem Fehlverhalten mit arbeitsrechtlichen Maßnahmen rechnen müssen. Dazu kann auch die außerordentliche Kündigung des Berufsausbildungsverhältnisses gehören.

Die Abmahnung nehmen wir zu Ihren Personalakten. Der Betriebsrat erhält eine Abschrift.

Mit freundlichen Grüßen

e) Muster: Allerletzte Abmahnung [→ A. Rn. 451 ff.]

458

Hinweis:

Zahlreiche Abmahnungen wegen gleichartiger Pflichtverletzungen, denen keine weiteren Konsequenzen folgen, können die Warnfunktion der Abmahnung abschwächen. Der Arbeitgeber muss für diesen Fall die allerletzte Abmahnung vor Ausspruch einer Kündigung besonders eindringlich gestalten, um dem Arbeitnehmer klar zu machen, dass weitere derartige Pflichtverletzungen nunmehr zum Ausspruch einer Kündigung führen werden.[396]

---

[396] BAG 15.11.2001 – 2 AZR 609/00, AP KSchG 1969 § 1 Abmahnung Nr. 4.

Allerletzte Abmahnung

Sehr geehrte(r) Frau/Herr ......,

...... *(Es folgt die Darstellung des Sachverhaltes, der zum Anlass für die letzte Abmahnung genommen wird.)* ......

Wir fordern Sie letztmalig auf, Ihren arbeitsvertraglichen Pflichten nachzukommen. Dies ist unsere allerletzte Abmahnung. Sollte sich diese oder eine gleichartige Pflichtverletzung wiederholen, werden wir das zwischen Ihnen und uns bestehende Arbeitsverhältnis außerordentlich, hilfsweise ordentlich kündigen.

Mit freundlichen Grüßen

Hinweis:

Der Arbeitnehmer hat zahlreiche Möglichkeiten, gegen eine **zu Unrecht erteilte Abmahnung** vorzugehen. Er kann eine Klage auf Entfernung der Abmahnung aus der Personalakte einreichen, eine Gegendarstellung zur Personalakte reichen oder schlicht und einfach gar nichts machen.[397] In der Praxis ist es regelmäßig für den Anwalt, der Arbeitnehmer vertritt, die ihre Beschäftigung aufrechterhalten wollen, angezeigt, gegen eine Abmahnung nicht vorzugehen. Unabhängig von der Frage, aus welchem Grund sich die Abmahnung als unwirksam erweist und ob der Arbeitgeber eine erneute Abmahnung wegen dieses Grundes, diesmal allerdings formell ordnungsgemäß, aussprechen könnte, führt ein Vorgehen gegen eine Abmahnung regelmäßig zu einer Verschärfung der Auseinandersetzung zwischen Arbeitgeber und Arbeitnehmer. Diese Verschärfung ist vielfach gerade bei denjenigen Arbeitnehmern, die tatsächlich weiterarbeiten wollen, sich jedoch über eine ausgesprochene Abmahnung – ob zu Recht oder zu Unrecht sei dahingestellt – ärgern, nicht angezeigt. Für die Zukunft gibt es zwei Möglichkeiten: Das Arbeitsverhältnis beruhigt sich, es werden keine weiteren Abmahnungen oder eine Kündigung ausgesprochen. Eine Verschärfung wäre für diesen Fall kontraproduktiv gewesen. Oder aber der Arbeitgeber spricht weitere Abmahnungen und letztlich eine Kündigung aus. Für diesen Fall wird im Kündigungsschutzfall inzident die Wirksamkeit der Abmahnung überprüft, so dass der Arbeitnehmer sich nichts vergibt.[398] Andererseits kann in einem Verfahren um die Wirksamkeit der Abmahnung ein Verhandlungsforum eröffnet werden, bei dem über die Konditionen einer Ausscheidensregelung diskutiert werden kann. Aus Arbeitgebersicht ist wegen der hohen formellen Anforderungen an eine Abmahnung zu empfehlen, sich vor Ausspruch einer Abmahnung beraten zu lassen, um nicht die Gefahr zu laufen, in einem Verfahren um eine spätere verhaltensbedingte Kündigung allein deshalb zu unterliegen, weil sich die zuvor ausgesprochenen Abmahnungen aus (formellen) Gründen als unwirksam erweisen.[399]

VI. Urlaub

1. Gesetzliche Vorgaben

Der Urlaub[400] wird grundsätzlich nicht, wie umgangssprachlich häufig formuliert wird, von dem Arbeitnehmer „genommen", sondern **durch den Arbeitgeber gewährt**. Die

---

[397] Vgl. zum Rechtsschutz Schaub/*Linck*, ArbR-HdB, § 132 Rn. 37 ff.

[398] Zur Abmahnung als Voraussetzung für eine verhaltensbedingte Kündigung vgl. im Einzelnen Schaub/*Linck*, ArbR-HdB, § 132 Rn. 19 ff.

[399] Bei der Empfehlung bleibt es, allein aus haftungsrechtlichen Gesichtspunkten. Die jüngere Rechtsprechung des Bundesarbeitsgerichts zur ordnungsgemäßen Abmahnung vor Ausspruch einer Kündigung ist jedoch restriktiv. Danach bleibt die Warnfunktion einer Abmahnung auch dann gewahrt, wenn sie an einem Formfehler leidet. Ein Arbeitnehmer könne allein aus der formellen Unwirksamkeit einer Abmahnung nicht schließen, dass der Arbeitgeber das abgemahnte Verhalten billige (vgl. BAG 19.2.2009 – 2 AZR 603/07, AP BGB § 626 Verdacht strafbarer Handlung Nr. 46).

[400] Vgl. hierzu im Einzelnen: Schaub/*Linck*, ArbR-HdB, § 104 Rn. 1 ff.

eigenmächtige Urlaubsnahme kann die Kündigung des Arbeitsverhältnisses, auch außerordentlich, rechtfertigen.[401] Gewährt der Arbeitgeber den Urlaub nicht, ist der Arbeitnehmer ggf. auf die Beantragung einer einstweiligen Verfügung zu verweisen.

2. Muster

a) Muster: Antrag auf Urlaubserteilung mit formularmäßiger Bewilligung
[→ A. Rn. 461]

462

Name: ......
Vorname: ......
Anschrift: ......
Personalnummer: ......

Antrag auf Bewilligung von Urlaub von ...... bis ......

Urlaubsanschrift: ......

Zur Kenntnisnahme von
  (a) Meister/Abteilungsleiter ......
  (b) Betriebsleiter ......

Urlaub bewilligt vom ...... bis ......
abgelehnt, weil ......

......, den ......

......

b) Muster: Erteilung von bezahltem und unbezahltem Urlaub
[→ A. Rn. 461]

463

Sehr geehrte(r) Frau/Herr ......,

auf Ihren Antrag vom ...... wird Ihnen Erholungsurlaub für die Zeit vom ...... bis ...... bewilligt. Ferner wird Ihnen unbezahlter Sonderurlaub für die Zeit vom ...... bis ...... bewilligt. Es besteht Einigkeit darüber, dass der unbezahlte Sonderurlaub zu anderen als zu Erholungszwecken dient. Für den Zeitraum des unbezahlten Sonderurlaubs ruht das Arbeitsverhältnis.

Ihr erster Arbeitstag nach dem Urlaub ist am ...... Erkranken Sie während des Urlaubs, so müssen Sie die Erkrankung unverzüglich unter Beifügung einer ärztlichen Bescheinigung dem Arbeitgeber anzeigen. Dauert die Erkrankung länger als in der ärztlichen Bescheinigung angegeben, so ist eine Folgebescheinigung zu übersenden. Der Erholungsurlaub und auch der Sonderurlaub verlängern sich nicht um die in der ärztlichen Bescheinigung angegebenen Tage. Der Erholungsurlaub – nicht jedoch der Sonderurlaub – wird jedoch durch eine Erkrankung unterbrochen; der Erholungsurlaub muss – soweit er wegen der Erkrankung nicht genommen werden konnte – neu beantragt und erteilt werden.

......, den ......

c) Muster: Vereinbarung über unbezahlten Urlaub

464

Zwischen
der ...... GmbH, ... *(Anschrift)*

– nachfolgend Arbeitgeber genannt –

und

---

[401] BAG 16.3.2000 – 2 AZR 75/99, AP BetrVG 1972 § 102 Nr. 114; 22.1.1998 – 2 ABR 19/97, AP BGB § 626 Ausschlussfrist Nr. 38; 20.1.1994 – 2 AZR 521/93, AP BGB § 626 Nr. 115.

Frau/Herrn ……, …… *(Anschrift)*

– nachfolgend Arbeitnehmer genannt –

wird folgende Vereinbarung getroffen:

Arbeitgeber und Arbeitnehmer sind sich darüber einig, dass dem Arbeitnehmer in der Zeit vom …… bis zum …… einschließlich unbezahlter Sonderurlaub gewährt wird. Dieser dient anderen als Erholungszwecken/dient …… Während des Sonderurlaubs ruht das Arbeitsverhältnis; dh der Arbeitnehmer ist nicht zur Arbeitsleistung und der Arbeitgeber nicht zur Zahlung einer Vergütung verpflichtet.[402] Der Arbeitnehmer trägt für eine freiwillige Weiterversicherung in der Krankenversicherung Sorge.

……, den ……

Arbeitgeber   Arbeitnehmer

d) Muster: Hinweis auf Verfall des Resturlaubs

An die
Belegschaft
der …… GmbH

465
☞ 135

Sehr geehrte Damen und Herren,

wir bitten Sie rechtzeitig Ihren Urlaub zu planen und zu terminieren. Hierbei sollten Sie sich mit Ihren Arbeitskolleginnen und -kollegen abstimmen. Eltern mit schulpflichtigen Kindern haben während der Schulferien Vorrang.

Wir weisen Sie ausdrücklich darauf hin, dass nach dem BUrlG der Urlaub vom Grundsatz her während des Kalenderjahres genommen werden muss. Die Übertragung ist nur in Ausnahmefällen in das nächste Jahr möglich. Aber auch im Falle der Übertragung erlischt der Urlaub regelmäßig, wenn er nicht bis zum 31.3. des Folgejahres angetreten wird.

Mit freundlichen Grüßen

e) Muster: Antrag auf Übertragung des Urlaubes

An die
…… GmbH
…… *(Anschrift)*

466
☞ 136

Sehr geehrte Damen und Herren,

mein Urlaubsanspruch betrug in diesem Jahr …… Urlaubstage. Tatsächlich genommen habe ich nur …… Urlaubstage. Mehr Urlaubstage konnte ich leider nicht nehmen, weil ……[403]

Oder (bei einem Teilurlaubsanspruch vor Erfüllung der Wartezeit):

Erst am …… habe ich mein Arbeitsverhältnis in unserem Unternehmen begonnen. Ich beantrage, meinen Anspruch auf Teilurlaub gem. § 5 Abs. 1 Buchst. a BUrlG in das Folgejahr zu übertragen.[404]

Mit freundlichen Grüßen

---

[402] Mit den Mustervereinbarungen zum Sonderurlaub soll gewährleistet werden, dass der Arbeitgeber nicht zur Vergütungsfortzahlung im Krankheitsfalle verpflichtet wird, wenn der Arbeitnehmer während des Sonderurlaubs erkrankt (BAG 25.5.1983 – 5 AZR 236/80, AP LohnFG § 1 Nr. 53).

[403] Schaub/*Linck,* ArbR-HdB, § 104 Rn. 105.

[404] Schaub/*Linck,* ArbR-HdB, § 104 Rn. 77.

> Mit der Übertragung sind wir einverstanden.
>
> ......, den ......
>
> Arbeitgeber

f) Muster: Urlaubsunterbrechung *[→ A. Rn. 467]*

467

> **Hinweis:**
>
> Hat der Arbeitgeber den Arbeitnehmer zur Erfüllung des Anspruches auf Erholungsurlaub gem. § 1 BUrlG freigestellt, kann er den Arbeitnehmer nicht aufgrund einer Vereinbarung aus dem Urlaub zurückrufen. Eine solche Abrede verstößt gegen zwingendes Urlaubsrecht und ist daher gem. § 13 BUrlG rechtsunwirksam.[405]

468

> An die
> Belegschaft
> der ...... GmbH
>
> Sehr geehrte Damen und Herren,
>
> das Unternehmen wird darauf Bedacht nehmen, Ihren Urlaub nicht zu unterbrechen. Muss der Urlaub aus betrieblichen Gründen unterbrochen werden, wird das Unternehmen alle Ihnen und Ihrem Ehegatten/Lebensgefährten entstehenden Kosten übernehmen. Außerdem werden wegen der aufgewandten Reisezeit zwei Tage bezahlter Sonderurlaub gewährt.
>
> Mit freundlichen Grüßen
>
> Arbeitgeber

g) Muster: Urlaubsbescheinigung[406] **nach dem Ende des Arbeitsverhältnisses** *[→ A. Rn. 681 f.]*

469

> Herr/Frau ......
>
> war im Urlaubsjahr 20.. vom ...... bis ...... bei uns beschäftigt. Gemäß Tarifvertrag ....../Arbeitsvertrag beträgt der gesamte Jahresurlaub ...... Arbeitstage. Für das Urlaubsjahr 20.. wurden ...... Tage gewährt und ...... Arbeitstage abgegolten. Das sind ....../12 des gesamten Jahresurlaubs.
>
> ......, den ......
>
> Arbeitgeber

VII. Erkrankung

1. Gesetzliche Vorgaben

470 Bei der Erkrankung der Arbeitnehmer ergeben sich die **Rechte und Pflichten im Wesentlichen aus dem Entgeltfortzahlungsgesetz** (EFZG). Für den Arbeitnehmer ist wichtig, dass die Arbeitsunfähigkeit **nicht nur angezeigt, sondern nachgewiesen** werden muss.[407] Zu trennen sind insgesamt **drei Bereiche:**
– die eigentliche Erkrankung und die Behandlung nach dem EFZG (nachfolgend Muster unter → A. Rn. 471 ff.),
– Anschreiben des Arbeitgebers mit dem Versuch der Wiedereingliederung (nachfolgend Muster unter → A. Rn. 481) sowie

---

[405] BAG 20.6.2000 – 9 AZR 405/99, AP BUrlG § 7 Nr. 28.
[406] § 6 Abs. 2 BUrlG, es geht um den Ausschluss von Doppelansprüchen, wobei § 6 Abs. 1 BUrlG keine Doppelarbeitsverhältnisse erfasst (vgl. BAG 21.2.2012 – 9 AZR 487/10, NZA 2012, 793).
[407] Vgl. zu den Anzeige- und Nachweispflichten im Einzelnen: Schaub/*Linck,* ArbR-HdB, § 98 Rn. 113 ff. mzN.

– das betriebliche Eingliederungsmanagement (nachfolgend Muster unter → A. Rn. 485 ff.).

2. Krankheit und Entgeltfortzahlungsgesetz

a) Muster: Anzeige Arbeitsunfähigkeit

An die
...... GmbH
...... *(Anschrift)*

Sehr geehrte Damen und Herren,

aufgrund einer Erkrankung kann ich heute bis voraussichtlich zum ...... nicht zur Arbeit erscheinen. Eine ärztliche Arbeitsunfähigkeitsbescheinigung reiche ich fristgemäß nach.

Mit freundlichen Grüßen

Arbeitnehmer

471
139

b) Muster: Aufforderung zur Vorlage einer Arbeitsunfähigkeitsbescheinigung

An
Frau/Herrn ......
...... *(Anschrift)*

Sehr geehrte(r) Frau/Herr ......,

nach § 5 Abs. 1 EFZG sind Sie gehalten, eine ärztliche Bescheinigung über das Bestehen der Arbeitsunfähigkeit sowie deren voraussichtliche Dauer vorzulegen, wenn die Arbeitsunfähigkeit länger als drei Kalendertage andauert. Die Vorlage hat spätestens am darauffolgenden Werktag zu erfolgen.

Nach § 5 Abs. 1 S. 3 EFZG ist der Arbeitgeber berechtigt, die Vorlage der ärztlichen Bescheinigung früher zu verlangen. Von dieser Möglichkeit machen wir hiermit Gebrauch. Wir bitten Sie, im Falle der Erkrankung bereits am ersten Tage der Arbeitsunfähigkeit eine ärztliche Bescheinigung vorzulegen.

Mit freundlichen Grüßen

Arbeitgeber

472
140

c) Muster: Bescheinigung des behandelnden Arztes

Frau/Herr ...... war heute in der Zeit von ...... Uhr bis ...... Uhr in meiner Praxis in Behandlung.

Sofern die Behandlung innerhalb der Arbeitszeit lag, war dies notwendig, weil
– die Behandlung wegen eines Arbeitsunfalls erfolgte ......,
– eine akut aufgetretene Erkrankung zu behandeln war,
– der Arztbesuch amtsärztlich vorgeschrieben war,
– eine Untersuchung vorgenommen wurde, die nur zu dieser Zeit in der Praxis möglich ist.

......, den ......

Unterschrift des Arztes   Praxisstempel

473
141

Schrader/Klagges

d) Muster: Ärztliche Arbeitsunfähigkeitsbescheinigung

474

Frau/Herr ...... ist vom ...... bis ...... arbeitsunfähig krank.[408]

Der Krankenkasse ...... wird unverzüglich die Bescheinigung über die Arbeitsunfähigkeit mit Angaben über den Befund und die voraussichtliche Dauer der Arbeitsunfähigkeit übersandt.

......, den ......

Unterschrift des Arztes

e) Muster: Schreiben bei Unfall[409]

475

Sehr geehrte(r) Frau/Herr ......,

wir bedauern sehr, dass Sie Opfer eines Verkehrsunfalls geworden sind.

Sie erhalten Leistungen der Entgeltfortzahlung. Können Sie aufgrund gesetzlicher Vorschriften von einem Dritten Schadensersatz wegen des Verdienstausfalls beanspruchen, der Ihnen durch die Arbeitsunfähigkeit entstanden ist, so geht dieser Anspruch insoweit auf uns über, als wir nach dem EFZG Arbeitsentgelt fortgezahlt haben. Der Übergang bezieht sich auch auf die darauf entfallenden Sozialversicherungsbeiträge (§ 6 Abs. 1 EFZG).

Bitte teilen Sie uns unverzüglich die zur Geltendmachung des Schadensersatzanspruches erforderlichen Angaben mit. Wir benötigen Namen und Anschrift des Schädigers sowie eine Schilderung des Unfallherganges. Von Interesse ist auch, ob der Unfall von der Polizei aufgenommen worden ist. Sofern Sie die Haftpflichtversicherung des Schädigers kennen, bitten wir auch um Mitteilung von Namen und Anschrift.

Wir gestatten uns den Hinweis, dass Sie nach § 6 Abs. 2 EFZG verpflichtet sind, die erforderlichen Angaben zu machen.

Mit freundlichen Grüßen

Arbeitgeber

f) Muster: Anfrage wegen Fortsetzungserkrankung

476

An die
Krankenkasse ......
...... (Anschrift)

Ihr Mitglied ......

Sehr geehrte Damen und Herren,

Herr/Frau ...... steht zu uns in einem Arbeitsverhältnis als ...... Er/Sie ist bei Ihnen krankenversichert.

Vom ...... bis ...... war Herr/Frau ...... arbeitsunfähig krank. Wir gehen davon aus, dass die Erkrankung in ursächlichem Zusammenhang mit einer früheren Erkrankung steht.

Wir bitten eine Befragung des Arztes vorzunehmen, ob es sich um eine Fortsetzungserkrankung handelt.

Mit freundlichen Grüßen

Arbeitgeber

---

[408] Anzuzeigen sind die Arbeitsunfähigkeit und die voraussichtliche Dauer. Nicht anzuzeigen ist die Art der Erkrankung, vgl. Schaub/*Linck*, ArbR-HdB, § 98 Rn. 117.
[409] Schaub/*Linck*, ArbR-HdB, § 98 Rn. 150 ff. mzN.

g) Muster: Aufforderung zur Untersuchung durch den Medizinischen Dienst[410]

477
📖 145

> An die
> Krankenkasse ......
> ...... (Anschrift)
>
> Sehr geehrte Damen und Herren,
>
> unser Arbeitnehmer, Herr ......, ist seit dem ...... arbeitsunfähig krank. Er hat eine Arbeitsunfähigkeitsbescheinigung des/der Herrn/Frau Dr. ...... vorgelegt.
>
> In letzter Zeit ist unser Arbeitnehmer wiederholt von Arbeitskollegen gesehen worden. Diese haben mitgeteilt, dass der Arbeitnehmer folgende Arbeiten verrichtet hat: ......
>
> Wir haben daher Zweifel, ob die Arbeitsunfähigkeit zutreffend diagnostiziert worden ist, und bitten, eine gutachterliche Stellungnahme des Medizinischen Dienstes zur Überprüfung der Arbeitsunfähigkeit einzuholen.
>
> Mit freundlichen Grüßen
>
> Arbeitgeber

3. Versuch der Wiedereingliederung

a) Gesetzliche Vorgaben

Der Arbeitgeber wird häufig die Krankheitsursachen des Arbeitnehmers im Einzelnen nicht kennen. Er hat folgendes Problem: Er möchte über sein Personal disponieren, ggf. muss er für Ersatzkräfte sorgen, er weiß aber nicht, ob ein Arbeitnehmer tatsächlich eine Beschäftigung und wenn ja, wann, wieder aufnimmt. Von daher gesehen werden Arbeitgeber häufig versuchen, Arbeitnehmer anzuschreiben, um zu eruieren, ob eine Beschäftigung überhaupt und ggf. unter welchen Voraussetzungen möglich ist. 478

Formalisierte Krankengespräche zur Aufklärung eines überdurchschnittlichen Krankenstandes mit einer nach abstrakten Kriterien ermittelten Mehrzahl von Arbeitnehmern sind nach § 87 Abs. 1 S. 1 BetrVG mitbestimmungspflichtig. Es geht um das Verhalten der Arbeitnehmer in Bezug auf die betriebliche Ordnung und nicht um das Verhalten der Arbeitnehmer selbst.[411] 479

Von daher gesehen sind solche Schreiben entweder für den Einzelfall gesondert zu fassen oder mit dem Betriebsrat abzustimmen. 480

b) Muster: Anschreiben an Arbeitnehmer [→ A. Rn. 478]

481
📖 146

> Sehr geehrte(r) Frau/Herr ......,
>
> wir haben in den letzten Jahren bei Ihnen erhebliche krankheitsbedingte Fehlzeiten feststellen müssen. Diese betrugen im Einzelnen:
>
> ...... (Hier sollten die Fehlzeiten des Arbeitnehmers aufgeschlüsselt wiedergegeben werden.) ......
>
> Diese Fehlzeiten waren mit erheblichen Entgeltfortzahlungskosten verbunden. Diese betrugen im Einzelnen:
>
> ...... (Hier sollten die Entgeltfortzahlungskosten aufgeschlüsselt wiedergegeben werden.) ......

---

[410] Die Untersuchung durch den Medizinischen Dienst ist geregelt in § 275 SGB V. Bei bestimmten Zweifelsfällen besteht ein Rechtsanspruch des Arbeitgebers auf Überprüfung der Arbeitsunfähigkeit (§ 275 Abs. 1a S. 3 SGB V).
[411] BAG 8.11.1994 – 1 ABR 22/94, AP BetrVG 1972 § 87 Ordnung des Betriebes Nr. 24.

> Wir haben damit insgesamt zwei Probleme, die Ihre hohen Fehlzeiten und die damit verbundenen Entgeltfortzahlungskosten mit sich bringen: Zum einen eine erhebliche wirtschaftliche Belastung des Unternehmens, zum anderen aber auch das Problem der Planbarkeit Ihres Einsatzes.
>
> Um abzuklären, ob und wann wir mit Ihrem Einsatz wieder rechnen können, würden wir Sie bitten, uns Ihre Krankheitsursachen mitzuteilen und/oder die Sie behandelnden Ärzte von der Schweigepflicht zu entbinden. Wir müssen dann gemeinsam sehen, ob ein Einsatz Ihrerseits in unserem Hause und ggf. auf welcher Position in Frage kommt bzw. was wir tun können, damit Ihr Einsatz ohne Fehlzeiten im bisherigen Umfang in Zukunft möglich ist.[412]
>
> Sollten Sie zwischenzeitlich selbst zu dem Ergebnis gekommen sein, dass eine Beschäftigung tatsächlich nicht mehr möglich ist, steht es Ihnen jederzeit frei, sich bei der Personalabteilung, dort bei Herrn/Frau ......, zu melden. Man wird dann gemeinsam klären müssen, ob ggf. eine einvernehmliche Beendigungslösung in Betracht kommt.
>
> Mit freundlichen Grüßen
>
> Arbeitgeber

4. Betriebliches Eingliederungsmanagement

a) Gesetzliche Vorgaben

482 § 84 Abs. 2 SGB IX verlangt vom Arbeitgeber für jeden Arbeitnehmer, der innerhalb eines Jahres **länger als sechs Monate ununterbrochen oder wiederholt arbeitsunfähig** ist, ein betriebliches (Wieder-)Eingliederungsmanagement durchzuführen. Das betriebliche Eingliederungsmanagement stellt eine Konkretisierung des **Grundsatzes der Verhältnismäßigkeit** dar.[413] Für das betriebliche Eingliederungsmanagement können mildere Mittel als eine Kündigung, zB die Umgestaltung des Arbeitsplatzes oder eine Weiterbeschäftigung zu geänderten Arbeitsbedingungen auf einem anderen, ggf. durch Umsetzungen frei zu machenden Arbeitsplatz, erkannt und geregelt werden. Die Darlegungslast im Kündigungsschutzprozess hat das BAG aus § 84 Abs. 2 SGB IX abgeleitet.[414] Der Arbeitgeber darf, wenn er kein betriebliches Eingliederungsmanagement durchgeführt hat, sich durch seine dem Gesetz widersprechende Untätigkeit keine darlegungs- und beweisrechtlichen Vorteile verschaffen. Er kann sich nicht darauf beschränken, pauschal vorzutragen, er kenne keine alternativen Einsatzmöglichkeiten für den erkrankten Arbeitnehmer und es gebe keine „freien Arbeitsplätze", die der erkrankte Arbeitnehmer trotz seiner Erkrankung ausfüllen könne. Es bedarf vielmehr einer umfassenden konkreten Darlegung des Arbeitgebers, dass und warum der Einsatz des Arbeitnehmers auf dem bisherigen innegehabten Arbeitsplatz nicht mehr möglich und warum auch eine leidensgerechte Anpassung und Veränderung ausgeschlossen ist oder der Arbeitnehmer nicht auf einem anderen Arbeitsplatz bei geänderter Tätigkeit eingesetzt werden kann. Ein formalisiertes Verfahren ist nicht erforderlich.

483 § 84 Abs. 2 SGB IX überlässt den Beteiligten **jeden denkbaren Spielraum**. Weder werden bestimmte Mittel vorgeschrieben, noch bestimmte Ergebnisse, die das Eingliederungsmanagement haben muss oder nicht haben darf. Es besteht keine Verpflichtung, eine Verfahrensordnung aufzustellen, wenn dies auch sinnvoll sein mag.[415] Das Gesetz vertraut darauf, dass die Einbeziehung von Arbeitgeber, Arbeitnehmer, Betriebsrat und externen Stellen sowie die abstrakte Beschreibung des Ziels ausrei-

---

[412] Zu den Voraussetzungen einer ggf. möglichen krankheitsbedingten Kündigung für den Fall, dass die Fehlzeiten nicht reduziert werden können, vgl. im Einzelnen Schwarze/Eylert/*Schrader*, KSchG, § 1 Rn. 63 f.
[413] BAG 12.7.2007 – 2 AZR 716/06, AP KSchG 1969 § 1 Personenbedingte Kündigung Nr. 28.
[414] BAG 10.12.2009 – 2 AZR 400/08, AP KSchG 1969 § 1 Krankheit Nr. 48.
[415] So BAG 10.12.2009 – 2 AZR 198/09, NZA 2010, 639.

chen, um die Vorstellungen der Betroffenen sowie den internen und externen Sachverstand in ein faires und sachorientiertes Gespräch einzubringen. Der konkrete Verlauf des Gesprächs und dessen Ergebnis richten sich dann nach den – einer allgemeinen Beschreibung nicht zugänglichen – Erfordernissen des jeweiligen Einzelfalls. Das Gesetz benennt keine Personen oder Stellen, denen die Leitung des betrieblichen Eingliederungsmanagements anvertraut wäre. Es geht um die Etablierung eines unverstellten, verlaufs- und ergebnisoffenen Suchprozesses.[416]

Der Arbeitgeber ist daher gut beraten, ein solches betriebliches Eingliederungsmanagement durchzuführen und **beteiligte Stellen,** wie den Betriebsrat, oder im Falle eines schwerbehinderten Arbeitnehmers den Schwerbehindertenvertreter und das Integrationsamt **mit einzubeziehen.** **484**

b) Muster

aa) Muster: Anschreiben des Arbeitgebers an den Arbeitnehmer
[→ A. Rn. 482 ff., 486]

Sehr geehrte(r) Frau/Herr ......,
in diesem Jahr liegen Ihre Fehlzeiten über dem Entgeltfortzahlungszeitraum von sechs Wochen. Ihre Fehlzeiten betrugen im Einzelnen:
...... *(Hier sollten die Fehlzeiten aufgeschlüsselt werden.)* ......
Die Fehlzeiten haben zu nicht unerheblichen Kosten in unserem Unternehmen geführt. Diese betrugen für den oben aufgeführten Zeitraum insgesamt ...... EUR brutto.
Der Gesetzgeber sieht in § 84 Abs. 2 SGB IX vor, dass die Möglichkeiten erörtert werden sollen, wie Ihre Arbeitsunfähigkeit möglichst überwunden werden und mit welchen Leistungen oder Hilfen einer erneuten Arbeitsunfähigkeit vorgebeugt und der Arbeitsplatz erhalten werden kann.
Aufgrund Ihrer Erkrankungen zählen Sie zu dem Personenkreis, mit dem wir als Arbeitgeber verpflichtet sind, ein so genanntes betriebliches Eingliederungsmanagement durchzuführen. Wenn Sie mit der Durchführung eines solchen betrieblichen Eingliederungsmanagements einverstanden sind, bitten wir Sie, uns dies auf anliegender Durchschrift dieses Schreibens zu bestätigen. Unsere Personalabteilung würde anschließend auf Sie zukommen, um einen Gesprächstermin zu vereinbaren. Gegenstand dieses Gesprächstermins ist, dass wir Sie zunächst über die Ziele des betrieblichen Eingliederungsmanagements informieren wollen. Wir wollen Sie ferner darüber informieren, dass und welche Informationen wir benötigen, damit geprüft werden kann, ob überhaupt und wenn ja, unter welchen Voraussetzungen, eine Weiterbeschäftigung ggf. auf welchem Arbeitsplatz tatsächlich und rechtlich möglich ist.
Wenn Sie mit der Durchführung des betrieblichen Wiedereingliederungsmanagements einverstanden sind, würden wir eine Ablichtung dieses Schreibens sowie des vereinbarten Gesprächstermins an ...... weiterleiten. Ob ein Vertreter des Betriebsrats an dem Gesprächstermin teilnimmt, obliegt Ihnen. Wir wären Ihnen daher für eine Mitteilung verbunden, ob ein Vertreter des Betriebsrats an dem Gespräch teilnehmen soll oder nicht.
Mit freundlichen Grüßen
Arbeitgeber

485
147

---

[416] BAG 10.12.2009 – 2 AZR 198/09, NZA 2010, 639.

bb) Muster: Anschreiben des Arbeitgebers an Arbeitnehmer (ausführliche Form) [→ A. Rn. 482 ff., 485]

486

An Frau/Herr ......
...... (Anschrift)

Gespräch zur Gesundheitsvorsorge

Sehr geehrte(r) Frau/Herr ......,

Ihre Gesundheit und Ihre Arbeitsfähigkeit sind uns wichtig!

In den vergangenen Monaten waren Sie bereits mehrfach arbeitsunfähig erkrankt. So ergibt sich für die vergangenen 12 Monate (...) eine Fehlzeit in Höhe von ...... Arbeitstagen (Krankheit, Rehabilitation und Wiedereingliederung). Das letzte mit Ihnen in diesem Zusammenhang geführte Krankenrückkehrgespräch durch Ihren ......, ..., fand am ...... statt.

Für die letzten Jahre errechnen sich darüber hinaus folgende Fehlzeiten:

Jahre	= Fehltage (Arbeitstage)
......	......

Wir bedauern dies sehr und wünschen Ihnen eine baldige Genesung.

Damit der Arbeitgeber durch ein frühzeitiges Zugehen auf erkrankte Arbeitnehmer die Möglichkeit hat, schnellstmöglich eventuellen gesundheitlichen Gefährdungen am Arbeitsplatz entgegenzuwirken und um eine erfolgreiche Eingliederung zu unterstützen, sieht das SGB IX in § 84 Abs. 2 (beigefügt als **Anlage 1**) ein sog. betriebliches Eingliederungsmanagement vor.

Hierbei geht es darum, betrieblich beeinflussbare Faktoren zur Unterstützung Ihrer Rückkehr an den Arbeitsplatz und Ihrer Gesundung auszumachen und so bestenfalls einen Beitrag zur dauerhaften Stabilisierung Ihrer Gesundheit leisten zu können.

Ziel des betrieblichen Eingliederungsmanagements ist es also, Sie dabei zu unterstützen, Ihre Gesundheit zu stabilisieren oder zu verbessern und individuell auf Sie abgestimmte Maßnahmen zu finden, damit Sie Ihre Arbeit wieder aufnehmen können und Ihnen die Arbeitsausführung erleichtert wird.

Da die Gesundheit und das Wohlbefinden unserer Arbeitnehmer für uns ein wichtiges und ernst zunehmendes Thema darstellt, möchten wir Ihnen unsere Hilfe anbieten. Wenn Sie damit einverstanden sind, würden wir gerne ein Gespräch darüber führen, an dem auch die Personalabteilung, der Betriebsrat und der Betriebsarzt beteiligt werden können. In diesem Gespräch soll gemeinsam erörtert werden, welche betrieblichen Bedingungen in Ihrem Fall im Hinblick auf Ihre Gesundung und Gesunderhaltung verändert und welche geeigneten Maßnahmen vor oder bei Wiederaufnahme Ihrer Arbeit vereinbart werden können, um einer erneuten Arbeitsunfähigkeit vorzubeugen.

Wir laden Sie daher zu einem Beratungsgespräch am ......, um ...... Uhr, im ...... ein. Von Unternehmensseite werden aus dem Fachbereich Frau/Herr ...... sowie von der Personalabteilung Frau/Herr ...... anwesend sein. Sofern Sie es wünschen, werden wir auch einen Vertreter des Betriebsrats zu diesem Gespräch einladen. Bitte senden uns zur Bestätigung des Termins die als **Anlage 2** beigefügte „Rückantwort zur Einladung zum Beratungsgespräch" ausgefüllt in beigefügtem Rückumschlag zurück.

Wir weisen darauf hin, dass Ihre Teilnahme am betrieblichen Eingliederungsmanagement freiwillig ist und von Ihrem Einverständnis abhängt. Falls Sie die Entscheidung über die Annahme oder die Ablehnung der Durchführung eines Betrieblichen Eingliederungsmanagements bereits jetzt treffen möchten, bitten wir Sie, das beiliegende Formular, beigefügt als **Anlage 3,** zu verwenden und ausgefüllt und unterzeichnet an uns zurückzusenden.

Wir setzen Sie außerdem davon in Kenntnis, dass Ihre Entscheidung über die Wahrnehmung dieses Gesprächs in der Personalakte dokumentiert wird.

Mit freundlichen Grüßen

cc) Muster: Antwortschreiben des Arbeitnehmers [→ A. Rn. 482 ff., 488]

487

Sehr geehrte Damen und Herren,

mit der Durchführung eines betrieblichen Eingliederungsmanagements
☐ bin ich nicht einverstanden.
☐ bin ich einverstanden.
(Zutreffendes bitte ankreuzen.)

Bei dem zu vereinbarenden Gespräch möchte ich, dass
Herr/Frau ...... als Vertreter des Betriebsrats
Herr/Frau ...... als Vertreter der Schwerbehindertenvertretung
teilnimmt.

Mit freundlichen Grüßen

Arbeitnehmer

dd) Muster Antwortschreiben des Arbeitnehmers (ausführliche Form) [→ A. Rn. 482 ff., 487]

488

An die
...... GmbH
...... *(Anschrift)*

Rückantwort zur Einladung zum Beratungsgespräch
(Betriebliches Eingliederungsmanagement)

Name, Vorname   ......
Personalnummer   ......   Geburtsdatum   ......
Gesprächstermin   ......

Mit einem Beratungsgespräch im Rahmen des betrieblichen Eingliederungsmanagements bin ich einverstanden.

☐ Der Gesprächstermin ist für mich passend.
☐ An diesem Gespräch soll ein Vertreter des Betriebsrats teilnehmen.
☐ An diesem Gespräch soll ein Vertreter der Schwerbehindertenvertretung teilnehmen.
☐ Den Gesprächstermin kann ich leider nicht einhalten. Als alternativer Termin würde bei mir passen ...... *(Datum/Uhrzeit).*

......, den ......

Arbeitnehmer

ee) Einverständniserklärung/Ablehnungserklärung *[→ A. Rn. 482 ff.]*

489

Name, Vorname ......
Personalnummer ...... Geburtsdatum ......

Ich wurde über die Ziele des betrieblichen Eingliederungsmanagements aufgeklärt.

Des Weiteren bin ich darüber informiert worden, dass die Teilnahme am betrieblichen Eingliederungsmanagement freiwillig ist und von mir jederzeit ohne Angabe von Gründen beendet werden kann.

☐ Ich bin mit der Durchführung des betrieblichen Eingliederungsmanagements einverstanden. Über die Einhaltung des Datenschutzes wird eine gesonderte Vereinbarung geschlossen.

☐ Ich bin mit der Durchführung des betrieblichen Eingliederungsmanagements **nicht** einverstanden. Mir ist bekannt, dass ich mich im Falle einer Kündigung des Arbeitsverhältnisses auf ein nicht durchgeführtes betriebliches Eingliederungsmanagement nach § 84 Abs. 2 SGB IX nicht berufen kann.

......, den ......

Arbeitnehmer

ff) Erklärung zur Entbindung von der Schweigepflicht *[→ A. Rn. 482 ff.]*

490

Name, Vorname ......
Personalnummer ...... Geburtsdatum ......

Ich bin darüber informiert worden, dass Frau/Herr ...... als Beauftragte(r) für das betriebliche Eingliederungsmanagement die Aufgabe hat, mir dabei zu helfen, meine Arbeitsfähigkeit wiederherzustellen, erneuter Arbeitsunfähigkeit vorzubeugen sowie meinen Arbeitsplatz zu erhalten.

Um die dazu erforderlichen Maßnahmen ergreifen zu können, benötigt sie/er Informationen über meine Person, meinen Gesundheitszustand, meinen Arbeitsplatz sowie den bisherigen Verlauf meines Arbeitsverhältnisses *(nachfolgend personenbezogene Daten)*. Ich habe zugestimmt, dass eine elektronische Speicherung und Verarbeitung derartiger personenbezogener Daten ausschließlich zum Zweck der Dokumentation und zur Erbringung von gesundheitsbezogenen Maßnahmen und Hilfen vorgenommen wird.

Diese Erklärung erfolgte freiwillig und kann jederzeit von mir widerrufen werden. Mir wurde versichert, dass meine personenbezogenen Daten ohne mein ausdrückliches Einverständnis weder an meinen Arbeitgeber noch an Dritte weitergeleitet werden.

Daher entbinde ich
☐ die mich behandelnden Ärzte/Ärztinnen ......
☐ die mich betreuende(n) Person(en) ......
☐ meine Krankenkasse ......
☐ den Unfallversicherungsträger ......
☐ den Rentenversicherungsträger ......
☐ die Agentur für Arbeit ......
☐ sonstige Sozialversicherungsträger, nämlich ......
☐ andere, nämlich ......
von der Schweigepflicht gegenüber Herrn/Frau ......

......, den ......

Arbeitnehmer

gg) Datenschutzerklärung [→ A. Rn. 482 ff.]

> Name, Vorname   ......
> Personalnummer   ......   Geburtsdatum   ......
> Anschrift   ......
> Führungskraft   ......
> das Unternehmen ......
> und Frau/Herr   ......
>
> schließen folgende Vereinbarung über den Schutz persönlicher Daten im Rahmen des betrieblichen Eingliederungsmanagements:
>
> Frau/Herr ...... ist damit einverstanden, dass zum Zweck ihrer/seiner Eingliederung die Angaben, die im Rahmen des betrieblichen Eingliederungsmanagements erhoben werden, den am Prozess Beteiligten bekannt gemacht werden. Ärztliche Angaben zu Krankheitsdiagnosen werden nicht zur Personalakte genommen.
>
> Sie/Er ist darüber informiert, dass die am Prozess Beteiligten zur Wahrung des Datengeheimnisses verpflichtet sind.
>
> Im Rahmen des betrieblichen Eingliederungsmanagements werden ua folgende Informationen erhoben und genutzt:
> – Personal- und Sozialdaten
> – Fehlzeitenübersicht
> – Aufstellung über die beim Arbeitgeber angefallenen Entgeltfortzahlungskosten
> – Gesundheitsdaten, Krankheitsdiagnosen, ärztliche Atteste und Gesundheitszeugnisse
> – Abschrift der Personalakte
> – Dokumentationen über Verläufe und Ergebnisse von Arbeitsversuchen
> – Dokumentationen über Verläufe und Ergebnisse von Maßnahmen zur stufenweisen Wiedereingliederung
> – Dokumentation über innerbetriebliche Umbesetzung
> – Anpassung des Arbeitsplatzes
>
> Daten, die im Rahmen des betrieblichen Eingliederungsmanagements erhoben wurden, dürfen nur nach vorheriger Zustimmung des Arbeitnehmers an Dritte (zB Rehabilitationsträger) weitergegeben werden.
>
> Frau/Herr ...... wurde über die Erfassung, Veränderung und Nutzung der erhobenen Daten umfassend informiert. Auch ist darauf hingewiesen worden, dass die Angaben freiwillig sind und sie/er alle ihre/seine Person betreffenden Dokumente einsehen kann.
>
> Frau/Herr ...... ist mit der Durchführung eines betrieblichen Eingliederungsmanagements einverstanden.
>
> ......, den ......
> Arbeitnehmer

491

hh) Betriebsvereinbarung zum betrieblichen Eingliederungsmanagement (BEM) [→ A. Rn. 482 ff.]

> Zwischen
> der ...... GmbH, ... *(Anschrift)*
>   – nachfolgend Arbeitgeber genannt –
> und
> dem Betriebsrat der ...... GmbH, ... *(Anschrift)*
>   – nachfolgend Betriebsrat genannt –

492

Präambel

Die Gesundheit der Arbeitnehmerinnen und Arbeitnehmer (nachfolgend: Arbeitnehmer) zu erhalten und zu fördern, ist ein vorrangiges personalpolitisches Ziel des Arbeitgebers. Auf der Basis dieser Zielsetzung und auf der Grundlage des § 84 Abs. 2 SGB IX wird das BEM bei der ...... zu nachfolgenden Zwecken ein- und durchgeführt:
- die Arbeitsfähigkeit der Arbeitnehmer zu erhalten, zu verbessern und wiederherzustellen;
- die Arbeitszufriedenheit und -motivation zu steigern sowie
- die betrieblich beeinflussbaren Fehlzeiten und Entgeltfortzahlungskosten zu reduzieren.

Es geht vorrangig darum, den Arbeitsplatz derjenigen Arbeitnehmer, die von Krankheit oder Behinderung betroffen sind, zu erhalten. Hierdurch soll eine möglichst dauerhafte Teilhabe der Arbeitnehmer am Arbeitsleben gewährleistet werden.

In diesem Zusammenhang erklären die Betriebsparteien klarstellend, dass erkrankte Arbeitnehmer nicht wegen ihrer Krankheit – schwerbehinderte und behinderte Arbeitnehmer nicht wegen ihrer Behinderung – benachteiligt werden.

1. Geltungs- und Schutzbereich

a) Die Betriebsvereinbarung gilt für alle Arbeitnehmer des Betriebs des Arbeitgebers am Standort ...... Ausgenommen hiervon sind leitende Angestellte im Sinne des § 5 Abs. 3 und Abs. 4 BetrVG.

b) Die Betriebsvereinbarung dient dem Schutz und erfasst alle Arbeitnehmer, die innerhalb eines Zeitraumes von 12 Monaten länger als sechs Wochen ununterbrochen oder wiederholt arbeitsunfähig erkrankt sind (vgl. § 84 Abs. 2 S. 1 SGB IX).

Auf andere Arbeitnehmer kann die Betriebsvereinbarung im Einzelfall mit deren vorheriger Zustimmung Anwendung finden, soweit damit der Entstehung einer Behinderung und/oder einer chronischen Gesundheitsstörung vorgebeugt werden kann.

2. Ziele des betrieblichen Eingliederungsmanagements

Das BEM dient der Beschäftigungssicherung und -förderung. Durch das BEM soll geklärt werden,
- welche Maßnahmen für den Erhalt und die Wiederherstellung der Gesundheit ergriffen werden können;
- wie die Arbeitsunfähigkeit möglichst überwunden und damit Fehlzeiten reduziert werden können;
- mit welchen Leistungen und Hilfen einer erneuten Arbeitsunfähigkeit vorgebeugt und
- wie der Arbeitsplatz erhalten werden kann.

3. Freiwilligkeit

Die Durchführung des BEMs ist für jeden Arbeitnehmer freiwillig, sie bedarf seiner Zustimmung (vgl. **Anlage 2, 3**).

4. Verfahren

Das BEM beinhaltet regelmäßig die nachfolgend beschriebenen Verfahrensschritte:

a) Datenerhebung, -verarbeitung, -nutzung

aa) Die Personalabteilung des Arbeitgebers führt eine fortlaufende Krankenstatistik, in der die Arbeitsunfähigkeitszeiten aller Arbeitnehmer des Betriebs für die jeweils zurückliegenden 12 Monate erfasst werden.

bb) Zur Identifizierung der betroffenen Arbeitnehmer gem. Ziffer 1 b) findet einmal im Kalendermonat eine elektronische Auswertung der krankheitsbedingten Abwesenheitszeiten durch die Personalabteilung des Arbeitgebers statt. Dadurch werden diejenigen Arbeitnehmer ermittelt, die innerhalb der letzten 12 Monate insgesamt länger als sechs Wochen (ununterbrochen oder wiederholt) arbeitsunfähig erkrankt waren beziehungsweise sind; dem Betriebsrat werden die Namen dieser Arbeitnehmer/innen im Anschluss an die Auswertung monatlich mitgeteilt.[417]

Die Auswertung sollte folgende Arbeitnehmerdaten enthalten:
– Personalnummer;
– Organisationseinheit;
– Nachname;
– Vorname;
– Geburtsdatum;
– Krankheitsbedingte Ausfallzeiten der letzten 12 Monate;
– Schwerbehinderung/Gleichstellung, soweit bekannt.

b) Erstkontakt zu den Arbeitnehmern

aa) Ergibt die elektronische Auswertung gem. vorstehender Ziffer 4 a) bb), dass ein Arbeitnehmer unter den Schutzbereich dieser Betriebsvereinbarung fällt, so tritt die Personalabteilung des Arbeitgebers mit ihm in Erstkontakt. Der Erstkontakt erfolgt schriftlich anhand des dieser Betriebsvereinbarung als **Anlage 1** beigefügten Musteranschreibens. Dadurch erhält der betroffene Arbeitnehmer erste Informationen über das BEM sowie über seine Arbeitsunfähigkeitszeiten, auch wird ihm eine Abschrift dieser Betriebsvereinbarung übergeben. Die Personalabteilung prüft, ob der betroffene Arbeitnehmer grundsätzlich bereit ist, am BEM teilzunehmen.

bb) Signalisiert der betroffene Arbeitnehmer der Personalabteilung anhand des als **Anlage 2** beigefügten Musteranschreibens seine grundsätzliche Bereitschaft am BEM und an einem ersten Beratungsgespräch teilzunehmen, so benachrichtigt die Personalabteilung die sogenannte BEM-Kommission (vgl. Ziffer 4 c)), welche ein erstes Beratungsgespräch (vgl. Ziffer 4 d)) mit dem betroffenen Arbeitnehmer durchführt.

c) BEM-Kommission

aa) Zur Durchführung des BEMs wird eine Kommission gebildet. Diese setzt sich, soweit der betroffene Arbeitnehmer anhand der **Anlage 2** der Beteiligung von Betriebsrat und/oder Schwerbehindertenvertretung zugestimmt hat, wie folgt zusammen:
– einem Vertreter der Geschäftsführung, der von der Geschäftsführung ernannt wird;
– einem Vertreter der Personalabteilung, der von der Personalabteilung ernannt wird;
– einem Betriebsratsmitglied, das vom Betriebsrat ernannt wird;
– bei schwerbehinderten Arbeitnehmern einem Mitglied der Schwerbehindertenvertretung, das von der Schwerbehindertenvertretung ernannt wird.

Stimmt der betroffene Arbeitnehmer einer Beteiligung von Betriebsrat und/oder Schwerbehindertenvertretung nicht zu, reduziert sich die Mitgliederzahl der BEM-

---
[417] Vgl. BAG 7.2.2012 – 1 ABR 46/10, NZA 2012, 744.

Kommission auf die übrigen vorstehend benannten Vertreter. Eine ordnungsgemäße Beteiligung von Betriebsrat und/oder Schwerbehindertenvertretung gem. § 84 Abs. 2 SGB IX hat in diesem Fall trotzdem stattgefunden.

bb) Der Arbeitgeber bestimmt den Vertreter der Personalabteilung zum Vorsitzenden der BEM-Kommission. Er fungiert als Ansprechpartner für die Arbeitnehmer, den Arbeitgeber sowie alle am BEM beteiligten Stellen und Gremien.

cc) Die Geschäftsführung, die Personalabteilung, der Betriebsrat und die Schwerbehindertenvertretung ernennen jeweils ein Ersatzmitglied für die BEM-Kommission. Ist eines von der Geschäftsführung, von der Personalabteilung, vom Betriebsrat oder von der Schwerbehindertenvertretung ernannte Mitglied der BEM-Kommission abwesend, so tritt das Ersatzmitglied an dessen Stelle.

dd) Für Entscheidungen der BEM-Kommission gilt grundsätzlich das Mehrheitsprinzip. Bei Stimmengleichheit gibt die Stimme des Vorsitzenden der BEM-Kommission den Ausschlag.

ee) Die BEM-Kommission ist mit der Durchführung des ersten Beratungsgespräches (vgl. Ziffer 4 d)) und der Durchführung des Maßnahmegespräches (vgl. Ziffer 4 e)) betraut. Die BEM-Kommission hat insbesondere die Funktion in Zusammenarbeit mit dem betroffenen Arbeitnehmer allgemeine oder konkrete Maßnahmen zur Überwindung und Vermeidung der bisherigen Arbeitsunfähigkeitszeiten zu erörtern und festzulegen. Soweit erforderlich wird nach Abstimmung mit dem betroffenen Arbeitnehmer der Werks- oder Betriebsrat zur Durchführung des BEMs hinzugezogen.

ff) Für den Fall, dass Leistungen zur Teilhabe oder begleitende Hilfen im Arbeitsleben in Betracht kommen, wird die BEM-Kommission die örtlich gemeinsamen Servicestellen oder bei schwerbehinderten Arbeitnehmern das Integrationsamt zur Durchführung des BEMs einbeziehen. Die örtlich gemeinsamen Servicestellen sowie das Integrationsamt sollen darauf hinwirken, dass die erforderlichen Leistungen oder Hilfen unverzüglich beantragt und innerhalb der Frist des § 14 Abs. 2 S. 2 SGB IX erbracht werden (vgl. § 84 Abs. 2 S. 4 und 5 SGB IX).

gg) Die BEM-Kommission überwacht die Einleitung und Durchführung der beschlossenen Maßnahmen des BEMs.

d) Erstes Beratungsgespräch

aa) Das erste Beratungsgespräch findet zwischen der BEM-Kommission und dem betroffenen Arbeitnehmer statt.

bb) Im Beratungsgespräch geht es um die Klärung und Abstimmung der weiteren Vorgehensweise und die Feststellung des Bedarfes. Entscheidend ist, ob überhaupt etwaige Zusammenhänge zwischen den gesundheitlichen Beeinträchtigungen und dem konkreten Arbeitsplatz/der konkreten Arbeitsstelle bestehen/bestehen könnten und herauszufinden, ob die Durchführung eines BEMs für den betroffenen Arbeitnehmer Sinn macht.

cc) Kommt die BEM-Kommission nach Durchführung des ersten Beratungsgespräches zu dem Ergebnis,
– dass kein Zusammenhang zwischen den gesundheitlichen Beeinträchtigungen und dem konkreten Arbeitsplatz/der konkreten Arbeitsstelle besteht;
– dass offensichtlich kein Bedarf für weitere Maßnahmen vorliegt beziehungsweise sie stellt fest, dass derartige Maßnahmen bereits eingeleitet sind;
so ist das BEM-Verfahren erledigt.

dd) Kommt die BEM-Kommission nach Durchführung des ersten Beratungsgespräches zu dem Ergebnis, dass die Durchführung eines BEM Sinn macht, so wird die weitere Vorgehensweise mit dem betroffenen Arbeitnehmer im einzelnen abgestimmt, es findet ein Maßnahmengespräch (vgl. Ziffer 4 e)) statt. Für die Durchführung des Maßnahmegespräches und für jedes weitere Vorgehen im Rahmen des BEMs ist die vorherige schriftliche Zustimmung des Arbeitnehmers anhand des als **Anlage 3** beigefügten Formulars, eine Datenschutzerklärung des betroffenen Arbeitnehmers entsprechend der **Anlage 4** sowie eine Erklärung zur Entbindung von der Schweigepflicht gem. dem als **Anlage 5** beigefügten Formular erforderlich und einzuholen.

ee) Der betroffene Arbeitnehmer erhält darüber hinaus innerhalb einer Kalenderwoche nach Durchführung des ersten Beratungsgespräches von der BEM-Kommission ein Protokoll, dessen Empfang er bestätigt. Innerhalb einer weiteren Kalenderwoche hat der betroffene Arbeitnehmer das Recht, eine Gegendarstellung zu dem Protokoll zu verfassen, ansonsten gelten die darin benannten Inhalte als zwischen der BEM-Kommission und dem betroffenen Arbeitnehmer abgestimmt.

e) Maßnahmegespräch

aa) Das Maßnahmegespräch findet zwischen der BEM-Kommission und dem betroffenen Arbeitnehmer statt.

bb) In dem Maßnahmegespräch geht es darum,
- festzustellen, welche Anforderungen der konkrete Arbeitsplatz/die konkrete Arbeitsstelle und die dort verrichtete Tätigkeit im einzelnen an den betroffenen Arbeitnehmer stellt (gegebenenfalls anhand einer bereits durchgeführten Gefährdungsanalyse) und welche gesundheitlichen Risiken sich aus dem Arbeitsplatz/der Arbeitsstelle und der Tätigkeit für den Arbeitnehmer ergeben;
- detaillierte Informationen über die Stärken und Schwächen des Arbeitnehmers, seine Kenntnisse und Fähigkeiten sowie über eventuelle gesundheitliche Einschränkungen zu erhalten;
- die Möglichkeiten des Betriebs, zum Beispiel für eine individuelle Arbeitsplatzgestaltung, eine Veränderung der Arbeitsorganisation, für eine stufenweise Wiedereingliederung, eine medizinische und berufliche Rehabilitation zu ermitteln;
- einen Plan für die Reintegration des betroffenen Arbeitnehmers auszuarbeiten.

cc) Der betroffene Arbeitnehmer erhält innerhalb einer Kalenderwoche nach Durchführung des Maßnahmegespräches von der BEM-Kommission ein Protokoll, dessen Empfang er bestätigt. Innerhalb einer weiteren Kalenderwoche hat der betroffene Arbeitnehmer das Recht, eine Gegendarstellung zu dem Protokoll zu verfassen, ansonsten gelten die darin benannten Inhalte, insbesondere der Plan zur Reintegration als zwischen der BEM-Kommission und dem betroffenen Arbeitnehmer abgestimmt.

dd) Die BEM-Kommission informiert die Geschäftsführung des Arbeitgebers über die konkreten Maßnahmen und legt den Plan zur Reintegration vor. Die darin genannten Maßnahmen werden nur dann durchgeführt, wenn die Geschäftsführung zustimmt.

f) Fortgang/Ende des BEMs

aa) Der Plan zur Reintegration ist die Grundlage für die Durchführung von konkreten Maßnahmen gegenüber dem betroffenen Arbeitnehmer. Die Maßnahmen sind einzelfallabhängig, sollten daneben weitere Maßnahmen erforderlich werden, bedarf es eines weiteren Gespräches und einer weiteren schriftlichen Vereinbarung zwischen der BEM-Kommission und dem betroffenen Arbeitnehmer sowie einer Zustimmung der Geschäftsführung des Arbeitgebers zur Durchführung der Maßnahmen.

bb) Das BEM endet mit der Wiedereingliederung des betroffenen Arbeitnehmers in die Arbeitsorganisation des Arbeitgebers. Dies setzt voraus, dass ab Beginn der Umsetzung des Reintegrationsplanes und der darin festgelegten Maßnahmen keine neu auftretenden Arbeitsunfähigkeitszeiten über sechs Wochen (ununterbrochen oder wiederholt) auftreten.
Treten derartige Arbeitsunfähigkeitszeiten auf, ist das BEM gescheitert. Der Arbeitgeber ist dann berechtigt, gegenüber dem betroffenen Arbeitnehmer eine Kündigung auszusprechen und das Arbeitsverhältnis zu beenden.

5. Fortbildungen und Schulungen

Für die Aufgaben, die sich aus der Durchführung und der Umsetzung des BEMs ergeben, eignen sich die Mit- und Ersatzmitglieder der BEM-Kommission die erforderlichen fachlichen, sozialen und organisatorischen Fachkenntnisse an. Der Arbeitgeber ermöglicht die Teilnahme an den hierfür notwendigen Fortbildungen und Schulungen, er trägt die hierfür erforderlichen Kosten.

6. Datenschutz und Schweigepflicht

a) Medizinisch-diagnostische Gesundheitsdaten des Arbeitnehmers unterliegen der (ärztlichen) Schweigepflicht, sie können daher nur mit ausdrücklicher schriftlicher Zustimmung des betroffenen Arbeitnehmers erhoben und zur Erreichung der Ziele des BEMs verwendet werden (vgl. **Anlage 5**).

b) Die Erhebung, Verarbeitung und Nutzung der im Rahmen des BEMs ermittelten personenbezogenen Daten zu einer Verhaltens- und Leistungskontrolle ist unzulässig.

c) Die Mit- und Ersatzmitglieder der BEM-Kommission sowie alle Arbeitnehmer der Personalabteilung, die mit den Aufgaben des BEMs in Berührung kommen, unterliegen der Schweigepflicht, sie haben dies anhand der als **Anlage 6** beigefügten Erklärung zu dokumentieren.

7. Inkrafttreten, Kündigung und Änderung

a) Die Betriebsvereinbarung tritt am ...... in Kraft.

b) Die Betriebsvereinbarung oder einzelne ihrer Regelungen können mit einer Frist von drei Monaten zum Ende eines Kalendermonats gekündigt werden. Die Kündigung bedarf der Schriftform, sie wird den Arbeitnehmern durch Aushang am schwarzen Brett oder im Intranet bekannt gemacht.

c) Bei Änderungen der dieser Betriebsvereinbarung zugrunde liegenden tatsächlichen oder rechtlichen Bedingungen, werden die Betriebspartner unverzüglich in Verhandlungen treten mit dem Ziel, die Betriebsvereinbarung an die geänderte Sach- und Rechtlage anzupassen.

......, den ...., den ......
Arbeitgeber   Betriebsrat

Die für den Arbeitgeber zuständige Schwerbehindertenvertretung tritt den vorstehenden Regelungen bei, soweit behinderte und/oder schwerbehinderte Menschen betroffen sind.

......, den ......
Schwerbehindertenvertretung

Anlage 1

An
Frau/Herr ......
...... *(Anschrift)*

Sehr geehrte/r Frau/Herr ......,

in den vergangenen Kalendermonaten waren Sie wiederholt durchgängig arbeitsunfähig erkrankt. So ergeben sich für die vergangenen 12 Monate Fehlzeiten in Höhe von ...... Arbeitstagen (Krankheit, Rehabilitation und Wiedereingliederung). Ihre Fehlzeiten (ununterbrochen oder wiederholt) liegen damit über dem Entgeltfortzahlungszeitraum von sechs Wochen im Kalenderjahr.

Für die letzten Jahre errechnen sich darüber hinaus folgende Fehlzeiten:

Jahre	= Fehltage (Arbeitstage)
......	......

Es sollte daher das Ziel sein, dem Arbeitgeber durch ein frühzeitiges Zugehen auf erkrankte Arbeitnehmer/innen die Möglichkeit zu geben, schnellstmöglich eventuellen gesundheitlichen Gefährdungen am Arbeitsplatz entgegenzuwirken und seine/ihre erfolgreiche Eingliederung zu unterstützen. Hierfür sieht das SGB IX in § 84 Abs. 2 (beigefügt als **Anlage 1**) ein sogenanntes betriebliches Eingliederungsmanagement (nachfolgend: BEM) vor.

Beim BEM geht es darum, betrieblich beeinflussbare Faktoren zur Unterstützung Ihrer Rückkehr an den Arbeitsplatz und Ihrer (Wieder-)Genesung auszumachen und so einen Beitrag zur dauerhaften Stabilisierung Ihrer Gesundheit leisten zu können.

Sinn und Zweck des BEMs ist es demnach, Sie dabei zu unterstützen, Ihre Gesundheit zu stabilisieren und/oder zu verbessern und individuell auf Sie abgestimmte Maßnahmen zu finden, damit Sie Ihre Arbeit wieder aufnehmen können und Ihnen die Arbeitsausführung erleichtert wird.

Da die Gesundheit und das Wohlbefinden unserer Arbeitnehmer für uns ein wichtiges und ernst zu nehmendes Thema darstellt, möchten wir Ihnen unsere Hilfe anbieten.

Ihr Einverständnis vorausgesetzt, würde die BEM-Kommission gerne mit Ihnen ein erstes Beratungsgespräch führen, an dem auch der Betriebsrat und/oder die Schwerbehindertenvertretung beteiligt werden kann. Die Einzelheiten hierzu ergeben sich aus der als **Anlage 2** beigefügten Betriebsvereinbarung über die Ein- und Durchführung eines betrieblichen Eingliederungsmanagements.

In dem ersten Beratungsgespräch würde gemeinsam erörtert werden, ob etwaige Zusammenhänge zwischen Ihren gesundheitlichen Beeinträchtigungen und dem konkreten Arbeitsplatz/der konkreten Arbeitsstelle bestehen. Es geht darum herauszufinden, ob die Durchführung des BEMs für Sie Sinn macht.

Wir laden Sie daher zu einem ersten Beratungsgespräch am ...... um ...... Uhr im ...... ein. Von Arbeitgeberseite werden seitens der Geschäftsführung Frau/Herr ...... sowie von der Personalabteilung Frau/Herr ...... anwesend sein. Sofern Sie es wünschen, werden wir auch einen Vertreter des Betriebsrats zu diesem Gespräch sowie einen Vertreter der Schwerbehindertenvertretung laden. Bitte senden Sie uns zur Bestätigung des ersten Beratungsgespräches die als **Anlage 3** beigefügte „Rückantwort zur Einladung zum ersten Beratungsgespräch" ausgefüllt im beigefügten Rückumschlag zurück.

Wir weisen abschließend darauf hin, dass Ihre Teilnahme an dem BEM und auch das erste Beratungsgespräch freiwillig sind und von Ihrem Einverständnis und damit von Ihrer vorherigen Zustimmung abhängen.

Mit freundlichen Grüßen

Personalabteilung

Anlage 2

An
Arbeitgeber/Personalabteilung ......
...... *(Anschrift)*

Rückantwort zur Einladung zum ersten Beratungsgespräch (BEM)

Name, Vorname ......
Personalnummer: ......   Geburtsdatum ......
Gesprächstermin: ......

Der Durchführung eines ersten Beratungsgespräches im Rahmen des betrieblichen Eingliederungsmanagements (BEM) durch die BEM-Kommission stimme ich zu.

☐ Der Gesprächstermin am ...... um ...... Uhr ist für mich passend.
☐ An diesem Gespräch soll ein Vertreter des Betriebsrats teilnehmen.
☐ An diesem Gespräch soll ein Vertreter der Schwerbehindertenvertretung teilnehmen.
☐ Den Gesprächstermin kann ich leider nicht einhalten. Als alternativer Termin würde mir passen ...... *(Datum/Uhrzeit)*.

Auch willige ich darin ein, dass der BEM-Kommission zur Durchführung des ersten Beratungsgespräches meine Personal- und Sozialdaten, die elektronische Auswertung meiner krankheitsbedingten Abwesenheitszeiten (Fehlzeitenübersicht) sowie eine Abschrift meiner Personalakte durch die Personalabteilung zur Verfügung gestellt wird.

......, den ......

Arbeitnehmer/in

Anlage 3

Persönlich/vertraulich
– BEM-Kommission –
...... *(Anschrift)*

Einverständniserklärung/Ablehnungserklärung

Name, Vorname ......
Personalnummer: ......   Geburtsdatum ......

Ich wurde über die Ziele des betrieblichen Eingliederungsmanagements (BEMs) aufgeklärt. Eine Abschrift der Betriebsvereinbarung über die Ein- und Durchführung eines betrieblichen Eingliederungsmanagements wurde mir übergeben, die Inhalte sind mir bekannt.

Des Weiteren bin ich darüber informiert worden, dass die Teilnahme am BEM freiwillig ist und von mir jederzeit ohne Angabe von Gründen beendet werden kann.

☐ Ich bin mit der Durchführung des BEMs einverstanden. Über die Einhaltung des Datenschutzes wird eine gesonderte Vereinbarung geschlossen.

☐ Ich bin mit der Durchführung des BEMs **nicht** einverstanden. Mir ist bekannt, dass ich mich im Falle einer Kündigung des Arbeitsverhältnisses auf ein nicht durchgeführtes BEM nach § 84 Abs. 2 SGB IX nicht berufen kann.

......, den ......

Arbeitnehmer/in

Anlage 4

Persönlich/vertraulich
– **BEM-Kommission** –
...... *(Anschrift)*

Datenschutzerklärung

Name, Vorname   ......
Personalnummer: ......   Geburtsdatum   ......

Ich, Frau/Herr ...... bin damit einverstanden, dass die zum Zweck der Durchführung des betrieblichen Eingliederungsmanagements (BEMs) erhobenen und zu erhebenden Daten, Angaben und Informationen der BEM-Kommission bekannt gemacht werden. Es handelt sich dabei insbesondere um folgende Daten, Angaben und Informationen:
– Personal- und Sozialdaten;
– elektronische Auswertung der krankheitsbedingten Abwesenheitszeiten (Fehlzeitenübersicht);
– Aufstellung über die bei dem Arbeitgeber angefallenen Entgeltfortzahlungskosten;
– Gesundheitsdaten, Krankheitsdiagnosen, ärztliche Atteste und Gesundheitszeugnisse;
– Abschrift der Personalakte;
– Dokumentationen über Verläufe und Ergebnisse von Arbeitsversuchen;
– Dokumentationen über Verläufe und Ergebnisse von Maßnahmen zur stufenweisen Wiedereingliederung;
– Dokumentationen über innerbetriebliche Umsetzungen;
– Dokumentationen über eine Anpassung des Arbeitsplatzes.

Diese Daten dürfen nur nach meiner vorherigen Zustimmung an Dritte (zum Beispiel Rehabilitationsträger etc.) weitergegeben werden. Gleiches gilt für ärztliche Angaben zu Krankheitsdiagnosen, letztere werden auch nicht zur Personalakte genommen.

Ich wurde über die Erhebung, Verarbeitung und Nutzung der erhobenen und zu erhebenden Daten, Angaben und Informationen zur Durchführung des BEMs umfassend in Kenntnis gesetzt. Auch wurde ich darauf hingewiesen, dass jegliche meiner Angaben freiwillig sind und ich alle meine Person betreffenden und der BEM-Kommission vorliegende Dokumente einsehen kann.

Zudem wurde ich darüber informiert, dass die Mitglieder der BEM-Kommission sowie alle Arbeitnehmer der Personalabteilung, die mit Aufgaben des BEMs in Berührung kommen, der Schweigepflicht unterliegen und zur Geheimhaltung verpflichtet wurden.

Ich bin mit der Durchführung des betrieblichen Eingliederungsmanagements (BEMs) einverstanden.

......, den ......

Arbeitnehmer/in

Anlage 5

Persönlich/vertraulich
– BEM-Kommission –
...... *(Anschrift)*

Erklärung zur Entbindung von der Schweigepflicht

Name, Vorname ......
Personalnummer: ...... Geburtsdatum ......

Ich bin darüber informiert worden, dass die BEM-Kommission die Aufgabe hat, mir dabei zu helfen, meine Arbeitsfähigkeit wiederherzustellen, einer erneuten Arbeitsunfähigkeit vorzubeugen sowie meinen Arbeitsplatz zu erhalten.

Um die dazu erforderlichen Maßnahmen ergreifen zu können, benötigt die BEM-Kommission Daten, Angaben und Informationen über meine Person, meinen Gesundheitszustand, meinen Arbeitsplatz sowie den bisherigen Verlauf meines Arbeitsverhältnisses (nachfolgend: personenbezogene Daten).

Im Rahmen der Datenschutzerklärung habe ich zugestimmt, dass eine Erhebung, Verarbeitung und Nutzung derartiger personenbezogener Daten zur Durchführung des betrieblichen Eingliederungsmanagements (BEMs) zur Erbringung von gesundheitsbezogenen Maßnahmen und Hilfen erfolgen kann.

Diese Erklärung erfolgt freiwillig und kann jederzeit von mir widerrufen werden. Mir wurde zugesichert, dass meine personenbezogenen Daten – insbesondere meine Gesundheitsdaten – ohne mein ausdrückliches Einverständnis nicht an Dritte außerhalb der BEM-Kommission weitergeleitet werden.

Daher entbinde ich
☐ die mich behandelnden Ärzte/Ärztinnen ......
☐ die mich betreuende(n) Person(en) ......
☐ meine Krankenkasse ......
☐ den Unfallversicherungsträger ......
☐ den Rentenversicherungsträger ......
☐ die Agentur für Arbeit ......
☐ sonstige Sozialversicherungsträger, nämlich ......
☐ andere, nämlich ......
von der Schweigepflicht gegenüber der BEM-Kommission, in persona Herrn/Frau ......, Herrn/Frau ......

......, den ......
Arbeitnehmer/in

Anlage 6

**Erklärung zur Schweigepflicht/
Betriebliches Eingliederungsmanagement**

Hiermit verpflichte ich,
Name, Vorname ......
Personalnummer: ...... Geburtsdatum ......,
mich, alle personenbezogenen Daten, die mir im Rahmen meiner Tätigkeit als Mitglied/Ersatzmitglied der BEM-Kommission zugänglich gemacht werden, geheim zu halten.

Die Weitergabe von personenbezogenen Daten, insbesondere von Gesundheitsdaten an Dritte ist mir im Rahmen der Tätigkeit als Mitglied der BEM-Kommission untersagt. Die Weitergabe an Dritte erfolgt nur mit vorheriger schriftlicher Zustimmung des/der betroffenen Arbeitnehmers/in.

......, den ......

Arbeitnehmer/in

Anlage 6 *(Alternative)*

**Erklärung zur Schweigepflicht/
Betriebliches Eingliederungsmanagement**

Hiermit verpflichte ich,
Name, Vorname
Personalnummer: ...... Geburtsdatum ......,
mich, alle personenbezogenen Daten, mit denen ich als Arbeitnehmer/in der Personalabteilung im Rahmen des betrieblichen Eingliederungsmanagements (BEMs) in Berührung komme, geheim zu halten.

Die Weitergabe von personenbezogenen Daten, insbesondere von Gesundheitsdaten, die das BEM betreffen, an Dritte außerhalb der BEM-Kommission ist mir untersagt, eine derartige Weitergabe an Dritte erfolgt nur mit vorheriger schriftlicher Zustimmung des/der betroffenen Arbeitnehmers/in.

......, den ......

Arbeitnehmer/in

VIII. Schwangerschaft/Elternzeit

1. Gesetzliche Vorgaben

Arbeitnehmerinnen haben vor und nach der Entbindung einen Anspruch auf Arbeitsbefreiung. Sie haben Anspruch auf Elternzeit und Anspruch auf eine Teilzeitbeschäftigung im Rahmen der Elternzeit. Der Arbeitgeber kann die Arbeitnehmerinnen hierüber informieren. Dem dienen die nachfolgenden Muster. **493**

2. Muster

a) Muster: Informationsschreiben des Arbeitsgebers an schwangere Arbeitnehmerin *[→ A. Rn. 493, 495]*

An
Frau ......
...... *(Anschrift)*

Sehr geehrte Frau ......,

vielen Dank für Ihre Mitteilung vom ...... Wir wünschen Ihnen und Ihrem werdenden Kind für die noch vor Ihnen liegende Zeit der Schwangerschaft alles Gute. Wir freuen uns, wenn Sie uns von der Niederkunft möglichst bald unterrichten.

Sie haben Anspruch auf Arbeitsbefreiung für die Dauer von sechs Wochen vor dem von Ihrem Arzt errechneten Geburtstermin. Nach der Geburt besteht eine weitere Schutzfrist von acht Wochen, die sich bei Früh- und Mehrlingsgeburten auf 12 Wochen erhöht. Während dieser Zeit erhalten sie weiterhin Ihre Bezüge, können sich jedoch voll um Ihr Kind kümmern.

494
↔ **155**

> Bis zur Vollendung des dritten Lebensjahres Ihres Kindes können Sie und/oder der Vater des Kindes Elternzeit in Anspruch nehmen. Bitte teilen Sie uns spätestens sieben Wochen vor der beabsichtigten Inanspruchnahme der Elternzeit schriftlich mit, für welche Zeiten innerhalb von zwei Jahren Elternzeit genommen werden soll.
>
> Während der Elternzeit können Sie bis zu 30 Wochenstunden entgeltlich arbeiten. Bitte teilen Sie mit, ob Sie an einer entsprechenden Tätigkeit in unserem Hause interessiert sind.
>
> Sofern Sie während der Elternzeit keine Teilzeitbeschäftigung bei uns wünschen, würden wir eine Vertretung einstellen. Wir wären Ihnen daher verbunden, wenn Sie uns innerhalb von drei Wochen nach der Niederkunft wissen lassen könnten, ob Sie nach der Inanspruchnahme der Elternzeit das Arbeitsverhältnis fortsetzen möchten. Wir würden dies bei der Einstellung der Ersatzkraft dann selbstverständlich berücksichtigen.
>
> Mit freundlichen Grüßen
>
> Arbeitgeber

b) Muster: Informationsschreiben des Arbeitgebers nach Entbindung
[→ A. Rn. 493 f.]

495

> An
>
> Frau ......
>
> ...... (Anschrift)
>
> Sehr geehrte Frau ......,
>
> zu der Geburt Ihrer Tochter ....../Ihres Sohnes ...... gratulieren wir Ihnen ganz herzlich. Sie teilten uns mit, dass Sie bis zur Vollendung des 2. Lebensjahres Ihres Kindes Elternzeit nehmen. Während der Elternzeit können Sie einer Teilzeittätigkeit von nicht mehr als 30 Wochenstunden gegen Entgelt nachgehen. Wenn Sie an einer solchen Tätigkeit bei uns interessiert sind, bitten wir Sie, sich mit uns in Verbindung zu setzen.
>
> Mit freundlichen Grüßen
>
> Arbeitgeber

496 **Hinweis:**

Entsprechende Antragsschreiben, wie beispielsweise auf Elternzeit und Teilzeitarbeit können unter Berücksichtigung obiger Informationen durch die Arbeitnehmerin an den Arbeitgeber gestellt werden.

IX. Direktionsrecht

1. Gesetzliche Vorgaben

497 Besteht ein Arbeitsverhältnis, ist der Arbeitnehmer zur Arbeitsleistung verpflichtet. Das Direktionsrecht, dh die **konkrete Zuweisung der Tätigkeit,** obliegt dem Arbeitgeber nach billigem Ermessen unter Berücksichtigung der arbeitsvertraglich geschuldeten Tätigkeit.[418]

498 In der arbeitsrechtlichen Praxis erlebt man es häufig, dass im Streitfall, wie beispielsweise einer verhaltensbedingten Kündigung, die Parteien darüber streiten, dass und **welche arbeitsvertragliche Pflicht** bestand. Häufig besteht auch Uneinigkeit darüber, ob der Arbeitnehmer eine bestimmte Tätigkeit tatsächlich ausüben kann (zB aus

---

[418] Vgl. im Einzelnen: Schaub/*Linck,* ArbR-HdB, § 45 Rn. 13a ff. mzN.

gesundheitlichen Gründen). Aus Sicht des Arbeitgebers ist es daher wichtig, die Arbeitspflicht zu dokumentieren. Der Arbeitnehmer muss dann ggf. reklamieren, nicht vertragsgemäß oder nicht im Rahmen dessen, was dem Arbeitgeber arbeitsvertraglich oder gesetzlich obliegt, beschäftigt zu werden.

2. Muster

a) Muster: Arbeitsanweisung [→ A. Rn. 497 f.]

> Sehr geehrte(r) Frau/Herr ......,
>
> hiermit erteilen wir Ihnen die Anweisung, nachfolgende Tätigkeit auszuführen:
>
> ...... *(Hier folgt die konkrete Darlegung der aufgetragenen Tätigkeit.)* ......
>
> Mit freundlichen Grüßen
>
> Arbeitgeber

499
☞ 157

b) Muster: Aushang Alkoholverbot [→ A. Rn. 497 f.]

> **Hinweis:**
>
> Arbeitsanweisungen oder Verhaltensregelungen können auch in Form eines Aushanges im Unternehmen bekannt gemacht werden.

500

> **Betriebliches Alkoholverbot**
>
> Die Geschäftsleitung weist darauf hin, dass im Betrieb ein striktes betriebliches Alkoholverbot herrscht.
>
> Arbeitnehmer, die innerhalb des Betriebes oder bei der Ausführung der Arbeit unter Alkoholgenuss stehen, gefährden sich und andere. Durch sie können unabsehbare Schäden an Maschinen, Anlagen und Einrichtungen verursacht werden. Aufgrund ihres Arbeitsvertrages und der Unfallverhütungsvorschriften der Berufsgenossenschaft ...... dürfen sich Arbeitnehmer nicht durch Alkoholgenuss in einen Zustand versetzen, in dem sie ihre Arbeit nicht mehr ordnungsgemäß verrichten können oder sich und andere gefährden. Aus diesem Grunde gilt ein absolutes Alkoholverbot im Betrieb und Unternehmen.
>
> Alle Vorgesetzten haben Arbeitnehmer, die unter Alkoholeinfluss stehen, von ihrem Arbeitsplatz zu entfernen. Angetrunkenen oder Betrunkenen kann eine Abmahnung erteilt werden. Im Wiederholungsfalle können Arbeitnehmer deswegen gekündigt werden. Während der Zeit des alkoholbedingten Arbeitsausfalles besteht kein Anspruch auf Vergütung.
>
> Arbeitnehmer, bei denen der Verdacht besteht, unter Alkoholeinfluss zu stehen, können sich einem Alkoholtest unterziehen. Der Alkoholtest wird vom Betriebsarzt oder Sanitäter vorgenommen.
>
> Erleiden Arbeitnehmer in Folge Alkoholgenusses innerhalb oder außerhalb des Betriebes einen Unfall, so entfällt der Anspruch auf Entgeltfortzahlung im Krankheitsfall. Außerdem ist der Schutz der gesetzlichen Unfallversicherung in Frage gestellt.
>
> Arbeitnehmer, deren Geh- oder Beurteilungsfähigkeit in Folge Alkoholgenusses beeinträchtigt ist, können auf eigene Kosten nach Hause befördert werden.
>
> ......, den ......
>
> Geschäftsleitung

501
☞ 158

c) Muster: Verhaltensregelung bei Durchsuchung [→ A. Rn. 497 f.]

502 Hinweis:

Per Aushang oder Anschreiben an den Arbeitnehmer können auch weitere Verhaltensmaßregeln aufgegeben werden. Dies kann beispielsweise sinnvoll in Unternehmen sein, in denen Hausdurchsuchungen oder sonstige Maßnahmen von Ermittlungsbehörden zu befürchten sind. Hier bietet sich eine entsprechende Information der Arbeitnehmer, ggf. aber auch eine Schulung an.

Arbeitnehmern ist vielfach nicht bewusst, wie im Falle von Durchsuchungen mit den Beamten umgegangen werden soll. Aus diesem Grund kann daran gedacht werden, vorsorglich einen Aushang mit Verhaltensmaßregeln zu erlassen.[419]

503

Verhaltensregeln bei Durchsuchung

Diese Verhaltensmaßregeln sollen den sachgerechten Umgang mit Durchsuchungs- und Beschlagnahmemaßnahmen von Ermittlungsbehörden ermöglichen. Unsere Arbeitnehmer werden angewiesen, gegenüber den Beamten selbstbewusst und freundlich aufzutreten und Folgendes zu beachten:

1. Im Falle der Durchsuchung sind zu informieren:
   – die Geschäftsleitung;
   – die Rechtsabteilung (Frau/Herr ......, Tel.: ......);
   – Rechtsanwälte ......, Tel.: ......

2. Bitten Sie die Beamten, mit Ihnen in die Räumlichkeiten zu gehen, die dem allgemeinen Kundenverkehr nicht zugänglich sind, so dass der Geschäftsbetrieb möglichst wenig beeinträchtigt wird.

3. Bitten Sie die Beamten, mit den Durchsuchungsmaßnahmen erst dann zu beginnen, wenn das zuständige Mitglied der Geschäftsleitung, der Rechtsabteilung bzw. ein Rechtsanwalt erschienen ist.

4. Geben Sie unter keinen Umständen Erklärungen zur Sache ab. Durchsuchungsmaßnahmen werden häufig genutzt, um bei scheinbar belanglosen Gesprächen und harmlosen Fragen wertvolle Informationen zu gewinnen.
   Sofern Ihnen eröffnet wird, dass Sie Beschuldigter eines Ermittlungsverfahrens sind, haben Sie ein Schweigerecht, von dem Sie Gebrauch machen sollten. Sofern Sie während der Durchsuchung als Zeuge vernommen werden sollten, bitten Sie den Beginn der Vernehmung bis zur Beiziehung eines Rechtsanwaltes als Zeugenbeistand zu verschieben. Die Ermittlungsbeamten haben das Recht, Arbeitnehmer ohne vorherige Aufklärung über das Recht, einen Zeugenbeistand hinzuzuziehen, zu vernehmen. Arbeitnehmer können daher einen Zeugenbeistand verlangen und bis zu dessen Eintreffen keine Angaben machen.

5. Soweit Unterlagen beschlagnahmt, mitgenommen oder kopiert werden, fertigen Sie Kopien von den Gegenständen, die für den Geschäftsbetrieb benötigt werden. Unsere Arbeitnehmer sind angewiesen, Unterlagen nicht freiwillig herauszugeben, sondern auf eine förmliche Beschlagnahme zu bestehen. Diese „unfreiwillige Herausgabe" ist zu protokollieren.

6. Nach Beendigung der Durchsuchung ist ein detailliertes Verzeichnis der beschlagnahmten Beweismittel zu verlangen.

......, den ......

Arbeitgeber

---

[419] Vgl. im Einzelnen *Zimmer/Stetter* BB 2006, 1445 ff.

X. Geltendmachung leidensgerechter Beschäftigung

1. Gesetzliche Vorgaben

Der Arbeitnehmer hat gegenüber dem Arbeitgeber einen **Anspruch auf vertragsgerechte Beschäftigung**. Schwerbehinderte Arbeitnehmer haben darüber hinaus einen Anspruch auf leidensgerechte Beschäftigung. Der Arbeitgeber befindet sich nur dann nicht im Annahmeverzug, wenn dem schwerbehinderten Menschen die Erbringung der vertraglich geschuldeten Leistung aufgrund seiner eingeschränkten Leistungsfähigkeit unmöglich ist. Eine den Annahmeverzug ausschließende Unmöglichkeit liegt dann nicht vor, wenn der Arbeitgeber dem Arbeitnehmer im Rahmen seines Direktionsrechts gem. § 106 GewO nach billigem Ermessen Arbeiten zuweisen kann, die dessen verbleibender Leistungsfähigkeit entsprechen. Allerdings ist der Arbeitgeber zu einer Vertragsänderung beziehungsweise zum Einsatz technischer Arbeitshilfen nicht verpflichtet. Falls der Arbeitgeber dem Anspruch des schwerbehinderten Menschen auf leidensgerechte Beschäftigung (§ 81 Abs. 4 S. 1 Nr. 1 SGB IX) nicht nachkommt, kann er sich schadensersatzpflichtig machen.[420] Die Geltendmachung könnte wie folgt erfolgen:

504

2. Muster: Geltendmachung Anspruch auf leidensgerechte Beschäftigung
[→ A. Rn. 504, 506]

An die ...... GmbH
...... (Anschrift)

Sehr geehrte Damen und Herren,

hiermit mache ich einen Anspruch auf leidensgerechte Beschäftigung nach § 81 Abs. 4 SGB IX geltend.

Ich übe bisher folgende Tätigkeit aus:

...... (Hier folgt die Beschreibung der Tätigkeit.) ......

Diese ist nicht leidensgerecht, weil ...... *(Hier müssen Argumente aufgeführt werden, aus denen sich die nicht leidensgerechte Beschäftigung ergibt.)* ......

Als leidensgerechte Beschäftigung stelle ich mir vor, ... *(Hier sollte aus taktischen Gründen der Arbeitnehmer seine Vorstellungen nennen, wie er sich eine leidensgerechte Beschäftigung vorstellen kann. Es obliegt dann im Rahmen der abgestuften Darlegungs- und Beweislast dem Arbeitgeber, vorzutragen, dass eine derartige zumutbare Beschäftigungsmöglichkeit nicht besteht.)*[421] ......

Ihrer Antwort sehe ich entgegen und verbleibe bis dahin

mit freundlichen Grüßen

Arbeitnehmer

505

Hinweis:

Wegen der abgestuften Darlegungs- und Beweislast (Arbeitnehmer muss leidensgerechte Beschäftigungsmöglichkeiten aufzeigen, Arbeitgeber hat sich substantiiert darauf einzulassen und Tatsachen vorzutragen, aus denen sich ergibt, dass derartige behinderungsgerechte Beschäftigungsmöglichkeiten nicht bestehen oder deren Zuweisung unzumutbar ist)[422] empfiehlt es sich aus Arbeitgebersicht, Art, Tätigkeit und Einschränkung der Beschäftigungsmöglichkeit des Arbeitnehmers zu dokumentieren, um einfacher darlegen und ggf. beweisen zu können, dass der Arbeitnehmer bestimmte Tätigkeiten nicht ausüben kann. Hierfür ist es auch wichtig, dass die Tätigkeiten im Einzelnen in

506

---

[420] BAG 4.10.2005 – 9 AZR 632/04, DB 2006, 902; 10.5.2005 – 9 AZR 230/04, AP SGB IX § 81 Nr. 8.
[421] BAG 4.10.2005 – 9 AZR 632/04, DB 2006, 902.
[422] BAG 10.5.2005 – 9 AZR 230/04, AP SGB IX § 81 Nr. 8.

> einem Unternehmen nach Möglichkeit dargelegt und bewiesen werden können. In der Praxis zeigt sich immer wieder, dass es Arbeitgebern schwerfällt, die Beschäftigungen im Unternehmen konkret darzustellen.

XI. Lohnpfändung

1. Gesetzliche Vorgaben

507 In einigen Branchen muss sich der Arbeitgeber mit Lohnpfändungen auseinandersetzen.

508 Die Vorpfändung muss an Drittschuldner und Schuldner zugestellt werden. Die Zustellung wird durch den Gerichtsvollzieher bewirkt.[423] In die Vorpfändung kann die Aufforderung nach § 840 ZPO aufgenommen werden. Die Verpflichtung erwächst erst ab der Pfändung.[424]

2. Formulare für Pfandgläubiger[425]

a) Muster: Vorpfändung

aa) Wortlaut [→ A. Rn. 507 f.]

509
161

> An die ...... GmbH
> ...... (Anschrift)
>
> Sehr geehrte Damen und Herren,[426]
>
> der/die bei Ihnen beschäftigte Arbeitnehmer/in ......, wohnhaft ......, ist bei Ihnen tätig in ...... Er/Sie wurde am ...... durch Urteil des ......gerichts vom ...... Az.: ...... vorläufig vollstreckbar verurteilt, an uns ...... EUR nebst ...... % Zinsen seit dem ...... zu zahlen. Gem. § 845 ZPO werden Sie hiermit benachrichtigt, dass die gerichtliche Pfändung der Vergütungsansprüche des/der Arbeitnehmers/in Ihnen gegenüber bevorsteht.
>
> Sie werden daher aufgefordert, unter Beachtung der gesetzlichen Pfändungsfreigrenzen nicht mehr an Frau/Herrn ...... zu zahlen oder deren/dessen Ansprüche sonst zu befriedigen.
>
> Frau/Herr ......, der/dem eine Durchschrift dieses Schreibens zugestellt wird, soll sich jeder Verfügung über den Anspruch auf das Arbeitseinkommen, insbesondere seiner Einziehung, enthalten. Diese Benachrichtigung hat die Wirkung eines dinglichen Arrestes, sofern die Pfändung binnen einen Monats ab Zustellung dieser Benachrichtigung bewirkt wird (§ 845 Abs. 2 ZPO).
>
> Mit freundlichen Grüßen

bb) Zustellungsersuchen [→ A. Rn. 507 f.]

510
162

> An die
> Gerichtsvollzieher-Verteilungsstelle des Amtsgerichts ......
> ...... (Anschrift)
>
> Herrn Gerichtsvollzieher zur Zustellung der Vorpfändung an
>
> 1. Drittschuldner

---

[423] Thomas/Putzo, ZPO, § 845 Rn. 6.
[424] BGH 6.6.1983 – VIII ZR 23/82, WM 1983, 935; 15.3.1978 – VIII ZR 61/77, WM 1978, 676; 4.7.1977 – VIII ZR 217/75, NJW 1977, 1199.
[425] Die Formulare entsprechen dem Rechtsstand bis 31.12.2012. Etwaige Neuerungen durch das G zur Reform der Sachaufklärung in der Zwangsvollstreckung sind nicht berücksichtigt; vgl. insb. Schaub/Koch, ArbR-HdB, § 88 Rn. 29 ff.
[426] Der Gerichtsvollzieher kann ermächtigt werden, den Text der Vorpfändung zu entwerfen (§ 845 Abs. 1 S. 2 ZPO).

2. Schuldner

b) Pfändungs- und Überweisungsbeschluss⁴²⁷ [→ A. Rn. 507]

511

An das
Amtsgericht ......
...... (Anschrift)

Antrag auf Erlass eines Pfändungs- und Überweisungsbeschlusses

In der Zwangsvollstreckungssache
......

– Gläubiger –

gegen
......

– Schuldner –

Es wird beantragt, den nachstehend entworfenen Beschluss zu erlassen und die Zustellung zu vermitteln, an den Drittschuldner mit der Aufforderung nach § 840 ZPO. Vollstreckungsunterlagen und Gerichtskosten (Gebühr Nr. 2111 Kost. Verz. GKG) anbei.

Rechtsanwalt

A M T S G E R I C H T

Geschäfts-Nr.: ......

In der Zwangsvollstreckungssache
......
vertreten durch: ......
Konto: ......

– Gläubiger –

gegen
......

– Schuldner –

wird wegen der in nachstehendem Forderungskonto näher bezeichneten und berechneten Forderung(en) in Höhe von insgesamt

...... EUR zuzüglich

1. etwaiger weiterer Zinsen gemäß nachstehendem Forderungskonto
2. der Zustellungskosten dieses Beschlusses

die Forderung des Schuldners auf
1. Zahlung des gesamten gegenwärtigen und künftigen Arbeitseinkommens (einschl. des Geldwertes von Sachbezügen) so lange, bis der Gläubigeranspruch gedeckt ist (Berechnung des pfändbaren Arbeitseinkommens: Von der Pfändung ausgenommen sind Steuern, Beiträge zur Sozialversicherung, Beiträge in üblicher Höhe, die der Schuldner laufend an eine Ersatzkasse, eine private Krankenversicherung oder zur Weiterversicherung zahlt und die in §§ 850ff. ZPO, § 54 SGB I genannten Bezüge. Von dem errechneten Nettoeinkommen ergibt sich der pfändbare Betrag unter Berücksichtigung von Unterhaltspflichten des Schuldners aus der Tabelle zu § 850c Abs. 3 ZPO in der jeweils gültigen Fassung);
2. Auszahlung von Steuererstattungsansprüchen für das abgelaufene Kalenderjahr, sofern diese durch den Arbeitgeber in Folge der Vornahme des Lohnsteuerjahresausgleiches ausgezahlt oder verrechnet werden;

---

⁴²⁷ Schaub/*Koch*, ArbR.-HdB, § 88 Rn. 1 ff.; im Allgemeinen werden im Handel zu erhaltende Formulare verwandt.

3. Forderungen aus einem neuen Beschäftigungsverhältnis, sofern das Beschäftigungsverhältnis endet und innerhalb von neun Monaten ein neues zwischen Schuldner und Drittschuldner begründet wird;

an den Drittschuldner

...... GmbH
...... (Anschrift)

einschließlich etwaiger künftig fällig werdender Ansprüche aus dem gleichen Rechtsgrund hiermit gepfändet und dem Gläubiger zur Einziehung überwiesen. Der Drittschuldner darf, soweit die Forderung gepfändet ist, an den Schuldner nicht mehr leisten. Der Schuldner darf insoweit über die Forderung nicht verfügen, insbesondere sie nicht einziehen. Der Drittschuldner hat die gepfändete Forderung an den Gläubiger zu leisten.

c) Pfändung eines Anwartschaftsrechts

512 Wie üblicher Pfändungs- und Überweisungsbeschluss (→ A. Rn. 511). Lediglich wird hier das Anwartschaftsrecht auf Eigentumsübertragung an der zu bezeichnenden Sache gepfändet und zur Einziehung überwiesen.

d) Pfändung von Steuererstattungsansprüchen[428]

aa) Anspruch aus der Einkommensteuererklärung gegen Finanzamt[429]

513

Gepfändet wird die angebliche Forderung des Arbeitnehmers gegen das Finanzamt ...... auf Auszahlung des Lohnsteuererstattungsbetrages, der sich bei Durchführung der Einkommensteuererklärung zu Gunsten des Schuldners für die Jahre ...... bis ...... ergibt.

Im Übrigen wie Muster → A. Rn. 511.

bb) Lohnsteuererstattungsanspruch gegen Arbeitgeber

514

Gepfändet wird die angebliche Forderung des Arbeitnehmers gegen seinen Arbeitgeber ...... auf Durchführung des Lohnsteuerjahresausgleiches und auf Auszahlung des Lohnsteuererstattungsbetrages, der sich danach zu Gunsten des Schuldners für das laufende Jahr ergibt.

Im Übrigen wie Muster → A. Rn. 511.

e) Pfändung wegen einer Forderung aus unerlaubter Handlung

515

Nach der Beschreibung der gepfändeten Forderung:

Die Pfändung erfolgt wegen einer Forderung aus vorsätzlich begangener unerlaubter Handlung. Vom Arbeitseinkommen (§ 850 Abs. 2 ZPO) ist ein Betrag von ...... EUR unpfändbar. Dieser Betrag erhöht sich um ...... *(Wortlaut von § 850c Abs. 1, Abs. 2 S. 2, Abs. 3 S. 1 ZPO).*

Im Übrigen wie Muster → A. Rn. 511.

f) Pfändungsantrag bei Kontoguthaben

516

An das
Amtsgericht ......
...... (Anschrift)
Vollstreckungsgericht

---

[428] Schaub/*Koch*, ArbR-HdB, § 92 Rn. 24 f.
[429] Der Gläubiger erwirbt auch die Nebenrechte, insbesondere das Antragsrecht.

In Sachen pp.
werden die angeblichen Ansprüche des Schuldners
gegen die Bank ......, Zweigstelle ......

a) aus Kontoverbindungen jeder Art, insbesondere Kontonummer ...... gepfändet.[430]

b) aus dem Sparkonto einschließlich des Anspruches auf Auskehrung aller gegenwärtigen und künftigen Guthaben, auf Rückzahlung der Einlage, Zahlung von Zinsen und auf Kündigung des Guthabens gepfändet. Zugleich wird angeordnet, dass der Schuldner alle über das Konto geführten Urkunden, insbesondere Sparbücher und Sparurkunden herauszugeben hat.[431]

c) aus Girokonten gepfändet einschließlich des Anspruches – bei Kontokorrent nach Saldoziehung – auf alle gegenwärtigen und zukünftigen Guthaben, gegebenenfalls nach Saldoziehung und einschließlich der sonstigen pfändbaren Ansprüche aus dem Girovertrag, insbesondere des Anspruchs auf Gutschrift künftiger Eingänge, auf fortlaufende Auszahlung des Guthabens, auf Durchführung von Überweisungen an Dritte und auf Kündigung des Vertrages.[432]

Die gepfändeten Ansprüche werden in Höhe des Pfandbetrages dem Gläubiger zur Einziehung überwiesen.

Im Übrigen wie Muster → A. Rn. 511.

g) Antrag auf Nichtberücksichtigung von Unterhaltsberechtigten[433]
[→ A. Rn. 511]

An das
Amtsgericht ......, ... *(Anschrift)*
Vollstreckungsgericht

Antrag gem. § 850c Abs. 4 ZPO

In der Vollstreckungssache ......

Namens und in Vollmacht des Gläubigers wird beantragt,
der Pfändungs- und Überweisungsbeschluss des ......gerichts ...... in dieser Sache vom ...... Az.: ...... wird dahin ergänzt und abgeändert, dass
1. die Ehefrau ...... des Schuldners bei der Berechnung des Arbeitseinkommens des Schuldners unberücksichtigt bleibt;
2. der Sohn ...... des Schuldners nur teilweise berücksichtigt wird, über die Höhe der Berücksichtigung entscheidet das Gericht nach billigem Ermessen.[434]

Gründe:
Die Ehefrau des Schuldners ist berufstätig; sie verdient als ...... EUR.
Beweis: ......

Der Sohn ...... des Schuldners erhält als Auszubildender eine Ausbildungsvergütung in Höhe von ...... EUR.
Beweis: ......

---

[430] Die Angabe der Kontonummer ist keine Wirksamkeitsvoraussetzung, aber wenn bekannt zu empfehlen.
[431] Die Nebenrechte sind nach hM mitgepfändet, aber sollten genannt werden. Sie dienen als Grundlage für die Wegnahme durch den Gerichtsvollzieher.
[432] Beim Kontokorrent muss der Saldo gepfändet werden (BGH 13.3.1981 – I ZR 5/79, NJW 1981, 1611). Es empfiehlt sich die Aufzählung, damit nicht zwischen den Saldoziehungen verfügt werden kann.
[433] BAG 20.6.1984 – 4 AZR 339/82, AP ZPO § 850c Nr. 6; 23.2.1983 – 4 AZR 508/81, AP ZPO § 850c ZPO.
[434] *Thomas/Putzo*, ZPO, § 850c Rn. 6 ff.

> Das Einkommen der Ehefrau deckt ihren eigenen Unterhalt. Es entspricht daher billigem Ermessen, dass sie bei der Berechnung des unpfändbaren Betrages unberücksichtigt bleibt. Die Ausbildungsvergütung des Sohnes mag zur Deckung seines Unterhaltes nicht ausreichen. Es entspricht jedoch der Billigkeit, dass die Unterhaltspflicht gegenüber dem Sohn nur zur Hälfte im Pfändungs- und Überweisungsbeschluss berücksichtigt wird.
>
> Rechtsanwalt

h) Antrag auf Zulassung der Arrestvollziehung gem. §§ 111g Abs. 2, 111h Abs. 2 StPO[435] [→ C. Rn. 189 ff.]

518

> An das
> Amtsgericht ......
>
> **Antrag auf Zulassung der Arrestvollziehung gem. §§ 111g Abs. 2, 111h Abs. 2 StPO**
> Aktenzeichen der Staatsanwaltschaft ......
>
> In dem Arrestverfahren
> der ...... GmbH, ... *(Anschrift)*
>
>   – Antragsteller(in) –
>
> Prozessbevollmächtigte: ......, ... *(Anschrift)*
> gegen
> 1. Frau/Herrn ......
> zur Zeit Justizvollzugsanstalt, ... *(Anschrift)*
>
>   – Beschuldigte(r) zu 1) –
>
> 2. Frau/Herrn ......, ... *(Anschrift)*
>
>   – Beschuldigte(r) zu 2) –
>
> Namens und kraft beigefügter Vollmacht der Antragsteller(in) beantragen wir,
>
> die Vollziehung des Arrestbefehls des Arbeitsgerichts ...... *(genaue Bezeichnung)* ...... zu Gunsten der Antragsteller(in) in das gesamte beschlagnahmte Vermögen der Beschuldigten zuzulassen.
>
> **1. Dinglicher Arrest der Staatsanwaltschaft**
>
> Mit Datum vom ...... hat die Staatsanwaltschaft ......, Az.: ......, den als **Anlage 1** beigefügten dinglichen Arrest wegen Gefahr im Verzug zur Sicherung der der Antragstellerin aus der Straftat (Betrug u.a.) erwachsenen zivilrechtlichen Ansprüche in Höhe von ...... EUR in das Vermögen der Beschuldigten angeordnet.
>
> In Vollziehung dieses Arrestes der Staatsanwaltschaft ...... wurden verschiedene Vermögensgegenstände und Forderungen beschlagnahmt. Die Beschlagnahme erfolgte aufgrund folgender Pfändungsbeschlüsse des Amtsgerichts ...:
> Pfändungsbeschluss vom ......, Az.: ......,
> Pfändungsbeschluss vom ......, Az.: ......,
> Pfändungsbeschluss vom ......, Az.: ......,
> Pfändungsbeschluss vom ......, Az.: ......,
> Pfändungsbeschluss vom ......, Az.: ......,
> Pfändungsbeschluss vom ......, Az.: ......

---

[435] Bei dem Antrag geht es darum, dass verschiedene Vermögenswerte des Schuldners bereits gepfändet wurden, allerdings gleichzeitig durch die Staatsanwaltschaft beschlagnahmt worden sind. Für diesen Fall bedarf es eines Antrags auf Zulassung der Arrestvollziehung nach §§ 111g Abs. 2, 111h Abs. 2 StPO.

Zudem erfolgte eine Kontenpfändung aufgrund der Pfändungsanordnung wegen Gefahr im Verzug der Staatsanwaltschaft ...... vom ......, Az.: ......

Des Weiteren wurde auf Antrag der Staatsanwaltschaft ...... vom ......, Az.: ......, auf dem Grundstück der Beschuldigten eine Sicherungshypothek in Höhe von ...... EUR eingetragen.

2. Arrestbeschluss des Arbeitsgerichts ......

Mit Arrestbeschuss vom ......, in der berichtigten Fassung vom ......, Az.: ......, hat das Arbeitsgericht ...... zu Gunsten des/der Antragstellers/in den dinglichen Arrest in das gesamte Vermögen der Beschuldigten über einen Betrag in Höhe von ...... EUR angeordnet. Die Vollstreckung des Arrestes gegenüber dem/der Beschuldigten zu 2) wurde von der Erbringung einer Sicherheitsleistung in Höhe von ...... EUR durch den/die Antragsteller/in abhängig gemacht, wobei die Sicherheitsleistung auch durch selbstschuldnerische und unwiderrufliche Bürgschaft einer deutschen Großbank erbracht werden konnte. Die Ausfertigungen des Arrestbeschlusses des Arbeitsgerichts ...... fügen wir als **Anlage 2** und **Anlage 3** bei. Die Anlagen 2 und 3 enthalten weiterhin die Zustellungsurkunden über die Zustellung des Arrestbeschlusses an die Beschuldigten sowie die Zustellungsurkunde über die Zustellung der beigebrachten Prozessbürgschaft an den/die Beschuldigte(n) zu 2).

Den anliegenden Entscheidungsgründen ist zu entnehmen, dass der/die Antragsteller/in im Rahmen des arbeitsgerichtlichen Arrestverfahrens glaubhaft machen konnte, dass ihm/ihr ein Schadensersatzanspruch gegen die Beschuldigten in Höhe von ...... EUR zusteht. Dieser Anspruch ist aus der Straftat erwachsen, die Anlass zur Beschlagnahme gewesen ist.

3. Arrestvollziehung

Der/die Antragsteller/in hat den Arrestbeschluss des Arbeitsgerichts ...... vom ......, in der berichtigten Fassung vom ......, innerhalb der Vollziehungsfrist des § 929 Abs. 2 ZPO vollzogen. Nachdem sie zunächst verschiedene Vorpfändungen bewirkt hat, wurde auf Antrag vom ...... der als **Anlage 4** beigefügte Pfändungs- und Überweisungsbeschluss am ...... vom Arbeitsgericht ...... erlassen. Zudem wurde auf Antrag vom ...... eine Arresthypothek auf dem Grundstück des/der Beschuldigten zu 2) in Höhe von ...... EUR eingetragen. Die entsprechende Eintragungsmitteilung fügen wir als **Anlage 5** bei.

Die Vollziehung des Arrestbeschlusses des Arbeitsgerichts ...... vom ...... war vor der Antragstellung auf Zulassung der Arrestvollziehung gem. §§ 111g Abs. 2, 111h Abs. 2 StPO zulässig, da der Antrag auf Zulassung der Arrestvollziehung gem. §§ 111g Abs. 2, 111h Abs. 2 StPO oder gar eine entsprechende Zulassungsentscheidung nicht zur Vollziehung des Arrestes gehört und somit zur Wahrung der Vollziehungsfrist nicht erforderlich ist. Der Antrag auf Zulassung der Arrestvollziehung gem. §§ 111g Abs. 2, 111h Abs. 2 StPO ist deshalb auch zeitlich nach einer bereits erfolgten Arrestvollziehung möglich.

– vgl. BGH, Urteil vom 6.4.2000 – IX Zr 442/98, NJW 2000, 2027;
– vgl. *Hees/Albeck,* Der Zulassungsbeschluss nach § 111g Abs. 2 StPO, ZIP 2000, 873.

Wir bitten, wie beantragt zu entscheiden.

Eine Abschrift dieses Antrags wurde mit gleicher Post an die Staatsanwaltschaft ......, Zentrale Stelle für Wirtschaftsstrafsachen, übersandt.

Rechtsanwalt

XII. Geltendmachung von Ansprüchen

1. Gesetzliche Vorgaben

519 Das Arbeitsverhältnis ist gekennzeichnet durch Fristen, insbesondere Ausschlussfristen.[436]

520 **Ausschluss- und Verfallfristen** finden sich im Arbeitsrecht häufig, sei es in Arbeitsverträgen, sei es, wenn auch seltener, in Betriebsvereinbarungen, regelmäßig in Tarifverträgen. Darüber hinaus gilt es, gesetzliche Fristen zu beachten. Will ein Arbeitnehmer Schadensersatz- und Entschädigungsansprüche wegen einer Ungleichbehandlung nach dem AGG geltend machen, muss er diese Ansprüche binnen zwei Monaten nach Kenntniserlangung des relevanten Sachverhaltes schriftlich geltend machen und binnen drei weiteren Monaten einklagen (§ 15 Abs. 4 AGG, § 61b Abs. 1 ArbGG).

521 Diese Ausschlussfristen **gelten regelmäßig beidseitig,** dh auch der Arbeitgeber muss Ansprüche innerhalb einer bestimmten Frist geltend machen, damit sie nicht verfallen.

2. Muster

a) Muster: Geltendmachungsschreiben Arbeitnehmer *[→ A. Rn. 519 ff., 526, 527]*

522

...... GmbH

...... (Anschrift)

Geltendmachung von rückständiger Vergütung

Sehr geehrte Damen und Herren,

leider habe ich feststellen müssen, dass mir in den vergangenen Monaten meine Vergütung nicht vollständig ausgezahlt worden ist. Für den Monat ....../für die Monate ...... wurden für die von mir geleisteten ...... Überstunden keine Überstundenzuschläge gezahlt, die mir aber arbeitsvertraglich/tarifvertraglich zustehen.

Diese Ansprüche mache ich hiermit zur Wahrung aller ggf. eingreifenden Ausschlussfristen geltend.

Mit freundlichen Grüßen

Arbeitnehmer

b) Muster: Geltendmachungsschreiben Arbeitgeber *[→ A. Rn. 519 ff., 527]*

523

Frau/Herrn ......

...... (Anschrift)

Geltendmachung von Schadensersatzansprüchen

Sehr geehrte(r) Frau/Herr ......,

bei Abnahme unserer Baustelle ...... haben wir feststellen müssen, dass eine von Ihnen zu erledigende Aufgabe nicht fach- und sachgerecht durchgeführt wurde. Im Einzelnen geht es um folgenden Sachverhalt:

......

Daraus ist uns ein Schaden in Höhe von zurzeit schätzungsweise rund ...... EUR entstanden. Zur Wahrung aller evtl. greifenden Ausschluss- und Verfallfristen

---

[436] Zu Ausschluss- und Verfallfristen vgl. im Einzelnen Schaub/*Treber*, ArbR-HdB, § 209 Rn. 1 ff. mzN.

machen wir hiermit alle denkbaren Schadensersatzansprüche Ihnen gegenüber geltend.[437]

Mit freundlichen Grüßen

Arbeitgeber

c) **Muster: Verzicht auf Ausschlussfristen** *[→ A. Rn. 519 ff.]*

Hinweis: 524

Um nicht unnötig und vorschnell in Gerichtsverfahren „hineingetrieben" zu werden, aber auch um laufende Verfahren (beispielsweise um die Rechtswirksamkeit einer Kündigung oder Vergütungsansprüche) nicht unnötig „aufzublähen", empfiehlt es sich, wechselseitig auf die Geltendmachung von Ausschlussfristen zu verzichten.

Frau/Herrn …… 525

…… *(Anschrift)* 172

Verzicht auf Ausschlussfristen

Sehr geehrte(r) Frau/Herr ……,

mit Schreiben vom …… habe ich Ihnen gegenüber Ansprüche zur Wahrung aller evtl. anwendbaren Ausschluss- und Verfallfristen geltend gemacht.

Damit wir den Sachverhalt in Ruhe prüfen und klären können, ist es unser Vorschlag, dass auf die Geltendmachung aller evtl. Ausschluss- oder Verfallfristen verzichtet wird. Wir vermeiden damit beiderseits eine unnötige Verschärfung der Rechtsangelegenheit und eine unnötige Durchführung eines arbeitsgerichtlichen Verfahrens.

Mit freundlichen Grüßen

d) **Muster: Geltendmachung von Schadensersatz- und Entschädigungsansprüchen**[438] *[→ A. Rn. 519 ff., 522, 527]*

Frau/Herrn …… 526

…… *(Anschrift)* 173

Geltendmachung von Schadensersatz- und Entschädigungsansprüchen

Sehr geehrte(r) Frau/Herr ……,

hiermit mache ich Schadensersatz- und Entschädigungsansprüche wegen eines Verstoßes gegen das AGG geltend. Es geht um nachfolgenden Sachverhalt:

……

In diesem Vorfall sehe ich einen Verstoß gegen das AGG und bin der Auffassung, dass mir Schadensersatz- und Entschädigungsansprüche in Höhe von derzeit …… zustehen. Diese mache ich hiermit zur Wahrung der Frist des § 15 Abs. 4 AGG geltend.

Mit freundlichen Grüßen

---

[437] Die Formulierung orientiert sich an der Praxis, wenn Ausschlussfristen bestehen und die konkrete Schadenshöhe noch nicht bezifferbar ist. Die Formulierung ist aber nicht ganz unproblematisch, da die Schadenshöhe nur schätzweise und nicht konkret beziffert wird; eventuell können darüber hinausgehende Schadensersatzansprüche nach Ablauf der Ausschlussfrist verfallen sein.

[438] Zum allgemeinen Gleichbehandlungsgrundsatz und den Benachteiligungstatbeständen sowie daraus resultierenden Schadensersatz- und Entschädigungsansprüchen vgl. im Einzelnen: *Schrader/Schubert*, Das AGG in der Beratungspraxis, Rn. 183 ff.

527 | **Hinweis:**
Da es sich bei allen diesen Mustern um laufende Fristen handelt, ist es für den jeweils Betroffenen wichtig, den Zugang des Geltendmachungsschreibens im Streitfall darlegen und beweisen zu können.

4. Teil. Beendigung des Arbeitsverhältnisses

Übersicht

	Rn.
I. Grundlagen	528–534
1. Kündigung	528
2. Aufhebungsvertrag	529
3. Befristung	530
4. Tod des Arbeitnehmers	531
5. Anfechtung	532
6. Wegfall der Geschäftsgrundlage	533, 534
II. Die unternehmerische Entscheidung	535–542
1. Gesetzliche Vorgaben	535–539
2. Muster	540–542
a) Muster: Stilllegung einer Betriebsabteilung	540
b) Muster: Produktionsverlagerung ins Ausland	541
c) Muster: Änderung Anforderungsprofil	542
III. Anhörung des Arbeitnehmers	543–548
1. Gesetzliche Vorgaben	543, 544
2. Muster	545–548
a) Muster: Anhörungsschreiben	545
b) Muster: Einlassung des Arbeitnehmers	546–548
aa) Muster: Stellungnahme ohne Begründung	546
bb) Muster: Stellungnahme mit Begründung	547, 548
IV. Kündigung	549–578
1. Einseitige empfangsbedürftige Willenserklärung	549
2. Muster	550–578
a) Muster: Ordentliche Kündigung	551–559
aa) Muster: Ordentliche Kündigung während der Probezeit	551
bb) Muster: Kündigung im Dauerarbeitsverhältnis	552
cc) Muster: Kündigung unter Angabe von Kündigungsgründen	553, 554
dd) Muster: Kündigung mit Abfindungszusage	555, 556
ee) Muster: Änderungskündigung	557, 558
ff) Muster: Teilkündigung	559
b) Muster: Eigenkündigung	560, 561
c) Muster: Außerordentliche Kündigung	562–568
aa) Muster: Kündigung wegen Vertragsverletzung	562
bb) Muster: Kündigung wegen Vertragsverletzung mit Angabe Kündigungsgrund	563, 564
cc) Muster: Kündigung des Ausbildungsverhältnisses	565, 566
(1) Muster: Kündigung durch den Auszubildenden	565
(2) Muster: Kündigung durch den Ausbildenden	566
dd) Muster: Aufforderung zur Mitteilung außerordentlicher Kündigungsgründe	567, 568
d) Muster: Kündigung mit Freistellungserklärung	569, 570
e) Muster: Anfechtung	571–576
aa) Muster: Anfechtungsschreiben Arbeitgeber	571
bb) Muster: Anfechtung einer Kündigung/eines Aufhebungsvertrages durch den Arbeitnehmer	572, 573
cc) Anfechtung eines Aufhebungsvertrages durch den Arbeitgeber	574–576
(1) Vorbemerkung	574, 575
(2) Muster: Anfechtung eines Aufhebungsvertrags durch den Arbeitgeber	576
f) Muster: Zurückweisung der Kündigung wegen fehlender Vollmachtsvorlage	577, 578
V. Besonderer Kündigungsschutz	579–629
1. Vorbemerkung	579
2. Schwerbehinderte und ihnen Gleichgestellte (§§ 85 ff. SGB IX)	580–588
a) Gesetzliche Vorgaben	580–582
b) Muster	583–588
aa) Muster: Antrag beim Integrationsamt in Formularform	583
bb) Muster: Antrag beim Integrationsamt in Briefform	584
cc) Muster: Stellungnahme des Betriebsrats	585
dd) Muster: Stellungnahme der Schwerbehindertenvertretung	586
ee) Muster: Auflösungsvertrag unter Mitwirkung des Integrationsamtes	587, 588
3. Mutterschutz (MuSchG)	589–594
a) Gesetzliche Vorgaben	589–592
b) Muster	593, 594
aa) Muster: Mitteilung der Schwangerschaft nach § 5 MuSchG	593
bb) Muster: Antrag auf Zulässigkeitserklärung einer Kündigung	594
4. Elternzeit (§ 18 BEEG)	595–603
a) Gesetzliche Vorgaben	595–597

	Rn.
b) Muster	598–603
aa) Muster: Antrag auf Elternzeit	598, 599
bb) Muster: Antrag auf Teilzeit während der Elternzeit	600
cc) Muster: Ablehnung des Antrages	601, 602
dd) Muster: Antrag auf Zulässigkeitserklärung einer Kündigung	603
5. Pflegezeit	604–608
a) Gesetzliche Vorgaben	604
b) Muster	605–608
aa) Muster: Antrag auf Pflegezeit	605, 606
bb) Muster: Antragsablehnung	607
cc) Muster: Antrag auf Zustimmung zur Kündigung	608
6. Ordnungsgemäßer Versuch eines Interessenausgleichs und Massenentlassungsanzeige	609–627
a) Gesetzliche Vorgaben	609
b) Muster	610–627
aa) Muster: Verhandlungsangebot an Betriebsrat	610
bb) Muster: Antwort des Betriebsrats	611, 612
cc) Muster: Mitteilung gegenüber Wirtschaftsausschuss/Schwerbehinderten-/Jugendauszubildendenvertretung	613, 614
dd) Muster: Errichtung einer Einigungsstelle	615, 616
ee) Muster: Gerichtliche Bestellung einer Einigungsstelle	617–619
ff) Muster: Interessenausgleich und Sozialplan	620–624
gg) Muster: Massenentlassungsanzeige	625, 626
hh) Muster: Stellungnahme des Betriebsrats zur Massenentlassungsanzeige	627
7. Betriebsverfassungsrechtliche Organe (§ 15 KSchG)	628, 629
a) Gesetzliche Vorgaben	628
b) Muster: Kündigung eines Betriebsratsmitgliedes wegen Betriebsstilllegung	629
VI. Beendigungsvereinbarung	630–675
1. Vorbemerkung	630, 631
2. Form	632, 633
3. Aufhebungsverträge	634–639
a) Vorbemerkung	634
b) Muster	635–639
aa) Muster: Annahme Angebot per Brief	635
bb) Muster: Aufhebungsvertrag mit Arbeitnehmer (relativ kurze Form)	636
cc) Muster: Aufhebungsvertrag mit Arbeitnehmer (ausführlich)	637
dd) Muster: Aufhebungsvertrag mit Geschäftsführer	638, 639
4. Abfindungsvergleich	640–646
a) Vorbemerkung	640
b) Muster	641–646
aa) Muster: Gerichtlicher Vergleich	641, 642
bb) Muster: Anschreiben an Arbeitsgericht	643, 644
cc) Muster: Außergerichtlicher Vergleich nach ausgesprochener Kündigung	645, 646
5. Checkliste	647, 648
6. Steuerrechtliche Behandlung der Abfindung	649–662
a) Steuerfreie Abfindung	649
b) Steuerbegünstigte Abfindung	650–652
c) Voraussetzungen der Steuerfreiheit bzw. -begünstigung	653–662
aa) Abfindung	653–655
bb) Arbeitnehmer	656
cc) Auflösungszeitpunkt	657
dd) Umfang der Steuerbefreiung	658
ee) Betriebszugehörigkeit	659
ff) Auflösung als Anlass	660–662
7. Abfindung und Arbeitslosengeld	663–675
a) Ruhen wegen Abfindung und Sperrzeit	663
b) Ruhen des Anspruchs auf Arbeitslosengeld aufgrund einer Abfindung	664–672
aa) Einhaltung der Fristen	664–666
bb) Rechtsfolge bei Verkürzung der Fristen	667–671
cc) Anrechnung und Sozialversicherung	672
c) Sperrzeiten	673–675
VII. Bescheinigungen bei Beendigung des Arbeitsverhältnisses	676–684
1. Zeugnis	676–680
a) Vorbemerkung	676
b) Muster	677–680
aa) Muster: Zeugnis Bereichsleiterin Marketing	677
bb) Muster: Zeugnis Bankberater Versicherungen	678
cc) Muster: Qualifiziertes Zeugnis für Auszubildende	679
dd) Muster: Qualifiziertes Zeugnis für Praktikanten	680
2. Bescheinigungen nach Ende des Arbeitsverhältnisses	681–684
a) Muster: Urlaubsbescheinigung	681, 682
b) Muster: Quittung und Ausgleichsquittung	683, 684

I. Grundlagen

1. Kündigung

Ein zwischen den Parteien wirksam begründetes Arbeitsverhältnis bedarf zu seiner Beendigung bestimmter **Gründe**. Ein solcher Grund kann eine Kündigung sein. Das Arbeitsverhältnis kann durch eine Kündigung beendet werden. Die Kündigung kann bei einer bestimmten Betriebszugehörigkeit und Arbeitnehmeranzahl durch den Arbeitnehmer hinsichtlich ihrer sozialen Rechtfertigung zur gerichtlichen Überprüfung gestellt werden. Der Arbeitgeber braucht sodann Kündigungsgründe, also insbesondere Gründe, die eine personenbedingte[439] Kündigung, betriebsbedingte[440] oder verhaltensbedingte[441] Kündigung rechtfertigen. Aber auch ohne Eingreifen des Kündigungsschutzgesetzes kann eine Kündigung überprüft werden, dann allerdings nur anhand der zivilrechtlichen Generalklauseln.

528

2. Aufhebungsvertrag

Die Parteien können zur Aufhebung eines Arbeitsverhältnisses einen Aufhebungsvertrag vereinbaren. Hierzu bedarf es zwei übereinstimmender Willenserklärungen.[442]

529

3. Befristung

Das Arbeitsverhältnis kann durch Befristungsablauf, Zeitablauf oder Bedingungseintritt enden, wenn entsprechendes vereinbart worden ist. Der klassische Fall ist der der Befristung: Das Arbeitsverhältnis endet mit Befristungsende.[443]

530

4. Tod des Arbeitnehmers

Da der Arbeitnehmer seine Dienste im Zweifel in Person zu leisten hat, endet das Arbeitsverhältnis mit seinem Tod (§ 613 S. 1 BGB).

531

5. Anfechtung

Unter bestimmten Gründen kann der Arbeitgeber die Begründung des Arbeitsverhältnisses anfechten, insbesondere dann, wenn er bei Begründung des Arbeitsverhältnisses getäuscht wurde.[444]

532

6. Wegfall der Geschäftsgrundlage

Das Arbeitsverhältnis kann auch durch Wegfall der Geschäftsgrundlage beendet werden. Für die arbeitsrechtliche Praxis hat diese Fallkonstellation wenig Bedeutung. In der Vergangenheit (durch Krieg oÄ) konnte man über einen Wegfall der Geschäftsgrundlage nachdenken, wenn der ganze Vertrag gegenstandslos geworden ist, weil der Zweck des Arbeitsverhältnisses durch äußere Ereignisse endgültig oder für absehbare Zeit, für Arbeitgeber und Arbeitnehmer erkennbar, unerreichbar geworden ist.[445]

533

Allen Beendigungstatbeständen ist gemein, dass in irgendeiner Form, entweder durch eine oder mehrere Beteiligte des Arbeitsverhältnisses Willenserklärungen abzugeben sind.

534

II. Die unternehmerische Entscheidung

1. Gesetzliche Vorgaben

Für den Fall einer betriebsbedingten Kündigung verlangt § 1 Abs. 2 S. 1 KSchG, dass betriebliche Erfordernisse vorliegen, die einer Weiterbeschäftigung des Arbeitnehmers entgegenstehen. Vereinfachend gesagt, muss ein **messbarer Überhang an Arbeitskräften im Vergleich zu den noch vorhandenen Beschäftigungsmög-**

535

---

[439] Vgl. im Einzelnen Schaub/*Linck,* ArbR-HdB, § 131 Rn. 1 ff. mzN.
[440] Vgl. im Einzelnen Schaub/*Linck,* ArbR-HdB, § 134 Rn. 1 ff. mzN.
[441] Vgl. dazu im Einzelnen Schaub/*Linck,* ArbR-HdB, § 133 Rn. 1 ff. mzN.
[442] Schaub/*Linck,* ArbR-HdB, § 122 Rn. 2 ff.
[443] Schaub/*Koch,* ArbR-HdB, § 38 Rn. 41 f.
[444] Vgl. im Einzelnen Schaub/*Linck,* ArbR-HdB, § 34 Rn. 23 ff.
[445] Schaub/*Linck,* ArbR-HdB, § 121 Rn. 5.

lichkeiten bestehen.⁴⁴⁶ Das BAG erkennt sowohl **außerbetriebliche als auch innerbetriebliche Gründe** an, die zu einem Arbeitskräfteüberhang führen.⁴⁴⁷ Außerbetriebliche Umstände stellen dann einen betriebsbedingten Kündigungsgrund dar, wenn der Arbeitgeber, wie beispielsweise im Fall eines Auftragsverlustes, die Anzahl der benötigten Arbeitnehmer unmittelbar an die verbliebene bzw. vorhandene Arbeitsmenge anpassen will, die sich aus dem verringerten Auftragsbestand und dem daraus resultierenden verringerten Arbeitsvolumen ergibt. Der Auftragsrückgang stellt dann ein dringendes betriebliches Erfordernis zur Kündigung dar, wenn der Arbeitsanfall so zurückgegangen ist, dass zukünftig für einen oder mehrere Arbeitnehmer kein Bedürfnis für eine Weiterbeschäftigung mehr besteht. Die Kausalität zwischen den außerbetrieblichen Umständen und dem Wegfall des Beschäftigungsbedarfes ist durch die Arbeitsgerichte voll nachprüfbar.⁴⁴⁸

536 Diese Anforderungen führen dazu, dass in der Praxis idR davon abgeraten wird, betriebsbedingte Kündigungen auf außerbetriebliche Gründe zu stützen. **Hauptfall bei Umstrukturierungsmaßnahmen** des Arbeitsgebers sind **innerbetriebliche Maßnahmen:** Innerbetriebliche Gründe sind alle betrieblichen Maßnahmen auf technischem, organisatorischem oder wirtschaftlichem Gebiet, durch die der Arbeitgeber seine Entscheidung über die der Geschäftsführung zugrunde liegende Unternehmenspolitik im Hinblick auf den Markt oder hinsichtlich der unternehmensinternen Organisation des Betriebes und der Produktion verwirklicht und die sich auf Beschäftigungsmöglichkeiten im Betrieb auswirken.⁴⁴⁹ Das bedeutet, dass eine unternehmerische Organisationsentscheidung einen innerbetrieblichen Grund darstellt, eine betriebsbedingte Kündigung auszusprechen. Der Unterschied zu den außerbetrieblichen Gründen besteht darin, dass diese nicht selbst zum Arbeitskräfteüberhang führen, sondern eine aufgrund dieser außerbetrieblichen Gründe getroffene „zwischengeschaltete" innerbetriebliche Organisationsentscheidung des Arbeitgebers vorliegt.⁴⁵⁰ Voraussetzung ist zwar auch insoweit, dass die Organisationsentscheidung zu einem Überhang an Arbeitskräften führt, durch den unmittelbar oder mittelbar das Bedürfnis zur Weiterbeschäftigung eines oder mehrerer Arbeitnehmer entfällt, wobei sich die betrieblich umgesetzte unternehmerische Organisationsentscheidung auf die konkrete Beschäftigungsmöglichkeit des gekündigten Arbeitnehmers auszuwirken hat.

537 Auf derartige **unternehmerische Organisationsentscheidungen** gestützte betriebsbedingte Kündigungen haben **zwei große Vorteile:**
– Zum einen ist die unternehmerische Entscheidung **konzeptionell voll steuerbar.** Wenn das Unternehmen auf außerbetriebliche Gründe, wie beispielsweise Auftragsmangel, oft keinen oder keinen direkten Einfluss hat, kann es die eigene Organisationsentscheidung und insbesondere die sich daraus ergebenden Folgen (einschl. Arbeitskräfteüberhang) selbst gestalten. Hierdurch werden die Kündigung und das sich anschließende Kündigungsschutzverfahren planbar.
– Der zweite Vorteil besteht darin, dass die unternehmerische Organisationsentscheidung von den Arbeitsgerichten **nur begrenzt überprüfbar** ist. Die Arbeitsgerichte sind nicht befugt, in die unternehmerische Entscheidung als solche einzugreifen. Es gilt der Grundsatz der freien Unternehmerentscheidung.⁴⁵¹ Denn es ist nicht Sache der Arbeitsgerichte, dem Arbeitgeber eine „bessere" oder „richtigere" Unternehmenspolitik vorzuschreiben und damit in die Kostenkalkulation des Arbeitgebers einzugreifen. Bei Identität von Organisationsentscheidung und Kündigungsent-

---
⁴⁴⁶ *Schrader/Straube,* Insolvenzarbeitsrecht, S. 88 Rn. 17 mzN.
⁴⁴⁷ BAG 16.12.2010 – 2 AZR 770/09, NZA 2011, 1534; 10.7.2008 – 2 AZR 1111/06, AP KSchG 1969 § 1 Betriebsbedingte Kündigung Nr. 181; 18.5.2006 – 2 AZR 412/05, AP AÜG § 9 Nr. 7.
⁴⁴⁸ BAG 16.12.2010 – 2 AZR 770/09, NZA 2011, 1534; 18.5.2006 – 2 AZR 412/05, AP AÜG § 9 Nr. 7.
⁴⁴⁹ KR/*Griebeling* KSchG § 1 Rn. 519.
⁴⁵⁰ BAG 18.10.2006 – 2 AZR 676/05, AP KSchG 1969 § 1 Betriebsbedingte Kündigung Nr. 163.
⁴⁵¹ BAG 10.7.2008 – 2 AZR 1111/06, AP KSchG 1969 § 1 Betriebsbedingte Kündigung Nr. 181; KR/ *Griebeling* KSchG § 1 Rn. 522.

schluss unterliegt der Arbeitgeber aber einer strengeren gerichtlichen Überprüfbarkeit.[452]

Die Gestaltung eines Betriebes, die Frage, ob und wann und in welcher Weise sich jemand wirtschaftlich betätigen will, ist Bestandteil der **grundrechtlich geschützten unternehmerischen Freiheit,** wie sich aus Art. 2 Abs. 1, Art. 12 und Art. 14 GG ableiten lässt. Zu der verfassungsrechtlich garantierten unternehmerischen Freiheit gehört danach grundsätzlich auch das Recht des Unternehmers, sein Unternehmen aufzugeben, selbst darüber zu entscheiden, welche Größenordnung es haben soll und festzulegen, ob bestimmte Arbeiten weiter im eigenen Betrieb ausgeführt oder an Subunternehmer vergeben werden sollen.[453] Das Arbeitsgericht darf die unternehmerische Entscheidung deshalb nicht daraufhin überprüfen, ob sie überhaupt notwendig war, sinnvoll oder zweckmäßig, sondern nur darauf, ob sie offenbar unsachlich, unvernünftig oder willkürlich ist.[454] Sofern dies nicht der Fall ist, kann das Arbeitsgericht nur noch überprüfen, ob die unternehmerische Entscheidung überhaupt getroffen wurde und ob sie sich betrieblich dahingehend auswirkt, dass der Beschäftigungsbedarf für den gekündigten Arbeitnehmer entfallen ist. **538**

Für die arbeitsrechtliche Praxis bedeutet das, dass unternehmerischen Entscheidungen zu Beweissicherungs- und Dokumentationszwecken tatsächlich festgehalten und **schriftlich** fixiert werden sollten. Sinn und Zweck ist, zum einen im Streitfall die unternehmerische Entscheidung darzulegen und zu beweisen. Der weitere Sinn und Zweck besteht aber auch darin, die eigene Argumentation auf Schlüssigkeit und Nachvollziehbarkeit hin zu überprüfen. Eine solche unternehmerische Entscheidung enthebt den Arbeitgeber nicht von der Darlegungs- und Beweislast zum Wegfall des Beschäftigungsbedarfes im Rahmen eines Kündigungsschutzverfahrens wegen einer betriebsbedingten Kündigung. Sie ist aber in der arbeitsrechtlichen Praxis für Arbeitgeber und Personalverantwortliche hilfreich, um konkrete unternehmerische Maßnahmen nachzuvollziehen, zu gestalten und beweisbar und dokumentierbar zu machen. Dabei kann die unternehmerische Entscheidung nicht nur in einem Personalabbau an sich aufgrund einer unternehmerischen Maßnahme (Stilllegung, Produktionsverlagerung oÄ) bestehen, sondern auch in einer Änderung des Anforderungsprofils an einen Arbeitsplatz.[455] **539**

2. Muster

a) Muster: Stilllegung einer Betriebsabteilung[456] [→ A. Rn. 535 ff., 541, 542]

Unternehmerische Entscheidung	**540** ⚡ **174**
Um die Rentabilität zur Erhaltung unseres Unternehmens zu erhöhen und damit die Wettbewerbsfähigkeit der …… GmbH abzusichern, sollen …… zukünftig nicht mehr von dem Unternehmen selbst hergestellt werden. Der Bau der …… wird zukünftig vollständig an Drittfirmen fremdvergeben. Dies nimmt die Geschäftsführung zum Anlass, die Abteilung ……, in der die …bisher hergestellt und aufgerüstet wurden, vollständig aufzulösen.	
1. Bisherige Struktur	
Gegenstand der …… GmbH ist die Herstellung von …… im Bereich der …… Das …… einer …… ist vereinfachend gesagt der …… In der Abteilung …… wurden diese …… bisher entweder vollständig selbst hergestellt oder es wurden von Drittfir-	

---

[452] BAG 16.12.2010 – 2 AZR 770/09, DB 2011, 879.
[453] BAG 26.9.2002 – 2 AZR 636/01, AP KSchG 1969 § 1 Betriebsbedingte Kündigung Nr. 124.
[454] BAG 16.10.2010 – 2 AZR 770/09, NZA 2011, 505; 16.12.2004 – 2 AZR 66/04, AP KSchG 1969 § 1 Betriebsbedingte Kündigung Nr. 133; 17.6.1999 – 2 AZR 141/99, AP KSchG 1969 § 1 Betriebsbedingte Kündigung Nr. 101.
[455] BAG 10.7.2008 – 2 AZR 1111/06, AP KSchG 1969 § 1 Betriebsbedingte Kündigung Nr. 181.
[456] Vgl. auch: *Schrader/Straube*, Insolvenzarbeitsrecht, S. 100 ff. Rn. 37 ff.

men hergestellte ...... je nach gesonderter Spezifikation der Kunden „aufgerüstet". In der Abteilung ...... sind zurzeit 22 Arbeitnehmer beschäftigt, deren Aufgaben wie folgt verteilt sind:

a) Arbeitsvorbereitung

In der Arbeitsvorbereitung sind bisher fünf Arbeitnehmer tätig. Hierbei handelt es sich um Herrn ......, Herrn ......, Herrn ......, Herrn ...... und Herrn ......
Der Bereich Arbeitsvorbereitung ist organisatorisch „eigentlich" der Abteilung ...... zuzuordnen. Aus geschäftsinternen Gründen wurde dieser Bereich bisher jedoch der Abteilung ...... zugeordnet. Die Aufgabe der Arbeitsvorbereitung ist insbesondere das Erstellen von ...... wie ......, das Erstellen von ...... für ......, ... sowie das Erstellen von ...... In der Arbeitsvorbereitung werden weiterhin ...... durchgesehen sowie dabei auftretende Unstimmigkeiten zwischen ...... und ...... bzw. ...... geklärt. In der Arbeitsvorbereitung werden auch externe ...... betreut und Nachträge bearbeitet.

b) Elektriker

In der Abteilung ...... werden weiterhin zehn Elektriker beschäftigt. Hierbei handelt es sich Herrn ......, Herrn ......, Herrn ......, Herrn ......, Herrn ......, Herrn ......, Herrn ......, Herrn ......, Herrn ...... und Herrn ...... Die Aufgabe der Elektriker besteht in erster Linie darin, Umbauarbeiten bei den so genannten ...... nach besonderen Wünschen der Kunden vorzunehmen.

c) Verdrahterinnen

In der Abteilung ...... sind schließlich neben dem Werkstatthelfer, Herrn ......, sechs Verdrahterinnen tätig. Hierbei handelt es sich um Frau ......, Frau ......, Frau ......, Frau ......, Frau ...... und Frau ...... Aufgabe der Verdrahterinnen ist es, in den ...... nach Vorgabe eines Schaltplanes Drähte anzubringen. Der Schaltplan gibt ihnen dabei im Einzelnen vor, welcher Draht wo im ...... anzubringen ist.

2. Unternehmerische Entscheidung

Die Geschäftsführung hatte bereits im Frühjahr dieses Jahres die unternehmerische Entscheidung getroffen, den Bau von ...... komplett an Drittfirmen fremdzuvergeben und die Abteilung ...... zum Ende des Jahres zu schließen. Am ...... wurde deshalb der als **Anlage 1** beigefügte Interessenausgleich zwischen der Geschäftsleitung und dem Betriebsrat der ...... GmbH vereinbart. Unter Ziffer 7 war vorgesehen, dass zum Ausgleich und zur Milderung der wirtschaftlichen Nachteile ein Sozialplan zur Anwendung kommen soll und dieser auf der materiellen Basis der Vereinbarung ...... vom ...abzuschließen ist. Aufgrund dieser unternehmerischen Entscheidung wurden bereits die Arbeitsverhältnisse mit den Verdrahterinnen Frau ......, Frau ......, Frau ...... und Frau ...... gekündigt. Die vier genannten Arbeitnehmerinnen haben gegen die Kündigungen Kündigungsschutzklage erhoben, die Verfahren sind vor dem Arbeitsgericht ...... anhängig.

Aktuelle Entwicklungen machen es nunmehr erforderlich, dass der Geschäftsführer der ...... GmbH, Herr ......, heute die unternehmerische Entscheidung trifft, die Abteilung ...... bereits zum ...... vollständig zu schließen. Die Herstellung und Aufrüstung von ...... wird bis zu diesem Zeitpunkt bei der ...... GmbH vollständig eingestellt. Noch vorhandene Aufträge werden bis zum vorgenannten Datum komplett abgearbeitet sein.

Diese unternehmerische Entscheidung soll spätestens mit Wirkung zum ...... umgesetzt werden.

Die zukünftige Struktur wird unter Berücksichtigung der arbeitsrechtlichen Konsequenzen dieser unternehmerischen Entscheidung wie folgt aussehen:

3. Zukünftige Struktur

a) Arbeitsvorbereitung

Der Bereich Arbeitsvorbereitung wird bereits mit Wirkung ab ...... nicht mehr der Abteilung ...... zugeordnet, sondern ab diesem Zeitpunkt vielmehr vollständig in die Abteilung ...... integriert sein. Dadurch wird der tatsächlich bestehende Sachzusammenhang auch praktisch wieder hergestellt.

Arbeitsrechtliche Konsequenzen resultieren hieraus nicht. Die fünf in dem Bereich Arbeitsvorbereitung tätigen Arbeitnehmer (Herr ......, Herr ......, Herr ......, Herr ...... und Herr ......) werden zukünftig weiterhin in diesem Bereich wie bisher tätig sein, allerdings mit der Maßgabe, dass sie dann der Abteilung ...... zugeordnet werden.

b) Elektriker

aa) Wegfall des Beschäftigungsbedürfnisses

Durch die unternehmerische Entscheidung vom heutigen Tage entfällt das Beschäftigungsbedürfnis für die in der Abteilung ...... tätigen Elektriker. Die Aufgaben der Elektriker werden zukünftig von Fremdfirmen ausgeführt. Die Arbeitsverhältnisse mit allen Elektrikern werden daher aus betriebsbedingten Gründen gekündigt.

bb) Sozialauswahl

Aufgrund der Schließung der gesamten Abteilung ...... entfällt das Beschäftigungsbedürfnis für alle dort tätigen Elektriker. Andere vergleichbare Arbeitnehmer, die im Rahmen einer Sozialauswahl zu berücksichtigen wären, gibt es bei der ...... GmbH nicht. Eine Sozialauswahl war somit nicht durchzuführen.

cc) Anderer freier Arbeitsplatz

Bei der ...... GmbH gibt es zwei freie Arbeitsplätze im Bereich ...... und einen anderen freien Arbeitsplatz im Bereich ...... Unter Berücksichtigung der sozialen Belange der betroffenen Arbeitnehmer hat sich die Geschäftsführung dazu entschlossen, diese drei Arbeitsplätze den Arbeitnehmern Herrn ......, Herrn ...... und Herrn ...... anzubieten. Aus der als **Anlage 2** beigefügten Übersicht ergibt sich, dass diese drei Arbeitnehmer gegenüber den anderen Elektrikern die weitaus besseren Sozialdaten haben. Die Auswahlentscheidung der Geschäftsführung ist mithin nicht zu beanstanden.

c) Verdrahterinnen

aa) Wegfall Beschäftigungsbedürfnis

Durch die unternehmerische Entscheidung vom heutigen Tage, die Herstellung und Aufrüstung von ...... zukünftig vollständig an Drittfirmen fremdzuvergeben, entfällt das Beschäftigungsbedürfnis für den in der Abteilung ...... tätigen Werkstatthelfer, Herrn ...... sowie für die sechs Verdrahterinnen (Frau ......, Frau ......, Frau ......, Frau ......, Frau ...... und Frau ......). Die Verdrahtungstätigkeiten werden zukünftig ebenfalls von den Fremdfirmen übernommen. Die Arbeitsverhältnisse mit den vorbezeichneten Arbeitnehmerinnen werden deshalb aus betriebsbedingten Gründen gekündigt.

bb) Sozialauswahl

Bei Herrn ...... und den sechs Verdrahterinnen handelt es sich um die einzigen ungelernten Kräfte (mit Ausnahme von Frau ......) in der Abteilung ...... Aufgrund der Schließung dieser Abteilung entfällt für alle sieben Arbeitnehmer das Beschäftigungsbedürfnis. Eine Sozialauswahl war daher nicht durchzuführen. Es gibt bei der Beklagten auch keine anderen vergleichbaren Arbeitnehmer, auf die die Sozialauswahl hätte ausgedehnt werden müssen.

cc) Anderer freier Arbeitsplatz

Bei der ...... GmbH gibt es einen freien Arbeitsplatz in der ......, der auch von einer ungelernten Kraft wahrgenommen werden kann. Unter Berücksichtigung der sozialen Belange der betroffenen Arbeitnehmer hat sich die Geschäftsführung entschlossen, diesen freien Arbeitsplatz Herrn ...... anzubieten. Aus der als **Anlage 2** beigefügten Übersicht der Sozialdaten ergibt sich eindeutig, dass Herr ...... gegenüber den anderen ungelernten Kräften (Verdrahterinnen) die besseren Sozialdaten hat. Die Auswahlentscheidung zu Gunsten von Herrn ...... ist somit nicht zu beanstanden.

Bei der ...... GmbH gibt es weiterhin einen freien Arbeitsplatz in der Abteilung ...... Die Geschäftsführung hat sich unter Berücksichtigung der sozialen Belange der betroffenen Arbeitnehmer dazu entschlossen, diesen Arbeitsplatz Frau ...... anzubieten. Während alle anderen Verdrahterinnen ungelernte Kräfte sind, ist Frau ...... gelernte Bürokauffrau. Sie war bereits früher als kaufmännische Angestellte im Bereich ...... der ...... GmbH tätig. Aufgrund dieser Qualifikation ist Frau ...... die einzige Arbeitnehmerin von den Verdrahterinnen, die die Tätigkeit im ...... ausüben kann. Auch diese Auswahlentscheidung ist mithin nicht zu beanstanden.

4. Ergebnis

Als Ergebnis bleibt festzuhalten, dass die unternehmerische Entscheidung zum Wegfall des Beschäftigungsbedürfnisses für alle in der Abteilung ...... beschäftigten Arbeitnehmer mit Ausnahme der Arbeitnehmer der Arbeitsvorbereitung führt. Andere freie Arbeitsplätze können wir nur den Arbeitnehmern Herrn ......, Frau ......, Herrn ......, Herrn ...... und Herrn ...... anbieten. Weitere freie Arbeitsplätze, die wir auch den anderen Arbeitnehmern hätten anbieten können, haben wir nicht.

Der Interessenausgleich vom ...... behält weiterhin seine Gültigkeit.

......, den ...

...... GmbH

Geschäftsführung

b) Muster: Produktionsverlagerung ins Ausland[457] *[→ A. Rn. 535 ff., 540, 542]*

Unternehmerische Entscheidung

Der Auftragsbestand der ...... GmbH ist stark rückläufig. Das ist insbesondere darauf zurückzuführen, dass ein Hauptkunde seine Aufträge an andere Firmen ver-

---
[457] Vgl. auch *Schrader/Straube*, Insolvenzarbeitsrecht, S. 105 ff. Rn. 38 ff.

gibt. Dies führt einerseits zu einem erheblichen Umsatzeinbruch, andererseits ist hierdurch der Beschäftigungsbedarf bei der ...... GmbH erheblich zurückgegangen. Dies nimmt die Geschäftsführung zum Anlass, den Bereich Produktion aufzulösen.

1. Vorbemerkung

Gegenstand der ...... GmbH ist die Herstellung und der Vertrieb von ...... Der Produktionsbetrieb der Gesellschaft ist in .... Darüber hinaus gibt es eine weitere Gesellschaft in ...... Hierbei handelt es sich um die ......

Die Aufträge werden auf die beiden Gesellschaften wie folgt verteilt:

Bei der ...... GmbH in ...... werden zurzeit nur noch Einzelanfertigungen hergestellt. Diese können in Deutschland noch Kosten deckend produziert werden. Dies gilt für Serienaufträge nicht mehr. Serienaufträge werden zwar von der ...... GmbH in ...... angenommen, Serienaufträge werden dann aber aufgrund der wesentlich geringeren Produktionskosten an die ...... in ...... vergeben. Dort werden die Serienaufträge dann produziert.

Der Auftragsbestand der ...... GmbH in ...... ist stark rückläufig. Dies ist in erster Linie darauf zurückzuführen, dass einer der bisherigen Hauptauftraggeber, die ......, zukünftig keine Aufträge mehr an die ...... GmbH vergeben wird, die in dem Betrieb in ...... unter Kosten deckenden Konditionen abgearbeitet werden können. Die ...... wird ihre Aufträge zukünftig an andere Unternehmen vergeben, die billiger produzieren können. Konkret ist es so, dass die ...... GmbH im Jahre ...... für die ...gefertigt hat. Dabei handelte es sich bereits um ...... Serienaufträge, die sämtlich in ...... gefertigt wurden. Die restlichen ...... Aufträge wurden im Betrieb in ...... abgearbeitet.

Die ...... GmbH hat von der ...... noch Aufträge über die Anfertigung von ...... Diese werden in ...... produziert. Die Produktion wird in drei bis vier Wochen abgeschlossen sein. Weitere Aufträge für Sonderanfertigungen von der ......, die in ...... Kosten deckend produziert werden könnten, gibt es nicht und wird es zukünftig auch nicht mehr geben. Daneben gibt es noch Aufträge für ...... für einen Kunden aus ......, die ebenfalls in ...... abgearbeitet werden. Diese Aufträge werden bis ......, spätestens ...... beendet sein. Schließlich gibt es noch einen Auftrag über ...... für eine ...... Firma. Dieser Auftrag ist spätestens Anfang ...... abgearbeitet. Im ...... werden somit alle erteilten Aufträge für Sonderanfertigungen im Betrieb in ...... abgewickelt sein. Neue Aufträge für Sonderanfertigungen liegen nicht vor.

Hingegen bestehen für das Werk in ...... noch Serienaufträge bis Ende des Jahres. Dort wird beispielsweise noch ein Auftrag von ...... über ...... abgearbeitet. Des Weiteren stehen neue Aufträge für Serienanfertigungen in Aussicht. Diese müssen aus Kostengründen ebenfalls in dem Betrieb in ...... abgearbeitet werden.

Diese Entwicklung im Bereich Produktion hat die Geschäftsführung der ...... GmbH zum Anlass genommen, am ...... folgende unternehmerische Entscheidung zur Umstrukturierung der Gesellschaft zu treffen:

2. Unternehmerische Entscheidung

Der alleinige Geschäftsführer der ...... GmbH, Herr ......, hat am ...... die unternehmerische Entscheidung getroffen, dass in dem Betrieb in ...... keine ...... mehr produziert werden. Es werden dort zukünftig keine Sonder- bzw. Serienaufträge mehr abgearbeitet. Die Produktion von ...... im Betrieb in ...... wird vollständig zum Ende des .... eingestellt. Hierdurch entfällt das Beschäftigungsbedürfnis der in dem Betrieb in ...... in der Produktion tätigen Arbeitnehmer. Die Arbeitsverhältnisse mit diesen Arbeitnehmern werden aus betriebsbedingten Gründen gekündigt.

Bei der ...... GmbH in ...... werden zukünftig nur noch solche Funktionen vorgehalten, die zur Aufrechterhaltung, Unterstützung und Abwicklung der Serienaufträge erforderlich sind, die von der ...... in ...... produziert werden.

Diese unternehmerische Entscheidung soll spätestens mit Wirkung zum ...... umgesetzt werden.

Die Aufteilung der weiterhin bei der Gesellschaft anfallenden Arbeiten erfolgt als Teil der unternehmerischen Entscheidung im Einzelnen wie folgt:

3. Umstrukturierung der einzelnen Tätigkeiten

a) Einstellung der Produktion

Die Produktion von ...... in dem Betrieb in ...... wird zum ...... eingestellt. Die Gesellschaft wird in ...... weder Sonderanfertigungen noch Serienaufträge abarbeiten bzw. produzieren. Es wird in dem Betrieb in ...... überhaupt keine Produktion mehr stattfinden.

Damit entfällt der Beschäftigungsbedarf für die in der Produktion tätigen Arbeitnehmer. Hierbei handelt es sich im Einzelnen um:

1. Frau ......;

2. Herrn ......

Aufgrund des Wegfalls des Beschäftigungsbedürfnisses wird vorstehenden Arbeitnehmern aus betriebsbedingten Gründen gekündigt. Eine Sozialauswahl ist nicht durchzuführen, da alle in dem Bereich Produktion tätigen Arbeitnehmer eine betriebsbedingte Kündigung erhalten.

Soweit noch Arbeitnehmer von der Gesellschaft beschäftigt werden, sind diese nicht mit den Arbeitnehmern in der Produktion vergleichbar. Für die betroffenen Arbeitnehmer gibt es aufgrund der Stilllegung der Produktion auch keine anderweitige Beschäftigungsmöglichkeit in dem Unternehmen.

b) Weitere Betreuung Serienaufträge

In dem Betrieb in ...... werden von der Gesellschaft nur noch solche Funktionen vorgehalten, die zur Aufrechterhaltung und Abwicklung der von der ...... in ...... durchgeführten Serienaufträge erforderlich sind.

aa) Kundenkontakt, Auftragsannahme

Der Kontakt zu den Auftraggebern besteht in Deutschland und soll von dem Betrieb in ...... aufrechterhalten werden. Hier werden auch die Aufträge für die Serienproduktionen in ...... angenommen. Beide Aufgaben werden von dem Geschäftsführer, Herrn ......, wahrgenommen.

bb) Materialanlieferung

Das Material für die Serienproduktion in ...... wird bisher in dem Betrieb der ...... GmbH in ...... angeliefert. Dort wird das Material auch gelagert, bevor es dann von Arbeitnehmern der ...... Gesellschaft zur Weiterverarbeitung in ...... abgeholt wird. Diese Aufgaben werden bisher von Arbeitnehmern aus der Produktion durchgeführt. Zukünftig wird die Ladung und Lagerung der Rohmaterialien in ...... von dem Betriebsleiter, Herrn ......, und dem stellvertretenden Betriebsleiter, Herrn ......, durchgeführt werden. Ab voraussichtlich ...... werden die Rohmaterialien dann direkt zu der Gesellschaft bzw. dem Werk in ...... geliefert.

cc) Technischer Support

Die Produktionsstätte der ...... in ...... wurde mit Hilfe der ...... GmbH bzw. deren Rechtsvorgängerinnen aufgebaut. Für den technischen Support bzw. technische Rückfragen stehen in ...... weiterhin Herr ...... und Herr ...... zur Verfügung. Herr ...... wird mit Wirkung zum ...... aus Altersgründen in den gesetzlichen Ruhestand gehen. Die Support-Tätigkeit für den Betrieb in ...... wird dann dauerhaft allein von dem Arbeitnehmer ...... fortgeführt.

dd) Buchhaltung

Die Buchhaltung der von der ...... in .... durchgeführten Serienanfertigung wird weiterhin von dem Betrieb in ...... durchgeführt. Diese Aufgabe wird wie bisher von dem Buchhalter, Herrn ......, wahrgenommen.

ee) Technischer Vertrieb

Bis zum Ende des Jahres ...... wurde der technische Vertrieb allein von dem Geschäftsführer der Gesellschaft, Herrn ......, durchgeführt. Mit Wirkung zum ...... wurde für den Vertrieb zusätzlich der Arbeitnehmer ...... eingestellt. Die Einstellung erfolgte befristet bis zum ......

Bis zum heutigen Tag haben Herr ...... und Herr ...... den Vertrieb nebeneinander durchgeführt. Die Aufgabe von Herrn ...... bestand in erster Linie darin, Neukunden für den Bereich Reparaturen hinsichtlich defekter ...... zu akquirieren. Aufgrund der vollständigen Einstellung der Produktion hat sich die Geschäftsführung dazu entschlossen, keine Neukundenakquise für den Bereich Reparaturen mehr durchzuführen. Dies wird mit Wirkung ab ...... umgesetzt. Damit entfällt das Beschäftigungsbedürfnis für den Arbeitnehmer ...... Das Arbeitsverhältnis mit dem Arbeitnehmer ...... wird deshalb gekündigt. Eine anderweitige Beschäftigungsmöglichkeit für Herrn ...... besteht im Unternehmen nicht.

Soweit Herr ...... daneben in geringem Umfang auch Kunden für die Neuproduktion zu akquirieren hatte, entfällt das Beschäftigungsbedürfnis auch wegen der Stilllegung der Produktion. Soweit zukünftig Akquisition bzw. Vertrieb für die Serienproduktion in ...... durchgeführt wird, wird diese Aufgabe – wie auch bisher – von Herrn ...... durchgeführt.

Aus diesem Grund wird das Beschäftigungsverhältnis mit dem Vertriebsbeauftragten, Herrn ......, ebenfalls aus betriebsbedingten Gründen gekündigt.

ff) Kaufmännische Angestellte

In der ...... GmbH sind zwei kaufmännische Angestellte beschäftigt, hierbei handelt es sich um Frau ...... und Frau ...... Die Aufgaben dieser beiden Arbeitnehmerinnen bestehen im Einzelnen darin, Rechnungen nach Vorgabe des Betriebsleiters oder des Geschäftsführers zu schreiben, Lieferscheine zu schreiben, Zollpapiere auszufüllen und den Einkauf von Büromaterialien durchzuführen. Diese Aufgaben entfallen ebenfalls durch die Einstellung der Produktion in ...... Soweit zukünftig im Rahmen der ...... Serienproduktion Rechnungen zu schreiben sind, werden diese unmittelbar von dem Betriebsleiter, dem Geschäftsführer oder dem Buchhalter geschrieben. Die Lieferscheine werden zukünftig allein von dem Buchhalter, Herrn ......, geschrieben. Der Einkauf von Büromaterial wird zukünftig von dem Geschäftsführer, dem Betriebsleiter oder dem Buchhalter, Herrn ......, durchgeführt. Das Ausfüllen von Zollpapieren entfällt ab dem ...... durch den EU-Beitritt von ...... vollständig.

Damit entfällt auch das Beschäftigungsbedürfnis für Frau ...... und Frau ...... Beiden Arbeitnehmerinnen wird deshalb ebenfalls aus betriebsbedingten Gründen gekündigt. Anderweitige Beschäftigungsmöglichkeiten für Frau ...... und Frau ...... bestehen in dem Unternehmen nicht.

4. Leistungsverdichtung

Soweit es durch die vorstehenden Maßnahmen zu einer Leistungsverdichtung bei den Arbeitnehmern ......, ... und ...... kommen sollte, ist diese als Teil der unternehmerischen Entscheidung mit gewollt.

5. Ergebnis

Als Ergebnis bleibt festzuhalten, dass die unternehmerische Entscheidung zum Wegfall des Beschäftigungsbedürfnisses für die in der Produktion tätigen Arbeitnehmer sowie für Herrn ......, Frau ...... und Frau ...... führt. Andere freie Arbeitsplätze, die wir diesen Arbeitnehmern im Betrieb in ...... hätten anbieten können, haben wir nicht. Soweit es durch die Umverteilung zu einer Leistungsverdichtung bei den verbleibenden Arbeitnehmern kommt, ist dies als Teil der unternehmerischen Entscheidung mit gewollt.

......, den ......

...... GmbH

Geschäftsführer

c) Muster: Änderung Anforderungsprofil[458] [→ A. Rn. 535 ff., 540, 541]

Unternehmerische Entscheidung

Der Absatz von ......-Produkten im Bereich ...... und ...... ist in Deutschland – im Gegensatz zu dem Verkauf in sonstigen europäischen Ländern – rückläufig. Dies nimmt die ...... GmbH zum Anlass, die von den Vertriebsmitarbeitern betreuten Tätigkeitsbereiche durch Änderungen des Anforderungsprofils und der Verkaufsgebiete umzuorganisieren. Hierdurch soll der Absatz der ......-Produkte in Zukunft gesteigert werden.

1. Bisherige Struktur

Die ...... GmbH gehört zum weltweit agierenden ...... Konzern. ...... ist weltweit führend auf dem Gebiet von ......, insbesondere in den Bereichen ...... und ...... sowie ......, ... und ...... Die Unternehmenszentrale hat ihren Sitz in den ...... Die europäische Unternehmenszentrale befindet sich in ...... Von dort wird in erster Linie der Verkauf und der Vertrieb der ......-Produkte in Europa, Asien, Afrika und im Mittleren Osten betrieben. Die ...... GmbH beschäftigt ausschließlich ......, die die ......-Produkte in Deutschland verkaufen. Eine Produktion von ......-Produkten findet in Deutschland nicht statt.

Es gibt bei der ...... GmbH zwei Verkaufsabteilungen. Zum einen handelt es sich um die Abteilung ...... Diese Abteilung ist für den Verkauf der Produkte in den Bereichen ......, ... und ...... zuständig. Andererseits gibt es die Abteilung ...... Diese Abteilung ist für den Vertrieb der ......-Produkte in den Bereichen ...... und ...... zuständig. Dabei handelt es sich im Wesentlichen um Produkte für ......, wie beispielsweise ...... und ...... Ein Hauptprodukt ist dabei ......

---

[458] Vgl. auch *Schrader/Straube*, Insolvenzarbeitsrecht, S. 115 ff. Rn. 51 ff.

Der Verkauf der ......-Produkte erfolgt dabei nicht direkt an die Endkunden, sondern an Händler, die die Produkte dann ihrerseits an die Endkunden weiterverkaufen. In der Abteilung ...... sind ...... und ...... zu unterscheiden. Die ...... fungieren einerseits zwischen der ...... GmbH und den Händlern, indem sie ein Händlernetz aufbauen und die einzelnen Händler unterstützen bzw. stärken. Andererseits werden sie aber auch in der Beziehung zwischen Händler und Endkunden tätig, indem sie Vorführungen der einzelnen Produkte bei dem Endkunden planen und attraktiv gestalten. Die ...... werden hingegen allein im Rahmen der Umsetzung für den Endkunden tätig. Sie führen die einzelnen Produkte im Rahmen der von den ...... geplanten Vorführungsveranstaltungen vor. In der Verkaufsabteilung ...... gab es bisher zwei ...... (Herrn ...... und Herrn ......) und drei ...... Ein ...... war für das Verkaufsgebiet Norddeutschland zuständig, der andere für das Verkaufsgebiet Süddeutschland, Österreich und Schweiz.

2. Unternehmerische Entscheidung

Der Geschäftsführer der ...... GmbH, Herr ......, hat am ...... die unternehmerische Entscheidung getroffen, die Tätigkeitsbereiche der ...... in der Verkaufsabteilung ...... durch Änderungen des Anforderungsprofils und der Verkaufsgebiete umzuorganisieren.

Das Anforderungsprofil sieht zukünftig vor, dass der Stelleninhaber die Ausbildung und Prüfung zum ...... oder ...... erfolgreich bestanden haben muss. Der Stelleninhaber muss zur Führung des entsprechenden Meistertitels berechtigt sein. Der Stelleninhaber muss kaufmännische und absatzwirtschaftliche Kenntnisse haben, die durch eine entsprechende Prüfung belegt sind. Des Weiteren erfordert die Tätigkeit eines ...... in der Verkaufsabteilung ...... zukünftig hervorragende betriebswirtschaftliche Kenntnisse, ein gutes Verhandlungsgeschick, analytische Fähigkeiten sowie die Fähigkeit, Marketingprogramme zu implementieren. Schließlich ist die Fähigkeit und Bereitschaft erforderlich, ungefähr 60% bis 80% der Arbeitszeit in Nordeuropa zu reisen, was auch häufig mit Übernachtungen in den jeweiligen Ländern verbunden ist. Es ist deshalb auch erforderlich, dass der Stelleninhaber Englisch und Deutsch fließend spricht und schreibt.

Geographisch werden sich die zu betreuenden Verkaufsgebiete wie folgt ändern: Der ......, der für das Verkaufsgebiet Norddeutschland zuständig ist, wird dort weiterhin die ...... betreuen. Darüber hinaus wird er zukünftig für ...... in Großbritannien und Skandinavien zuständig sein, um dort die ......-Produkte zu verkaufen. Der ......, der für das Verkaufsgebiet Süddeutschland, Österreich und Schweiz zuständig ist, wird dort weiterhin die ...... betreuen. Darüber hinaus wird er zukünftig aber für die ...... in Ungarn, Kroatien und der Tschechischen Republik zuständig sein, um dort die Verkaufs- und Marketing-Programme der ...... GmbH zu implementieren und so die ......-Produkte in diesen Ländern zu verkaufen.

Diese unternehmerische Entscheidung soll spätestens zum ...... umgesetzt werden. Spätestens zu diesem Zeitpunkt sollen die Stellen der ...... in der Verkaufsabteilung ...... mit Arbeitnehmern besetzt werden, die diesem Anforderungsprofil entsprechen, wenn die bisherigen Stelleninhaber dieses Anforderungsprofil nicht aufweisen. Die Besetzung der beiden Stellen ...... in der Abteilung ...... erfolgt zukünftig als Teil der unternehmerischen Entscheidung im Einzelnen wie folgt:

3. Zukünftige Struktur

a) Bereich Süd

Im Bereich Süd wird zurzeit Herr ...... als ...... in der Verkaufsabteilung ...... eingesetzt. Herr ...... erfüllt nicht nur die bisherigen Kriterien der Stelle, sondern auch die zukünftigen. Herr ...... wird deshalb auch weiterhin als ...... in der Verkaufsabteilung ...... eingesetzt.

b) Bereich Nord

Im Bereich Nord wird zurzeit Herr ...... als ...... in der Verkaufsabteilung ...... eingesetzt. Im Gegensatz zu Herrn ...... erfüllt er ...... das zukünftige Anforderungsprofil nicht. Insbesondere hat Herr ...... keine Meisterprüfung abgelegt.

aa) Wegfall Beschäftigungsbedürfnis

Aufgrund der unternehmerischen Entscheidung vom ...... entfällt somit das Beschäftigungsbedürfnis für Herrn ......, da er den gesteigerten Anforderungen der von ihm in Zukunft zu erwartenden Tätigkeit nicht mehr gewachsen ist. Das Arbeitsverhältnis wird auf Grund des Wegfalls des Beschäftigungsbedürfnisses aus betriebsbedingten Gründen als Inhalt der unternehmerischen Entscheidung gekündigt.

bb) Sozialauswahl

Eine Sozialauswahl mit zukünftigen Bewerbern auf die veränderte Stelle muss nicht durchgeführt werden, da Herr ...... das Anforderungsprofil nicht erfüllt und damit mit dem zukünftigen Stelleninhaber in keinem Fall vergleichbar ist.

cc) Kein anderer freier Arbeitsplatz

Einen anderen freien Arbeitsplatz, den man Herrn ...... zur Verfügung stellen könnte, gibt es nicht.

dd) Mildestes Mittel

Die Beendigung des Arbeitsverhältnisses stellt auch trotz der langen Betriebszugehörigkeit das mildeste Mittel für Herrn ...... dar. Insbesondere sind keine zumutbaren Umschulungs- oder Fortbildungsmaßnahmen ersichtlich, aufgrund derer Herr ...... das zukünftige Anforderungsprofil erreicht.

4. Antrag beim Integrationsamt

Herr ...... hat nach Informationen des Unternehmens einen Grad der Behinderung von 60. Vor Ausspruch der Kündigung ist somit die Zustimmung des zuständigen Integrationsamtes einzuholen.

5. Ergebnis

Als Ergebnis bleibt festzuhalten, dass die unternehmerische Entscheidung zum Wegfall des Beschäftigungsbedürfnisses für Herrn ...... führt. Andere freie Arbeitsplätze, die wir diesem Arbeitnehmer anbieten können, gibt es nicht.

......, den ......

...... GmbH

Geschäftsführer

III. Anhörung des Arbeitnehmers

1. Gesetzliche Vorgaben

543 Ein Fall der verhaltensbedingten Kündigung ist der der **Verdachtskündigung.** Nach der ständigen Rechtsprechung des BAG kann nicht nur eine erwiesene Vertrags-

verletzung, sondern schon der schwerwiegende bzw. dringende Verdacht einer Pflichtverletzung einen wichtigen Grund zur außerordentlichen Kündigung gegenüber dem verdächtigten Arbeitnehmer darstellen.[459] Unabdingbare Voraussetzung ist allerdings die vorherige Anhörung des Arbeitnehmers. Der Arbeitnehmer muss die Möglichkeit erhalten, die Verdachtskündigung zu entkräften und Entlastungstatsachen anzuführen. Der gebotene Umfang der Anhörung des Arbeitnehmers richtet sich nach den Umständen des Einzelfalls. Die Anhörung muss nicht den Anforderungen genügen, die an eine Anhörung des Betriebsrats nach § 102 BetrVG gestellt werden. Auf der anderen Seite reicht es nicht aus, den Arbeitnehmer lediglich mit einer völlig unsubstantiierten Wertung zu konfrontieren.[460]

Aus Beweissicherungs- und Dokumentationszwecken bietet es sich an, die **Anhörung schriftlich** zu fassen. Der Arbeitnehmer kann sich zu dem Sachverhalt erklären, muss es aber nicht.

2. Muster

a) Muster: Anhörungsschreiben *[→ A. Rn. 543 f.]*

Frau/Herrn ......
...... *(Anschrift)*

Anhörung

Sehr geehrte(r) Frau/Herr ......,

uns ist folgender Sachverhalt am ......, den ......, zur Kenntnis gebracht worden:

...... *(Hier sollte der Sachverhalt näher dargestellt werden.)* ......

Aufgrund des vorgenannten Sachverhaltes sind Sie dringend verdächtig, ... Wir möchten Ihnen aber Gelegenheit geben, sich zu dem dringenden Verdacht des ...... zu erklären, da eine Beendigung des Arbeitsverhältnisses, mithin der Ausspruch einer außerordentlichen, hilfsweise ordentlichen Tat- und Verdachtskündigung im Raum steht. Wir erwarten Ihre Erklärung bzw. Stellungnahme schriftlich bis spätestens

......, **den ......, ... Uhr,**

gerne auch per Fax unter ....

Mit freundlichen Grüßen

---

b) Muster: Einlassung des Arbeitnehmers

aa) Muster: Stellungnahme ohne Begründung *[→ A. Rn. 543 f., 547, 548]*

An die ...... GmbH
...... *(Anschrift)*

Sehr geehrte Damen und Herren,

Ihr Schreiben vom ...... habe ich erhalten. Zu dem mir vorgeworfenen Sachverhalt nehme ich keine Stellung.

Oder:

Die gegen mich erhobenen Vorwürfe sind unzutreffend.

Mit freundlichen Grüßen

---

[459] Zur Verdachtskündigung vgl. im Einzelnen: BAG 29.11.2007 – 2 AZR 724/06, AP BGB § 626 Verdacht strafbarer Handlung Nr. 40; Schaub/*Linck*, ArbR-HdB, § 127 Rn. 136 ff.
[460] Zu den Voraussetzungen der Anhörung vgl. im Einzelnen: BAG 23.6.2005 – 2 AZR 193/04, AP ZPO § 138 Nr. 11; Schaub/*Linck*, ArbR-HdB, § 127 Rn. 139 mwN.

bb) Muster: Stellungnahme mit Begründung [→ A. Rn. 543 f., 546, 548]

547

An die …… GmbH
…… (Anschrift)

Sehr geehrte Damen und Herren,

Ihr Schreiben vom …… habe ich erhalten. Die darin gegen mich erhobenen Vorwürfe sind unzutreffend:

…… (Hier sollten die Gründe dargelegt werden.) ……

Mit freundlichen Grüßen

548 Hinweis:

Ob der Arbeitnehmer Stellung nimmt oder nicht, ist eine Frage des Einzelfalls und der taktischen Vorgehensweise, die im Einzelfall zwischen Mandant und Arbeitnehmer abgestimmt werden sollte.

IV. Kündigung

1. Einseitige empfangsbedürftige Willenserklärung

549 Die Kündigung ist eine einseitige, empfangsbedürftige, rechtsgestaltende Willenserklärung, durch die das Arbeitsverhältnis für die Zukunft aufgehoben werden soll. Für den Arbeitgeber ist wichtig, dass die Kündigung eindeutig und unmissverständlich formuliert wird und dem Arbeitnehmer zugeht. Die Beweisbarkeit, die Dokumentierbarkeit des Zugangs ist daher unabdingbar. In der arbeitsrechtlichen Praxis hat sich die persönliche Aushändigung gegen Empfangsquittung oder die Zustellung per Boten in Kenntnis des Kündigungsschreibens als praktisch sicherstes Mittel der Zustellung erwiesen.

2. Muster

550 Hinweis:

Bei den Mustern ist zwischen der ordentlichen, der außerordentlichen, der Änderungskündigung und der Teilkündigung zu unterscheiden.

a) Muster: Ordentliche Kündigung

aa) Muster: Ordentliche Kündigung während der Probezeit [→ A. Rn. 549]

551

Frau/Herrn ……
…… (Anschrift)

Kündigung

Sehr geehrte(r) Frau/Herr ……,

hiermit kündigen wir das zwischen Ihnen und uns seit dem …… bestehende Arbeitsverhältnis ordentlich fristgemäß zum nächstzulässigen Zeitpunkt, das ist nach unseren Berechnungen der ……[461]

---

[461] Die Aufnahme einer Formulierung, dass die Kündigung zum nächstzulässigen Zeitpunkt erfolgt, scheint angeraten. Das BAG nimmt an, dass das Bestimmtheitsgebot bei einer ordentlichen Kündigung ohne weiteren Zusatz zu einem bestimmten Datum der Auslegung als eine Kündigung zu einem anderen Termin entgegenstehen kann (vgl. BAG 1.9.2010 – 5 AZR 700/09, NZA 2010, 1409).

Der Betriebsrat wurde zur Kündigung angehört. Er hat der Kündigung zugestimmt/ sich nicht geäußert/ihr widersprochen; seine Stellungnahme fügen wir als **Anlage** bei.[462]

Den noch ausstehenden Resturlaub gewähren wir Ihnen in der Zeit vom ...... bis ......

Wir weisen Sie auf Ihre Pflicht zur frühzeitigen Arbeitsuche nach § 38 Abs. 1 SGB III hin. Sie sind verpflichtet, sich spätestens drei Monate vor Beendigung Ihres Arbeitsverhältnisses persönlich bei der Agentur für Arbeit arbeitsuchend zu melden. Liegen zwischen Kenntnis des Beendigungszeitpunkts und der Beendigung des Arbeitsverhältnisses weniger als drei Monate, hat die Meldung innerhalb von drei Tagen nach Kenntnis des Beendigungszeitpunktes zu erfolgen. Zur Wahrung der Frist gemäß der beiden vorstehenden Sätze reicht eine Anzeige unter Angabe der persönlichen Daten und des Beendigungszeitpunktes aus, wenn die persönliche Meldung nach terminlicher Vereinbarung nachgeholt wird. Die Pflicht zur Meldung besteht unabhängig davon, ob der Fortbestand des Arbeitsverhältnisses gerichtlich geltend gemacht oder in Aussicht gestellt wird.[463]

Mit freundlichen Grüßen

bb) Muster: Kündigung im Dauerarbeitsverhältnis [→ A. Rn. 549, 553, 569]

552

Frau/Herrn ......
...... (Anschrift)

Kündigung

Sehr geehrte(r) Frau/Herr ......,

hiermit kündigen wir das zwischen Ihnen und uns seit dem ...... bestehende Arbeitsverhältnis ordentlich fristgemäß zum nächstzulässigen Zeitpunkt, das ist nach unseren Berechnungen der ......

Der Betriebsrat wurde zur Kündigung angehört. Er hat der Kündigung zugestimmt/ sich nicht geäußert/ihr widersprochen; seine Stellungnahme ist beigefügt.[464]

Bis zum Ablauf der Kündigungsfrist steht Ihnen insgesamt noch ein Resturlaub in Höhe von ...... Arbeitstagen zu. Diesen Urlaub gewähren wir in der Zeit vom ...... bis ......

Alternativ:

Diesen Urlaub können wir in der Kündigungsfrist aus betriebsbedingten Gründen nicht gewähren. Er wird daher bei Beendigung des Arbeitsverhältnisses abgegolten.

Mit freundlichen Grüßen

cc) Muster: Kündigung unter Angabe von Kündigungsgründen
[→ A. Rn. 549, 552, 554, 555, 569]

553

Frau/Herrn ......
...... (Anschrift)

---

[462] Der Hinweis auf Betriebsratsanhörung ist nicht zwingend. Er kann, muss aber nicht erfolgen.
[463] Dieser Hinweis kann in allen Mustern verwendet werden, um sozialversicherungsrechtliche Nachteile des Arbeitnehmers zu vermeiden. Ein Verstoß des Arbeitgebers gegen die Hinweispflicht führt jedoch nicht zu einem Schadensersatzanspruch des Arbeitnehmers (vgl. BAG 29.9.2005 – 8 AZR 571/04, AP SGB III § 2 Nr. 2; LAG Berlin 29.4.2005 – 13 SHa 724/05, BB 2005, 1576).
[464] → A. Fn. 462.

> **Kündigung**
>
> Sehr geehrte(r) Frau/Herr ......,
>
> hiermit kündigen wir das zwischen Ihnen und uns seit dem ...... bestehende Arbeitsverhältnis ordentlich fristgemäß zum nächstzulässigen Zeitpunkt, das ist nach unseren Berechnungen der ......
>
> Die Kündigung erfolgt aus personenbedingten/verhaltensbedingten/betriebsbedingten Gründen. ...... *(Hier folgt eine kurze Angabe der Kündigungsgründe.)* ......
>
> Der Betriebsrat wurde zur Kündigung angehört. Er hat der Kündigung zugestimmt/sich nicht geäußert/ihr widersprochen; seine Stellungnahme ist beigefügt.[465]
>
> Mit freundlichen Grüßen

554 **Hinweis:**

In der Praxis ist es aus Arbeitgebersicht weder rechtlich geboten noch empfehlenswert, den Kündigungsgrund im Kündigungsschreiben anzugeben. Der Arbeitgeber bindet sich letztendlich vom Ergebnis her. Aus taktischen Gründen kann allerdings bei einer relativ eindeutigen Sach- und Rechtslage einiges dafür sprechen, den Kündigungsgrund, gerade bei betriebsbedingter Kündigung, doch zu benennen, letztendlich mit der Intention, ein – kostspieliges – arbeitsgerichtliches Verfahren zu vermeiden.

dd) Muster: Kündigung mit Abfindungszusage [→ A. Rn. 549, 556]

555

> Frau/Herrn ......
> ...... *(Anschrift)*
>
> **Kündigung**
>
> Sehr geehrte(r) Frau/Herr ......,
>
> hiermit kündigen wir das zwischen Ihnen und uns bestehende Arbeitsverhältnis ordentlich fristgemäß zum nächstzulässigen Zeitpunkt, das ist nach unseren Berechnungen der ......
>
> Der Betriebsrat wurde zur Kündigung angehört. Er hat der Kündigung zugestimmt/sich nicht geäußert/ihr widersprochen; seine Stellungnahme ist beigefügt.[466]
>
> Die Kündigung erfolgt wegen dringender betrieblicher Erfordernisse. Gem. § 1a KSchG weisen wir Sie darauf hin, dass, sofern Sie keine Klage auf Feststellung erheben, dass das Arbeitsverhältnis durch die Kündigung nicht aufgelöst ist, Sie einen Anspruch auf Zahlung einer Abfindung haben. Erheben Sie daher keine Kündigungsschutzklage, so steht Ihnen eine Abfindung in Höhe von ...... zu, die sich wie folgt berechnet:
>
> 0,5 Monatsverdienste in Höhe von ...... EUR brutto für jedes Jahr des Bestehens des Arbeitsverhältnisses, bei Ihnen ...... Jahre. Bei der Ermittlung der Dauer des Arbeitsverhältnisses ist ein Zeitraum von mehr als sechs Monaten auf ein volles Jahr aufzurunden.
>
> Mit freundlichen Grüßen

---

[465] → A. Fn. 462.
[466] → A. Fn. 462.

Hinweis: 556

Nimmt der Arbeitgeber einen Hinweis und die Möglichkeit der Annahme des Abfindungsangebotes in das Kündigungsschreiben mit auf, ist der Arbeitnehmer nicht gezwungen, dies anzunehmen. Er kann es annehmen mit der Folge, dass er die begehrte Abfindung erhält, was aber zwangsläufig bedeutet, dass er keine Kündigungsschutzklage einlegt. Er kann aber auch eine Kündigungsschutzklage einreichen und versuchen, im Rahmen des Kündigungsschutzverfahrens eine höhere Abfindung, evtl. wegen guter Prozessaussichten, herauszuhandeln. Ob dies gelingt, ist eine Sache des Einzelfalls. Dem Arbeitnehmer sollte dabei aber bewusst sein, dass eine Klageerhebung den Erhalt einer Abfindung grundsätzlich ausschließt. Dies gilt gleichsam für die verspätete Erhebung einer Kündigungsschutzklage als auch für eine spätere Klagerücknahme.[467] Der Arbeitgeber wird hingegen darüber nachdenken müssen, ob er – taktisch gesehen – tatsächlich ein Abfindungsangebot unterbreitet, da im arbeitsgerichtlichen Verfahren der Arbeitgeber häufig an die im Vorfeld unterbreiteten Angebote, gleich aus welchem Rechtsgrund, bei den Verhandlungen um den Versuch einer einvernehmlichen Regelung festgehalten wird.

ee) Muster: Änderungskündigung [→ A. Rn. 428, 549, 558]

Frau/Herrn 557
...... (Anschrift) ⌦ 184

Änderungskündigung

Sehr geehrte(r) Frau/Herr ......,

in Folge der angespannten Finanzlage des Unternehmens haben wir uns leider entschließen müssen, unseren Betrieb in ...... zu schließen. Aus diesem Grunde müssen wir das zwischen Ihnen und uns seit dem ...... bestehende Arbeitsverhältnis ordentlich fristgemäß zum nächstzulässigen Zeitpunkt, das ist nach unseren Berechnungen der ......, kündigen.

Zugleich bieten wir Ihnen an, ... *(Es folgt das Änderungsangebot, möglichst konkret, dies kann ein anderer Arbeitsplatz in einem anderen Betrieb des Unternehmens sein, dies kann aber auch eine selbständige Tätigkeit, beispielsweise bei Vertriebsumstellung, sein.)* ......

Der Betriebsrat wurde zur Änderungskündigung angehört. Er hat der Kündigung zugestimmt/sich nicht geäußert/ihr widersprochen; seine Stellungnahme ist beigefügt.[468]

Mit freundlichen Grüßen

Hinweis: 558

Nach der Rechtsprechung des BAG muss bei jeder Kündigung der Grundsatz der Verhältnismäßigkeit geprüft werden. Die Änderungskündigung geht – vereinfachend gesagt – vor der Beendigungskündigung.[469] Die rechtliche Überprüfung bei einer Änderungskündigung ist kompliziert: Eine betriebsbedingte Änderungskündigung ist sozial gerechtfertigt, wenn sich der Arbeitgeber bei einem an sich anerkennenswerten Anlass darauf beschränkt hat, solche Änderungen vorzuschlagen, die der Arbeitnehmer billigerweise hinnehmen muss. Ein anerkennenswerter Anlass wäre dann gegeben, wenn das Bedürfnis für die Weiterbeschäftigung des Arbeitnehmers zu den bisherigen Bedingungen entfallen ist (zB Outsourcing). Dies kann auf

---

[467] BAG 20.8.2009 – 2 AZR 267/08, AP KSchG 1969 § 1a Nr. 9; 13.12.2007 – 2 AZR 971/06, AP KSchG 1969 § 1a Nr. 7.
[468] → A. Fn. 462.
[469] BAG 27.9.1984 – 2 AZR 62/83, AP KSchG 1969 § 2 Nr. 8.

einer nur der Missbrauchskontrolle unterliegenden unternehmerischen Entscheidung zur Umstrukturierung des Betriebes beruhen. Ob der Arbeitnehmer die vorgeschlagene Änderung billigerweise hinnehmen muss, richtet sich nach dem Verhältnismäßigkeitsgrundsatz. Keine der angebotenen Änderungen darf sich weiter vom Inhalt des bisherigen Arbeitsverhältnisses entfernen, als es zu der Anpassung an die geänderten Beschäftigungsmöglichkeiten erforderlich ist. Wenn durch das Änderungsangebot neben der Tätigkeit (Arbeitsleistungspflicht) die Gegenleistung (Vergütung) geändert werden soll, sind beide Elemente des Änderungsangebotes am Verhältnismäßigkeitsgrundsatz zu messen. Eine gesonderte Rechtfertigung der Vergütungsänderung ist nur dann entbehrlich, wenn sich die geänderte Vergütung aus einem im Betrieb angewandten Vergütungssystem ergibt (Tarifautomatik).[470]

ff) Muster: Teilkündigung[471] *[→ A. Rn. 549]*

559

Frau/Herrn ......

...... *(Anschrift)*

Teilkündigung

Sehr geehrte(r) Frau/Herr ......,

in Folge der Veränderung unseres Warensortiments ist es notwendig geworden, die mit Ihnen getroffenen Provisionsabreden zum nächstzulässigen Termin aufzukündigen. Die Teilkündigung der Provisionsstaffel ist in unserem Arbeitsvertrag ausdrücklich vorgesehen. Ab ...... gelten die als **Anlage** beigefügten neuen Provisionsabreden. Wir bitten Sie, eine Ausfertigung der Provisionsabreden nach rechtsverbindlicher Unterzeichnung an uns zurückzureichen.

Mit freundlichen Grüßen

Anlage: Provisionsabreden vom ......

b) Muster: Eigenkündigung *[→ A. Rn. 549]*

560

Hinweis:

Der Arbeitnehmer kann natürlich auch eine Eigenkündigung aussprechen. Er kann im Falle von Pflichtverletzungen durch den Arbeitgeber diesen abmahnen und im Wiederholungsfalle kündigen, um Schadensersatzansprüche geltend zu machen (§ 628 Abs. 2 BGB). Er kann aber auch normal kündigen, um sich beruflich zu verändern.

561

An die ...... GmbH

...... *(Anschrift)*

Eigenkündigung

Sehr geehrte Damen und Herren,

hiermit kündige ich das zwischen Ihnen und mir seit dem ...... bestehende Arbeitsverhältnis ordentlich fristgemäß zum nächstzulässigen Zeitpunkt, das ist nach meinen Berechnungen der ......

......, den ......

Arbeitnehmer

---

[470] BAG 23.6.2005 – 2 AZR 642/04, AP KSchG 1969 § 2 Nr. 81.
[471] Vgl. zur Zulässigkeit im Einzelnen: Schaub/*Linck*, ArbR-HdB, § 123 Rn. 8 ff.

c) Muster: Außerordentliche Kündigung

aa) Muster: Kündigung wegen Vertragsverletzung *[→ A. Rn. 549, 563, 564]*

> Frau/Herrn ......
> ...... *(Anschrift)*
>
> **Außerordentliche Kündigung**
>
> Sehr geehrte(r) Frau/Herr ......,
>
> hiermit kündigen wir das zwischen Ihnen und uns seit dem ...... bestehende Arbeitsverhältnis außerordentlich fristlos.
>
> Der Betriebsrat wurde zur Kündigung angehört. Er hat der Kündigung zugestimmt/sich nicht geäußert/ihr widersprochen; seine Stellungnahme ist beigefügt.[472]
>
> Mit freundlichen Grüßen

562

bb) Muster: Kündigung wegen Vertragsverletzung mit Angabe Kündigungsgrund *[→ A. Rn. 549, 562]*

> **Hinweis:**
> Einen Kündigungsgrund muss der Arbeitgeber im Kündigungsschreiben nicht angeben, kann es aber (vgl. § 626 Abs. 2 S. 3 BGB).

563

> Frau/Herrn ......
> ...... *(Anschrift)*
>
> **Außerordentliche Kündigung**
>
> Sehr geehrte(r) Frau/Herr ......,
>
> hiermit kündigen wir das zwischen Ihnen und uns seit dem ...... bestehende Arbeitsverhältnis außerordentlich fristlos. Bei der Kassenübergabe haben wir feststellen müssen, dass sich eine Kassendifferenz von 20,00 EUR findet. Es besteht der dringende Verdacht, dass Ihrerseits diese 20,00 EUR entwendet wurden. Aus diesem Grunde ist es uns nicht zuzumuten, das Arbeitsverhältnis bis zum Ablauf der ordentlichen Kündigungsfrist fortzusetzen.
>
> Der Betriebsrat wurde zur Kündigung angehört. Er hat der Kündigung zugestimmt/sich nicht geäußert/ihr widersprochen; seine Stellungnahme ist beigefügt.[473]
>
> Mit freundlichen Grüßen

564

cc) Muster: Kündigung des Ausbildungsverhältnisses

(1) Muster: Kündigung durch den Auszubildenden *[→ A. Rn. 549]*

> An die
> ...... GmbH,
> ...... *(Anschrift)*
>
> Sehr geehrte Damen und Herren,
>
> unsere Tochter ...... hat feststellen müssen, für den Ausbildungsberuf ...... nicht geeignet zu sein, und beabsichtigt, eine andere für sie geeignete Ausbildung aufzu-

565

---

[472] → A. Fn. 462.
[473] → A. Fn. 462.

nehmen. Wir kündigen das Berufsausbildungsverhältnis daher unter Einhaltung einer Kündigungsfrist von vier Wochen zum nächstzulässigen Zeitpunkt, das ist nach unseren Berechnungen der ......[474]

Mit freundlichen Grüßen

Erziehungsberechtigte

(2) Muster: Kündigung durch den Ausbildenden *[→ A. Rn. 549]*

566
190

An die
Auszubildende ......
gesetzlich vertreten durch die Eltern ......
...... *(Anschrift)*

Sehr geehrte(r) Frau/Herr ......,

hiermit kündigen wir das mit Ihrer Tochter ...... am ...... begründete Berufsausbildungsverhältnis aus wichtigem Grund fristlos ohne Einhalten einer Kündigungsfrist.[475] Ihre Tochter braucht mit Zugang dieses Schreibens nicht mehr zur Berufsausbildung zu erscheinen.

Die Kündigung wird auf folgende Kündigungsgründe gestützt:[476] ...... *(Es folgt eine ausführliche Darstellung der Kündigungsgründe.)* ......

In wiederholten Gesprächen mit Ihnen am ...... haben wir die Leistungen Ihrer Tochter beanstandet. Eine Besserung der Leistungen ist nicht eingetreten.

Mit freundlichen Grüßen

dd) Muster: Aufforderung zur Mitteilung außerordentlicher Kündigungsgründe *[→ A. Rn. 568]*

567
191

Frau/Herrn ......
...... *(Anschrift)*

Sehr geehrte(r) Frau/Herr ......,

zu unserer außerordentlichen Überraschung haben wir soeben Ihre fristlose Kündigung erhalten. Wir bitten gem. § 626 Abs. 2 S. 3 BGB um Angabe der Kündigungsgründe, da Ihrerseits bislang Beanstandungen im Arbeitsverhältnis nicht erhoben worden sind.

Wir machen Sie schon jetzt darauf aufmerksam, dass wir etwaige Schadensersatzansprüche aus Ihrem Vertragsbruch gegen Sie prüfen und gerichtlich verfolgen werden. Ihrer Antwort entgegensehend verbleiben wir

mit freundlichen Grüßen

568

Hinweis:

Nach § 626 Abs. 2 S. 3 BGB ist der Kündigende verpflichtet, dem anderen Teil auf Verlangen den Kündigungsgrund unverzüglich schriftlich mitzuteilen.[477] Für den Fall der Nichtbeachtung drohen Schadensersatzansprüche, die sich aber regelmäßig in den Kosten eines Verfahrens erschöpfen dürften, das eingeleitet wurde und ver-

---

[474] § 22 Abs. 2 Nr. 1 BBiG.
[475] § 22 Abs. 2 Nr. 2 BBiG.
[476] Die Angabe der Kündigungsgründe ist Wirksamkeitsvoraussetzung für die Kündigung (vgl. § 22 Abs. 3 BBiG).
[477] Vgl. im Einzelnen: Schaub/*Linck*, ArbR-HdB, § 127 Rn. 15 ff.

lustig geht. Kommt der Kündigende dem Begehren nicht nach, führt dies jedenfalls nicht zur Unwirksamkeit der Kündigung. Der Kündigende wird abwägen müssen, ob er sich einerseits an seinen Ausführungen in dem Schreiben zur Begründung der Kündigung festhalten lassen will oder das Risiko von Schadensersatzansprüchen eingeht.

d) Muster: Kündigung mit Freistellungserklärung [→ A. Rn. 549, 552, 553, 570]

Frau/Herrn .... (Anschrift) Sehr geehrte(r) Frau/Herr ......, hiermit kündigen wir das zwischen Ihnen und uns seit dem ...... bestehende Arbeitsverhältnis ordentlich fristgemäß zum nächstzulässigen Zeitpunkt, das ist nach unseren Berechnungen der ...... Zugleich stellen wir Sie bis zur Beendigung des Arbeitsverhältnisses unwiderruflich von der Verpflichtung zur Erbringung der Arbeitsleistung frei.[478] Die Freistellung erfolgt unter Anrechnung sämtlicher Ihnen noch zustehenden Resturlaubsansprüche für die Kalenderjahre ...... sowie sonstiger eventueller Freistellungsansprüche sowie unter Anrechnung anderweitigen Verdienstes. Der Ihnen zustehende Resturlaub wird zu Beginn der Freistellung gewährt. Während der Zeit der Freistellung gilt das vertragliche Wettbewerbsverbot (§ 60 HGB).[479] Mit freundlichen Grüßen	**569** 192
Hinweis: Die Formulierung klingt „gestelzt". Sie ist aber notwendig, um sicherzustellen, dass in der Freistellungsphase nicht nur sämtliche dem Arbeitnehmer zustehenden Urlaubsansprüche mit erledigt werden,[480] sondern auch anderweitiger in der Freistellungsphase erdienter Verdienst – ohne Wettbewerb des Arbeitnehmers – auf die Vergütungsansprüche des Arbeitnehmers angerechnet werden kann. Es ist insbesondere wichtig, dass die zeitliche Lage des Urlaubs und dessen Umfang definiert wird, denn ohne eine solche Festlegung ist zum Beispiel die Erzielung anderweitigen Verdienstes ohne Anrechnung möglich, da offen ist, an welchen Tagen die Urlaubsgewährung liegt und in der Urlaubsgewährung die Erzielung anderweitigen Verdienstes möglich wäre.	**570**

e) Muster: Anfechtung

aa) Muster: Anfechtungsschreiben Arbeitgeber [→ A. Rn. 573]

Frau/Herrn .... (Anschrift) Sehr geehrte(r) Frau/Herr ......, hiermit fechten wir den zwischen Ihnen und uns bestehenden Arbeitsvertrag wegen arglistiger Täuschung nach § 123 BGB an.	**571** 193

---

[478] Eine widerrufliche Freistellung des Arbeitnehmers von der Arbeitspflicht ist nicht geeignet, den Urlaubsanspruch zu erfüllen (vgl. BAG 19.5.2009 – 9 AZR 433/08, AP BUrlG § 7 Nr. 41), vgl. auch → A. Rn. 182 ff.

[479] Diese Klarstellung ist notwendig, da der Arbeitnehmer ansonsten aufgrund der Freistellung nicht gehindert wäre, auch im bestehenden Arbeitsverhältnis Wettbewerb zu betreiben (vgl. BAG 6.9.2006 – 5 AZR 703/05, AP BGB § 615 Nr. 118).

[480] BAG 17.5.2011 – 9 AZR 189/10, NZA 2011, 1032; 9.6.1998 – 9 AZR 43/97, AP BUrlG § 7 Nr. 23.

> Die Anfechtung beruht auf nachfolgenden Gründen: ......[481]
>
> Mit freundlichen Grüßen

bb) Muster: Anfechtung einer Kündigung/eines Aufhebungsvertrages durch den Arbeitnehmer [→ A. Rn. 573]

572

> An die
> ...... GmbH
> ...... (Anschrift)
>
> Sehr geehrte Damen und Herren,
>
> ich bin am ...... als ...... eingestellt worden. Meinen Pflichten aus dem Arbeitsvertrag bin ich stets gewissenhaft nachgekommen.
>
> Am ...... habe ich das Arbeitsverhältnis gekündigt/mit Ihnen einen Vertrag über die Beendigung meines Arbeitsverhältnisses geschlossen. Meine Erklärung fechte ich nach § 123 BGB an. Sie haben mich zur Abgabe meiner Erklärungen gezwungen[482]/mich durch eine Täuschung zur Abgabe meiner Erklärung veranlasst. Der Abgabe meiner Erklärung ist eine Auseinandersetzung vorausgegangen ......
>
> Ich biete Ihnen meine Arbeitsleistung wieder an.
>
> Mit freundlichen Grüßen

573 Hinweis:

Da es umstritten ist, ob sich der Anfechtungsgrund (zB Täuschung oder Drohung) und die tatsächlichen Gründe, auf die eine Anfechtung gestützt wird, aus der Erklärung selbst ergeben müssen, ist zu empfehlen, beides in der Erklärung anzugeben. In jedem Fall muss die Anfechtungserklärung unzweideutig formuliert sein und darf nicht an Bedingungen geknüpft werden. Das BAG hat sich bisher nicht klar positioniert, ob ein Arbeitnehmer, auf dessen Arbeitsverhältnis das KSchG Anwendung findet, im Falle der Anfechtung gezwungen ist, die Klagefrist des § 4 KSchG zu beachten.[483] Daher ist es dringend zu empfehlen, binnen der Frist zu klagen, um Rechtsnachteile zu vermeiden. Die Beweislast für die vorliegenden Anfechtungsvoraussetzungen trägt der Anfechtende.

cc) Anfechtung eines Aufhebungsvertrages durch den Arbeitgeber

(1) Vorbemerkung

574 Bei Vergleichserörterungen im Kündigungsschutzprozess ist der Arbeitnehmer nicht verpflichtet, von sich aus die Tatsache einer Anschlussbeschäftigung zu offenbaren. Die dahingehende Frage des Gerichts oder des Arbeitgebers muss er jedoch wahrheitsgemäß beantworten („kein Recht auf Lüge"). Dem Arbeitgeber kann aufgrund dessen ein Anfechtungsrecht zustehen. Auch bei wahrheitswidriger Beantwortung ist ihm dann kein Schaden entstanden, wenn die Höhe der vereinbarten Abfindung nach den in der arbeitsgerichtlichen Praxis üblichen Regeln bestimmt worden ist (beispielsweise die so genannte „Regelabfindung" von einem halben Bruttomonatsgehalt pro Beschäftigungsjahr).[484] Der Arbeitgeber wird daher in der Praxis, wenn aufgrund einer wahrheitswidrigen Angabe nach der Frage der Weiterbeschäftigung eine Abfindungszahlung vereinbart wurde, die über die so genannte „Regelabfindung" hinausgeht, nicht anfechten (er wollte und will die Beendigung des Arbeitsverhältnisses), sondern er wird vielmehr versuchen, im Wege

---

[481] Zu den Anfechtungsgründen vgl. Schaub/*Linck*, ArbR-HdB, § 34 Rn. 23 ff.
[482] Schaub/*Linck*, ArbR-HdB, § 34 Rn. 37 ff.
[483] BAG 14.12.1979 – 7 AZR 38/78, AP BGB § 119 Nr. 4.
[484] LAG Hamm 19.5.1994 – 16 (10) Sa 1545/93, LAGE ZPO § 794 Nr. 7.

von Schadensersatzansprüchen oder über das Rechtsinstitut des Wegfalls der Geschäftsgrundlage eine (teilweise) Rückzahlung zu erreichen.

Wenn die Anfechtung erklärt wird, sollte in jedem Fall auch vorsorglich, wenn noch nicht geschehen, außerordentlich, hilfsweise ordentlich gekündigt werden. Zu beachten ist dabei selbstverständlich, dass ein Betriebsrat, soweit vorhanden, nach § 102 BetrVG anzuhören ist.

(2) Muster: Anfechtung eines Aufhebungsvertrags durch den Arbeitgeber
[→ A. Rn. 574 f.]

> Frau/Herrn ......
> ...... (Anschrift)
>
> Sehr geehrte(r) Frau/Herr ......,
>
> hiermit fechte ich nach § 123 BGB meine auf den Abschluss des zwischen uns vereinbarten Aufhebungsvertrages gerichtete Willenserklärung vom ....../auf den Abschluss des gerichteten Vergleiches, Aktenzeichen ......, gerichtete Willenserklärung vom ...... an.
>
> Vor Abschluss des Aufhebungsvertrages/im Gütetermin vor dem Arbeitsgericht ...... in dem Verfahren ...... am ...... habe ich Sie gefragt, ob Sie schon eine Anschlussbeschäftigung hätten. Dies haben Sie verneint, eine solche sei auch nicht in Sicht.
>
> Nunmehr haben wir herausgefunden, dass Ihre Angabe falsch war. Sie sind seit dem ...... bei der ...... beschäftigt und waren dies auch schon zum Zeitpunkt des Abschlusses des Aufhebungsvertrages/gerichtlichen Vergleiches. Nur aufgrund des bestehenden Annahmeverzugsrisikos war ich bereit, den mit Ihnen vereinbarten Aufhebungsvertrag mit der darin enthaltenden Abfindung zu vereinbaren/war ich bereit, den gerichtlichen Vergleich mit der darin vorgesehenen Abfindung zu vereinbaren.
>
> Deswegen kündigen wir ein eventuell wieder entstehendes Arbeitsverhältnis mit Ihnen aus wichtigem Grund fristlos sowie hilfsweise ordentlich fristgemäß zum nächstzulässigen Zeitpunkt, das ist nach unseren Berechnungen der ......
>
> Wir fordern Sie auf, die Abfindung in Höhe von ...... EUR bis zum ...... auf unser Konto ...... bei der ...... zurückzuzahlen.
>
> Mit freundlichen Grüßen

f) Muster: Zurückweisung der Kündigung wegen fehlender Vollmachtsvorlage

> **Hinweis:**
>
> Spricht der Arbeitgeber die Kündigung durch einen Bevollmächtigten aus, muss dieser die Vollmacht zur Kündigung im Original beifügen. Erfolgt dies nicht, kann wegen der fehlenden Vollmachtsurkunde die Kündigungserklärung nach § 174 BGB unverzüglich (idR Zeitraum von einer Woche)[485] zurückgewiesen werden. Bei der Zurückweisung durch einen Bevollmächtigten ist zu beachten, dass auch der Zurückweisung eine Vollmachtsurkunde im Original beizufügen ist. Anderenfalls kann auch die Zurückweisung ihrerseits nach § 174 BGB zurückgewiesen werden. Das Verfahren sollte genau eingehalten werden, da eine wirksame Zurückweisung wegen fehlender Vollmachtsurkunde zur Unwirksamkeit der Kündigung führt.[486]

---

[485] BAG 8.12.2011 – 6 AZR 354/10, NZA 2012, 495.
[486] Vgl. zur Zurückweisung im Einzelnen: Schaub/Linck, ArbR-HdB, § 123 Rn. 19 ff. mzN.

578

> An die
> ...... GmbH
> ...... (Anschrift)
>
> Sehr geehrte Damen und Herren,
>
> die mir am ...... zugestellte (außerordentliche/ordentliche) Kündigung vom ......, die von Frau/Herrn ...... mit ppa./i.V. unterzeichnet worden ist, weise ich mangels Vollmachtsvorlage gem. § 174 BGB zurück.
>
> Mit freundlichen Grüßen

V. Besonderer Kündigungsschutz

1. Vorbemerkung

579 Für eine Reihe von Arbeitnehmern und Arbeitnehmerinnen gilt es, bei der Beendigung des Arbeitsverhältnisses einen bestehenden Sonderkündigungsschutz zu beachten.

2. Schwerbehinderte und ihnen Gleichgestellte (§§ 85 ff. SGB IX)

a) Gesetzliche Vorgaben

580 Nach § 85 SGB IX bedarf jede Kündigung (zur außerordentlichen vgl. § 91 SGB IX) eines schwerbehinderten Menschen oder gleichgestellten Menschen durch den Arbeitgeber der **vorherigen Zustimmung des Integrationsamtes**.[487] Der gesetzliche Sonderkündigungsschutz für schwerbehinderte Menschen ist als – unabdingbares – Kündigungsverbot mit Erlaubnisvorbehalt ausgestaltet. Wird die Zustimmung zur Kündigung vom Integrationsamt nicht erteilt und liegt auch kein so genanntes Negativtestat, also vereinfachend gesagt eine Bestätigung, dass Sonderkündigungsschutz nicht besteht, vor, bleibt die Kündigungssperre bestehen und eine ausgesprochene Kündigung wäre wegen Verstoßes gegen ein gesetzliches Verbot nichtig (§ 134 BGB). Der Sonderkündigungsschutz wirkt letztendlich präventiv, indem vor Ausspruch der Kündigung ein behördliches Kontrollverfahren vorgeschaltet wird, um bereits im Vorfeld der Kündigung die besonderen Schutzinteressen schwerbehinderter bzw. gleichgestellter Arbeitnehmer zur Geltung zu bringen. Ziel ist es, die aus der Behinderung des Arbeitnehmers resultierende Benachteiligung auf dem Arbeitsmarkt abzufedern und zu verhindern, dass sich der Arbeitgeber schwerbehinderter oder gleichgestellter Menschen aus behinderungsbedingten Gründen entledigt.

581 **Voraussetzung für den Sonderkündigungsschutz** ist eine Wartezeit von sechs Monaten (§ 90 Abs. 1 Nr. 1 SGB IX). Voraussetzung ist darüber hinaus ein Grad der Behinderung von wenigstens 50 (§ 2 Abs. 2 SGB IX). § 68 SGB IX erstreckt den Sonderkündigungsschutz der §§ 85 ff. SGB IX auch auf die den Schwerbehinderten gleichgestellten Menschen. Eine Gleichstellung setzt einen Grad der Behinderung von wenigstens 30 (vgl. § 2 Abs. 3 SGB IX) sowie einen Gleichstellungsbescheid der Agentur für Arbeit voraus. Dieser Gleichstellungsbescheid ist ein konstitutiver, rückwirkend auf den Tag des Eingangs des Antrages (§ 68 Abs. 2 SGB IX) wirkender Verwaltungsakt.

582 Nach ständiger Rechtsprechung setzt der besondere Kündigungsschutz nicht voraus, dass der **schwerbehinderte Mensch bzw. der gleichgestellt behinderte Mensch** bereits bei Ausspruch der Kündigung als solcher anerkannt war. Es reicht aus, wenn vor Ausspruch der Kündigung der Antrag gestellt wurde, auch wenn die Anerkennung erst nach Ausspruch der Kündigung erfolgte. § 90 Abs. 2a SGB IX enthält insoweit eine **Fristenregelung:** Will der Arbeitnehmer, der den Arbeitgeber noch nicht über seine Schwerbehinderung oder Gleichstellung informiert hat, sich den Sonderkündigungsschutz nach § 85 SGB IX erhalten, muss er nach Zugang der

---

[487] Vgl. dazu im Einzelnen Schaub/*Koch*, ArbR-HdB, § 178 Rn. 6 ff. mzN und § 179 Rn. 19 ff. mzN; *Schrader/Klagges* NZA-RR 2009, 169.

Kündigung innerhalb einer angemessenen Frist gegenüber dem Arbeitgeber seine bereits festgestellte oder zur Feststellung beantragte Schwerbehinderteneigenschaft geltend machen. Unterlässt der Arbeitnehmer diese Mitteilung, ist die Kündigung jedenfalls nicht bereits wegen der fehlenden Zustimmung des Integrationsamtes unwirksam, der Arbeitnehmer hat dann den besonderen Kündigungsschutz als schwerbehinderter Mensch verwirkt. Im Interesse einer Einhaltung der Frist ist erforderlich, dass der Arbeitnehmer den Antrag auf Anerkennung spätestens drei Wochen vor Zugang der Kündigung gestellt hat und er spätestens drei Wochen nach Zugang der Kündigung den Arbeitgeber über den Sonderkündigungsschutz in Kenntnis setzt.[488]

b) Muster

aa) Muster: Antrag beim Integrationsamt in Formularform [→ A. Rn. 580, 584, 588]

583

An das Integrationsamt ......
...... *(Anschrift)*

Zustimmung zur Kündigung

Sehr geehrte Damen und Herren,

der Antragsteller war gezwungen, ... Arbeitnehmer aus betriebsbedingten Gründen zu entlassen. Infolge natürlicher Fluktuation sind weitere ...... Arbeitnehmer ausgeschieden. Der Antragsteller beschäftigt daher nur noch ...... Arbeitnehmer. Unter den beschäftigten Arbeitnehmern sind ...... schwerbehinderte Menschen. Der Antragsteller beschäftigt daher immer noch schwerbehinderte Menschen über die gesetzlich bestimmte Zahl hinaus.

Der Antragsteller beabsichtigt, gegenüber dem Arbeitnehmer

Name	......
Anschrift	......
geboren am	......
Familienstand	......
unterhaltspflichtige Kinder:	......
bei der Antragstellerin tätig seit:	......
Vergütung zuletzt:	...... EUR brutto
Kündigungsfrist:	tarifvertraglich/gesetzlich ...... Monat(e) zum Ende eines Kalendermonats

eine ordentliche betriebsbedingte Kündigung zum nächstzulässigen Zeitpunkt auszusprechen. Der Arbeitnehmer hat nach Kenntnis des Antragstellers einen Grad der Behinderung von ...... Er ist damit als schwerbehindert/gleichgestellt iSd § 2 Abs. 2/3 SGB IX einzustufen.

Die Kündigung beruht auf folgendem Sachverhalt:

...... *(Genaue Darlegung des Wegfalls des Beschäftigungsbedürfnisses usw.)* ......

Betriebsrat und Vertrauensmann der schwerbehinderten Menschen haben der Kündigung zugestimmt. Es wird daher um Zustimmung und Stellungnahme zur Kündigung gebeten.

......, den ......

Arbeitgeber

---

[488] BAG 12.1.2006 – 2 AZR 539/05, AP SGB IX § 85 Nr. 3; allerdings hat der Arbeitgeber nunmehr auch das Recht und die Möglichkeit im mehr als sechs Monate bestehenden Arbeitsverhältnis, auch zur Vorbereitung einer Kündigung, nach der Schwerbehinderung und Gleichstellung zu fragen (vgl. BAG 16.2.2012 – 6 AZR 553/10, NZA 2012, 555 sowie *Schrader/Siebert* ArbRAktuell 2012, 157).

bb) Muster: Antrag beim Integrationsamt in Briefform [→ A. Rn. 580, 583, 588]

584
198

An das
Integrationsamt ......
...... *(Anschrift)*

Antrag auf Zustimmung zur außerordentlichen/ordentlichen Kündigung/Änderungskündigung des schwerbehinderten Menschen/gleichgestellt behinderten Menschen ......, geb. am ......, wohnhaft in ......

Sehr geehrte Damen und Herren,

der schwerbehinderte Mensch/gleichgestellt behinderte Mensch ist led./verh./verwitwet/gesch. und für ...... Kinder unterhaltsverpflichtet. Er hat einen Grad der Behinderung von ......

Die Behinderung ist nachgewiesen durch ....../Ein Antrag auf Feststellung des Grades der Behinderung ist beim Versorgungsamt ...... gestellt.

Oder:

Es ist nicht definitiv bekannt, ob Frau/Herr ...... einen Antrag auf Feststellung des Grades der Behinderung bei einem Versorgungsamt oder einen Antrag auf Gleichstellung gestellt hat. Rein vorsorglich bitten wir jedoch um Zustimmung zu einer außerordentlichen, hilfsweisen ordentlichen Kündigung. Die ordentliche Kündigung soll mit der vertraglich vereinbarten Frist von ...... zum nächstmöglichen Zeitpunkt erfolgen.

Der schwerbehinderte Mensch ist von Beruf ...... Er wurde am ...... eingestellt und zuletzt zu einem Verdienst von ...... EUR beschäftigt.

Die Kündigung ist notwendig, weil ......

Der Antragsteller beschäftigt ...... Arbeitnehmer. Die Pflichtzahl beträgt mithin ...... Es werden ...... schwerbehinderte Menschen/gleichgestellte schwerbehinderte Menschen beschäftigt, darunter ...... die älter als 50 Jahre sind sowie ...... nach Art und Schwere ihrer Behinderung besonders betroffene Personen (§ 72 SGB IX). Ferner werden ...... Bergmannsversorgungsscheininhaber beschäftigt (§ 75 Abs. 4 SGB IX).

Für weitere Auskünfte steht der Sachbearbeiter ...... zur Verfügung. Beauftragter des Antragstellers für Angelegenheiten schwerbehinderter Menschen ist ...... Vertrauensmann der schwerbehinderten Menschen ist ...... Der Betriebsratsvorsitzende heißt ......

Die Stellungnahme des Betriebsrats und der Schwerbehindertenvertretung sind beigefügt.

......, den ......

Arbeitgeber

cc) Muster: Stellungnahme des Betriebsrats

585
199

An das
Integrationsamt ......
...... *(Anschrift)*

> Sehr geehrte Damen und Herren,
>
> der Betriebsrat hat in seiner Sitzung vom ...... beschlossen, den Antrag auf Zustimmung zur ...... Kündigung des schwerbehinderten Menschen/gleichgestellt behinderten Menschen ...... (nicht) zu unterstützen, weil ......
>
> ......, den ......
>
> Betriebsrat

dd) Muster: Stellungnahme der Schwerbehindertenvertretung

> An das
> Integrationsamt ......
> ...... *(Anschrift)*
>
> Sehr geehrte Damen und Herren,
>
> es wird beantragt, dem Antrag vom ...... zur ...... Kündigung des schwerbehinderten Menschen/gleichgestellt behinderten Menschen ...... (nicht) stattzugeben, weil ......
>
> ......, den ......
>
> Schwerbehindertenvertretung

586

ee) Muster: Auflösungsvertrag unter Mitwirkung des Integrationsamtes[489]

> Zwischen
> der ...... GmbH, ... *(Anschrift)*
>   – nachfolgend Arbeitgeber genannt –
> und
> Frau/Herrn ......, ... *(Anschrift)*
>   – nachfolgend Arbeitnehmer genannt –
>
> Arbeitgeberseitig ist die ...... Kündigung des Arbeitsverhältnisses mit dem Arbeitnehmer beabsichtigt. Dazu wurde beim Integrationsamt ein Antrag auf Zustimmung zum Ausspruch der ordentlichen Kündigung gestellt. Zur Vermeidung dieses Verfahrens und dem Ausspruch der Kündigung wird zur Abwicklung und Beendigung des Arbeitsverhältnisses nachfolgendes vereinbart:
>
> 1. Arbeitgeber und Arbeitnehmer sind sich darüber einig, dass das Arbeitsverhältnis unter Einhaltung der ordentlichen Kündigungsfrist mit Ablauf des ...... aus ...... Gründen sein Ende finden wird.
>
> 2. Der Arbeitgeber verpflichtet sich, an den Arbeitnehmer aus sozialen Gründen für den Verlust des Arbeitsplatzes eine Abfindung in Höhe von ...... EUR brutto zu zahlen. Die Abfindung ist bereits jetzt entstanden und vererblich, sie wird fällig bei Beendigung des Arbeitsverhältnisses.
>
> 3. Das Arbeitsverhältnis wird zur Beendigung des Arbeitsverhältnisses am ...... ordnungsgemäß entsprechend der bisherigen (arbeits-)vertraglichen Vereinbarungen abgerechnet. Der Arbeitnehmer erhält insbesondere ......
>
> *Alternativ:*
>
> 3. Die Parteien sind sich darüber einig, dass der Arbeitnehmer krankheitsbedingt Arbeitsleistungen bis zum Beendigungszeitpunkt am ...... nicht mehr erbringen

587

---

[489] Das Integrationsamt wird zweckmäßig eingeschaltet, um Sperrfristen zu vermeiden.

kann, so dass Vergütungsansprüche des Arbeitnehmers für die Vergangenheit ab dem ...... und bis zum ...... nicht bestehen.

4. Die Parteien sind sich darüber einig, dass der Arbeitgeber den dem Arbeitnehmer zustehenden Resturlaub in natura gewährt hat. Die Parteien stimmen darin überein, dass darüber hinausgehende Urlaubsansprüche nicht mehr bestehen.

5. Damit sind sämtliche wechselseitigen finanziellen Ansprüche der Parteien aus dem Arbeitsverhältnis und seiner Beendigung, gleich aus welchem Rechtsgrund, gleich ob bekannt oder unbekannt, erledigt.

6. Die Vereinbarung kommt unter Mitwirkung des Integrationsamtes zustande. Das Antragsverfahren vor dem Integrationsamt ist damit erledigt.

......, den ......

Arbeitgeber   Arbeitnehmer

588 **Hinweis:**

Wird die Zustimmung des Integrationsamtes erteilt, kann der Arbeitnehmer dagegen Widerspruch einlegen und gegen die Zustimmung vor den Verwaltungsgerichten klagen. Gleiches gilt für den Arbeitgeber: Gegen die Versagung der Zustimmung kann er Widerspruch und anschließend verwaltungsgerichtliche Klage einlegen.[490]

3. Mutterschutz (MuSchG)

a) Gesetzliche Vorgaben

589 Im Mutterschutzrecht[491] ist der Sonderkündigungsschutz als **Kündigungsverbot mit behördlichem Erlaubnisvorbehalt** ausgestaltet. Nach § 9 Abs. 1 S. 1 MuSchG, der unabdingbar ist, darf eine Kündigung gegenüber einer Frau während der Schwangerschaft und bis zum Ablauf von vier Monaten nach der Entbindung nicht ausgesprochen werden, wenn dem Arbeitgeber zur Zeit der Kündigung die Schwangerschaft oder Entbindung bekannt war oder ihm innerhalb zweier Wochen nach Zugang der Kündigung mitgeteilt wird; das Überschreiten der Zwei-Wochen-Frist ist unschädlich, wenn es auf einem von der Frau nicht zu vertretenden Grund beruht und die Mitteilung unverzüglich nachgeholt wird.

590 Nach § 9 Abs. 3 S. 1 MuSchG kann von der für den Arbeitsschutz zuständigen obersten Landesbehörde oder einer von ihr bestimmten Stelle **in besonderen Fällen,** die nicht mit dem Zustand der Frau während der Schwangerschaft oder ihrer Lage bis zum Ablauf von vier Monaten nach der Entbindung in Zusammenhang stehen, ausnahmsweise der Ausspruch einer Kündigung für zulässig erklärt werden. Fehlt es an einer solchen Erklärung, wäre eine dennoch ausgesprochene Kündigung nach § 134 BGB nichtig.

591 Eine weitere kündigungsschutzrechtliche Besonderheit regelt Satz 2 des § 9 Abs. 3 MuSchG, der die **Angabe des zulässigen Grundes** im Kündigungsschreiben als **Wirksamkeitsvoraussetzung** der Kündigung formuliert.

592 Die Zulässigkeitserklärung ist ein Verwaltungsakt, der durch die Schwangere bzw. im Falle der Versagung der Zustimmungserklärung durch den Arbeitgeber auf dem **Verwaltungsrechtsweg** angefochten werden kann.[492]

---

[490] Zum Rechtsschutzsystem vgl. im Einzelnen Schaub/*Koch,* ArbR-HdB, § 179 Rn. 44 ff. mzN; Schrader/*Klagges* NZA-RR 2009, 169.
[491] Vgl. im Einzelnen Schaub/*Linck,* ArbR-HdB, § 166 Rn. 1 ff. mzN.
[492] Zum Rechtsweg vgl. im Einzelnen Schaub/*Linck,* ArbR-HdB, § 169 Rn. 21 ff. mzN.

b) Muster

aa) Muster: Mitteilung der Schwangerschaft nach § 5 MuSchG
[→ A. Rn. 589]

> An die
> ...... GmbH
> ...... (Anschrift)
>
> **Mitteilung Schwangerschaft**
>
> Sehr geehrte Damen und Herren,
>
> der mich behandelnde Arzt teilte mir am ...... mit, dass ich schwanger bin. Der Tag der Entbindung wird voraussichtlich der ...... sein. Ein ärztliches Zeugnis füge als **Anlage** ich bei.
>
> Mit freundlichen Grüßen

593

bb) Muster: Antrag auf Zulässigkeitserklärung einer Kündigung
[→ A. Rn. 589 ff.]

> An ......[493]
> ...... (Anschrift)
>
> **Antrag auf Zulässigkeitserklärung einer Kündigung von** ...... (Name, Vorname, Geburtsdatum, Familienstand, Unterhaltspflichten, Anschrift)
>
> Sehr geehrte Damen und Herren,
>
> unsere am ...... geborene Arbeitnehmerin, Frau ......, wurde am ...... als Apothekenhelferin zu einer Bruttomonatsvergütung in Höhe von ...... EUR eingestellt. Sie ist schwanger und wird ausweislich der als **Anlage** beiliegenden Mitteilung und des uns übersandten Attestes am ...... entbinden.
>
> Es wird beantragt, den Ausspruch einer ordentlichen fristgemäßen Kündigung zum nächstzulässigen Zeitpunkt (Kündigungsfrist: ...... Monat(e) zum Ende eines Kalendermonats) gegenüber Frau ...... für zulässig zu erklären. Die Kündigung beruht auf verhaltensbedingten Gründen. Frau ...... hat am ...... in ...... Drogen (es handelt sich dabei um ......) entwendet. In unserer Apotheke kann sie daher nicht länger beschäftigt werden.
>
> (Der Kündigungssachverhalt sollte im konkreten Fall wegen § 9 Abs. 3 S. 2 MuSchG genau und präzise aufgearbeitet und vorgetragen werden.)
>
> Mit freundlichen Grüßen
>
> Apotheker

594

4. Elternzeit (§ 18 BEEG)

a) Gesetzliche Vorgaben

Der Sonderkündigungsschutz des § 18 BEEG erstreckt sich auf **elternzeitberechtigte Arbeitnehmer.**[494] Geschützt werden Personen, die einen Anspruch auf Elternzeit nach § 15 BEEG haben. Der Sonderkündigungsschutz setzt eine Inanspruchnahme bzw. ein Verlangen von Elternzeit voraus. § 16 Abs. 1 S. 1 BEEG gestaltet die Voraus-

595

---
[493] Zu den für die jeweiligen Bundesländer zuständigen Behörden vgl. Schaub/*Linck,* ArbR-HdB, § 169 Rn. 20.
[494] Zu den Voraussetzungen der Elternzeit und zum Sonderkündigungsschutz vgl. im Einzelnen Schaub/*Linck,* ArbR-HdB, § 172 Rn. 3 ff. mzN.

setzungen für die Inanspruchnahme von Elternzeit näher aus. Der Arbeitnehmer muss die Elternzeit grundsätzlich spätestens sieben Wochen vor Beginn schriftlich vom Arbeitgeber verlangen und gleichzeitig erklären, für welche Zeiten innerhalb von zwei Jahren sie genommen werden soll. Für die Inanspruchnahme ist das schriftliche Verlangen Wirksamkeitsvoraussetzung. Versäumt es der Arbeitnehmer, die Elternzeit in der gesetzlich vorgeschriebenen Form zu beantragen, besteht grundsätzlich kein gesetzlicher Sonderkündigungsschutz (Ausnahme und Missbrauchsfälle außen vorgelassen).[495]

596 Die Kündigung kann durch **behördliche Zulässigkeitserklärung** zugelassen werden (§ 18 Abs. 1 S. 2 BEEG). Dies ist nur in Sonderfällen und ausnahmsweise zulässig. In einer dauerhaften Betriebsstilllegung kann ein besonderer Fall in diesem Sinne liegen.[496] Die Entscheidung über die Zulässigkeitserklärung kann, je nachdem ob Versagung oder Erteilung, durch den jeweils Betroffenen, also Arbeitgeber oder Arbeitnehmer, auf dem Verwaltungsrechtsweg angegriffen werden.[497]

597 Arbeitnehmer in Elternzeit haben die Möglichkeit, **Teilzeit** zu beantragen, die der Arbeitgeber nur aus eingeschränkten Gründen[498] versagen darf.

b) Muster

aa) Muster: Antrag auf Elternzeit *[→ A. Rn. 595]*

598

An die
...... GmbH
...... *(Anschrift)*

Antrag auf Elternzeit

Sehr geehrte Damen und Herren,

am ...... wurde ich von einem Kind entbunden. Nach meinen Berechnungen endet die Schutzfrist nach § 6 MuSchG am ...... Ich beantrage nach § 16 BEEG fristgemäß sieben Wochen im Voraus die Gewährung von Elternzeit unmittelbar im Anschluss an die Mutterschutzfrist für die Zeit vom ...... bis ......

Das Arbeitsverhältnis möchte ich im Anschluss an die Elternzeit fortsetzen.

Mit freundlichen Grüßen

599

Hinweis:

Der Antrag kann selbstverständlich auch bereits vor der Entbindung gestellt werden, die Entbindung muss nicht abgewartet werden.[499]

bb) Muster: Antrag auf Teilzeit während der Elternzeit *[→ A. Rn. 597, 602]*

600

An die
...... GmbH
...... *(Anschrift)*

Sehr geehrte Damen und Herren,

bekanntermaßen habe ich aufgrund der Entbindung meines Kindes für die Zeit vom ...... bis ...... Elternzeit beantragt. Für die Elternzeit erbitte ich hiermit

---

[495] BAG 26.6.2008 – 2 AZR 23/07, NZA 2008, 1241.
[496] BAG 20.1.2005 – 2 AZR 500/03, NZA 2005, 687.
[497] Zum Rechtsweg vgl. Schaub/*Linck*, ArbR-HdB, § 172 Rn. 56 ff. mzN.
[498] Vgl. im Einzelnen Schaub/*Linck*, ArbR-HdB, § 172 Rn. 37 ff. mzN.
[499] BAG 17.2.1994 – 2 AZR 616/93, AP BGB § 626 Nr. 116; LAG Niedersachsen 12.9.2005 – 5 Sa 396/05, NZA-RR 2006, 346.

– meine Arbeitszeit von bisher ...... Wochenstunden ab dem ...... auf ...... Wochenstunden herabzusetzen. Die Herabsetzung soll bis zum Ende der Elternzeit andauern.
– Aufgrund der Kinderbetreuung beantrage ich die Verteilung der reduzierten Arbeitszeit auf folgende Wochentage und Uhrzeiten:
......
Die Verteilung der Arbeitszeit und die Verringerung der Wochenarbeitszeit bedingen einander, so dass die Teilzeitbeschäftigung nur zu den oben aufgeführten Zeiten möglich ist, da nur dann die Kinderbetreuung gewährleistet werden kann.

Ich hoffe auf Ihre Zustimmung. Zu einem Gespräch stehe ich selbstverständlich jederzeit zur Verfügung.

Mit freundlichen Grüßen

cc) **Muster: Ablehnung des Antrages** [→ A. Rn. 597]

Frau ......
...... (Anschrift)

Ihr Antrag auf Teilzeit während der Elternzeit

Sehr geehrte Frau ......,

vielen Dank für Ihr Schreiben vom ...... Ihren Wunsch auf eine Teilzeitbeschäftigung mit der von Ihnen vorgeschlagenen Verteilung der Arbeitszeit haben wir geprüft. Wie wir Ihnen bereits im Rahmen unseres Gespräches am ...... mitgeteilt haben, können wir diesem Wunsch leider nicht entsprechen, weil ...... *(Hier sollten in aller Ausführlichkeit die Ablehnungsgründe, die dringenden betrieblichen Gründe, genannt werden.)* ......

Mit freundlichen Grüßen

601
206

Hinweis:
Der Arbeitnehmerin bleibt für den Fall der Ablehnung der Klageweg.[500]

602

dd) **Muster: Antrag auf Zulässigkeitserklärung einer Kündigung**
[→ A. Rn. 596]

An das ......[501]
...... (Anschrift)

Antrag auf Zulässigkeitserklärung der Kündigung von ...... *(Name, Vorname, Geburtsdatum, Familienstand, Unterhaltspflichten, Anschrift)*

Sehr geehrte Damen und Herren,

wir beabsichtigen, Frau/Herrn ...... ordentlich fristgemäß zum nächstzulässigen Zeitpunkt zu kündigen. Wir bitten Sie um Ihre Zulässigkeitserklärung gem. § 18 Abs. 1 S. 2 und S. 3 BEEG. Den Antrag begründen wir wie folgt:

1. Frau/Herr ...... ist bei uns seit dem ...... als ...... beschäftigt. Sie/Er verdient zurzeit ...... EUR brutto monatlich. Die Kündigung soll am ...... unter Berücksichtigung der gesetzlich/vertraglichen/tarifvertraglichen Kündigungsfrist zum ...... ausgesprochen werden.

603
207

---

[500] Schaub/*Linck*, ArbR-HdB, § 172 Rn. 46.
[501] Schaub/*Linck*, ArbR-HdB, § 172 Rn. 56.

2. Frau/Herr …… ist seit dem …… und noch bis zum …… in Elternzeit.

3. Wir beabsichtigen, die Kündigung aus nachfolgenden Gründen auszusprechen:

Unser Unternehmen hat nur einen Betrieb unter der obigen Anschrift. Dieser Betrieb wird zum …… stillgelegt. Die Gesellschaft wird liquidiert. Alle Arbeitnehmer werden spätestens zu diesem Zeitpunkt gekündigt. Eine Weiterbeschäftigungsmöglichkeit besteht nicht.

Daher liegt nach Maßgabe von Nr. 2.1.1 der Allgemeinen Verwaltungsvorschrift zum Kündigungsschutz bei Elternzeit ein „besonderer" Fall im Sinne von § 18 Abs. 1 S. 2 BEEG vor. Wir bitten daher, der beabsichtigten Kündigung zuzustimmen.

4. Die Stellungnahme des Betriebsrats[502] gem. § 102 BetrVG sowie den mit dem Betriebsrat abgeschlossenen Interessenausgleich fügen wir bei.

……, den ……

Arbeitgeber

5. Pflegezeit

a) Gesetzliche Vorgaben

604 Das Pflegezeitgesetz gewährt Arbeitnehmern unter bestimmten Voraussetzungen einen Anspruch, der Arbeit fernzubleiben. Ziel ist die Verbesserung der Vereinbarkeit von Beruf und familiärer Pflege.[503] § 5 PflegeZG enthält ein **Kündigungsverbot mit Erlaubnisvorbehalt**. Nach § 5 Abs. 1 PflegeZG darf der Arbeitgeber das Beschäftigungsverhältnis von der Ankündigung bis zur Beendigung der kurzzeitigen Arbeitsverhinderung oder der Pflegezeit nicht kündigen. Eine Kündigung kann nur in besonderen Fällen nach § 5 Abs. 2 PflegeZG von der für den Arbeitsschutz zuständigen obersten Landesbehörde oder der von ihr bestimmten Stelle ausnahmsweise für zulässig erklärt werden.[504]

b) Muster

aa) Muster: Antrag auf Pflegezeit [→ A. Rn. 604, 606]

605
⊙ 208

An die

…… GmbH

…… (Anschrift)

Antrag auf Pflegezeit

Sehr geehrte Damen und Herren,

hiermit beantrage ich nach § 3 PflegeZG in der Zeit vom …… bis …… die Freistellung von der Arbeitspflicht. Die Pflegezeit beantrage ich unter vollständiger Freistellung von meinen arbeitsvertraglichen Pflichten.

Eine Bescheinigung der Pflegekasse/des Medizinischen Dienstes der Krankenversicherung über die Einstufung in die Pflegestufe …… füge ich als **Anlage** bei.

Mit freundlichen Grüßen

---

[502] Der Betriebsrat kann nach § 102 BetrVG schon vor Einholung der Zustimmung der Behörde angehört werden. In der Anhörung muss aber klar zum Ausdruck kommen, dass die Kündigung erst nach Zustimmung der Behörde ausgesprochen werden soll.

[503] Zur Pflegezeit und deren Voraussetzungen vgl. im Einzelnen Schaub/*Linck*, ArbR-HdB, § 107 Rn. 4 ff.

[504] Zum Sonderkündigungsschutz vgl. Schaub/*Linck*, ArbR-HdB, § 107 Rn. 64 ff. mzN.

> **Hinweis:**
> Bei Teilzeittätigkeit sollte die teilweise Freistellung und die sich daraus ergebende Verteilung der Arbeitszeit aufgeführt werden (vgl. § 3 Abs. 3 S. 3 PflegeZG).

606

bb) Muster: Antragsablehnung [→ A. Rn. 604]

> Frau/Herrn ......
> ...... (Anschrift)
>
> **Ihr Schreiben vom ......**
>
> Sehr geehrte(r) Frau/Herr ......,
>
> mit Schreiben vom ...... haben Sie wegen der Inanspruchnahme von Pflegezeit die vollständige Freistellung von Ihrer Arbeitszeit beantragt.
>
> Diesem Wunsch können wir aus dringenden betrieblichen Gründen nicht entsprechen.
>
> Die dringenden betrieblichen Gründe liegen darin: ...... *(Hier sollten die Gründe aufgeführt werden. Die Versagung dürfte nur im Ausnahmefall möglich sein, beispielsweise bei einer Saisonarbeit, Auftragsspitze oder ähnlichem)* ......
>
> Mit freundlichen Grüßen

607
↔ 209

cc) Muster: Antrag auf Zustimmung zur Kündigung [→ A. Rn. 604]

> An die
> ......[505]
>
> **Antrag auf Zustimmung zur Kündigung**
>
> Sehr geehrte Damen und Herren,
>
> wir beabsichtigen, unserem Arbeitnehmer:
>
> | | |
> |---|---|
> | **Name** | ...... |
> | **Anschrift** | ...... |
> | **geboren am** | ...... |
> | **Familienstand** | ...... |
> | **unterhaltspflichtige Kinder:** | ...... |
> | **bei dem Antragsteller tätig seit:** | ...... |
> | **Vergütung zuletzt:** | ...... EUR brutto |
> | **Kündigungsfrist:** | tarifvertraglich/gesetzlich ...... Monat(e) zum Ende eines Kalendermonats |
>
> eine außerordentliche, hilfsweise ordentliche Kündigung zum nächstzulässigen Zeitpunkt auszusprechen und bitten, diese für zulässig zu erklären.
>
> Der Kündigung liegt nachfolgender Sachverhalt zugrunde: Unser Arbeitnehmer hat mit Schreiben vom ......, von dem wir eine Ablichtung als **Anlage** beifügen, Pflegezeit beantragt.
>
> Wir haben feststellen müssen, dass unser Arbeitnehmer Vermögensdelikte begangen hat. Dies ergibt sich aus nachfolgendem Sachverhalt:
>
> ...... *(Hier sollte der Sachverhalt im Einzelnen aufgeführt werden.)* ......

608
↔ 210

---

[505] Schaub/*Linck*, ArbR-HdB, § 107 Rn. 64.

> Die Kündigung steht damit nicht im Zusammenhang mit der Inanspruchnahme der Pflegezeit, so dass wir bitten dürfen, die außerordentliche, hilfsweise ordentliche Kündigung für zulässig zu erklären.
>
> Mit freundlichen Grüßen

6. Ordnungsgemäßer Versuch eines Interessenausgleichs und Massenentlassungsanzeige

a) Gesetzliche Vorgaben

609 Plant der Arbeitgeber eine Betriebsänderung nach § 111 BetrVG, ist dies idR mit der Kündigung einer Vielzahl von Arbeitnehmern und damit einer Massenentlassung verbunden.[506] Die Einhaltung des Verfahrens ist für den Arbeitgeber zunächst deshalb wichtig, weil ihm für den Fall der Nichteinhaltung Nachteilsausgleichsansprüche durch die Arbeitnehmer drohen. Im Anschluss an den ordnungsgemäßen Versuch eines Interessenausgleichs muss der Arbeitgeber eine Massenentlassungsanzeige erstatten, die wiederum Voraussetzung dafür ist, dass der Arbeitgeber rechtswirksam Kündigungen aussprechen darf. Die folgenden Muster geben die Schritte bis zum ordnungsgemäßen Versuch eines Interessenausgleichs und anschließender Erstattung einer Massenentlassungsanzeige wieder.

b) Muster

aa) Muster: Verhandlungsangebot an Betriebsrat [→ A. Rn. 609, 612, → B. Rn. 260]

610

> An den Betriebsrat
> der GmbH ......
> z. Hd. Frau/Herrn ......
> – Betriebsratsvorsitzende/r –
> ...... (Anschrift/im Hause)
>
> Sehr geehrte/r Frau/Herr ......,
>
> leider sehen wir uns gezwungen, unseren Betrieb in erheblichem Umfang umstrukturieren zu müssen. Wegen der Einzelheiten dürfen wir auf das beiliegende unternehmerische Konzept nebst Liste der von uns in Betracht gezogenen Arbeitnehmer zum Ausspruch einer betriebsbedingten Kündigung verweisen.
>
> Beigefügt ist ebenfalls der Entwurf eines Interessenausgleiches. Wir bedauern, dass eine andere Entscheidung nicht möglich war. Aber aus wirtschaftlichen Gründen haben wir keine andere Alternative, als das Personal weiter zu reduzieren, um die Fortführung des dann verkleinerten Betriebes und Unternehmens zu gewährleisten. Ohne Abbau der Belegschaft ist dies nicht möglich.
>
> Die Verhandlungen werden auf unserer Seite geführt von Herrn/Frau RA(in) ......, Adresse: ....
>
> An Terminen für Verhandlungen schlagen wir vor:
>
> ...... (Hier sollten Minimum drei Tage als Terminsvorschläge benannt werden!) ......
>
> Wir wären für eine möglichst kurzfristige Aufnahme der Gespräche verbunden. Für den Fall, dass Sie weitere Informationen benötigen, wären wir dankbar, wenn Sie diese bei uns – nach Möglichkeit im Vorfeld des Beginns der Gespräche – erfragen, damit wir die Gespräche zu einem zügigen Abschluss bringen können.
>
> Mit freundlichen Grüßen
>
> Arbeitgeber

---

[506] Zur Betriebsänderung und zum ordnungsgemäßen Versuch eines Interessenausgleichs und Sozialplans vgl. im Einzelnen ausführlich: Schaub/Koch, ArbR-HdB, § 244 Rn. 3 ff. mzN.

bb) Muster: Antwort des Betriebsrats [→ A. Rn. 609, 612, → B. Rn. 263]

> An die
> ...... GmbH
> – Geschäftsführung –
> ...... (Anschrift/im Hause)
>
> Sehr geehrte Damen und Herren,
>
> vielen Dank für Ihr Schreiben vom ......, mit dem uns übersandten unternehmerischen Konzept. Als Verhandlungstermin schlagen wir den
>
> ...... (Datum)
>
> vor. Zur Vorbereitung des Gespräches bedürfen wir noch weiterer Unterlagen. Sie begründeten Ihre unternehmerische Entscheidung zur Entlassung von ...... Arbeitnehmern damit, dass Sie aufgrund der Empfehlungen der Unternehmensberatung ...... Das Gutachten und die insoweit maßgeblichen Parameter liegen uns nicht vor, so dass wir für eine Übersendung verbunden wären, damit wir uns über Alternativen Gedanken machen und solche entwickeln können.
>
> Mit freundlichen Grüßen
>
> Betriebsratsvorsitzende/r

611

> **Hinweis:**
> Die **Unterrichtung des Betriebsrats** muss **umfassend** sein, dh, sie muss nicht nur den Umfang der Maßnahmen und deren Gründe, sondern auch die zu erwartenden Auswirkungen auf die Belegschaft erkennen lassen, weil es sonst dem Betriebsrat nicht möglich ist, zu der geplanten Betriebsänderung Stellung zu nehmen und darüber zu entscheiden, wie ein Interessenausgleich herbeigeführt werden kann und ob ein Sozialplan aufgestellt werden soll.[507] Der Arbeitgeber steht in einem gewissen Interessenswiderstreit: Er möchte regelmäßig dem Betriebsrat einerseits nicht zu viele Unterlagen und Informationen geben, läuft aber die Gefahr – für den Fall, dass er zu wenig Unterlagen übergibt – den Betriebsrat nicht umfassend unterrichtet zu haben. Aus Arbeitgebersicht ist es häufig nicht ungeschickt, dem Betriebsrat eher zu viele als zu wenige Unterlagen zu übergeben. Auf Seiten des Betriebsrats gilt es zu bedenken, dass die Anforderung von zu vielen Unterlagen letztendlich für die Verhandlungen oft nicht förderlich ist, da die Unterlagen regelmäßig auch bearbeitet werden müssen und der Betriebsrat Gefahr läuft, vom Arbeitgeber mit Unterlagen „überfrachtet" zu werden.
> Der Betriebsrat hat die Möglichkeit, zu den Verhandlungen und Gesprächen mit dem Arbeitgeber einerseits einen **Berater** nach § 111 S. 2 BetrVG (in Unternehmen mit mehr als 300 Arbeitnehmern) hinzuzuziehen. Darüber hinaus kann er nach näherer Vereinbarung mit dem Arbeitgeber nach § 80 Abs. 3 BetrVG einen weiteren Berater hinzuziehen.[508]

612

cc) Muster: Mitteilung gegenüber Wirtschaftsausschuss/Schwerbehinderten-/Jugendauszubildendenvertretung [→ A. Rn. 609]

> **Hinweis:**
> Auch der Wirtschaftsausschuss sowie die Schwerbehinderten- und Jugendauszubildendenvertretung sollten über eine anstehende Umstrukturierung und den Versuch

613

---

[507] BAG 30.3.2004 – 1 AZR 7/03, AP BetrVG 1972 § 113 Nr. 47; 14.9.1976 – 1 AZR 784/75, AP BetrVG 1972 § 113 Nr. 2; 20.1.1961 – 1 AZR 53/60, AP BetrVG § 72 Nr. 2; vgl. auch GK-BetrVG/*Oetker* § 111 Rn. 177 ff.; Richardi/*Annuß*, BetrVG, § 111 Rn. 150 ff.

[508] Richardi/*Annuß*, BetrVG, § 111 Rn. 52 ff.

eines Interessenausgleiches nebst Sozialplan informiert werden, um einen Streit über etwa bestehende Beteiligungsrechte erst gar nicht aufkommen zu lassen. Ein derartiges Informationsschreiben könnte wie folgt formuliert werden:

614
213

An den Wirtschaftsausschuss/die Schwerbehindertenvertretung/die Jugendauszubildendenvertretung
...... (Anschrift/im Hause)

Sehr geehrte/r Frau/Herr ......,

leider sind wir gezwungen, unser Unternehmen umzustrukturieren. Wegen der Einzelheiten dürfen wir auf das beiliegende Schreiben an den Betriebsrat nebst den dort aufgeführten Anlagen verweisen.

Mit freundlichen Grüßen

Arbeitgeber

dd) Muster: Errichtung einer Einigungsstelle [→ A. Rn. 609, 615, → B. Rn. 303]

615 **Hinweis:**

Können Arbeitgeber und Betriebsrat sich nicht auf einen Interessenausgleich und/oder Sozialplan einigen, bedarf es der Errichtung einer Einigungsstelle. Diejenige Seite – egal ob Arbeitnehmer oder Betriebsrat –, die der Auffassung ist, dass man umfassend beraten habe, eine Einigung aber nicht möglich sei, wird – vereinfachend gesagt – die Einigungsstelle anrufen. Ein solches Schreiben könnte beispielsweise wie folgt formuliert werden:

616
214

An den Betriebsrat
der ...... GmbH
z. Hd. Frau/Herrn ......
– Betriebsratsvorsitzende/r –
...... (Anschrift/im Hause)

Sehr geehrte Frau/Herr ......,

da unsere Gespräche um den Versuch eines Interessenausgleichs bisher nicht zu einem Ergebnis geführt haben und wir davon ausgehen, die Gespräche umfassend geführt und Sie bzw. den Betriebsrat vollständig informiert zu haben, rufen wir hiermit die Einigungsstelle an. Als Einigungsstellenvorsitzenden schlagen wir Herrn Richter am Arbeitsgericht ...... vor. Die Zahl der Beisitzer sollte jeweils zwei betragen.

Mit freundlichen Grüßen

Arbeitgeber

ee) Muster: Gerichtliche Bestellung einer Einigungsstelle [→ A. Rn. 609, 619, → B. Rn. 306, → C. Rn. 236]

617 **Hinweis:**

Die gerichtliche Bestellung einer Einigungsstelle erfolgt mittels Antrag nach § 76 Abs. 2 S. 2 und 3 BetrVG iVm § 98 ArbGG.[509] Ein solcher Antrag könnte wie folgt formuliert werden:

---

[509] Bitte beachten: Das Gericht prüft nur, ob die Einigungsstelle offensichtlich unzuständig ist; Rechtsmittel: Beschwerde zum Landesarbeitsgericht innerhalb von zwei Wochen, einschließlich Begründung (§ 98 Abs. 2 ArbGG).

An das
Arbeitsgericht ......

Antrag auf Errichtung einer Einigungsstelle

der ...... GmbH, ... *(Anschrift)*

— Antragstellerin —

Prozessbevollmächtigte: Rechtsanwälte ......, ... *(Anschrift)*
gegen
den Betriebsrat der ...... GmbH, ... *(Anschrift)*

— Antragsgegner —

Namens und im Auftrage der Antragstellerin bitten wir um Einleitung eines Beschlussverfahrens und beantragen,
1. zum Einigungsstellenvorsitzenden über die Verhandlungen um einen Interessenausgleich zum Personalabbau der Antragstellerin den Vorsitzenden Richter am Arbeitsgericht ...... zu bestellen;[510]
2. die Zahl der Beisitzer wird auf jeweils zwei pro Seite festgesetzt.

Begründung:

Die Antragstellerin ist eine große Druckerei. Sie beschäftigt 200 Arbeitnehmer. Zurzeit gibt es fünf Druckmaschinen des Typs ...... An jeder Druckmaschine werden ...... Arbeitnehmer beschäftigt. Am ...... hat die Antragstellerin die unternehmerische Entscheidung getroffen, statt wie bisher mit ...... Druckmaschinen nur noch mit ...... Druckmaschinen zu arbeiten. Eine Ablichtung der unternehmerischen Entscheidung ist als **Anlage 1** beigefügt. Die Umsetzung der Maßnahme ist zum ...... beabsichtigt.

Die Antragstellerin hat daher mit dem Antragsgegner Gespräche aufgenommen, mit dem Plan, diese unternehmerische Entscheidung zum geplanten Zeitpunkt umzusetzen. Die Parteien haben am ...... und ...... über den Versuch eines Interessenausgleichs verhandelt, sich aber nicht verständigen können. Im Rahmen der Gespräche hat der Antragsgegner den Entwurf eines Sozialplans vorgelegt, der als **Anlage 2** beigefügt ist, jedoch die finanziellen Möglichkeiten der Antragstellerin bei weitem überschreitet. Die Verhandlungen sind daher insgesamt ergebnislos geblieben.

Am ...... hat die Antragstellerin daher in einem Schreiben an den Betriebsrat die Einigungsstelle angerufen und vorgeschlagen, den Vorsitzenden Richter am Arbeitsgericht ...... zum Vorsitzenden der Einigungsstelle zu bestellen und die Anzahl der Beisitzer auf jeweils zwei festzusetzen **(Anlage 3)**. Der Antragsgegner hat als Einigungsstellenvorsitzenden Herrn Rechtsanwalt ...... vorgeschlagen und ist der Auffassung, die Zahl der Beisitzer soll auf jeweils fünf festgelegt werden.[511]

Da mit dem Antragsgegner keine Einigung erzielt werden konnte, ist die Einigungsstelle durch das Gericht einzusetzen. Eine auf uns lautende Vollmacht ist als **Anlage 4** beigefügt.

Rechtsanwalt

---

[510] Um später keine Zweifel über die Zuständigkeit der Einigungsstelle aufkommen zu lassen, ist es notwendig, den Gegenstand des Einigungsstellenverfahrens möglichst genau zu beschreiben. Der Arbeitgeber kann einen Einigungsstellenvorsitzenden auch zugleich für den Abschluss eines Sozialplanes bestellen lassen. Notwendig ist es aber nicht. Im Zweifel wird dann der Betriebsrat diesen Antrag stellen.

[511] Es ist zweckmäßig – oft auch notwendig –, den bisherigen Gang der Verhandlungen genau zu schildern, um nachzuweisen, dass die Verhandlungen sowohl in der Sache selbst als auch hinsichtlich der Einigungsstellenbesetzung tatsächlich geführt worden und gescheitert sind; ansonsten droht Zeitverlust.

619 | **Hinweis:**

Hat das Arbeitsgericht durch – rechtskräftigen – Beschluss eine Einigungsstelle eingesetzt, haben Arbeitgeber und Betriebsrat vor dieser Einigungsstelle zu verhandeln. Scheitern die Verhandlungen endgültig, kann der Arbeitgeber die Maßnahme (den Interessenausgleich) zunächst einmal umsetzen, eine Einigung über Interessenausgleich und Sozialplan (dies regelmäßig, eine Einigung über einen isolierten Interessenausgleich ist eher selten) ist schriftlich festzuhalten.

ff) Muster: Interessenausgleich und Sozialplan *[→ A. Rn. 609, 622, 624, → B. Rn. 266 ff., 277, 281]*

620 | **Hinweis:**

Einigen Arbeitgeber und Betriebsrat sich, sind – wie bereits erwähnt – Interessenausgleich und Sozialplan schriftlich zu fixieren. Ein Interessenausgleich könnte – vereinfachend dargestellt – wie folgt lauten:

621
216

Zwischen
der ...... GmbH
...... *(Anschrift)*

— nachfolgend Arbeitgeber genannt —

und
dem Betriebsrat der ...... GmbH
...... *(Anschrift)*

— nachfolgend Betriebsrat genannt —

wird folgender Interessenausgleich vereinbart:

1. Personalabbau

Arbeitgeber und Betriebsrat sind sich darüber einig, dass aufgrund der getroffenen unternehmerischen Entscheidung vom ...... und der Stilllegung von ...... Druckmaschinen ein Arbeitskräfteüberhang von ...... Arbeitnehmern entsteht. Arbeitgeber und Betriebsrat stimmen darin überein, dass sich der Personalabbau durch andere Maßnahmen nicht vermeiden lässt. Der Personalabbau wird ...... Arbeitnehmer betreffen.

2. Geltungsbereich

a) Arbeitgeber und Betriebsrat stimmen darin überein, dass sich der Interessenausgleich nur auf die in der **Anlage 1** namentlich aufgeführten Arbeitnehmer bezieht.

b) Bei personellen Einzelmaßnahmen sind die Beteiligungsrechte des Betriebsrats zu wahren (§§ 99, 102 BetrVG etc.).

3. Freistellung

a) Alle Arbeitnehmer sind bis zum Ablauf der Kündigungsfrist zur Arbeitsleistung verpflichtet.

b) Dem Arbeitgeber bleibt das Recht vorbehalten, die Arbeitnehmer unter Anrechnung der ihnen noch zustehenden Resturlaubsansprüche sowie sonstiger Freistellungsansprüche von der Verpflichtung zur Erbringung der Arbeitsleistung unwiderruflich freizustellen. Der Urlaub wird dabei zu Beginn der Freistellungsphase gewährt.

4. Sozialplan

Zum Ausgleich bzw. zur Milderung der wirtschaftlichen Nachteile der von dem Personalabbau betroffenen Arbeitnehmer wird ein Sozialplan abgeschlossen.

......, den ......

Arbeitgeber   Betriebsrat

Hinweis:

In der Regel wird zugleich mit einem Interessenausgleich ein Sozialplan vereinbart. Dies ergibt sich aus den dargestellten wechselseitigen Verhandlungspositionen. Ein solcher Sozialplan könnte beispielsweise – vereinfachend dargestellt – wie folgt formuliert werden:

622

Zwischen
der ...... GmbH, ... *(Anschrift)*

– nachfolgend Arbeitgeber genannt –

und
dem Betriebsrat der ...... GmbH, ... *(Anschrift)*

– nachfolgend Betriebsrat genannt –

wird folgender Sozialplan vereinbart:

623
⇨ 217

1. Abfindung

Der Arbeitgeber verpflichtet sich, an die gekündigten Arbeitnehmer eine Abfindung gemäß nachfolgender Formel zu zahlen:

Betriebszugehörigkeit × Bruttomonatsgehalt : 0,5 = Abfindung.

Als Betriebszugehörigkeit gelten dabei die Jahre der Beschäftigung, die auf den Monat genau zu errechnen und zu quotieren sind. Als Bruttomonatsgehalt gilt der monatliche Bruttoverdienst im Monat ...... ohne Sonderzahlungen sowie Sonderleistungen, Zuschläge uÄ.

2. Fälligkeit/Anrechnung der Abfindung

Die jeweilige Abfindung ist fällig bei rechtlicher Beendigung des Arbeitsverhältnisses. Die Abfindung kann zuvor nicht übertragen und vererbt werden. Bei Erhebung einer Kündigungsschutzklage wird die Abfindung erst mit rechtskräftigem Abschluss des Kündigungsrechtsstreites fällig. Die Abfindung wird im Fall der Klageerhebung auf eine ggf. vom Arbeitsgericht festgesetzte Kündigungsentschädigung nach ihrem Barwert angerechnet.

3. Geltungsbereich

Anspruch auf Abfindung nach diesem Sozialplan haben nur solche Arbeitnehmer, die aufgrund einer vom Arbeitgeber ausgesprochenen ordentlichen betriebsbedingten Kündigung oder in Folge eines Aufhebungsvertrages ausscheiden. Keinen Anspruch auf Leistungen aus diesem Sozialplan haben Arbeitnehmer, die aus Gründen ausscheiden, die nicht mit der unternehmerischen Maßnahme zusammenhängen.

......, den ......

Arbeitgeber   Betriebsrat

624 | **Hinweis:**

Natürlich können im Interessenausgleich und Sozialplan im jeweiligen Einzelfall noch eine Vielzahl weiterer Bestimmungen getroffen werden. Dies geht vom Umgang mit Sonderzahlungen, wie beispielsweise dem Weihnachtsgeld, über Altersversorgungsansprüche, Urlaubs- und Jubiläumsleistungen, Wiedereinstellungsklauseln oder über die Einrichtung einer Beschäftigungs- und Qualifizierungsgesellschaft uÄ. Insoweit handelt es sich bei vorstehenden Mustern nur um vereinfachte Darstellungen, die die Struktur verdeutlichen sollen.

gg) **Muster: Massenentlassungsanzeige** [→ A. Rn. 609, → B. Rn. 338]

625 | **Hinweis:**

Der Inhalt der Massenentlassungsanzeige ergibt sich aus § 17 Abs. 3 KSchG. Die Bundesagentur für Arbeit hat umfangreiche Mustervordrucke entwickelt. Diese werden auf Anforderung zugesandt bzw. können auf der Homepage der Agentur für Arbeit abgerufen werden.[512] Die Verwendung der Muster ist in der Praxis empfehlenswert, um Fehler bei der Massenentlassungsanzeige mit der Folge einer evtl. Unwirksamkeit einer Kündigung zu vermeiden.[513]

626
218

An die
Agentur für Arbeit ......
...... *(Anschrift)*

Anzeige von Entlassungen gem. § 17 KSchG

Sehr geehrte Damen und Herren,

zu unserem Bedauern sehen wir uns gehalten, eine Massenentlassungsanzeige für ...... Arbeitnehmer zu stellen.

Als **Anlagen** beigefügt finden Sie:
– das ausgefüllte Formblatt für die Anzeige von Massenentlassungen gem. § 17 KSchG als **Anlage 1**.
– Eine Auflistung sämtlicher Arbeitnehmer, gegliedert nach Berufsgruppen und Sozialdaten (Alter, Betriebszugehörigkeit, Unterhaltspflichten, Schwerbehinderung, eventueller Sonderkündigungsschutz sowie Kündigungsfrist) ist als **Anlage 2** beigefügt.

Die Antragstellerin ist eine große Druckerei und hat ihren Sitz in ...... Der Betrieb wurde in erheblichem Umfang umstrukturiert. Wegen der Umstrukturierung im Einzelnen dürfen wir auf das als **Anlage 3** beiliegende unternehmerische Konzept verweisen.

Mit dem Betriebsrat wurde ein Interessenausgleich ordnungsgemäß versucht und ein Sozialplan vereinbart. Ablichtungen von Interessenausgleich und Sozialplan sind als **Anlagenkonvolut 4** beigefügt.[514] Von den Kündigungen sind ....../keine

---

[512] http://www.arbeitsagentur.de.
[513] Vgl. im Einzelnen Schaub/*Linck,* ArbR-HdB, § 142 Rn. 28 mwN, sowie beispielhaft zu den Voraussetzungen einer ordnungsgemäßen Massenentlassungsanzeige BAG 28.6.2012 – 6 AZR 780/10, NZA 2012, 1029; 21.3.2012 – 6 AZR 596/10, ZIP 2012, 1259.
[514] Unklar ist derzeit, ob für eine rechtswirksame Massenentlassungsanzeige eine Einigung zwischen Arbeitgeber und Betriebsrat über den Abschluss eines Interessenausgleichs und eines Sozialplans gem. § 111 ff. BetrVG vor Anzeigenerstattung Voraussetzung ist (vgl. BVerfG, stattgebender Kammerbeschluss v. 25.2.2010 – 1 BvR 230/09, NZA 2010, 439). Demzufolge ist die sicherste Variante, die Massenentlassungsanzeige erst zu erstatten, wenn Interessenausgleich und Sozialplan mit dem Betriebsrat ausgehandelt worden sind.

> schwerbehinderten Menschen und Arbeitnehmerinnen, die dem Mutterschutzgesetz unterliegen, betroffen.
>
> Die Stellungnahme des Betriebsrats ist als **Anlage 5** beigefügt.
>
> ……, den ……
>
> Arbeitgeber

hh) Muster: Stellungnahme des Betriebsrats zur Massenentlassungsanzeige
[→ B. Rn. 341, → A. Rn. 609]

> An die
> Agentur für Arbeit ……
> …… (Anschrift)
>
> **Massenentlassungsantrag ……**
>
> Der Betriebsrat hat mit der Geschäftsleitung und Betriebsleitung die im Antrag aufgeführten Probleme eingehend erörtert. Der Betriebsrat sieht keine Möglichkeit, andere Vorschläge zu machen. Der Antrag gegenüber der Agentur für Arbeit wird daher seitens des Betriebsrats unterstützt.
>
> Es wird gem. § 18 KSchG beantragt, die Zustimmung zur Massenentlassung rückwirkend zum Tage der Antragstellung zu erteilen.
>
> Betriebsrat

627
☞ 219

7. Betriebsverfassungsrechtliche Organe (§ 15 KSchG)

a) Gesetzliche Vorgaben

Betriebsverfassungsrechtliche Organe, wie Betriebsratsmitglieder, unterliegen einem Sonderkündigungsschutz.[515] Dieser greift nur dann nicht, wenn beispielsweise ein Betrieb oder Betriebsteil, in dem das betreffende Betriebsratsmitglied tätig war, stillgelegt wird. Für den Fall einer außerordentlichen Kündigung bedarf es der Zustimmung des Betriebsrats, die ggf. durch ein arbeitsgerichtliches Verfahren ersetzt werden muss (§ 103 BetrVG). Dies gilt nicht im Falle der Betriebsstilllegung, dort „genügt" die Anhörung gem. § 102 BetrVG.[516]

628

b) Muster: Kündigung eines Betriebsratsmitgliedes wegen Betriebsstilllegung [→ A. Rn. 628]

> Frau/Herrn ……
> …… (Anschrift)
>
> **Kündigung**
>
> Sehr geehrte(r) Frau/Herr ……,
>
> leider müssen wir das zwischen Ihnen und uns bestehende Arbeitsverhältnis ordentlich zum nächstzulässigen Zeitpunkt, das ist nach unseren Berechnungen der ……, kündigen.
>
> Der Kündigungsgrund ist Ihnen bekannt: Wir legen unseren Betrieb mit Ablauf des …… still. Eine anderweitige Beschäftigungsmöglichkeit besteht nicht. Wegen der Betriebsstilllegung war eine Sozialauswahl nicht durchzuführen.

629
☞ 220

---

[515] Zum Kündigungsschutz von Mitgliedern oder Wahlbewerbern der Betriebsverfassungsorgane vgl. im Einzelnen: Schaub/*Linck,* ArbR-HdB, § 143 Rn. 5 ff. mzN.

[516] ErfK/*Kiel* KSchG § 15 Rn. 39.

> Ihr Sonderkündigungsschutz als Betriebsratsmitglied greift wegen dieser Betriebsstilllegung nicht, so dass die Kündigung zulässig ist.
>
> Der Betriebsrat wurde nach § 102 BetrVG zur Kündigung angehört. Eine Ablichtung seiner Stellungnahme ist als Anlage beigefügt.
>
> Mit freundlichen Grüßen

VI. Beendigungsvereinbarung

1. Vorbemerkung

630 Das BAG verweist in ständiger Rechtsprechung darauf, dass das **Kündigungsschutzgesetz** vorrangig ein Bestands- und kein Abfindungsgesetz sei.[517] An der Realität der arbeitsgerichtlichen Praxis geht dies vorbei: Der weitaus überwiegende Teil aller arbeitsgerichtlichen Verfahren erledigt sich entweder durch Vergleich, Rücknahme oder sonst wie. Jedes zweite Verfahren wird statistisch gesehen[518] direkt vor dem Arbeitsgericht verglichen. Darüber hinaus zeigt sich, dass nur ein geringer Prozentsatz der tatsächlich eingereichten Klagen und Verfahren mit einem streitigen Urteil durchentschieden wird und neben den arbeitsgerichtlichen Vergleichen sich ein hoher Anteil an Verfahren auf sonstige Weise erledigt, wobei statistisch nicht zu erfassen ist, worauf diese Erledigung beruht. Vielfach dürften dies direkte Absprachen zwischen den Parteien, also letztendlich vereinfachend gesagt, außergerichtliche Streitbeilegungen sein. Dies macht deutlich, dass die vergleichsweise Regelung eines arbeitsgerichtlichen Verfahrens, insbesondere der Abfindungsvergleich, in der arbeitsgerichtlichen Praxis entgegen der Rechtsansicht des BAG die Regel und nicht die Ausnahme ist. Das Kündigungsschutzgesetz ist in der arbeitsgerichtlichen Praxis ein Abfindungs- und kein Bestandsschutzgesetz.[519]

631 **Vereinbarungen zur Beendigung des Arbeitsverhältnisses** finden sich als
– Aufhebungsverträge
– Abwicklungsverträge nach einer vorherigen ausgesprochenen Kündigung sowie
– Abfindungsvergleichen vor Gerichten.

2. Form

632 Der Abschluss einer Beendigungsvereinbarung bedarf nach § 623 BGB zwingend der **Schriftform**.

633 Aus dem **Grundsatz der Vertragsfreiheit** folgt (§ 311 BGB), dass die Parteien das Arbeitsverhältnis jederzeit für die Zukunft im Wege des gegenseitigen Einvernehmens beenden können. Das Schriftformerfordernis nach § 623 BGB bedingt, dass der gesamte Vertragsinhalt nach § 126 Abs. 2 S. 1 BGB von beiden Parteien auf einer Urkunde im Original unterzeichnet sein muss. Sind mehrere gleichlautende Urkunden errichtet, genügt es, wenn jede Partei die für die andere Partei bestimmte Urkunde unterzeichnet (§ 126 Abs. 2 S. 2 BGB). Die Unterschrift muss den Urkundentext räumlich abschließen, Nachträge oder Änderungen sind erneut zu unterschreiben.[520] Im Anschluss an die Rechtsprechung des BGH zum Mietrecht[521] und des BAG zur Schriftform befristeter Arbeitsverträge[522] dürfte auch bei Beendigungsvereinbarungen dem Formerfordernis des § 623 BGB genügt sein, wenn die eine Vertragspartei in einem von ihr unterzeichneten, an die andere Vertragspartei gerichteten Schreiben den Abschluss einer Beendigungsvereinbarung anbietet und die andere Vertragspartei das Vertragsangebot annimmt, indem sie das Schrift-

---

[517] BAG 23.2.2010 – 5 AZR 554/08, AP KSchG 1969 § 9 Nr. 61; 10.10.2002 – 2 AZR 240/01, AP KSchG 1969 § 9 Nr. 45; 30.9.1976 – 2 AZR 402/75, AP KSchG 1969 § 9 Nr. 3; 14.1.1983 – 2 AZR 343/92, NZA 1994, 309 (311).
[518] Statistische Daten finden sich unter http://www.bmas.de (zB Statistik der Arbeitsgerichtsbarkeit 2011).
[519] *Schrader*, Krisen und Chancen der arbeitsgerichtlichen Abfindungspraxis – Sozialer Dialog in der Krise?, in: Schubert (Hrsg.), Sozialer Dialog in der Krise, 229 (230).
[520] BAG 26.8.2008 – 1 AZR 346/07, NZA 2009, 161; 19.4.2007 – 2 AZR 208/06, AP BGB § 623 Nr. 9.
[521] BGH 14.7.2004 – XII ZR 68/02, NJW 2004, 2962.
[522] BAG 26.7.2006 – 7 AZR 514/05, AP TzBfG § 14 Nr. 24.

stück ebenfalls unterzeichnet. Ein Telefax genügt nicht.[523] Auch Klageverzichtsvereinbarungen, die im unmittelbaren zeitlichen und sachlichen Zusammenhang mit dem Ausspruch einer Kündigung getroffen werden, gelten als Auflösungsverträge iSv § 623 BGB und bedürfen der Schriftform.[524]

3. Aufhebungsverträge

a) Vorbemerkung

Unabhängig von der Art der Vereinbarung ist wichtig, dass diese von einem insoweit zuständigen Arbeitnehmer, leitenden Angestellten oder Organ unterschrieben wird. Dies hat besondere Bedeutung bei der Aufhebungsvereinbarung von GmbH-Geschäftsführern: Für den Abschluss des Dienstvertrages und dessen Aufhebung ist idR die Gesellschafterversammlung zuständig und nicht einer der anderen Geschäftsführer der GmbH. War der Geschäftsführer zuvor Arbeitnehmer und wird nunmehr zum Geschäftsführer bestellt, bedarf es einer Aufhebung des Arbeitsvertrages, für die wiederum nicht die Gesellschafterversammlung, sondern die Geschäftsführer zuständig sind. Schließt der Geschäftsführer einen Dienstvertrag, der von der Gesellschafterversammlung unterzeichnet wird, und wird in diesem Dienstvertrag der frühere Arbeitsvertrag mit aufgehoben, stellt sich die Frage, ob die Gesellschafterversammlung überhaupt zur Aufhebung des Arbeitsvertrages befugt war.[525] Um hier kein Risiko einzugehen, sollte beispielsweise für den Fall des Geschäftsführers der Arbeitsvertrag entweder separat in einer Vereinbarung mit dem Geschäftsführer aufgehoben oder in einer entsprechenden Bevollmächtigung des Unterzeichners des Dienstvertrages auch die Befugnis zur Aufhebung des Arbeitsvertrages klargestellt werden.

634

b) Muster

aa) Muster: Annahme Angebot per Brief [→ A. Rn. 630 ff.]

Frau/Herrn .... *(Anschrift)* Sehr geehrte(r) Frau/Herr ......, hiermit bieten wir Ihnen an, das Arbeitsverhältnis im gegenseitigen Einvernehmen mit Ablauf des ...... aufzuheben. Die Beendigung beruht darauf, dass Sie, wie Sie uns mitteilten, sich beruflich verändern wollen, um ab dem ...... eine neue Position bei einem neuen Arbeitgeber anzunehmen. ......, den ...... Arbeitgeber Mit der Beendigung des Arbeitsverhältnisses bin ich einverstanden. ......, den ...... Arbeitnehmer

635

⇨ 221

bb) Muster: Aufhebungsvertrag mit Arbeitnehmer (relativ kurze Form) [→ A. Rn. 630 ff., 637, 639, 646, 647]

Aufhebungsvertrag Zwischen Frau/Herrn ......, ... *(Anschrift)* <div style="text-align:center">– nachfolgend Arbeitnehmer genannt –</div>

636

⇨ 222

---

[523] Vgl. ausführlich Schaub/*Linck*, ArbR-HdB, § 122 Rn. 2.
[524] BAG 19.4.2007 – 2 AZR 208/06, AP BGB § 623 Nr. 9.
[525] Zur Problematik vgl. insgesamt *Hümmerich/Schmidt-Westphal* DB 2007, 222 ff.

und
der ...... GmbH, ... *(Anschrift)*

– nachfolgend Arbeitgeber genannt –

wird folgende Vereinbarung getroffen:

1. Die Parteien sind sich darüber einig, dass das zwischen ihnen bestehende Arbeitsverhältnis einvernehmlich/auf Veranlassung des Arbeitnehmers/des Arbeitgebers mit Ablauf des ...... sein Ende finden wird.

2. Für den Monat/die Monate ...... wird der Arbeitgeber dem Arbeitnehmer die monatliche Bruttovergütung in Höhe von ...... EUR zahlen, soweit noch nicht erfolgt.

3. Der Arbeitgeber verpflichtet sich, an den Arbeitnehmer für den Verlust des Arbeitsplatzes in entsprechender Anwendung der §§ 9, 10 KSchG eine Abfindung in Höhe von ...... EUR brutto zu zahlen. Die Abfindung ist bereits jetzt entstanden, sie ist vererblich, sie ist fällig bei Beendigung des Arbeitsverhältnisses.

4. Der Arbeitnehmer ist berechtigt, den ihm zur Verfügung gestellten Dienstwagen (Marke, Fahrzeugtyp, amtliches Kennzeichen) ...... und dem der Nutzung zugrunde liegenden Leasingvertrag bei der ...... mit Wirkung ab dem ...... zu übernehmen, sofern der Leasinggeber sein Einverständnis erklärt. Arbeitgeber und Arbeitnehmer verpflichten sich, auf Wunsch gegenüber dem Leasinggeber die zur Übertragung des Leasingvertrages erforderlichen Willenserklärungen abzugeben.

5. Es bleibt bei der unwiderruflichen Freistellung des Arbeitnehmers durch den Arbeitgeber von der Verpflichtung zur Erbringung der Arbeitsleistung unter Fortzahlung der Vergütung und unter Anrechnung der ihm noch zustehenden Resturlaubsansprüche für die Kalenderjahre ...... und ...... Der Resturlaub wurde ab Beginn der Freistellung arbeitgeberseits gewährt. *[→ A. Rn. 182 ff.]*

Die Parteien sind sich damit darüber einig, dass der dem Arbeitnehmer zustehende Resturlaub in natura gewährt wurde. Sämtliche Urlaubsansprüche des Arbeitnehmers sind abgegolten und erledigt.

6. Der Arbeitgeber verpflichtet sich, dem Arbeitnehmer ein wohlwollendes qualifiziertes Arbeitszeugnis zu erteilen, das sich auf Leistung und Verhalten erstreckt. Das Zeugnis wird eine sehr gute Leistungs- und Verhaltensbeurteilung beinhalten. Der Arbeitnehmer ist berechtigt, hierzu einen Entwurf zu fertigen, von dem der Arbeitgeber nur aus Gründen der Zeugniswahrheit abweichen darf.

7. Mit Erfüllung dieser Vereinbarung sind sämtliche wechselseitigen finanziellen Ansprüche der Parteien aus dem Arbeitsverhältnis und seiner Beendigung, gleich aus welchem Rechtsgrund, gleich ob bekannt oder unbekannt, erledigt.

......, den ...., den ......

Arbeitnehmer   Arbeitgeber

cc) Muster: Aufhebungsvertrag mit Arbeitnehmer (ausführlich)
[→ A. Rn. 630 ff., 636, 639, 646, 647]

637

Aufhebungsvertrag

Zwischen
Frau/Herrn ......, ... *(Anschrift)*

– nachfolgend Arbeitnehmer genannt –

und

der ...... GmbH, ... *(Anschrift)*

– nachfolgend Arbeitgeber genannt –

wird folgender Aufhebungsvertrag geschlossen:

§ 1 Beendigung des Arbeitsverhältnisses

(1) Der Arbeitgeber und der Arbeitnehmer sind sich darüber einig, dass das Arbeitsverhältnis unter Wahrung der vertraglichen Kündigungsfrist mit Ablauf des ...... bei gleichzeitiger Vergütungsfortzahlung sowie sonstiger Zuwendungen, wie betrieblicher Altersversorgung und Nutzung des Pkw etc., im gegenseitigen Einvernehmen beendet wird.

(2) Der Arbeitnehmer wird ab dem ...... unwiderruflich von der Arbeitsleistung unter Fortzahlung der in § 1 Abs. 1 benannten Vergütung unter Anrechnung etwaiger Urlaubs- bzw. Resturlaubsansprüche für die Kalenderjahre ...... und ...... und sonstige Freizeitausgleichsansprüche freigestellt. Der (Rest)Urlaub wird zu Beginn der Freistellung gewährt. Bis zum ...... ist der Arbeitnehmer nach Absprache mit dem Arbeitgeber zur Ausübung der vereinbarten Tätigkeiten verpflichtet. *[→ A. Rn. 182 ff.]*

(3) Bei vorzeitigem Austritt auf Wunsch des Arbeitnehmers ist eine Beendigung des Arbeitsverhältnisses auch ohne Einhalten einer Kündigungsfrist möglich.

(4) Die Beendigung des Arbeitsverhältnisses wird im Unternehmen zeitnah und nach Abstimmung mit dem Arbeitnehmer kommuniziert.

§ 2 Abfindung

(1) Für den Verlust des Arbeitsplatzes erhält der Arbeitnehmer in entsprechender Anwendung der §§ 9, 10 KSchG eine mit dem ...... fällige, aber bereits jetzt entstandene und damit ab sofort vererbliche Abfindung in Höhe von ...... EUR brutto.

(2) Der variable Anteil des Jahreszielentgeltes wird für das Jahr ...... spätestens mit der Entgeltabrechnung des Monats ...... abgerechnet und mit der ......-Vergütung entsprechend der Incentive-Vereinbarung ausbezahlt.

(3) Für das Jahr ...... wird dem Arbeitnehmer anteilig die Zielerreichungszahlung iHv ...... EUR garantiert, die in dem Abfindungsbetrag gem. Abs. 1 enthalten ist.

(4) Sollte der Arbeitnehmer vor dem ...... ausscheiden (§ 1 Abs. 3), so wird die darüber hinausgehende dem Arbeitnehmer zustehende Vegütung bis zum ...... entsprechend kapitalisiert und dem vorzeitigen Ausscheiden entsprechend zum jeweiligen Monatsende unter Erhöhung der Abfindungszahlung (§ 2 Abs. 1) ausbezahlt. Gleiches gilt für die Abfindungszahlung selbst und den variablen Anteil des Jahreszielentgeltes (§ 2 Abs. 1 und 2).

§ 3 Zeugnis und Referenz

Der Arbeitnehmer erhält vom Arbeitgeber ein qualifiziertes wohlwollendes Arbeitszeugnis in deutscher und englischer Sprache, das seinem beruflichen Fortkommen dienlich ist. Das Arbeitszeugnis wird sich auf Leistung und Verhalten erstrecken, bei Bedarf ist eine entsprechende Referenz zu erteilen. Das Zeugnis und die Referenz werden eine sehr gute Leistungs- und Verhaltensbeurteilung beinhalten. Der Arbeitnehmer ist berechtigt, einen Entwurf zu fertigen, von dem der Arbeitgeber nur aus Gründen der Zeugniswahrheit abweichen darf.

§ 4 Rückgabe von Arbeitgebereigentum

(1) Der Arbeitnehmer übergibt bis zum ...... alle in seinem Besitz befindlichen arbeitgebereigenen Gegenstände, Arbeitsmittel, Unterlagen, Schlüssel sowie die Zeiterfassungskarte.

(2) Es besteht darüber Einvernehmen, dass zu den in Abs. 1 genannten Unterlagen insbesondere auch Fotokopien von vertraglichen, betrieblichen Vorgängen, Computerausdrucke, gleich aus welchem Grund und von welcher Person sie erstellt worden sind, sowie persönliche Notizen, die betriebliche Vorgänge betreffen bzw. betreffen können, gehören.

§ 5 Geheimhaltungspflicht

(1) Die Parteien sind sich darüber einig, dass die arbeitsvertraglich vereinbarte Verschwiegenheitspflicht auch nach Vertragsende fortwirkt und sich auch auf den Inhalt dieses Aufhebungsvertrages erstreckt, soweit keine gesetzlichen Auskunftspflichten bestehen. Die Verschwiegenheitspflichten aus dem Arbeitsvertrag und nach diesem Vertrag bleiben über den in § 1 genannten Zeitraum hinaus bestehen und enden, wenn und soweit die betreffenden Informationen nachweislich allgemein bekannt bzw. geworden sind oder ohne Verschulden des Arbeitnehmers allgemein bekannt werden oder rechtmäßig von einen Dritten erlangt wurden.

(2) Auch über die Verhandlungen bzgl. des Aufhebungsvertrages, insbesondere über den finalen Inhalt sowie über den Beendigungszeitpunkt ist der Arbeitnehmer gegenüber Kollegen, Kunden und Geschäftspartnern des Arbeitgebers zu Stillschweigen verpflichtet.

§ 6 Vertragsstrafe und Schadensersatz

Dem Arbeitnehmer ist bekannt, dass die Verletzung von Betriebs- und Geschäftsgeheimnissen nach den §§ 17, 18 UWG strafbar ist und derjenige, der Geschäfts- und Betriebsgeheimnisse verletzt, zum Ersatz des daraus entstehenden Schadens verpflichtet ist.

§ 7 Resturlaub

Es besteht Einigkeit, dass noch bestehende Urlaubsansprüche sowie Ansprüche aus dem Gleitzeitkonto durch die unwiderrufliche Freistellung ab dem ...... (vgl. § 1 Abs. 2) abgegolten und erledigt werden bzw. sind.

§ 8 Hinweis auf § 38 SGB III

(1) Verbindliche Auskunft über die steuer- und sozialrechtlichen Konsequenzen dieses Aufhebungsvertrages können nur das zuständige Finanzamt bzw. der zuständige Sozialversicherungsträger erteilen. Auf die Möglichkeit des Eintritts einer Sperrzeit und deren Folgen sowie ein mögliches Ruhen des Anspruchs auf Arbeitslosengeld wurde der Arbeitnehmer hingewiesen.

(2) Außerdem wurde darauf aufmerksam gemacht, dass zur Vermeidung von Nachteilen beim Arbeitslosengeldanspruch eine Obliegenheit des Arbeitnehmers besteht, sich spätestens drei Monate vor Beendigung des Arbeitsverhältnisses bei der Agentur für Arbeit als arbeitsuchend zu melden (§ 38 Abs. 1 SGB III). Liegen zwischen der tatsächlichen Beendigung des Arbeitsverhältnisses und dem Zeitpunkt der Vertragsunterschrift weniger als drei Monate, hat die Meldung bei der Agentur für Arbeit innerhalb von drei Tagen nach der Vertragsunterschrift und damit nach Kenntnis vom Beendigungszeitpunkt zu erfolgen.

§ 9 Änderungen, Ergänzungen

(1) Mündliche Nebenabreden bestehen nicht.

(2) Ergänzungen und Änderungen dieses Vertrages bedürfen zu ihrer Rechtswirksamkeit der Schriftform. Dies gilt nicht für individuelle Vertragsabreden iSv § 305b BGB mit einem vertretungsbefugten Vertreter des Arbeitgebers. Im Übrigen kann das Formerfordernis nicht durch mündliche Vereinbarung, konkludentes Verhalten oder stillschweigend außer Kraft gesetzt werden. Ansprüche aus betrieblicher Übung entstehen nur, wenn die betriebliche Übung schriftlich vereinbart wurde.

§ 10 Schlussformel

Mit dieser Vereinbarung sind sämtliche gegenseitige Ansprüche aus dem Vertragsverhältnis, seiner Beendigung und für die Zeit nach Beendigung, gleich aus welchem Rechtsgrund, gleich ob bekannt oder unbekannt erledigt und abgegolten, soweit sich aus diesem Aufhebungsvertrag nichts anderes ergibt.

§ 11 Salvatorische Klausel

Sollten einzelne Klauseln oder Bestimmungen dieses Vertrages ganz oder teilweise unwirksam sein oder in Folge von Änderungen in der Gesetzgebung oder durch höchstrichterliche Rechtsprechung unwirksam werden oder weist dieser Aufhebungsvertrag Lücken auf, gelten die übrigen Bestimmungen des Vertrages weiter. Für diesen Fall verpflichten sich die Vertragsparteien, unter Berücksichtigung des Grundsatzes von Treu und Glauben an Stelle der unwirksamen Bestimmung eine wirksame Bestimmung zu vereinbaren, welche dem Sinn und Zweck der unwirksamen Bestimmung möglichst nahe kommt. Im Falle einer Lücke gilt diejenige Bestimmung als vereinbart, die dem entspricht, was nach Sinn und Zweck dieses Vertrages vereinbart worden wäre, wenn die Angelegenheit bedacht worden wäre.

......, den ...., den ......

Arbeitgeber   Arbeitnehmer

dd) Muster: Aufhebungsvertrag mit Geschäftsführer [→ A. Rn. 630 ff., 636, 637, 646, 647]

Hinweis:

Die Aufhebungsverträge mit Geschäftsführern sind häufig umfangreicher, da spiegelbildlich zum geschlossenen Dienstvertrag Ansprüche bei Beendigung des Dienstverhältnisses rückabgewickelt werden müssen. Da für den Geschäftsführer regelmäßig die arbeitsrechtlichen Schutzgesetze nicht greifen, finden sich im Dienstvertrag und so letztendlich auch in dem Aufhebungsvertrag umfangreiche einzelfallbezogene Sonderregelungen. Nachstehendes Muster ist ein solches Beispiel.

638

Zwischen

...... GmbH, durch den Aufsichtsrat[526] vertreten, der durch seinen Vorsitzenden handelt, ... *(Anschrift)*

– im Folgenden „Gesellschaft" genannt –

und

Frau/Herrn ......, ... *(Anschrift)*

– im Folgenden „Geschäftsführer" genannt –

639

---

[526] § 6 iVm § 31 Abs. 1 MitbestG.

wird Folgendes vereinbart:

1. Vorbemerkung

Der Geschäftsführer ist Geschäftsführer der ...... GmbH und gehört in dieser Eigenschaft der Unternehmensleitung der Gesellschaft an. Der Tätigkeit liegt der Dienstvertrag vom ...... mit sich daran anschließenden Gehaltsmitteilungen/Gehaltsveränderungen und Zielfestlegungen zugrunde. Die Parteien haben sich, nachdem Umstrukturierungen beschlossen worden sind und unterschiedliche Ansichten über die Neustrukturierung des Unternehmens bestanden haben, darauf verständigt, ihre Zusammenarbeit zu beenden. Dies vorausgeschickt, vereinbaren die Parteien Nachstehendes:

2. Beendigung des Dienstverhältnisses

Das Dienstverhältnis endet mit Ablauf des ...... *("Beendigungszeitpunkt")*.

3. Ämter

Der Geschäftsführer legt das Geschäftsführeramt mit Wirkung zum/mit Ablauf des ...... nieder. Die Niederlegungserklärung ist dieser Vereinbarung beigefügt **(Anlage 1)**.

Der Geschäftsführer legt in Abstimmung mit der Gesellschaft auch alle Ämter in Beteiligungsgesellschaften und in Verbänden/Vereinigungen nieder, die der Geschäftsführer im Zusammenhang mit seiner Geschäftsführertätigkeit übernommen bzw. wahrgenommen hat. Die Einzelheiten und insbesondere die Zeitpunkte werden zwischen den Parteien abgestimmt. Die Niederlegungen erfolgen bis spätestens zum Beendigungszeitpunkt.

4. Tätigkeit/Übergabe

Der Geschäftsführer wird mit dem Zeitpunkt der Niederlegung des Geschäftsführeramtes (Nr. 3 Abs. 1) bis zum Beendigungszeitpunkt von der Geschäftsführertätigkeit unwiderruflich unter Fortzahlung der in Nr. 5 festgelegten Vergütung freigestellt. Er steht der Gesellschaft während der Freistellung allerdings für Auskünfte zur Verfügung. Die Urlaubsansprüche des Geschäftsführers sind mit der Freistellung in Natur erledigt und abgegolten.

Der Geschäftsführer wird bis zum Freistellungszeitpunkt seine Aufgabenbereiche gemäß Bestimmung durch die Gesellschaft übergeben und den/die im Hinblick auf die zu übergebenden Aufgabenbereiche jeweils in Betracht kommenden Nachfolger in die Aufgabenbereiche einweisen.

Die Parteien werden die außer- und innerbetriebliche Kommunikation abstimmen, mit der das Ausscheiden des Geschäftsführers mitgeteilt und kommuniziert wird. Der Text ist dieser Vereinbarung beigefügt **(Anlage 2)**.

5. Entgeltleistungen

Der Geschäftsführer erhält bis zum Beendigungszeitpunkt die Festvergütung in Höhe von ...... EUR brutto im Kalendermonat.

Der zielabhängige Vergütungsanteil für das Geschäftsjahr ...... wird bis spätestens zum ...... *(Datum)* vertragsgerecht, entsprechend den Grundsätzen abgerechnet und ausgezahlt, wie sie vereinbart sind, und im Übrigen für die Geschäftsführung/Unternehmensleitung zur Anwendung gelangen.

Die Nebenleistungen bleiben bis zum Beendigungszeitpunkt vertragsgerecht aufrechterhalten.

6. Dienstfahrzeug

Das Dienstfahrzeug ...... *(Fahrzeugtyp, Marke, amtliches Kennzeichen)* wird bis zum Beendigungszeitpunkt nach den bisherigen Regelungen privat genutzt. Es wird zum Beendigungszeitpunkt nebst Papieren und Zubehör an die Gesellschaft herausgegeben.

Der Geschäftsführer ist berechtigt, den Schadensfreiheitsrabatt im Hinblick auf die für das Dienstfahrzeug bestehende Haftpflicht- und Kaskoversicherung auf sich übertragen zu lassen, sofern dies gemäß den Versicherungsbedingungen möglich ist und die Versicherungsgesellschaft dem zustimmt. Die Parteien werden die erforderlichen Erklärungen abgeben und Maßnahmen ergreifen, um die Übertragung herbeizuführen.

7. Versorgung

Dem Geschäftsführer ist eine Versorgungszusage gem. § ...... des Dienstvertrages vom ...... erteilt worden. Die Parteien bestätigen hiermit einvernehmlich die sich auf dieser Grundlage ergebende unverfallbare Versorgungsanwartschaft. Diese wird mit der Maßgabe berechnet, dass der Beginn der Betriebszugehörigkeit der ...... und das Ende der Betriebszugehörigkeit der ...... ist.

8. Pensionskassen-Versicherung

Der Geschäftsführer ist bei der ...... Pensionskasse AG (Kollektivvertrag Nr. ......) versichert. Er ist berechtigt, die Versicherung fortzuführen, soweit dies nach der Satzung und den Versicherungsbedingungen der Pensionskasse möglich ist. Die Gesellschaft wird diesbezüglich etwaig erforderliche Erklärungen abgeben oder Maßnahmen vornehmen. Die Beiträge trägt der Geschäftsführer.

9. Direktversicherung/Lebensversicherung

Der Geschäftsführer ist berechtigt, die Direktversicherung/Lebensversicherung mit der Versicherungsnummer ...... bei der ......-Versicherung auf sich als Versicherungsnehmer übertragen zu lassen. Die Parteien werden diejenigen Erklärungen abgeben und Maßnahmen vornehmen, die erforderlich sind, um die Übertragung herbeizuführen.

10. Abfindung

Die Gesellschaft zahlt dem Geschäftsführer als Ausgleich für den Verlust des sozialen Besitzstandes und als Entschädigung für entgehende Einnahmen eine Abfindung in Höhe von ...... EUR brutto. Einkommen- bzw. Lohnsteuer aufgrund der Abfindungsleistungen hat der Geschäftsführer zu tragen. Die Abrechnung erfolgt unter Berücksichtigung der §§ 24 Nr. 1, 34 Abs. 1 EStG. Die Zahlung erfolgt zum ...... auf ein von dem Geschäftsführer noch gesondert mitzuteilendes Konto. Der Anspruch auf die Abfindung entsteht mit Abschluss dieser Vereinbarung und ist vererblich.

11. Herausgabe

Der Geschäftsführer wird spätestens bis zum Freistellungszeitpunkt (soweit noch nicht geschehen) alle von der Gesellschaft erhaltenen bzw. die Gesellschaft betreffenden Gegenstände einschließlich Laptop, Schlüssel, Schriftstücke und Unterlagen herausgeben; entsprechendes gilt für derartige Gegenstände von direkten oder indirekten Beteiligungsgesellschaften der Gesellschaft.

Der Geschäftsführer wird ebenfalls bis zum Freistellungszeitpunkt alle auf dem bzw. den von ihm genutzten Computer(n) gespeicherten Daten oder Programme, die ihm im Hinblick auf seine Tätigkeit überlassen bzw. während seiner Tätigkeit gespeichert worden sind, der Gesellschaft auf Datenträgern zur Verfügung stellen und anschließend auf dem bzw. den betreffenden Computer(n) löschen. Er teilt der Gesellschaft alle Codes, Passwörter, Zugangssperren etc. im Hinblick auf die EDV-Nutzung mit und wird von diesen selbst keinen Gebrauch mehr machen.

12. Zeugnis

Der Geschäftsführer erhält ein qualifiziertes wohlwollendes Zeugnis, das ihn in seinem beruflichen Fortkommen fördert. Die Leistungs- und Verhaltsbewertung wird mit sehr gut erfolgen. Die Schlussformel wird lauten: „Frau/Herr ...... hat sich in Anbetracht organisatorischer Veränderungen entschlossen, das Unternehmen zu verlassen, so dass das Dienstverhältnis auf ihren/seinen Wunsch hin endet. Wir bedauern ihr/sein Ausscheiden und danken Frau/Herrn ...... für ihre/seine bisherige erfolgreiche Tätigkeit. Für die Zukunft wünschen wir ihr/ihm weiterhin viel Erfolg und alles Gute". Der Geschäftsführer ist berechtigt, einen Formulierungsvorschlag für das Zeugnis zu unterbreiten, von dem die Gesellschaft nur aus Gründen der Zeugniswahrheit abweichen wird.

13. Ausgleichsklausel

Die Parteien sind sich darüber einig, dass mit dieser Vereinbarung sämtliche beiderseitigen finanziellen Ansprüche der Parteien aus dem und im Zusammenhang mit dem Dienstverhältnis und dessen Beendigung abschließend und umfassend geregelt sind; andere oder weitergehende Ansprüche, gegenwärtig und künftig, gleich aus welchem Rechtsgrund, gleich ob bekannt oder unbekannt, bestehen nicht. Entsprechendes gilt im Hinblick auf direkte oder indirekte Beteiligungsunternehmen der Gesellschaft und die Komplementärin der ...... GmbH; die Gesellschaft handelt insoweit in deren Namen. Beidseitig vorbehalten bleiben lediglich Ansprüche wegen vorsätzlicher Schädigung. Die Gesellschaft stellt den Geschäftsführer von Ansprüchen Dritter frei, soweit es sich nicht um solche wegen vorsätzlicher Schädigung handelt.

14. Nebenabreden/Vollständigkeit

Diese Vereinbarung enthält die vollständige Einigung der Parteien im Hinblick auf das Ausscheiden des Geschäftsführers aus den Diensten der Gesellschaft. Mündliche oder schriftliche Nebenabreden sind nicht getroffen.

15. Schriftform

Änderungen oder Ergänzungen dieser Vereinbarung bedürfen zu ihrer Wirksamkeit der Schriftform. Dies gilt auch für die Aufhebung des Schriftformerfordernisses. Individualabreden iSv § 305b BGB bleiben unberührt.

16. Salvatorische Klausel

Sollte eine Bestimmung dieser Vereinbarung unwirksam oder undurchführbar sein oder werden, so wird die Wirksamkeit oder Durchführbarkeit der übrigen Bestimmungen nicht berührt. An die Stelle einer ungültigen oder undurchführbaren Bestimmung tritt eine solche, die dem wirtschaftlichen Zweck der ungültigen oder undurchführbaren Bestimmung und dem von den Parteien Gewollten möglichst nahe kommt. Dies gilt für Lücken in dieser Vereinbarung entsprechend.

......, den ...., den ......
...... GmbH   Geschäftsführer

......
Aufsichtsratsvorsitzender

Anlage 1:

1. ......
2. ......, z. Hd. des Aufsichtsratsvorsitzenden

Sehr geehrte Damen und Herren,
sehr geehrte(r) Frau/Herr ......,

Bezug nehmend auf die geführten Gespräche erkläre ich hiermit, dass ich das Geschäftsführeramt bei der ...... GmbH mit Wirkung zum Ablauf des ...... niederlege.

......, den ......

Geschäftsführer

Anlage 2:

Nach langer erfolgreicher Zusammenarbeit verlässt der Geschäftsführer ...... unser Unternehmen auf eigenen Wunsch. Frau/Herr ...... erklärt dazu, dass sie/er sich in Anbetracht der organisatorischen Veränderungen der Gesellschaft neuen beruflichen Herausforderungen zuwenden werde. Aufsichtsrat und Gesellschafter respektieren den Entschluss von Frau/Herrn ...... und möchten an dieser Stelle zum Ausdruck bringen, dass sie ihren/seinen Schritt bedauern. Die Trennung erfolgt im besten und freundschaftlichen Einvernehmen.

Frau/Herr ...... hat den Finanzbereich des Unternehmens durch ihre/seine Persönlichkeit und ihre/seine Tätigkeit entscheidend geprägt und einen wertvollen Beitrag zur nachhaltig erfolgreichen Entwicklung des Unternehmens geleistet.

Wir danken ...... für ihren/seinen Einsatz. Ihre/Seine Arbeit verdient unsere Anerkennung. Für ihre/seine Zukunft wünschen wir ihr/ihm alles Gute, Erfolg und Gesundheit.

4. Abfindungsvergleich

a) Vorbemerkung

640 Abfindungsvergleiche werden entweder direkt vor Gericht geschlossen und im Protokoll festgehalten. Es ist allerdings genauso möglich, dass nach Ausspruch einer Kündigung die Parteien zur Abwicklung des Arbeitsverhältnisses einen so genannten Abwicklungsvertrag vereinbaren.[527] Ein solcher gerichtlicher Vergleich kann beispielsweise wie folgt lauten:

---

[527] Zur Abgrenzung vgl. Schaub/*Linck*, ArbR.-HdB, § 122 Rn. 46 ff. mzN.

b) Muster

aa) Muster: Gerichtlicher Vergleich *[→ A. Rn. 630 ff., 640, 642, 647]*

1.
Die Parteien sind sich darüber einig, dass das zwischen ihnen seit dem ...... bestehende Arbeitsverhältnis durch fristgerechte arbeitgeberseitige Kündigung mit Schreiben vom ...... unter Gewährung einer verlängerten Kündigungsfrist aus betriebsbedingten Gründen mit Ablauf des ...... sein Ende finden wird.

2.
Der Kläger nimmt ab sofort seinen vollständigen Resturlaub und wird anschließend unwiderruflich unter Fortzahlung seiner laufenden monatlichen Bruttovergütung (inklusive der pauschalen Entschädigung für die Nichtzurverfügungstellung eines Firmen-Pkw) in Höhe von ...... EUR und unter Verrechnung mit eventuellen Freizeitausgleichsansprüchen bis zum ...... von der Arbeitsleistung freigestellt. Während des Freistellungszeitraumes ist das vertragliche Wettbewerbsverbot weiterhin zu beachten. § 615 S. 2 BGB findet während der Freistellungsphase Anwendung.

Es besteht Einigkeit darüber, dass die monatliche Bruttovergütung des Klägers (inklusive der Pkw-Entschädigung) ab ...... einschließlich ...... EUR betrug. Die Beklagte wird dem Kläger die Differenzbeträge in Höhe von monatlich ...... EUR brutto zu den bislang gezahlten monatlich ...... EUR brutto für den Zeitraum von ...... bis ......, das heißt insgesamt einen Betrag in Höhe von ...... EUR brutto, unverzüglich nachzahlen.

3.
Die Beklagte zahlt an den Kläger für das Jahr ...... noch eine weitere, am ...... fällige anteilige ......-Prämie in Höhe von ...... EUR brutto. Für das Jahr ...... zahlt die Beklagte an den Kläger eine am ...... fällige pauschale ......-Prämie in Höhe von ...... EUR brutto. Darüber hinausgehende Ansprüche auf Zahlung einer ......-Prämie oder einer anderen variablen Vergütung (Bonus, Provision, Prämie oÄ) bestehen weder für die Vergangenheit noch für die Zukunft.

4.
Als Ausgleich für den Verlust des sozialen Besitzstandes zahlt die Beklagte an den Kläger eine mit tatsächlicher Beendigung des Arbeitsverhältnisses fällig werdende, aber sofort entstandene und damit sofort vererbbare Abfindung gem. §§ 9, 10 KSchG in Höhe von ...... EUR brutto.

5.
Der Kläger ist berechtigt, das Arbeitsverhältnis unter Einhaltung einer Kündigungsfrist von drei Kalendertagen zu einem früheren Zeitpunkt als dem ...... zu beenden. Auch diese vorzeitige Beendigung ist im Interesse der Beklagten und geschieht letztlich auf deren Veranlassung hin. Im Falle einer vorzeitigen Beendigung erhält der Kläger für jeden Monat der vorzeitigen Beendigung vor dem ...... einen zusätzlichen Abfindungsbetrag in Höhe von ...... EUR brutto mit der tatsächlichen Beendigung ausbezahlt; anteilige Monate werden zeitanteilig berechnet.

6.
Die Beklagte erteilt dem Kläger ein qualifiziertes und wohlwollendes Arbeitszeugnis mit sehr guter Leistungs- und Verhaltensbeurteilung („stets zu unserer vollsten Zufriedenheit") und auf Wunsch ein entsprechendes vorläufiges Arbeitszeugnis. Der Kläger ist berechtigt, einen Entwurf zu fertigen, von dem die Beklagte nur aus Gründen der Zeugniswahrheit abweichen darf.

Für die Zeit der Beschäftigung des Klägers bei der ...... AG wird das vorläufige Arbeitszeugnis durch die ...... AG erteilt werden.

7.
Die Parteien sind sich darüber einig, dass dem Kläger ein unverfallbarer Anspruch auf eine betriebliche Altersversorgung zusteht. In Bezug auf die anrechenbare Dienstzeit wird die erreichte Betriebszugehörigkeit auf ...... Jahre festgelegt. Die Beklagte wird dem Kläger unverzüglich nach Beendigung des Arbeitsverhältnisses die schriftliche Auskunft über erworbene unverfallbare Anwartschaften auf eine betriebliche Altersversorgung nach § 4a BetrAVG erteilen.

Die Beklagte wird mit Wirkung zum Zeitpunkt der tatsächlichen Beendigung des Arbeitsverhältnisses auf den Kläger den Direktlebensversicherungsvertrag bei der ...... AG, Versicherungsnummer ......, übertragen und alle hierfür erforderlichen Erklärungen gegenüber der Versicherung und dem Kläger abgeben.

8.
Der Kläger ist verpflichtet, über alle ihm während seiner Tätigkeit für die Beklagte oder für mit der Beklagten verbundene Unternehmen bekannt gewordenen betriebsinternen Angelegenheiten, vor allem über Geschäfts- und Betriebsgeheimnisse, strenges Stillschweigen zu wahren.

Der Kläger verpflichtet sich ferner, Stillschweigen hinsichtlich des finanziellen Inhalts dieser Vereinbarung gegenüber Jedermann zu wahren, es sei denn, er ist gesetzlich zur Auskunft verpflichtet oder die Auskunft ist aus steuerlichen oder sozialversicherungsrechtlichen Gründen gegenüber Behörden oder zur Wahrung von Rechtsansprüchen gegenüber Gerichten erforderlich.

9.
Zwischen den Parteien besteht Einigkeit darüber, dass ein Arbeitsverhältnis lediglich zwischen der Beklagten und dem Kläger und nicht auch zwischen dem Kläger und einem mit der Beklagten verbundenen Unternehmen besteht. Rein vorsorglich für den Fall, dass doch ein Arbeitsverhältnis mit einem mit der Beklagten verbundenen Unternehmen bestehen sollte, beenden die Parteien dieses hiermit ebenfalls mit Wirkung zum Ablauf des ...... Die Beklagte tritt insofern als Rechtsvertreterin des mit ihr verbundenen Unternehmens auf und dem Prozessvergleich bei.

10.
Mit diesem Vergleich sind das Arbeitsverhältnis und dessen Beendigung zwischen den Parteien abschließend geregelt. Mit Erfüllung dieses Vergleiches sind ferner sämtliche finanziellen Ansprüche der Parteien aus dem Arbeitsverhältnis und anlässlich seiner Beendigung, gleich aus welchem Rechtsgrund und gleich, ob bekannt oder unbekannt, endgültig geregelt. Selbiges gilt für mögliche finanzielle Ansprüche des Klägers gegen mit der Beklagten verbundene Unternehmen.

11.
Sollte eine Bestimmung dieser Vereinbarung unwirksam sein oder werden, wird hierdurch die Wirksamkeit der übrigen Bestimmungen nicht berührt. An die Stelle einer unwirksamen Bestimmung soll eine wirksame Bestimmung treten, die dem wirtschaftlichen Zweck der unwirksamen Bestimmung am nächsten kommt. Entsprechendes gilt, falls diese Vereinbarung eine unbeabsichtigte Lücke aufweisen sollte.

12.
Damit ist der Rechtsstreit vor dem Arbeitsgericht ...... erledigt.

642 **Hinweis:**

Es besteht die Möglichkeit gem. § 278 Abs. 6 ZPO, dass beide Parteien einen gerichtlichen Vergleichstext dem Gericht mitteilen und sodann das Zustandekommen eines Vergleiches nur noch festgestellt wird.

bb) Muster: Anschreiben an Arbeitsgericht [→ A. Rn. 644]

643

An das
Arbeitsgericht ......
...... (Anschrift)

In dem Rechtsstreit
..../. ......
Aktenzeichen: ......

teilen wir mit, dass die Parteien sich geeinigt haben. Wir fügen als **Anlage** den Vorschlag der Beklagten vom ...... bei. Diesen hat die Klägerin mit Schreiben vom ...... angenommen. Das Annahmeschreiben ist als weitere **Anlage** beigefügt. Es wird gebeten, das Zustandekommen des Vergleiches nach § 278 Abs. 6 ZPO festzustellen, den auf den ...... gegen ...... Uhr anberaumten Kammertermin aufzuheben sowie den Streitwert festzusetzen.

Rechtsanwalt

644 **Hinweis:**

Wenn das Arbeitsgericht nicht eindeutig feststellen kann, ob übereinstimmende Willenserklärungen vorliegen, wird es in der arbeitsgerichtlichen Praxis häufig den vorgeschlagenen Vergleich als Vergleichsvorschlag unterbreiten und den Parteien eine Frist zur formellen Annahme setzen.

cc) Muster: Außergerichtlicher Vergleich nach ausgesprochener Kündigung [→ A. Rn. 630 ff., 640, 647]

645 **Hinweis:**

Der Abwicklungsvertrag, dh eine Vereinbarung ohne Gerichtsverfahren nach Ausspruch einer Kündigung, sieht im Wesentlichen inhaltlich identisch aus. Statt einer gerichtlichen Protokollierung könnte vorstehendes Beispiel als Abwicklungsvereinbarung wie folgt formuliert werden:

646

Zwischen
...... GmbH, ... (Anschrift)

– nachfolgend Arbeitgeber genannt –

und
Frau/Herrn ......, ... (Anschrift)

– nachfolgend Arbeitnehmer genannt –

wird folgende Vereinbarung getroffen:

1.
Arbeitgeber und Arbeitnehmer sind sich darüber einig, dass das zwischen ihnen seit dem ...... bestehende Arbeitsverhältnis durch fristgerechte arbeitgeberseitige Kündigung mit Schreiben vom ...... unter Gewährung einer verlängerten Kündigungsfrist aus betriebsbedingten Gründen mit Ablauf des ...... sein Ende finden wird.

2.
Der Arbeitnehmer erhebt keine Kündigungsschutzklage.

3.
Der Arbeitnehmer nimmt ab sofort seinen vollständigen Resturlaub und wird anschließend unwiderruflich unter Fortzahlung seiner laufenden monatlichen Bruttovergütung (inklusive der pauschalen Entschädigung für die Nichtzurverfügungstellung eines Firmen-Pkw) in Höhe von …… EUR und unter Verrechnung mit eventuellen Freizeitausgleichsansprüchen bis zum …… von der Arbeitsleistung freigestellt. Während des Freistellungszeitraumes ist das vertragliche Wettbewerbsverbot weiterhin zu beachten. § 615 S. 2 BGB findet während der Freistellungsphase Anwendung.

Es besteht Einigkeit darüber, dass die monatliche Bruttovergütung des Arbeitnehmers (inklusive der Pkw-Entschädigung) ab …… einschließlich …… EUR betrug. Der Arbeitgeber wird dem Arbeitnehmer die Differenzbeträge in Höhe von monatlich …… EUR brutto zu den bislang gezahlten monatlich …… EUR brutto für den Zeitraum von …… bis ……, das heißt insgesamt einen Betrag in Höhe von …… EUR brutto, unverzüglich nachzahlen.

4.
Der Arbeitgeber zahlt an den Arbeitnehmer für das Jahr …… noch eine weitere, am …… fällige anteilige ……-Prämie in Höhe von …… EUR brutto. Für das Jahr …… zahlt der Arbeitgeber an den Arbeitnehmer eine am …… fällige pauschale ……-Prämie in Höhe von …… EUR brutto. Darüber hinausgehende Ansprüche auf Zahlung einer ……-Prämie oder einer anderen variablen Vergütung (Bonus, Provision, Prämie oÄ) bestehen weder für die Vergangenheit noch für die Zukunft.

5.
Als Ausgleich für den Verlust des sozialen Besitzstandes zahlt der Arbeitgeber an den Arbeitnehmer eine mit tatsächlicher Beendigung des Arbeitsverhältnisses fällig werdende, aber sofort entstandene und damit sofort vererbbare Abfindung gem. §§ 9, 10 KSchG in Höhe von …… EUR brutto.

6.
Der Arbeitnehmer ist berechtigt, das Arbeitsverhältnis unter Einhaltung einer Kündigungsfrist von drei Kalendertagen zu einem früheren Zeitpunkt als dem …… zu beenden. Auch diese vorzeitige Beendigung ist im Interesse des Arbeitgebers und geschieht letztlich auf dessen Veranlassung hin. Im Falle einer vorzeitigen Beendigung erhält der Arbeitnehmer für jeden Monat der vorzeitigen Beendigung vor dem …… einen zusätzlichen Abfindungsbetrag in Höhe von …… EUR brutto mit der tatsächlichen Beendigung ausbezahlt; anteilige Monate werden zeitanteilig berechnet.

7.
Der Arbeitgeber erteilt dem Arbeitnehmer ein qualifiziertes und wohlwollendes Arbeitszeugnis mit sehr guter Leistungs- und Verhaltensbeurteilung („stets zu unserer vollsten Zufriedenheit") und auf Wunsch ein entsprechendes vorläufiges Arbeitszeugnis. Der Arbeitnehmer ist berechtigt, einen Entwurf zu fertigen, von dem der Arbeitgeber nur aus Gründen der Zeugniswahrheit abweichen darf.

Für die Zeit der Beschäftigung des Arbeitnehmers bei der …… AG wird das (vorläufige) Arbeitszeugnis durch die …… AG erteilt werden.

8.
Arbeitgeber und Arbeitnehmer sind sich darüber einig, dass dem Arbeitnehmer ein unverfallbarer Anspruch auf eine betriebliche Altersversorgung zusteht. In Bezug

auf die anrechenbare Dienstzeit wird die erreichte Betriebszugehörigkeit auf ......
Jahre festgelegt. Der Arbeitgeber wird dem Arbeitnehmer unverzüglich nach Beendigung des Arbeitsverhältnisses die schriftliche Auskunft über erworbene unverfallbare Anwartschaften auf eine betriebliche Altersversorgung nach § 4a BetrAVG erteilen.

Der Arbeitgeber wird mit Wirkung zum Zeitpunkt der tatsächlichen Beendigung des Arbeitsverhältnisses auf den Arbeitnehmer den Direktlebensversicherungsvertrag bei der ...... AG, Versicherungsnummer ......, übertragen und alle hierfür erforderlichen Erklärungen gegenüber der Versicherung und dem Arbeitnehmer abgeben.

9.
Der Arbeitnehmer ist verpflichtet, über alle ihm während seiner Tätigkeit für den Arbeitgeber oder für mit dem Arbeitgeber verbundene Unternehmen bekannt gewordenen betriebsinternen Angelegenheiten, vor allem über Geschäfts- und Betriebsgeheimnisse, strenges Stillschweigen zu wahren.

Der Arbeitnehmer verpflichtet sich ferner, Stillschweigen hinsichtlich des finanziellen Inhalts dieser Vereinbarung gegenüber Jedermann zu wahren, es sei denn, er ist gesetzlich zur Auskunft verpflichtet oder die Auskunft ist aus steuerlichen oder sozialversicherungsrechtlichen Gründen gegenüber Behörden oder zur Wahrung von Rechtsansprüchen gegenüber Gerichten erforderlich.

10.
Zwischen Arbeitgeber und Arbeitnehmer besteht Einigkeit darüber, dass ein Arbeitsverhältnis lediglich zwischen dem Arbeitgeber und dem Arbeitnehmer und nicht auch zwischen dem Arbeitnehmer und einem mit dem Arbeitgeber verbundenen Unternehmen besteht. Rein vorsorglich für den Fall, dass doch ein Arbeitsverhältnis mit einem mit dem Arbeitgeber verbundenen Unternehmen bestehen sollte, beenden die Parteien dieses hiermit ebenfalls mit Wirkung zum Ablauf des ......
Der Arbeitgeber tritt insofern als Rechtsvertreter des mit ihm verbundenen Unternehmens auf und dem Prozessvergleich bei.

11.
Mit dieser Vereinbarung sind das Arbeitsverhältnis und dessen Beendigung zwischen Arbeitgeber und Arbeitnehmer abschließend geregelt. Mit Erfüllung dieser Vereinbarung sind ferner sämtliche finanziellen Ansprüche der Parteien aus dem Arbeitsverhältnis und anlässlich seiner Beendigung, gleich aus welchem Rechtsgrund und gleich, ob bekannt oder unbekannt, endgültig geregelt. Selbiges gilt für mögliche finanzielle Ansprüche des Arbeitnehmers gegen mit dem Arbeitgeber verbundenen Unternehmen.

12.
Sollte eine Bestimmung dieser Vereinbarung unwirksam sein oder werden, wird hierdurch die Wirksamkeit der übrigen Bestimmungen nicht berührt. An die Stelle einer unwirksamen Bestimmung soll eine wirksame Bestimmung treten, die dem wirtschaftlichen Zweck der unwirksamen Bestimmung am nächsten kommt. Entsprechendes gilt, falls diese Vereinbarung eine unbeabsichtigte Lücke aufweisen sollte.

......, den ...., den ......

Arbeitgeber   Arbeitnehmer

5. Checkliste

Beim Abschluss eines Aufhebungsvertrages oder eines Abwicklungsvertrages gilt es, eine Vielzahl von Gesichtspunkten zu berücksichtigen. Dies beginnt bei der Fälligkeit

der Abfindung (beim Vorversterben geht der Abfindungsanspruch nicht per se auf die Erben über[528]). Es gilt, rentenrechtliche Überlegungen anzustellen (Überbrückungszeitraum), sozialversicherungsrechtliche (sind Sperrzeit und Ruhenstatbestände verwirkt) sowie die Auswirkungen einer Abfindung in steuerrechtlicher Hinsicht. Nachfolgende Liste soll als eine Art „Merkposten" daran erinnern, dass und welche Gesichtspunkte im Einzelnen in der Aufhebungsvereinbarung noch geregelt werden können (oder im Einzelfall müssen). Nach Möglichkeit sollten Punkte nicht offen gelassen, sondern geklärt werden, um Folgestreitigkeiten zu vermeiden. Folgende **Merkposten** sind besonders zu beachten:
- Beendigungszeitpunkt (Gleitende Ausscheidensregelung?)
- Abfindung
- Vergütungsfortzahlung (Welche Vergütung in welcher Höhe soll wann gezahlt und fällig werden?)
- Gewinnbeteiligung, Tantieme, Gratifikation
- Auszahlung von Provisionen
- Art der Freistellung (Die Anrechnung des Resturlaubs bei Anrechnung anderweitigen Verdienstes und Beachtung des vertraglichen Wettbewerbsverbotes sollten bedacht werden.)
- Urlaub
- Anrechnung von anderweitigem Verdienst
- nachvertragliche Wettbewerbsverbote
- Betriebsgeheimnisse
- Diensterfindungen/Urheberrechte
- Darlehen (Wird der Vertrag fortgeführt, sofort fällig gestellt oÄ?)
- Firmenunterlagen und sonstiges Eigentum des Arbeitgebers (Rückgabe wann und wo?)
- Rückgabeverpflichtung eines Dienstwagens (Wann genau, wo, in welchem Zustand, mit welchen Unterlagen?)
- Werkwohnung
- betriebliche Altersversorgung (Rentenauskunft? Unverfallbarkeit?)
- Zeugnis
- Arbeitsbescheinigung
- evtl. sozialversicherungsrechtliche Hinweise (Beispielsweise Meldung bei der Agentur für Arbeit oÄ)
- Zurückbehaltungsrecht und Aufrechnungsverbote
- Kosten des Vergleiches
- Salvatorische Klausel

Hinweis: 648

Es ist für den Arbeitgeber wichtig, die Abfindung tatsächlich zu zahlen. Denn wenn er eine Abfindung nicht zahlt, hat ein Arbeitnehmer das Recht, von der Aufhebungsvereinbarung nach § 323 Abs. 1 BGB wegen Nichtleistung zurückzutreten. Voraussetzung für das gesetzliche Rücktrittsrecht nach § 323 BGB ist die Durchsetzbarkeit der Forderung. Diese scheidet dann aus, wenn eine Forderung aus einer Abfindungsvereinbarung wegen einer zwischen Vertragsschluss und Fälligkeit der Abfindung erfolgten Insolvenzeröffnung zu einer Insolvenzforderung geworden ist. Wegen dieses möglichen Rücktrittsrechts sollte der Arbeitgeber, wenn nicht gerade der Fall der Insolvenz vorliegt, darauf achten, die geleisteten Zahlungen tatsächlich zu erbringen.[529]

---

[528] BAG 22.5.1996 – 10 AZR 907/95, AP TVG § 4 Rationalisierungsschutz Nr. 13; 25.9.1996 – 10 AZR 311/96, AP BetrVG 1972 § 112 Nr. 105.
[529] BAG 10.11.2011 – 6 AZR 342/10, BeckRS 2012, 65004.

6. Steuerrechtliche Behandlung der Abfindung

a) Steuerfreie Abfindung

649 § 3 Nr. 9 EStG sah in der Vergangenheit die Steuerfreiheit von Abfindungen in einer bestimmten Größenordnung abhängig vom Alter und Betriebszugehörigkeit vor. Diese Steuerfreiheit der Abfindungen wurde durch das Gesetz zum Einstieg in ein steuerliches Sofortprogramm vom 22.12.2005[530] ersatzlos aufgehoben. Folge ist, dass Abfindungen nicht steuerfrei sind, sondern der normalen und regulären Besteuerung unterliegen.

b) Steuerbegünstigte Abfindung

650 Allerdings sind Abfindungen nach §§ 24, 34 EStG steuerbegünstigt. Die Berechnung ist etwas kompliziert.

651 Zur **Berechnung der Einkommensteuer** wird die Verteilung der Abfindung auf fünf Jahre unterstellt. Dabei soll dem Arbeitnehmer aber nicht zu Gute kommen, dass er in den nächsten vier Jahren möglicherweise nichts verdient und daher auf die künftig fälligen Anteile der Abfindung weniger Steuern zu zahlen hätte. Es wird vielmehr so getan, als würde der Arbeitnehmer in den nächsten fünf Jahren sein jetziges laufendes Einkommen behalten und zusätzlich 1/5 der Abfindung. Die Berechnung ist wie folgt:

(1) Einkommensteuerdifferenz

Einkommensteuer:	vom Einkommen plus 1/5 der Abfindung
abzüglich	Einkommensteuer vom Einkommen ohne Abfindung
=	Einkommensteuerdifferenz

(2) Gesamteinkommensteuer

Einkommensteuer:	vom Einkommen ohne Abfindung
zuzüglich	fünffache Einkommensteuerdifferenz
=	Gesamteinkommensteuer

652 Die Versteuerung nach §§ 24, 23 EStG wird sich für viele Arbeitnehmer, die mit ihren Einkünften ohnehin in eine starke Progression reichen, künftig kaum noch lohnen.[531]

c) Voraussetzungen der Steuerfreiheit bzw. -begünstigung

aa) Abfindung

653 Zur Steuerbegünstigung müssen **verschiedene Voraussetzungen** vorliegen:

654 **Abfindungen** sind Entschädigungen, die der Arbeitnehmer regelmäßig für die mit der Auflösung des Dienstverhältnisses verbundenen Nachteile beziehungsweise als Ersatz für entfallene Einnahmen, insbesondere für den Verlust des Arbeitsplatzes, erhält. Sie können in einer Summe, in Teilbeträgen oder in fortlaufenden Beträgen, müssen aber innerhalb eines Kalenderjahres gezahlt werden. Eine Verteilung dieser Beträge auf zwei Jahre ist steuerschädlich.[532] **Nicht zu den Abfindungen gehören** andere Bezüge, die lediglich aus Anlass der Auflösung des Dienstverhältnisses gezahlt werden, so dass Lohnansprüche, die dem Arbeitnehmer bis zur Beendigung des Arbeitsverhältnisses zustehen oder unverfallbare Versorgungsanwartschaften keine steuerfreien oder steuerbegünstigten Abfindungen sind, selbst wenn sie als Abfindung gezahlt werden.[533]

---

[530] BGBl. I 3682.
[531] Vgl. Beispielsberechnung *Bauer*, Arbeitsrechtliche Aufhebungsverträge, Teil VII Rn. 80 ff.; KR/*Vogt* EStG §§ 24, 34 Rn. 38 f.; *Weber/Ehrich/Burmester*, Handbuch der arbeitsrechtlichen Aufhebungsverträge, Teil 7 Rn. 57 ff. Der Gesetzgeber hat § 34 Abs. 3 S. 2 EStG verschärft (Haushaltsbegleitgesetz 2004, BGBl. 2003 I 3076, Art. 9 Nr. 26).
[532] BFH 21.6.2006 – XI R 29/05, BeckRS 2006, 25010186; 21.3.1996 – XI R 51/95, AP EStG § 24 Nr. 1.
[533] BFH 15.6.2000 – XI B 93/99, BeckRS 2000, 25005051; 27.4.1994 – XI R 41/93, AP EStG § 3 Nr. 1; 24.4.1991 – XI R 9/87, BB 1991, 1469.

Zusätzliche Voraussetzung ist in jedem Fall, dass der Arbeitnehmer aufgrund der 655
Abfindung im laufenden Kalenderjahr mehr erhält, als er bei regulärer Fortsetzung des
Arbeitsverhältnisses erhalten würde. Wenn somit ein Arbeitsverhältnis am 31.3. eines
Jahres beendet wird und der Arbeitnehmer eine Abfindung in Höhe von sechs
Monatsverdiensten erhält, unterliegt diese nur dann dem ermäßigten Steuersatz, wenn
er noch während des laufenden Kalenderjahres in einem anderen Arbeitsverhältnis
zusätzliche Einnahmen erzielt, so dass er insgesamt mehr verdient, als er beim alten
Arbeitgeber bei unverändertem Arbeitsverhältnis verdient hätte.[534] Die Steuerbegünstigung gem. §§ 24, 34 EStG entfällt auch dann, wenn der Arbeitgeber zusätzliche
Leistungen über das Ende des Arbeitsverhältnisses hinaus erbringt, wie zB eine verlängerte Dienstwagennutzung, die in das nächste Kalenderjahr hineinreicht. Dies gilt nur
dann nicht, wenn es sich um Leistungen handelt, auf die der Arbeitnehmer ohnehin
einen Anspruch hatte, wie zB betriebliche Altersversorgung, Fortführung des Mietverhältnisses, Deputatleistungen usw.[535]

bb) Arbeitnehmer

Der steuerrechtliche Arbeitnehmerbegriff folgt aus § 1 LStDV. Arbeitnehmer sind 656
Personen, die im öffentlichen oder privaten Dienst angestellt oder beschäftigt sind
oder waren und die aus diesem Dienstverhältnis oder einem früheren Dienstverhältnis
Arbeitslohn beziehen. Arbeitnehmer sind auch die Rechtsnachfolger dieser Personen,
soweit sie Arbeitslohn aus dem früheren Dienstverhältnis ihres Rechtsvorgängers
beziehen. Arbeitnehmer kann mithin auch GmbH-Geschäftsführer sein.[536]

cc) Auflösungszeitpunkt

Ob und zu welchem Zeitpunkt das Dienstverhältnis aufgelöst worden ist, ist nach 657
bürgerlichem Recht bzw. Arbeitsrecht zu beurteilen. Die Auflösung ist vom Arbeitgeber veranlasst, wenn dieser die entscheidenden Ursachen gesetzt hat. Eine Mitwirkung
des Arbeitnehmers an einer Einigung ist unschädlich, soweit er unter einem nicht
unerheblichen Druck stand. Auch die Abfindung aufgrund einer Änderungskündigung kann – ohne zu einem endgültigen Ausscheiden des Arbeitnehmers zu führen –
eine begünstigt zu besteuernde Entschädigung darstellen. Nicht entscheidend und
nicht zwingend ist mehr, dass das Arbeitsverhältnis vollständig beendet wird. Allerdings
müssen Einnahmen entfallen sein und dafür Ersatz geleistet werden.[537] Dies alles
macht es für die Steuerbegünstigung angeraten, in der Formulierung des Aufhebungsvertrages oder des Abwicklungsvertrages mit aufzunehmen, dass die Beendigung auf
Veranlassung des Arbeitgebers erfolgt.[538]

dd) Umfang der Steuerbefreiung

Die Steuerbegünstigung besteht in der Fünftelungsregelung, also der eingangs dar- 658
gestellten fiktiven Steuerberechnung (→ A. Rn. 651).

ee) Betriebszugehörigkeit

Die Betriebszugehörigkeit spielt für die Steuerbegünstigung nach §§ 24, 34 EStG 659
keine Rolle. Bei der aufgehobenen Vorschrift des § 3 Nr. 9 EStG aF war die Steuerfreiheit ua abhängig vom Alter und der Betriebszugehörigkeit des Arbeitnehmers.[539]

ff) Auflösung als Anlass

Steuerbegünstigt sind nur solche Zuwendungen, die der Arbeitnehmer **anlässlich** 660
der Auflösung des Arbeitsverhältnisses beziehungsweise als Ersatz für entgangene

---

[534] BFH 12.4.2000 – XI R 1/99, NZA 2001, 506; 16.7.1997 – XI R 85/96, AP EStG § 3 Nr. 2; *Bauer*, Arbeitsrechtliche Aufhebungsverträge, Teil VII Rn. 65.
[535] BMF Schreiben v. 18.12.1998 – IV A 5 – S 2290 – 18/98, BStBl. I 1998, 1512.
[536] Vgl. im Einzelnen *Schmidt*, EStG, § 19 Rn. 4 mzN.
[537] Vgl. *Bauer/Lingemann/Diller/Haußmann*, Anwalts-Formularbuch Arbeitsrecht, Kap. 23 Rn. 36 mzN.
[538] Abgeleitet aus *Schmidt*, EStG, § 24 Rn. 16 mzN.
[539] Vgl. dazu ausführlich die 8. Aufl., § 35 Rn. 22 mzN.

Einnahmen erhält.[540] Dazu gehören solche Beiträge nicht, die für die Zeit bis zur Auflösung des Arbeitsverhältnisses gezahlt werden. So sind ausdrücklich keine Entschädigungen nach § 24 Nr. 1 EStG Abfindungen, die für den Verlust späterer Pensionsansprüche gezahlt werden, Abfindungen, die bei Fortsetzung des Arbeitnehmerverhältnisses für den Verzicht auf Tantiemeansprüche gezahlt werden oder Abfindungen nach einer vorausgegangenen freiwilligen Umwandlung zukünftiger Pensionsansprüche.[541] Das bedeutet, dass Ansprüche, die dem Arbeitnehmer bis zur Beendigung des Arbeitsverhältnisses zustehen (wie zB Lohnansprüche[542] oder eine unverfallbare Versorgungsanwartschaft[543]) keine steuerbegünstigten Abfindungen sind, selbst wenn sie als Abfindung gezahlt werden. Alle darüber hinausgehenden Ansprüche sind Abfindungen.[544] Dies gilt selbst dann, wenn das Arbeitsverhältnis unter Abkürzung der eigentlich vorgesehenen Kündigungsfrist beendet wird und somit der Arbeitnehmer Vergütungsansprüche, die er bei ordnungsgemäßer Beendigung des Arbeitsverhältnisses bis zum Ablauf der Kündigungsfrist hätte, nunmehr als Abfindung erhält.[545] Damit können die Parteien – bis an die Grenze des Gestaltungsmissbrauchs – vertraglich bestimmen, in welchem Umfang steuerpflichtige Lohnansprüche durch steuerfreie oder -begünstigte Abfindungen ersetzt werden.[546] Enthält die Abfindung eine Urlaubsabgeltung, handelt es sich insoweit um verdientes Arbeitsentgelt. Enthält die Abfindung eine Tantieme oder wird gegen Zahlung einer Abfindung auf eine Tantieme verzichtet, spricht viel dafür, dass die Parteien eine nach Ermessen zu bestimmende Tantieme einvernehmlich auf einen bestimmten Betrag festlegen und zusätzlich eine Abfindung vereinbaren.[547]

661 Die **außerordentlichen Einkünfte** sind im Anschluss an eine Entscheidung des BFH[548] in einem Schreiben des BFM betreffend Zusammenballung iSd § 34 EStG, wenn durch die Entschädigung nur Einnahmen eines Jahres abgegolten werden, näher beschrieben (BStBl. I 973).

662 Bei **hohen Abfindungen** wird die Fünftelungsregelung keinen hohen Vorteil für den Arbeitnehmer bringen. Daher wird der Arbeitnehmer, der in eine ungewisse Zukunft geht, darüber nachdenken müssen, ob es für ihn steuerlich günstiger ist, die Abfindung in Raten zu erhalten, so dass die einzelne Zahlung im jeweiligen Zuflussjahr besteuert wird oder die Abfindung als Einmalbetrag (dann aber Fünffachbesteuerung) im folgenden Jahr zu zahlen ist.[549] Dann wird es auf Seiten des Arbeitnehmers aber erforderlich sein, Vorkehrungen gegen Zahlungsunwilligkeit des Arbeitgebers (zB durch gerichtlichen Vergleich, aus dem vollstreckt werden kann) sowie gegen Zahlungsunfähigkeit des Arbeitgebers (zB durch Bankbürgschaft) zu treffen. Darüber hinaus kann es steuerlich sinnvoll sein, über Ausgleichszahlungen an den Rentenversicherungsträger nach § 187a SGB VI nachzudenken.[550]

7. Abfindung und Arbeitslosengeld

a) Ruhen wegen Abfindung und Sperrzeit

663 Erhält der Arbeitnehmer eine Abfindung, liegt der Gedanke nahe, dass er hiermit in Wahrheit Bezüge erhält, die er bei unverändertem Arbeitsverhältnis als Arbeitsentgelt hätte beanspruchen können. Ein Arbeitnehmer, welcher auf zustehende Entlohnungsansprüche verzichtet, um diese als (steuerbegünstigte) Abfindung zu erhalten,

---

[540] *Bauer/Lingemann/Diller/Haußmann*, Anwalts-Formularbuch Arbeitsrecht, Kap. 23 Rn. 36 mzN.
[541] Vgl. insoweit die LStR 2004 zu § 24 Nr. 1 EStG.
[542] BFH 27.4.1994 – IX R 41/93, AP EStG § 3 Nr. 1.
[543] BFH 24.4.1991 – XI R 9/87, DB 1991, 1500.
[544] *Bauer*, Arbeitsrechtliche Aufhebungsverträge, Teil VII Rn. 28.
[545] BFH 27.4.1994 – XI R 41/93, AP EStG § 3 Nr. 1; vgl. auch *Bauer*, Arbeitsrechtliche Aufhebungsverträge, Teil VII Rn. 16; HK-KSchG/*Neef*, 3. Auflage, Anhang §§ 9, 10 KSchG Rn. 30.
[546] KR/*Vogt*, 9. Auflage, §§ 24, 34 EStG Rn. 37 ff.
[547] HK-KSchG/*Neef* §§ 9, 10 Anhang Rn. 30.
[548] BFH 16.7.1997 – XI R 85/96, AP EStG § 3 Nr. 2.
[549] So der Vorschlag von *Bauer*, Arbeitsrechtliche Aufhebungsverträge, Teil VII Rn. 86 f.
[550] Vgl. im Einzelnen Tschöpe/*Schrader*, Anwalts-HdB Arbeitsrecht, Teil 7 C Rn. 159 ff.; *ders.* NZA 2003, 593; *ders.* ArbRB 2005, 283 ff.

muss sich gegenüber der Agentur für Arbeit daran festhalten lassen, dass es sich dem wirtschaftlichen Ursprung nach um Arbeitsentgelt handelt, er somit für die Zeit, in der er für dieses Arbeitsentgelt hätte arbeiten müssen, kein Arbeitslosengeld beanspruchen kann. Er soll nicht für den gleichen Zeitraum Arbeitsentgelt (in Form einer Abfindung) und Arbeitslosengeld erhalten können. Die Agentur für Arbeit betrachtet ihn – vereinfachend ausgedrückt – noch nicht als arbeitslos. Weitere Nachteile soll der Arbeitnehmer nicht haben. Die Vorschriften über eine Sperrzeit haben demgegenüber mit einer Abfindung nichts zu tun. Sie sollen vielmehr den Arbeitnehmer dafür bestrafen, dass er ein Arbeitsverhältnis eigenständig ohne wichtigen Grund aufgibt. Die Vorschriften haben also Sanktionscharakter, unabhängig davon, ob eine Abfindung gewährt wird. Beide Regelungen greifen durchaus ineinander. Nur gilt es zu beachten, dass sie einen unterschiedlichen Regelungszweck haben: die Vermeidung von Doppelansprüchen einerseits und die Sanktion von unnötiger Inanspruchnahme von Arbeitslosengeld andererseits.

b) Ruhen des Anspruchs auf Arbeitslosengeld aufgrund einer Abfindung

aa) Einhaltung der Fristen

Für die Frage der Anrechnung einer Abfindung auf das Arbeitslosengeld kommt es insbesondere darauf an, ob die Fristen zur Beendigung des Arbeitsverhältnisses eingehalten sind. **664**

Eine **Anrechnung der Abfindung auf das Arbeitslosengeld** kommt nur dann in Betracht, wenn der Arbeitnehmer zugunsten der Abfindung[551] auf Ansprüche verzichtet, die ihm der Arbeitgeber selbst bei einer Kündigung nicht mehr entziehen kann. Ein Ruhen des Anspruches auf Arbeitslosengeld gem. § 158 SGB III (vormals § 143a SGB III)[552] kommt daher nicht in Betracht, wenn **665**
– der Arbeitgeber das Arbeitsverhältnis gekündigt hatte und es zum Ablauf der Kündigungsfrist durch Aufhebungsvertrag beendet wird,
– in einem Aufhebungsvertrag über ein gekündigtes Arbeitsverhältnis ein Beendigungstermin festgesetzt wird, bis zu dem der Arbeitgeber die ordentliche Kündigung noch hätte aussprechen können,
– bei zeitlich unbegrenztem Ausschluss der ordentlichen Kündigung eine Kündigungsfrist von 18 Monaten eingehalten wird,
– bei einer außerordentlichen Kündigung mit Auslauffrist (zB bei tariflich unkündbaren Arbeitnehmern) die sonst geltende ordentliche Kündigungsfrist eingehalten wird,
– eine Kündigung nur gegen eine Entlassungsentschädigung möglich ist und eine Kündigungsfrist von einem Jahr eingehalten wird.

Werden die erwähnten Fristen eingehalten, findet § 158 SGB III keine Anwendung. Eine Ausnahme gilt nur für den Fall, dass der Arbeitnehmer eine **Urlaubsabgeltung** erhält. Denn hierauf hat er aufgrund des bisherigen Arbeitsverhältnisses einen Anspruch. Sie soll dazu dienen, dem Arbeitnehmer nach Abschluss des Arbeitsverhältnisses den Urlaub zu ermöglichen. Für die Zeit, für die Urlaubsabgeltung gewährt wird, ruht der Anspruch auf Arbeitslosengeld (§§ 157, 158 Abs. 1 S. 5 SGB III). **666**

bb) Rechtsfolge bei Verkürzung der Fristen

Wird das Arbeitsverhältnis einvernehmlich **vor Ablauf der erwähnten Fristen** beendet, ist dies nur möglich, weil der Arbeitnehmer auf seine Vergütungsansprüche bis zum Ablauf der Kündigungsfrist zumindest zum Teil verzichtet (und sie meist in Form einer Abfindung dann doch erhält). In diesen Fällen ruht der Anspruch auf Arbeitslosengeld nach folgenden Maßgaben: **667**

---

[551] § 158 SGB III (vormals § 143a SGB III) spricht allgemein von einer Entlassungsentschädigung. Abfindungen sind eine Entlassungsentschädigung in diesem Sinne. Zu dem Begriff der Entlassungsentschädigung im Übrigen vgl. ausführlich Schaub/*Koch*, ArbR-HdB, § 23 Rn. 69 mzN.
[552] Neu gefasst mWv 1.4.2012 durch Gesetz vom 20.12.2011 (BGBl. I S. 2854).

– Grundsätzlich ruht der Anspruch auf Arbeitslosengeld bis zum Ablauf der ordentlichen Kündigungsfrist.
– Der Anspruch auf Arbeitslosengeld ruht maximal ein Jahr (dies macht die fiktive Kündigungsfrist von 18 Monaten nicht überflüssig, da die Kündigungsfrist ab Ausspruch der Kündigung bzw. ab Abschluss des Aufhebungsvertrages rechnet, die Ruhensfrist ab Beendigung des Arbeitsverhältnisses).
– Der Ruhenszeitraum wird jedoch noch weiter eingegrenzt:
– War das Arbeitsverhältnis (unabhängig vom Aufhebungsvertrag) befristet, ruht der Anspruch auf Arbeitslosengeld maximal bis zum Befristungsablauf (§ 158 Abs. 2 S. 2 Nr. 2 SGB III).
– Hat der Arbeitgeber einen Grund, fristlos zu kündigen, ruht der Anspruch überhaupt nicht (§ 158 Abs. 2 S. 2 Nr. 3 SGB III).
– Im Übrigen ruht der Anspruch so lange, wie der Arbeitnehmer hätte arbeiten müssen, um 60% der Entlassungsentschädigung zu verdienen (§ 158 Abs. 2 S. 2 Nr. 1 SGB III).

668 Die 60% der Abfindung, die (sozusagen) als fortgezahltes Arbeitsentgelt angesehen werden (§ 158 Abs. 2 S. 3 SGB III), **verringern** sich nach folgendem Schema:

Entgeltanteil der Abfindung	60%
abzüglich je fünf Dienstjahre	je 5%
abzüglich je fünf Lebensjahre nach Vollendung des 35. Lebensjahres	je 5%
mindestens	25%.

669 Für einen Arbeitnehmer, der 50 Jahre alt und zwölf Jahre beschäftigt ist, ergibt sich somit folgende Rechnung:

	Maximalbetrag	60%
abzüglich	2 x fünf Dienstjahre	10%
abzüglich	3 x fünf Lebensjahre über 35	15%
	Entgeltanteil	35%.

670 Der Anspruch auf Arbeitslosengeld **ruht** so lange, wie der Arbeitnehmer hätte arbeiten müssen, um 35% der Abfindung zu verdienen.[553]

671 Soweit der Arbeitgeber für den Arbeitnehmer, dessen Arbeitsverhältnis nach Vollendung des 55. Lebensjahres beendet wird, Leistungen erbringt, die unmittelbar für dessen **Rentenversicherung** verwendet werden, zählen diese nicht als Entlassungsentschädigung und bleiben bei dieser Rechnung unberücksichtigt (§ 158 Abs. 1 S. 6 SGB III). Entsprechendes gilt für Aufwendungen für eine berufsständische Versorgungseinrichtung.

cc) Anrechnung und Sozialversicherung

672 Solange der Arbeitnehmer Arbeitslosengeld bezieht, ist er versicherungspflichtig in der Renten- (§ 3 Nr. 3 SGB VI) und in der Krankenversicherung (§ 5 Abs. 1 Nr. 2 SGB V). Ruht der Anspruch auf Arbeitslosengeld, besteht keine Versicherungspflicht. Der Arbeitnehmer ist während dieser Zeit nicht krankenversichert. Allerdings erlischt der Anspruch auf Leistungen der Krankenversorgung erst einen Monat nach Ablauf der Versicherungspflicht (§ 19 Abs. 2 SGB V).

c) Sperrzeiten

673 § 159 SGB III (vormals § 144 SGB III mit leichten Änderungen)[554] ordnet Sperrzeiten in unterschiedlicher Höhe bis zu maximal zwölf Wochen an, wenn der Arbeitnehmer das Beschäftigungsverhältnis löst, ohne hierfür einen wichtigen Grund zu haben. Die Sperrzeit **tritt von Gesetzes wegen ein** und wird keineswegs, wie häufig formuliert wird, von der Agentur für Arbeit „verhängt". Für das Verwirken eines Sperrzeittatbestandes kommt es auf die Höhe der Abfindung nicht an, entschei-

---

[553] Siehe auch Tabelle bei *Bauer*, Arbeitsrechtliche Aufhebungsverträge, Teil VIII Rn. 42.
[554] Neu gefasst mWv 1.4.2012 durch Gesetz vom 20.12.2011 (BGBl. I 2854).

dend ist die Frage, ob der Arbeitslose sein Beschäftigungsverhältnis eigenständig ohne wichtigen Grund gelöst oder durch arbeitsvertragswidriges Verhalten Anlass für die Lösung des Beschäftigungsverhältnisses gegeben hat und dadurch vorsätzlich oder grob fahrlässig die Arbeitslosigkeit herbeiführt oder aber sich „arbeitsamtsschädlich" verhält.[555]

Die **Rechtsfolgen der Sperrfrist** ergeben sich aus § 159 Abs. 1 S. 1 SGB III. Während der Sperrzeit ruht der Anspruch auf Arbeitslosengeld. Der Ruhenszeitraum gem. § 158 SGB III (Entgeltanteile in Abfindung) und derjenige nach § 159 SGB III (Sperrzeit) laufen parallel, also nicht nacheinander. Der Ruhenszeitraum gem. § 158 SGB III beginnt vom Ende des Arbeitsverhältnisses an (§ 158 Abs. 1 SGB III); der Ruhenszeitraum wegen einer Sperrfrist beginnt mit dem Ereignis, das die Sperrzeit begründet (§ 159 Abs. 2 S. 1 SGB III), dies ist ebenfalls das Ende des Arbeitsverhältnisses.[556] Die Ruhenswirkung berührt nicht das Stammrecht; es wird vielmehr nur eine zeitliche Sperre für den Leistungsbezug bewirkt. Dabei hat die Sperrzeit nicht nur Einfluss auf den Leistungsanspruch, sondern auch auf die Dauer des Anspruchs. Die Anspruchsdauer mindert sich um die Anzahl von Tagen einer Sperrzeit wegen Arbeitsaufgabe, in Fällen einer Sperrzeit von zwölf Wochen mindestens jedoch um ein Viertel der Anspruchsdauer, die dem Arbeitslosen bei erstmaliger Erfüllung der Voraussetzungen für den Anspruch auf Arbeitslosengeld nach dem Ereignis, das die Sperrzeit begründet, zusteht (§ 148 Abs. 1 Nr. 4 SGB III).[557] **674**

Unterschiedlich sind die **sozialversicherungsrechtlichen Folgen:** Während des Ruhens des Anspruchs auf Arbeitslosengeld besteht grundsätzlich keine Versicherungspflicht des Arbeitnehmers bei der Sozial- und Krankenversicherung. Ruht der Anspruch auf Arbeitslosengeld aber allein wegen einer Sperrfrist, besteht gleichwohl eine Krankenversicherungspflicht (§ 5 Abs. 1 Nr. 2 SGB V). Die Versicherungspflicht besteht in diesem Fall von Beginn des zweiten Monats an, bis zum Ende der Sperrzeit. Der erste Monat muss nicht versichert werden, weil der Arbeitnehmer insoweit nachwirkenden Krankenversicherungsschutz gem. § 19 Abs. 2 SGB V hat. **675**

VII. Bescheinigungen bei Beendigung des Arbeitsverhältnisses

1. Zeugnis

a) Vorbemerkung

Dem Arbeitgeber obliegt es, auf Wunsch dem Arbeitnehmer ein qualifiziertes Arbeitszeugnis zu erteilen (§ 109 GewO).[558] Bei einem einfachen Arbeitszeugnis wird die reine Beschäftigungszeit wiedergegeben. In der arbeitsrechtlichen Praxis hat das einfache Arbeitszeugnis keine Bedeutung. Anders sieht es beim qualifizierten Arbeitszeugnis aus, das der Arbeitnehmer auch für sein berufliches Fortkommen benötigt. Die nachfolgenden Zeugnismuster illustrieren das Spektrum möglicher Zeugnisse. **676**

b) Muster

aa) Muster: Zeugnis Bereichsleiterin Marketing *[→ A. Rn. 676, 678]*

Zeugnis
Frau ......, geb. am ...... in ......, war vom ...... bis zum ...... als Bereichsleiterin Marketing in unserem Unternehmen beschäftigt.

677

⌦ **228**

---
[555] Zu den Verwirkungstatbeständen einer Sperrzeit vgl. im Einzelnen Schaub/*Koch*, ArbR-HdB, § 23 Rn. 49 ff. sowie ErfK/*Rolfs* SGB III § 144 Rn. 6 ff.
[556] HK-KSchG/*Neef* §§ 9, 10 Anhang Rn. 46 mwN.
[557] Eine Minderung der Anspruchsdauer (§ 147 SGB III [vormals § 127 SGB III]) tritt nur unter den Voraussetzungen des § 148 [vormals § 128 SGB III] SGB III ein. Bestimmt eine Vorschrift, dass der Anspruch ruht (wie beispielsweise § 159 SGB III), führt dies nicht gleichzeitig zu einer Verringerung der Anspruchsdauer. Hierzu ist vielmehr erforderlich, dass der in § 148 SGB III aufgeführte Tatbestand erfüllt ist, anderenfalls kann ein „Ruhen des Anspruches" lediglich eine zeitliche Verschiebung des Beginns der Anspruchsdauer zur Folge haben (vgl. *Niesel/Brand*, SGB III, § 148 Rn. 3).
[558] Zum Zeugnis, seiner Bewertung, Benotung vgl. im Einzelnen ausführlich Schaub/*Linck*, ArbR-HdB, § 147 Rn. 1 ff. mzN.

Unser Unternehmen gehört zum weltweit agierenden ...... Konzern. Wir sind führend in der Produktion und dem Vertrieb von ......

Hauptaufgaben von Frau ...... in der mit großem Gestaltungsspielraum und Eigenverantwortung ausgestatteten Führungsposition als Bereichsleiterin Marketing waren:
- Leitung und Koordination der Events an allen Standorten
- Leitung und Koordination der klassischen Werbemaßnahmen
- Entwicklung neuer Konzepte zur Kundengewinnung und Kundenbindung
- Budgetplanung, -verantwortung und -kontrolle
- Leitung der für die zehn Standorte des Unternehmens verantwortlichen Arbeitnehmer/innen für den Bereich Event/Klassische Werbung.

Darüber hinaus oblag es Frau ...... Vertragsverhandlungen und -abschlüsse für ihren Zuständigkeitsbereich zu führen und zu tätigen bzw. bis zur Unterschriftsreife vorzubereiten. Zu den weiter hervorzuhebenden Schwerpunkten ihrer Tätigkeit zählten die Entwicklung einer neuen Werbekampagne in Zusammenarbeit mit der betreuenden Werbeagentur sowie die anschließende erfolgreiche Umsetzung. Frau ...... berichtete der Geschäftsführung und war dieser unmittelbar unterstellt.

Frau ...... ist eine dynamische Fach- und Führungspersönlichkeit, die ihren Aufgabenbereich stets mit großem Engagement zielorientiert geleitet und durch viele Initiativen und Impulse weiterentwickelt hat. Ihre Leistungen und Erfolge basieren auf ihrem hohen persönlichen Engagement. Sie bewies ein gutes analytisch-konzeptionelles und zugleich pragmatisches Denk- und Urteilsvermögen. Dabei bearbeitete und löste sie alle Problemstellungen ihres Aufgabengebietes sehr selbständig, systematisch und sorgfältig.

Neue Aufgaben und Problemstellungen wurden durch Frau ...... frühzeitig erkannt und zielstrebig in Angriff genommen. Dies geschah in Eigeninitiative und auf kooperative, effiziente Weise und führte stets zu guten Lösungen. Hervorzuheben ist Frau ...... umfassendes, detailliertes und aktuelles Fachwissen auf dem Gebiet des Marketings. Sie wendete die vorhandenen Methoden/Instrumente und Techniken jederzeit sehr wirksam in ihrer Berufspraxis an.

Frau ...... vermittelte den in ihrem Zuständigkeitsbereich bis zu fünf tätigen Arbeitnehmer/-innen einen hohen Kenntnisstand und sorgte so für ausgezeichnete Mitarbeiterleistungen.

Als Bereichsleiterin Marketing hat Frau ...... ein weitgespanntes Spektrum sehr verschiedenartiger Aufgaben wahrgenommen. Mit ihren guten Leistungen waren wir stets voll zufrieden. Sie konnte fachlich und persönlich überzeugen und erwarb sich die Anerkennung ihrer Vorgesetzten, Kollegen und Mitarbeiter/-innen.

Mit dem ...... endet das Arbeitsverhältnis betriebsbedingt. Wir bedauern diesen Umstand und danken Frau ...... für die stets gute Zusammenarbeit. Auf ihrem weiteren Berufs- und Lebensweg wünschen wir Frau ...... alles Gute.

......, den ......

Arbeitgeber

bb) Muster: Zeugnis Bankberater Versicherungen [→ A. Rn. 676, 677]

Zeugnis

Herr ......, geb. am ...... in ......, wohnhaft ......, war seit dem ...... bei der ......-Bank als Fachberater für Versicherungen angestellt und tätig.

Die ......-Bank gehört zur ......-Finanzgruppe. Sie bietet Kredit- und Finanzdienstleistungen sowie Versicherungsleistungen für Privat- und Firmenkunden an.

Herr ...... war seit seiner Einstellung als Versicherungsfachmann bei der ......-Bank eingesetzt.

In seiner Funktion als Versicherungsfachmann war Herr ...... schwerpunktmäßig mit dem Verkauf von Versicherungen im Privat- und Firmenkundengeschäft betraut. Er war für die Kundenakquise zuständig. Herrn ...... oblag es, Serviceleistungen gegenüber Kunden zu erbringen und Hilfe bei Schadensfällen zu gewährleisten. Auch war Herr ...... für die fachliche und verkäuferische Betreuung sowie Unterstützung seiner Kollegen im Versicherungsgeschäft zuständig. Insgesamt hat Herr ...... die gesamte technische und verwaltungsmäßige Abwicklung des gesamten Versicherungsgeschäftes betreut. Die Einzelheiten seiner Tätigkeit ergeben sich aus der als **Anlage** beigefügten Aufstellung.

Wir lernten Herrn ...... als einen versierten Mitarbeiter kennen. Er war aufgrund seiner fundierten Fachkenntnisse jederzeit flexibel und erfolgreich einsetzbar. Seine Arbeitsweise zeichnete sich stets durch Sorgfalt, Genauigkeit und Selbständigkeit aus; gleichzeitig zeigte Herr ...... stets Initiative und Kreativität. Herr ...... fand sich bei neuen Problemstellungen gut zurecht und zeigte sich neuen Projekten gegenüber stets aufgeschlossen. Herr ...... erledigte alle ihm übertragenen Aufgaben stets zu unserer vollen Zufriedenheit.

Seine umfassenden Organisationskenntnisse sowie seine gründliche und zielstrebige Arbeitsweise machten Herrn ...... zu einem wertvollen Mitarbeiter. Herr ...... war stets höflich, zuverlässig und hilfsbereit. Das Verhalten von Herrn ...... gegenüber Vorgesetzten und Kollegen war immer vorbildlich. Gleiches gilt für das Verhalten von Herrn ...... gegenüber Geschäftspartnern und Kunden.

Das Arbeitsverhältnis endet mit Ablauf des ...... Wir bedauern dies und wünschen Herrn ...... für die Zukunft alles Gute.

......, den ......

Arbeitgeber

cc) Muster: Qualifiziertes Zeugnis für Auszubildende

Herr/Frau ......, geb. am ...... in ......, trat am ...... als Auszubildende(r) im Berufsbild ...... nach bestem Eignungstest in unsere Dienste. Er/Sie wurde während ihrer/ seiner Berufsausbildung in verschiedenen Abteilungen unseres Unternehmens beschäftigt und eingehend unterwiesen. Er/Sie war tätig ....

Der/Die Auszubildende nahm am Berufsschulunterricht als aufmerksame(r) Schüler(in) regelmäßig teil. Ebenso beteiligte er/sie sich an allen Fortbildungsveranstaltungen des Unternehmens mit großem Interesse und bestem Erfolg.

Der/Die Auszubildende hat von den gebotenen Ausbildungsmöglichkeiten regen Gebrauch gemacht. Er/Sie hat eine rasche Auffassungsgabe und zeigte größtes Interesse an den übertragenen Aufgaben. Er/Sie hat die ihm/ihr übertragenen Aufgaben sorgfältig, zuverlässig und zügig erledigt.

Der/Die Auszubildende war bei allen Kollegen, Ausbildern und Vorgesetzten in gleicher Weise beliebt. Er/Sie legte Wert auf eine gute Zusammenarbeit.

Wegen des guten Ausbildungsergebnisses versteht sie/er ihre/seine Auffassung sicher und fundiert zu vertreten.

Am ...... hat er/sie die Ausbildungsprüfung für ...... bei der ...... mit Prädikat ...... abgelegt. Die Ausbildungszeit endete am ......

> Er/Sie wird mit dem ...... in ein Arbeitsverhältnis übernommen/nicht übernommen, weil ......
>
> ......, den ......
>
> Arbeitgeber

dd) Muster: Qualifiziertes Zeugnis für Praktikanten

680
231
> Herr/Frau ......, geb. am ...... in ...... war zur Ableistung eines Praktikums während des Studiums der ...... vom ...... bis ...... bei uns beschäftigt. Er/Sie war tätig im Bereich ...... Nach einer kurzen Einarbeitungszeit wurde er/sie dort als Sachbearbeiter(in) eingesetzt.
>
> Er/Sie hat eine schnelle Auffassungsgabe. Er/Sie hat sich unverzüglich bei neuen Problemstellungen zurechtgefunden. Er/Sie brachte ...... Leistungen. Er/Sie zeigte Arbeitseifer und war stets pünktlich. Sein/Ihr Verhalten zu Arbeitskollegen und Vorgesetzten war stets einwandfrei und vorbildlich.
>
> Das Praktikum endet zur Fortsetzung des Studiums. Wir wünschen Herrn/Frau ...... für das Studium viel Erfolg.
>
> ......, den ......
>
> Ausbilder

2. Bescheinigungen nach Ende des Arbeitsverhältnisses

a) Muster: Urlaubsbescheinigung [→ A. Rn. 469]

681
> **Hinweis:**
>
> Die Urlaubsbescheinigung soll die doppelte Inanspruchnahme von Urlaubsansprüchen vermeiden und ergibt sich aus § 6 BUrlG.

682
232
> Herr/Frau ......, geboren am ......, wohnhaft in ......, war vom ...... bis ...... als ...... in unserem Unternehmen beschäftigt.
>
> Der volle gesetzliche/tarifliche/arbeitsvertragliche Urlaubsanspruch beträgt ...... Tage im Kalenderjahr.
>
> Es sind von uns im Jahr ...... in Natur ...... Tage Urlaub gewährt worden.
>
> Ferner wurden dem/der Arbeitnehmer(in) ...... Tage Urlaub in Geld abgegolten. Es wurden ...... Tage Zusatzurlaub für ...... gewährt.

b) Muster: Quittung und Ausgleichsquittung

683
> **Hinweis:**
>
> Die Übergabe von Unterlagen sollte quittiert werden. Dies kann mit einer Ausgleichsquittung verbunden werden. Hierbei ist darauf zu achten, dass das Recht zur Erhebung der Kündigungsschutzklage nur dann von der Ausgleichsquittung erfasst wird, wenn darauf ausdrücklich hingewiesen wird.[559] Eine untergeschobene formularmäßige verwandte Ausgleichsquittung, die eine unentgeltliche Verzichtserklärung des Arbeitnehmers ohne kompensatorische Gegenleistung des Arbeitgebers beinhaltet, stellt allerdings eine unangemessene Benachteiligung iSv § 307 Abs. 1 S. 1 BGB dar und ist unwirksam.[560] Der Unzulässigkeit einer derartigen Vereinba-

---

[559] BAG 3.5.1979 – 2 AZR 679/77, AP KSchG 1969 § 4 Nr. 6.
[560] BAG 6.9.2007 – 2 AZR 722/06, AP KSchG 1969 § 4 Nr. 62.

rung stehen keine im Arbeitsrecht geltenden rechtlichen Besonderheiten nach § 310 Abs. 4 S. 2 BGB entgegen.[561]

Ich bestätige, bei Beendigung meines Arbeitsverhältnisses (ordnungsgemäß ausgefüllt) erhalten zu haben:

1. Arbeitsbescheinigung für die Agentur für Arbeit
2. Arbeitszeugnis
3. Urlaub für das Urlaubsjahr ...... bis einschließlich ......
4. Urlaubsbescheinigung
5. Lohn/Gehaltsabrechnung
6. Urlaubsabgeltung
7. Restlohn/Restgehalt
8. Zwischenbescheinigung
9. Sonstiges

Das in der Lohn- und Gehaltsabrechnung für ...... enthaltene Gehalt sowie die Urlaubsabgeltung habe ich in bar erhalten/werden auf das Konto ...... überwiesen. Ich bestätige, dass die Abrechnung von Gehalt und Urlaubsabgeltung zutreffend erfolgt sind.

Darüber hinaus bestätige ich,[562] dass ich weitergehende Ansprüche aus und in Verbindung mit dem Arbeitsverhältnis und seiner Beendigung, gleich aus welchem Rechtsgrund, nicht mehr gegen die ...... GmbH habe.

Eine Kündigungsschutzklage werde ich nicht erheben.

Ferner bestätige ich, dass ich keine Anwartschaften und Ansprüche auf eine betriebliche Altersversorgung habe.

Vorstehende Ausgleichsquittung ist mir heute in meine Landessprache übersetzt worden. Vorstehende Ausgleichsquittung habe ich sorgfältig gelesen und zur Kenntnis genommen.

......, den ......

Arbeitnehmer

684

⮕ 233

---

[561] LAG Schleswig-Holstein 24.9.2003 – 3 Sa 6/03, BB 2004, 608.
[562] BAG 20.8.1980 – 5 AZR 759/78, AP LohnFG § 9 Nr. 3.

B. Kollektivarbeitsrecht

1. Teil. Bildung einer betriebsverfassungsrechtlichen Vertretung

Übersicht

	Rn.
I. Einleitung	1–21
1. Vorbemerkung	1–3
2. Voraussetzungen	4–21
a) Bestellung Wahlvorstand	4–11
aa) Betriebsratsloser Betrieb	4–7
bb) Betrieb mit Betriebsrat	8–10
cc) Kleinbetriebe	11
b) Wahlablauf nach der Wahlordnung	12–15
c) Weitere betriebsverfassungsrechtliche Organe	16–21
aa) Jugend- und Auszubildendenvertretung	16, 17
bb) Schwerbehindertenvertretung	18
cc) Gesamtbetriebsrat	19
dd) Konzernbetriebsrat	20
ee) Sprecherausschüsse	21
II. Muster	22–34
1. Muster: Information an den Arbeitgeber über die Einsetzung des Wahlvorstandes	23
2. Muster: Anforderung von Unterlagen durch den Wahlvorstand	24, 25
3. Muster: Wahlausschreiben für die Wahl des Betriebsrats (normales Wahlverfahren)	26–28
4. Muster: Bekanntmachung des Wahlergebnisses	29
5. Muster: Information an den Arbeitgeber über das Wahlergebnis	30
6. Muster: Einladung zur konstituierenden Sitzung	31, 32
7. Muster: Wahlausschreiben vereinfachtes Wahlverfahren, einstufig	33, 34

I. Einleitung

1. Vorbemerkung

Die Formulare und Muster zum Kollektivarbeitsrecht beschäftigen sich mit den **1** Rechten, Pflichten und Möglichkeiten, die Arbeitgeber und Betriebsräte nach dem Betriebsverfassungsgesetz haben. Die Formulare und Muster sollen Beispiele dafür geben, wie Arbeitgeber und Betriebsräte ihre Zusammenarbeit oder gefundene Regelungen gestalten können.

Bevor es um die konkrete Arbeit der betriebsverfassungsrechtlichen Organe geht, **2** muss ein solches Organ zunächst einmal gebildet werden.

Die Betriebsratswahlen werden – regelmäßig – von einem Wahlvorstand eingeleitet **3** und durchgeführt.

2. Voraussetzungen

a) Bestellung Wahlvorstand

aa) Betriebsratsloser Betrieb

Die Bestellung des Wahlvorstandes für die Betriebsratswahl ist davon abhängig, ob **4** es sich um einen bisher betriebsratslosen Betrieb handelt oder bereits ein Betriebsrat gebildet ist.

Besteht in einem betriebsratspflichtigen Betrieb (mehr als fünf Arbeitnehmer, § 1 **5** BetrVG), unerheblich aus welchen Gründen, kein Betriebsrat, wird ein Wahlvorstand für die Betriebsratswahl entweder durch den **Gesamtbetriebsrat** oder, wenn ein solcher nicht besteht, durch den **Konzernbetriebsrat** bestellt (§ 17 Abs. 1 BetrVG). Die **Bestellung eines Wahlvorstandes** kommt in Betracht, wenn
– erstmals ein Betriebsrat gewählt werden soll oder
– dessen Wahl rechtskräftig angefochten worden ist oder
– nichtig war oder
– die Amtszeit des bisherigen Betriebsrats abgelaufen ist, ohne dass er einen Wahlvorstand eingesetzt hat, da er dann als betriebsratslos gilt.

6 Besteht kein Gesamt- bzw. Konzernbetriebsrat oder kommen diese ihrer Verpflichtung zur Bestellung eines Wahlvorstandes nicht nach, wird der Wahlvorstand in einer **Betriebsversammlung** von der Mehrheit der anwesenden Arbeitnehmer gewählt (§ 17 Abs. 2 BetrVG).

7 Die Bestellung durch das **Arbeitsgericht** kommt in betriebsratslosen Betrieben dann in Betracht, wenn bis zu dessen rechtskräftiger Entscheidung der Wahlvorstand nicht vom Gesamt- bzw. Konzernbetriebsrat bestellt wird und keine Betriebsversammlung stattfindet oder sie keinen Wahlvorstand wählt. In diesem Fall bestellt ihn das Arbeitsgericht auf Antrag von drei wahlberechtigten Arbeitnehmern oder einer vom Betrieb vertretenen Gesellschaft (§ 17 Abs. 4 BetrVG).

bb) Betrieb mit Betriebsrat

8 Besteht in einem Betrieb bereits ein **Betriebsrat,** bestellt dieser durch Beschluss (§ 33 BetrVG) zehn Wochen vor Ablauf seiner Amtszeit einen Wahlvorstand und einen seiner Mitglieder als Vorsitzenden (§ 16 Abs. 1 BetrVG). Der Zeitpunkt des Ablaufs der Amtszeit richtet sich nach § 21 BetrVG.

9 Besteht acht Wochen vor Ablauf der Amtszeit des Betriebsrats kein Wahlvorstand, kann auch der **Gesamtbetriebsrat** oder, wenn ein solcher nicht besteht, der **Konzernbetriebsrat** den Wahlvorstand bestellen (§ 16 Abs. 3 BetrVG).

10 Unabhängig von der Bestellung eines Wahlvorstandes durch den Gesamt- bzw. den Konzernbetriebsrat kann der Wahlvorstand auch auf Antrag von drei wahlberechtigten Arbeitnehmern oder einer im Betrieb vertretenen **Gewerkschaft** durch das Arbeitsgericht bestellt werden (§ 16 Abs. 2 BetrVG).

cc) Kleinbetriebe

11 In bisher betriebsratslosen Betrieben mit idR fünf bis 50 Arbeitnehmern wird der Betriebsrat in einem **zweistufigen Verfahren** gewählt. Auf der ersten Wahlversammlung wird zunächst der Wahlvorstand und auf der zweiten Wahlversammlung, die eine Woche später stattfindet, der Betriebsrat gewählt (§ 14a Abs. 1 BetrVG). Besteht bereits ein Betriebsrat, bestellt dieser den Wahlvorstand (§ 16 BetrVG).[1]

b) Wahlablauf nach der Wahlordnung

12 Nach Bestellung des Wahlvorstandes gestaltet sich der **Ablauf** vereinfacht gesagt wie folgt:
– Aufstellung der Wählerliste einschließlich Leiharbeitnehmer getrennt nach Geschlecht (§ 36 Abs. 1 und Abs. 2 WO)
– Erlass des Wahlausschreibens (§ 36 Abs. 3 WO), wobei nachfolgender Inhalt des Wahlausschreibens zu beachten ist:
  – Festlegung der Zahl der (wahlberechtigten) Arbeitnehmer und Festlegung der Zahl der zu wählenden Betriebsratsmitglieder (§§ 9, 11 BetrVG)
  – Festlegung der Mindestsitze für das Minderheitengeschlecht (§§ 36 Abs. 4, 32, 5 WO, § 15 Abs. 2 BetrVG)
  – Festlegung von Ort, Tag und Zeit der Wahlversammlung zur Wahl des Betriebsrats (§§ 36 Abs. 3, 31 Abs. 1 S. 3 Nr. 11 WO)
  – Festlegung von Ort, Tag und Zeit der nachträglichen schriftlichen Stimmabgabe (§§ 36 Abs. 3, 35, 31 Abs. 1 S. 3 Nr. 13 WO)
  – Festlegung von Ort, Tag und Zeit der öffentlichen Stimmauszählung unverzüglich nach Abschluss der Wahl (§ 36 Abs. 3, 31 Abs. 1 S. 3 Nr. 15, 34 Abs. 3 WO)
– Bekanntmachung der Wählerliste und der Wahlordnung gleichzeitig mit Erlass und Bekanntmachung des Wahlausschreibens (§ 36 Abs. 1, 2 und 4 WO).

13 Anschließend laufen **Fristen für Einsprüche** gegen die Richtigkeit der Wählerliste und für Wahlvorschläge. Der letzte Tag für die **Einreichung von Wahlvorschlägen** ist eine Woche vor der Wahlversammlung zur Wahl des Betriebsrats (§ 36 Abs. 5 S. 1

---

[1] Zur Bildung des Wahlvorstandes und zur Durchführung der Betriebsratswahl vgl. im Einzelnen ausführlich Schaub/*Koch,* ArbR-HdB, §§ 217 ff. mzN.

WO iVm § 14a Abs. 3 S. 2 BetrVG). Der Wahlvorstand hat die Wahlvorschläge unverzüglich, möglichst binnen zwei Tagen nach Eingang, aber vor Ablauf der Wochenfrist zur Einreichung der Wahlvorschläge zu prüfen (§ 36 Abs. 5 S. 2, § 7 Abs. 2 S. 2 WO). Die Wahlvorschläge sind spätestens eine Woche vor der Wahlversammlung zur Wahl des Betriebsrats bekannt zu machen (§ 36 Abs. 5 S. 3 iVm Abs. 3 WO). Nach der Wahl hat die öffentliche Stimmauszählung unverzüglich stattzufinden (§§ 36 Abs. 4, 34 Abs. 3, 35 Abs. 4 WO). Das Wahlergebnis ist festzustellen und niederzulegen. Die Gewählten sind schriftlich zu benachrichtigen, diese haben die Möglichkeit der Ablehnung. Die Gewählten sind durch Aushang unverzüglich bekannt zu machen. Dem Arbeitgeber ist eine Abschrift der Wahlniederschrift zu übersenden. Zu guter Letzt findet die konstituierende Sitzung des gewählten Betriebsrats statt.

Wichtig ist die **Frist für die Anfechtung:** Nach Bekanntgabe des Wahlergebnisses 14 läuft eine Frist von zwei Wochen, binnen derer die Betriebsratswahl angefochten werden kann (§ 19 Abs. 2 S. 2 BetrVG).

Entscheidend für die Betriebsratswahl sind im Wesentlichen die Einleitung, das 15 Wahlausschreiben und die Bekanntgabe des Wahlergebnisses.

c) **Weitere betriebsverfassungsrechtliche Organe**

aa) **Jugend- und Auszubildendenvertretung**

Hinsichtlich der Bildung und Errichtung anderer betriebsverfassungsrechtlicher 16 Organe gilt:

Eine Jugend- und Auszubildendenvertretung ist zu wählen in allen Betrieben, in 17 denen ein Betriebsrat besteht (Arg. § 63 Abs. 2 BetrVG) und in denen idR mindestens fünf Arbeitnehmer beschäftigt werden, die das 18. Lebensjahr noch nicht vollendet haben (jugendliche Arbeitnehmer) oder die zu ihrer Berufsausbildung beschäftigt sind und das 25. Lebensjahr noch nicht vollendet haben (§ 60 Abs. 1 BetrVG). Die Wahl ist an die des Betriebsrats angepasst. Die Jugend- und Auszubildendenvertretung handelt letztendlich durch den Betriebsrat.[2] Für die Wahl und Bildung der Jugend- und Auszubildendenvertretung gelten im Übrigen keine Besonderheiten. Die Vorschriften der Betriebsratswahl finden entsprechende Anwendung.

bb) **Schwerbehindertenvertretung**

In Betrieben, in denen nicht nur vorübergehend fünf schwerbehinderte Menschen 18 beschäftigt werden, sind eine Vertrauensperson und wenigstens ein Stellvertreter zu wählen (§ 94 Abs. 1 SGB IX). Die Wahl erfolgt nach den Grundsätzen der Mehrheitswahl, sie ist geheim und unmittelbar (§ 94 Abs. 6 SGB IX). Es finden die Vorschriften über die Wahlanfechtung, den Wahlschutz und die Wahlkosten bei der Wahl des Betriebsrats sinngemäß Anwendung (§ 94 Abs. 6 S. 2 SGB IX).

cc) **Gesamtbetriebsrat**

Ein Gesamtbetriebsrat wird nicht gebildet, er konstituiert sich (§ 47 Abs. 1 BetrVG). 19 Der Betriebsrat der Hauptverwaltung eines Unternehmens oder, soweit ein solcher Betriebsrat nicht besteht, der Betriebsrat des nach der Zahl der wahlberechtigten Arbeitnehmer größten Betriebes der beteiligten Betriebsräte lädt zur Wahl des Vorsitzenden und stellvertretenden Vorsitzenden des Gesamtbetriebsrats ein (§ 51 Abs. 2 BetrVG). Der Vorsitzende des einladenden Betriebsrats hat dieselben Funktionen wie der Wahlvorstand bei der konstituierenden Sitzung des Betriebsrats. Ein Gesamtbetriebsrat setzt in einem Unternehmen mehrere gebildete Betriebsräte voraus. Der Betriebsrat der Hauptverwaltung bzw. der „größte" Betriebsrat lädt zur konstituierenden Sitzung ein. Mit der Wahl eines Gesamtbetriebsratsvorsitzenden und seines Stellvertreters ist der Gesamtbetriebsrat in einer solchen Sitzung konstituiert.

---

[2] Vgl. im Einzelnen Schaub/*Koch*, ArbR-HdB, § 227 Rn. 8 ff. mzN.

dd) Konzernbetriebsrat

20 Ein Konzernbetriebsrat, dessen Voraussetzung zunächst einmal das Vorliegen eines Konzerns ist,[3] wird ebenfalls nicht gewählt, sondern er konstituiert sich. Die Errichtung eines Konzernbetriebsrats ist von einer Entscheidung der Mehrheit der Gesamtbetriebsräte des Konzerns abhängig (§ 54 Abs. 1 BetrVG). Die Initiative kann von jedem Gesamtbetriebsrat ausgehen. Die Gesamtbetriebsräte der anderen Unternehmen sind dabei zur Herbeiführung eines Beschlusses über die Bildung eines Konzernbetriebsrats aufzufordern und haben hierüber eine Abstimmung vorzunehmen.[4]

ee) Sprecherausschüsse

21 Sprecherausschüsse der leitenden Angestellten können gewählt werden in Betrieben mit idR mehr als zehn leitenden Angestellten (§ 1 Abs. 1 SprAuG). In Betrieben mit idR weniger als zehn leitenden Angestellten gelten diese als leitende Angestellte des räumlich nächstgelegenen Betriebes desselben Unternehmens, der die Voraussetzungen des § 1 Abs. 1 SprAuG erfüllt (§ 1 Abs. 2 SprAuG). Sind in einem Unternehmen mit mehreren Betrieben idR insgesamt mindestens zehn leitende Angestellte beschäftigt, kann abweichend von § 1 Abs. 1 und 2 SprAuG ein Unternehmenssprecherausschuss der leitenden Angestellten gewählt werden, wenn dies die Mehrheit der leitenden Angestellten des Unternehmens verlangt (§ 20 Abs. 1 SprAuG). Die Rechte und Pflichten des Sprecherausschusses sind reduziert, so dass die praktische Bedeutung des Sprecherausschusses zu vernachlässigen ist.[5]

II. Muster

22 | **Hinweis:**

Die nachfolgenden Muster beschränken sich auf den in der Praxis bedeutendsten Fall der Wahl des Betriebsrats. Dazu sind die wichtigsten Muster nachgebildet, die in der Praxis relativ einheitlich verwandt werden.[6]

1. Muster: Information an den Arbeitgeber über die Einsetzung des Wahlvorstandes [→ B. Rn. 4 ff.]

23
234

Betriebsrat
der ...... GmbH

An die
...... GmbH
– Geschäftsführung –

Sehr geehrte Damen und Herren,

die Amtszeit des jetzigen Betriebsrats endet am ...... Der Betriebsrat hat nach § 16 Abs. 1 BetrVG spätestens zehn Wochen vor Ablauf seiner Amtszeit einen Wahlvorstand sowie dessen Vorsitzenden zu bestellen. Der Betriebsrat hat in seiner Sitzung am ...... die Einsetzung eines Wahlvorstandes beschlossen.

Nach den Beschlüssen des Betriebsrats besteht der Wahlvorstand aus ...... Mitgliedern. Mitglieder des Wahlvorstandes sind:

---

[3] Zu den Voraussetzungen vgl. Schaub/*Koch*, ArbR-HdB, § 226 Rn. 1 ff. mzN.
[4] Zu den Zuständigkeiten des Konzernbetriebsrats vgl. Schaub/*Koch*, ArbR-HdB, § 226 Rn. 10.
[5] Vgl. zu dem Sprecherausschuss ausführlich Schaub/*Koch*, ArbR-HdB, §§ 246 ff. mzN.
[6] Vollständige Muster, die auch Einsprüche gegen die Wählerliste und deren Behandlung berücksichtigen nebst Wahlkalender, Stimmzettel uÄ finden sich in den Formularmappen *Berg/Heilmann/Schneider*, Zur Betriebsratswahl, erschienen im Bund-Verlag. Die hier verwendeten Muster sind tatsächlichen Betriebsratswahlen entnommen, finden sich aber relativ uniform in so gut wie allen Betriebsratswahlen wieder, da das BetrVG und die WO ein formalisiertes Verfahren vorschreiben, so dass der Inhalt der Muster mehr oder weniger vorgegeben ist.

......
Ersatzmitglieder des Wahlvorstandes sind:
......
Zum Vorsitzenden des Wahlvorstandes wurde bestellt:
......
Der Wahlvorstand wird sich nach seiner Konstituierung mit Ihnen in Verbindung setzen und die Betriebsratswahl durchführen.

Mit freundlichen Grüßen

2. Muster: Anforderung von Unterlagen durch den Wahlvorstand

Wahlvorstand
der ...... GmbH

An die
...... GmbH
– Geschäftsführung –

Sehr geehrte Damen und Herren,

mit Beschluss des Betriebsrats vom ...... sind wir vom Betriebsrat zum Wahlvorstand für die anstehende Betriebsratswahl bestellt worden.

Oder:

Mit Datum vom ...... sind wir vom Gesamtbetriebsrat/Konzernbetriebsrat zum Wahlvorstand für die anstehende Betriebsratswahl bestellt worden.

Oder:

Mit Datum vom ...... sind wir von der Betriebsversammlung zum Wahlvorstand für die anstehende Betriebsratswahl bestellt worden.

Oder:

Mit Datum vom ...... sind wir vom Arbeitsgericht ...... zum Wahlvorstand für die anstehende Betriebsratswahl bestellt worden.

Zur Durchführung der Betriebsratswahl benötigen wir folgende Unterlagen, die wir Sie bitten möchten, uns zur Verfügung zu stellen:
– Wir benötigen eine Liste über alle Arbeitnehmer, getrennt nach Geschlecht, die mit Datum vom ...... das 18. Lebensjahr vollendet haben.
– Wir benötigen eine Liste über alle Arbeitnehmer, getrennt nach Geschlecht, die mit Datum vom ...... das 18. Lebensjahr noch nicht vollendet haben.
– Wir benötigen eine Liste aller leitenden Angestellten iSv § 5 Abs. 3 BetrVG.
– Wir benötigen eine Liste aller Ihnen von einem anderen Arbeitgeber zur Arbeitsleistung überlassenen Arbeitnehmer, sofern diese länger als drei Monate im Betrieb eingesetzt werden, getrennt nach Geschlecht.

Zu den wahlberechtigten Arbeitnehmern zählen auch Arbeitnehmer eines anderen Arbeitgebers, die Ihnen zur Arbeitsleistung überlassen worden sind (zB Leiharbeitnehmer), wenn sie länger als drei Monate im Betrieb eingesetzt werden (§ 7 BetrVG).

Wir wären Ihnen verbunden, wenn diese Listen nach weiblichen und männlichen Arbeitnehmern unterteilt wären und uns in alphabetischer Reihenfolge unter Angabe von Familienname, Vorname und Geburtsdatum zur Verfügung gestellt werden könnten.

Veränderungen in der Belegschaft (ausscheidende Arbeitnehmer, neu eingestellte Arbeitnehmer, Statusveränderungen) würden wir Sie bitten, uns bis zur Betriebsratswahl mitzuteilen, damit wir diese Veränderungen bei der Betriebsratswahl, soweit rechtlich noch möglich und zulässig, berücksichtigen können.

Mit freundlichen Grüßen

Vorsitzende(r) des Wahlvorstandes

25 **Hinweis:**

In der Praxis kann es Probleme bei der Zuordnung von Personen geben. So kann es beispielsweise fraglich sein, ob ein Arbeitnehmer leitender Angestellter iSv § 5 Abs. 3 BetrVG ist oder nicht. Kann keine Einigung erzielt werden, wird der Wahlvorstand die Betriebsratswahl so durchführen, wie er sie für richtig hält. Dem Arbeitgeber bleibt in diesem Fall nur die Möglichkeit der Anfechtung der Betriebsratswahl.

3. Muster: Wahlausschreiben für die Wahl des Betriebsrats (normales Wahlverfahren) [→ B. Rn. 12 ff.]

26
236

Wahlausschreiben für die Wahl des Betriebsrats
Normales Wahlverfahren

Im Betrieb ...... der ...... GmbH ist ein Betriebsrat zu wählen. Zur Einleitung der Wahl wird dieses Wahlausschreiben am ...... erlassen. Die Arbeitnehmerinnen und Arbeitnehmer werden auf Folgendes hingewiesen:

Die Betriebsratswahl findet am ...... von ...... Uhr bis ...... Uhr im ...... statt.

Es wird ein Betriebsrat gewählt, der aus ...... Mitgliedern besteht. Das Geschlecht, das im Betrieb in der Minderheit ist, muss mindestens entsprechend seinem zahlenmäßigen Verhältnis in der Belegschaft im Betriebsrat vertreten sein (§ 15 Abs. 2 BetrVG). Ferner müssen (Stichtag: ....) mindestens ...... Frauen[7] dem Betriebsrat angehören. Die wahlberechtigten Arbeitnehmerinnen und Arbeitnehmer werden gebeten, vor Ablauf von zwei Wochen, spätestens bis zum ......, ... Uhr, Vorschlagslisten beim Wahlvorstand einzureichen. Abgabeort ist die Betriebsadresse des Wahlvorstandes. Nur fristgerecht eingereichte Vorschlagslisten können berücksichtigt werden. Betriebsadresse des Wahlvorstandes ist ......

Hinweise für die Betriebsratswahl:

1. Bei der Wahl des Betriebsrats sind nur diejenigen Arbeitnehmer/innen wahlberechtigt und wählbar, die in die Wählerliste eingetragen sind (§ 2 Abs. 3 WO). Wahlberechtigt sind alle Arbeitnehmer/innen des Betriebes, die das 18. Lebensjahr vollendet haben (§ 7 BetrVG). Wahlberechtigt sind auch Arbeitnehmer eines anderen Arbeitgebers, die zur Arbeitsleistung überlassen wurden (zB Leiharbeitnehmer), sofern sie länger als drei Monate im Betrieb eingesetzt werden (§ 7 S. 2 BetrVG).

2. Wählbar sind alle Wahlberechtigten, die sechs Monate dem Betrieb angehören oder als in Heimarbeit Beschäftigte in der Hauptsache für den Betrieb gearbeitet haben. Auf diese sechsmonatige Betriebszugehörigkeit werden Zeiten angerechnet, in denen der/die Arbeitnehmer/in unmittelbar vorher einem anderen Betrieb desselben Unternehmens oder Konzerns (§ 18 Abs. 1 AktG) angehört hat. Nicht wählbar ist, wer infolge strafgerichtlicher Verurteilung die Fähigkeit, Rechte aus öffentlichen Wahlen zu erlangen, nicht besitzt (§ 8 Abs. 1 S. 3 BetrVG).

---

[7] Sollten die Männer das Minderheitengeschlecht sein, müsste an dieser Stelle „Männer" statt „Frauen" eingefügt werden.

Nicht wählbar sind Arbeitnehmer eines anderen Arbeitgebers, die nach dem Arbeitnehmerüberlassungsgesetz zur Arbeitsleistung überlassen worden sind (§ 14 Abs. 2 S. 1 AÜG).

3. Die Vorschlagslisten müssen von **mindestens** ...... Arbeitnehmern/innen unterzeichnet sein (§ 14 Abs. 4 BetrVG). Einer der Unterzeichner soll als Listenvertreter bezeichnet sein.

4. Vorschlagslisten können auch von den im Betrieb vertretenen Gewerkschaften eingereicht werden. Eine Vorschlagsliste muss von zwei Beauftragten unterzeichnet sein (§ 14 Abs. 5 BetrVG).

5. Jede Vorschlagsliste soll mindestens doppelt so viele Bewerber/innen aufweisen, wie Betriebsratsmitglieder zu wählen sind (§ 6 Abs. 2 WO). Es sollen möglichst Arbeitnehmer/innen der einzelnen Organisationsbereiche im Betrieb und der verschiedenen Beschäftigungsarten berücksichtigt werden (§ 15 Abs. 1 BetrVG).

6. Im Betrieb sind ...... Frauen und ...... Männer als Arbeitnehmer/innen iSv § 5 Abs. 1 BetrVG beschäftigt. Gem. § 15 Abs. 2 BetrVG muss das Geschlecht, das nach dem zahlenmäßigen Verhältnis in der Minderheit ist, mindestens seinem Anteil entsprechend im Betriebsrat vertreten sein.

7. Die einzelnen Bewerber/innen sind in erkennbarer Reihenfolge unter der laufenden Nummer mit Familienname, Vorname, Geburtsdatum und Art der Beschäftigung im Betrieb aufzuführen. Die schriftliche Zustimmung der Bewerber/innen zur Aufnahme in die Vorschlagsliste ist beizufügen (§ 6 Abs. 3 WO).

8. Werden mehrere Vorschlagslisten eingereicht, findet die Wahl nach den Grundsätzen der **Verhältniswahl** (Listenwahl) statt. Wir nur eine gültige Vorschlagsliste eingereicht, erfolgt die Wahl nach den Grundsätzen der **Mehrheitswahl** (Personenwahl).

9. Die Stimmabgabe ist an die Vorschlagslisten gebunden. Die Bekanntgabe der gültigen Vorschlagsliste(n) erfolgt, sofern keine Nachfrist nach § 9 WO erforderlich wird, spätestens am ...... an dieser Stelle und in sonst betriebsüblicher Weise bis zum Abschluss der Stimmabgabe.

10. Abdrucke der **Wahlordnung** und der **Wählerliste** sind zur Einsichtnahme ausgelegt. Die Abdrucke können im ...... *(Betriebsadresse des Wahlvorstandes)* arbeitstäglich in der Zeit von ...... Uhr bis ...... Uhr eingesehen werden. Das Original der Wählerliste mit der Angabe der Geburtsdaten kann in begründeten Fällen nach Absprache mit dem Wahlvorstand an dessen Betriebsadresse eingesehen werden.

11. **Einsprüche** gegen die Richtigkeit der Wählerliste können nur vor Ablauf von zwei Wochen seit Erlass des Wahlausschreibens bis zum ......, ... Uhr, beim Wahlvorstand schriftlich eingelegt werden (§ 4 Abs. 1 WO).

12. Wahlberechtigte Arbeitnehmer/innen, die zum Zeitpunkt der Wahl wegen Abwesenheit vom Betrieb verhindert sind, ihre Stimme persönlich abzugeben, können beim Wahlvorstand die Übersendung der Unterlagen für die schriftliche Stimmabgabe beantragen (§ 24 Abs. 1 WO). Wahlberechtigte Arbeitnehmer/innen, die wegen der Eigenart ihres Beschäftigungsverhältnisses im Zeitpunkt der Wahl voraussichtlich nicht im Betrieb anwesend sein werden, erhalten die Unterlagen ohne ausdrückliches Verlangen (§ 24 Abs. 2 WO).

13. Für folgende Betriebsteile und Kleinstbetriebe hat der Wahlvorstand die schriftliche Stimmabgabe beschlossen (§ 24 Abs. 3 WO): ......

> Den in diesen Betriebsteilen und Kleinstbetrieben beschäftigten Wahlberechtigten werden die Unterlagen für die schriftliche Stimmabgabe durch den Wahlvorstand übersandt.
>
> 14. Vorschlagslisten, Einsprüche und sonstige Erklärungen sind gegenüber dem Wahlvorstand (Betriebsadresse) abzugeben.
>
> 15. Die Auszählung der Stimmen ist öffentlich und erfolgt am …… *(Tag, Uhrzeit)* in …… *(Ort)*.
>
> Der Wahlvorstand

27 **Hinweis:**

Das Wahlausschreiben, die Vorschlagslisten, die Wählerliste und die Wahlordnung können zusätzlich mittels der im Betrieb vorhandenen Informations- und Kommunikationstechnik bekannt gemacht werden. Die Bekanntmachung ausschließlich in elektronischer Form ist nur zulässig, wenn alle betroffenen Arbeitnehmer von der Bekanntmachung Kenntnis erlangen können und Vorkehrungen getroffen werden, dass Änderungen, etwa in der Wählerliste, nur vom Wahlvorstand vorgenommen werden können (vgl. §§ 3 Abs. 2 Nr. 2, 3 Abs. 4 WO iVm § 2 Abs. 4 S. 3 und 4 WO). Für diesen Fall können die Hinweise um die nachfolgende Ziffer ergänzt werden:

28
↻ **237**

> Die gültigen Vorschlagslisten, die Wahlordnung und die Wählerlisten werden allen Wahlberechtigten an ihre E-Mail-Adresse zugesandt.
>
> *Oder:*
>
> Die gültigen Vorschlagslisten, die Wahlordnung und die Wählerlisten können von allen Wahlberechtigten im Intranet unter …… eingesehen werden.

4. Muster: Bekanntmachung des Wahlergebnisses *[→ B. Rn. 12 ff.]*

29
↻ **238**

> **Bekanntmachung des Wahlergebnisses**
>
> Am …… hat im Betrieb der …… GmbH eine Betriebsratswahl nach den Grundsätzen der Mehrheitswahl stattgefunden. Es wurden …… gültige Stimmen abgegeben, …… Stimmen waren ungültig. Es erhielten:
>
> 1. …… *(Name des Arbeitnehmers, Art der Beschäftigung, Geschlecht, erhaltene Stimmen)* ……
>
> 2. ……
>
> 3. ……
>
> Zu wählen waren …… Mitglieder des Betriebsrats, davon nach § 15 Abs. 2 BetrVG als Minderheitengeschlecht mindestens …… Nach § 22 Abs. 1 der Wahlordnung (WO) werden zunächst die dem Minderheitengeschlecht Frauen/Männer zustehenden …… Mindestsitze in der Reihenfolge der jeweils höchsten auf sie entfallenden Stimmenzahlen besetzt. Das sind folgende Frauen/Männer …… *(Hier folgen die Namen)*
>
> Sodann erfolgt die Verteilung der weiteren Sitze, und zwar unabhängig von dem Geschlecht, nach der Reihenfolge der jeweils höchsten Stimmenzahlen. Das sind nachfolgende Wahlbewerber: …… *(Hier folgen die Namen)*
>
> Der Betriebsrat setzt sich somit insgesamt zusammen aus:
> ……
>
> Ersatzmitglieder sind die nicht gewählten Bewerberinnen und Bewerber mit den nächsthöheren Stimmenzahlen, wobei bei einem Nachrücken in den Betriebsrat der

Mindestanteil des Minderheitengeschlechtes (§ 15 Abs. 2 BetrVG) erhalten bleiben muss (§ 25 Abs. 2 BetrVG).

......, den ......

Der Wahlvorstand

5. Muster: Information an den Arbeitgeber über das Wahlergebnis
[→ B. Rn. 12 ff.]

Wahlvorstand
der ...... GmbH

An die
...... GmbH
– Geschäftsführung –

Sehr geehrte Damen und Herren,

wie Sie wissen, wurde am ...... im Betrieb ...... der Firma ...... die Betriebsratswahl durchgeführt. Beigefügt erhalten Sie eine Abschrift des endgültigen Wahlergebnisses (§ 18 S. 2 WO).

Mit freundlichen Grüßen

30
239

6. Muster: Einladung zur konstituierenden Sitzung [→ B. Rn. 12 ff.]

Hinweis:
Nunmehr muss sich der Betriebsrat nur noch konstituieren. Der Wahlvorstand lädt zur konstituierenden Sitzung ein:

31

Wahlvorstand
der ...... GmbH

An die
Mitglieder des neu gewählten Betriebsrats
......

Hiermit erlaubt sich der Wahlvorstand, nach § 29 Abs. 1 BetrVG zur konstituierenden Sitzung des Betriebsrats und zur Vornahme der nach § 26 Abs. 1 BetrVG vorgeschriebenen Wahl (Wahl des Betriebsratsvorsitzenden und dessen Stellvertreter) einzuladen.

Die konstituierende Sitzung soll stattfinden am ...... um ...... Uhr in ......

Der Wahlvorstand hat nachfolgende Tagesordnung beschlossen:
1. Begrüßung
2. Wahl eines Wahlleiters
3. Wahl des Betriebsratsvorsitzenden
4. Wahl des stellvertretenden Betriebsratsvorsitzenden
5. Verschiedenes

Für den Fall, dass Sie aus dringenden Gründen nicht an der konstituierenden Sitzung des Betriebsrats teilnehmen können, bitten wir um Mitteilung, damit ein Ersatzmitglied eingeladen werden kann.

Mit freundlichen Grüßen

Vorsitzender des Wahlvorstandes

32
240

7. Muster: Wahlausschreiben vereinfachtes Wahlverfahren, einstufig
[→ B. Rn. 12 ff.]

33 | **Hinweis:**

Das Wahlausschreiben für das vereinfachte Wahlverfahren entspricht im Wesentlichen dem einer regulären Betriebsratswahl. Besonderheit ist letztendlich nur, dass die Betriebsratsgröße feststeht. Der Betriebsrat besteht entweder aus einer oder maximal drei Personen. Darüber hinaus findet die Betriebsratswahl in einer Wahlversammlung statt.

34

Wahlausschreiben

Im Betrieb der ...... GmbH ist ein Betriebsrat zu wählen. Die Betriebsversammlung findet auf der Wahlversammlung am ...... von ...... Uhr bis ...... Uhr in ...... statt. Der Betriebsrat hat aus drei Mitgliedern zu bestehen. Das Geschlecht, das im Betrieb in der Minderheit ist, muss mindestens entsprechend seines zahlenmäßigen Verhältnisses mit ...... vertreten sein (§ 15 Abs. 2 BetrVG). Danach müssen mindestens ...... Frauen *(oder Männer, abhängig davon, wer das Minderheitengeschlecht ist)* im Betriebsrat vertreten sein.

Oder, falls der Betriebsrat nur aus einer Person besteht:

Der Betriebsrat hat aus einer Person zu bestehen.

Die Wahlvorschläge können bis eine Woche vor der Wahlversammlung zur Wahl des Betriebsrats, spätestens bis zum ......, ... Uhr, an den Wahlvorstand unter seiner Betriebsadresse eingereicht werden (§ 14a Abs. 2 BetrVG). Betriebsadresse des Wahlvorstandes ist ......

Hinweise:

1. Bei der Wahl des Betriebsrats sind nur diejenigen Arbeitnehmer/innen wahlberechtigt und wählbar, die in die Wählerliste eingetragen sind (§ 2 Abs. 3 WO). Wahlberechtigt sind alle Arbeitnehmer/innen des Betriebes, die das 18. Lebensjahr vollendet haben (§ 7 BetrVG). Wahlberechtigt sind auch Arbeitnehmer eines anderen Arbeitgebers, die zur Arbeitsleistung überlassen wurden (zB Leiharbeitnehmer), sofern sie länger als drei Monate im Betrieb eingesetzt werden (§ 7 S. 2 BetrVG).

2. Wählbar sind alle Wahlberechtigten, die sechs Monate dem Betrieb angehören oder als in Heimarbeit Beschäftigte in der Hauptsache für den Betrieb gearbeitet haben. Auf diese sechsmonatige Betriebszugehörigkeit werden Zeiten angerechnet, in denen der/die Arbeitnehmer/in unmittelbar vorher einem anderen Betrieb desselben Unternehmens oder Konzerns (§ 18 Abs. 1 AktG) angehört hat. Nicht wählbar ist, wer infolge strafgerichtlicher Verurteilung die Fähigkeit, Rechte aus öffentlichen Wahlen zu erlangen, nicht besitzt (§ 8 Abs. 1 S. 3 BetrVG).

   Nicht wählbar sind Arbeitnehmer eines anderen Arbeitgebers, die nach dem Arbeitnehmerüberlassungsgesetz zur Arbeitsleistung überlassen worden sind (§ 14 Abs. 2 S. 1 AÜG).

3. Die Wahlvorschläge müssen von **mindestens** ...... Arbeitnehmern/innen unterzeichnet sein (§ 14 Abs. 4 BetrVG).

4. Wahlvorschläge können auch von den im Betrieb vertretenen Gewerkschaften eingereicht werden. Ein Wahlvorschlag muss von zwei Beauftragten unterzeichnet sein (§ 14 Abs. 5 BetrVG).

5. Jede Wahlvorschlag soll mindestens doppelt so viele Bewerber/innen aufweisen, wie Betriebsratsmitglieder zu wählen sind (§ 6 Abs. 2 WO). Es sollen mög-

lichst Arbeitnehmer/innen der einzelnen Organisationsbereiche und der verschiedenen Beschäftigungsarten berücksichtigt werden (§ 15 Abs. 1 BetrVG).

6. Im Betrieb sind ...... Frauen und ...... Männer als Arbeitnehmer/innen iSv § 5 Abs. 1 und § 7 BetrVG beschäftigt. Wenn der Betriebsrat aus mindestens drei Mitgliedern besteht, muss gem. § 15 Abs. 2 BetrVG das Geschlecht, das nach dem zahlenmäßigen Verhältnis in der Belegschaft in der Minderheit ist, mindestens seinem Anteil entsprechend im Betriebsrat vertreten sein. Bei der Aufstellung der Vorschlagslisten sollen die Geschlechter entsprechend ihrem zahlenmäßigen Verhältnis berücksichtigt werden.

7. Die einzelnen Bewerber/innen sind in erkennbarer Reihenfolge unter der laufenden Nummer mit Familienname, Vorname, Geburtsdatum, Geschlecht und Art der Beschäftigung im Betrieb aufzuführen. Die schriftliche Zustimmung der Bewerber/innen zur Aufnahme in den Wahlvorschlag ist beizufügen (§ 6 Abs. 3 WO).

8. Die Wahl findet nach den Grundsätzen der Mehrheitswahl statt, unabhängig von der Zahl der eingereichten Wahlvorschläge (§ 14 Abs. 2 BetrVG).

9. Die Stimmabgabe ist an die Wahlvorschläge gebunden. Nur fristgerecht eingereichte Wahlvorschläge dürfen berücksichtigt werden. Die Bekanntgabe der gültigen Wahlvorschläge erfolgt spätestens am ...... *(spätestens eine Woche vor der Wahlversammlung)* an dieser Stelle und in sonst betriebsüblicher Weise bis zum Abschluss der Stimmabgabe. Die gültigen Wahlvorschläge werden allen Wahlberechtigten an ihre persönliche E-Mail-Adresse zugesandt/können im Intranet unter ...... oder ...... eingesehen werden.

10. Abdrucke der **Wahlordnung** und der **Wählerliste** sind zur Einsichtnahme ausgelegt. Die Abdrucke können im ...... *(Betriebsadresse des Wahlvorstandes)* ... arbeitstäglich in der Zeit von ...... Uhr bis ...... Uhr eingesehen werden. Das Original der Wählerliste mit der Angabe der Geburtsdaten kann in begründeten Fällen nach Absprache mit dem Wahlvorstand an dessen Betriebsadresse eingesehen werden.
Die Wahlordnung und die Wählerliste sind allen Wahlberechtigten an ihre persönliche E-Mail-Adresse zugesandt worden/können im Intranet unter ...... oder ...... eingesehen werden.

11. **Einsprüche** gegen die Richtigkeit der Wählerliste können nur vor Ablauf von drei Tagen seit Erlass des Wahlausschreibens bis zum ......, ... Uhr, beim Wahlvorstand ...... *(Betriebsadresse Wahlvorstand angeben)* schriftlich eingelegt werden.

12. Wahlberechtigte Arbeitnehmer/innen, die an der Wahlversammlung zur Wahl des Betriebsrats nicht teilnehmen können, können beim Wahlvorstand die Übersendung der Unterlagen für die schriftliche Stimmabgabe (§§ 36 Abs. 4, 35 WO) beantragen. Dies muss spätestens drei Tage vor dem Tag der Wahlversammlung zur Wahl des Betriebsrats dem Wahlvorstand mitgeteilt werden (§§ 36 Abs. 4, 35 Abs. 1 S. 2 WO), dh bis zum ...... *(Tag, Datum)*, ... Uhr, in ...... *(Ort)*.

13. Wahlberechtigte Arbeitnehmer/innen, die wegen der Eigenart ihres Beschäftigungsverhältnisses im Zeitpunkt der Wahl voraussichtlich nicht im Betrieb anwesend sein werden, erhalten die Unterlagen ohne ausdrückliches Verlangen (§§ 36 Abs. 4, 35 Abs. 1 S. 3, 24 Abs. 2 WO).

14. Für folgende Betriebsteile und Kleinstbetriebe hat der Wahlvorstand die schriftliche Stimmabgabe beschlossen (§§ 36 Abs. 4, 35 Abs. 1 S. 3, 24 Abs. 3 WO): ...... Den in diesen Betriebsteilen und Kleinstbetrieben beschäftigten

Wahlberechtigten werden die Unterlagen für die schriftliche Stimmabgabe durch den Wahlvorstand übersandt.

15. Arbeitnehmer/innen, die von der schriftlichen Stimmabgabe Gebrauch machen wollen (vgl. Nummern 12., 13., 14.), müssen ihre Stimmen schriftlich bis zum ...... *(Tag, Datum),* ...... Uhr, in ...... *(Ort)* dem Wahlvorstand an der Betriebsadresse ...... zugestellt haben.

16. Die Auszählung der Stimmen ist öffentlich und erfolgt am ...... *(Tag, Datum)* ...... in ...... *(Ort).*

17. Vorschlagslisten (Wahlvorschläge), Einsprüche und sonstige Erklärungen sind gegenüber dem Wahlvorstand an seine Betriebsadresse abzugeben.

Der Wahlvorstand

......

2. Teil. Beschlussfassung des Betriebsrats

Übersicht

	Rn.
I. Vorbemerkung	35
II. Gesetzliche Vorgaben	36–39
III. Muster	40–47
1. Muster: Beschluss des Betriebsrats	41, 42
2. Muster: Bildung von Ausschüssen	43–45
3. Muster: Mitteilungsschreiben an den Arbeitgeber (§ 28 BetrVG)	46, 47

I. Vorbemerkung

Der Betriebsrat wählt aus seiner Mitte einen Vorsitzenden und einen Stellvertreter. **35** Der Vorsitzende bzw. im Falle seiner Verhinderung sein Stellvertreter vertritt den Betriebsrat im Außenverhältnis im Rahmen der vom Betriebsrat gefassten Beschlüsse (§ 26 Abs. 2 S. 1 BetrVG). Zur Entgegennahme von Erklärungen, die dem Betriebsrat gegenüber abzugeben sind, ist ebenfalls der Betriebsratsvorsitzende bzw. im Falle seiner Verhinderung sein Stellvertreter berechtigt (§ 26 Abs. 2 S. 2 BetrVG).

II. Gesetzliche Vorgaben

Das bedeutet, dass es für Handlungen des Betriebsrats vereinfachend gesagt des **36** wirksamen Fassens von Beschlüssen bedarf.

Die Beschlüsse des Betriebsrats, soweit im Betriebsverfassungsgesetz für einzelne **37** Beschlussfassungen keine **qualifizierte Mehrheit** vorgeschrieben ist, werden mit der **einfachen Stimmenmehrheit** der anwesenden Betriebsratsmitglieder gefasst (§ 33 Abs. 1 S. 1 BetrVG). Bei Stimmengleichheit ist der Antrag abgelehnt (§ 33 Abs. 1 S. 2 BetrVG). Eine Beschlussfassung im Umlaufverfahren ist unzulässig.[8]

Mängel in der Beschlussfassung, die in den Zuständigkeits- und Verantwortungsbe- **38** reich des Betriebsrats fallen, wirken sich grundsätzlich nicht zu Lasten des Arbeitgebers aus. Dieses soll selbst dann gelten, wenn der Arbeitgeber Kenntnis von der fehlerhaften Beschlussfassung hat oder nach den Umständen vermuten kann, dass die Behandlung der Angelegenheit durch den Betriebsrat nicht rechtsfehlerfrei erfolgt ist.[9] **Streitigkeiten über die Beschlussfähigkeit** des Betriebsrats und die Rechtswirksamkeit seiner Beschlüsse sind ggf. im arbeitsgerichtlichen Beschlussverfahren auszutragen, unter Umständen auch als Vorfrage in Urteilsverfahren, soweit individualrechtliche Ansprüche von der kollektivrechtlichen ordnungsgemäßen Beschlussfassung abhängen (zB § 102 Abs. 5 BetrVG). Der Arbeitgeber kann die Beschlussfassung des Betriebsrats mit Nichtwissen bestreiten. Legt der Betriebsrat die Tatsache für eine wirksame Beschlussfassung im Einzelnen unter Beifügung von Unterlagen schlüssig dar, ist ein pauschales Bestreiten mit Nichtwissen durch den Arbeitgeber nicht mehr zulässig. Der Arbeitgeber hat vielmehr klarzustellen, auf welche Tatsachen sich sein Bestreiten stützt. Nur über diese hat das Arbeitsgericht ggf. eine Beweisaufnahme durchzuführen.

Der Betriebsrat soll eine **Geschäftsordnung** beschließen (§ 36 BetrVG). Über seine **39** Beschlüsse ist eine **Sitzungsniederschrift** anzufertigen (§§ 33, 34 BetrVG).

III. Muster

> **Hinweis:** **40**
>
> Aus Sicht des Betriebsrats erscheint es wichtig, dass sowohl die Betriebsratssitzungen als auch die Beschlüsse genau protokolliert und dokumentiert werden.

---

[8] Vgl. im Einzelnen Schaub/*Koch,* ArbR-HdB, § 220 Rn. 23 ff. mzN.
[9] BAG 16.1.2003 – 2 AZR 707/01, AP BetrVG 1972 § 102 Nr. 129.

1. Muster: Beschluss des Betriebsrats [→ B. Rn. 36 ff.]

41 | **Hinweis:**

Beschlüsse werden in Betriebsratssitzungen gefasst. Über diese sind Sitzungsniederschriften anzufertigen (§§ 33, 34 BetrVG). Daraus folgt für die arbeitsgerichtliche Praxis, dass sich die Beschlüsse des Betriebsrats regelmäßig in den Protokollen über die Sitzungsniederschrift finden.

42

Protokoll
über die Sitzung des Betriebsrats des Betriebes ...... der ...... GmbH

Datum: ......
Beginn der Betriebsratssitzung: ......
Ende der Betriebsratssitzung: ......
Teilnehmer: ...... (Betriebsratsvorsitzender)
...... (Stellvertretender Betriebsratsvorsitzender)
...... *(Es folgen alle übrigen Teilnehmer.)*

(1) Genehmigung des Protokolls der Betriebsratssitzung vom ......

Das Protokoll über die Betriebsratssitzung vom ...... wird bei einer Enthaltung genehmigt.

(2) Privatnutzung E-Mail und Internet

Der Betriebsratsvorsitzende berichtet über den Stand der Gespräche mit dem Arbeitgeber über den Abschluss einer Betriebsvereinbarung zur privaten Internet- und E-Mail-Nutzung. Der Sachstand ist wie folgt:

...... *(Hier folgt die Darstellung des Sachstandes.)* ......

Der Betriebsrat stellt fest, dass die Verhandlungen zum Abschluss einer Betriebsvereinbarung zur Internet- und E-Mail-Nutzung gescheitert sind. Der Betriebsrat beschließt bei einer Gegenstimme, einer Enthaltung sowie fünf Dafür-Stimmen, die Einigungsstelle nach § 87 Abs. 2 BetrVG anzurufen.

Der Betriebsrat beschließt bei einer Gegenstimme, einer Enthaltung sowie fünf Dafür-Stimmen, Herrn Rechtsanwalt ...... mit der Einleitung eines gerichtlichen Einigungsstellenverfahrens zu beauftragen. Die Einigungsstelle soll seitens des Betriebsrats mit drei Beisitzern besetzt werden. Als Vorsitzender der Einigungsstelle soll der Vorsitzende Richter am Landesarbeitsgericht ...... benannt werden.

(3) ......

...... *(Hier folgen die weiteren Protokollpunkte.)* ......

......, ...
Betriebsratsvorsitzender   Betriebsratsmitglieder

2. Muster: Bildung von Ausschüssen

43 | **Hinweis:**

Der Betriebsrat kann in Betrieben mit mehr als 100 Arbeitnehmern Ausschüsse bilden und ihnen bestimmte Aufgaben übertragen (§ 28 BetrVG). Ein solcher Ausschuss kann beispielsweise für Anhörungen nach § 102 BetrVG zuständig sein. In einem Protokoll könnte die entsprechende Überschrift beispielsweise lauten:

> ...... Ausschuss nach § 102 BetrVG
>
> Der Betriebsrat beschließt bei ...... Enthaltungen, ... Gegenstimmen sowie ...... Dafür-Stimmen Nachfolgendes:
>
> (1) Gem. § 28 Abs. 1 BetrVG wird ein Ausschuss des Betriebsrats zum Thema „Personal" gebildet.
>
> (2) Der Ausschuss besteht aus ...... Betriebsratsmitgliedern.
>
> (3) Dem Ausschuss wird zur selbständigen Erledigung die Anhörung nach § 102 BetrVG übertragen.

44
243

Die Bildung eines Ausschusses muss dem Arbeitgeber mitgeteilt werden, damit er weiß, an wen er sich zu richten hat und wer für welche Fragen zuständig ist.

45

3. Muster: Mitteilungsschreiben an den Arbeitgeber (§ 28 BetrVG)
[→ B. Rn. 45]

> Betriebsrat
> der ...... GmbH
>
> An die
> ...... GmbH
> – Geschäftsführung –
>
> Sehr geehrte Damen und Herren,
>
> im Namen des Betriebsrats möchte ich Sie darüber informieren, dass aufgrund eines Beschlusses in der Betriebsratssitzung vom ...... nach § 28 Abs. 1 BetrVG ein Ausschuss zum Thema „Personal" gebildet worden ist. Diesem Ausschuss wurde die Zuständigkeit für Anhörungen nach § 102 BetrVG zur eigenständigen Erledigung übertragen. Dem Ausschuss gehören die Betriebsratsmitglieder ...... an. Zum Vorsitzenden des Ausschusses wurde die Betriebsrätin/der Betriebsrat ......, zu ihrer/ihrem Stellvertreterin/Stellvertreter die Betriebsrätin/der Betriebsrat ...... gewählt.
>
> Bitte beachten Sie, dass der Ausschuss die übertragende Aufgabe für den Betriebsrat erledigt und dass er insoweit alle bestehenden kollektiven Rechte selbständig wahrnimmt. Zur Entgegennahme von Erklärungen an den Ausschuss ist deren/dessen Vorsitzende/r berechtigt.
>
> ......, den ......
> Betriebsratsvorsitzender   Betriebsratsmitglied

46
244

> **Hinweis:**
>
> In der Praxis ist zu beachten, dass dem Ausschuss nicht alle, sondern nur ein Teil der Aufgaben des Betriebsrats übertragen werden.[10]

47

---

[10] In einer Geschäftsordnung eines Betriebsrats kann nicht bestimmt werden, dass der Betriebsratsvorsitzende und sein Stellvertreter geborene Mitglieder von Ausschüssen nach § 28 Abs. 1 BetrVG sind. Alle Mitglieder von Ausschüssen des Betriebsrats nach § 28 Abs. 1 BetrVG müssen gewählt werden, vgl. BAG 16.11.2005 – 7 ABR 11/05, DB 2006, 731. Zu den Betriebsratsausschüssen und deren Aufgaben und Übertragung vgl. im Einzelnen Schaub/*Koch*, ArbR-HdB, § 220 Rn. 11 ff. mzN.

3. Teil. Allgemeine Rechte des Betriebsrats

Übersicht

	Rn.
I. Die Fortbildung des Betriebsrats	48–58
1. Gesetzliche Vorgaben	50–53
2. Muster	54–58
a) Muster: Mitteilung über Schulungsveranstaltung	54, 55
b) Muster: Ablehnungsschreiben des Arbeitgebers	56–58
II. Kosten des Betriebsrats	59–67
1. Gesetzliche Vorgaben	59–62
2. Muster	63–67
a) Muster: Internetnutzung als Sachmittel	63, 64
b) Muster: Ablehnungsschreiben des Arbeitgebers	65–67
III. Betriebsversammlung	68–71
1. Gesetzliche Vorgaben	68, 69
2. Muster: Einladung zur Betriebsversammlung	70, 71
IV. Sprechstunden	72–77
1. Gesetzliche Vorgaben	72
2. Muster	73–75
a) Muster: Einrichtung Sprechstunde	73
b) Muster: Ablehnungsschreiben Arbeitgeber	74, 75
3. Anrufung Einigungsstelle	76, 77
V. Beschwerderechte Arbeitnehmer	78–95
1. Gesetzliche Vorgaben	78–82
2. Muster	83–95
a) Muster: Beschwerde nach § 84 Abs. 1 BetrVG	84
b) Muster: Positive Abhilfeentscheidung des Arbeitgebers	85
c) Muster: Negative Abhilfeentscheidung des Arbeitgebers	86
d) Muster: Beschwerde nach § 85 BetrVG an den Betriebsrat	87
e) Muster: Schreiben des Betriebsrats an den Arbeitgeber	88, 89
f) Muster: Positives Antwortschreiben des Arbeitgebers nach § 85 BetrVG	90, 91
g) Muster: Negatives Antwortschreiben des Arbeitgebers nach § 85 BetrVG	92
h) Muster: Anrufung der Einigungsstelle durch den Betriebsrat nach § 85 Abs. 2 BetrVG	93–95
VI. Allgemeine Aufgaben (§ 80 BetrVG)	96–105
1. Gesetzliche Vorgaben	96, 97
2. Muster	98–105
a) Muster: Anschreiben an Arbeitgeber nach § 80 Abs. 1 Nr. 7 BetrVG	98
b) Muster: Betriebsvereinbarungen	99–105
aa) Muster: Betriebsvereinbarung über die Ausgleichsleistungen bei freiwilligem Ausscheiden von älteren Arbeitnehmern	100
bb) Muster: Betriebsvereinbarung über die Beschäftigung von Arbeitnehmern, die ihre im Haushalt lebenden Kinder betreuen, und deren berufliche Wiedereingliederung nach der Familiengründung	101
cc) Muster: Betriebsvereinbarung über die gezielte Förderung des unterrepräsentierten Geschlechts	102
dd) Muster: Betriebsvereinbarung über außerbetriebliche Arbeitsstätten (Telearbeit)	103, 104
ee) Muster: Betriebsvereinbarung gegen die Diskriminierung von ausländischen Arbeitnehmern	105
VII. Hinzuziehung von Sachverständigen und sachkundigen Arbeitnehmern	106–108
1. Gesetzliche Vorgaben	106
2. Muster	107, 108
a) Muster: Vereinbarung mit Sachverständigen	107
b) Muster: Vergütungsvereinbarung	108
VIII. Gestaltung von Arbeitsplatz, Arbeitsablauf und Arbeitsumgebung (§§ 90, 91 BetrVG)	109–113
1. Gesetzliche Vorgaben	109–111
2. Muster	112, 113
a) Muster: Betriebsvereinbarung über die Einführung neuer Techniken	112
b) Muster: Rahmenvereinbarung über den Einsatz der Informations- und Kommunikationstechnik	113

I. Die Fortbildung des Betriebsrats

48 Der Betriebsrat hat – neben den Beteiligungs- und Mitbestimmungsrechten nach den §§ 87, 99, 100, 102 BetrVG – eine Reihe von allgemeinen Rechten, Pflichten und Möglichkeiten.

Unter bestimmten Voraussetzungen hat der Betriebsrat einen Anspruch auf Teilnahme an Schulungs- und Bildungsveranstaltungen. **49**

1. Gesetzliche Vorgaben

Grundsätzlich gilt, dass das Betriebsratsamt ein **Ehrenamt** ist (§ 37 Abs. 1 **50** BetrVG). Die Mitglieder des Betriebsrats sind von der Arbeit ohne Minderung des Arbeitsentgeltes zu befreien, wenn und soweit es nach Umfang und Art des Betriebes zur ordnungsgemäßen Durchführung ihrer Aufgaben erforderlich ist (§ 37 Abs. 2 BetrVG). Sie haben sich für die Betriebsratsarbeit beim Arbeitgeber abzumelden und nach Erledigung der Amtsgeschäfte wieder zurückzumelden.[11] Das Betriebsratsmitglied soll seine Tätigkeit **grundsätzlich während der Arbeitszeit** erbringen. Allerdings ist dies nicht immer möglich. Nach § 37 Abs. 3 BetrVG besteht ein Anspruch auf Freizeitausgleich unter Fortzahlung des Arbeitsentgeltes, wenn das Betriebsratsmitglied aus betriebsbedingten Gründen außerhalb der Arbeitszeit Betriebsratsaufgaben wahrnimmt. Die Regelung des § 37 Abs. 3 BetrVG geht bei der Vergütung von außerhalb der persönlichen Arbeitszeit geleisteter Betriebsratstätigkeit von einem Vorrang des Freizeitausgleiches aus. Erst wenn dieser verlangt wurde, seine Gewährung jedoch aus betrieblichen Gründen unmöglich ist, kann die Vergütung der Zeit als Mehrarbeit beansprucht werden (§ 37 Abs. 3 S. 3 BetrVG).

Betriebsratsmitglieder und Jugend- und Auszubildendenvertreter (§§ 60 ff. BetrVG) **51** haben während der regelmäßigen Amtszeit **Anspruch auf Freistellung für insgesamt drei Wochen zur Teilnahme an Schulungs- und Bildungsveranstaltungen,** die von der zuständigen obersten Arbeitsbehörde des Landes nach Beratung mit den Spitzenorganisationen der Gewerkschaften und der Arbeitgeberverbände, als geeignet anerkannt sind (§§ 65 Abs. 1, 37 Abs. 7 S. 1 BetrVG). Die Freistellungsdauer erhöht sich auf vier Wochen, wenn das Betriebsratsmitglied erstmals das Amt übernimmt und nicht zuvor der Jugend- und Auszubildendenvertretung angehört hat (§ 37 Abs. 7 S. 2 BetrVG). Darüber hinaus hat der Betriebsrat Anspruch auf Freistellung von Betriebsratsmitgliedern zur Teilnahme an Schulungs- und Bildungsveranstaltungen, soweit diese Kenntnisse vermitteln, die für die Arbeit des Betriebsrats erforderlich sind (§ 37 Abs. 6 S. 1 BetrVG). Die Veranstaltungen müssen einen konkreten Bezug zur Betriebsratstätigkeit haben. Zu unterscheiden sind Grundschulungen, die Kenntnisse vermitteln, die überhaupt für die Betriebsratsarbeit erforderlich sind, von den Spezialschulungen, die erforderlich sein können, wenn dem Betriebsratsmitglied besondere Aufgaben übertragen sind oder ein aktueller betriebsbezogener Anlass für den Erwerb weiterer Kenntnisse besteht.

Bei der **Entscheidung, ob eine Schulungsveranstaltung notwendig** ist und **52** welches seiner Mitglieder zu schulen ist, hat der Betriebsrat einen Beurteilungsspielraum. Dem Betriebsrat als Gremium soll durch die vermittelten Kenntnisse ermöglicht werden, seine Aufgaben nach dem Betriebsverfassungsgesetz zu erfüllen. Nicht das einzelne Betriebsratsmitglied, sondern der Betriebsrat ist Träger des Anspruches. Bei der Festlegung der zeitlichen Lage der Teilnahme an Schulungs- und Bildungsveranstaltungen hat der Betriebsrat die betrieblichen Notwendigkeiten zu berücksichtigen (§ 37 Abs. 6 S. 3 BetrVG). Die erforderliche Dauer einer Schulung richtet sich nach § 40 BetrVG und den entwickelten Grundsätzen der Verhältnismäßigkeit. Bei der Vermittlung von Spezialwissen (Akkordfragen) oder einer aktuellen Konfrontation zwischen Arbeitgeber und Betriebsrat wird für Betriebsratsvorsitzende sowie Ausschussmitglieder als „Faustregel" eine Begrenzung der Teilnahme an Schulungsveranstaltungen auf drei Tage, fünf Tage, eine Woche bzw. zwei Wochen angenommen. Bei der

---

[11] Die Ab- und Rückmeldepflicht eines Betriebsratsmitglieds entfällt nicht schon dann, wenn es ihm bei gewissenhafter Prüfung nicht erforderlich erscheint, die arbeitsvertraglich geschuldete Arbeit umzuorganisieren. Sie entfällt vielmehr nur dann, wenn eine Umorganisation durch den Arbeitgeber anlässlich der vom Betriebsratsmitglied versehenen Betriebsratstätigkeit nicht ernsthaft in Betracht kommt, vgl. BAG 29.6.2011 – 7 ABR 135/09, NZA 2012, 47. Vgl. ausführlich Schaub/*Koch*, ArbR-HdB, § 221 Rn. 7 ff. mzN.

Vermittlung von Grundwissen wird die Teilnahme an einer vierwöchigen Schulungsveranstaltung als unverhältnismäßig angesehen.[12]

53 Der Betriebsrat hat dem Arbeitgeber die **Teilnahme und die zeitliche Lage der Schulungs- und Bildungsveranstaltungen rechtzeitig bekannt zu geben** (§ 37 Abs. 6 S. 4 BetrVG), dh zu einem Zeitpunkt, in dem der Arbeitgeber sich auf die Abwesenheit einstellen und die Voraussetzungen des Freistellungsanspruches noch überprüfen kann. Bei der Mitteilung ist der Zeitraum, der Ort der Veranstaltung und der Themenplan bekannt zu geben. Das Unterlassen der Mitteilung stellt eine Amtspflichtverletzung dar. Hält der Arbeitgeber die betriebliche Notwendigkeit bei der Beschlussfassung für nicht ausreichend berücksichtigt, kann er die Einigungsstelle anrufen, die sodann verbindlich entscheidet. Hält der Arbeitgeber die vermittelten Kenntnisse für nicht erforderlich, entscheidet das Arbeitsgericht im Beschlussverfahren. An diesem Verfahren ist der Schulungsveranstalter nicht beteiligt.

2. Muster

a) Muster: Mitteilung über Schulungsveranstaltung [→ B. Rn. 53 ff.]

54 **Hinweis:**

Der Betriebsrat hat damit eine Mitteilungspflicht gegenüber dem Arbeitgeber, der unter bestimmten Voraussetzungen den geltend gemachten Anspruch ablehnen darf.

55

Betriebsrat
der ...... GmbH

An die
...... GmbH
– Geschäftsführung –

Teilnahme an Schulungs- und Bildungsveranstaltung nach § 37 Abs. 6 BetrVG

Sehr geehrte Damen und Herren,

hiermit teilen wir Ihnen mit, dass der Betriebsrat in seiner Betriebsratssitzung am ...... beschlossen hat, das Betriebsratsmitglied ...... zu nachfolgender Schulung zu entsenden:

Thema: ......
Veranstaltungsort: ......
Zeit: von ...... bis ......
Kosten: ...... EUR

Es handelt sich um eine ...... *(Hier Angabe, ob an einer Schulung zur Vermittlung von Grundkenntnissen für beispielsweise ein neu gewähltes Betriebsratsmitglied oder an einer Schulung zur Vermittlung von Spezialwissen teilgenommen werden soll.)* ......

Die Teilnahme des Betriebsratsmitgliedes hält der Betriebsrat für erforderlich, weil ...... *(Hier folgt die Begründung entweder für Teilnahme an der Schulung zur Vermittlung von Grundkenntnissen oder der Schulung zur Vermittlung von Spezialwissen. Allgemein gilt, je höher der Grad der Spezialisierung ist, desto größer ist auch das Begründungserfordernis.)* ......

Mit freundlichen Grüßen

---

[12] Schaub/*Koch*, ArbR-HdB, § 221 Rn. 42 mwN. Die Vermittlung von Grundwissen ist nicht erforderlich iSd § 37 Abs. 6 BetrVG, wenn die Schulung erst kurz vor dem Ende der Amtszeit des Betriebsrats stattfindet und der Betriebsrat zum Zeitpunkt seiner Beschlussfassung absehen kann, dass das erstmals gewählte Mitglied die in der Schulungsveranstaltung vermittelten Grundkenntnisse bis zum Ende der Arbeitszeit nicht einsetzen kann, vgl. BAG 17.11.2010 – 7 ABR 113/09, NZA 2011, 816.

b) Muster: Ablehnungsschreiben des Arbeitgebers [→ B. Rn. 53 ff.]

> **Hinweis:**
> Kommt eine Einigung nicht zustande, kann der Arbeitgeber die Einigungsstelle anrufen.

56

...... GmbH
– Geschäftsführung –

An den
Betriebsrat
der ...... GmbH

Sehr geehrte Damen und Herren,

wir dürfen zurückkommen auf Ihr Schreiben vom ......, mit dem Sie uns mitgeteilt haben, dass der Betriebsrat beschlossen habe, das Betriebsratsmitglied ...... zu der Schulung ...... zu entsenden.

Die betrieblichen Notwendigkeiten bei der Beschlussfassung wurden nicht ausreichend berücksichtigt. ...... *(Hier folgt eine Begründung, zB dass aufgrund einer besonderen Auftragssituation das betreffende Betriebsratsmitglied nicht entbehrlich ist oder Ähnliches.)* ......

Darüber hinaus sind wir der Auffassung, dass eine Notwendigkeit für die Schulung nicht besteht. ...... *(Hier folgt die Begründung, beispielsweise dass das Betriebsratsmitglied bereits umfangreiche Schulungsveranstaltungen in der Vergangenheit besucht hat.)* ......

Vor diesem Hintergrund bitten wir Sie, Ihre Beschlussfassung zu überdenken.

Oder:

Da wir die betrieblichen Gegebenheiten für nicht ausreichend berücksichtigt erachten, rufen wir hiermit die

Einigungsstelle

an. Wir schlagen vor, die Anzahl der Beisitzer auf zwei festzusetzen. Als Einigungsstellenvorsitzenden schlagen wir den Richter am Arbeitsgericht ...... vor.

Mit freundlichen Grüßen

57

246

> **Hinweis:**
> In der Praxis wird der weitere Fortgang so sein, dass der Arbeitgeber zwar eine Einigungsstelle einsetzen lassen kann. Das Einigungsstellenverfahren wird sich idR aber zeitlich erledigen, weil das Betriebsratsmitglied die Schulung besuchen wird. Der Arbeitgeber wird dann entweder die Lohnfortzahlung verweigern, so dass die Frage der Rechtmäßigkeit des Schulungsbesuchs im Rahmen des Verfahrens um die Entgeltfortzahlungskosten entschieden wird. In der arbeitsrechtlichen Praxis findet man auch die Situation, dass der Arbeitgeber wegen der Schulungsteilnahme und der aus seiner Sicht nicht genügenden Berücksichtigung der betrieblichen Notwendigkeit Abmahnungen ausspricht, über deren Berechtigung dann ebenfalls vor den Arbeitsgerichten gestritten werden muss.

58

II. Kosten des Betriebsrats

1. Gesetzliche Vorgaben

Häufiger Streitpunkt zwischen Arbeitgeber und Betriebsrat sind die Kosten des Betriebsrats.

59

60 Bei den Kosten der Betriebsratsarbeit ist zwischen den **personellen Kosten und den Aufwendungen des Betriebsrats** zu unterscheiden. Unter personellen Kosten sind beispielsweise die Entgeltfortzahlung für Betriebsratsmitglieder zu verstehen, unter Aufwendungen des Betriebsrats die **Sachkosten** (Ausstattung Betriebsratsbüro, Bücher etc.) sowie ggf. **Rechtsverfolgungskosten.**[13]

61 Der Arbeitgeber hat dem Betriebsrat die für die Geschäftsausübung notwendigen **Räume** innerhalb des Betriebes zur Verfügung zu stellen (§ 40 Abs. 2 BetrVG). Darüber hinaus hat der Arbeitgeber die für die Betriebsratstätigkeit notwendigen **sachlichen Hilfsmittel** bereit zu stellen. Die Prüfung, ob ein vom Betriebsrat verlangtes Sachmittel zur Erledigung der Betriebsratsaufgaben erforderlich und vom Arbeitgeber zur Verfügung zu stellen ist, obliegt dem Betriebsrat. Vom Betriebsrat wird verlangt, dass er bei seiner Entscheidungsfindung die betrieblichen Verhältnisse und die sich ihm stellenden Aufgaben berücksichtigt. Dabei hat er einerseits das Interesse der Belegschaft an einer sachgerechten Ausübung des Betriebsratsamtes und andererseits die berechtigten Interessen des Arbeitgebers, auch soweit sie auf eine Begrenzung der Kostentragungspflicht gerichtet sind, gegeneinander abzuwägen.

62 Die **arbeitsgerichtliche Praxis** hat dem Betriebsrat in den letzten Jahren in einer Vielzahl von Entscheidungen Sachmittel in erheblichem Umfang zugebilligt. Die Entscheidungen betrafen insbesondere die Zurverfügungstellung von PCs, aber auch von Kommunikationsmitteln (Internetanschluss, E-Mail-Nutzung etc.). Die Verpflichtung des Arbeitgebers wurde sogar darauf erstreckt, dass dem Betriebsrat bei einer entsprechenden Größe auch Büropersonal zur Verfügung zu stellen ist.[14]

2. Muster

a) Muster: Internetnutzung als Sachmittel [→ B. Rn. 61 ff.]

63 | Hinweis:

Anhand des Beispiels der Internetnutzung wird nachfolgend illustriert, wie der Betriebsrat Sachmittel geltend machen kann.

64
⇨ 247

Betriebsrat
der …… GmbH

An die
…… GmbH
– Geschäftsführung –

Zurverfügungstellung eines Internetzuganges

Sehr geehrte Damen und Herren,

hiermit möchten wir Sie bitten, dem Betriebsrat für seine Betriebsratsarbeit einen Internetzugang zur Verfügung zu stellen.

Der Betriebsrat hat für seine Betriebsratsarbeit einen PC. Dieser PC könnte für die Internetnutzung frei geschaltet werden.

Der Betriebsrat hält den Internetzugang für erforderlich.

Durch einen Internetzugang hat der Betriebsrat zum einen die Möglichkeit, sich über die aktuelle Rechtsprechung und Gesetzesentwicklung zu informieren, zum anderen erhält er aber auch die Gelegenheit, sich in der alltäglichen Arbeit entsprechende Informationen zu verschaffen, damit er zeitnah und zeitgerecht die Interessen der Arbeitnehmer des Betriebes wahrnehmen kann.

---

[13] Zu den Kosten des Betriebsrats vgl. im Einzelnen Schaub/*Koch*, ArbR-HdB, § 222 Rn. 1 ff. mzN.
[14] BAG 20.4.2005 – 7 ABR 14/04, DB 2005, 2754. Zur umfangreichen Judikatur vgl. im Einzelnen Schaub/*Koch*, ArbR-HdB, § 222 Rn. 15 ff. mzN.

Aus Sicht des Betriebsrats ist der finanzielle Aufwand für den Arbeitgeber gering, wenn überhaupt einer anfallen sollte. Ein Internetzugang ist im Unternehmen bereits vorhanden. Er ist für die Arbeitnehmer auf die dienstliche Nutzung beschränkt. Es dürfte deshalb nicht mit erheblichen Kosten verbunden sein, den Internetzugang für den Betriebsrat-PC freizuschalten. Bei der heutigen Gebührengestaltung (Flatrate oder ähnliches) gehen wir davon aus, dass selbst die dauerhafte Nutzung des Internets durch den Betriebsrat nicht mit erheblichen Kosten verbunden wäre.

Wir bitten um entsprechende Veranlassung.

Mit freundlichen Grüßen

b) Muster: Ablehnungsschreiben des Arbeitgebers

Hinweis:

Ist der Arbeitgeber mit der Zurverfügungstellung eines Internetzuganges nicht einverstanden, muss er die Übernahme der Kosten verweigern. Über die Verweigerung der Kostenübernahme wird dann ggf. arbeitsgerichtlich im Beschlussverfahren gestritten.

65

...... GmbH
– Geschäftsführung –

An den
Betriebsrat
der ...... GmbH

Ihr Schreiben vom ...... wegen Zurverfügungstellung eines Internetzuganges

Sehr geehrte Damen und Herren,

mit Schreiben vom ...... haben Sie bei uns geltend gemacht, dass Sie einen dauerhaften Internetzugang benötigen würden. Diese Auffassung teilen wir nicht.

Notwendige Kenntnisse kann sich der Betriebsrat über die Literatur und Zeitschriften, die ihm zur Verfügung stehen, verschaffen. So stehen dem Betriebsrat nachfolgende Bücher und Zeitschriften zur Verfügung:

...... *(Diese sollten hier im Einzelnen aufgeführt werden.)* ......

Für eine Zurverfügungstellung weiterer Sachmittel sehen wir keine Veranlassung.

Mit freundlichen Grüßen

66

→ 248

Hinweis:

Das BAG hat dem Betriebsrat einen Internetzugang regelmäßig als erforderliches Sachmittel zuerkannt.[15] Im Einzelfall mag der Arbeitgeber hier Argumente finden, mit denen die Erforderlichkeit versagt werden kann. Grundsätzlich gilt, dass es sich bei der Zurverfügungstellung von Sachmitteln um Einzelfallentscheidungen handelt, bei denen jeweils die Erforderlichkeit geprüft werden muss. Der Arbeitgeber wird dabei sicherlich auch abwägen müssen, ob sich, sofern der Aufwand nicht erheblich ist, eine Auseinandersetzung mit dem Betriebsrat wegen der Zurverfügungstellung von Sachmitteln wirtschaftlich und im Sinne einer guten Kommunikation „lohnt".

67

---

[15] BAG 14.7.2010 – 7 ABR 80/08, EzA BetrVG 2001 § 40 Nr. 21; 23.8.2006 – 7 ABR 55/05, AP BetrVG 1972 § 40 Nr. 88.

III. Betriebsversammlung

1. Gesetzliche Vorgaben

68 Die Betriebsversammlung besteht aus allen Arbeitnehmern des Betriebes. Sie ist das schwächste Organ der Betriebsverfassung, da sie keine Vertretungsmacht oder sonstige Funktion nach außen hat und dem Betriebsrat insbesondere keine Weisungen erteilen kann.

69 Der Betriebsrat hat in jedem Kalendervierteljahr eine ordentliche Betriebsversammlung einzuberufen. Über den genauen Zeitpunkt entscheidet der Betriebsrat nach pflichtgemäßem Ermessen. Der Arbeitgeber ist zu der ordentlichen Betriebsversammlung unter Mitteilung der Tagesordnung zu laden. Ob eine Verpflichtung des Arbeitgebers zur Teilnahme besteht, ist umstritten.[16] Mindestens einmal in jedem Kalenderjahr hat der Arbeitgeber über das Personal- und Sozialwesen des Betriebes einschließlich des Standes der Gleichstellung von Frauen und Männern im Betrieb, der Integration der im Betrieb beschäftigten ausländischen Arbeitnehmer sowie über den betrieblichen Umweltschutz und die wirtschaftliche Lage und Entwicklung des Betriebes zu berichten (§ 43 Abs. 2 S. 3 BetrVG). In der Versammlung hat der Betriebsrat einen Tätigkeitsbericht zu erstatten, der vom Vorsitzenden vorzutragen ist (§ 43 Abs. 1 S. 1 BetrVG).[17]

2. Muster: Einladung zur Betriebsversammlung [→ B. Rn. 69 ff.]

70 **Hinweis:**

Der Betriebsrat ist verpflichtet, den Arbeitgeber ordnungsgemäß zur Betriebsversammlung einzuladen.

71

Betriebsrat
der ...... GmbH

An die
...... GmbH
– Geschäftsführung –

Sehr geehrte Damen und Herren,

der Betriebsrat hat in seiner Betriebsratssitzung am ...... beschlossen, eine Betriebsversammlung durchzuführen. Diese Betriebsversammlung soll am ...... um ...... Uhr stattfinden.

Die Tagesordnung der Betriebsversammlung soll wie folgt sein:

......

Der Tagesordnung können Sie entnehmen, dass unter dem Tagesordnungspunkt ...... ihr Bericht nach § 43 Abs. 2 BetrVG vorgesehen ist.

Mit freundlichen Grüßen

IV. Sprechstunden

1. Gesetzliche Vorgaben

72 Unabhängig von der Betriebsgröße kann der Betriebsrat Sprechstunden während der Arbeitszeit einrichten. Zeit und Ort sind mit dem Arbeitgeber zu vereinbaren (§ 39 Abs. 1 S. 2 BetrVG). Kommt eine Einigung nicht zustande, so entscheidet im Interesse einer schnellen und betriebsnahen Regelung über die Meinungsverschiedenheit die Einigungsstelle.

---

[16] Vgl. zum Streitstand Schaub/*Koch*, ArbR-HdB, § 223 Rn. 6 mzN.
[17] Zur Betriebsversammlung vgl. iÜ Schaub/*Koch*, ArbR-HdB, § 223 Rn. 1 ff. mzN.

2. Muster

a) Muster: Einrichtung Sprechstunde [→ B. Rn. 72]

73
⮕ 250

> Betriebsrat
> der ...... GmbH
>
> An die
> ...... GmbH
> – Geschäftsführung –
>
> **Einrichtung Sprechstunde**
>
> Sehr geehrte Damen und Herren,
>
> in seiner Betriebsratssitzung am ...... hat der Betriebsrat beschlossen, eine Sprechstunde einzurichten. Diese Sprechstunde soll stattfinden jeweils:
>
> Zeitliche Lage: ......
>
> Ort: ......
>
> Für eine Mitteilung, ob Sie damit einverstanden sind, wären wir verbunden.
>
> Mit freundlichen Grüßen

b) Muster: Ablehnungsschreiben Arbeitgeber

Hinweis: **74**

Ist der Arbeitgeber mit der Einrichtung der Sprechstunde nicht einverstanden, muss er dies, da es einer Vereinbarung bedarf, dem Betriebsrat mitteilen.

75
⮕ 251

> ...... GmbH
> – Geschäftsführung –
>
> An den
> Betriebsrat
> der ...... GmbH
>
> Sehr geehrte Damen und Herren,
>
> vielen Dank für Ihr Schreiben vom ......, mit dem Sie uns mitgeteilt haben, dass Sie eine Sprechstunde jeweils am ...... in ...... einzurichten wünschen.
>
> Mit der ...... *(zeitlichen Lage oder Ort der Sprechstunde)* ...... sind wir nicht einverstanden, weil ...... *(Hier folgt die Begründung, beispielsweise zur zeitlichen Lage oder zum nicht vorhandenen Ort im Unternehmen.)* ......
>
> Alternativ schlagen wir für die Sprechstunde Folgendes vor:
>
> ...... *(Da der Arbeitgeber die Sprechstunde nicht verhindern kann, sollte er vernünftigerweise Alternativen nennen.)* ......
>
> Mit freundlichen Grüßen

3. Anrufung Einigungsstelle [→ B. Rn. 72]

Hinweis: **76**

Kommt eine Vereinbarung nicht zustande, kann sowohl der Arbeitgeber als auch der Betriebsrat die Einigungsstelle anrufen. Nachfolgendes Muster bezieht sich auf die Anrufung der Einigungsstelle durch den Betriebsrat:

77

252

> Betriebsrat
> der ...... GmbH
>
> An die
> ...... GmbH
> – Geschäftsführung –
>
> Sehr geehrte Damen und Herren,
>
> wir dürfen festhalten, dass wir uns weder über die zeitliche Lage noch den Ort der Sprechstunde nach § 39 BetrVG haben einigen können. Vor diesem Hintergrund hat der Betriebsrat in seiner Betriebsratssitzung am ...... beschlossen, die
> **Einigungsstelle**
> anzurufen. Der Betriebsrat schlägt als Vorsitzenden der Einigungsstelle den Richter am Arbeitsgericht ...... vor. Ferner hat der Betriebsrat beschlossen, dass die Anzahl der Beisitzer ...... je Betriebspartei beträgt.
>
> Mit freundlichen Grüßen

V. Beschwerderechte Arbeitnehmer
1. Gesetzliche Vorgaben

78 Die Arbeitnehmer haben das Recht, sich beim Arbeitgeber oder beim Betriebsrat zu beschweren, wenn sie sich vom Arbeitgeber oder von Arbeitnehmern des Betriebes **benachteiligt** oder **ungerecht behandelt** oder in sonstiger Weise **beeinträchtigt** fühlen. Hält der Betriebsrat die Beschwerde für berechtigt, hat über die Frage der Berechtigung der Beschwerde ggf. die **Einigungsstelle** zu entscheiden.

79 Die Regelung des § 84 BetrVG regelt das **individuelle Beschwerderecht** des Arbeitnehmers gegenüber dem Arbeitgeber. Daneben darf der Arbeitnehmer auch eine **Beschwerde beim Betriebsrat** einreichen. Dieses Beschwerderecht ist in § 85 BetrVG geregelt. Der Arbeitgeber hat die Beschwerde zu prüfen und geeignete Maßnahmen zu treffen, um die Fortsetzung einer festgestellten Belästigung, Benachteiligung oder ungerechten Behandlung zu unterbinden. Die §§ 84, 85 BetrVG regeln weitere Möglichkeiten, wie beispielsweise die Hinzuziehung eines Betriebsratsmitgliedes nach § 84 Abs. 1 S. 2 BetrVG bzw. die Einsetzung einer Einigungsstelle nach § 85 Abs. 2 BetrVG.

80 Bei den Beschwerdemöglichkeiten nach §§ 84, 85 BetrVG handelt es sich um einen **Individualanspruch der Arbeitnehmer.** Daher findet das Recht auch in nicht betriebsratsfähigen und betriebsratslosen Betrieben Anwendung.[18] Gegenstand der Beschwerde nach §§ 84, 85 BetrVG ist die Behauptung des Arbeitnehmers, in seiner individuellen Position vom Arbeitgeber oder von einem sonstigen Betriebsangehörigen beeinträchtigt worden zu sein. Unter der Beschwerde ist das Vorbringen eines Arbeitnehmers zu verstehen, mit dem er darauf hinweisen will, dass er sich benachteiligt oder in sonstiger Weise beeinträchtigt fühlt und mit dem er die Abhilfe des ihn persönlich belastenden Zustandes begehrt. Unerheblich ist, ob das Verlangen des Arbeitnehmers objektiv begründet ist. Die §§ 84, 85 BetrVG verlangen lediglich, dass der Arbeitnehmer sich selbst beeinträchtigt fühlt, stellen also auf seinen subjektiven Standpunkt ab. Das bedeutet zugleich, dass es keine Popularbeschwerde gibt. Da Gegenstand der Beschwerde das subjektive Empfinden des betreffenden Arbeitnehmers ist, er fühle sich in seiner individuellen Position benachteiligt, ungerecht behandelt oder in sonstiger Weise beeinträchtigt, kann die Beschwerde nicht auf allgemeine betriebliche Streitpunkte gestützt werden. Der Gegenstand des Beschwerdeverfahrens nach den §§ 84, 85 BetrVG ist umfassend. Es muss lediglich ein Zusammenhang zwischen dem Beschwerdegegenstand und dem Arbeitsverhältnis bestehen.

---

[18] HWK/*Schrader* BetrVG § 84 Rn. 1 mwN.

Der **Adressat der Beschwerde** ist im Rahmen des § 84 BetrVG der **Arbeitgeber**. 81
Der Arbeitgeber hat den Arbeitnehmer über die Behandlung der Beschwerde zu
bescheiden und, soweit er die Beschwerde für berechtigt erachtet, ihr abzuhelfen (§ 84
Abs. 2 BetrVG). Der Arbeitnehmer kann sich nach § 85 BetrVG aber auch direkt beim
Betriebsrat beschweren. Erachtet der Betriebsrat die Beschwerde für berechtigt, sorgt
er beim Arbeitgeber für Abhilfe. Wenn zwischen dem Arbeitgeber und dem Betriebsrat Meinungsverschiedenheiten über die Berechtigung der Beschwerde bestehen, kann
der Betriebsrat die Einigungsstelle anrufen. Der Spruch der Einigungsstelle ersetzt die
Einigung zwischen Arbeitgeber und Betriebsrat (§ 85 Abs. 2 S. 2 BetrVG). Gegenstand
des Einigungsstellenverfahrens ist damit nur die fehlende Einigung zwischen dem
Arbeitgeber und dem Betriebsrat über die Berechtigung der durch den Antrag inhaltlich bestimmten Beschwerde. Die Einigungsstelle entscheidet nicht über die zu treffenden Maßnahmen. Durch den Spruch der Einigungsstelle entsteht, wenn die
Beschwerde für berechtigt erachtet wird, ein im Klagewege durchsetzbarer Rechtsanspruch des einzelnen Arbeitnehmers auf Abhilfe. Die konkreten Maßnahmen obliegen
dem Arbeitgeber.[19]

Über die **Behandlung der Beschwerde,** insbesondere über die Art der Abhilfe, 82
hat der Arbeitgeber den Betriebsrat (§ 85 Abs. 3 S. 1 BetrVG) und den betroffenen
Arbeitnehmer (§ 85 Abs. 3 S. 2 iVm § 84 Abs. 2 BetrVG) zu unterrichten. Dies gilt
auch bei einvernehmlicher Ablehnung der Berechtigung der Beschwerde durch den
Arbeitgeber und den Betriebsrat oder durch den Spruch der Einigungsstelle.

2. Muster

Hinweis:	83
Aus diesen Beschwerderechten resultieren eine Vielzahl von möglichen Mustern und Vorgehensweisen:	

a) **Muster: Beschwerde nach § 84 Abs. 1 BetrVG** *[→ B. Rn. 79 ff.]*

Herr/Frau …… An die …… GmbH – Geschäftsführung – **Beschwerde nach § 84 Abs. 1 BetrVG** Sehr geehrte Damen und Herren, hiermit möchte ich mich bei Ihnen als Arbeitgeber nach § 84 Abs. 1 BetrVG beschweren: …… *(Hier sollte der Beschwerdesachverhalt aufgeführt werden. Beispiele für Beschwerdegegenstände sind Arbeits- und Gesundheitsschutz (Lärm, Vibration, Geruch, Raumklima), betrieblicher Umweltschutz (zB Zuweisung einer umwelt-rechtswidrigen oder problematischen Tätigkeit) sowie Arbeitsorganisation (Leis-tungsverdichtung etwa durch die Geschwindigkeit des Maschinenlaufs, Vergröße-rung des Arbeitspensums etc.), sexuelle Belästigung, Beleidigung, schikanierendes und herablassendes Verhalten anderer Arbeitskollegen etc.)[20]* …… Ich wäre Ihnen verbunden, wenn Sie dem abhelfen könnten. Mit freundlichen Grüßen	84 ⌦ 253

---

[19] HWK/*Schrader* BetrVG § 85 Rn. 20.
[20] Vgl. zu den Beispielen: HWK/*Schrader* BetrVG § 84 Rn. 4 mzN.

b) Muster: Positive Abhilfeentscheidung des Arbeitgebers [→ B. Rn. 82]

85

...... GmbH
– Geschäftsführung –

Herrn/Frau
......

Ihre Beschwerde vom ......

Sehr geehrte(r) Frau/Herr ......,

wir bestätigen den Eingang Ihrer Beschwerde vom ...... Den Sachverhalt haben wir umfangreich recherchiert und danach hat sich Folgendes ergeben:

...... *(Hier sollte der Sachverhalt aufgeführt werden, den der Arbeitgeber bei seiner Recherche festgestellt hat.)* ......

Aufgrund dessen steht für uns fest, dass Ihre Beschwerde zu Recht erfolgt ist. Zur Abhilfe haben wir Folgendes veranlasst:

...... *(Hier müssen die Maßnahmen aufgeführt werden, mit denen der Beeinträchtigung abgeholfen wird.)* ......

Wir hoffen, dass sich die Angelegenheit damit erledigt hat, und verbleiben

mit freundlichen Grüßen

c) Muster: Negative Abhilfeentscheidung des Arbeitgebers [→ B. Rn. 82]

86

...... GmbH
– Geschäftsführung –

Herrn/Frau
......

Ihre Beschwerde vom ......

Sehr geehrte(r) Frau/Herr ......,

wir bestätigen den Eingang Ihrer Beschwerde vom ...... Den Sachverhalt haben wir umfangreich recherchiert und danach hat sich Folgendes ergeben:

...... *(Hier sollte der Sachverhalt ausführlich erfolgen.)* ......

Damit ergibt sich für uns, dass Ihre Beschwerde nicht berechtigt ist, weil ...... *(Hier sollte die Begründung aufgeführt werden.)* ......

Mit freundlichen Grüßen

d) Muster: Beschwerde nach § 85 BetrVG an den Betriebsrat
[→ B. Rn. 79 ff.]

87

Herr/Frau
......

An den
Betriebsrat
der ...... GmbH

Beschwerde nach § 85 Abs. 1 BetrVG

Sehr geehrte Damen und Herren,

hiermit möchte ich mich gem. § 85 Abs. 1 BetrVG beschweren. Der Beschwerde liegt nachfolgender Sachverhalt zugrunde:

...... *(Der Beschwerdegegenstand in § 85 Abs. 1 BetrVG ist identisch mit dem in § 84 Abs. 1 BetrVG. Auch hier sollte der Sachverhalt möglichst umfangreich geschildert werden, damit er überprüfbar ist.)* ......

Ich wäre dankbar, wenn der Betriebsrat beim Arbeitgeber für Abhilfe sorgen könnte.

Mit freundlichen Grüßen

e) Muster: Schreiben des Betriebsrats an den Arbeitgeber *[→ B. Rn. 81]*

Hinweis: 88

Wenn der Betriebsrat die Beschwerde für nicht begründet erachtet, hat er dies dem Arbeitnehmer mitzuteilen. Hält er allerdings die Beschwerde für berechtigt, muss er nach § 85 BetrVG beim Arbeitgeber auf Abhilfe hinwirken.

Betriebsrat 89
der ...... GmbH ⇨ 257

An die
...... GmbH
– Geschäftsführung –

Beschwerde des Arbeitnehmers ...... nach § 85 Abs. 1 BetrVG

Sehr geehrte Damen und Herren,

der Arbeitnehmer ...... hat sich bei uns nach § 85 Abs. 1 BetrVG über nachfolgenden Sachverhalt beschwert:

...... *(Hier sollte der Sachverhalt umfangreich geschildert werden.)* ......

Der Betriebsrat hat den Sachverhalt überprüft und hält die Beschwerde aus nachfolgenden Gründen für berechtigt:

...... *(Hier sollte die Begründung aufgeführt werden.)* ......

Wir möchten Sie als Arbeitgeber darum bitten, für Abhilfe Sorge zu tragen.

Mit freundlichen Grüßen

f) Muster: Positives Antwortschreiben des Arbeitgebers nach § 85 BetrVG *[→ B. Rn. 82]*

Hinweis: 90

Hält der Arbeitgeber die Beschwerde für begründet, hat er für Abhilfe zu sorgen und dies dem Betriebsrat mitzuteilen.

...... GmbH 91
– Geschäftsführung – ⇨ 258

An den
Betriebsrat
der ...... GmbH
z. Hd. des/der Betriebsratsvorsitzenden

Ihr Schreiben vom ......, Beschwerde des Arbeitnehmers ...... vom ......

> Sehr geehrte Damen und Herren,
>
> vielen Dank für Ihr Schreiben vom ......
>
> Den Beschwerdesachverhalt haben wir im Einzelnen überprüft. Es ergab sich für uns nachfolgender Sachverhalt:
>
> ...... *(Es folgt eine umfangreiche Ausführung des Sachverhaltes.)* ......
>
> Die Beschwerde halten wir für begründet, weil ...... *(Es folgt die Darstellung der Begründung.)* ......
>
> Wir werden für Abhilfe sorgen und haben folgende Abhilfemaßnahmen ergriffen:
>
> ...... *(Hier folgt die Aufführung der Abhilfemaßnahmen.)* ......
>
> Die Beschwerde dürfte sich damit erledigt haben.
>
> Mit freundlichen Grüßen

g) Muster: Negatives Antwortschreiben des Arbeitgebers nach § 85 BetrVG *[→ B. Rn. 82]*

92

> ...... GmbH
> – Geschäftsführung –
>
> An den
> Betriebsrat
> der ...... GmbH
> z. Hd. des/der Betriebsratsvorsitzenden
>
> **Ihr Schreiben vom ......, Beschwerde des Arbeitnehmers ...... vom ......**
>
> Sehr geehrte Damen und Herren,
>
> vielen Dank für Ihr Schreiben vom ......
>
> Den Beschwerdesachverhalt haben wir im Einzelnen überprüft. Es ergab sich für uns nachfolgender Sachverhalt:
>
> ...... *(Es folgt eine umfangreiche Ausführung des Sachverhaltes.)* ......
>
> Damit ergibt sich für uns insgesamt, dass die Beschwerde nicht berechtigt ist, weil ...... *(Es folgt die Darstellung der Gründe.)* ......
>
> Wir bedauern, Ihnen keine bessere Nachricht geben zu können, und verbleiben
>
> mit freundlichen Grüßen

h) Muster: Anrufung der Einigungsstelle durch den Betriebsrat nach § 85 Abs. 2 BetrVG *[→ B. Rn. 81]*

93

> **Hinweis:**
> Können sich Arbeitgeber und Betriebsrat nicht einigen, darf der Betriebsrat die Einigungsstelle anrufen.

94

> Betriebsrat
> der ...... GmbH
>
> An die
> ...... GmbH
> – Geschäftsführung –

> **Ihr Schreiben vom ......, Beschwerde des Arbeitnehmers ......**
>
> Sehr geehrte Damen und Herren,
>
> mit Bedauern haben wir Ihr Schreiben vom ...... erhalten, in dem Sie uns mitteilen, dass Sie die Beschwerde des Arbeitnehmers ...... für nicht berechtigt erachten und sich unserer Feststellung nicht anschließen können.
>
> Vor diesem Hintergrund rufen wir über die Frage der Berechtigung der Beschwerde des Arbeitnehmers ...... die
>
> **Einigungsstelle**
>
> an. Als Einigungsstellenvorsitzenden schlagen wir den Richter am Arbeitsgericht ...... vor. Wir schlagen vor, die Anzahl der Beisitzer auf jeweils zwei festzusetzen.
>
> Sollten Sie damit nicht einverstanden sein, wären wir gezwungen, ein gerichtliches Verfahren zur Einsetzung einer Einigungsstelle durchzuführen.
>
> Mit freundlichen Grüßen

Hinweis: 95

Ist der Arbeitgeber damit einverstanden, wird ein Einigungsstellenverfahren durchgeführt. Bei einer ablehnenden Entscheidung des Arbeitgebers müsste der Betriebsrat gerichtlich eine Einigungsstelle einsetzen lassen.

VI. Allgemeine Aufgaben (§ 80 BetrVG)

1. Gesetzliche Vorgaben

Der Betriebsrat hat das Recht und die Pflicht, die in § 80 BetrVG geregelten allgemeinen Aufgaben wahrzunehmen, ohne an die Voraussetzungen der besonderen Mitwirkungs- und Mitbestimmungsrechte gebunden zu sein. Die Regelung des § 80 BetrVG gibt dem Betriebsrat daher einen **allgemeinen Handlungsrahmen** auf. Kommt es bei Regelungsstreitigkeiten zu Meinungsverschiedenheiten zwischen dem Arbeitgeber und dem Betriebsrat kann der Betriebsrat in den im Gesetz genannten Fällen die Einigungsstelle anrufen.[21] 96

Die sich aus § 80 BetrVG ergebenden Rechte – und Pflichten – muss der Betriebsrat gegenüber dem Arbeitgeber **geltend machen.** Dieses lässt sich an folgendem Beispiel verdeutlichen: Zu den Aufgaben des Betriebsrats zählt nach § 80 Abs. 1 Nr. 7 BetrVG auch die Integration ausländischer Arbeitnehmer in den Betrieben. Der Betriebsrat soll das Verständnis zwischen ihnen und den deutschen Arbeitnehmern fördern. Insbesondere hat er auch darüber zu wachen, dass die entsprechenden gesetzlichen Vorschriften eingehalten werden. Schließlich soll er auf den Abbau von Vorurteilen hinwirken. Daneben hat er ggf. geeignete Maßnahmen zur Bekämpfung von Rassismus und Fremdenfeindlichkeit beim Arbeitgeber zu beantragen. Ein allgemein pädagogisches Mandat hat der Betriebsrat nicht. Zu denken ist beispielsweise an den Abschluss von freiwilligen Betriebsvereinbarungen über Aktivitäten, die der gegenseitigen Toleranz der Arbeitnehmer untereinander dienen, zB über Räumlichkeiten, in denen die ausländischen Arbeitnehmer in den Pausen ungestört ihre religiösen Verpflichtungen ausüben können. 97

2. Muster

a) Muster: Anschreiben an Arbeitgeber nach § 80 Abs. 1 Nr. 7 BetrVG
[→ B. Rn. 97 ff.]

> Betriebsrat 98
> der ...... GmbH   ⟹ 261

---

[21] Zu den allgemeinen Aufgaben des Betriebsrats vgl. ausführlich Schaub/*Koch*, ArbR-HdB, § 233 Rn. 1 ff. mzN.

An die
...... GmbH
– Geschäftsführung –

Integration ausländischer Arbeitnehmer nach § 80 Abs. 1 Nr. 7 BetrVG

Sehr geehrte Damen und Herren,

wir erlauben uns, an Sie mit dem Wunsch zur Führung von Gesprächen über eine freiwillige Betriebsvereinbarung zur Integration ausländischer Arbeitnehmer nach § 80 Abs. 1 Nr. 7 BetrVG heranzutreten.

Nach den uns zur Verfügung stehenden Informationen setzt sich unsere Belegschaft wie folgt zusammen:

...... (Es folgt die Zusammensetzung der Belegschaft.)

Daraus wird ersichtlich, dass ein sehr hoher Anteil der Arbeitnehmer einem Kulturkreis entstammt, der idR dem Islam angehört. Damit diese Arbeitnehmer ihren religiösen Verpflichtungen nachgehen können, regen wir an, über die Einrichtung eines speziellen Raumes nachzudenken, in dem diese Arbeitnehmer ihren religiösen Verpflichtungen ungestört nachgehen können. Wir hoffen, dass diese Einrichtung dazu dient, Verständnis und Toleranz innerhalb der Belegschaft zu verbessern und würden Sie bitten, in Gespräche über eine solche Regelung mit uns einzutreten.

Mit freundlichen Grüßen

b) Muster: Betriebsvereinbarungen

99 Hinweis:

Zur Wahrnehmung der allgemeinen Aufgaben des Betriebsrats können eine Reihe von Betriebsvereinbarungen getroffen werden, welche die Altersstruktur, ausländische Arbeitnehmer, Alleinerziehende etc., also alle diejenigen Personen und Sachkreise betreffen, die zu dem Aufgabenkatalog des § 80 BetrVG gehören.

aa) Muster: Betriebsvereinbarung über die Ausgleichsleistungen bei freiwilligem Ausscheiden von älteren Arbeitnehmern[22] *[→ B. Rn. 99]*

100

Zwischen
der ...... GmbH

– nachfolgend Arbeitgeber genannt –

und
dem Betriebsrat der ...... GmbH

– nachfolgend Betriebsrat genannt –

wird nachfolgende Betriebsvereinbarung über die Ausgleichsleistungen bei freiwilligem Ausscheiden von älteren Arbeitnehmern getroffen:

Präambel

Das Erfordernis einer ausgewogenen Altersstruktur der Belegschaft erfordert das freiwillige Ausscheiden von älteren Arbeitnehmern. Arbeitgeber und Betriebsrat haben sich daher entschlossen, das Ausscheiden bzw. den gleitenden Übergang von älteren Arbeitnehmern in den Ruhestand zu fördern. Dazu wird die nachfolgende Betriebsvereinbarung geschlossen.

---

[22] Entsprechende Betriebsvereinbarungen befinden sich in einem ständigen Wandel, weil sich die sozialversicherungsrechtlichen Rahmenbedingungen ständig ändern.

§ 1 Geltungsbereich

Die Betriebsvereinbarung findet auf solche Arbeitnehmer Anwendung, die aufgrund einer Aufhebungsvereinbarung aus dem Unternehmen ausscheiden und die zum Zeitpunkt der Vereinbarung das 60. Lebensjahr vollendet, aber das für die Beanspruchung einer Altersrente notwendige Lebensalter noch nicht erreicht haben.

§ 2 Abfindung

(1) Arbeitnehmer, deren Arbeitsplatz aufgrund betrieblicher Maßnahmen wegfällt und die aufgrund eines Aufhebungsvertrages ausscheiden, erhalten eine Abfindung in Höhe der Differenz zwischen dem Durchschnitt des Nettoeinkommens der letzten sechs Monate und dem Arbeitslosengeld. Die Abfindung wird längstens für die Dauer des Bezugs des Arbeitslosengeldes gezahlt.

(2) Bei der Errechnung des Nettomonatsentgelts wird von der ......Stunden-Woche ausgegangen. Zum Bruttoarbeitsentgelt zählen betriebsgebundene Zuschläge, bezogen auf die tarifliche Arbeitszeit, vermögenswirksame Leistungen und tarifliche Sozialzulagen. Unberücksichtigt bleiben Sonderzuschläge.

Neben der Abfindung werden Arbeitgeberbeiträge zur befreienden Lebensversicherung, Jubiläums- und Treuegelder sowie sonstige tarifliche Sonderzulagen gezahlt.

§ 3 Tod des Arbeitnehmers

Stirbt ein Arbeitnehmer während der Zeit, in der er eine Abfindung erhält, so entfällt die Abfindung mit Ablauf des dritten Monats nach dem Todesfall.

§ 4 Ratenzahlung

(1) Die Abfindung wird in monatlichen Raten ausgezahlt.

(2) Die neben der Abfindung zu zahlenden Beträge werden zu demselben Zeitpunkt ausgezahlt, zu dem auch die aktiven Arbeitnehmer sie erhalten.

§ 5 Urlaub

Die ausscheidenden Arbeitnehmer erhalten im Jahr des Ausscheidens noch den vollen Jahresurlaub. Kann der Urlaub aus betrieblichen Gründen nicht mehr innerhalb der Kündigungsfrist genommen werden oder reicht die Kündigungsfrist nicht aus, den Urlaub in Natur zu gewähren, so erfolgt seine Abgeltung.

§ 6 Jubiläumszuwendungen

(1) Ausscheidende Arbeitnehmer, die ohne Beendigung des Arbeitsverhältnisses vor der für sie maßgeblichen Regelaltersgrenze noch ein Werksjubiläum hätten erreichen können, werden hinsichtlich des Jubiläums so gestellt, als ob sie sich noch im aktiven Arbeitsverhältnis befinden.

(2) Berechnungsgrundlage für das zu zahlende Jubiläumsgeld ist das Durchschnittseinkommen der letzten sechs Monate vor Eintritt in den Ruhestand. Zeiten von Kurzarbeit bleiben unberücksichtigt.

§ 7 Betriebliche Altersversorgung

(1) Ausscheidende Arbeitnehmer erhalten die Leistungen der betrieblichen Altersversorgung, sofern im Zeitpunkt des Ausscheidens die allgemeinen Anspruchsvoraussetzungen erfüllt sind. Die Leistungen werden so berechnet, als ob der aus-

scheidende Arbeitnehmer das für ihn maßgebliche Lebensjahr für den Bezug einer Altersrente in den Diensten des Arbeitgebers erreicht hätte.

(2) Die Zahlungen der Betriebsrente beginnen, wenn der Abfindungsanspruch erschöpft ist. Ist der ausscheidende Arbeitnehmer während des Bezugzeitraums der Abfindung verstorben, so beginnt die Zahlung der Witwen- und Waisenrente mit der Einstellung der Zahlung der Abfindung. Der Rentenberechnung wird jedoch in Abweichung von Abs. 1 S. 2 nicht der Bezugszeitpunkt einer Altersrente, sondern der Todestag zugrunde gelegt.

(3) Im Übrigen gelten die Vorschriften der Leistungsordnung der betrieblichen Altersversorgung.

§ 8 Ausgleich der Sozialversicherungsrente

(1) Ausscheidende Arbeitnehmer erhalten zum Ausgleich der Rentenminderung in der gesetzlichen Rentenversicherung oder einer Befreiungsversicherung für jedes Versicherungsjahr bis zum Erreichen der für sie maßgeblichen frühestmöglichen Altersrente einen Ausgleichsbetrag in Höhe von monatlich ......

(2) Hinterbliebene von Arbeitnehmern, die während des Bezugszeitraums sterben, erhalten für jedes Versicherungsjahr bis zum Ableben des Bezugsberechtigten einen Ausgleichsbetrag von ......

(3) Diese Regelung findet keine Anwendung auf solche Arbeitnehmer, deren Rentenminderung aus der gesetzlichen Altersversorgung oder einer Befreiungsversicherung durch die betriebliche Altersversorgung ausgeglichen wird.

§ 9 Werkswohnung

(1) Ausgeschiedene Arbeitnehmer und ihre Hinterbliebenen haben Anspruch auf Weitergewährung der Werkswohnung bis zum Erreichen der für den Arbeitnehmer maßgeblichen Altersrente. Anschließend werden sie den Ruheständlern des Arbeitgebers gleichgestellt.

(2) Bei an ausscheidende Arbeitnehmer gewährten Arbeitgeberdarlehen wird fingiert, dass der Arbeitnehmer weiter in den Diensten des Arbeitgebers steht.

§ 10 Arbeitsvermittlung

(1) Der ausgeschiedene Arbeitnehmer muss sich der Arbeitsverwaltung zur Vermittlung zur Verfügung stellen.

(2) Der ausgeschiedene Arbeitnehmer ist gehalten, die frühestmögliche für ihn in Betracht kommende Altersrente in Anspruch zu nehmen. Die Personalabteilung wird den Arbeitnehmer hierbei beraten und unterstützen.

(3) Werden im Zeitpunkt der Erschöpfung des Arbeitslosengeldes Ruhegeldleistungen noch nicht gezahlt, so wird der Arbeitgeber hierauf angemessene Vorschüsse leisten. Der Arbeitnehmer ermächtigt den Arbeitgeber zur Einziehung der Ruhegeldleistungen in Höhe der gezahlten Vorschüsse.

§ 11 Härtefälle

(1) Sollten sich trotz vorstehender Regelungen noch Härtefälle ergeben, so wird der Arbeitgeber diese zu mildern versuchen. Über die Vergabe von Mitteln entscheidet eine Kommission, die sich aus drei Mitgliedern des Betriebsrats und drei Mitgliedern des Arbeitgebers zusammensetzt.

(2) Auf die Zahlung von Hilfe besteht kein Rechtsanspruch.

§ 12 Kündigungsschutzklage oder anderweitige Abfindung

Zahlungen aus dieser Betriebsvereinbarung erfolgen nicht, wenn auf eine ggf. zuvor erhobene Kündigungsschutzklage des Arbeitnehmers das Arbeitsgericht rechtskräftig den Fortbestand des Arbeitsverhältnisses feststellt oder eine anderweitige Abfindung nach §§ 9, 10 KSchG festsetzt.[23]

§ 13 Schlussbestimmungen

Diese Betriebsvereinbarung tritt ab dem ...... in Kraft. Sie kann mit einer Kündigungsfrist von drei Monaten zum Monatsende, erstmals zum ...... gekündigt werden.

......, den ......

Arbeitgeber   Betriebsrat

bb) Muster: Betriebsvereinbarung über die Beschäftigung von Arbeitnehmern, die ihre im Haushalt lebenden Kinder betreuen, und deren berufliche Wiedereingliederung nach der Familiengründung *[→ B. Rn. 99]*

Zwischen
der ...... GmbH

– nachfolgend Arbeitgeber genannt –

und
dem Betriebsrat der ...... GmbH

– nachfolgend Betriebsrat genannt –

wird nachfolgende Betriebsvereinbarung über die Beschäftigung von Arbeitnehmern, die ihre im Haushalt lebenden Kinder betreuen, und deren berufliche Wiedereingliederung nach der Familiengründung vereinbart:

§ 1 Grundsätze

Der Arbeitgeber und der Betriebsrat wollen die Beschäftigung von Arbeitnehmern, die ihre im Haushalt lebenden Kinder betreuen, und deren berufliche Wiedereingliederung nach der Familiengründung fördern. Sie halten die Teilzeitbeschäftigung als besonders geeignete Form, Beruf und Familie miteinander zu verbinden.

§ 2 Teilzeitbeschäftigung nach Mutterschutz und Elternzeit

(1) Mitarbeiterinnen, die nach Ablauf der Mutterschutzfrist oder der Elternzeit weiterarbeiten wollen, sollen den betrieblichen Vorgesetzten und die für sie zuständige Personalabteilung mindestens einen Monat vor dem Ende der Arbeitsaussetzung unterrichten. Sie sollen dabei angeben, ob sie in Vollzeit oder Teilzeit arbeiten wollen.

(2) Ist die Rückkehr der Mitarbeiterin an den alten Arbeitsplatz nicht möglich, so wird der Mitarbeiterin ein Vollzeitarbeitsplatz an anderer Stelle im gleichen Betrieb oder die Versetzung in andere Abteilungen oder Betriebe des Arbeitgebers angeboten. Will die Mitarbeiterin auf eine Teilzeitarbeitsstelle wechseln, so wird geprüft, ob der bisherige Arbeitsplatz in einen Teilzeitarbeitsplatz umgewandelt werden kann. Ist dies aus betrieblichen Gründen nicht möglich, so wird der Mitarbeiterin an anderer Stelle ein Teilzeitarbeitsplatz angeboten.[24] Die Rechte der Mitarbeiterin aus § 8 TzBfG bleiben unberührt.

---

[23] Vgl. BAG 31.5.2005 – 1 AZR 254/04, DB 2005, 1744; 20.12.1983 – 1 AZR 442/82, AP BetrVG 1972 § 112 Nr. 17.
[24] Beachte § 8 TzBfG.

(3) Mitarbeiterinnen, deren Arbeitsverhältnis wegen der Geburt eines Kindes ruht (zB wegen Elternzeit oder Sonderurlaub), sind bei einer Besetzung von Teilzeitarbeitsplätzen vorrangig zu berücksichtigen.

(4) Die vorstehenden Regelungen gelten sinngemäß auch für männliche Arbeitnehmer nach Ablauf ihrer Elternzeit.

§ 3 Wiedereinstellung von ausgeschiedenen Mitarbeitern

(1) Mitarbeiterinnen, die wegen der Geburt ihres Kindes nach Ablauf der gesetzlichen Schutzfristen oder der Elternzeit aus dem Arbeitsverhältnis ausgeschieden sind, werden vorrangig wieder eingestellt. Sie haben einen Anspruch auf Wiedereinstellung, wenn sie dieses bis zum Ablauf von drei Jahren nach der Niederkunft verlangen. Sie werden vorrangig wieder eingestellt, wenn sie dieses bis zum Ablauf von sieben Jahren nach der Niederkunft verlangen. Das Verlangen muss spätestens sechs Monate vor Ablauf der Fristen geltend gemacht werden, ansonsten erlischt der Anspruch.

(2) Die Wiedereinstellung erfolgt zu den bisherigen Arbeitsvertragsbedingungen auf dem früheren oder einem vergleichbaren Arbeitsplatz. Auf Antrag wird der Arbeitgeber prüfen, ob die Wiedereinstellung der Mitarbeiterin in Teilzeitarbeit erfolgen kann. Die Rechte der Mitarbeiterin aus § 8 TzBfG bleiben unberührt.

(3) Der Arbeitgeber geht davon aus, dass sich die Mitarbeiterin bemüht, während der Kindererziehung ihre Berufskenntnisse zu erhalten. Ihr werden auf Wunsch Aushilfs- und Urlaubsvertretungen angeboten. Die jeweilige Einstellung kann befristet erfolgen. Verlangt die Mitarbeiterin ihre Wiedereinstellung, können der Mitarbeiterin vorab Weiterbildungsmaßnahmen angeboten werden.

(4) Hängt der Erwerb von Ansprüchen von bestimmten Dienstzeiten ab, werden einer Mitarbeiterin, die wegen der Erziehung ihres Kindes ausgeschieden ist, frühere Dienstzeiten angerechnet. Dies gilt nicht für die Fristen nach § 1 BetrAVG.

(5) Die vorstehenden Regelungen gelten sinngemäß auch für männliche Arbeitnehmer, die das Arbeitsverhältnis wegen der Erziehung eines in ihrem Haushalt lebenden Kindes beendet haben.

§ 4 Einrichtung von Teilzeitarbeitsplätzen

(1) Teilzeitarbeitsplätze werden dort eingerichtet, wo die betrieblichen Belange es erlauben und die Mitarbeiterinnen und Mitarbeiter es verlangen. Ist aus betrieblichen Gründen die Einführung von Teilzeitarbeit nicht möglich, wird – soweit möglich – an anderer Stelle im Unternehmen ein Teilzeitarbeitsplatz angeboten.

(2) Kann aus betrieblichen Gründen ein Teilzeitarbeitsplatz nicht beibehalten werden, so muss zur vollen Arbeitszeit zurückgekehrt werden, wenn kein anderer Teilzeitarbeitsplatz zur Verfügung steht.

(3) Weitergehende Ansprüche der Mitarbeiter (zB aus § 8 TzBfG) bleiben unberührt.

§ 5 Inhalt der Teilzeitarbeitsverhältnisse

(1) Teilzeitbeschäftigte Arbeitnehmer werden wegen der Teilzeitarbeit gegenüber vollzeitbeschäftigten Arbeitnehmern nicht unterschiedlich behandelt, es sei denn, dass sachliche Gründe eine unterschiedliche Behandlung rechtfertigen. Teilen sich zwei oder mehrere Arbeitnehmer den gleichen Arbeitsplatz, so sind sie verpflichtet, sich gegenseitig umfassend über die Arbeitsabläufe und die anstehenden Arbeiten zu unterrichten.

(2) Die Dauer der wöchentlichen Arbeitszeit wird im Arbeitsvertrag vereinbart. Bei der Dauer der wöchentlichen Arbeitszeit sollen die Wünsche der Mitarbeiter soweit betrieblich möglich berücksichtigt werden. Die Vereinbarung einer geringfügigen Beschäftigung bedarf der Zustimmung des Betriebsrats.[25] Die Lage der Arbeitszeit wird unter Wahrung der Mitbestimmungsrechte des Betriebsrats festgesetzt. Über- und Mehrarbeitsstunden werden erst nach Überschreiten der tariflichen Vollarbeitszeit mit einem Zuschlag vergütet.

(3) Die Lage der Teilzeitarbeit kann so bestimmt werden, dass an allen Arbeitstagen verkürzt oder nur an einigen Tagen in der Woche gearbeitet wird oder sich die Wochen mit und ohne Arbeitsleistung abwechseln.

(4) Die anteilige Leistungsgewährung richtet sich nach § 4 Abs. 1 S. 2 TzBfG.

§ 6 Sonstige Regelungen

(1) Mitarbeiter haben über die gesetzliche Elternzeit hinaus bis zum Ablauf des 12. Lebensjahres ihres in ihrem Haushalt lebenden Kindes Anspruch auf unbezahlte Freistellung. Die Freistellung muss drei Monate vor Ablauf der laufenden Freistellung für zumindest zwölf Monate beantragt werden. Der Anspruch besteht nicht, wenn für den/die Mitarbeiter/in keine geeignete Ersatzkraft eingestellt werden kann oder der Vertretungsbedarf nicht anderweitig sichergestellt ist. Vor der Ablehnung des Antrags ist der Betriebsrat zu informieren.

(2) Mitarbeitern ist zur Betreuung ihrer nicht in ihrem Haushalt lebenden Kinder, soweit betrieblich möglich, unbezahlte Freizeit zu gewähren. Daneben soll die Betreuung bei der Lage ihrer Arbeitszeit berücksichtigt werden.

§ 7 Schlussbestimmungen

Diese Betriebsvereinbarung tritt ab dem …… in Kraft. Sie ist mit einer Kündigungsfrist von drei Monaten zum Monatsende, erstmals zum …… kündbar.

……, den ……

Arbeitgeber   Betriebsrat

cc) **Muster: Betriebsvereinbarung über die gezielte Förderung des unterrepräsentierten Geschlechts** [→ B. Rn. 99]

Zwischen
der …… GmbH

— nachfolgend Arbeitgeber genannt —

und
dem Gesamtbetriebsrat der …… GmbH

— nachfolgend Gesamtbetriebsrat genannt —

wird nachfolgende Betriebsvereinbarung zur Förderung des unterrepräsentierten Geschlechtes vereinbart:

Abschnitt I. Beschäftigungsstruktur

§ 1 Statistische Feststellungen

(1) Das Unternehmen wird jährlich Übersichten erstellen,[26]

---

[25] Diese Bestimmung soll den Schutz der Sozialversicherung gewährleisten, es sei denn, der/die Mitarbeiter/in wünscht eine nur geringfügige Beschäftigung.
[26] Die Regelung wird nach §§ 75, 80 BetrVG erzwingbar sein.

(a) in welchem Verhältnis Männer und Frauen in den einzelnen Abteilungen beschäftigt werden,
(b) in welcher Lohn- und Gehaltsgruppe Männer und Frauen eingereiht sind,
(c) in welchem Verhältnis Männer und Frauen in Qualifikationsstufen/Verantwortungsstufen beschäftigt sind.

(2) Das Unternehmen wird dem Betriebsrat/Gesamtbetriebsrat die statistischen Erhebungen in Abschrift überlassen.

§ 2 Förderplan für das unterrepräsentierte Geschlecht

Arbeitgeber und Betriebsrat werden für Arbeitsbereiche, in denen die Geschlechter signifikant unterschiedlich vertreten sind, Förderpläne aufstellen. Ziel dieser Förderpläne ist es, eine gleichgewichtige Besetzung der Arbeitsplätze durch Männer und Frauen auf allen Verantwortungsstufen zu erreichen.[27] Als Wert für die signifikante Abweichung wird ein statistischer Wert von ...... angesehen. Die einzelnen Arbeitsbereiche sind in dieser Vereinbarung als Anlage beigefügt.

Abschnitt II. Ausschreibung von Arbeitsplätzen und Auswahlrichtlinien

§ 3 Geschlechtsneutrale Ausschreibung

Die Ausschreibung von Arbeitsplätzen erfolgt geschlechtsneutral. Hiervon wird nur dann abgesehen, wenn der Arbeitsplatz aus arbeitsschutzrechtlichen Gründen nicht mit einem Angehörigen eines Geschlechts besetzt werden kann.

§ 4 Vorrang für Angehörige des unterrepräsentierten Geschlechts

(1) Bewerben sich Männer und Frauen um eine ausgeschriebene Stelle, so hat bei gleicher Qualifikation ein Angehöriger des in dem Arbeitsbereich signifikant unterrepräsentierten Geschlechts den Vorrang vor einem internen oder externen Bewerber, der dem anderen Geschlecht angehört.[28]

(2) Bei ausschließlich externen Bewerbern haben die Angehörigen des in dem Arbeitsbereich signifikant unterrepräsentierten Geschlechts bei gleicher Qualifikation den Vorrang, soweit nicht überwiegende Gründe für die Auswahl des Bewerbers des anderen Geschlechts sprechen.[29]

Abschnitt III. Betriebliche Bildungsmaßnahmen

§ 5 Betriebliche Bildungsmaßnahmen

Werden betriebliche Maßnahmen der Berufsbildung durchgeführt oder stellt der Arbeitgeber Arbeitnehmer für außerbetriebliche Maßnahmen der Berufsbildung frei oder trägt er die durch die Teilnahme an solchen Maßnahmen entstehenden Kosten, so werden zu derartigen Maßnahmen vorrangig Angehörige des in dem Arbeitsbereich signifikant unterrepräsentierten Geschlechts entsandt, bis ein ange-

---

[27] Die Regelung ist nicht erzwingbar.
[28] Ob ein absoluter Vorrang von Frauen begründet werden kann, erscheint zweifelhaft. Es liegt aber keine Geschlechtsdiskriminierung vor, weil nur ein Vorrang der Betriebszugehörigkeit begründet wird.
[29] Auswahlrichtlinien unterliegen im Rahmen von § 95 BetrVG der Mitbestimmung. Nach der Rechtsprechung des EuGH kann kein absoluter Frauenvorrang geschaffen werden (EuGH 17.10.1995 – C-450/93, AP EWG-Richtlinie Nr. 76/207 Nr. 6 – Kalanke). Es kann aber ein Frauenvorrang geschaffen werden, bei dem überwiegende Gründe, die für den Mann sprechen, berücksichtigt werden (EuGH 7.12.2000 – C-79/99, AP EWG-Richtlinie Nr. 76/207 Nr. 24 – Schnorbus; 6.7.2000 – C-407/98, AP EWG-Richtlinie Nr. 76/207 Nr. 22 – Abrahamson; 28.3.2000 – C-158/97, AP EWG-Richtlinie Nr. 76/207 Nr. 20 – Badeck u.a.; 11.11.1997 – C-409/95, AP EWG-Richtlinie Nr. 76/207 Nr. 14 – Marschall).

messenes Verhältnis von Männern und Frauen in den Qualifikationsstufen besteht.[30]

Abschnitt IV. Wiedereingliederung von Arbeitnehmern, die ihre im Haushalt lebenden Kinder betreuen

...... *(Hier kann der Inhalt der vorherigen Betriebsvereinbarung übernommen werden.)* ......

......, den ......

Arbeitgeber   Gesamtbetriebsrat

dd) Muster: Betriebsvereinbarung über außerbetriebliche Arbeitsstätten (Telearbeit)[31] *[→ B. Rn. 99]*

Hinweis:
Außerbetriebliche Arbeitsstätten, also Heimarbeitsplätze, können sowohl im Interesse des Arbeitnehmers als auch des Arbeitgebers liegen. Der Arbeitnehmer erspart den Arbeitsweg und kann besser Familie und Arbeit koordinieren. Die Einrichtung von Heimarbeitsplätzen liegt aber vielfach auch im Interesse des Arbeitgebers. Im Zuge des Fortschrittes der modernen Informationstechnologie nehmen diese Arbeitsplätze zu. Hingewiesen sei nur auf das Beispiel der Außendienstmitarbeiter, die vielfach ihre Büroarbeit von einem „Homeoffice" aus verrichten.

103

Zwischen
der ...... GmbH

– nachfolgend Arbeitgeber genannt –

und
dem Betriebsrat der ...... GmbH

– nachfolgend Betriebsrat genannt –

wird nachfolgende Betriebsvereinbarung über außerbetriebliche Arbeitsstätten (Telearbeit) getroffen:

§ 1 Geltungsbereich

(1) Diese Betriebsvereinbarung gilt in persönlicher Hinsicht für alle Arbeitnehmer des Unternehmens („Mitarbeiter"), mit Ausnahme der
- leitenden Angestellten iSd § 5 Abs. 3 BetrVG,
- Auszubildenden und
- Mitarbeiter, die nicht mindestens ...... Monate bei dem Arbeitgeber in einem unbefristeten Arbeitsverhältnis beschäftigt sind.

(2) Die Betriebsvereinbarung gilt räumlich nur für solche Arbeitnehmer, die ihre Arbeit in außerbetrieblichen Arbeitsstätten verrichten oder verrichten wollen. Eine außerbetriebliche Arbeitsstätte iSd Vereinbarung liegt vor, wenn der Mitarbeiter zu Hause arbeitet oder in einem Raum, der ihm von Dritten zur Verfügung gestellt worden ist.

§ 2 Einrichtung

(1) Außerbetriebliche Arbeitsstätten können auf Antrag des Mitarbeiters auf Kosten des Arbeitgebers eingerichtet werden. Auf die Einrichtung besteht für den Mitarbei-

104
↝ 265

---
[30] § 98 Abs. 3 BetrVG.
[31] Schaub/*Vogelsang*, ArbR-HdB, § 164 Rn. 1 ff.

ter kein Rechtsanspruch. Voraussetzung der Einrichtung sind die Wirtschaftlichkeit und die betriebsorganisatorische Zweckmäßigkeit. Der Betriebsablauf darf nicht gestört werden. Bei der Entscheidung werden soziale Gründe des Mitarbeiters berücksichtigt wie Kinder, Pflegefälle, Behinderungen oder ähnliche Gründe.

(2) Eine außerbetriebliche Arbeitsstätte iSd Betriebsvereinbarung liegt vor, wenn der Mitarbeiter seine Arbeitsleistung unter Benutzung elektronischer Informations- und Telekommunikationstechniken in seiner Wohnung oder einem Raum, der ihm von einem Dritten zur Verfügung gestellt worden ist, verrichtet. Die außerbetriebliche Arbeitsstätte muss dabei den gesicherten arbeitswissenschaftlichen Erkenntnissen über die Gestaltung von Arbeitsplätzen entsprechen. Garagen und Kellerräume genügen diesen Anforderungen nicht.

(3) Die Verrichtung der Arbeit an einer außerbetrieblichen Arbeitsstätte setzt voraus, dass
– das Aufgabengebiet des Mitarbeiters aus betrieblicher Sicht telearbeitsfähig ist,
– die Arbeitsqualität und die Arbeitsproduktivität durch die Telearbeit nicht nachteilig beeinflusst werden,
– die außerbetriebliche Arbeitsstätte den Anforderungen des Abs. (2) entspricht und
– die Einrichtung der außerbetrieblichen Arbeitsstätte für den Arbeitgeber technisch möglich und wirtschaftlich sinnvoll ist.

§ 3 Benachteiligungsverbot

(1) Der Mitarbeiter darf durch die Vereinbarung über eine außerbetriebliche Arbeitsstelle nicht benachteiligt werden. Das Benachteiligungsverbot gilt für alle Ansprüche aus dem Arbeitsverhältnis.

(2) Betriebliche Sozialleistungen, die von der Anwesenheit im Betrieb abhängig sind, werden durch eine Pauschale abgegolten.

§ 4 Arbeitszeit

(1) Die Verteilung der Arbeitszeit auf die betriebliche Arbeitszeit und die außerbetriebliche Arbeitszeit erfolgt durch eine Vereinbarung zwischen dem Arbeitgeber und dem Mitarbeiter.

(2) Die betriebliche Arbeitszeit wird nach den im Betrieb geltenden Regelungen erfasst.

(3) Die außerbetriebliche Arbeitszeit wird von dem Mitarbeiter dokumentiert. Die Aufzeichnungen sind dem betrieblichen Vorgesetzten wöchentlich auszuhändigen.

(4) Mehrarbeit wird nur vergütet, wenn sie im Voraus von dem betrieblichen Vorgesetzten angeordnet worden ist. Eine nachträgliche Genehmigung ist ausgeschlossen, da davon auszugehen ist, dass eine selbstbestimmte Verteilung der Arbeitszeit vorgenommen worden ist.

§ 5 Fahrtzeit

(1) Fahrtzeiten zwischen der betrieblichen und der außerbetrieblichen Arbeitsstätte gelten als nicht betriebsbedingt und finden weder bei der Arbeitszeit- noch der Vergütungsberechnung Berücksichtigung.

(2) Eine Vergütung der Fahrtzeit und der -kosten findet dann statt, wenn Mehrkosten veranlasst sind, die nicht auf der Einrichtung außerbetrieblicher Arbeitsstätten beruhen.

§ 6 Arbeitsmittel[32]

(1) Die notwendigen Arbeitsmittel für die außerbetriebliche Arbeitsstätte werden für die Zeit des Bestehens dieser Arbeitsstätte vom Arbeitgeber unentgeltlich zur Verfügung gestellt. Die überlassenen Arbeitsmittel dürfen ausschließlich zu betrieblichen Zwecken genutzt werden. Sie dürfen Dritten weder zugänglich gemacht noch diesen überlassen werden. Der Mitarbeiter hat dafür Sorge zu tragen, dass die überlassenen Arbeitsmittel vor dem Zugriff durch Dritte geschützt sind. Passworte und Zugangswege zum Datennetz des Arbeitgebers dürfen nicht an Dritte weitergegeben werden.

(2) Werden erforderliche Arbeitsmittel von dem Mitarbeiter beschafft, so wird der Aufwand gegen Nachweis erstattet.

(3) Der Mitarbeiter ist verpflichtet, den Arbeitgeber unverzüglich über Systemstörungen und Schäden an den überlassenen Arbeitsmitteln zu unterrichten.

§ 7 Aufwandserstattung

(1) Dem Mitarbeiter werden die durch die Einrichtung der außerbetrieblichen Arbeitsstätte bedingten Mehraufwendungen erstattet.

(2) Für die Bereitstellung der Räume durch den Mitarbeiter sowie der notwendigen Energie werden monatlich ...... EUR pauschal vergütet. Für eine ggf. erforderliche Versteuerung hat der Mitarbeiter Sorge zu tragen.[33]

(3) Die Gebühren für sämtliche Dienstgespräche, die von der außerbetrieblichen Arbeitsstätte geführt werden, sind gegen Nachweis zu erstatten. Sollte ein Zweitanschluss zweckmäßiger sein, so werden die einmaligen und laufenden Gebühren des Zweitanschlusses erstattet. Der Mitarbeiter hat über die Dienstgespräche Tagebuch unter Angabe des Gesprächsteilnehmers, der Gesprächsdauer und dem Zweck des Gesprächs zu führen.

§ 8 Daten- und Informationsschutz

(1) Der Mitarbeiter ist verpflichtet, auf den Daten- und Informationsschutz zu achten.

(2) Der Mitarbeiter macht sich schadensersatzpflichtig, wenn er die Daten des Arbeitgebers und seiner Kunden nicht hinreichend gegen die Einsichtnahme von Familienangehörigen und Dritten schützt.

§ 9 Kontakt zum Betrieb

(1) Aufgabe des Vorgesetzten ist es, den Kontakt zwischen dem Betrieb und seinen Mitarbeitern zu erhalten. Allen außerbetrieblichen Mitarbeitern werden die im Betrieb verteilten Informationsmittel zur Verfügung gestellt.

(2) Die außerbetrieblichen Mitarbeiter können betriebliche Besprechungen anregen. Sie sind aber auch verpflichtet, für diese betrieblichen Besprechungen zur Verfügung zu stehen.

§ 10 Zutritt zur außerbetrieblichen Arbeitsstätte

Betriebsbeauftragte haben nach vorheriger Absprache mit dem Mitarbeiter Zutritt zur außerbetrieblichen Arbeitsstelle.[34]

---

[32] Arbeitsvertraglich bedarf es zB der Regelung über Anschlüsse für die Kommunikation.
[33] Die Pauschale wird üblicherweise nach den LStR vergütet. Hierin kann eine durch die Steuerpraxis bedingte Benachteiligung des Mitarbeiters liegen.
[34] Dies lässt sich aus verfassungsrechtlichen Gründen kaum ausdehnen.

§ 11 Versicherung

(1) Für Schäden, die durch mit den Mitarbeitern in häuslicher Gemeinschaft lebenden Personen oder berechtigte Besucher verursacht werden, gelten die allgemeinen Haftungsregelungen.

(2) Der Arbeitgeber schließt eine Versicherung ab, durch die Beschädigungen und Verluste der an der außerbetrieblichen Arbeitsstätte eingesetzten Arbeitsmittel abgedeckt werden. Ausgenommen hiervon sind vorsätzliche Beschädigungen und Verluste.

§ 12 Beteiligung des Betriebsrats

Der Betriebsrat wird vierteljährlich, jeweils zum ......, schriftlich unter Angabe der Namen der Mitarbeiter, des Tätigkeitsbereiches sowie des Beginns und ggf. der Beendigung der Telearbeit über die Einrichtung von außerbetrieblichen Arbeitsstätten unterrichtet.

§ 13 Beendigung der Telearbeit

(1) Während der ersten ...... Monate nach Beginn der Telearbeit können die Mitarbeiter und der Arbeitgeber die Telearbeit unter Einhaltung einer Frist von ...... Monaten zum Monatsende widerrufen. Nach Ablauf der ersten sechs Monate beträgt die Widerrufsfrist ...... Monate.

(2) Daneben kann die Telearbeit von dem Mitarbeiter und dem Arbeitgeber jederzeit aus einem wichtigen Grund mit sofortiger Wirkung widerrufen werden. Ein wichtiger Grund auf Seiten des Arbeitgebers liegt insbesondere vor, wenn der Mitarbeiter das der Telearbeit zugrunde liegende besondere Vertrauensverhältnis missbraucht.

(3) Der Widerruf des Telearbeitsplatzes bedarf der Schriftform.

(4) Im Falle des Widerrufes der Telearbeit ist der Mitarbeiter verpflichtet, dem Arbeitgeber alle überlassenen Arbeitsmittel zurückzugeben.

§ 14 Schlussbestimmungen

(1) Diese Betriebsvereinbarung tritt am ...... in Kraft. Sie kann mit einer Frist von ...... Monaten zum Ende eines Kalendermonats, erstmalig zum ......, gekündigt werden.

(2) Die Kündigung bedarf der Schriftform.

......, den ......

Arbeitgeber   Betriebsrat

ee) Muster: Betriebsvereinbarung gegen die Diskriminierung von ausländischen Arbeitnehmern[35] [→ B. Rn. 99]

Zwischen
der ...... GmbH

– nachfolgend Arbeitgeber genannt –

und
dem Betriebsrat der ...... GmbH[36]

– nachfolgend Betriebsrat genannt –

---

[35] Es empfiehlt sich, in die Betriebsvereinbarung Maßnahmen zur Vermeidung der Diskriminierung wegen der Herkunft und zur Förderung und Herstellung der Gleichbehandlung nach dem AGG aufzunehmen und ggf. die Einrichtung einer Beschwerdestelle nach § 13 AGG zu regeln.

[36] Unter Umständen ist der Gesamtbetriebsrat zuständig.

wird eine Betriebsvereinbarung zur Bekämpfung der Diskriminierung von ausländischen Arbeitnehmern geschlossen:

Vorwort

Nach § 80 Abs. 1 Nr. 7 BetrVG ist die Eingliederung ausländischer Arbeitnehmer im Betrieb und das Verständnis zwischen ihnen und den deutschen Arbeitnehmern zu fördern. Arbeitgeber und Betriebsrat stimmen darin überein, dass das Zusammenleben zwischen deutschen und ausländischen Arbeitnehmern verbessert werden muss. Sie wollen damit die Gleichbehandlung von deutschen und ausländischen Arbeitnehmern gewährleisten und Diskriminierungen aufgrund der Herkunft vermeiden.

§ 1 Geltungsbereich

Die Betriebsvereinbarung gilt räumlich für ......

§ 2 Betrieblicher Gleichbehandlungsgrundsatz in personellen Maßnahmen

Alle Belegschaftsmitglieder haben bei sämtlichen personellen Einzelmaßnahmen die gleichen Rechte. Hierzu gehören insbesondere:

(1) Bei innerbetrieblichen Stellenausschreibungen wird sichergestellt, dass auch ausländische Arbeitnehmer, welche die deutsche Sprache nicht beherrschen, von ihnen Kenntnis erhalten. Innerbetriebliche Stellenausschreibungen werden üblicherweise in folgende Landessprachen übersetzt und bekannt gemacht: ......

(2) Bei der Auswahl und der Eingruppierung werden die nicht in Deutschland erworbenen Qualifikationen und Zeugnisse berücksichtigt.

(3) Die personellen Führungskräfte werden bei allen personellen Einzelmaßnahmen die Gleichbehandlung der Belegschaftsmitglieder nach einheitlichen Merkmalen beachten.

§ 3 Berufsbildung

(1) Die Gleichbehandlung und die berufliche Integration werden schon bei der Ausbildung beachtet. Die Einstellung von Bewerbern für Berufsausbildungsplätze erfolgt nach einheitlichen Merkmalen, ohne Rücksicht auf Quoten. Maßgebend ist das Gesamtbild aus Eignungstest, persönlichem Eindruck im Vorstellungsgespräch und Feststellung der gesundheitlichen Eignung.

(2) Die betrieblichen Ausbildungspläne sind für alle Auszubildenden des jeweiligen Ausbildungsberufes gleich. In besonderen Fällen, insbesondere bei Lern- und Sprachbehinderungen, werden ausbildungsbegleitende Maßnahmen angeboten.

(3) Die Weiterbildungsmaßnahmen des Unternehmens stehen allen Mitarbeitern in gleicher Weise zu. Dasselbe gilt für sonstige Personalentwicklungsmaßnahmen.

(4) Zur Förderung der Integration werden interkulturelle Qualifizierungsmaßnahmen und Sprachkurse angeboten.

§ 4 Soziale Angelegenheiten

(1) Sofern der Arbeitgeber freiwillige Sozialleistungen erbringt, haben deutsche und ausländische Arbeitnehmer unter denselben Voraussetzungen einen Anspruch.

(2) Bei der Wohnungsvergabe werden deutsche und ausländische Arbeitnehmer in gleicher Weise berücksichtigt. Dabei werden sowohl die individuelle Nachfrage als auch die Begleitsituation berücksichtigt mit dem Ziel, dauerhafte Hausgemeinschaf-

ten zu gewährleisten. Den Wünschen nach gemeinsamen Wohneinheiten wird Rechnung getragen.

§ 5 Verstöße

(1) Die Vertragsschließenden werden auf die Belegschaft und Dritte einwirken, um Verstöße gegen die Grundsätze der Betriebsvereinbarung zu verhindern oder zu beseitigen.

(2) Beschwerden wegen der Verletzung der Betriebsvereinbarung können sowohl an den Arbeitgeber als auch an den Betriebsrat gerichtet werden. Der Betriebsrat bietet allen Diskriminierten Beratung und Unterstützung an.

(3) Bei Verstößen gegen die Vorschriften dieser Betriebsvereinbarung werden die vertragsschließenden Parteien im Rahmen ihrer Zuständigkeit die notwendigen Maßnahmen ergreifen.

(4) Der Betriebsrat wird einen Beauftragten für Diskriminierungen bestellen.

Oder:

(4) Der Arbeitgeber und der Betriebsrat werden einen Ausschuss zur Verhinderung von Diskriminierungen errichten. ...... *(An dieser Stelle erfolgt eine Umschreibung der Aufgaben des Ausschusses.)* ......

§ 6 Schlussbestimmungen

Diese Betriebsvereinbarung tritt ab dem ...... in Kraft. Sie ist mit einer Kündigungsfrist von drei Monaten zum Monatsende, erstmals zum ...... kündbar.

......, den ......

Arbeitgeber   Betriebsrat

VII. Hinzuziehung von Sachverständigen und sachkundigen Arbeitnehmern

1. Gesetzliche Vorgaben

106 Wegen der Vielfalt der dem Betriebsrat obliegenden Aufgaben kann dieser nach § 80 Abs. 3 BetrVG nach näherer Vereinbarung mit dem Arbeitgeber Sachverständige hinzuziehen, soweit dies zur ordnungsgemäßen Erfüllung seiner Aufgaben erforderlich ist. Sachverständige sind Personen, die dem Betriebsrat die **fehlenden fachlichen oder rechtlichen Kenntnisse mündlich oder schriftlich vermitteln.** Die Inanspruchnahme eines Sachverständigen kommt in Betracht, wenn der Betriebsrat nicht über das notwendige Fachwissen verfügt, um das Beteiligungsrecht sachgerecht auszuüben. Der Betriebsrat ist nach § 80 Abs. 2 S. 2 BetrVG verpflichtet, zunächst die innerbetrieblichen Erkenntnisquellen zum Erwerb des notwendigen Fachwissens zu erschließen. Die Betriebsratsmitglieder haben sich insoweit zunächst um die selbständige Aneignung der notwendigen Kenntnisse zu bemühen. Die Hinzuziehung eines außerbetrieblichen Sachverständigen ist nur erforderlich, wenn der Betriebsrat sich das erforderliche Wissen nicht kostengünstiger, zB durch Schulungen oder Inanspruchnahme der ihm vom Arbeitgeber zur Verfügung gestellten sachkundigen Betriebs- oder Unternehmensangehörigen (§ 80 Abs. 2 S. 3 BetrVG) verschaffen kann.

2. Muster

a) Muster: Vereinbarung mit Sachverständigen

107 Betriebsrat
der ...... GmbH

An die
...... GmbH
– Geschäftsführung –

Sehr geehrte Damen und Herren,

unser Personalleiter hat dem Betriebsrat am ...... mitgeteilt, dass die ...... GmbH plant, den Standort zu schließen und sämtliche Mitarbeiter zu entlassen. Sie sind an uns herangetreten, um mit uns über den Versuch eines Interessenausgleiches und Sozialplanes zu verhandeln. Da kein Betriebsratsmitglied über irgendwelche rechtlichen Kenntnisse oder praktische Erfahrungen in diesem Zusammenhang verfügt, hat der Betriebsrat in seiner Betriebsratssitzung am ...... beschlossen, Herrn Rechtsanwalt ...... als Sachverständigen gem. § 80 Abs. 3 BetrVG hinzuzuziehen.[37]

Zur Vereinbarung der Vergütung wird sich Herr Rechtsanwalt ...... direkt mit Ihnen in Verbindung setzen.

Mit freundlichen Grüßen

b) Muster: Vergütungsvereinbarung

Rechtsanwalt
......
An die
...... GmbH

Sehr geehrte Damen und Herren,

der Betriebsrat hat in seiner Betriebsratssitzung am ...... beschlossen, mich als Sachverständigen gem. § 80 Abs. 3 BetrVG für die Verhandlungen zu dem Versuch eines Interessenausgleiches und Sozialplanes zu beauftragen.

Für die Abrechnung und Abwicklung schlage ich Ihnen nachfolgende Modalitäten vor:

...... (Hier sollten die Vergütungsmodalitäten im Einzelnen geregelt werden. Regelmäßig wird sich auf einen Stundensatz geeinigt.) ......

Sollten Sie damit einverstanden sein, wäre ich für eine kurze schriftliche Bestätigung verbunden.

Mit freundlichen Grüßen

108
☞ 268

VIII. Gestaltung von Arbeitsplatz, Arbeitsablauf und Arbeitsumgebung (§§ 90, 91 BetrVG)

1. Gesetzliche Vorgaben

Zweck der §§ 90, 91 BetrVG ist es, die Betriebsverfassung in den Dienst der **Humanisierung der Arbeitswelt** zu stellen. Bei der Einrichtung und der Organisation von Produktion und Betrieb sollen nicht nur Rentabilitätsgesichtspunkte, sondern auch arbeitswissenschaftliche Erkenntnisse berücksichtigt werden. Dem Betriebsrat steht bei den im Gesetz aufgezählten Maßnahmen bereits im Planungsstadium ein umfassendes Unterrichtungs- und Beratungsrecht zu. Die Aufzählung ist abschließend.[38]

109

---

[37] Hätte das Unternehmen mehr als 300 Arbeitnehmer, ergäbe sich der Anspruch des Betriebsrats auf Hinzuziehung eines Rechtsanwaltes bereits aus § 111 S. 2 BetrVG, so dass keine Vereinbarung mit dem Arbeitgeber erforderlich wäre (LAG Hessen 18.11.2009 – 9 TaBV 39/09, LAGE BetrVG 2001 § 111 Nr. 9).
[38] Vgl. im Einzelnen Schaub/*Koch*, ArbR-HdB, § 237 Rn. 1.

110 Es besteht ein **Beratungsrecht** sowie ein **korrigierendes Mitbestimmungsrecht** des Betriebsrats.[39]

111 Kommt eine Einigung zwischen Arbeitgeber und Betriebsrat über Maßnahmen zur Abwendung, Milderung oder zum Ausgleich der Belastungen nicht zustande, entscheidet die **Einigungsstelle.** Dieser Spruch ersetzt die Einigung zwischen Arbeitgeber und Betriebsrat (§ 91 S. 2, 3, § 76 BetrVG).

2. Muster

a) Muster: Betriebsvereinbarung über die Einführung neuer Techniken

112

Zwischen
der ...... GmbH

– nachfolgend Arbeitgeber genannt –

und
dem Betriebsrat der ...... GmbH

– nachfolgend Betriebsrat genannt –

wird eine Betriebsvereinbarung über die Zusammenarbeit von Arbeitgeber, Betriebsrat und Mitarbeitern bei der Einführung neuer Techniken geschlossen:

§ 1 Grundsätze

(1) Arbeitgeber und Betriebsrat werden bei der Einführung neuer Techniken und der Verbesserung von Organisationsabläufen zusammenarbeiten, um das Unternehmen leistungs- und wettbewerbsfähig zu halten.

(2) Unter neuen Techniken werden technische Einrichtungen und ihre Anwendung verstanden, die über elektronische oder anderweitige Verarbeitungs-, Speicherungs- oder Auswertungsmöglichkeiten von Daten verfügen und sich auf Arbeitsplätze und deren Mitarbeiter beziehen.

(3) Die Einführung oder Änderung neuer Techniken soll zur Verbesserung und Humanisierung der Arbeit und der Arbeitsplätze beitragen. Arbeitsplätze und Arbeitsabläufe sind so zu gestalten, dass sie den gesicherten arbeitswissenschaftlichen Erkenntnissen über die menschengerechte Gestaltung der Arbeit entsprechen. Eine Kontrolle der Arbeitsleistung und des Verhaltens der einzelnen Mitarbeiter unter Nutzung elektronisch gespeicherter personenbezogener Daten ist mit der Einführung neuer Techniken grundsätzlich nicht beabsichtigt.

§ 2 Rechte des Betriebsrats

(1) Der Betriebsrat wird bereits während der Planung über die Einführung neuer Techniken unterrichtet. Es werden ihm dafür die erforderlichen Unterlagen vorgelegt.

(2) Die Unterrichtung bezieht sich auf:
  (a) die Planung und Planungsalternative,
  (b) die Systemwahl und Systemeinführung,
  (c) Systemtests, Einführung und Ausbau.

(3) Die Unterrichtung erstreckt sich insbesondere auf:
  (a) Ziel, Ort, Umfang und Einsatzzeiträume des Vorhabens,
  (b) die sich aus dem Vorhaben ergebenden personellen Auswirkungen,
  (c) die Auswirkungen auf Arbeitsinhalte, Arbeitsumfang, Arbeitsverfahren und Arbeitsmethoden,
  (d) die Auswirkungen auf Anlagen und Arbeitsplätze,

---

[39] Schaub/*Koch,* ArbR-HdB, § 237 Rn. 16 mzN.

(e) die Qualifikationsänderungen der davon Betroffenen.

(4) Die Einführung und Änderung neuer Techniken ist mit dem Betriebsrat umfassend zu beraten. Unberührt bleiben weitergehende Mitwirkungs- und Mitbestimmungsrechte.

§ 3 Rechte der Mitarbeiter

(1) Vor der Einführung oder Änderung neuer Techniken werden die davon betroffenen Mitarbeiter unterrichtet. Sie werden an ihrem Arbeitsplatz mit diesen Techniken durch eine angemessene Einarbeitungszeit vertraut gemacht.

(2) Im erforderlichen Umfang werden Mitarbeiter systematisch weitergebildet. Die Weiterbildung findet grundsätzlich während der Arbeitszeit unter Fortzahlung der Bezüge statt. Soweit dies im Einzelfall nicht möglich ist, wird hierüber eine besondere Vereinbarung geschlossen. Die Kosten der Weiterbildung übernimmt der Arbeitgeber.

(3) Erreicht ein Mitarbeiter die mit der Einführung neuer Techniken verbundenen Qualifikationen nicht, soll ihm ein gleichwertiger und gleichartiger zumutbarer Arbeitsplatz entsprechend der bisherigen Tätigkeit angeboten werden. Eine Rückforderung der Weiterbildungskosten erfolgt nicht. Der Mitarbeiter bleibt in seiner bisherigen Vergütungsgruppe eingereiht.

§ 4 Menschengerechte Arbeitsgestaltung

(1) Arbeitsplatz, Arbeitsablauf und Arbeitsbedingungen sind menschengerecht zu gestalten. Hierzu gehört insbesondere, dass bei der Gestaltung der Bildschirme Informationsdichte und Tempo der Informationsabfolge so gestaltet werden, dass keine überhöhten Anforderungen eintreten.

(2) Die Betriebsvereinbarung über die Einführung von Bildschirmarbeitsplätzen gilt entsprechend.

§ 5 Inkrafttreten und Kündigung

Diese Betriebsvereinbarung tritt am …… in Kraft. Sie ist mit einer Kündigungsfrist von drei Monaten zum Monatsende, erstmals zum ……, kündbar.

……, den ……

Arbeitgeber   Betriebsrat

b) Muster: Rahmenvereinbarung über den Einsatz der Informations- und Kommunikationstechnik[40]

Zwischen
der …… GmbH
— nachfolgend Arbeitgeber genannt —

und
dem Betriebsrat der …… GmbH
— nachfolgend Betriebsrat genannt —

wird eine Rahmenvereinbarung über den Einsatz der Informations- und Kommunikationstechnik geschlossen.

---

[40] Das Muster ist in Anlehnung an die Rahmendienstvereinbarung zum Einsatz von Lern-, Informations- und Kommunikationsplattformen, gültig ab 1.3.2012, entworfen worden.

Grundsätze:

Die Betriebspartner stimmen darin überein, dass Informations- und Kommunikationstechniken für die Erfüllung dienstlicher und betrieblicher Aufgaben eingesetzt werden. Die Interessen der Arbeitnehmer werden nach den jeweils geltenden Gesetzen, Tarifverträgen und Betriebsvereinbarungen gewahrt. Gesetze iSd Betriebsvereinbarung sind alle Rechtsnormen des nationalen und internationalen (europäischen) Rechts.

Personenbezogene oder beziehbare Daten werden nicht zum Zweck einer Leistungs- oder Verhaltenskontrolle der Arbeitnehmer verwandt. Ausnahmen hiervon bedürfen der Zustimmung des Betriebsrats. Der Arbeitgeber wird die notwendigen Arbeitsanweisungen erteilen.

Der Abschluss ergänzender Betriebsvereinbarungen bleibt vorbehalten.

§ 1 Geltungsbereich

(1) *(Persönlicher)*

(2) *(Sachlicher)* Die Rahmenvereinbarung Informations- und Kommunikationstechnik bezieht sich auf die Datenverarbeitungstechnik einschließlich der Telekommunikation. Sie umfasst alle Einrichtungen und Verfahren, die auf der Grundlage der Mikroelektronik zur automatisierten Erfassung, Darstellung, Speicherung, Verarbeitung, Übermittlung und dem Empfang von Informationen dienen.

§ 2 Bestandsaufnahme und Dokumentation

(1) Der Betriebsrat/Gesamtbetriebsrat erhält:
- eine Systemkonfiguration, die sowohl die im Unternehmen als auch die bei den Mitarbeitern eingesetzte Hardware einschließlich der Vernetzungen umfasst;
- ein Verzeichnis der Betriebssysteme und der systemnahen Hilfs- und Umsetzungsprogramme;
- eine Aufstellung der eingesetzten Softwarepakete und speziellen Anwendungen sowie deren (verständliche) Funktionsbeschreibung;
- ein Verzeichnis der Schnittstellen zwischen verschiedenen Anwendungsprogrammen und der darüber ausgetauschten Daten;
- ein Verzeichnis der Zugriffsberechtigten und der Systemverwalter;
- eine Liste der Dateien mit personenbezogenen Daten.

(2) Die Verzeichnisse werden bei Änderungen aktualisiert.

§ 3 Datensicherheit

(1) Für jeden Personalcomputer und das gesamte Informationsnetz des Unternehmens werden technisch-organisatorische Maßnahmen der Datensicherheit einschließlich des Zugriffschutzes und der Zugangsberechtigung getroffen, die den jeweils aktuellen gesetzlichen und sonstigen Vorschriften genügen.

(2) Die Wirksamkeit der Maßnahmen wird vom Sicherheitsbeauftragten ...... überprüft.

(3) Bei der Datenverarbeitung werden die Bestimmungen des BDSG eingehalten.

§ 4 Sicherheit und Gesundheitsschutz

(1) Bildschirmarbeitsplätze werden nach den gesicherten arbeitswissenschaftlichen und ergonomischen Erkenntnissen über die Gestaltung der Arbeit und den jeweils geltenden Schutzbestimmungen sowie dem Stand der Technik eingerichtet.

(2) Die Bestimmungen der EG-Richtlinie werden eingehalten, auch soweit sie noch nicht in nationales Recht umgesetzt worden sind. Die Arbeitnehmer werden über die Maßnahmen unterrichtet.

(3) Bildschirmarbeitsplätze werden – soweit organisatorisch möglich – als Mischarbeitsplätze eingerichtet.

§ 5 Beteiligung der Betriebsvertretung

(1) Der Betriebsrat wird rechtzeitig und umfassend über den Stand und die Umsetzung zu neuen sowie über geplante Erweiterungen von bestehenden Informations- und Kommunikationsprojekten und deren Auswirkungen auf die Arbeitsplätze unterrichtet und nach Maßgabe des BetrVG beteiligt. Die Unterrichtung bezieht sich insbesondere auf
- die organisatorischen und personellen Auswirkungen,
- die vorgesehenen Maßnahmen zu Datenschutz und Datensicherheit,
- die Auflistung der vorgesehenen Systemkomponenten einschließlich geplanter Vernetzungen und Verknüpfungen.

(2) Das Unternehmen richtet einen Koordinierungsausschuss, der an der Planung, Koordinierung und organisatorischen Begleitung von Informations- und Kommunikationsmaßnahmen beteiligt ist, ein. Der Betriebsrat nimmt beratend an den Sitzungen des Ausschusses teil. Richtet das Unternehmen weitere Arbeitsgruppen ein, so ist der Betriebsrat berechtigt, auch an diesen Arbeitsgruppen beratend teilzunehmen.

(3) Der Betriebsrat erhält das Recht, die in der Betriebsvereinbarung festgelegten Regelungen zu kontrollieren.

(4) Der Betriebsrat hat in Begleitung eines Beschäftigten der zuständigen Abteilung Zugang zu den technischen Einrichtungen. Die Funktionsweise der Systeme wird auf Wunsch erläutert.

§ 6 Beteiligung und Rechte der Beschäftigten

(1) Die Mitarbeiter werden rechtzeitig und umfassend über beabsichtigte Informations- und Kommunikationsmaßnahmen sowie daraus resultierende organisatorische Änderungen und Auswirkungen auf den Arbeitsplatz unterrichtet. Sie werden bei Anwendung neuer Arbeitsmethoden eingewiesen und in der Handhabung der Arbeitsmittel unterwiesen.

(2) Ist die Weiterbeschäftigung an dem bisherigen Arbeitsplatz nicht möglich oder sinkt dessen Wertigkeit, wird dem Mitarbeiter innerhalb einer angemessenen Übergangszeit ein gleichwertiger Arbeitsplatz angeboten.

(3) Jeder Mitarbeiter kann nach Maßgabe des BDSG Auskunft über die zu seiner Person gespeicherten Daten, deren Übermittlung sowie den Zweck der Speicherung verlangen.

(4) Jeder Mitarbeiter ist berechtigt, dem Datenschutzbeauftragten des Unternehmens vermutete oder tatsächliche Verstöße gegen diese Betriebsvereinbarung zu melden. Den Meldungen wird unverzüglich nachgegangen. Dem Mitarbeiter werden aus den Meldungen keine Nachteile erwachsen.

§ 7 Schluss- und Übergangsbestimmungen

(1) Die Betriebsvereinbarung tritt am …… in Kraft.

(2) Ändern sich die gesetzlichen oder tariflichen Rechtsgrundlagen, die von dieser Betriebsvereinbarung abweichen, so treten sie an die Stelle dieser Betriebsvereinbarung.

(3) ......

......, den ......

Arbeitgeber   Betriebsrat

4. Teil. Mitbestimmung in personellen Angelegenheiten

Übersicht

	Rn.
I. Gesetzliche Vorgaben	114–121
1. Grundsätzliches	114
2. Personalplanung	115
3. Stellenausschreibung	116
4. Auswahlrichtlinie	117
5. Einstellung, Versetzung, Eingruppierung, Umgruppierung (§ 99 BetrVG)	118, 119
6. Anhörung nach § 102 BetrVG	120
7. Personalfragebogen, Formularverträge und Beurteilungsgrundsätze (§ 94 BetrVG)	121
II. Muster	122–140
1. Muster: Betriebsvereinbarung über Personalplanung	123
2. Muster: Betriebsvereinbarung über Stellenausschreibungen, Personalfragebögen und Beurteilungsgrundsätze (§§ 93, 94 BetrVG)	124
3. Muster: Betriebsvereinbarung über Beurteilungsgrundsätze und Leistungsbeurteilung	125, 126
a) Vollständige Betriebsvereinbarung	125
b) Auszug zum Verfahren der Leistungsbeurteilung	126
4. Muster: Auswahlrichtlinien	127
5. Muster: Betriebsvereinbarung über Bildungsmaßnahmen	128
6. Muster: Betriebsvereinbarung über die Berufsausbildung von Auszubildenden	129
7. Muster: Betriebsvereinbarung über die berufliche Fortbildung	130
8. Muster: Betriebsvereinbarung über E-Learning	131
9. Muster: Betriebsvereinbarung über die Führung von Personalakten	132
10. Muster: Antrag auf Zustimmung zur Einstellung eines Arbeitnehmers (§ 99 BetrVG)	133
11. Anhörung nach § 102 BetrVG	134–140
a) Muster: Formblatt für die Anhörung vor der Kündigung	135
b) Muster: Empfangsbestätigung für die Unterrichtung durch den Arbeitgeber	136, 137
c) Muster: Stellungnahme des Betriebsrats zur Kündigung, Umgruppierung oder Versetzung	138
d) Muster: Mitwirkung Sprecherausschuss	139
e) Muster: Stellungnahme Sprecherausschuss	140

I. Gesetzliche Vorgaben

1. Grundsätzliches

114 Der Betriebsrat hat in vielfältiger Form in personellen Angelegenheiten mitzubestimmen. Die Mitbestimmung des Betriebsrats geht von der Personalplanung über die Stellenausschreibung, Versetzung, Einstellung, Eingruppierung und Umgruppierung bis hin zur Anhörung nach § 102 BetrVG.

2. Personalplanung

115 Unter Personalplanung wird die Methode zur Planung einer möglichst weitgehenden Übereinstimmung zwischen künftigen Arbeitsanforderungen und dem einsetzbaren Personal verstanden. Zur Personalplanung iSv § 92 BetrVG zählt jede Planung, die sich auf den gegenwärtigen und künftigen Personalbedarf in quantitativer und qualitativer Hinsicht, auf deren Deckung im weitesten Sinne und auf den abstrakten Einsatz der personellen Kapazität bezieht.[41]

3. Stellenausschreibung

116 Nach § 93 BetrVG kann der Betriebsrat verlangen, dass frei werdende Arbeitsplätze innerhalb des Betriebes ausgeschrieben werden. Entspricht der Arbeitgeber diesem Verlangen nicht, kann der Betriebsrat einer Versetzung nach § 99 Abs. 2 Nr. 5 BetrVG widersprechen. Das Mitbestimmungsrecht des Betriebsrats erstreckt sich allerdings nicht auf die Erstellung von Anforderungsprofilen, Stellenbeschreibungen, Funktionsbeschreibungen oÄ. Im Hinblick auf diese Erstellungen ist der Arbeitgeber frei.

---

[41] Vgl. im Einzelnen Schaub/*Koch*, ArbR-HdB, § 238 Rn. 2 ff. mzN.

4. Auswahlrichtlinie

117 Ein erzwingbares Mitbestimmungsrecht steht dem Betriebsrat hinsichtlich der Auswahlrichtlinien nach § 95 BetrVG zu. Bei der Gestaltung von Auswahlrichtlinien sind Punktesysteme verbreitet.

5. Einstellung, Versetzung, Eingruppierung, Umgruppierung (§ 99 BetrVG)

118 Nach § 99 BetrVG ist die **Zustimmung des Betriebsrats** zu Einstellungen und zu anderen personellen Maßnahmen einzuholen. Der Arbeitgeber hat dem Betriebsrat den in Aussicht genommenen Arbeitsplatz und die vorgesehene Eingruppierung mitzuteilen. Eingruppierung idS ist nicht nur die Einordnung in ein tarifliches Vergütungssystem, sondern auch in eine außertarifliche betriebliche Vergütungsordnung.

119 Der Betriebsrat ist zu unterrichten. Er darf der personellen Maßnahme unter Angabe des Kataloges des § 99 Abs. 3 BetrVG **widersprechen.** Für diesen Fall darf der Arbeitgeber die Maßnahme zunächst nicht durchführen. Vielmehr hat er die Zustimmung des Betriebsrats zu der personellen Maßnahme arbeitsgerichtlich ersetzen zu lassen. Er hat allerdings die Möglichkeit, die personelle Maßnahme als vorläufige Maßnahme durchzuführen.[42]

6. Anhörung nach § 102 BetrVG

120 Vor jeder Kündigung ist der Betriebsrat nach § 102 BetrVG anzuhören. Sowohl die unterlassene als auch die unvollständige Anhörung führt zur Unwirksamkeit der Kündigung, so dass hier besondere Sorgfalt geboten ist. Der Arbeitgeber muss die aus seiner Sicht tragenden Gründe für die Kündigung nennen (so genannte subjektive Determinierung).[43] Ist der Betriebsrat zur ordentlichen Kündigung ordnungsgemäß nach § 102 BetrVG angehört worden, führt ein Widerspruch des Betriebsrats gegen die Kündigung nicht zu deren Unwirksamkeit. Allerdings entsteht ein gesetzlicher Weiterbeschäftigungsanspruch des Arbeitnehmers.[44]

7. Personalfragebogen, Formularverträge und Beurteilungsgrundsätze (§ 94 BetrVG)

121 Personalfragebögen und Beurteilungsgrundsätze haben den Zweck, den Arbeitgeber über die persönlichen Verhältnisse des Arbeitnehmers, seine Fähigkeiten und Kenntnisse zu unterrichten. Beurteilungsgrundsätze sollen Maßstäbe für die Beurteilung der Leistungsfähigkeit des Arbeitnehmers setzen. Durch die Einschaltung des Betriebsrats soll sichergestellt werden, dass die Fragebögen auf die Gegenstände und den Umfang beschränkt bleiben, für die ein berechtigtes Auskunftsbedürfnis des Arbeitgebers besteht. Die Mitbestimmung des Betriebsrats soll namentlich den Schutz der Bewerber gegen eine unangemessene Ausfragung verstärken. Hieraus folgt, dass der Betriebsrat seine Zustimmung nicht aus freiem Belieben verweigern kann.

II. Muster

122 | **Hinweis:**
Die nachfolgenden Muster erfassen die oben aufgeführten Beteiligungs- und Mitbestimmungsrechte des Betriebsrats im Rahmen der personellen Mitbestimmung.

1. Muster: Betriebsvereinbarung über Personalplanung[45] *[→ B. Rn. 115]*

123 | Zwischen
271 | der ...... GmbH

---

[42] Vgl. im Einzelnen: Schaub/*Koch,* ArbR-HdB, § 241 Rn. 60 ff. mzN.
[43] BAG 3.11.2011 – 2 AZR 748/10, DB 2012, 926; 11.12.2003 – 2 AZR 536/02, AP KSchG 1969 § 1 Soziale Auswahl Nr. 65.
[44] BAG 11.5.2000 – 2 AZR 54/99, DB 2000, 1969; 12.9.1985 – 2 AZR 324/84, AP BetrVG 1972 § 102 Weiterbeschäftigung Nr. 7.
[45] BAG 19.6.1984 – 1 ABR 6/83, AP BetrVG 1972 § 92 Nr. 2. Die Feststellung des Personalbedarfs für ein geplantes Projekt ist auch schon vor der Zustimmung des einzigen Zuwendungsgebers eine Personalplanung iSv § 92 BetrVG (BAG 6.11.1990 – 1 ABR 60/89, AP BetrVG 1972 § 92 Nr. 3). Der Betriebsrat hat

– nachfolgend Arbeitgeber genannt –
und
dem Betriebsrat/Gesamtbetriebsrat der ...... GmbH
– nachfolgend Betriebsrat genannt –
wird gem. § 92 BetrVG eine Betriebsvereinbarung über Personalplanung vereinbart.

§ 1 Ausschuss für Personalplanung

(1) Arbeitgeber und Betriebsrat bilden einen paritätisch besetzten Ausschuss für Personalplanung.[46]

(2) Der Ausschuss besteht aus ...... Vertretern des Arbeitgebers und ...... des Betriebsrats/ Gesamtbetriebsrats.

(3) Der Ausschuss tritt monatlich zu einer Sitzung zusammen. Auf Verlangen einer Seite sind weitere Sitzungen anzusetzen.

(4) Die Sitzungen des Ausschusses sind nicht öffentlich. Die Vertreter des Arbeitgebers oder des Betriebsrats können Sachverständige hinzuziehen.

(5) Der Ausschuss gibt sich eine Geschäftsordnung.

§ 2 Unterrichtung

(1) Die Betriebs-/Unternehmensleitung legt dem Personalplanungsausschuss rechtzeitig vor der Sitzung einen Personalstatus, eine Absatz- und Produktionsprognose sowie eine Personalprognose vor.

(2) Aus dem Personalstatus muss sich ein Vergleich der Ist-Belegschaft mit der mit dem Betriebsrat vereinbarten Soll-Belegschaft, gegliedert nach Betriebsabteilungen und Qualifikationsgruppen ergeben.

(3) Die Absatzprognose enthält eine nach Produkten gegliederte Vorausschau der Absatzmengen für die nächsten sechs Monate.

(4) Die Produktionsprognose enthält die nach Produkten gegliederte Kapazitätsplanung für die Dauer von sechs Monaten.

(5) In der Personalprognose ist die Vorausberechnung des Personalbedarfs aufgrund der zu erwartenden Fluktuationen, Veränderung der Arbeitszeit, Einführung neuer Produkte, Produktionsausweitungen oder -einschränkungen, Investitionen und Rationalisierungsvorhaben vorzunehmen.

§ 3 Auswirkungen von Investitions- und Rationalisierungsvorhaben

(1) Der Personalplanungsausschuss ist rechtzeitig und umfassend über die personalpolitischen Auswirkungen zu unterrichten, die sich voraussichtlich aus geplanten Investitions- und Rationalisierungsvorhaben, Veränderungen der Fabrikations- und Arbeitsmethoden, der Einstellung, Stilllegung oder Verlagerung von Betrieben oder Betriebsabteilungen, den Zusammenschluss von Betrieben oder der Änderung der Arbeitsorganisation oder des Betriebszwecks ergeben.

Mitwirkungsrechte, wenn eine Stelle mit freien Mitarbeitern besetzt werden soll (BAG 27.7.1993 – 1 ABR 7/93, AP BetrVG 1972 § 93 Nr. 3).

[46] Personalentscheidungen fallen regelmäßig auf Unternehmensebene. Denkbar ist es, dass für den Betrieb ein Planungsausschuss gebildet wird. Ein solcher kann auch von dem Arbeitgeber und dem Gesamtbetriebsrat für das Unternehmen gebildet werden. Dieser ist allerdings nur dann zuständig, wenn die Entscheidung nicht auf der Betriebsebene gefällt werden kann.

(2) Die Betriebsleitung/Unternehmensleitung hat die von ihr vorgelegten Daten zu erläutern. Die Erläuterungen sowie die unterschiedlichen Auffassungen zu den Daten sind zu protokollieren.

(3) Auf der Grundlage dieser Daten werden die personalpolitischen Maßnahmen und etwaige Änderungsvorschläge zu Einstellungen, Versetzungen, Aus- und Fortbildungsmaßnahmen beraten. Der Personalplanungsausschuss ist nicht für die Mitwirkung bei personellen Einzelmaßnahmen zuständig.

(4) Auf Verlangen einer Seite sind die einzelnen Stellenbeschreibungen und der Stellenplan sowie die Stellenbesetzungen mit Angaben zu den Personen vorzulegen.

(5) Sollen im Betrieb Arbeitnehmer von Fremdfirmen beschäftigt werden, sind dem Betriebsrat die Verträge mit den Fremdfirmen, die Grundlage dieser Beschäftigung sind, zur Verfügung zu stellen.[47]

§ 4 Inkrafttreten

Die Betriebsvereinbarung tritt am ...... in Kraft. Sie ist mit einer Frist von drei Monaten zum Quartalsende kündbar.

......, den ......

Arbeitgeber   Betriebsrat/Gesamtbetriebsrat

2. Muster: Betriebsvereinbarung über Stellenausschreibungen, Personalfragebögen und Beurteilungsgrundsätze (§§ 93, 94 BetrVG)[48] [→ B. Rn. 116, 121]

Zwischen
der ...... GmbH

– nachfolgend Arbeitgeber genannt –

und
dem Betriebsrat der ...... GmbH

– nachfolgend Betriebsrat genannt –

wird nachfolgende Betriebsvereinbarung gem. § 93 BetrVG geschlossen.

§ 1 Verpflichtung zur Stellenausschreibung

(1) Neue oder frei werdende Stellen werden vor ihrer Neubesetzung innerhalb des Betriebes zur Besetzung ausgeschrieben.[49]

(2) Die Ausschreibung kann unterbleiben, wenn
  (a) die Stelle eines leitenden Angestellten (§ 5 BetrVG) zu besetzen ist;
  (b) die Stelle in der untersten/der Tarif- oder Lohngruppe ...... zu besetzen ist;

---

[47] BAG 31.1.1989 – 1 ABR 72/87, AP BetrVG 1972 § 80 Nr. 33.
[48] Zu Stellenausschreibungen vgl. § 93 BetrVG; Schaub/Koch, ArbR-HdB, § 238 Rn. 13 ff. Nicht mitbestimmungspflichtig sind Anforderungsprofile, in denen für einen bestimmten Arbeitsplatz die fachlichen, persönlichen und sonstigen Anforderungen abstrakt festgelegt werden (BAG 7.11.1996 – 2 AZR 811/95, AP BetrVG 1972 § 93 Nr. 6; 31.5.1983 – 1 ABR 6/80, AP BetrVG 1972 § 95 Nr. 2) sowie Stellenausschreibungen (BAG 31.1.1984 – 1 ABR 63/81, AP BetrVG 1972 § 95 Nr. 3) oder Funktionsbeschreibungen (BAG 14.1.1986 – 1 ABR 82/83, AP BetrVG 1972 § 87 Lohngestaltung Nr. 21). Zu Senioritätslisten: BAG 23.3.2011 – 4 AZR 366/09, AP GG Art. 9 Nr. 147; 28.9.1983 – 4 AZR 130/81, 4 AZR 200/83, AP TVG § 1 Tarifverträge: Seniorität Nr. 1, 2.
[49] Der Betriebsrat kann auch die Ausschreibung von Arbeitsplätzen verlangen, die der Arbeitgeber mit freien Mitarbeitern besetzen will, wenn es sich bei der vorgesehenen Beschäftigung um eine Einstellung handelt (BAG 27.7.1993 – 1 ABR 7/93, AP BetrVG 1972 § 93 Nr. 3).

(c) die Stelle mit einem qualifizierten Bewerber derselben Abteilung besetzt werden soll;
(d) geeignete Bewerber für die Stelle im Rahmen der Personalplanung erfasst sind.

§ 2 Durchführung der Stellenausschreibung

(1) Die Stellenausschreibung erfolgt
  (a) bei Stellen der Tariflohngruppen ...... und höher in der Werkszeitung;
  (b) im Übrigen durch Aushang am schwarzen Brett.

(2) Neben der internen Stellenausschreibung kann eine betriebsexterne Ausschreibung erfolgen. In dieser müssen die identischen persönlichen und fachlichen Anforderungen wie in der internen Stellenausschreibung enthalten sein.

§ 3 Innerbetriebliche Stellenausschreibung

(1) Die innerbetriebliche Stellenausschreibung beinhaltet:
  (a) die Betriebsabteilung, in der die Stelle zu besetzen ist;
  (b) die Arbeitsplatzbezeichnung;
  (c) die Beschreibung des Aufgabengebietes in allen wesentlichen Punkten;
  (d) fachliche und persönliche Voraussetzungen des Bewerbers einschließlich erforderlicher Prüfungsnachweise;
  (e) Bestimmung des Einsatzbeginnes;
  (f) Angabe der Lohn- und Gehaltsgruppe des Arbeitsplatzes;
  (g) Stelle, an welche die Bewerbung zu richten ist;
  (h) Dauer des Aushanges und Anfangs- und Endtermin;
  (i) den Einsendeschluss der Bewerbung.

(2) Zwischen Stellenausschreibung und Einsendeschluss für Bewerbungen sollen zumindest ...... Tage liegen.

§ 4 Bewerbungsverfahren

(1) Die Bewerbung ist an die Personalabteilung zu richten. Sie wird vertraulich behandelt.

(2) Gehen Bewerbungen im Rahmen der internen und externen Stellenausschreibung ein, so hat die Bewerbung des Mitarbeiters den Vorrang, sofern er die gleiche fachliche und persönliche Qualifikation besitzt.

§ 5 Ablehnung der Bewerbung

Bewerber, die für eine ausgeschriebene Stelle nicht in Betracht kommen, erhalten eine entsprechende Nachricht. Die Ablehnung bedarf einer/keiner Begründung.

§ 6 Auswahl des Bewerbers

(1) Es werden nur solche Bewerbungen berücksichtigt, die innerhalb der Bewerbungsfrist bei der Personalabteilung eingehen. Ist diese der Ansicht, dass kein Bewerber die fachlichen oder persönlichen Voraussetzungen erfüllt, hat sie dies dem Betriebsrat innerhalb von zwei Wochen nach Ende der Bewerbungsfrist mitzuteilen. Ihre Rechte, ein neues Ausschreibungsverfahren einzuleiten, bleiben unberührt.

(2) Ist die Personalabteilung der Ansicht, dass Bewerber die fachlichen und persönlichen Voraussetzungen erfüllen, werden die für eine Stelle vorgesehenen Bewerber dem Betriebsrat gem. § 99 BetrVG benannt. Verweigert der Betriebsrat seine

Zustimmung zur Besetzung mit einem Bewerber nicht, so erhält der Bewerber die Zusage für die ausgeschriebene Stelle.

(3) Mit Erteilung der Zusage wird die bisherige Betriebsabteilung von der bevorstehenden Versetzung oder Umsetzung benachrichtigt.

(4) Falls sich durch die neue Tätigkeit die Arbeitsbedingungen ändern, wird ein Änderungsvertrag geschlossen.

§ 7 Inkrafttreten

Diese Betriebsvereinbarung tritt am …… in Kraft.

……, den ……

Arbeitgeber   Betriebsrat

3. Muster: Betriebsvereinbarung über Beurteilungsgrundsätze und Leistungsbeurteilung[50] [→ B. Rn. 121]

a) Vollständige Betriebsvereinbarung

Zwischen
der …… GmbH

— nachfolgend Arbeitgeber genannt —

und
dem Betriebsrat der …… GmbH

— nachfolgend Betriebsrat genannt —

wird nachfolgende Betriebsvereinbarung über Beurteilungsgrundsätze und Leistungsbeurteilung geschlossen:

§ 1 Geltungsbereich

(1) Die Betriebsvereinbarung gilt für alle Mitarbeiter des Betriebes mit Ausnahme der leitenden Angestellten.

(2) Die Betriebsvereinbarung gilt sachlich für
  (a) die periodischen Leistungsbeurteilungen sowie Beurteilungen bei Versetzungen und Wechsel des Vorgesetzten,
  (b) die Beurteilung der Leistung nach § 82 Abs. 2 BetrVG,
  (c) im Zusammenhang bei Berufsbildung und Förderung,
  (d) die Zeugniserteilung über Führung und Verhalten.

§ 2 Zeitpunkt der Leistungsbeurteilung

(1) Eine Leistungsbeurteilung findet statt
  (a) in regelmäßigen Abständen von zwei Jahren,
  (b) vor Ablauf von sechs Monaten bei Neueinstellung,
  (c) bei Versetzung des Mitarbeiters nach Ablauf von drei Monaten sowie beim Wechsel des unmittelbaren Vorgesetzten,
  (d) auf Verlangen des Mitarbeiters nach § 82 Abs. 2 BetrVG.

(2) Die Leistungsbeurteilung soll unterbleiben, wenn der Mitarbeiter noch keine sechs Monate an dem Arbeitsplatz beschäftigt ist.

---

[50] Eine Regelung über Leistungskontrollen nichttechnischer Art, die im Vorfeld von Beurteilungen allein der Überwachung des Dienstbetriebes und der Führung der Beschäftigten bei der Erledigung dient, unterliegt grundsätzlich nicht der Mitbestimmung (vgl. BVerwG 11.12.1991 – 6 P 20/89, AP LPVG Baden-Württemberg § 79 Nr. 4).

(3) Eine Leistungsbeurteilung als Zwischenzeugnis kann von dem Mitarbeiter nur im Zusammenhang mit der Beendigung des Arbeitsverhältnisses oder bei einem Wechsel des Vorgesetzten verlangt werden.

§ 3 Beurteilungsbogen[51]

(1) Die Leistungsbeurteilung erfolgt einheitlich für alle Mitarbeiter an Hand des der Betriebsvereinbarung beigefügten Beurteilungsbogens. Die Beurteilung ist zusammenzufassen.

Hierbei bedeuten

Leistungsstufe 1:	Nicht zufriedenstellend
Leistungsstufe 2:	Zufriedenstellend
Leistungsstufe 3:	Gute Leistung
Leistungsstufe 4:	Sehr gute Leistung
Leistungsstufe 5:	Hervorragende Leistung
Leistungsstufe 6:	Spitzenleistung.

(2) Der Beurteilungsbogen wird in der Personalakte aufbewahrt.

(3) Der Mitarbeiter kann verlangen, dass der Beurteilungsbogen nach Ablauf von fünf Jahren vernichtet wird.

§ 4 Bekanntgabe an den Mitarbeiter

(1) Die Beurteilung ist dem Mitarbeiter von dem Vorgesetzten mitzuteilen und zu begründen. Die Durchführung dieses Verfahrens ist vom Mitarbeiter zu bestätigen.

(2) Der Mitarbeiter kann verlangen, dass ein Mitglied des Betriebsrats zu dem Gespräch hinzugezogen wird.

§ 5 Beurteilungsunterschiede

(1) Ein Mitarbeiter, der sich für falsch beurteilt hält, kann gegen die Beurteilung eine Gegenvorstellung erheben. Zur Erörterung der Gegenvorstellung ist ein Mitglied der Personalabteilung und auf Verlangen des Mitarbeiters ein Betriebsratsmitglied hinzuzuziehen. Über das Ergebnis der Erörterung ist ein Vermerk aufzunehmen, der auf Wunsch des Mitarbeiters Bestandteil der Personalakte wird.

(2) Der Mitarbeiter kann gegen die Beurteilung binnen einer Frist von einem Monat schriftlich Einspruch einlegen. Dieser ist zu begründen und zu der Personalakte zu nehmen.

(3) Unberührt bleibt das Recht des Mitarbeiters, eine Beschwerde nach §§ 84, 85 BetrVG einzulegen oder im Klagewege gegen die Beurteilung vorzugehen.

§ 6 Inkrafttreten

Die Betriebsvereinbarung tritt am ...... in Kraft. Sie kann mit einer Frist von ...... gekündigt werden. Bis zum Abschluss einer neuen Betriebsvereinbarung behält diese Betriebsvereinbarung ihre Gültigkeit.

......, den ......

Arbeitgeber   Betriebsrat

Anlage: Beurteilungsbogen

---

[51] Zu den Beurteilungsgrundsätzen: BAG 21.9.1993 – 1 ABR 28/93, AP BetrVG 1972 § 94 Nr. 4; 23.10.1984 – 1 ABR 2/83, AP BetrVG 1972 § 87 Ordnung des Betriebes Nr. 8.

b) **Auszug zum Verfahren der Leistungsbeurteilung**

§ 2 Verfahren der Leistungsbeurteilung

(1) Die Beurteilung erfolgt für jeden Mitarbeiter einzeln. Der Beurteilende hat alle ihm unterstellten Mitarbeiter nach gleichen Merkmalen zu beurteilen.

(2) Die Beurteilung erfolgt durch den unmittelbaren Vorgesetzten. Unmittelbarer Vorgesetzter ist derjenige, der gegenüber einem oder mehreren Mitarbeitern weisungsbefugt ist, die Tätigkeit kontrolliert und dafür die Verantwortung trägt. Die Beurteilung wird durch den Vertreter des Vorgesetzten durchgeführt, wenn dieser verhindert ist. Dasselbe gilt, wenn der Vorgesetzte noch nicht seit sechs Monaten Vorgesetzter ist.

§ 3 Unterweisung

Die Vorgesetzten werden in der Leistungsbeurteilung unterwiesen.

§ 4 Beurteilungsgespräch

(1) Die Leistungsbeurteilung wird in Form eines Mitarbeitergesprächs geführt, das sich auf das Arbeitsergebnis und das Leistungsverhalten erstreckt. Im Rahmen des Beurteilungsgesprächs sind auch die Entwicklungsmöglichkeiten des Mitarbeiters anzusprechen.

(2) Die Einladung zum Beurteilungsgespräch erfolgt schriftlich nach einem Standardbrief. Der Einladung ist ein Formblatt des Beurteilungsbogens beizufügen. Der Mitarbeiter ist berechtigt, dieses Formblatt im Wege der Selbstbeurteilung auszufüllen.

4. Muster: Auswahlrichtlinien *[→ B. Rn. 117]*

Zwischen
der ...... GmbH

– nachfolgend Arbeitgeber genannt –

und
dem Betriebsrat der ...... GmbH

– nachfolgend Betriebsrat genannt –

werden für Einstellungen, Versetzungen, Umgruppierungen und Kündigungen folgende Auswahlrichtlinien gem. § 95 BetrVG vereinbart:

Abschnitt I. Allgemeines

§ 1 Zuständigkeit für die Entscheidungsvorbereitung

(1) Die Personalabteilung ist ausschließlich für die Entscheidungsvorbereitung der dem Mitwirkungs- und Mitbestimmungsrecht des Betriebsrats unterliegenden personellen Einzelmaßnahmen zuständig.

(2) Der Betriebsrat ist vor jeder Einstellung, Eingruppierung, Umgruppierung und Versetzung zu unterrichten und ihm ist unter Vorlage der erforderlichen Unterlagen einschließlich etwaiger Bewerbungsunterlagen Auskunft über die geplanten Maßnahmen zu geben (§ 99 Abs. 1 BetrVG). Bei der beabsichtigten Einstellung oder personellen Änderung von leitenden Angestellten (§ 5 Abs. 3, 4 BetrVG) ist der Betriebsrat zu informieren (§ 105 BetrVG).

(3) Der Betriebsrat ist vor jeder Kündigung zu hören (§ 102 BetrVG) oder es ist ggf. seine Zustimmung einzuholen (§ 103 BetrVG).

(4) Bei vorläufigen personellen Maßnahmen (§ 100 BetrVG) ist der Betriebsrat unverzüglich zu unterrichten (§ 100 Abs. 2 BetrVG).

(5) Die Personalabteilung ist dafür zuständig, die Anträge des Betriebsrats auf Entfernung betriebsstörender Arbeitnehmer entgegenzunehmen (§ 104 BetrVG).

§ 2 Mitteilung des Arbeitgebers

(1) Mitteilungen des Arbeitgebers sind an den Betriebsrat zu Händen seines Vorsitzenden zu richten.

(2) Errichtet der Betriebsrat einen Fachausschuss für personelle Angelegenheiten und teilt der Betriebsrat dies dem Arbeitgeber mit, so sind die Mitteilungen an den Vorsitzenden des Fachausschusses zu richten, bis dessen Berechtigung schriftlich widerrufen wird.

§ 3 Grundsätze der Personalentscheidung

Alle Personalentscheidungen erfolgen unter Berücksichtigung der gesetzlichen, tariflichen und betrieblichen Vorschriften. Dabei sind insbesondere die in § 75 BetrVG niedergelegten Grundsätze für die Behandlung der Betriebsangehörigen sowie die allgemeinen Diskriminierungsverbote zu beachten.

Abschnitt II. Auswahlrichtlinien für die Einstellung

§ 4 Ausschreibung der Arbeitsplätze, Vorrang der internen Stellenbewerber

(1) Alle erstmals oder wieder zu besetzenden Arbeitsplätze, bei denen eine Ausschreibung vereinbart oder vom Betriebsrat verlangt worden ist, werden innerbetrieblich ausgeschrieben.

(2) Bei der Auswahl zwischen einem innerbetrieblichen oder außerbetrieblichen Bewerber hat der innerbetriebliche Bewerber bei gleicher Qualifikation den Vorrang. Unberührt bleibt die Betriebsvereinbarung über die Förderung der Beschäftigung von Frauen und der beruflichen Wiedereingliederung früherer Mitarbeiterinnen.[52]

(3) Arbeitsplätze, die für schwerbehinderte Menschen geeignet sind, werden zunächst innerbetrieblich den in Betracht kommenden Bewerbern angeboten.

§ 5 Vorauswahl

(1) Bei der Auswahl der Bewerber werden nur die aus dem Personalfragebogen oder aus sonstigen Unterlagen ersichtlichen Tatsachen herangezogen.

(2) Dem Betriebsrat werden auch solche Bewerber benannt, die nach Ansicht der Personalabteilung für die engere Auswahl nicht in Betracht kommen. Widerspricht der Betriebsrat dem Ausscheiden des Bewerbers in der Vorauswahl, so nimmt der Bewerber an dem weiteren Auswahlverfahren teil.

(3) Auf Verlangen des Betriebsrats stellen Bewerber sich auch bei ihm vor.

§ 6 Persönliche und fachliche Eignung

(1) Die Auswahlentscheidung erfolgt nach persönlicher und fachlicher Eignung sowie sozialen Gesichtspunkten.

(2) Bei der persönlichen Eignung sind in Abhängigkeit von den Anforderungen des zu besetzenden Arbeitsplatzes regelmäßig zu berücksichtigen:

---

[52] → B. Rn. 101.

(a) Eignung und Interesse des Bewerbers
(b) sein Gesundheitszustand
(c) ärztliche und betriebliche Eignungsuntersuchungen
(d) Teamfähigkeit
(e) Führungseigenschaften, soweit erforderlich.

(3) Bei der Beurteilung der fachlichen Eignung werden berücksichtigt:
(a) Schul- und Beschäftigungszeugnisse, berufliche Befähigungsnachweise
(b) Eignungsprüfungen
(c) tätigkeitsbezogene Erfahrung
(d) Fähigkeit und Bereitschaft, zusätzlich erforderliche Kenntnisse und Erfahrungen zu erwerben.

Abschnitt III. Besondere Auswahlrichtlinien für die Einstellung besonderer Gruppen von Arbeitnehmern

(Betroffene Personengruppen könnten zB Auszubildende, Bewerber mit spezieller Berufsvorbildung, Bewerber, denen Weisungsbefugnis übertragen werden soll, usw. sein. Bei Auszubildenden könnte etwa darauf abgestellt werden, dass bei den vorhandenen Ausbildungsplätzen bestimmte Verhältniszahlen für gewerbliche, technische und kaufmännische Auszubildende einzuhalten sind. Weiter können fachliche Auswahlkriterien aufgestellt werden, nach dem Stand des Schulwissens, dem Interesse an dem Erlernen des Berufes, dem Ergebnis von standardisierten Eignungsprüfungen im Betrieb usw.)

Abschnitt IV. Auswahlrichtlinien bei Versetzungen[53] und Umgruppierungen

§ 7 Gründe

(1) Von diesen Auswahlrichtlinien werden nur Versetzungen aus personen- oder betriebsbedingten Gründen erfasst.

(2) Bei Versetzungen aus personenbedingten Gründen, etwa wegen krankheits- oder altersbedingten Einschränkungen oder wegen einer ärztlichen Empfehlung zu einem Arbeitsplatzwechsel, haben die Betroffenen gegenüber den übrigen Bewerbern einen Vorrang. Dasselbe gilt bei Auszubildenden, die eine Ausbildung im Betrieb erfolgreich abgeschlossen haben.

(3) Betriebsbedingte Versetzungen sind im Rahmen der Personalplanung (§ 92 BetrVG) mit dem Betriebsrat vorab zu erörtern.

§ 8 Versetzung auf höherwertigen Arbeitsplatz

Bei einer Versetzung auf einen höherwertigen Arbeitsplatz sowie bei einer Beförderung gelten die gleichen Auswahlrichtlinien wie bei der Einstellung.

§ 9 Auswahlmerkmale bei Versetzung

(1) Bei der Versetzung auf einen höherwertigen Arbeitsplatz hat die fachliche Eignung den gleichen Rang wie die Betriebszugehörigkeit. Ein Vorrang wird begründet durch eine längere Betriebszugehörigkeit sowie durch im Betrieb erlittene gesundheitliche Beeinträchtigungen.

(2) Über die Gleichwertigkeit von Arbeitsplätzen ist eine Vereinbarung mit dem Betriebsrat herbeizuführen.

---

[53] Die Einigungsstelle kann bei der Aufstellung von Auswahlrichtlinien für Versetzungen nach § 95 BetrVG eine Bewertung in Form eines Punktesystems beschließen. Dabei muss dem Arbeitgeber ein Entscheidungsspielraum bleiben. Dieser muss umso größer sein, desto weniger differenziert das Punktesystem ausgestaltet ist, vgl. BAG 27.10.1992 – 1 ABR 4/92, AP BetrVG 1972 § 95 Nr. 29.

§ 10 Auswahlmerkmale bei Versetzung auf geringerwertigen Arbeitsplatz

Bei der Versetzung auf einen geringerwertigen Arbeitsplatz gelten die gleichen Auswahlrichtlinien wie bei einer Kündigung.

§ 11 Umgruppierung

Für Umgruppierungen aufgrund von Beförderungen, Versetzungen, Übertragung zusätzlicher Aufgaben gelten die tariflichen Bestimmungen sowie eine Betriebsvereinbarung über den Ausgleich von Verdiensteinbußen bei einem betriebsbedingten Wechsel der Tätigkeit.

Abschnitt V. Auswahlrichtlinien bei Kündigungen[54, 55]

§ 12 Geltungsbereich der Auswahlrichtlinie

Von den Auswahlrichtlinien werden nur personen- oder betriebsbedingte Kündigungen erfasst.

§ 13 Personenbedingte Kündigung

(1) Bei personenbedingten Kündigungen hat der Arbeitgeber dem Betriebsrat alle Gründe, welche die Kündigung bedingen, mitzuteilen.

(2) Der Arbeitgeber hat unter Berücksichtigung des Lebensalters, des Familienstandes, der Betriebszugehörigkeit und einer bekannten Behinderung eine Weiterbeschäftigungsmöglichkeit unter Berücksichtigung der Kenntnisse und Fähigkeiten des Arbeitnehmers – auch nach zumutbaren Umschulungs- und Fortbildungsmaßnahmen – zu prüfen und dem Betriebsrat das Ergebnis der Prüfung mitzuteilen. Dabei hat der Arbeitgeber spätestens im Rahmen des Verfahrens nach § 102 Abs. 1 BetrVG mitzuteilen, welche Umschulungsmaßnahmen erwogen und welche Arbeitsplätze für eine Weiterbeschäftigung überprüft worden sind.

(3) Macht der Betriebsrat für die Weiterbeschäftigung auf bestimmten Arbeitsplätzen konkrete Vorschläge, so überprüfen Arbeitgeber und Betriebsrat gemeinsam die Weiterbeschäftigungsmöglichkeit.

(4) Kommen Arbeitgeber oder Arbeitgeber und Betriebsrat gemeinsam zu einer Weiterbeschäftigungsmöglichkeit, so ist dem Arbeitnehmer vor Ausspruch der Kündigung der Arbeitsplatz mit einer Überlegungsfrist von zwei Wochen anzubieten.

§ 14 Betriebsbedingte Kündigung

(1) Für die betriebsbedingte Kündigung kommen nur solche Arbeitnehmer in Betracht, deren Arbeitsplatz entfällt oder in deren Arbeitsbereich ein Beschäftigungsüberhang besteht.

(2) Die auf vergleichbaren Arbeitsplätzen beschäftigten Arbeitnehmer sind grundsätzlich in die Auswahlentscheidung einzubeziehen. Welche Arbeitsplätze vergleichbar sind, wird durch eine Betriebsvereinbarung geregelt.

---

[54] Zu den Auswahlrichtlinien bei Kündigungen vgl. BAG 9.11.2006 – 2 AZR 812/05, AP KSchG 1969 § 1 Soziale Auswahl Nr. 87; 15.6.1989 – 2 AZR 580/88, AP KSchG 1969 § 1 Soziale Auswahl Nr. 18; 31.1.1984 – 1 ABR 63/81, AP BetrVG 1972 § 95 Nr. 3; 20.10.1983 – 2 AZR 211/82, AP KSchG 1969 § 1 Betriebsbedingte Kündigung Nr. 13; 31.5.1983 – 1 ABR 6/80, AP BetrVG 1972 § 95 Nr. 2; 24.3.1983 – 2 AZR 21/82, AP KSchG 1969 § 1 Betriebsbedingte Kündigung Nr. 12; 11.3.1976 – 2 AZR 43/75, AP BetrVG 1972 § 95 Nr. 1. Zur Antragsformulierung im Beschlussverfahren: BAG 3.5.1984 – 6 ABR 68/81, AP BetrVG 1972 § 95 Nr. 5.

[55] Ein Punkteschema für die soziale Auswahl ist auch dann eine nach § 95 Abs. 1 BetrVG mitbestimmungspflichtige Auswahlrichtlinie, wenn es der Arbeitgeber nicht generell auf alle künftigen betriebsbedingten Kündigungen, sondern nur auf konkret bevorstehende Kündigungen anwenden will (BAG 26.7.2005 – 1 ABR 29/04, AP BetrVG 1972 § 95 Nr. 43); zu Auswahlrichtlinien bei einem Interessenausgleich → B. Rn. 265 ff.

(3) Aus dem Kreis der zu Kündigenden scheiden diejenigen Arbeitnehmer aus, die auf anderen Arbeitsplätzen im Unternehmen unmittelbar oder ggf. nach Umschulungs- und Fortbildungsmaßnahmen weiter beschäftigt werden können.

(4) In die Sozialauswahl sind sowohl solche Arbeitnehmer nicht einzubeziehen, denen nicht ordentlich gekündigt werden kann (zB tariflich unkündbare Arbeitnehmer und befristet Beschäftigte), als auch solche Arbeitnehmer, deren Weiterbeschäftigung, insbesondere wegen ihrer Kenntnisse, Fähigkeiten und Leistungen oder zur Sicherung einer ausgewogenen Personalstruktur des Betriebes, im berechtigten betrieblichen Interesse liegt. Die Voraussetzungen für die Herausnahme von solchen Arbeitnehmern hat der Arbeitgeber vor dem Kündigungsausspruch dem Betriebsrat nachzuweisen.

(5) Unter den danach verbleibenden Arbeitnehmern werden die zu kündigenden Arbeitnehmer unter Beachtung der Auswahlkriterien des § 1 Abs. 3 S. 1 KSchG ausgewählt.

§ 15 Verstoß gegen Auswahlrichtlinien

Ein Verstoß gegen die in §§ 12 bis 14 geregelten Grundsätze berechtigen den Betriebsrat zum Widerspruch gem. § 102 Abs. 3 Nr. 2 BetrVG.

Abschnitt VI. Übergangs- und Schlussvorschriften

Die Betriebsvereinbarung tritt am ...... in Kraft. Sie kann mit ...... zum ...... gekündigt werden.

......, den ......

Arbeitgeber   Betriebsrat

5. Muster: Betriebsvereinbarung über Bildungsmaßnahmen[56, 57]

Zwischen
der ...... GmbH

– nachfolgend Arbeitgeber genannt –

und
dem Betriebsrat der ...... GmbH

– nachfolgend Betriebsrat genannt –

wird gem. §§ 96 bis 98 BetrVG über die Durchführung der Berufsbildung und der sonstigen Bildungsmaßnahmen nachfolgende Betriebsvereinbarung geschlossen:

Abschnitt I. Allgemeines

§ 1 Begriff der Berufsbildung

(1) Berufsbildung ist die betriebliche,[58] überbetriebliche und außerbetriebliche Ausbildung, Fortbildung und Umschulung der Belegschaftsmitglieder.[59] Sonstige Bil-

---

[56] Das Muster ist nach den von der IG-Metall und der IG-Chemie herausgegebenen Musterbetriebsvereinbarungen verfasst (Der Betriebsrat 1976, 397). Besondere Bedeutung haben inzwischen Betriebsvereinbarungen zur Schulung in der Datenverarbeitung (vgl. AiB 1992, 117).
[57] Schaub/Koch, ArbR-HdB, § 239 Rn. 1 ff.
[58] Eine betriebliche Bildungsmaßnahme liegt vor, wenn der Arbeitgeber Träger bzw. Veranstalter der Maßnahme ist und die Berufsbildungsmaßnahme für seine Arbeitnehmer durchführt (BAG 4.12.1990 – 1 ABR 10/90, AP BetrVG 1972 § 97 Nr. 1). Er kann auch Träger sein, wenn ein Dritter die Bildungsmaßnahme durchführt, der Arbeitgeber aber entscheidenden Einfluss ausübt (BAG 12.11.1991 – 1 ABR 21/91, AP BetrVG 1972 § 98 Nr. 8).
[59] BAG 23.4.1991 – 1 ABR 49/90, AP BetrVG 1972 § 98 Nr. 7; 10.2.1988 – 1 ABR 39/86, AP BetrVG 1972 § 98 Nr. 5; 5.11.1985 – 1 ABR 49/83, AP BetrVG 1972 § 98 Nr. 2.

dungsmaßnahmen sind alle vom Betrieb oder in seinem Auftrag für Belegschaftsmitglieder durchgeführte Bildungsmaßnahmen.

(2) Betriebs- und Geschäftsleitung stellen eine Liste aller Berufsbildungsmaßnahmen und sonstiger Bildungsmaßnahmen auf, die dieser Betriebsvereinbarung als Anlage beigefügt wird. Sonstige Berufsbildungs- oder Bildungsmaßnahmen werden nur im Einvernehmen mit dem Betriebsrat durchgeführt.

Abschnitt II. Der Bildungsausschuss

§ 2 Zusammensetzung des Bildungsausschusses

(1) Geschäftsleitung und Betriebsrat errichten einen paritätisch besetzten Ausschuss für Berufsbildung und sonstige Bildungsmaßnahmen.

(2) Die Geschäftsleitung und der Betriebsrat entsenden in den Ausschuss je drei Betriebsangehörige. Werden im Ausschuss Angelegenheiten behandelt, durch die jugendliche Arbeitnehmer betroffen sind, so wird das dritte vom Betriebsrat benannte Mitglied durch ein Mitglied der Jugend- und Auszubildendenvertretung ersetzt.

(3) Jede Seite kann zu den Sitzungen des Ausschusses Sachverständige hinzuziehen. Der Ausschuss gibt sich eine Geschäftsordnung.

§ 3 Sitzung

Der Ausschuss tritt mindestens vierteljährlich zusammen. Weitere Sitzungen finden auf Verlangen der Geschäftsleitung, des Betriebsrats oder der Jugend- und Auszubildendenvertretung statt.

§ 4 Unterrichtung

(1) Die Geschäftsleitung hat den Ausschuss vor seinen Beratungen rechtzeitig und umfassend anhand der dazu erforderlichen Unterlagen über den Stand und die Planung folgender Angelegenheiten zu unterrichten:
  (a) Zahl der Auszubildenden, die eingestellt oder ausgebildet werden sollen, sowie ihre Aufgliederung auf die einzelnen Ausbildungsberufe;
  (b) ob der Ausbildungsbedarf durch Aus-, Fortbildungs- oder Umschulungsmaßnahmen bereits beschäftigter Arbeitnehmer erreicht werden kann;
  (c) Methoden und Ablauf der Berufsausbildung, Aufstellung der Versetzungs- und Durchlaufpläne für die einzelnen Abteilungen sowie die Grundsätze für Führung und Überwachung von Berichtsheften;
  (d) Inhalt, Methoden und Ablauf der beruflichen Fortbildung und Umschulung sowie der sonstigen Bildungsmaßnahmen;
  (e) Ort, Zahl und Zeitpunkt der Ablauf- und Erfolgskontrollen, insbesondere betrieblicher Zwischenprüfungen und Arbeitsproben;
  (f) Errichtung und Ausstattung betrieblicher Einrichtungen zur Berufsbildung, insbesondere der Räume, In denen Berufsbildung durchgeführt werden soll;
  (g) Auswahl und Teilnahme an außerbetrieblichen Berufsbildungsmaßnahmen, insbesondere überbetrieblicher und öffentlicher Ausbildungsstätten sowie Ausbildungseinrichtungen anderer Betriebe;[60]
  (h) Grundsätze und Verfahren der Beurteilung und Bewertung der Leistungen;
  (i) Auswahl und Einsatz des Ausbildungspersonals für Berufsbildung;
  (j) Auswahl der Teilnehmer an Berufsbildungs- und sonstigen Bildungsmaßnahmen.

---

[60] BAG 20.4.2010 – 1 ABR 78/08, BB 2010, 2766; 8.12.1987 – 1 ABR 32/86, AP BetrVG 1972 § 98 Nr. 4.

(2) Der Ausschuss nimmt zu den geplanten Maßnahmen Stellung und macht der Geschäftsleitung und dem Betriebsrat Vorschläge.

(3) Der Ausschuss hat den Personalplanungsausschuss rechtzeitig und umfassend über seine Beratungen zu unterrichten.

§ 5 Einigungsstelle

Kommt es zwischen der Geschäftsleitung und dem Betriebsrat zu keiner Einigung, so ersetzt der Spruch der Einigungsstelle in mitbestimmungspflichtigen Angelegenheiten die Einigung zwischen Geschäftsleitung und Betriebsrat (§ 76 BetrVG).[61]

Abschnitt III. Sonstige Bestimmungen

§ 6 Ausschreibung der Bildungsmaßnahmen

(1) Zwischen der Geschäftsleitung und dem Betriebsrat vereinbarte Berufsbildungsmaßnahmen und sonstige Bildungsmaßnahmen sind im Betrieb/Unternehmen/Konzern auszuschreiben.

(2) Die Kosten der Teilnahme für die zwischen der Geschäftsleitung und dem Betriebsrat vereinbarten Bildungsmaßnahmen trägt der Arbeitgeber.[62]

§ 7 Inkrafttreten

Die Betriebsvereinbarung tritt am …… in Kraft. Sie kann mit einer Frist von …… gekündigt werden. Bis zum Abschluss einer neuen Betriebsvereinbarung behält diese Betriebsvereinbarung ihre Gültigkeit.

……, den ……

Arbeitgeber   Betriebsrat

6. Muster: Betriebsvereinbarung über die Berufsausbildung von Auszubildenden

Zwischen
der …… GmbH

– nachfolgend Arbeitgeber genannt –

und
dem Betriebsrat der …… GmbH

– nachfolgend Betriebsrat genannt –

wird folgende Betriebsvereinbarung geschlossen:

a) Ausbildungsvereinbarung

§ 1 Geltungsbereich

Die Betriebsvereinbarung gilt für alle gewerblichen, technischen und kaufmännischen Auszubildenden. Sie gilt nicht für die Ausbildung und Beschäftigung von Praktikanten.

---

[61] Der Betriebsrat hat nicht in allen aufgezählten Fällen ein erzwingbares Mitbestimmungsrecht.
[62] Die von der Gewerkschaft herausgegebenen Mustervereinbarungen enthalten noch folgende Bestimmungen: „Bei Teilnahme an persönlich begründeten Weiterbildungsmaßnahmen einschl. Fernunterricht sind zwischen Geschäftsleitung und Betriebsrat die Höhe eines zu gewährenden Zuschusses zu den entstehenden Kosten, die kostenlose Zurverfügungstellung von Ausbildungsmitteln, Werkzeugen und Werkstoffen, die Lage der Arbeitszeit und eine evtl. erforderliche Freistellung so zu vereinbaren, dass der Betreffende an der Bildungsmaßnahme teilnehmen kann". Vereinbarungen, die Teilnehmer an Berufsbildungs- und sonstigen

§ 2 Ausbildungsplan

(1) Alle Auszubildenden durchlaufen während der Ausbildungszeit verschiedene Abteilungen. Der Durchlaufplan wird unter Berücksichtigung der jeweiligen Ausbildungsordnungen erstellt.

(2) Nach Durchlauf einer jeden Ausbildungsstation erfolgt eine Beurteilung durch den zuständigen Ausbilder/Fachvorgesetzten auf dem Beurteilungsbogen. Auf Wunsch des Auszubildenden ist die Beurteilung mit diesem zu besprechen. Der Auszubildende kann verlangen, dass der Ausbildungsreferent und ein Betriebsratsmitglied zur Besprechung hinzugezogen werden.

(3) Die Beurteilungsbögen sind zur Personalakte zu nehmen.

§ 3 Bestellung der Ausbilder

(1) Die Ausbilder werden nach vorheriger Anhörung des Betriebsrats bestellt.

(2) Die Rechte des Betriebsrats nach § 98 Abs. 2 BetrVG bleiben unberührt.

§ 4 Stufenausbildung[63]

...... (An dieser Stelle erfolgt eine Aufstellung der zu durchlaufenden Stufen des Ausbildungsverhältnisses.) ......

b) Betriebsvereinbarung über die Anrechnung der Berufsschulzeit[64]

§ 1 Geltungsbereich

Die Betriebsvereinbarung gilt für alle gewerblichen, technischen und kaufmännischen Auszubildenden. Sie gilt nicht für die Ausbildung und Beschäftigung von Praktikanten.

§ 2 Wöchentliche Arbeitszeit

Die wöchentliche Arbeitszeit der in § 1 genannten Personen richtet sich nach dem Tarifvertrag ......

§ 3 Tägliche Arbeitszeit

Die tägliche Arbeitszeit darf die der erwachsenen Arbeitnehmer nicht übersteigen.

§ 4 Arbeitszeit und Berufsschule

(1) Vor Berufsschultagen und vor Prüfungen darf die Arbeitszeit acht Stunden nicht übersteigen. Die Arbeitszeit muss spätestens um 18.30 Uhr beendet sein.

(2) Vor einem um 9.00 Uhr beginnenden Berufsschulunterricht darf eine in § 1 genannte Person nicht beschäftigt werden. Dies gilt auch, wenn sie das 18. Lebensjahr vollendet hat.

(3) An Berufsschultagen mit mehr als fünf Unterrichtsstunden von mindestens je 45 Minuten ist der Auszubildende einmal in der Woche völlig von der Arbeit freizustellen. In Berufsschulwochen mit einem planmäßigen Blockunterricht von mindestens

---

Bildungsveranstaltungen verpflichten, nach Abschluss der Maßnahme im Betrieb zu bleiben oder Kosten zu erstatten, dürfen danach nicht abgeschlossen werden.

[63] Im Falle der Stufenausbildung wird vielfach ein Recht des Auszubildenden begründet, auch die zweite Stufe der Ausbildung verlangen zu können.

[64] Die Betriebsvereinbarung stellt sicher, dass die Berufsausbildung nicht die Dauer der Arbeitszeit der Erwachsenen überschreitet.

25 Stunden ist der Mitarbeiter an mindestens fünf Tagen freizustellen. Betriebliche Ausbildungsveranstaltungen sind bis zu zwei Stunden zulässig.

(4) Nach Berufsschultagen ist eine Rückkehr an den Arbeitsplatz nur dann zumutbar, wenn die verbleibende Restarbeitszeit zwei Stunden beträgt.

§ 5 Inkrafttreten

Die Betriebsvereinbarung tritt am …… in Kraft. Sie kann mit …… zum …… gekündigt werden.

……, den ……

Arbeitgeber   Betriebsrat

7. Muster: Betriebsvereinbarung über die berufliche Fortbildung

Zwischen
der …… GmbH

– nachfolgend Arbeitgeber genannt –

und
dem Betriebsrat der …… GmbH

– nachfolgend Betriebsrat genannt –

wird eine Betriebsvereinbarung über berufliche Fortbildungsmaßnahmen geschlossen.

1. Fortbildung

Das Unternehmen fördert bei allen Mitarbeitern die berufliche Fortbildung, soweit die dort erworbenen Kenntnisse und Fähigkeiten für das Unternehmen nützlich sind oder sein können.

2. Förderungsfähige Fortbildungsmaßnahmen

Zu den förderungsfähigen Fortbildungsmaßnahmen zählen:
  a) ……
  b) ……

3. Voraussetzungen für die Teilnahme an einer Fortbildungsmaßnahme sind

  a) die Eignung des Mitarbeiters. Das bedeutet vor allem, dass die vom Anbieter der Fortbildungsmaßnahme gestellten Mindestvoraussetzungen an die Ausbildung, die Fachkenntnisse und die Berufserfahrung erfüllt sein müssen;
  b) dass die angestrebte Qualifikation jetzt oder in absehbarer Zeit für das Unternehmen von Nutzen ist;
  c) ein fakultatives Gespräch zwischen Unternehmensvertretern und dem Bewerber über Eignung und Nutzen der Fortbildung für das Unternehmen. Auf Wunsch des Mitarbeiters nimmt ein Mitglied des Betriebsrats an dem Gespräch teil.

4. Personalakte

Über das Bewerbungsgespräch und seine Ergebnisse wird ein Vermerk zu den Personalakten genommen.

5. Rechtsanspruch

Ein Rechtsanspruch für den einzelnen Mitarbeiter erwächst aus dieser Fortbildungsordnung nicht.

6. Aufwendungen

Die Aufwendungen der im Fortbildungsgespräch genehmigten Maßnahmen trägt das Unternehmen. Hierzu gehören insbesondere die Teilnehmerbeiträge, die Prüfungsgebühren sowie die notwendigen Kosten für Fahrt und Verpflegung nach den steuerlichen Pauschalsätzen. Die Aufwendungen für Unterrichtsmaterial, das in das Eigentum des Mitarbeiters übergeht, trägt der Mitarbeiter. Hierzu gehören insbesondere Lehr- und Fachbücher, Werkstoffe und Werkzeuge.

7. Entgelt und Sonderzuwendungen

Das Entgelt einschließlich etwaiger Sonderzuwendungen wird während der Fortbildungsmaßnahme weiter gezahlt. Es wird nach dem Durchschnitt der letzten abgerechneten drei Monate berechnet. Der Erholungsurlaub wird außerhalb der Fortbildungsmaßnahmen gewährt. Das Urlaubsentgelt wird entsprechend den gesetzlichen oder tariflichen Vorschriften gezahlt.

8. Fortbildungsvertrag

Die Einzelheiten der Fortbildungsmaßnahme werden in einem Fortbildungsvertrag zwischen dem Mitarbeiter und dem Arbeitgeber geregelt. Ein Muster zum Fortbildungsvertrag ergibt sich aus der Anlage.

……, den ……

Arbeitgeber   Betriebsrat

Anlage: Fortbildungsvertrag

Fortbildungsvertrag
zwischen

der …… GmbH

und

dem Arbeitnehmer ……

1. Der Arbeitnehmer ist seit dem …… als …… beschäftigt.

2. Der Arbeitnehmer wird am …… die Fortbildung zum …… an der …… Schule/Akademie aufnehmen. Die Fortbildung dauert voraussichtlich …… Tage/Wochen/Monate und endet voraussichtlich am …… mit den Prüfungen ……

3. Der Arbeitnehmer verpflichtet sich, dem Arbeitgeber alle Prüfungsergebnisse und Zeugnisse mitzuteilen bzw. vorzulegen.

4. Während der Fortbildungsmaßnahme erhält der Arbeitnehmer Entgelt nach der Betriebsvereinbarung Fortbildung vom ……

5. Beendet der Arbeitnehmer nach einer Probezeit von drei Monaten die Fortbildung vor der Abschlussprüfung, so hat er die bis dahin bezogene Fortbildungsvergütung zurückzuzahlen, soweit der Abbruch der Fortbildung auf Gründen beruht, die der Arbeitnehmer zu vertreten hat. Das gilt dann nicht, wenn der Arbeitgeber dem Abbruch der Fortbildungsmaßnahme zustimmt.

6. Der Arbeitnehmer verpflichtet sich, nach der Abschlussprüfung mindestens noch *(je nach Dauer der Ausbildungsmaßnahme ein bis drei Jahre)* in den Diensten des Arbeitgebers zu arbeiten.[65] Beendet der Arbeitnehmer das Arbeitsverhältnis vorzeitig aus von ihm zu vertretenden Gründen, so hat er alle während der Fortbildung erhaltenen Entgelte zurückzuzahlen.[66] Das gilt auch dann, wenn der Arbeitgeber in dieser Zeit das Arbeitsverhältnis aus verhaltensbedingten oder wichtigen Gründen (§ 626 BGB) kündigt. Die Rückzahlungsverpflichtung vermindert sich je abgelaufenem Monat der Bindungsfrist um 1/12 bis 1/36.

......, den ......

Arbeitgeber   Arbeitnehmer

8. Muster: Betriebsvereinbarung über E-Learning[67]

Die ...... GmbH

– nachfolgend Arbeitgeber genannt –

und
der Betriebsrat der ...... GmbH

– nachfolgend Betriebsrat genannt –

schließen eine Betriebsvereinbarung Nr. .../... über die Grundsätze des betrieblichen E-Learning:

Präambel

Der Arbeitgeber und der Betriebsrat sind sich darüber einig, dass der Einsatz von E-Learning zur Förderung der beruflichen Weiterbildung der Arbeitnehmer im Betrieb erfolgen soll. Ziel der Betriebsvereinbarung ist es, das Computer Based Training (CBT) im Betrieb einzuführen, die dafür geltenden Grundsätze zu vereinbaren und das Zusammenwirken von Arbeitgeber, Betriebsrat und Mitarbeitern bei der Einführung zu regeln. Der Arbeitgeber und der Betriebsrat sind sich darüber einig, dass E-Learning zur Kostenreduzierung notwendig ist.

§ 1 Persönlicher Geltungsbereich

Die Betriebsvereinbarung gilt für alle Mitarbeiter, die eine innerbetriebliche oder private E-Learning-Fortbildung betreiben. Sie gilt nicht für Auszubildende.

§ 2 Begriffsbestimmungen

Unter E-Learning sind die elektronische Vermittlung von Lerninhalten (zB Computer Based Trainings) und die Organisation von Lernprozessen mit Hilfe der neuen Medien zu verstehen. CBT sind multimediale Lernprogramme, die auf CD-Roms gespeichert sind und der Vermittlung und dem Austausch von Wissen dienen.

§ 3 Unterrichtung des Betriebsrats

Der Arbeitgeber unterrichtet den Betriebsrat rechtzeitig und umfassend über
1. Inhalt, Methoden und Ablauf der E-Learning-Fortbildungen;
2. Ort, Zahl und Zeitpunkt möglicher Ablauf- und Erfolgskontrollen, insbesondere betrieblicher Zwischenprüfungen und Arbeitsproben;
3. die Aufstellung allgemeiner Fortbildungsrichtlinien;

---

[65] → A. Rn. 205 ff.
[66] BAG 13.12.2011 – 3 AZR 791/09, DB 2012, 1155.
[67] Vgl. hierzu http://www.bibb.de (Informationssystem ELDOC).

4. Beurteilungsgrundsätze für die Bewertung der Leistung;
5. Auswahl der Ausbilder und des Ausbildungsverantwortlichen;
6. Auswahl der Mitarbeiter, die an der Ausbildung teilnehmen;
7. Ermittlung des Fortbildungsbedarfs.

§ 4 Durchführung betrieblicher Bildungsmaßnahmen

Der Betriebsrat kann zu den geplanten Bildungsmaßnahmen Stellung nehmen und Gegenvorstellungen unterbreiten. Steht dem Betriebsrat ein erzwingbares Mitbestimmungsrecht bei der Durchführung der Bildungsmaßnahmen zu, so entscheidet im Falle einer fehlenden Einigung die Einigungsstelle.

§ 5 Bestellung eines verantwortlichen Ausbilders

Der Arbeitgeber und der Betriebsrat bestimmen zu Beginn einer Ausbildungsperiode einen verantwortlichen Ausbilder. Dies kann sowohl ein Mitarbeiter des Arbeitgebers als auch ein externer Anbieter sein.

§ 6 Auswahl der Teilnehmer

Der Arbeitgeber und der Betriebsrat entscheiden gemeinsam über die Teilnehmer der Fortbildungsmaßnahme. Kommt eine Einigung nicht zustande, entscheidet die Einigungsstelle.

§ 7 Art und Dauer der Fortbildung

Der Arbeitgeber und der verantwortliche Ausbilder entscheiden gemeinsam über die Art und Dauer der Fortbildungsmaßnahme.

§ 8 Durchführungsarten

(1) Die ausgewählten Mitarbeiter erhalten
　(a) ein Notebook;
　(b) das für den Lehrgang vorgesehene Unterrichts- und Arbeitsmaterial.

(2) Die Bearbeitungszeit beträgt wöchentlich während der Dienstzeit …… Stunden. Während dieser Zeit wird das Entgelt fortgezahlt. Das Ergebnis der Bearbeitung ist am Ende eines jeden Monats dem verantwortlichen Ausbildungsleiter zuzuleiten.

(3) Ist der Mitarbeiter am Ende des Monats, zB wegen Krankheit oder Urlaubs, an der Zuleitung verhindert, so ist die Zuleitung unverzüglich nachzuholen. Die Frist darf die Dauer der Arbeitsverhinderung nicht überschreiten.

§ 9 Kosten

Die Kosten des E-Learning trägt der Arbeitgeber.

§ 10 Inkrafttreten, Kündigung

Die Betriebsvereinbarung tritt am …… in Kraft. Sie kann mit …… zum …… gekündigt werden.

……, den ……

Arbeitgeber　　　　　　　　　　　　　Betriebsrat

9. Muster: Betriebsvereinbarung über die Führung von Personalakten[68]

Die ...... GmbH

— nachfolgend Arbeitgeber genannt —

und

der Betriebsrat der ...... GmbH

— nachfolgend Betriebsrat genannt —

schließen eine Betriebsvereinbarung über die Führung von Personalakten:

§ 1 Begriff

(1) Die Personalakte ist die Zusammenfassung aller schriftlich festgehaltenen Daten und Vorgänge, die sich mit der Person eines bestimmten Arbeitnehmers und dem Inhalt und der Entwicklung eines Arbeitsverhältnisses befassen.[69]

(2) Die Blätter der Personalakten sind laufend zu nummerieren. Werden einzelne Blätter entfernt, so ist für die entfernten Blätter ein Fehlblatt anzulegen. Eine Änderung der Nummerierung erfolgt nicht.

§ 2 Stammakte

(1) Die Personalakte wird grundsätzlich nur an einer Stelle (Personalabteilung) geführt. Werden Teile der Personalakte von anderen Stellen geführt, so ist in der Personalstammakte zu vermerken, wo weitere Teile der Personalakte geführt werden.

(2) In der Personalakte werden nur solche Unterlagen gesammelt, die zur Abwicklung des Arbeitsverhältnisses notwendig sind. Aufzeichnungen und Unterlagen über persönliche Verhältnisse des Arbeitnehmers werden nur insoweit zu den Personalakten genommen, als sie der Betriebsvereinbarung über den zulässigen Inhalt des Personalfragebogens entsprechen.[70] Der Inhalt von Strafakten, Ehescheidungsakten und anderen Akten öffentlicher Körperschaften und Behörden wird nur dann zu den Personalakten genommen, wenn dies für die Beurteilung des Arbeitnehmers von Bedeutung ist.[71]

(3) Besonders sensible Gesundheitsdaten des Arbeitnehmers sind vor unbefugter zufälliger Kenntnisnahme durch Einschränkung des Kreises der Informationsberechtigten (zB durch Aufbewahrung in einem verschlossenen Umschlag) zu schützen.[72]

§ 3 Geheimhaltungspflicht

(1) Der Inhalt der Personalakte ist vertraulich zu behandeln. Es ist sicherzustellen, dass Dritte keinen Einblick nehmen können. Die Weitergabe von Daten und Angaben aus der Personalakte ist nur zulässig zur Erfüllung gesetzlicher Pflichten, zur Wahrung berechtigter Interessen des Unternehmens oder wenn der Mitarbeiter mit der Weitergabe einverstanden ist.[73]

---

[68] Im Interesse des Persönlichkeits- und Geheimhaltungsschutzes streben die Gewerkschaften den Abschluss von Betriebsvereinbarungen über die Führung von Personalakten an. Sie sehen die Zuständigkeitsvorschrift in § 75 Abs. 2 BetrVG. Der Entwurf lehnt sich an eine Muster-Vereinbarung der IG Chemie an.

[69] BAG 17.3.1970 – 5 AZR 263/69, AP BGB § 611 Fürsorgepflicht Nr. 78; BVerwG 28.3.1958 – VI P 17/57, AP PersVG § 66 Nr. 1; 8.11.1957 – VII P 2/57, BVerwGE 5, 344.

[70] Vgl. § 1 und die Datenerfassung nach dem BDSG; vgl. auch BAG 22.10.1986 – 5 AZR 660/85, AP BDSG § 23 Nr. 2.

[71] Die Zulässigkeit der Aufnahme derartiger Unterlagen ist umstritten, vgl. auch Schaub/*Linck*, ArbR-HdB, § 148 Rn. 2.

[72] BAG 12.9.2006 – 9 AZR 271/06, AP BGB § 611 Personalakte Nr. 1.

[73] Zum Schmerzensgeldanspruch vgl. BAG 9.7.1987 – 2 AZR 574/86, AP AFG § 117 Nr. 9; 18.12.1984 – 3 AZR 389/83, AP BGB § 611 Persönlichkeitsrecht Nr. 8; absolutes Recht und Verfallfrist: BAG 15.7.1987 – 5 AZR 215/86, AP BGB § 611 Persönlichkeitsrecht Nr. 14.

(2) Die Weitergabe von Beruf, Namen und Anschrift der Mitarbeiter an Dritte ist nur im Rahmen der in Absatz 1 genannten Grenzen zulässig.[74]

§ 4 Einsichtsrecht

(1) Der Arbeitnehmer ist berechtigt, während der betriebsüblichen Bürostunden in alle Teile seiner Personalakte Einsicht zu nehmen. Er ist berechtigt, Abschriften und Notizen zu fertigen. Ein Anspruch auf Erteilung von Abschriften und Fotokopien besteht nicht/besteht gegen Erstattung der Kosten.

(2) Vor der Einsichtnahme oder aus Anlass der Einsichtnahme dürfen an der Personalakte keine Veränderungen vorgenommen werden. Über Datum und Ort der Einsichtnahme ist ein Vermerk aufzunehmen und zu den Personalakten zu nehmen.

(3) Der Betriebsrat kann in die Personalakte Einsicht nehmen, wenn
 (a) der Arbeitnehmer einverstanden ist;
 (b) dies zur Erfüllung seiner gesetzlichen Pflichten erforderlich ist.[75]

§ 5 Erklärungen zur Personalakte

Erklärungen des Arbeitnehmers, die sich auf das Arbeitsverhältnis oder den Inhalt der Personalakten beziehen, sind zu den Personalakten zu nehmen.[76]

§ 6 Löschung

(1) Abmahnungen, Verwarnungen, Verweise, Betriebsbußen oder sonstige negative Äußerungen über einen Arbeitnehmer sind am Ende des zweiten Jahres nach ihrer Aufnahme in die Personalakten aus diesen zu entfernen.[77] Dies gilt nicht für Zeugnisse oder Zwischenzeugnisse, die dem Arbeitnehmer auf sein Verlangen erteilt worden sind.

(2) Beziehen sich die in Abs. 1 genannten Äußerungen auf Verstöße gegen die Arbeitssicherheit, Vorschriften des Gesundheits- und Jugendschutzes, so beträgt die Frist vier Jahre.

(3) Über die Entfernung von Unterlagen aus der Personalakte ist der Arbeitnehmer zu unterrichten.

§ 7 Aushändigung der Personalakte

Scheidet ein Arbeitnehmer aus den Diensten des Arbeitgebers aus, so sind ihm auf Verlangen die Unterlagen aus der Personalakte auszuhändigen, die nicht aufgrund gesetzlicher Vorschriften im Unternehmen verbleiben müssen. Auf Verlangen sind

---

[74] Die IG Chemie befürchtet, dass Anschriftenlisten dazu missbraucht werden könnten, dass Arbeitnehmer unzulässigem Druck oder in Fällen des Arbeitskampfes arbeitgeberseitiger Propaganda durch Dritte ausgesetzt werden könnten.
[75] Ob der Betriebsrat ein eigenes Einsichtsrecht hat, ist umstritten, vgl. Schaub/*Koch*, ArbR-HdB, § 234 Rn. 14.
[76] Schaub/*Linck*, ArbR-HdB, § 148 Rn. 1 ff.; Schaub/*Koch*, ArbR-HdB, § 233 Rn. 19; § 234 Rn.14.
[77] Der Arbeitnehmer kann die Entfernung eines auf einer wahren Sachverhaltsfeststellung beruhenden Schreibens aus der Personalakte verlangen, wenn es für die weitere Beurteilung des Arbeitnehmers überflüssig geworden ist und ihn in seiner beruflichen Entwicklungsmöglichkeit beeinträchtigen könnte (BAG 13.4.1988 – 5 AZR 537/86, AP BGB § 611 Fürsorgepflicht Nr. 100). Eine zu Unrecht erteilte Abmahnung muss in jedem Fall entfernt werden (vgl. BAG 5.8.1992 – 5 AZR 531/91, AP BGB § 611 Abmahnung Nr. 8). Auch nach der Entfernung einer Abmahnung aus der Personalakte ist der Arbeitnehmer nicht gehindert, einen Anspruch auf Widerruf der in der Abmahnung abgegebenen Erklärungen gerichtlich geltend zu machen (vgl. BAG 15.4.1999 – 7 AZR 716/97, AP BGB § 611 Abmahnung Nr. 22). Nach der Beendigung des Arbeitsverhältnisses besteht idR kein Anspruch auf Entfernung der Abmahnung (vgl. BAG 19.4.2012 – 2 AZR 233/11, BB 2012, 2816; 14.9.1994 – 5 AZR 632/93, AP BGB § 611 Abmahnung Nr. 13). Der Anspruch auf Entfernung der Abmahnung unterliegt nicht der Verfallfrist nach § 70 BAT (BAG 14.12.1994 – 5 AZR 137/94, AP BGB § 611 Abmahnung Nr. 15).

dem Arbeitnehmer über die im Unternehmen verbleibenden Unterlagen Kopien zu übergeben.

§ 8 Inkrafttreten

Die Betriebsvereinbarung tritt am ...... in Kraft. Sie kann mit ...... zum ...... gekündigt werden.

......, den ......

Arbeitgeber   Betriebsrat

10. Muster: Antrag auf Zustimmung zur Einstellung eines Arbeitnehmers (§ 99 BetrVG) [→ B. Rn. 118 f.]

Firma
...... GmbH

An den
Betriebsrat
der ...... GmbH
z. Hd. des Betriebsratsvorsitzenden

Oder:

An den
Personalausschuss
der ...... GmbH
z. Hd. des Ausschussvorsitzenden

Sehr geehrte(r) Herr/Frau ......,

es ist beabsichtigt, den Bewerber ...... *(Name, Vorname, Anschrift, Geburtsdatum, Familienstand)*... als ...... in der Abteilung ...... einzustellen.

Er war bisher bei ...... beschäftigt. Es bestehen bei ihm folgende Erwerbsbeschränkungen: ......

Er soll in die tarifliche Lohngruppe ...... eingestuft werden.

Um den Arbeitsplatz haben sich ferner beworben:[78]
1. ......
2. ......

Die Einstellung kann auf die übrige Belegschaft folgende Auswirkungen haben:

......

Eine Abschrift des Personalfragebogens ist als Anlage beigefügt. Die Bewerbungsunterlagen sämtlicher Bewerber (Bewerbungsunterlagen, Lebenslauf, Zeugnis) sind beigefügt/können im Personalbüro eingesehen werden.[79]

---

[78] Der Arbeitgeber hat dem Betriebsrat bei Einstellungen und Versetzungen Auskunft über die Personen sämtlicher Beteiligter zu geben, also über sämtliche, zB auch von der Arbeitsagentur vorgeschlagenen Bewerber. Wird die Einstellung durch eine Unternehmensberatungsfirma vorbereitet und diese mit der Vorauswahl betraut, hat der Arbeitgeber den Betriebsrat über die Bewerber zu informieren, die ihm von der Firma benannt worden sind (vgl. BAG 18.12.1990 – 1 ABR 15/90, AP BetrVG 1972 § 99 Nr. 85; Schaub/*Koch*, ArbR.-HdB, § 241 Rn. 28).

[79] Zu den dem Betriebsrat vorzulegenden Bewerbungsunterlagen gehören auch solche Unterlagen, die der Arbeitgeber anlässlich der Bewerbung über die Person des Bewerbers erstellt hat, vgl. BAG 14.12.2004 – 1 ABR 55/03, AP BetrVG 1972 § 99 Nr. 122.

Wir bitten Sie, der beabsichtigten Einstellung zuzustimmen.[80] Sollten Sie der Einstellung nicht zustimmen, beabsichtigen wir, die Einstellung als vorläufige personelle Maßnahme nach § 100 BetrVG durchzuführen.

......, den ......

Arbeitgeber

11. Anhörung nach § 102 BetrVG

Hinweis:

Bei den Mustern zur Anhörung nach § 102 BetrVG ist darauf zu achten, dass dem Betriebsrat das Recht zusteht, der Kündigung zu widersprechen mit der Folge, dass ein gesetzlicher Weiterbeschäftigungsanspruch entsteht, von dem der Arbeitgeber sich entbinden lassen muss.

134

a) Muster: Formblatt für die Anhörung vor der Kündigung [→ B. Rn. 120]

Firma
...... GmbH

An den
Betriebsrat
der ...... GmbH
z. Hd. des Betriebsratsvorsitzenden

Oder:

An den
Personalausschuss
der ...... GmbH
z. Hd. des Ausschussvorsitzenden

Sehr geehrte(r) Herr/Frau ......,

wir beabsichtigen, dem Arbeitnehmer

Name: ......

Anschrift: ......

Familienstand: ......

geboren am: ......

Kinder: ......

bei uns beschäftigt seit dem: ......

zuletzt als: ......

bei einer wöchentlichen Stundenzahl von: ......

Vergütung: ......

eine außerordentliche, hilfsweise ordentliche Kündigung, zum nächstzulässigen Zeitpunkt, das ist nach unseren Berechnungen der ...... auszusprechen.

Oder im Falle der Änderungskündigung:

135

[80] Der Arbeitgeber ist nach § 99 Abs. 1 BetrVG nicht dazu verpflichtet, dem Betriebsrat Auskunft über den Inhalt des Arbeitsvertrages des einzustellenden Arbeitnehmers zu geben, soweit es sich nicht um Vereinbarungen über die Art und die Dauer der vorgesehenen Beschäftigung und die beabsichtigte Eingruppierung handelt. Der Arbeitsvertrag gehört nicht zu den vorzulegenden Bewerbungsunterlagen, vgl. BAG 18.10.1988 – 1 ABR 33/87, AP BetrVG 1972 § 99 Nr. 57.

eine Änderungskündigung zum nächstzulässigen Zeitpunkt, das ist nach unseren Berechnungen der ...... auszusprechen.

Die Kündigung ist erforderlich, weil ......[81]

Der Betriebsrat wird gebeten, der Kündigung zuzustimmen. Für den Fall, dass der Betriebsrat nicht zustimmt, wird er gebeten, im Falle einer außerordentlichen Kündigung binnen drei Tagen und einer ordentlichen Kündigung binnen einer Woche schriftlich seine Bedenken gegen die Kündigung mitzuteilen.

Oder:

Der Betriebsrat wird gebeten, der Kündigung unverzüglich zuzustimmen.[82] Wegen der besonderen Eilbedürftigkeit wird gebeten, sofort eine Betriebsratssitzung einzuberufen und die beabsichtigte Kündigung zum Gegenstand einer Betriebsratssitzung zu machen. Die besondere Eilbedürftigkeit besteht darin, dass ......

......, den ......

Arbeitgeber

b) Muster: Empfangsbestätigung für die Unterrichtung durch den Arbeitgeber

136

Hinweis:

Der Betriebsratsvorsitzende kann der Entgegennahme der Anhörung zur Kündigung widersprechen, wenn ihm die Mitteilung zu Hause oder außerhalb der Arbeitszeit zugeht.[83]

137

Empfangsbestätigung

Wir bestätigen, die Unterrichtung über die beabsichtigte Kündigung des Arbeitnehmers ...... am ...... erhalten zu haben.

......, den ......

Betriebsrat/Betriebsausschuss/Ausschuss für Personalfragen

c) Muster: Stellungnahme des Betriebsrats zur Kündigung, Umgruppierung oder Versetzung *[→ B. Rn. 118 ff.]*

138

Betriebsrat
der ...... GmbH

An die
Geschäftsleitung
– Personalabteilung –

Betr.: Arbeitnehmer ...... *(Name, Vorname)*

Der Betriebsrat stimmt der ordentlichen Kündigung/Änderungskündigung/außerordentlichen Kündigung zu.

---

[81] Es sind sämtliche für und gegen die Kündigung sprechenden Gründe, auf welche die Kündigung gestützt werden soll, mitzuteilen. Unzureichend sind pauschale, schlagwortartige und stichwortartige Bezeichnungen des Kündigungsgrundes oder bloße Werturteile. Für den Fall der Änderungskündigung ist das Änderungsangebot konkret zu benennen. Zur Betriebsratsanhörung vgl. ausführlich Schaub/*Linck,* ArbR-HdB, § 124 Rn. 1 ff.

[82] Nach der Rechtsprechung des BAG (13.11.1975 – 2 AZR 610/74, AP BetrVG 1972 § 102 Nr. 7) kann der Arbeitgeber die Anhörungsfrist nicht abkürzen. Eine Abkürzung soll nur im Falle betriebsbedingter Kündigungen bei einer Existenzgefährdung des Betriebes zulässig sein.

[83] BAG 27.8.1982 – 7 AZR 30/80, AP BetrVG 1972 § 102 Nr. 25.

Der Betriebsrat stimmt der ordentlichen, nicht aber der außerordentlichen Kündigung zu.

Der Betriebsrat stimmt der Umgruppierung/Versetzung zu.

Der Betriebsrat hat gegen die ordentliche/außerordentliche Kündigung folgende Bedenken:

...... *(Darstellung jeglicher Bedenken gegen die Kündigung.)* ......

Der Betriebsrat widerspricht der Kündigung:

(Der Widerspruch kann nur auf die in § 102 Abs. 3 BetrVG enumerativ aufgezählten Gründe[84] *gestützt werden. Diese müssen im Einzelnen dargelegt werden. Unzureichend ist die Wiedergabe des Gesetzeswortlauts.)*

Der Betriebsrat hat gegen die Umgruppierung/Versetzung folgende Bedenken ......

Der Betriebsrat widerspricht der Versetzung/Umgruppierung.

......, den ......

Betriebsrat

d) Muster: Mitwirkung Sprecherausschuss[85]

Firma
...... GmbH

An den
Sprecherausschuss
z. Hd. des Vorsitzenden

Sehr geehrte(r) Herr/Frau ......,

das Unternehmen beabsichtigt, Herrn/Frau ......, geb. am ......, verheiratet ......, fristlos zu kündigen. Für die Kündigung sind folgende Gründe maßgebend ...... Auf Wunsch werden wir die Kündigung mit Ihnen beraten ......

Sofern der Sprecherausschuss gegen die Kündigung Bedenken hat, bitten wir unter Wahrung der gesetzlichen Frist um schriftliche Mitteilung.

......, den ......

Arbeitgeber

139

e) Muster: Stellungnahme Sprecherausschuss

Sprecherausschuss

An die
Geschäftsleitung
– Personalabteilung –

Sehr geehrte Damen und Herren,

der Sprecherausschuss hat in seiner Sitzung vom ...... die Kündigung erörtert. Er hat beschlossen, der Kündigung zuzustimmen/gegen die Kündigung folgende Bedenken zu erheben ......

......, den ......

Sprecherausschuss

140

---

[84] Schaub/*Linck,* ArbR-HdB, § 124 Rn. 54 ff.
[85] Schaub/*Koch,* ArbR-HdB, § 253 Rn. 7 ff.

5. Teil. Mitbestimmung in sozialen Angelegenheiten

Übersicht

	Rn.
I. Gesetzliche Vorgaben	141–148
II. Anrufung der Einigungsstelle	149–151
1. Vorbemerkung	149
2. Muster: Anrufung der Einigungsstelle	150, 151
III. Ordnung des Betriebes und des Verhaltens der Arbeitnehmer (§ 87 Abs. 1 Nr. 1 BetrVG)	152–174
1. Gesetzliche Vorgaben	152–155
2. Muster	156–174
a) Muster: Arbeitsordnung	156
b) Muster: Vollständige Arbeitsordnung, im Wesentlichen beschränkt auf das Verhalten und die Ordnung der Arbeitnehmer	157–159
c) Muster: Betriebsvereinbarung Suchterkrankung	160–162
aa) Rauch- und Alkoholverbote	160
bb) Suchterkrankungen	161, 162
d) Muster: Betriebsvereinbarung zur Vermeidung von Ungleichbehandlungen	163–169
aa) Gesetzliche Vorgaben	163–167
bb) Muster: Betriebsvereinbarung	168, 169
e) Muster: Betriebsvereinbarung gegen sexuelle Belästigung am Arbeitsplatz	170–172
f) Muster: Betriebsvereinbarung Tor-, Taschen- und Schrankkontrollen	173, 174
IV. Beginn und Ende der täglichen Arbeitszeit (§ 87 Abs. 1 Nr. 2 BetrVG)	175–182
1. Gesetzliche Vorgaben	175–179
2. Muster	180–182
a) Muster: Betriebsvereinbarung über die Festlegung der Arbeitszeit	180
b) Muster: Betriebsvereinbarung über Arbeitszeitkonto	181
c) Muster: Betriebsvereinbarung über die Einführung der Gleitzeitarbeit	182
V. Verkürzung und Verlängerung der Arbeitszeit (§ 87 Abs. 1 Nr. 3 BetrVG)	183–185
1. Gesetzliche Vorgaben	183
2. Muster	184, 185
a) Muster: Betriebsvereinbarung über die Einführung von Kurzarbeit	184
b) Muster: Betriebsvereinbarung zu Überstunden	185
VI. Betriebsvereinbarung zur Auszahlung des Arbeitsentgeltes (§ 87 Abs. 1 Nr. 4 BetrVG)	186–189
1. Gesetzliche Vorgaben	186, 187
2. Muster: Betriebsvereinbarung zur Auszahlung des Arbeitsentgeltes	188, 189
VII. Urlaubsgrundsätze und Urlaubsplan (§ 87 Abs. 1 Nr. 5 BetrVG)	190–197
1. Gesetzliche Vorgaben	190
2. Muster	191–197
a) Muster: Betriebsvereinbarung allgemeine Urlaubsgrundsätze	191
b) Muster: Betriebsvereinbarung über Betriebsurlaub	192, 193
c) Muster: Betriebsvereinbarung Sabbaticals	194, 195
d) Muster: Betriebsvereinbarung zu Brückentagen	196, 197
VIII. Technische Überwachungseinrichtungen (§ 87 Abs. 1 Nr. 6 BetrVG)	198–208
1. Gesetzliche Vorgaben	198–200
2. Nutzung von Internet, Intranet und E-Mail	201–203
a) Gesetzliche Vorgaben	201, 202
b) Muster: Betriebsvereinbarung über die Nutzung von Internet, Intranet und E-Mail	203
3. Videoüberwachung	204–207
a) Gesetzliche Vorgaben	204, 205
b) Beispiel: Spielbank	206
c) Muster: Betriebsvereinbarung zur Videoüberwachung	207
4. Muster: Betriebsvereinbarung zur Einführung eines GPS-gestützten Einsatzsteuerungsunterstützungssystems	208
IX. Datenschutz und Dateneinsicht	209–217
1. Gesetzliche Vorgaben	209–216
a) Vorbemerkung	209, 210
b) Beschäftigtendatenschutz	211
c) Erlaubnistatbestand	212–214
d) Einwilligung	215, 216
2. Muster: Konzernbetriebsvereinbarung über Dateneinsicht bei DV-Anlagen am Arbeitsplatz	217
X. Regelung zum Arbeitsschutz (§ 87 Abs. 1 Nr. 7 BetrVG)	218–222
1. Gesetzliche Vorgaben	218
2. Muster	219–222
a) Muster: Betriebsvereinbarung über Arbeitssicherheit und Gesundheitsschutz (allgemeine Form)	219
b) Muster: Betriebsvereinbarung zur Gefährdungsanalyse und zum Gesundheitsschutz (ausführliche Form)	220

		Rn.
	c) Muster: Betriebsvereinbarung über den Einsatz der Fachkraft für Arbeitssicherheit und des Betriebsarztes, der Geschäftsführung des Arbeitssicherheitsausschusses, der Sicherheitsbeauftragen und Ersthelfer (ausführliche Form) ..	221
	d) Muster: Betriebsvereinbarung über Bildschirmarbeit	222
XI.	Mitbestimmung bei Sozialeinrichtungen (§ 87 Abs. 1 Nr. 8 BetrVG)	223, 224
	1. Gesetzliche Vorgaben	223
	2. Muster: Betriebsvereinbarung zum Hilfsfonds für Notlagen	224
XII.	Werkwohnungen (§ 87 Abs. 1 Nr. 9 BetrVG)	225
XIII.	Betriebliche Lohngestaltung (§ 87 Abs. 1 Nr. 10 BetrVG)	226–235
	1. Gesetzliche Vorgaben	226, 227
	2. Muster	228–235
	a) Muster: Betriebsvereinbarung über Akkordlohn	228
	b) Muster: Betriebsvereinbarung über die Einführung einer Prämienentlohnung ..	229
	c) Muster: Betriebsvereinbarung über Prämienentlohnung mit Rahmenvereinbarung (Gruppenprämie)	230
	d) Muster: Einzelvereinbarung zur Rahmenvereinbarung	231
	e) Muster: Betriebsvereinbarung über übertarifliche Zulagen	232
	f) Muster: Betriebsvereinbarung über Gehaltsgruppen von AT-Angestellten	233
	g) Muster: Betriebsvereinbarung über eine Zielvereinbarung	234
	h) Muster: Konzernbetriebsvereinbarung über betriebliche Altersversorgung	235
XIV.	Mitbestimmung bei Leistungsentgelten (§ 87 Abs. 1 Nr. 11 BetrVG)	236
XV.	Mitbestimmung beim betrieblichen Vorschlagswesen (§ 87 Abs. 1 Nr. 12 BetrVG)	237, 238
	1. Gesetzliche Vorgaben	237
	2. Muster: Betriebsvereinbarung zu Verbesserungsvorschlägen	238
XVI.	Mitbestimmungsrecht bei der Gruppenarbeit nach § 87 Abs. 1 Nr. 13 BetrVG	239

I. Gesetzliche Vorgaben

Der Kernbereich der Beteiligungsrechte des Betriebsrats liegt im Bereich der **notwendigen bzw. obligatorischen sozialen Mitbestimmung** nach § 87 BetrVG. **141**

In Zusammenhang mit den in § 87 BetrVG aufgezählten Regelungsgegenständen **142** kann der Arbeitgeber Maßnahmen nur treffen, wenn der Betriebsrat zustimmt oder seine **Zustimmung durch den Spruch der Einigungsstelle ersetzt** wird (§ 87 Abs. 2 BetrVG).[86]

Zuständig für die Ausübung des Mitbestimmungsrechts ist im Allgemeinen der **143** örtliche Betriebsrat. Denkbar ist aber auch, dass für die Ausübung des Mitbestimmungsrechts der Gesamtbetriebsrat oder der Konzernbetriebsrat zuständig ist, wenn eine unternehmenseinheitliche oder konzerneinheitliche Regelung notwendig oder beabsichtigt ist.[87] Die Wahrnehmung der Mitbestimmungsrechte kann in größeren Betrieben einem Ausschuss übertragen werden (§ 28 Abs. 1 BetrVG).

Der Arbeitgeber muss den Betriebsrat einschalten, wenn er eine Maßnahme zu einem **144** mitbestimmungspflichtigen Gegenstand durchführen will (Ausnahme: Notfall). Der Arbeitgeber ist verpflichtet, das zuständige Betriebsverfassungsorgan vor der Durchführung der geplanten Maßnahme zu einer Stellungnahme aufzufordern und die Zustimmung einzuholen oder das Einigungsstellenverfahren einzuleiten. Die Durchführung der vom Arbeitgeber beabsichtigten Maßnahme setzt eine **Einigung durch eine Betriebsvereinbarung oder eine Regelungsabrede** voraus. Das Schweigen des Betriebsrats, Gesamtbetriebsrats oder Konzernbetriebsrats stellt keine Zustimmung zu dem Anliegen des Arbeitgebers dar.

Der Betriebsrat kann einer geplanten Maßnahme des Arbeitgebers auch **ausdrück- 145 lich oder konkludent zustimmen**. Liegt eine solche Zustimmungserklärung vor, bedarf es nicht des Abschlusses einer Betriebsvereinbarung.[88]

Bei **Eil- und Notfällen** ist zu differenzieren: Als Eilfälle werden üblicherweise **146** Situationen verstanden, in der eine Regelung umgehend erfolgen muss, der Betriebsrat aber bisher noch nicht zugestimmt hat. Die Eilbedürftigkeit einer mitbe-

---

[86] Zum Mitbestimmungsrecht im Beteiligungsverfahren vgl. im Einzelnen Schaub/*Koch*, ArbR-HdB, § 235 Rn. 11 ff. mzN.
[87] BAG 18.10.1994 – 1 ABR 17/94, AP BetrVG 1972 § 87 Lohngestaltung Nr. 70; 11.2.1992 – 1 ABR 51/91, AP BetrVG 1972 § 76 Nr. 50.
[88] Vgl. im Einzelnen Schaub/*Koch*, ArbR-HdB, § 235 Rn. 12 mzN.

stimmungspflichtigen Maßnahme lässt das Mitbestimmungsrecht des Betriebsrats nicht entfallen. Anders als in Eilfällen ist das Mitbestimmungsrecht des Betriebsrats in so genannten Notfällen eingeschränkt. Notfälle sind Situationen, in denen sofort gehandelt werden muss, um von dem Betrieb oder den Arbeitnehmern Schaden abzuwenden und in denen entweder der Betriebsrat nicht erreichbar ist oder keinen ordnungsgemäßen Beschluss fassen kann. Das Bundesarbeitsgericht verweist zur Begründung des eingeschränkten Mitbestimmungsrechts auf den Grundsatz der vertrauensvollen Zusammenarbeit (§ 2 Abs. 1 BetrVG). Nach der Durchführung der Maßnahme muss der Arbeitgeber allerdings unverzüglich die Beteiligung des Betriebsrats nachholen.[89]

147 Unterbleibt die Beteiligung des Betriebsrats und führt der Arbeitgeber eine Maßnahme entgegen des Mitbestimmungsrechts des Betriebsrats nach § 87 Abs. 1 BetrVG durch, hat der Betriebsrat unabhängig von der Voraussetzung des § 23 Abs. 3 BetrVG einen **Unterlassungsanspruch,** der auch im einstweiligen Verfügungsverfahren geltend gemacht werden kann. Der Anspruch setzt die Gefahr der Wiederholung voraus. Für diese besteht eine tatsächliche Vermutung, es sei denn, besondere Umstände machen einen neuen Eingriff unwahrscheinlich.[90]

148 Nach der Theorie der Wirksamkeitsvoraussetzung sind individualrechtliche Maßnahmen des Arbeitgebers unzulässig, wenn der Arbeitgeber bei deren Durchführung gegen das Mitbestimmungsrecht des § 87 BetrVG verstößt.[91]

II. Anrufung der Einigungsstelle

1. Vorbemerkung

149 Da die Regelungsgegenstände, die im Katalog des § 87 Abs. 1 BetrVG aufgeführt sind, einer Regelung bedürfen und es nicht sein darf, dass eine Partei eine Regelung blockiert, indem sie sich einer Verständigung verschließt, besteht die Möglichkeit, eine zwingende Regelung durch eine Einigungsstelle und ggf. durch einen Spruch der Einigungsstelle herbeizuführen (§ 87 Abs. 2 BetrVG). Die Einigungsstelle muss in einem solchen Fall angerufen werden.

2. Muster: Anrufung der Einigungsstelle [→ B. Rn. 149]

150

Betriebsrat
der …… GmbH

An die
…… GmbH
– Geschäftsführung –

Einführung Gleitzeit

Sehr geehrte Damen und Herren,

am …… sind Sie an uns mit dem Wunsch, eine Gleitzeitregelung herbeizuführen, herangetreten. Über die von Ihnen gewünschte Regelung haben wir in den Terminen am …… und …… lange und ausführlich verhandelt. Wir haben, wie Ihnen bekannt ist, unter dem …… einen Gegenvorschlag unterbreitet, über den wir ebenfalls am …… keine Einigung haben herbeiführen können.

Die von Ihnen gewünschte Einführung der Gleitzeitregelung unterliegt der zwingenden Mitbestimmung des Betriebsrats nach § 87 Abs. 1 BetrVG. Da wir eine Einigung nicht haben erzielen können, rufen wir hiermit die

---

[89] BAG 19.2.1991 – 1 ABR 31/90, AP BetrVG 1972 § 87 Arbeitszeit Nr. 42; 13.7.1977 – 1 AZR 336/75, AP BetrVG 1972 § 87 Kurzarbeit Nr. 2.
[90] BAG 29.2.2000 – 1 ABR 4/99, AP BetrVG 1972 § 87 Lohngestaltung Nr. 105.
[91] Vgl. Schaub/*Koch,* ArbR-HdB, § 235 Rn. 22 mzN auf die stRspr des BAG.

> **Einigungsstelle**
> an. Als Vorsitzenden der Einigungsstelle schlagen wir den Richter am Arbeitsgericht ...... vor. Die Anzahl der Beisitzer schlagen wir vor, auf jeweils zwei festzusetzen.
>
> Mit freundlichen Grüßen

> **Hinweis:** 151
> Können Arbeitgeber und Betriebsrat sich nicht über die Einsetzung der Einigungsstelle, die Person des Einigungsstellenvorsitzenden und die Zahl der Beisitzer einigen, ist ggf. gerichtlich eine Einigungsstelle einzusetzen.

III. Ordnung des Betriebes und des Verhaltens der Arbeitnehmer (§ 87 Abs. 1 Nr. 1 BetrVG)

1. Gesetzliche Vorgaben

Ein Mitbestimmungsrecht nach § 87 Abs. 1 Nr. 1 BetrVG besteht in Fragen der 152 Ordnung des Betriebes und des Verhaltens der Arbeitnehmer. Gegenstand des Mitbestimmungsrechts ist das **betriebliche Zusammenleben und Zusammenwirken der Arbeitnehmer,** das der Arbeitgeber kraft seines Direktionsrechts oder seiner Organisationsbefugnisse beeinflussen und koordinieren kann. Zweck des Mitbestimmungsrechts ist die Gewährung einer gleichberechtigten Teilhabe der Arbeitnehmer an der Gestaltung des betrieblichen Zusammenlebens.[92] Als arbeitsnotwendige, nicht mitbestimmungspflichtige Maßnahmen werden angesehen: Anweisungen, in welcher Reihenfolgen Arbeiten zu verrichten sind, Anweisungen im Lebensmittelbetrieb, Schutzkleidungen zu tragen, Anweisungen zur Erfassung von Arbeitszeit und zum Ausfüllen von Lochkarten zu Kalkulationszwecken sowie Anweisungen zum Ausfüllen von Formularen zur Zeiterfassung für die Überstunden, zur Berechnung, zu Dienstreiseanordnungen und Spesenregelungen etc.[93]

Zu den **beteiligungspflichtigen Vorschriften,** die das Verhalten der Arbeitneh- 153 mer im weiteren Sinne betreffen, gehören sämtliche Normen, die das Verhalten der Arbeitnehmer selbst und das Verhalten des Arbeitnehmers zu seinen Kollegen und dem Arbeitgeber regeln sollen. Hierzu zählen beispielsweise die Einführung von Torkontrollen, Stechuhren, Zugangskontrollen, Kleiderordnungen etc.[94]

Die **Regelung von materiellen Arbeitsbedingungen in Arbeitsordnungen,** 154 die mit dem Betriebsrat in Form einer Betriebsvereinbarung vereinbart werden, wird populärer. Hintergrund ist, dass einerseits nach § 310 Abs. 4 S. 2 BGB eine Inhaltskontrolle für allgemeine Geschäftsbedingungen gem. §§ 305 ff. BGB auch bei Arbeitsverträgen stattfindet. Davon sind allerdings Tarifverträge und Betriebsvereinbarungen ausgenommen. Der Gesetzgeber geht davon aus, dass in einem gewissermaßen normsetzenden Bereich, wie der Betriebsvereinbarung, nicht durch eine AGB-Kontrolle eingegriffen werden darf. Betriebsvereinbarungen mit einer Arbeitsordnung unterliegen daher keiner allgemeinen Billigkeitskontrolle. Sie müssen aber einer Rechtskontrolle standhalten und dürfen – vereinfacht gesagt – nicht von geltendem Recht abweichen.

Der Arbeitgeber wird häufig Arbeitsordnungen erlassen, welche die unterschied- 155 lichsten Mitbestimmungsrechte nach § 87 Abs. 1 BetrVG mit aufnehmen. Die nachfolgende Arbeitsordnung regelt beispielhaft nicht nur die Ordnung und das Verhalten der Arbeitnehmer im Betrieb, sondern nimmt auch Vergütungsgrundsätze, Urlaubsgrundsätze, Arbeitszeit uÄ, also vollständig andere Regelungsgegenstände mit auf.

---

[92] BAG 22.7.2008 – 1 ABR 40/07, AP BetrVG 1972 § 87 Nr. 14; 18.4.2000 – 1 ABR 22/99, AP BetrVG 1972 § 87 Überwachung Nr. 33; 24.3.1981 – 1 ABR 32/78, AP BetrVG 1972 § 87 Arbeitssicherheit Nr. 2.
[93] Vgl. im Einzelnen: Schaub/*Koch,* ArbR-HdB, § 235 Rn. 30 mwN.
[94] Weitere Beispiele vgl. bei Schaub/*Koch,* ArbR-HdB, § 235 Rn. 31 mzN.

2. Muster

a) Muster: Arbeitsordnung *[→ B. Rn. 154 ff.]*

Betriebsvereinbarung

Zwischen
der …… GmbH, ……

– nachfolgend Arbeitgeber genannt –

und
dem Betriebsrat der …… GmbH, ……

– nachfolgend Betriebsrat genannt –

wird folgende Betriebsvereinbarung Nr. ……/…… abgeschlossen:

Präambel

Die Betriebsvereinbarung regelt die allgemeinen Arbeitsbedingungen der bei dem Arbeitgeber beschäftigten Arbeitnehmer. Die allgemeinen Arbeitsbedingungen umfassen die Rechte und Pflichten der Arbeitsvertragsparteien (Arbeitgeber und Arbeitnehmer). Für die Arbeitnehmer stellen die allgemeinen Arbeitsbedingungen den geltenden Verhaltenskodex im Betrieb dar.

§ 1 Geltungsbereich

Die Betriebsvereinbarung gilt

(1) räumlich

für den Betrieb des Arbeitgebers in ……

(2) persönlich
   (a) grundsätzlich allein für Arbeitnehmer iSd § 5 Abs. 1 BetrVG. Der Geltungsbereich erstreckt sich dabei auf Arbeitnehmer im Innen- und Außendienst, in der Verwaltung sowie im Fuhrpark;
   (b) grundsätzlich auch für Auszubildende, soweit nicht spezielle gesetzliche Regelungen vorrangig sind;
   (c) Erweiterungen des persönlichen Geltungsbereiches sind in der Betriebsvereinbarung explizit normiert;
   (d) ausgenommen vom Geltungsbereich sind leitende Angestellte iSd § 5 Abs. 3 und Abs. 4 BetrVG.

§ 2 Einstellung

(1) Ein Stellenbewerber erhält die An- und Abreisekosten, die ihm zur Wahrnehmung eines Vorstellungsgespräches durch die Nutzung öffentlicher Verkehrsmittel entstehen, in Höhe eines Fahrgeldes der zweiten Klasse erstattet, wenn der Arbeitgeber ausdrücklich und schriftlich die persönliche Vorstellung des Bewerbers gewünscht hat. Ansonsten erfolgt keine Fahrtkostenerstattung.

(2) Der Arbeitgeber wird vor jeder Einstellung die Rechte des Betriebsrats gem. §§ 99 ff. BetrVG wahren. Der Arbeitgeber ist damit verpflichtet, den Betriebsrat vor jeder Einstellung zu unterrichten, ihm die Bewerbungsunterlagen des von dem Arbeitgeber in Aussicht genommenen Bewerbers vorzulegen und Auskunft über die Person dieses Bewerbers zu geben.

(3) Der Arbeitgeber ist berechtigt, von dem (zukünftigen) Arbeitnehmer vor dem Abschluss des Arbeitsvertrages und vor der Aufnahme der Arbeit und Tätigkeit im Betrieb ein gültiges Gesundheitszeugnis (Bescheinigung des Gesundheitsamtes oder einen Nachweis über den Gesundheitszustand durch einen vom Gesundheitsamt beauftragten Arzt) zu verlangen. Voraussetzung für die Berechtigung ist die Durchführung von Tätigkeiten iSd § 42 Abs. 1 IfSG (Verkehr mit Lebensmitteln) durch den (zukünftigen) Arbeitnehmer. Werden derartige Tätigkeiten im Betrieb des Arbeitgebers ausgeübt, so gelten für den mit der Ausführung beauftragten Arbeitnehmer jegliche Vorgaben des § 43 IfSG.

(4) Der Arbeitsvertrag zwischen dem Arbeitgeber und dem (zukünftigen) Arbeitnehmer ist schriftlich zu vereinbaren. Der schriftliche Nachweis der wesentlichen Arbeitsbedingungen hat spätestens einen Monat nach dem vereinbarten Beginn des Arbeitsverhältnisses zu erfolgen. Die vorliegende Betriebsvereinbarung in ihrer jeweils gültigen Fassung ist Bestandteil des Arbeitsvertrages. Sie ist dem Arbeitnehmer von dem Arbeitgeber zur Kenntnis zu bringen. Dieses kann durch Aushändigung der Betriebsvereinbarung gemeinsam mit dem Arbeitsvertrag, durch Aushängen der Betriebsvereinbarung an geeigneter Stelle im Betrieb oder durch Mitteilung der Bezugsquellen geschehen.

(5) Der Arbeitnehmer stimmt mit seiner Einstellung schriftlich der Erhebung, Verarbeitung und Nutzung seiner Daten unter Einschluss der personenbezogenen Daten zu, soweit die Datenerhebung, -verarbeitung und -nutzung zur Begründung des Arbeitsverhältnisses oder dessen Durchführung oder Beendigung erfolgt. Erforderlich ist, dass sich die Datenerhebung, -verarbeitung und -nutzung im Rahmen der Zweckbestimmung des jeweiligen Arbeitsverhältnisses bewegt. Hiervon unberührt bleiben gesetzliche Verpflichtungen des Arbeitgebers zur Verarbeitung und/oder Übermittlung personenbezogener Daten.

(6) Der Arbeitnehmer hat dem Arbeitgeber bei seiner Einstellung seine Personaldaten nebst Wohnanschrift mitzuteilen. Gleiches gilt für den Fall einer späteren Änderung der Personaldaten nebst Wohnanschrift. Eine derartige Änderung ist unverzüglich gegenüber dem Arbeitgeber anzuzeigen. Für den Arbeitgeber ist die zuletzt angegebene Wohnadresse des Arbeitnehmers für arbeitgeberseitige Mitteilungen maßgebend. Etwaige Nachteile aus einer unterlassenen Mitteilung der geänderten Sozialdaten hat der Arbeitnehmer selbst zu tragen.

(7) Der Arbeitnehmer ist verpflichtet, bei seiner Einstellung weitere bestehende Arbeitsverhältnisse unaufgefordert gegenüber dem Arbeitgeber anzuzeigen. Dasselbe gilt während des laufenden Arbeitsverhältnisses für die Aufnahme einer anderweitigen entgeltlichen Tätigkeit, unabhängig davon, ob diese selbständig oder unselbständig erfolgt. Die Aufnahme einer derartigen Tätigkeit durch den Arbeitnehmer ist nur nach der vorherigen Einwilligung des Arbeitgebers gestattet (vgl. § 23).

§ 3 Probearbeitsverhältnis

(1) Die Einstellung eines Arbeitnehmers kann zur Erprobung erfolgen. Voraussetzung hierfür ist die Vereinbarung einer schriftlichen Probezeitabrede.

(2) Bei der Vereinbarung einer Probezeitabrede gelten die ersten ...... Monate des Arbeitsverhältnisses als Probezeit. Bereits mit der Vereinbarung der Probezeit gilt das Arbeitsverhältnis auf unbestimmte Zeit geschlossen; die Arbeitsvertragsparteien sind aber berechtigt, einzelvertraglich anderweitige Regelungen zu treffen.

(3) Für die Auszubildenden gelten die Probezeitregelungen nach dem jeweiligen Ausbildungsvertrag.

§ 4 Befristete Einstellung, Einstellung von Aushilfen, Teilzeitarbeit sowie geringfügige Beschäftigung

Die befristete Einstellung von Arbeitnehmern, die Einstellung von Aushilfen und die Einstellung von Teilzeit- oder geringfügig beschäftigten Arbeitnehmern erfolgt nach den gesetzlichen Vorgaben, insbesondere nach den Voraussetzungen im Teilzeit- und Befristungsgesetz.

§ 5 Arbeitszeit

(1) Die regelmäßige Arbeitszeit für Vollzeit-Arbeitskräfte beträgt 40 Stunden pro Kalenderwoche. Die regelmäßige Arbeitszeit für Teilzeit-Arbeitskräfte richtet sich nach dem jeweiligen Arbeitsvertrag. Für Ruhepausen, Ruhezeiten, Nacht-, Schicht-, Sonn- und Feiertagsarbeit sowie Arbeitsbereitschaft und Bereitschaftsdienst gelten die Bestimmungen des Arbeitszeitgesetzes.

(2) Die Arbeitnehmer sind verpflichtet, ihre ganze Arbeitskraft im Interesse des Arbeitgebers einzusetzen. Sie sind verpflichtet, von montags bis freitags einer Kalenderwoche auf Anordnung des Arbeitgebers betriebsnotwendige Mehrarbeit und Überarbeit bis zu 10% ihrer regelmäßigen Wochenstundenzahl zu leisten. Darüber hinaus sind die Arbeitnehmer verpflichtet, Nacht-, Schicht-, Samstags-, Sonn- und Feiertagsarbeit sowie Arbeitsbereitschaft und Bereitschaftsdienst im gesetzlich zulässigen Umfang zu leisten.

§ 6 Festlegung der Arbeitszeit

(1) Die regelmäßige betriebliche Arbeitszeit ist im Betrieb des Arbeitgebers wie folgt verteilt:
   (a) In der Abteilung Büro beginnt die Frühschicht montags bis freitags gegen 6.30 Uhr, sie endet gegen 14.30 Uhr. Die Normalschicht beginnt montags bis freitags gegen 6.45 Uhr, sie endet gegen 14.45 Uhr. Die Spätschicht beginnt montags bis freitags gegen 8.30 Uhr, sie endet gegen 16.30 Uhr. Die Arbeitszeiten gelten jeweils einschließlich unbezahlter Pausen.
   (b) In der Abteilung Küche beginnt die tägliche Arbeitszeit montags gegen 5.00 Uhr, sie endet gegen 13.00 Uhr. In der Zeit von dienstags bis donnerstags einer Kalenderwoche beginnt die tägliche Arbeitszeit gegen 5.00 Uhr, sie endet gegen 13.30 Uhr. Freitags beginnt die tägliche Arbeitszeit gegen 5.00 Uhr, sie endet gegen 12.30 Uhr. Die Arbeitszeiten gelten jeweils einschließlich unbezahlter Pausen.
   (c) In der Abteilung Fahrer beginnt die tägliche Arbeitszeit in der Zeit von montags bis freitags einer Kalenderwoche gegen 5.30 Uhr, sie endet gegen 13.30 Uhr. Die Arbeitszeiten gelten jeweils einschließlich unbezahlter Pausen.

(2) Dem Arbeitnehmer steht während der täglichen Arbeitszeit eine Arbeitszeitunterbrechung, eine so genannte Ruhepause, zu. Die Dauer und die Lage der Ruhepause richten sich nach den Vorgaben des Arbeitszeitgesetzes.

(3) Dem Arbeitgeber und dem Betriebsrat bleibt es jederzeit vorbehalten, die in Abs. 1 festgelegte Arbeitszeitverteilung einvernehmlich zu ändern. Gleiches gilt für die Arbeitszeitverteilung einzelner Arbeitnehmer aus dringenden persönlichen Gründen. Die Änderung ist den Arbeitnehmern mit einer Frist von einer Woche im Voraus anzukündigen.

(4) Der Arbeitgeber hat das Recht, aus dringenden betrieblichen Gründen (zB Verlust eines Auftrages, drohende wirtschaftliche Schäden sowie Regressansprüche gegenüber dem Arbeitgeber etc.) die in Abs. 1 festgelegte Arbeitszeitverteilung – ohne Abstimmung mit dem Betriebsrat und ohne vorherige Ankündigung gegenüber

den Arbeitnehmern – zu ändern. Die Änderung darf jedoch einen Zeitraum von zwei Wochen nicht überschreiten, ansonsten bedarf es einer einvernehmlichen Regelung mit dem Betriebsrat.

§ 7 Mehrarbeit und Überstunden

(1) Mehrarbeit und Überstunden iSd Betriebsvereinbarung sind Arbeitsstunden, die über die regelmäßige im Arbeitsvertrag vereinbarte wöchentliche Arbeitszeit hinausgehen, betriebsnotwendig und durch den Arbeitgeber angeordnet sind.

(2) Geplante Überstunden hat der Arbeitgeber mit dem Betriebsrat abzustimmen. Es bedarf eines schriftlichen Antrages beim Betriebsrat. Der Arbeitgeber hat im Antrag stichwortartig die betriebliche Notwendigkeit und den voraussichtlichen Zeitraum der geplanten Überstunden zu nennen. Der Betriebsrat stimmt der Anordnung der Überstunden grundsätzlich zu, soweit eine Gesundheitsgefährdung der Arbeitnehmer ausgeschlossen ist.

(3) Bei kurzfristig erforderlicher Mehrarbeit ist der Arbeitgeber ohne vorherige Abstimmung mit dem Betriebsrat zur Anordnung der erforderlichen Überstunden berechtigt. Es müssen jedoch dringende betriebliche Notwendigkeiten (zB ein drohender Auftragsverlust, ein vermehrter Ausfall von Arbeitskräften etc.) für die kurzfristige Anordnung der Überstunden bestehen. In diesem Fall genügt die bloße Information des Betriebsrats über die Anordnung der Überstunden auch im Nachhinein.

(4) Mehr- und Überarbeit der Arbeitnehmer ist, soweit sie 10% der regelmäßig vereinbarten wöchentlichen Arbeitszeit nicht übersteigt, mit der regulären Bruttomonatsvergütung abgegolten. Hierzu zählt nicht die Mehr- und Überarbeit an Samstagen, Sonn- und Feiertagen. Darüber hinausgehende seitens des Arbeitgebers angeordnete und betriebsnotwendige Mehr- und Überarbeit ist durch Freizeit auszugleichen.

§ 8 Vergütungsgrundsätze

(1) Die Höhe der Bruttomonatsvergütung richtet sich nach dem jeweiligen Arbeitsvertrag des Arbeitnehmers bzw. den hierzu vereinbarten Ergänzungen. Grundlage für die Berechnung der Bruttomonatsvergütung ist der jeweils vertraglich festgelegte Stundenlohn. Vergütet wird allein die tatsächlich geleistete Arbeit.

(2) Der Arbeitnehmer hat Anspruch auf eine betriebliche Altersversorgung durch Entgeltumwandlung nach dem Gesetz zur Verbesserung der betrieblichen Altersversorgung (BetrAVG). Der Arbeitgeber zahlt dem Arbeitnehmer auf schriftlichen Antrag hin einen Zuschuss zur Bildung vermögenswirksamer Leistungen in Höhe von ...... EUR, soweit
  (a) der Arbeitnehmer eine ununterbrochene Betriebszugehörigkeit von 12 vollen Kalendermonaten aufweist und
  (b) keine Elternzeit von mehr als drei Kalenderjahren genommen wird.

Für Teilzeitbeschäftigte erfolgt die Zahlung des Zuschusses zur Bildung der vermögenswirksamen Leistungen anteilig in Höhe von ...... EUR brutto bei Erhalt eines steuerpflichtigen Einkommens von mehr als ...... EUR brutto.

§ 9 Abrechnung der Vergütung und Zeiterfassung

(1) Die Vergütung wird monatlich nachträglich ausgezahlt.

(2) Der Arbeitnehmer erhält monatlich eine Lohn- und Gehaltsabrechnung, aus der sich im Einzelnen die Abrechnung der Vergütung ergibt. Mit der Lohn- und Gehalts-

abrechnung wird dem Arbeitnehmer monatlich eine schriftliche Auswertung seiner persönlichen Zeiterfassung zur Verfügung gestellt.

(3) Bei der Abrechnung des Arbeitsentgeltes werden abgezogen:
- die gesetzlichen Steuern und Beiträge zur Sozialversicherung;
- gepfändete oder mit Zustimmung des Arbeitgebers abgetretene Teile der Vergütung;
- Abschlagszahlungen, Vorschüsse und Raten für von dem Arbeitgeber gewährte Darlehen.

§ 10 Auszahlung der Vergütung

(1) Die Zahlung der Bruttomonatsvergütung erfolgt bargeldlos auf das von dem Arbeitnehmer dem Arbeitgeber gegenüber angezeigte Konto. Die Kosten für die Einrichtung und die Unterhaltung des Kontos trägt der Arbeitnehmer.

(2) Die Bruttomonatsvergütung wird bis zum 30. eines Kalendermonates, spätestens jedoch bis zum 3. Werktag des nachfolgenden Kalendermonates, auf das von dem Arbeitnehmer angegebene Konto überwiesen.

§ 11 Zuschläge zur Bruttomonatsvergütung

(1) Der Arbeitgeber zahlt Zuschläge zur jeweiligen Bruttomonatsvergütung für Samstags-, Sonntags- und Feiertagsarbeit. Die Zuschläge zur jeweiligen Bruttomonatsvergütung betragen:
- für Samstagsarbeit: …… % pro geleistete Stunde;
- für Sonntagsarbeit: …… % pro geleistete Stunde;
- für Feiertagsarbeit: …… % pro geleistete Stunde.

(2) Treffen mehrere Zuschläge zusammen, wird nur der höchste Zuschlag gezahlt.

(3) Für Nachtarbeit iSd § 2 Abs. 3 ArbZG wird ein Nachtzuschlag nicht gezahlt. Diejenigen Arbeitnehmer, die Nachtarbeit aufgrund eines Arbeitsbeginnes vor 6:00 Uhr morgens leisten, erhalten eine gem. § 4 ArbZG zusätzliche bezahlte Freistellung während der Tagschichten entsprechend der geleisteten Nachtarbeit.

§ 12 Pfändung/Abtretung der Vergütung

Ansprüche auf seine Bruttomonatsvergütung darf der Arbeitnehmer weder verpfänden noch abtreten. Eine Verpfändung oder Abtretung der Vergütungsansprüche an Dritte bedarf der Einwilligung des Arbeitgebers.

§ 13 Arbeitsverhinderung

(1) Der Arbeitnehmer ist verpflichtet, dem Arbeitgeber jede Arbeitsverhinderung und ihre voraussichtliche Dauer unverzüglich anzuzeigen. Auf Verlangen sind die Gründe der Arbeitsverhinderung mitzuteilen. Bei anstehenden Terminsachen hat der Arbeitnehmer den Arbeitgeber auf vordringlich zu erledigende Arbeiten hinzuweisen.

(2) Der Arbeitnehmer hat jedwede Arbeitsunfähigkeit und deren voraussichtliche Dauer binnen drei Kalendertagen ab Eintritt durch ärztliche Arbeitsunfähigkeitsbescheinigung nachzuweisen. Dasselbe gilt für Folgebescheinigungen, soweit die Arbeitsunfähigkeit über den in der Erstbescheinigung angegebenen Zeitraum hinaus fortbesteht.

(3) Bei einer Arbeitsunfähigkeit infolge einer Krankheit erhält der Arbeitnehmer Entgeltfortzahlung nach den gesetzlichen Vorschriften. Bei einer Arbeitsunfähigkeit

infolge einer Drittverursachung hat der Arbeitnehmer dem Arbeitgeber unverzüglich die zur Geltendmachung des Schadensersatzanspruches gegenüber dem Dritten erforderlichen Angaben zu machen.

(4) Ein Anspruch auf Freistellung von der Arbeitsleistung gem. § 616 BGB besteht nicht. Die Bestimmungen des § 616 BGB sind ausdrücklich abbedungen.

§ 14 Urlaub

(1) Das Urlaubsjahr ist das Kalenderjahr.

(2) Der Arbeitnehmer erhält kalenderjährlich einen Urlaub von 20 Arbeitstagen bei einer 5-Tage-Woche als gesetzlichen Mindesturlaub. Dies gilt nicht für Teilzeitarbeitskräfte mit einer Arbeitszeit von regelmäßig weniger als fünf Arbeitstagen pro Woche. Der Urlaubsanspruch der Teilzeit-Arbeitskräfte bemisst sich anteilig. Der jeweilige Urlaubsanspruch errechnet sich wie folgt: 20 Urlaubstage bei Vollzeit: 5 (5-Tage-Woche) x (Anzahl der regelmäßigen Arbeitstage pro Woche) = Urlaubsanspruch.

Oder:

(2) Der Arbeitnehmer erhält kalenderjährlich einen Urlaub von 24 Arbeitstagen bei einer 6-Tage-Woche als gesetzlichen Mindesturlaub.

Dies gilt nicht für Teilzeitarbeitskräfte mit einer Arbeitszeit von regelmäßig weniger als sechs Arbeitstagen pro Woche. Der Urlaubsanspruch der Teilzeit-Arbeitskräfte bemisst sich anteilig. Der jeweilige Urlaubsanspruch errechnet sich wie folgt: 24 Urlaubstage bei Vollzeit: 6 (6-Tage-Woche) x (Anzahl der regelmäßigen Arbeitstage pro Woche) = Urlaubsanspruch.

(3) Der gesetzliche Mindesturlaub muss im laufenden Kalenderjahr gewährt und genommen werden. Eine Übertragung des gesetzlichen Mindesturlaubs auf das nächste Jahr ist nur statthaft, wenn dringende betriebliche oder in der Person des Arbeitnehmers liegende Gründe dieses rechtfertigen. Im Falle der Übertragung muss der gesetzliche Mindesturlaub in den ersten drei Monaten des folgenden Kalenderjahres gewährt und genommen werden, ansonsten verfällt er. Konnte der gesetzliche Mindesturlaub wegen Arbeitsunfähigkeit des Arbeitnehmers nicht genommen werden, verfällt der gesetzliche Mindesturlaubsanspruch 15 Kalendermonate nach dem Ende des Urlaubsjahres, mithin am 31.3. des 2. Folgejahres.[95]

(4) Der Arbeitnehmer erhält darüber hinaus kalenderjährlich einen übergesetzlichen Zusatzurlaub von weiteren sechs Arbeitstagen.[96]

(5) Der übergesetzliche Zusatzurlaub gem. Abs. 4 ist innerhalb des jeweiligen Kalenderjahres zu nehmen. Eine Übertragung des übergesetzlichen Zusatzurlaubes auf das nächste Kalenderjahr ist nur statthaft, wenn dringende betriebliche oder in der Person des Arbeitnehmers liegende Gründe eine Übertragung erforderlich machen. Im Fall der Übertragung muss der übergesetzliche Zusatzurlaub in den

---

[95] Seit dem 7.8.2012 liegt eine Entscheidung des BAG zu einer „Hochstzeitbegrenzung" von Urlaubsansprüchen bei dauerhafter Arbeitsunfähigkeit vor. Das BAG formuliert wörtlich: „In Anwendung dieser Grundsätze ist § 7 Abs. 3 S. 3 BUrlG unionsrechtskonform so auszulegen, dass gesetzliche Urlaubsansprüche vor Ablauf eines Zeitraumes von 15 Monaten nach dem Ende des Urlaubsjahres nicht erlöschen, wenn der Arbeitnehmer aus gesundheitlichen Gründen an seiner Arbeitsleistung gehindert war. Sie gehen jedoch mit Ablauf des 31. März des zweiten Folgejahres unter. Dies gilt auch bei fortdauernder Arbeitsunfähigkeit. Ein solcher Übertragungszeitraum von 15 Monaten wurde vom EuGH als unionsrechtskonform gebilligt [...]." (vgl. BAG 7.8.2012 – 9 AZR 353/10, NZA 2012, 1216).

[96] Eine Staffelung des übergesetzlichen Zusatzurlaubs nach dem Alter der Mitarbeiter, wie sie in vielen Betriebsvereinbarungen in Anlehnung an § 26 Abs. 1 S. 2 TVöD vorgesehen ist, verstößt gegen das Verbot der Altersdiskriminierung in § 7 Abs. 1 und 2 AGG in Verbindung mit § 1 AGG. Es erfolgt eine „Anpassung nach oben", so dass sämtliche Mitarbeiter Anspruch auf die Höchstdauer haben (vgl. BAG 20.3.2012 – 9 AZR 529/10, DB 2012, 1814).

ersten drei Monaten des nachfolgenden Kalenderjahres gewährt und genommen werden. Ansonsten verfällt der übergesetzliche Zusatzurlaub mit Ablauf des 31.3. des nachfolgenden Kalenderjahres auch dann, wenn er wegen Arbeitsunfähigkeit des Arbeitnehmers nicht genommen werden konnte. Eine Abgeltung des übergesetzlichen Urlaubsanspruches ist ausgeschlossen.[97]

(6) Schwerbehinderte Menschen haben Anspruch auf einen bezahlten zusätzlichen Urlaub von fünf Arbeitstagen im Kalenderjahr. Verteilt sich die regelmäßige Arbeitszeit der schwerbehinderten Menschen auf mehr oder weniger als fünf Arbeitstage in der Kalenderwoche, erhöht oder vermindert sich der Zusatzurlaub entsprechend.

(7) Der Urlaub wird in Abstimmung mit dem Arbeitgeber festgelegt und genommen. Der Arbeitnehmer hat einen schriftlichen Urlaubsantrag zu stellen, der von dem Arbeitgeber zeitnah zu bearbeiten ist. Bei der Festlegung des Urlaubes werden Wünsche des Arbeitnehmers berücksichtigt. Ein Urlaubsantrag gilt mit schriftlicher Bestätigung durch den Arbeitgeber als bewilligt. Als bewilligt gilt zunächst der gesetzliche Mindesturlaub gem. Abs. 2 bis zu dessen vollständiger Erfüllung, erst danach der übergesetzliche Zusatzurlaub gem. Abs. 4. Während des Übertragungszeitraumes (1.1. bis 31.3. des nachfolgenden Kalenderjahres) gilt zunächst der übertragene gesetzliche Mindesturlaub, dann der übertragene übergesetzliche Zusatzurlaub und erst danach der in dem betreffenden Kalenderjahr entstehende bzw. entstandene gesetzliche Mindesturlaub und übergesetzliche Zusatzurlaub als bewilligt.

(8) Bei der Festlegung des Urlaubs durch den Arbeitgeber sind dringende betriebliche Belange und die Urlaubswünsche der einzelnen Arbeitnehmer zu berücksichtigen. Urlaubswünschen einzelner Arbeitnehmer kann nur dann nicht entsprochen werden, wenn der Urlaubsgewährung dringende betriebliche Belange oder Urlaubswünsche anderer Arbeitnehmer, deren Wünsche Vorrang haben, entgegenstehen. Bei der Gewährung von Urlaub haben Arbeitnehmer mit schulpflichtigen Kindern während der Schulferien Vorrang. Arbeitnehmern, deren Ehegatten ebenfalls berufstätig sind, soll der Urlaub so gewährt werden, dass sie gemeinsam mit dem Ehegatten in den Urlaub gehen können. Sofern der Arbeitnehmer aus gesundheitlichen Gründen Urlaub während einer bestimmten Jahreszeit beantragt, soll dem im Rahmen der betrieblichen Möglichkeiten entsprochen werden.

Können sich der Arbeitgeber und der Arbeitnehmer nicht über die zeitliche Lage des Urlaubs einigen, ist der Betriebsrat hinzuzuziehen.

(9) Im Übrigen gelten die gesetzlichen Bestimmungen.

§ 15 Urlaubsentgelt

(1) Die Arbeitnehmer erhalten je Urlaubstag ein Urlaubsentgelt. Das Urlaubsentgelt ist vor Antritt des Urlaubs auszuzahlen.

(2) Die Höhe und Berechnung des Urlaubsentgeltes richtet sich nach den Bestimmungen des Bundesurlaubsgesetzes.

---

[97] Nach der früheren Rechtsprechung des Bundesarbeitsgerichts, die sich an dem klaren und eindeutigen Wortlaut des § 7 Abs. 3 BUrlG orientiert hat, sollte in dem Fall, dass der Urlaub wegen einer Erkrankung des Arbeitnehmers bis zum Ende des Übertragungszeitraumes (31.3. des Folgejahres) nicht gewährt werden konnte, dieser ersatzlos verfallen. Der Europäische Gerichtshof hat mit Urteil vom 20.1.2009 entschieden, dass ein Erlöschen des Urlaubs- und Urlaubsabgeltungsanspruches bei Arbeitsunfähigkeit bis zum Ende des Übertragungszeitraumes nach § 7 Abs. 3 BUrlG mit der europäischen Arbeitszeitrichtlinie unvereinbar ist (vgl. EuGH 20.1.2009 – C-350/06 und C-520/06, NZA 2009, 135). In konsequenter Fortsetzung hat das Bundesarbeitsgericht seine bisherige Rechtsprechung vollständig geändert und ist nunmehr ebenfalls der Auffassung, dass der Anspruch auf Abgeltung des gesetzlichen Voll- und Teilurlaubes nicht erlischt, wenn der Arbeitnehmer bis zum Ende des Urlaubsjahres oder des Übertragungszeitraumes erkrankt und deshalb der Urlaub nicht genommen werden kann. Klargestellt hat das Bundesarbeitsgericht in seiner Entscheidung, dass diese Rechtsprechung nur für den gesetzlichen Mindesturlaub gilt. Hinsichtlich des darüber hinausgehenden Urlaubes besteht Gestaltungsspielraum (vgl. BAG 24.3.2009 – 9 AZR 983/07, NZA 2009, 538).

§ 16 Anwesenheitsprämie

(1) Arbeitnehmer der Abteilungen Büro, Küche und Fahrer erhalten mit dem ......- Gehalt zusätzlich eine Anwesenheitsprämie in Höhe von ...... EUR, die jedoch bei Fehlzeiten wegen Arbeitsunfähigkeit innerhalb des Vorjahres für jeden Fehltag um ein Viertel eines Tagesarbeitsentgeltes gekürzt wird.

(2) Das Tagesarbeitsentgelt errechnet sich aus der Summe der letzten zwölf Lohn- und Gehaltsabrechnungen vor dem 1.4. eines jeden Kalenderjahres abzüglich etwaiger Jahresleistungen, des Aufwendungsersatzes, geleisteter Entgeltfortzahlung im Krankheitsfall und des Urlaubsentgelts, geteilt durch die Zahl der tatsächlich geleisteten Arbeitstage der zwölf Monate.

(3) Die Anwesenheitsprämie wird nur gezahlt, wenn der Arbeitnehmer dem Betrieb des Arbeitgebers mindestens ein Jahr angehört und am 31.3. eines jeden Kalenderjahres noch in einem ungekündigten Arbeitsverhältnis steht.

§ 17 Sonderzahlung

Sofern der Arbeitgeber den Arbeitnehmern mit der monatlichen Lohn- und Gehaltsabrechnung eine Sonderzahlung in Höhe von ...... EUR gewährt, erfolgt diese freiwillig. Auch die wiederholte vorbehaltlose Zahlung der Sonderzahlung in mehreren aufeinanderfolgenden Kalendermonaten und Kalenderjahren begründet keinen Rechtsanspruch auf eine Leistungsgewährung für die Zukunft.

§ 18 Verschwiegenheit

(1) Der Arbeitnehmer hat über ihm bekannt gewordene Betriebs- und Geschäftsgeheimnisse, sowohl während der Dauer des Arbeitsverhältnisses als auch nach dessen Beendigung, sowohl dritten Personen gegenüber als auch gegenüber anderen Mitarbeitern, die mit dem betreffenden Arbeitsgebiet nicht unmittelbar befasst sind, Verschwiegenheit zu wahren.

(2) Der Arbeitnehmer verpflichtet sich ferner, Anweisungen der Geschäftsleitung des Arbeitgebers zur Geheimhaltung zu erfüllen und im Zweifelsfall eine Weisung der Geschäftsleitung zur Vertraulichkeit bestimmter Tatsachen einzuholen.

(3) Sollte die nachvertragliche Verschwiegenheitspflicht den Arbeitnehmer in seinem beruflichen Fortkommen unangemessen hindern, hat er gegen den Arbeitgeber einen Anspruch auf Freistellung von dieser Pflicht.

§ 19 Privatsachen

(1) Alle Gegenstände, welche die Arbeitnehmer nicht während der Anwesenheit im Betrieb benötigen, dürfen nicht in den Betrieb eingebracht werden. Insbesondere die Einbringung von Rundfunk-, Fernseh- oder anderen Musikempfängern ist nicht erlaubt.

(2) Für die mitgebrachten privaten Kleidungsstücke, die bei der Arbeit nicht getragen werden, stellt der Arbeitgeber abschließbare Schränke oder offene Kleiderablagen mit verschließbaren Wertsachenfächern zur Verfügung. Die Schränke und Wertsachenfächer müssen stets geschlossen gehalten werden. Unternehmenseigene Gegenstände dürfen in Kleiderschränken oder Kleiderablagen nicht aufbewahrt werden. Dies gilt nicht für unternehmenseigene Gegenstände, die ein Arbeitnehmer für die Ausübung seiner arbeitsvertraglich geschuldeten Tätigkeit täglich benötigt und nutzt.

(3) Der Arbeitgeber haftet für die abhanden gekommenen Privatsachen nur, soweit er die ihm obliegenden Pflichten nicht erfüllt hat. Der Arbeitgeber wird für derartige Privatsachen eine Versicherung gegen Feuer und Einbruchsdiebstahl abschließen.

(4) Für den Verlust von Geld, Schmuck oder sonstigen Wertsachen haftet der Arbeitgeber hingegen nicht. Auf Verlangen eines Arbeitnehmers sind derartige Dinge von der jeweiligen Geschäftsleitung aufzubewahren.

§ 20 Berufskleidung

Die Arbeitnehmer sind verpflichtet, besondere betriebstypische Berufskleidung während ihrer Arbeitszeiten im Betrieb und außerhalb des Betriebes zu tragen. Der Arbeitgeber trägt die Kosten für die Zurverfügungstellung der Dienstkleidung, einschließlich deren Reinigung.

§ 21 Verzehr von Speisen

(1) Den Arbeitnehmern ist der Verzehr von betriebseigenen Speisen und Getränken nur gegen Zahlung eines entsprechenden Verzehrentgeltes arbeitgeberseits gestattet und erlaubt. Die Arbeitnehmer erhalten jedoch eine Ermäßigung auf alle während ihrer Dienstzeit verzehrten betriebseigenen Speisen und Getränke. Die Kosten für die Speisen belaufen sich bei fünf Essen pro Woche auf jeweils …… EUR; für jedes weitere Essen in einer Woche betragen die Kosten jeweils …… EUR. Die Kosten für die Getränke belaufen sich auf ……

(2) Dem Küchenpersonal bei dem Arbeitgeber, das heißt den Arbeitnehmern, die für die Zubereitung der betriebseigenen Speisen und Getränke in der Betriebsküche zuständig sind, ist die Verkostung von Speisen und Getränken gestattet und erlaubt. Die Verkostung von Speisen und Getränken in dem dafür notwendigen Umfang ist Inhalt ihrer arbeitsvertraglichen Tätigkeit. Nicht umfasst von der Verkostung ist jedoch der Verzehr vollständiger Mahlzeiten, Speisen und Getränke; insoweit gilt Abs. 1.

§ 22 Rauchverbot

Im Betrieb des Arbeitgebers und auf dem gesamten Betriebsgelände herrscht Rauchverbot. Das Rauchen während der Arbeitszeit ist den Arbeitnehmern nicht gestattet. Gestattet ist das Rauchen nur außerhalb des Betriebsgeländes und während der täglichen Ruhepausen.

§ 23 Nebentätigkeit

(1) Die Aufnahme einer anderweitigen entgeltlichen Tätigkeit, selbständig oder unselbständig, ist dem Arbeitnehmer nur nach vorheriger Einwilligung des Arbeitgebers gestattet. Gleiches gilt für die Übernahme oder Beteiligung an Personen- oder Kapitalgesellschaften und für Veröffentlichungen in Wort, Schrift und Bild, soweit diese den Tätigkeitsbereich des Arbeitgebers betreffen und/oder tangieren.

(2) Hat der Arbeitnehmer dem Arbeitgeber schriftlich die beabsichtigte Tätigkeit unter Angabe von Art, Ort und Dauer angezeigt und stehen sachliche Gründe der Aufnahme der Tätigkeit nicht entgegen, hat der Arbeitgeber dieser unverzüglich zuzustimmen. Der Arbeitgeber kann seine Zustimmung aber befristet oder unter einem Widerrufsvorbehalt erteilen.

§ 24 Beendigung des Arbeitsverhältnisses

(1) Vor der Arbeitsaufnahme kann das Arbeitsverhältnis von den Arbeitsvertragsparteien nicht ordentlich gekündigt werden.

(2) Bei der Vereinbarung einer Probezeit (vgl. § 3) kann das Arbeitsverhältnis von den Arbeitsvertragsparteien mit einer Frist von zwei Wochen gekündigt werden.

(3) Das Arbeitsverhältnis kann grundsätzlich mit einer Frist von vier Wochen zum 15. oder zum Ende eines Kalendermonats gekündigt werden. Jede gesetzliche Kündigungsfrist zu Gunsten des Arbeitnehmers gilt auch zu Gunsten des Arbeitgebers. Im Übrigen gelten die gesetzlichen Regelungen.

(4) Vor dem Ausspruch einer außerordentlichen und/oder ordentlichen Kündigung gegenüber einem Arbeitnehmer hat der Arbeitgeber eine Anhörung des Betriebsrats gem. § 102 BetrVG vorzunehmen.

(5) Nach dem Ausspruch einer Kündigung – gleichgültig von welcher Seite – ist der Arbeitgeber berechtigt, den Arbeitnehmer unter Fortzahlung der Bezüge von der Arbeitsleistung freizustellen, wenn ein sachlicher Grund, insbesondere ein grober, das Vertrauen beeinträchtigender Vertrauensverstoß (zB Konkurrenztätigkeit, Geheimnisverrat, etc.) vorliegt. Entsprechendes gilt bei einverständlicher Beendigung des Arbeitsverhältnisses.

Die Freistellung erfolgt unter Anrechnung der dem Arbeitnehmer evtl. noch zustehender Urlaubsansprüche sowie sonstiger Freizeitausgleichsansprüche. Der Urlaub wird zu Beginn der Freistellungsphase gewährt. § 615 S. 2 BGB findet Anwendung. Für die Zeit der Freistellung bis zur Beendigung des Arbeitsverhältnisses gilt das arbeitsvertragliche Wettbewerbsverbot fort.

(6) Das Arbeitsverhältnis endet spätestens, ohne dass es einer Kündigung bedarf, mit Ablauf des Monats, in dem der Arbeitnehmer die Regelaltersgrenze der gesetzlichen Rentenversicherung erreicht und an den unmittelbar anschließend der Arbeitnehmer Anspruch auf eine gesetzliche Regelaltersrente hat.

§ 25 Rückgabe von Arbeitgebereigentum

(1) Alle Gegenstände, die im Eigentum des Arbeitgebers stehen, aber von dem Arbeitnehmer benutzt werden, wie beispielsweise Werkzeuge, Geschäftsunterlagen, Urkunden, Aufzeichnungen und Notizen nebst hiervon gefertigter Durchschriften und/oder Kopien, Schlüssel und die Arbeitsbekleidung, sind bei Ausspruch einer Kündigung, unabhängig davon, ob diese durch den Arbeitgeber oder den Arbeitnehmer erfolgt, unaufgefordert an den Arbeitgeber zurückzugeben.

(2) Dem Arbeitnehmer steht an derartigen arbeitgeberseitigen Unterlagen kein Zurückbehaltungsrecht gegenüber dem Arbeitgeber zu.

§ 26 Arbeitspapiere

(1) Der Arbeitgeber verpflichtet sich, dem Arbeitnehmer mit dem Tag der Beendigung des Arbeitsverhältnisses ein wohlwollendes qualifiziertes Arbeitszeugnis zu erteilen, das dessen beruflichem Fortkommen grundsätzlich dienlich ist, aber gleichzeitig dem Grundsatz der Zeugniswahrheit entspricht.

(2) Mit Beendigung des Arbeitsverhältnisses stellt der Arbeitgeber dem Arbeitnehmer eine Arbeitsbescheinigung gem. § 312 Abs. 1 SGB III aus.

(3) Der Arbeitgeber wird dem Arbeitnehmer nach der Beendigung des Arbeitsverhältnisses einen Lohnsteuernachweis erteilen. Auch wird ein Sozialversicherungsnachweis ausgehändigt.

§ 27 Vertragsstrafe

(1) Im Falle der schuldhaften Nichtaufnahme oder vertragswidrigen Beendigung der arbeitsvertraglich geschuldeten Tätigkeit ist ein Arbeitnehmer verpflichtet, dem

Arbeitgeber eine Vertragsstrafe in Höhe einer gesamten Bruttomonatsvergütung zu zahlen. Ist die Kündigungszeit kürzer als ein Monat, reduziert sich die Vertragsstrafe entsprechend.

(2) Die Gesamtbruttomonatsvergütung wird nach dem Durchschnitt der Bezüge der letzten zwölf Monate vor der Beendigung des Arbeitsverhältnisses oder, im Falle einer kürzeren Beschäftigungsdauer, nach dem Durchschnittsverdienst während der Beschäftigungszeit oder, sofern die Tätigkeit nicht aufgenommen wurde, nach der vereinbarten Vergütung errechnet.

(3) Der Arbeitgeber ist berechtigt, einen weitergehenden Schaden gegenüber dem Arbeitnehmer geltend zu machen.

§ 28 Ausschlussfristen

(1) Alle beiderseitigen Ansprüche der Arbeitsvertragsparteien aus dem Arbeitsverhältnis und seiner Beendigung verfallen, wenn sie nicht binnen drei Monaten nach Fälligkeit schriftlich gegenüber der anderen Vertragspartei geltend gemacht werden.

(2) Lehnt die andere Vertragspartei den Anspruch ab oder erklärt sie sich nicht innerhalb einer Frist von einem Monat nach der schriftlichen Geltendmachung des Anspruches, so verfällt der Anspruch, wenn er nicht innerhalb von drei Monaten nach der Ablehnung oder dem Fristablauf gerichtlich geltend gemacht wird.

(3) Die Ausschlussfrist gilt nicht für Ansprüche, die auf einer vorsätzlichen Schädigung oder unerlaubten Handlung beruhen.

§ 29 Inkrafttreten

Die Betriebsvereinbarung tritt am …… in Kraft.

§ 30 Änderung und Kündigung

(1) Die Betriebsvereinbarung oder einzelne ihrer Regelungen können mit einer Frist von drei Monaten zum Monatsende gekündigt werden. Die Kündigung der Betriebsvereinbarung wird den Arbeitnehmern durch Aushang oder Mitteilung am schwarzen Brett bekannt gemacht.

(2) Die gekündigten Bestimmungen der Betriebsvereinbarung bleiben bis zum Abschluss einer neuen Betriebsvereinbarung oder einer Vereinbarung über die gekündigten Teile der Betriebsvereinbarung in Kraft (Nachwirkung).

……, den ……

Arbeitgeber   Betriebsrat

b) Muster: Vollständige Arbeitsordnung, im Wesentlichen beschränkt auf das Verhalten und die Ordnung der Arbeitnehmer

Hinweis:

Betriebsvereinbarungen können sich allerdings auch im Wesentlichen auf Regelungen beschränken, die das Verhalten und die Ordnung der Arbeitnehmer betreffen.

Zwischen
der …… GmbH

– nachfolgend Arbeitgeber genannt –

und

dem Betriebsrat der ...... GmbH

– nachfolgend Betriebsrat genannt –

wird folgende Arbeitsordnung vereinbart.

Abschnitt I. Allgemeine Vorschriften

§ 1 Geltungsbereich

Diese Betriebsvereinbarung gilt für:
1. räumlich: ......
2. persönlich: ......
3. fachlich: ......

Diese Arbeitsordnung gilt nicht, soweit ihr zwingende gesetzliche Bestimmungen und ggf. anwendbare Tarifverträge entgegenstehen. Vereinbarungen des Arbeitsgebers mit einzelnen Arbeitnehmern haben Vorrang vor der Arbeitsordnung, soweit diese für den Arbeitnehmer günstiger sind.

§ 2 Aushändigung

Ein Abdruck der Arbeitsordnung wird jedem Mitarbeiter ausgehändigt. Der Abdruck bleibt Eigentum des Unternehmens und ist beim Ausscheiden aus dem Unternehmen zurückzugeben. Die Aushändigung und Kenntnisnahme der Arbeitsordnung sind schriftlich zu bestätigen.[98] Die Arbeitsordnung kann ferner im Büro der Personalstelle und beim Betriebsrat eingesehen werden.

Abschnitt II. Begründung des Arbeitsverhältnisses

§ 3 Form und Inhalt des Arbeitsvertrages

(1) Die Einstellung erfolgt nach den gesetzlichen und tariflichen Vorschriften auf der Grundlage eines Arbeitsvertrages.

(2) In den Arbeitsvertrag sind mindestens aufzunehmen:[99]
- (a) der Name und die Anschrift der Vertragsparteien;
- (b) der Zeitpunkt des Beginns des Arbeitsverhältnisses;
- (c) bei befristeten Arbeitsverhältnissen die vorhersehbare Dauer des Arbeitsverhältnisses;
- (d) der Arbeitsort oder, falls der Arbeitnehmer nicht nur an einem bestimmten Arbeitsort tätig sein soll, ein Hinweis darauf, dass der Arbeitnehmer an verschiedenen Orten beschäftigt werden kann;
- (e) die kurze Charakterisierung oder Beschreibung der vom Arbeitnehmer zu leistenden Tätigkeit;
- (f) die Zusammensetzung und die Höhe des Arbeitsentgeltes einschließlich der Zuschläge, der Zulagen, Prämien und Sonderzahlungen sowie anderer Bestandteile des Arbeitsentgeltes und deren Fälligkeit;
- (g) die vereinbarte Arbeitszeit;
- (h) die Dauer des jährlichen Erholungsurlaubs;
- (i) die Fristen für die Kündigung des Arbeitsverhältnisses;

---

[98] Die Aushändigung der Arbeitsordnung sollte in jedem Fall quittiert werden. Der Arbeitgeber kann so im Streitfall darlegen und beweisen, dass der Arbeitnehmer die Arbeitsordnung tatsächlich erhalten hat. Dieses wird insbesondere dann relevant, wenn der Arbeitnehmer gegen Pflichten aus dieser Betriebsvereinbarung verstößt und der Arbeitgeber eine Abmahnung oder im Falle von mehrmaligen, einschlägig abgemahnten Verstößen den Ausspruch einer Kündigung erwägt.

[99] § 2 NachwG.

(j) ein in allgemeiner Form gehaltener Hinweis auf die Tarifverträge und/oder Betriebs- und Dienstvereinbarungen, die auf das Arbeitsverhältnis anzuwenden sind.

(3) Erfolgt die Einstellung nur für einen vorübergehenden Zweck, etwa zur Aushilfe, so bedarf der dem Arbeitsverhältnis zugrunde liegende Arbeitsvertrag der Schriftform unter Angabe des Zweckes, für den die Einstellung erfolgt.

§ 4 Betriebskrankenkasse

Alle krankenversicherungspflichtigen Arbeitnehmer werden Mitglied der Betriebskrankenkasse. Dies gilt nicht, wenn der Arbeitnehmer Mitglied einer öffentlich-rechtlichen Kranken- oder Ersatzkasse ist oder der Bundesknappschaft angehört.

§ 5 Unterweisungen

Spätestens bei Arbeitsaufnahme wird der neue Arbeitnehmer belehrt über:[100]
 (a) die Art seiner Tätigkeit und seine Einordnung in den Arbeitsablauf des Betriebes;
 (b) über die Unfall- und Gesundheitsgefahren, denen er bei der Arbeit ausgesetzt ist; entsprechendes gilt bei Veränderungen im Arbeitsbereich des Mitarbeiters;
 (c) über die Maßnahmen und Einrichtungen zur Abwendung der Unfall- und Gesundheitsgefahren;
 (d) über Maßnahmen des Umweltschutzes;
 (e) ......

Abschnitt III. Rechte und Pflichten aus dem Arbeitsverhältnis

§ 6 Rechtsgrundlagen

Rechte und Pflichten der Arbeitsvertragsparteien ergeben sich aus dem Gesetz, den Tarifverträgen und den für den Betrieb geltenden Betriebsvereinbarungen einschließlich dieser Arbeitsordnung sowie dem Arbeitsvertrag.

1. Untertitel. Pflichten des Arbeitnehmers

§ 7 Mitteilung der persönlichen Verhältnisse

(1) Der Arbeitnehmer ist verpflichtet, jede Änderung seiner persönlichen oder familiären Verhältnisse unverzüglich der zuständigen Personalabteilung zu melden und durch entsprechende Bescheinigungen nachzuweisen. Hierzu gehören insbesondere:
 (a) jeder Wohnungs- oder Anschriftenwechsel. Wird der Wohnungswechsel nicht mitgeteilt, so gelten Erklärungen und Mitteilungen der Firma an die letzte angegebene Anschrift auch dann als zugegangen, wenn sie zurückkommen;[101]
 (b) Erwerb und Verlust von Sozialrechten, zB der Schutz nach dem Sozialgesetzbuch IX für schwerbehinderte Menschen,[102] Bergmannsversorgungsschein-, Mutterschutz- oder Bundeselterngeld- und Elternzeitgesetz;

---

[100] § 81 BetrVG, § 9 ArbSchG.
[101] Gegen die Wirksamkeit dieser Klausel bestehen Bedenken: BAG 13.10.1976 – 5 AZR 638/75, AP BGB § 130 Nr. 9.
[102] Der Arbeitnehmer kann nicht verpflichtet werden, bindend seine Schwerbehinderung während des laufenden Arbeitsverhältnisses mitzuteilen. Das Bundesarbeitsgericht hat angekündigt, dass nach Zugang der Kündigung innerhalb einer Regelfrist von drei Wochen eine entsprechende Mitteilung über die Schwerbehinderung oder den entsprechenden Feststellungsantrag erfolgen muss, ohne dass der besondere Kündigungsschutz verloren geht (vgl. BAG 12.1.2006 – 2 AZR 539/05, NZA 2006, 1035).

(c) Zuerkennung oder Verlust von Berufs- oder Erwerbsunfähigkeitsrenten/Renten wegen verminderter Erwerbsfähigkeit;
(d) Eheschließungen, Scheidung oder Todesfall des Ehegatten;
(e) Geburts- oder Sterbefälle von unterhaltsberechtigten Personen.

Die Personalabteilung hat die Vorlage von Bescheinigungen zu bestätigen.

(2) Der Arbeitnehmer soll die zuständige Personalabteilung von erfolgreich abgelegten Prüfungen sowie Ausbildungs- und Weiterbildungsmaßnahmen unter Vorlage der Zeugnisse informieren. Die Personalabteilung hat die Vorlage zu bestätigen. Bis zur Vorlage einer entsprechenden Urkunde kann sich der Arbeitnehmer der Firma gegenüber nicht auf die Ablegung der Prüfungen berufen.

(3) Der Arbeitnehmer ist berechtigt, während der Bürostunden ohne Angabe von Gründen Einsicht in seine Personalakte zu nehmen.[103] Er darf sich Notizen und Abschriften fertigen. Ein Anspruch auf Aushändigung der Personalakte, der Erteilung von Abschriften oder Fotokopien der Personalakte oder Teilen von ihr besteht nicht. Erklärungen zum Inhalt der Personalakte sind ihr auf Verlangen beizufügen. Zur Einsichtnahme kann der Arbeitnehmer ein Mitglied des Betriebsrats hinzuziehen. Das Mitglied des Betriebsrats hat über den Inhalt der Personalakte Stillschweigen zu bewahren, soweit es vom Arbeitnehmer im Einzelfall nicht von dieser Verpflichtung entbunden wird.

§ 8 Grundsätze der Zusammenarbeit

(1) Die Zusammenarbeit im Unternehmen beruht auf gegenseitiger Achtung, Offenheit und Sachlichkeit. Von allen Arbeitnehmern wird kollegiales Verhalten und Rücksichtnahme auf die berechtigten Interessen anderer erwartet.

(2) Meinungsverschiedenheiten sollen möglichst innerhalb des Unternehmens und ggf. mit Hilfe von Vertretern der Personalabteilung und/oder des Betriebsrats beigelegt werden. Rechte und Pflichten, die Arbeitnehmer aus einer behaupteten Benachteiligung oder Diskriminierung geltend machen, richten sich nach der Betriebsvereinbarung zur Gleichbehandlung.

(3) Der Arbeitgeber bzw. seine Vertreter und die jeweiligen Vorgesetzten sind verpflichtet, die Arbeitnehmer sachlich und gerecht zu behandeln. Sie sind verpflichtet, Beschwerden von Arbeitnehmern unverzüglich zu überprüfen und in begründeten Fällen unter Berücksichtigung der zwischen Arbeitgeber und Betriebsrat abgeschlossenen Betriebsvereinbarung zum Beschwerderecht für Abhilfe zu sorgen.[104]

§ 9 Arbeitsleistung

(1) Der Arbeitnehmer ist verpflichtet,
  (a) die ihm übertragenen Aufgaben nach bestem Können zu erfüllen sowie den Anordnungen der Vorgesetzten und der mit Dienstordnungsaufgaben betrauten Personen Folge zu leisten;
  (b) für einen vorübergehenden Zeitraum auch andere zumutbare Aufgaben zu übernehmen als diejenigen, für die er eingestellt ist;
  (c) auf die Aufrechterhaltung der allgemeinen Ordnung und Sicherheit bedacht zu sein;

---

[103] BAG 17.3.1970 – 5 AZR 263/69, AP BGB § 611 Fürsorgepflicht Nr. 78. Der Arbeitnehmer hat auch nach Beendigung des Arbeitsverhältnisses Anspruch auf Einsicht in seine vom ehemaligen Arbeitgeber weiter aufbewahrte Personalakte, vgl. BAG 16.11.2010 – 9 AZR 573/09, NZA 2011, 453. Vgl. iÜ ausführlich zum Umfang des Einsichtsrechts HWK/*Schrader* BetrVG § 83 Rn. 2 ff. mzN.

[104] Da das AGG ausdrücklich ein Beschwerderecht und eine diesbezügliche Regelung und Bekanntgabe gegenüber den Arbeitnehmern vorsieht, sind in neuerer Zeit Beschwerderechte allgemein in Betriebsvereinbarungen gegen Ungleichbehandlung/für Gleichbehandlung geregelt.

(d) alles zu unterlassen, was den Betriebsablauf, die Betriebssicherheit und den Arbeitsfrieden stört oder was der Firma und ihrem Ansehen innerhalb oder außerhalb des Betriebes schaden könnte.

(2) Der Arbeitnehmer ist ferner verpflichtet, bei dem Verdacht einer ansteckenden Krankheit die Firma zu unterrichten und sich auf Verlangen untersuchen zu lassen. Die Untersuchungen werden von dem Werksarzt durchgeführt. Der Werksarzt sowie die Betriebskrankenkasse werden im Hinblick auf das Ergebnis der Untersuchung von der ärztlichen Schweigepflicht entbunden.

(3) Der Arbeitnehmer ist verpflichtet,
(a) geschäftliche und betriebliche Angelegenheiten vertraulich zu behandeln. Geschäfts- und Betriebsgeheimnisse, die im Zusammenhang mit dem Arbeitsverhältnis zur Kenntnis des Arbeitnehmers gelangt sind, sind auch nach der Beendigung des Arbeitsverhältnisses geheim zu halten;[105]
(b) vor etwaigen Veröffentlichungen die vorherige Zustimmung der Firma einzuholen. Dies gilt nicht, wenn die Interessen der Firma nicht berührt werden können;
(c) die Firma unverzüglich zu unterrichten, wenn ihm im Zusammenhang mit dem Arbeitsverhältnis Geschenke oder sonstige Vorteile angeboten werden. Die Annahme dieser Leistungen bedarf der vorherigen Zustimmung der Firma. Dies gilt nicht bei gebräuchlichen Gelegenheitsgeschenken wie Taschenkalendern u. dgl.;
(d) die Firma von der Aufnahme einer Nebenbeschäftigung zu unterrichten. Das Gleiche gilt für die Übernahme oder Beteiligung an einem gewerblichen Unternehmen.

(4) Die Zustimmung zur Ausübung einer Nebenbeschäftigung wird erteilt, wenn die Gesamtarbeitszeit die gesetzlich zulässige Höchstarbeitszeit nicht übersteigt, die Nebenbeschäftigung die vertraglich geschuldeten Leistungen nicht beeinträchtigt und nicht für ein Konkurrenzunternehmen ausgeübt wird. Vorstehende Regelung gilt entsprechend für die Übernahme oder Beteiligung an einem anderen gewerblichen Unternehmen.

(5) Ohne Erlaubnis der Firma ist es untersagt,
(a) Betriebseinrichtungen, Arbeitsgeräte, Modelle, Muster und sämtliche Geschäftspapiere nach- oder abzubilden, aus den Geschäftsräumen zu entfernen oder Dritten zu übergeben. Dasselbe gilt für dienstlich gefertigte Aufzeichnungen oder Notizen;
(b) Berichte über Vorgänge im Betrieb an außerbetriebliche Stellen zu geben, es sei denn, dass dies zur Wahrnehmung von Rechten bei den hierfür zuständigen Stellen notwendig ist;
(c) Privatbesuche von betriebsfremden Personen – außer in dringenden Fällen – während oder außerhalb der Arbeitszeit im Betrieb zu empfangen und
(d) private Telefonate oder E-Mails zu versenden. Der Gebrauch des Internets ist allein für dienstliche Zwecke gestattet.

§ 10 Vorgesetzte und Beschwerderecht

(1) Vorgesetzte und ihnen unterstellte Mitarbeiter haben sachlich miteinander umzugehen. Sie haben alles zu vermeiden, was den Betriebsfrieden stören kann.

---

[105] Allerdings darf der Arbeitnehmer nach der Beendigung des Arbeitsverhältnisses, wenn er nicht durch ein den §§ 74 ff. HGB entsprechendes Wettbewerbsverbot gebunden ist, zu seinem Arbeitgeber in Wettbewerb treten. Eine nachvertragliche Verschwiegenheits- sowie eine nachvertragliche Treuepflicht des Arbeitnehmers begründen für den Arbeitgeber regelmäßig gegen den ausgeschiedenen Arbeitnehmer keine Ansprüche auf Unterlassen von Wettbewerbshandlungen (vgl. BAG 19.5.1998 – 9 AZR 394/97, AP BGB § 611 Treuepflicht Nr. 11).

(2) Alle Arbeitnehmer, die sich benachteiligt, ungerecht behandelt oder in der Ausübung ihrer Tätigkeit behindert fühlen, haben das Recht, mündlich oder schriftlich Beschwerde einzulegen.[106] Zuständige Beschwerdestelle ist die Personalabteilung. Der jeweils zuständige Mitarbeiter für Beschwerden wird durch den Arbeitgeber am schwarzen Brett bekannt gemacht. Im Falle der Beschwerde von Mitarbeitern haben Arbeitnehmer das Recht, ein Mitglied des Betriebsrats zur Unterstützung oder Vermittlung heranzuziehen.[107] Die Beschwerde ist innerhalb von einer Woche nach dem Beschwerdeanlass mündlich oder schriftlich zu erheben.

(3) Zur Dokumentation und Beweissicherung werden die Arbeitnehmer darauf hingewiesen, dass die Beschwerden zweckmäßigerweise schriftlich eingereicht werden sollten. Unberührt von der Beschwerde bei der Beschwerdestelle bleibt die Beschwerde des Arbeitnehmers an den Betriebsrat.

(4) Die Beschwerdestelle ist verpflichtet, Beschwerden unverzüglich zu überprüfen, dazu Stellung zu nehmen und bei berechtigter Beschwerde für Abhilfe zu sorgen. Dem Beschwerdeführer und ggf. dem Beschwerdegegner sind Gelegenheit zur Stellungnahme zu geben. Der Beschwerdeführer ist über die Behandlung der Beschwerde zu bescheiden. Ist die Beschwerde über den Betriebsrat eingelegt, so ist auch dieser zu unterrichten.

(5) Kommt es zwischen der Unternehmensleitung und dem Betriebsrat bei der Behandlung von Beschwerden, die bei dem Betriebsrat eingelegt worden sind, zu Meinungsverschiedenheiten, gelten die gesetzlichen Vorschriften (§ 85 Abs. 2 BetrVG).

(6) Aus der Ausübung des Beschwerderechts werden dem Arbeitnehmer Nachteile nicht erwachsen. Der Arbeitnehmer darf jedoch einen dienstlichen Auftrag nicht ablehnen, nur weil er sich beschwert hat oder beschweren will.

§ 11 Arbeitsverhinderung

(1) Ist der Arbeitnehmer durch unvorhergesehene Gründe verhindert, seinen Dienst auszuführen, so hat er dies unverzüglich unter Angabe der Gründe und der voraussichtlichen Dauer der Verhinderung der zuständigen Personalabteilung mitzuteilen.

(2) Beruht die Dienstverhinderung auf einer Erkrankung oder einem Unfall, so ist die Arbeitsunfähigkeit spätestens bis zum dritten Arbeitstag durch Vorlage einer ärztlichen Bescheinigung nachzuweisen. Dauert die Arbeitsunfähigkeit länger als in der ersten Bescheinigung angegeben, so ist der Arbeitnehmer verpflichtet, unverzüglich eine neue Bescheinigung vorzulegen.

(3) Erfüllt der Arbeitnehmer seine Mitteilungs- und Nachweisungspflicht nicht, so gilt das Fehlen als unentschuldigt, es sei denn, der Arbeitnehmer weist nach, dass er dieser Verpflichtung aus Gründen nicht nachkommen konnte, die er nicht zu vertreten hat.

(4) Der Arbeitnehmer soll dem nächsten Vorgesetzten/der Personalstelle nach längerer Arbeitsversäumnis rechtzeitig, spätestens am Vortage, den Zeitpunkt der Wiederaufnahme der Arbeit mitteilen.

§ 12 Urlaub

(1) Die Dauer des Erholungsurlaubs bestimmt sich nach dem Gesetz oder den für den Betrieb geltenden Tarifverträgen, soweit im Einzelfall keine für den Arbeitnehmer günstigere Regelung getroffen ist.

---

[106] Ist das Beschwerderecht nicht in einer eigenen Betriebsvereinbarung geregelt, wie es in der Regel der Fall ist, kann eine solche Regelung direkt mit in die Arbeitsordnung aufgenommen werden. Für diesen Fall ist der vorstehende Hinweis in § 8 Abs. 3 (Grundsätze der Zusammenarbeit) auf die Betriebsvereinbarung zum Beschwerderecht natürlich obsolet.

[107] Vgl. zum Beschwerderecht im Allgemeinen statt aller: HWK/*Schrader* BetrVG § 84 Rn. 2 ff. mzN sowie zur Behandlung von Beschwerden durch den Betriebsrat BetrVG § 85 Rn. 2 ff. mzN.

(2) Für jede Betriebsabteilung wird im Einvernehmen mit dem Betriebsrat ein Urlaubsplan aufgestellt, in den Beginn und Dauer des Urlaubs der Arbeitnehmer eingetragen werden. Berechtigte Wünsche der Arbeitnehmer werden bei rechtzeitiger Anmeldung berücksichtigt. Sobald der Urlaubsplan beschlossen ist, gilt der Urlaub als genehmigt. Aus dringenden betrieblichen Gründen kann die Firma von dem Urlaubsplan abweichen. Sie hat alsdann die dem Arbeitnehmer erwachsenden Kosten zu übernehmen.

(3) Die Firma kann im Einvernehmen mit dem Betriebsrat für den Betrieb oder einzelne Betriebsabteilungen Betriebsferien einrichten. In diesem Falle hat der Arbeitnehmer seinen Urlaub während der Betriebsferien zu nehmen.

§ 13 Unbezahlter Urlaub und Schichttausch

(1) Unbezahlter Urlaub ist unter Darlegung der Gründe am Tage vorher zu beantragen. Die Entscheidung über die Genehmigung wird der Arbeitgeber am selben Tag unter Berücksichtigung der beiderseitigen Interessen treffen und dem Arbeitnehmer bekannt geben.

(2) Der Austausch von Schichten mit einem Arbeitskollegen oder die Bestellung eines Ersatzmannes für eine Schicht ist unzulässig, es sei denn, dass dies durch den Vorgesetzten vorher gestattet worden ist.

2. Untertitel. Das Arbeitsentgelt

§ 14 Eingruppierung

(1) Die Arbeitnehmer werden unter Mitwirkung des Betriebsrats nach dem ...... Tarifvertrag in die Lohngruppen und Gehaltsgruppen eingereiht, sofern im Einzelfall für außertarifliche Angestellte nichts anderes vereinbart ist.

(2) Die Mitarbeiter sind verpflichtet, die Arbeit nach Anweisung der Firma ...... in der Zeit- oder Leistungsvergütung zu verrichten. Die Entlohnung in der Leistungsvergütung richtet sich nach den hierüber abgeschlossenen Betriebsvereinbarungen.

(3) Bezahlt wird nur die Zeit, während der der Mitarbeiter gearbeitet hat, es sei denn, dass gesetzlich oder tariflich etwas anderes bestimmt ist.

(4) Die Vereinbarung der Anrechnung übertariflicher Zulagen mit tariflich vereinbarten Lohn- oder Gehaltserhöhungen ist zulässig. Die Anrechnung ist dem Arbeitnehmer schriftlich mitzuteilen.

(5) Für die Berechnung der Arbeitsstunden bei Lohnempfängern sind die Schichtenblätter bzw. Akkordscheine maßgebend.

§ 15 Abrechnung

(1) Löhne und Gehälter werden nach jedem Kalendermonat abgerechnet. (*uU:* Auf den verdienten Lohn wird eine Abschlagszahlung geleistet; die Abschlagszahlungen erfolgen am ...... für den jeweils vorausgegangenen Zeitraum).

(2) Der Arbeitsverdienst sowie die einzelnen Abrechnungen werden durch Lohn- bzw. Gehaltsabrechnungen nachgewiesen. Die Abrechnungen werden so übermittelt, dass Dritte keine Einsicht nehmen können.

(3) Der Arbeitnehmer kann verlangen, dass ihm die Berechnung und Zusammensetzung seines Arbeitsentgeltes erläutert wird.[108]

---

[108] Schaub/*Koch*, ArbR-HdB, § 234 Rn. 11.

§ 16 Bargeldlose Lohnzahlung

(1) Die Lohn- und Gehaltszahlung erfolgt bargeldlos. Die Zahlung erfolgt bei Lohnempfängern spätestens bis zum 10. des Folgemonats, bei Gehaltsempfängern mit festem Einkommen bis zum letzten Werktag vor dem Monatsletzten.

(2) Benennt der Mitarbeiter bis zwei Wochen vor dem Auszahlungstag kein Konto, so ist die Firma berechtigt, auf seine Kosten ein Konto einzurichten.

(3) Die Firma übernimmt die Kontoführungsgebühren bis zu ...... EUR.[109]

Oder:

(1) Die Auszahlung erfolgt in bar während der Arbeitszeit oder der Pausen. Lohn- und Gehaltszahlungen hat der Mitarbeiter persönlich gegen Quittung in Empfang zu nehmen.

(2) Soll aus berechtigtem Grund, insbesondere im Falle der Erkrankung, die Auszahlung an Beauftragte erfolgen, so haben diese sich durch eine schriftliche Vollmacht auszuweisen. Bei Zweifeln an der Empfangsberechtigung kann die Zahlung an den Beauftragten verweigert werden. Die Firma kommt bei Weigerung der Auszahlung an Dritte nicht in Verzug.

(3) Aus berechtigtem Grunde kann die Übersendung der Vergütung beantragt werden. Die Übersendung erfolgt auf Gefahr und Kosten des Mitarbeiters.

§ 17 Beanstandung der Abrechnung

(1) Beanstandungen der Lohn- und Gehaltsabrechnungen sind innerhalb der tariflichen Ausschlussfristen anzubringen. Sie sind zunächst im Betriebs-/Abteilungsbüro anzuzeigen. Können sie dort nicht erledigt werden, so erfolgt eine Klärung durch die zuständige Personalstelle.

(2) Differenzbeträge werden bei der nächsten Lohn- oder Gehaltszahlung überwiesen. Übersteigt der Differenzbetrag 20,00 EUR, so wird er auf Wunsch des Arbeitnehmers bar ausgezahlt.

(3) Überzahlungen hat der Arbeitnehmer zurückzuzahlen. Bei größeren Überzahlungen werden dem Arbeitnehmer angemessene Ratenzahlungen bewilligt, es sei denn, dieser konnte offensichtlich erkennen, dass die Lohnabrechnung fehlerhaft erfolgt ist.

§ 18 Abtretung und Verpfändung

(1) Die Abtretung oder Verpfändung von Lohnansprüchen ist unwirksam.[110]

---

[109] Nach § 87 Abs. 1 Nr. 4 BetrVG hat der Betriebsrat mitzubestimmen bei der Festlegung von Zeit, Ort und Art der Auszahlung der Arbeitsentgelte. Zur Art der Auszahlung des Arbeitsentgeltes gehört vor allem die Entscheidung, ob das Entgelt in bar oder bargeldlos gezahlt werden soll. Zur Regelung über die bargeldlose Auszahlung des Arbeitsentgeltes gehört als notwendiger Annex auch eine solche über die Zahlung von Kontoführungsgebühren oder die Einführung einer Kontostunde. Nur soweit zwischen den anfallenden Gebühren bzw. dem Besuch des Kreditinstitutes und der Entscheidung für eine bargeldlose Auszahlung des Entgeltes ein notwendiger Zusammenhang besteht, lässt sich eine Annexkompetenz des Betriebsrats nach § 87 Abs. 1 Nr. 4 BetrVG begründen. Mitbestimmungspflichtige Entscheidungen über die Zahlung von Kontoführungsgebühren bzw. die Einführung einer Kontostunde sind nur insoweit denkbar, als diese durch die Überweisung des Entgeltes zwangsläufig und für den Arbeitnehmer unvermeidlich anfallen. Alles andere steht nicht mehr im Zusammenhang mit der Entscheidung für eine bargeldlose Lohnzahlung, sondern bezieht sich auf die private Lebensführung des Arbeitnehmers (vgl. BAG 10.8.1993 – 1 ABR 21/93, AP BetrVG 1972 § 87 Auszahlung Nr. 12).

[110] BAG 2.6.1966 – 2 AZR 322/65, AP BGB § 399 Nr. 8, str. Das Abtretungsverbot soll auch dann eingreifen, wenn ein Dritter Barmittel für den Lebensunterhalt zur Verfügung stellt (LAG Hamm 5.10.1989 – 4 Sa 700/89, LAGE BGB § 399 Nr. 2).

(2) Bei Lohn- oder Gehaltspfändungen erhält der Arbeitnehmer mindestens den pfändungsfreien Betrag überwiesen. Wird das Lohn- oder Gehaltskonto des Arbeitnehmers gepfändet und wird hierbei auch der pfändungsfreie Betrag des Lohnes oder des Gehaltes erfasst, so wird auf Verlangen des Arbeitnehmers der pfändungsfreie Teil bar ausgezahlt.

(3) Die Firma ist berechtigt, für die Bearbeitung einer jeden Lohnpfändung ...... EUR und für jede Überweisung ...... EUR einzubehalten.[111]

§ 19 Abtretung von Schadensersatzansprüchen

(1) Der Arbeitnehmer ist bei der Verletzung von Körper, Gesundheit oder Eigentum verpflichtet, seine Schadensersatzansprüche in dem Umfang an die Firma abzutreten, als diese ihm Lohn- oder Gehaltsfortzahlung oder sonstige Leistungen gewährt.[112]

(2) Der Mitarbeiter ist verpflichtet, der Firma unverzüglich den Schadensfall zu melden und dieser genaue Angaben über die Person des Schädigers und den Hergang des Schadensfalles zu machen. Er hat die Firma nach besten Kräften bei der Verfolgung von Schadensersatzansprüchen zu unterstützen.

§ 20 Vorläufige Abrechnung bei Beendigung des Arbeitsverhältnisses

Endet das Arbeitsverhältnis, so erhält der Arbeitnehmer einen angemessenen Vorschuss, soweit eine Endabrechnung noch nicht erfolgen kann.

Abschnitt IV. Die Arbeitszeit

§ 21 Dauer der Arbeitszeit

(1) Die Dauer der regelmäßigen wöchentlichen/täglichen Arbeitszeit richtet sich nach den gesetzlichen und tariflichen Bestimmungen. Beginn und Ende der täglichen Arbeitszeit sowie der Pausen werden durch eine besondere Betriebsvereinbarung oder Regelungsabrede geregelt. Änderungen werden vorher vereinbart und durch Aushang bekannt gegeben. Sonderregelungen werden von Fall zu Fall gesondert vereinbart.

(2) Alle Arbeitnehmer sind dazu verpflichtet, sich zur festgesetzten Uhrzeit für den Arbeitsbeginn am Arbeitsplatz einzufinden und die Arbeitszeit einzuhalten, es sei denn, durch Betriebsvereinbarung oder Einzelarbeitsvertrag ist etwas anderes bestimmt. Für die Bestimmung der Uhrzeit maßgebend sind die Werksuhren. Ein vorzeitiges Verlassen des Arbeitsplatzes ist nur mit der Erlaubnis des Vorgesetzten zulässig.

Oder statt Abs. 2 S. 2:

Für die Berechnung der bezahlten Arbeitszeit ist das Zeiterfassungssystem maßgebend. Jeder Mitarbeiter hat das Zeiterfassungssystem persönlich zu bedienen. Das Zeiterfassungssystem ist bei Arbeitsbeginn nach und bei Arbeitsschluss vor dem Umkleiden zu bedienen.

(3) Trifft in Mehrschichtbetrieben die Ablösung nicht rechtzeitig ein, so hat der abzulösende Arbeitnehmer dies unverzüglich seinem Vorgesetzten zu melden. Dieser hat für Ersatz zu sorgen. Bis zur Ersatzbestellung hat der abzulösende Arbeitnehmer weiter zu arbeiten, sofern er an einem Arbeitsplatz beschäftigt ist, auf dem aus

---

[111] Individualrechtlich unzulässig, → A. Rn. 139.
[112] Bei einer Entgeltfortzahlung gehen nach § 6 EFZG Schadensersatzansprüche in Höhe der Entgeltfortzahlung auf den Arbeitgeber über.

betriebstechnischen Gründen die Arbeit nicht unterbrochen werden kann und ihm die Weiterarbeit zumutbar ist. Jede angefangene Viertelstunde gilt als volle Viertelstunde.

(4) Wer verspätet die Arbeit aufnimmt oder vorzeitig den Arbeitsplatz verlässt, hat dies seinem Vorgesetzten zu melden. Der Anspruch auf Vergütung der ausgefallenen Arbeitszeit ist ausgeschlossen. Für zu spät kommende Arbeitnehmer beginnt die vergütungspflichtige Arbeit mit der nächsten Viertelstunde.[113]

Oder statt Abs. 4 S. 2, 3:

Wer ohne ausreichende Entschuldigung mehr als eine Stunde verspätet zur Arbeit erscheint oder die Arbeitsstelle ohne Erlaubnis vorzeitig verlässt, hat keinen Anspruch auf Beschäftigung oder Weiterbeschäftigung während der Schicht.

§ 22 Wasch- und Badezeiten

Wasch- und Badezeiten für Arbeitnehmer, die an Arbeitsplätzen mit besonderer Verschmutzung beschäftigt sind, werden durch besondere Betriebsvereinbarungen geregelt.

§ 23 Änderung der Arbeitszeit, Über- und Mehrarbeit

(1) Die Firma kann unter Beachtung der gesetzlichen und tariflichen Vorschriften, insbesondere des Mitbestimmungsrechts des Betriebsrats, die regelmäßige Arbeitszeit verlängern, verkürzen oder verlegen. Die Änderung wird durch Anschlag bekannt gegeben. Dieser wird so rechtzeitig wie möglich erfolgen.

(2) Der Arbeitnehmer ist verpflichtet, im Rahmen der gesetzlichen und tariflichen Bestimmungen Über- und Mehrarbeit zu leisten und Wechseldienst zu fahren.

(3) Über- und Mehrarbeitsstunden werden nur anerkannt, wenn sie von einem zuständigen Vorgesetzten angeordnet worden sind. In unvorhergesehenen Fällen werden Über- und Mehrarbeitsstunden nur anerkannt, wenn sie betrieblich notwendig waren und spätestens am Folgetag gemeldet worden sind.

Abschnitt V. Die Ordnung und das Verhalten des Arbeitnehmers im Betrieb

§ 24 Schwarzes Brett[114]

(1) Alle betrieblichen Bekanntmachungen werden an den dafür vorgesehenen schwarzen Brettern angeschlagen. Bei allen Arbeitnehmern, die vier Wochen nach dem Aushang im Betrieb anwesend waren, wird vermutet, dass sie den Aushang gelesen haben.

(2) Sonstige Aushänge, mit Ausnahme derjenigen von im Betrieb vertretenen Gewerkschaften sowie des Betriebsrats, sind nur nach vorheriger Erlaubnis der Werksleitung zulässig.

§ 25 Werksausweis

(1) Alle Arbeitnehmer erhalten nach ihrer Einstellung einen Werksausweis. Er ist vom Arbeitnehmer zu unterschreiben und schonend zu behandeln. Eine Aushändigung an Dritte ist unzulässig.

---

[113] Die Wirksamkeit derartiger Klauseln ist zweifelhaft.
[114] In Unternehmen, in denen die Kommunikation überwiegend mittels Intranet stattfindet, kann man auch darüber nachdenken, ein virtuelles Schwarzes Brett im Intranet einzuführen und die Arbeitsordnung entsprechend anzupassen.

(2) Der Ausweis ist ohne besondere Aufforderung beim Passieren des Werktores den Kontrollorganen vorzulegen.

(3) Der Werksausweis ist bei der Beendigung des Arbeitsverhältnisses oder jederzeit auf Verlangen der Firma zurückzugeben.

(4) Der Verlust des Werksausweises ist unverzüglich der Personalstelle zu melden. Im Falle des Verlustes ist eine Schutzgebühr von …… EUR zu entrichten.

§ 26 Betreten und Verlassen des Betriebes

(1) Das Werk darf nur an den dafür bestimmten Ein- und Ausgängen betreten und verlassen werden. Beim Verlassen des Werkes während der Arbeitszeit ist dem Pförtner eine vom zuständigen Werkmeister ausgestellte Arbeitsunterbrechungskarte vorzulegen. Hierauf sind der Zeitpunkt des Aus- und Eintretens zu vermerken.

(2) Werksfremde, auch Familienangehörige, haben nur mit Erlaubnis der Werksleitung Zutritt.

§ 27 Aufenthalt auf dem Werksgelände

(1) Alle Arbeitnehmer dürfen sich nur während der für sie maßgebenden Arbeitszeit auf dem Werksgelände aufhalten. Außerhalb der Arbeitszeit darf das Werksgelände nur zur Wahrnehmung berechtigter persönlicher Interessen betreten werden.

(2) Während der Arbeitszeit dürfen Betriebe oder Betriebsteile nur aufgesucht werden, soweit es zur Ausübung der Arbeit notwendig ist. Die mit einem Eintrittsverbot gekennzeichneten Räume dürfen nur von den hierzu besonders ermächtigten Mitarbeitern betreten werden.

(3) Wasch- und Umkleideräume dürfen nur zu Beginn, während der Pausen und zum Ende der Arbeitszeit aufgesucht werden. Die weiteren Einzelheiten werden durch eine Wasch- und Kauenordnung geregelt.

(4) Für Schäden, die ein Mitarbeiter infolge der Verletzung der in Abs. 1 bis 3 genannten Verpflichtungen erleidet, haftet die Firma nur, soweit sie ein Verschulden trifft.

§ 28 Trunk- und Drogensucht

(1) Es ist untersagt, betrunken zur Arbeit zu erscheinen, alkoholische Getränke in das Werk mitzubringen oder zu verzehren. Es ist ferner verboten, im Betrieb Rauschmittel zu besitzen, weiter zu geben oder zu verzehren.

(2) In den Betriebsteilen, die in der dieser Betriebsordnung beigefügten Aufstellung aufgezählt sind, ist das Rauchen untersagt.[115]

(3) Alle Arbeitnehmer sind für die Sauberkeit ihres Arbeitsplatzes, der Aufenthalts-, Speise- und Waschräume verantwortlich. Die Aborte sind ordentlich und sauber zu halten.

---

[115] Der Arbeitgeber ist berechtigt und unter den Voraussetzungen des § 5 ArbStättV sogar verpflichtet, ein für den gesamten Betrieb oder auf einzelne Betriebsteile beschränktes Rauchverbot zu erlassen (vgl. BT-Drs. 16/5049, 10), um Nichtraucher vor den Gesundheitsgefahren und den Belästigungen des Passivrauchens zu schützen. Soweit die Arbeitsstättenverordnung Anwendung findet, hat dies unter Beachtung der Mitbestimmungsrechte des Betriebsrats (§ 87 Abs. 1 Nr. 1 und Nr. 7 BetrVG) zu geschehen, anderenfalls muss unter Mitwirkung des Betriebsrats eine Betriebsvereinbarung geschlossen werden. In beiden Fällen (vgl. § 5 Abs. 1 S. 2 ArbStättV „Erforderlichkeit" und § 75 Abs. 2 BetrVG) gilt es jedoch, den Verhältnismäßigkeitsgrundsatz und damit Art. 2 Abs. 1 GG zu wahren, da das Rauchverbot in die allgemeine Handlungsfreiheit der Raucher eingreift. Ein generelles Rauchverbot im Freien kann in der Regel nicht mit dem Gesundheitsschutz der Nichtraucher begründet werden. Ein Rauchverbot mit dem Ziel, Arbeitnehmer von gesundheitsschädlichen Gewohnheiten abzubringen, überschreitet die Regelungskompetenz der Betriebspartner (vgl. BAG 19.1.1999 – 1 AZR 499/98, AP BetrVG 1972 § 87 Ordnung des Betriebes Nr. 28).

§ 29 Werkshandel

(1) Innerhalb des Werksgeländes ist den Arbeitnehmern der Handel mit Waren jeglicher Art nicht gestattet.

(2) Sammlungen und das Sammeln von Beiträgen und Unterschriften sind auf dem Werksgelände nur mit Zustimmung der Unternehmensleitung zulässig.

§ 30 Verteilung von Zeitschriften

(1) Das Verteilen von Zeitungen, Zeitschriften, Flugblättern oder jeglichem Propagandamaterial ist auf dem Werksgelände untersagt.

(2) Auf dem Werksgelände dürfen Versammlungen nicht durchgeführt werden.

(3) Hiervon nicht betroffen sind Versammlungen nach dem BetrVG oder das Verteilen von Schriften der im Betrieb vertretenen Gewerkschaften.

(4) Die parteipolitische Betätigung im Betrieb ist verboten. Für unpolitische Vereinigungen darf sich ein Mitarbeiter im Betrieb nur betätigen, wenn dadurch die betriebliche Ordnung oder der Betriebsfrieden nicht beeinträchtigt werden.

§ 31 Fotografieren

Das Fotografieren ist innerhalb des Werksgeländes nur mit Genehmigung der Unternehmensleitung zulässig.

§ 32 Privatarbeiten

(1) Die Erledigung von Privatarbeiten während der Arbeitszeit ist unzulässig. Mit Erlaubnis des Vorgesetzten können Privatarbeiten vor oder nach der Arbeitszeit erledigt werden.

(2) Die Nutzung des E-Mails dient der Kommunikation der Beschäftigten untereinander sowie mit externen Stellen. Die private Nutzung des E-Mails ist unzulässig.[116]

(3) Die Nutzung der Internetdienste dient dem Zugriff auf weltweit verfügbare Informationen und Daten und dem Zugriff auf firmenbezogene Daten. Eine private Nutzung der Internetdienste während der Dienstzeit ist unzulässig.

§ 33 Privatsachen und Parkplatz

(1) Alle Arbeitnehmer erhalten für ihre Privatsachen einen Spind. Sie haben ihre bei der Arbeit nicht benötigten Privatsachen verschlossen in dem Spind aufzubewahren.

(2) Fahrräder und Kraftfahrzeuge dürfen nur an den hierfür vorgesehenen Stellen abgestellt oder geparkt werden. Verbotswidrig geparkte oder abgestellte Kraftfahrzeuge, Krafträder, Fahrräder usw. werden auf Kosten des Arbeitnehmers entfernt.[117]

(3) Die Firma haftet für den Verlust von Privateigentum oder den Verlust oder die Beschädigung von Fahrrädern und Kraftfahrzeugen nur, wenn sie diese zu vertreten hat.

---

[116] Zur Zulässigkeit → A. Rn. 221 ff.

[117] Der Arbeitgeber ist nur dann berechtigt, ein auf einem Werksparkplatz falsch geparktes Fahrzeug eines Betriebsangehörigen auf dessen Kosten abschleppen zu lassen, wenn Dritte behindert, Rettungswege versperrt oder eine Betriebsvereinbarung das Abschleppen falsch parkter Fahrzeuge vorsieht (LAG Frankfurt 15.2.1989 – 10 Sa 696/88, EzBAT BAT § 8 Schadensersatzpflicht des Arbeitgebers Nr. 9; 24.2.1988 – 10 Sa 541/87, BeckRS 1988, 30886520; 15.1.1979 – 11 Sa 738/78, DB 1979, 1851; LAG Düsseldorf 12.5.1977 – 4 Sa 352/77, DB 1977, 1754; ArbG Wesel 12.7.1984 – 4 Ca 280/84, DB 1985, 1540).

Abschnitt VI. Sicherung des Werkseigentums und des Arbeitsablaufes

§ 34 Behandlung von Werkseigentum

(1) Die vom Werk gestellten Werkzeuge, Apparate, Maschinen und sonstigen Einrichtungen sind sachgemäß und pfleglich zu behandeln. Verluste oder Beschädigungen sind dem Vorgesetzten unverzüglich zu melden.

(2) Mit Material, Energie und sonstigen Betriebsmitteln ist sparsam und wirtschaftlich umzugehen.

(3) Der Verkauf oder die kostenlose Abgabe von Werkzeugen, Materialien usw. erfolgt nach den Verkaufsrichtlinien/nach besonderer Vereinbarung mit der Unternehmensleitung.

(4) Wer rechtswidrig das Werkseigentum beschädigt, vernichtet oder abhanden kommen lässt oder die unverzügliche Meldung nach Abs. 1 unterlässt, kann zum Schadensersatz herangezogen werden.

(5) Über die verkauften oder entliehenen Gegenstände wird vom Betriebsbüro ein Passierschein ausgestellt; dieser ist am Werkstor unaufgefordert vorzuzeigen.

§ 35 Torkontrollen

(1) Zum Schutz des betrieblichen und persönlichen Eigentums können Werks- und Torkontrollen durchgeführt werden. Die Kontrollen können auf Schränke, Spinde, Werkzeugkästen, Tanks und sonstige Behältnisse erstreckt werden. Kontrollen erfolgen durch Personen, die mit Einverständnis des Betriebsrats hierfür ausgewählt worden sind und sich durch besonderen Ausweis ausweisen können.

(2) Die Durchführung von geplanten Kontrollen wird mit dem Betriebsrat festgelegt.

(3) Bei dringendem Verdacht einer strafbaren Handlung können auch körperliche Untersuchungen durchgeführt werden. Sie finden in Anwesenheit eines Betriebsratsmitgliedes in einem besonderen Raum statt und dürfen nur von Personen gleichen Geschlechts durchgeführt werden.

§ 36 Material- und Energiemangel

(1) Jede Arbeitsverhinderung, etwa durch Maschinenschaden, Material- oder Bearbeitungsfehler, unzureichende Anlieferung von Material oder Energie ist dem Vorgesetzten unverzüglich zu melden. Alles, was den geregelten Arbeitsablauf stören oder behindern kann, ist zu vermeiden.

(2) Veränderungen am Arbeitsablauf, an Maschinen oder betrieblichen Einrichtungen sind nur mit vorhergehender Einwilligung des hierfür zuständigen Vorgesetzten zulässig. Dieses gilt auch dann, wenn die Veränderung als Verbesserung angesehen wird.

(3) Bei einem Schichtwechsel ist die Arbeit zu übergeben und auf besondere Vorkommnisse oder Anweisungen des Vorgesetzten hinzuweisen.

Abschnitt VII. Unfall- und Schadensverhütung

§ 37 Unfallschutz

(1) Alle Arbeitnehmer sind verpflichtet, sich über die für ihren Arbeitsbereich geltenden Vorschriften zur Unfallverhütung und zum Gesundheitsschutz zu informieren und diese einzuhalten.[118]

---
[118] § 15 ArbSchG.

(2) Hinweis- und Warntafeln sind zu beachten. Vom Arbeitgeber zur Verfügung gestellte Arbeitsschutzeinrichtungen und Mittel oder sonstige Sicherheitsvorkehrungen sind zu benutzen.

(3) Vorrichtungen zur Unfallverhütung, Verbots-, Warn- und Hinweisschilder dürfen nicht eigenmächtig entfernt oder unwirksam gemacht werden.

(4) Die Unfallverhütungsvorschriften, Vorschriften zum Gesundheitsschutz sowie Werksrichtlinien und Anweisungen zur Vermeidung von Unfällen liegen ...... zur Unterrichtung der Belegschaft aus.

§ 38 Straßenverkehrsordnung

Auf allen Werkstraßen und Werkswegen gelten die Vorschriften der StVO entsprechend.

§ 39 Arbeitskleidung

(1) Alle Arbeitnehmer haben an ihrem Arbeitsplatz zweckmäßige Arbeitskleidung zu tragen.

(2) Arbeitnehmer, die Maschinenarbeit leisten, insbesondere an Maschinen mit sich drehenden Teilen, haben einen besonderen Kopfschutz zu tragen.

(3) Arbeitnehmer, die ...... arbeiten, haben Sicherheitsschuhe zu tragen.

§ 40 Besondere Unterstützungspflichten

Ein Arbeitnehmer ist verpflichtet,[119] seinen nächst höheren Vorgesetzten zu informieren, wenn er
  (a) bei seiner Arbeit eine Unfallgefahr erkennt;
  (b) feststellt, dass Sicherheitseinrichtungen fehlen, schadhaft geworden sind oder sich sonst in einem mangelhaften oder unbrauchbaren Zustand befinden;
  (c) erkennt, dass Handwerkszeug oder sonstiges Arbeitsgerät, Materialien, Maschinen oder sonstige Betriebseinrichtungen schadhaft sind und zu Unfällen führen können;
  (d) ein Arbeitskollege infolge Unwohlsein seine Arbeiten nicht verrichten kann und hieraus eine Unfallgefahr erwachsen kann.

§ 41 Erste Hilfe

(1) Im Falle eines Unfalles sind alle Arbeitnehmer verpflichtet,
  (a) Hilfe zu leisten. Etwaige Anordnungen sind zu befolgen;
  (b) dem Verletzten erste Hilfe zu leisten sowie unverzüglich die Unfallstation oder den Werksarzt zu benachrichtigen. Der Verletzte selbst hat sich, soweit er dazu in der Lage ist, unverzüglich bei der Unfallstation oder dem Werksarzt vorzustellen;
  (c) Veränderungen des Unfallortes zu unterlassen, es sei denn, dass dies zur Durchführung der ersten Hilfe notwendig ist.

(2) Alle Unfälle, insbesondere auch Wegeunfälle von und zu der Arbeitsstelle oder zur Empfangnahme von Lohn- und Gehaltszahlungen, sind unverzüglich, spätestens innerhalb von 3 Tagen unter Schilderung des Herganges des Unfalls der Personalstelle/Stelle für Unfallsicherung zu melden. Gleichermaßen sind Spätfolgen von Unfällen unverzüglich zu melden.

---

[119] § 16 ArbSchG.

§ 42 Schutzmittel

Der Zu- und Abgang zu Feuerlöschgeräten, Hydranten und sonstigen Einrichtungen zur Unfall- und Brandbekämpfung sowie die Notausgänge und Nottreppen sind frei zugänglich in einem ordnungsgemäßen Zustand zu halten.

§ 43 Feuerschutz

(1) Alle Arbeitnehmer sind verpflichtet, ausbrechende Brände oder drohende Explosionen unverzüglich der Werksfeuerwehr und dem Dienstvorgesetzten zu melden.

(2) Alle Arbeitnehmer sind verpflichtet, den Anordnungen Folge zu leisten und zumutbare Hilfeleistungen zu erbringen.

Abschnitt VIII. Die Beendigung des Arbeitsverhältnisses

§ 44 Ende des Arbeitsverhältnisses

(1) Das Arbeitsverhältnis endet durch Kündigung, Vereinbarung oder Zeitablauf.

(2) Das Arbeitsverhältnis endet mit Ablauf des Monats, in dem der Arbeitnehmer die Altersgrenze nach dem SGB VI erreicht. Eine Weiter- oder Wiederbeschäftigung kann nur aus dringenden betrieblichen Gründen oder persönlichen Gründen des Arbeitnehmers erfolgen. Der Betriebsrat hat bei der Weiterbeschäftigung ein Mitwirkungsrecht.[120]

§ 45 Ordentliche Kündigung

(1) Für die ordentliche Kündigung gelten die gesetzlichen oder tariflichen Bestimmungen, soweit im Einzelfall nichts anderes vereinbart ist.

(2) Die Kündigung durch den Arbeitgeber ist nur nach vorheriger Anhörung des Betriebsrats wirksam. Sie bedarf der Schriftform und der Angabe der wesentlichen Kündigungsgründe.[121]

(3) Der Arbeitgeber ist berechtigt, den Arbeitnehmer nach Ausspruch der Kündigung bis zum Ablauf der Kündigungsfrist unter Fortzahlung der Bezüge von der Arbeit freizustellen. Die Freistellung erfolgt unter Anrechnung der Resturlaubsansprüche sowie sonstiger Freizeitabgeltungsansprüche. Der Urlaub wird zu Beginn der Freistellungsphase gewährt. Auch in der Zeit der Freistellung gilt das vertragliche Wettbewerbsverbot. Anderweitiger Verdienst wird angerechnet. § 102 Abs. 5 BetrVG bleibt unberührt.

(4) Nach dem Ausspruch der Kündigung hat der Arbeitnehmer einen Anspruch auf Aushändigung eines Zwischenzeugnisses sowie auf angemessene Freistellung von der Arbeit zum Aufsuchen einer neuen Stelle. Die Freistellung soll mindestens zwei Tage vorher beantragt werden.

§ 46 Außerordentliche Kündigung

Das Arbeitsverhältnis kann außerordentlich gekündigt werden, wenn hierfür ein wichtiger Grund vorliegt (§ 626 BGB). Die außerordentliche Kündigung bedarf der Schriftform.

---

[120] BAG 12.7.1988 – 1 ABR 85/86, AP BetrVG 1972 § 99 Nr. 54; 18.7.1978 – 1 ABR 79/75, AP BetrVG 1972 § 99 Nr. 9. Zur Wirksamkeit von Altersgrenzen → A. Rn. 190 ff.; Schaub/*Koch*, ArbR-HdB, § 40 Rn. 45 f.

[121] Der Hinweis auf die Schriftform kann fehlen (§ 623 BGB); er ist aufgenommen, weil ein gewisser Begründungszwang postuliert wird.

§ 47 Herausgabe von Werkseigentum

(1) Bei Beendigung des Arbeitsverhältnisses ist der Arbeitnehmer verpflichtet, alle werkseigenen Gegenstände wie Werkzeug, Arbeitskleidung, Arbeitsmaterial, Werksausweis und dgl. an die zuständige Stelle herauszugeben.

(2) Erfüllt der Arbeitnehmer seine Verpflichtung zur Herausgabe nicht, so ist er zum Schadensersatz verpflichtet.

§ 48 Endabrechnung

(1) Bei Beendigung des Arbeitsverhältnisses ist der Arbeitgeber verpflichtet,
   (a) das restliche Arbeitsentgelt einschließlich der Urlaubsabgeltung auszuzahlen;
   (b) die Arbeitspapiere einschließlich einer Bescheinigung über den gewährten Urlaub herauszugeben oder eine Zwischenbescheinigung auszuhändigen.

(2) Hat das Arbeitsverhältnis durch eine außerordentliche Kündigung geendet, so werden die in Abs. 1 genannten Ansprüche zwei Wochen nach dem Ende des Arbeitsverhältnisses fällig, es sei denn, der Arbeitnehmer hatte für die außerordentliche Kündigung einen wichtigen Grund.

(3) Der Mitarbeiter kann nach Ausspruch der Kündigung ein Zeugnis verlangen, das auf seinen Wunsch auf die Leistung und das Verhalten zu erstrecken ist. Gleichermaßen kann ein Zwischenzeugnis bei Wechsel des unmittelbaren Vorgesetzten, bei Umgruppierung und Versetzung verlangt werden. Eine Abschrift des Zwischenzeugnisses ist zu den Personalakten zu nehmen.

(4) Alle Ansprüche aus dem Arbeitsverhältnis und solche, die mit dem Arbeitsverhältnis in Verbindung stehen, insbesondere gewährte Arbeitgeberdarlehen, werden mit der Beendigung des Arbeitsverhältnisses fällig, es sei denn, es ist im Einzelfall etwas anderes vereinbart.

§ 49 Arbeitsvertragsbruch

(1) Ein Arbeitnehmer, der unter Vertragsbruch aus dem Arbeitsverhältnis ausscheidet, verwirkt seine Verdienstansprüche in Höhe eines Monatsverdienstes. Ist die Einbehaltung in Höhe dieses Betrages nicht möglich, so wird der Differenzbetrag bis zur Verwirkungsobergrenze als Vertragsstrafe geschuldet.[122]

(2) Das Recht der Firma, weitergehenden Schadenersatz zu verlangen, bleibt unberührt.

Abschnitt IX. Betriebsbußen

§ 50 Verhängung von Betriebsbußen

(1) Rechtswidrige und schuldhafte Verstöße gegen die Arbeitsordnung können mit Verwarnungen, Verweisen oder Geldbußen geahndet werden.

(2) Die in Abs. 1 genannten Betriebsbußen werden nur im Einverständnis mit dem Betriebsrat verhängt.

(3) Vor der Verhängung einer Betriebsbuße ist der Arbeitnehmer zu hören. Er kann sich durch eine rechtskundige Person vertreten lassen.

---

[122] Zur individualrechtlichen Zulässigkeit → A. Rn. 169 ff. Betriebsvereinbarungen unterliegen nicht der Kontrolle nach § 310 Abs. 4 BGB.

§ 51 Geldbuße

(1) Die Geldbuße soll die Hälfte des durchschnittlichen Tagesverdienstes nicht überschreiten. Sie darf auch in schweren Fällen einen Tagesverdienst nicht übersteigen.

(2) Die Geldbuße wird bei der nächsten Lohn- oder Gehaltszahlung einbehalten. Sie wird dem betrieblichen Sozialfond zugeführt.

(3) Das Recht des Unternehmens, Schadensersatz zu fordern, bleibt von der Verhängung einer Betriebsbuße unberührt.

§ 52 Betriebsbuße und Personalakte

Verwarnungen und Verweise sowie die Verhängung einer Betriebsbuße sind in die Personalakte aufzunehmen. Die Vermerke werden nach Ablauf von zwei Jahren vernichtet, es sei denn, der Arbeitnehmer ist innerhalb dieser Frist mit einer weiteren Betriebsbuße belegt worden. In diesem Falle werden die Vermerke erst zwei Jahre nach der letzten Betriebsbuße vernichtet.

§ 53 Einzelmaßnahmen oder Bußen

Das Recht des Unternehmens, Schadensersatz zu fordern, oder bei Verstößen gegen die Arbeitsordnung einzelvertragliche Maßnahmen (zB Abmahnung, Kündigung) zu ergreifen, bleibt von der Verhängung einer Betriebsbuße unberührt.

Abschnitt X. Schlussvorschriften

(1) Die Betriebsordnung tritt am ...... in Kraft. Sie kann mit einer Frist von ...... zum ...... gekündigt werden.

(2) Änderungen, Ergänzungen oder verbindliche Auslegungen der Arbeitsordnung werden durch Anschlag am schwarzen Brett sowie in der Werkszeitung bekannt gemacht.

......, den ......

Arbeitgeber   Betriebsrat

Hinweis:

Arbeitsordnungen stellen in der Praxis eine Zusammenfassung bzw. eine Ergänzung vielfach ohnehin geltender Regelungen im Unternehmen oder Betrieb dar. Insoweit ergeben sich bei der Vereinbarung von Arbeitsordnungen zwangsläufig Überschneidungen mit tariflichen, gesetzlichen oder in detaillierten Betriebsvereinbarungen geregelten Spezialvorschriften. Gibt es besondere Betriebsvereinbarungen über Regelungsgegenstände dieser Arbeitsordnung, sind die Regelungen in der Arbeitsordnung zu streichen. Zumindest müssen die Bestimmungen denselben Inhalt haben. Im Zweifel wird das Günstigkeitsprinzip gelten. Da es sich bei Arbeitsordnungen in der Regel um Betriebsvereinbarungen handelt, finden sich vielfach Regelungen, die über die gesetzlichen Bestimmungen hinausgehen und die im Einzelfall verhandelt werden. Insoweit gilt bei Verhandlungen ein „quid pro quo". Das Ergebnis einer Betriebsvereinbarung wird daher regelmäßig vom Verhandlungsgeschick der Betriebsparteien sowie von dem Bedürfnis einer solchen einheitlichen Arbeitsordnung abhängen.

c) Muster: Betriebsvereinbarung Suchterkrankung

aa) Rauch- und Alkoholverbote

160

…… GmbH

— nachfolgend Arbeitgeber genannt —

und

dem Betriebsrat der …… GmbH

— nachfolgend Betriebsrat genannt —

schließen eine Betriebsvereinbarung über Rauch- und Alkoholverbote im Betrieb.

Abschnitt I. Rauchverbot

§ 1 Absolutes Verbot[123]

In dem Betrieb/den Betrieben …… gilt grundsätzlich ein generelles Rauchverbot am Arbeitsplatz.

§ 2 Raucherräume

Das Rauchen ist ausschließlich in den dafür gekennzeichneten Räumen erlaubt. Die Räume sind gekennzeichnet mit einem Schild „Raucherraum".

§ 3 Geldbuße

Wer dem Rauchverbot zuwiderhandelt, kann mit einer Geldbuße von 100,00 EUR belegt werden. Die Geldbuße ist bei der nächsten Lohn- oder Gehaltsabrechnung einzubehalten und der Unterstützungskasse des Betriebes zuzuleiten.

Unabhängig von der Geldbuße hat der Arbeitgeber die Möglichkeit, bei Verstößen gegen das Rauchverbot arbeitsrechtliche Maßnahmen wie Abmahnungen bzw. im Wiederholungsfall eine Kündigung des Arbeitsverhältnisses auszusprechen.

Abschnitt II. Alkoholverbot

§ 4 Einbringen und Verzehr von alkoholischen Getränken

Es ist verboten, alkoholische Getränke in den Betrieb mitzubringen, im Betrieb vorrätig zu halten oder zu verzehren.

§ 5 Verdacht der Alkoholisierung

(1) Besteht ein begründeter Verdacht auf Angetrunkenheit, so darf der Mitarbeiter nicht beschäftigt werden. Ein begründeter Verdacht ist gegeben bei starkem Alkoholgeruch, sinnwidrigem Verhalten oder unsicherem Gang.

(2) Mitarbeiter, die unter dem Verdacht des Alkoholeinflusses stehen, können sich auf ihren Wunsch hin einem Alkoholtest unterziehen (Atem-Alkoholmessgerät oder amtl. Blutprobe). Die Kosten der Blutentnahme trägt der Mitarbeiter.[124]

(3) Zeiten, in denen der Mitarbeiter unter Alkoholeinfluss steht, werden nicht vergütet.

---

[123] Die Betriebspartner können ein Rauchverbot einführen: BAG 19.1.1999 – 1 AZR 499/98, AP BetrVG 1972 § 87 Ordnung des Betriebes Nr. 28.

[124] BAG 16.9.1999 – 2 AZR 123/99, AP BGB § 626 Nr. 159; 26.1.1995 – 2 AZR 649/94, AP KSchG 1969 § 1 Verhaltensbedingte Kündigung Nr. 34.

§ 6 Benachrichtigung des Vorgesetzten und des Werkschutzes

(1) Alle Führungskräfte und Aufsichtspersonen haben bei begründetem Verdacht des Alkoholkonsums eines Mitarbeiters den Werkschutz und den unmittelbaren Vorgesetzten zu benachrichtigen.

(2) Alkoholisierte Mitarbeiter sind zum Verlassen des Betriebes aufzufordern. Die Vorgesetzten und der Werkschutz sollen für einen gefahrlosen Heimtransport sorgen. Die Benutzung eigener Kraftfahrzeuge und Fahrräder ist zu unterbinden. Erfolgt der Heimtransport durch werkseigene Fahrzeuge, so ist bei der Abrechnung der Kosten eine Kilometer-Pauschale von ...... zugrunde zu legen. Ist der Mitarbeiter infolge von Trunkenheit hilflos, kann der Heimtransport mit einem Taxi auf Kosten des Mitarbeiters erfolgen.

§ 7 Verstoß gegen Alkoholverbot

Bei Verstößen gegen das Alkoholverbot kann der Arbeitgeber individualrechtlich eine Abmahnung und im Wiederholungsfall eine Kündigung des Arbeitsverhältnisses aussprechen.[125]

§ 8 Krankhafte Alkoholabhängigkeit

Bei krankhafter Alkoholabhängigkeit soll sich der Mitarbeiter innerhalb von sechs Monaten seit der Feststellung einer Rehabilitationsmaßnahme unterziehen.

......, den ......

Arbeitgeber   Betriebsrat

bb) Suchterkrankungen

...... GmbH

– nachfolgend Arbeitgeber genannt –

und

dem Betriebsrat der ...... GmbH

– nachfolgend Betriebsrat genannt –

schließen eine Betriebsvereinbarung über Suchterkrankungen.

§ 1 Zweck

Zweck der Betriebsvereinbarung ist es, die Gesundheit der Beschäftigten zu erhalten, Suchtgefährdeten und Suchtkranken frühzeitig ein Hilfsangebot zu machen, den Suchtmissbrauch zu bekämpfen, die Gleichbehandlung aller Betroffenen sicherzustellen und die Arbeitssicherheit zu erhöhen.

§ 2 Geltungsbereich

Die Betriebsvereinbarung gilt für den Betrieb ...... der ...... AG/GmbH.

§ 3 Alkoholverkauf

In den Sozialeinrichtungen werden alkoholische Getränke nicht verkauft.

---

[125] Neben diesen individualrechtlichen Mitteln können in einer solchen Betriebsvereinbarung auch weitere Sanktionen geregelt werden. Für solche Betriebsbußen bedarf es allerdings einer Betriebsvereinbarung, die Verstöße gegen die Regeln über das Ordnungsverhalten sanktioniert (vgl. BAG 17.10.1989 – 1 ABR 100/88, AP BetrVG 1972 § 87 Betriebsbuße Nr. 12).

§ 4 Schulungsveranstaltungen

Es werden Aufklärungs- und Schulungsveranstaltungen durchgeführt, um die Beschäftigten über Suchtgefahren zu informieren. Hierzu gehören insbesondere Veranstaltungen über den Genuss von Alkohol, die Verwendung von Suchtmitteln sowie den Medikamentenmissbrauch.

§ 5 Vorbeugung

(1) Entsteht bei Vorgesetzten der Verdacht, dass Mitarbeiter suchtgefährdet sind oder schon eine Abhängigkeit besteht, so haben sie
 (a) mit dem Mitarbeiter ein Gespräch zu führen und Wege zur Abhilfe aufzuzeigen;
 (b) den Sozialarbeiter/den Betriebsarzt zu informieren;
 (c) den Betriebsrat zu informieren.

Entsteht der Verdacht bei Mitarbeitern, sollen diese den Vorgesetzten/Betriebsrat informieren.

(2) Wird der Mitarbeiter erneut auffällig, soll der Mitarbeiter mit dem Sozialarbeiter/Betriebsarzt ein gemeinsames Gespräch führen. In diesem Fall ist die Geschäftsleitung zu informieren.

§ 6 Arbeitsrechtliche Maßnahmen

(1) Ist in einem überschaubaren Zeitraum keine Besserung des Verhaltens eingetreten, so werden dem Betroffenen Therapiemaßnahmen angeboten.

(2) Nimmt der Mitarbeiter nach einer angemessenen Bedenkzeit keine Therapiemaßnahmen an, wird geprüft, ob
 (a) eine Umsetzung/Versetzung,
 (b) der Entzug dienstlicher Funktionen,
 (c) eine Abmahnung,
 (d) eine Änderungskündigung,
 (e) eine Kündigung
in Betracht kommt.

§ 7 Gruppengespräche

Um Mitarbeitern die Rückkehr in ein suchtfreies Leben zu ermöglichen, werden durch die Geschäftsleitung in Absprache mit dem Sozialarbeiter/Betriebsarzt Gruppengespräche angeboten.

§ 8 Vernichtung der Unterlagen

Sind Mitarbeiter suchtfrei geworden, sind die hierüber angefallenen Personalunterlagen nach Ablauf von drei Jahren zu vernichten.

§ 9 Wiedereinstellung

Ist ein Mitarbeiter wegen einer Sucht entlassen worden, so wird er vorrangig wieder eingestellt, wenn er suchtfrei geworden ist.

§ 10 Schlussbestimmung

Diese Betriebsvereinbarung ist mit einer Frist von sechs Monaten zum Schluss eines Kalenderjahres kündbar, erstmals zum 31.12..... Die Kündigung dieser Betriebsvereinbarung ist nur wirksam, wenn sie schriftlich erfolgt.

......, den ......

Arbeitgeber   Betriebsrat

162 Hinweis:

Sofern in größeren Betrieben eigene Sucht- oder Drogenberater beschäftigt werden oder eine Zusammenarbeit mit Externen besteht, sind diese zu den Gesprächen hinzuzuziehen bzw. führen diese anstelle der Vorgesetzten. Ggf. anfallende Kosten wären ebenfalls in einer Betriebsvereinbarung zu klären. Die konkreten Hilfsangebote und Schulungen können je nach Drogen- oder Suchtberater, mit dem das betreffende Unternehmen zusammenarbeitet bzw. den dieses beschäftigt, mehr oder weniger ausführlich abgefasst werden.

d) Muster: Betriebsvereinbarung zur Vermeidung von Ungleichbehandlungen

aa) Gesetzliche Vorgaben

163   Die Regelung des § 12 AGG gibt dem Arbeitgeber auf, Maßnahmen zu treffen, um die Arbeitnehmer vor Benachteiligungen wegen eines der in § 1 AGG genannten verpönten Merkmale zu schützen. Bei Benachteiligungen durch Dritte (insbesondere Arbeitskollegen) kann eine Zurechnung über § 31 BGB für Verfehlungen von Organmitgliedern bzw. nach § 278 BGB sowie § 831 BGB für Verfehlungen von Personen, deren der Arbeitgeber sich zur Erfüllung seiner Verbindlichkeiten bedient, erfolgen.[126] Für den Arbeitgeber kann es daher häufig opportun sein, in einer Arbeitsordnung **Pflichten und Aufgaben, aber auch Rechte** zur Vermeidung von Ungleichbehandlungen zu normieren.

164   Dabei ist für das **Mitbestimmungsrecht** des Betriebsrats nach § 87 Abs. 1 Nr. 1 BetrVG zu beachten: Ein Mitbestimmungsrecht besteht, soweit es um die Art und Weise der Organisation des Verhaltens der Arbeitnehmer untereinander im Betrieb geht.[127] Ist die (Rechts-)Beziehung zum Arbeitgeber betroffen, liegt dagegen eine **mitbestimmungsfreie Maßnahme** vor. Dann ist das so genannte Arbeitsverhalten betroffen. Unter Arbeitsverhalten ist zu verstehen, dass der Arbeitgeber kraft seiner Organisations- und Leitungsmacht näher bestimmt, welche Arbeiten auszuführen sind und in welcher Weise das geschehen soll. Mitbestimmungsfrei sind danach Anordnungen, mit denen die Arbeitspflicht unmittelbar konkretisiert wird.[128]

165   Das Mitbestimmungsrecht betrifft damit die Ordnung des Betriebes durch die **Schaffung allgemeingültiger, verbindlicher Verhaltensregeln** und umfasst alle Maßnahmen, die sich auf das Ordnungsverhalten der Arbeitnehmer, dh die Sicherung des ungestörten Arbeitsablaufes und die Gestaltung des Zusammenlebens und des Zusammenwirkens der Arbeitnehmer im Betrieb bezieht. Es genügt, wenn die Maßnahmen darauf gerichtet sind, die vorgegebene Ordnung des Betriebes zu gewährleisten oder aufrechtzuerhalten. Es muss sich deshalb nicht unbedingt um eine verbindliche Verhaltensregel handeln. Es reicht aus, dass ein System geschaffen wird, das die Arbeitnehmer zu einem bestimmten Verhalten anhält, wie zB ein Sicherheitswettbewerb.[129] Deshalb wird bei Arbeitsordnungen, abhängig von deren Inhalt, in der Regel das Mitbestimmungsrecht des Betriebsrats tangiert sein. Kurz gesagt: Die Einrichtung der Beschwerdestelle selbst ist Gesetzesvollzug und damit mitbestimmungsfrei, die nähere Ausgestaltung dagegen unterliegt der Mitbestimmung nach § 87 Abs. 1 Nr. 1 BetrVG.[130]

---

[126] *Schrader/Schubert*, Das neue AGG, Rn. 489; *Bauer/Krieger* BB-Special 6/2004, 20 (23).
[127] *Gach/Julis* BB 2007, 773 ff.
[128] BAG 19.1.1999 – 1 AZR 499/98, AP BetrVG 1972 § 87 Ordnung des Betriebes Nr. 28.
[129] BAG 24.3.1981 – 1 ABR 32/78, AP BetrVG 1972 § 87 Arbeitssicherheit Nr. 2.
[130] LAG Hamburg 17.4.2007 – 3 TaBV 6/07, DB 2007, 1417.

Insgesamt ist der **Abschluss einer Betriebsvereinbarung** regelmäßig sinnvoll. Sie fördert zum einen den Diskussionsprozess zwischen dem Arbeitgeber und dem Betriebsrat. Zum anderen wird mit ihr aber auch das vom Gesetzgeber gewollte Bewusstsein der Arbeitnehmer für die Problematik erreicht. Sie verwirklicht den gesetzlichen Auftrag an Arbeitgeber und Betriebsräte, Benachteiligungen zu vermeiden (§ 75 BetrVG). Eine solche Betriebsvereinbarung verdeutlicht allen Mitarbeitern und Führungskräften die Bedeutung der Thematik im Unternehmen. Sie schafft unmittelbare und konkretisierte Rechte und Pflichten für alle Mitarbeiter im Zusammenhang mit der Ungleichbehandlung. Letztendlich unterstreicht eine Betriebsvereinbarung die Bedeutung der Problematik im Unternehmen auch für die Öffentlichkeit und verdeutlicht damit auch potentiellen Bewerbern die Haltung der Gesellschaft bei Ungleichbehandlungen. Die Betriebsvereinbarung kann sich deshalb auch marketingtechnisch positiv auswirken.

Eine solche Betriebsvereinbarung könnte im Wesentlichen wie folgt formuliert werden:[131]

bb) Muster: Betriebsvereinbarung [→ B. Rn. 163 ff.]

Zwischen
der ...... GmbH

– nachfolgend Arbeitgeber genannt –

und
dem Betriebsrat der ...... GmbH

– nachfolgend Betriebsrat genannt –

wird zur Vermeidung von Ungleichbehandlungen der Beschäftigten, zum Schutz vor Diskriminierung und unter Beachtung der gesetzlichen Vorschriften der § 75 BetrVG, §§ 1 ff. AGG, nachfolgende Betriebsvereinbarung getroffen.

§ 1 Zielsetzung

Ziel dieser Betriebsvereinbarung ist es, Benachteiligungen wegen der Abstammung, der Nationalität, der Herkunft, der Rasse, des Geschlechts, der Religion, der Weltanschauung, der politischen oder gewerkschaftlichen Betätigung oder Einstellung, der Behinderung, des Alters oder der sexuellen Identität zu verhindern oder zu beseitigen.

§ 2 Persönlicher Geltungsbereich

Diese Betriebsvereinbarung gilt in persönlicher Hinsicht für alle Arbeitnehmer des Betriebes einschließlich der zu ihrer Berufsausbildung Beschäftigten mit Ausnahme der leitenden Angestellten iSd § 5 Abs. 3 und 4 BetrVG. Als Mitarbeiter gelten auch Bewerber für ein Beschäftigungsverhältnis.

§ 3 Sachlicher Geltungsbereich

(1) Benachteiligungen aus einem in § 1 genannten Grund sind nach Maßgabe dieser Betriebsvereinbarung grundsätzlich unzulässig in Bezug auf:
  (a) die Einstellungsbedingungen einschließlich der Auswahlkriterien für die Beförderung,
  (b) die Beschäftigungs- und Arbeitsbedingungen einschließlich des Arbeitsentgeltes und der Entlassungsbedingungen,

---

[131] In Anlehnung an Beck'sches Formularbuch Arbeitsrecht/*Ubber/Löw*, 2005, C. II. 23; vgl. auch *Schrader* DB 2006, 2571 (2577 f.).

(c) den Zugang zu allen Formen und Ebenen der beruflichen Aus- und Weiterbildung.

(2) Die Geltung sonstiger Benachteiligungsverbote oder Gebote der Gleichbehandlung wird durch diese Betriebsvereinbarung nicht berührt. Dies gilt auch für andere Vorschriften zum Schutz bestimmter Personengruppen.

§ 4 Begriffsbestimmungen

(1) Eine unmittelbare Benachteiligung liegt vor, wenn ein Mitarbeiter wegen eines in § 1 genannten Grundes eine weniger günstige Behandlung erfährt als ein anderer Mitarbeiter in einer vergleichbaren Situation erfährt, erfahren hat oder erfahren würde.

(2) Eine mittelbare Benachteiligung liegt vor, wenn dem Anschein nach neutrale Vorschriften, Kriterien oder Verfahren Mitarbeiter wegen eines in § 1 genannten Grundes gegenüber anderen Mitarbeitern in besonderer Weise benachteiligen können, es sei denn, die betroffenen Vorschriften, Kriterien oder Verfahren sind durch ein rechtmäßiges Ziel sachlich gerechtfertigt und die Mittel sind zur Erreichung dieses Ziels angemessen und erforderlich.

(3) Eine Belästigung ist eine Benachteiligung, wenn unerwünschte Verhaltensweisen, die mit einem in § 1 genannten Grund in Zusammenhang stehen, bezwecken oder bewirken, dass die Würde des betroffenen Mitarbeiters verletzt wird und ein von Einschüchterungen, Anfeindungen, Erniedrigungen, Entwürdigungen oder Beleidigungen gekennzeichnetes Umfeld geschaffen wird.

(4) Eine sexuelle Belästigung ist eine Benachteiligung, wenn ein unerwünschtes, sexuell bestimmtes Verhalten, wozu auch unerwünschte sexuelle Handlungen und Aufforderungen zu diesen, sexuell bestimmte körperliche Berührungen, Bemerkungen sexuellen Inhalts sowie unerwünschtes Zeigen und sichtbares Anbringen von pornographischen Darstellungen gehören, bezweckt oder bewirkt, dass die Würde des betroffenen Mitarbeiters verletzt wird, insbesondere wenn ein von Einschüchterungen, Anfeindungen, Erniedrigungen, Entwürdigungen oder Beleidigungen gekennzeichnetes Umfeld geschaffen wird.

(5) Die Anweisung zur Benachteiligung einer Person aus einem in § 1 genannten Grund gilt als Benachteiligung. Eine solche Anweisung liegt insbesondere vor, wenn jemand eine Person zu einem Verhalten bestimmt, das einen Mitarbeiter wegen eines in § 1 genannten Grundes benachteiligt oder benachteiligen kann.

§ 5 Grundsätze zur Vermeidung von Ungleichbehandlung

(1) Es ist die erklärte Absicht der Betriebspartner, Benachteiligungen effektiv zu verhindern und eine benachteiligungsfreie Arbeitsumgebung zu schaffen und zu unterhalten.

(2) Die Betriebspartner werden nach besten Kräften dafür Sorge tragen, dass das Arbeitsumfeld frei ist von unmittelbaren oder mittelbaren Benachteiligungen, Belästigungen, sexuellen Belästigungen und Anweisungen zur Benachteiligung.

(3) Die Betriebspartner werden dafür Sorge tragen, dass alle maßgeblichen Personalprozesse im Unternehmen benachteiligungsfrei ausgestaltet sind und dass alle Beschäftigten mit den Zielsetzungen und Inhalten dieser Betriebsvereinbarung vertraut sind.

(4) Die Betriebspartner werden die Einhaltung der Regelungen dieser Betriebsvereinbarung überwachen und dafür Sorge tragen, dass Verstöße gegen diese Betriebsvereinbarung angemessen sanktioniert werden.

§ 6 Einstellungen, Beförderungen

(1) Stellenausschreibungen sind so zu formulieren, dass eine Benachteiligung von Mitarbeitern oder Bewerbern wegen eines in § 1 genannten Grundes möglichst ausgeschlossen ist. Die geforderten Qualifikationen dürfen sich ausschließlich an dem Anforderungsprofil für die zu besetzende Stelle orientieren.

(2) Im Bewerbungsgespräch sind Fragen unzulässig, die zu einer Benachteiligung wegen eines in § 1 genannten Grundes führen können. Der Verlauf des Gespräches soll protokolliert werden.

(3) Die Regelung des § 6 Abs. 2 gilt entsprechend für Assessment Center und andere Instrumente der Personalauswahl.

(4) Die Auswahlentscheidung soll ausschließlich auf Basis der Ergebnisse des Einstellungsverfahrens getroffen werden. Ablehnende Entscheidungen sollen zur internen Dokumentation protokolliert werden.

(5) Die Regelung des § 6 Abs. 1 bis 4 gilt entsprechend für Beförderungen.

§ 7 Arbeitsentgelt, Sozialleistungen

Arbeitsentgelte und Sozialleistungen sind so zu gestalten, dass eine Benachteiligung wegen eines in § 1 genannten Grundes ausgeschlossen ist.

§ 8 Ausnahmen

(1) Eine unterschiedliche Behandlung wegen eines in § 1 genannten Grundes ist zulässig, wenn dieser Grund wegen der Art der auszuübenden Tätigkeit oder der Bedingungen ihrer Ausübung eine wesentliche und entscheidende berufliche Anforderung darstellt, sofern der Zweck rechtmäßig und die Anforderung angemessen ist.

(2) Ungeachtet der Regelung des § 8 Abs. 1 ist eine unterschiedliche Behandlung wegen des Alters auch zulässig, wenn sie objektiv und angemessen und durch ein legitimes Ziel gerechtfertigt ist. Die Mittel zur Erreichung dieses Ziels müssen angemessen und erforderlich sein.[132]

(3) Ungeachtet der Regelung in § 6 dieser Betriebsvereinbarung zu Einstellungen und Beförderungen kann eine unterschiedliche Behandlung gerechtfertigt sein, wenn sie aus rational nachvollziehbaren Erwägungen und insbesondere dem subjektiven Eindruck über die Leistungsfähigkeit und die Geeignetheit des Bewerbers für die zu besetzende Position beruht. Die insoweit relevanten Gesichtspunkte sind zu dokumentieren.

§ 9 Beschwerde

(1) Alle Mitarbeiter haben das Recht, sich bei dem Arbeitgeber oder dem Betriebsrat zu beschweren, wenn sie sich im Zusammenhang mit ihrem Beschäftigungsverhältnis von der Gesellschaft, vom Vorgesetzten oder anderen Mitarbeitern wegen eines in § 1 genannten Grundes benachteiligt fühlen. Der Arbeitgeber oder Betriebsrat haben die Beschwerde zu prüfen, das Ergebnis dem Beschwerde führenden Mitarbeiter mitzuteilen und ggf. Sanktionen im Sinne des § 11 zur Abhilfe gegenüber Arbeitgeber oder Betriebsrat vorzuschlagen.

(2) Die Regelungen der §§ 84, 85 BetrVG bleiben unberührt.

---

[132] § 10 Abs. 1 S. 1 und 2 AGG.

§ 10 Maßregelungsverbot

(1) Die Gesellschaft darf Mitarbeiter nicht wegen der Inanspruchnahme von Rechten nach dieser Betriebsvereinbarung benachteiligen. Gleiches gilt für Personen, die den Mitarbeiter hierbei unterstützen.

(2) Die Zurückweisung oder Duldung benachteiligender Verhaltensweisen durch betroffene Mitarbeiter darf nicht als Grundlage für eine Entscheidung herangezogen werden, die diese Mitarbeiter berührt. Die Regelung des § 10 Abs. 1 S. 2 gilt entsprechend.

§ 11 Sanktionen

(1) Verstoßen Mitarbeiter gegen die Regelungen dieser Betriebsvereinbarung, so hat der Arbeitgeber hiergegen unverzüglich Maßnahmen zu ergreifen mit dem Ziel, die Verstöße umgehend abzustellen.

(2) Der Arbeitgeber soll unter Beachtung des Grundsatzes der Verhältnismäßigkeit arbeitsrechtliche Maßnahmen ergreifen.

§ 12 Inkrafttreten, Kündigung

(1) Die Betriebsvereinbarung tritt am …… in Kraft. Sie kann mit einer Frist von drei Monaten zum Ende eines Kalendermonats, erstmalig zum …… gekündigt werden. Die Betriebsvereinbarung entfaltet keine Nachwirkung.

(2) Die Kündigung bedarf der Schriftform.

§ 13 Schlussbestimmungen

(1) Diese Betriebsvereinbarung löst alle etwaigen vorherigen Betriebsvereinbarungen zur Gleichberechtigung ab. Nebenabreden bestehen nicht. Änderungen oder Ergänzungen dieser Vereinbarung, einschließlich dieser Bestimmung, bedürfen zu ihrer Wirksamkeit der Schriftform.

(2) Sollte eine Bestimmung dieser Betriebsvereinbarung ganz oder teilweise unwirksam sein oder werden, so wird hiervon die Wirksamkeit der übrigen Bestimmungen nicht berührt. Anstelle der unwirksamen Bestimmung werden die Betriebspartner die gesetzlich zulässige Bestimmung vereinbaren, die dem mit der unwirksamen Bestimmung Gewollten wirtschaftlich am nächsten kommt. Dasselbe gilt für den Fall einer vertraglichen Lücke.

(3) Diese Betriebsvereinbarung steht unter dem Vorbehalt etwaiger ablösender – auch freiwilliger – Betriebsvereinbarungen.

(4) Sollten sich die dieser Betriebsvereinbarung zugrunde liegenden tatsächlichen oder rechtlichen Bedingungen grundlegend ändern, so werden die Betriebspartner unverzüglich in Verhandlungen treten mit dem Ziel, die Betriebsvereinbarung an die geänderten Bedingungen anzupassen.

…… , den ……

Arbeitgeber   Betriebsrat

169 **Hinweis:**

Die Betriebsvereinbarung hält sich im Wesentlichen an die Vorgaben des Gesetzes. Sie gibt einerseits eine gewisse Signalwirkung dahingehend, dass der Arbeitgeber und der Betriebsrat nicht gewillt sind, diskriminierendes Handeln hinzunehmen, andererseits bleibt Spielraum, um im Einzelfall mit Ausnahmeregelungen argumentieren zu können. Für den Arbeitgeber dürfte wichtig sein, dass er nach außen hin ein gewisses Tätigwerden dokumentieren kann.

Die Antidiskriminierungsgesetzgebung und -rechtsprechung im US-amerikanischen Raum hat dazu geführt, dass viele Unternehmen sogenannte „Codes of business Conducts and ethics", so genannte **Ethikrichtlinien,** verabschiedet haben. In solchen einseitigen arbeitgeberseitigen Anweisungen kann das Ziel des AGG festgeschrieben werden. Gleiches gilt für das Verhalten, das man von den Arbeitnehmern erwartet. Solche Ethikrichtlinien oder einseitige Anweisungen sollten die in § 1 AGG genannten verpönten Merkmale, aber auch das Verhalten der Arbeitnehmer aufzählen. Solche einseitigen Anweisungen kommen nur dann in Betracht, sofern eine Mitbestimmung des Betriebsrats nicht gegeben ist. Ein Mitbestimmungsrecht des Betriebsrats liegt regelmäßig dann vor, wenn verbindliche Verhaltensmaßregeln aufgestellt werden.[133] In der Praxis werden einseitige Richtlinien durch den Arbeitgeber letztendlich nur dann in Betracht kommen, wenn ein Betriebsrat nicht besteht.

Sachverhalte wegen Schikanen am Arbeitsplatz dürften im Wesentlichen durch eine solche Betriebsvereinbarung zur Vermeidung von Ungleichbehandlungen aufgefangen werden. Arbeitnehmer, die sich dennoch am Arbeitsplatz schikaniert fühlen (Mobbing) haben die Möglichkeit, die **Beschwerderechte nach §§ 84, 85 BetrVG** wahrzunehmen. Auf den Abdruck einer separaten Betriebsvereinbarung wegen Mobbing wurde aus diesem Grund verzichtet.[134] *[→ B. Rn. 78 ff.]*

e) Muster: Betriebsvereinbarung gegen sexuelle Belästigung am Arbeitsplatz[135]

Hinweis:

In Betriebsvereinbarungen werden auch häufig Maßnahmen gegen die Diskriminierung von Arbeitnehmern vereinbart. Folgendes Beispiel gibt eine Betriebsvereinbarung gegen sexuelle Belästigung am Arbeitsplatz wieder:

170

Zwischen
der ...... GmbH

– nachfolgend Arbeitgeber genannt –

und
dem Betriebsrat der ...... GmbH

– nachfolgend Betriebsrat genannt –

wird folgende Betriebsvereinbarung gegen sexuelle Belästigung am Arbeitsplatz vereinbart.

Präambel

Arbeitgeber und Betriebsrat stimmen darin überein, dass sexuelle Belästigungen und Übergriffe am Arbeitsplatz eine erhebliche Beeinträchtigung des Betroffenen, seines Persönlichkeitsrechts und seines Rechts auf sexuelle Selbstbestimmung darstellen. Sie setzen sich das Ziel, eine Vereinbarung zu treffen, durch welche die Würde von Frauen und Männern gewahrt wird.

171
⌦ 293

---

[133] HK-AGG/*Buschmann* § 12 Rn. 15.
[134] Vgl. zu einer Betriebsvereinbarung betreffend Mobbing vor Inkrafttreten des AGG die 8. Aufl. § 44 Rn. 76 ff.
[135] Schaub/*Linck,* ArbR-HdB, § 36 Rn. 39 ff.

§ 1 Verbot

Sexuelle Belästigung im Betrieb und zwischen Betriebsangehörigen ist unzulässig. Sie stellt eine schwere Arbeitsvertragsverletzung dar.

Sexuelle Belästigung am Arbeitsplatz ist jedes vorsätzliche, sexuell bestimmte Verhalten, das die Würde von Beschäftigten am Arbeitsplatz verletzt. Dazu gehören:
– sexuelle Handlungen und Verhaltensweisen, die nach den strafgesetzlichen Vorschriften unter Strafe gestellt sind;
– sonstige sexuelle Handlungen und Aufforderungen zu diesen, sexuell bestimmte körperliche Berührungen, Bemerkungen sexuellen Inhaltes sowie Zeigen und sichtbares Anbringen von pornographischen Darstellungen, die von den Betroffenen erkennbar abgelehnt werden.

Sexuelle Belästigung ist unabhängig davon gegeben, ob das entsprechende Verhalten ausdrücklich oder konkludent abgelehnt wird.

§ 2 Verpflichtung des Arbeitgebers

Der Arbeitgeber verpflichtet sich, besondere Anstrengungen zu unternehmen, um eine Arbeitsumgebung zu schaffen, in der die Würde von Frauen und Männern gewahrt bleibt. Der Betriebsrat wird ihn hierbei unterstützen. Der Arbeitgeber wird die Arbeitsumgebung so gestalten, dass der Schutz gegen sexuelle Belästigung erleichtert und die sexuelle Belästigung erschwert wird. Hierzu gehört insbesondere:
– ausreichende Breite der Verkehrswege;
– Beschaffenheit von Arbeitsplätzen, so dass die Beschäftigten nicht von hinten überrascht werden können;
– Sichtschutz in den Intimbereich; frei schwebende Treppen werden so gestaltet, dass eine Sichtbelästigung ausgeschlossen ist;
– Boden- und Deckenspiegel werden beseitigt.

Der Arbeitgeber wird allen Vorwürfen sexueller Belästigung nachgehen und Personen, deren Verhalten beanstandet worden ist, auf ihr Fehlverhalten hinweisen.

§ 3 Beschwerderecht [→ B. Rn. 78 ff.]

Die betroffenen Beschäftigten haben das Recht, sich bei den zuständigen Stellen des Betriebes oder der Dienststelle zu beschweren, wenn sie sich vom Arbeitgeber, vom Vorgesetzten, von anderen Beschäftigten oder von Dritten am Arbeitsplatz sexuell belästigt fühlen. Das Beschwerderecht nach §§ 84, 85 BetrVG bleibt unberührt.

Eine Beschwerde darf nicht zur Benachteiligung des Beschwerdeführers führen, auch wenn die Beschwerde nicht zu weiteren Maßnahmen führt.

Zuständige Stellen sind:
– betriebliche Vorgesetzte;
– Personalvorgesetzte.

Betroffene können sich auch anonym beraten lassen von der Beratungsstelle „Sexuelle Belästigung". Ansprechpartner ist Frau/Herr ......

§ 4 Behandlung von Beschwerden

Beschwerden nach § 3 werden rasch und vertraulich behandelt. Alle Beteiligten sind zur Verschwiegenheit verpflichtet. Das Opfer darf nicht zur Verschwiegenheit verpflichtet werden. Gegenüberstellungen werden nur mit Zustimmung des Opfers vorgenommen.

§ 5 Interimsmaßnahmen

Wird eine Beschwerde wegen sexueller Belästigung erhoben, so werden Arbeitgeber und Betriebsrat Interimsmaßnahmen vereinbaren, damit Belästigte und Belästigter nicht mehr zusammenarbeiten müssen. Kommt eine Einigung zwischen Arbeitgeber und Betriebsrat nicht zustande, entscheidet die Einigungsstelle. Dieser sollen nur betriebliche Mitglieder angehören. Arbeitgeber und Betriebsrat sind sich darüber einig, dass Einigungsstellenvorsitzende(r) Frau/Herr ...... ist.

§ 6 Sanktionen

Ist eine Beschwerde berechtigt, so werden geeignete Abhilfemaßnahmen ergriffen. Sie sollen die Fortsetzung der Belästigung unterbinden und dürfen nicht zur Benachteiligung der belästigten Person führen. Der Arbeitgeber wird gegen den Belästiger mit arbeitsrechtlichen Maßnahmen vorgehen. Hierzu gehören:
– persönliche Gespräche mit dem Belästiger;
– Verweis oder Verwarnung;
– Abmahnung;
– Versetzung;
– fristgerechte Kündigung;
– fristlose Entlassung;
– Strafanzeige.

Die Rechte des Betriebsrats bei der Verhängung der Maßnahme bleiben unberührt.

§ 7 Inkrafttreten und Kündigung

Diese Betriebsvereinbarung tritt ab dem 1.1.... in Kraft. Sie kann beiderseits mit einer Frist von sechs Monaten zum Halbjahresende gekündigt werden und endet nach Ablauf der Kündigungsfrist ohne Nachwirkung.

......, den ......

Arbeitgeber   Betriebsrat

Hinweis: 172

Mit solchen oder ähnlichen Betriebsvereinbarungen können die Antidiskriminierungskomplexe (neben der im Beispielsfall aufgeführten sexuellen Belästigung auch Mobbing oÄ) geregelt werden. Insbesondere können aber auch spezielle Stellen, die einer Diskriminierung entgegenwirken sollen, durch eine Betriebsvereinbarung eingerichtet werden. Diese sollte dann zweckmäßigerweise auch die damit verbundenen Kosten regeln.

f) Muster: Betriebsvereinbarung Tor-, Taschen- und Schrankkontrollen
[→ B. Rn. 153]

Hinweis: 173

In Industriebetrieben, aber auch im Einzelfall finden häufig Tor-, Taschen- oder Schrankkontrollen statt, um Diebstählen vorzugreifen. Solche Tor-, Taschen- und Schrankkontrollen sind in der Regel mitbestimmungspflichtig.[136] Daher sollten diese in Form einer Betriebsvereinbarung geregelt werden.

---

[136] Schaub/*Koch*, ArbR-HdB, § 235 Rn. 31 mwN.

174

Zwischen
der ...... GmbH/AG

– nachfolgend Arbeitgeber genannt –

und
dem Betriebsrat der ...... GmbH/AG

– nachfolgend Betriebsrat genannt –

wird folgende Betriebsvereinbarung zu Tor-, Taschen- und Schrankkontrollen getroffen:

Präambel

Arbeitgeber und Betriebsrat sind sich darüber einig, dass es vorrangiger Zweck dieser Betriebsvereinbarung ist, Schwund durch Diebstähle und unerlaubte Entnahmen zu vermeiden. Die Betriebsvereinbarung soll einerseits dazu dienen, Täter zu fassen, andererseits soll sie vorbeugend wirken, um durch eine Abschreckung Mitnahmen zu vermeiden.

§ 1 Geltungsbereich

Diese Betriebsvereinbarung gilt für

(1) räumlich: ......
(2) persönlich: ......
(3) fachlich: ......

§ 2 Grundsätze

In dieser Betriebsvereinbarung festgelegte Kontrollen dienen sowohl dem Schutz des Eigentums des Unternehmens als auch dem Schutz des Eigentums der Arbeitnehmer.

§ 3 Kontrollen

Bei allen Arbeitnehmern kann die Werksicherheit beim Verlassen des Betriebsgeländes, eine Taschenkontrolle durchführen. Die Taschenkontrolle ist nur zulässig, wenn entweder der durch Tatsachen begründete Verdacht auf einen Diebstahl von persönlichem Eigentum anderer Arbeitnehmer oder von Betriebseigentum besteht, oder wenn es sich um eine regelmäßige Kontrolle handelt.

Regelmäßige Kontrollen können – nach vorheriger Absprache mit dem Betriebsrat – von der Personalabteilung angeordnet werden. Dabei sind die zu kontrollierenden Arbeitnehmer nach dem Zufallsprinzip auszuwählen.

(Das Zufallsprinzip kann unterschiedlich definiert werden: Es kann jeder zweite, fünfte, zehnte etc. Arbeitnehmer kontrolliert werden oder es wird ein anderer Zufallsgenerator festgelegt. Problematisch ist es, wenn die Werksicherheit allein die zu kontrollierenden Arbeitnehmer auswählt. Dies ermöglicht eine Kontrolle entsprechend den persönlichen Vorlieben bzw. Abneigungen der Werksicherheit, was vermieden werden sollte.[137])

Die Kontrolle beschränkt sich grundsätzlich auf eine Durchsicht der Taschen. Eine Leibesvisitation ist nicht zulässig.

Ist eine Leibesvisitation bei einem durch Tatsachen begründeten Verdacht auf eine Straftat erforderlich, ist die Polizei zu rufen. Fahrzeugkontrollen sind nur zulässig
– bei einem durch Tatsachen begründeten Verdacht auf einen Diebstahl,

---

[137] So auch DKKW/*Klebe*/*Heilmann*, Formularbuch BetrVG, § 87 Rn. 8.

– bei regelmäßigen Kontrollen; es gelten die gleichen Voraussetzungen wie bei Taschenkontrollen.

Ergibt die Taschen- oder Fahrzeugkontrolle einen dringenden durch Tatsachen begründeten Verdacht auf einen Diebstahl, ist unverzüglich die Polizei zu informieren und hinzuzuziehen. Der Betriebsrat ist hierüber unverzüglich zu informieren.

Die vorstehenden Regelungen gelten auch für die Kontrolle von Leiharbeitnehmern. Der Arbeitgeber wird eine entsprechende Vereinbarung mit dem Leiharbeitsunternehmen schließen.

§ 4 Schrankkontrollen

Die den Arbeitnehmern zur Aufbewahrung der persönlichen Kleidung usw. zur Verfügung gestellten Schränke dürfen nur bei einem durch Tatsachen begründeten Verdacht auf eine Straftat kontrolliert werden. Die Öffnung der Schränke ohne Einverständnis des Arbeitnehmers darf nur in Anwesenheit eines Betriebsratsmitgliedes erfolgen. Über die Öffnung des Schrankes und möglicherweise gefundener Gegenstände ist ein Protokoll zu erstellen. Sowohl der Arbeitnehmer als auch der Betriebsrat erhalten eine Kopie des Protokolls. Im Bedarfsfall ist die Polizei hinzuzuziehen.

(In der Praxis ist es insbesondere bei der Öffnung von Schränken immer wieder wichtig, ein Protokoll zu fertigen und Dritte hinzuzuziehen, die ggf. als Zeugen zur Verfügung stehen. Es ist nicht unüblich, dass über den Inhalt des Schrankes im Nachhinein Streit entsteht. Dieser kann vermieden werden, wenn unmittelbar bei der Durchsuchung ein ordnungsgemäßes Protokoll angefertigt wird.)

§ 5 Schlussbestimmungen

Diese Betriebsvereinbarung ist mit einer Frist von sechs Monaten zum Schluss eines Kalenderjahres kündbar, erstmals zum 31.12.... Die Kündigung dieser Betriebsvereinbarung ist nur wirksam, wenn sie schriftlich erfolgt.

......, den ......

Arbeitgeber Betriebsrat

IV. Beginn und Ende der täglichen Arbeitszeit (§ 87 Abs. 1 Nr. 2 BetrVG)

1. Gesetzliche Vorgaben

Nach § 87 Abs. 1 Nr. 2 BetrVG hat der Betriebsrat ein **erzwingbares Mitbestimmungsrecht** bei der Festlegung von Beginn und Ende der täglichen Arbeitszeit. Das Mitbestimmungsrecht bezieht sich nicht auf die Dauer der individuellen Arbeitszeit, die sich idR aus Gesetz, Tarifvertrag, uU einer Betriebsvereinbarung oder dem Einzelarbeitsvertrag ergibt. Mitbestimmungspflichtig ist dagegen die Verteilung der Arbeitszeit auf die einzelnen Wochentage. Entsprechendes gilt für die Verteilung der Arbeitszeit auf die Tage eines Monats oder Jahres, wenn eine Monats- bzw. Jahresarbeitszeitvereinbarung besteht.[138] 175

Bei der Ausübung des Mitbestimmungsrechts sind die **gesetzlichen Grenzen und tarifvertraglichen Vorgaben** zu beachten. Dies ergibt sich zunächst aus § 87 Abs. 1, Einleitungssatz BetrVG, wonach die Mitbestimmungsrechte nur insoweit bestehen, wie die betreffende Angelegenheit nicht schon gesetzlich oder tariflich geregelt ist. Zu den maßgeblichen gesetzlichen Regelungen gehört das Arbeitszeitgesetz. Durch tarifliche Vorschriften ist das Mitbestimmungsrecht nach § 87 Abs. 1 Einleitungssatz BetrVG nur insoweit ausgeschlossen, als diese selbst eine zwingende und abschließende inhaltliche Regelung enthalten und damit dem Schutzzweck des verdrängten Mitbestimmungsrechts genügen. Des Weiteren ist die **Regelungssperre** des § 77 Abs. 3 176

---
[138] Vgl. im Einzelnen Schaub/*Koch*, ArbR-HdB, § 235 Rn. 37 ff. mzN.

BetrVG zu beachten. Diese Regelung erfasst unmittelbar und zwingend geltende Betriebsvereinbarungen iSv § 77 Abs. 4 BetrVG.[139]

177 Die Sperre des § 77 Abs. 3 S. 1 BetrVG greift jedoch nicht ein, soweit es um Angelegenheiten geht, die nach § 87 Abs. 1 BetrVG dem erzwingbaren Mitbestimmungsrecht des Betriebsrats unterliegen. Ein solches Mitbestimmungsrecht setzt nach § 87 Abs. 1, Eingangssatz BetrVG seinerseits voraus, dass keine zwingende tarifliche Regelung besteht, an die der Arbeitgeber gebunden ist.

178 Das Mitbestimmungsrecht nach § 87 Abs. 1 Nr. 2 BetrVG umfasst sämtliche **mit der Lage und Verteilung der Arbeitszeit verbundenen Fragen.**[140] Arbeitszeit im Sinne von § 87 Abs. 1 Nr. 2 BetrVG ist die Zeit, während derer der Arbeitnehmer die von ihm in einem bestimmten zeitlichen Umfang vertraglich geschuldete Arbeitsleistung tatsächlich erbringen soll. Es geht um die Festlegung des Zeitraumes, während dessen der Arbeitgeber vom Arbeitnehmer die Erfüllung seiner vertraglichen Hauptleistungspflichten verlangen und dieser sie ihm ggf. mit der Folge des § 293 BGB anbieten kann. Arbeitszeit im Sinne von § 87 Abs. 1 Nr. 2 BetrVG ist deshalb die Zeit, in welcher der Arbeitnehmer verpflichtet bzw. berechtigt ist, seine vertraglich geschuldete Arbeit zu leisten.[141] Zu beachten ist auf jeden Fall, dass das Mitbestimmungsrecht nach § 87 Abs. 1 Nr. 2 BetrVG unabhängig davon besteht, ob die Beschäftigten vertraglich eine bestimmte Arbeitszeitgestaltung verlangen können. Allerdings ist bei der Ausübung des Mitbestimmungsrechts darauf zu achten, dass die kollektiven Arbeitszeitregelungen auch individualrechtlich umsetzbar sein müssen. So kann es für den Arbeitgeber unzumutbar sein, sich auf eine kollektive Arbeitszeitregelung einzulassen, die mit betriebsvereinbarungsfesten Vertragspositionen von Beschäftigten kollidiert, die nur durch eine Änderungskündigung beseitigt werden könnten.[142] Ein Mitbestimmungsrecht bei der Festlegung der Dauer der wöchentlichen Arbeitszeit verstanden als Umfang des von den Beschäftigten vertraglich geschuldeten Arbeitszeitvolumens besteht daher nicht.[143] Das Mitbestimmungsrecht umfasst die Lage und Verteilung, nicht aber die Länge der Arbeitszeit.

179 | **Praxistipp:**

In der Praxis besteht vorrangig ein Interesse daran, die Arbeitszeit flexibel zu gestalten.[144] Diese Flexibilisierung kann man insbesondere anhand der Instrumentarien Arbeitszeitkonto, Gleitzeit, Vertrauensarbeitszeit, Teilzeit oder Schichtarbeit[145] erreichen. Um einen höheren Grad der Flexibilisierung herbeizuführen, werden diese Instrumentarien auch oft verbunden. Einzelvertraglich kann ein Bedarf an flexibler Arbeitszeit zum Teil dadurch abgedeckt werden, dass mit Beschäftigten Arbeit auf Abruf gem. § 12 TzBfG vereinbart wird. Das Bundesarbeitsgericht hat dabei das Interesse der Arbeitgeber an einer Flexibilisierung der Arbeitszeitdauer anerkannt. Es beschränkt die vom Arbeitgeber abrufbare über die vereinbarte Mindestarbeitszeit hinausgehende Arbeitsleistung angesichts des Interesses an einer festen Regelung der Dauer der Arbeitszeit im Rahmen der Inhaltskontrolle aber auf

---

[139] BAG 21.1.2003 – 1 ABR 9/02, NZA 2003, 1097.
[140] BAG 26.10.2004 – 1 ABR 31/03 (A), NZA 2005, 538.
[141] Eine mitbestimmungspflichtige Änderung der Lage der Arbeitszeit liegt dementsprechend auch vor, wenn der Arbeitnehmer seine vertraglich geschuldete Arbeit außerhalb des festgelegten Zeitraums erbringt oder erbringen soll, was insbesondere bei Dienstreisen zu Abgrenzungsproblemen führt (vgl. BAG 14.11.2006 – 1 ABR 5/06, DB 2007, 749). Zur Regelung von Kundenfahrten als Arbeitszeit im Rahmen einer Betriebsvereinbarung siehe weiterhin BAG 10.10.2006 – 1 ABR 59/05, DB 2007, 751.
[142] BAG 26.10.2004 – 1 ABR 31/03 (A), NZA 2005, 538.
[143] BAG 22.7.2003 – 1 ABR 28/02, NZA 2004, 507.
[144] Vgl. dazu *Preis,* Innovative Arbeitsformen, Kap. Arbeitszeit, 89; Jaeger/Röder/Heckelmann/*Baeck,* Praxishandbuch Betriebsverfassungsrecht, Kap. 11 Rn. 52 ff.
[145] Zur Mitbestimmung bei Schichtplänen vgl. BAG 3.5.2006 – 1 ABR 14/05, NZA 2006, 1240; 29.9.2004 – 5 AZR 559/03, AP BetrVG 1972 § 87 Arbeitszeit Nr. 111; 1.7.2003 – 1 ABR 22/02, NZA 2003, 1209. Ein Muster über Betriebsvereinbarungen bei Schichtplänen findet sich bei DKKW/*Klebe/Heilmann,* Formularbuch BetrVG, 2006, § 87 Rn. 18.

25% der vereinbarten wöchentlichen Mindestarbeitszeit.[146] Nach der nicht unumstrittenen Rechtsprechung des Bundesarbeitsgerichts kann der Arbeitgeber aufgrund des Mitbestimmungsrechts nach § 87 Abs. 1 Nr. 2 BetrVG den Einsatz von Beschäftigten in kapazitätsorientierter variabler Arbeitszeit allerdings nicht einseitig anordnen, sondern ist dabei auf die Zustimmung des Betriebsrats angewiesen.[147] Ob in der Praxis dabei tatsächlich eine Regelung in Form einer Betriebsvereinbarung zweckmäßig ist, muss im Einzelfall überprüft werden.[148]

2. Muster

a) Muster: Betriebsvereinbarung über die Festlegung der Arbeitszeit
[→ B. Rn. 175 ff.]

180

⌦ 295

Zwischen
der ...... GmbH

– nachfolgend Arbeitgeber genannt –

und
dem Betriebsrat der ...... GmbH

– nachfolgend Betriebsrat genannt –

wird nachfolgende Betriebsvereinbarung Nr. ....../...... geschlossen:

§ 1 Geltungsbereich

Diese Betriebsvereinbarung gilt für alle vollzeitbeschäftigten Arbeitnehmer des Betriebs/ der Betriebsabteilung ......[149]

§ 2 Arbeitszeit

Die Arbeitszeit beginnt montags bis freitags um 7.30 Uhr und endet einschließlich einer halbstündigen, unbezahlten Pause um 16.00 Uhr.

§ 3 Pause

Die Pause wird festgelegt für die Zeit von 12.15 Uhr bis 12.45 Uhr.[150]

§ 4 Schlussbestimmungen

(1) Diese Betriebsvereinbarung tritt am ...... in Kraft. Sie kann mit einer Frist von ...... zum ...... gekündigt werden.

(2) Diese Betriebsvereinbarung löst alle etwaigen vorherigen Betriebsvereinbarungen über die Festlegung der Arbeitszeit, insbesondere die Betriebsvereinbarung Nr. ....../......, ab.

......, den ......

Arbeitgeber   Betriebsrat

---

[146] BAG 7.12.2005 – 5 AZR 535/04, NZA 2006, 423.
[147] BAG 28.9.1988 – 1 ABR 41/87, NZA 1989, 184; dazu ErfK/*Preis* TzBfG § 12 Rn. 36; Jäger/Röder/Heckelmann/*Baeck*, Praxishandbuch Betriebsverfassungsrecht, Kap. 11 Rn. 58; Hohenstadt/*Schramm* NZA 2007, 238.
[148] Vgl. dazu beispielsweise Jäger/Röder/Heckelmann/*Baeck*, Praxishandbuch Betriebsverfassungsrecht, Kap. 11 Rn. 59.
[149] Bei Teilzeitarbeit besteht das Mitbestimmungsrecht nach § 87 Abs. 1 Nr. 2 BetrVG in demselben Umfang wie bei der Regelung der Arbeitszeit vollzeitbeschäftigter Arbeitnehmer. Es ist allerdings zweckmäßig, für teilzeitbeschäftigte Arbeitnehmer eine gesonderte Betriebsvereinbarung abzuschließen (so auch Bauer/Lingemann/Diller/*Hausmann*, Anwalts-Formularbuch Arbeitsrecht, Kap. 35, M 35.1). Eine einheitliche Betriebsvereinbarung sowohl für vollzeit- und teilzeitbeschäftigte Arbeitnehmer erscheint hingegen problematisch (vgl. zu einer derartigen Betriebsvereinbarung Beck'sches Formularbuch Arbeitsrecht/*Ubber* C. II. 6).
[150] Gesetzliche Vorgaben für die Ruhepausen ergeben sich aus § 4 ArbZG.

b) Muster: Betriebsvereinbarung über Arbeitszeitkonto [→ B. Rn. 179]

Zwischen

der …… GmbH

— nachfolgend Arbeitgeber genannt —

und

dem Gesamtbetriebsrat der …… GmbH

— nachfolgend Betriebsrat genannt —

wird nachfolgende Gesamtbetriebsvereinbarung Nr. ……/…… geschlossen:

§ 1 Geltungsbereich

Diese Betriebsvereinbarung gilt für alle Mitarbeiter der Firma ……

§ 2 Tarifvertragliche Vorgaben

Nach dem BMTV[151] beträgt die durchschnittliche wöchentliche Arbeitszeit in einem Zeitraum von zwölf Monaten ausschließlich der Pausen 37 Stunden in der Woche. Gem. § 7 Abs. 1b ArbZG wurde in Abweichung von § 3 ArbZG der Ausgleichszeitraum auf zwölf Monate verlängert. Arbeitgeber und Betriebsrat sollen die Anwendung der durchschnittlichen wöchentlichen Arbeitszeit durch Betriebsvereinbarung vereinbaren. Bei betrieblicher Mehrarbeit können Arbeitgeber und Betriebsrat abweichend eine wöchentliche Arbeitszeit zwischen 37 und 48 Stunden in einer Betriebsvereinbarung vereinbaren. Aus der wöchentlichen Arbeitszeit soll sich die Monatsvergütung errechnen, die in jedem Monat gleichmäßig gezahlt wird. Arbeitgeber und Betriebsrat haben sich darüber zu einigen, ob die über die vereinbarte durchschnittliche wöchentliche Arbeitszeit hinausgehende Arbeitszeit bezahlt oder einem Arbeitszeitkonto zugeschrieben wird.

§ 3 Monatsvergütung

(1) Die Vergütung wird als regelmäßige Monatsvergütung gleichmäßig in jedem Monat gezahlt. Sie errechnet sich aus der regelmäßigen durchschnittlichen wöchentlichen Arbeitszeit. Diese beträgt in einem Zeitraum von zwölf Monaten ausschließlich der Pausen mindestens 37 und höchstens 43 Stunden.

(2) Die für die jeweiligen Arbeitnehmergruppen eines Standortes maßgebliche durchschnittliche wöchentliche Arbeitszeit wird durch eine Betriebsvereinbarung mit dem jeweiligen Betriebsrat festgelegt.

§ 4 Arbeitszeitkonto[152]

Für jeden Arbeitnehmer wird ein Arbeitszeitkonto eingeführt. Weicht die tatsächliche Arbeitszeit von der festgelegten durchschnittlichen wöchentlichen Arbeitszeit ab, wird dieses auf dem Arbeitszeitkonto gut- bzw. abgeschrieben.

---

[151] Der Bundestarifvertrag für die besonderen Arbeitsbedingungen der Montagearbeiter vom 6.10.1992 regelt die Arbeitsbedingungen der Montagearbeiter in der Eisen-, Metall- und Elektroindustrie. Dieser Tarifvertrag wurde gekündigt und befindet sich derzeit in der Nachwirkung.

[152] Aufbau und Abbau eines Arbeitszeitkontos können jeweils eigenen Regeln folgen. So können Bereitschaftszeiten beim Abbau eines Arbeitszeitkontos auch dann als Arbeitszeit abzurechnen sein, wenn sie zuvor beim Ansparen des Arbeitszeitguthabens nicht berücksichtigt worden sind, vgl. BAG 17.3.2010 – 5 AZR 296/09, NZA 2011, 367. Das BAG hat jüngst entschieden, dass in ein Arbeitszeitkonto die infolge der Freistellung ausgefallenen Soll-Arbeitsstunden als Ist-Stunden einzustellen sind. Dies soll zumindest für den bezahlten Erholungsurlaub gelten. Die Berücksichtigung der tatsächlich ausfallenden Arbeitsstunden sei dem Arbeitnehmer nach den §§ 1, 3, 13 BUrlG garantiert, vgl. BAG 19.6.2012 – 9 AZR 712/10, DB 2012, 2346.

§ 5 Arbeitszeitausgleich

(1) Das Arbeitszeitkonto ist einmal im Kalenderjahr auszugleichen. Der Zeitausgleich findet ausschließlich durch Freizeit statt, bedarf jedoch der vorherigen Absprache mit dem Vorgesetzten.

(2) Das Arbeitszeitkonto darf maximal ein Minus von 50 Stunden aufweisen.

(3) Etwaige Zeitzuschläge werden ausschließlich auf dem Arbeitszeitkonto gutgebucht.

§ 6 Beschäftigungsschutz

Während der Laufzeit dieser Betriebsvereinbarung werden betriebsbedingte Kündigungen nur mit Zustimmung des jeweiligen Betriebsrats gem. § 102 Abs. 6 BetrVG ausgesprochen. Stimmt der Betriebsrat nicht zu, entscheidet die Einigungsstelle. Dieser Beschäftigungsschutz gilt nicht bei betriebsbedingten Änderungskündigungen sowie Entlassungen aufgrund von Betriebsänderungen oder im Wege einer Massenentlassung.

§ 7 Schlussbestimmungen

(1) Diese Gesamtbetriebsvereinbarung tritt am ...... in Kraft und kann mit einer Frist von ...... Monaten zum Jahresende, erstmals zum ......, gekündigt werden.

(2) Diese Betriebsvereinbarung löst alle etwaigen vorherigen Betriebsvereinbarungen über die Festlegung der Arbeitszeit, insbesondere die Betriebsvereinbarung Nr. ....../......, ab.

......, den ......

Arbeitgeber   Gesamtbetriebsrat

c) Muster: Betriebsvereinbarung über die Einführung der Gleitzeitarbeit
[→ B. Rn. 179]

Zwischen
der ...... GmbH

– nachfolgend Arbeitgeber genannt –

und
dem Betriebsrat der ...... GmbH

– nachfolgend Betriebsrat genannt –

wird nachfolgende Betriebsvereinbarung Nr. ....../...... über die Einführung der Gleitzeitarbeit geschlossen.

§ 1 Geltungsbereich

(1) Die Betriebsvereinbarung gilt persönlich für alle Mitarbeiter in den Betriebsabteilungen ...... Von der Betriebsvereinbarung ausgenommen sind:
   (a) die Auszubildenden,
   (b) die Aushilfsarbeitnehmer,
   (c) die teilzeitbeschäftigten Arbeitnehmer.

(2) Die Betriebsvereinbarung gilt örtlich für ...... und fachlich für ......

§ 2 Täglicher Arbeitszeitrahmen

(1) Der tägliche Arbeitszeitrahmen reicht von 6.00 Uhr bis 19.00 Uhr.

(2) Die Kernarbeitszeit erstreckt sich auf die Zeit von 8.30 Uhr bis 14.30 Uhr. Während dieser Zeit müssen alle Beschäftigten im Betrieb anwesend sein. Die Abwesenheit während der Kernarbeitszeit ist nur aus berechtigten Gründen oder nach Zustimmung durch den Vorgesetzten zulässig.

(3) Alle Beschäftigten können den Beginn und das Ende der Arbeitszeit innerhalb des täglichen Arbeitszeitrahmens selbst bestimmen. Die betrieblichen Notwendigkeiten sind zu berücksichtigen.

§ 3 Ausschluss von der Gleitzeit

Beschäftigte können aus wichtigen Gründen durch die Geschäftsleitung/durch die Abteilungsleitung mit Zustimmung des Betriebsrats von der Gleitzeitarbeit ausgeschlossen werden. Ein wichtiger Grund ist insbesondere dann gegeben, wenn die Beschäftigten die Gleitzeit missbraucht haben.

§ 4 Pausen[153]

Die Pausen sind in der Zeit von 11.00 Uhr bis 13.00 Uhr und 15.30 Uhr bis 17.00 Uhr zu nehmen.

§ 5 Zeiterfassung

(1) Die tatsächliche Arbeitszeit wird bei Beginn und Ende der Arbeit mittels einer Chipkarte[154] erfasst. Pausenzeiten werden bei der Erfassung der tatsächlichen Arbeitszeit nicht berücksichtigt.

(2) Alle Mitarbeiter haben den Zeitpunkt des Betretens und Verlassens des Werksgeländes sowie den Beginn und das Ende der Ruhepausen mittels der Chipkarte zu erfassen.

(3) Im Übrigen gilt die Betriebsvereinbarung Nr. ....../...... über die Einführung elektronischer Zeiterfassung.

§ 6 Gleitzeitsaldo

(1) Die Sollarbeitszeit dient der Ermittlung des individuellen Gleitzeitsaldos. Die tägliche Sollarbeitszeit errechnet sich aus der individuellen regelmäßigen wöchentlichen Arbeitszeit dividiert durch die Arbeitstage pro Woche. Die individuelle monatliche Sollarbeitszeit errechnet sich aus der täglichen Sollarbeitszeit multipliziert mit der Anzahl der zu bezahlenden Arbeitstage des Monats.

(2) Über- oder Unterschreitungen der Sollarbeitszeit sind spätestens im Folgemonat auszugleichen.[155] Der Gleitzeitsaldo darf monatlich höchstens um zwölf Stunden überschritten und um zehn Stunden unterschritten werden. Überschreitungen durch angeordnete Überstunden bleiben hiervon unberührt.[156]

(3) Wird der Gleitzeitsaldo um mehr als zwölf Stunden überschritten, so werden nur zwölf Stunden in den Folgemonat übertragen. Der Gesamtsaldo wird auf den

---

[153] Vgl. zu den verschiedenen Möglichkeiten der Pausenregelung Preis/*Necati*, Innovative Arbeitsformen, 207 f.
[154] Hier sollte das jeweilige Zeiterfassungssystem erläutert werden.
[155] Es ist darauf zu achten, dass die tariflich vorgesehene Höchstdauer der Ausgleichszeiträume eingehalten wird (vgl. BAG 29.4.2004 – 1 ABR 30/02, NZA 2004, 670).
[156] Es kann dabei zweckmäßig sein, für Überstunden gesonderte Konten zu führen.

Folgemonat übertragen, wenn der Mitarbeiter aus von ihm nicht zu vertretenden Gründen den Saldo nicht ausgleichen konnte.

(4) Wird der Gleitzeitsaldo um mehr als zehn Stunden unterschritten, so wird die zehn Stunden übersteigende Zeit als Fehlzeit gerechnet und die entsprechende Vergütung abgezogen.

(5) Bei ganztägigen Abwesenheitszeiten durch Urlaub, Krankheit, Kuren, Sonderurlaub, Dienst- oder Arbeitsbefreiung, Teilnahme an Aus- und Fortbildungsveranstaltungen, Dienstreisen oder bei sonstigen dienstfreien Tagen (zB Wochenfeiertage) wird für den jeweiligen Tag die tägliche Sollarbeitszeit zugrunde gelegt.

§ 7 Überstunden

(1) Alle Mitarbeiter sind verpflichtet, mit Zustimmung des Betriebsrats angeordnete Überstunden zu leisten. In Not- und Eilfällen gilt die Zustimmung des Betriebsrats zur sofortigen Anordnung von Überstunden als erteilt. Der Betriebsrat ist dann unverzüglich über die Anordnung von Überstunden zu unterrichten.

(2) Überstunden sind die Arbeitszeiten, welche die Mitarbeiter auf Anordnung über die übliche Arbeitszeit hinaus leisten.[157]

§ 8 Gleitzeittag

Zu Lasten des Gleitzeitsaldos kann mit Zustimmung des Dienstvorgesetzten einmal im Monat ein Gleitzeittag gewährt werden.

§ 9 Schlussbestimmungen

(1) Diese Betriebsvereinbarung tritt am …… in Kraft. Sie kann mit einer Frist von …… zum …… gekündigt werden.

(2) Diese Betriebsvereinbarung löst alle etwaigen vorherigen Betriebsvereinbarungen über …… ab.

……, den ……

Arbeitgeber   Betriebsrat

V. Verkürzung und Verlängerung der Arbeitszeit (§ 87 Abs. 1 Nr. 3 BetrVG)

1. Gesetzliche Vorgaben

Eine vorübergehende Veränderung – Verlängerung[158] oder Verkürzung – der betriebsüblichen Arbeitszeit liegt vor, wenn es sich um eine Abweichung von dem für einen bestimmten Wochentag regulär festgelegten Zeitvolumen mit anschließender Rückkehr zur betriebsüblichen Dauer der Arbeitszeit handelt.[159] Eine Änderung in diesem Sinne setzt allerdings nicht voraus, dass sich zugleich auch die Vergütung ändert.[160]

183

---

[157] Zur Darlegungslast der Beschäftigten vgl. BAG 25.5.2005 – 5 AZR 319/04, EzA BGB 2002 § 611 Mehrarbeit Nr. 1; LAG Rheinland-Pfalz 12.2.2009 – 10 Sa 456/08, BeckRS 2009, 61426. Die Beschäftigten müssen insbesondere darlegen, von welcher „Normalarbeitszeit" sie ausgehen. Alternativ kann der Einfachheit halber diejenige Arbeitszeit als Überstunden definiert werden, die außerhalb des täglichen Arbeitszeitrahmens liegt.

[158] Zum gesetzlichen Begriff der vorübergehenden Verlängerung der Arbeitszeit iSd § 87 Abs. 1 Nr. 3 BetrVG vgl. BAG 24.4.2007 – 1 ABR 47/06, AP BetrVG 1972 § 87 Arbeitszeit Nr. 124.

[159] BAG 14.11.2006 – 1 ABR 5/06, DB 2007, 749; 3.5.2006 – 1 ABR 14/05, DB 2007, 60; 1.7.2003 – 1 ABR 22/02, NZA 2003, 1209.

[160] BAG 3.5.2006 – 1 ABR 14/05, DB 2007, 60.

2. Muster

a) Muster: Betriebsvereinbarung über die Einführung von Kurzarbeit[161]
[→ B. Rn. 183]

184

Zwischen
der …… GmbH
                        – nachfolgend Arbeitgeber genannt –
und
dem Betriebsrat der …… GmbH
                        – nachfolgend Betriebsrat genannt –

wird nachfolgende Betriebsvereinbarung Nr. ……/…… über die Einführung von Kurzarbeit geschlossen.

§ 1 Einführung der Kurzarbeit

Für die Zeit von …… bis …… wird für die Betriebsabteilung/den ganzen Betrieb Kurzarbeit eingeführt.

§ 2 Umfang der Kurzarbeit

(1) Während des Kurzarbeitzeitraums wird die tarifliche/betriebliche wöchentliche Arbeitszeit von 37 Stunden auf 29,6 Stunden gesenkt. Der Arbeitsausfall wird nach Möglichkeit im Zusammenhang mit freien Wochenenden gelegt.

(2) Geschäftsleitung und Betriebsrat werden jeweils sieben Kalendertage vor dem Ersten eines jeden Monats bekannt geben, an welchen Tagen des Folgemonats Kurzarbeit geleistet wird.

Alternativ:

(2) Die Arbeitszeit wird so verteilt, dass
– die Beschäftigten der Betriebsabteilung …… täglich von 8.00 Uhr bis 12.00 Uhr arbeiten;
– die Beschäftigten …… jeweils montags, mittwochs und freitags arbeiten.

§ 3 Information des Betriebsrats

(1) Der Betriebsrat wird wöchentlich über die Entwicklung des Auftragsbestandes und der Absatzlage anhand von Unterlagen informiert. Dabei sind dem Betriebsrat Unterlagen vorzulegen über den Stand der Beschäftigten, Auftrags- und Lagerbestand, Umsatz und Produktion jeweils im Vergleich zu den letzten Monaten und den Monaten des Vorjahres.

(2) Eine Unterbrechung, Ausweitung, Verlängerung oder vorzeitige Beendigung der Kurzarbeit ist nur mit Zustimmung des Betriebsrats möglich.

§ 4 Zahlung von Kurzarbeitergeld

(1) Die Firma …… stellt unverzüglich bei der zuständigen Agentur für Arbeit Anträge auf Gewährung von Kurzarbeitergeld. Das Kurzarbeitergeld wird zu den regelmäßigen Zahlungsterminen ausgezahlt. Das Kurzarbeitergeld wird von der Firma …… bei der üblichen Lohnabrechnung im Folgemonat abgerechnet.

---

[161] Zu den Anforderungen an eine solche Betriebsvereinbarung vgl. LAG Sachsen 31.7.2002 – 2 Sa 910/01, NZA-RR 2003, 366. Zu dem Mitbestimmungsrecht des Personalrats nach § 75 Abs. 3 Nr. 1 BPersVG siehe BAG 10.10.2006 – 1 AZR 811/05, AP BPersVG § 75 Nr. 85. Zur Kurzarbeit vgl. Schaub/*Linck*, ArbR-HdB, § 47 Rn. 1 ff.

(2) Verweigert die Agentur für Arbeit die Zahlung von Kurzarbeitergeld aus einem vom Unternehmen zu vertretenden Grund, so ist die volle Arbeitsvergütung während der Kurzarbeitszeit zu zahlen.[162]

(3) Während der Kurzarbeit werden nachfolgende Vergütungsbestandteile so berechnet, als wäre normal gearbeitet worden:
  (a) Urlaubsentgelt und Urlaubsgeld;
  (b) Entgelt für gesetzliche Feiertage;
  (c) Vermögenswirksame Leistungen;
  (d) Entgeltfortzahlungen im Krankheitsfalle sowie Vergütungsfortzahlung bei Arbeitsveränderung;
  (e) Geldzahlung für Freischichten;
  (f) Tarifliche Jahresleistungen.

§ 5 Zuschuss zum Kurzarbeitergeld

(1) Diejenigen Beschäftigten, die von der Kurzarbeit betroffen sind, erhalten eine Ausgleichszahlung in Höhe von ...... % des Unterschiedsbetrages zwischen ihrem bisherigen durchschnittlichen Nettoeinkommen und dem Nettoeinkommen bei Kurzarbeit einschließlich Kurzarbeitergeld.

(2) Der Zuschuss zum Kurzarbeitergeld wird zusammen mit der üblichen Lohnzahlung ausgezahlt.

§ 6 Überstunden und Auftragsvergabe

(1) Während des Kurzarbeitszeitraumes werden keine Überstunden und Zusatzschichten geleistet. In diesem Zeitraum und einen Monat nach dessen Ablauf werden Überstunden nur in dringenden Ausnahmefällen genehmigt. Das Mitbestimmungsrecht des Betriebsrats bleibt unberührt.

(2) Während des Kurzarbeitszeitraumes werden keine Aufträge, die auch von der Firma ...... erledigt werden können, an andere Unternehmen vergeben. Als andere Unternehmen idS gelten auch rechtlich selbständige Unternehmen, die mit der Firma ...... verbunden sind.

§ 7 Urlaub

(1) Aus dem Vorjahr übertragener Urlaub ist bis zum ...... zu gewähren und zu nehmen.

(2) Für die Zeit vom ...... bis ...... wird Betriebsurlaub festgelegt.[163]

Alternativ:

(2) Die von der Kurzarbeit betroffenen Mitarbeiter können während der Kurzarbeit Urlaub nehmen.[164] Der Urlaub ist zu gewähren, soweit der Urlaubsantrag spätes-

---

[162] Der Arbeitgeber trägt das wirtschaftliche Risiko und schuldet Vergütung in Höhe des Kurzarbeitergeldes, vgl. BAG 11.7.1990 – 5 AZR 557/89, AP BGB § 615 Betriebsrisiko Nr. 32.
[163] Einführung und Dauer von Betriebsurlaub unterliegt dem Mitbestimmungsrecht des Betriebsrats nach § 87 Abs. 1 Nr. 5 BetrVG. Die Festlegung erfolgt durch Betriebsvereinbarung. Mit ihr sind Dauer und Lage des Erholungsurlaubes verbindlich bestimmt. Sie begründet das dringende betriebliche Interesse des Arbeitgebers und geht mithin den Urlaubswünschen des Einzelnen vor (vgl. Küttner/*Reinecke,* Personalbuch 2012, Betriebsurlaub Rn. 1 f.).
[164] Eine Betriebsvereinbarung über Kurzarbeit, welche die Arbeitszeit auf Null verringert, befreit den Arbeitnehmer auch dann von seiner Arbeitspflicht, wenn der Arbeitgeber vor Einführung der Kurzarbeit für die Zeit der Kurzarbeit Urlaub gewährt hat. Deshalb kann der mit der Festsetzung des Urlaubes bezweckte Leistungserfolg, die Befreiung des Arbeitnehmers von der Arbeitspflicht für die Dauer des Urlaubes, nicht eintreten (nachträgliche Unmöglichkeit gem. § 275 Abs. 1 BGB). Der Arbeitnehmer hat in einem solchen Fall gegenüber dem Arbeitgeber einen Anspruch auf Ersatzurlaub nach den §§ 283 S. 1, 280 Abs. 1, 275 Abs. 1, 249 Abs. 1 BGB. Die Haftung des Arbeitgebers ist nur ausgeschlossen, wenn er die Unmöglichkeit

tens ...... Wochen vor dem beabsichtigten Urlaubsbeginn beantragt wird und keine dringenden betrieblichen Belange entgegenstehen. Arbeitnehmer, denen vor Abschluss dieser Betriebsvereinbarung Urlaub gewährt wurde, sind für die Dauer des gewährten Urlaubes von der Kurzarbeit ausgenommen.[165]

§ 8 Beschäftigungsschutz

Während der Laufzeit dieser Betriebsvereinbarung werden betriebsbedingte Kündigungen nur mit Zustimmung des jeweiligen Betriebsrats gem. § 102 Abs. 6 BetrVG ausgesprochen. Stimmt der Betriebsrat nicht zu, entscheidet die Einigungsstelle. Dieser Beschäftigungsschutz gilt nicht bei betriebsbedingten Änderungskündigungen sowie Entlassungen aufgrund von Betriebsänderungen oder im Wege einer Massenentlassung.

§ 9 Veränderung der Kurzarbeit

(1) Verbessert sich die Auftragslage, kann die Kurzarbeit beendet oder der Umfang der Kurzarbeit geändert werden.[166]

(2) Besteht die Notwendigkeit, die Kurzarbeit zu verlängern, so bedarf es der erneuten Vereinbarung mit dem Betriebsrat unter Beachtung der tariflichen Ankündigungsfristen.

(3) Ist in Eil- oder Notfällen oder aus sonstigen betrieblichen Gründen die Überschreitung der Kurzarbeit notwendig, bedarf es hierzu einer Vereinbarung mit dem Betriebsrat.

§ 10 Kontakt mit der Agentur für Arbeit

Der Betriebsrat ist berechtigt, mit zwei Mitgliedern an allen Gesprächen der Geschäftsleitung mit der Agentur für Arbeit teilzunehmen. Die Geschäftsleitung hat dem Betriebsrat von allen Mitteilungen und Informationen an die Agentur für Arbeit eine Kopie zu überlassen.

§ 11 Schlussbestimmungen

(1) Diese Betriebsvereinbarung tritt am ...... in Kraft. Sie kann mit einer Frist von ...... bis ...... gekündigt werden.

(2) Diese Betriebsvereinbarung löst alle etwaigen vorherigen Betriebsvereinbarungen über die Einführung von Kurzarbeit, insbesondere die Betriebsvereinbarung Nr. ....../......, ab.

......, den ......

Arbeitgeber   Betriebsrat

---

nicht zu vertreten hat, § 280 Abs. 1 S. 2 BGB. Führt der Arbeitgeber aus betrieblichen Gründen Kurzarbeit ein, hat er die hierdurch nachträglich eingetretene Unmöglichkeit zu vertreten, vgl. BAG 16.12.2008 – 9 AZR 164/08, NZA 2009, 689 ff.

[165] BAG 16.12.2008 – 9 AZR 164/08, AP BUrlG § 7 Nr. 40.

[166] Wird die Kurzarbeit wegen einer Verbesserung der Auftragslage abgebaut und auf die betriebsübliche Arbeitszeit zurückgeführt, steht dem Betriebsrat kein Mitbestimmungsrecht zu, vgl. BAG 21.11.1978 – 1 ABR 67/76, AP BetrVG 1972 § 87 Arbeitszeit Nr. 2. Entfällt die Beschäftigungsmöglichkeit für einzelne von der Kurzarbeit betroffene Arbeitnehmer aufgrund später eingetretener weiterer Umstände oder veränderter wirtschaftlicher und/oder organisatorischer Rahmenbedingungen auf Dauer, so kann trotz der Kurzarbeit ein dringendes betriebliches Erfordernis für eine Kündigung bestehen, vgl. BAG 23.2.2012 – 2 AZR 548/10, DB 2012, 1630.

b) Muster: Betriebsvereinbarung zu Überstunden[167] [→ B. Rn. 183]

Zwischen
der ...... GmbH

— nachfolgend Arbeitgeber genannt —

und
dem Betriebsrat der ...... GmbH

— nachfolgend Betriebsrat genannt —

wird nachfolgende Betriebsvereinbarung Nr. ....../...... geschlossen:

§ 1 Geltungsbereich

Diese Betriebsvereinbarung gilt für alle in Vollzeit arbeitenden Beschäftigten, die im 4-Schicht-Betrieb tätig sind.

§ 2 Flexible Schichten als Überstunden

(1) Die Firma ...... hat die Möglichkeit, zusätzlich zur jeweils tariflich vereinbarten regelmäßigen wöchentlichen Arbeitszeit drei flexible Schichten pro Kalenderjahr von jedem 4-schichtig-arbeitenden Mitarbeiter als Überstunden in bestimmten Freiwochen („Bereitschaftsfreiwochen") abzufordern. Diese flexiblen Schichten werden auf einem gesondert einzurichtenden Zeitkonto des Mitarbeiters zeitlich zusammengeführt und abgerechnet.

(2) Am Ende des Vorjahres und im Zusammenhang mit der Urlaubsplanung legt die Firma ...... für jeden Mitarbeiter von den diesem zustehenden Freiwochen zwei Bereitschaftsfreiwochen für den Abruf der flexiblen Schichten fest.

(3) Flexible Schichten werden spätestens am Donnerstag vor der Bereitschaftsfreiwoche abgerufen. Die Firma ...... darf nur volle Schichten abrufen. Nachtschichten werden zusammenhängend abgerufen. Nur in einer der zwei Bereitschaftswochen darf ein Abruf auch für den Freitag und/oder den Samstag erfolgen.

§ 3 Ausgleich der Überstunden

(1) Der Mitarbeiter hat als Gegenleistung für die geleisteten flexiblen Schichten die Möglichkeit, Freizeitausgleichstage im Verlauf des Jahres zu verlangen. Diese Freizeitausgleichstage werden mit dem Faktor ...... berechnet. Zusätzlich werden die anfallenden Überstundenzuschläge für die gewerblichen Beschäftigten ...... laut MTV gezahlt. Wenn der Freizeitausgleich im Verlauf des Jahres zu der von dem Mitarbeiter gewünschten Zeit unter Berücksichtigung der betrieblichen Belange nicht möglich war, besteht für den Mitarbeiter die Möglichkeit, diese Freizeitausgleichstage an den Urlaub des folgenden Kalenderjahres anzuhängen. Die Mitarbeiter können aber auch erklären, dass sie die flexiblen Schichten als Überstunden bezahlt bekommen möchten.

(2) Bezahlt oder in Freizeit abgegolten werden nur tatsächlich geleistete flexible Schichten.

§ 4 Sonntagsschichten als Überstunden

(1) Am Ende des Vorjahres und im Zusammenhang mit der Urlaubsplanung trägt jeder 4-schichtig-arbeitende Mitarbeiter in Abstimmung mit der Abteilungsleitung

---

[167] Die nachfolgenden Regelungen sind der Entscheidung des BAG 3.6.2003 – 1 AZR 349/02, NZA 2003, 1155, entnommen. Das BAG hat ausdrücklich festgestellt, dass die Regelung zu vorübergehenden Überstunden dem Mitbestimmungsrecht des Betriebsrats nach § 87 Abs. 1 Nr. 3 BetrVG unterliegt und insoweit die Tarifsperre des § 77 Abs. 3 BetrVG nicht besteht.

Schrader/Thoms

mindestens vier, höchstens zehn Sonntage für das Kalenderjahr in einem von der Firma ...... den Produktionsanforderungen entsprechend vorgefertigten Arbeitszeitverteilungsplan ein, aus dem hervorgehen muss, an welchen Sonntagen wie viele Mitarbeiter voraussichtlich benötigt werden. Die Eintragung gilt als Einverständniserklärung des Mitarbeiters zur Ableistung der eingetragenen Sonntagsschicht. Die Abforderung erfolgt durch das Unternehmen.

(2) Für geleistete Sonntagsschichten besteht das Wahlrecht des Mitarbeiters gem. § 3 nicht. Hinsichtlich dieser Schichten bleibt es bei der tariflichen Möglichkeit der Freizeitabgeltung für Überstunden gem. § ...... des MTV.

§ 5 Freiwilligkeitsprinzip

Finden sich nicht genügend geeignete Mitarbeiter auf freiwilliger Basis, teilt die Firma ...... die Mitarbeiter zur Überstundenableistung ein. Diese Einteilung ist für die Mitarbeiter verpflichtend. Bei der Einteilung zu Sonntagsschichten werden vorzugsweise Mitarbeiter herangezogen, die weniger als sechs Sonntage im Arbeitszeitverteilungsplan eingetragen haben. Für die 4-Schicht-Mitarbeiter besteht über die flexiblen Schichten und die Sonntagsschichten hinaus eine Verpflichtung zur Ableistung von Überstunden nur noch, soweit ihr Arbeitsvertrag dies ausdrücklich vorsieht und soweit die Treuepflicht der Beschäftigten dies verlangt.

§ 6 Zustimmung und Mitwirkung des Betriebsrats

(1) Der Betriebsrat stimmt hiermit den gemäß dieser Rahmenbetriebsvereinbarung geregelten Überstunden für die drei flexiblen Schichten einschließlich der Festlegung der zwei Bereitschaftsfreiwochen und der Festlegung der einzelnen flexiblen Schichten durch die Firma ...... gem. § 2, den jeweils eingetragenen Sonntagsschichten gem. § 4 und der Auswahl der Mitarbeiter nach § 87 Abs. 1 BetrVG zu. Die Firma ...... darf mit dieser Zustimmung bezogen auf jede Funktionsgruppe einer Abteilung so viele Sonntagsschichten einteilen, wie sich rechnerisch ergeben würden, wenn jeder zugehörige 4-Schicht-Beschäftigte sechs Sonntagsschichten leisten würde (Durchschnittsbetrachtung). Über die Lage der Bereitschaftsfreiwochen, die Lage der einzelnen flexiblen Schichten und der Sonntagsschichten sowie den Abruf dieser Schichten wird der Betriebsrat nach der Festlegung bzw. Einplanung informiert. Das Mitbestimmungsrecht des Betriebsrats ist damit für die vorgenannten Fälle verbraucht; dieses bleibt ausdrücklich vorbehalten für Überstunden, die über die geregelten flexiblen Schichten und Sonntagsschichten hinaus gehen.

(2) Weiter wird der Betriebsrat den Anträgen der Firma ...... zur Zustimmung der Aufsichtsbehörde zur Sonntagsarbeit entsprechend dieser Vereinbarung nach dem Arbeitszeitgesetz (ArbZG), soweit erforderlich, zustimmen und verpflichtet sich, im Rahmen seiner Zuständigkeit die Firma ...... bei dessen Anträgen in geeigneter Weise zu unterstützen.

§ 7 Schlussbestimmungen

(1) Diese Rahmenbetriebsvereinbarung tritt am ...... in Kraft. Sie kann mit einer Frist von ...... zum ...... gekündigt werden.

(2) Diese Betriebsvereinbarung löst alle etwaigen vorherigen Betriebsvereinbarungen zu Überstunden, insbesondere die Betriebsvereinbarung Nr. ....../......, ab.

......, den ......

Arbeitgeber   Betriebsrat

VI. Betriebsvereinbarung zur Auszahlung des Arbeitsentgeltes (§ 87 Abs. 1 Nr. 4 BetrVG)

1. Gesetzliche Vorgaben

Nach § 87 Abs. 1 Nr. 4 BetrVG besteht ein Mitbestimmungsrecht des Betriebsrats hinsichtlich Zeit, Ort und Art der Auszahlung des Arbeitsentgeltes. Das Mitbestimmungsrecht soll sicherstellen, dass das Interesse des Arbeitgebers an einer einheitlichen Ordnung der Auszahlung der Arbeitsentgelte mit den Interessen der Arbeitnehmer in Einklang gebracht wird. Arbeitsentgelte sind dabei sämtliche vom Arbeitgeber geschuldeten Vergütungsbestandteile ohne Rücksicht auf ihre Bezeichnung sowie sämtliche Sozial- und Sachleistungen.[168] Hauptstreitpunkte sind bei der bargeldlosen Auszahlung die Frage, ob die Arbeitnehmer wegen des Aufwandes, der mit der bargeldlosen Auszahlung des Arbeitsentgeltes verbunden ist, einen Anspruch auf Freistellung haben,[169] die Frage der Einrichtung einer Kontostunde,[170] insbesondere aber die Frage eines evtl. Kostenerstattungsanspruches für die Einrichtung eines Kontos zur Ermöglichung der bargeldlosen Vergütungszahlung.[171] Betriebsvereinbarungen zur Auszahlung des Arbeitsentgeltes finden sich deshalb in fast jedem Unternehmen, sei es in Form einer eigenen Betriebsvereinbarung, sei es als eigener Regelungsgegenstand im Rahmen einer allgemeinen Arbeitsordnung.

186

> **Hinweis:**
>
> Nach § 614 BGB ist die Vergütung nach dem Ablauf der einzelnen Zeitabschnitte zu entrichten, also regelmäßig zum Ende eines Arbeitsmonats. Dies ist teilweise für Arbeitnehmer mit variablen Bezügen (Schichtzulagen, Erschwerniszuschläge etc.) für den laufenden Monat bis zum Fälligkeitstag (letzter Tag des Monats) rein abrechnungstechnisch kaum möglich. In Betriebsvereinbarungen sollten aus diesem Grunde für solche Fälle andere Abrechnungszeiträume geregelt werden. Die mit der Bearbeitung von Lohn- oder Gehaltspfändungen verbundenen Kosten des Arbeitgebers fallen diesem selbst zur Last. Er hat weder einen gesetzlichen Erstattungsanspruch gegen den Arbeitnehmer, noch kann ein solcher Anspruch durch (freiwillige) Betriebsvereinbarung begründet werden.[172]

187

2. Muster: Betriebsvereinbarung zur Auszahlung des Arbeitsentgeltes
[→ B. Rn. 186 f.]

Zwischen
der ...... GmbH
– nachfolgend Arbeitgeber genannt –
und
dem Betriebsrat der ...... GmbH
– nachfolgend Betriebsrat genannt –
wird nachfolgende Betriebsvereinbarung zur Auszahlung des Arbeitsentgeltes vereinbart:

188
⮞ 300

---

[168] Vgl. die Aufzählung bei HWK/*Clemens* BetrVG § 87 Rn. 96.
[169] BAG 10.8.1993 – 1 ABR 21/93, AP BetrVG 1972 § 87 Auszahlung Nr. 12.
[170] BAG 20.12.1988 – 1 ABR 57/87, AP BetrVG 1972 § 87 Auszahlung Nr. 9.
[171] BAG 24.11.1987 – 1 ABR 25/86, AP BetrVG 1972 § 87 Auszahlung Nr. 6; 21.12.1982 – 1 ABR 20/81, DB 1983, 996.
[172] BAG 18.7.2006 – 1 AZR 578/05, AP ZPO § 850 Nr. 15.

§ 1 Geltungsbereich

Diese Betriebsvereinbarung gilt für
räumlich: ......
persönlich: ......[173]

§ 2 Bargeldlose Entgeltzahlung

Das Arbeitsentgelt inklusive sämtlicher mit dem Arbeitsverhältnis in Zusammenhang stehender Zahlungen (Reisekosten, Weihnachtsgeld, Urlaubsgeld etc.) werden bargeldlos auf ein vom Arbeitnehmer genanntes Konto gezahlt. Vor Arbeitsaufnahme hat der Arbeitnehmer dem Arbeitgeber Namen, Kontoinhaber, Bankleitzahl sowie Kontoverbindung des Kreditinstitutes zu benennen, bei dem er ein Konto eingerichtet hat, über das die bargeldlose Entgeltzahlung abgewickelt werden soll.

§ 3 Auszahlung der Arbeitsvergütung

Die Arbeitsvergütung ist fällig am letzten Werktag eines Monats. Der Arbeitgeber hat sicherzustellen, dass das Arbeitsentgelt am Fälligkeitstag dem Konto des Arbeitnehmers gutgeschrieben wird.

Variable Vergütungsbestandteile (Schichtzulagen, Erschwerniszuschläge, Schmutzzulagen) können für den laufenden Monat nicht zu dem entsprechenden Fälligkeitszeitpunkt abgerechnet werden. Solche variablen Gehaltsbestandteile werden fällig mit dem der Entgeltabrechnung und Auszahlung folgenden Monat für den Monat, in dem sie entstanden sind.

§ 4 Kostenbeitrag

Das Unternehmen zahlt jedem Arbeitnehmer einen Zuschuss zu den Kontoführungsgebühren in Höhe von monatlich ...... EUR.

§ 5 Schlussbestimmungen

Diese Betriebsvereinbarung ist mit einer Frist von ...... Monaten zum Schluss eines Kalendervierteljahres kündbar, erstmals zum .... Die Kündigung bedarf der Schriftform.

......, den ......

Arbeitgeber   Betriebsrat

---

189 **Hinweis:**

Sollte ein Tarifvertrag mit Ausschlussfristen Anwendung finden oder sieht ein Individualarbeitsvertrag Ausschlussfristen vor, haben die Arbeitnehmer Ansprüche wegen einer unkorrekten Abrechnung binnen dieser Ausschlussfristen geltend zu machen. Sind dagegen weder in Tarifverträgen noch in Arbeitsverträgen Ausschlussfristen vorgesehen, sollte der Arbeitgeber in eine solche Betriebsvereinbarung eine Ausschlussfrist mit aufnehmen, innerhalb derer die Arbeitnehmer die Vergütungsabrechnung zu überprüfen und ihnen vermeintlich noch zustehende Ansprüche geltend zu machen haben. Der Arbeitgeber schafft dadurch Rechtsklarheit und weiß, dass er ab einem bestimmten Zeitpunkt nicht mehr Ansprüchen der Arbeitnehmer ausgesetzt ist.

---

[173] Beim Geltungsbereich können beispielsweise unterschiedliche Regelungen möglich sein für gewerbliche Arbeitnehmer, Angestellte oder Führungskräfte (leitende Angestellte iSv § 5 Abs. 3 BetrVG). Durch die Definition des Geltungsbereiches sind angepasste Regelungen für einzelne Gruppen möglich.

VII. Urlaubsgrundsätze und Urlaubsplan (§ 87 Abs. 1 Nr. 5 BetrVG)

1. Gesetzliche Vorgaben

Nach § 87 Abs. 1 Nr. 5 BetrVG hat der Betriebsrat bei der Aufstellung allgemeiner Urlaubsgrundsätze und des Urlaubsplans sowie bei der Festsetzung der zeitlichen Lage des Urlaubs für einzelne Arbeitnehmer, wenn zwischen dem Arbeitgeber und den beteiligten Arbeitnehmern kein Einverständnis erzielt wird, mitzubestimmen. Zweck ist die Harmonisierung der Urlaubswünsche der einzelnen Arbeitnehmer einerseits und die Wahrung der Interessen des Arbeitgebers an der Kontinuität des Betriebsablaufs andererseits. Durch das Mitbestimmungsrecht wird das Gestaltungsrecht des Arbeitgebers bei der Festlegung der Lage der Urlaubstage vom Ergebnis her eingeschränkt. In der Praxis finden sich alle möglichen Gestaltungsformen. Es gibt teilweise umfangreiche Betriebsvereinbarungen zum Urlaub, die sämtliche Fallkonstellationen regeln. Teilweise werden Betriebsvereinbarungen aber auch auf einzelne Fallkonstellationen (Urlaubsgrundsätze, allgemeiner Betriebsurlaub, Sabbaticals, etc) beschränkt. Im Folgenden sollen der Übersichtlichkeit halber jeweils Betriebsvereinbarungen für die einzelnen Gestaltungen gewählt werden, wobei selbstverständlich die Möglichkeit bleibt, die einzelnen Regelungsbereiche in Form einer einzigen, allerdings dann umfangreicheren, Betriebsvereinbarung zu regeln.

190

2. Muster

a) Muster: Betriebsvereinbarung allgemeine Urlaubsgrundsätze [→ B. Rn. 190]

191

Zwischen
der ...... GmbH

– nachfolgend Arbeitgeber genannt –

und
dem Betriebsrat der ...... GmbH

– nachfolgend Betriebsrat genannt –

wird nachfolgende Betriebsvereinbarung zur Regelung allgemeiner Urlaubsgrundsätze vereinbart:

§ 1 Geltungsbereich

Diese Betriebsvereinbarung gilt für:
räumlich: ......
persönlich: ......

§ 2 Allgemeine Grundsätze

(1) Der Arbeitnehmer erhält bei einer 5-Tage-Woche kalenderjährlich einen Urlaub von 20 Arbeitstagen als gesetzlichen Mindesturlaub. Der gesetzliche Mindesturlaub muss im laufenden Kalenderjahr gewährt und genommen werden. Eine Übertragung des gesetzlichen Mindesturlaubs auf das nächste Jahr ist nur statthaft, wenn dringende betriebliche oder in der Person des Arbeitnehmers liegende Gründe dies rechtfertigen. Im Falle der Übertragung muss der gesetzliche Mindesturlaub in den ersten drei Monaten des folgenden Kalenderjahres gewährt und genommen werden, ansonsten verfällt er. Konnte der gesetzliche Mindesturlaub wegen Arbeitsunfähigkeit des Arbeitnehmers nicht genommen werden, verfällt der gesetzliche Mindesturlaubsanspruch 15 Kalendermonate nach dem Ende des Urlaubsjahres, mithin am 31.3. des 2. Folgejahres.[174]

---

[174] Seit dem 7.8.2012 liegt eine Entscheidung des BAG zu einer „Höchstbegrenzung" von Urlaubsansprüchen bei dauerhafter Arbeitsunfähigkeit vor. Das BAG formuliert wörtlich: „In Anwendung dieser Grundsätze ist § 7 Abs. 3 S. 3 BUrlG unionsrechtskonform so auszulegen, dass gesetzliche Urlaubsansprüche vor Ablauf eines Zeitraumes von 15 Monaten nach dem Ende des Urlaubsjahres nicht erlöschen, wenn der Arbeitnehmer aus gesundheitlichen Gründen an seiner Arbeitsleistung gehindert war. Sie gehen jedoch mit Ablauf des 31. März des zweiten Folgejahres unter. Dies gilt auch bei fortdauernder Arbeitsunfähigkeit. Ein

(2) Der Arbeitnehmer erhält darüber hinaus kalenderjährlich einen übergesetzlichen Zusatzurlaub von weiteren 5 Arbeitstagen. Der übergesetzliche Zusatzurlaub ist innerhalb des Kalenderjahres zu nehmen. Eine Übertragung des übergesetzlichen Zusatzurlaubes auf das nächste Jahr ist nur statthaft, wenn dringende betriebliche oder in der Person des Arbeitnehmers liegende Gründe eine Übertragung erforderlich machen. Im Fall der Übertragung muss der Zusatzurlaub in den ersten drei Monaten des nachfolgenden Kalenderjahres gewährt und genommen werden. Ansonsten verfällt der Zusatzurlaub mit Ablauf des 31.3. des nachfolgenden Kalenderjahres auch dann, wenn er wegen Arbeitsunfähigkeit des Arbeitnehmers nicht genommen werden konnte. Eine Abgeltung des übergesetzlichen Urlaubsanspruches ist ausgeschlossen.[175]

§ 3 Urlaubsantrag

(1) Die Festlegung des Urlaubes erfolgt durch den Arbeitgeber auf Antrag und unter Berücksichtigung der Wünsche des Arbeitnehmers. Dazu wird bis zum 31.1. des jeweiligen Kalenderjahres jedem Arbeitnehmer die Möglichkeit gegeben, seine Urlaubswünsche für einen zusammenhängenden Urlaub von mehr als ...... Arbeitstagen in eine Urlaubsliste einzutragen. Urlaub für den Monat Januar eines Jahres ist vorher geltend zu machen. Dringende betriebliche Gründe haben bei der Festlegung des Urlaubes Vorrang. Ein Urlaubsantrag gilt mit schriftlicher Bestätigung durch den Arbeitgeber als bewilligt. Als bewilligt gilt zunächst der gesetzliche Mindesturlaub gem. § 2 Abs. 1 bis zu dessen vollständiger Erfüllung, erst danach der übergesetzliche Zusatzurlaub gem. § 2 Abs. 2. Während des Übertragungszeitraumes (1.1. bis 31.3. des nachfolgenden Kalenderjahres) gilt zunächst der übertragene gesetzliche Mindesturlaub, danach der übertragene übergesetzliche Zusatzurlaub und erst danach der in dem betreffenden Kalenderjahr entstehende bzw. entstandene gesetzliche Mindesturlaub und übergesetzliche Zusatzurlaub als bewilligt.

(2) Verspätet gestellte Anträge werden nur dann zu den verlangten Zeiten berücksichtigt, wenn nicht vorgestellte Anträge vorliegen.

§ 4 Einspruch des Arbeitgebers

Sofern den Urlaubswünschen, so wie sie in die Urlaubslisten eingetragen sind, nicht innerhalb einer Frist von drei Wochen durch den Arbeitgeber schriftlich widersprochen wird, gilt der Urlaub als genehmigt.

§ 5 Konfliktlösung

Bei der Gewährung von Urlaub sind die betrieblichen Belange und die Urlaubswünsche der einzelnen Arbeitnehmer zu berücksichtigen. Urlaubswünschen einzelner Arbeitnehmer kann nur dann nicht entsprochen werden, wenn ihrer Gewährung dringende betriebliche Belange oder Urlaubswünsche anderer Arbeitnehmer, deren Wünsche Vorrang haben, entgegenstehen. Bei der Gewährung von Urlaub haben Arbeitnehmer

---

solcher Übertragungszeitraum von 15 Monaten wurde vom EuGH als unionsrechtskonform gebilligt [...]." (vgl. BAG 7.8.2012 – 9 AZR 353/10, NZA 2012, 1216).

[175] Nach der früheren Rechtsprechung des Bundesarbeitsgerichts, die sich an dem klaren und eindeutigen Wortlaut des § 7 Abs. 3 BUrlG orientiert hat, sollte in dem Fall, dass der Urlaub wegen einer Erkrankung des Arbeitnehmers bis zum Ende des Übertragungszeitraumes (31.3. des Folgejahres) nicht gewährt werden konnte, dieser ersatzlos verfallen. Der Europäische Gerichtshof hat mit Urteil vom 20.1.2009 entschieden, dass ein Erlöschen des Urlaubs- und Urlaubsabgeltungsanspruches bei Arbeitsunfähigkeit bis zum Ende des Übertragungszeitraumes nach § 7 Abs. 3 BUrlG mit der europäischen Arbeitszeitrichtlinie unvereinbar ist (vgl. EuGH 20.1.2009 – C-350/06 und C-520/06, NZA 2009, 135). In konsequenter Fortsetzung hat das Bundesarbeitsgericht seine bisherige Rechtsprechung vollständig geändert und ist nunmehr ebenfalls der Auffassung, dass der Anspruch auf Abgeltung des gesetzlichen Voll- und Teilurlaubes nicht erlischt, wenn der Arbeitnehmer bis zum Ende des Urlaubsjahres oder des Übertragungszeitraumes erkrankt und deshalb der Urlaub nicht genommen werden kann. Klargestellt hat das Bundesarbeitsgericht in seiner Entscheidung, dass diese Rechtsprechung nur für den gesetzlichen Mindesturlaub gilt. Hinsichtlich des darüber hinausgehenden Urlaubes besteht Gestaltungsspielraum (vgl. BAG 24.3.2009 – 9 AZR 983/07, NZA 2009, 538).

mit schulpflichtigen Kindern während der Schulferien Vorrang. Arbeitnehmern, deren Ehegatten ebenfalls berufstätig sind, soll der Urlaub so gewährt werden, dass sie gemeinsam mit dem Ehegatten in den Urlaub gehen können. Sofern der Arbeitnehmer aus gesundheitlichen Gründen Urlaub während einer bestimmten Jahreszeit beantragt, soll dem im Rahmen der betrieblichen Möglichkeiten entsprochen werden.

Können sich Arbeitgeber und Arbeitnehmer nicht über die zeitliche Lage des Urlaubs einigen, ist zunächst der Betriebsrat hinzuziehen. Kommt auch nach Hinzuziehung des Betriebsrats keine Einigung zustande, entscheidet die Einigungsstelle.

§ 6 Ständige Einigungsstelle

Zur Schlichtung von Urlaubsstreitigkeiten wird eine ständige Einigungsstelle eingerichtet. Diese besteht aus dem Richter am Arbeitsgericht ...... als Vorsitzenden sowie als Beisitzer auf Seiten des Betriebsrats aus ...... und auf Seiten des Arbeitgebers aus ...... als Beisitzer.[176]

§ 7 Schlussbestimmungen

Diese Betriebsvereinbarung ist mit einer Frist von ...... Monaten zum Schluss eines Kalendervierteljahres kündbar, erstmals zum .... Die Kündigung bedarf der Schriftform.

......, den ......

Arbeitgeber   Betriebsrat

b) Muster: Betriebsvereinbarung über Betriebsurlaub [→ B. Rn. 190]

Hinweis:
Bei größeren Unternehmen, beispielsweise im Automobilbereich, ist es üblich, dass Werksferien oder ein Betriebsurlaub vereinbart werden, um die zahlreichen divergierenden Urlaubswünsche der Arbeitnehmer ohne Produktionsbeeinträchtigungen erfüllen zu können. Denn der Urlaub ist gesetzlich nach Möglichkeit zusammenhängend zu gewähren (§ 7 Abs. 2 S. 1 BUrlG). Bei Berücksichtigung der Urlaubswünsche von mehreren Tausend Beschäftigten wäre häufig die Produktion beeinträchtigt, wenn die Schichtbesetzung neu, anders oder nicht vollständig möglich wäre. In solchen Fällen können Werksferien oder ein Betriebsurlaub angezeigt sein. Die Regelungen hierzu bedürfen einer Betriebsvereinbarung, da die Mitbestimmung des Betriebsrats nach § 87 Abs. 1 Nr. 5 BetrVG besteht.

192

Zwischen
der ...... GmbH

– nachfolgend Arbeitgeber genannt –

und
dem Betriebsrat der ...... GmbH

– nachfolgend Betriebsrat genannt –

wird folgende Betriebsvereinbarung zur Festlegung des Betriebsurlaubes getroffen:

§ 1 Geltungsbereich

Diese Betriebsvereinbarung gilt für:

193
⇨ 302

---

[176] Die Einrichtung einer ständigen Einigungsstelle kann in solchen Fällen ein geeignetes Mittel sein, um relativ kurzfristig Konflikte zu divergierenden Urlaubswünschen zu lösen. Anderenfalls ist angesichts des unter Umständen langen Zeitraums, den die Einsetzung einer Einigungsstelle oder eine gerichtliche Durchsetzung des Urlaubswunsches benötigt, die Regelung der Urlaubsfrage hinfällig, weil der gewünschte Zeitraum verstrichen ist.

räumlich: ......
persönlich: ......[177]

§ 2 Zeitpunkt des Betriebsurlaubes

Der Betriebsurlaub wird in den großen Schulferien liegen. Der Zeitpunkt wird jeweils im November des Vorjahres zwischen Betriebsrat und Arbeitgeber festgelegt und spätestens im Dezember des Vorjahres im Betrieb durch Aushang am schwarzen Brett und Verkündung im Intranet bekannt gegeben.

§ 3 Nichtausreichender Urlaubsanspruch

Hat ein Arbeitnehmer zu Beginn des Betriebsurlaubes noch keinen oder keinen ausreichenden Urlaubsanspruch erworben, wird der Arbeitnehmer während des Betriebsurlaubes unter Fortzahlung des Entgeltes ohne Anrechnung auf künftige Urlaubsansprüche von der Arbeit freigestellt.

(Alternativ kann hier geregelt werden, dass eine Beschäftigung während des Betriebsurlaubes auch auf einem anderen zumutbaren Arbeitsplatz erfolgt. Eine Regelung dieser Problematik bedarf es in jedem Fall, da ansonsten eine Regelungslücke für diejenigen Arbeitnehmer vorliegt, die noch keinen vollen Urlaubsanspruch erworben haben.)

§ 4 Sonstiger Urlaub

Hinsichtlich des über den gesetzlichen Urlaubsanspruch hinausgehenden Urlaubs gelten die Grundsätze, die in der Betriebsvereinbarung zu den Allgemeinen Urlaubsgrundsätzen festgehalten sind.

§ 5 Schlussbestimmung

Diese Betriebsvereinbarung ist mit einer Frist von ...... Monaten zum Schluss eines Kalendervierteljahres kündbar, erstmals zum ...... Die Kündigung bedarf der Schriftform.

......, den ......

Arbeitgeber   Betriebsrat

c) Muster: Betriebsvereinbarung Sabbaticals [→ B. Rn. 190]

194 | **Hinweis:**

Bei Sabbaticals geht es um das **Ansparen von Zeiten,** die der Arbeitnehmer für **persönliche Bedürfnisse** verwenden möchte. Den Arbeitnehmern soll mit der Gewährung eines Sabbaticals ermöglicht werden, neue Erfahrungen zu sammeln, beispielsweise Fortbildungen zu besuchen oder Fremdsprachenkenntnisse zu erwerben. Dem Arbeitnehmer wird mit anderen Worten die Selbstverwirklichung ermöglicht. Hierfür kann den jeweiligen Arbeitnehmern unbezahlter Sonderurlaub gewährt werden.

Denkbar ist aber auch ein **anderes Modell:** Die Arbeitnehmer leisten eine Arbeitszeit von beispielsweise 40 Wochenstunden. Davon werden allerdings nur 25 Wochenstunden vergütet, 15 Wochenstunden werden nicht vergütet und sind eine so genannte Ansparzeit. Nach einem bestimmten Zeitraum haben die Mitar-

---

[177] Bei dem Abschluss einer Betriebsvereinbarung zum Betriebsurlaub ist die Regelung des persönlichen Geltungsbereiches besonders wichtig. Auch während des Betriebsurlaubes wird es einiger Arbeitnehmer bedürfen, die anwesend sind. Dies gilt beispielsweise für Sicherungspersonal, Pförtner, Nachwächter oder Mitarbeiter, die sich um die Instandhaltung und Aufrechterhaltung der Produktionsfähigkeit kümmern.

beiter die Möglichkeit, die angesparte Zeit in Form eines **Langzeiturlaubes** zu verbringen. Sie werden wie in der Vergangenheit auch vergütet, „verbrauchen" so die im Vorfeld angesparte Arbeitszeit und erhalten eine durchgehende Vergütung.

Der zurzeit am häufigsten anzutreffende Fall ist der der **Vereinbarung von unbezahltem Urlaub.** Auch hier gilt es, die Mitbestimmung des Betriebsrats nach § 87 Abs. 1 Nr. 5 BetrVG zu beachten.

195

Zwischen
der ...... GmbH

– nachfolgend Arbeitgeber genannt –

und
dem Betriebsrat der ...... GmbH

– nachfolgend Betriebsrat genannt –

wird folgende Vereinbarung getroffen:

§ 1 Geltungsbereich

Diese Betriebsvereinbarung gilt für:
räumlich: ......
persönlich: ......

§ 2 Sabbatical

Zur Wahrnehmung persönlicher Interessen kann der Arbeitnehmer unbezahlten Sonderurlaub beantragen. Dieser ist zu genehmigen, wenn der Gewährung nicht dringende betriebliche Gründe entgegenstehen. Den Antrag hat der Arbeitnehmer schriftlich drei Monate vor dem gewünschten Antritt des Sabbaticals zu stellen. Der Arbeitgeber hat den Antrag binnen 14 Tagen nach Eingang des Antrages schriftlich zu verbescheiden. Geht dem Arbeitnehmer binnen 14 Tagen nach Antragstellung kein Bescheid durch den Arbeitgeber zu, gilt das Sabbatical als genehmigt.[178]

§ 3 Länge des Sabbaticals

Die maximale Länge des Sabbaticals beträgt ...... Monate, die minimale Länge ...... Monate.

§ 4 Rechtsfolgen

Während des Sabbaticals ruhen die beiderseitigen Hauptpflichten aus dem Arbeitsverhältnis.

§ 5 Ende des Sabbaticals

Nach Ablauf des Sabbaticals hat der Arbeitnehmer Anspruch auf Beschäftigung auf dem Arbeitsplatz, auf dem er vor Beginn des Sabbaticals beschäftigt war.

Ist der Arbeitsplatz anderweitig besetzt, hat der Arbeitnehmer Anspruch auf Beschäftigung auf einem anderen, gleichwertigen Arbeitsplatz, ohne Minderung der Arbeitsvergütung.[179]

---

[178] Eine solche Fristenregelung dient der Verfahrensvereinfachung. Wichtig ist es dabei, dass wegen des Fristbeginns der Zugang der entsprechenden Schreiben und Erklärungen dokumentiert und im Streitfall beweisbar ist.

[179] Die Vereinbarung der Möglichkeit der Beschäftigung auf einem anderen Arbeitsplatz im Rahmen des Direktionsrechts ist für den Arbeitgeber wichtig, da gerade bei einem längeren Sabbatical der Arbeitsplatz idR zur Aufrechterhaltung der Funktionsfähigkeit wiederbesetzt werden muss.

§ 6 Schlussbestimmungen

Diese Betriebsvereinbarung ist kündbar mit einer Frist von ...... Monaten zum Schluss eines Kalendervierteljahres, erstmals zum ...... Die Kündigung bedarf der Schriftform.

......, den ......

Arbeitgeber   Betriebsrat

d) Muster: Betriebsvereinbarung zu Brückentagen [→ B. Rn. 190]

196 **Hinweis:**

Brückentage, dh Tage zwischen gesetzlichen Feiertagen und dem Wochenende, sind häufig von Arbeitnehmern begehrt, um ein „verlängertes Wochenende" zu nutzen. Aber auch für den Arbeitgeber kann es sinnvoll sein, an Brückentagen allgemein Urlaub zu gewähren (also untechnisch: „den Betrieb zu schließen"), da Brückentage häufig unproduktiv sein können. Für diesen Fall kann es sich empfehlen, eine Betriebsvereinbarung zur Regelung von Brückentagen zu vereinbaren.

197

Zwischen
der ...... GmbH

– nachfolgend Arbeitgeber genannt –

und
dem Betriebsrat der ...... GmbH

– nachfolgend Betriebsrat genannt –

wird folgende Vereinbarung zur Regelung von Brückentagen vereinbart:

§ 1 Geltungsbereich

Diese Betriebsvereinbarung gilt für:

räumlich: ......
persönlich: ......

§ 2 Betriebsschließung

Arbeitgeber und Betriebsrat sind sich darüber einig, dass der Arbeitgeber den Betrieb an Brückentagen schließen kann.

§ 3 Brückentage

Als Brückentage im Sinne dieser Betriebsvereinbarung gelten Arbeitstage zwischen einem Wochenfeiertag und dem vorausgegangenen oder nachfolgenden Wochenende sowie die Arbeitstage zwischen dem 24.12. eines Jahres sowie des 1.1. des Folgejahres.

§ 4 Ankündigung

Der Arbeitgeber ist verpflichtet, mit einer Ankündigungsfrist von sechs Monaten durch Aushang am schwarzen Brett und durch Mitteilung im Intranet bekannt zu machen, dass der Betrieb an einem oder mehreren Brückentagen geschlossen wird.

§ 5 Anrechnung, Urlaubstage und Arbeitszeitkonto

Die Tage der Betriebsschließung an Brückentagen werden auf den Jahresurlaub oder auf ein evtl. Guthaben auf dem Arbeitszeitkonto angerechnet. Ob diese Tage auf den Jahresurlaub oder auf ein Guthaben auf dem Arbeitszeitkonto angerechnet werden sollen, haben die Arbeitnehmer binnen einer Monatsfrist nach dem Brückentag durch Mitteilung an die Personalabteilung bekannt zu geben. Erfolgt keine Mitteilung durch den Arbeitnehmer, werden die Brückentage vorrangig mit dem Arbeitszeitkonto verrechnet, bevor die Anrechnung auf den Jahresurlaub erfolgt.

§ 6 Schlussbestimmungen

Diese Betriebsvereinbarung ist mit einer Frist von ...... Monaten zum Schluss eines Kalendervierteljahres kündbar, erstmals zum ...... Die Kündigung bedarf der Schriftform.

......, den ......

Arbeitgeber   Betriebsrat

VIII. Technische Überwachungseinrichtungen (§ 87 Abs. 1 Nr. 6 BetrVG)

1. Gesetzliche Vorgaben

Nach § 87 Abs. 1 Nr. 6 BetrVG hat der Betriebsrat mitzubestimmen bei der Einführung und Anwendung von technischen Einrichtungen, die dazu bestimmt sind, das Verhalten oder die Leistung der Arbeitnehmer zu überwachen. Ein Daten verarbeitendes System ist zur Überwachung von Verhalten oder Leistung der Arbeitnehmer bestimmt, wenn es individualisierte oder individualisierbare Verhaltens- und Leistungsdaten selbst erhebt oder aufzeichnet, unabhängig davon, ob der Arbeitgeber die erfassten und festgehaltenen Verhaltens- und Leistungsdaten auch auswerten oder zu Reaktionen auf festgestellte Verhaltensweisen oder Leistungen verwenden will. Überwachung in diesem Sinne ist sowohl das Sammeln von Informationen als auch das Auswerten bereits vorliegender Informationen.[180]

198

> **Praxistipp:**
>
> In der Praxis sind in der Vergangenheit oftmals Rahmenvereinbarungen zur Einführung elektronischer Kommunikationssysteme (zB EDV, IT-Systeme) vereinbart worden, die lediglich pauschal einen gewissen Rahmen für die Nutzung solcher Systeme vorgeben.[181] Inwieweit solche Rahmenvereinbarungen heute noch opportun und hilfreich sind, muss im Einzelfall beurteilt werden.[182] Aufgrund der zunehmenden technischen Entwicklung und der damit verbundenen Vielfalt erscheint es grundsätzlich zweckmäßig, jeweils konkrete Betriebsvereinbarungen für die einzelnen Kommunikationssysteme zu vereinbaren.[183] Bei der unternehmenseinheitlichen Einführung eines EDV-Systems mit einheitlichen Standards ist die originäre Zuständigkeit des Gesamtbetriebsrats begründet. Die originäre Zuständigkeit des Gesamtbetriebsrats ist dabei nicht auf eine Rahmenregelung beschränkt.[184]

199

---

[180] BAG 14.11.2006 – 1 ABR 4/06, NZA 2007, 399; 27.1.2004 – 1 ABR 7/03, NZA 2004, 556.
[181] Vgl. beispielsweise die Muster bei Beck'sches Arbeitsrecht/*Ubber* C. II. 14; Jäger/Röder/Heckelmann/ Hartmann, Praxishandbuch Betriebsverfassungsrecht, Kap. 15 Rn. 54.
[182] Eine Reihe von hilfreichen Informationen findet sich dazu auf der Homepage des Bundesamtes für Sicherheit in der Informationstechnik (http://www.bsi.de).
[183] Vgl. beispielsweise die Darstellung einzelner Kommunikationssysteme bei Jäger/Röder/Heckelmann/ Hartmann, Praxishandbuch Betriebsverfassungsrecht, Kap. 15 Rn. 35; DKKW/*Klebe*, BetrVG, § 87 Rn. 164.
[184] BAG 14.11.2006 – 1 ABR 4/06, AP BetrVG 1972 § 87 Überwachung Nr. 43.

200 Zur Internet- und E-Mail-Nutzung sowie zur Videoüberwachung gibt es zahlreiche Muster, die allerdings im Einzelfall den jeweiligen individuellen Gegebenheiten angepasst werden müssen.

2. Nutzung von Internet, Intranet und E-Mail

a) Gesetzliche Vorgaben

201 Die Einrichtung eines Internetanschlusses (einschließlich des Zugangs zu E-Mail-Diensten[185]) gehört heute zur Standardausrüstung eines jeden Arbeitsplatzes. Darüber hinaus können Mitarbeiter häufig auf ein unternehmenseigenes Intranet zugreifen. Der Arbeitgeber hat dabei aus vielerlei Gründen ein großes Interesse daran, die bei der Nutzung dieser elektronischen Kommunikationssysteme anfallenden Verbindungs- und Nutzungsdaten zu verarbeiten. Insbesondere kann er anhand der Daten die Nutzung der Informations- und Kommunikationsdienste durch die Beschäftigten überwachen.[186] Unter rechtlichen Gesichtspunkten besteht die wesentliche Weichenstellung darin, ob der Arbeitgeber die private Nutzung des Internet- und E-Mail-Zugangs zulässt. Schließt er sie von vornherein aus, richtet sich die Zulässigkeit der Kontrolle nach den Grundrechten der Beschäftigten (insbesondere nach dem Persönlichkeitsrecht) und dem BDSG mit der Folge, dass eine Abwägung der Interessen im Hinblick auf die Erforderlichkeit und Verhältnismäßigkeit der vorgesehenen Datenverarbeitung vorzunehmen ist.[187] Erlaubt der Arbeitgeber hingegen die private Internet- und E-Mail-Nutzung, ändert sich die Rechtslage deutlich. Sie ist dann aufgrund der bestehenden rechtlichen Unsicherheiten nahezu unkalkulierbar: Streitig ist insofern insbesondere, ob der Arbeitgeber durch die Gestattung der privaten Internet- und E-Mail-Nutzung Dienstanbieter im Sinne des TKG wird und damit auch das Fernmeldegeheimnis gem. § 88 TKG zu beachten hat.[188] Unklar ist weiterhin, ob darüber hinaus auch das TMG anwendbar ist.[189]

202 **Praxistipp:**

Vor dem Hintergrund dieser erheblichen rechtlichen Unsicherheiten scheint es aus Arbeitgebersicht allein vertretbar, die private Internet- und E-Mail-Nutzung von vornherein ausdrücklich zu untersagen. In jedem Fall sollte die Privatnutzung von der Einwilligung des Arbeitnehmers in die Kontrolle der erfassten Daten abhängig gemacht werden. Die Kontrolle mit Einwilligung birgt aber auch ihrerseits rechtliche Unsicherheiten: Einerseits ist nicht abschließend geklärt, ob eine dahingehende Einwilligung der betroffenen Beschäftigten ausreicht;[190] andererseits bleibt die Schwierigkeit, eine bindende, dh rechtlich wirksame, Einwilligung der einzelnen Beschäftigten zu erhalten. Die Vereinbarung einer dahingehenden Betriebsvereinbarung wird jedenfalls alleine nicht reichen. Erforderlich ist eine ausdrückliche individuelle Einwilligung in die Datenverarbeitung oder zumindest die schriftliche Bestätigung, dass die Beschäftigten eine dahin lautende Betriebsvereinbarung kennen und allein auf dieser Basis Internet und E-Mail privat nutzen. Da in der Praxis

---

[185] E-Mail-Dienste sind die wichtigsten und meistgenutzten Dienste des Internets.
[186] Zu kündigungsrechtlichen Sachverhalten vgl. BAG 31.5.2007 – 2 AZR 200/06, NZA 2007, 922; 27.4.2006 – 2 AZR 386/05, NZA 2006, 977; 12.1.2006 – 2 AZR 179/05, NZA 2006, 980; 7.7.2005 – 2 AZR 581/04, NZA 2006, 98; LAG Niedersachsen 31.5.2010 – 12 Sa 875/09, NZA-RR 2010, 406 ff. (nrkr.).
[187] *Mengel* BB 2004, 2014; *Notz*, FS zum 25-jährigen Bestehen der Arbeitsgemeinschaft Arbeitsrecht im Deutschen Anwaltsverein, 2006, 1263.
[188] Dagegen: LAG Berlin-Brandenburg 16.2.2011 – 4 Sa 2132/10, NZA-RR 2011, 342; *Haußmann/Krets* NZA 2005, 259; *Schimmelpfennig/Wenning* DB 2006, 2290. Dafür: *Lindemann/Simon* BB 2001, 1950; *Mengel* BB 2004, 2014, *Notz*, FS zum 25-jährigen Bestehen der Arbeitsgemeinschaft Arbeitsrecht im Deutschen Anwaltsverein, 2006, 1263; vgl. auch den Leitfaden „Internet am Arbeitsplatz" des Bundesbeauftragten für den Datenschutz und die Informationsfreiheit, Erscheinungsdatum: 13.7.2005 (http://www.bfdi.bund.de).
[189] Zur Rechtslage vor Inkrafttreten des TMG hinsichtlich der Anwendbarkeit des TDG und des TDDSG: Dafür: *Lindemann/Simon* BB 2001, 1950. Dagegen: *Mengel* BB 2004, 2014; *Haußmann/Krets* NZA 2005, 259.
[190] Zutreffend bejahen dies *Haußmann/Krets* NZA 2005, 259 (261); *Mengel* BB 2004, 2014 (2019, 2021). Ablehnend: *Schimmelpfennig/Wenning* DB 2006, 2290 (2292).

die private Nutzung idR nicht vollständig ausgeschlossen wird, sieht das nachfolgende Muster einer Betriebsvereinbarung eine begrenzte private Nutzung vor, sofern eine derartige Einwilligung der Beschäftigten vorliegt.[191]

b) Muster: Betriebsvereinbarung über die Nutzung von Internet, Intranet und E-Mail *[→ B. Rn. 201 f.]*

Zwischen
der ...... GmbH

– nachfolgend Arbeitgeber genannt –

und
dem Betriebsrat der ...... GmbH

– nachfolgend Betriebsrat genannt –

wird nachfolgende Betriebsvereinbarung Nr. ....../...... über die Nutzung von Internet, Intranet und E-Mail vereinbart:

§ 1 Geltungsbereich

Diese Betriebsvereinbarung gilt für alle Beschäftigten des Betriebes ......, welche die elektronischen Kommunikationssysteme Internet, E-Mail und Intranet nutzen.

§ 2 Nutzung

(1) Der Internet-, E-Mail- und Intranet-Zugang steht den Beschäftigten als Arbeitsmittel im Rahmen ihrer Aufgabenerfüllung zur Verfügung und dient insbesondere der Verbesserung der internen und externen Kommunikation, der Erzielung einer höheren Effizienz sowie der Beschleunigung der Informationsverschaffung und der Arbeitsprozesse.

(2) Die private Nutzung des Internet-Zugangs ist im geringfügigen Umfang zulässig, soweit die dienstliche Aufgabenerfüllung sowie die Verfügbarkeit des IT-Systems für dienstliche Zwecke nicht beeinträchtigt werden und keine Unternehmensinteressen entgegenstehen. Im Rahmen der privaten Nutzung dürfen keine kommerziellen oder sonstigen geschäftlichen Zwecke verfolgt werden. Die private Nutzungsmöglichkeit ist eine freiwillige, vom Unternehmen jederzeit widerrufbare Leistung. Privater E-Mail-Verkehr darf nur über kostenlose Web-Mail-Dienste abgewickelt werden.[192] Die private Nutzung der dienstlichen E-Mail-Adresse (vgl. § 7) ist ebenso unzulässig wie die private Nutzung des Intranet-Zugangs.

(3) Eine Unterscheidung von dienstlicher und privater Nutzung des Internet-Zugangs auf technischem Weg erfolgt nicht. Die Protokollierung und Kontrolle gem. §§ 4 bis 6 dieser Vereinbarung erstrecken sich auch auf den Bereich der privaten Nutzung des Internet-Zugangs.

(4) Die Beschäftigten sind über die Bedingungen und Kontrollen der dienstlichen und privaten Nutzung der elektronischen Kommunikationssysteme zu informieren und über den Inhalt der vorliegenden Betriebsvereinbarung in Kenntnis zu setzen. Die Kenntnisnahme wird von den Beschäftigten schriftlich bestätigt. Durch die pri-

---

[191] Der Vereinbarung liegt das Muster des Bundesbeauftragten für den Datenschutz und die Informationsfreiheit aus dem Leitfaden „Internet am Arbeitsplatz", Erscheinungsdatum: 13.7.2005, zugrunde (http://www.bfdi.bund.de).

[192] Dies scheint der zweckmäßigste Weg, privaten E-Mail-Verkehr zuzulassen. Einerseits wird der Arbeitgeber dabei nicht dadurch mit weiterem Verwaltungsaufwand belastet, dass er den Beschäftigten – wie oft in der Literatur vorgeschlagen – eine zweite private E-Mail-Adresse einrichtet (was in der Praxis auch kaum anzutreffen ist), andererseits wird hierdurch ein größtmöglicher Schutz der Beschäftigten erreicht, da diese E-Mails einer Kontrolle durch den Arbeitgeber technisch weitestgehend entzogen sind.

vate Nutzung des Internet-Zugangs erklärt der Beschäftigte seine Einwilligung in die Protokollierung und Kontrolle gem. §§ 5 und 6 dieser Vereinbarung für den Bereich der privaten Nutzung.

§ 3 Verhaltensgrundsätze

(1) Grundsätzlich gelten die Regelungen der Betriebsvereinbarung Nr. ....../......[193]

(2) Unzulässig ist jede absichtliche oder wissentliche Nutzung der elektronischen Kommunikationssysteme, die geeignet ist, den Interessen des Arbeitgebers oder dessen Ansehen in der Öffentlichkeit zu schaden, die Sicherheit des IT-Systems zu beeinträchtigen oder die gegen geltende Rechtsvorschriften oder die Betriebsvereinbarung ...... gem. Abs. 1 verstößt. Dies gilt vor allem für
– das Abrufen und Verbreiten von Inhalten, die gegen Persönlichkeitsrechte, urheberrechtliche oder strafrechtliche Bestimmungen verstoßen;
– das Abrufen und Verbreiten von beleidigenden, verleumderischen, verfassungsfeindlichen, rassistischen, sexistischen, gewaltverherrlichenden oder pornografischen Äußerungen oder Abbildungen;
– das Abrufen von kostenpflichtigen Informationen für den Privatgebrauch.

§ 4 Überprüfung

(1) Zur Überprüfung der Einhaltung der Regelungen dieser Vereinbarung werden im Hinblick auf die Internet-Nutzung regelmäßige, nicht-personenbezogene Stichproben in den Protokolldateien durchgeführt (vgl. § 5). Ergänzend wird eine Übersicht über das jeweilige Gesamtvolumen des ein- und ausgehenden Datenverkehrs erstellt.

(2) Eine Protokollierung des E-Mail-Verkehrs sowie der Zugriffe auf das Intranet findet nicht statt.

(3) Kontrollen der Leistung und des Verhaltens des Arbeitnehmers, die in dieser Betriebsvereinbarung nicht ausdrücklich vorgesehen sind, sind nur zulässig, wenn die schutzwürdigen Interessen des Arbeitgebers diejenigen des/der Beschäftigten überwiegen. Schutzwürdige Interessen des Arbeitgebers sind dabei insbesondere der hinreichende Verdacht auf einen schwerwiegenden Missbrauch, die Vermeidung von Gefährdungen der Systemsicherheit sowie der Verhinderung und Aufdeckung von Straftaten.[194]

§ 5 Internet

(1) Die Beschäftigten können die in der Anlage ...... aufgeführten Internetdienste nutzen.

(2) Die Verbindungsdaten für den Internet-Zugang werden mit Angaben von
– Datum/Uhrzeit,
– Fehlercode,
– Benutzeridentifikation,
– Zieladresse,
– übertragener Datenmenge
protokolliert.

(3) Die Protokolle nach Abs. 2 werden ausschließlich zu Zwecken der
– Analyse und Korrektur technischer Fehler,

---

[193] Soweit es eine Rahmenvereinbarung zur Nutzung des IT-Systems gibt, sollte hierauf Bezug genommen werden.
[194] So im Wesentlichen die Formulierung von *Haußmann/Krets* NZA 2005, 259. Vgl. weiterhin dazu *Lindemann/Simon* BB 2001, 1950.

- Gewährleistung der Systemleistung,
- Optimierung des Netzes,
- statistischen Feststellung des Gesamtnutzungsvolumens,
- Stichprobenkontrollen gem. Abs. 4 und
- Auswertung gem. § 6 dieser Betriebsvereinbarung (Missbrauchskontrolle) verwendet.

(4) Die Protokolle werden durch einen von der Geschäftsführung schriftlich beauftragten Mitarbeiter regelmäßig stichprobenhaft hinsichtlich der aufgerufenen Websites, aber nicht personenbezogen, gesichtet und ausgewertet. Die Auswertung der Übersicht des Gesamtdatenvolumens erfolgt monatlich ebenfalls durch diesen Mitarbeiter. Der Datenschutzbeauftragte wird beteiligt, wenn er dies wünscht.

(5) Der Zugriff auf die Protokolldateien für die Zwecke der Erstellung der Übersicht, der Durchführung der nicht-personenbezogenen Stichproben und der jeweiligen Auswertung ist auf den von der Geschäftsführung beauftragten Mitarbeiter begrenzt. Dieser hat eine entsprechende Verpflichtungserklärung zum Datenschutz unterschrieben. Darüber hinaus ist er hinsichtlich der Einhaltung des Fernmeldegeheimnisses und des Datenschutzes auf die strafrechtlichen Konsequenzen bei Verstößen hingewiesen worden.

(6) Die Protokolldaten werden nach vier Monaten automatisch gelöscht.

§ 6 Missbrauch der Internet-Nutzung

(1) Bei Verdacht auf eine missbräuchliche oder unerlaubte Nutzung des Internet-Zugangs gem. §§ 2 und 3 dieser Vereinbarung durch einen Beschäftigten erfolgt unter Beteiligung des Datenschutzbeauftragten eine Überprüfung durch eine von der Geschäftsführung einzusetzende Untersuchungsgruppe, der auch der nach § 5 Abs. 4 beauftragte Mitarbeiter sowie ein Mitglied des Betriebsrats angehören. Der Betriebsrat entscheidet selbständig, welches Mitglied er in diese Untersuchungsgruppe entsendet. Die Untersuchungsgruppe veranlasst ggf. weitere Untersuchungsmaßnahmen (zB Offenlegung der IP-Adresse des benutzten PCs oder weitere Überprüfung). Auf der Basis dieser Untersuchung erstellt sie einen Bericht, der dem betroffenen Beschäftigten ausgehändigt wird. Diesem ist die Möglichkeit einzuräumen, zu dem Bericht in angemessener Zeit Stellung zu nehmen.

(2) Die Durchführung weiterer arbeitsrechtlicher Maßnahmen bleibt hiervon unberührt.

(3) Ist aufgrund der stichprobenhaften nicht-personenbezogenen Kontrollen bzw. der Auswertung der Übersicht des Datenvolumens eine nicht mehr tolerierbare Häufung von offensichtlich privater Nutzung des Internet-Zugangs zu erkennen, so werden innerhalb von einer zu setzenden Frist von einem Monat die Stichproben weiterhin nicht-personenbezogen durchgeführt. Ergeben diese Stichproben bzw. die Auswertung der Übersicht des Datenvolumens keine Änderung im Nutzungsverhalten, so werden die Protokolle der folgenden zwei Wochen durch eine Untersuchungsgruppe stichprobenhaft personenbezogen ausgewertet.[195] Hierbei wird in jedem Falle des Verdachts einer missbräuchlichen Nutzung entsprechend Abs. 1 verfahren.

(4) Ein Verstoß gegen diese Betriebsvereinbarung kann neben den arbeitsrechtlichen Folgen auch strafrechtliche Konsequenzen haben.

(5) Die Geschäftsführung behält sich vor, bei Verstößen gegen diese Vereinbarung die private Nutzung des Internetzugangs im Einzelfall zu untersagen.

---

[195] Zu Verwertungsverboten vgl. BAG 16.12.2010 – 2 AZR 485/08, AP BGB § 626 Nr. 232; 27.3.2003 – 2 AZR 51/02, AP BetrVG 1972 § 87 Überwachung Nr. 36.

§ 7 E-Mail

(1) Der Arbeitgeber richtet für alle Beschäftigten eine dienstliche E-Mail-Adresse ein.

(2) Das E-Mail-System wird durch den Postmaster verwaltet.

(3) Im Fall einer voraussehbaren Abwesenheit (zB Urlaub, Dienstreise) haben die Beschäftigten den Absender mittels der Funktion „Auto-Reply" über ihre Abwesenheit zu informieren und gleichzeitig die eingehende E-Mail mittels der Funktion „Auto-Forward" an ihren Stellvertreter weiterzuleiten. Bei nicht vorhersehbaren Abwesenheitszeiten (zB Krankheit) wird die Aktivierung beider Funktionen von dem Vorgesetzten über den Postmaster veranlasst.

(4) Es besteht eine Verschlüsselungsoption. Die Beschäftigten entscheiden grundsätzlich allein, ob sie E-Mails innerhalb des Unternehmens oder an externe Adressaten unverschlüsselt oder verschlüsselt übersenden. Die Geschäftsführung kann aber anordnen, dass E-Mails mit bestimmten Inhalten in jedem Fall verschlüsselt werden. Im Fall der Verschlüsselung haben die Beschäftigten die E-Mails mit einem Kennwort zu versehen und den Adressaten telefonisch über das Kennwort zu informieren.[196]

(5) Alle versandten oder empfangenen E-Mails sind von den Beschäftigten auszudrucken und wie Schriftstücke zu behandeln. Vorgesetzte können verlangen, dass die Beschäftigten ihnen Einsicht in die E-Mails gewähren.[197]

§ 8 Intranet

Der Arbeitgeber entscheidet allein, welche Dokumente und Inhalte in das Intranet eingestellt werden.

§ 9 Änderungen und Erweiterungen

Geplante Änderungen und Erweiterungen der elektronischen Kommunikationssysteme werden dem Betriebsrat mitgeteilt und mit ihm beraten. Es wird dabei geprüft, ob und wieweit sie sich auf die Regelungen dieser Vereinbarung auswirken und eine Änderung oder Erweiterung der Betriebsvereinbarung erforderlich machen.

§ 10 Qualifizierung der Beschäftigten

(1) Die Beschäftigten werden hinsichtlich der Internet-, E-Mail- und Intranet-Nutzung geschult und für den sicheren und wirtschaftlichen Umgang mit dem IT-System qualifiziert.

(2) Die Beschäftigten werden darüber hinaus auch über die besonderen Datensicherheitsprobleme bei der Nutzung der elektronischen Kommunikationssysteme geschult und über die einschlägigen Rechtsvorschriften informiert.

§ 11 Rechte des Betriebsrats

(1) Die Betriebsratsmitglieder dürfen den Internet-, E-Mail- und Intranet-Zugang auch zur Erfüllung der gesetzlichen Aufgaben des Betriebsrats nutzen.[198]

---

[196] Die Verschlüsselungswege sollten in einem Unternehmen einheitlich durchgeführt und deshalb in der Betriebsvereinbarung beschrieben werden. Die Einzelheiten sind von den technischen Gegebenheiten abhängig.
[197] Vgl. hierzu Lindemann/Simon BB 2001, 1950.
[198] Vgl. dazu aber auch BAG 17.2.2010 – 7 ABR 81/09, AP BetrVG 1972 § 40 Nr. 100. Zum Beweisverwertungsverbot bei verdeckter Videoüberwachung vgl. die aktuelle Entscheidung des BAG 21.6.2012 – 2 AZR 153/11, NZA 2012, 1025.

(2) Zur Erfüllung seiner gesetzlichen Aufgaben darf der Betriebsrat Informationen und Beiträge im Intranet veröffentlichen. Der Arbeitgeber wird ihm hierzu eine Website im Intranet zur Verfügung stellen.[199]

(3) Der Arbeitgeber richtet dem Betriebsrat eine eigene E-Mail-Adresse ein. Diese lautet: ......

§ 12 Schlussbestimmungen

(1) Diese Betriebsvereinbarung tritt am ...... in Kraft. Sie kann mit einer Frist von ...... zum ...... gekündigt werden.

(2) Diese Betriebsvereinbarung löst alle vorherigen Betriebsvereinbarungen über die Nutzung von Internet, Intranet und E-Mail, insbesondere die Betriebsvereinbarung Nr. ....../...... ab.

......, den ......

Arbeitgeber   Betriebsrat

3. Videoüberwachung[200]
a) Gesetzliche Vorgaben

Die Videoüberwachung hat in der Praxis relativ hohe Bedeutung. Sie ist **unter bestimmten, im Einzelfall zu klärenden Voraussetzungen zulässig.** Ausdrücklich ergibt sich dies aus § 6b BDSG. Gleichsam folgt aber auch aus § 87 Abs. 1 Nr. 6 BetrVG, dass die Einführung von Videoüberwachung möglich ist.[201] Die Videoüberwachung bedarf danach allerdings grundsätzlich der Zustimmung des Betriebsrats. Regelungen der Betriebsparteien zur Videoüberwachung haben dabei das allgemeine Persönlichkeitsrecht zu wahren, das allerdings nur in den Schranken der verfassungsmäßigen Ordnung garantiert wird. Ein Eingriff in das allgemeine Persönlichkeitsrecht kann deshalb durch verfassungsgemäße Gesetze gerechtfertigt sein, aber auch durch Betriebsvereinbarungen. Der Eingriff durch Betriebsvereinbarungen muss jedoch durch schutzwürdige Belange anderer Grundrechtsträger, etwa des Arbeitgebers, gerechtfertigt sein. Ob dies der Fall ist, ist im Wege einer Güterabwägung zu ermitteln, bei der insbesondere die Eingriffsintensität zu berücksichtigen ist.[202]

204

Zu beachten ist, dass **gesetzliche Regelungen** einen Eingriff in das Persönlichkeitsrecht durch Videoüberwachung nicht nur rechtfertigen, sondern nach § 87 Abs. 1, Einleitungssatz, BetrVG, darüber hinaus das Mitbestimmungsrecht des Betriebsrats von vornherein auch ausschließen können. Denn das Mitbestimmungsrecht besteht danach nur, „soweit eine gesetzliche Regelung" nicht besteht. Gesetz im Sinne des § 87 Abs. 1, Einleitungssatz, BetrVG ist jedes förmliche oder materielle Gesetz, soweit es sich um eine zwingende Regelung handelt,[203] aber auch eine Rechtsverordnung.[204] Das Mitbestimmungsrecht ist aufgrund derartiger gesetzlicher Regelungen aber nur insoweit ausgeschlossen, als es sich um eine abschließende gesetzliche Regelung handelt, die dem Arbeitgeber selbst keine Gestaltungsmöglichkeit mehr lässt. Räumt die gesetzliche Regelung dem Arbeitgeber hingegen ein einseitiges Bestimmungsrecht (gegenüber den Beschäftigten) ein, soll der Betriebsrat an der Ausübung dieses Bestimmungsrechts beteiligt werden, soweit es sich um einen mitbestimmungspflichtigen Tatbestand handelt.[205]

205

---

[199] BAG 3.9.2003 – 7 ABR 12/03, NZA 2004, 278.
[200] *Fischer*, FS für Wolfdieter Küttner zum 70. Geburtstag, 2006, 75 mwN.
[201] BAG 26.8.2008 – 1 ABR 16/07, AP BetrVG 1972 § 75 Nr. 54; 14.12.2004 – 1 ABR 34/03, AP BetrVG 1972 § 87 Überwachung Nr. 42; 29.6.2004 – 1 ABR 21/03, NZA 2004, 1278; vgl. weiterhin LAG Schleswig-Holstein 14.12.2006 – 4 TaBV 21/06, BeckRS 2007, 41852.
[202] BAG 26.8.2008 – 1 ABR 16/07, AP BetrVG 1972 § 75 Nr. 54; 14.12.2004 – 1 ABR 34/03, AP BetrVG 1972 § 87 Überwachung Nr. 42; 29.6.2004 – 1 ABR 21/03, NZA 2004, 1278.
[203] BAG 28.5.2002 – 1 ABR 37/01, NZA 2003, 171.
[204] *Richardi*, BetrVG, § 87 Rn. 27; *Fitting*, BetrVG, § 87 Rn. 29; DKKW/*Klebe*, BetrVG, § 87 Rn. 27.
[205] BAG 25.1.2000 – 1 ABR 3/99, NZA 2000, 665.

b) Beispiel: Spielbank[206]

206 Für Spielbanken sehen landesrechtliche Regelungen zum Teil genaue Vorgaben für die Installation von Videoüberwachungsanlagen vor. Die Regelung des § 11 Abs. 1 Nr. 8 NSpielbG ermächtigt beispielsweise das entsprechende Fachministerium, durch Verordnung zu bestimmen, in welchem Umfang der Zulassungsinhaber die Spielbank zur Sicherstellung eines ordnungsgemäßen Spielbetriebs, zur Erfassung des Bruttospielertrags und der Tronc-Einnahmen sowie zum Schutz der Besucherinnen und Besucher der Spielbank mit optisch-elektronischen Einrichtungen zu beobachten hat (Videoüberwachung), ob und wie die für die Aufsicht zuständigen Behörden die durch die Videoüberwachung erhobenen Daten verarbeiten dürfen und wann diese Daten gelöscht werden müssen. Aufgrund dieser Ermächtigungsnorm wurde in die Spielordnung für die öffentlichen Spielbanken in Niedersachsen (NSpielO) die Regelung des § 7a (optisch-elektronische Einrichtungen) eingeführt. Nach dessen Abs. 1 **hat** das Spielbankunternehmen die Spielbanken mit optisch-elektronischen Einrichtungen auszustatten, um einen ordnungsgemäßen Spielbetrieb und die Erfassung des Bruttospielertrages sicherzustellen sowie die Spielbankbesucher zu schützen. Im Einzelnen ist in der Norm geregelt, welche Räume mit den Videoanlagen zu überwachen sind, dass die übertragenen Bilder zu speichern sind und was auf den gespeicherten Bildern im Einzelnen erkennbar sein muss. Schließlich enthält die Norm Regelungen zu den Nutzungsrechten der gespeicherten Bilder sowie deren Löschung.[207] Bei dieser Regelung handelt es sich um eine abschließende gesetzliche Regelung, die keinen Raum mehr für ein Mitbestimmungsrecht des Betriebsrats eröffnet. Liegen derart abschließende Regelungen vor und ist gleichwohl beabsichtigt, eine Betriebsvereinbarung zur Videoüberwachung abzuschließen, empfiehlt es sich, diese in jedem Fall in enger Anlehnung an den Gesetzestext zu formulieren.[208]

c) Muster: Betriebsvereinbarung zur Videoüberwachung *[→ B. Rn. 204 ff.]*

207

Zwischen

der ...... GmbH

– nachfolgend Arbeitgeber genannt –

und

dem Gesamtbetriebsrat der ...... GmbH

– nachfolgend Gesamtbetriebsrat genannt –

wird nachfolgende Gesamtbetriebsvereinbarung Nr. ....../...... über den Einsatz von Videoüberwachungssystemen vereinbart:

§ 1 Geltungsbereich

Diese Betriebsvereinbarung gilt für alle Beschäftigten der Firma ......

§ 2 Zweckbestimmung

Die Firma ...... hat die Spielbanken mit optisch-elektronischen Einrichtungen auszustatten, um einen ordnungsgemäßen Spielbetrieb und die Erfassung des Bruttospielertrages sicherzustellen sowie die Spielbankbesucher zu schützen. Die optisch-elektronischen Einrichtungen dürfen über diese Zweckbestimmung hinaus nicht zu Verhaltens- oder Leistungskontrollen zum Leistungsvergleich oder zur Leistungsbemessung genutzt werden.

---

[206] Siehe auch die Beispiele bei Jaeger/Röder/Heckelmann/*Hartmann*, Praxishandbuch Betriebsverfassungsrecht, Kap. 15 Rn. 4 ff.
[207] Darüber hinaus sieht die Unfallverhütungsvorschrift „Spielhallen, Spielcasinos und Automatensäle von Spielbanken" (BGV C 3) in deren § 6 konkrete Regelungen zur Installation von Videoüberwachungsanlagen vor.
[208] Das nachfolgende Beispiel basiert auf § 7a NSpielO.

§ 3 Örtlichkeiten und Umfang der Videoüberwachung

(1) Mit den optisch-elektronischen Einrichtungen sind die Räume, in denen der Arbeitgeber Glücksspiele veranstaltet sowie die Kassen- und Abrechnungsräume zu überwachen.

(2) Auf die Überwachung ist deutlich sichtbar hinzuweisen.

(3) Die von den optisch-elektronischen Einrichtungen übertragenen Bilder sind zu speichern.

(4) Auf den gespeicherten Bildern müssen
– die am Spiel beteiligten Personen und ihre Handlungen,
– der Verlauf der Spiele an den Tischen,
– die am Jeton-, Tronc- und Bargeldverkehr, an der Kasse und an den Spieltischen beteiligten Personen und ihre Handlungen sowie
– die Zähl- und Abrechnungsvorgänge mit den beteiligten Personen sowie die Spieler an den Tischen und Automaten
erkennbar sein.

(5) Eine Überwachung, die über die durch Gesetz oder Verordnung erlassenen Vorschriften hinausgeht, ist unzulässig.

(6) Die Anzahl, Standorte sowie Zoom- und Schwenkbereiche der Videokameras für die jeweilige Spielbank werden in Lageplänen dokumentiert. Diese Lagepläne werden als Anlagen zu dieser Betriebsvereinbarung hinzugefügt. Änderungen der Anlagen sind jederzeit auch ohne Kündigung der Betriebsvereinbarung unter Einhaltung der Bestimmungen des Betriebsverfassungsgesetzes möglich.

§ 4 Bildaufzeichnung

(1) Alle Kameras zeichnen im so genannten Bild-Vergleichs-Modus auf. Die Kameras sind 24 Stunden pro Tag betriebsbereit und zeichnen immer dann auf, wenn im Beobachtungsbereich der Kameras Bewegungen stattfinden.

(2) In Ausgestaltung der Zwecksetzung der Verordnung ...... sollen die aufgezeichneten Bilder insbesondere in folgenden Fällen zur Klärung herangezogen werden:
– bei begründetem Verdacht auf Straftaten bzw. unerlaubte Handlungen von aufgezeichneten Personen,
– zur Klärung von Kassenfehl- oder Überbeständen, sofern der Zeitraum des Entstehens der Differenzen entsprechend eingegrenzt werden kann; auf Wunsch des Kassierers kann dieser in Abstimmung mit der Spielbankleitung selbst Einsicht zur Aufklärung des Sachverhaltes nehmen,
– zur Einsichtnahme der aufgezeichneten Bilder von der Automatenleerung sowie der Tisch- bzw. Automatenabrechnung, sofern Differenzen aufgetreten sind, die anderweitig nicht geklärt werden können,
– zur Überprüfung von Alarmmeldungen (zB Einbruchmeldeanlage, Brandmeldeanlage, Roulettetischüberwachung),
– zur Identifizierung von Gästen,
– zur Ermittlung von rechtmäßigen Gewinnansprüchen.

§ 5 Nutzungsberechtigte

(1) Die von den optisch-elektronischen Einrichtungen übertragenen und gespeicherten Bilder dürfen von
– der Geschäftsführung der Firma ......,
– der Leiterin oder dem Leiter der Spielbank und bei deren oder dessen Abwesenheit von dem diensthabenden Vertreter oder der Vertreterin,

- den von der Firma ...... mit der Überwachung des ordnungsgemäßen Spielbetriebs beauftragten Personen und
- den für die Aufsicht über die Spielbanken zuständigen Bediensteten der zuständigen Aufsichtsbehörde, der Oberfinanzdirektion ...... und der zuständigen Finanzämter

zu den in § 2 dieser Betriebsvereinbarung genannten Zwecken genutzt und übermittelt werden.

(2) Zu den Beschäftigten gem. Abs. 1 Spiegelstrich 3 gehört folgender Personenkreis:
- Direktoren und Bereichsleiter aus der Zentrale, die für den Spielbetrieb und die Spielsicherheit unmittelbar zuständig sind,
- Saalchefs oder zum Saalchefdienst eingesetzte Mitarbeiter,
- Automatenchefs oder deren Vertreter bzw. in Abwesenheit beider ein weiterer Automatenmechaniker (diese Mitarbeiter erhalten nur Zugriffsrechte für die Aufzeichnungen des Automatensaals).

(3) Die von der Firma ...... mit der Wartung der optisch-elektronischen Einrichtungen beauftragten Personen dürfen die übertragenen und gespeicherten Bilder nutzen soweit es für die Wartung erforderlich ist.

(4) Alle zugriffsberechtigten Beschäftigten der Firma ...... haben sich durch ein individuelles Passwort anzumelden. Die Weitergabe des Passwortes ist unzulässig. Die Beschäftigten haben das Passwort sowie die durch die Videoanlage erhaltenen Daten und Erkenntnisse streng vertraulich zu behandeln.

§ 6 Standort der technischen Ausrüstung

(1) Die gesamte technische Ausrüstung ist vor dem Zugriff von unberechtigten Personen zu schützen. Zu der technischen Ausrüstung gehören insbesondere die Aufzeichnungsgeräte, Monitore und Steuergeräte für bestimmte Kameras.

(2) Die Fernwartung der Videoanlage wird durch den zuständigen Mitarbeiter der Firma ...... durchgeführt. Hierbei werden nur Fehler in der Anlage behoben, es werden keine Bilddaten übertragen.

§ 7 Rechte des Betriebsrats

(1) Jeder Zugriff auf das System wird von einer Sicherheitssoftware protokolliert. Die Protokolldatei wird dem örtlichen Betriebsrat jederzeit auf Anforderung und unaufgefordert jeweils zum Ersten des nachfolgenden Monats zur Verfügung gestellt.

(2) Der örtliche Betriebsrat hat das Recht, mit maximal zwei Personen die entsprechenden Räume, Standorte und Geräte im Beisein des Leiters der Spielbank bzw. in dessen Abwesenheit im Beisein seines diensthabenden Vertreters zu besichtigen und die Geräte auf ihre Funktion hin zu überprüfen. Es kann dabei auch durch Einsichtnahme in die laufenden Aufzeichnungen der Kameras die ordnungsgemäße Funktion der Kameras überprüft werden.

(3) Bei einer Veränderung der Standorte und Beobachtungsbereiche der Kameras ist das Mitbestimmungsrecht des Betriebsrats nach den Bestimmungen des Betriebsverfassungsgesetzes zu beachten.

§ 8 Schlussbestimmungen

(1) Diese Betriebsvereinbarung kann von jeder Partei mit einer Frist von ...... Monaten zum ......, erstmals zum ......, gekündigt werden.

(2) Diese Betriebsvereinbarung löst alle vorherigen Betriebsvereinbarungen zur Videoüberwachung, insbesondere die Betriebsvereinbarung Nr. ....../...... ab.

......, den ......

Arbeitgeber   Gesamtbetriebsrat

4. Muster: Betriebsvereinbarung zur Einführung eines GPS-gestützten Einsatzsteuerungsunterstützungssystems [→ B. Rn. 198]

Zwischen
der ...... GmbH

– nachfolgend Arbeitgeber genannt –

und
dem Betriebsrat der ...... GmbH

– nachfolgend Betriebsrat genannt –

wird nachfolgende Betriebsvereinbarung zur Einführung eines GPS-gestützten Einsatzsteuerungsunterstützungssystems geschlossen:

Präambel

Mit der vorliegenden Betriebsvereinbarung soll der Einsatz eines GPS-gestützten Einsatzsteuerungsunterstützungssystems im Serviceaußendienst des Arbeitgebers geregelt werden. Bei dem Einsatzsteuerungsunterstützungssystem handelt es sich um einen Baustein zur Optimierung der Einsatzplanung und Einsatzsteuerung der Arbeitnehmer im Bereich der „Technischen Dienstleistungen". Die Betriebsparteien beabsichtigen, weitere Bausteine im Rahmen eines geplanten Servicemanagementsystems zur Einführung und Anwendung zu bringen.

§ 1 Gegenstand der Regelung

(1) Gegenstand der Regelung ist die Einführung und Anwendung eines GPS-gestützten Einsatzsteuerungsunterstützungssystems.

(2) Soweit in dieser Vereinbarung von einem Einsatzsteuerungsunterstützungssystem die Rede ist, wird damit das System bezeichnet, mit dem Istdaten nach § 9 Abs. 1 aus der GPS-gestützten Ermittlung und Plandaten/Stammdaten nach § 9 Abs. 3 zusammengeführt werden, um auf einer visualisierten Karte die dienstlich geplante Fahrtstrecke, die dienstliche tatsächliche Fahrtstrecke sowie den derzeitigen Aufenthaltsort und die nicht erledigten Serviceaufträge erkennbar zu machen.

§ 2 Geltungsbereich

Diese Betriebsvereinbarung gilt für alle Arbeitnehmer der Abteilungen „Technische Dienstleistungen" einschließlich der Anwendungstechniker.

§ 3 Eingesetzte Systeme

(1) Im Rahmen des Einsatzsteuerungsunterstützungssystems werden GPS-Boxen des Herstellers ...... der Typenbezeichnung ...... nach § 5 Abs. 2 eingesetzt. Modelländerungen werden dem Betriebsrat unverzüglich mitgeteilt. § 12 bleibt unberührt.

(2) Die Software für das Einsatzsteuerungsunterstützungssystem ist derzeit noch nicht programmiert, so dass Bezeichnung und Hersteller noch nicht feststehen. Sobald die Programmierung erfolgt ist, werden Bezeichnung und Hersteller sowie

208
307

sämtliche technische Daten und Funktionen dem Betriebsrat unverzüglich schriftlich mitgeteilt. Dem Betriebsrat werden hierzu das Pflichtenheft übergeben und das System dargestellt und erläutert. Der Betriebsrat ist berechtigt, einen Sachverständigen hinzuzuziehen, um zu überprüfen, ob damit die Vorgaben dieser Betriebsvereinbarung gewahrt werden, sofern hieran berechtigte Zweifel besteht.

(3) Die zu programmierende Software ist auf nachfolgenden Funktionsumfang beschränkt:
– Visualisierung der offenen Serviceaufträge in einer Landkarte
– Darstellung der in einer Plantafel geplanten Touren der Arbeitnehmer in einer Landkarte
– Abbildung der aktuellen Positionen der Arbeitnehmer durch die GPS-Ortung.

§ 4 Einsatzorte

(1) Die GPS-Boxen werden in die bereits vorhandenen Dienstwagen der Arbeitnehmer eingebaut und mit einem Schalter „Privat/Dienst" ausgestattet. Zukünftig sind Dienstwagen anzuschaffen, in denen entsprechende GPS-Boxen bereits integriert sind.

(2) Die in § 3 Abs. 2 und 3 genannte Software wird eingesetzt auf einem zentralen eigenständigen Server. Soweit aus technischen Gründen eine Erweiterung der Serverkapazität erforderlich wird, wird der Arbeitgeber hierüber den Betriebsrat unter Mitteilung der Gründe für die Erforderlichkeit und der Kosten informieren und mit ihm beraten. Im Streitfall liegt die Entscheidungsbefugnis über die Erweiterung bei dem Arbeitgeber.

§ 5 Nutzungszeiten

(1) Das Absenden von Ortungssignalen durch die GPS-Boxen im Rahmen des Einsatzsteuerungsunterstützungssystems erfolgt nur im Rahmen der dienstlichen Nutzung des den Arbeitnehmern zur Verfügung gestellten Fahrzeuges.

(2) Jeder Arbeitnehmer im Geltungsbereich dieser Vereinbarung hat die Möglichkeit, durch einen Schalter „Privat/Dienst" selbst festzulegen, ob er das Fahrzeug jeweils privat oder dienstlich nutzt. Zur Wahl des Modus „Dienst" ist der Arbeitnehmer während der gesamten jeweils maßgeblichen Arbeitszeit verpflichtet. Bei der Wahl des Modus „Privat" wird durch Unterbrechung des Sendeimpulses ein Abgeben des Ortungssignals verhindert und damit eine Übermittlung, Aufzeichnung und Verarbeitung von Daten ausgeschlossen. Den Betriebsparteien ist dabei bewusst, dass diese technische Gestaltung dazu führt, dass die Führung eines elektronischen Fahrtenbuchs unmöglich ist.

§ 6 Zwecke des Einsatzes

(1) Zwecke des Einsatzes der GPS-gestützten Einsatzsteuerungsunterstützungssoftware sind ausschließlich
– die Optimierung der Einsatzplanung und Steuerung von Arbeitnehmern. Dazu gehört auch die Berechtigung von Serviceleitern und Einsatzleitern, Fahrtwege festzulegen und die Einhaltung der Festlegung zu überprüfen sowie zu prüfen, ob Fahrtwege im Übrigen sinnvoll gewählt werden;
– die Prüfung und der Nachweis erzielter Optimierung, insbesondere bezüglich der Fahrzeiten und Fahrtwege, sowie der Arbeitseffizienz bei der Einsatzplanung;
– der Nachweis von gefahrenen Strecken gegenüber den Kunden.

(2) Unberührt von dieser Bestimmung der Einsatzzwecke bleibt die Befugnis des Arbeitgebers zur Verwendung der Daten im Rahmen der Regelung in § 7 Abs. 3.

§ 7 Verwertungsverbote

(1) Das GPS-gestützte Einsatzsteuerungsunterstützungssystem darf nicht zu Zwecken der Leistungs- und Verhaltenskontrolle der Arbeitnehmer im Übrigen genutzt werden, soweit die Nutzung nicht durch § 6 gestattet oder ein Fall des § 7 Abs. 3 gegeben ist.

(2) Zur Begründung personeller Einzelmaßnahmen, wie zum Beispiel Ermahnung, Abmahnung, Versetzung oder Kündigung dürfen die erhobenen Daten nicht herangezogen werden, soweit dies nicht im Rahmen der Zweckbindung nach § 6 erfolgt oder ein Fall des § 7 Abs. 3 gegeben ist. Mit ihrer Hilfe gleichwohl begründete personelle Einzelmaßnahmen sind unwirksam.

(3) Besteht ein auf Tatsachen beruhender dringender Verdacht, dass
– ein Arbeitnehmer den Modus „Dienst" trotz nicht dienstlicher Tätigkeit wählt,
– ein Arbeitnehmer den Modus „Privat" wählt und gleichwohl die in diesem Modus verbrachten Zeiten im Rahmen der Arbeitszeit als dienstliche Fahrzeit angibt,
– ein Arbeitnehmer wiederholt Fahrtwege wählt, die sich unter Berücksichtigung der Straßen- und Verkehrsverhältnisse als grob unsinnig darstellen,
kann eine Verwendung der Daten unter folgenden Voraussetzungen erfolgen:
– der betroffene Arbeitnehmer ist unter Hinzuziehung eines Betriebsratsmitglieds zu den Vorwürfen zu hören,
– anschließend erörtert eine paritätische Kommission, bestehend jeweils aus zwei Mitgliedern des Arbeitgebers und des Betriebsrats den Vorwurf,
– die Kommission stimmt mit Stimmenmehrheit einer Verwendung der nach dieser Vereinbarung erhobenen Daten zu.

§ 8 Zugriffsberechtigung

(1) Die Zugriffsberechtigung besteht für aktuelle Daten und für gespeicherte Daten sowie hinsichtlich der gespeicherten abgeschlossenen Serviceaufträge ausschließlich für
– Geschäftsführer
– Serviceleiter
– Einsatzleiter
– Hotliner
– IT-Administrator gemäß **Anlage**
– Projektleiter und dessen Stellvertreter gemäß **Anlage**
– Servicemitarbeiter (nur für jeweils eigene Daten).

(2) Jeder Zugriff wird nach Datum, Uhrzeit und Benutzername protokolliert.

(3) Der Zugriff erfolgt ausschließlich über ein individuelles Passwort. Die Weitergabe des Passwortes ist unzulässig. Die Beschäftigten haben das Passwort und die erhaltenen Daten und Erkenntnisse streng vertraulich zu behandeln.

§ 9 Schnittstellen, Übermitteln der Daten

(1) Von den Dienstwagen werden über die GPS-Box folgende Daten auf den zentralen IT-Server übertragen:
– Positionsdaten
– Uhrzeit, Datum
– Status des Kfz (Privat/Dienst)
– Zündung (an/aus)
– gefahrene Kilometer zwischen den einzelnen Kundenbesuchen
– Geschwindigkeit
– Richtung

- GPS-Signalstärken.

(2) Es wird eine Schnittstelle programmiert, die eine Zusammenführung der Istdaten nach Abs. 1 und Solldaten aus dem bestehenden System ...... gewährleistet. Dabei werden aus dem System ...... ausschließlich folgende Daten verwendet:
- Offene Serviceaufträge (aus dem System ......), nach
  - Auftragsnummer
  - Auftragsbezeichnung
  - Kundenname
  - Kundenadresse (inklusive Geodaten)
  - Maschinendaten
  - Reaktionszeit (SLA)
  - Ansprechpartner
  - MIS Klassifikation
  - Auftragsstatus
- Darstellung der geplanten Touren (aus dem System ...... angekoppelten Plantafel), nach
  - Zuordnung der Techniker zu den Aufträgen
  - geplante Arbeitszeit
  - Verfügbarkeit der Techniker
  - Zuordnung der Techniker zu Fachgebiet/Abteilung.

(3) Die Verarbeitung der übermittelten Daten erfolgt ausschließlich über die zu programmierende Software für das Einsatzsteuerungsunterstützungssystem, in dem in § 3 Abs. 3 genannten Funktionsumfang. Eine Übermittlung von Daten und Koppelung an andere technische Systeme ist unzulässig, soweit dies nicht durch diese Vereinbarung für zulässig erklärt worden ist.

§ 10 Speicherung und Löschung von Daten

(1) Die übertragenen Daten werden über einen Zeitraum von 12 Monaten gespeichert.

(2) Anschließend werden die Daten gelöscht.

§ 11 Rechte des Betriebsrats

(1) Der Betriebsrat hat einmal monatlich das Recht, die Einhaltung der Fristen zur Speicherung und Löschung zu überprüfen. Im Übrigen bleibt das Recht des Betriebsrats unberührt, die Einhaltung der Bestimmungen dieser Betriebsvereinbarung jederzeit zu überprüfen.

(2) Der Arbeitgeber ist ferner verpflichtet, dem Betriebsrat monatlich eine Aufstellung in Textform über Zugriffe auf Aufzeichnungen nach Datum, Uhrzeit und Benutzername zukommen zu lassen.

(3) Der Betriebsrat erhält ferner die Möglichkeit, jederzeit zu überprüfen, ob das Verbot der Abgabe eines Impulses und der Datenerhebung und/oder Aufzeichnung bei Wahl des Modus „Privat" eingehalten wird.

§ 12 Änderungen/Erweiterungen

Änderungen, Erweiterungen und ein Austausch der Anlage und/oder einzelner Bestandteile, die mit einer Änderung der technischen Eigenschaften verbunden sind, sind nur mit Zustimmung des Betriebsrats zulässig. Der Betriebsrat wird bereits im Planungsstadium einer Änderung oder Erweiterung eingeschaltet, so dass seinen Vorschlägen und Bedenken Rechnung getragen werden kann.

> **§ 13 Schlussbestimmungen**
>
> (1) Diese Betriebsvereinbarung kann von jeder Partei mit einer Frist von ...... Monaten zum ......, erstmals zum ......, gekündigt werden.
>
> (2) Diese Betriebsvereinbarung wirkt im Falle der Kündigung nach.
>
> (3) Wird das Verbot der Abgabe eines Impulses beim Modus „Privat" und der Datenerhebung und/oder Aufzeichnung bei Wahl des Modus „Privat" nicht eingehalten, gibt dies dem Betriebsrat die Möglichkeit der Kündigung dieser Betriebsvereinbarung ohne Einhaltung einer Frist. Eine Nachwirkung im Falle einer solchen Kündigung wird ausgeschlossen.
>
> ......, den ......
>
> Arbeitgeber   Betriebsrat
>
> **Anlage:** ......

IX. Datenschutz und Dateneinsicht

1. Gesetzliche Vorgaben

a) Vorbemerkung

Rechtlich höchst problematisch ist der Arbeitnehmerdatenschutz: **209**

Arbeitgeber stehen vor folgender **Problematik:** Die technische Entwicklung gibt **210** ihnen die Möglichkeit, die Daten ihrer Mitarbeiter mittels elektronischer Datenverarbeitungssysteme zu erheben, zu verarbeiten und zu nutzen. Hieran haben die Arbeitgeber im Regelfall ein berechtigtes Interesse. Durch die technischen Zugriffsmöglichkeiten auf Mitarbeiterdaten besteht jedoch das erhöhte Risiko eines Missbrauchs und eines Eingriffs in das Selbstbestimmungsrecht der einzelnen Mitarbeiter.

b) Beschäftigtendatenschutz

Das Bundesdatenschutzgesetz BDSG ist kein spezifisch arbeitsrechtliches Gesetz. **211** Das BDSG geht vom Begriff des Beschäftigten aus. Neben Arbeitnehmern sind auch Stellenbewerber und ehemalige Beschäftigte umfasst. Dadurch wird der Anwendungsbereich erheblich ausgedehnt. Das BDSG ist zweigeteilt. Für die arbeitsrechtliche Praxis relevant sind die Allgemeinen Bestimmungen in den §§ 1 ff. BDSG sowie darüber hinaus die speziellen Bestimmungen zum Beschäftigtenschutz für private Arbeitgeber in den §§ 27 ff. BDSG. Das BDSG geht von der grundsätzlichen Unzulässigkeit der Datenerhebung, der Datenverarbeitung und der Datennutzung aus (vgl. § 4 BDSG). Die Datenverwendung seitens des Arbeitgebers ist allein zulässig, wenn diese durch das BDSG selbst oder durch eine andere Rechtsvorschrift zugelassen ist oder eine Einwilligung des Beschäftigten vorliegt.

c) Erlaubnistatbestand

In § 32 BDSG findet sich eine Spezialvorschrift, welche die **Datenerhebung, die 212 Datenverarbeitung und die Datennutzung für Zwecke des Beschäftigungsverhältnisses** erlaubt. Die Vorschrift bezieht die automatisierte und die nichtautomatisierte Datenverarbeitung mit ein. Hierdurch wird die innerbetriebliche Kommunikation eingeschränkt. Denn eine irgendwie geartete Dokumentation der Daten ist gerade nicht mehr Voraussetzung des Gesetzestextes.

Die Regelung des § 32 BDSG unterscheidet **drei Phasen des Beschäftigungsver- 213 hältnisses:** Die Begründung, die Durchführung und die Beendigung. Erlaubt ist der Datenumgang für Zwecke des Beschäftigungsverhältnisses, soweit eine Erforderlichkeit hierfür besteht. Welche Zwecke mit dem Beschäftigungsverhältnis in Verbindung stehen, definiert das Gesetz nicht. Gleiches gilt für den Begriff der Erforderlichkeit. Den

Arbeitgebern kann deshalb nur geraten werden, auf die bisherige arbeitsrechtliche Rechtsprechung, die zumindest in Teilen mit der Datenerhebung, der Datenverarbeitung und der Datennutzung im Zusammenhang steht, zurückzugreifen.

214 Im Zusammenhang mit der **Begründung eines Beschäftigungsverhältnisses** sind zB Fragen des Arbeitgebers über den beruflichen Werdegang und evtl. Nebentätigkeiten des Bewerbers zulässig. Etwas anderes gilt für die Frage nach einer Schwangerschaft. Kritisch zu bewerten dürfte auch eine Frage nach der Schwerbehinderung oder Gleichstellung (Stichwort: Verstoß gegen AGG) sein. **Im Beschäftigungsverhältnis** zielt eine Datenerhebung im Regelfall auf eine Kontrolle der Arbeitnehmerleistung ab. Die Mitbestimmungsrechte des Betriebsrats, insbesondere nach § 87 Abs. 1 Nr. 6 BetrVG, sind zu beachten. Zulässig dürfte die Datenerhebung über Anwesenheits-, Krankheits- und Fehlzeiten der Beschäftigten sein, soweit damit keine systematische Erfassung jeder kurzen Pause oder jedes Toilettenganges einhergeht. Auch darf der Arbeitgeber Telefondaten (Tag, Uhrzeit, Dauer, Einheit) erheben, wenn die Datenerhebung mit seinem Kosteninteresse zu rechtfertigen ist. Etwas anderes gilt für Inhalte von Telefongesprächen, dienstlicher wie privater Natur. Derartige Inhalte dürfen nicht mitgehört werden. Anderenfalls würde rechtswidrig in das Selbstbestimmungsrecht der Beschäftigten eingegriffen werden. Vorsicht geboten ist auch bei der Gestattung privater E-Mail-, Internet- und Telefonnutzung. Hier greift das BDSG nicht. Vielmehr gelten die Datenschutzregelungen des Telekommunikationsgesetzes (TKG) und des Telemediengesetzes (TMG), die einen noch weitergehenden Schutz gewähren. In der Praxis dürfte den Arbeitgebern zu raten sein, jegliche Privatnutzung innerbetrieblicher Kommunikationsmittel auszuschließen. Bei der **Beendigung des Beschäftigungsverhältnisses** ist eine Datenerhebung über die Art der Beendigung zulässig. Gleiches gilt für Daten, die für die Abwicklung des Arbeitsverhältnisses notwendig sind. Ansonsten sind die Daten zu vernichten oder an den ausgeschiedenen Beschäftigten zurückzugeben.

d) Einwilligung

215 Trotz der nach § 32 BDSG erlaubten Datenverwendung für Zwecke des Beschäftigungsverhältnisses ist es sinnvoll, **zusätzlich die Einwilligung der Beschäftigten** hierzu einzuholen. Hintergrund ist, dass die Grenzen nicht klar abgesteckt sind. Die Einwilligung der Beschäftigten hat freiwillig, ohne Zwang und ausdrücklich sowie in Kenntnis der konkreten Sachlage zu erfolgen. Den Arbeitgeber treffen erhebliche Hinweispflichten im Hinblick auf den Zweck der Datenverwendung. So sollten den Beschäftigten gegenüber konkrete Verarbeitungszwecke benannt werden, beispielsweise der Zweck der Lohnabrechnung. Von einer Aufnahme der Mitarbeitereinwilligung in den Arbeitsvertrag ist dagegen abzuraten, in jedem Fall muss die Aufnahme im Arbeitsvertrag drucktechnisch hervorgehoben werden. Geeigneter erscheint ein Anschreiben an den jeweiligen Beschäftigten zu sein, in dem ihm die Zwecke der Datenerhebung, der Datenspeicherung und der Datennutzung im Einzelnen dargelegt werden. Im Anschluss an diese Erklärung kann der Mitarbeiter dann seine Einwilligung hierzu erteilen. Diese Vorgehensweise macht gerade vor dem Hintergrund Sinn, dass die Rechtslage sich derzeit im Fluss befindet, der Arbeitsvertrag aber im Regelfall über Jahre hinweg die Grundlage für das Arbeitsverhältnis bildet.

216 **Hinweis:**

Der Arbeitnehmerdatenschutz ist im BDSG derzeit nicht im Einzelnen verwirklicht. Die Rechtsfolgen unzulässiger Datenverwendungen sind zwar im Ergebnis durch Bußgeldtatbestände, Straftaten sowie Schadensersatzansprüche des jeweils Betroffenen sanktioniert. Dennoch wissen Arbeitgeber nicht genau, was sie zu tun haben und was nicht. Es ist Arbeitgebern deshalb zu empfehlen, bereits im Bewerbungsverfahren eine Einwilligung der Beschäftigten zur Datenerhebung, zur Datennutzung und Datenspeicherung einzuholen. Wegen der Mitbestimmungspflichtigkeit ist es über die datenschutzrechtlichen Gesichtspunkte hinaus angezeigt, durch eine Betriebsvereinbarung die Einsichtnahme im Einzelnen zu regeln.

2. Muster: Konzernbetriebsvereinbarung über Dateneinsicht bei DV-Anlagen am Arbeitsplatz [→ B. Rn. 216]

Zwischen
der ...... AG

– nachfolgend Unternehmen genannt –

und
dem Konzernbetriebsrat der ...... AG

– nachfolgend Betriebsrat genannt –

wird folgende Betriebsvereinbarung über Dateneinsicht bei Datenverarbeitungsanlagen (DV-Anlagen) am Arbeitsplatz geschlossen:

Der zunehmende Einsatz von PCs und anderen DV-Geräten als Arbeitsmittel erfordert neue Regelungen über die Rechte und Pflichten bei der Nutzung dieser Arbeitsmittel. Der Vorstand hat durch die Netzwerk-Richtlinie ...... eine Arbeitsanweisung für alle Mitarbeiter weltweit erlassen. Diese Richtlinie wird durch diese Konzernbetriebsvereinbarung ergänzt. Die Betriebsparteien sind sich darüber einig, dass einerseits die von einem Mitarbeiter betreuten Daten keiner allgemeinen Kontrolle unterliegen, jedoch andererseits in Notfällen oder bei Missbrauchsverdacht ein Zugriff auf diese Daten erforderlich ist.

§ 1 Geltungsbereich

Diese Konzernbetriebsvereinbarung gilt für die ...... AG und alle inländischen Konzernbetriebe.

§ 2 Einsicht in Daten und Programme

(1) Die Nutzung der vom Unternehmen zur Verfügung gestellten DV-Anlagen dient ausschließlich betrieblichen Zwecken. Eine private Nutzung des internen Mail-Systems zum Austausch kurzer privater Mitteilungen ist im von der Netzwerk-Richtlinie festgelegten Rahmen bis auf Widerruf zulässig. Diese E-Mails sind nach Erhalt/ Versendung zu löschen. Die auf betrieblichen DV-Anlagen gespeicherten Daten und Programme stehen somit immer dem Unternehmen zu.

(2) Das Unternehmen wird ohne vorherige Zustimmung des Mitarbeiters – außer im Falle des Missbrauchs und im Rahmen der Revisionstätigkeit (s. Abs. 4 und 5) – vom Mitarbeiter gespeicherte Daten und Programme nur dann einsehen und nutzen, wenn dies zur Erfüllung betrieblicher Aufgaben notwendig ist und die Informationen ansonsten nicht oder nur mit unverhältnismäßigem Aufwand erlangt werden können. Unberührt bleiben die im Rahmen von Teamarbeit oder der Organisation von Vertretungen nach der Netzwerk-Richtlinie eingeräumten Zugriffsrechte. Die Einsicht und Nutzung von Protokolldateien bestimmt sich ausschließlich nach § 3 und § 4.

(3) Der jeweils zuständige Betriebsrat und der betroffene Mitarbeiter sind über einen derartigen Zugriff auf Daten und Programme unter Erläuterung der Gründe vorab zu informieren. Ihnen ist Gelegenheit zur Anwesenheit während des Zugriffs zu geben. Wenn der Zugriff aus dringenden Gründen keinen Aufschub duldet und eine vorherige Information nicht möglich ist, sind der Betriebsrat und/oder der Mitarbeiter umgehend nachträglich zu informieren.

(4) Die bei einem derartigen Zugriff festgestellten Daten und Programme dürfen nicht zu einer Leistungs- und Verhaltenskontrolle iSd § 87 Nr. 6 BetrVG verwendet

werden. Personelle Maßnahmen, die auf unzulässigen Zugriffen auf derartige Daten und Programmen beruhen, sind unzulässig. Personelle und sonstige Maßnahmen im Falle eines Missbrauchs nach § 4 dieser Konzernbetriebsvereinbarung bleiben vorbehalten.

(5) Werden private Daten und Programme festgestellt, darf die Einsichtnahme nicht über den zur Feststellung des privaten Charakters der Daten und Programme erforderlichen Umfang hinausgehen. Der Mitarbeiter ist zur Löschung der privaten Daten und Programme aufzufordern, soweit der Umfang der gespeicherten Daten und Programme über die im jeweiligen Betrieb ggf. gestattete Privatnutzung hinausgeht.

(6) Das Unternehmen wird keine Software zur automatisierten inhaltlichen Prüfung und/oder zur Aufzeichnung interner und externer elektronischer Kommunikation mit dem Ziel der Überwachung der Nutzung der DV-Anlagen (so genannte Spitzel-Software) einsetzen. Ist eine automatische Überwachung der DV-Nutzung aus betrieblichen Gründen erforderlich, so ist diese nur aufgrund einer Vereinbarung zwischen der Geschäftsleitung und dem zuständigen Betriebsrat zulässig.

§ 3 Protokolldateien

(1) Bei der Nutzung von DV-Anlagen, insbesondere auf Großrechnern (zB SAP-Systemen) und in Netzwerken, werden eine Vielzahl von nutzerbezogenen Daten erfasst und gespeichert (Protokolldateien). Dies erfolgt bei Betriebssystemen und Standardsoftware in der Regel automatisch.

(2) Protokolldateien dürfen von den Systemadministratoren für die folgenden Zwecke benutzt werden:
– Gewährleistung der System- und Anwendungssicherheit
– Analyse und Korrektur von technischen Fehlern im System
– Optimierung der technischen Infrastruktur.

Die Systemadministratoren können sich dabei der Hilfe Dritter bedienen. Diese Dritten sind zur Verschwiegenheit und Einhaltung des Datengeheimnisses entsprechend § 5 BDSG zu verpflichten.

(3) Protokolldateien können in gleicher Weise auch für interne und externe Leistungsabrechnungen genutzt werden. Der zuständige Betriebsrat und die betroffenen Mitarbeiter sind darüber zu informieren. Die Kostenverantwortlichen erhalten die Informationen über die arbeitsplatz- oder mitarbeiterbezogenen Kosten als Summenwerte für einen Zeitraum von mindestens einem Monat.

(4) Die Nutzung, insbesondere Übermittlung von Protokolldateien an Dritte zur Erfüllung von Verpflichtungen aus Gesetzen oder anderen staatlichen Vorschriften ist – soweit datenschutzrechtlich erlaubt – zulässig. Der jeweils zuständige Betriebsrat ist über derartige Nutzungen zu informieren.

(5) Sonstige Nutzungen von Protokolldateien sind nur aufgrund einer Vereinbarung zwischen der jeweiligen Geschäftsleitung und dem zuständigen Betriebsrat zulässig.

§ 4 Missbrauch

(1) Wenn der dringende Verdacht besteht, dass die DV-Anlage für betriebsfremde Zwecke genutzt wird (Missbrauch), kann auf Daten und Programme ohne Einverständnis des Mitarbeiters zugegriffen werden. Die zur Dokumentation des Missbrauchs erforderlichen Informationen (Daten, Programme, Protokolldateien) sind unverzüglich zu sichern.

(2) Der betroffene Mitarbeiter ist umgehend in einem persönlichen Gespräch über die Sicherung und weitere Auswertung der von ihm betreuten Daten und Programme zu informieren. Der Mitarbeiter ist auf die Möglichkeit der Hinzuziehung eines Betriebsratsmitgliedes hinzuweisen und zu fragen, ob er der weiteren Auswertung zustimmt. Der zuständige Betriebsrat ist ebenfalls über die erfolgte Sicherung zu informieren.

(3) Verweigert der betroffene Mitarbeiter die Zustimmung zur weiteren Auswertung der von ihm betreuten Daten und Programme erfolgt diese nach vorheriger Information des jeweils zuständigen Betriebsrats. Der Betriebsratsvorsitzende oder ein von ihm benanntes Betriebsratsmitglied ist bei der Auswertung hinzuzuziehen. Werden private Daten und Programme festgestellt, erfolgt eine Einsichtnahme nur insoweit, als diese für die Feststellung des Missbrauchs erforderlich ist. Der Mitarbeiter ist über das Ergebnis der Auswertung zu informieren.

(4) Bestätigt die Auswertung den Verdacht des Missbrauchs, so entscheidet die zuständige Geschäftsleitung nach Beratung mit dem zuständigen Betriebsrat über die zu ergreifenden personellen, zivil- und strafrechtlichen Maßnahmen und leitet diese ein. Wird der Verdacht nicht bestätigt, so sind alle im Zusammenhang mit der Verdachtsprüfung erstellten Unterlagen und Daten zu vernichten.

§ 5 Revision

Mitarbeitern der Konzernrevision sind im Rahmen der vom Vorstand festgelegten Revisionstätigkeit berechtigt, auf alle vorhandenen Informationen zuzugreifen und diese auszuwerten. Für Informationen mit personenbezogenen Daten von Mitarbeitern wird ein zeitlich befristetes Recht nach vorheriger Genehmigung durch den Konzernpersonalchef eingeräumt. Der Konzernpersonalchef legt den Umfang (Personen, Informationen) der Berechtigung fest und informiert den betroffenen Betrieb (Geschäftsleitung und/oder Personalbereich) und den Konzernbetriebsrat. Bei Prüfungen, die Leistungen oder das Verhalten von Mitarbeitern betreffen, sind bestehende Mitbestimmungsrechte des örtlichen Betriebsrats zu beachten. Bei Prüfungen eines Missbrauchsverdachtes sind die Bestimmungen dieser Konzernbetriebsvereinbarung maßgeblich. Werden private Daten oder Programme festgestellt, gilt § 2 Abs. 5.

§ 6 Geheimhaltung

Die nach dieser Konzernbetriebsvereinbarung zulässigen Zugriffe auf Informationen erfolgen durch den jeweils zuständigen Systemadministrator. Die örtlich zuständigen Systemadministratoren werden dem jeweiligen Betriebsrat schriftlich mitgeteilt. Jeder Systemadministrator ist verpflichtet, über die ihm im Rahmen seiner Tätigkeit bekannt gewordenen Informationen gegenüber jedermann Stillschweigen zu bewahren. Eine Weitergabe darf nur erfolgen, wenn der Empfänger diese Informationen für seine jeweilige dienstliche Tätigkeit benötigt und diese datenschutzrechtlich sowie nach den Bestimmungen dieser Konzernbetriebsvereinbarung zulässig ist. Diese Pflicht bleibt auch nach der Beendigung des Arbeitsverhältnisses bestehen. Jeder Systemadministrator ist durch eine gesonderte Verpflichtungserklärung auf diese Verpflichtung hinzuweisen und auf das Datengeheimnis nach § 5 BDSG zu verpflichten.

§ 7 Schlussbestimmungen

(1) Der Konzernbetriebsrat hat das Recht, zur Überprüfung der Einhaltung dieser Vereinbarung nach einer entsprechenden Vereinbarung mit der Geschäftsleitung

einen Sachverständigen hinzuzuziehen. Der Konzernbetriebsrat kann zu seinen Kontrollmaßnahmen Vertreter von Einzelbetriebsräten hinzuziehen.

(2) Alle sich im Zusammenhang mit dieser Konzernbetriebsvereinbarung ergebenden Konflikte werden nach der zwischen dem Vorstand und dem Konzernbetriebsrat vereinbarten Eskalationsregelung behandelt.

(3) Die bestehenden Vereinbarungen zur SAP/HR sowie ISDN-Telefonanlagen bleiben unberührt.

(4) Die Betriebsvereinbarung tritt mit Unterzeichnung in Kraft und ist mit einer Frist von drei Monaten kündbar, erstmals jedoch zum ......

......, den ......

Arbeitgeber   Konzernbetriebsrat

Anlage

Absender: Geschäftsführer des jeweiligen Betriebes

Sehr geehrte/r Frau/Herr ......,

mit Wirkung ab ...... wird Ihnen die Aufgabe des Systemadministrators zur Betreuung des DV-Netzwerkes in ...... übertragen. Im Rahmen dieser Tätigkeit haben Sie die technische Möglichkeit, auf Daten und Programme von Mitarbeitern zuzugreifen. Sie unterliegen dabei besonderen Verpflichtungen, auf die Sie sich gegenüber jedermann berufen können.

Bereits im Zusammenhang mit ihrem Anstellungsvertrag wurden Sie auf die sich aus dem Bundesdatenschutzgesetz ergebende Verpflichtung zur Wahrung des Datengeheimnisses verpflichtet. Diese Verpflichtung wird hiermit erneuert. Ein den Inhalt dieser Verpflichtung erläuterndes Merkblatt zum Bundesdatenschutzgesetz ist beigefügt.

Darüber hinaus ist die ebenfalls beigefügte Konzernbetriebsvereinbarung über Dateneinsicht bei DV-Anlagen am Arbeitsplatz von Ihnen zu beachten. Insbesondere sind Sie verpflichtet, über die Ihnen im Rahmen Ihrer Tätigkeit bekannt gewordenen Informationen gegenüber jedermann Stillschweigen zu bewahren. Eine Weitergabe darf nur erfolgen, wenn diese datenschutzrechtlich sowie nach den Bestimmungen der Konzernbetriebsvereinbarung über Dateneinsicht bei DV-Anlagen am Arbeitsplatz zulässig ist. Sie sind an anderslautende Weisungen nicht gebunden. Sollten Sie Anweisungen erhalten, die nach Ihrem Verständnis nicht im Einklang mit den vorgenannten Bestimmungen stehen, bitte ich Sie, die jeweiligen Informationen zunächst nicht weiterzugeben und mich darüber zu informieren. Ich werde nach Rücksprache mit dem örtlichen Betriebsratsvorsitzenden eine Entscheidung herbeiführen.

Diese Verpflichtungen bleiben auch nach der Beendigung Ihres Arbeitsverhältnisses bestehen.

Ich bitte Sie, durch Ihre Unterschrift die Einhaltung dieser Regelungen zu bestätigen. Der Betriebsrat erhält eine Kopie dieses Schreibens.

Mit freundlichen Grüßen

Geschäftsführer   Einverstanden:
                                                         (Systemadministrator)

X. Regelung zum Arbeitsschutz (§ 87 Abs. 1 Nr. 7 BetrVG)
1. Gesetzliche Vorgaben

Das Betriebsverfassungsgesetz räumt dem Betriebsrat in § 87 Abs. 1 Nr. 7 BetrVG ein **Mitbestimmungsrecht zur Verhütung von Arbeitsunfällen und Berufskrankheiten, über den Gesundheitsschutz** im Rahmen der gesetzlichen Vorschriften oder der Unfallverhütungsvorschriften in § 88 Abs. 1 BetrVG sowie ein **Mitwirkungsrecht zur Regelung zusätzlicher Maßnahmen zur Verhütung von Arbeitsunfällen und Gesundheitsschädigungen** ein. Das Mitbestimmungsrecht setzt voraus, dass die Regelung oder die Maßnahme des Arbeitgebers im Rahmen einer gesetzlichen Vorschrift oder einer Unfallverhütungsvorschrift ergeht. Es muss deshalb eine Vorschrift bestehen, die Maßnahmen der Unfallverhütung bzw. des Gesundheitsschutzes erfordert, dabei aber zugleich einen ausfüllungsfähigen und ausfüllungsbedürftigen Rahmen vorgibt, innerhalb dessen den Betriebspartnern ein Regelungsspielraum bleibt.[209] So besteht beispielsweise ein Mitbestimmungsrecht bei der Gefährdungsbeurteilung (§ 5 ArbSchG),[210] Dokumentationsausgestaltung (§ 6 ArbSchG), Unterweisung der Arbeitnehmer (§ 12 ArbSchG), uÄ.[211]

2. Muster
a) Muster: Betriebsvereinbarung über Arbeitssicherheit und Gesundheitsschutz (allgemeine Form) [→ B. Rn. 218]

Zwischen
der ...... GmbH

– nachfolgend Arbeitgeber genannt –

und
dem Betriebsrat der ...... GmbH

– nachfolgend Betriebsrat genannt –

wird nachfolgende Betriebsvereinbarung über Arbeitssicherheit und Gesundheitsschutz vereinbart:

Präambel

Ziel dieser Betriebsvereinbarung ist es, im Interesse der Mitarbeiter und der Firma die Sicherheit am Arbeitsplatz und den Gesundheitsschutz der Mitarbeiter im Einklang mit den gesetzlichen und berufsgenossenschaftlichen Regelungen zu gewährleisten.

§ 1 Geltungsbereich

Diese Betriebsvereinbarung gilt für alle Arbeitnehmer der Firma ...... („Mitarbeiter") mit Ausnahme der leitenden Angestellten iSd § 5 Abs. 3 BetrVG.

§ 2 Begriffsbestimmungen

(1) Zum Arbeitsschutzrecht gehören die Vorschriften des Arbeitsschutzes, insbesondere das Arbeitsschutzgesetz (ArbSchG) und die dazu ergangenen Rechtsverordnungen, das Arbeitssicherheitsgesetz (ASiG), das Sozialgesetzbuch VII (SGB VII) und die Unfallverhütungsvorschriften.

---

[209] Vgl. im Einzelnen Schaub/*Koch*, ArbR-HdB, § 235 Rn. 69 ff.
[210] Die Regelung des § 5 Abs. 1 ArbSchG räumt dem Arbeitgeber bei der Gefährdungsbeurteilung einen Spielraum ein. Der Betriebsrat hat bei dessen Ausfüllung nach § 87 Abs. 1 Nr. 7 BetrVG mitzubestimmen, vgl. BAG 12.8.2008 – 9 AZR 1117/06, AP BGB § 618 Nr. 29. Kein Mitbestimmungsrecht nach § 87 Abs. 1 Nr. 7 BetrVG hat der Betriebsrat, wenn der Arbeitgeber externe Personen oder Stellen mit der Durchführung von Gefährdungsbeurteilungen oder Unterweisungen beauftragt, vgl. BAG 18.8.2009 – 1 ABR 43/08, AP BetrVG 1972 § 87 Gesundheitsschutz Nr. 16.
[211] Vgl. die Beispiele bei Schaub/*Koch*, ArbR-HdB, § 235 Rn. 73 mzN.

(2) Arbeitsbedingte Gesundheitsgefahren sind Belastungen, die durch die Arbeit entstehen und die Gesundheit gefährden.

(3) Zu den Maßnahmen des Arbeitsschutzes gehören Maßnahmen zur Verhütung von Unfällen bei der Arbeit und von arbeitsbedingten Gesundheitsgefahren.

§ 3 Verpflichtungen des Arbeitgebers

Der Arbeitgeber verpflichtet sich, geeignete Maßnahmen zu treffen, um die Arbeitsbedingungen der Mitarbeiter entsprechend den Anforderungen des Arbeitsschutzrechts sowie unter Berücksichtigung des jeweiligen Standes der Technik, der Arbeitsmedizin und sonstiger gesicherter arbeitswissenschaftlicher Erkenntnisse zu gestalten. Es sollen möglichst optimale Arbeitsbedingungen geschaffen und unnötige Belastungen für die Mitarbeiter vermieden werden.

§ 4 Durchführung der Gefährdungsbeurteilung

(1) Die Gefährdungsbeurteilung erstreckt sich insbesondere auf
- die Ausgestaltung der Arbeitsstätte und des Arbeitsplatzes,
- die Arbeitsmittel und Arbeitsstoffe,
- die Arbeitsumgebung,
- die Arbeitsabläufe und die Arbeitsorganisation.

(2) Die Gefährdungsbeurteilung wird wie folgt durchgeführt:
- Ermittlung des Istzustandes der arbeitsbedingten Gesundheitsrisiken,
- Bewertung des Arbeitsplatzes und der von ihm ausgehenden Gefährdungen,
- Vergleich des Istzustandes mit dem Sollzustand und
- Ergreifen von Maßnahmen zur Erreichung des Sollzustandes.

(3) Eine Gefährdungsbeurteilung ist sowohl als Erstbeurteilung als auch als Wiederholungsbeurteilung durchzuführen. Eine Erstbeurteilung findet an bestehenden Arbeitsplätzen unverzüglich nach Abschluss dieser Betriebsvereinbarung sowie an neu eingerichteten Arbeitsplätzen statt. Eine Wiederholungsbeurteilung wird bei wesentlichen Änderungen der Gestaltung des Arbeitsplatzes (Arbeitsumgebung, Arbeitsmittel), des Arbeitsverfahrens oder der Arbeitsorganisation sowie bei tätigkeitsrelevanten wesentlichen Veränderungen des Standes der Technik oder der Arbeitsmedizin sowie sonstiger gesicherter arbeitswissenschaftlicher Erkenntnisse durchgeführt.

(4) Die einzelnen durchgeführten Schritte sowie das Ergebnis der Gefährdungsbeurteilung einschließlich der festgelegten zu treffenden Maßnahmen werden von dem Arbeitgeber schriftlich dokumentiert.[212]

§ 5 Betriebliche Organisation des Arbeitsschutzes

(1) Der Arbeitsschutz wird durch Sicherheitsbeauftragte (§ 6), Sicherheitsfachkräfte (§ 7), Betriebsärzte (§ 8) und den Arbeitsschutzausschuss (§ 9) durchgeführt.

(2) Den Sicherheitsbeauftragten, Sicherheitsfachkräften und Betriebsärzten steht kein Weisungsrecht gegenüber den Mitarbeitern zu.

§ 6 Sicherheitsbeauftragte[213]

(1) Zu Sicherheitsbeauftragten werden nur Mitarbeiter der Firma bestellt, die dort länger als sechs Monate beschäftigt sind und die über ausreichende Sach- und Betriebskenntnisse verfügen.

---

[212] Dabei reicht es aus, wenn gleichartige Gefährdungssituationen zusammengefasst werden. Es muss damit nicht jeder Arbeitsplatz einzeln dokumentiert werden (§ 6 Abs. 1 S. 2 ArbSchG).

[213] Die Verpflichtung, Sicherheitsbeauftragte zu bestellen, besteht nur in Unternehmen mit regelmäßig mehr als 20 Beschäftigten (§ 22 Abs. 1 S. 1 SGB VII).

(2) Die Bestellung der Sicherheitsbeauftragten wird unter Beteiligung des Betriebsrats vorgenommen.

(3) Die Sicherheitsbeauftragten informieren den Arbeitgeber vierteljährlich über die Arbeitssicherheitssituation. Über konkrete Gefährdungslagen wird der Arbeitgeber unverzüglich unterrichtet.

§ 7 Sicherheitsfachkräfte

(1) Als Sicherheitsfachkräfte werden nur Personen bestellt, die über die sicherheitstechnische und betriebliche Fachkunde verfügen.

(2) Die Bestellung und Abberufung der Sicherheitsfachkräfte bedarf der Zustimmung des Betriebsrats.

(3) Zu den Aufgaben der Sicherheitsfachkräfte gehört es, Gefahrzustände aufzudecken und auf Verbesserungen des Arbeits- und Unfallschutzes hinzuwirken. Über ihre Arbeit erstatten die Sicherheitsfachkräfte dem Arbeitgeber vierteljährlich Bericht.

§ 8 Betriebsärzte

(1) Als Betriebsärzte werden nur solche Personen bestellt, die berechtigt sind, den ärztlichen Beruf auszuüben und die über die entsprechende arbeitsmedizinische Fachkunde verfügen. Die Bestellung und Abberufung der Betriebsärzte bedarf der Zustimmung des Betriebsrats.

(2) Die Betriebsärzte sind verpflichtet, dem Arbeitgeber vierteljährlich Bericht über die allgemeinen Gesundheitsgefahren zu erstatten und Verbesserungsvorschläge zu unterbreiten.

§ 9 Arbeitsschutzausschuss[214]

(1) Der Arbeitsschutzausschuss besteht aus je ...... Vertretern des Arbeitgebers, ... Vertretern des Betriebsrats sowie den Betriebsärzten, Sicherheitsfachkräften und den Sicherheitsbeauftragten.

(2) Der Arbeitsschutzausschuss tagt vierteljährlich. Beschlussfähig ist der Arbeitsausschuss, wenn 2/3 seiner Mitglieder anwesend sind. Über sämtliche Beschlüsse sind Niederschriften zu fertigen.

§ 10 Verpflichtungen des Betriebsrats

(1) Der Betriebsrat ist verpflichtet, sich für die Einhaltung der Arbeitsschutzvorschriften einzusetzen.

(2) Der Betriebsrat wird mit sämtlichen für den Arbeitsschutz zuständigen Stellen zusammenarbeiten. Er wird von den Betriebsärzten und den Sicherheitsfachkräften für Angelegenheiten des Arbeitsschutzes und der Unfallverhütung unterrichtet.

§ 11 Unterweisung der Vorgesetzen und Mitarbeiter

(1) Alle Vorgesetzten werden jährlich, bei Veränderung der Gefahrenlage und nach Unfallereignissen unmittelbar, auf die Einhaltung der gesetzlichen und betrieblichen Arbeitsschutzvorschriften hingewiesen.

(2) Die Mitarbeiter werden im Hinblick auf die sicherheits- und gesundheitsgerechte Durchführung ihrer Tätigkeit vor der ersten Arbeitsaufnahme unterwiesen. Die Unterweisung wird jährlich, bei Veränderung der Gefahrenlage und nach Unfallereignissen unmittelbar, von den zuständigen Sicherheitsfachkräften wiederholt.

---

[214] Der Ausschuss ist in Betrieben mit mehr als 20 Beschäftigten zu bilden (§ 11 ASiG).

§ 12 Verpflichtungen der Arbeitnehmer

(1) Alle Mitarbeiter sind verpflichtet, die im Betrieb geltenden Arbeitsschutz- und Unfallverhütungsvorschriften einzuhalten.

(2) Der Mitarbeiter hat unverzüglich seinen Vorgesetzten und/oder die Sicherheitsbeauftragten zu benachrichtigen, wenn an einem Arbeitsplatz Unfallgefahren oder Gesundheitsgefährdungen auftreten.

(3) Alle Mitarbeiter sind verpflichtet, einen Arbeitsunfall unverzüglich an …… zu melden.

§ 13 Schlussbestimmungen

(1) Diese Betriebsvereinbarung kann von jeder Partei mit einer Frist von …… Monaten zum ……, erstmals zum ……, gekündigt werden.

(2) Bis zum Abschluss einer neuen Betriebsvereinbarung gilt die vorliegende Betriebsvereinbarung weiter.

……, den ……

Arbeitgeber   Betriebsrat

b) Muster: Betriebsvereinbarung zur Gefährdungsanalyse und zum Gesundheitsschutz (ausführliche Form) [→ B. Rn. 218]

Zwischen
der …… GmbH,
— nachfolgend Arbeitgeber genannt —
und
dem Betriebsrat der …… GmbH,
— nachfolgend Betriebsrat genannt —

wird folgende Betriebsvereinbarung zur Gefährdungsanalyse und Gesundheitsschutz vereinbart:

§ 1 Präambel

Arbeitgeber und Betriebsrat sind sich darüber einig, dass eine Gefährdungsanalyse, wie sie in § 5 Arbeitsschutzgesetz (ArbSchG) vorgeschrieben ist, zur Prävention von Arbeitsunfällen und zur Vermeidung von arbeitsbedingten Erkrankungen sowie von Berufserkrankungen beitragen kann. Der betriebliche Gesundheitsschutz kann durch die Erkennung der Einflußfaktoren auf die Sicherheit und Gesundheit der Beschäftigten erhöht werden. Arbeitgeber und Betriebsrat sind sich darüber einig, dass es höchstes Gut ist, die Sicherheit der …… bei Wartung und Installation zu gewährleisten. Ziel dieser Betriebsvereinbarung ist die Umsetzung dieser Maßstäbe.

§ 2 Geltungsbereich

Diese Betriebsvereinbarung gilt räumlich für die Betriebe …… Sie gilt persönlich für alle Arbeitnehmer und Auszubildende der Region …… mit Ausnahme leitender Angestellter nach § 5 Abs. 3 BetrVG.

§ 3 Unterweisung

Grundlage der Gefährdungsbeurteilung und des Gesundheitsschutzes ist die Unterweisung der dafür zuständigen Mitarbeiter.

(1) Organisation

Die erforderlichen Maßnahmen für die Unterweisung gem. § 12 ArbSchG werden mit dem Betriebsrat vereinbart und im Arbeitssicherheitsausschuß umgesetzt.

(2) Unterweisung der Mitarbeiter

Sämtliche Mitarbeiter des Arbeitgebers erhalten einmal jährlich eine Arbeitsschutzunterweisung. Diese nimmt der Vorgesetzte vor. An diesem Termin ist die Fachkraft für Arbeitssicherheit (FaSi) und ein Mitglied des Betriebsrats anwesend.

(3) Qualifizierung der betrieblichen Vorgesetzten

Sämtliche betrieblichen Vorgesetzten werden einmal jährlich durch die FaSi, insbesondere unter nachfolgenden Gesichtspunkten geschult:
- Notfallprozeduren und betriebliche Organisation.
- Durchführung und Organisation von Gefährdungsbeurteilungen.
- Menschengerechte Gestaltung der Arbeit, Gefährdungen und gesetzliche Anforderungen.
- Den Begriff der menschengerechten Arbeit unter Einbeziehung der physischen und psychischen Belastungen deutlich zu machen sowie Entlastungsmöglichkeiten aufzuzeigen.
- Die Beschäftigten in den Stand zu setzen, ihre Mitwirkungsrechte und Pflichten aus §§ 15–17 ArbSchG wahrzunehmen, Arbeitsschutzanordnungen richtig zu erfassen und sich sicherheitsgerecht zu verhalten.
- Anforderungen an die Gestaltung von Arbeitsabläufen zur Vermeidung von gesundheitlichen Beeinträchtigungen.
- Gefährdung durch Arbeitsabläufe und Arbeitszeit und deren Zusammenwirken sowie Entlastungsmöglichkeiten.
- Die Anforderungen an gut gestaltete Arbeitsaufgaben entsprechen ......
- Die Anforderungen der Lastenhandhabungsverordnung, sofern an den Arbeitsplätzen mit Lasten umgegangen wird.
- Psychische Belastungen und Beanspruchung sowie Entlastungsmöglichkeiten.
- Die besondere Situation Schwerbehinderter, Schwangerer und Jugendlicher.
- Unterweisungsmethoden.

(4) Unterweisung der Beschäftigten

Ziel der Unterweisung der Mitarbeiter ist die Vermittlung von Kenntnissen über die Belastungen und Gefährdungen durch die Arbeit, mögliche Maßnahmen der Entlastung sowie der ergonomischen Gestaltung der Arbeitsmittel, der Arbeitsorganisation und der Arbeitsumgebung. Die Arbeitnehmer sollen in den Stand gesetzt werden, ihre Rechte und Pflichten aus §§ 15–17 ArbSchG wahrzunehmen.

Die Unterweisungen erfolgen während der Arbeitszeit durch die FaSi.

Diese Unterweisung ist einmal jährlich durchzuführen. Hinzu kommen Unterweisungen bei Veränderungen des Aufgabenbereiches, in der Arbeitsorganisation oder der technischen Ausstattung.

(5) Dokumentation

Die Unterlagen der Qualifizierung der betrieblichen Vorgesetzten werden in der Personalabteilung hinterlegt. Die Durchführung der Qualifizierungsmaßnahmen für die betrieblichen Vorgesetzten und die Unterweisung der Beschäftigten ist so zu dokumentieren, dass
- Inhalte
- TeilnehmerInnen
- Durchführender
- Zeitpunkt und Dauer

nachvollziehbar sind.

(6) Wirksamkeitskontrolle

Die Betriebsparteien sind sich darüber einig, dass die definierten Lernziele der Unterweisung im Rahmen von Wirksamkeitskontrollen einer ständigen Überprüfung unterliegen. Diese Wirksamkeitskontrollen sind mit dem Betriebsrat abzustimmen. Auf Grundlage der Unterweisungsunterlagen und der Teilnahme an den durchgeführten Unterweisungen wird die Wirksamkeit der Unterweisungen durch die betrieblichen Vorgesetzten im gemeinsamen Ausschuss geprüft.

§ 4 Gefährdungsbeurteilung

(1) Unter einer Analyse der Arbeitsbedingungen wird die systematische Prüfung und Erfassung aller Faktoren verstanden, die die Sicherheit und Gesundheit der Beschäftigten bei der Arbeit gefährden können.

(2) Psychische Belastungen werden als Gesamtheit aller Einflüsse definiert, die von außen auf die Beschäftigten zukommen und einwirken.

§ 5 Durchführung Gefährdungsbeurteilung

(1) Verantwortlich für die Durchführung der Gefährdungsbeurteilung ist die Fachkraft für Arbeitssicherheit. Diese bestimmt ein Team, welches zur Durchführung eingesetzt wird. Dieses Team setzt sich wie folgt zusammen:
– ein Vertreter des Betriebsrats
– eine Führungskraft der zuständigen Region
– der zuständige Vorgesetzte
– die Fachkraft für Arbeitssicherheit

(2) Zur Erfüllung seiner Aufgaben kann die Fachkraft für Arbeitssicherheit weitere Personen hinzuziehen.

§ 6 Zeitpunkt der Gefährdungsbeurteilung

Eine Gefährdungsbeurteilung ist immer dann vorzunehmen, wenn der Mitarbeiter seinem Vorgesetzten oder der Fachkraft für Arbeitssicherheit eine Gefährdung oder mögliche Gefährdung an seinem Arbeitsplatz mitteilt. Insbesondere ist zwingend eine Gefährdungsbeurteilung durchzuführen, wenn ein ...... eine neue Anlage in Wartung übernimmt und diese auf mögliche Gefahren untersucht hat und eine Gefährdung oder mögliche Gefährdung feststellt.

§ 7 Dokumentation

(1) Durchführung der Gefährdungsbeurteilung wird dokumentiert, dazu dienen die im Anhang befindlichen Anlagen. Die Dokumentation umfasst:
– das Formular bezüglich der durchgeführten Gefährdungsbeurteilungen
– evtl. durchgeführte Belastungsanalysen.

Hierzu gehören:
– der Name des Beurteilers
– die festgestellten Mängel
– die festgelegten Maßnahmen des Arbeitsschutzes mit Termin und Verantwortlichkeit
– das Ergebnis der Überprüfung.

(2) Die Unterlagen verbleiben in der Betriebszentrale, Abteilung Arbeitssicherheit. Der Betriebsrat hat ein jederzeitiges Einsichtsrecht und kann Kopien anfordern.

§ 8 Information der Beschäftigten

Persönliche oder vertrauliche Ergebnisse dürfen nicht veröffentlicht werden. Die Ergebnisse, der Handlungsbedarf und die vorgeschlagenen Maßnahmen werden den beurteilten Bereichen von der FaSi und einem Vertreter des Betriebsrats vorgestellt und mit den Beschäftigten besprochen. Die Vorschläge der Beschäftigten werden dokumentiert, Termine und Verantwortliche sind festzulegen.

§ 9 Umgang bei Arbeitsunfällen

(1) Für den Fall eines Arbeitsunfalles (dies ist nicht nur der tatsächliche Unfall, sondern auch der Beinahe-Unfall; dieser ist genauso zu behandeln wie ein tatsächlich geschehener Unfall) hat eine Unfallmeldung zu erfolgen, und zwar vom Mitarbeiter an seinen entsprechenden Vorgesetzten. Der Vorgesetzte hat die Unfallmeldung weiterzugeben an die Fachkraft für Arbeitssicherheit und den örtlichen Betriebsrat. Die Fachkraft für Arbeitssicherheit hat diese an den zuständigen Personalbetreuer der Personalabteilung und den Regionsleiter weiterzugeben.

(2) Diese Unfälle und Beinahe-Unfälle werden statistisch erfasst, sie werden arbeitssicherheits- und unfallursachengemäß analysiert und die betreffenden Informationen, Rückschlüsse und einzuleitenden Schutzmaßnahmen, die sich daraus ergeben, werden an die Regionsleiter, Serviceleiter und Montageleiter, zuständigen Personalbetreuer sowie Betriebsräte zur Schulung weitergegeben. Zuständig ist das Analyseteam.

§ 10 Maßnahmen

(1) Maßnahmen des Arbeitsschutzes unterliegen der Mitbestimmung des Betriebsrats.

(2) Der Betrieb hat die Mitwirkung und Beteiligung der Beschäftigten am Arbeits- und Gesundheitsschutz zu fördern.

(3) Die Beschäftigten werden wegen der Arbeitsschutzvorschrift vom Betrieb in Fragen des Arbeitsschutzes sowie der Arbeitssicherheit unterwiesen.

§ 11 Streitigkeiten

Streitigkeiten sollen nach Möglichkeit durch eine innerbetriebliche Einigung ausgeräumt werden. Kommt eine Einigung nicht zustande, kann von Arbeitgeber oder Betriebsrat eine Einigungsstelle angerufen werden. Über den Vorsitz entscheiden Arbeitgeber und Betriebsrat gemeinsam. Kommt eine Einigung nicht zustande, entscheidet aus je einem Vorschlag von Arbeitgeber und Betriebsrat das Los. Die Anzahl der Beisitzer beträgt zwei je Seite. Die Einigungsstelle soll unverzüglich zusammen treten.

§ 12 Salvatorische Klausel

Sollten einzelne Punkte dieser Betriebsvereinbarung unwirksam sein oder werden, wird hierdurch die Wirksamkeit der gesamten Vereinbarung nicht beruhrt. Für die unwirksame Klausel ist eine Regelung zu finden, die der unwirksamen inhaltlich nahe kommt.

§ 13 Schlussbestimmung

Diese Betriebsvereinbarung tritt mit Unterzeichnung in Kraft und kann mit der gesetzlichen Kündigungsfrist, erstmalig jedoch frühestens zum ...... gekündigt werden. Bis zum Abschluss einer neuen Betriebsvereinbarung wirkt sie unverändert nach.

......, den ...
Arbeitgeber   Betriebsrat

c) **Muster: Betriebsvereinbarung über den Einsatz der Fachkraft für Arbeitssicherheit und des Betriebsarztes, der Geschäftsführung des Arbeitssicherheitsausschusses, der Sicherheitsbeauftragen und Ersthelfer (ausführliche Form)** [→ B. Rn. 218]

221

Zwischen
der ...... GmbH
– nachfolgend Arbeitgeber genannt –
und dem Betriebsrat der ...... GmbH,
– nachfolgend Betriebsrat genannt –

wird folgende Betriebsvereinbarung über den Einsatz der Fachkraft für Arbeitssicherheit und des Betriebsarztes, der Geschäftsführung des Arbeitssicherheitsausschusses, der Sicherheitsbeauftragten und Ersthelfer vereinbart:

Präambel

Die Betriebsparteien sind sich darüber einig, dass es für den Arbeitgeber eine wichtige Aufgabe darstellt, den Anforderungen eines modernen Arbeits- und Gesundheitsschutzes gerecht zu werden und diesen durch innerbetriebliche Maßnahmen zu fördern. Zur Erreichung dieser Ziele werden Arbeitgeber und Betriebsrat konstruktiv und vertrauensvoll zusammen arbeiten.

Aus Gründen der einfacheren Lesbarkeit wird auf die geschlechtsneutrale Differenzierung, zB Benutzer/innen, verzichtet. Sämtliche Stellen-Bezeichnungen gelten im Sinne der Gleichbehandlung grundsätzlich für beide Geschlechter.

§ 1 Geltungsbereich

Diese Betriebsvereinbarung gilt räumlich für alle ...... und ...... mit den Standorten ...... Sie gilt persönlich für alle Beschäftigten mit Ausnahme der leitenden Angestellten nach § 5 Abs. 3 BetrVG.

§ 2 Gegenstand und Ziel

Mit dieser Betriebsvereinbarung werden Inhalte und Verfahren des Arbeitssicherheitsgesetzes festgelegt und die Umsetzung der gesetzlichen Bestimmungen sichergestellt. Zugleich wird damit das Ziel verfolgt, den Arbeits- und Gesundheitsschutz der Beschäftigten zu sichern und zu verbessern.

§ 3 Bestellung und Abberufung der Fachkraft für Arbeitssicherheit und des Betriebsarztes

(1) Bestellung und Abberufung der Fachkraft für Arbeitssicherheit
  (a) Der Betriebsrat ist rechtzeitig, mindestens jedoch 8 Wochen vorher, über die Bestellung oder die Abberufung der Fachkraft für Arbeitssicherheit (FaSi) zu informieren. Hierzu sind alle erforderlichen Unterlagen vorzulegen, insbesondere ist der Nachweis der sicherheitstechnischen Fachkunde (insbesondere nach § 4 DGUV 2) zu erbringen.
  (b) Dem Betriebsrat ist vor der endgültigen Bestellung die Gelegenheit zu geben, sich in einem persönlichen Gespräch einen Eindruck von der vorgesehenen FaSi zu machen.

(c) Die Bestellung und die Abberufung der FaSi bedürfen der Zustimmung des Betriebsrats. Bei der Erweiterung oder Einschränkung der Aufgaben der FaSi ist entsprechend zu verfahren.
(d) Bei Nichterfüllung seiner Aufgaben gemäß dieser Betriebsvereinbarung wird die FaSi auf Beschluss des Betriebsrats abberufen.

(2) Bestellung und Abberufung des Betriebsarztes
(a) Der Betriebsrat ist rechtzeitig, mindestens jedoch 8 Wochen vorher, über die Bestellung oder die Abberufung des Betriebsarztes zu informieren. Hierzu sind alle erforderlichen Unterlagen vorzulegen, insbesondere ist der Nachweis der betriebsärztlichen Fachkunde (insbesondere nach § 3 DGUV 2) zu erbringen.
(b) Dem Betriebsrat ist vor der endgültigen Bestellung die Gelegenheit zu geben, sich in einem persönlichen Gespräch einen Eindruck von dem vorgesehenen Betriebsarzt zu machen.
(c) Die Bestellung und die Abberufung des Betriebsarztes bedürfen der Zustimmung des Betriebsrats. Bei der Erweiterung oder Einschränkung der Aufgaben des Betriebsarztes ist entsprechend zu verfahren.
(d) Bei Nichterfüllung seiner Aufgaben gemäß dieser Betriebsvereinbarung wird der Betriebsarzt auf Beschluss des Betriebsrats abberufen.

§ 4 Aufgaben der Fachkraft für Arbeitssicherheit und des Betriebsarztes

(1) Aufgaben der Fachkraft für Arbeitssicherheit
(a) Die FaSi erfüllt ihre Aufgaben gemäß § 6 ASiG. Die auf den Betrieb bezogenen konkreten Aufgaben sind in Anlage 1 dargestellt.
(b) Die FaSi hat bei der Erfüllung ihrer Aufgaben mit dem Betriebsrat zusammen zu arbeiten. Der Betriebsrat ist rechtzeitig und umfassend zu informieren.
(c) Die regelmäßige Begehung der Arbeitsstätten zusammen mit dem Betriebsarzt ist mindestens einmal im Halbjahr durchzuführen.

(2) Aufgaben des Betriebsarztes
(a) Der Betriebsarzt erfüllt seine Aufgaben gemäß 3 ASiG. Die auf den Betrieb bezogenen konkreten Aufgaben sind in Anlage 2 dargestellt.
(b) Der Betriebsarzt hat bei der Erfüllung seiner Aufgaben mit dem Betriebsrat zusammen zu arbeiten. Der Betriebsrat ist rechtzeitig und umfassend zu informieren.
(c) Die regelmäßige Begehung der Arbeitsstätten zusammen mit der Fachkraft für Arbeitssicherheit ist mindestens einmal im Halbjahr durchzuführen.

§ 5 Festlegen der Einsatzzeiten der Fachkraft für Arbeitssicherheit und des Betriebsarztes

(1) Verfahren
(a) Die Festlegung der Einsatzzeiten der Fachkraft für Arbeitssicherheit und des Betriebsarztes erfolgt entsprechend den Bestimmungen der DGUV 2 durch nachfolgendes Verfahren.
(b) Die Betriebsparteien sind sich einig, dass der Betrieb der Betreuungsgruppe 2 gemäß Anlage 2 Abschnitt 4 zur DGUV 2 zugeordnet wird.

(2) Grundbetreuungsbedarf
Für die Einsatzzeiten der Fachkraft für Arbeitssicherheit und des Betriebsarztes wird zunächst ein Grundbetreuungsbedarf gemäß Anlage 2 zur DGUV 2 zugrunde gelegt. Dieser beträgt ...... Stunden im Jahr pro Beschäftigtem und verteilt sich im Verhältnis 3 : 2 auf die Fachkraft für Arbeitssicherheit und Betriebsarzt.

(3) Betriebsspezifischer Betreuungsbedarf

(a) Über den Grundbetreuungsbedarf hinaus wird ein betriebsspezifischer Betreuungsbedarf für regelmäßige sowie für anlassbezogene Betreuung ermittelt. Mit dem regelmäßigen betriebsspezifischen Betreuungsbedarf sind die Aufgaben nach der Anlage 1 abgedeckt.

(b) Soweit aus besonderem Anlass weitere Aufgaben, die nicht in der Anlage 1 erfasst sind oder die darüber hinaus gehen, von der Fachkraft für Arbeitssicherheit oder vom Betriebsarzt zu erledigen sind, können Arbeitgeber oder Betriebsrat initiativ tätig werden.

(c) Arbeitgeber und Betriebsrat einigen sich über den regelmäßigen sowie den anlassbezogenen betriebsspezifischen Betreuungsbedarf. Kommt eine Einigung nicht zustande, gilt § 10 dieser Vereinbarung.

(d) Die vereinbarten Einsatzzeiten werden in der Anlage 3 für FaSi und Betriebsarzt festgehalten.

(4) Wirksamkeitskontrollen

Die Betriebsparteien beurteilen jeweils im Dezember eines Jahres die Einsatzzeiten für das laufende Kalenderjahr und prüfen, ob für das kommende Jahr eine Anpassung zu erfolgen hat.

§ 6 Berichtswesen der Fachkraft für Arbeitssicherheit und des Betriebsarztes

(1) Berichtswesen

(a) FaSi und Betriebsarzt führen ein regelmäßiges Berichtswesen. Dieses besteht jeweils mindestens aus
- einer Vorausplanung pro Quartal,
- einem Tätigkeitsnachweis pro Quartal mit Einsatzzeit, Gegenstand der Tätigkeit, Fahr- und Bürozeit,
- einem Bericht, der insbesondere die Ergebnisse der Begehung der Arbeitsplätze (Büroarbeitsplätze und Montagestellen) beinhaltet, aber auch Auskunft über die Zusammenarbeit zwischen Betriebsarzt und FaSi gibt.

(b) Die Vorausplanung erhalten Arbeitgeber und Betriebsrat spätestens 3 Tage vor dem letzten Arbeitstag des Quartals.

(c) Den Tätigkeitsnachweis sowie den Bericht erhalten Arbeitgeber und Betriebsrat spätestens am 7. Arbeitstag des folgenden Quartals.

(d) Die Begehung der Arbeitsplätze zusammen mit dem Betriebsarzt ist mindestens einmal im Halbjahr durchzuführen.

(e) Der Betriebsrat ist auf sein Verlangen auch außerhalb der oben festgelegten Turnusse die Vorausplanung und der Tätigkeitsnachweis vorzulegen.

(2) Vorausplanung

Arbeitgeber und Betriebsrat haben die Möglichkeit, Vorschläge für die Vorausplanung zu unterbreiten. Diese sollen spätestens in die darauf folgende Vorausplanung aufgenommen werden.

Sofern die Vorschläge Maßnahme der Arbeitssicherheit betreffen, sind diese unverzüglich zu bearbeiten.

(3) Berichte

(a) Der Bericht enthält mindestens folgende Angaben:
- welcher Bereich untersucht wurde,
- die Tätigkeiten, die in dem Bereich ausgeführt werden,
- die Ergebnisse der Befragung und der Beobachtung,
- den Handlungsbedarf,
- die vorgeschlagenen Maßnahmen unter Nennung des Verantwortlichen,

- die Termine, zu dem die Maßnahmen greifen sollen,
- den Abschluss der Maßnahmen.

(b) Die Berichte werden schriftlich vorgelegt. Sie werden auf dem Laufwerk archiviert. Auf den Server haben nur die Verantwortlichen und der Betriebsrat Zugriff.

(c) Ergebnisse, Maßnahmen und Veränderungen, die sich aus den Arbeitsaufgaben ergeben, sind im Bericht zu dokumentieren. Maßnahmen und Veränderungen an Arbeitsplätzen sind zusammen mit dem Betriebsrat und den betroffenen Mitarbeitern zu besprechen.

(d) Das Berichtswesen ist auch Grundlage für die Arbeit des Arbeitsschutzausschusses.

§ 7 Arbeitsschutzausschuss

(1) Sitzungen des Arbeitsschutzausschusses

(a) Die Sitzungen des Arbeitsschutzschusses (ASA-Sitzungen) finden mindestens einmal im Quartal statt. Bei aktuellen und/oder brisanten Themen zB:
- schwere Unfälle,
- Gefahr für Leib und Gut,
- sofort umzusetzende Sicherheitsmaßnahmen,
- etc.

ist unverzüglich eine weitere Sitzung durchzuführen.

(b) Die Termine der ASA-Sitzungen werden in der letzten Sitzung eines Jahres für das Folgejahr festgelegt. Hierbei sind die Monate Februar, Mai, September und November zu bevorzugen. Weitere Sitzungen beruft auf Antrag des Arbeitgebers oder des Betriebsrats die FaSi ein.

(c) Die FaSi lädt spätestens 4 Wochen vor der Sitzung unter Mitteilung der Tagesordnung ein. Einzuladen sind auf jeden Fall
- der Arbeitgeber, dh der Regionsleiter oder ein von ihm benannter Vertreter,
- die vom Betriebsrat benannten Mitglieder,
- der Betriebsarzt,
- die Sicherheitsbeauftragten nach § 22 SGB VII.

(d) Bei Bedarf oder auf Wunsch des Arbeitgebers oder des Betriebsrats sind weitere innerbetriebliche und/oder außerbetriebliche Fachleute zu spezifischen Fragen einzuladen.

(e) Benötigte Arbeitsunterlagen werden zusammen mit der Einladung versandt. Dies gilt insbesondere für Ergebnisse, Maßnahmen und Veränderungen nach § 6 Abs. 3.

(f) Bei aktuellen und/oder brisanten Themen (s.o.) hat die Einladung unverzüglich zu erfolgen. In diesem Fall kann von der 4-Wochen-Frist abgewichen werden.

(g) Aktuelle, ergänzende Punkte können am Anfang der Sitzung mit aufgenommen werden.

(h) Das Benutzen von Handys, Smartphones und/oder Laptops ohne einen direkten und/oder inhaltlichen Zusammenhang mit Themen der ASA-Sitzung ist verboten.

(i) Über die Sitzung ist von der FaSi ein Protokoll anzufertigen, aus dem sich zu den einzelnen Tagesordnungspunkten mindestens der jeweilige Sachstand und ggf. der festgestellte Handlungsbedarf sowie die erörterten Maßnahmen oder die ggf. offenen Punkte ergeben. Die Protokollführung kann mit Zustimmung von Arbeitgeber und Betriebsrat auf einen separaten Protokollführer übertragen werden. In diesem Fall stellt der Arbeitgeber sicher, dass die räumliche und zeitliche Kapazität zur Erstellung des Protokolls gegeben ist.

(j) Das Protokoll wird allen Beteiligten spätestens 2 Wochen nach der jeweiligen Sitzung zur Verfügung gestellt.

(k) Die Abarbeitung der offenen Punkte ist am Anfang der jeweils nächsten ASA-Sitzung zu prüfen und zu dokumentieren.

(2) Zusätzliche Sitzungen des Arbeitsschutzausschusses

Zusätzlich zu den regulären betriebsbezogenen ASA-Sitzungen können nach näherer Absprache regionale Sitzungen in Anlehnung an diese Betriebsvereinbarung stattfinden. Zur Unterscheidung werden diese Sitzungen unter dem Namen „Regionale Sicherheitssitzung" durchgeführt.

§ 8 Sicherheitsbeauftragte

(1) Arbeitgeber und Betriebsrat bestimmen gemäß § 22 Abs. 1 SGB VII die Anzahl der Sicherheitsbeauftragten. Bei der Festlegung ist zu berücksichtigen, dass möglichst alle Beschäftigungsbereiche abgedeckt sind.

(2) Sicherheitsbeauftragte sollen möglichst nicht Vorgesetzte sein. Die Bestellung setzt voraus, dass die körperliche, geistige und psychische Eignung vorliegt. Die Bestellung soll möglichst auf freiwilliger Basis erfolgen. Beschäftigte können die Bestellung als Sicherheitsbeauftragter ablehnen, wenn sie aus gesundheitlichen Gründen dazu nicht in der Lage sind. Über die Bestellung der Sicherheitsbeauftragten wird mit dem Betriebsrat Einvernehmen erzielt.

(3) Die Aufgaben der Sicherheitsbeauftragten ergeben sich aus der Beschreibung in der Anlage 4.

(4) Sicherheitsbeauftragte sind auf Kosten des Arbeitgebers während der Arbeitszeit in erforderlichem Umfang über ihre Aufgaben zu schulen. Dabei soll insbesondere auch der Gesamtzusammenhang von Arbeitssicherheit und Gesundheitsschutz im Unternehmen vermittelt werden. Der Arbeitgeber hat dafür Sorge zu tragen, dass für die Dauer der Schulung eine Vertretung für die berufliche Tätigkeit eingesetzt wird. Für die Schulungen kann in erster Linie auf Kurse der zuständigen Unfallversicherung zurückgegriffen werden.

(5) Die Sicherheitsbeauftragten sind innerbetrieblich bekannt zu geben. Bei Unterweisungen der Beschäftigten sind diese auf die Aufgaben und Funktion der Sicherheitsbeauftragten hinzuweisen.

(6) Die Ausübung der Tätigkeit als Sicherheitsbeauftragter ist Arbeitszeit. Sicherheitsbeauftragte dürfen wegen der Erfüllung ihrer Aufgaben nicht benachteiligt werden.

§ 9 Ersthelfer

(1) Arbeitgeber und Betriebsrat bestimmen gemäß § 10 ArbSchG in Verbindung mit § 21 Abs. 1 SGB VII die Anzahl der Ersthelfer. Bei der Festlegung ist zu berücksichtigen, dass möglichst alle Beschäftigungsbereiche abgedeckt sind.

(2) Die Bestellung der Ersthelfer setzt voraus, dass die körperliche, geistige und psychische Eignung vorliegt. Die Bestellung soll möglichst auf freiwilliger Basis erfolgen. Beschäftigte können die Bestellung als Ersthelfer ablehnen, wenn sie aus gesundheitlichen Gründen dazu nicht in der Lage sind. Über die Bestellung der Ersthelfer wird mit dem Betriebsrat Einvernehmen erzielt.

(3) Ersthelfer sind auf Kosten des Arbeitgebers während der Arbeitszeit in erforderlichem Umfang über Erste-Hilfe-Maßnahmen zu schulen. Die Schulung ist alle zwei Jahre zu wiederholen. Der Arbeitgeber hat dafür Sorge zu tragen, dass für die

Dauer der Schulung eine Vertretung für die berufliche Tätigkeit eingesetzt wird. Für die Schulungen kann in erster Linie auf Kurse der zuständigen Unfallversicherung zurückgegriffen werden.

(4) Die Ersthelfer sind innerbetrieblich bekannt zu geben.

(5) Die Ausübung der Tätigkeit als Ersthelfer ist Arbeitszeit.

§ 10 Streitigkeiten

(1) Streitigkeiten sollen nach Möglichkeit durch eine innerbetriebliche Einigung ausgeräumt werden. Kommt eine Einigung nicht zustande, kann von Arbeitgeber oder Betriebsrat eine Einigungsstelle angerufen werden. Über den Vorsitz entscheiden Arbeitgeber und Betriebsrat gemeinsam. Kommt eine Einigung nicht zustande, entscheidet aus je einem Vorschlag von Arbeitgeber und Betriebsrat das Los.

(2) Die Anzahl der Beisitzer beträgt zwei je Seite.

(3) Die Einigungsstelle soll unverzüglich zusammentreten.

§ 11 Salvatorische Klausel

Sollten einzelne Punkte dieser Betriebsvereinbarung unwirksam sein oder werden, wird hierdurch die Wirksamkeit der gesamten Vereinbarung nicht berührt. Für die unwirksame Klausel ist eine Regelung zu finden, die der unwirksamen inhaltlich nahe kommt.

§ 12 Schlussbestimmung

Diese Betriebsvereinbarung tritt mit Unterzeichnung in Kraft und kann mit der gesetzlichen Kündigungsfrist, erstmalig jedoch frühestens zum ...... gekündigt werden. Bis zum Abschluss einer neuen Betriebsvereinbarung wirkt sie unverändert nach.

......, den ......

Arbeitgeber   Betriebsrat

Anlage 1: Arbeitsaufgaben der Fachkraft für Arbeitssicherheit
Anlage 2: Arbeitsaufgaben des Betriebsarztes
Anlage 3: Festgelegte Einsatzzeiten für FaSi und Betriebsarzt
Anlage 4: Namensliste des Arbeitsschutzausschusses Betrieb ......
Anlage 5: Aufgaben der Sicherheitsbeauftragten

d) Muster: Betriebsvereinbarung über Bildschirmarbeit[215] [→ B. Rn. 218]

Zwischen
der ...... GmbH

– nachfolgend Arbeitgeber genannt –

und
dem Betriebsrat der ...... GmbH

– nachfolgend Betriebsrat genannt –

wird eine Betriebsvereinbarung ....../...... zum Gesundheitsschutz bei der Arbeit mit Bildschirmgeräten geschlossen:

---

[215] Vgl. hierzu auch die BildscharbV v. 4.12.1996 (BGBl. I 1843).

§ 1 Persönlicher Geltungsbereich

(1) Die Betriebsvereinbarung gilt für alle an Bildschirmarbeitsplätzen beschäftigten Arbeitnehmer, mit Ausnahme der leitenden Angestellten iSd § 5 Abs. 3 BetrVG.

(2) An einem Bildschirmarbeitsplatz beschäftigte Mitarbeiter iSd Betriebsvereinbarung sind Mitarbeiter, die gewöhnlich bei einem nicht unwesentlichen Teil ihrer normalen Arbeit ein Bildschirmgerät benutzen. Die Betriebsparteien sind sich darüber einig, dass davon ab der regelmäßigen Nutzung eines Bildschirmgerätes von mehr als …… Stunden täglich auszugehen ist.

§ 2 Begriffsbestimmungen

(1) Ein Bildschirmgerät im Sinne dieser Betriebsvereinbarung ist ein Bildschirm zur Darstellung alphanumerischer Zeichen oder zur Grafikdarstellung, ungeachtet des Darstellungsverfahrens. Hiervon ausgenommen sind Bildschirmgeräte für den ortsveränderlichen Gebrauch (zB Laptops), sofern sie nicht von dem Arbeitgeber gestellt und regelmäßig an dem gewöhnlichen Arbeitsplatz verwendet werden.

(2) Ein Bildschirmarbeitsplatz ist ein Arbeitsplatz an einem Bildschirmgerät, das ggf. mit einer Tastatur oder einer Datenerfassungsvorrichtung, optionalen Zusatzgeräten, Anlageelementen für externe Speicher, Telefon, Modem, Drucker, Manuskripthalter, einem Sitz und Arbeitstisch oder einer Arbeitsfläche ausgerüstet ist.

§ 3 Arbeitsplatzanalyse

(1) Der Arbeitgeber ist verpflichtet, im Rahmen der nach § 3 BildscharbV iVm § 5 ArbSchG vorgeschriebenen Beurteilung eine Arbeitsplatzanalyse durchzuführen, um die Sicherheits- und Gesundheitsbedingungen zu beurteilen, die dort für die beschäftigten Arbeitnehmer vorliegen. Dies gilt insbesondere für die mögliche Gefährdung des Sehvermögens sowie die körperlichen Probleme und psychischen Belastungen.

(2) Der Arbeitgeber ist auf der Grundlage der Analyse verpflichtet, zweckdienliche Maßnahmen zur Ausschaltung der festgestellten Gefahren zu treffen, wobei er die Summe und/oder die Kombination der Wirkungen der festgestellten Gefahren zu berücksichtigen hat.

(3) Die Arbeitsplatzanalyse erstreckt sich insbesondere auf
   (a) den Bildschirmarbeitsplatz,
   (b) die Arbeitsaufgaben,
   (c) die Hardwareergonomie,
   (d) die Softwareergonomie,
   (e) die Arbeitsumgebung,
   (f) die Arbeitsorganisation,
   (g) sonstige arbeitsplatzbezogene physische und psychische Belastungen.

§ 4 Gestaltung der Arbeitsplätze und der Arbeitsorganisation[216]

(1) Der Arbeitgeber wird alle Arbeitsplätze entsprechend den Anforderungen der Bildschirmarbeitsverordnung vom 4.12.1996 (BildscharbV) sowie unter Berücksichtigung des jeweiligen Standes der Technik, der Arbeitsmedizin und sonstiger gesicherter arbeitswissenschaftlicher Erkenntnisse gestalten.

---

[216] Der Betriebsrat kann aufgrund seines Mitbestimmungsrechts betriebliche Regelungen über die Unterbrechung von Bildschirmarbeit verlangen, vgl. BAG 2.4.1996 – 1 ABR 47/95, AP BetrVG 1972 § 87 Gesundheitsschutz Nr. 5; s. auch § 5 BildscharbV.

(2) Der Arbeitgeber ist verpflichtet, die Tätigkeit der Arbeitnehmer so zu organisieren, dass die tägliche Arbeit an Bildschirmgeräten regelmäßig durch Pausen oder andere Tätigkeiten unterbrochen wird, um die Belastung durch die Arbeit an Bildschirmgeräten zu verringern.[217]

§ 5 Unterrichtung der Arbeitnehmer

(1) Die Arbeitnehmer werden umfassend über alle gesundheits- und sicherheitsrelevanten Fragen im Zusammenhang mit ihrem Arbeitsplatz und der Arbeitsplatzanalyse über sowie die Arbeitsorganisation und die ärztlichen Untersuchungsmöglichkeiten unterrichtet.

(2) Alle Arbeitnehmer werden vor Aufnahme ihrer Tätigkeit am Bildschirm und bei jeder wesentlichen Veränderung der Organisation des Arbeitsplatzes im Umgang mit dem Gerät unterwiesen.

(3) Die Arbeitnehmer können sich in Fragen des Gesundheitsschutzes an die Fachkräfte für Gesundheitsschutz bei der Bildschirmarbeit (§ 8) wenden.

§ 6 Augenärztliche Untersuchung[218]

(1) Alle Arbeitnehmer haben das Recht auf eine angemessene Untersuchung der Augen durch einen Augenarzt vor Aufnahme der Bildschirmarbeit. Eine erneute Untersuchung wird im regelmäßigen Abstand von ...... Jahren nach der jeweils letzten Untersuchung sowie bei Auftreten von Sehbeschwerden, die auf die Bildschirmarbeit zurückzuführen sind, angeboten.

(2) Die Kosten der Untersuchungen nach Abs. 1 trägt der Arbeitgeber, sofern nicht andere Kostenträger durch die Mitarbeiter in Anspruch genommen werden können.

(3) Dem Arbeitnehmer werden spezielle Sehhilfen für die betreffende Arbeit zur Verfügung gestellt, wenn die ärztliche Untersuchung deren Notwendigkeit ergibt. Die Kosten der Sehhilfe trägt der Arbeitgeber,[219] wenn sie nicht von der Krankenkasse übernommen werden.[220]

§ 7 Beteiligung des Betriebsrats

(1) Der Arbeitgeber informiert den Betriebsrat frühzeitig und umfassend über die Planung bei der Einführung, Änderung und Ausweitung von Bildschirmarbeitsplätzen.

(2) Der Betriebsrat hat die Möglichkeit, Vorschläge zu einer alternativen Gestaltung von Bildschirmarbeitsplätzen zu unterbreiten.

§ 8 Fachkräfte für Gesundheitsschutz bei Bildschirmarbeit

(1) Es werden ...... Fachkräfte für Gesundheitsschutz bei der Bildschirmarbeit unter Beteiligung des Betriebsrats bestellt.

---

[217] BAG 2.4.1996 – 1 ABR 47/95, AP BetrVG 1972 § 87 Gesundheitsschutz Nr. 5; anders noch BAG 6.12.1983 – 1 ABR 43/81, AP BetrVG 1972 § 87 Überwachung Nr. 7. Für Teilzeitbeschäftigte kann die Arbeitsreduzierung an Bildschirmgeräten geringer sein, vgl. BAG 9.2.1989 – 6 AZR 174/87, AP BeschFG 1985 § 2 Nr. 4.
[218] Inzwischen enthält die BildscharbV in § 6 eine entsprechende Verpflichtung. Die frühere Rechtsprechung des BAG (2.4.1996 – 1 ABR 47/95, AP BetrVG 1972 § 87 Gesundheitsschutz Nr. 5) ist damit überholt.
[219] Vgl. hierzu ArbG Kaiserslautern 12.6.2001 – 5 Ca 316/01, NZA-RR 2001, 628.
[220] LAG Hamm 29.10.1999 – 5 Sa 2158/98, NZA-RR 2000, 351.

(2) Zu Fachkräften für Gesundheitsschutz bei der Bildschirmarbeit können nur Mitarbeiter bestellt werden, die länger als sechs Monate bei dem Arbeitgeber beschäftigt sind und über das erforderliche Fachwissen verfügen.

(3) Die Fachkräfte sind zuständig für die Erstellung der Arbeitsplatzanalyse. Zur Erfüllung ihrer Aufgabe können sich die Fachkräfte jederzeit an den Betriebsarzt oder andere Fachkräfte für Arbeitssicherheit wenden.

(4) Verletzt eine Fachkraft die ihr übertragenen Verpflichtungen, kann sie nach entsprechender Vereinbarung der Betriebsparteien abberufen werden. Kommt eine Einigung nicht zustande, entscheidet die Einigungsstelle.

§ 9 Rechte und Pflichten der Fachkräfte für Gesundheitsschutz bei der Bildschirmarbeit

(1) Die Fachkräfte für Gesundheitsschutz sind in dem Umfang ohne Verdienstminderung von der Arbeitspflicht befreit, wie dies zur Erfüllung ihrer Arbeit notwendig ist.

(2) Die Fachkräfte sind zur absoluten Verschwiegenheit über ihnen in amtlicher Eigenschaft bekannt gewordene Umstände verpflichtet. Dies gilt insbesondere für solche Umstände, durch die das Persönlichkeitsrecht eines Arbeitnehmers verletzt werden kann.

§ 10 Herausgabe von Unterlagen

(1) Die im Rahmen der Arbeitsplatzanalyse erstellten Unterlagen sind verschlossen aufzubewahren.

(2) Über ihre Herausgabe an Dritte wird ein Protokollbuch geführt.

(3) Die Fachkraft hat sie an Dritte herauszugeben, soweit dies zur Erfüllung ihrer gesetzlichen Aufgaben erforderlich ist. Soweit das Persönlichkeitsrecht eines Arbeitnehmers verletzt werden kann, ist dessen Zustimmung einzuholen.

§ 11 Schlussbestimmungen

(1) Diese Betriebsvereinbarung tritt am ...... in Kraft. Sie kann mit einer Frist von ...... zum ...... gekündigt werden.

(2) Bis zum Abschluss einer neuen Betriebsvereinbarung gilt die vorliegende Betriebsvereinbarung weiter.

......, den ......

Arbeitgeber   Betriebsrat

XI. Mitbestimmung bei Sozialeinrichtungen (§ 87 Abs. 1 Nr. 8 BetrVG)

1. Gesetzliche Vorgaben

223   Nach § 87 Abs. 1 Nr. 8 BetrVG hat der Betriebsrat ein erzwingbares Mitbestimmungsrecht bei Form, Ausgestaltung und Verwaltung von Sozialeinrichtungen, deren Wirkungsbereich auf den Betrieb, das Unternehmen oder den Konzern beschränkt ist. Zu den mitbestimmungspflichtigen Sozialeinrichtungen gehören Unterstützungs- und Pensionskassen, Kantinen, Verkaufsstände, Automaten zum Verkauf verbilligter Waren, Erholungsheime, Betriebswohnheime, Betriebskindergärten uÄ.[221] Die Mitbestimmung des Betriebsrats bei einer Sozialeinrichtung iSv § 87 Abs. 1 Nr. 8 BetrVG setzt voraus, dass der Wirkungsbereich der Einrichtung auf den Betrieb, das Unternehmen oder den Konzern des Arbeitgebers beschränkt ist. Dies ist nicht der Fall, wenn

---

[221] Vgl. die Beispiele bei Schaub/*Koch*, ArbR-HdB, § 235 Rn. 81 mzN.

die Einrichtung nach dem vom Arbeitgeber bestimmten Zweck einem unbestimmten Personenkreis zugänglich ist.[222]

2. Muster: Betriebsvereinbarung zum Hilfsfonds für Notlagen
[→ B. Rn. 223]

Zwischen
der ...... GmbH

– nachfolgend Arbeitgeber genannt –

und
dem Betriebsrat der ...... GmbH

– nachfolgend Betriebsrat genannt –

wird folgende Betriebsvereinbarung zum Hilfsfonds für Notlagen geschlossen:

§ 1 Geltungsbereich

Diese Betriebsvereinbarung gilt für alle Mitarbeiter, die zum Zeitpunkt des Eintrittes der wirtschaftlichen Notlage mehr als sechs Monate in einem ungekündigten Arbeitsverhältnis stehen. Ausgenommen vom Geltungsbereich sind leitende Angestellte iSd § 5 Abs. 3 BetrVG.

§ 2 Träger des Hilfsfonds

Der Arbeitgeber richtet einen Hilfsfonds ein, welcher der Unterstützung von Mitarbeitern in wirtschaftlichen Notlagen dient. Der Arbeitgeber ist Träger des Hilfsfonds.

§ 3 Gründungskapital

(1) Der Arbeitgeber gründet den Hilfsfonds mit einem Startkapital von ...... EUR. Das Startkapital stellt der Arbeitgeber auf seinem Geschäftskonto bereit.

(2) Für die Folgejahre gilt Folgendes:

Der Arbeitgeber zahlt jährlich zum ...... des jeweiligen Jahres einen weiteren Betrag in Höhe von ...... EUR in den Hilfsfonds ein. Bei einer schlechten wirtschaftlichen Situation kann diese Zahlung vermindert oder für ein Jahr ganz ausgesetzt werden. Der Nachweis einer schlechten wirtschaftlichen Situation ist dem Betriebsrat unter Vorlage eines Wirtschaftsprüferattestats spätestens zum ...... nachzuweisen.

§ 4 Wirtschaftliche Notlagen

(1) Unter wirtschaftlichen Notlagen im Sinne dieser Betriebsvereinbarung werden alle Personen- und Sachschäden verstanden, die den Mitarbeiter zu finanziellen Ausgaben veranlassen, die in gleichen Verhältnissen lebende Mitarbeiter nicht haben. Von einer Notlage kann dagegen nicht ausgegangen werden, wenn diese auf Schäden zurückzuführen ist, die vom Geschädigten selbst vorsätzlich oder grob fahrlässig verursacht worden ist.

(2) Wirtschaftliche Notlagen können sich ua aus folgenden Umständen ergeben:
– bei Beerdigungskosten im Falle eines Todesfalles eines Familienmitgliedes des Mitarbeiters,
– bei Wiederbeschaffungskosten infolge eines unabwendbaren Ereignisses aufgrund höherer Gewalt (Hochwasser, Naturkatastrophen, Brand ua),
– bei Heilungskosten, die für eine notwendige medizinische Behandlung anfallen und nicht von sonstigen Versorgungsträgern übernommen werden.

224

---

[222] BAG 10.2.2009 – 1 ABR 94/07, AP BetrVG 1972 § 87 Sozialeinrichtung Nr. 21.

§ 5 Hilfsfondsausschuss

Es wird ein Hilfsfondsausschuss gegründet. Dieser setzt sich aus ...... Mitgliedern des Betriebsrats sowie ...... Mitgliedern des Arbeitgebers zusammen. Der Hilfsfondsausschuss wird in Anlehnung an § 21 BetrVG für vier Jahre gewählt. Die Mitglieder des Hilfsfondsausschusses wählen für die jeweilige Wahlperiode einen Vorsitzenden, der die Ausschusssitzungen leitet.

§ 6 Entscheidung über Hilfszahlung

(1) Der Hilfsfondsausschuss beschließt über die Höhe der Hilfszahlung im Wege der Abstimmung mit einfacher Stimmmehrheit. Über die Entscheidung wird ein Protokoll angefertigt.

(2) Der Beschluss des Hilfsfondsausschusses zu Hilfszahlungen ist unanfechtbar. Rechtsbehelfe gegen die Entscheidung des Hilfsfondsausschusses stehen weder dem Arbeitgeber noch dem Mitarbeiter zur Verfügung.

§ 7 Zahlungen aus dem Hilfsfonds

(1) Der Hilfsfondsausschuss legt unter Berücksichtigung sämtlicher Umstände des Einzelfalles die Höhe der Hilfszahlung fest. Dabei soll eine Jahreszahlung einen Betrag in Höhe von insgesamt ...... EUR nicht überschreiten.

(2) Hilfszahlungen sowohl von privaten als auch von gewerblichen Dritten (Familienangehörigen, gesetzlichen und privaten Krankenversicherungen, Berufsgenossenschaften, Haftpflichtversicherungen etc.) werden bei der Höhe der Hilfszahlung wertmindernd berücksichtigt.

§ 8 Antragstellung

(1) Der Antrag auf eine Hilfszahlung aus dem Hilfsfonds ist vom Arbeitnehmer schriftlich unter Angabe aller Daten und Gründe dem Hilfsfondsausschuss einzureichen. Die Antragstellung muss anhand von Dokumenten und Urkunden belegt werden.

(2) Der Hilfsfondsausschuss entscheidet innerhalb von ...... Wochen nach Zugang des Antrages über eine mögliche Hilfszahlung sowie über die Höhe dieser Hilfszahlung. Der Mitarbeiter wird über die Entscheidung des Hilfsfondsausschusses unterrichtet.

§ 9 Berichtspflicht

Die Zahlungen aus dem Hilfsfonds hat der Hilfsfondsausschuss zu dokumentieren und er hat dem Arbeitgeber am Ende eines jeden Geschäftsjahres Bericht abzulegen.

§ 10 Schlussbestimmungen

Diese Betriebsvereinbarung tritt am ...... in Kraft. Sie kann mit einer Frist von ...... zum ......, spätestens zum ...... gekündigt werden. Die Kündigung bedarf der Schriftform.

......, den ......

Arbeitgeber   Betriebsrat

XII. Werkwohnungen (§ 87 Abs. 1 Nr. 9 BetrVG)

Nach § 87 Abs. 1 Nr. 9 BetrVG besteht ein Mitbestimmungsrecht für funktionsgebundene und sonstige Werkmietwohnungen. Für Werkdienstwohnungen besteht dagegen kein Mitbestimmungsrecht, da diese aufgrund des Arbeitsvertrages überlassen werden. Zweck des Mitbestimmungsrechts ist die Sicherstellung einer gerechten Verteilung von Wohnraum und von angemessenen Mietbedingungen. Das Mitbestimmungsrecht spielt in der arbeitsgerichtlichen Praxis keine Rolle, so dass auf die Darstellung eines Musters verzichtet wird.

XIII. Betriebliche Lohngestaltung (§ 87 Abs. 1 Nr. 10 BetrVG)

1. Gesetzliche Vorgaben

Große praktische Bedeutung hat die Mitbestimmung des Betriebsrats nach § 87 Abs. 1 Nr. 10 BetrVG in Fragen der betrieblichen Lohngestaltung, insbesondere der Aufstellung von Entlohnungsgrundsätzen und der Einführung und Anwendung von neuen Entlohnungsmethoden sowie deren Änderung.[223] Das Mitbestimmungsrecht dient dazu, eine transparente Lohnordnung für den Betrieb zu schaffen und zur innerbetrieblichen Lohngerechtigkeit beizutragen. Die Arbeitnehmer sollen vor einer einseitigen, ausschließlich an den Interessen des Unternehmens ausgerichteten Lohnpolitik geschützt werden. Das Mitbestimmungsrecht besteht **nur** bei der Gewährung von freiwilligen, dh nicht auf normativer Tarifgeltung kraft Tarifbindung oder Allgemeinverbindlichkeit beruhenden Leistungen durch den Arbeitgeber. Zwar ist der Arbeitgeber grundsätzlich frei in seiner Entscheidung, ob über- oder außertarifliche Leistungen überhaupt gewährt. Entschließt er sich aber dazu, hat der Betriebsrat über die Kriterien für die Berechnung der einzelnen Leistungen und ihrer Höhe im Verhältnis zueinander mitzubestimmen.[224]

Nachfolgende Muster stellen Beispiele für solche Betriebsvereinbarungen dar:

2. Muster

a) Muster: Betriebsvereinbarung über Akkordlohn [→ B. Rn. 226 f.]

Zwischen
der …… GmbH

– nachfolgend Arbeitgeber genannt –

und
dem Betriebsrat der …… GmbH

– nachfolgend Betriebsrat genannt –

wird nachfolgende Betriebsvereinbarung geschlossen:

§ 1 Einführung von Zeitakkord

In der Abteilung …… wird im Zeitakkord gearbeitet. Die Ermittlungen der Vorgabezeiten erfolgen nach Rofa-Grundsätzen.[225]

---

[223] BAG 17.5.2011 – 1 AZR 797/09, NZA-RR 2011, 644. Die Verletzung des Mitbestimmungsrechts aus § 87 Abs. 1 Nr. 10 BetrVG bei einer einseitigen Änderung einer im Betrieb geltenden Vergütungsordnung kann dazu führen, dass die betroffenen Arbeitnehmer eine Vergütung auf der Grundlage der zuletzt mitbestimmten Entlohnungsgrundsätze verlangen können, vgl. BAG 22.6.2010 – 1 AZR 853/08, NZA 2010, 1243.
[224] Vgl. im Einzelnen: Schaub/*Koch,* ArbR-HdB, § 235 Rn. 89 ff. mzN.
[225] Der Refa (Verband für Arbeitsgestaltung, Betriebsorganisation und Unternehmensentwicklung) gilt als Deutschlands älteste und bedeutendste Organisation für Arbeitsgestaltung, Betriebsorganisation und Unternehmensentwicklung. Der Refa entwickelt mit Hilfe von Wissenschaftlern und Praktikern Methoden zur betrieblichen Datenermittlung und zum Management, stimmt diese mit den Tarifparteien ab und überführt sie in eine verbandseigene Lehre. Zur Zeitermittlung nach Refa-Grundsätzen vgl. Schaub/*Vogelsang,* ArbR-HdB, § 64 Rn. 20 ff.

§ 2 Systembestandteile

Die Einzelheiten des Systems gehen aus folgenden Anlagen hervor:
1. Arbeitsbeschreibung
2. Betriebliche Richtwerttabelle
3. Beispiel zur Vorgabeberechnung
4. Regelung der veränderlichen Faktoren und der Vergütung
5. Vergütung von Nebenarbeiten.

§ 3 Akkordrichtsatz der Lohngruppen

Die Tätigkeit ist in die Lohngruppe ...... des Tarifvertrages eingestuft. Der Akkordrichtsatz beträgt zurzeit ...... EUR.

§ 4 Putz- und Wartestunden

Die Vergütung der Putz- und Wartestunden erfolgt ......

§ 5 Geltungsbereich

Die Akkordentlohnung gilt nur für voll eingearbeitete und leistungsfähige Arbeitnehmer. Die Betriebsleitung entscheidet im Einvernehmen mit dem Betriebsrat, wann diese Voraussetzungen gegeben sind.

§ 6 Einsichtsrecht

(1) Dem Betriebsrat oder einem Beauftragten des Betriebsrats ist auf Verlangen in alle Unterlagen, die mit der Zeitakkordberechnung zusammenhängen, Einsicht zu gewähren.

(2) Der Betriebsrat oder ein Beauftragter des Betriebsrats kann an den Arbeitszeitstudien teilnehmen.

§ 7 Probeweise Einführung

(1) Die Betriebsvereinbarung gilt für eine Probezeit von drei Monaten. Wenn während der Probezeit Beanstandungen vom Betriebsrat oder der Betriebsleitung nicht erhoben werden, geht die Betriebsvereinbarung in eine endgültige Betriebsvereinbarung über.

(2) Die in der Anlage 2 niedergelegte betriebliche Richtwerttabelle hat nur während der Probezeit Gültigkeit. Die Betriebspartner werden die Richtigkeit der Richtwerttabelle während der Probezeit überprüfen. Ergibt die Überprüfung Änderungen zu Gunsten der Arbeitnehmer, so werden diese vom Zeitpunkt der probeweisen Einführung des Zeitakkordes berücksichtigt.

§ 8 Akkordlohnzettel

(1) Jeder Arbeitnehmer erhält vor Beginn der Arbeit einen Akkordlohnzettel, auf dem die Art der Arbeit, die Stückzahl, die Vorgabezeit sowie die Lohngruppe und die Akkordrichtsatz bezeichnet sein müssen.

(2) Der Arbeitnehmer hat die für die Akkordarbeit verbrauchte Zeit schriftlich oder durch Abstempeln auf dem Akkordlohnzettel anzugeben, sofern keine elektronische Speicherung erfolgt.[226]

---

[226] Zumeist enthalten die Betriebsvereinbarungen auch Regelungen, ob und unter welchen Voraussetzungen der Arbeitnehmer eine Akkordrevision verlangen kann.

§ 9 Kündigung

Die Betriebsvereinbarung kann mit einer Frist von drei Monaten zum Monatsende gekündigt werden. Die Betriebspartner verpflichten sich, unmittelbar nach Ausspruch der Kündigung in Verhandlungen über eine neue Betriebsvereinbarung zu treten. Kommt innerhalb des ersten Monats eine Einigung über eine neue Betriebsvereinbarung nicht zustande, so soll die Einigungsstelle angerufen werden. Die Betriebsleitung verpflichtet sich, den Spruch der Einigungsstelle rückwirkend vom Tage des Ablaufes der Betriebsvereinbarung anzuwenden.

......, den ......

Arbeitgeber   Betriebsrat

Anlage 1: Arbeitswissenschaftliche Beschreibung des Arbeitsvorganges
Anlage 2: Betriebliche Richtwerttabelle, in der der Arbeitsvorgang in Teilvorgängen zerlegt und die jeweilige Normalzeit festgeschrieben ist.
Anlage 3: Muster einer Akkordberechnung. Als Geldfaktor wird regelmäßig der tarifliche Akkordrichtsatz eingesetzt.[227]
Anlage 4: Entgeltbestimmungen über die veränderlichen Größen, zB Maschinenlauf usw. sowie die möglichen Revisionen.
Anlage 5: Besondere Vergütungsvereinbarungen für Nebenarbeiten.

b) Muster: Betriebsvereinbarung über die Einführung einer Prämienentlohnung *[→ B. Rn. 226 f.]*

Zwischen
der ...... GmbH

— nachfolgend Arbeitgeber genannt —

und
dem Betriebsrat der ...... GmbH

— nachfolgend Betriebsrat genannt —

wird nachfolgende Betriebsvereinbarung über die Einführung einer Prämienentlohnung geschlossen:

§ 1 Geltungsbereich

Diese Betriebsvereinbarung gilt für alle Arbeitnehmer des Betriebes, die an den Maschinen ...... beschäftigt sind.

§ 2 Grundsätze der Prämienentlohnung

(1) Ab ...... wird an Stelle der bisher geltenden Lohnregelung eine Prämienentlohnung nach Maßgabe der folgenden Bestimmung gezahlt.

(2) Die Prämie wird für jede bediente Maschine als Einzelprämie in Form eines Centbetrages je Stunde zum Prämiengrundlohn gezahlt.

Der Prämiengrundlohn besteht aus:
   (a) Tariflohn ......
   (b) Ausgleich für Maschinenstillstandszeiten ......
   (c) Betriebliche Zulagen ......

Insgesamt also: ......

---

[227] Zur Berechnung vgl. Schaub/*Vogelsang*, ArbR-HdB, § 64 Rn. 1 ff.

§ 3 Berechnungsgrundlage

Die Berechnungsgrundlage für die Prämienleistungen ergibt sich aus:

(1) der vom Zähler des Nutzungsschreibers abgelesenen Summe der Hauptnutzungszeiten der Maschine während der Dauer der Bedienung durch einen Mitarbeiter

(2) der Einsatzzeit des Mitarbeiters am Betriebsmittel.

§ 4 Prämienberechnung

(1) Die Prämie errechnet sich für jede Maschine und jeden Mitarbeiter nach folgender Formel:

$$\frac{\text{Summe der Hauptnutzungszeiten}}{\text{Einsatzzeit}} \times 100 = \text{Hauptnutzungsgrad in Prozent.}$$

(2) Die Prämie beginnt bei einer Prämiengrundleistung von ...... (70%). Der Hauptnutzungsgrad für Halbautomaten ist ...... und für Vollautomaten ...... Die Veränderung der Prämienbeträge je Maschine in EUR-Cent/Stunde zur jeweiligen Leistung ist aus der anliegender Prämientabelle ersichtlich, die Bestandteil der Betriebsvereinbarung ist.[228]

§ 5 Prämienbezugsberechtigung

(1) Prämienbezugsberechtigt sind alle Mitarbeiter für die Dauer der Beschäftigung an ...... Maschinen. Für Zeiten außerhalb der Beschäftigung an diesen Maschinen erhalten die Mitarbeiter einen Prämiengrundlohn/den Durchschnittsverdienst der ...... Die Prämien werden mit der Abrechnung für den Abrechnungszeitraum ausgezahlt.

(2) Neueingestellte Mitarbeiter erhalten für die Dauer der Einarbeitungszeit den bei der Einstellung vereinbarten Lohn.

(3) Sonstige neu einzuarbeitende Mitarbeiter erhalten während der Einarbeitungszeit ihren persönlichen Durchschnittsverdienst während der letzten ...... Monate vor der Umsetzung an die Maschine.

(4) Über die Beendigung der Einarbeitungszeit entscheidet die Betriebsleitung nach Beratung mit dem Betriebsrat. Nach Ablauf der Einarbeitungszeit gilt diese Betriebsvereinbarung.

(5) Die Prämie wird nur gewährt, wenn eine den betrieblichen Anweisungen entsprechende fachgerechte Arbeit geleistet wird. Sie entfällt, wenn die monatliche Ausschussquote je Maschine ...... übersteigt.

(6) Das Recht des Arbeitgebers, einen weitergehenden Schaden geltend zu machen, bleibt hiervon unberührt.

§ 6 Änderungen

(1) Die Prämienregelung stellt auf den technischen Stand und den betrieblichen Arbeitsablauf bei der Einführung ab. Ändern sich diese Voraussetzungen, so wird die Prämienregelung entsprechend geändert.

(2) Die Prämiengrundlage und die Prämientabelle gelten jeweils für die Laufdauer des Tariflohnes in der ...... Bei Inkrafttreten neuer Tariflöhne werden der Arbeitgeber und der Betriebsrat über eine Neufestsetzung beschließen.

---

[228] Die Prämienparameter müssen in der Betriebsvereinbarung vereinbart werden.

§ 7 Schlussbestimmungen

Die Betriebsvereinbarung kann mit einer Frist von drei Monaten zum Quartalsende, frühestens jedoch zum ...... gekündigt werden.

......, den ......

Arbeitgeber   Betriebsrat

Anlage: Prämientabelle

c) **Muster: Betriebsvereinbarung über Prämienentlohnung mit Rahmenvereinbarung (Gruppenprämie)** *[→ B. Rn. 226 f.]*

Zwischen
der Unternehmensleitung der ...... GmbH

– nachfolgend Arbeitgeber genannt –

und
dem Gesamtbetriebsrat der ...... GmbH

– nachfolgend Betriebsrat genannt –

wird nachfolgende Rahmenvereinbarung über die Einführung einer Prämienentlohnung geschlossen:

§ 1 Zweck

(1) Diese Betriebsvereinbarung gilt für alle Prämienlohnarbeiten, die in den Betrieben der Firma ...... geleistet werden. Prämienarbeit liegt vor, wenn für sachbezogene Bezugsmerkmale Bestimmungsgrößen und eine dazugehörige Prämienausgangsleistung vorgegeben werden. Zweck der Rahmenvereinbarung ist es, einheitliche Grundsätze für alle Prämiensysteme festzulegen, diese durchschaubarer zu machen und die Einführung, Veränderung und Aufhebung der Einzelvereinbarung zu regeln.

(2) Im Wege der Einzelbetriebsvereinbarung wird für die einzelnen Betriebe geregelt, welche Entlohnungsgrundsätze (Zeitlohn- oder Leistungsentlohnung) und welche Entlohnungsmethode angewandt werden. Die Einzelbetriebsvereinbarungen bestimmen ihren persönlichen Geltungsbereich selbst.

§ 2 Prämienkommission

(1) Arbeitgeber und Betriebsräte der einzelnen Betriebe bilden jeweils eine Prämienkommission, in die jede Seite drei Mitglieder entsendet.

(2) Seitens des Arbeitgebers ist der jeweilige Leiter der Personalabteilung Mitglied der Prämienkommission. Die übrigen Mitglieder werden von der jeweils zuständigen kaufmännischen oder technischen Leitung des Betriebes bestimmt.

(3) Der Betriebsrat bestimmt die von der Arbeitnehmerseite zu benennenden Mitglieder der Kommission.

§ 3 Zuständigkeit der Prämienkommission

(1) Die Prämienkommission ist dafür zuständig:
  (a) streitige Fragen der Auslegung der Einzelprämienvereinbarung verbindlich zu regeln;
  (b) auf Verlangen des Arbeitgebers oder Betriebsrats in Zusammenarbeit mit der zuständigen Fachabteilung Vorarbeiten zum Zwecke des Abschlusses einer

Betriebsvereinbarung, der Neufestsetzung oder Änderung von Prämienregelungen zu leisten.

(2) Die zuständige Fachabteilung hat die Mitglieder der paritätischen Prämienkommission bei der Klärung von allen Fragen der Prämienentlohnung zu unterstützen. Die Arbeitnehmermitglieder der Prämienkommission können mit Zustimmung des Betriebsrats Sachverständige hinzuziehen. Dem Arbeitgeber bleibt es unbenommen, ebenfalls Sachverständige hinzuzuziehen.

§ 4 Fehlende Einigung

Kommt eine Einigung in der paritätischen Prämienkommission nicht zustande, so haben der Arbeitgeber und der Betriebsrat die Aufgabe, die Angelegenheit zu regeln. Kommt auch hierbei eine Einigung nicht zustande, so entscheidet die Einigungsstelle.

§ 5 Prämienausgangsleistung

(1) Die Prämienausgangsleistung wird mit dem Prämienausgangslohn abgegolten. Prämienausgangslohn ist der jeweilige Tariflohn bzw. das jeweilige Tarifgehalt oder, bei außertariflichen Angestellten, das vertraglich vereinbarte Gehalt.

(2) Der Arbeitnehmer hat mindestens Anspruch auf den Prämienausgangslohn einschließlich etwaiger tariflicher Zulagen.

(3) Im Übrigen wird der Prämienaufbau in den Betriebsvereinbarungen über die Einzelprämien festgelegt.[229]

§ 6 Daten zur Prämienberechnung

(1) Die zuständigen Fachabteilungen haben die Daten für die Prämienberechnung zu erfassen und aufzubereiten. Für die Ermittlung von Vorgabezeiten gilt das Lohnrahmenabkommen (zumeist tariflich genau geregelt) für …… vom ……

(2) Die Prämienkommission und der Betriebsrat haben das Recht, sich die Unterlagen vorlegen zu lassen und die Daten auf ihre Richtigkeit zu überprüfen.

§ 7 Meldung bei Änderung der Prämienausgangsdaten

Arbeitgeber und Betriebsrat sind verpflichtet, betriebliche Umgestaltungen, die zu einer wesentlichen Veränderung der Prämiengrundlagen führen können, zB Bezugsgröße, Anknüpfungspunkte, Prämienansatz, Prämienschlüssel, Prämienkurve usw., wechselseitig zu melden. Sowohl dem Arbeitgeber als auch dem Betriebsrat bleibt es vorbehalten, in diesen Fällen die Prämienvereinbarung zu kündigen. Die Prämienkommission kann Vorarbeiten für den Neuabschluss einer Betriebsvereinbarung treffen.

§ 8 Lohnberechnung

Den Lohnberechnungen sind die Betriebsvereinbarungen über die Prämienentlohnung zugrunde zu legen.

---

[229] Zum Mitbestimmungsrecht nach § 87 Abs. 1 Nr. 11 BetrVG vgl. Schaub/*Koch,* ArbR-HdB, § 235 Rn. 109 ff. Vielfach verlangt der Betriebsrat, den Geldfaktor der Prämie in einem Prozentsatz des Prämienausgangslohnes festzulegen. Eine Tariflohnerhöhung erfasst damit auch die Prämie, so dass diese effektuiert ist. Die Arbeitgeber versuchen, durch eine übertarifliche, anrechenbare Zulage (vgl. Schaub/*Treber,* ArbR-HdB, § 202 Rn. 36) Tarifsteigerungen aufzufangen. Beispiel für Prozentprämie: Die Prämie wird in Prozenten des Tariflohnes berechnet.

§ 9 Inkrafttreten

(1) Die Rahmenvereinbarung über die Prämienentlohnung tritt mit Wirkung vom ...... in Kraft. Sie kann von beiden Seiten mit einer Frist von drei Monaten zum Quartalsende gekündigt werden.

(2) Die Einzelbetriebsvereinbarungen über die Prämienentlohnung können mit einer Monatsfrist zum Monatsende gekündigt werden. Soweit nichts anderes vereinbart ist, tritt die neu abgeschlossene Betriebsvereinbarung rückwirkend zum Auslaufen der Kündigungsfrist in Kraft.

......, den ......

Arbeitgeber   Betriebsrat

d) Muster: Einzelvereinbarung zur Rahmenvereinbarung *[→ B. Rn. 226 f.]*

231
⇨ 317

Zwischen
der Betriebsleitung der ...... GmbH

– nachfolgend Arbeitgeber genannt –

und
dem Betriebsrat der ...... GmbH

– nachfolgend Betriebsrat genannt –

wird nachfolgende Vereinbarung Nr. ...... über die Prämienentlohnung (Mengen- und Qualitätsprämie) in der Abteilung ...... geschlossen.

§ 1 Geltungsbereich

Die Betriebsvereinbarung gilt für alle gewerblichen Arbeitnehmer der ...... Abteilung mit Ausnahme der Arbeitnehmer, die im Zeitlohn entlohnt werden.

§ 2 Bezugsgröße der Mengenprämie

(1) Die Bezugsgröße für die Mengenprämie errechnet sich nach folgender Berechnungsformel:

$$B = \frac{\text{Einsatz kg/Monat} + \text{Erzeugung kg/Monat}}{\text{geleistete Stunden je Monat}}$$

(2) Die Mengenangaben Einsatz je Monat und Erzeugung je Monat sind aus dem Monatsbericht der Stoffwirtschaft, die geleisteten Stunden aus dem Bericht der Abteilungen ...... zu entnehmen.

(3) Bei der Produktion von X-Erzeugnissen mit Abmessungen von mehr als X mm wird die über Y Tonnen im Monat hinausgehende Menge mit dem Faktor 0,5 multipliziert und diese rechnerische Mehrmenge der Erzeugung hinzugeschlagen.[230]

(4) Stillstandszeiten, in denen das Personal der Abteilung ...... nicht mit normalen Produktions-, Putz- und Wartungsarbeiten beschäftigt wird, werden bei der Zahl der geleisteten Stunden in Abzug gebracht. In Abzug zu bringen sind insbesondere Zeiten der Betriebsferien, Großreparaturen, Kurzarbeit, Ausfallzeiten infolge Material- und Energiemangels sowie der Betriebsversammlungen.

§ 3 Degressive Prämienkurve

(1) Die Gleichung für die degressive Prämienkurve lautet:

---

[230] Besondere Arbeitsbedingungen werden in dem Muster durch einen rechnerischen Zuschlag abgegolten.

$$\text{Prämienkurve} = \left[2 \left\{ \frac{B - BU}{BO - BU} - \left(\frac{B - BU}{BO - BU} \right)^2 \right\} \right]$$

(2) Die Gleichungssymbole werden wie folgt definiert:

B = Tatsächlich ermittelter Bezugsgrößenwert des Monats (vgl. § 2)
BU = Bezugsgrößenuntergrenze, ab der eine Prämie gewährt wird
BO = Bezugsgrößenobergrenze, bis zu der eine Prämie gewährt wird.
Bei Überschreiten der Leistungsobergrenze wird die der Leistungsobergrenze zugeordnete Prämie als Höchstprämie gezahlt. Bei Unterschreiten der Leistungsuntergrenze wird der Prämienausgangslohn als Mindestlohn gezahlt.

(3) Der Prämienwert (PW) in EUR je Stunde ergibt sich aus der Formel PW = Geldfaktor × Prämienangleichung.[231]

(4) Der Prämienwert wird entsprechend der jeweiligen Lohn- und Gehaltsgruppe differenziert.[232] Eine Differenzierung der Prämien nach dem Prämienausgangslohn erfolgt nicht.

(5) Zur Orientierung dient die dieser Betriebsvereinbarung anliegende Prämienstaffel.

§ 4 Reklamationen

(1) Von der monatlich zur Auszahlung kommenden Prämiensumme wird ...... % der Kosten für anerkannte und von der Arbeitsgruppe verschuldete Reklamationen abgesetzt. Die Entscheidung über die Anerkennung einer Reklamation trifft der Prämienausschuss. Bei Stimmengleichheit entscheidet die Werksleitung/die Einigungsstelle. Je Reklamationsfall werden nicht mehr als 0,... EUR je Stunde abgezogen. Die Summe aller monatlichen Abzüge darf bei mehreren Reklamationsfällen ...... EUR nicht übersteigen.

(2) Die Reklamationskosten errechnen sich aus den den Kunden erteilten Gutschriften oder, bei Rücksendung der Ware, aus der Differenz zwischen dem dem Kunden in Rechnung gestellten Wert abzüglich des Verkaufs- oder Schrottwert der zurückgesandten Ware.

§ 5 Behandlung von Werkseigentum

Der Betriebsrat wird auf die Belegschaft einwirken, dass Werkseigentum und Maschinen und Werkzeuge pfleglich behandelt werden.

§ 6 Inkrafttreten

Die Prämienvereinbarung tritt mit Wirkung vom ...... in Kraft.

......, ...

Arbeitgeber   Betriebsrat

---

[231] Ist die Prämie in Prozentsätzen des Tariflohnes ausgedrückt, so lautet die Berechnungsformel
$PW = P \times \dfrac{TL}{100}$
Hierbei bedeuten P = Prozentsatz zum Tariflohn/Tarifgehalt; TL = Tariflohn bzw. Tarifgehalt.

[232] Ob der Arbeitswert (Tarifgruppe) bei der Prämie berücksichtigt wird, ist eine lohnpolitische Entscheidung. Die Außerachtlassung des Arbeitswertes führt zur Nivellierung der Prämien. Sie kann gerechtfertigt sein, wenn bei der Gruppen-Mengenprämie der Arbeitsbeitrag bei allen Arbeitnehmern gleich ist. Dagegen wird den verschiedenen Tarifgruppen (Arbeitswert) Rechnung getragen, wenn etwa eine Tarifgruppe = 100% gesetzt wird und entsprechend dem Verhältnis der Tarifgruppen auch der Prämienwert berechnet wird, zB Tarifgruppe 6 = 100%, Tarifgruppe 5 = 95%; Tarifgruppe 7 = 105% usw.

e) Muster: Betriebsvereinbarung über übertarifliche Zulagen
[→ B. Rn. 226 f.]

Zwischen
der ...... GmbH
— nachfolgend Arbeitgeber genannt —
und
dem Betriebsrat der ...... GmbH
— nachfolgend Betriebsrat genannt —
wird folgende Betriebsvereinbarung über übertarifliche Zulagen geschlossen:

Präambel

Durch die Gewährung von (freiwilligen) Zulagen sollen die Leistungen sowie die Betriebstreue der Mitarbeiter honoriert und deren Motivation gefördert werden. Zugleich hält der Arbeitgeber sich die Möglichkeit offen, Tariferhöhungen auf die Zulagen anzurechnen.

§ 1 Geltungsbereich

(1) Diese Betriebsvereinbarung gilt persönlich für alle Arbeitnehmer des Betriebes mit Ausnahme der
— leitenden Angestellten iSd § 5 Abs. 3 BetrVG,
— AT-Angestellten und
— Außendienstmitarbeitern.

(2) Die Betriebsvereinbarung gilt nur für allgemeine übertarifliche Zulagen. Sie ist nicht anzuwenden auf
— Erschwerniszulagen,
— arbeitsplatzbezogene Zulagen,
— tarifliche Schicht-, Nacht- und Mehrarbeitszuschläge.

§ 2 Bemessung und Gewährung der übertariflichen Zulage

(1) Der Arbeitgeber behält sich vor, den Mitarbeitern übertarifliche Zulagen zu gewähren. Diese Zulagen stellen freiwillige Leistungen dar, auf die auch bei wiederholter Gewährung kein Rechtsanspruch besteht.

(2) Der Arbeitgeber bestimmt allein über die Höhe der dem einzelnen Mitarbeiter zu gewährenden Zulage unter Berücksichtigung der Leistungen und der Betriebszugehörigkeit.[233]

(3) Der Arbeitgeber wird in jeder Lohn- oder Gehaltsgruppe die übertarifliche Zulage so festsetzen, dass sie im Verhältnis zur durchschnittlichen Zulage innerhalb der jeweiligen Entgeltgruppe mindestens beträgt:
   (a) nach einem Jahr Betriebszugehörigkeit: 30%,
   (b) nach zwei Jahren Betriebszugehörigkeit: 35%,
   (c) nach drei Jahren Betriebszugehörigkeit: 40%,
   (d) nach vier Jahren Betriebszugehörigkeit: 45%,
   (e) nach fünf Jahren Betriebszugehörigkeit: 50%,
   (f) nach zehn Jahren Betriebszugehörigkeit: 60%,

---

[233] Die Entscheidung darüber, ob der Arbeitgeber eine freiwillige Zulage überhaupt anbieten will, ist mitbestimmungsfrei. Mitbestimmungspflichtig ist hingegen die Verteilung des vom Arbeitgeber festgelegten Dotierungsrahmens auf die einzelnen Arbeitnehmer. Hier greift zur Sicherung der betrieblichen Lohngerechtigkeit das Mitbestimmungsrecht gem. § 87 Abs. 1 Nr. 10 BetrVG ein, vgl. BAG 23.3.1993 – 1 AZR 582/92, AP BetrVG 1972 § 87 Nr. 64.

(g) nach fünfzehn Jahren Betriebszugehörigkeit: 80%,
(h) nach zwanzig Jahren Betriebszugehörigkeit: 90% und
(i) nach fünfundzwanzig Jahren Betriebszugehörigkeit: 100%.

(4) Die übertarifliche Zulage wird jährlich am ...... durch den Arbeitgeber festgelegt.

§ 3 Einsichtsrecht des Betriebsrats

Der Betriebsrat hat ein Einsichtsrecht in die zugrunde liegenden Berechnungsgrundlagen und die zugrunde liegenden Bruttolohn- und -gehaltslisten.

§ 4 Anrechnung bei Tariflohnerhöhungen[234]

(1) Der Arbeitgeber behält sich vor, Tariflohnerhöhungen auf die übertarifliche Zulage anzurechnen. Soweit der Arbeitgeber die Anrechnung nur auf bestimmte Gruppen von Mitarbeitern beschränkt, steht dem Betriebsrat bei der Festlegung des betroffenen Personenkreises ein Mitbestimmungsrecht zu.

(2) Die Anrechnung erfolgt mit Inkrafttreten der tariflichen Erhöhung der Vergütung.

§ 5 Schlussbestimmungen

(1) Diese Betriebsvereinbarung tritt am ...... in Kraft. Sie kann mit einer Frist von ...... Monaten zum Ende eines Kalenderjahres gekündigt werden.

(2) Diese Betriebsvereinbarung löst alle bestehenden Betriebsvereinbarungen über übertarifliche Zulagen, insbesondere die Betriebsvereinbarung vom ...... ab.

......, den ......

Arbeitgeber   Betriebsrat

f) Muster: Betriebsvereinbarung über Gehaltsgruppen von AT-Angestellten[235] *[→ B. Rn. 226 f.]*

Zwischen
der ...... GmbH

– nachfolgend Arbeitgeber genannt –

und
dem Gesamtbetriebsrat der ...... GmbH

– nachfolgend Betriebsrat genannt –

wird nachfolgende Gesamtbetriebsvereinbarung über Gehaltsgruppen von AT-Angestellten geschlossen:

§ 1 Geltungsbereich

Diese Betriebsvereinbarung gilt:

(1) räumlich: für sämtliche Betriebe der ......

(2) persönlich: für alle AT-Angestellten, die vom persönlichen Geltungsbereich des jeweils geltenden Gehaltstarifvertrages der ......-Branche nicht erfasst werden.

---

[234] BAG 7.2.1995 – 3 AZR 402/94, DB 1995, 1769; siehe hierzu auch Schaub/*Treber*, ArbR-HdB, § 202 Rn. 36; zum Mitbestimmungsrecht Schaub/*Koch*, ArbR-HdB, § 235 Rn. 101 ff.
[235] BAG 18.10.2011 – 1 AZR 376/10, DB 2012, 356; 21.1.2003 – 1 ABR 5/02, AP BetrVG 1972 § 87 Lohngestaltung Nr. 117; 28.9.1994 – 1 AZR 870/93, AP BetrVG 1972 § 87 Lohngestaltung Nr. 68; 22.1.1980 – 1 ABR 48/77, AP BetrVG 1972 § 87 Lohngestaltung Nr. 3; Schaub/*Koch*, ArbR-HdB, § 235 Rn. 96; Schaub/*Vogelsang*, ArbR-HdB, § 13 Rn. 13 f.; Entwurf eines Musters der IG Chemie RdA 1981, 181.

§ 2 Allgemeine Grundsätze

(1) Für die außertariflichen Angestellten werden folgende Gehaltsgruppen gebildet:

Gehaltsgruppe I
Angestellte mit Führungsaufgaben
Leiter von Abteilungen mit mindestens ...... Mitarbeitern
......

Gehaltsgruppe II
Mitarbeiter mit Führungsaufgaben
Projektleiter in Projektteams mit mindestens ...... Projektmitarbeitern
......

Gehaltsgruppe III
......

Innerhalb dieser Gehaltsgruppen werden Gehaltsstufen gebildet.

(2) Eine Einordnung in die Gehaltsgruppen für AT-Angestellte kommt grundsätzlich nur in Betracht, wenn der Aufgabenbereich deutlich über den Anforderungen der jeweils höchsten tariflichen Gehaltsgruppe liegt.

(3) Für die Zuordnung zu einer der Gehaltsgruppen ist die Art der überwiegenden Tätigkeit der AT-Angestellten maßgebend.

(4) Bei der Bemessung des Gehalts für die einzelnen Gehaltsgruppen sind die Unterschiede in Funktion, Umfang und Bedeutung der Aufgabe, Verantwortungsumfang und Belastung sowie die Qualifikation angemessen zu berücksichtigen.

§ 3 Mitwirkung des Betriebsrats bei der Ein- und Umgruppierung sowie Versetzung

(1) Ein- und Umgruppierungen sowie Versetzungen von AT-Angestellten erfolgen unter Wahrung der Rechte des Betriebsrats nach §§ 99 ff. BetrVG. Die Betriebsvereinbarung über Auswahlrichtlinien vom ...... findet entsprechende Anwendung.

(2) Der Betriebsrat ist über die im Unternehmen bestehenden Gehaltsgruppen und Stufen sowie die Tätigkeitsbeschreibungen zu unterrichten. Änderungen in den bestehenden Gehaltsgruppen werden vom Arbeitgeber im Einvernehmen mit dem Betriebsrat vorgenommen.

(3) Dem Betriebsrat ist darüber Auskunft zu erteilen, in welchem Umfang einem AT-Angestellten Zuschläge zur betrieblichen Altersversorgung gewährt werden.[236]

§ 4 Gehaltsüberprüfung

(1) Bei den von dieser Betriebsvereinbarung erfassten AT-Angestellten erfolgen jährlich, zum ...... des jeweiligen Jahres, Gehaltsüberprüfungen.

(2) Bei der Gehaltsüberprüfung wird der AT-Angestellte im Rahmen seiner Gehaltsgruppe höher gestuft, sofern er die seiner Gehaltsgruppe entsprechenden Leistungen erbracht hat.

(3) AT-Angestellten, bei denen die Gehaltsüberprüfung nicht zu einer Höherstufung führt, sind die Gründe in angemessener Form bekannt zu machen. Dem Betriebsrat sind die Namen der nicht höher gestuften Angestellten zu benennen. Er hat hierüber Stillschweigen zu bewahren.

---

[236] BAG 19.3.1981 – 3 ABR 38/80, AP BetrVG 1972 § 80 Nr. 14; zur Frage der Zulässigkeit einer Differenzierung zwischen Mitarbeitern mit leitenden Aufgaben und sonstigen Mitarbeitern vgl. Schaub/Vogelsang, ArbR-HdB, § 85 Rn. 46.

§ 5 Überstunden

(1) Mit der außertariflichen Vergütung des AT-Angestellten sind bis zu ...... Überstunden im Monat abgegolten.[237]

(2) Darüber hinausgehende Überstunden werden im Folgemonat durch Freizeitausgleich abgegolten. Die zeitliche Lage der Freizeitgewährung ist mit dem AT-Angestellten und dessen Vertreter festzulegen.

(3) Ist die Gewährung des Freizeitausgleiches im Folgemonat aus betrieblichen Gründen nicht möglich, wird die Arbeitszeitüberschreitung angemessen vergütet. Als angemessen gilt ein Ausgleich von 1/... des monatlichen Grundgehaltes je auszugleichender Stunde.

§ 6 Sonderzahlung

(1) Stellt der Arbeitgeber zu Gunsten der AT-Angestellten einen Betrag als Sonderzahlung zur Verfügung, so wird dieser Betrag
– nach Leistung, Erfolgs- und Führungsverhalten im jeweiligen Aufgabenbereich
– nach dem Grad der persönlichen Belastung
......
verteilt.

(2) Der Betriebsrat ist über die Gesamtsumme der gewährten Sonderzahlungen und die Verteilungsgrundsätze zu unterrichten. Die Rechte des Betriebsrats nach § 80 Abs. 2 BetrVG bleiben unberührt.

(3) Der AT-Angestellte hat das Recht, sich die Berechnung der ihm gewährten Sondervergütung erläutern zu lassen. Er kann hierzu ein Mitglied des Betriebsrats hinzuziehen.

§ 7 Schlussbestimmungen

(1) Diese Betriebsvereinbarung tritt am ...... in Kraft. Sie kann mit einer Frist von ...... bis ......, spätestens zum ...... gekündigt werden. Die Kündigung bedarf der Schriftform.

(2) Diese Betriebsvereinbarung löst alle vorherigen Betriebsvereinbarungen über Gehaltsgruppen von AT-Angestellten ab.

......, den ......

Arbeitgeber   Betriebsrat

g) Muster: Betriebsvereinbarung über eine Zielvereinbarung
[→ B. Rn. 226 f.]

Zwischen
der ...... GmbH

– nachfolgend Arbeitgeber genannt –

und
dem Betriebsrat der ...... GmbH

– nachfolgend Betriebsrat genannt –

wird eine Betriebsvereinbarung ....../...... über eine Zielvereinbarung zur Gewährung von Boni/Sonderzahlungen geschlossen.[238]

---

[237] Schaub/*Vogelsang*, ArbR-HdB, § 13 Rn. 14.
[238] Die allgemeine Einführung von Zielvereinbarungssystemen und deren Ausgestaltung ist nach § 87 Abs. 1 Nr. 1, 10, 11 BetrVG mitbestimmungspflichtig, s. hierzu Schaub/*Linck*, ArbR-HdB, § 77 Rn. 25.

§ 1 Geltungsbereich

Diese Betriebsvereinbarung gilt für alle Mitarbeiter der Firma ......

§ 2 Anspruchsberechtigung

Jeder Mitarbeiter erhält eine erfolgsabhängige Sonderzuwendung, deren Höhe im Ermessen des Arbeitgebers steht. Voraussetzung der Gewährung ist das Bestehen eines Arbeitsverhältnisses während der Zielvereinbarungsperiode und die Erreichung des Zieles, das in einem Zielvereinbarungsgespräch zwischen dem Arbeitgeber und dem Mitarbeiter vereinbart worden ist.[239]

§ 3 Gegenstand der Zielvereinbarung

(1) Die Zielvereinbarung setzt sich aus einer ergebnisabhängigen Komponente sowie einer individuellen Komponente zusammen.

(2) Der Bonus/die Sondervergütung wird zu mindestens 50% durch die ergebnisabhängige Komponente bestimmt. Die Gewichtung der beiden Komponenten ist in der jährlichen Zielvereinbarung jeweils festzulegen.

(3) Maßgeblich für die ergebnisabhängige Komponente ist der Unternehmensbereich, für den der Mitarbeiter überwiegend tätig ist. Dieser Unternehmensbereich wird in jeder Zielvereinbarung zwischen dem Arbeitgeber und dem jeweiligen Mitarbeiter konkret festgelegt.

(4) Die individuelle Komponente unterteilt sich in quantitative und qualitative Ziele. Auch diese Ziele und ihre Gewichtung sind in der Zielvereinbarung zwischen dem Arbeitgeber und dem Mitarbeiter festzulegen.

§ 4 Abschluss der Zielvereinbarung

(1) Jeder Mitarbeiter hat Anspruch darauf, dass bis zum ...... eine Zielvereinbarung abgeschlossen wird. ...... Monate nach Abschluss der Zielvereinbarung wird ein Kontrollgespräch geführt.

(2) Unabhängig von dem Kontrollgespräch wird auf Verlangen des Mitarbeiters ein Zielanpassungsgespräch geführt, wenn sich aufgrund nicht vorhersehbarer Umstände die Zielvereinbarung als unerreichbar oder unzumutbar herausstellt. Voraussetzung des Zielanpassungsgespräches ist eine unverzügliche schriftliche Mitteilung des Mitarbeiters während der laufenden Zielvereinbarungsperiode. Werden die Ziele angepasst, kann auch die Vergütung angepasst werden.

§ 5 Gewährung des Bonus/der Sonderzahlung

Voraussetzung der Gewährung des Bonus/der Sonderzahlung ist die vollständige Erreichung des Zieles.

Oder:

Voraussetzung der Gewährung des Bonus/der Sonderzahlung ist die Erreichung des Zieles zu mindestens 60%. Zwischen 60% und 100% wird die Sonderzahlung

---

Nicht mitbestimmungspflichtig sind die Bestimmung zulässiger Ziele, deren Gewichtung und deren Feststellung. Der Betriebsrat wird eine möglichst einheitliche Handhabung anstreben. Im Interesse des Arbeitgebers liegen möglichst individuelle Regelungen. Da der Betriebsrat bei der individuellen Vereinbarung kein erzwingbares Mitbestimmungsrecht hat, lassen sich die betrieblichen Interessen hinreichend wahren.

[239] Sind die Zielvereinbarungen Bestandteil der arbeitsvertraglichen Regelung, so unterliegen sie der Kontrolle nach § 305c Abs. 2 BGB. Werden die Grundlagen der Zielvereinbarung in einer Betriebsvereinbarung geregelt, so unterliegt diese gem. § 310 Abs. 4 BGB keiner Kontrolle nach den §§ 305 ff. BGB. Damit wird auch die individuelle Zielvereinbarung aus der Kontrolle nach dem AGB-Recht herausfallen.

anteilig gezahlt. Wird das Ziel überschritten, wird der Bonus/die Sonderzahlung entsprechend erhöht. Sie ist jedoch auf 150% der Sonderzahlung begrenzt.

§ 6 Fälligkeit des Bonus/der Sonderzahlung

Der Bonus/ die Sonderzahlung ist innerhalb von drei Monaten nach Abschluss des Geschäftsjahres auf der Basis der Zielvereinbarung abzurechnen und mit der Gehaltsabrechnung auszuzahlen.

§ 7 Beendigung des Arbeitsverhältnisses

Im Falle der Beendigung des Arbeitsverhältnisses während der Zielvereinbarungsperiode entfällt der Anspruch auf den Bonus/die Sonderzahlung.[240]

Oder:

Im Falle der Beendigung des Arbeitsverhältnisses während der Zielvereinbarungsperiode wird ein Bonus/eine Sonderzahlung entsprechend der zurückgelegten Zeit und des erreichten Zieles gezahlt.

§ 8 Schlussbestimmungen

Diese Betriebsvereinbarung tritt am …… in Kraft. Sie kann mit einer Frist von …… zum …… gekündigt werden. Die Kündigung bedarf der Schriftform.

……, den ……

Arbeitgeber   Betriebsrat

h) Muster: Konzernbetriebsvereinbarung über betriebliche Altersversorgung[241] [→ B. Rn. 226 f.]

235

Zwischen
der …… AG

– nachfolgend Arbeitgeber genannt –

und
ihrem Konzernbetriebsrat

– nachfolgend Betriebsrat genannt –

wird nachfolgende Konzernbetriebsvereinbarung über die Gewährung von Versorgungsleistungen geschlossen:

§ 1 Versorgungsberechtigte

Der Arbeitgeber gewährt allen Mitarbeitern oder ihren Hinterbliebenen Versorgungsleistungen.

§ 2 Versorgungsleistungen

(1) Versorgungsleistungen sind Alters-, Invaliditäts- und Hinterbliebenenrenten.

(2) Eine Altersrente wird an Mitarbeiter gewährt, wenn sie in den Ruhestand versetzt werden und Anspruch auf Altersrente aus der gesetzlichen Rentenversicherung haben. Kein Anspruch besteht bei dem Bezug von Teilrenten (§ 42 SGB VI).[242]

---

[240] Zur Zulässigkeit einer Stichtagsregelung vgl. Schaub/*Linck*, ArbR-HdB, § 77 Rn. 23.
[241] Der Betriebsrat hat auf den Abschluss einen Rechtsanspruch im Rahmen der vom BAG (12.6.1975 – 3 ABR 13/74, 3 ABR 137/73, 3 ABR 66/74, AP BetrVG 1972 § 87 Altersversorgung Nrn. 1–3) aufgezeigten Grenzen. Vgl. dazu auch Schaub/*Vogelsang*, ArbR-HdB, § 85 Rn. 359 ff.
[242] *Höfer/Witt/Kuchem* BB 2007, 1445 (1448).

(3) Eine Invaliditätsrente wird gewährt, wenn der Mitarbeiter in den Ruhestand versetzt wird und wegen voller/teilweiser Erwerbsminderung einen Anspruch auf eine entsprechende Rente gegen den gesetzlichen Rentenversicherungsträger hat.

(4) Eine Hinterbliebenenrente wird für die Witwe, den Witwer und die Waisen des versorgungsberechtigten Mitarbeiters gewährt.

§ 3 Wartezeit

(1) Die Versorgungsleistungen werden nur gewährt, wenn der Mitarbeiter zum Zeitpunkt des Eintritts des Versorgungsfalles mindestens eine zehnjährige anrechnungsfähige Betriebszugehörigkeit (Wartezeit) nach Vollendung des ...... (25.) Lebensjahres zurückgelegt hat.

(2) Versorgungsleistungen werden auch gewährt, wenn der Mitarbeiter aus der gesetzlichen Rentenversicherung vorgezogenes Altersruhegeld in Anspruch nimmt und nur aus diesem Grunde keine zehnjährige anrechnungsfähige Dienstzeit erreicht.[243]

§ 4 Anrechnungsfähige Dienstzeit[244]

(1) Anrechnungsfähig nach dieser Versorgungsordnung sind Dienstzeiten, die der Mitarbeiter bis zum Eintritt des Versorgungsfalles zurückgelegt hat.

(2) Wechselt der Mitarbeiter innerhalb des Konzerns von einem Unternehmen zu einem anderen, so gewährt das übernehmende Unternehmen eine Rente unter Anrechnung der im Rahmen des Konzerns zurückgelegten und für die Versorgungsleistung anrechnungsfähigen Dienstzeit. Innerhalb des Konzerns zurückgelegte Vordienstzeiten werden nicht berücksichtigt, wenn der Mitarbeiter das Unternehmen auf Versorgungsleistungen in Anspruch nimmt, bei dem die Vordienstzeiten zurückgelegt worden sind.

§ 5 Höhe der Versorgungsleistungen

(1) Die Höhe der Versorgungsleistungen richtet sich nach der Versorgungsklasse, in die der Mitarbeiter unter Berücksichtigung seiner ausgeübten Tätigkeit eingestuft war sowie nach der Anzahl seiner anrechnungsfähigen Dienstjahre.

(2) Eine Rente wegen teilweise verminderter Erwerbsfähigkeit beträgt bis zur Vollendung des 60. Lebensjahres nur 2/3 des Tabellenwertes.

(3) Zeiten einer Teilzeitbeschäftigung werden nur in ihrem Verhältnis zur betriebsüblichen Arbeitszeit beim Tabellenwert berücksichtigt.

§ 6 Invaliditätsrente

Eine Invaliditätsrente wird nur für die Dauer der vollen/teilweisen Erwerbsminderung gewährt. Die volle/teilweise Erwerbsminderung ist durch Vorlage des Rentenbescheides des gesetzlichen Sozialversicherungsträgers nachzuweisen. Gewährt der gesetzliche Sozialversicherungsträger keine Rente, kann der Nachweis durch ein amtsärztliches Gutachten erfolgen.

§ 7 Hinterbliebenenrente

(1) Die Hinterbliebenenrente wird aus dem Betrag errechnet, der dem versorgungsberechtigten Mitarbeiter wegen Erwerbsunfähigkeit als Invaliditätsrente zugestanden hätte.

---

[243] § 1b Abs. 1 S. 2 BetrAVG.
[244] Die Anrechnung von Vordienstzeiten kann vereinbart werden. Sie führt aber nicht in jedem Fall zum Insolvenzschutz (Einzelheiten vgl. Schaub/*Vogelsang*, ArbR-HdB, § 86 Rn. 119 mwN).

(2) Die Hinterbliebenenrente beträgt

für den überlebenden Ehegatten	60%
je Halbwaise	20%
je Vollwaise	40%

der Rente des versorgungsberechtigten Mitarbeiters, aber nicht mehr als die Rente des Mitarbeiters selbst.

(3) Ist der überlebende Ehegatte mehr als 20 Jahre jünger als der versorgungsberechtigte Mitarbeiter, so vermindert sich der ihm zustehende Betrag für jedes angefangene Jahr des 20 Jahre übersteigenden Altersunterschiedes um jeweils 5% des Tabellenwertes.

(4) Die Witwen- oder Witwerrente entfällt mit Ablauf des Monats, in dem der Rentenempfänger wieder heiratet. Die Rente lebt wieder auf, wenn auch die Sozialversicherungsrente nach dem Verstorbenen aus der gesetzlichen Rentenversicherung wieder gezahlt wird.

(5) Waisenrente wird Kindern des Verstorbenen bis zur Vollendung des 18. Lebensjahres, im Falle der Berufsausbildung bis zur Vollendung des 25. Lebensjahres gewährt. Die Waisenrente wird auch über das 25. Lebensjahr für die Dauer gewährt, die die Berufsausbildung durch Ableistung des Wehrdienstes unterbrochen worden ist. Waisenrente wird auch an Kindes Statt angenommenen Kindern und in den Haushalt aufgenommenen Stiefkindern gezahlt.

§ 8 Versorgungsausgleich[245]

(1) Bei Scheidung der Ehe eines Mitarbeiters oder einer Mitarbeiterin ist eine Realteilung[246] im Versorgungsausgleich ausgeschlossen.

(2) Im Scheidungsverfahren ist der Arbeitnehmer gehalten, darauf hinzuwirken, dass das Unternehmen nicht zur Zahlung einer Ausgleichsrente verpflichtet wird. Bevor der schuldrechtliche Versorgungsausgleich angeordnet wird, hat der Arbeitnehmer dem Unternehmen die notwendigen Informationen zu geben und den verlängerten schuldrechtlichen Versorgungsausgleich zu verhindern, soweit es dieses wünscht. Dies gilt entsprechend für solche Arbeitnehmer, die mit einer unverfallbaren Versorgungsanwartschaft ausscheiden.

§ 9 Versorgungsanwartschaft

(1) Endet das Arbeitsverhältnis eines Mitarbeiters vor Eintritt des Versorgungsfalles, so scheidet er aus dem Kreis der Versorgungsberechtigten aus.

(2) Liegen die Voraussetzungen von § 1b BetrAVG vor, erhält der Mitarbeiter eine schriftliche Auskunft über die Höhe der Versorgungsleistungen die er nach Erreichen des Lebensalters für den Bezug der Regelaltersrente beanspruchen kann.

§ 10 Auszahlung

(1) Die Versorgungsleistungen werden monatlich am Ende eines Kalendermonats ausgezahlt. Die Auszahlung kann von der Vorlage amtlicher Urkunden über die Voraussetzungen der Bezugsberechtigung abhängig gemacht werden.

(2) Die Abtretung von Versorgungsleistungen an Dritte ist ausgeschlossen. Auszahlungen an Dritte erfolgen nur gegen Vorlage einer schriftlichen Empfangsvollmacht.

---

[245] Schaub/*Vogelsang*, ArbR-HdB, § 85 Rn. 217 ff.
[246] Siehe hierzu Schaub/*Vogelsang*, ArbR-HdB, § 85 Rn. 235 ff.

§ 11 Meldepflichten

(1) Empfänger von Versorgungsleistungen haben jede Änderung ihres Personenstandes, ihrer Anschrift sowie Umstände, die für die Rentengewährung wesentlich sind, unverzüglich zu melden und durch Urkunden nachzuweisen. Rentenänderungs- oder Entziehungsbescheide sind unverzüglich vorzulegen. Dies gilt nicht für Rentenänderungen aufgrund der Rentenanpassungsgesetze.

(2) Empfänger von Versorgungsleistungen, die einen Wohnsitz im Ausland haben, haben eine Stelle in der Bundesrepublik Deutschland zu benennen, an die mit schuldbefreiender Wirkung gezahlt werden kann.

§ 12 Ausschluss von Versorgungsbezügen

Der Arbeitgeber behält sich vor, die Leistungen zu kürzen oder einzustellen, wenn die bei Erteilung der Pensionszusage maßgebenden Verhältnisse sich nachhaltig so wesentlich ändern, dass dem Arbeitgeber die Aufrechterhaltung der zugesagten Leistungen auch unter objektiver Beachtung der Belange des Versorgungsberechtigten nicht mehr zugemutet werden kann.[247]

Oder:

Der Arbeitgeber behält sich vor, die zugesagten Leistungen zu kürzen oder einzustellen, wenn

(1) die wirtschaftliche Lage des Unternehmens sich nachhaltig so wesentlich verschlechtert hat, dass ihm eine Aufrechterhaltung der zugesagten Leistungen nicht mehr zugemutet werden kann, oder

(2) der Personenkreis, die Beiträge, die Leistungen oder das Pensionierungsalter bei der gesetzlichen Sozialversicherung oder anderen Versorgungseinrichtungen mit Rechtsanspruch sich wesentlich ändern, oder

(3) die rechtliche, insbesondere die steuerrechtliche Behandlung der Aufwendungen, die zur planmäßigen Finanzierung der Versorgungsleistungen von dem Arbeitgeber gemacht werden oder gemacht worden sind, sich so wesentlich ändert, dass dem Arbeitgeber die Aufrechterhaltung der zugesagten Leistungen nicht mehr zugemutet werden kann, oder

(4) der Versorgungsberechtigte Handlungen begeht, die in grober Weise gegen Treu und Glauben verstoßen oder zu einer fristlosen Entlassung berechtigen würden.

§ 13 Inkrafttreten

Die Versorgungsordnung tritt mit Wirkung vom …… in Kraft. Mit diesem Tage treten alle früheren Versorgungsordnungen außer Kraft.

……, den ……

Arbeitgeber   Betriebsrat

XIV. Mitbestimmung bei Leistungsentgelten (§ 87 Abs. 1 Nr. 11 BetrVG)

Nach § 87 Abs. 1 Nr. 11 BetrVG hat der Betriebsrat ein Mitbestimmungsrecht bei der Festsetzung der Akkord- und Prämiensätze und vergleichbarer leistungsbezogener Entgelte, einschließlich der Geldfaktoren. Die Regelung der Leistungsentlohnung gehört bereits zur betrieblichen Lohngestaltung nach § 87 Abs. 1 Nr. 10 BetrVG. Ent-

---

[247] Aus steuerrechtlichen Gründen werden nur noch die Mustervorbehalte der Finanzverwaltung verwandt, vgl. hierzu Schaub/*Vogelsang,* ArbR-HdB, § 85 Rn. 242 ff.

sprechende Muster wurden bereits im Rahmen der Darstellung zu § 87 Abs. 1 Nr. 10 BetrVG mit aufgenommen.

XV. Mitbestimmung beim betrieblichen Vorschlagswesen (§ 87 Abs. 1 Nr. 12 BetrVG)

1. Gesetzliche Vorgaben

237 Durch die erzwingbare Mitbestimmung über die Grundsätze des betrieblichen Vorschlagswesens soll der Abschluss von Betriebsvereinbarungen (§ 20 Abs. 2 ArbNErfG) erleichtert werden. Dem Betriebsrat steht ein Initiativrecht zu, sobald für eine allgemeine Regelung ein betriebliches Bedürfnis besteht. Die Betriebsparteien dürfen zur verbindlichen Beurteilung eingereichter Verbesserungsvorschläge paritätische Kommissionen einrichten, deren Entscheidungen nur beschränkt gerichtlich überprüfbar sind.[248]

2. Muster: Betriebsvereinbarung zu Verbesserungsvorschlägen
[→ B. Rn. 237]

238

Zwischen
der ...... AG

– nachfolgend Arbeitgeber genannt –

und
dem Gesamtbetriebsrat der ...... AG

– nachfolgend Gesamtbetriebsrat genannt –

wird nach § 87 Abs. 1 Nr. 12 BetrVG eine Betriebsvereinbarung zu Verbesserungsvorschlägen ....../...... geschlossen.

Präambel

Ziel dieser Betriebsvereinbarung ist es, für sämtliche Mitarbeiter den zusätzlichen Anreiz zu bieten, mit eigenen Vorschlägen, Anregungen und Ideen das betriebliche Geschehen zum Nutzen der Gesellschaft und der Mitarbeiter mitzugestalten.

§ 1 Geltungsbereich

Die Betriebsvereinbarung gilt für alle Arbeitnehmer der ......

§ 2 Begriffsbestimmungen

(1) Verbesserungsvorschläge im Sinne dieser Betriebsvereinbarung sind Anregungen und Ideen zu technischen und sonstigen Neuerungen, die eine Verbesserung des bisherigen Zustandes bewirken, zu wirtschaftlichen oder sonstigen Vorteilen für das Unternehmen oder die Mitarbeiter führen und ohne Anregung des Vorschlagenden nicht eingeführt würden. Verbesserungsvorschläge können sich auf alle Bereiche des Unternehmens einschließlich der Verwaltung beziehen.

(2) Zu den Verbesserungsvorschlägen gehören insbesondere Anregungen
  (a) welche die Produktion und Produktivität steigern;
  (b) Arbeitsmethoden und Arbeitsverfahren vereinfachen und erleichtern;
  (c) die Qualität der Produktion verbessern, Fehler und Ausschuss verringern;
  (d) die Unfallgefahren senken und den Umweltschutz erhöhen;
  (e) Einkauf, Lagerhaltung, Werbung, Verkauf, Vertriebs- und Büroorganisation, Transportwesen und Verwaltung vereinfachen.

(3) Diese Betriebsvereinbarung gilt nicht für Arbeitnehmererfindungen oder qualifizierte technische Verbesserungsvorschläge iSv § 20 Abs. 1 ArbNErfG. Diese werden der Patentabteilung gemeldet.

---

[248] Vgl. im Einzelnen: Schaub/*Koch*, ArbR-HdB, § 235 Rn. 118.

(4) Diese Betriebsvereinbarung gilt ebenfalls nicht, wenn die Anregungen oder Ideen bloße Hinweise auf bestehende Schwierigkeiten und auf Notwendigkeiten von Verbesserungen sowie Kritik ohne Lösungsvorschläge enthalten oder Verbesserungen betreffen, die bereits in der Planung oder Vorbereitung sind.

(5) Gehört die Anregung oder die Idee bereits zu der arbeitsvertraglichen Verpflichtung des Mitarbeiters, greift diese Betriebsvereinbarung nicht ein. Im Streitfall können die Stellen- und Tätigkeitsbeschreibungen sowie Zielvereinbarungen einer Abgrenzung der arbeitsvertraglich geschuldeten Verbesserungsvorschläge von den Verbesserungsvorschlägen im Sinne dieser Betriebsvereinbarung dienen.

§ 3 Einreichen des Verbesserungsvorschlages

(1) Verbesserungsvorschläge sind schriftlich in zweifacher Ausfertigung bei der Geschäftsstelle des Vorschlagswesens einzureichen. Reichen mehrere Mitarbeiter den Vorschlag als Gruppe ein, sind sämtliche Vor- und Zunamen auf den Ausfertigungen zu vermerken.

(2) In dem Verbesserungsvorschlag ist eine Darstellung des bisher bestehenden Zustandes, der Einzelmaßnahmen zur Verbesserung sowie des zu erwartenden Zustandes nach der Umsetzung der Maßnahmen beizufügen.

(3) Der Verbesserungsvorschlag läuft unter dem Namen des Einreichers, damit Rückfragen möglich sind. Etwas anderes gilt nur dann, wenn der Vorschlagende ausdrücklich wünscht, dass der Verbesserungsvorschlag für die weitere Bearbeitung anonymisiert wird.

(4) Der Eingang des Verbesserungsvorschlages ist schriftlich zu bestätigen. Der Vorschlag wird von der Geschäftsstelle des Vorschlagswesens mit dem Datum des Einganges registriert und mit einer laufenden Nummer versehen.

§ 4 Behandlung des Verbesserungsvorschlages

(1) Die Geschäftsstelle des Vorschlagswesens hat nach dem Eingang des Verbesserungsvorschlages zu prüfen, ob Vorschläge gleichen Inhalts bereits bearbeitet worden sind oder noch bearbeitet werden.

(2) Die Geschäftsstelle des Vorschlagswesens leitet die Verbesserungsvorschläge zur fachlichen Beurteilung an die zuständigen Stellen der beteiligten Geschäftsbereiche weiter.

(3) Die jeweils zuständigen Stellen haben den Vorschlag nach Durchführbarkeit, Zweckmäßigkeit und Wirtschaftlichkeit zu beurteilen. Die Beurteilung hat sich weiter darauf zu erstrecken, ob der Verbesserungsvorschlag noch an anderen Stellen des Unternehmens verwandt werden kann. Wird bei der Prüfung eines Vorschlages eine vom Inhalt abweichende Verbesserungsmöglichkeit erkannt, ist das in die Beurteilung mit aufzunehmen. Ergibt die Beurteilung, dass der Verbesserungsvorschlag patent- und gebrauchsmusterfähig ist oder zu den qualifizierten technischen Verbesserungsvorschlägen gehört, wird er an die Patentabteilung weitergeleitet. Über das Ergebnis der Beurteilung ist der Vorschlagende zu unterrichten.

§ 5 Vorbereitung der Entscheidung

(1) Die Geschäftsstelle des Vorschlagswesens hat die fachliche Beurteilung der prüfenden Stellen schriftlich zusammenzufassen und dem Prüfungsausschuss eine entscheidungsreife Unterlage vorzulegen. Hierzu gehören insbesondere auch ein Entscheidungsvorschlag über
    (a) die Annahme oder Ablehnung des Vorschlages;

(b) die Prämienberechtigung sowie die Art und Höhe der Prämie;
(c) die Vergabe einer Anerkennungsprämie bei Ablehnung des Vorschlages.

(2) Mehrere Vorschläge mit gleichem Eingangsdatum und Inhalt werden dem Prüfungsausschuss zusammen vorgelegt.

§ 6 Der Prüfungsausschuss

(1) Der Prüfungsausschuss besteht aus einem Vorsitzenden sowie einer gleichen Zahl von Vertretern des Arbeitgebers und des Betriebsrats. Die Anzahl wird auf je ...... festgelegt.

(2) Der Vorsitzende wird von dem Arbeitgeber im Einvernehmen mit dem Betriebsrat bestimmt. Der Prüfungsausschuss wählt aus seinen Reihen einen stellvertretenden Vorsitzenden.

(3) Der Prüfungsausschuss entscheidet in Sitzungen, die mindestens einmal vierteljährlich stattfinden. Der Sitzungszeitpunkt wird von dem Vorsitzenden in Abstimmung mit den Beisitzern festgelegt. Die Sitzungen des Prüfungsausschusses sind nicht öffentlich.

(4) Der Prüfungsausschuss ist beschlussfähig, wenn mindestens je die Hälfte der Arbeitgeber- und Arbeitnehmervertreter anwesend sind. Beide Seiten können Ersatzvertreter bestimmen. Mitglieder des Prüfungsausschusses dürfen an Entscheidungen, die ihre eigenen Verbesserungsvorschläge oder Verbesserungsvorschläge ihrer Angehörigen betreffen, nicht mitwirken.

(5) Der Prüfungsausschuss fasst seine Beschlüsse mit Stimmenmehrheit. Bei Stimmengleichheit entscheidet die Stimme des Vorsitzenden.

(6) Das Ergebnis der Beratung und die Entscheidung des Prüfungsausschusses sind zu protokollieren und in einer Niederschrift festzuhalten, die von dem Vorsitzenden und einem weiteren Mitglied zu unterzeichnen ist.

§ 7 Aufgaben des Prüfungsausschusses

(1) Der Prüfungsausschuss hat die Aufgabe zu entscheiden
 (a) über die Zugehörigkeit des Vorschlagenden zu den Prämienberechtigten;
 (b) ob ein Verbesserungsvorschlag iSv § 2 vorliegt;
 (c) über die Festsetzung der Vergütung anhand der Vergütungsrichtlinien;
 (d) über die Bescheidung des Vorschlages;
 (e) über die Neubewertung des Vorschlages.

(2) Bei Bedarf können Sachverständige einzelfallbezogen nach fachlichen Gesichtspunkten hinzugezogen werden. Sachverständige haben dabei die Aufgabe, den Verbesserungsvorschlag nach objektiven Maßstäben zu überprüfen und ihre Ergebnisse in einem schriftlichen Gutachten festzuhalten.

(3) Der Prüfungsausschuss empfiehlt der Geschäftsführung die Annahme, Anerkennung oder Ablehnung der Verbesserungsvorschläge.

§ 8 Annahme/Ablehnung des Verbesserungsvorschlages

Die Geschäftsleitung entscheidet über die Annahme oder Ablehnung des Verbesserungsvorschlages. Ferner steht es im Ermessen der Unternehmensleitung, in welchem Umfang Verbesserungsvorschläge durchgeführt werden.[249]

---

[249] Der Arbeitgeber ist frei in seiner Entscheidung, ob der Verbesserungsvorschlag verwertet wird, s. Schaub/*Koch*, ArbR-HdB, § 114 Rn. 43. Eine etwaige Übertragung der Entscheidung über die Realisierung auf eine Prüfungskommission erfolgt durch eine freiwillige Betriebsvereinbarung (ArbG Heilbronn 15.5.1986 – 4 Ca 136/85, DB 1987, 541).

§ 9 Höhe der Prämie

(1) Die Prämie bei realisierten Verbesserungsvorschlägen beträgt ...... % der durch Verwirklichung des Vorschlages zu erzielenden Ersparnis eines Jahres, mindestens ...... %, höchstens ...... EUR brutto. Bei weiteren Vorteilen insbesondere bei Qualitätsverbesserungen wird die Prämie um höchstens 1/10 erhöht. Die Vorteile werden nach den Formeln der Anlage 1 berechnet.

(2) Die Prämie beträgt bei realisierten Verbesserungsvorschlägen mit nicht errechenbaren Vorteilen mindestens ...... EUR, höchstens ...... EUR. Bei Verbesserungsvorschlägen, die innerhalb dieser Höchstgrenzen nicht ausreichend prämiert werden, kann eine Sonderprämie empfohlen werden, welche die Höchstgrenzen nach Abs. 1 nicht überschreiten darf.

(3) Für Verbesserungsvorschläge, die nicht realisiert werden, kann eine Anerkennungsprämie festgesetzt werden. Diese beträgt mindestens ...... EUR und höchstens ...... EUR.

§ 10 Bekanntgabe der Entscheidung

(1) Die Entscheidung der Geschäftsleitung über den Verbesserungsvorschlag sowie die eventuelle Festsetzung der Prämienhöhe wird dem Vorschlagenden schriftlich bekannt gegeben. Bei einer Ablehnung des Verbesserungsvorschlages werden dem Vorschlagenden die Gründe umfassend dargelegt.

(2) Verbesserungsvorschläge bleiben vom offiziellen Eingangsdatum an gerechnet zwei Jahre lang prämienberechtigt. Dies gilt selbst dann, wenn der Verbesserungsvorschlag als nicht durchführbar abgelehnt wurde, sich später jedoch Gründe zeigen, welche die Durchführung ermöglichen würden.

§ 11 Auszahlung der Prämie

(1) Prämien bis zu einer Höhe von ...... EUR werden mit der auf die Bekanntgabe folgenden Gehaltsabrechnung an den Vorschlagenden ausgezahlt.

(2) Prämien über ...... EUR werden zur Hälfte, mindestens jedoch in Höhe von ...... EUR, mit der Bekanntgabe, der Rest mit der nach der Einführung der Verbesserung folgenden Gehaltsabrechnung an den Vorschlagenden ausgezahlt.

(3) Die auf die Prämie entfallende Steuer sowie die Sozialabgaben trägt der Vorschlagende.

§ 12 Veröffentlichung

(1) Die Abteilung Vorschlagswesen veröffentlicht in regelmäßigen Zeitabständen am schwarzen Brett und/oder ...... die eingereichten und prämierten Verbesserungsvorschläge. Aus der Veröffentlichung sollen sich die Verbesserungsvorschläge, der Betrag der höchsten Prämie des Quartals sowie die Summe der Prämien des Quartals ergeben.

(2) Die Veröffentlichung der Verbesserungsvorschläge erfolgt anonymisiert.

§ 13 Widerspruchsrecht

(1) Der Vorschlagende kann gegen die Festsetzung der Höhe der Prämie beim Prüfungsausschuss Widerspruch einlegen.

(2) Der Widerspruch ist binnen einer Frist von einem Monat nach Zustellung der Entscheidung einzulegen. Der Widerspruch ist unter Einreichung eigener Berech-

nungsunterlagen zu begründen. Der Prüfungsausschuss prüft die Höhe der Prämie erneut und erlässt eine Widerspruchsentscheidung, die schriftlich begründet werden muss. Ein Rechtsweg gegen die Widerspruchsentscheidung ist nicht gegeben; die Widerspruchsentscheidung des Prüfungsausschusses ist abschließend.[250]

§ 14 Nachbewertung

Hat der Prüfungsausschuss eine einmalige Prämie festgesetzt, hat der Vorschlagende das Recht, bei wesentlich veränderten Umständen eine Nachbewertung zu verlangen.

§ 15 Anrechnung

Stellt sich heraus, dass der Verbesserungsvorschlag nach dem ArbNErfG vergütungspflichtig ist, so wird die nach dieser Betriebsvereinbarung gezahlte Vergütung auf die nach dem ArbNErfG zu zahlende Vergütung angerechnet.

§ 16 Schlussbestimmungen

(1) Diese Betriebsvereinbarung tritt am …… in Kraft. Sie kann mit einer Frist von …… Monaten zum Ende eines Kalenderjahres gekündigt werden. Die Kündigung bedarf der Schriftform.

(2) Diese Betriebsvereinbarung löst die vorherige Betriebsvereinbarung über Verbesserungsvorschläge ab.

……, den ……

Arbeitgeber   Gesamtbetriebsrat

Anlage: Berechnung der Ersparnis

a) Materialkosteneinsparung

$$(EUR) = P_j (M_a ./. M_n)$$

P_j = jährliche Produktion an Mengeneinheiten (Dimension: Mengeneinheit)
M_a = Materialkosten nach altem Verfahren je Mengeneinheit (Dimension: EUR/Mengeneinheit)
M_n = Materialkosten nach neuem Verfahren je Mengeneinheit (Dimension: EUR/Mengeneinheit)

b) Lohneinsparung

$$(EUR) = P_j (Z_a ./. Z_n) \times L \, 1 + \frac{Y}{100}$$

P_j = jährliche Produktion an Mengeneinheiten (Dimension: Mengeneinheit)
Z_a = Zeitaufwand alt je Mengeneinheit (Dimension: h/Mengeneinheit)
Z_n = Zeitaufwand neu je Mengeneinheit (Dimension: h/Mengeneinheit)
L = Lohnfaktor (Dimension: EUR/h)
Y = Personalnebenkosten in Prozent (ohne Dimension).

---

[250] Zur eingeschränkten gerichtlichen Überprüfbarkeit von Entscheidungen einer paritätischen Kommission für Verbesserungsvorschläge vgl. BAG 20.1.2004 – 9 AZR 393/03, AP BetrVG 1972 § 87 Nr. 3 sowie Schaub/*Koch*, ArbR-HdB, § 114 Rn. 44.

XVI. Mitbestimmungsrecht bei der Gruppenarbeit nach § 87 Abs. 1 Nr. 13 BetrVG

Nach dem durch die BetrVG-Reform neu eingeführten § 87 Abs. 1 Nr. 13 BetrVG hat der Betriebsrat bei der Einführung und Änderung der Grundsätze über die Durchführung der Gruppenarbeit mitzubestimmen. Durch das Mitbestimmungsrecht soll einerseits die Selbständigkeit und Eigeninitiative der Arbeitnehmer bei der Ausgestaltung der Gruppenarbeit gefördert und andererseits verhindert werden, dass der Gruppendruck zu einer Selbstausbeutung der Gruppenmitglieder und Ausgrenzung leistungsschwächerer Arbeitnehmer führt.[251] Bereits vor dem Inkrafttreten des § 87 Abs. 1 Nr. 13 BetrVG führte die Gruppenarbeit zu Beteiligungsrechten des Betriebsrats. Im Bereich der sozialen Mitbestimmungen waren regelmäßig die Tatbestände der §§ 87 Abs. 1 Nr. 1, 3, 6, 7, 10, 11 BetrVG betroffen. Diese Beteiligungsrechte bleiben unberührt. Nach der Gesetzesbegründung sollen spezifische Gegenstände des Mitbestimmungsrechts nach § 87 Abs. 1 Nr. 13 BetrVG die Wahl eines Gruppensprechers, dessen Stellung und Aufgaben, Verfahren zur Kommunikation, Meinungsbildung, Zusammenarbeit und Konfliktlösung innerhalb der Gruppe und Grundsätze über die Berücksichtigung von leistungsschwächeren Arbeitnehmern sein.[252]

---

[251] BT-Drs. 14/5741, 47.
[252] BT-Drs. 14/5741, 47; Schaub/*Koch*, ArbR-HdB, § 235 Rn. 121 mzN.

6. Teil. Freiwillige Mitbestimmung (§ 88 BetrVG)

Übersicht

	Rn.
I. Gesetzliche Vorgaben	240
II. Muster	241, 242
1. Muster: Betriebsvereinbarung über die Gewährung von Sterbebeihilfen	241
2. Muster: Betriebsvereinbarung zur Gewährung von Arbeitnehmerdarlehen	242

I. Gesetzliche Vorgaben

240 Während § 87 BetrVG die Gegenstände erschöpfend aufzählt, in denen der Betriebsrat ein erzwingbares Mitbestimmungsrecht in sozialen Angelegenheiten hat, enthält § 88 BetrVG die Regelungskompetenzen des Betriebsrats, in denen er mit dem Arbeitgeber Betriebsvereinbarungen abschließen kann. Einen durchsetzbaren Anspruch auf Abschluss einer Betriebsvereinbarung hat er in den Angelegenheiten der freiwilligen Mitbestimmung nicht. Im Unterschied zu § 87 BetrVG enthält § 88 BetrVG keinen abschließenden Katalog der Regelungskompetenzen, sondern lediglich Beispiele, wie sich aus dem Wortlaut „insbesondere" ergibt.[253]

II. Muster

1. Muster: Betriebsvereinbarung über die Gewährung von Sterbebeihilfen
[→ B. Rn. 240]

241

Zwischen
der …… GmbH

– nachfolgend Arbeitgeber genannt –

und
dem Betriebsrat der …… GmbH

– nachfolgend Betriebsrat genannt –

wird gem. § 88 BetrVG nachfolgende Betriebsvereinbarung geschlossen:

§ 1 Geltungsbereich

Diese Betriebsvereinbarung gilt für alle Mitarbeiter des Arbeitgebers, mit Ausnahme der leitenden Angestellten nach § 5 Abs. 3 BetrVG.

§ 2 Sterbebeihilfen

(1) Versterben Betriebsangehörige oder Werksrentner nach mehr als 15-jähriger Dienstzeit, so erhalten die Hinterbliebenen[254] eine Beihilfe zu den Bestattungskosten in Höhe von …… EUR.

(2) Die Beihilfe erhöht sich
– nach 20-jähriger Dienstzeit auf …… EUR,
– nach 25-jähriger Dienstzeit auf …… EUR,
– nach 30-jähriger Dienstzeit auf …… EUR,
– nach 35-jähriger Dienstzeit auf …… EUR,
– nach 40-jähriger Dienstzeit auf …… EUR.

---

[253] Zur freiwilligen Mitbestimmung in sozialen Angelegenheiten vgl. im Einzelnen: Schaub/*Koch*, ArbR-HdB, § 236 Rn. 1 ff.

[254] Zur Geltung von tariflichen Ausschlussfristen für Hinterbliebene vgl. BAG 4.4.2001 – 4 AZR 242/00, AP TVG § 4 Ausschlussfristen Nr. 156.

(3) Bei mehreren Anspruchsberechtigten kann die Beihilfe mit befreiender Wirkung an einen der Anspruchsberechtigten gezahlt werden.

§ 3 Sterbebeihilfen für Angehörige

(1) Versterben Angehörige, denen der Mitarbeiter oder Werksrentner zum Unterhalt verpflichtet ist und besteht das Arbeitsverhältnis mehr als 15 Jahre, so erhält der Mitarbeiter oder Werksrentner eine Beihilfe zu den Bestattungskosten in Höhe von …… EUR.

(2) Die Beihilfe erhöht sich
– nach 20-jähriger Dienstzeit auf …… EUR,
– nach 25-jähriger Dienstzeit auf …… EUR,
– nach 30-jähriger Dienstzeit auf …… EUR,
– nach 35-jähriger Dienstzeit auf …… EUR,
– nach 40-jähriger Dienstzeit auf …… EUR.

§ 4 Beantragung der Beihilfe

Der Antrag auf Sterbebeihilfe ist schriftlich bei der Personalabteilung des Arbeitgebers einzureichen. Dem Antrag ist eine beglaubigte Abschrift der Sterbeurkunde beizufügen. Darüber hinaus sind die zu erwartenden oder bereits entstandenen Erstattungskosten anhand von Belegen zu begründen. Der Antragsteller ist verpflichtet, sein Konto und seine Kontoverbindungsdaten mitzuteilen, auf das die Beihilfe ausgezahlt werden soll.

§ 5 Auszahlung der Sterbebeihilfen

(1) Die Personalabteilung prüft den eingereichten Antrag auf Gewährung von Sterbebeihilfe und ist verpflichtet, innerhalb von …… Tagen eine Entscheidung über den Antrag zu treffen. Die Entscheidung der Personalabteilung wird dem Antragsteller schriftlich bekannt gegeben.

(2) Die Sterbebeihilfe wird dem Antragsteller mit der Bekanntgabe der Entscheidung der Personalabteilung an das im Antragschreiben angegebene Konto ausgezahlt.

§ 6 Schlussbestimmungen

(1) Diese Betriebsvereinbarung tritt am …… in Kraft. Sie kann mit einer Frist von …… Monaten gekündigt werden. Die Kündigung bedarf der Schriftform.

(2) Diese Betriebsvereinbarung wirkt bis zum Abschluss einer neuen Betriebsvereinbarung nach.[255]

……, den ……

Arbeitgeber   Betriebsrat

---

[255] Freiwillige Betriebsvereinbarungen, die keinen Gegenstand erzwingbarer Mitbestimmung regeln, wirken nach ihrer Beendigung nicht kraft Gesetzes nach. Die Betriebspartner können aber eine entsprechende Nachwirkung vereinbaren, vgl. Schaub/*Koch,* ArbR-HdB, § 231 Rn. 60. Eine solche Vereinbarung ist im Regelfall dahingehend auszulegen, dass die Nachwirkung auch gegen den Willen einer Seite beendet werden kann. Im Zweifel ist eine Konfliktlösungsmöglichkeit gewollt, die derjenigen bei der erkennbaren Mitbestimmung entspricht. Scheitern die Bemühungen um eine einvernehmliche Neuregelung, kann danach von jedem Betriebspartner die Einigungsstelle angerufen werden, die verbindlich entscheidet, vgl. BAG 28.4.1998 – 1 ABR 43/97, AP BetrVG 1972 § 77 Nachwirkung Nr. 11.

2. Muster: Betriebsvereinbarung zur Gewährung von Arbeitnehmerdarlehen
[→ B. Rn. 240]

Zwischen
der ...... GmbH

– nachfolgend Arbeitgeber genannt –

und
dem Betriebsrat der ...... GmbH

– nachfolgend Betriebsrat genannt –

wird nachfolgende Betriebsvereinbarung zur Gewährung von Arbeitnehmerdarlehen geschlossen:

§ 1 Geltungsbereich

(1) Diese Betriebsvereinbarung gilt für alle Mitarbeiter, die zum Zeitpunkt der Antragstellung mindestens sechs Monate bei dem Arbeitgeber beschäftigt sind und deren Arbeitsverhältnis unbefristet und ungekündigt besteht.

(2) Ausgenommen vom Geltungsbereich dieser Betriebsvereinbarung sind leitende Angestellte iSd § 5 Abs. 3 BetrVG.

§ 2 Antragstellung

(1) Der Antrag auf Gewährung eines Arbeitnehmerdarlehens ist in schriftlicher Form bei der Personalabteilung einzureichen. Der Antrag bedarf der Begründung und muss durch entsprechende Dokumente belegt werden.

(2) Zur Vereinfachung der Abwicklung wird ein Antragsformular entwickelt, das in der Personalabteilung zur Verfügung steht. Sollten noch zusätzliche Daten für die Entscheidung über die Antragstellung notwendig sein, wird die Personalabteilung den Antragsteller auffordern, die entsprechenden Dokumente und Informationen einzureichen.

§ 3 Arbeitnehmerdarlehen

(1) Arbeitnehmerdarlehen werden ausschließlich zur Wohnraumbeschaffung im Sinne eines Erwerbs von eigengenutztem Wohnraum für den Mitarbeiter und seine Familie gewährt.

(2) Darlehen zur Wohnraumbeschaffung können bis zur Höhe eines ...... Jahresbruttoeinkommens beantragt werden. Die Darlehen werden derzeit bis zu einem Betrag von ...... EUR mit ...... % p.a., über ...... EUR mit ...... % p.a. verzinst.

(3) Die Gewährung eines Darlehens zur Wohnraumbeschaffung kommt allein unter der Voraussetzung in Betracht, dass dem Arbeitgeber eine dingliche Sicherheit eingeräumt wird.

§ 4 Darlehensgewährung

(1) Die Gewährung von Mitarbeiterdarlehen erfolgt unter Berücksichtigung der individuellen finanziellen Verhältnisse des Antragstellers im Einvernehmen mit dem Betriebsrat.

(2) Die Auszahlung des Darlehens erfolgt unter Berücksichtigung der steuerlichen Richtlinien.

(3) Bei der Gewährung des Arbeitnehmerdarlehens handelt es sich um eine freiwillige zusätzliche Leistung des Arbeitgebers. Der Mitarbeiter hat keinen Rechtsanspruch auf Gewährung eines Mitarbeiterdarlehens.

(4) Der Arbeitgeber und der Betriebsrat sind sich darüber einig, dass die derzeitigen Bedingungen des Arbeitnehmerdarlehens (Darlehenshöhe, Zinsen, Laufzeit etc.) jederzeit für die Zukunft geändert werden können.

§ 5 Darlehensrückzahlung

(1) Das Darlehen ist innerhalb von ...... Jahren durch monatliche Beträge zurückzuzahlen.

(2) Im Fall des Ausscheidens des Arbeitnehmers ist das Arbeitnehmerdarlehen spätestens mit dem Ausscheiden in Höhe der Restschuld des Darlehens zuzüglich der bis dahin angefallenen Zinsen zurückzuzahlen.

§ 6 Schlussbestimmungen

(1) Diese Betriebsvereinbarung tritt zum ...... in Kraft und kann beiderseits mit einer Frist von ...... Monaten jeweils zum Ende des Kalenderjahres gekündigt werden.

(2) Die bereits zum Zeitpunkt der Kündigung zugesagten und gewährten Darlehen werden zu den Bedingungen dieser Betriebsvereinbarung fortgewährt.

......, den ......

Arbeitgeber   Betriebsrat

7. Teil. Mitbestimmung in wirtschaftlichen Angelegenheiten

Übersicht

	Rn.
I. Gesetzliche Vorgaben	243–258
1. Vorbemerkung	243, 244
2. Bestehender Betriebsrat	245
3. Schlechte wirtschaftliche Situation	246
4. Betriebsänderung	247–251
5. Verfahren	252–254
6. Sanktionen	255–257
7. Ergebnis	258
II. Muster	259–298
1. Muster: Verhandlungsangebot an den Betriebsrat	259–261
2. Muster: Antwort des Betriebsrats	262–264
3. Interessenausgleich	265–274
a) Muster: Einfacher Interessenausgleich	266
b) Muster: Interessenausgleich und Namensliste	267
c) Muster: Interessenausgleich zur Betriebsfortführung	268–270
d) Muster: Interessenausgleich mit Altersgruppenbildung	271, 272
e) Muster: Interessenausgleich zur Restrukturierung	273, 274
4. Sozialpläne	275–289
a) Muster: Einfacher Sozialplan	276, 277
b) Sozialplan mit Einrichtung einer Beschäftigungsgesellschaft	278–281
aa) Vorbemerkung	278–280
bb) Muster: Sozialplan mit Einrichtung einer Beschäftigungsgesellschaft	281
c) Sozialplan in der Insolvenz	282–287
d) Muster: Kopplung von Interessenausgleich und Sozialplan	288, 289
5. Abfindungsregelungen	290–294
a) Muster: Abfindungsregelung nach Punkteschema	291
b) Muster: Abfindungsformel nach Betriebszugehörigkeit und Lebensalter	292
c) Muster: Sozialplanleistungen nach Betriebszugehörigkeit und Lebensalter	293, 294
6. Muster: Kooperationsvertrag	295, 296
7. Muster: Überleitungsvertrag	297, 298

I. Gesetzliche Vorgaben

1. Vorbemerkung

243 Plant der Arbeitgeber eine **Betriebsänderung** nach § 111 BetrVG, ist dies in der Regel mit der Kündigung einer Vielzahl von Arbeitnehmern und damit einer Massenentlassung verbunden.[256] Der **ordnungsgemäße Versuch eines Interessenausgleiches und Sozialplans** ist für den Arbeitgeber zunächst deshalb wichtig, weil ihm für den Fall der Nichteinhaltung Nachteilsausgleichsansprüche durch die Arbeitnehmer drohen. Insgesamt haben die Verhandlungen um den Versuch eines Interessenausgleiches und Sozialplans nicht nur in den letzten Jahren, die mit der Wirtschaftskrise verbunden waren, sondern auch gegenwärtig eine hohe praktische Bedeutung.

244 Der Arbeitgeber sieht sich nur dann zum Versuch eines Interessenausgleiches und zum Abschluss eines Sozialplans veranlasst, wenn ein Betriebsrat besteht.

2. Bestehender Betriebsrat

245 Voraussetzung für die Verpflichtung des Arbeitgebers bzw. des Insolvenzverwalters zur Unterrichtung, zur Beratung und zum Versuch eines Interessenausgleiches ist es, dass der Betriebsrat zu dem Zeitpunkt besteht, zu welchem der Arbeitgeber bzw. der Insolvenzverwalter mit der Durchführung der Betriebsänderung beginnt. Ein erst während der Durchführung der Betriebsänderung gewählter Betriebsrat kann weder den Versuch eines Interessenausgleiches noch den Abschluss eines Sozialplans verlangen.[257] Dies gilt auch dann, wenn dem Arbeitgeber zum Zeitpunkt seines Entschlusses

---

[256] Zur Betriebsänderung und zum ordnungsgemäßen Versuch eines Interessenausgleiches und Sozialplans vgl. im Einzelnen ausführlich: Schaub/Koch, ArbR-HdB, § 244 Rn. 3 ff. mzN.

[257] BAG 28.10.1992 – 10 ABR 75/91, AP BetrVG 1972 § 112 Nr. 63; 20.4.1982 – 1 ABR 3/80, AP BetrVG 1972 § 112 Nr. 15.

bekannt war, dass ein Betriebsrat gewählt werden soll.[258] Der Arbeitgeber muss bei seiner unternehmerischen Planung und bei der Durchführung die Konstituierung eines Betriebsrats nicht abwarten. Führt er allerdings eine Betriebsänderung erst nach der Konstituierung des Betriebsrats durch und ist streitig, wann er den abschließenden Entschluss zur Betriebsänderung gefasst hat, kann der Arbeitgeber dazu verpflichtet sein, darzulegen, dass er den abschließenden Entschluss bereits vor der Konstituierung getroffen hat.[259] Konstituiert sich der Betriebsrat allerdings vor der Beschlussfassung durch den Arbeitgeber, also im Planungsstadium einer Betriebsänderung, ist er zu beteiligen.[260]

3. Schlechte wirtschaftliche Situation

Die **Pflicht,** mit dem Betriebsrat einen **Interessenausgleich zu versuchen,** entfällt auch nicht wegen einer schlechten wirtschaftlichen Situation des Unternehmens.[261] Zum einen will § 111 BetrVG nach seinem sozialen Schutzzweck alle darin aufgezählten, für die Arbeitnehmer nachteiligen Maßnahmen erfassen, die dem Verantwortungsbereich des Unternehmers bzw. Insolvenzverwalters zuzurechnen sind. Dies gilt auch für Maßnahmen, die mehr oder weniger durch die wirtschaftliche Situation „diktiert" werden.[262] Vor allem aber geht es bei dem Interessenausgleich, den der Arbeitgeber mit dem Betriebsrat zu versuchen hat, nicht nur um die **Entscheidung, ob die Betriebsänderung überhaupt erfolgt,** sondern regelmäßig auch darum, **wie sie durchgeführt werden soll.** Der Betriebsrat soll die Möglichkeit haben, im Interesse der Arbeitnehmer auf Modalitäten, wie etwa den Zeitpunkt von Entlassungen und Freistellungen oder die Beschäftigung von Arbeitnehmern mit Abwicklungsarbeiten, Einfluss zu nehmen. Welche Vorstellungen er hierzu entwickelt und welche Modalitäten er dem Arbeitgeber vorschlägt, ist seine Angelegenheit.[263] Zwar kann es sein, dass zu einer bestimmten Maßnahme (zB Betriebsstilllegung) keine Alternative besteht. Doch es bleiben regelmäßig Gestaltungsspielräume, auch bei der Abwicklung eines notleidenden Unternehmens. Gestaltungsspielräume können beispielsweise bei den Fragen, zu wann eine Stilllegung erfolgt, ob für Teile ein Betriebsübernehmer gesucht wird, ob und in welchem Umfang Abwicklungsarbeiten durchgeführt werden, uÄ bestehen. Von daher gesehen gilt: Auch bei einer schlechten wirtschaftlichen Situation und auch bei einer wirtschaftlich „diktierten" Maßnahme zur Betriebsänderung, verbleibt es bei der Pflicht des Arbeitgebers zum ordnungsgemäßen Versuch eines Interessenausgleiches.[264]

4. Betriebsänderung

Voraussetzung für das **Eingreifen der Beteiligungsrechte** nach §§ 111 ff. BetrVG ist – neben der Voraussetzung von mehr als 20 wahlberechtigten im Unternehmen beschäftigten Arbeitnehmern[265] – das Vorliegen einer Betriebsänderung.[266]

Hauptfall insbesondere im Fall der Insolvenz ist der **Personalabbau.** Der Personalabbau als Folge einer Schließung stellt keine Betriebseinschränkung dar, die nach § 111

---

[258] BAG 28.10.1992 – 10 ABR 75/91, AP BetrVG 1972 § 112 Nr. 63; *Fitting*, BetrVG, § 111 Rn. 34; ErfK/*Kania* BetrVG § 111 Rn. 6; GK-BetrVG/*Fabricius/Oetker* § 111 Rn. 23; Richardi/*Annuß*, BetrVG, § 111 Rn. 27; aA DKKW/*Däubler*, BetrVG, § 111 Rn. 124 f.
[259] *Fitting*, BetrVG, § 111 Rn. 34.
[260] GK-BetrVG/*Fabricius/Oetker*, § 111 Rn. 23; DKKW/*Däubler*, BetrVG, § 111 Rn. 124; Richardi/*Annuß*, BetrVG, § 111 Rn. 27.
[261] BAG 22.7.2003 – 1 AZR 541/02, AP BetrVG 1972 § 113 Nr. 42.
[262] BAG 9.7.1985 – 1 AZR 323/83, AP BetrVG 1972 § 113 Nr. 13.
[263] BAG 18.12.1984 – 1 AZR 176/82, AP BetrVG 1972 § 113 Nr. 11.
[264] BAG 22.7.2003 – 1 AZR 541/02, AP BetrVG 1972 § 113 Nr. 42.
[265] Dies sind nach § 7 BetrVG alle Arbeitnehmer, die das 18. Lebensjahr vollendet haben und für den Fall der Überlassung durch Dritte länger als drei Monate im Betrieb eingesetzt sind.
[266] Die Betriebsänderung wird nur auszugsweise geschildert, um deren Bedeutung darzustellen. Im Übrigen wird auf die einschlägige Standardliteratur verwiesen (neben der einschlägigen Kommentarliteratur vgl. beispielsweise die Rechtsprechungsübersicht von *Hunold* NZA-RR 2004, 561 ff. sowie NZA-RR 2005, 57 ff.).

S. 3 Nr. 1 BetrVG als Betriebsänderung gilt. Eine solche liegt regelmäßig nur dann vor, wenn eine größere Anzahl von Arbeitnehmern betroffen ist.[267] Voraussetzung für die Annahme einer wesentlichen Einschränkung ist, dass der Personalabbau eine relevante Anzahl von Arbeitnehmern erfasst. Maßgebend sind insoweit die Zahlen entsprechend § 17 KSchG, wobei aber in größeren Betrieben mindestens 5% der Belegschaft betroffen sein müssen.[268] Voraussetzung ist dabei, dass der Personalabbau auf einen einheitlichen Plan zurückgeht, wobei feststehen muss, wie viele Arbeitnehmer von der Maßnahme nachteilig betroffen werden. Eine einheitliche Planungsentscheidung kann auch eine stufenweise Durchführung vorsehen und daher den Abbau über einen längeren Zeitraum erstrecken. Maßgeblich ist daher die Gesamtzahl der Arbeitnehmer, die voraussichtlich, wenn auch in mehreren „Wellen", von Personalabbaumaßnahmen betroffen sein werden. Liegt zwischen mehreren „Wellen" von Personalabbaumaßnahmen nur ein Zeitraum von wenigen Wochen oder Monaten, so spricht eine tatsächliche Vermutung dafür, dass diese Maßnahmen auf einer einheitlichen unternehmerischen Planung beruhen.[269]

249 Danach gilt für die Frage, ob eine **Betriebsänderung (Betriebseinschränkung durch Personalabbau)** vorliegt, folgende **Staffel:**

– Betriebe mit 21 bis 59 Arbeitnehmern: mehr als 5 Arbeitnehmer
– Betriebe mit 60 bis 499 Arbeitnehmern: entweder 10% der Arbeitnehmer
                                          oder
                                          mehr als 25 Arbeitnehmer
– Betriebe mit 500 bis 599 Arbeitnehmern: 30 Arbeitnehmer
– Betriebe mit über 600 Arbeitnehmern: 5% der Arbeitnehmer.

250 Ein Personalabbau in diesem Ausmaß ist eine Betriebseinschränkung und löst **Mitbestimmungsrechte des Betriebsrats** aus. Besteht eine Betriebsänderung nicht nur in einem Personalabbau, sondern wird der Betrieb auch dadurch eingeschränkt, dass Betriebsmittel außer Dienst gestellt werden (zB Veräußerung von wichtigen Maschinen), kann der Betriebsrat einen Sozialplan erzwingen (vgl. § 112 Abs. 4 BetrVG). Besteht die Betriebsänderung dagegen alleine aus einem Personalabbau und findet ansonsten keine Betriebsänderung statt, gilt nicht die vorgenannte Staffel gemäß der Rechtsprechung des BAG, sondern die Ausnahmevorschrift des § 112a BetrVG. Danach ist ein **Sozialplan** nur **erzwingbar,** wenn in Betrieben mit idR

– Betriebe mit 21 bis 59 Arbeitnehmern: 20% der Arbeitnehmer, aber mindestens 6 Arbeitnehmer
– Betriebe mit 60 bis 249 Arbeitnehmern: 20% der Arbeitnehmer oder mindestens 37 Arbeitnehmer
– 250 bis 499 Arbeitnehmern: 15% der Arbeitnehmer oder mindestens 60 Arbeitnehmer
– ab 500 Arbeitnehmern: 10% der Arbeitnehmer oder mindestens 60 Arbeitnehmer

aus betriebsbedingten Gründen entlassen werden.

251 Es ist also zu unterscheiden: Findet ein **reiner Personalabbau** statt, ist wegen der Erzwingbarkeit eines Sozialplans auf die Staffel in § 112a BetrVG abzustellen. Findet ein **Personalabbau bei gleichzeitiger sonstiger Betriebsänderung** statt, ist auf die Zahlangaben gem. § 17 Abs. 1 KSchG entsprechend der Rechtsprechung des BAG zurückzugreifen.

---

[267] BAG 23.2.2012 – 2 AZR 773/10, NZA 2012, 992; 28.3.2006 – 1 ABR 5/05, AP BetrVG 1972 § 112a Nr. 12; 27.6.2002 – 2 AZR 489/01, NZA 2002, 1304.
[268] BAG 23.2.2012 – 2 AZR 773/10, NZA 2012, 992; 28.3.2006 – 1 ABR 5/05, AP BetrVG 1972 § 112a Nr. 12; 8.6.1999 – 1 AZR 696/98, EzA BGB § 242 Betriebliche Übung Nr. 46.
[269] BAG 22.1.2004 – 2 AZR 111/02, AP BetrVG 1972 § 112 Namensliste Nr. 1.

§ 17 KSchG und § 112a BetrVG

Betrieb Belegschaft	Interessenausgleich Anzahl Entlassungen	Sozialplan
Bis 59 Untern. mind. 21 § 111 I BetrVG	mehr als 5 AN	20% aber mind. 6 AN
60 bis 249	10% oder mehr als 25 AN	20% oder mind. 37 AN
250 bis 499		15% oder mind. 60 AN
500 und mehr	5% aber mind. 30 AN	10% aber mind. 60 AN

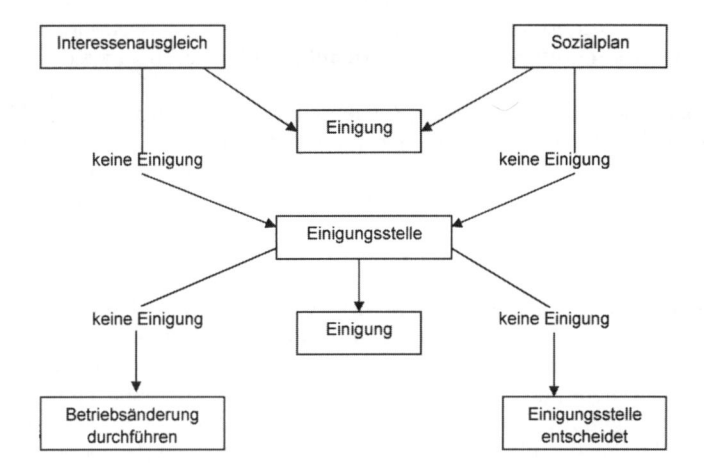

5. Verfahren

Der Arbeitgeber oder Insolvenzverwalter hat mit dem Betriebsrat über einen Interessenausgleich zu verhandeln. Gelingt eine Einigung, ist das **Ergebnis** gem. § 112 Abs. 1 S. 1 BetrVG schriftlich niederzulegen und von beiden Seiten zu unterschreiben. Das **Schriftformerfordernis** ist konstitutiv.[270] Den Arbeitgeber oder Insolvenzverwalter trifft dabei die Obliegenheit, erforderlichenfalls auch die Einigungsstelle anzurufen.[271] Dies gilt auch in Fällen, in denen der Betriebsrat mit der Maßnahme einverstanden ist, es für einen wirksamen Interessenausgleich jedoch an der gesetzlich vorgeschriebenen Schriftform fehlt. Nur das weitere Verfahren vor der Einigungsstelle kann zu der notwendigen Rechtssicherheit und Rechtsklarheit führen, auf welche die Beteiligten und die betroffenen Arbeitnehmer angewiesen sind.[272] Das bedeutet: Arbeitgeber und Betriebsrat haben um den ordnungsgemäßen Versuch eines Interessenausgleiches zu verhandeln. Führen diese Verhandlungen zu keinem Ergebnis, müssen entweder der Arbeitgeber oder der zuständige Betriebsrat

252

---

[270] BAG 26.10.2004 – 1 AZR 493/03, AP BetrVG 1972 § 113 Nr. 49.
[271] BAG 20.4.1994 – 10 AZR 186/93, AP BetrVG 1972 § 113 Nr. 27; 18.12.1984 – 1 AZR 176/82, AP BetrVG 1972 § 113 Nr. 11.
[272] BAG 26.10.2004 – 1 AZR 493/03, AP BetrVG 1972 § 113 Nr. 49.

notfalls über das Arbeitsgericht eine **Einigungsstelle** einsetzen lassen. Erst wenn vor dieser Einigungsstelle die Verhandlungen endgültig gescheitert sind, kann die Betriebsänderung durchgeführt werden.

253 In der Praxis führen die Fragen um die Person eines Einigungsstellenvorsitzenden und die Anzahl der Beisitzer häufig zu **arbeitsgerichtlichen Beschlussverfahren**, mit dem sich daraus ergebenden Verzögerungseffekt.

254 Die Parteien können auch um einen **Vermittlungsversuch des Vorstandes der Bundesagentur für Arbeit** ersuchen (§ 112 Abs. 2 S. 1 BetrVG). Die Vermittlungsversuche durch einen Vertreter der Bundesagentur für Arbeit haben in der bisherigen arbeitsrechtlichen Praxis so gut wie keine praktische Bedeutung erlangt. Hiervon wird – soweit ersichtlich – so gut wie nie Gebrauch gemacht. Hat der Arbeitgeber dieses Verfahren insgesamt ordnungsgemäß durchgeführt, hat er einen Interessenausgleich ordnungsgemäß „versucht".

6. Sanktionen

255 Versucht der Arbeitgeber den Interessenausgleich nicht nach den vom BAG aufgestellten Rechtsgrundsätzen, muss er mit folgenden Sanktionen rechnen:

256 Nach § 113 Abs. 3 BetrVG haben Arbeitnehmer, die infolge einer Betriebsänderung entlassen werden, Abfindungen in entsprechender Anwendung des § 10 KSchG zu erhalten. Die Sanktionsvorschrift relativiert sich insoweit, als Ansprüche aus § 113 Abs. 3 BetrVG **(Nachteilsausgleichsanspruch)** auf Sozialplanansprüche angerechnet werden.[273]

257 Der Arbeitgeber riskiert eine vom Betriebsrat beantragte **einstweilige Verfügung** dahingehend, dass ihm die Betriebsänderung, insbesondere der Ausspruch von Kündigungen bis zum Abschluss des Verfahrens über einen Interessenausgleich, untersagt wird. Ob eine solche einstweilige Verfügung zulässig ist oder nicht, ist in der Rechtsprechung sehr umstritten.[274]

7. Ergebnis

258 Im Ergebnis bleibt festzuhalten, dass der Arbeitgeber mit dem Betriebsrat einen Interessenausgleich zu versuchen hat. Ein Anspruch des Betriebsrats auf Abschluss eines Interessenausgleiches besteht nicht. Dagegen haben Arbeitgeber und Betriebsrat einen Sozialplan nicht nur zu verhandeln, hier kann ggf. über eine Einigungsstelle ein Sozialplan herbeigeführt werden. Versucht der Arbeitgeber einen Interessenausgleich nicht ordnungsgemäß, riskiert er als Sanktion Nachteilsausgleichsansprüche (§ 113 Abs. 3 BetrVG).

II. Muster

1. Muster: Verhandlungsangebot an den Betriebsrat [→ A. Rn. 610]

259 **Hinweis:**

Der Verfahrensablauf zum Interessenausgleich und Sozialplan soll im Folgenden anhand von Mustern verdeutlicht werden.[275]

Zunächst einmal muss der Arbeitgeber an den Betriebsrat herantreten und diesem mitteilen, dass und welche Änderungen er plant. Der Arbeitgeber eröffnet damit die Gespräche. Ein solches Anschreiben könnte beispielsweise wie folgt formuliert werden:

---

[273] BAG 13.6.1989 – 1 AZR 819/87, NZA 1989, 894; 18.12.1984 – 1 AZR 176/82, NZA 1985, 400.
[274] Zum Meinungsstand vgl. ErfK/*Kania* BetrVG § 111 Rn. 27.
[275] Die Anschreiben des Arbeitgebers finden sich teilweise bereits im Teil zum Individualarbeitsrecht. Der Vollständigkeit halber werden diese hier noch einmal aufgenommen, um den ganzen Ablauf im Einzelnen zu verdeutlichen.

> An den Betriebsrat
> der …… GmbH
> z. Hd. Frau/Herrn ……
> – Betriebsratsvorsitzende/r –
> …… (Anschrift/im Hause)
>
> Sehr geehrte/r Frau/Herr ……,
>
> leider sehen wir uns gezwungen, unseren Betrieb in erheblichem Umfang umstrukturieren zu müssen. Wegen der Einzelheiten dürfen wir auf das beiliegende unternehmerische Konzept nebst Liste der von uns in Betracht gezogenen Arbeitnehmer zum Ausspruch einer betriebsbedingten Kündigung verweisen.
>
> Beigefügt ist ebenfalls der Entwurf eines Interessenausgleiches. Wir bedauern, dass eine andere Entscheidung nicht möglich war. Aber aus wirtschaftlichen Gründen haben wir keine andere Alternative, als das Personal weiter zu reduzieren um die Fortführung des dann verkleinerten Betriebes und Unternehmens zu gewährleisten. Ohne Abbau der Belegschaft ist dies nicht möglich.
>
> Die Verhandlungen werden auf unserer Seite geführt von Herrn/Frau RA(in) ……, Adresse: …… .
>
> An Terminen für Verhandlungen schlagen wir vor:
>
> …… *(Hier sollten mindestens drei Tage als Terminvorschläge benannt werden!)* ……
>
> Wir wären für eine möglichst kurzfristige Aufnahme der Gespräche verbunden. Für den Fall, dass Sie weitere Informationen benötigen, wären wir dankbar, wenn Sie diese bei uns – nach Möglichkeit im Vorfeld des Beginns der Gespräche – erfragen, damit wir die Gespräche zu einem zügigen Abschluss bringen können.
>
> Mit freundlichen Grüßen
>
> Arbeitgeber

260
↔ 325

> **Hinweis:**
> In dem Anschreiben wird nur von einer unternehmerischen Entscheidung gesprochen. Es hat sich in der arbeitsrechtlichen Praxis bewährt, im Vorfeld eine unternehmerische Entscheidung gründlich vorzubereiten und „zu Papier" zu bringen. Eine solche unternehmerische Entscheidung ist im Wesentlichen so strukturiert, dass zuerst die alte (die bisherige) Struktur in einem ersten Punkt dargestellt wird. In einem zweiten Punkt werden die neue Struktur und die Veränderungen dargelegt. In einem dritten Punkt sollten der Zeitablauf und die zeitlichen Planungen sowie die Auswirkungen auf die Mitarbeiterschaft insgesamt dargestellt werden. Ein solches unternehmerisches Konzept hat den Vorteil, dass die gedankliche Struktur dessen, was geplant wird, steht. Es erleichtert im Übrigen die Argumentation bei Gericht, da die getroffene unternehmerische Entscheidung frühzeitig vorgelegt werden kann.

261

2. Muster: Antwort des Betriebsrats [→ A. Rn. 611]

> **Hinweis:**
> Der Betriebsrat wird häufig in der Vorbereitung auf solche Gespräche noch weitere Informationen anfordern und sich darauf berufen, er sei nicht vollständig informiert. Hintergrund ist, dass nach § 111 BetrVG die umfassende Unterrichtung Voraussetzung für die Gespräche und damit den ordnungsgemäßen Versuch eines

262

Interessenausgleiches ist. Ein solches Anschreiben des Betriebsrats könnte beispielsweise wie folgt formuliert werden:

263
☞ **326**

An die
...... GmbH
– Geschäftsführung –
...... (Anschrift/im Hause)

Sehr geehrte Damen und Herren,

vielen Dank für Ihr Schreiben vom ...... mit dem uns übersandten unternehmerischen Konzept. Als Verhandlungstermin schlagen wir den

......

vor. Zur Vorbereitung des Gespräches bedürfen wir noch weiterer Unterlagen. Sie begründeten Ihre unternehmerische Entscheidung zur Entlassung von ...... Arbeitnehmern damit, dass Sie aufgrund der Empfehlungen der Unternehmensberatung ...... Das Gutachten und die insoweit maßgeblichen Parameter liegen uns nicht vor, so dass wir für eine Übersendung verbunden wären, damit wir uns über Alternativen Gedanken machen und solche entwickeln können.

Mit freundlichen Grüßen

Betriebsratsvorsitzende/r

264 **Hinweis:**

Die Unterrichtung des Betriebsrats muss umfassend sein, dh sie muss nicht nur den Umfang der Maßnahmen und deren Gründe, sondern auch die zu erwartenden Auswirkungen auf die Belegschaft erkennen lassen, weil es ansonsten dem Betriebsrat nicht möglich ist, zu der geplanten Betriebsänderung Stellung zu nehmen und darüber zu entscheiden, wie ein Interessenausgleich herbeigeführt werden kann und ob ein Sozialplan aufgestellt werden soll.[276] Der Arbeitgeber steht in einem gewissen Interessenwiderstreit: Er möchte regelmäßig den Betriebsrat einerseits nicht zu viele Unterlagen und Informationen geben, läuft aber die Gefahr – für den Fall, dass er zu wenig Unterlagen übergibt – den Betriebsrat nicht umfassend unterrichtet zu haben. Aus Arbeitgebersicht ist es häufig nicht ungeschickt, dem Betriebsrat eher zu viele als zu wenige Unterlagen zu übergeben. Auf Seiten des Betriebsrats gilt es zu bedenken, dass die Anforderung von zu vielen Unterlagen letztendlich für die Verhandlungen oft nicht förderlich ist, da die Unterlagen regelmäßig auch bearbeitet werden müssen und der Betriebsrat Gefahr läuft, vom Arbeitgeber mit Unterlagen „überfrachtet" zu werden.

Der Betriebsrat hat die Möglichkeit, zu den Verhandlungen und Gesprächen mit dem Arbeitgeber einen Berater nach § 111 S. 2 BetrVG (in Unternehmen mit mehr als 300 Arbeitnehmern) hinzuzuziehen. Darüber hinaus kann er nach näherer Vereinbarung mit dem Arbeitgeber nach § 80 Abs. 3 BetrVG einen weiteren Berater heranziehen.[277]

3. Interessenausgleich

265 **Hinweis:**

IdR werden sich Arbeitgeber und Arbeitnehmer in den Verhandlungen auf einen Interessenausgleich einigen. Es wird damit einer Einigungsstelle regelmäßig nicht

---

[276] BAG 30.3.2004 – 1 AZR 7/03, AP BetrVG 1972 § 113 Nr. 47; 14.9.1976 – 1 AZR 784/75, AP BetrVG 1972 § 113 Nr. 2; 20.1.1961 – 1 AZR 53/60, AP BetrVG § 72 Nr. 2; vgl. auch GK-BetrVG/*Oetker* § 111 Rn. 177 ff.; Richardi/*Annuß*, BetrVG, § 111 Rn. 150 ff.

[277] Richardi/*Annuß*, BetrVG, § 111 Rn. 55.

bedürfen. Für einen Interessenausgleich gibt es eine Vielzahl denkbarer Formen. Der Arbeitgeber wird häufig versuchen, einen Interessenausgleich mit Namensliste (§ 1 Abs. 5 KSchG) zu verhandeln, da dies für ihn kündigungsrechtlich erhebliche Erleichterungen mit sich bringt.[278]

a) Muster: Einfacher Interessenausgleich [→ A. Rn. 621]

Zwischen
der ...... GmbH

— nachfolgend Arbeitgeber genannt —

und
dem Betriebsrat der ...... GmbH

— nachfolgend Betriebsrat genannt —

wird folgender Interessenausgleich vereinbart:

1. Personalabbau

Arbeitgeber und Betriebsrat sind sich darüber einig, dass aufgrund der getroffenen unternehmerischen Entscheidung vom ...... und der Stilllegung von ...... Druckmaschinen ein Arbeitskräfteüberhang von ...... Arbeitnehmern entsteht. Arbeitgeber und Betriebsrat stimmen darin überein, dass sich der Personalabbau durch andere Maßnahmen nicht vermeiden lässt. Der Personalabbau wird ...... Arbeitnehmer betreffen.

2. Geltungsbereich

(1) Arbeitgeber und Betriebsrat stimmen darin überein, dass sich der Interessenausgleich nur auf die in der **Anlage** namentlich aufgeführten Arbeitnehmer bezieht.

(2) Bei personellen Einzelmaßnahmen sind die Beteiligungsrechte des Betriebsrats zu wahren (§§ 99, 102 BetrVG etc.).

3. Freistellung

(1) Alle Arbeitnehmer sind bis zum Ablauf der Kündigungsfrist zur Arbeitsleistung verpflichtet.

(2) Dem Arbeitgeber bleibt das Recht vorbehalten, die Arbeitnehmer unter Anrechnung der ihnen noch zustehenden Resturlaubsansprüche sowie sonstiger Freistellungsansprüche von der Verpflichtung zur Erbringung der Arbeitsleistung unwiderruflich freizustellen. Der Urlaub wird dabei zu Beginn der Freistellungsphase gewährt.

4. Sozialplan

Zum Ausgleich bzw. zur Milderung der wirtschaftlichen Nachteile der von dem Personalabbau betroffenen Arbeitnehmer wird ein Sozialplan abgeschlossen.

......, den ......

Arbeitgeber   Betriebsrat

Anlage ......

---

[278] Vgl. hierzu im Einzelnen: *Schwarze/Eylert/Schrader*, KSchG, § 1 Rn. 532 ff.

b) Muster: Interessenausgleich und Namensliste

Zwischen
der ...... GmbH

                  – nachfolgend Arbeitgeber genannt –

und
dem Betriebsrat der ...... GmbH

                  – nachfolgend Betriebsrat genannt –

wird folgender Interessenausgleich vereinbart:

1. Personalabbau

Arbeitgeberin und Betriebsrat sind sich darüber einig, dass aufgrund der getroffenen unternehmerischen Entscheidung vom ...... und der Stilllegung von ...... Druckmaschinen ein Arbeitskräfteüberhang von ...... Arbeitnehmern entsteht. Arbeitgeberin und Betriebsrat stimmen darin überein, dass sich der Personalabbau durch andere Maßnahmen nicht vermeiden lässt. Der Personalabbau wird ...... Arbeitnehmer betreffen.

2. Namensliste

Arbeitgeber und Betriebsrat sind sich darüber einig, dass von der Kündigung die nachfolgenden Arbeitnehmer betroffen sind, deren Arbeitsverhältnisse unter Einhaltung der jeweiligen Kündigungsfristen betriebsbedingt gekündigt werden:
......

3. Freistellung

a) Alle Arbeitnehmer sind bis zum Ablauf der Kündigungsfrist zur Arbeitsleistung verpflichtet.
b) Dem Arbeitgeber bleibt das Recht vorbehalten, die Arbeitnehmer unter Anrechnung der ihnen noch zustehenden Resturlaubsansprüche sowie sonstiger Freistellungsansprüche von der Verpflichtung zur Erbringung der Arbeitsleistung freizustellen. Der Urlaub wird dabei zu Beginn der Freistellungsphase gewährt.

4. Sozialplan

Zum Ausgleich bzw. zur Milderung der wirtschaftlichen Nachteile der von dem Personalabbau betroffenen Arbeitnehmer wird ein Sozialplan abgeschlossen.

......, den ......

Arbeitgeber   Betriebsrat

c) Muster: Interessenausgleich zur Betriebsfortführung

Hinweis:

Der Interessenausgleich kann auch Regelungen zur weiteren Betriebsfortführung beinhalten. Dies soll folgendes fiktives Beispiel illustrieren:

Interessenausgleich

zwischen
der Casino GmbH, vertr. d. d. Geschäftsführer ......

                  – nachfolgend Arbeitgeber genannt –

und

dem Betriebsrat der Casino GmbH, vertr. d. d. Betriebsratsvorsitzenden ......
– nachfolgend Betriebsrat genannt –

Es besteht Einigkeit darüber, dass sich unter Berücksichtigung der erheblichen Verlustsituation des Tischspiels des Betriebes des Arbeitgebers in ...... eine vollständige Schließung des Tischspiels nur dadurch vermeiden lässt, dass es in erheblich verkleinertem und zeitlich verkürztem Umfang fortgeführt wird. Hierzu schließen die Parteien folgenden Interessenausgleich:

1. Das Tischspiel in ...... wird im Einschichtbetrieb in einer 5-Tage-Woche (Dienstag bis Sonnabend) weitergeführt. Die Umsetzung dieser Maßnahme erfolgt zum ......

2. Das Tischspiel öffnet um 19.00 Uhr und schließt um 2.00 Uhr.

3. Das Angebot im Tischspiel wird in verkleinerter Form fortgeführt:
   – 2 Tische amerikanisches Roulette
   – 1 Tisch Black Jack
   – zudem wird mit dem vorhandenen Personal Poker angeboten.

4. Für die Spielstätte in ...... ist künftig folgendes Personal erforderlich:

	Verbleibende Arbeitsplätze	**Entfallende Arbeitsplätze**
Stellv. Leiter		
Saalchef		
Tischchef (S)		
Tischchef		
Souchef		
Croupiers		
Kassierer/ Rezeptionisten		
Saalservice/ Kartenkontrolle		
Garderobe		
Haushandwerker		
Verwaltung		
Reinigung		
Automatenmechaniker		
Summe:		

5. Soweit Arbeitsplätze von Mitarbeitern entfallen, erhalten diese eine Beendigungskündigung zum ...... oder auf Wunsch einen Aufhebungsvertrag. Die befristeten Aushilfsarbeitsverhältnisse finden mit Fristablauf ihr Ende. Das Arbeitsverhältnis mit der Garderobiere endet am ......, mit dem Eintritt der Mitarbeiterin in das Rentenalter am ......

6. Es gilt die beigefügte Namensliste, die Bestandteil des Interessenausgleiches ist. Unter Berücksichtigung der Rechtssicherheit und Rechtsklarheit für alle Beteiligten, also insbesondere aller Arbeitnehmer des Betriebes, und unter Berücksichtigung der betrieblichen und wirtschaftlichen Erfordernisse stimmt der Betriebsrat der Namensliste zu.

7. Mit der Vereinbarung dieses Interessenausgleiches ist das Anhörungsverfahren gem. § 102 BetrVG zu den in der Namensliste bezeichneten Mitarbeitern abgeschlossen.

8. Bis zum ...... bedürfen betriebsbedingte Kündigungen gegenüber Mitarbeitern, die nicht in der Namensliste bezeichnet sind, der Zustimmung des Betriebsrats (§ 102 BetrVG). Für den Fall der Verweigerung der Zustimmung entscheidet eine Einigungsstelle über die Zustimmung zur Kündigung. Einigungsstellenvorsitzender ist der Richter am Arbeitsgericht ...... Die Zahl der Beisitzer auf jeder Seite wird auf zwei festgelegt.

......, den ......

Arbeitgeber   Betriebsrat

270 | **Hinweis:**

Wenn ein Interessenausgleich auf eine Namensliste Bezug nimmt, ist es – um die Wirkung des § 1 Abs. 5 KSchG herbeizuführen – erforderlich, dass der Interessenausgleich und die Namensliste zu einer einheitlichen Urkunde miteinander verbunden werden.[279]

d) Muster: Interessenausgleich mit Altersgruppenbildung

271 | **Hinweis:**

Eine ordnungsgemäß durchgeführte Sozialauswahl unter Berücksichtigung der Kriterien des § 1 Abs. 3 KSchG führt zwangsläufig zu einer „Vergreisung" des Betriebes. In der Praxis werden deshalb Vereinbarungen zum Interessenausgleich getroffen, welche eine Altersgruppenbildung vorsehen. Dies dient dazu, die Mitarbeiter gleichförmig zu entlassen, um genau den oben aufgeführten Effekt, nämlich den der „Vergreisung" des Betriebes zu vermeiden.

272

Zwischen
der ...... GmbH, ...
 – nachfolgend Arbeitgeber genannt –

und
dem Betriebsrat der ...... GmbH, ...
 – nachfolgend Betriebsrat genannt –

wird hinsichtlich des von der Geschäftsleitung vorgeschlagenen Konzeptes zur Personalreduzierung nachfolgender

Interessenausgleich

vereinbart.

§ 1 Personalabbau

(1) Arbeitgeber und Betriebsrat sind sich darüber einig, dass mit Rücksicht auf die Umsatz- und Kostensituation im Betrieb X ein Personalabbau notwendig ist. Der Personalabbau lässt sich durch die Einführung von Kurzarbeit nicht vermeiden.

(2) Arbeitgeber und Betriebsrat stimmen darin überein, dass ...... Angestellte und ...... gewerbliche Arbeitnehmer entlassen werden müssen.

---

[279] Zu den Einzelheiten vgl. *Schwarzer/Eylert/Schrader*, KSchG, § 1 Rn. 524.

(3) Aus dem Betrieb X werden ...... Angestellte und ...... gewerbliche Arbeitnehmer in den Betrieb Y versetzt. Soweit eine einvernehmliche Versetzung nicht erfolgen kann, wird der Arbeitgeber entsprechende Änderungskündigungen aussprechen.

§ 2 Geltungsbereich

(1) Die Parteien sind sich darüber einig, dass zur Erhaltung und Sicherung einer ausgewogenen Personalstruktur in den jeweils betreffenden Betrieben nachfolgende Altersgruppen gebildet werden:[280]
   (a) Altersgruppen:
      bis 29 Jahre/30–39 Jahre/40–49 Jahre/50–59 Jahre/ab 60 Jahre
   (b) Sozialauswahlkriterien:
      Für die soziale Auswahl sind die Betriebszugehörigkeit, das Lebensalter, die Unterhaltspflichten und die Schwerbehinderung maßgebend. Der sozialen Auswahl liegt folgende Punktetabelle zugrunde:
      ......
   (c) Durchführung der Sozialauswahl

Es besteht Einigkeit darüber, dass die Sozialauswahl anteilmäßig gleich in den oben gebildeten Altersgruppen durchgeführt wird. Dies erfolgt dergestalt, dass die Sozialauswahl in den jeweiligen Altersgruppen in dem Verhältnis der Anzahl der Mitarbeiter der jeweiligen Altersgruppe zu der Gesamtanzahl der einzubeziehenden Mitarbeiter geschieht.

(2) Bei den anstehenden Versetzungen, Änderungskündigungen oder Beendigungskündigungen sind die Mitwirkungsrechte des Betriebsrats zu wahren. Der Betriebsrat erklärt, dass er nach § 102 BetrVG abschließend informiert worden ist.

(3) Soweit zur Änderungs- oder Beendigungskündigung die Zustimmung von Behörden notwendig ist, wird der Betriebsrat erklären, dass er gegen die Kündigungen keine Einwendungen erhebt.

§ 3 Freistellung von der Arbeit

(1) Alle Mitarbeiter sind bis zum Ablauf der Kündigungsfrist zur Arbeitsleistung verpflichtet.

(2) Der Geschäftsleitung bleibt aber das Recht vorbehalten, die Mitarbeiter von der Arbeit freizustellen.

(3) Im Einverständnis der Mitarbeiter und nach vorheriger Beratung über die sozialversicherungsrechtlichen Folgen kann die nach Freistellung bis zum Ablauf der Kündigungsfrist anfallende Vergütung in eine Abfindung umgewandelt werden.

§ 4 Sozialplan

Zum Ausgleich bzw. zur Milderung der wirtschaftlichen Nachteile der von dem Personalabbau betroffenen Mitarbeiter wird ein Sozialplan abgeschlossen.

......, den ......

Arbeitgeber   Betriebsrat

e) Muster: Interessenausgleich zur Restrukturierung

Hinweis:
Vorstehende Muster lassen sich auf sämtliche Fälle der Restrukturierung übertragen, beispielsweise im Falle der Spaltung, der Verlegung, aber auch der Fusion von

---

[280] Zur Vereinbarkeit der Altersgruppenbildung mit der Diskriminierungsrichtlinie 2000/78/EG vgl. BAG 19.6.2007 – 2 AZR 304/06, NZA 2008, 103; LAG Düsseldorf 16.4.2008 – 2 Sa 1/08, ZIP 2009, 190.

> Unternehmen. Abzustellen ist immer auf die konkrete Maßnahme, die regelmäßig unter den Geltungsbereich des § 111 BetrVG fallen wird. Die Maßnahme und Abwicklung sollten im Einzelnen beschrieben werden. Der Ausgleich der wirtschaftlichen Nachteile erfolgt im Sozialplan. Ein solcher Interessenausgleich könnte am Beispiel einer Fusion – vereinfacht dargestellt – wie folgt lauten:

274

Zwischen
der A GmbH, ...

– nachfolgend Arbeitgeber A genannt –

der B GmbH, ...

– nachfolgend Arbeitgeber B genannt –

und
dem Betriebsrat der A GmbH, ...

– nachfolgend Betriebsrat A genannt –

und
dem Betriebsrat der B GmbH, ...

– nachfolgend Betriebsrat B genannt –

wird nachfolgender

Interessenausgleich

geschlossen:

1. Fusion

Die Arbeitgeber A und B beabsichtigen zu fusionieren. Der Arbeitgeber A unterhält Betriebe an den Standorten ...... und ......, der Arbeitgeber B an den Standorten ...... und ......

Im Zuge der Fusion ist nachfolgendes beabsichtigt:

...... *(Hier folgt die ausführliche Beschreibung der Maßnahme.)* ......

2. Zeitplan

Diese Maßnahme soll nach nachfolgendem Zeitplan umgesetzt werden:

...... *(Hier folgt die Beschreibung des Zeitplanes.)* ......

3. Personelle Auswirkungen

Im Zuge der Maßnahme wird es zu einem Personalabbau in dem Betrieb ...... und ...... sowie zu Änderungskündigungen in dem Betrieb ...... und ...... kommen. Die Fusion wirkt sich hinsichtlich des Personals im Einzelnen wie folgt aus:

...... *(Hier folgt die ausführliche Beschreibung der personellen Maßnahme.)* ......

4. Übergangsmandate

Im Zuge der Maßnahmen werden die Betriebe in ...... und ...... und damit das Mandat der beteiligten Betriebsräte erlöschen. Alle Beteiligten vereinbaren, dass den beteiligten Betriebsräten bis zur endgültigen Abwicklung dieser Vereinbarung und der sich daraus ergebenden Rechte und Pflichten ein Übergangsmandat unbeschadet der §§ 21a und 21b BetrVG eingeräumt wird.

5. Die beteiligten Betriebsräte nehmen die unternehmerische Entscheidung zur Kenntnis. Bei der konkreten Durchführung personeller Maßnahmen wird der Arbeitgeber die Beteiligungsrechte des Betriebsrats, insbesondere die §§ 99 und 102 BetrVG beachten.

6. Zum Ausgleich der Nachteile haben die Beteiligten einen Sozialplan vereinbart, der die wirtschaftlichen Nachteile der betroffenen Arbeitnehmer, die sich aus diesem Interessenausgleich ergeben, abmildern soll.

......, den ......

Arbeitgeber A	Betriebsrat A
Arbeitgeber B	Betriebsrat B

4. Sozialpläne

Hinweis:
Auch Sozialpläne gibt es in vielfältiger Form (einfach, komplex), so beispielsweise auch mit Beschäftigungsgesellschaften.

275

a) Muster: Einfacher Sozialplan [→ A. Rn. 620 ff.]

Hinweis:
Im Sozialplan können im jeweiligen Einzelfall eine Vielzahl von Regelungen getroffen werden. Diese Regelungen können Sonderzahlungen (beispielsweise Weihnachtsgeld), Altersversorgungsansprüche, Urlaubs- und Jubiläumsleistungen, Wiedereinstellungsklauseln uÄ betreffen. Ausgangspunkt soll zunächst das nachfolgende Muster eines einfachen Sozialplans sein:

276

Zwischen
der ...... GmbH

– nachfolgend Arbeitgeber genannt –

und
dem Betriebsrat der ...... GmbH

– nachfolgend Betriebsrat genannt –

wird folgender Sozialplan vereinbart:

277
⟶ 332

1. Abfindung

Der Arbeitgeber verpflichtet sich, an die gekündigten Arbeitnehmer eine Abfindung gemäß nachfolgender Formel zu zahlen:

Betriebszugehörigkeit × Bruttomonatsgehalt : 0,5 = Abfindung.

Als Betriebszugehörigkeit gelten dabei die Jahre der Beschäftigung, die auf den Monat genau zu errechnen und zu quotieren sind. Als Bruttomonatsgehalt gilt der monatliche Bruttoverdienst im Monat ...... ohne Sonderzahlungen und Sonderleistungen, Zuschläge uÄ.

2. Fälligkeit/Anrechnung der Abfindung

Die jeweilige Abfindung ist fällig bei rechtlicher Beendigung des Arbeitsverhältnisses. Die Abfindung kann zuvor nicht übertragen und vererbt werden. Bei Erhebung einer Kündigungsschutzklage wird die Abfindung erst mit rechtskräftigem Abschluss des Kündigungsrechtsstreites fällig. Die Abfindung wird im Fall der Klageerhebung auf eine ggf. vom Arbeitsgericht festgesetzte Kündigungsentschädigung nach ihrem Barwert angerechnet.

3. Geltungsbereich

Anspruch auf Abfindung nach diesem Sozialplan haben nur solche Arbeitnehmer, die aufgrund einer vom Arbeitgeber ausgesprochenen ordentlichen betriebsbedingten Kündigung oder infolge eines Aufhebungsvertrages ausscheiden. Keinen Anspruch auf Leistungen aus diesem Sozialplan haben Arbeitnehmer, die aus Gründen ausscheiden, die nicht mit der unternehmerischen Maßnahme zusammenhängen.

......, den ......

Arbeitgeber   Betriebsrat

b) Sozialplan mit Einrichtung einer Beschäftigungsgesellschaft

aa) Vorbemerkung

278   Häufig wird in Sozialplänen die Einrichtung einer Beschäftigungsgesellschaft mit geregelt. Dies führt zu einer **Vielzahl von Folgeverträgen.** Denn der Sozialplan regelt die Rechtsbeziehung zwischen Arbeitgeber und Betriebsrat. Wird eine Beschäftigungsgesellschaft eingerichtet, bedarf es zwangsläufig der Regelungen der Rechtsbeziehungen dieser Beschäftigungsgesellschaft zum Arbeitgeber. Dies erfolgt in einem Kooperationsvertrag. Ferner müssen die Arbeitsverhältnisse der Arbeitnehmer vom Arbeitgeber auf die Beschäftigungsgesellschaft übergeleitet werden, was zwangsläufig einer schriftlichen Vereinbarung (wegen § 623 BGB) bedarf.

279   Bei der Vereinbarung eines Sozialplanes mit Einrichtung einer Beschäftigungsgesellschaft ist **Folgendes zu beachten:** Zum 1.1.2011 ist das SGB III zu Transferleistungen und Transferkurzarbeitergeld (§ 216a bzw. § 216b SGB III) geändert worden. Bislang verhandelten bei Betriebsänderungen (§§ 111, 112 BetrVG) Arbeitgeber und Betriebsrat allein und es war auch ihre Sache, sich über Transferleistungen und eine evtl. Beschäftigungsgesellschaft zu einigen. Dies geschah üblicherweise unter dem Vorbehalt, dass entsprechende Leistungen nach dem SGB III dann auch von der Bundesagentur für Arbeit (BA) bewilligt wurden. Nach der Neuregelung sind Förderleistungen nunmehr davon abhängig, dass sich Arbeitgeber und Betriebsrat vor Abschluss eines Interessenausgleiches und Sozialplanes durch die BA haben beraten lassen. Für Sozialpläne mit Einrichtung einer Beschäftigungsgesellschaft bedeutet dies seit dem 1.1.2011 damit zwangsläufig, dass ohne die Teilnahme der BA an den Verhandlungen Leistungen der BA nicht mehr zu erhalten sind.[281] Für die Praxis bedeuten diese Neuregelungen, dass die BA seit dem 1.1.2011 über den Eintritt in Sozialplanverhandlungen, welche die Einrichtung einer Beschäftigungsgesellschaft zum Gegenstand haben, zwingend zu unterrichten und an diesen zu beteiligen ist. Ohne die Teilnahme der BA an den Verhandlungen sind Leistungen der BA nicht mehr zu erhalten.

280   Ein Sozialplan mit Einrichtung einer Beschäftigungsgesellschaft könnte – vereinfacht dargestellt – wie folgt formuliert werden:

bb) Muster: Sozialplan mit Einrichtung einer Beschäftigungsgesellschaft
[→ B. Rn. 278 ff.]

281
333

Zwischen
der ...... GmbH, ...

– nachfolgend Arbeitgeber genannt –

und
dem Betriebsrat der ...... GmbH, ...

– nachfolgend Betriebsrat genannt –

---

[281] Vgl. zu den Auswirkungen der Beteiligung der Bundesagentur für Arbeit an den Sozialplanverhandlungen: *Diller* FA 2011, 135.

wird nachfolgender Sozialplan mit Einrichtung einer Beschäftigungsgesellschaft vereinbart:

Präambel

Dieser Sozialplan wird zur Milderung der Nachteile abgeschlossen, die aufgrund der im Interessenausgleich vom …… beschriebenen Betriebsschließung entstehen.

1. Geltungsbereich

Dieser Sozialplan findet Anwendung auf alle Beschäftigten, die aufgrund der im Interessenausgleich vom …… beschriebenen Maßnahme gekündigt werden. Ausgenommen vom Sozialplan sind
   a) leitende Angestellte iSv § 5 Abs. 3 BetrVG,
   b) Beschäftigte, die ohne Rentenabschläge in Altersrente wechseln können,
   c) Beschäftigte, denen verhaltens- oder personenbedingt gekündigt wird,
   d) Beschäftigte, denen zunächst aufgrund des Interessenausgleiches gekündigt wird, mit denen dann jedoch noch während der Kündigungsfrist in einem Unternehmen des …… die Fortsetzung des Arbeitsverhältnisses zu den bisherigen Bedingungen unter Anrechnung der Betriebszugehörigkeit vereinbart wird.

Beschäftigte, die unter Anrechnung ihrer Vordienstzeiten bei der …… GmbH in einem anderen Unternehmen des …… übernommen werden, erhalten ebenfalls keine Abfindung. Der Abfindungsanspruch aus diesem Sozialplan lebt jedoch dann wieder auf, wenn dieses Arbeitsverhältnis innerhalb der ersten sechs Monate gekündigt wird, es sei denn, es handelt sich um eine verhaltensbedingte außerordentliche Kündigung.

2. Vorzeitiges Ausscheiden

Beschäftigte, die nach dem …… das Arbeitsverhältnis selbst gekündigt haben, unterfallen ebenfalls den Regelungen dieses Sozialplans. Sie haben einen Abfindungsanspruch gemäß der Regelung in Ziffer 3.

Beschäftigte, die nach Ausspruch der betriebsbedingten Kündigung unter Einhaltung einer Ankündigungsfrist von zwei Wochen ihr Arbeitsverhältnis vorzeitig beenden, sind ebenfalls anspruchsberechtigt aus diesem Sozialplan und erhalten die Abfindung gemäß Ziffer 3.

3. Abfindung

Für den Verlust des Arbeitsplatzes wird den Anspruchsberechtigten dieses Sozialplans eine Abfindung wie folgt gezahlt:
   a) Grundbetrag =
      Betriebszugehörigkeit x Bruttomonatseinkommen x 0,3
      Die Betriebszugehörigkeit berechnet sich monatsgenau. Das Bruttomonatseinkommen wird aus einem Zwölftel des letzten Jahreseinkommens vor dem Ausscheiden errechnet. Dabei werden Überstunden und Überstundenzuschläge nicht berücksichtigt.
      Wurde in dem letzten Jahr vor dem Ausscheiden kein Einkommen erzielt, wird das Einkommen nach dem Lohnausfallprinzip berechnet.
      Wird ein Beschäftigter auf einen Arbeitsplatz außerhalb des …… durch den Arbeitgeber vermittelt, verringert sich der vorstehende Abfindungsbetrag um 50%. Sofern das neue Arbeitsverhältnis dann innerhalb der ersten sechs Monate endet, gilt die Regelung in Ziffer 1., Geltungsbereich, letzter Absatz.

b) Kinderzuschlag
Für jedes unterhaltspflichtige Kind (Nachweis durch Lohnsteuerkarte oder durch Vorlage eines Kindergeldbescheides) wird ein Zuschlag in Höhe von ...... EUR gezahlt.
c) Schwerbehindertenzuschlag
Gleichgestellte erhalten einen Zuschlag von ...... EUR. Schwerbehinderte erhalten einen Zuschlag in Höhe von ...... EUR.

4. Fälligkeit der Abfindung

Die Abfindung wird mit Beendigung des Arbeitsverhältnisses fällig. Wird eine Kündigungsschutzklage erhoben, wird die Abfindung erst mit rechtskräftigem Abschluss des Kündigungsrechtsstreites fällig.

5. Vererbbarkeit

Der Abfindungsanspruch entsteht unmittelbar nach Ausspruch der Kündigung, wird jedoch erst mit Beendigung des Arbeitsverhältnisses fällig. Verstirbt der Anspruchsberechtigte vor der Fälligkeit, so erhalten dessen Erben den Abfindungsanspruch.

6. Urlaubsgeld und Sonderzahlung

Das tarifliche Urlaubsgeld und die Sonderzahlung werden im Jahre ...... bei Vorliegen der übrigen Voraussetzungen unabhängig vom betriebsbedingten Ausscheiden gewährt.

7. Zeugnis

Der Arbeitgeber erstellt nach entsprechender Anforderung durch die Beschäftigten umgehend ein Zwischenzeugnis und wird darüber hinaus die Endzeugnisse zeitnah zum Zeitpunkt des Ausscheidens vorlegen. Die Zeugnisse werden so formuliert werden, dass sie dem beruflichen Fortkommen der Beschäftigten dienen.

8. Betriebsratsanhörung

Die Betriebsratsanhörung gem. § 102 BetrVG ist erfolgt. Eine weitere Stellungnahme des Betriebsrats wird nicht erfolgen.

9. Transfergesellschaft

Die Betriebsparteien sind sich darüber einig, dass den von einer Kündigung betroffenen Arbeitnehmern der Übertritt in eine Transfergesellschaft auf der Basis von § 216b SGB III angeboten wird. Hierzu vereinbaren die Betriebsparteien folgende Eckpunkte:

a) Die dem Sozialplan unterfallenden Arbeitnehmer haben das Recht, nach Zugang einer betriebsbedingten Kündigung in eine betriebsorganisatorisch eigenständige Einheit (BeE) überzutreten, wenn deren Kündigungsfrist mindestens drei Monate beträgt.
b) Die entsprechende Erklärung wird durch Unterschrift unter den so genannten dreiseitigen Vertrag abgegeben. Die Erklärungsfrist endet am .... Nach diesem Termin sind Übertritte nicht mehr möglich.
c) Die Laufzeit der Verträge in der BeE beträgt die doppelte verbleibende Kündigungsfrist nach dem ......, mindestens drei Monate. Dabei wird von einem Übertritt in die BeE ab dem ...... ausgegangen.

d) Für das Arbeitsverhältnis in die BeE vereinbaren die Betriebsparteien folgende Inhalte:
Zusätzlich zum Kurzarbeitergeld wird ein Aufzahlungsbetrag in Höhe von 10% des Bruttomonatseinkommens aus dem Monat vor dem Übertritt in die BeE gezahlt. Als Bruttoeinkommen wird das verstetigte monatliche Einkommen berücksichtigt, also ohne Mehrarbeitsvergütung jedoch mit einem Zwölftel des tariflichen zusätzlichen Urlaubsgeldes.
Der Urlaubsanspruch beträgt 20 Tage pro Urlaubsjahr.
Das Urlaubsentgelt und die Feiertagsvergütung entsprechen dem Bemessungsentgelt, welches dem Transfer-Kurzarbeitergeld zugrunde gelegt wird.
e) Der Arbeitgeber stellt die Arbeitnehmer, denen der Übertritt in die BeE angeboten wird, im erforderlichen Umfang von der Arbeitsleistung frei, um das von der Agentur für Arbeit geforderte Profiling durchführen zu lassen. Diese Freistellung gilt auch für Bewerbungsaktivitäten, die sich ggf. schon vor dem Übertritt in die BeE durchführen lassen. Näheres wird gesondert mit dem Träger der BeE bzw. der Profilingmaßnahme vereinbart.
f) Vor dem Übertritt in die BeE wird der bestehende Urlaubsanspruch gewährt. Kann dieses nicht erfolgen, haben die betroffenen Arbeitnehmer einen Anspruch auf Abgeltung des Urlaubes.
g) Negative Salden im Zeitkonto zum Zeitpunkt des Übertrittes in die BeE werden auf null gestellt, ohne dass ein finanzieller Ausgleich durch den Arbeitnehmer erfolgt. Positive Zeitsalden zum Zeitpunkt des Übertrittes in die BeE werden abgegolten.
h) Arbeitnehmer, die nach dem Übertritt in die BeE vor Ablauf des Vertragsverhältnisses aus der BeE austreten, erhalten für jeden vollen Monat des vorzeitigen Austrittes eine Prämie in Höhe von ...... EUR. Gleiches gilt, wenn das Arbeitsverhältnis in der BeE ruhend gestellt wird wegen der Aufnahme eines Zweitarbeitsverhältnisses.
i) Der Arbeitgeber übernimmt die Finanzierung der sogenannten Remanenzkosten, also die Sozialversicherungsbeiträge zum Kurzarbeitergeld, die Aufzahlungsbeträge, die Urlaubsvergütung und Feiertagsvergütung sowie die Beiträge zur Berufsgenossenschaft. Näheres wird in einer gesonderten Vereinbarung mit dem Träger der BeE geregelt.
j) Der Arbeitgeber übernimmt des Weiteren die Finanzierung von Qualifizierungsmaßnahmen in Höhe von ...... EUR je übergetretenem Beschäftigten.
k) Der Arbeitgeber übernimmt außerdem die Finanzierung der Betreuungskosten und der Verwaltungskosten der BeE. Näheres wird in einer gesonderten Vereinbarung mit dem Träger der BeE geregelt. Eingesparte Remanenz-, Qualifizierungs-, Betreuungs- und Verwaltungskosten werden an den Arbeitgeber zurückerstattet.
l) Die Betriebsparteien sind sich darüber einig, dass Träger der BeE die ...... ist.
m) Das Finanzierungsvolumen für die Ziffern 9., 10. und 11. wird begrenzt auf den Betrag, der vom Arbeitgeber wegen des Übertritts in die Transfergesellschaft in Bezug auf die abgekauften Kündigungsfristen eingespart wird. Hierbei handelt es sich um das Bruttoentgelt für die Zeit der abgekauften Kündigungsfrist, einen Arbeitgeberanteil für Sozialversicherungsbeiträge in Höhe von 20% und für jeden Monat der abgekauften Kündigungsfrist ein Zwölftel des zusätzlichen Urlaubsgeldes.
n) Die durch vorzeitigen Austritt eingesparten Finanzmittel werden zunächst zur Deckung der Qualifizierungs- und Verwaltungskosten verwendet. Die sich ergebenden Restmittel werden gemäß den Sozialplanregelungen an die in die Transfergesellschaft übergetretenen Beschäftigten ausgezahlt. Die Entscheidung hierüber trifft der einzurichtende Beirat.

> **10. Zeitkonten**
>
> Beschäftigten, die ein Minussaldo in ihrem Zeitkonto haben, muss die Gelegenheit gegeben werden, dieses bis zur Beendigung des Arbeitsverhältnisses auszugleichen. Wird arbeitgeberseitig diese Gelegenheit nicht eingeräumt, wird das Minussaldo zum Zeitpunkt des Ausscheidens auf null gestellt.
>
> Beschäftigte, die Plussalden in ihrem Zeitkonto haben, erhalten die Plusstunden ausgezahlt, wenn sie nicht bis zum Zeitpunkt der Beendigung des Arbeitsverhältnisses abgebaut werden können.
>
> **11. Inkrafttreten**
>
> Dieser Sozialplan tritt mit Unterschrift in Kraft und endet mit Abschluss der im Interessenausgleich vom ...... beschriebenen Maßnahmen.
>
> ......, den ......
>
> Arbeitgeber   Betriebsrat

c) Sozialplan in der Insolvenz

282 Für den Sozialplan in der Insolvenz gelten vom Ablauf her keine Besonderheiten. Allerdings sind **zwei Gesichtspunkte** zu beachten:
– Im Falle der Insolvenz ist die Höhe des Sozialplanvolumens beschränkt.
– Darüber hinaus gilt es zur Vermeidung von Nachteilsausgleichsansprüchen, die im Falle der Nichteinhaltung eines ordnungsgemäßen Versuchs eines Interessenausgleiches Ansprüche gegen die Masse nach sich ziehen können, besondere Sorgfalt für den Insolvenzverwalter zu wahren.

283 Im Einzelnen: Für den Fall der Insolvenz ist der Sozialplan **der Höhe nach begrenzt.** Die Regelung des § 123 Abs. 1 InsO begrenzt das Sozialplanvolumen auf einen Gesamtbetrag von 2 1/2 Monatsverdiensten der von Entlassung betroffenen Arbeitnehmer (§ 10 Abs. 1 InsO). Für Sozialplanforderungen darf darüber hinaus nicht mehr als ein Drittel der Masse verwendet werden, die ohne einen Sozialplan für die Insolvenzgläubiger zur Verfügung stehen würden (§ 123 Abs. 2 S. 2 InsO). Die einzelnen Forderungen sind anteilig zu kürzen, wenn das Sozialplanvolumen diese Grenze übersteigt (§ 123 Abs. 2 S. 3 InsO). Die Verbindlichkeiten aus einem solchen Sozialplan sind dann allerdings keine einfachen Insolvenzforderungen, sondern Masseverbindlichkeiten (§ 123 Abs. 2 S. 1 InsO).

284 Vollkommen anders sieht die Rechtslage aus, wenn eine **Betriebsänderung** durchgeführt wird, **ohne** dass entweder ein **Interessenausgleich zwischen dem Insolvenzverwalter und dem Betriebsrat,** wie oben dargestellt versucht wurde, oder der Insolvenzverwalter die **Zustimmung des Arbeitsgerichts** zur Durchführung der Betriebsänderung gem. § 122 InsO herbeigeführt hat. Die Folgen ergeben sich aus einem Rückschluss aus § 113 BetrVG. Die Arbeitnehmer hätten nach § 113 Abs. 3 BetrVG **Ansprüche auf Abfindungen** in entsprechender Anwendung des § 10 KSchG. Diese Abfindungen nach § 113 Abs. 3 BetrVG können, wie sich aus dem Wortlaut des § 10 KSchG ergibt, bis zu 18 Bruttomonatsgehälter betragen. Sie sind damit erheblich höher als die Abfindungen, die sich bei einem Sozialplan, der bei einer Betriebsänderung im Rahmen der Insolvenz aufgestellt wird, ergeben. Das bedeutet nicht, dass jeder Arbeitnehmer 2 1/2 Bruttomonatsgehälter als Abfindung erhält, sondern nur, dass das Volumen des Sozialplanes insgesamt auf 2 1/2 Bruttomonatsgehälter aller betroffenen Arbeitnehmer beschränkt wird. Über die Verteilung dieses Volumens haben Arbeitgeber und Betriebsrat bzw. ggf. die Einigungsstelle zu beraten und einen Sozialplan zu verabschieden. Aus der Beschränkung des Volumens eines Sozialplanes ergibt sich aber insgesamt, dass dem betroffenen Arbeitnehmer letzend-

lich erheblich weniger zufließen wird, als ihm zufließen würde, wenn er Ansprüche nach § 113 Abs. 3 BetrVG geltend macht. Um dieses Verfahren an einem vereinfachten **Beispiel** deutlich zu machen:

Ein Unternehmen befindet sich in der Insolvenz. Beschäftigt werden 30 Arbeitnehmer, es besteht ein Betriebsrat. Zehn der Arbeitnehmer sollen entlassen werden. Ein Sozialplan ist somit erzwingbar (§§ 111 S. 3 Nr. 1, 112a Abs. 1 Nr. 1 BetrVG). Die zehn betroffenen Arbeitnehmer verdienen alle jeweils 1.000,00 EUR brutto monatlich. Aus § 123 InsO folgt somit, dass das Gesamtvolumen eines Sozialplanes für den Fall der Insolvenz auf 25.000,00 EUR beschränkt ist. Unterstellt, in dem Sozialplan wird vereinbart, dass jeder Arbeitnehmer pro Beschäftigungsjahr einen Betrag von 100,00 EUR erhält, ergeben sich bei beispielhaft unterstellten effektiven Betriebszugehörigkeitszeiten folgende Sozialplanansprüche: **285**

Arbeitnehmer	Betriebszugehörigkeit	Sozialplananspruch
1	20	2.000,00 EUR
2	21	2.100,00 EUR
3	22	2.200,00 EUR
4	23	2.300,00 EUR
5	24	2.400,00 EUR
6	25	2.500,00 EUR
7	26	2.600,00 EUR
8	27	2.700,00 EUR
9	28	2.800,00 EUR
10	34	3.400,00 EUR
		25.000,00 EUR

Wurde aber beispielsweise die Entlassung der Arbeitnehmer, also die Betriebsänderung, durchgeführt, bevor über einen Interessenausgleich überhaupt verhandelt wurde, haben die Arbeitnehmer die Möglichkeit, nach § 113 Abs. 1 und Abs. 3 BetrVG iVm § 10 KSchG **Abfindungsansprüche** geltend zu machen. Unterstellt, alle Arbeitnehmer machen solche Ansprüche geltend und kein Arbeitnehmer hat das 50. Lebensjahr vollendet, ist vom Arbeitsgericht eine Abfindung festzusetzen, die nach § 10 Abs. 1 iVm Abs. 2 KSchG maximal zwölf Monatsverdienste beträgt. Das gesamte finanzielle Risiko würde also in dem Beispielsfall für das Unternehmen 115.000,00 EUR (je nach Betriebszugehörigkeit bis zu einem Jahresverdienst pro Arbeitnehmer) ergeben statt 25.000,00 EUR bei ordnungsgemäßer Einhaltung des Verfahrens. Um diesen Unterschied für den einzelnen Arbeitnehmer einmal anhand von Zahlenangaben plastisch zu machen, gehen wir im Folgenden davon aus, dass das Arbeitsgericht der Auffassung ist, ein halbes Bruttomonatsgehalt pro Beschäftigungsjahr sei als Abfindungszahlung angemessen. Für die einzelnen Arbeitnehmer würden sich folgende Abfindungen ergeben: **286**

Arbeitnehmer	Betriebszugehörigkeit	Sozialplananspruch
1	20	10.000,00 EUR
2	21	10.500,00 EUR
3	22	11.000,00 EUR
4	23	11.500,00 EUR
5	24	12.000,00 EUR
6	25	12.000,00 EUR
7	26	12.000,00 EUR
8	27	12.000,00 EUR
9	28	12.000,00 EUR
10	34	12.000,00 EUR
		115.000,00 EUR

287 Die Begrenzung auf 12.000,00 EUR pro Arbeitnehmer und die Begrenzung der Abfindung der Höhe nach auf zwölf Monatsverdienste bei Arbeitnehmern, die, wie im Beispielsfall, nicht älter als 50 Jahre sein sollen, ergibt sich aus § 10 Abs. 1 KSchG. Aus diesem vereinfachten Beispiel wird ersichtlich, welche finanzielle Bedeutung die ordnungsgemäße Durchführung des Verfahrens über die Verhandlung eines Interessenausgleiches und die Verabschiedung eines Sozialplans sowohl für das Unternehmen als auch für die einzelnen Arbeitnehmer hat. Es ergibt sich daraus die Notwendigkeit für den Arbeitgeber, einen Interessenausgleich zumindest versucht zu haben.

d) Muster: Kopplung von Interessenausgleich und Sozialplan

288 **Hinweis:**
In der Praxis finden sich häufig der Interessenausgleich und der Sozialplan in einer Betriebsvereinbarung, wie nachfolgendes Muster verdeutlicht.

289
⇨ **334**

Zwischen
der ...... GmbH

— nachfolgend Arbeitgeber genannt —

und
dem Betriebsrat der ...... GmbH

— nachfolgend Betriebsrat genannt —

wird aus Anlass der Stilllegung des Betriebes in ...... folgende Betriebsvereinbarung zu einem Interessenausgleich und Sozialplan getroffen:

I. Interessenausgleich

Der Arbeitgeber hat den Betriebsrat darüber informiert, dass die wirtschaftlich Lage des Unternehmens die Schließung des Betriebes zum ...... notwendig macht. Andere Alternativen zur Betriebsstilllegung bestehen nicht.

Der Betriebsrat nimmt dies nach Beratung mit dem Arbeitgeber zur Kenntnis und akzeptiert, dass er die Schließung nicht verhindern kann.

Der Arbeitgeber wird allen betroffenen Mitarbeitern aus dringenden betriebsbedingten Gründen kündigen.

Der Betriebsrat wird dem Arbeitgeber bis ......, den ......, eine abschließende Stellungnahme zu den Kündigungsanträgen übermitteln.

II. Sozialplan

A. Sozialplanvolumen

Zum Ausgleich evtl. entstehender Nachteile für die Mitarbeiter steht ein Sozialplanvolumen von ...... Mio. EUR zur Verfügung.

1. Abfindung

Unbefristet beschäftigte Arbeitnehmer, denen gem. Ziffer I. (Interessenausgleich) betriebsbedingt gekündigt wird oder die auf Veranlassung des Arbeitgebers einen Aufhebungsvertrag abschließen, erhalten eine Abfindung (die Regelungen zur Abfindung sind in Unterpunkt 5. dargestellt).

Mitarbeiter, die Ansprüche gemäß der Konzernbetriebsvereinbarung über soziale Maßnahmen bei Kündigungen von älteren Mitarbeitern des Hauses ...... haben, erhalten ausschließlich diese Leistungen.

2. Kinderzuschlag

Für jedes Kind, für das ein Mitarbeiter Anspruch auf Kindergeld hat, erhöht sich seine Abfindung um 1.000,00 EUR brutto. Bei Alleinerziehenden und Alleinverdienern erhöht sich die Abfindung um weitere 500,00 EUR brutto für jedes Kind. Alleinverdiener sind verheiratete Mitarbeiter, deren Ehepartner nicht über ein zu versteuerndes Einkommen verfügen. Diese Mitarbeiter müssen hierfür einen Nachweis erbringen.

3. Aufhebungsvertrag

Mitarbeiter, welche die betriebsbedingte Kündigung erhalten haben oder erhalten werden, haben Anspruch auf Abschluss eines Aufhebungsvertrages mit sofortiger Wirkung. In diesem Fall erhöht sich die Abfindung um 50% der Differenz zwischen den Bruttovergütungen bei fristgerechter und vorzeitiger Beendigung.

4. Leistungen für schwerbehinderte Menschen

Schwerbehinderte Menschen erhalten zusätzlich die Leistungen gem. der Konzernintegrationsvereinbarung (3.000,00 EUR/5.000,00 EUR brutto).

5. Regelungen zur Abfindung:

a) Jeder Arbeitnehmer erhält als Sockelbetrag 12.000,00 EUR brutto.
b) Die weitere Abfindung berechnet sich wie folgt:
Individuelle Punktzahl × Punktwert in Euro.
Die Punkte werden wie folgt verteilt:
Für jedes vollendete Lebensjahr nach dem 28. erhält der Mitarbeiter je einen Punkt. Mitarbeiter im 56. Lebensjahr erhalten dann 29 Punkte. Ab dem 57. Lebensjahr verringert sich die Gesamtpunktzahl um einen Punkt pro Lebensjahr.
Für jedes vollendete Jahr nach dem 5. Jahr der Betriebszugehörigkeit erhält der Mitarbeiter je einen Punkt.
Die Betriebszugehörigkeit wird monatsgenau auf zwei Stellen nach dem Komma berechnet. Bei der Ermittlung der Betriebszugehörigkeit ist ein Zeitraum von sechs Monaten auf ein volles Jahr aufzurunden. Maßgeblich ist die Betriebszugehörigkeit im Zeitpunkt des Ablaufes der regulären Kündigungsfrist.
Die Abfindung eines Mitarbeiters beträgt höchstens 40.000,00 EUR.
Der Punktwert in Euro ergibt sich aus dem insgesamt zur Verfügung gestellten Sozialplanvolumen abzüglich Sockelbetrag, Leistungen für schwerbehinderte Menschen, Kinderzuschläge, dividiert durch die Punktzahl, die sich insgesamt nach Verteilung aller Punkte auf alle betroffenen Arbeitnehmer ergibt.
c) Fälligkeit
Die Abfindung ist zum Zeitpunkt der rechtlichen Beendigung des Arbeitsverhältnisses fällig. Erhebt der Mitarbeiter eine Kündigungsschutzklage, so entsteht die Fälligkeit erst zum Zeitpunkt der rechtlichen Beendigung des Arbeitsverhältnisses.
d) Vererbbarkeit
Nach Ausspruch der Kündigung oder nach Abschluss eines Aufhebungsvertrages sind die Ansprüche aus diesem Sozialplan sofort vererblich.
Insgesamt darf die Gesamtsumme der aufgeführten Maßnahmen (Abfindung, Leistungen für Schwerbehinderte etc.) den Betrag von ...... Mio. EUR nicht überschreiten.

6. Härtefonds

Zur Minderung besonderer Härten, die durch die Bestimmungen dieses Sozialplanes nicht ausgeglichen sind, kann in Einzelfällen eine Beihilfe gezahlt werden. Der Härtefonds ist mit einem Betrag von …… EUR brutto ausgestattet.

Welche Mitarbeiter in welcher Höhe Zahlungen aus dem Härtefonds erhalten, entscheidet eine paritätische Kommission. Diese besteht aus vier Mitgliedern, von denen jeweils zwei vom Betriebsrat und zwei vom Unternehmen benannt werden. Bei einer Auszahlung bedarf es eines mehrheitlichen Beschlusses. Sollten sich die Mitglieder nicht einigen, erhält ein vom Betriebsrat vorher benanntes Mitglied ein doppeltes Stimmrecht.

Beihilfeanträge müssen bis zum …… gestellt werden. Ist das Geld bis zum …… nicht ausgegeben worden, wird der Restbetrag zu gleichen Teilen auf die Mitarbeiter – mit Ausnahme derjenigen, die unter die „KBV ältere Mitarbeiter" fallen – verteilt.

Die Leistungen werden ggf. auf das zuletzt vom Arbeitnehmer benannte Konto überwiesen. Sollte sich das Konto und/oder die Adresse des Arbeitnehmers nach seinem Ausscheiden verändern, ist der Arbeitnehmer verpflichtet, die Änderung mitzuteilen. Teilt er diese nicht mit und kommt das Geld zurück, verfällt der Anspruch.

B. Sonstige Regelungen

1. Wiedereinstellung

Soweit sich gekündigte Mitarbeiter auf unbefristete Neueinstellungen in anderen Betrieben von ……, Bereich …… bewerben, wird sich der Arbeitgeber während des Zeitraumes der Rückzahlungsverpflichtung bemühen, diese bei gleicher Eignung bevorzugt einzustellen.

Bei unbefristeter Wiedereinstellung innerhalb von 18 Monaten sind die Leistungen aus dieser Betriebsvereinbarung zurückzuzahlen. Die bis zum Austritt erworbenen alten Rechte bleiben dem Mitarbeiter dadurch erhalten. Bei zwischenzeitlicher Arbeitslosigkeit ist die Rückzahlungssumme um die Differenz zwischen bezogenem Arbeitslosengeld und letztem Nettoeinkommen zu reduzieren. Das gilt auch, wenn trotz Arbeitslosigkeit nachweislich kein Arbeitslosengeld bezogen wurde. Hier wird ein fiktives Arbeitslosengeld angesetzt.

2. Altersteilzeitarbeitsverhältnisse

Mitarbeitern, die einen Altersteilzeitvertrag unterzeichnet haben und die Altersteilzeit noch nicht angetreten haben, wird angeboten, das Altersteilzeitverhältnis rückabzuwickeln bzw. aufzuheben.

3. Zeugnis

Jeder betroffene Mitarbeiter erhält zum Zeitpunkt des Austrittes ein qualifiziertes Endzeugnis.

4. Freistellung

Die Mitarbeiter haben in angemessenem Umfang Anspruch auf bezahlte Freistellung zur Arbeitssuche in Deutschland gegen Nachweis.

Die Firma kann den Mitarbeiter vor Ablauf der Kündigungsfrist von der Arbeit freistellen, sofern ein zumutbarer Arbeitseinsatz nicht möglich ist. In diesem Fall hat sie das Arbeitsentgelt bis zum Auflauf der Kündigungsfrist weiterzuzahlen. Die Zeit der Freistellung wird auf den Jahresurlaub voll angerechnet. Ab dem ...... sind alle Mitarbeiter freizustellen.

III. Schlussbestimmungen

Sollten sich Sachverhalte ergeben, die in dieser Vereinbarung nicht oder nicht ausreichend geregelt sind, die jedoch einer Regelung bedürfen oder sollte sich eine Regelung dieser Vereinbarung als unwirksam erweisen, wird hierüber zwischen den Betriebsparteien Einvernehmen hergestellt. Änderungen und Ergänzungen dieser Vereinbarung bedürfen der Schriftform.

......, den ......

Arbeitgeber   Betriebsrat

5. Abfindungsregelungen

Hinweis: 290
In Sozialplänen können sich die unterschiedlichsten Abfindungsregelungen finden.

a) Muster: Abfindungsregelung nach Punkteschema[282]

Die in der Betriebsvereinbarung vom ...... vorgesehene Gesamtsumme in Höhe   291
von ...... EUR wird nach folgendem Schema verteilt. Stichtag für die Berechnung ↔ 335
des Alters und der Betriebszugehörigkeit ist der ......

Altersstaffelung	Punkte je Betriebszugehörigkeitsjahr	Mindestbetriebszugehörigkeit
35–39 Jahre alt	5 Punkte	10 Jahre
40–44 Jahre alt	7 Punkte	10 Jahre
45–49 Jahre alt	8 Punkte	8 Jahre
50–55 Jahre alt	9 Punkte	5 Jahre
56–62 Jahre alt	10 Punkte	5 Jahre
63 Jahre	5 Punkte	5 Jahre[283]

Ansprüche aus Abfindungen aus dem Sozialplan haben nur Arbeitnehmer, welche die Voraussetzungen an Lebensalter und Betriebszugehörigkeitsjahren des obigen Schemas erfüllen.

Jeder im Schema aufgeführte Punkt beinhaltet einen Betrag in Höhe von ...... EUR.

Oder:

Die Summe aller Abfindungen wird auf ...... EUR festgesetzt. Die Abfindung wird auf die Mitarbeiter entsprechend der Zahl der auf sie entfallenden Punkte verteilt. Der Stichtag für die Berechnung des Lebensalters und der Betriebszugehörigkeit wird auf den ...... festgesetzt.

Oder:

---

[282] BAG 9.11.2006 – 2 AZR 812/05, AP KSchG § 1 Soziale Auswahl Nr. 83; 18.10.1984 – 2 AZR 543/83, AP KSchG 1969 § 1 Betriebsbedingte Kündigung Nr. 19.
[283] Zum Ausschluss von Arbeitnehmern, die vorgezogenes Altersruhegeld beantragen können: BAG 9.5.1985 – 2 AZR 16/84, AP TVG § 4 Verdienstsicherung Nr. 1; 25.2.1986 – 3 AZR 485/84, AP BetrAVG § 6 Nr. 13; 26.7.1988 – 1 AZR 156/87, AP BetrVG 1972 § 112 Nr. 45.

1. Betriebszugehörigkeit

Alle Mitarbeiter erhalten entsprechend der Dauer ihrer Betriebszugehörigkeit folgende Punkte:
  a) vom 3. bis 5. Jahr der Betriebszugehörigkeit pro Jahr zwei Punkte
  b) vom 5. bis 10. Jahr der Betriebszugehörigkeit pro Jahr vier Punkte
  c) vom 10. bis 15. Jahr der Betriebszugehörigkeit pro Jahr sechs Punkte
  d) vom 15. bis ......

Beispielsrechnung: Betriebszugehörigkeit 14 Jahre = 14 Jahre x 6 Punkte.

2. Lebensalter

Alle Mitarbeiter erhalten für jedes Lebensjahr einen Punkt.

Beispielsrechnung: 58. Lebensjahr = 58 Punkte.

3. Familienstand

Verheiratete und verwitwete Arbeitnehmer mit unterhaltsberechtigten Kindern erhalten zusätzlich 10 Punkte.

4. Unterhaltsberechtigte Kinder

Mitarbeiter erhalten für jedes unterhaltsberechtigte Kind fünf Punkte.

5. Besondere Fälle

  a) Schwerbehinderte Arbeitnehmer erhalten ab dem Grad einer Behinderung von 50% für je 10% zwei Punkte.
  b) Unfallgeschädigte ......

b) Muster: Abfindungsformel nach Betriebszugehörigkeit und Lebensalter

1. Abfindungsberechtigte Mitarbeiter erhalten eine Abfindung, die nach folgender Formel berechnet wird:

Jahre der Betriebszugehörigkeit x Gehalt x X

2. Der Faktor X beträgt
  a) für Mitarbeiter im Alter von 20–29 Jahren   0,50
  b) für Mitarbeiter im Alter von 30–39 Jahren   0,75
  c) für Mitarbeiter im Alter von 40–49 Jahren   0,90
  d) für Mitarbeiter vom 50. Lebensjahr an   1,00

3. Abfindungsberechtigte Mitarbeiter, die das 50. Lebensjahr vollendet haben, aber das 55. Lebensjahr noch nicht vollendet haben, erhalten eine zusätzliche Abfindung in Höhe eines Gehaltes.

Abfindungsberechtigte Mitarbeiter, die das 55. Lebensjahr vollendet haben, erhalten eine zusätzliche Abfindung in Höhe von drei Gehältern.

4. Bei der Berechnung der Betriebszugehörigkeit und des Lebensalters kommt es auf die am Tage der Beendigung des Arbeitsverhältnisses vollendeten Jahre an.

5. Abfindungsberechtigte Mitarbeiter, die Unterhaltsverpflichtungen haben
   a) für einen Ehepartner, erhalten eine zusätzliche Abfindung in Höhe von ......
   b) für Kinder, erhalten für jedes Kind eine zusätzliche Abfindung in Höhe von ......

6. Gehalt bedeutet:

Bruttoeinkommen des Monats (Grundgehalt zzgl. aller tariflichen und außertariflichen Zulagen) × 13,75 : 12.

c) Muster: Sozialplanleistungen nach Betriebszugehörigkeit und Lebensalter

Die Höhe der Abfindung errechnet sich aus einem Grundbetrag und einem Steigerungsbetrag.

a) Grundbetrag

$$\frac{(0{,}5 + \text{Lebensmonate} \times \text{Dienstmonate})}{270 \times 144} \times 2900 = \text{Grundbetrag in EUR}.$$

b) Steigerungsbetrag

$$\frac{(0{,}5 + \text{Lebensmonate} \times \text{Dienstmonate})}{270 \times 144} \times \text{persönliches Monatsentgelt}$$

= Steigerungsbetrag in EUR.[284]

Bei den vorstehenden Sozialplänen sollte den Unterhaltsverpflichtungen Rechnung getragen werden.

Hinweis:

Problematisch können altersabhängige Sozialplanabfindungen sein. Diese sind nach bisheriger Rechtsprechung des BAG unbedenklich und zulässig.[285] Allerdings bestehen in der Literatur erhebliche Bedenken, ob eine solche Regelung zulässig ist.[286] Trotz der zugrunde liegenden Entscheidung des BAG ist daher unter Berücksichtigung der Bedenken in der Literatur und der Rechtsprechung des EuGH offen, ob solche altersabhängigen Regelungen in Sozialplänen einer europarechtlichen Überprüfung in Hinsicht auf die Frage einer Benachteiligung wegen des Alters standhalten.

6. Muster: Kooperationsvertrag [→ B. Rn. 278]

Hinweis:

Der nachfolgende Vertrag regelt nunmehr die Zusammenarbeit und die finanziellen Bedingungen zwischen dem Arbeitgeber und der Beschäftigungsgesellschaft.

---

[284] Bei der wiedergegebenen Berechnungsformel ergibt sich für einen 35 Jahre alten Arbeitnehmer nach 10-jähriger Betriebszugehörigkeit und einem Bruttomonatsgehalt von 2.500,00 EUR eine Abfindung in Höhe von 9.698,40 EUR, bei einem 54-jährigen nach 25-jähriger Betriebszugehörigkeit und einem Bruttomonatsentgelt von 3.147,00 EUR eine Abfindung in Höhe von 33.258,50 EUR. Die Höhe der Abfindung kann beeinflusst werden über den Multiplikator 2.900 und den Divisor 270.

[285] BAG 12.4.2011 – 1 AZR 764/09, DB 2011, 1758; 9.11.2006 – 2 AZR 812/05, AP KSchG § 1 Soziale Auswahl Nr. 87; 18.10.1984 – 2 AZR 543/83, AP KSchG 1969 § 1 Betriebsbedingte Kündigung Nr. 19. Der EuGH hat jedoch den Ausschluss solcher Personen, die rentenberechtigt (Frühverrentung) wären, aber nicht ausscheiden wollen, von Abfindungen im Zusammenhang mit dem Ausscheiden aus dem Arbeitsverhältnis beanstandet (vgl. EuGH 12.10.2010 – C-499/08 „Andersen", NZA 2010, 1341).

[286] HK-AGG/*Bros* § 10 Rn. 39; ErfK/*Schlachter* § 10 AGG Rn. 15; *Schrader*/*Straube* ArbRAktuell 2009, 7.

296
⇨ **338**

Zwischen
der ...... GmbH, ...

– nachfolgend Arbeitgeber genannt –

und
der Beschäftigungs- und Qualifizierungsgesellschaft mbH

– nachfolgend BQG genannt –

wird nachfolgender Vertrag zur Regelung der wechselseitigen Rechte und Pflichten geschlossen.

Bei der ...... GmbH wurde in einem Interessenausgleich und Sozialplan die Durchführung von Personalabbaumaßnahmen geregelt. Der Interessenausgleich vom ...... sieht dazu die Einrichtung einer betriebsorganisatorisch eigenständigen Einheit (BeE) vor, um den vom Personalabbau und Arbeitsplatzverlust betroffenen Arbeitnehmern die Möglichkeit einzuräumen, Transferkurzarbeitergeld gem. § 216b SGB III zu beziehen. Hierzu wird die BQG mit den betroffenen Arbeitnehmern ein zeitlich befristetes Arbeitsverhältnis mit einer Dauer von maximal zwölf Monaten abschließen. Die BQG wird während dieses Arbeitsverhältnisses beschäftigungsfördernde und qualifizierende Maßnahmen mit den Arbeitnehmern durchführen. Grundlage dieses Vertrages ist die Gewährung von Transferkurzarbeitergeld gem. § 216b SGB III.

§ 1 Gegenstand des Vertrages

Gegenstand des vorliegenden Vertrages ist die Regelung der Überleitung, der Qualifizierung und der Vermittlung von Arbeitnehmern, die gemäß des Sozialplans vom ...... zum Wechsel in die BQG berechtigt sind. Die BQG verpflichtet sich, spätestens bis zum ...... eine betriebsorganisatorisch eigenständige Einheit (BeE) innerhalb der BQG einzurichten, deren Zweck darin besteht, für die Dauer von längstens zwölf Monaten Strukturkurzarbeit für diese Arbeitnehmer anzubieten und zu organisieren. Die in die BQG übergewechselten Arbeitnehmer werden in der BeE ...... zusammengefasst. Für die der BeE ...... zugeordneten Arbeitnehmer wird bei der zuständigen Agentur für Arbeit Transferkurzarbeitergeld iSv § 216b SGB III beantragt.

Die BQG verpflichtet sich, die BeE ...... finanziell getrennt und die für die BeE ...... zur Verfügung gestellten Mittel mit der Sorgfalt eines ordentlichen Kaufmannes zu verwalten.

§ 2 Übernahme von Arbeitsverträgen

Die BQG übernimmt bis zu ...... befristete Arbeitsverträge im Rahmen des § 216b SGB III mit null Arbeitsstunden beginnend ab dem .... Die individuelle Laufzeit sowie die Übertrittstermine der Arbeitnehmer sind im Sozialplan vom ...... geregelt. Gleiches gilt für die gegenüber den Arbeitnehmern zu erbringenden Leistungen. Für die BeE ...... ist eine Arbeitnehmerüberlassung ausgeschlossen.

§ 3 Finanzierung der BeE ......

Die ...... GmbH übernimmt die Finanzierung der gesamten Remanenzkosten, Kosten für Qualifizierung und Betreuung sowie die Verwaltungskosten der BQG gemäß den Regelungen im Sozialplan vom .... Der von der ...... GmbH zu zahlende Betrag ergibt sich aus dem Bruttoentgelt, welches die ...... GmbH durch den Übertritt der Arbeitnehmer in die BQG erspart, zuzüglich einem Aufschlag in Höhe von 20% für die von der ...... GmbH zu tragenden Sozialversicherungsbeiträge. Hierzu wird für jeden Monat der „abgekauften Kündigungsfrist" das zusätzliche tarifliche Urlaubsgeld hinzugerechnet, ebenfalls mit arbeitgeberseitigem Sozialversicherungsbeitrag. Die Parteien dieses Vertrages sind sich darüber einig, dass diese finanziellen Mittel nicht ausreichen, die „worst case" Kalkulation der BeE ...... abzudecken. Das daraus erwachsende Risiko trägt allein die BQG. Eine Nachschusspflicht der ...... GmbH besteht nicht. Von dieser Nachschusspflicht ist allerdings in Rechnung gestellte Umsatzsteuer ausgenommen.

a) Remanenzkosten
Bei den Remanenzkosten handelt es sich insbesondere um folgende Leistungen:
- Die Finanzierung der Sozialversicherungsbeiträge bezogen auf das Transferkurzarbeitergeld für die Laufzeit des Transferkurzarbeitgeldbezuges gemäß den Regelungen des SGB III nach Maßgabe der Kosten für die in die BQG übertretenden Einzelpersonen sowie der Beiträge zur Berufsgenossenschaft.
- Die Finanzierung der Urlaubsvergütung für 20 Urlaubstage pro Kalenderjahr bei einer 5-Tage-Woche sowie der Feiertagsvergütung neben den entsprechenden Sozialversicherungsbeiträgen nach Maßgabe der Kosten für die in die BQG übertretenden Einzelpersonen.
- Die Finanzierung eines Aufzahlungsbetrages zum Transferkurzarbeitergeld in Höhe von 10% des Bruttomonatsentgeltes.

Nicht verbrauchte Remanenzkosten werden zunächst zur Deckung von Qualifizierungsmaßnahmen, Betreuung und Verwaltung verwendet. Die nicht verbrauchten Restmittel werden gemäß den Regelungen im Sozialplan vom 25.9.2011 ausgezahlt.

b) Mittel zur Kofinanzierung von Qualifizierungsmaßnahmen und Durchführung von arbeitsmarktpolitischen Maßnahmen
Von der ...... GmbH werden zur Finanzierung der Durchführung von Qualifizierungsmaßnahmen, des Outplacements mit der Unterstützung der Beschäftigten zur Suche eines neuen Arbeitsverhältnisses und ggf. der Aufnahme einer selbständigen Tätigkeit wie auch deren Betreuung in dem für die BeE ...... vorgehaltenen Projektbüro Mittel zur Verfügung gestellt. Die Höhe dieser Mittel ergibt sich nach Kenntnis der Zahl der Übertritte und errechnet sich aus dem Wirtschaftsplan (WiP), der Teil der Berechnungsgrundlage Anlage 1 zu diesem Kooperationsvertrag ist. Daraus ergeben sich folgende Einzelpositionen:
- Mittel zur Kofinanzierung von Qualifizierungsmaßnahmen je übergetretenem Arbeitnehmer in Höhe von 1.000,00 EUR.
- Mittel für arbeitsmarktpolitische Unterstützung/Outplacementmaßnahmen und individuelle Beratung je übergetretenem Arbeitnehmer in Höhe eines Betrages von 1.000,00 EUR. Die Tätigkeit wird je Stunde mit 120,00 EUR netto abgerechnet.
- Die Kosten für die Personalbetreuung und des Projektbüros in Höhe von 4.000,00 EUR monatlich für jeden Monat der Projektlaufzeit.
- Kosten für die Durchführung des Profiling für jeden profilten Arbeitnehmer in Höhe von 235,00 EUR.

c) Verwaltungskosten
- Zur Deckung der Verwaltungskosten für die Durchführung der BeE ...... werden nachfolgend dargestellte Kosten gemäß des Wirtschaftsplans der Anlage 1 von der ...... GmbH an die BQG gezahlt.

d) Nach Beendigung der Maßnahme wird die BQG der ...... GmbH eine detaillierte Abrechnung der Verwaltungskosten und Qualifizierungsmittel erteilen. Nicht verbrauchte Verwaltungskosten und Mittel für arbeitsmarktpolitische Maßnahmen werden gemäß den Regelungen im Sozialplan ausgezahlt.

e) Die vorstehenden Beträge gem. § 3 b) und c) unterliegen der gesetzlichen Umsatzsteuer. Auf diese Beträge ist daher zusätzlich die gesetzliche Umsatzsteuer zu entrichten. Die Umsatzsteuer wird der ...... GmbH im Rahmen der Mittelanforderung in Rechnung gestellt.

§ 4 Sicherung der Finanzierung

Die sich insgesamt errechnenden Finanzierungsbeiträge der ...... GmbH werden nach Kenntnis der Zahl der Übertritte der ...... GmbH mitgeteilt, die den sich ergebenden Betrag auf ein noch zu benennendes Treuhandkonto des Treuhänders Rechtsanwalt ...... (Name, Straße, Ort) einzahlt. Auf dieses Konto ist die BQG bezugsberechtigt.

Die ...... GmbH hat den Betrag spätestens am ...... auf das Treuhandkonto des Treuhänders Rechtsanwalt ...... zur Verfügung zu stellen.

Die ...... GmbH ist berechtigt, statt der Barzahlung eine Bürgschaft einer deutschen Großbank oder öffentlichen Bank beizubringen, welche die Zahlung auf erstes Anfordern und den Verzicht auf die Einrede der Vorausklage enthält und die zugunsten des Treuhänders ausgestellt ist.

Die BQG ist berechtigt, vom Treuhänder Rechtsanwalt ...... zur Vorfinanzierung eine Monatstranche des Transferkurzarbeitergeldes, der Remanenzkosten, der Qualifizierungsmittel und Mittel für arbeitsmarktpolitische Maßnahmen sowie der Verwaltung abzufordern.

§ 5 Stellung von sächlichen Mitteln

Die ...... GmbH stellt der BQG zur Durchführung der BeE ...... Büroausstattung zur Verfügung. Diese besteht aus drei PCs, die internetfähig sind, einem Drucker, einem Kopierer und einem Faxgerät sowie entsprechenden Büromöbeln. Den Transport der Einrichtung in die Büroräume der BeE ...... übernimmt die ...... GmbH auf eigene Kosten.

§ 6 Durchführung der BeE ......

Ziel des Wechsels ist die Qualifizierung der Arbeitnehmer sowie deren Vermittlung am ersten Arbeitsmarkt.

BQG verpflichtet sich, alle Möglichkeiten zu nutzen, um geeignete Maßnahmen für möglichst alle Arbeitnehmer zu organisieren. BQG wird bei der Vergabe der Maßnahmen die Fähigkeiten und Qualifikationen des einzelnen Arbeitnehmers sowie die Chancen einer evtl. beruflichen Neuorientierung berücksichtigen.

Die BQG stellt die ordnungsgemäße Verwaltung, Beratung und Betreuung der übernommenen Arbeitnehmer sicher. Die BQG organisiert die BeE ...... und die damit zusammenhängenden antrags-, finanz- und abrechnungstechnischen Verfahren.

Die BQG beantragt und organisiert Qualifizierungsmaßnahmen für die Arbeitnehmer. Sie verpflichtet sich vorrangig, Mittel der Agentur für Arbeit (ESF-Mittel) zu beantragen und für die Maßnahmen einzusetzen. Sie übernimmt deren Abrechnung.

Die BQG fördert aktiv Bestrebungen ihrer Mitarbeiter auf Übertritt in ein reguläres Arbeitsverhältnis bzw. Bestrebungen ihrer Mitarbeiter zur Gründung von Wirtschaftsbetrieben (Existenzgründungen). Die BQG wird den Mitarbeitern Vermittlungsvorschläge unterbreiten und ständig eine Bewerbungs- und Vermittlungsberatung anbieten.

Die BQG sorgt für die begleitende Beratung bei der Umsetzung des Projektes. Dabei erbringt die BQG folgende Dienstleistungen:
- Durchführung von Einzelberatung mit den in die BeE ...... eingetretenen Arbeitnehmern
- Erstellung eines Berufswegeplanes für jeden Arbeitnehmer

- Erstellung eines Qualifizierungsplanes für jeden Arbeitnehmer
- Durchführung der Kontrolle bezüglich der Umsetzung der Planungen mit dem Arbeitnehmer
- Formulierung und Einreichung der sich daraus ergebenden Förderanträge
- Durchführung eines Bewerbungstrainings in kleinen Gruppen für alle Mitarbeiter
- Durchführung regelmäßiger Maßnahmen zur Vermittlungsunterstützung. Dazu nimmt die BQG Kontakt zu Firmen auf unter Aufzeigen der Möglichkeiten, Arbeitnehmer aus dem Transfer-Kug-Bezug einzustellen
- Beratung von Arbeitnehmern, welche die Absicht haben, sich selbständig zu machen
- BQG nimmt bei Bedarf für und mit dem Arbeitnehmer Termine bei der Agentur für Arbeit und anderen Dienststellen wahr.

§ 7 Technische Abwicklung

Die Firma …… GmbH stellt der BQG die Lohnabrechnungsdaten der übergetretenen Arbeitnehmer gemäß Anlage 2 in einer Excel-Datei oder ähnlichem Dateiformat spätestens bis zum …… zur Verfügung. Des Weiteren stellt die Firma …… GmbH der BQG eine Kopie der Lohnabrechnung zur Verfügung, die seitens der Agentur für Arbeit zur Kontrolle der Kug-Berechnung benötigt wird. Bei verstetigten Löhnen bzw. Gehältern handelt es sich dabei um die Lohnabrechnung des Monats vor Übertritt in die BQG, sofern es sich hierbei um einen vollständigen Abrechnungsmonat handelt. Bei leistungsbezogener Vergütung handelt es sich um die Abrechnungen der letzten drei Monate vor Übertritt in die BQG.

Die …… GmbH wird der BQG die nachfolgend genannten Daten der Arbeitnehmer, die das Recht haben, in die BeE …… überzutreten, zur Vorbereitung der Arbeitsvertragsangebote (dreiseitige Verträge) so rechtzeitig übermitteln, dass diese Verträge gemäß der Übertrittsplanung von der BQG erstellt werden können:

- Name, Vorname, Anschrift,
- Bruttoentgelt bestehend aus dem Grundentgelt, Zulagen und VWL,
- Höhe eines zu zahlenden zusätzlichen Urlaubsgeldes,
- wöchentliche Stundenzahl,
- Steuerklasse sowie auf der Lohnsteuerkarte eingetragene Kinderfreibeträge,
- Geburtsdatum, Betriebszugehörigkeit und Laufzeit des Vertrages mit der BQG,
- zuletzt ausgeübte Tätigkeit,
- Laufzeit der Kündigungsfrist nach dem ……

§ 8 Beirat

Für die Dauer der Laufzeit der BeE …… wird ein Beirat gebildet. Dieser besteht aus zwei Vertretern der Firma und zwei Vertretern des Betriebsrats. Diese Stellen werden der BQG die Vertreter jeweils nennen.

Der Beirat soll die Verwendung der zugunsten der von der BQG übernommenen Arbeitnehmer gezahlten Remanenzkosten und Drittmittel überwachen. Ihm ist auf Anforderung Rechnung zu legen und Einsicht in die entsprechenden Unterlagen zu gewähren. Er tagt während der Laufzeit der BeE …… mindestens einmal.

Für die Beiratstätigkeit wird keine Entschädigung und kein Aufwendungsersatz gezahlt.

§ 9 Kontrolle

Die Vertragsparteien stimmen darin überein, dass die …… GmbH bei Zweifeln an der ordnungsgemäßen Mittelverwendung alle notwendigen Unterlagen einsehen kann. Bei Weiterbestehen der Zweifel kann die …… GmbH einen unabhängigen Wirtschaftsprüfer mit der Prüfung und Bestätigung der Ordnungsmäßigkeit der Abrechnung der Mittel der BQG beauftragen. Sollte sich durch die Prüfung ergeben, dass die Verwendung oder die Abrechnung der Mittel nicht ordnungsgemäß erfolgt ist, trägt die Kosten der Prüfung die BQG. Ansonsten werden die Kosten der Prüfung von der …… GmbH getragen.

§ 10 Datenschutz

Die Vertragsparteien verpflichten sich, über sämtliche, ihnen im Rahmen des Vertragsverhältnisses zur Kenntnis gelangten Sachverhalte, Unterlagen, Daten, sonstigen Informationen der jeweils anderen Vertragspartei gegenüber unbefugten Dritten und auch nach Beendigung des Vertragsverhältnisses Stillschweigen zu bewahren.

§ 11 Laufzeit des Vertrages

Der Vertrag endet mit dem Ablauf des dritten Kalendermonats der auf das Ausscheiden des letzten Arbeitnehmers aus dem berechtigten Personenkreis aus dem Arbeitsverhältnis mit der BQG folgt.

Von der Vertragsbeendigung ist nicht die Abrechnung der gesetzlichen Abgaben betroffen, sofern hierzu noch keine Schlussrechnung möglich ist. Die endgültige Rechnungslegung ist dementsprechend erst nach endgültiger Abrechnung der Sozialversicherungsbeiträge, ggf. zu entrichtender Lohnsteuer und Beiträge zur Berufsgenossenschaft möglich.

Der Vertrag ist von beiden Seiten unkündbar. Die Anfechtung wird ausgeschlossen.

§ 12 Verjährung, Geltendmachung von Ansprüchen, Haftung

Soweit ein Schadensersatzanspruch des Auftraggebers nicht kraft Gesetz einer kürzeren Verjährungsfrist unterliegt, verjährt er in einem Jahr von dem Zeitpunkt an, in welchem der Auftraggeber von dem Schaden Kenntnis erlangt hat oder zu welchem der Auftrag beendet wurde, je nachdem welcher Zeitpunkt früher eintritt.

Ein Schadensersatzanspruch verfällt, wenn er nicht binnen einer Frist von sechs Monaten ab dem Zeitpunkt, ab welchem die BQG ihre Verpflichtung auf Leistung von Schadensersatz endgültig zurückgewiesen hat, gerichtlich geltend gemacht wird.

Die BQG haftet im Rahmen der Sorgfaltspflicht eines ordentlichen Kaufmanns für die gewissenhafte Erfüllung des Vertrages. Die Haftung ist indessen begrenzt auf Schäden, die von der BQG oder ihrer Erfüllungsgehilfen vorsätzlich oder grob fahrlässig herbeigeführt wurden. Diese Begrenzung gilt auch dann, wenn eine Haftung gegenüber einer anderen Person als dem Auftraggeber begründet sein sollte.

§ 13 Schlussbestimmungen

Vertragsgrundlage ist vorliegend die Gewährung von Kug ab dem …… gem. § 216b SGB III sowie der Übertritt von mindestens …… Arbeitnehmern der Firma …… GmbH in die BQG sowie die rechtzeitige Übergabe der Bürgschaftsurkunden zur Sicherung der Remanenzkosten, der Mittel für arbeitsmarktpolitische Aktivitäten und Verwaltungskosten bzw. Einzahlung des sich errechnenden Finanzierungsbetrages auf das Konto des Treuhänders Rechtsanwalt ……

Diese Vereinbarung ist kein Vertrag zugunsten Dritter, nämlich der von Kündigung betroffenen Arbeitnehmer der …… GmbH. Diese Arbeitnehmer erwerben aus der vorliegenden Vereinbarung keine individuellen Ansprüche.

Sollten Teile dieses Vertrages nichtig oder unwirksam sein oder werden, gelten die übrigen Bestimmungen weiter. Die Vertragsparteien werden dann den Vertrag so auslegen und gestalten, dass der mit den nichtigen oder rechtsunwirksamen Teilen angestrebte Erfolg soweit wie möglich erreicht wird.

Dieser Vertrag beinhaltet alle Vereinbarungen zwischen den Parteien. Alle nicht darin schriftlich aufgenommenen Abmachungen sind für und gegen die Partei unwirksam. Alle Änderungen oder Ergänzungen dieses Vertrages bedürfen der Schriftform, ebenso der Verzicht auf die Schriftform selbst.

§ 14 Erfüllungsort und Gerichtsstand

Erfüllungsort und Gerichtsstand ist ......

......, den ......

BQG ...... GmbH

7. Muster: Überleitungsvertrag *[→ B. Rn. 278]*

Hinweis:

Zu guter Letzt müssen die Arbeitsverhältnisse vom Arbeitgeber auf die Beschäftigungsgesellschaft übergeleitet werden, wozu es eine dreiseitigen schriftlichen Vertrages (wegen § 623 BGB) bedarf.

297

Überleitungsvertrag
zwischen
Herrn/Frau ......

– nachfolgend Arbeitnehmer genannt –

und
der ...... GmbH

– nachfolgend Arbeitgeber alt genannt –

und
der BQG GmbH

– nachfolgend Arbeitgeber neu genannt –

wird nachfolgender Vertrag zur Überleitung des Arbeitsverhältnisses vom Arbeitgeber alt auf den Arbeitgeber neu vereinbart:

Präambel

Arbeitgeber alt und deren Betriebsrat haben einen Sozialplan abgeschlossen, der den Beschäftigten das Recht einräumt, in eine betriebsorganisatorische eigenständige Einheit (BeE) überzutreten, in dieser Transferkurzarbeitergeld zu beziehen und dabei unterstützt zu werden, Qualifizierungsmaßnahmen durchzuführen und eine neue Tätigkeit auf dem Arbeitsmarkt zu finden.

Der Arbeitgeber neu bildet eine BeE iSd § 216b SGB III unter der Bezeichnung „BeE ......", um diese Sozialplanregelung umzusetzen. Die Parteien dieses Vertrages gehen davon aus, dass der Arbeitgeber neu für die betroffenen Beschäftigten Transferkurzarbeitergeld iSd SGB III erhält.

§ 1 Beendigung des bisherigen Arbeitsverhältnisses

(1) Aufgrund der im Interessenausgleich und Sozialplan vom ...... geregelten Betriebsänderung endet das Arbeitsverhältnis aus betriebsbedingten Gründen einvernehmlich und ohne Einhaltung der Kündigungsfrist zum ...... Damit wird dem

298
⇨ 339

Arbeitnehmer ermöglicht, zum …… ein Arbeitsverhältnis mit dem Arbeitgeber neu zu begründen. Die Grundlage hierfür ergibt sich aus dem vorgenannten Sozialplan.

(2) Zeitgleich unterzeichnet der Arbeitnehmer den Arbeitsvertrag mit dem Arbeitgeber neu.

(3) Bis zum …… wird das Arbeitsverhältnis zwischen dem Arbeitgeber alt und dem Arbeitnehmer ordnungsgemäß abgerechnet. Der Arbeitgeber alt zahlt dem Arbeitnehmer eine Abfindung für den Verlust des Arbeitsplatzes gemäß den Regelungen im Sozialplan.

§ 2 Arbeitsverhältnis mit dem Arbeitgeber neu

(1) Der Arbeitnehmer und der Arbeitgeber neu vereinbaren den Abschluss eines befristeten Arbeitsverhältnisses für die Zeit vom …… bis zum …… Das Arbeitsverhältnis endet am ……, ohne dass es einer besonderen Kündigung bedarf.

(2) Inhalt des Arbeitsverhältnisses sind die im Wesentlichen gleichen Arbeitsbedingungen, wie sie zwischen dem Arbeitnehmer und dem Arbeitgeber alt bestanden haben. Abweichend von den bisherigen Arbeitsbedingungen zwischen Arbeitnehmer und Arbeitgeber alt beinhaltet der Arbeitsvertrag mit dem Arbeitgeber neu:
  (a) Anordnung von Kurzarbeit = Null und Entfallen des Beschäftigungsanspruches.
  (b) Die Zahlung von Transferkurzarbeitergeld sowie einen Aufzahlungsbetrag zum Transferkurzarbeitergeld. Der Aufzahlungsbetrag beträgt 10% des für die Berechnung des Transferkurzarbeitergeldes maßgeblichen Bemessungsentgeltes.
  (c) Eine Übernahme oder Fortführung einer betrieblichen Altersversorgung findet nicht statt.

§ 3 Bedingungen dieses dreiseitigen Vertrages

(1) Die Parteien stimmen darin überein, dass diese dreiseitige Vereinbarung unter der Bedingung geschlossen wird, dass das mit dem Arbeitgeber alt bestehende Arbeitsverhältnis wirksam durch § 1 dieser Vereinbarung beendet ist.

(2) Die Parteien stimmen weiterhin darin überein, dass Geschäftsgrundlage dieses dreiseitigen Vertrages die Bewilligung von Transferkurzarbeitergeld für die zwischen dem Arbeitnehmer und dem Arbeitgeber neu vereinbarten Dauer des Arbeitsverhältnisses ist. Wird Transferkurzarbeitergeld nicht gewährt, ist diese Vereinbarung von Anfang an unwirksam.

(3) Weiterhin ist die Bedingung für diesen dreiseitigen Vertrag, dass die gemäß Kooperationsvertrag zwischen dem Arbeitgeber neu und dem Arbeitgeber alt vom …… zu leistende Zahlung an den Treuhänder bis spätestens zum …… erfolgt. Wird diese Bedingung nicht erfüllt, ist die Vereinbarung von Anfang an unwirksam. Im Falle der Unwirksamkeit dieser Vereinbarung besteht das Arbeitsverhältnis zwischen dem Arbeitnehmer und dem Arbeitgeber alt fort.

§ 4 Beendigung des Arbeitsverhältnisses mit dem Arbeitgeber neu

(1) Der Arbeitnehmer kann freiwillig zur Aufnahme eines Dauerarbeitsverhältnisses jederzeit aus dem Arbeitsverhältnis mit dem Arbeitgeber neu ausscheiden und somit das befristete Arbeitsverhältnis beenden.

(2) Unbeschadet der vereinbarten Laufzeit ist der Vertrag an die Dauer der Transferkurzarbeitergeldgewährung gebunden. Er endet umgehend, wenn kein Transferkurzarbeitergeld mehr gewährt wird.

(3) Unbeschadet von der Befristung kann das Arbeitsverhältnis ordentlich oder außerordentlich gekündigt werden. Der § 625 BGB gilt nicht.

§ 5 Monatliche Zahlungen an den Arbeitnehmer

(1) Der Arbeitnehmer erhält folgende monatliche Leistungen:
   (a) Transferkurzarbeitergeld nach Maßgabe des Gesetzes,
   (b) einen Zuschuss zum Kurzarbeitergeld in Höhe von 10% der der Berechnung des Kurzarbeitergeldes zugrunde zu legenden Bruttovergütung,
   (c) Feiertagsbezüge an gesetzlichen Feiertagen und Urlaubsentgelt in Höhe der bisherigen Bruttovergütung.

(2) Der Zuschuss gemäß Ziffer 2. ist sozialversicherungsfrei, wird aber im Rahmen des Progressionsvorbehaltes bei der Lohn-/Einkommensteuer berücksichtigt, so dass sich individuell eine Steuerlast ergeben kann.

§ 6 Bezugsbasis

(1) Grundlage für die verschiedenen Berechnungen der in § 5 genannten Bezüge ist die von dem Arbeitgeber alt übermittelte Lohn-/Gehaltszusammensetzung. Diese beinhaltet:
   (a) das monatliche Bruttoentgelt,
   (b) dauerhafte gezahlte Zulagen,
   (c) gezahlte vermögenswirksame Leistungen; diese können allerdings nur dann in die Bemessungsgrundlage des Transferkurzarbeitergeldes einfließen, wenn von dem Arbeitnehmer vermögenswirksame Leistungen tatsächlich auf ein entsprechendes Konto weiterhin eingezahlt werden,
   (d) monatlich 1/12 des vom alten Arbeitgeber gezahlten zusätzlichen Urlaubsgeldes.

(2) In einer Anlage zu diesem Vertrag werden die Entgeltdaten übermittelt.

(3) Die Abrechnung des Entgeltes bei Transferkurzarbeitergeld wird erst nach Abschluss des jeweiligen Kalendermonats erfolgen. Die Abrechnung des Entgeltes und die Überweisung des Auszahlungsbetrages erfolgt zum 15. Kalendertag des Folgemonats.

§ 7 Arbeitszeit

(1) Die individuelle wöchentliche Arbeitszeit beträgt 36 Stunden.

(2) Nimmt der Arbeitnehmer im Rahmen der Transferkurzarbeit an einer Qualifizierungsmaßnahme teil, so muss unabhängig von der vorgenannten Arbeitszeitregelung die Unterrichtszeit der jeweiligen Maßnahme eingehalten werden.

(3) Die Lage der Arbeitszeit ergibt sich aus den Erfordernissen der aktiven Mitwirkungspflicht an der Erfüllung dieses Vertrages.

§ 8 Urlaub

(1) Urlaubsansprüche bestehen für 20 Arbeitstage je Kalenderjahr bei einer 5-Tage-Woche (§ 3 Abs. 1 BUrlG). Behinderte Menschen gemäß SGB IX erhalten anteilig auf die Laufzeit des Arbeitsvertrages zusätzlich weitere fünf Urlaubstage pro Kalenderjahr.

(2) Die zeitliche Lage des Urlaubes ist mit dem Arbeitgeber neu abzustimmen.

§ 9 Freistellungen

(1) Freistellungen können im Rahmen der sozialversicherungsrechtlichen Möglichkeiten nach individueller Prüfung gewährt werden, soweit diese unschädlich für den Transferkurzarbeitergeldbezug sind.

(2) Freistellungen können insbesondere zur Aufnahme eines so genannten befristeten Zweitarbeitsverhältnisses bei einem neuen Arbeitgeber gewährt werden. Damit sollen die Vermittlungsbemühungen unterstützt werden.

(3) Während der Freistellungen ruht das Beschäftigungsverhältnis mit dem Arbeitgeber neu. Dies schließt das Ruhen aller Leistungen einschließlich der Abführung von Sozialversicherungsbeiträgen ein.

(4) Bei der Freistellung handelt es sich nicht um die Beendigung des Arbeitsvertrages. Der Arbeitnehmer kann in die BeE ...... zurückkehren. Diese Rückkehrmöglichkeit besteht allerdings nur bei Beendigung des Zweitarbeitsverhältnisses wegen Ende der Befristung bzw. im Rahmen der dortigen Probezeit.

§ 10 Nebentätigkeit

Nebentätigkeiten sind nur in dem Umfang erlaubt, in dem sie nicht schädlich für die Zahlung von Transferkurzarbeitergeld sind. Sie sind dem Arbeitgeber neu gegenüber anzeige- und berichtspflichtig. Ein Verstoß gegen diese Anzeigepflicht kann zum Entfall des Anspruches auf Transferkurzarbeitergeld und die sonstigen in diesem Vertrag zwischen dem Arbeitgeber neu und dem Arbeitnehmer vereinbarten Leistungen führen.

§ 11 Krankheit

Der Eintritt einer Arbeitsunfähigkeit ist unverzüglich gegenüber dem Arbeitgeber neu anzuzeigen. Eine Arbeitsunfähigkeitsbescheinigung ist vom ersten Tag der Arbeitsunfähigkeit an dem Arbeitgeber neu vorzulegen.

§ 12 Datenschutz und Datentransfer

Mit der Unterschrift unter diesem Arbeitsvertrag erklärt sich der Arbeitnehmer ausdrücklich damit einverstanden, dass die zur Lohn- und Gehaltsabrechnung und zur Feststellung des Qualifikationsstandes erforderlichen persönlichen Daten von dem Arbeitgeber alt an den Arbeitgeber neu übermittelt werden. Ferner ist der Arbeitnehmer einverstanden, dass die vorgenannten Daten im Einklang mit den Bestimmungen des Bundesdatenschutzgesetzes bei dem Arbeitgeber neu gespeichert und mittels Datenverarbeitung verarbeitet werden bzw. zu den genannten Zwecken an einen Dritten weitergegeben werden.

§ 13 Altersversorgung

(1) Der Arbeitgeber neu wird eine arbeitgeberfinanzierte betriebliche Altersversorgung nicht weiterführen. Der Arbeitgeber neu hat auch keinerlei Verpflichtungen aus einer betrieblichen Altersversorgung des Arbeitgebers alt übernommen.

(2) Für den Arbeitnehmer besteht allerdings die Möglichkeit, eine eigene, zusätzliche private Altersversorgung vorzunehmen, in dem Entgeltansprüche hierzu umgewandelt werden. Wenn arbeitnehmerseitig dieses gewünscht wird, wird der Arbeitgeber neu in entsprechende Verträge eintreten bzw. die zugunsten und zulasten des Arbeitnehmers abschließen.

§ 14 Mitwirkungspflicht

(1) Während der Dauer des befristeten Arbeitsverhältnisses mit dem Arbeitgeber neu ist der Arbeitnehmer verpflichtet, an der Suche nach einem neuen Arbeitsplatz aktiv mitzuwirken und an angebotenen Qualifizierungsmaßnahmen und anderen Aktivitäten teilzunehmen, um dieses Ziel zu verfolgen. Der Arbeitnehmer hat sich auf Stellen zu bewerben, die der bisher ausgeübten Tätigkeit vergleichbar sind. Auf Anforderung seitens des Arbeitgebers neu sind die Bewerbungen nachzuweisen.

(2) In Anbetracht der Besonderheit des Arbeitsverhältnisses ist die aktive Mitwirkungspflicht zentraler Bestandteil dieses Arbeitsvertrages. Zuwiderhandlungen stellen eine grobe Verletzung des Arbeitsverhältnisses dar und können ganz oder zum Teil zum Wegfall der Zahlungen gem. § 5 führen.

(3) Der Arbeitnehmer ist verpflichtet, bis zum Ablauf von sechs Monaten nach Ausscheiden aus dem Arbeitsverhältnis mit dem Arbeitgeber neu auf Anfrage des Arbeitgebers neu diesem mitzuteilen, ob er in einem Arbeitsverhältnis steht oder Sozialleistungen erhält.

§ 15 Schlussbestimmungen

(1) Weitere Absprachen bestehen nicht. Jede Änderung oder Ergänzung dieses Arbeitsvertrages bedarf ihrer Wirksamkeit der Schriftform.

(2) Sollten Bestimmungen dieses Arbeitsvertrages oder einer künftig in ihn aufgenommenen Bestimmung ganz oder teilweise nicht rechtswirksam oder nicht durchführbar sein oder ihre Rechtswirksamkeit während der Durchführung oder später verlieren, so wird hierdurch die Gültigkeit der übrigen Bestimmungen des Vertrages nicht berührt.

......, den ......

Arbeitnehmer   Arbeitgeber alt   Arbeitgeber neu

8. Teil. Einigungsstelle

Übersicht

	Rn.
I. Einsetzung der Einigungsstelle	299–306
1. Gesetzliche Vorgaben	299–302
2. Muster	303–306
a) Muster: Anschreiben Arbeitgeber	303
b) Muster: Anschreiben Betriebsrat	304, 305
c) Muster: Gerichtliche Bestellung einer Einigungsstelle	306
II. Verfahren der Einigungsstelle	307–325
1. Muster: Anschreiben eines Einigungsstellenvorsitzenden mit „Spielregeln"	308
2. Muster: Niederschrift der Einigungsstelle: Zeitpunkt einer Betriebsratsschulung	309, 310
3. Ablehnung eines Vorsitzenden wegen Besorgnis der Befangenheit	311–316
a) Gesetzliche Vorgaben	311–315
b) Muster: Ablehnungsantrag	316
4. Sprüche der Einigungsstelle	317–320
a) Muster: Spruch der Einigungsstelle nach § 87 Abs. 1 Nr. 10 BetrVG	318
b) Muster: Streitigkeit über Richtigkeit der Zeitvorgabe	319
c) Muster: Spruch zur Festlegung der Bezugsgrößen (Mengenprämie) und des Geldfaktors bei einer Prämie	320
5. Sozialpläne	321
6. Einstellung des Einigungsstellenverfahrens	322–325
a) Muster: Einstellung des Einigungsstellenverfahrens	323
b) Muster: Spruch der Einigungsstelle zur Zuständigkeit	324, 325

I. Einsetzung der Einigungsstelle

1. Gesetzliche Vorgaben

299 Die Einigungsstelle dient dazu, insbesondere in Angelegenheiten, die der zwingenden Mitbestimmung unterliegen, eine Regelung auch dann herbeizuführen, wenn die Betriebsparteien sich nicht einigen können.

300 Die Einigungsstelle ist ein **Organ der Betriebsverfassung** und fungiert als **innerbetriebliche Schlichtungsstelle.** Sie dient der Schlichtung von Streitigkeiten zwischen Arbeitgeber und Betriebsrat bzw. Gesamtbetriebsrat oder Konzernbetriebsrat. Beschlüsse der Einigungsstelle sind nur materielle Rechtsregeln, aber keine Vollstreckungstitel. Sie sind grundsätzlich vom Arbeitgeber auszuführen, ggf. kann die Ausführung vom Betriebsrat im Wege des Beschlussverfahrens durchgesetzt werden.[287]

301 Die Einigungsstelle besteht aus einem **unparteiischen Vorsitzenden und einer gleichen Anzahl von Beisitzern** (§ 76 Abs. 2 BetrVG). Können sich Arbeitgeber und Betriebsrat nicht über die Person des Vorsitzenden und die Zahl der Beisitzer verständigen, entscheidet das Arbeitsgericht in einem besonderen Beschlussverfahren nach § 98 ArbGG.[288] Die **Anrufung der Einigungsstelle** geschieht durch formlose Aufforderung an die Gegenseite, sich auf die Einigungsstelle einzulassen. Dieser Aufforderung sollte mit einem Vorschlag für die Person des Vorsitzenden und die Anzahl der Beisitzer verbunden sein. Ist der jeweilige Kontrahent, also entweder Arbeitgeber oder Betriebsrat, mit der Errichtung der Einigungsstelle, der vorgeschlagenen Person des Vorsitzenden und/oder der vorgeschlagenen Zahl der Beisitzer nicht einverstanden, muss das Arbeitsgericht nach § 98 ArbGG entscheiden.

302 Das **Verfahren der Einigungsstelle** ist gesetzlich nicht geregelt. Die Grundsätze des Zivilprozessrechts können unter besonderer Berücksichtigung der Stellung und der Funktion der Einigungsstelle herangezogen werden, wobei allerdings zu beachten ist, dass die Einigungsstelle ihren informellen Charakter nicht einbüßen darf.[289] Die Einigungsstelle wird idR nicht durch Spruch entscheiden, sondern idR ist es Aufgabe und Funktion des Einigungsstellenvorsitzenden, die unterschiedlichen Posi-

---

[287] Schaub/*Koch*, ArbR-HdB, § 232 Rn. 1 ff.
[288] Dazu → B. Rn. 306.
[289] Schaub/*Koch*, ArbR-HdB, § 232, Rn. 18 ff.

tionen der Parteien in Einklang zu bringen und ggf. einen Kompromissvorschlag zu unterbreiten. In der arbeitsgerichtlichen Praxis laufen die Einigungsstellenverfahren darauf hinaus, dass regelmäßig die Parteien getrennt verhandeln und der Einigungsstellenvorsitzende versucht, zu vermitteln. Können Arbeitgeber und Betriebsrat sich bei Verhandlungen um den Versuch eines Interessenausgleiches und Sozialplans nicht einigen, können sowohl der Arbeitgeber als auch der Betriebsrat die Einigungsstelle anrufen.

2. Muster

a) Muster: Anschreiben Arbeitgeber [→ B. Rn. 301, → A. Rn. 616]

An den Betriebsrat
z. Hd. des/der Betriebsratsvorsitzenden
Herrn/Frau ......

Sehr geehrte(r) Frau/Herr ......,

da unsere Gespräche um den Versuch eines Interessenausgleiches bisher nicht zu einem Ergebnis geführt haben und wir davon ausgehen, die Gespräche umfassend geführt und den Betriebsrat vollständig informiert zu haben, rufen wir hiermit die Einigungsstelle an. Als Einigungsstellenvorsitzenden schlagen wir Herrn Richter am Arbeitsgericht ...... vor. Die Zahl der Beisitzer sollte jeweils zwei betragen.

Mit freundlichen Grüßen

303
340

b) Muster: Anschreiben Betriebsrat [→ B. Rn. 301]

Hinweis:

Aber auch im Rahmen mitbestimmungspflichtiger Tatbestände können die Beteiligten für den Fall, dass die betrieblichen Verhandlungen zu keinem Ergebnis führen, die Einigungsstelle anrufen. Das macht nachfolgendes Muster deutlich.

304

An die Geschäftsleitung
der ...... GmbH

Betr.: Verhandlungen über den Abschluss einer Betriebsvereinbarung ...... und Bildung einer Einigungsstelle

Sehr geehrte Damen und Herren,

der Betriebsrat hat sich wiederholt bemüht, mit der Geschäftsleitung eine Betriebsvereinbarung über ...... abzuschließen.

Sie haben bislang keine Bereitschaft gezeigt, mit dem Betriebsrat in Verhandlungen einzutreten./Nach ...... Verhandlungen vom ...... ist der Betriebsrat zu dem Schluss gekommen, dass die innerbetrieblichen Verhandlungsmöglichkeiten erschöpft sind und eine Einigung nicht erzielt werden kann. Der Betriebsrat hat daher in der Sitzung vom ...... beschlossen:
1. Die Verhandlungen zum Abschluss einer Betriebsvereinbarung ...... sind gescheitert;
2. die Streitpunkte zum Abschluss einer Betriebsvereinbarung ...... sollen durch die Einigungsstelle ...... entschieden werden;
3. als Vorsitzenden der Einigungsstelle schlagen wir ...... vor;
4. für die Zahl der Beisitzer schlagen wir je Partei ...... Beisitzer vor.

Äußert sich die Geschäftsleitung innerhalb einer Frist von ...... Tagen zu dem Vorschlag des Betriebsrats nicht, wird der Betriebsrat durch entsprechende Anträge an

305
341

das Arbeitsgericht den Vorsitzenden bestellen und die Zahl der Beisitzer festlegen lassen.

Mit freundlichen Grüßen

Betriebsrat

c) **Muster: Gerichtliche Bestellung einer Einigungsstelle** *[→ A. Rn. 618]*

An das
Arbeitsgericht ......
Antrag auf Errichtung einer Einigungsstelle
der ...... GmbH

– Antragstellerin –

Prozessbevollmächtigte: Rechtsanwälte ......, ... *(Anschrift)*
gegen
den Betriebsrat der ...... GmbH

– Antragsgegner –

Namens und im Auftrage der Antragstellerin bitten wir um Einleitung eines Beschlussverfahrens und beantragen,

1. zum Einigungsstellenvorsitzenden über die Verhandlungen über einen Interessenausgleich zum Personalabbau der Antragstellerin den Vorsitzenden Richter am Arbeitsgericht ...... zu bestellen;[290]
2. die Zahl der Beisitzer wird auf jeweils zwei pro Seite festgesetzt.

Begründung:

Die Antragstellerin ist eine große Druckerei. Sie beschäftigt 200 Arbeitnehmer. Zurzeit gibt es fünf Druckmaschinen des Typs ...... An jeder Druckmaschine werden ...... Arbeitnehmer beschäftigt. Am ...... hat die Antragstellerin die unternehmerische Entscheidung getroffen, statt wie bisher mit ...... Druckmaschinen nur noch mit ...... Druckmaschinen zu arbeiten. Eine Ablichtung der unternehmerischen Entscheidung ist als **Anlage 1** beigefügt. Die Umsetzung der Maßnahme ist zum ...... beabsichtigt.

Die Antragstellerin hat daher mit dem Antragsgegner Gespräche aufgenommen, mit dem Plan, diese unternehmerische Entscheidung zum geplanten Zeitpunkt umzusetzen. Die Parteien haben am ...... und ...... über den Versuch eines Interessenausgleichs verhandelt, sich aber nicht verständigen können. Im Rahmen der Gespräche hat der Antragsgegner den Entwurf eines Sozialplans vorgelegt, der als **Anlage 2** beigefügt ist, jedoch die finanziellen Möglichkeiten der Antragstellerin bei weitem überschreitet. Die Verhandlungen sind daher insgesamt ergebnislos geblieben.

Am ...... hat die Antragstellerin daher in einem Schreiben an den Betriebsrat die Einigungsstelle angerufen und vorgeschlagen, den Vorsitzenden Richter am Arbeitsgericht ...... zum Vorsitzenden der Einigungsstelle zu bestellen und die Anzahl der Beisitzer auf jeweils zwei festzusetzen **(Anlage 3)**. Der Antragsgegner hat als Einigungsstellenvorsitzenden Herrn Rechtsanwalt ...... vorgeschlagen und ist der Auffassung, die Zahl der Beisitzer soll auf jeweils fünf festgelegt werden.[291]

---

[290] Um später keine Zweifel über die Zuständigkeit der Einigungsstelle aufkommen zu lassen, ist es notwendig, den Gegenstand des Einigungsstellenverfahrens möglichst genau zu beschreiben. Der Arbeitgeber kann einen Einigungsstellenvorsitzenden auch zugleich für den Abschluss eines Sozialplanes bestellen lassen. Notwendig ist es aber nicht. Im Zweifel wird dann der Betriebsrat diesen Antrag stellen.

[291] Es ist zweckmäßig – oft auch notwendig –, den bisherigen Gang der Verhandlungen genau zu schildern, um nachzuweisen, dass die Verhandlungen sowohl in der Sache selbst als auch hinsichtlich der Einigungsstellenbesetzung tatsächlich geführt worden und gescheitert sind, ansonsten droht Zeitverlust.

> Da mit dem Antragsgegner keine Einigung erzielt werden konnte, ist die Einigungsstelle durch das Gericht einzusetzen. Eine auf uns lautende Vollmacht ist als **Anlage 4** beigefügt.
>
> Rechtsanwalt
>
> **Anlagen:** ......

II. Verfahren der Einigungsstelle

> **Hinweis:**
> Das Verfahren vor der Einigungsstelle ist im Einzelnen gesetzlich nicht geregelt, größtenteils wird auf die Vorschriften der ZPO zurückgegriffen. In der arbeitsrechtlichen Praxis hat sich hier teilweise ein besonderes Verfahren entwickelt, das sich als höchst praktikabel und zweckmäßig herausgestellt hat.

307

1. Muster: Anschreiben eines Einigungsstellenvorsitzenden mit „Spielregeln" [→ B. Rn. 302]

> An die
> Beisitzer der Einigungsstelle
>
> ......
>
> Sehr geehrte Damen und Herren,
>
> in dieser Sache haben sich die Betriebsparteien auf mich als unparteiischen Vorsitzenden geeinigt.
>
> Nach erfolgter Abstimmung beraume ich die erste Sitzung der Einigungsstelle auf
>
> ......, ... Uhr
> in den Geschäftsräumen ...... in ......
>
> an.
>
> Zu dieser Sitzung lade ich Sie hiermit förmlich und unter Verweis auf § 76 Abs. 5 S. 2 BetrVG.
>
> Ich würde es begrüßen, wenn die Parteien und die Beisitzer der Einigungsstelle zu Beginn der Sitzung folgende Erklärungen abgeben könnten:
>
> 1. dass sich die Parteien des Einigungsstellenverfahrens auf den unparteiischen Vorsitzenden geeinigt haben bzw. sich die Beisitzer der Einigungsstelle auf ihn geeinigt haben;
>
> 2. dass man damit einverstanden ist, dass der unparteiische Vorsitzende nach seinem Ermessen Niederschriften persönlich sogleich oder später anfertigt oder aber auch durch Dritte, die an der Sitzung der Einigungsstelle nicht teilgenommen zu haben brauchen, anfertigen lassen darf und von diesen Niederschriften Urschriften, Durchschriften oder Ablichtungen, von ihm unterzeichnet, an die Mitglieder der Einigungsstelle und die Parteien gegeben werden dürfen;
>
> 3. dass andere Vorschriften als die gesetzlichen für das Einigungsverfahren nicht gelten; dass die Einigungsstelle formell ordnungsgemäß einberufen worden ist und irgendwelche Rügen aus der Art ihrer Einberufung und der Sitzungsvorbereitung nicht erhoben werden sollen bzw. falls solche entstanden sind, auf ihre Geltendmachung verzichtet wird;
>
> 4. dass den Erschienenen die dem unparteiischen Vorsitzenden übermittelten Schreiben und Unterlagen bekannt sind;

308
↘ 343

5. dass die Zuleitung von etwaigen Beschlüssen bzw. Sprüchen der Einigungsstelle an die Parteien mit verbindlicher Wirkung durch die Zusendung mit schriftlichem Empfangsbekenntnis oder eingeschriebenem Brief mit Rückschein an die Parteien stattfinden darf;

6. dass die Beisitzer, die Parteien und die Verfahrensbevollmächtigten damit einverstanden sind, dass der unparteiische Vorsitzende die aufgrund des Einigungsstellenverfahrens an ihn gelangten oder von ihm hergestellten Schriftstücke nach der Beendigung des Einigungsstellenverfahrens nur fünf Jahre aufzubewahren hat; hiervon ausgenommen sind die Einigungsurkunden (in Niederschriften festgehaltener Vergleich, Betriebsvereinbarungen und Sprüche der Einigungsstelle). Sollte ein Spruch der Einigungsstelle angefochten werden, wird die Verfahrensakte erst nach rechtskräftigem Abschluss des gerichtlichen Anfechtungsverfahrens vom unparteiischen Vorsitzenden vernichtet.

Ich bitte, soweit noch nicht geschehen, um eine zusammenfassende schriftliche Darstellung des Sach- und Streitstandes durch die Parteien des Einigungsverfahrens bis zum .... Ferner erbitte ich im Hinblick auf Ziffer 4. dieses Schreibens auch um unmittelbare Versendung dieser Darstellung an alle Mitglieder der Einigungsstelle.

Mit freundlichen Grüßen

Einigungsstellenvorsitzender

2. Muster: Niederschrift der Einigungsstelle: Zeitpunkt einer Betriebsratsschulung

309 | **Hinweis:**

Sinnvoll und zweckmäßig ist es zu Beweissicherungs- und Dokumentationszwecken, Protokolle über die Sitzungen und Verhandlungen der Einigungsstelle anzufertigen.

310
344

Niederschrift
über die Sitzung der Einigungsstelle bei der ...... GmbH

An der Sitzung haben teilgenommen:[292]
der Vorsitzende Richter am Landesarbeitsgericht ...... als Vorsitzender
Rechtsanwalt ...... Rechtssekretär ......
Personalleiter ...... Betriebsratsmitglied ......
als Beisitzer

Es wurde festgestellt, dass die Beteiligten darüber streiten, ob das Betriebsratsmitglied ...... in der Zeit vom ...... bis ...... an einer Schulungsveranstaltung nach § 37 Abs. 6 BetrVG teilnehmen kann oder ob der Teilnahme zu diesem Zeitpunkt betriebliche Interessen entgegenstehen (§ 37 Abs. 6 S. 4 BetrVG).[293] Der Personalleiter ...... und das Betriebsratsmitglied ...... erhielten Gelegenheit zur Darlegung ihrer Standpunkte.

---

[292] Die Beteiligten können sich durch Bevollmächtigte vertreten lassen: BAG 21.6.1988 – 7 ABR 78/87, AP BetrVG 1972 § 76 Nr. 34.

[293] Um genau festzulegen, worüber die Einigungsstelle entscheiden soll, ist es auch üblich, genau formulierte Anträge – wie bei der streitigen Kammerverhandlung vor dem Arbeitsgericht – zu stellen; zB: Der Betriebsrat beantragt, anliegenden Entwurf einer Betriebsvereinbarung mit Wirkung vom ...... in Kraft zu setzen. Der Arbeitgeber beantragt, den Antrag zurückzuweisen und nachfolgenden Entwurf einer Betriebsvereinbarung mit Wirkung vom ...... in Kraft zu setzen.

> Zum Zwecke des Beweises wurde der Betriebsleiter ...... gehört. Im Anschluss daran wurden in getrennten Beratungen, jeweils zusammen mit dem unparteiischen Vorsitzenden, Fragen der zwischen den Betriebspartnern streitigen Angelegenheit durchgesprochen. Der Vorsitzende machte alsdann einen Einigungsvorschlag. Dieser wurde von den Beteiligten nach Beratung angenommen.[294] Die Einigung hat folgenden Wortlaut:
> 1. Der Beschluss des Betriebsrats über die Teilnahme des Betriebsratsmitgliedes ...... an der Schulungsveranstaltung vom ...... bis ...... wird aufgehoben.
> 2. Das Betriebsratsmitglied ...... wird für eine nächstmögliche Schulungsveranstaltung von der Arbeit freigestellt, die denselben oder einen im Wesentlichen gleichen Inhalt wie die Schulungsveranstaltung vom ...... bis ...... hat.
> 3. Die Beteiligten sind sich – freiwillig vereinbarend – darüber einig, dass die Firma ...... die Kosten der Schulung gem. § 37 Abs. 6 BetrVG übernimmt.
>
> Die Einigung wurde schriftlich niedergelegt, vom Vorsitzenden unterschrieben, fotokopiert und den Beteiligten ausgehändigt.[295]
>
> Unterschrift des Vorsitzenden

3. Ablehnung eines Vorsitzenden wegen Besorgnis der Befangenheit

a) Gesetzliche Vorgaben

Auch ein Einigungsstellenvorsitzender kann wegen der Besorgnis der Befangenheit abgelehnt werden. Es gelten nachfolgende **Regelungen:** 311

Ergeben sich während des Verfahrens Anhaltspunkte für die **Parteilichkeit des Vorsitzenden der Einigungsstelle,** kann dieser wegen Besorgnis der Befangenheit abgelehnt werden. Da die Position des Vorsitzenden derjenigen eines Schiedsrichters im schiedsgerichtlichen Verfahren entspricht, hält das BAG eine entsprechende Anwendung der Vorschriften des schiedsgerichtlichen Verfahrens für geboten.[296] 312

Über die Ablehnung des Einigungsstellenvorsitzenden befindet die Einigungsstelle. Der Vorsitzende ist von der Teilnahme an der Beschlussfassung ausgeschlossen. Den **Befangenheitsantrag** können nur die Betriebsparteien selbst und nicht in ihrer Vertretung die der Einigungsstelle entsandten Beisitzer innerhalb von zwei Wochen nach Bekanntwerden der Befangenheitsgründe gegenüber der Einigungsstelle schriftlich unter Darlegung der Gründe stellen.[297] 313

Über den **Ablehnungsantrag entscheidet die Einigungsstelle** selbst in nur einem Abstimmungsgang, in dem der Einigungsstellenvorsitzende nicht teilnehmen darf. Bei Stimmengleichheit ist der Ablehnungsantrag zurückzuweisen. Gegen die Zurückweisung kann innerhalb eines Monats das Arbeitsgericht entsprechend § 98 ArbGG angerufen werden. Zur Vermeidung unangemessener Verfahrensverzögerungen kann trotz Anrufung des Arbeitsgerichts das Einigungsstellenverfahren entsprechend § 1037 Abs. 3 S. 2 ZPO fortgesetzt und abgeschlossen werden, worüber die Einigungsstelle nach freiem Ermessen entscheidet. Ist das Einigungsstellenverfahren abgeschlossen und ist es deshalb nicht zu einer gerichtlichen Überprüfung des Ablehnungsgesuches gekommen, ist über die geltend gemachten Befangenheitsgründe ausnahmsweise im Verfahren über die Anfechtung des Einigungsstellenspruchs zu entscheiden.[298] 314

---

[294] Zur Abstimmung vgl. BAG 18.4.1989 – 1 ABR 2/88, NZA 1989, 807. Jedenfalls in den Fällen, in denen der Spruch der Einigungsstelle die Einigung der Betriebspartner ersetzt, zählen Stimmenthaltungen von Mitgliedern der Einigungsstelle nicht als Nein-Stimmen, BAG 17.9.1991 – 1 ABR 23/91, NZA 1992, 227.
[295] Die nicht unübliche Formulierung, dass die Einigungsstelle über die Auslegung ihres Spruches entscheidet, ist unzulässig, vgl. BAG 27.10.1987 – 1 AZR 80/86, NZA 1988, 207.
[296] BAG 11.9.2001 – 1 ABR 5/01, AP BetrVG 1972 § 76 Einigungsstelle Nr. 15.
[297] BAG 29.1.2002 – 1 ABR 18/01, AP BetrVG 1972 § 76 Einigungsstelle Nr. 19; 11.9.2001 – 1 ABR 5/01, AP BetrVG 1972 § 76 Einigungsstelle Nr. 15.
[298] BAG 11.9.2001 – 1 ABR 5/01, AP BetrVG 1972 § 76 Einigungsstelle Nr. 15.

315 Lässt die Einigungsstelle einen **Befangenheitsantrag** gegen den Vorsitzenden **unberücksichtigt**, indem sie gleich zur Sache abstimmt, so liegt ein **Verfahrensfehler** vor, der zur Unwirksamkeit des Einigungsstellenspruchs führt.[299]

b) Muster: Ablehnungsantrag *[→ B. Rn. 313]*

316
☞ 345

> ...... GmbH
> Geschäftsführer/Vorstand
>
> An die
> Einigungsstelle ......
>
> Hiermit lehnen wir den Vorsitzenden der Einigungsstelle wegen Besorgnis der Befangenheit ab und bitten die Einigungsstelle um Entscheidung.
>
> Gründe:
> Die am ...... eingerichtete Einigungsstelle verhandelt über einen Sozialplan der Firma ...... Als Einigungsstellenvorsitzender wurde Herr ...... bestellt. Nunmehr hat sich herausgestellt, dass sich Herr ...... bereits vor Beginn der Verhandlungen mit der anderen Partei verständigt hat, wie die Sache entschieden werden soll.
>
> Beweis: Zeugnis ......
>
> Es bestehen daher Zweifel an der erforderlichen Unparteilichkeit des Vorsitzenden.

4. Sprüche der Einigungsstelle

317

> **Hinweis:**
>
> Wenn es einvernehmliche Regelungen gibt, wird diese in Form einer Betriebsvereinbarung festgehalten bzw. durch die Einigungsstelle niedergelegt. Gibt es keine Einigung, muss die Einigungsstelle durch Spruch entscheiden.

a) Muster: Spruch der Einigungsstelle nach § 87 Abs. 1 Nr. 10 BetrVG

318
☞ 346

> Die Einigungsstelle bei der ...... GmbH
> bestehend aus ...... als Vorsitzenden
> und den Mitgliedern ......
>
> hat in der Sitzung vom ......
>
> mit den Stimmen des Vorsitzenden und der Vertreter ...... (Stimmenverhältnis: ......) nachfolgenden Spruch gefällt:
>
> 1. Die Beteiligten sind sich darüber einig, dass für den Arbeitsvorgang ...... die Arbeitsvergütung im Leistungslohn berechnet wird.
> 2. Der Leistungsentlohnung soll ein Zeitakkordsystem verbunden mit einer Güteprämie zugrunde gelegt werden.
> 3. Die Zeitvorgabe wird nach arbeitswissenschaftlichen Methoden entwickelt. Es wird das Refa-System (oder Bédaux-System) angewandt.
>
> Gründe:[300]
>
> ......
>
> Unterschriften

---

[299] LAG Köln 23.1.1997 – 6 TaBv 48/96, AP BetrVG 1972 § 76 Einigungsstelle Nr. 6. Zu den Einzelheiten der Ablehnung eines Vorsitzenden wegen Besorgnis der Befangenheit vgl. *Fitting*, BetrVG, § 76 Rn. 28; *Richardi*, BetrVG § 76 Rn. 53 u. 89.

[300] BAG 30.10.1979 – 1 ABR 112/77, AP BetrVG 1972 § 112 Nr. 9. Das Fehlen einer Begründung führt nicht zur Unwirksamkeit.

b) Muster: Streitigkeit über Richtigkeit der Zeitvorgabe

> Die Einigungsstelle bei der ...... GmbH
> bestehend aus ...... als Vorsitzender
> und den Mitgliedern ......
>
> hat in der Sitzung vom ......
> nachfolgende Einigung erzielt:
>
> 1. a) Die Beteiligten sind sich darüber einig, dass in der Abteilung ...... bei dem Werkstück ...... Kontrollaufnahmen für die Zeitvorgabe erfolgen.
>   b) Die Beteiligten sind sich weiter darüber einig, dass die Kontrollaufnahmen durch die Abteilung Arbeitsvorbereitung der Firma/einen Sachverständigen der ...... erfolgt.
>   c) Die Zeitaufnahme soll bei dem ...... erfolgen.
> 2. Die Beteiligten sind sich darüber einig, dass für die Hauptzeit ...... bei dem Werkstück ...... ein Zeitzuschlag nicht gewährt wird.
> 3. Wegen der übrigen Streitpunkte vertragt sich die Einigungsstelle auf den ......
>
> Unterschriften

319

c) Muster: Spruch zur Festlegung der Bezugsgrößen (Mengenprämie) und des Geldfaktors bei einer Prämie

> Die Einigungsstelle bei der ...... GmbH
> bestehend aus ...... als Vorsitzender
> und den Mitgliedern ......
>
> hat in der Sitzung vom ......
> beschlossen:
>
> a) Die Bezugsgröße für die Prämienausgangsleistung wird auf ...... festgelegt (Prämienuntergrenze).
> b) Die Bezugsgröße für die Prämienobergrenze wird auf ...... festgelegt.
> c) Der Geldfaktor für den Prämienansatz wird auf ...... festgelegt.
> d) Der Prämienansatz kann bei Tariflohnerhöhungen entsprechend den jeweiligen wirtschaftlichen und betrieblichen Gegebenheiten in beiderseitigem Einvernehmen geändert werden.
>
> Unterschriften

320

5. Sozialpläne

Der Spruch der Einigungsstelle wird identisch mit den Sozialplanregelungen sein, so dass auf obige Beispiele verwiesen werden kann.

321

6. Einstellung des Einigungsstellenverfahrens

> **Hinweis:**
>
> Die Einigungsstelle hat über ihre Zuständigkeit zu entscheiden, nachdem im Einsetzungsverfahren nur dann die Einigungsstelle nicht einzusetzen ist, wenn sie offensichtlich nicht zuständig ist. Dies kann dazu führen, dass das Einigungsstellenverfahren durch Beschluss der Einigungsstelle eingestellt wird.

322

a) Muster: Einstellung des Einigungsstellenverfahrens

323
→ 349

In dem Einigungsstellenverfahren
zwischen
dem Betriebsrat der …… GmbH
und der …… GmbH

hat die Einigungsstelle in der Sitzung vom ……,

an der teilgenommen haben:
…… als Vorsitzender und
…… seitens des Betriebsrats sowie
…… seitens des Arbeitgebers
beschlossen:

1. Wegen der Arbeitnehmer, die ab …… außerhalb von Stilllegungen in den Abteilungen …… aus betriebsbedingten Gründen gekündigt worden sind oder werden, besteht ein Mitwirkungs- oder Mitbestimmungsrecht nach §§ 112, 113 BetrVG.
2. Die Einigungsstelle ist für die Aufstellung eines Sozialplans nicht zuständig.
3. Unter Zurückweisung des Antrages des Betriebsrats wird das Einigungsstellenverfahren eingestellt.

Unterschrift

b) Muster: Spruch der Einigungsstelle zur Zuständigkeit

324

Hinweis:

Die Einigungsstelle kann aber auch innerhalb des Verfahrens über ihre Zuständigkeit Beschlüsse fassen. Ist beispielsweise der Arbeitgeber der Auffassung, die Einigungsstelle sei nicht zuständig, weil die Angelegenheit nicht der Mitbestimmung des Betriebsrats sondern des Gesamtbetriebsrats unterliegt, muss die Einigungsstelle mit Spruch über ihre Zuständigkeit entscheiden. Ist die Zuständigkeit vom Betriebsrat bzw. Gesamtbetriebsrat streitig, könnte ein solcher Spruch wie folgt lauten:

325
→ 350

Spruch
der Einigungsstelle zu den Themen
„**Gefährdungsbeurteilung nach § 5 ArbSchG und
zur Belastungszulage nach § 13 TV-ERA**"
bei …… GmbH
vom ……

1. Der Antrag wird abgewiesen.
2. Der Antrag wird abgewiesen.

Begründung

I.

Die Beteiligten streiten über die Zuständigkeit der Einigungsstelle hinsichtlich zweier Regelungsgegenstände. Zum einen betrifft dies den Regelungsbereich der Gefährdungsbeurteilung nach § 5 ArbSchG, zum anderen den Regelungsbereich der Belastungszulage gem. § 13 TV-ERA.

Die Beisitzer der Arbeitgeberseite stellten in der Sitzung vom …… die Anträge:

1. Die Einigungsstelle erklärt sich hinsichtlich der Durchführung einer Gefährdungsbeurteilung für unzuständig.

2. Die Einigungsstelle erklärt sich hinsichtlich der Ermittlung der Belastungszulagen nach § 13 TV-ERA für unzuständig.

II.

Die Einigungsstelle ist sowohl hinsichtlich der Durchführung einer Gefährdungsbeurteilung (dazu unter 2.) als auch hinsichtlich der Ermittlung der Belastungszulagen nach § 13 TV-ERFA (dazu unter 3.) zuständig.

1. Der Spruch verstößt nicht gegen geltendes Recht. Er ist von der zuständigen Einigungsstelle formell ordnungsgemäß gefasst worden (§ 76 Abs. 2 und 3 BetrVG), verstößt nicht gegen gesetzliche oder tarifliche Regelungen und beachtet bestehende Betriebsvereinbarungen.

2. Zwischen den Beteiligten ist in Bezug auf die Durchführung der Gefährdungsbeurteilung lediglich die Zuständigkeit der Einigungsstelle im Hinblick auf die Kompetenzverteilung zwischen Betriebsrat und Gesamtbetriebsrat streitig. Entgegen der Auffassung der Arbeitgeberseite ist eine Zuständigkeit des Gesamtbetriebsrats gem. § 50 Abs. 1 BetrVG nicht gegeben.

a) Dabei kommt es auf das Merkmal der überbetrieblichen Aufgabe nicht an.

b) Der örtliche Betriebsrat in ...... ist nämlich weder objektiv noch subjektiv außer Stande, das Mitbestimmungsrecht auszuüben. Eine zwingende sachliche oder rechtliche Notwendigkeit für eine betriebsübergreifende oder unternehmenseinheitliche Regelung ist daher nicht gegeben.

   i) Zu konzedieren ist, dass bei der Arbeitgeberin eine unternehmensweit einheitliche Produktpalette besteht und die Vorgehensweise bundesweit für die Mitarbeiter auch an unterschiedlichen Standorten identisch ist. Daraus folgt jedoch nicht, dass auch die Analyse möglicher Gesundheitsgefährdungen am einzelnen Arbeitsplatz notwendig nach unternehmensweit einheitlichen Standards oder Methoden erfolgen müssen. Vielmehr sind mögliche Gefährdungen zu einem Großteil von den örtlichen Gegebenheiten des einzelnen Betriebes, wie den dort praktizierten Arbeitszeitmodellen oder Personaleinsatzplanungen uÄ abhängig. Wenn aber den örtlichen Betriebsparteien beispielsweise bereits die Zuständigkeit im Hinblick auf die Regelung der Arbeitszeiten obliegt, sich also die Arbeitszeitmodelle der verschiedenen Betriebe erheblich unterscheiden können, kann bereits dieser Umstand im Hinblick auf die Durchführung der Gefährdungsbeurteilung zu anderen Schwerpunkten und Untersuchungsmethoden führen. Eine diesbezüglich notwendige Einheitlichkeit der Regelung wäre in einem solchen Fall daher weniger notwendig als vielmehr kontraproduktiv.

   ii) Soweit die Arbeitgeberseite auf die Entscheidung vom ...... Bezug nimmt, sagt diese gerade nichts über die Zuständigkeit des Gesamtbetriebsrats mit Blick auf Vorschriften des Arbeitsschutzgesetzes aus. Dortiger Regelungsgegenstand waren vielmehr Arbeitsanweisungen zur Verhütung von Arbeitsunfällen. Jener Regelungsgegenstand ist jedoch mit dem der Gefährdungsbeurteilung nicht gleichzusetzen.

   iii) Auch der Gesichtspunkt der unternehmenseinheitlichen Zertifizierung erfordert kein anderes Ergebnis. Dabei kann an dieser Stelle offen bleiben, ob unter besonderen Umständen wie beispielsweise der Abhängigkeit einer Zulassung am Markt von einer unternehmenseinheitlichen Standardisierung eine unternehmenseinheitliche Zertifizierung die Zuständigkeit des örtlichen Betriebsrats ausschließen kann. Jedenfalls in der vorliegenden Konstellation ist eine solche Notwendigkeit nicht gegeben. So ist die ......

GmbH nach der DIN EN ...... zertifiziert. Jene europäische Norm legt Elemente fest, die für die qualifizierte Wartung zu berücksichtigen sind. Soweit diesbezüglich die Arbeitgeberin die Wartungsmethode ...... eingeführt hat, steht dies einer Regelung der Gefährdungsbeurteilung auf örtlicher Ebene nicht entgegen. Dabei kann an dieser Stelle offen bleiben, ob für die Betriebsvereinbarung vom ...... der Gesamtbetriebsrat zuständig war. Selbst wenn eine Einhaltung der Anforderungen der DIN nur im Rahmen einer unternehmenseinheitlichen Regelung möglich gewesen wäre, bedeutet dies nicht, dass sämtliche Regelungsgegenstände, welche Berührungspunkte mit jener Betriebsvereinbarung haben, durch den Gesamtbetriebsrat wahrzunehmen sind. Soweit die DIN EN ...... Anforderungen aufstellt, welche der Arbeitgeber zu erfüllen hat, schränken diese lediglich den Ermessensspielraum der örtlichen Betriebsparteien und damit der Einigungsstelle ein.

Darüber hinaus kann allein der Wille des Arbeitgebers, eine unternehmenseinheitliche Zertifizierung zu erreichen, nicht dazu führen, dass der Arbeitgeber die Zuständigkeit des Gesamtbetriebsrats herbeiführen kann. Der arbeitgeberseitige Anspruch, Leistungen nur unternehmenseinheitlich gewähren zu wollen, mag in anderen Konstellationen die Zuständigkeit des Gesamtbetriebsrats begründen. Im Rahmen des § 87 Abs. 1 Nr. 2 2. Alt. BetrVG ist dies jedoch nicht möglich.

iv) Auch ein Verbrauch des Mitbestimmungsrechts durch den Betriebsrat, weil bereits umfangreiche Schulungsinhalte oder Absprachen bestehen, ist nicht erkennbar.

3. Die Einigungsstelle ist auch für die Belastungszulagen zuständig. Aufgrund der Betriebsvereinbarung vom ...... soll nach dessen § ...... vorwiegend versucht werden, erhöhte Belastungen durch geeignete Maßnahmen der Arbeitsumfeldgestaltung zu vermeiden bzw. zu verringern. Wenn aber auf örtlicher Ebene Gefährdungsbeurteilungen durchgeführt werden, welche ihrerseits gegebenenfalls ganz unterschiedliche Ergebnisse in Bezug auf die Belastungen und die daraus resultierenden Beanspruchungen ergeben können, ist es geboten, die Belastungszulagen auf örtlicher Ebene zu bemessen.

9. Teil. Kündigung von Arbeitsverhältnissen

Übersicht

	Rn.
I. Anhörung des Betriebsrats (§ 102 BetrVG)	326–334
1. Gesetzliche Vorgaben	326, 327
2. Muster	328–334
a) Muster: Formblatt für die Anhörung vor der Kündigung	328, 329
b) Muster: Empfangsbestätigung für die Unterrichtung durch den Arbeitgeber	330, 331
c) Muster: Stellungnahme des Betriebsrats zur Kündigung, Umgruppierung oder Versetzung	332
d) Muster: Mitwirkung des Sprecherausschusses	333
e) Muster: Stellungnahme Sprecherausschuss	334
II. Massenentlassung	335–341
1. Gesetzliche Vorgaben	335, 336
2. Muster	337–341
a) Muster: Massenentlassungsanzeige	337, 338
b) Muster: Unterrichtung des Betriebsrats nach § 17 Abs. 2 KSchG	339, 340
c) Muster: Stellungnahme des Betriebsrats zur Massenentlassungsanzeige	341

I. Anhörung des Betriebsrats (§ 102 BetrVG)

1. Gesetzliche Vorgaben

Bei der Kündigung von Arbeitsverhältnissen gibt es insbesondere **zwei Gesichts-** 326 **punkte** zu beachten, die allerdings erhebliche Bedeutung haben und jeweils für sich genommen **zur Unwirksamkeit der Kündigungen** führen können.

Nach § 102 BetrVG hat der Arbeitgeber den Betriebsrat vor jeder Kündigung **über** 327 **die Gründe für die Kündigung zu unterrichten.** Ziel der Vorschrift ist es, dem Betriebsrat Gelegenheit zu geben, auf den Kündigungsentschluss des Arbeitgebers Einfluss zu nehmen und in geeigneten Fällen dazu beizutragen, dass die Kündigung unterbleibt. Die Anhörungspflicht besteht unabhängig von der Betriebsgröße grundsätzlich in allen Betrieben, in denen ein Betriebsrat gewählt worden ist. Die Anhörung muss vor der Verwirklichung der Kündigungsabsicht, also vor der Absendung des Kündigungsschreibens durchgeführt sein. Das Anhörungsschreiben ist an den Betriebsratsvorsitzenden zu richten. Der Arbeitgeber hat dem Betriebsrat die aus seiner Sicht tragenden Kündigungsgründe mitzuteilen (so genannte „subjektive Determinierung" der Unterrichtungspflicht). Da die Betriebsratsanhörung nach § 102 Abs. 1 BetrVG nicht darauf abzielt, die Unwirksamkeit der beabsichtigten Kündigung zu überprüfen, sondern sich darauf beschränkt, den Betriebsrat im Vorfeld der Kündigung Gelegenheit zu geben, auf die Willensbildung des Arbeitgebers Einfluss zu nehmen, sind an die Mitteilungspflicht des Arbeitgebers nicht dieselben Anforderungen zu stellen, wie an die Darlegungslast im Kündigungsschutzprozess. Der Betriebsrat ist ordnungsgemäß angehört worden, wenn der Arbeitgeber dem Betriebsrat die aus seiner Sicht tragenden Kündigungsgründe mitgeteilt hat.[301]

2. Muster

a) Muster: Formblatt für die Anhörung vor der Kündigung [→ B. Rn. 327]

...... GmbH

An den
Betriebsrat
der ...... GmbH
z. Hd. des Betriebsratsvorsitzenden

Oder:

328

351

---

[301] Zur Unterrichtung und zu den zu erteilenden notwendigen Informationen vgl. im Einzelnen: Schaub/Linck, ArbR-HdB, § 124 Rn. 25 ff. mzN.

An den
Personalausschuss
der ...... GmbH
z. Hd. des Ausschussvorsitzenden

Sehr geehrte(r) Herr/Frau ......,

wir beabsichtigen, dem Arbeitnehmer
Name: ......
Anschrift: ......
Familienstand: ......
geboren am: ......
Kinder: ......
bei uns beschäftigt seit dem: ......
zuletzt als: ......
bei einer wöchentlichen Stundenzahl von: ......
Vergütung: ......

eine außerordentliche, hilfsweise ordentliche Kündigung, zum nächstzulässigen Zeitpunkt, das ist nach unseren Berechnungen der ......, auszusprechen.

Oder im Falle der Änderungskündigung:

eine Änderungskündigung zum nächstzulässigen Zeitpunkt, das ist nach unseren Berechnungen der ......, auszusprechen.

Die Kündigung ist erforderlich, weil ......[302]

Der Betriebsrat wird gebeten, der Kündigung zuzustimmen. Für den Fall, dass der Betriebsrat nicht zustimmt, wird er gebeten, im Falle einer außerordentlichen Kündigung binnen drei Tagen und einer ordentlichen Kündigung binnen einer Woche schriftlich seine Bedenken gegen die Kündigung mitzuteilen.

Oder:

Der Betriebsrat wird gebeten, der Kündigung unverzüglich zuzustimmen.[303] Wegen der besonderen Eilbedürftigkeit wird gebeten, sofort eine Betriebsratssitzung einzuberufen und die beabsichtigte Kündigung zum Gegenstand einer Betriebsratssitzung zu machen.

Die besondere Eilbedürftigkeit besteht darin, dass ......

......, den ......

Arbeitgeber

329 | **Hinweis:**

Die Anhörungsfrist ist gesetzlich vorgeschrieben und kann durch den Arbeitgeber grundsätzlich nicht abgekürzt werden. Der Arbeitgeber ist idR gut beraten, unabhängig von der Stellungnahme des Betriebsrats die Fristen (außerordentliche Kündigung drei Tage, ordentliche Kündigung sieben Tage) abzuwarten und erst anschließend die streit-

---

[302] Es sind sämtliche für und gegen die Kündigung sprechenden Gründe, auf welche die Kündigung gestützt werden soll, mitzuteilen. Unzureichend sind pauschale, schlagwortartige und stichwortartige Bezeichnungen des Kündigungsgrundes oder bloße Werturteile. Für den Fall der Änderungskündigung ist das Änderungsangebot konkret zu benennen. Zur Betriebsratsanhörung vgl. ausführlich Schaub/*Linck*, ArbR-HdB, § 124 Rn. 1 ff.

[303] Nach der Rechtsprechung des BAG (13.11.1975 – 2 AZR 610/74, AP BetrVG 1972 § 102 Nr. 7) kann der Arbeitgeber die Anhörungsfrist nicht abkürzen. Eine Abkürzung soll nur im Falle betriebsbedingter Kündigungen bei einer Existenzgefährdung des Betriebes zulässig sein.

gegenständliche Kündigung, gleich welcher Art, auszusprechen. Von daher gesehen kann der Arbeitgeber darauf drängen, dass der Betriebsrat vor Ablauf der Stellungnahmefristen entscheidet, der Betriebsrat muss dieses aber nicht tun.

b) Muster: Empfangsbestätigung für die Unterrichtung durch den Arbeitgeber

Hinweis: 330

Der Betriebsratsvorsitzende kann der Entgegennahme der Anhörung zur Kündigung widersprechen, wenn die Mitteilung ihm zu Hause oder außerhalb der Arbeitszeit zugeht.[304]

Empfangsbestätigung 331

Wir bestätigen, die Unterrichtung über die beabsichtigte Kündigung des Arbeitnehmers ...... am ...... erhalten zu haben.

......, den ......

Betriebsrat/Betriebsausschuss/Ausschuss für Personalfragen

c) Muster: Stellungnahme des Betriebsrats zur Kündigung, Umgruppierung oder Versetzung

Betriebsrat 332
der ...... GmbH

An die
Geschäftsleitung
– Personalabteilung –

Betr.: Arbeitnehmer ...... (Name, Vorname)

Der Betriebsrat stimmt der ordentlichen Kündigung/Änderungskündigung/außerordentlichen Kündigung zu.

Der Betriebsrat stimmt der ordentlichen, nicht aber der außerordentlichen Kündigung zu.

Der Betriebsrat stimmt der Umgruppierung/Versetzung zu.

Der Betriebsrat hat gegen die ordentliche/außerordentliche Kündigung folgende Bedenken:

...... (Darstellung jeglicher Bedenken gegen die Kündigung) ......

Der Betriebsrat widerspricht der Kündigung:

(Der Widerspruch kann nur auf die in § 102 Abs. 3 BetrVG enumerativ aufgezählten Gründe[305] gestützt werden. Diese müssen im Einzelnen dargelegt werden. Unzureichend ist die Wiedergabe des Gesetzeswortlauts.)

Der Betriebsrat hat gegen die Umgruppierung/Versetzung folgende Bedenken ......

Der Betriebsrat widerspricht der Versetzung/Umgruppierung.

......, den ......

Betriebsrat

---

[304] BAG 27.8.1982 – 7 AZR 30/80, AP BetrVG 1972 § 102 Nr. 25.
[305] Schaub/*Linck*, ArbR-HdB, § 124 Rn. 54 ff.

d) Muster: Mitwirkung des Sprecherausschusses[306]

333
354

> Firma
> ...... GmbH
>
> An den
> Sprecherausschuss
> z. Hd. des Vorsitzenden
>
> Sehr geehrte(r) Herr/Frau ......,
>
> das Unternehmen beabsichtigt, Herrn/Frau ......, geb. am ......, verheiratet ......, fristlos zu kündigen. Für die Kündigung sind folgende Gründe maßgebend .... Auf Wunsch werden wir die Kündigung mit Ihnen beraten ......
>
> Sofern der Sprecherausschuss gegen die Kündigung Bedenken hat, bitten wir unter Wahrung der gesetzlichen Frist um schriftliche Mitteilung.
>
> ......, den ...
>
> Arbeitgeber

e) Muster: Stellungnahme Sprecherausschuss

334
355

> Sprecherausschuss
>
> An die
> Geschäftsleitung
> – Personalabteilung –
>
> Sehr geehrte Damen und Herren,
>
> der Sprecherausschuss hat in seiner Sitzung vom ...... die Kündigung erörtert. Er hat beschlossen, der Kündigung zuzustimmen/gegen die Kündigung folgende Bedenken zu erheben ......
>
> ......, den ...
>
> Sprecherausschuss

II. Massenentlassung

1. Gesetzliche Vorgaben

335 Der in §§ 17 bis 22 KSchG geregelte Massenentlassungsschutz **dient arbeitsmarktpolitischen Zielen.** Er soll der Arbeitsverwaltung die Möglichkeit geben, einer Massenarbeitslosigkeit zu begegnen, sei es, dass sie den Unternehmer unterstützt, sei es, dass sie Vorsorge für eine anderweitige Vermittlung der Arbeitnehmer trifft. Die Schutzvorschriften über die Massenentlassungsanzeige sind neben den übrigen Kündigungsschutzrichtlinien zu beachten. Der Massenentlassungsschutz gilt für alle Entlassungen. Unter Entlassung iSd Vorschrift ist der tatsächliche Ausspruch der Kündigung zu verstehen.[307] Ist die erforderliche Anzeige nicht, nicht rechtzeitig, nicht in der gesetzlichen Form oder ohne Stellungnahme des Betriebsrats erfolgt, soll dies zwar nicht zur Unwirksamkeit der Kündigung führen, schiebt diese aber auf.[308] Wichtig ist, dass der Arbeitnehmer sich auf die Unwirksamkeit einer Kündigung wegen fehlender oder nicht ordnungsgemäßer Massenentlassungsanzeige berufen muss, ansonsten wird der Einwand nicht von Amts wegen beachtet.

---

[306] Schaub/*Koch*, ArbR-HdB, § 253 Rn. 7 ff.
[307] Zur Rechtsprechung und Rechtsprechungsentwicklung vgl. Schaub/*Linck*, ArbR-HdB, § 142 Rn. 9 ff. mzN.
[308] Vgl. im Einzelnen Schaub/*Linck*, ArbR-HdB, § 142 Rn. 28 mzN.

Der Inhalt der Anzeige ergibt sich aus § 17 Abs. 3 KSchG. Es ist unbedingt darauf **336** zu achten, dass die Massenentlassungsanzeige rechtzeitig erstattet wird. Denn die Anzeige setzt mit ihrem Eingang bei der Agentur für Arbeit eine Sperrfrist von regelmäßig einem Monat in Gang. Die Agentur für Arbeit kann innerhalb der normalen Sperrfrist diese bis zur Höchstfrist von zwei Monaten verlängern.

2. Muster

a) Muster: Massenentlassungsanzeige [→ B. Rn. 335 f., → A. Rn. 626]

> **Hinweis:** **337**
>
> Die Bundesagentur für Arbeit hat umfangreiche Mustervordrucke entwickelt. Diese werden auf Anforderung zugesandt und können auf der Homepage der Agentur für Arbeit abgerufen werden.[309] Die Verwendung der Muster ist in der Praxis empfehlenswert, um Fehler bei der Massenentlassungsanzeige mit der Folge einer eventuellen Unwirksamkeit einer Kündigung zu vermeiden.[310]

> An die **338**
> Agentur für Arbeit ...... ⌦ 356
> ...... *(Anschrift)*
>
> **Anzeige von Entlassungen gem. § 17 KSchG**
>
> Sehr geehrte Damen und Herren,
>
> zu unserem Bedauern sehen wir uns gehalten, eine Massenentlassungsanzeige für ...... Arbeitnehmer zu stellen.
>
> Als **Anlagen** beigefügt finden Sie:
> – das ausgefüllte Formblatt für die Anzeige von Massenentlassungen gem. § 17 KSchG als **Anlage 1**.
> – Eine Auflistung sämtlicher Arbeitnehmer, gegliedert nach Berufsgruppen und Sozialdaten (Alter, Betriebszugehörigkeit, Unterhaltspflichten, Schwerbehinderung, eventueller Sonderkündigungsschutz sowie Kündigungsfrist) ist als **Anlage 2** beigefügt.
>
> Die Antragstellerin ist eine große Druckerei und hat ihren Sitz in ...... Der Betrieb wurde in erheblichem Umfang umstrukturiert. Wegen der Umstrukturierung im Einzelnen dürfen wir auf das als **Anlage 3** beiliegende unternehmerische Konzept verweisen.
>
> Mit dem Betriebsrat wurde ein Interessenausgleich ordnungsgemäß versucht und ein Sozialplan vereinbart. Ablichtungen von Interessenausgleich und Sozialplan sind als **Anlagenkonvolut 4** beigefügt.[311] Von den Kündigungen sind ....../keine schwerbehinderte(n) Menschen und Mitarbeiterinnen, die dem Mutterschutzgesetz unterliegen, betroffen.
>
> Die Stellungnahme des Betriebsrats ist als **Anlage 5** beigefügt.
>
> ......, den ......
>
> Arbeitgeber

---

[309] http://www.arbeitsagentur.de.
[310] Schaub/*Linck*, ArbR-HdB, § 142 Rn. 28 mwN.
[311] Unklar ist derzeit, ob für eine rechtswirksame Massenentlassungsanzeige eine Einigung zwischen Arbeitgeber und Betriebsrat über den Abschluss eines Interessenausgleichs und eines Sozialplans gem. §§ 111 ff. BetrVG vor Anzeigenerstattung Voraussetzung ist (vgl. BVerfG, stattgebender Kammerbeschluss v. 25.2.2010 – 1 BvR 230/09, NZA 2010, 439). Demzufolge ist die sicherste Variante, die Massenentlassungsanzeige erst zu erstatten, wenn Interessenausgleich und Sozialplan mit dem Betriebsrat ausgehandelt worden sind.

Anlage 1:

Bitte Zutreffendes ausfüllen bzw. ☒ ankreuzen		
An die Agentur für Arbeit	**Anzeige von Entlassungen** gemäß § 17 Kündigungsschutzgesetz (KSchG)	▲ **Bundesagentur für Arbeit**

1	**Angaben zum Betrieb**	Wird von der Agentur für Arbeit ausgefüllt
11	Firmenname	Eingangsstempel
12	Anschrift	
13	Betriebsart	
14	Rückfragen beantwortet Name / Tel.-Nr.	
15	Betriebsrat ist vorhanden ☐ ja ☐ nein Wenn ja: Betriebsratsvorsitzender Name / Tel.-Nr.	Lfd. Nr. / WKl. des Betriebes
16	Die Anzeige bezieht sich auf ☐ Hauptbetrieb ☐ Zweigbetrieb → Standort	**Bitte beachten!** Nr. 4.1 des Merkblattes

2	**Angaben zur Beschäftigungssituation**							Nr. 4.3 des Merkblattes
21	Zahl der in der Regel beschäftigten Arbeitnehmer			Insgesamt				Maßgebend ist die Zahl der beschäftigten Arbeitnehmer bei **normaler** Geschäftstätigkeit. Zu den Auszubildenden gehören auch Praktikanten und Volontäre.
22	Zum Zeitpunkt der Anzeige werden beschäftigt	Zahl der Arbeitnehmer						Hier sind **alle** beschäftigte Arbeitnehmer anzugeben. Dazu zählen auch Arbeitnehmer, die nur vorübergehend aus Anlass einer außergewöhnlichen Arbeitshäufung oder als Ersatz für in Urlaub befindliche oder erkrankte Arbeitnehmer beschäftigt werden. Die Angabe dieser Zahlen ist jedoch ohne rechtliche Verpflichtung.
		Arbeiter		Angestellte		Auszubildende		
		m	w	m	w	m	w	Summe
	Insgesamt							
darunter	über 45jähr.							
	ausl. Arbeitnehmer.							
	Schwb./Gleichg.							

3	**Angaben zu den Entlassungen**							
31	Es sollen entlassen werden	Zahl der Arbeitnehmer						Nr. 4.5 des Merkblattes **Maßgeblich ist der Tag, an dem die Kündigung ausgesprochen werden soll.** Nr. 3.1, 5.1 u. 5.3 des Merkblattes Voraussetzung für die Wirksamkeit der Anzeige sind die Angaben über die **Gesamtzahl** der zu entlassenden Arbeitnehmer und den **Zeitraum**, in dem die Kündigungen ausgesprochen werden sollen. Die übrigen Angaben können nachgereicht werden.
		Arbeiter		Angestellte		Auszubildende		
		m	w	m	w	m	w	Summe
	Insgesamt							
davon	am Datum							
darunter	über 45jähr.							
	ausl. Arbeitn.							
	Schwb./Gleichg.							

32	Entlassungsgründe:	Bitte eingehend erläutern; ggf. zusätzliches Blatt verwenden.

33	Vorgesehene Kriterien für die Auswahl der zu entlassenden Arbeitnehmer:

Form (Seite 569)

34	Eine im Einvernehmen mit dem Betriebsrat (soweit vorhanden) erstellte Liste mit Alters-, Berufs-, Staatsangehörigkeits- und sonstigen Angaben	☐ ist beigefügt ☐ wird nachgereicht	**Bitte beachten!** Nr. 3.2 des Merkblattes Vordruck KSchG 3 bitte verwenden.
	Erklärung Die Aufgliederung der Zahl der Entlassungen unter Nr. 31 nach Geschlecht und Arbeitnehmereigenschaft sowie die Angaben in der Liste - falls beigefügt - stehen unter dem Vorbehalt etwaiger noch eintretender Änderungen	☐ ja ☐ nein	
35	In den letzten 30 Kalendertagen vor den angezeigten Entlassungen sind bereits Arbeitnehmer gekündigt worden	☐ ja ☐ nein	Nr. 4.5 und 4.6 des Merkblattes Diese Angaben sind zur Prüfung der Anzeigepflicht erforderlich.
	Wenn ja: Kündigungserklärung am ...	Datum | Zahl der AN	
4	**Antrag auf Abkürzung der Entlassungssperre**		Nr. 6.2 des Merkblattes
	Für die vor Ablauf der einmonatigen Entlassungssperre geplanten Entlassungen wird die Zustimmung zur Abkürzung nach § 18 Abs. 1 KSchG beantragt - siehe unter 31 -	☐ ja ☐ nein	
	Wenn ja: Begründung:		Bitte eingehend erläutern; ggf. zusätzliches Blatt verwenden. Auf die Frage, weshalb die Entlassungen nicht früher angezeigt wurden, ist besonders einzugehen.
5	**Sonstige Angaben**		Nr. 1.1, 1.2, 2.1 und 5.1 bis 5.3 des Merkblattes
	Die Stellungnahme des Betriebsrates zu den angezeigten Entlassungen ist beigefügt	☐ ja ☐ nein	Bitte nur ausfüllen, soweit ein Betriebsrat vorhanden ist. Fehlt die Stellungnahme des Betriebsrates, sollten Sie mit der Anzeige auch den Stand der Beratungen darlegen.
	Wenn nein: Der Betriebsrat wurde gemäß § 17 Abs. 2 KSchG über die Entlassungen schriftlich unterrichtet	☐ ja ☐ nein	
	Wenn ja: Eine Abschrift dieser Mitteilung wurde der Agentur für Arbeit zugeleitet	☐ ja ☐ nein	
	Wenn nein: Eine Abschrift der Mitteilung ist beigefügt	☐ ja ☐ nein	

Prüfen Sie bitte noch einmal, ob Sie alle Felder ausgefüllt bzw. [X] angekreuzt und die erforderlichen Unterlagen beigefügt haben. Fehlen Angaben oder Unterlagen der unter 11, 12, 13, 21, 31, 32, 33 und 5 bezeichneten Art ganz oder teilweise, wird die Anzeige erst nach Eingang dieser vollständigen Angaben bzw. Unterlagen wirksam. Weitere Voraussetzungen für die Wirksamkeit der Anzeige sind die Angaben zu den Berufsgruppen der zu entlassenden und in der Regel beschäftigten Arbeitnehmer (siehe Vordruck „Anlage zur Anzeige von Entlassungen").

Ort und Datum	Firmenstempel und Unterschrift	Anlagen
		☐ Vordruck „Anlage zur Anzeige von Entlassungen" ☐ Liste ☐ Stellungnahme d. Betriebsrates ☐ Sonstige (bitte erläutern)

b) Muster: Unterrichtung des Betriebsrats nach § 17 Abs. 2 KSchG

Hinweis:
Um zu vermeiden, dass der Betriebsrat versucht, Kündigungen mittels einer einstweiligen Verfügung wegen eines angeblich nicht ordnungsgemäßen Versuches eines Interessenausgleiches zu unterbinden, sollte in der arbeitsgerichtlichen Praxis das Verfahren zur Massenentlassungsanzeige und auch die Unterrichtung des Betriebsrats nach § 17 Abs. 2 KSchG beachtet werden.

340
357

> An den
> Betriebsrat
> z. Hd. des Betriebsratsvorsitzenden
>
> **Betr.: Anzeigepflichtige Entlassung**
>
> Sehr geehrte(r) Frau/Herr ......,
>
> das Unternehmen beabsichtigt, nach § 17 Abs. 1 KSchG anzeigepflichtige Entlassungen vorzunehmen. Hierüber sind Sie zu unterrichten (§ 17 Abs. 2 KSchG):
>
> 1. Für die geplanten Entlassungen bestehen folgende Gründe: ...
> 2. Von der Entlassung sind ...... Arbeitnehmer betroffen. Sie gehören zu folgenden Berufsgruppen ......
> 3. Das Unternehmen beschäftigt zurzeit regelmäßig ...... Arbeitnehmer. Sie gehören zu folgenden Berufsgruppen ......
> 4. Die Entlassungen sollen im Zeitraum vom ...... bis ...... vorgenommen werden.
> 5. Die Auswahl der zu Entlassenden erfolgt nach folgenden Kriterien:
>   a) Betriebsbedingte Gründe bestehen für folgende Arbeitnehmer, weil ihre Arbeitsplätze infolge von Umstrukturierungsmaßnahmen wegfallen ......
>   b) Die soziale Auswahl erfolgt nach der Dauer der Betriebszugehörigkeit, dem Lebensalter und den bestehenden Unterhaltspflichten ......
> 6. Wir schlagen vor, über den Versuch eines Interessenausgleichs und den Abschluss eines Sozialplanes zu verhandeln.
>   a) Für die Berechnung der Abfindungen schlagen wir Ihnen nachfolgende Kriterien vor: ......
>   b) ......
> 7. Wir stehen Ihnen für weitere Auskünfte gerne zur Verfügung ......
>
> Mit freundlichen Grüßen
> Arbeitgeber

c) Muster: Stellungnahme des Betriebsrats zur Massenentlassungsanzeige
[→ A. Rn. 627]

341
358

> An die
> Agentur für Arbeit ......
>
> **Betr.: Massenentlassungsantrag ......**
>
> Der Betriebsrat hat mit der Geschäftsleitung und Betriebsleitung die im Antrag aufgeführten Probleme eingehend erörtert. Der Betriebsrat sieht keine Möglichkeit, andere Vorschläge zu machen. Der Antrag wird daher seitens des Betriebsrats unterstützt.
>
> Es wird gem. § 18 KSchG beantragt, die Zustimmung zur Massenentlassung rückwirkend zum Tage der Antragstellung zu erteilen.
>
> Betriebsrat

C. Verfahrensrecht

1. Teil. Urteilsverfahren erste Instanz

Übersicht

	Rn.
I. Zuständigkeit	1–10
1. Rechtsweg	1–8
a) Geschäftsführer	1, 2
b) Zusammenhangsklage	3–5
aa) Grundlagen	3, 4
bb) Muster: Zusammenhangsklage	5
c) Sofortige Beschwerde	6–8
aa) Grundlagen	6
bb) Muster	7, 8
(1) Muster: Einlegung Rechtsmittel	7
(2) Muster: Begründung Rechtsmittel	8
2. Örtliche Zuständigkeit	9, 10
a) Grundlagen	9
b) Muster: Kündigungsschutzklage bei Außendienstmitarbeiter (Home-Office)	10
II. Kündigungsschutzverfahren	11–70
1. Kündigungsschutzklage	11–15
a) Grundlagen	11–13
b) Muster	14, 15
aa) Muster: Klage bei ordentlicher Kündigung	14
bb) Muster: Klage bei außerordentlicher (hilfsweise ordentlicher) Kündigung	15
2. Kündigungsschutzklage mit Weiterbeschäftigungsantrag	16–26
a) Ausgangssituation	16
b) Allgemeiner Weiterbeschäftigungsanspruch	17–19
c) Weiterbeschäftigungsanspruch gem. § 102 Abs. 5 S. 1 BetrVG	20–24
d) Muster	25, 26
aa) Muster: Weiterbeschäftigungsanspruch gem. § 102 Abs. 5 S. 1 BetrVG	25
bb) Muster: Antrag auf Entbindung gem. § 102 Abs. 5 S. 2 BetrVG	26
3. Klageerwiderung	27–38
a) Betriebsbedingte Kündigung	27–30
aa) Vorbereitung der betriebsbedingten Kündigung	27–29
bb) Muster: Klageerwiderung	30
b) Krankheitsbedingte Kündigung	31–33
aa) Grundlagen	31, 32
bb) Muster: Klageerwiderung	33
c) Verhaltensbedingte Kündigung	34–38
aa) Grundlagen	34–37
bb) Muster: Klageerwiderung	38
4. Nachträgliche Zulassung der Kündigungsschutzklage	39–42
a) Grundlagen	39–41
b) Muster: Antrag auf nachträgliche Zulassung der Kündigungsschutzklage	42
5. Auflösungsantrag	43–48
a) Grundlagen	43–46
b) Muster	47, 48
aa) Muster: Auflösungsantrag Arbeitgeber	47
bb) Muster: Auflösungsantrag Arbeitnehmer	48
6. Änderungskündigung	49–54
a) Grundlagen	49–52
b) Muster	53, 54
aa) Muster: Änderungsschutzklage	53
bb) Muster: Klageerwiderung	54
7. Betriebsübergang	55–62
a) Grundlagen	55–61
b) Muster: Kündigungsschutzklage und Weiterbeschäftigung beim Erwerber	62
8. Wiedereinstellungsklage	63–65
a) Grundlagen	63, 64
b) Muster: Wiedereinstellungsklage	65
9. Insolvenz	66–70
a) Grundlagen	66–69
b) Muster: Kündigungsschutzklage gegen Insolvenzverwalter	70
III. Einstweilige Verfügung auf Weiterbeschäftigung (Vollstreckung Weiterbeschäftigungstitel)	71–81
1. Grundlagen	71–76

	Rn.
2. Muster	77–79
a) Muster: Schutzschrift	77
b) Muster: Antrag auf Erlass einer einstweiligen Verfügung	78
c) Muster: Berufung gegen Weiterbeschäftigungstitel	79
3. Vollstreckung des Weiterbeschäftigungstitels	80, 81
a) Grundlagen	80
b) Muster: Antrag Zwangsgeld	81
IV. Leistungsklagen	82–110
1. Arbeitsvergütung	82–84
a) Grundlagen	82, 83
b) Muster: Klage auf Arbeitsvergütung	84
2. Zahlungsansprüche wegen Schmiergeld (und Auskunft)	85–89
a) Zahlungsansprüche gegenüber dem Schmiergeldempfänger	85–88
b) Muster: Zahlungsklage wegen Schmiergeld	89
3. Entschädigungsanspruch gem. § 15 Abs. 2 AGG	90–93
a) Anspruchsvoraussetzungen	90–92
b) Muster: Klage auf Entschädigung gem. § 15 Abs. 2 AGG	93
4. Nachteilsausgleichsansprüche gem. § 113 BetrVG (Ansprüche in der Insolvenz)	94–101
a) Voraussetzungen des § 113 BetrVG	94, 95
b) Geltendmachung von Ansprüchen in der Insolvenz	96–100
c) Muster: Nachteilsausgleichsansprüche in der Insolvenz	101
5. Provision (Stufenklage)	102, 103
a) Grundlagen	102
b) Muster: Stufenklage	103
6. Betriebsrente	104–110
a) Grundlagen	104–106
b) Muster	107–110
aa) Muster: Auskunftsklage gem. § 4a BetrAVG	107
bb) Muster: Feststellungsklage	108
cc) Muster: Klage auf Anpassung gem. § 16 BetrAVG	109
dd) Muster: Leistungsklage	110
V. Befristungskontrollklage	111, 112
1. Grundlagen	111
2. Muster: Befristungskontrollklage	112
VI. Elementenfeststellungsklage (Klärung des Inhalts des Arbeitsverhältnisses)	113, 114
1. Grundlagen	113
2. Muster: Elementenfeststellungsklage	114
VII. Versetzung	115–119
1. Grundlagen	115–117
2. Muster	118, 119
a) Muster: Feststellungsklage	118
b) Muster: Klage auf künftige Leistung gem. § 259 ZPO	119
VIII. Anfechtung eines Aufhebungsvertrages	120, 121
1. Grundlagen	120
2. Muster: Klage auf Anfechtung eines Aufhebungsvertrages	121
IX. Zeugnisklage	122–125
1. Grundlagen	122–124
2. Muster: Zeugnisklage	125
X. Entfernung einer Abmahnung aus der Personalakte	126–128
1. Grundlagen	126, 127
2. Muster: Klage auf Entfernung einer Abmahnung	128

I. Zuständigkeit

1. Rechtsweg

a) Geschäftsführer

1   Nach § 2 Abs. 1 Nr. 3 ArbGG sind die **Arbeitsgerichte ausschließlich zuständig für bürgerliche Rechtsstreitigkeiten zwischen Arbeitnehmern und Arbeitgebern aus dem Arbeitsverhältnis.** Nach § 5 Abs. 1 S. 3 ArbGG sind für einen Rechtsstreit zwischen einem Geschäftsführer als Vertretungsorgan und der juristischen Person grundsätzlich die ordentlichen Gerichte zuständig. Dies gilt unabhängig davon, ob das der Organstellung zugrunde liegende Arbeitsverhältnis materiell-rechtlich als freies Dienstverhältnis oder als Arbeitsverhältnis ausgestaltet ist.[1] Denn die Fiktion des § 5 Abs. 1 S. 3 ArbGG soll sicherstellen, dass die Mitglieder der Vertretungsorgane mit der juristischen Person selbst dann keinen Rechtsstreit im „Arbeitgeberlager" vor dem

---

[1] BAG 23.8.2011 – 10 AZB 51/10, DB 2011, 2386.

Arbeitsgericht führen, wenn die der Organstellung zugrunde liegende Beziehung als Arbeitsverhältnis zu qualifizieren ist.

Eine **Zuständigkeit der Arbeitsgerichte** kann allerdings dann gegeben sein, wenn[2]

– dem Rechtsstreit zwischen dem Mitglied des Vertretungsorgans und der juristischen Person nicht das der Organstellung zugrunde liegende Rechtsverhältnis, sondern eine weitere Rechtsbeziehung zugrunde liegt (der Geschäftsführer macht beispielsweise geltend, nach Abberufung als Geschäftsführer habe sich das nicht gekündigte Anstellungsverhältnis wieder in ein Arbeitsverhältnis umgewandelt);
– der Geschäftsführer Ansprüche aus einem auch während der Zeit als Geschäftsführer nicht aufgehobenen Arbeitsverhältnis nach Abberufung als Organmitglied geltend macht.

b) Zusammenhangsklage

aa) Grundlagen

Nach § 2 Abs. 3 ArbGG können vor die Arbeitsgerichte **auch solche Ansprüche** gebracht werden, **für die die Arbeitsgerichte eigentlich nicht zuständig sind,** wenn der Anspruch mit einer beim Arbeitsgericht anhängigen oder gleichzeitig anhängig werdenden Rechtsstreitigkeit (für die die Arbeitsgerichte nach § 2 ArbGG zuständig sind)
– in rechtlichem oder unmittelbar wirtschaftlichem Zusammenhang steht und
– für seine Geltendmachung nicht die ausschließliche Zuständigkeit eines anderen Gerichts gegeben ist.

Ein **unmittelbarer wirtschaftlicher Zusammenhang** ist dabei dann zu bejahen, wenn Haupt- und Zusammenhangsstreitigkeit auf einem einheitlichen Lebenssachverhalt beruhen und nicht nur rein zufällig eine Verbindung zueinander haben. Ein Zusammenhang im weitesten Sinne ist ausreichend. ISd Prozessökonomie ist die Regelung weit auszulegen.[3] § 2 Abs. 3 ArbGG erleichtert den Arbeitgebern dabei insbesondere bei deliktischen Schädigungen (Bestechlichkeit im geschäftlichen Verkehr, Betrug, Diebstahl usw.) die gerichtliche Geltendmachung von Herausgabe- oder Schadensersatzansprüchen gegenüber den Schädigern, wenn es sich bei diesen sowohl um Arbeitnehmer als auch unternehmensfremde Personen handelt. Denn idR werden in diesen Fällen die **Voraussetzungen einer Zusammenhangsklage** vorliegen, so dass alle beteiligten Schädiger (sowohl Arbeitnehmer, aber auch Nicht-Arbeitnehmer) zusammen vor dem örtlich zuständigen Arbeitsgericht verklagt werden können. Dazu sollte der Arbeitgeber bereits in der Klageschrift die Voraussetzungen der Zusammenhangsklage gem. § 2 Abs. 3 ArbGG darstellen. Bei der Geltendmachung von Herausgabe- und Schadensersatzansprüchen aufgrund eines deliktischen Handelns der verklagten Personen ist dabei insbesondere die Darlegung des vorsätzlichen, deliktischen, kollusiven Zusammenwirkens der Arbeitnehmer mit den unternehmensfremden Personen erforderlich. Ausreichend ist dabei, dass der Arbeitgeber für das deliktische Zusammenwirken zumindest konkrete, aussagefähige Anhaltspunkte tatsächlicher Art vorträgt.[4] Die weitergehende Frage, ob die Ansprüche im Ergebnis tatsächlich bestehen, ist dann eine Frage der Begründetheit.

bb) Muster: Zusammenhangsklage

Arbeitsgericht Hannover
Ellernstr. 42
30175 Hannover

---

[2] BAG 23.8.2011 – 10 AZB 51/10, DB 2011, 2386.
[3] Vgl. nur LAG Hamburg 16.12.2011 – 1 Ta 15/11 (nv).
[4] LAG Hamburg 16.12.2011 – 1 Ta 15/11 (nv); LAG Köln 9.7.2009 – 7 Ta 220/08, LAGE ArbGG 1979 § 2 Nr. 51.

Klage

der A-GmbH, vertr. d. d. Geschäftsführer, Herrn Michael Schulz, Kaiserstr. 23, 30788 Hannover

— Klägerin —

Prozessbevollmächtigte: Rechtsanwälte Meier, Sonnenstr. 25, 30775 Hannover

gegen

1. Frau Susanne Peters, Ostfeldstr. 42, 30559 Hannover

— Beklagte zu 1. —

2. Herrn Jens Dornhöfer, Hauptstr. 2, 86150 Augsburg

— Beklagter zu 2. —

3. die G-GmbH, vertr. d. d. Geschäftsführer, Herrn Torsten Boll, Waldstr. 25, 86150 Augsburg

— Beklagte zu 3. —

Namens und im Auftrag der Klägerin erheben wir Klage gegen die Beklagten und beantragen,

die Beklagten gesamtschuldnerisch zu verurteilen, an die Klägerin 20.000,00 EUR nebst 5% Zinsen über dem Basiszinssatz seit dem 1.1.2010 zu zahlen.

I. Sachverhalt

1. Die Klägerin

Die Klägerin stellt Gabelstapler her. Sie hatte bislang zwei Werke in Hannover und Köln. In Hannover ist auch die Verwaltung ansässig. Im Jahr 2009 entschloss sich die Klägerin, ein weiteres Werk in Dresden zu bauen. Die Beauftragung von externen Baufirmen mit dem Bau des Werkes in Dresden erfolgte durch die in Hannover ansässige Vergabeabteilung der Klägerin nach Abstimmung mit den Fachabteilungen.

2. Die Beklagten

Die am 1.1.1963 geborene, verheiratete und einem Kind zum Unterhalt verpflichtete Beklagte zu 1. ist bei der Klägerin seit dem 1.1.2003 in der Vergabeabteilung tätig. Dort ist sie für die Vergabe von Aufträgen über Bauleistungen an externe Bauunternehmen zuständig.

Die Beklagte zu 3. ist ein Bauunternehmen aus Augsburg. Der am 7.8.1960 geborene, geschiedene und zwei Kindern zum Unterhalt verpflichtete Beklagte zu 2. ist bei der Beklagten zu 3. seit dem 6.7.1999 als verantwortlicher Prokurist für den Bau von Großobjekten im Bereich Ostdeutschland tätig.

3. Die Schmiergelder

Der Beklagte zu 2. zahlte der Beklagten zu 1. in seiner Funktion als zuständiger Prokurist der Beklagten zu 3. Schmiergelder in Höhe von 20.000,00 EUR, damit die Beklagte zu 1. der Beklagten zu 3. dafür „im Gegenzug" den Bauauftrag für den Bau des Werkes in Dresden erteilte. Die Beklagte zu 3. baute daraufhin das neue Werk der Klägerin in Dresden und stellte den Bau im Jahr 2011 fertig.

4. Überhöhte Rechnungen

Danach hat die Beklagte zu 3. die Klägerin durch überhöhte Rechnungsstellungen geschädigt. Die Rechnungen waren durchgängig von dem Beklagten zu 2. unterschrieben. Die Beklagte zu 1. wusste dabei, dass die Beklagte zu 3. überhöhte Rechnungen erstellt, um das an die Beklagte zu 1. gezahlte Schmiergeld wieder „hereinzuholen".

II. Rechtliche Würdigung

1. Herausgabeanspruch

Die Klägerin hat jedenfalls gegen die Beklagte zu 1. einen Anspruch auf Herausgabe der erhaltenen Schmiergelder in Höhe von 20.000,00 EUR gem. §§ 687 Abs. 2, 681 S. 2, 667 BGB.

2. Schadensersatzansprüche

Darüber hinaus bestehen gegenüber allen Beklagten Schadensersatzansprüche gem. § 826 BGB und § 823 Abs. 2 BGB iVm § 299, § 266 und § 263 StGB.

3. Zusammenhangsklage [→ *C. Rn. 3 f.*]

Die Voraussetzungen der Zusammenhangsklage gem. § 2 Abs. 3 ArbGG liegen vor. Das Arbeitsgericht Hannover ist deshalb auch für die Klage im Hinblick auf die Beklagten zu 2. und 3. zuständig.

Rechtsanwalt

c) Sofortige Beschwerde

aa) Grundlagen

Beschlüsse des angerufenen Arbeitsgerichts über die örtliche Zuständigkeit sind gem. § 48 Abs. 1 Nr. 1 ArbGG unanfechtbar.[5] Beschlüsse des Arbeitsgerichts über die Rechtswegzuständigkeit sind hingegen mit dem Rechtsmittel der sofortigen Beschwerde gem. § 78 ArbGG iVm § 17a Abs. 4 S. 3 GVG, § 567 ZPO angreifbar. Die Beschwerdefrist beträgt gem. § 569 Abs. 1 S. 1 ZPO zwei Wochen. Der Mindestinhalt der sofortigen Beschwerde ergibt sich aus § 569 Abs. 2 ZPO. Aus § 571 Abs. 1 ZPO ergibt sich allerdings, dass die sofortige Beschwerde bei Einlegung nicht sofort begründet werden muss. In diesem Fall ist es aber in jedem Fall zweckmäßig, dem Gericht anzukündigen, in welchem Zeitrahmen beabsichtigt ist, die Begründung nachzuholen. Dafür sollten nicht mehr als zwei bis drei Wochen veranschlagt werden.[6] IdR wird das Gericht dann eine entsprechende Frist noch einmal ausdrücklich setzen. Die sofortige Beschwerde kann sowohl bei dem Arbeitsgericht als auch beim Landesarbeitsgericht eingelegt werden. Dabei kann es durchaus sinnvoll sein, den Sachverhalt im Hinblick auf die Zuständigkeitsvoraussetzung noch einmal aufzubereiten und die sofortige Beschwerde dann bei dem erstinstanzlich entscheidenden Arbeitsgericht vorzulegen, damit dieses noch einmal Gelegenheit hat, die Voraussetzungen der Zuständigkeit aufgrund des neuen Sachvortrages zu prüfen.

---

[5] Zur Bindungswirkung für das Gericht, an das der Rechtsstreit verwiesen worden ist, vgl. LAG Hamm 8.3.2011 – 1 SHa 5/11, BeckRS 2011, 69653.
[6] MüKoZPO/*Lipp* § 571 Rn. 3 ff.

bb) Muster

(1) Muster: Einlegung Rechtsmittel *[→ C. Rn. 6]*

7
360

Arbeitsgericht Hannover
Ellernstr. 42
30175 Hannover

In dem Rechtsstreit

A-GmbH ./.   1. Peters
              2. Dörnhöfer
              3. G-GmbH

– 2 Ca 337/11 –

legen wir namens und im Auftrag der Klägerin gegen den Beschluss des Arbeitsgerichts Hannover vom 16.7.2011, zugestellt am 18.8.2011,

sofortige Beschwerde

ein.

Wir beabsichtigen, die sofortige Beschwerde bis zum 15.9.2011 zu begründen und bitten das Gericht um eine Bestätigung, dass es mit dieser zeitlichen Planung einverstanden ist.

Die Beklagte zu 1. war Arbeitnehmerin der Klägerin. Die Beklagte zu 1. hat Schmiergelder von dem Beklagten zu 2. erhalten, der verantwortlicher Prokurist der Beklagten zu 3. war. Die Klägerin nimmt die Beklagten auf Herausgabe der Schmiergelder und Zahlung von Schadensersatz in Anspruch. Das Arbeitsgericht hat die Voraussetzungen der Zusammenhangsklage verneint und das Verfahren im Hinblick auf die Beklagten zu 2. und 3. abgetrennt und an das Landgericht Hannover als das zuständige Zivilgericht verwiesen. Mit dem Rechtsmittel wird das Ziel verfolgt, das Verfahren insgesamt beim Arbeitsgericht Hannover weiter zu betreiben. Dies werden wir innerhalb der genannten Frist im Einzelnen begründen.

Eine Kopie des arbeitsgerichtlichen Beschlusses ist zum dortigen Verbleib beigefügt.

Rechtsanwalt

(2) Muster: Begründung Rechtsmittel

8
361

Arbeitsgericht Hannover
Ellernstr. 42
30175 Hannover

In dem Rechtsstreit

A-GmbH ./.   1. Peters
              2. Dornhöfer
              3. G-GmbH

– 2 Ca 337/11 –

begründen wir unsere sofortige Beschwerde vom 22.8.2011 gegen den Beschluss des Arbeitsgerichts Hannover vom 16.7.2011, Az.: 2 Ca 337/11, zugestellt am 18.8.2011, nachdem uns das Gericht mit richterlicher Verfügung vom 26.8.2011 aufgegeben hat, die sofortige Beschwerde bis zum 15.9.2011 zu begründen.

Wir beantragen,

1. den Beschluss des Arbeitsgerichts Hannover vom 16.7.2011, Az.: 2 Ca 337/11 aufzuheben;

2. festzustellen, dass die Rechtswegzuständigkeit der Arbeitsgerichte unter dem Gesichtspunkt der Zusammenhangsklage auch für die Klage gegen die Beklagten zu 2. und 3. gegeben ist, so dass es bei der sachlichen und örtlichen Zuständigkeit des Arbeitsgerichts Hannover insgesamt verbleibt.[7]

I. Sachverhalt

Die Klägerin nimmt die Beklagte zu 1. auf Rückzahlung von Schmiergeldern in Anspruch, die diese von dem Beklagten zu 2. erhalten hat. Dieser war verantwortlicher Prokurist der Beklagten zu 3.

1. Die Klägerin

Die Klägerin stellt Gabelstapler her. Sie hatte bislang zwei Werke in Hannover und Köln. In Hannover ist auch die Verwaltung ansässig. Im Jahr 2009 entschloss sich die Klägerin, ein weiteres Werk in Dresden zu bauen. Die Beauftragung von externen Baufirmen mit dem Bau des Werkes in Dresden erfolgte durch die Vergabeabteilung der Klägerin nach Abstimmung mit den Fachabteilungen.

2. Die Beklagten

Die am 1.1.1963 geborene, verheiratete und einem Kind zum Unterhalt verpflichtete Beklagte zu 1. ist bei der Klägerin seit dem 1.1.2003 in der Vergabeabteilung tätig. Dort ist sie für die Vergabe von Aufträgen über Bauleistungen an externe Bauunternehmen zuständig.

Die Beklagte zu 3. ist ein Bauunternehmen aus Augsburg. Der am 7.8.1960 geborene, geschiedene und zwei Kindern zum Unterhalt verpflichtete Beklagte zu 2. ist bei der Beklagten zu 3. seit dem 6.7.1999 als verantwortlicher Prokurist für den Bau von Großobjekten im Bereich Ostdeutschland tätig.

3. Die Schmiergelder

Der Beklagte zu 2. zahlte der Beklagten zu 1. in seiner Funktion als zuständiger Prokurist der Beklagten zu 3. Schmiergelder in Höhe von 20.000,00 EUR, damit die Beklagte zu 1. der Beklagten zu 3. dafür „im Gegenzug" den Bauauftrag für den Bau des Werkes in Dresden erteilte. Die Beklagte zu 3. baute daraufhin das neue Werk der Klägerin in Dresden und stellte den Bau im Jahr 2011 fertig.

4. Voraussetzungen der Zusammenhangsklage

Die Staatsanwaltschaft hat gegen die Beklagten ein Ermittlungsverfahren wegen Bestechlichkeit im geschäftlichen Verkehr gem. § 299 StGB eingeleitet. Die Klägerin hat mittlerweile Einsicht in die Ermittlungsakten erhalten. Danach ergibt sich, dass die Beklagte zu 1. mindestens 20.000,00 EUR in bar von der Beklagten zu 3. erhielt, damit diese den Bauauftrag an die Beklagte zu 3. vergibt. Der Betrag in Höhe von 20.000,00 EUR wurde der Beklagten zu 1. von dem Beklagten zu 2. am 27.8.2009 in einem Parkhaus in Rostock übergeben. Der Beklagte zu 2. hat in seiner staatsanwaltschaftlichen Beschuldigtenvernehmung, welche wir als **Anlage K 1** beifügen, ausdrücklich eingeräumt, dass die Beklagte zu 1. den Schmiergeldbetrag in Höhe von 20.000,00 EUR gefordert hat, damit die Beklagte zu 3. den Auftrag für den Bau des Werkes in Dresden erhält. Die Beklagte zu 1. hat die Vergabe des Bauauftrages an die Beklagte zu 3. ausdrücklich von der vorherigen Zahlung des Schmiergeldbetrages abhängig gemacht. Daraufhin fand die Übergabe des Schmiergeldes an die Beklagte zu 1. durch den Beklagten zu 2. am 27.8.2009 in

---

[7] Vgl. zu dieser Antragsstellung: LAG Köln 9.7.2009 – 7 Ta 220/08, LAGE ArbGG 1979 § 2 Nr. 51.

Straube

Rostock statt. Erst nachdem die Beklagte zu 1. diesen Betrag erhalten hat, hat sie den Auftrag dann an die Beklagte zu 3. vergeben.

Danach hat die Beklagte zu 3. die Klägerin durch überhöhte Rechnungsstellungen geschädigt. Die Rechnungen waren durchgängig von dem Beklagten zu 2. unterschrieben. Dabei hatte die Beklagte zu 3. entgegen den eindeutigen vertraglichen Regelungen durchgängig nicht prüffähige Abrechnungsunterlagen erstellt. Gleichwohl hat die Beklagte zu 1. die Einzelrechnungen fortlaufend als „fachlich und rechnerisch geprüft und festgestellt" freigegeben, obwohl sie hierfür intern überhaupt nicht zuständig war. Die Beklagte zu 1. wusste dabei, dass die Beklagte zu 3. überhöhte Rechnungen stellt, um das an die Beklagte zu 1. gezahlte Schmiergeld „wieder hereinzuholen". Dies war zwischen dem Beklagten zu 2. und der Beklagten zu 1. im Zusammenhang mit der Übergabe des Schmiergeldes ausdrücklich besprochen worden. Die Aussagen des Beklagten zu 2. bei der staatsanwaltschaftlichen Vernehmung sind auch insofern eindeutig.

II. Rechtliche Würdigung

1. Herausgabeanspruch

Die Klägerin hat jedenfalls gegen die Beklagte zu 1. Anspruch auf Herausgabe der erhaltenen Schmiergelder in Höhe von 20.000,00 EUR gem. §§ 687 Abs. 2, 681 S. 2, 667 BGB. Denn Sondervorteile, die ein Arbeitnehmer vom Geschäftspartner seines Arbeitgebers erhält, hat er in jedem Fall an den Arbeitgeber herauszugeben.

2. Schadensersatzansprüche

Darüber hinaus bestehen gegen alle Beklagten Schadensersatzansprüche gem. § 826 BGB und § 823 Abs. 2 BGB iVm § 299, § 266 und § 263 StGB.

3. Zusammenhangsklage *[→ C. Rn. 4]*

Entgegen der Auffassung des Arbeitsgerichts Hannover in seinem Beschluss vom 16.7.2011, Az.: 2 Ca 337/11, liegen die Voraussetzungen einer Zusammenhangsklage gem. § 2 Abs. 3 ArbGG vor, da die Klägerin konkrete, aussagefähige Anhaltspunkte tatsächlicher Art zum vorsätzlichen, deliktischen und kollusiven Zusammenwirken der Beklagten vorgetragen hat. Die Klägerin hat konkret dargelegt, dass die Beklagte zu 1. als Arbeitnehmerin gemeinschaftlich mit unternehmensfremden Dritten (Beklagte zu 2. und 3.) die Klägerin durch Straftaten geschädigt hat. In einem solchen Fall ist der rechtliche und unmittelbare wirtschaftliche Zusammenhang iSv § 2 Abs. 3 ArbGG in jedem Fall zu bejahen.

Rechtsanwalt

2. Örtliche Zuständigkeit

a) Grundlagen

9   Gem. § 46 Abs. 2 ArbGG finden für das arbeitsgerichtliche Verfahren grundsätzlich die Regelungen der ZPO über die örtliche Zuständigkeit Anwendung. Im Falle einer Kündigungsschutzklage kann der beklagte Arbeitgeber deshalb an seinem allgemeinen Gerichtsstand (juristische Person: Sitz der Gesellschaft gem. § 17 ZPO; natürliche Person: Wohnsitz gem. § 13 ZPO) verklagt werden. Praktisch bedeutsamer wird bei Kündigungsschutzklagen idR aber der Erfüllungsort gem. § 29 ZPO sein, da die Arbeitnehmer naturgemäß dort klagen wollen, wo sie auch gearbeitet haben (und wo sie im Zweifel auch wohnen). Problematisch ist die Bestimmung eines Erfüllungsortes aber dann, wenn der Arbeitnehmer regelmäßig an verschiedenen Orten tätig war (Außen-

dienstmitarbeiter usw.). Dabei bestimmt § 48 Abs. 1a ArbGG, dass das Arbeitsgericht örtlich zuständig ist, in dessen Bezirk der Arbeitnehmer gewöhnlich seine Arbeit verrichtet oder zuletzt gewöhnlich verrichtet hat oder – falls ein solcher gewöhnlicher Arbeitsort nicht feststellbar ist – von dessen Bezirk aus der Arbeitnehmer gewöhnlich seine Arbeit verrichtet oder zuletzt gewöhnlich verrichtet hat. Hat ein Außendienstmitarbeiter ein Home-Office, in dem er dienstlich veranlasste Reisen vor- oder nachbereitet, ist sein Wohnort bereits der Ort, von dem aus er iSd § 48 Abs. 1a S. 2 ArbGG gewöhnlich seine Arbeit verrichtet. Die Kündigungsschutzklage kann dann bei dem für diesen Ort örtlich zuständigen Arbeitsgericht erhoben werden.[8]

b) Muster: Kündigungsschutzklage bei Außendienstmitarbeiter (Home-Office)

Arbeitsgericht Hannover
Ellernstr. 42
30175 Hannover

Klage

der Frau Susanne Peters, Ostfeldstr. 42, 30559 Hannover

– Klägerin –

Prozessbevollmächtigte: Rechtsanwälte Müller, Siebrechtstr. 29, 30558 Hannover

gegen

die A-GmbH, vertr. d. d. Geschäftsführer, Herrn Michael Schulz, Kaiserstr. 23, 80699 München

– Beklagte –

Namens und im Auftrag der Klägerin erheben wir Klage und beantragen,

1. festzustellen, dass das zwischen den Parteien bestehende Arbeitsverhältnis durch die ordentliche Kündigung der Beklagten vom 25.3.2011 nicht aufgelöst werden wird;
2. festzustellen, dass das Arbeitsverhältnis auch nicht durch andere Beendigungstatbestände endet, sondern über den 31.7.2011 hinaus andauert.

Die Parteien streiten um eine ordentliche, betriebsbedingte Kündigung.

I. Sachverhalt

Die am 24.3.1973 geborene Klägerin ist verheiratet und einem Kind zum Unterhalt verpflichtet. Bei der Beklagten ist sie seit dem 1.1.2003 als Außendienstmitarbeiterin beschäftigt. Den Arbeitsvertrag vom 1.1.2003 fügen wir als **Anlage K 1** bei. In diesem Arbeitsvertrag ist in § 7 geregelt, dass die Klägerin ein Home-Office hat. Die Klägerin hat in diesem Home-Office die dienstlich veranlassten Reisen vor- und nachbereitet. Sie hat dort auch die Berichte verfasst.

Die Klägerin verdiente zuletzt 4.500,00 EUR brutto pro Monat.

Die Beklagte beschäftigt mehr als zehn Vollzeitarbeitnehmer.

Mit Schreiben vom 25.3.2011, der Klägerin am selben Tage zugegangen, kündigte die Beklagte das Arbeitsverhältnis zum 31.7.2011. Eine Ablichtung dieses Kündigungsschreibens fügen wir als **Anlage K 2** bei.

II. Rechtliche Würdigung

Die Klage ist begründet, da die Kündigung sozial nicht gerechtfertigt ist.

---
[8] LAG Hamm 8.3.2011 – 1 SHa 5/11, BeckRS 2011, 69653.

1. Soziale Rechtfertigung der Kündigung

Die soziale Rechtfertigung der Kündigung wird mit
Nichtwissen
bestritten.

2. Allgemeiner Feststellungsantrag [→ C. Rn. 11]

Der Klagantrag zu Ziffer 2. beinhaltet eine selbständige allgemeine Feststellungsklage gem. § 256 ZPO. Der Klägerin sind zwar derzeit keine anderen möglichen Beendigungstatbestände außer der mit dem Klagantrag zu Ziffer 1. angegriffenen Kündigung vom 25.3.2011 bekannt, es besteht jedoch die Gefahr, dass die Beklagte im Verlaufe des Verfahrens weitere Kündigungen ausspricht. Es wird deshalb mit dem Klagantrag zu Ziffer 2. die Feststellung begehrt, dass das Arbeitsverhältnis auch durch solche weiteren Kündigungen nicht beendet wird.

3. Örtliche Zuständigkeit des Arbeitsgerichts Hannover [→ C. Rn. 9]

Das Arbeitsgericht Hannover ist gem. § 48 Abs. 1a S. 2 ArbGG örtlich zuständig. Danach ist der Wohnort eines Außendienstmitarbeiters bereits dann schon der Ort, von dem aus der Arbeitnehmer gewöhnlich seine Arbeit verrichtet, wenn er dort im gewissen Umfang Arbeitsleistungen erbringt. Es genügt, wenn er in einem Home-Office dienstlich veranlasste Reisen vor- oder nachbereitet oder Berichte über diese verfasst, ohne dass ein bestimmter Umfang vorausgesetzt wird. Danach ist das Arbeitsgericht Hannover im vorliegenden Fall örtlich zuständig.

Wir bitten, wie beantragt zu entscheiden.

Rechtsanwalt

II. Kündigungsschutzverfahren

1. Kündigungsschutzklage

a) Grundlagen

11 Will ein Arbeitnehmer die **Rechtsunwirksamkeit einer Kündigung geltend machen,** muss er gem. § 4 S. 1 KSchG innerhalb von drei Wochen nach Zugang der schriftlichen Kündigung Klage beim Arbeitsgericht erheben. Der Klagantrag ist auf die Feststellung zu richten, dass „das Arbeitsverhältnis durch die Kündigung nicht aufgelöst" ist bzw. wird. Zusätzlich kann der Arbeitnehmer eine allgemeine Feststellungsklage nach § 256 ZPO auf Feststellung des Fortbestands des Arbeitsverhältnisses zu unveränderten Bedingungen über den Kündigungstermin hinaus erheben (sog. Schleppnetzantrag). Beide Anträge können zulässigerweise in einer Klage verbunden werden. Der Antrag nach § 256 ZPO muss begründet werden und hat zur Folge, dass die Klagefrist für spätere Kündigungen jedenfalls dann gewahrt wird, wenn der Arbeitnehmer die Sozialwidrigkeit der Kündigung noch bis zum Schluss der mündlichen Verhandlung erster Instanz geltend macht.[9]

12 **Notwendiger Inhalt einer Kündigungsschutzklage** nach § 4 S. 1 KSchG ist die Darlegung eines Arbeitsverhältnisses und einer Kündigung dieses Arbeitsverhältnisses. Darüber hinaus muss der Arbeitnehmer geltend machen, dass er die Kündigung seines Arbeitsverhältnisses nicht hinnehmen will. Er muss geltend machen, dass Gründe, die eine Kündigung rechtfertigen könnten, nicht vorliegen. Zudem sollte die Klage die Behauptung beinhalten, dass der Arbeitgeber regelmäßig mehr als zehn Vollzeitarbeit-

---

[9] Schaub/*Linck,* ArbR-HdB, § 138 Rn. 7 ff.

nehmer beschäftigt und somit das Kündigungsschutzgesetz Anwendung findet.[10] Es ist in jedem Fall anzuraten, der Kündigungsschutzklage das Kündigungsschreiben beizufügen.[11] Darüber hinaus ist es ratsam, bereits in der Klage selbst die Ordnungsgemäßheit der Betriebsratsanhörung und bei einer außerordentlichen Kündigung die Einhaltung der Zwei-Wochen-Frist gem. § 626 Abs. 2 BGB zu bestreiten.

Zu beachten ist, dass sich ein Arbeitnehmer bei einer rechtzeitig erhobenen Kündigungsschutzklage bis zum Schluss der mündlichen Verhandlung erster Instanz zur Begründung der Unwirksamkeit der Kündigung auch auf innerhalb der Klagefrist nicht geltend gemachte Gründe berufen kann (§ 6 KSchG).

b) Muster

aa) Muster: Klage bei ordentlicher Kündigung

Arbeitsgericht Hannover
Ellernstr. 42
30175 Hannover

Klage

der Frau Susanne Peters, Ostfeldstr. 42, 30559 Hannover

– Klägerin –

Prozessbevollmächtigte: Rechtsanwälte Müller, Siebrechtstr. 29, 30558 Hannover

gegen

die A-GmbH, vertr. d. d. Geschäftsführer, Herrn Michael Schulz, Kaiserstr. 23, 30788 Hannover

– Beklagte –

Namens und im Auftrag der Klägerin erheben wir Klage und beantragen,

1. festzustellen, dass das zwischen den Parteien bestehende Arbeitsverhältnis durch die ordentliche Kündigung der Beklagten vom 25.3.2011 nicht aufgelöst werden wird;
2. festzustellen, dass das Arbeitsverhältnis auch nicht durch andere Beendigungstatbestände endet, sondern über den 31.7.2011 hinaus andauert.

Die Parteien streiten um eine ordentliche, betriebsbedingte Kündigung.

I. Sachverhalt

Die am 24.03.1973 geborene Klägerin ist verheiratet und einem Kind zum Unterhalt verpflichtet. Bei der Beklagten ist sie seit dem 1.1.2003 beschäftigt, zuletzt als Abteilungsleiterin IT. Den Arbeitsvertrag vom 1.1.2006 fügen wir als **Anlage K 1** bei.

Die Klägerin verdiente zuletzt 4.500,00 EUR brutto pro Monat.

Die Beklagte beschäftigt mehr als zehn Vollzeitarbeitnehmer, es gibt einen Betriebsrat. Mit Schreiben vom 25.3.2011, der Klägerin am selben Tage zugegangen, kündigte die Beklagte das Arbeitsverhältnis zum 31.7.2011. Eine Ablichtung dieses Kündigungsschreibens fügen wir als **Anlage K 2** bei.

II. Rechtliche Würdigung

Die Klage ist begründet, da die Kündigung sozial nicht gerechtfertigt ist.

---

[10] Vgl. zum erforderlichen Inhalt einer Kündigungsschutzklage BAG 13.12.2007 – 2 AZR 818/06, NZA 2008, 589.
[11] Schaub/*Linck*, ArbR-HdB, § 138 Rn. 24.

1. Soziale Rechtfertigung der Kündigung

Die soziale Rechtfertigung der Kündigung wird mit
Nichtwissen
bestritten.

Die ordnungsgemäße Durchführung und Vornahme einer Sozialauswahl wird ebenso mit
Nichtwissen
bestritten.

2. Betriebsratsanhörung *[→ B. Rn. 120, 327]*

Die ordnungsgemäße Anhörung des Betriebsrats nach § 102 BetrVG wird ebenfalls mit
Nichtwissen
bestritten.

3. Allgemeiner Feststellungsantrag *[→ C. Rn. 11]*

Der Klagantrag zu Ziffer 2. beinhaltet eine selbständige allgemeine Feststellungsklage gem. § 256 ZPO. Der Klägerin sind zwar derzeit keine anderen möglichen Beendigungstatbestände außer der mit dem Klagantrag zu Ziffer 1. angegriffenen Kündigung vom 25.3.2011 bekannt, es besteht jedoch die Gefahr, dass die Beklagte im Verlaufe des Verfahrens weitere Kündigungen ausspricht. Es wird deshalb mit dem Klagantrag zu Ziffer 2. die Feststellung begehrt, dass das Arbeitsverhältnis auch durch solche weiteren Kündigungen nicht beendet wird.

Wir bitten, wie beantragt zu entscheiden.

Rechtsanwalt

bb) Muster: Klage bei außerordentlicher (hilfsweise ordentlicher) Kündigung

Arbeitsgericht Hannover
Ellernstr. 42
30175 Hannover

Klage

der Frau Susanne Peters, Ostfeldstr. 42, 30559 Hannover

– Klägerin –

Prozessbevollmächtigte: Rechtsanwälte Müller, Siebrechtstr. 29, 30558 Hannover

gegen

die A-GmbH, vertr. d. d. Geschäftsführer, Herrn Michael Schulz, Kaiserstr. 23, 30788 Hannover

– Beklagte –

Namens und im Auftrag der Klägerin erheben wir Klage und beantragen,

1. festzustellen, dass das zwischen den Parteien bestehende Arbeitsverhältnis durch die außerordentliche Kündigung der Beklagten vom 25.3.2011 nicht aufgelöst werden wird;
2. festzustellen, dass das zwischen den Parteien bestehende Arbeitsverhältnis durch die ordentliche Kündigung der Beklagten vom 25.3.2011 nicht aufgelöst werden wird;

3. festzustellen, dass das Arbeitsverhältnis auch nicht durch andere Beendigungstatbestände endet, sondern über den 31.7.2011 hinaus andauert.

Die Parteien streiten um eine außerordentliche, hilfsweise ordentlich ausgesprochene Kündigung aus verhaltensbedingten Gründen.

I. Sachverhalt

Die am 24.3.1973 geborene Klägerin ist verheiratet und einem Kind zum Unterhalt verpflichtet. Bei der Beklagten ist sie seit dem 1.1.2003 beschäftigt, zuletzt als Abteilungsleiterin IT. Den Arbeitsvertrag vom 1.1.2006 fügen wir als **Anlage K 1** bei.

Die Klägerin verdient 4.500,00 EUR brutto pro Monat.

Die Beklagte beschäftigt mehr als zehn Vollzeitarbeitnehmer, es gibt einen Betriebsrat. Mit Schreiben vom 25.3.2011, der Klägerin am selben Tage zugegangen, kündigte die Beklagte das Arbeitsverhältnis außerordentlich, hilfsweise ordentlich mit Wirkung zum 31.7.2011. Eine Ablichtung dieses Kündigungsschreibens fügen wir als **Anlage K 2** bei.

II. Rechtliche Würdigung

Die Klage ist begründet, da die Kündigung sozial nicht gerechtfertigt ist.

1. Soziale Rechtfertigung der Kündigung

Die soziale Rechtfertigung der Kündigung wird mit
Nichtwissen
bestritten.

2. Betriebsratsanhörung [→ B. Rn. 120, 327]

Die ordnungsgemäße Anhörung des Betriebsrats nach § 102 BetrVG wird mit
Nichtwissen
bestritten.

3. Zwei-Wochen-Frist gem. § 626 Abs. 2 BGB [→ C. Rn. 12]

Die Einhaltung der Zwei-Wochen-Frist gem. § 626 Abs. 2 BGB wird mit
Nichtwissen
bestritten.

4. Allgemeiner Feststellungsantrag [→ C. Rn. 11]

Der Klagantrag zu Ziffer 3. beinhaltet eine selbständige allgemeine Feststellungsklage gem. § 256 ZPO. Der Klägerin sind zwar derzeit keine anderen möglichen Beendigungstatbestände außer der mit dem Klagantrag zu Ziffer 1. und 2. angegriffenen Kündigungen vom 25.3.2011 bekannt, es besteht jedoch die Gefahr, dass die Beklagte im Verlaufe des Verfahrens weitere Kündigungen ausspricht. Es wird deshalb mit dem Klagantrag zu Ziffer 3. die Feststellung begehrt, dass das Arbeitsverhältnis auch durch solche weiteren Kündigungen nicht beendet wird.

Wir bitten, wie beantragt zu entscheiden.

Rechtsanwalt

2. Kündigungsschutzklage mit Weiterbeschäftigungsantrag[12]

a) Ausgangssituation

16 Ein Arbeitnehmer kann nach Ausspruch einer Kündigung im Kündigungsschutzprozess die Weiterbeschäftigung geltend machen. Dabei ist allerdings zu unterscheiden, ob er die Weiterbeschäftigung auf den sog. allgemeinen Weiterbeschäftigungsanspruch oder auf den ausdrücklich gesetzlich normierten Weiterbeschäftigungsanspruch gem. § 102 Abs. 5 BetrVG stützt, der aber nur bei einem frist- und ordnungsgemäßen Widerspruch des Betriebsrats in Betracht kommt.[13]

b) Allgemeiner Weiterbeschäftigungsanspruch

17 Ein Arbeitnehmer kann im Kündigungsschutzprozess im Wege der objektiven Klagehäufung die **Weiterbeschäftigung bis zum rechtskräftigen Abschluss des Rechtsstreites** beantragen. Kommt das die Instanz abschließende Urteil zu dem Ergebnis, dass die Kündigung unwirksam ist, ist auf einen entsprechenden Antrag des Arbeitnehmers hin idR die Weiterbeschäftigung bis zum rechtskräftigen Abschluss des Rechtsstreites sogleich auszuurteilen, da das BAG jedenfalls ab diesem Zeitpunkt davon ausgeht, dass das Interesse des Arbeitnehmers an der tatsächlichen Weiterbeschäftigung dem Interesse des Arbeitgebers an der Suspendierung von der Beschäftigungspflicht überwiegt.[14] Aufgrund dieser Annahme muss der Arbeitnehmer diesen sog. allgemeinen Weiterbeschäftigungsanspruch in der Klage zunächst auch nicht weiter begründen. Es ist vielmehr Aufgabe des Arbeitgebers, im Prozess Umstände darzulegen, die im Einzelfall ein überwiegendes Interesse des Arbeitgebers an der weiteren vorläufigen Suspendierung des Arbeitnehmers auch nach Ausspruch eines instanzlichen Urteils, welches die Unwirksamkeit der Kündigung festgestellt hat, zu begründen.

18 Um das Weiterbeschäftigungsurteil später vollstrecken zu können, muss der **Weiterbeschäftigungsantrag hinreichend konkret** sein. Erforderlich, aber ausreichend ist es dabei, wenn die Art der ausgeurteilten Beschäftigung des Arbeitnehmers aus dem Titel ersichtlich ist.[15] Die Beschäftigung muss in dem Antrag mithin konkret benannt werden („... als Abteilungsleiterin IT weiter zu beschäftigen"). Hat der Arbeitnehmer aber keinen Anspruch auf nur diese eingeklagte Tätigkeit, sondern hat der Arbeitgeber ein Direktionsrecht, auf dessen Basis dem Arbeitnehmer auch eine andere Tätigkeit zugewiesen werden könnte, sollte der Weiterbeschäftigungsantrag neben der Angabe der konkreten Beschäftigung auch den Zusatz „... zu unveränderten Bedingungen als Abteilungsleiterin IT..." beinhalten, da dem Arbeitnehmer mit der Konkretisierung allein auf die konkrete Tätigkeit mehr zugesprochen würde, als ihm nach den arbeitsvertraglichen Bedingungen eigentlich zustehen würde. Da dem Arbeitgeber in diesem Fall quasi das Direktionsrecht aberkannt würde, urteilen einige Instanzgerichte die Weiterbeschäftigung zu der beantragten Tätigkeit ohne den Zusatz „... zu unveränderten Bedingungen als ..." nicht aus. Ein Antrag hingegen, mit dem nur die Weiterbeschäftigung „zu unveränderten Arbeitsbedingungen" ohne weitere Benennung einer konkreten Tätigkeit begehrt wird, dürfte idR auch keinen Erfolg haben.[16]

19 Will der Arbeitnehmer eine tatsächliche Weiterbeschäftigung vor Ausspruch des erst- oder zweitinstanzlichen Urteils erreichen, muss er hingegen einen **Antrag auf einstweilige Verfügung zur Weiterbeschäftigung** stellen.[17]

c) Weiterbeschäftigungsanspruch gem. § 102 Abs. 5 S. 1 BetrVG

20 Der Weiterbeschäftigungsanspruch gem. § 102 Abs. 5 S. 1 BetrVG kann **nur für die Zeit nach Ablauf der Kündigungsfrist** geltend gemacht werden (während hingegen der allgemeine Weiterbeschäftigungsanspruch bereits für die Zeit davor greifen kann).

---

[12] Zur Vollstreckung des Weiterbeschäftigungstitels → C. Rn. 71 ff., 80 ff.
[13] Schaub/*Linck,* ArbR-HdB, § 125; *Schrader/Straube* RdA 2006, 98.
[14] Schaub/*Linck,* ArbR-HdB, § 125 Rn. 16; BAG 27.2.1985 – GS 1/84, NZA 1985, 702.
[15] BAG 15.4.2009 – 3 AZB 93/08, NZA 2009, 917.
[16] Schaub/*Linck,* ArbR-HdB, § 125 Rn. 17.
[17] Hierzu → C. Rn. 71 ff.

Voraussetzungen für den Weiterbeschäftigungsanspruch gem. § 102 Abs. 5 S. 1 **21**
BetrVG sind:[18]
– frist- und ordnungsgemäßer Widerspruch des Betriebsrats zur beabsichtigten Kündigung,
– ordentliche Kündigung,
– Kündigungsschutzklage,
– Verlangen des Arbeitnehmers auf Weiterbeschäftigung.

Der **gesetzlich ausdrücklich normierte Weiterbeschäftigungsanspruch** gem. **22**
§ 102 Abs. 5 S. 1 BetrVG ist gegenüber dem **allgemeinen Weiterbeschäftigungsanspruch** das deutlich „schärfere Schwert" für den Arbeitnehmer. Denn während beim allgemeinen Weiterbeschäftigungsanspruch die Frage, ob der Arbeitnehmer auch **Vergütungsansprüche** für die Zeit nach Ablauf der Kündigungsfrist bis zum rechtskräftigen Abschluss des Kündigungsschutzverfahrens hat, vom Ausgang des Kündigungsschutzverfahrens selbst abhängt (ist die Kündigung unwirksam, bestehen die Vergütungsansprüche – ist die Kündigung wirksam, bestehen sie nicht), hat der Arbeitgeber beim Vorliegen der Voraussetzungen des § 102 Abs. 5 S. 1 BetrVG die Vergütung bis zum rechtskräftigen Abschluss des Kündigungsschutzverfahrens in jedem Fall nachzuentrichten. Dies gilt auch unabhängig davon, ob der Arbeitnehmer in dieser Zeit tatsächlich gearbeitet hat. Voraussetzung für den Vergütungsanspruch für die Zeit nach Ablauf der Kündigungsfrist bis zum rechtskräftigen Abschluss des Kündigungsrechtsstreites ist damit allein – neben den anderen genannten Voraussetzungen des § 102 Abs. 5 S. 2 BetrVG –, dass der Arbeitnehmer die Weiterbeschäftigung gegenüber dem Arbeitgeber verlangt. Aus diesem Grund wird sich der Arbeitnehmer auch überlegen müssen, in welcher Form er die Weiterbeschäftigung auf dieser Basis gegenüber dem Arbeitnehmer verlangt. Um deutlich zu machen, dass er sich nicht nur auf den allgemeinen Weiterbeschäftigungsanspruch, sondern auf den gesetzlich geregelten Weiterbeschäftigungsanspruch des § 102 Abs. 5 S. 1 BetrVG beruft, sollte der Arbeitnehmer diese Norm beim Verlangen ausdrücklich benennen. Er muss die Norm aber nicht ausdrücklich mit in den Weiterbeschäftigungsantrag der Klage aufnehmen, sondern kann sie „unauffällig" auch nur in der Begründung benennen. Der Arbeitnehmer braucht – wenn es ihm nur auf die Vergütung, nicht aber auf die tatsächliche Weiterbeschäftigung ankommt – den Weiterbeschäftigungsanspruch nach § 102 Abs. 5 S. 1 BetrVG auch gar nicht gerichtlich mit der Klage geltend machen. Ein außergerichtliches Schreiben, in dem er die Weiterbeschäftigung gegenüber dem Arbeitgeber verlangt, reicht bei einem entsprechenden Bezug auf § 102 Abs. 5 S. 1 BetrVG aus.[19]

Widerspricht mithin der Betriebsrat einer beabsichtigten Kündigung, muss der **23**
Arbeitgeber in jedem Fall stetig prüfen, ob der Arbeitnehmer die Weiterbeschäftigung gestützt auf § 102 Abs. 5 S. 1 BetrVG in irgendeiner Form geltend macht, um in diesem Fall möglicherweise eine Entbindung von der Weiterbeschäftigung und damit auch von der Vergütungspflicht gem. § 102 Abs. 5 S. 2 BetrVG beantragen zu können.

Zu beachten ist, dass der Arbeitnehmer den Weiterbeschäftigungsanspruch gem. **24**
§ 102 Abs. 5 S. 1 BetrVG **spätestens am ersten Arbeitstag nach Ablauf der Kündigungsfrist** geltend machen muss.[20]

d) Muster

aa) Muster: Weiterbeschäftigungsanspruch gem. § 102 Abs. 5 S. 1 BetrVG

Arbeitsgericht Hannover Ellernstr. 42 30175 Hannover	**25** ↪ 365

---

[18] Schaub/*Linck*, ArbR-HdB, § 125 Rn. 2 ff.; *Schrader/Straube* RdA 2006, 98 (101).
[19] Vgl. zur Vergütungspflicht nach Ablauf der Kündigungsfrist *Schrader/Straube* RdA 2006, 98; BAG 7.3.1996 – 2 AZR 432/95, NZA 1996, 930.
[20] Schaub/*Linck*, ArbR-HdB, § 125 Rn. 5; *Schrader/Straube* RdA 2006, 98 (101).

Klage

der Frau Susanne Peters, Ostfeldstr. 42, 30559 Hannover

– Klägerin –

Prozessbevollmächtigte: Rechtsanwälte Müller, Siebrechtstr. 29, 30558 Hannover

gegen

die A-GmbH, vertr. d. d. Geschäftsführer, Herrn Michael Schulz, Kaiserstr. 23, 30788 Hannover

– Beklagte –

Namens und im Auftrag der Klägerin erheben wir Klage und beantragen,

1. festzustellen, dass das zwischen den Parteien bestehende Arbeitsverhältnis durch die Kündigung der Beklagten vom 25.3.2011 nicht aufgelöst werden wird;
2. festzustellen, dass das Arbeitsverhältnis auch nicht durch andere Beendigungstatbestände endet, sondern über den 31.7.2011 hinaus andauert;
3. die Beklagte zu verurteilen, die Klägerin über den 31.7.2011 hinaus bis zum rechtskräftigen Abschluss des Rechtsstreits zu unveränderten Bedingungen als Abteilungsleiterin IT (*alternativ:* gem. § 102 Abs. 5 S. 1 BetrVG) weiter zu beschäftigen. [→ C. Rn. 18]

Die Parteien streiten um eine ordentliche, betriebsbedingte Kündigung.

I. Sachverhalt

Die am 24.3.1973 geborene Klägerin ist verheiratet und einem Kind zum Unterhalt verpflichtet. Bei der Beklagten ist sie seit dem 1.1.2003 beschäftigt, zuletzt als Abteilungsleiterin IT. Den Arbeitsvertrag vom 1.1.2006 fügen wir als **Anlage K 1** bei.

Die Klägerin verdient 4.500,00 EUR brutto pro Monat.

Die Beklagte beschäftigt mehr als zehn Vollzeitarbeitnehmer, es gibt einen Betriebsrat. Mit Schreiben vom 25.3.2011 kündigte die Beklagte das Arbeitsverhältnis zum 31.7.2011. Eine Ablichtung dieses Kündigungsschreibens fügen wir als **Anlage K 2** bei.

Mit Schreiben vom 23.3.2011 widersprach der Betriebsrat der beabsichtigten Kündigung und stützte diesen Widerspruch auf § 102 Abs. 3 Nr. 1 BetrVG. Das Schreiben des Betriebsrats vom 23.3.2011 fügen wir als **Anlage K 3** bei.

II. Rechtliche Würdigung

Die Klage ist begründet, da die Kündigung sozial nicht gerechtfertigt ist.

1. Soziale Rechtfertigung der Kündigung

Die soziale Rechtfertigung der Kündigung wird mit
Nichtwissen
bestritten. Die ordnungsgemäße Durchführung und Vornahme einer Sozialauswahl wird ebenso mit
Nichtwissen
bestritten.

2. Betriebsratsanhörung [→ B. Rn. 120, 327]

Die ordnungsgemäße Anhörung des Betriebsrats nach § 102 BetrVG wird mit
Nichtwissen
bestritten.

3. Allgemeiner Feststellungsantrag [→ C. Rn. 11]

Der Klagantrag zu Ziffer 2. beinhaltet eine selbständige allgemeine Feststellungsklage gem. § 256 ZPO. Der Klägerin sind zwar derzeit keine anderen möglichen Beendigungstatbestände außer der mit dem Klagantrag zu Ziffer 1. angegriffenen Kündigung vom 25.3.2011 bekannt, es besteht jedoch die Gefahr, dass die Beklagte im Verlaufe des Verfahrens weitere Kündigungen ausspricht. Es wird deshalb mit dem Klagantrag zu Ziffer 2. die Feststellung begehrt, dass das Arbeitsverhältnis auch durch solche weiteren Kündigungen nicht beendet wird.

4. Weiterbeschäftigungsantrag [→ C. Rn. 17, 18]

Das Bundesarbeitsgericht spricht einem Arbeitnehmer den im Wege der Rechtsfortbildung entwickelten allgemeinen Weiterbeschäftigungsanspruch zu, nachdem der gekündigte Arbeitnehmer einen arbeitsvertraglichen Anspruch auf vertragsgemäße Beschäftigung über den Ablauf der Kündigungsfrist hinaus bis zum rechtskräftigen Abschluss des Kündigungsschutzprozesses hat, wenn die Kündigung unwirksam ist. Gestützt auf diesen allgemeinen Weiterbeschäftigungsanspruch macht der Kläger mit dem Klagantrag zu 3. die Weiterbeschäftigung geltend.

Alternativ: [→ C. Rn. 20, 21, 22]

Der Betriebsrat hat der beabsichtigten Kündigung unter Hinweis auf die Gründe des § 102 Abs. 3 Nr. 1 BetrVG wirksam widersprochen. Die Klägerin macht deshalb mit dem Klagantrag zu Ziffer 3. die Weiterbeschäftigung gem. § 102 Abs. 5 S. 1 BetrVG geltend.

Wir bitten, wie beantragt zu entscheiden.

Rechtsanwalt

bb) Muster: Antrag auf Entbindung gem. § 102 Abs. 5 S. 2 BetrVG

26

Arbeitsgericht Hannover
Ellernstr. 42
30175 Hannover

Antrag auf Erlass einer einstweiligen Verfügung [→ C. Rn. 71]

der A-GmbH, vertr. d. d. Geschäftsführer, Herrn Michael Schulz, Kaiserstr. 23, 30788 Hannover

– Antragstellerin –

Prozessbevollmächtigte: Rechtsanwälte Meier, Sonnenstr. 25, 30775 Hannover

gegen

Frau Susanne Peters, Ostfeldstr. 42, 30559 Hannover

– Antragsgegnerin –

Namens und im Auftrag der Antragstellerin beantragen wir im Wege der einstweiligen Verfügung,

1. die Antragstellerin von der Verpflichtung zur Weiterbeschäftigung der Antragsgegnerin zu entbinden;
2. hilfsweise festzustellen, dass die Antragstellerin nicht zur Weiterbeschäftigung der Antragsgegnerin verpflichtet ist.

Zwischen den Parteien ist unter dem Az.: 2 Ca 739/10 vor dem Arbeitsgericht Hannover ein Kündigungsrechtsstreit anhängig.

Straube

I. Sachverhalt

Die am 24.3.1973 geborene, verheiratete und einem Kind zum Unterhalt verpflichtete Antragsgegnerin ist bei der Antragstellerin in der Abteilung Versand tätig. Sie verdient rd. 2.800,00 EUR brutto monatlich.

Die Antragsgegnerin wickelte in der Abteilung Versand nach den Vorgaben der jeweiligen Sachbearbeiter Versandvorgänge ab. Die einzelnen Tätigkeiten ergeben sich aus dem als **Anlage 1** beigefügten Zwischenzeugnis vom 30.9.2008.

Die Antragstellerin hat durch ihren Geschäftsführer, Herrn Schulz, am 1.2.2011 die unternehmerische Entscheidung getroffen, die Abteilung Versand vollständig zu schließen und diese Aufgaben an einen externen Dienstleister zu vergeben. Hierbei handelt es sich um die B-GmbH. Diese Fremdvergabe führt zu einer Kostenersparnis. Aus diesem Grund sollten die fünf in der Abteilung Versand beschäftigten Mitarbeiter gekündigt werden.

Zu der beabsichtigten Kündigung der Antragsgegnerin wurde der Betriebsrat mit Schreiben vom 15.2.2011 **(Anlage 2)** angehört. In diesem Schreiben wurde dem Betriebsrat mitgeteilt, dass
– die Antragstellerin beabsichtigt, der Antragsgegnerin eine ordentliche, betriebsbedingte Kündigung zum 31.3.2011 auszusprechen,
– aus Kostengründen am 1.2.2011 die unternehmerische Entscheidung getroffen wurde, den Bereich Versand zu schließen und diese Aufgaben an einen externen Dienstleister zu vergeben,
– die Antragstellerin der Antragsgegnerin einen anderen freien zumutbaren Arbeitsplatz nicht anbieten kann,
– die unternehmerische Entscheidung zum Wegfall der Beschäftigungsmöglichkeit für alle fünf in der Abteilung Versand beschäftigten Mitarbeiter führt (weshalb eine Sozialauswahl nicht durchzuführen war).

Der Betriebsrat hat dieser beabsichtigten ordentlichen Kündigung mit Schreiben vom 20.2.2011 **(Anlage 3)** widersprochen. Er begründete dies wie folgt:
– Der Betriebsrat berief sich auf § 102 Abs. 3 Nr. 1 BetrVG mit der Begründung, dass der Kündigungsanhörung kein Anhang mit detaillierter und vergleichbarer Auflistung über die soziale Auswahl vorlag, aus der für den Betriebsrat ersichtlich war, mit welchen in Frage kommenden Arbeitnehmern die betreffende Arbeitnehmerin verglichen und ausgewählt wurde.
– Der Betriebsrat behauptete, dass ein Betriebsteil (Versand) durch einen Beschäftigten einer externen Gesellschaft ersetzt werde, um diesen in den organisatorischen Ablauf des Unternehmens voll einzugliedern und dieses Vorgehen rechtsmissbräuchlich sei.
– Schließlich berief sich der Betriebsrat auf § 613a BGB.

Die Antragstellerin kündigte das Arbeitsverhältnis mit der Antragsgegnerin mit Schreiben vom 27.2.2011 zum 31.3.2011. Eine Ablichtung des Kündigungsschreibens fügen wir als **Anlage 4** bei.

Mit Schriftsatz vom 3.3.2011 erhob die Antragsgegnerin Kündigungsschutzklage und stellte darüber hinaus in Ziffer 3. einen Weiterbeschäftigungsantrag, den sie auf § 102 Abs. 5 BetrVG stützte.

Es gibt bei der Antragstellerin keinen freien, zumutbaren Arbeitsplatz. Eine Sozialauswahl war aus Sicht der Antragstellerin nicht durchzuführen, da allen fünf in der Abteilung Versand tätigen Mitarbeitern gekündigt worden ist. Mit der Antragsgegnerin vergleichbare Arbeitnehmer gibt es bei der Antragstellerin nicht.

| **Glaubhaftmachung für das Vorstehende:** | Eidesstattliche Versicherung des Geschäftsführers der Antragstellerin, Herrn Michael Schulz, als **Anlage 5** beigefügt. |

II. Verfügungsanspruch [→ C. Rn. 73]

Die Voraussetzungen eines Weiterbeschäftigungsanspruches sind nicht gegeben, da kein ordnungsgemäßer Widerspruch vorliegt, so dass die Feststellung begehrt wird, dass die Antragstellerin zur Weiterbeschäftigung nicht verpflichtet ist.

Der Verfügungsanspruch für den gestellten Entbindungsantrag ergibt sich aus § 102 Abs. 5 S. 2 BetrVG. Auch wenn nach unserer Auffassung bereits die Voraussetzungen des § 102 Abs. 5 S. 2 Nr. 1 und 2 BetrVG vorliegen, stützen wir den Verfügungsanspruch allein auf § 102 Abs. 5 S. 2 Nr. 3 BetrVG, da der Widerspruch des Betriebsrats offensichtlich unbegründet war. [→ C. Rn. 23]

1. Kein ordnungsgemäßer Widerspruch

Der Betriebsrat stützt seinen Widerspruch einerseits auf § 102 Abs. 3 Nr. 1 BetrVG, andererseits auf eine „rechtsmissbräuchliche" unternehmerische Entscheidung sowie § 613a BGB.

a) Widerspruch gem. § 102 Abs. 3 Nr. 1 BetrVG

Ein ordnungsgemäßer Widerspruch des Betriebsrats gem. § 102 Abs. 3 Nr. 1 BetrVG setzt voraus, dass der Betriebsrat aufzeigt, welcher vom Arbeitgeber bei der sozialen Auswahl nicht berücksichtigter Arbeitnehmer sozial weniger schutzwürdig ist. Dies gilt unabhängig vom Umfang der Mitteilung des Arbeitgebers nach § 102 Abs. 1 BetrVG, also auch dann, wenn der Arbeitgeber dem Betriebsrat keine Sozialdaten anderer Arbeitnehmer mitteilt, weil er der Meinung ist, es gebe keine vergleichbaren Arbeitnehmer.[21]

Macht der Betriebsrat geltend, dass der Arbeitgeber bei der Auswahl des zu kündigenden Arbeitnehmers soziale Gesichtspunkte nicht oder nicht ausreichend berücksichtigt hat, muss er
– die Arbeitnehmer, die der Arbeitgeber nach Auffassung des Betriebsrats zu Unrecht nicht in die soziale Auswahl einbezogen hat, entweder konkret benennen oder anhand abstrakter Merkmale in einem Widerspruchsschreiben bestimmbar machen,
– plausibel darlegen, warum ein anderer Arbeitnehmer sozial weniger schutzwürdig ist.[22]

aa) Keine konkrete Benennung

Der Betriebsrat hat in seinem Widerspruchsschreiben vom 20.2.2011 keine konkreten Arbeitnehmer benannt, die die Antragstellerin zu Unrecht nicht in die Sozialauswahl einbezogen hatte. Er hat gar keine anderen Arbeitnehmer benannt. Dabei besteht die Pflicht des Betriebsrats, andere Arbeitnehmer konkret zu benennen oder zumindest anhand abstrakter Merkmale bestimmbar zu machen, selbst dann, wenn der Arbeitgeber dem Betriebsrat – wie im vorliegenden Fall – keine Sozialdaten anderer Arbeitnehmer mitteilt, weil er der Meinung ist, es gebe keine vergleichbaren Arbeitnehmer.

---

[21] Vgl. hierzu BAG 9.7.2003 – 5 AZR 305/02, NZA 2003, 1191.
[22] BAG 9.7.2003 – 5 AZR 305/02, NZA 2003, 1191.

bb) Keine plausible Darlegung

Fehlt es bereits an der ersten Voraussetzung eines ordnungsgemäßen Widerspruches gem. § 102 Abs. 3 Nr. 1 BetrVG, so liegt erst recht nicht die zweite Voraussetzung eines ordnungsgemäßen Widerspruches iSd Vorschrift vor. Denn der Betriebsrat hat keine anderen in die Sozialauswahl einzubeziehenden Arbeitnehmer konkret oder bestimmbar benannt, er hat deshalb auch nicht dargelegt, warum diese anderen Arbeitnehmer sozial weniger schutzwürdig sein sollen. Zwar ist es hierfür nicht erforderlich, einzelne Sozialdaten aufzuführen, der Betriebsrat hätte aber zumindest aufzeigen müssen, welche Gründe aus seiner Sicht zu einer anderen Bewertung der sozialen Schutzwürdigkeit führen.

Ein ordnungsgemäßer Widerspruch des Betriebsrats liegt mithin nicht vor.

b) Widerspruch aus anderen Gründen

Auch im Hinblick auf die weiteren Widerspruchsgründe ist der Widerspruch des Betriebsrats nicht ordnungsgemäß. Einerseits ist der Widerspruch insoweit nicht hinreichend begründet, andererseits sind die letztgenannten Gründe nicht in der Aufzählung der einzelnen Widerspruchsgründe gem. § 102 Abs. 3 BetrVG enthalten. Diese Aufzählung ist jedoch abschließend.

2. Entbindung von der Weiterbeschäftigung

Selbst wenn man aber einmal unterstellt, dass ein ordnungsgemäßer Widerspruch vorliegt, wäre die Antragstellerin von der Verpflichtung zur Weiterbeschäftigung zu entbinden, da die Voraussetzungen des § 102 Abs. 5 S. 2 Nr. 3 BetrVG vorliegen. Danach kann das Gericht den Arbeitgeber von der Verpflichtung zur Weiterbeschäftigung nach § 102 Abs. 5 S. 2 BetrVG entbinden, wenn der Widerspruch des Betriebsrats offensichtlich unbegründet war.

Der Widerspruch des Betriebsrats ist bereits deshalb offensichtlich unbegründet, weil er nicht ordnungsgemäß erfolgte. Der Fall eines nicht ordnungsgemäßen Widerspruchs ist dabei wie der Fall des unbegründeten Widerspruchs zu behandeln.[23] Darüber hinaus ist der Widerspruch aber auch aus rechtlichen bzw. tatsächlichen Gründen offensichtlich unbegründet. Dies ergibt sich bereits daraus, dass der Betriebsrat seinen Widerspruch im Wesentlichen überhaupt nicht begründet hat. Der Widerspruch des Betriebsrats ist somit offensichtlich unbegründet, da er seiner Begründungspflicht nicht einmal ansatzweise nachgekommen ist.

3. Rechtsschutzinteresse [→ C. Rn. 22]

Der Antrag auf Entbindung von der Weiterbeschäftigungspflicht setzt voraus, dass die Arbeitnehmerin ihren Weiterbeschäftigungsanspruch geltend gemacht hat. Die Antragsgegnerin hat dies im vorliegenden Fall mit ihrem Klagantrag zu Ziffer 3. aus der Kündigungsschutzklage getan.

Darüber hinaus ergibt sich das Rechtsschutzbedürfnis auch aus einem Urteil des Bundesarbeitsgerichts vom 7.3.1996.[24] In dieser Entscheidung hat das Bundesarbeitsgericht ausgeführt, dass die Entbindung des Arbeitgebers von der Weiterbeschäftigungspflicht gem. § 102 Abs. 5 BetrVG durch das Rechtsmittelgericht die für die Zeit bis zur Entbindungsentscheidung anfallenden Vergütungsansprüche des Arbeitnehmers unberührt lässt. Folglich muss es möglich sein, nach Ablauf der Kündigungsfrist eine gerichtliche Klärung zu erreichen.

---

[23] Streitig, vgl. KR/*Etzel* BetrVG § 102 Rn. 230 ff. (analoge Anwendung).
[24] BAG 7.3.1996 – 2 AZR 432/95, NZA 1996, 930.

4. Hilfsantrag

Die Antragstellerin ist der Auffassung, dass kein ordnungsgemäßer Widerspruch des Betriebsrats vorliegt mit der Folge, dass die Grundlagen für einen Weiterbeschäftigungsanspruch nicht bestehen. Für den Fall des nicht ordnungsgemäßen Widerspruchs ist streitig, ob dem Antrag des Arbeitgebers auf Entbindung von der Weiterbeschäftigung stattgegeben werden kann oder der Antrag wegen fehlenden Rechtsschutzinteresses als unzulässig zurückgewiesen werden muss.

Für den Fall, dass das Gericht die Auffassung vertritt, dass für den Antrag auf Entbindung von der Weiterbeschäftigungspflicht kein Rechtsschutzinteresse besteht, weil der Widerspruch des Betriebsrats nicht ordnungsgemäß ist, hat der Arbeitgeber die Möglichkeit, einen Feststellungsantrag dahingehend zu stellen, dass ein Weiterbeschäftigungsanspruch nicht besteht, da im Interesse der Rechtssicherheit dem Arbeitgeber auch in einem solchen Fall die Möglichkeit gegeben werden muss, sich durch die gerichtliche Entscheidung risikolos von der Weiterbeschäftigungspflicht entbinden zu lassen.

Aus prozessualen Gründen werden der Haupt- und der Hilfsantrag gestellt.

III. Verfügungsgrund

Eines besonderen Verfügungsgrundes bedarf es nicht. Die Eilbedürftigkeit für den Erlass einer einstweiligen Verfügung ist nicht gesondert zu prüfen, da die Voraussetzungen für den Erlass einer einstweiligen Verfügung in § 102 Abs. 5 BetrVG abschließend geregelt sind.

IV. Glaubhaftmachung

Zur Glaubhaftmachung berufen wir uns auf die überreichten Anlagen sowie die eidesstattliche Versicherung des Geschäftsführers, Herrn Schulz.

V. Zusammenfassung

Wir dürfen zusammenfassend festhalten, dass die Anträge zulässig und begründet sind. Der Widerspruch des Betriebsrats ist nicht ordnungsgemäß, selbst wenn er dies aber wäre, hätte die Antragstellerin einen Entbindungsanspruch.

Wir bitten, wie beantragt zu entscheiden.

Rechtsanwalt

3. Klageerwiderung

a) Betriebsbedingte Kündigung

aa) Vorbereitung der betriebsbedingten Kündigung

Die **Wirksamkeit einer betriebsbedingten Kündigung** ist in drei Stufen zu prüfen:[25]
1. Wegfall des Beschäftigungsbedürfnisses,
2. Sozialauswahl,
3. anderer freier Arbeitsplatz.

Im Gegensatz zu verhaltens- und krankheitsbedingten Kündigungen, bei denen der Arbeitgeber lediglich auf das Verhalten oder den Krankheitszustand des Arbeitnehmers reagieren kann, kann der Arbeitgeber bei betriebsbedingten Kündigungen die **Voraussetzungen der Kündigung aktiv gestalten.** Dies gilt maßgeblich für den

---
[25] Vgl. Schaub/*Linck,* ArbR-HdB, § 134 Rn. 2. Eine sehr ausführliche, praxisbezogene Darstellung der betriebsbedingten Kündigung findet sich auch bei *Schrader/Straube,* Insolvenzarbeitsrecht, VI. Rn. 1 ff.

ersten Prüfungspunkt, den Wegfall des Beschäftigungsbedürfnisses. Denn das Beschäftigungsbedürfnis für einen Arbeitnehmer entfällt durch eine innerbetriebliche unternehmerische Entscheidung des Arbeitgebers, die dieser grundsätzlich frei gestalten kann. Zu den anerkannten unternehmerischen Entscheidungen, die zum Wegfall des Beschäftigungsbedürfnisses für die Arbeitnehmer führen, gehören Betriebsstilllegungen, Teilbetriebsschließungen, Personalabbau oder Änderungen der Arbeitsplatzanforderungen.[26] Da der Arbeitnehmer im Kündigungsschutzprozess regelmäßig bestreitet, dass der Arbeitgeber eine entsprechende unternehmerische Entscheidung, die zum Wegfall des Beschäftigungsbedürfnisses geführt hat, getroffen hat, wird deshalb dringend empfohlen, die **unternehmerische Entscheidung vor Ausspruch der Kündigung schriftlich auszuformulieren** und mit einem Datum zu versehen, welches vor demjenigen der Kündigung liegt und dieses Dokument dann zu unterschreiben.[27] Denn eine derartige schriftliche unternehmerische Entscheidung stellt eine Privaturkunde dar, die gem. § 416 ZPO den vollen Beweis dafür begründet, dass die hierin enthaltene Erklärung (unternehmerische Entscheidung) von dem Unterzeichner an einem bestimmten Tag tatsächlich abgegeben worden ist. In seltenen Fällen wird bei der Vorlage einer derartigen unterzeichneten schriftlichen unternehmerischen Entscheidung im Verfahren weiterhin bestritten, dass die unternehmerische Entscheidung an einem bestimmten Tag vor Ausspruch der Kündigung mit dem behaupteten Inhalt getroffen wurde. Die schriftlich verfasste und unterschriebene unternehmerische Entscheidung stellt aber nicht nur eine erhebliche **Beweiserleichterung für den Arbeitgeber** im Verfahren dar, sondern schafft idR auch ein **erhebliches Vertrauen des Gerichts in den Sachvortrag des Insolvenzverwalters**. Denn wenn man ein derartiges Dokument dem Gericht bereits zum Gütetermin vorlegen kann, spricht vieles dafür, dass die Kündigung tatsächlich vor ihrem Ausspruch mit dem dargelegten Inhalt vorbereitet wurde. Das Vertrauen in die Richtigkeit einer derartigen schriftlichen unternehmerischen Entscheidung ist umso größer, je genauer und nachvollziehbarer die unternehmerische Entscheidung schriftlich dargelegt ist. Die Erarbeitung einer schriftlichen unternehmerischen Entscheidung vor Ausspruch der Kündigung hat des Weiteren die Vorteile, dass die Betriebsratsanhörung dadurch relativ kurz gehalten werden kann, weil im Wesentlichen auf die schriftlich beigefügte unternehmerische Entscheidung verwiesen werden kann. In jedem Fall dient die Vorbereitung einer derartigen schriftlichen unternehmerischen Entscheidung vor Ausspruch der Kündigung auch einer Selbstkontrolle für den Arbeitgeber, ob das vorgesehene Konzept „funktioniert".

29 In der Praxis hat sich folgender **Aufbau** einer derartigen schriftlichen unternehmerischen Entscheidung bewährt:[28] Zunächst sollte in einer kurzen Vorbemerkung der Hintergrund der nachfolgend beschriebenen unternehmerischen Entscheidung dargelegt werden. Hierdurch kann aufgezeigt werden, dass die Kündigung nicht unsachlich, unvernünftig oder willkürlich ist. Danach bietet sich eine Darstellung der bisherigen Struktur an, um erläutern zu können, inwieweit durch die unternehmerische Entscheidung überhaupt ein Arbeitskräfteüberhang entstehen konnte. In einem weiteren Schritt ist dann die unternehmerische Entscheidung selbst darzulegen. Schließlich sollte die sich aus der unternehmerischen Entscheidung ergebende zukünftige Struktur dargelegt werden. Zweckmäßigerweise sollte man dabei bereits auf die Begrifflichkeiten der betriebsbedingten Kündigung zurückgreifen, die später im Prozess ohnehin die Gliederung der Schriftsätze vorgibt (Wegfall des Beschäftigungsbedürfnisses, Sozialdaten, keine andere Beschäftigungsmöglichkeit, keine Leistungsverdichtung). Dies schafft einerseits eine höhere Authentizität zwischen der zuvor getroffenen unternehmerischen Entscheidung und dem späteren Sachvortrag in den Instanzen, zugleich

---

[26] Vgl. hierzu *Schrader/Straube,* Insolvenzarbeitsrecht, VI. Rn. 26 ff.
[27] *Schrader/Straube,* Insolvenzarbeitsrecht, VI. Rn. 27 ff.
[28] *Schrader/Straube,* Insolvenzarbeitsrecht, VI. Rn. 30 ff., ausformulierte Muster VI. Rn. 37 ff.

ergibt sich hieraus aber auch eine maßgebliche Arbeitserleichterung für die Prozessführung.

bb) Muster: Klageerwiderung

Arbeitsgericht Hannover
Ellernstr. 42
30175 Hannover

In dem Rechtsstreit

Peters ./. A-GmbH
– 2 Ca 739/10 –

begründen wir die ordentliche Kündigung der Beklagten vom 25.3.2011, die aus betriebsbedingten Gründen erfolgte.

I. Sachverhalt

1. Die Beklagte

Die Beklagte gehört zum B-Konzern, der Gabelstapler herstellt. Der Service der Gabelstapler wird durch regionale Servicegesellschaften durchgeführt. Die Beklagte ist für den Service der Gabelstapler im Bereich Norddeutschland zuständig.

2. Die Klägerin

Die Klägerin ist am 24.3.1973 geboren. Sie ist verheiratet und einem Kind zum Unterhalt verpflichtet. Bei der Beklagten ist sie mit Wirkung zum 1.1.2003 als „Sachbearbeiterin Innendienst" eingestellt worden. Diese Tätigkeit hat sie auch bis zum Wegfall des Beschäftigungsbedürfnisses durchgeführt.

3. Bisherige Struktur

Ausweislich des als **Anlage B 1** vorgelegten Organigramms vom 1.2.2011 gibt es bei der Beklagten die Abteilungen Innendienst und Außendienst. Die Aufgaben der Innendienstmitarbeiter bestehen darin, die Aufträge der Kunden anzunehmen, die Aufträge anzulegen, Ersatzteile zu bestellen und den Reparatureinsatz des zuständigen Außendienstmitarbeiters zu organisieren. Die Mitarbeiter der Abteilung Außendienst führen dann den Reparaturauftrag beim Kunden durch.

4. Unternehmerische Entscheidung *[→ A. Rn. 535 ff.]*

Zum Zwecke einer effektiveren, kostengünstigeren Organisationsstruktur hat der Geschäftsführer der Beklagten, Herr Schulz, am 1.3.2011 die unternehmerische Entscheidung getroffen, die Abteilung Innendienst vollständig zu schließen und die dort bislang durchgeführten Aufgaben zukünftig auf die D-GmbH, die zentrale Konzernservicegesellschaft, zu übertragen. Dadurch entfällt das Beschäftigungsbedürfnis für alle bei der Beklagten in der Abteilung Innendienst tätigen Mitarbeiter.

Die schriftliche unternehmerische Entscheidung der Beklagten vom 1.3.2011 fügen wir als **Anlage B 2** bei. Inhalt der unternehmerischen Entscheidung war es, diese spätestens bis zum 1.4.2011 umzusetzen. Das Arbeitsverhältnis mit den Mitarbeitern der Abteilung Innendienst war deshalb aus betriebsbedingten Gründen aufgrund des damit verbundenen Wegfalls des Beschäftigungsbedürfnisses zu kündigen. Damit war auch das Arbeitsverhältnis mit der Klägerin zu kündigen. Die Klägerin ist am 30.3.2011 freigestellt worden.

Straube

5. Sozialauswahl

Eine Sozialauswahl war nicht durchzuführen. Vergleichbar mit der Klägerin waren allein die anderen Mitarbeiter der Abteilung Innendienst. Da die Abteilung insgesamt geschlossen und das Arbeitsverhältnis mit allen dortigen Mitarbeitern gekündigt wurde, gab es bei der Beklagten keine Mitarbeiter mehr, die mit der Klägerin noch vergleichbar waren.

6. Anderweitiger freier Arbeitsplatz

Einen anderweitigen freien Arbeitsplatz, den man der Klägerin hätte anbieten können, gibt es bei der Beklagten nicht.

7. Betriebsratsanhörung [→ B. Rn. 120, 327]

Die Beklagte hat den zuständigen Betriebsrat vor Ausspruch der betriebsbedingten Kündigung ordnungsgemäß angehört. Der Personalleiter der Beklagten, Herr Ottens, hat hierzu den Betriebsratsvorsitzenden, Herrn Wulf, am 16.3.2011 das als **Anlage B 3** beigefügte Anhörungsschreiben persönlich übergeben. Diesem Anhörungsschreiben war die schriftliche unternehmerische Entscheidung vom 1.3.2011 beigefügt. Nach Ablauf der Ein-Wochen-Frist gem. § 102 BetrVG hat die Beklagte dann die ordentliche Kündigung unter dem 25.3.2011 ausgesprochen.

II. Rechtliche Würdigung

Im Ergebnis ergibt sich, dass die Voraussetzungen einer betriebsbedingten Kündigung vorliegen. Durch die unternehmerische Entscheidung ist das Beschäftigungsbedürfnis für die Klägerin entfallen. Eine Sozialauswahl war nicht durchzuführen. Es gab auch keinen anderen freien Arbeitsplatz, den man der Klägerin anbieten konnte. Die Beklagte war deshalb berechtigt, nach Anhörung des Betriebsrats die betriebsbedingte Kündigung auszusprechen.

Rechtsanwalt

b) Krankheitsbedingte Kündigung

aa) Grundlagen

31 Die **Wirksamkeit einer krankheitsbedingten Kündigung** wird grundsätzlich in drei Stufen geprüft:[29]
1. negative Gesundheitsprognose,
2. betriebliche und/oder wirtschaftliche Beeinträchtigung,
3. Interessenabwägung.

32 Dabei spielt gerade bei krankheitsbedingten Kündigungen die vom BAG vorgegebene **abgestufte Darlegungs- und Beweislast** eine erhebliche Rolle für die Frage, welche Tatsachen der Arbeitgeber in einem klageerwidernden Schriftsatz zur Begründung der Kündigung vortragen muss.[30] Kommen beide Parteien ihrer Darlegungs- und Beweislast hinreichend nach, wird das Gericht idR einen medizinischen Sachverständigen mit der Erstellung eines Gutachtens zur Gesundheitsprognose beauftragen. Der Ausgang des Verfahrens wird dann vom Ergebnis des Sachverständigengutachtens abhängen.

bb) Muster: Klageerwiderung

33 Arbeitsgericht Hannover
Ellernstr. 42
30175 Hannover

---
[29] Schaub/*Linck,* ArbR-HdB, § 131 Rn. 34.
[30] Vgl. hierzu im Einzelnen: Schaub/*Linck,* ArbR-HdB, § 131 Rn. 38.

In dem Rechtsstreit

Peters ./. A-GmbH
– 2 Ca 739/10 –

begründen wir die Kündigung der Beklagten vom 25.3.2010, die aus krankheitsbedingten Gründen erfolgte.

I. Sachverhalt

1. Die Klägerin

Die Klägerin ist am 24.3.1973 geboren, verheiratet und einem Kind zum Unterhalt verpflichtet. Bei der Beklagten ist sie am 1.1.2003 als Sachbearbeiterin Innendienst eingetreten. Zuletzt verdiente sie 2.300,00 EUR brutto.

2. Krankheitsbedingte Fehlzeiten

Die Beklagte hat das Arbeitsverhältnis wegen häufiger Erkrankung der Klägerin als Unterfall der personenbedingten Kündigung gekündigt. Die Klägerin leidet wohl insbesondere unter Rücken- und Lungenproblemen. Die genauen Krankheitsgründe kennt die Beklagte aber nicht.

Im Einzelnen weist die Klägerin in den letzten Jahren folgende Fehlzeiten auf:
– für das Jahr 2006: 42 Krankheitstage (20,1% Abwesenheitsquote)
– für das Jahr 2007: 51 Krankheitstage (24,2% Abwesenheitsquote)
– für das Jahr 2008: 41 Krankheitstage (18,8% Abwesenheitsquote)
– für das Jahr 2009: 53 Krankheitstage (24,8% Abwesenheitsquote).

An Entgeltfortzahlung im Krankheitsfall hat die Beklagte in den Jahren für nachfolgende Tage Zahlungen geleistet:
– für das Jahr 2006: 42 Tage Entgeltfortzahlung im Krankheitsfall
– für das Jahr 2007: 39 Tage Entgeltfortzahlung im Krankheitsfall
– für das Jahr 2008: 41 Tage Entgeltfortzahlung im Krankheitsfall
– für das Jahr 2009: 52 Tage Entgeltfortzahlung im Krankheitsfall.

3. Entgeltfortzahlungskosten

In dem Zeitraum von Januar 2006 bis Dezember 2009 sind der Beklagten Entgeltfortzahlungskosten in Höhe von 18.755,00 EUR entstanden.

4. Negative Zukunftsprognose

Bei der Klägerin ist auch in Zukunft damit zu rechnen, dass krankheitsbedingte Fehlzeiten im bisherigen Umfang ebenso auftreten wie die damit verbundenen Entgeltfortzahlungskosten in der Vergangenheit. In jedem Fall ist auch in Zukunft damit zu rechnen, dass krankheitsbedingte Fehlzeiten von mehr als sechs Wochen pro Jahr auftreten, ebenso wie einen Zeitraum von mehr als sechs Wochen pro Jahr übersteigende Lohnfortzahlungskosten. Die negative Gesundheitsprognose stützt die Beklagte auch auf folgende Erwägungen:

Die gesamten letzten Jahre des Arbeitsverhältnisses mit der Klägerin sind maßgeblich geprägt durch ihre Krankengeschichte und die damit verbundenen weit überdurchschnittlichen Arbeitsunfähigkeitszeiten. Wenn die Klägerin bereits „im jungen Alter" derart hohe Arbeitsunfähigkeitszeiten aufweist, ist auch in Zukunft damit zu rechnen, dass die Klägerin mit zunehmendem Alter noch deutlich höhere Arbeitsunfähigkeitszeiten aufweisen wird und die Beklagte letztendlich keine entsprechende Gegenleistung mehr für die von ihr zu zahlende Vergütung erlangen kann.

5. Betriebliches Eingliederungsmanagement

Die Kündigung ist auch nicht unverhältnismäßig. Die Beklagte hat ein betriebliches Eingliederungsmanagement gem. § 84 Abs. 2 S. 1 SGB IX durchgeführt. Im Rahmen dieses betrieblichen Eingliederungsmanagements wurde die Klägerin zuletzt dauerhaft auf einem leidensgerechten Schonarbeitsplatz eingesetzt. Gleichwohl sind auch auf diesem leidensgerechten Schonarbeitsplatz erhebliche Arbeitsunfähigkeitszeiten angefallen. Eine andere Möglichkeit, die Klägerin leidensgerecht zu beschäftigen, besteht nicht.

6. Interessenabwägung

Im Rahmen der Interessenabwägung hat die Beklagte nicht verkannt, dass die Klägerin gegenüber einem Kind unterhaltsverpflichtet ist. Andererseits musste die Beklagte auch berücksichtigen, dass die Klägerin bereits in „jungen Jahren" ganz massive Arbeitsunfähigkeitszeiten aufweist. Im Rahmen der noch recht kurzen Betriebszugehörigkeit ist die Klägerin weit überdurchschnittlich arbeitsunfähig krank gewesen. Betrachtet man das Arbeitsverhältnis insgesamt, ist dieses sehr deutlich durch die hohen Fehlzeiten der Klägerin geprägt. Da aber bereits in dem Alter der Klägerin derart hohe Fehlzeiten entstehen, ist bei einer Fortsetzung des Arbeitsverhältnisses altersbedingt noch mit viel höheren Fehlzeiten zu rechnen. Die Beklagte muss also davon ausgehen, dass der Hauptzweck des Arbeitsverhältnisses, von der Klägerin verwertbare Leistungen zu erhalten, zukünftig nicht mehr erreichbar ist. Unter diesen Voraussetzungen war die Fortsetzung des Arbeitsverhältnisses für die Beklagte nicht mehr zumutbar.

7. Anhörung Betriebsrat

Der zuständige Betriebsrat wurde vor Ausspruch der Kündigung mit dem als **Anlage B 1** beigefügten Schreiben vom 16.3.2011 ordnungsgemäß angehört. In diesem Anhörungsschreiben sind insbesondere die Arbeitsunfähigkeitszeiten und die damit verbundenen Entgeltfortzahlungskosten im Einzelnen dargelegt.

II. Rechtliche Würdigung [→ C. Rn. 31]

Die Voraussetzungen einer krankheitsbedingten Kündigung liegen vor.

1. Negative Gesundheitsprognose

Die Beklagte hat in der ersten Stufe die krankheitsbedingten Fehlzeiten des Klägers vorgetragen. Die Dauer und Anzahl dieser Fehlzeiten rechtfertigen die Besorgnis weiterer Erkrankungen im bisherigen Umfang. Sie sprechen indiziell für eine entsprechende künftige Entwicklung des Krankheitsbildes.

2. Beeinträchtigung der betrieblichen Interessen

Eine Beeinträchtigung der betrieblichen Interessen liegt in der Betriebsablaufstörung dann vor, wenn erhebliche wirtschaftliche Belastungen des Arbeitgebers, etwa durch zu erwartende, einen Zeitraum von mehr als sechs Wochen pro Jahr übersteigende Lohnfortzahlungskosten vorliegen. Die Entgeltfortzahlungskosten betrugen im Fall der Klägerin oftmals mehr als sechs Wochen pro Jahr. Es ist deshalb auch in Zukunft mit entsprechend hohen Entgeltfortzahlungskosten zu rechnen.

3. Interessenabwägung

Aufgrund der sehr hohen Fehlzeiten in dem noch „jungen Alter" der Klägerin ist bei Fortsetzung des Arbeitsverhältnisses altersbedingt noch mit viel höheren Fehlzeiten zu rechnen. Unter diesen Voraussetzungen ist der Beklagten die Fortsetzung des Arbeitsverhältnisses auch unter Berücksichtigung der Interessen der Klägerin nicht mehr zumutbar.

4. Anhörung Betriebsrat *[→ B. Rn. 120, 327]*

Der Betriebsrat wurde ordnungsgemäß angehört.

III. Ergebnis

Im Ergebnis ergibt sich hieraus, dass das Arbeitsverhältnis wirksam aufgrund der krankheitsbedingten Kündigung beendet worden ist.

Rechtsanwalt

c) Verhaltensbedingte Kündigung

aa) Grundlagen

Voraussetzungen für eine verhaltensbedingte Kündigung sind:[31] **34**
1. Verletzung vertraglicher Haupt- oder Nebenpflichten durch den Arbeitnehmer,
2. Interessenabwägung, die zu Lasten des Arbeitnehmers ausfällt.

Stellt der Arbeitgeber eine **gravierende Vertragsverletzung** fest, wird er idR eine **35** außerordentliche, hilfsweise ordentliche verhaltensbedingte Kündigung aussprechen. Im Hinblick auf die außerordentliche Kündigung hat der Arbeitgeber dabei insbesondere auch die Einhaltung der Zwei-Wochen-Frist gem. § 626 Abs. 2 BGB zu beachten.

Darüber hinaus wird sich der Arbeitgeber nicht immer sicher sein können, ob die **36** Tatsachen, die er ermittelt hat, nach Auffassung des Gerichts ausreichen, um im Prozess das vertragswidrige Verhalten darzulegen und vor allen Dingen auch beweisen zu können. Arbeitgeber sollten verhaltensbedingte Kündigungen deshalb idR **sowohl als Tat- als auch Verdachtskündigung** aussprechen.[32] Voraussetzung für eine Verdachtskündigung ist dabei in jedem Fall die vorherige Anhörung des Arbeitnehmers zu den Vorwürfen.

Für den Arbeitgeber wird es deshalb idR zweckmäßig sein, die Kündigung als **37** **außerordentliche, hilfsweise ordentliche Kündigung** sowohl als Tat- als auch Verdachtskündigung auszusprechen. Dementsprechend ist der Betriebsrat auch vorher anzuhören. Dabei bedarf es keiner „getrennten" Anhörungen für die Tat- oder Verdachtskündigung. In der Anhörung sollte vielmehr der Sachverhalt, der zur Kündigung führt, hinreichend dargestellt werden verbunden mit dem Hinweis, dass die Kündigung sowohl als Tat- als auch Verdachtskündigung ausgesprochen werden soll.[33]

bb) Muster: Klageerwiderung[34]

Arbeitsgericht Hannover **38**
Ellernstr. 42
30175 Hannover ⇨ **369**

In dem Rechtsstreit

Peters ./. A-GmbH
– 4 Ca 529/07 –

---

[31] Schaub/*Linck*, ArbR-HdB, § 133 Rn. 2; BAG 10.6.2010 – 2 AZR 541/09, NZA 2010, 1227.
[32] Vgl. zum Ausspruch einer Verdachtskündigung bei laufendem Strafverfahren *Straube/Haupt* ArbRAktuell 2009, 132.
[33] Nach BAG 23.6.2009 – 2 AZR 474/07, NZA 2009, 1136, hat der Tatsachenrichter auf einen entsprechenden Sachvortrag ohnehin stets die Voraussetzung einer Tat- und Verdachtskündigung zu prüfen.
[34] Das Muster beruht auf der Entscheidung des BAG 16.12.2010 – 2 AZR 485/08, NZA 2011, 571.

begründen wir die außerordentliche, hilfsweise ordentliche Kündigung der Beklagten vom 2.4.2011, die aus verhaltensbedingten Gründen erfolgte.

I. Sachverhalt

1. Das Arbeitsverhältnis

Die Beklagte betreibt bundesweit Drogeriemärkte. Die am 24.3.1973 geborene, ledige und einem Kind zum Unterhalt verpflichtete Klägerin ist seit dem 1.1.1994 bei der Beklagten als Verkäuferin/Kassiererin tätig. Zuletzt erzielte sie bei einer regelmäßigen wöchentlichen Arbeitszeit von 20 Stunden einen monatlichen Bruttoverdienst von 1.323,86 EUR.

2. Das kündigungsrechtliche Verhalten

Die Beklagte hat in der Filiale, in der die Klägerin tätig war, Videoaufzeichnungen durchgeführt. Dabei fiel auf, dass die Klägerin am 23.3.2011 nach Dienstschluss einen sogenannten Personaleinkauf getätigt hatte. Eine anschließende Überprüfung des den Einkauf dokumentierenden Kassenstreifens ergab, dass die Klägerin Waren im Wert von etwas über 60,00 EUR erworben hatte. In Höhe von 36,00 EUR war der Kaufpreis mit insgesamt sieben „produktbezogenen Gutscheinen" verrechnet worden, obwohl die Klägerin solche Artikel nicht eingekauft hatte. Das entsprach nicht dem Verwendungszweck der Coupons. Produktbezogene Gutscheine sind an dem jeweiligen Warenregal angebracht, werden aber auch in Form von Gutscheinheften an Kunden ausgegeben. Sie dürfen, wie der Klägerin bekannt war, nur beim Erwerb der betreffenden Waren verrechnet werden.

Die Klägerin hat mithin ein strafrechtlich bewährtes Vermögensdelikt zu Lasten der Beklagten begangen.

3. Anhörung der Klägerin

Die Verkaufsleiterin hörte die Klägerin in einem Personalgespräch vom 2.4.2011 unter Vorlage des Kassenstreifens zu den Vorwürfen an und gab der Klägerin Gelegenheit zur Stellungnahme. Die Klägerin räumte ein, dass sie die Gutscheine nicht habe einlösen dürfen. Sie wies aber auch darauf hin, dass der Beklagten hierdurch kein Schaden entstanden sei.

4. Einhaltung der Zwei-Wochen-Frist

Die Beklagte hat daraufhin noch am 2.4.2011 eine außerordentliche, hilfsweise ordentliche Kündigung ausgesprochen. Die Zwei-Wochen-Frist gem. § 626 Abs. 2 BGB wurde dabei von der Beklagten gewahrt. Die kündigungsberechtigte Verkaufsleiterin hat am 23.3.2011 bei der Auswertung der Videoaufzeichnung von dem strafrechtlich relevanten Vermögensdelikt der Klägerin zu Lasten der Beklagten Kenntnis erlangt. Die außerordentliche Kündigung ging der Klägerin noch am 2.4.2011 zu. Damit folgte der Ausspruch der außerordentlichen Kündigung noch innerhalb der vorgegebenen gesetzlichen Zwei-Wochen-Frist gem. § 626 Abs. 2 BGB.

II. Rechtliche Würdigung

Gem. § 626 Abs. 1 BGB kann das Arbeitsverhältnis aus wichtigem Grund ohne Einhaltung einer Kündigungsfrist gekündigt werden, wenn Tatsachen vorliegen, aufgrund derer dem Kündigenden unter Berücksichtigung aller Umstände des Einzelfalls und unter Abwägung der Interessen beider Vertragsteile die Fortsetzung des Arbeitsverhältnisses bis zum Ablauf der Kündigungsfrist nicht zugemutet werden kann. Dafür ist zunächst zu prüfen, ob der Sachverhalt ohne seine besonderen Umstände „an sich", dh typischerweise als wichtiger Grund geeignet ist. Alsdann bedarf es der Prüfung, ob dem Kündigenden die Fortsetzung des Arbeitsverhältnisses unter Berücksichtigung der konkreten Umstände des Falls und unter Abwägung der Interessen beider Vertragsteile – jedenfalls bis zum Ablauf der Kündigungsfrist – zumutbar ist oder nicht.

1. Kündigungsgrund

Zum Nachteil des Arbeitgebers begangene Eigentums- oder Vermögensdelikte, aber auch nicht strafbare, ähnliche schwerwiegende Handlungen unmittelbar gegen das Vermögen des Arbeitgebers kommen typischerweise als Grund für eine außerordentliche Kündigung in Betracht. Dies gilt unabhängig von der Höhe eines dem Arbeitgeber durch die Pflichtverletzung entstandenen Schadens. Maßgebend ist vielmehr der mit der Pflichtverletzung verbundene Vertrauensbruch.

Eine solche, die Schwelle zum wichtigen Grund überschreitende Pflichtverletzung der Klägerin liegt nach dem unstreitigen Sachverhalt vor. Die Klägerin hat sich vorsätzlich auf Kosten der Beklagten einen ihr nicht zustehenden Vermögensvorteil verschafft. Damit hat sie ihre gegenüber der Beklagten bestehende Pflicht zur Rücksichtnahme erheblich verletzt.

2. Interessenabwägung

Die außerordentliche Kündigung ist auch unter Berücksichtigung der weiteren Umstände des Streitfalls und nach Abwägung der widerstreitenden Interessen der Parteien gerechtfertigt.

Eine Abmahnung war nach den Umständen des Falles entbehrlich. Zur Klarstellung der vertraglichen Pflichten bedurfte es ihrer nicht. Die Vertragsverletzung war für die Klägerin erkennbar.

Die fristlose Kündigung ist auch unter Einbeziehung der weiteren Interessen beider Vertragsteile gerechtfertigt. Der Beklagten war selbst die Einhaltung der Kündigungsfrist unzumutbar. Zu Gunsten der Klägerin spricht zwar ihre langjährige Betriebszugehörigkeit. Zudem handelt es sich – jedenfalls nach Kenntnis der Beklagten – um einen erstmaligen Vorfall. Gleichwohl überwiegt angesichts des Gewichts der in Rede stehenden Pflichtverletzung, der Stellung der Klägerin als Verkäuferin und Kassiererin und der Tatsache, dass bei ihrer Tätigkeit häufig keine anderen Arbeitnehmer zugegen sind, das Interesse der Arbeitgeberin an der sofortigen Beendigung des Arbeitsverhältnisses.

3. Zwei-Wochen-Frist des § 626 Abs. 2 BGB [→ C. Rn. 35]

Die Zwei-Wochen-Frist gem. § 626 Abs. 2 BGB ist eingehalten.

III. Ergebnis

Damit liegen im Ergebnis die Voraussetzungen einer verhaltensbedingten Kündigung vor.

Rechtsanwalt

4. Nachträgliche Zulassung der Kündigungsschutzklage

a) Grundlagen

Ist ein Arbeitnehmer **verhindert,** gem. § 4 KSchG **innerhalb von drei Wochen** 39 nach Zugang der schriftlichen Kündigung Klage zu erheben, hat er gem. § 5 KSchG die Möglichkeit, einen Antrag auf nachträgliche Zulassung der Klage zu stellen.[35]

---

[35] Schaub/*Linck,* ArbR-HdB, § 139.

Dieser Antrag gem. § 5 Abs. 3 KSchG ist aber nur innerhalb von zwei Wochen nach Behebung des Hindernisses und maximal bis zum Ablauf von sechs Monaten nach Ablauf der versäumten Klagefrist zulässig. Mit dem Antrag auf nachträgliche Zulassung der Kündigungsschutzklage ist gem. § 5 Abs. 2 KSchG die Kündigungsschutzklage zugleich zu erheben. Die Kündigungsschutzklage kann aber auch schon vor dem Antrag auf nachträgliche Zulassung der Kündigungsschutzklage gestellt werden.

40 Für einen erfolgreichen Antrag gem. § 5 Abs. 1 KSchG ist Voraussetzung, dass dem Arbeitnehmer trotz Anwendung aller ihm nach Lage der Umstände zuzumutenden Sorgfalt die Erhebung der Klage innerhalb der vorgeschriebenen Drei-Wochen-Frist nicht möglich war. Im Hinblick auf den häufig anzutreffenden Fall, dass die Kündigung in den Hausbriefkasten des Arbeitnehmers geworfen wird, gilt dabei der Grundsatz, dass der Arbeitnehmer als Inhaber des Hausbriefkastens dafür Sorge zu tragen hat, dass er von für ihn bestimmte Sendungen Kenntnis nehmen kann. Allerdings indiziert eine Unaufklärbarkeit, ob und warum ein Schreiben abhanden gekommen sein kann, allein nicht stets eine mangelnde Sorgfalt des Arbeitnehmers. Der **Arbeitnehmer als Empfänger** eines solchen Schreibens trägt die **Beweislast für eine unverschuldete Fristversäumung.** Für die Darlegung wird es dabei regelmäßig nicht ausreichen, wenn sich ein Arbeitnehmer allein und pauschal darauf beruft, ein Kündigungsschreiben sei weder von ihm noch von seiner Ehefrau oder seiner Tochter im Hausbriefkasten vorgefunden worden. Der Arbeitnehmer muss vielmehr durch eine nähere Darstellung und Glaubhaftmachung den naheliegenden Verlust des Kündigungsschreibens in seiner Sphäre ausschließen. Zu einem solchen Vortrag gehört deshalb zumindest die Darlegung, wer von den in Betracht kommenden Personen im fraglichen Zeitraum den Briefkasten geleert hat, ob und ggf. welche andere Postsendung oder Reklame sich im Briefkasten befanden und wie mit diesen verfahren wurde. Das gilt umso mehr, wenn der Arbeitnehmer mit der Übermittlung und dem Zugang einer Kündigung rechnen musste.[36] Das Verschulden eines (Prozess-)Bevollmächtigten des Arbeitnehmers an der Versäumung der gesetzlichen Klagefrist bei einer Kündigungsschutzklage ist dem klagenden Arbeitnehmer zuzurechnen.[37]

41 Zu beachten ist, dass der Antrag auf nachträgliche Zulassung auch die **Mittel für die Glaubhaftmachung der Tatsachen** beinhalten muss, die die nachträgliche Zulassung begründen sollen. Die Mittel der Glaubhaftmachung müssen in der Antragsschrift benannt und spätestens bis zur Beschlussfassung nachgereicht werden.[38]

b) Muster: Antrag auf nachträgliche Zulassung der Kündigungsschutzklage

42

Arbeitsgericht Hannover
Ellernstr. 42
30175 Hannover

Klage

der Frau Susanne Peters, Ostfeldstr. 42, 30559 Hannover

– Klägerin –

Prozessbevollmächtigte: Rechtsanwälte Müller, Siebrechtstr. 29, 30558 Hannover

gegen

die A-GmbH, vertr. d. d. Geschäftsführer, Herrn Michael Schulz, Kaiserstr. 23, 30788 Hannover

– Beklagte –

---

[36] BAG 28.5.2009 – 2 AZR 732/08, NZA 2009, 1229.
[37] BAG 11.12.2008 – 2 AZR 472/08, NZA 2009, 692.
[38] Vgl. im Einzelnen Schaub/*Linck*, ArbR-HdB, § 139 Rn. 19; *Schrader* NJW 2009, 1541; LAG Baden-Württemberg 11.1.2008 – 7 Ta 1/08, BeckRS 2008, 50892.

Namens und im Auftrag der Klägerin erheben wir Klage und beantragen,

1. festzustellen, dass das zwischen den Parteien bestehende Arbeitsverhältnis durch die Kündigung der Beklagten vom 25.3.2011 nicht aufgelöst worden ist;
2. festzustellen, dass das Arbeitsverhältnis auch nicht durch andere Beendigungstatbestände endet, sondern über den 31.7.2011 hinaus andauert.
3. die Kündigungsschutzklage nachträglich zuzulassen.

I. Sachverhalt

Die am 24.3.1973 geborene Klägerin ist verheiratet und einem Kind zum Unterhalt verpflichtet. Bei der Beklagten ist sie seit dem 1.1.2003 beschäftigt, zuletzt als Abteilungsleiterin IT. Den Arbeitsvertrag vom 1.1.2006 fügen wir als **Anlage K 1** bei.

Die Klägerin verdiente zuletzt 4.500,00 EUR brutto pro Monat.

Die Beklagte beschäftigt mehr als zehn Vollzeitarbeitnehmer, es gibt einen Betriebsrat.

Mit Schreiben vom 25.3.2011 kündigte die Beklagte das Arbeitsverhältnis zum 31.7.2011. Eine Ablichtung dieses Kündigungsschreibens fügen wir als **Anlage K 2** bei.

Die Klägerin hat erst in einem Gespräch vom 3.5.2011 mit einem Mitarbeiter der Personalabteilung davon erfahren, dass die Beklagte das Arbeitsverhältnis mit einem Schreiben vom 25.3.2011 gekündigt hat. Nach Aussage des Mitarbeiters der Personalabteilung hat ein Bote der Beklagten das Kündigungsschreiben vom 25.3.2011 noch am 25.3.2011 selbst in den Hausbriefkasten der Klägerin geworfen. Die Klägerin erhielt in dem Gespräch mit dem Mitarbeiter der Personalabteilung eine Kopie des Kündigungsschreibens.

Die Klägerin hat das Kündigungsschreiben am 25.3.2011 nicht im Hausbriefkasten gefunden. Die Klägerin wohnt mit ihrem Ehemann und ihrer fünfjährigen Tochter in einem Einfamilienhaus. Da der Ehemann in Vollzeit arbeitet, die Klägerin jedoch nur in Teilzeit, leert die Klägerin jeden Tag ihren Hausbriefkasten persönlich, wenn sie gegen 15.00 Uhr von der Arbeit zu Hause ankommt. Die Klägerin leerte auch am 25.3.2011 ihren Hausbriefkasten. Die Klägerin kann sich an diesen Tag besonders deshalb erinnern, weil es sich um den sechsten Geburtstag ihrer Tochter handelte. Die Klägerin öffnete an diesem Tag den Hausbriefkasten, nahm jeglichen Inhalt (Briefe, Reklame usw.) heraus und nahm den Inhalt mit ins Haus. In der Küche betrachtete sie jedes Schreiben ganz genau daraufhin, ob es ein an ihre Tochter gerichtetes Glückwunschschreiben war. Diese Schreiben separierte die Klägerin und legte sie der Tochter auf den Geburtstagstisch. Ein an die Klägerin selbst gerichtetes Schreiben von der Beklagten gehörte nicht zum Inhalt des Hausbriefkastens. Da die Klägerin sämtliche Schreiben aufgrund des Geburtstages ihrer Tochter ganz genau angeschaut hatte, kann sie dies definitiv ausschließen.

Glaubhaftmachung: Eidesstattliche Versicherung der Klägerin vom 8.5.2011 **(Anlage K 3).**

II. Rechtliche Würdigung

Die Klage ist begründet, da die Kündigung sozial nicht gerechtfertigt ist.

1. Soziale Rechtfertigung der Kündigung

Die soziale Rechtfertigung der Kündigung wird mit
Nichtwissen
bestritten.

> Die ordnungsgemäße Durchführung und Vornahme einer Sozialauswahl wird ebenso mit
>
> **Nichtwissen**
>
> bestritten.
>
> **2. Betriebsratsanhörung** *[→ B. Rn. 120, 327]*
>
> Die ordnungsgemäße Anhörung des Betriebsrats nach § 102 BetrVG wird ebenfalls mit
>
> **Nichtwissen**
>
> bestritten.
>
> **3. Allgemeiner Feststellungsantrag** *[→ C. Rn. 11]*
>
> Der Klagantrag zu Ziffer 2. beinhaltet eine selbständige allgemeine Feststellungsklage gem. § 256 ZPO. Der Klägerin sind zwar derzeit keine anderen möglichen Beendigungstatbestände außer der mit dem Klagantrag zu Ziffer 1. angegriffenen Kündigung vom 25.3.2011 bekannt, es besteht jedoch die Gefahr, dass die Beklagte im Verlaufe des Verfahrens weitere Kündigungen ausspricht. Es wird deshalb mit dem Klagantrag zu Ziffer 2. die Feststellung begehrt, dass das Arbeitsverhältnis auch durch solche weiteren Kündigungen nicht beendet wird.
>
> **4. Nachträgliche Zulassung** *[→ C. Rn. 40]*
>
> Die Kündigungsschutzklage ist nachträglich gem. § 5 KSchG zuzulassen, da die Klägerin nach erfolgter Kündigung trotz Anwendung aller ihr nach Lage der Umstände zuzumutenden Sorgfalt verhindert war, die Klage rechtzeitig beim Arbeitsgericht zu erheben.
>
> Rechtsanwalt

5. Auflösungsantrag

a) Grundlagen

43 Stellt das Gericht fest, dass das Arbeitsverhältnis durch die Kündigung nicht aufgelöst worden ist, so hat es gem. § 9 KSchG das Arbeitsverhältnis gleichwohl auf einen entsprechenden Antrag hin aufzulösen und den Arbeitgeber zur Zahlung einer angemessenen Abfindung zu verurteilen. Dabei ergibt sich aber bereits aus dem Gesetzestext, dass im Hinblick auf entsprechende Auflösungsanträge des Arbeitnehmers und des Arbeitgebers **unterschiedliche Voraussetzungen** gelten:[39]

44 Ein **Arbeitgeber** kann die Auflösung des Arbeitsverhältnisses nur dann verlangen, wenn die Rechtsunwirksamkeit der Kündigung allein auf der **Sozialwidrigkeit,** nicht jedoch auch auf anderen Gründen iSd § 13 Abs. 3 KSchG beruht.[40] Aus § 13 Abs. 1 S. 3 KSchG folgt zudem, dass der Arbeitgeber den Auflösungsantrag **nur nach einer ordentlichen Kündigung** stellen kann. Bei einer außerordentlichen Kündigung scheidet eine Auflösung des Arbeitsverhältnisses auf Antrag des Arbeitgebers aus.[41] Inhaltliche Voraussetzung für den erfolgreichen Antrag des Arbeitgebers auf Auflösung des Arbeitsverhältnisses ist gem. § 9 Abs. 1 S. 2 KSchG, dass Gründe vorliegen, die eine den Betriebszwecken dienliche weitere Zusammenarbeit zwischen Arbeitgeber und Arbeitnehmer nicht erwarten lassen.[42] Maßgeblicher Zeitpunkt für die Beurteilung der Frage, ob eine den Betriebs-

---
[39] Schaub/*Linck,* ArbR-HdB, § 141.
[40] BAG 28.5.2009 – 2 AZR 949/07, BeckRS 2011, 78728; 23.2.2010 – 2 AZR 554/08, NZA 2010, 1123.
[41] Schaub/*Linck,* ArbR-HdB, § 141 Rn. 22.
[42] Zu den einzelnen Auflösungsgründen vgl. Schaub/*Linck,* ArbR-HdB, § 141 Rn. 36.

zwecken dienliche weitere Zusammenarbeit zwischen Arbeitgeber und Arbeitnehmer zu erwarten ist, ist der Zeitpunkt der letzten mündlichen Verhandlung in der Tatsacheninstanz.[43] Danach kann auch das Verhalten des Arbeitnehmers oder seines Prozessbevollmächtigten im Kündigungsschutzprozess die Auflösung des Arbeitsverhältnisses noch bedingen. Von wesentlicher Bedeutung in der Praxis ist es, dass der Arbeitgeber den Auflösungsantrag nur begründen muss, wenn der gekündigte Arbeitnehmer kein leitender Angestellter iSd § 14 Abs. 2 KSchG ist. Ist der gekündigte Arbeitnehmer hingegen leitender Angestellter, ist die Begründung gem. § 14 Abs. 2 S. 2 KSchG entbehrlich.

Der **Auflösungsantrag des Arbeitnehmers** setzt ebenfalls eine **sozial ungerechtfertigte Kündigung** voraus. Das zusätzliche Vorliegen anderer Unwirksamkeitsgründe iSd § 13 Abs. 3 KSchG schließen den Auflösungsantrag des Arbeitnehmers aber nicht aus.[44] Darüber hinaus kann der Arbeitnehmer den Auflösungsantrag nicht nur bei einer ordentlichen Kündigung, sondern gem. § 13 Abs. 1 S. 3 KSchG auch bei einer außerordentlichen Kündigung des Arbeitgebers stellen. Voraussetzung für den Auflösungsantrag des Arbeitnehmers ist es gem. § 9 Abs. 1 S. 1 KSchG und § 13 Abs. 1 S. 3 KSchG, dass dem Arbeitnehmer die Fortsetzung des Arbeitsverhältnisses nicht mehr zuzumuten ist.[45] 45

Sowohl Arbeitnehmer als auch Arbeitgeber können den Auflösungsantrag von der Erhebung der Klage bis zum Schluss der mündlichen Verhandlung in der **Berufungsinstanz** stellen.[46] Zweckmäßig erscheint es dabei in jedem Fall, den Auflösungsantrag schriftsätzlich vorzubereiten und zu begründen. Dabei ist der gewünschte Abfindungsbetrag in jedem Fall konkret zu beziffern. Fehlt eine konkrete Bezifferung, wird der Antragsteller nicht beschwert sein, wenn das Gericht dann hinter seinen Vorstellungen zurückbleibt. Eine Berufung wäre dann mangels Beschwer nicht möglich.[47] Dabei ist es aber unerheblich, ob der konkret gewünschte Abfindungsbetrag „nur" in den Klagegründen benannt wird oder auch im Antrag selbst.[48] 46

b) Muster

aa) Muster: Auflösungsantrag Arbeitgeber[49]

47 371

Arbeitsgericht Hannover
Ellernstr. 42
30175 Hannover

In dem Rechtsstreit

Sahin ./. A-GmbH
– 2 Ca 739/10 –

beantragen wir nunmehr,

1. die Klage abzuweisen;
2. das Arbeitsverhältnis gegen Zahlung einer Abfindung, deren Höhe in das Ermessen des Gerichts gestellt wird, aber 12.000,00 EUR nicht überschreiten sollte, zum 31.7.2011 aufzulösen.

[43] BAG 9.9.2010 – 2 AZR 482/09, NJW 2010, 3798.
[44] BAG 20.3.1997 – 8 AZR 769/95, NZA 1997, 937.
[45] Vgl. zu den Auflösungsgründen des Arbeitnehmers: Schaub/*Linck*, ArbR-HdB, § 141 Rn. 28.
[46] Schaub/*Linck*, ArbR-HdB, § 141 Rn. 19.
[47] LAG Köln 21.3.2005 – 2 Sa 1499/04, LAGE KSchG § 10 Nr. 5.
[48] LAG Köln 21.3.2005 – 2 Sa 1499/04, LAGE KSchG § 10 Nr. 5; LAG Hamm 5.12.1996 – 4 Sa 1785/86, LAGE ArbGG 1979 § 64 Nr. 32 mit Verweis auf BGH 14.7.1987 – III ZR 40/87, BGHR ZPO § 2 Beschwer Nr. 1. Dies ergibt sich im Übrigen auch aus den neueren Entscheidungen des BAG zu § 15 Abs. 2 AGG (BAG 22.6.2011 – 8 AZR 48/10, NZA 2011, 1226; 19.8.2010 – 8 AZR 530/09, NZA 2010, 1412).
[49] Das Muster basiert auf dem Urteil des BAG 10.6.2010 – 2 AZR 297/09, NJW 2010, 3796.

Die ordentliche Kündigung vom 25.3.2011 hatten wir bereits mit Schriftsatz vom 18.6.2011 begründet. Den nunmehr ebenfalls gestellten Auflösungsantrag begründen wir wie folgt:

I. Sachverhalt

Der Prozessbevollmächtigte der Klägerin, Herr Rechtsanwalt Müller, hat dem zuständigen Personalreferenten der Beklagten, Herrn Moll, im Gütetermin am 10.4.2011 vorgeworfen, dass er ein Rassist sei. Herr Moll baue unter fadenscheinigen Gründen Fälle auf, um türkischen Arbeitnehmerinnen der Beklagten kündigen zu können. Der Ausspruch der Kündigung liege allein in der „rassistischen Vorurteilsstruktur" des Personalreferenten, Herrn Moll. Dieser Vorwurf berührt das Selbstverständnis der Beklagten, die rassistische Verhaltensmuster von Beschäftigten mit Nachdruck verfolgt.

Die Klägerin war im Gütetermin ebenfalls anwesend. Sie hat die Vorwürfe ihres Prozessbevollmächtigten gegenüber dem Personalreferenten, Herrn Moll, nicht nur stillschweigend zur Kenntnis genommen, sondern diese auch durch eine entsprechende Gestik und beifallsbekundenden Äußerungen gestützt. Die Klägerin hat sich auch bis heute nicht von den Erklärungen ihres Prozessbevollmächtigten im Gütetermin nachträglich distanziert. Eine gedeihliche Zusammenarbeit mit der Klägerin ist daher in Zukunft in keinem Fall mehr möglich.

II. Rechtliche Würdigung [→ C. Rn. 44]

Nach § 9 Abs. 1 S. 2 KSchG hat das Gericht nach erfolgreicher Kündigungsschutzklage des Arbeitnehmers auf Antrag des Arbeitgebers das Arbeitsverhältnis aufzulösen, wenn Gründe vorliegen, die eine den Betriebszwecken dienliche weitere Zusammenarbeit zwischen Arbeitgeber und Arbeitnehmer nicht erwarten lassen. Als Auflösungsgründe für den Arbeitgeber gem. § 9 Abs. 1 S. 2 KSchG kommen solche Umstände in Betracht, die das persönliche Verhältnis zum Arbeitnehmer, die Wertung seiner Persönlichkeit, seiner Leistung oder seiner Eignung für die ihm gestellten Aufgaben und sein Verhältnis zu den übrigen Mitarbeitern betreffen. Dabei kommt es darauf an, ob die objektive Lage beim Schluss der mündlichen Verhandlung in der Tatsacheninstanz die Besorgnis rechtfertigt, dass die weitere Zusammenarbeit mit dem Arbeitnehmer gefährdet ist. Als Auflösungsgrund geeignet sind danach etwa Beleidigungen, sonstige ehrverletzende Äußerungen oder persönliche Angriffe des Arbeitnehmers gegen den Arbeitgeber, Vorgesetzte oder Kollegen.

Der Vorwurf, die Kündigungsentscheidung beruhe auf rassistischen Motiven und es sei dem Personalreferenten, Herrn Moll, nur darum gegangen, türkischen Arbeitnehmerinnen der Beklagten kündigen zu können, kann als beleidigend und gerade angesichts der Personalstruktur bei der Beklagten als schwere Beeinträchtigung der Vertrauensgrundlage angesehen werden. Dem Auflösungsantrag steht dabei nicht entgegen, dass diese den Auflösungsantrag begründenden Äußerungen nicht von der Klägerin selbst, sondern von ihrem Prozessbevollmächtigten im Gütetermin vom 10.4.2011 getätigt wurden. Denn nach der Rechtsprechung des BAG kann auch das Verhalten des Prozessbevollmächtigten eines Arbeitnehmers im Kündigungsschutzprozess die Auflösung des Arbeitsverhältnisses rechtfertigen. Dies gilt für vom Arbeitnehmer nicht veranlasste Erklärungen des Prozessbevollmächtigten jedenfalls dann, wenn der Arbeitnehmer sich diese zu eigen macht und sich auch nachträglich nicht von ihnen distanziert. Im vorliegenden Fall hat die Klägerin die Äußerungen des Prozessbevollmächtigten nicht nur zur Kenntnis genommen, sondern diese auch ausdrücklich unterstützt und sich die Äußerungen somit zu Eigen gemacht. Eine Distanzierung erfolgte mithin gerade nicht. Die Klägerin hat sich auch nicht nachträglich von den Äußerungen distanziert.

Vor diesem Hintergrund ist eine den Betriebszwecken dienliche weitere Zusammenarbeit zwischen der Beklagten und der Klägerin nicht mehr zu erwarten.

Wir halten eine Abfindung in Höhe der beantragten 12.000,00 EUR für angemessen. [→ C. Rn. 46]

Rechtsanwalt

bb) Muster: Auflösungsantrag Arbeitnehmer[50]

Arbeitsgericht Hannover
Ellernstr. 42
30175 Hannover

Klage

des Herrn Michael Peters, Ostfeldstr. 42, 30559 Hannover

– Kläger –

Prozessbevollmächtigte: Rechtsanwälte Müller, Siebrechtstr. 29, 30558 Hannover

gegen

die A-GmbH, vertr. d. d. Geschäftsführer, Herrn Michael Schulz, Kaiserstr. 23, 30788 Hannover

– Beklagte –

Namens und im Auftrag des Klägers erheben wir Klage und beantragen,

1. festzustellen, dass das zwischen den Parteien bestehende Arbeitsverhältnis durch die ordentliche Kündigung der Beklagten vom 2.2.2007 nicht aufgelöst werden wird;
2. das zwischen den Parteien bestehende Arbeitsverhältnis zum 31.5.2007 aufzulösen und die Beklagte zur Zahlung einer Abfindung, deren Höhe in das Ermessen des Gerichts gestellt wird, aber 8.000,00 EUR nicht unterschreiten sollte, zu verurteilen.

I. Sachverhalt

Der am 24.3.1973 geborene Kläger ist verheiratet und zwei Kindern zum Unterhalt verpflichtet. Bei der Beklagten ist er seit dem 1.3.1998 als Schlosser beschäftigt. Den Arbeitsvertrag vom 1.3.1998 fügen wir als **Anlage K 1** bei.

Der Kläger verdiente zuletzt 2.000,00 EUR brutto pro Monat.

Die Beklagte beschäftigt mehr als zehn Vollzeitarbeitnehmer, es gibt einen Betriebsrat.

Vor Ausspruch der Kündigung vom 2.2.2007 sah sich der Kläger folgendem schikanösen Verhalten der Beklagten ausgesetzt:

Der Kläger war aufgrund der Geburt seines Kindes in Elternzeit im Zeitraum vom 29.12.2004 bis 28.12.2006. Aus seiner Tätigkeit vor der Elternzeit stand ihm noch ein Resturlaubsanspruch von 2,5 Arbeitstagen zu. Der Kläger beantragte Urlaub mit Antrag vom 11.12.2006 für die Zeit vom 29.12.2006 bis einschließlich 3.1.2007

---

[50] Das Muster basiert auf dem Urteil des LAG Niedersachsen 18.4.2008 – 16 Sa 1249/07, BeckRS 2011, 66900.

für 2,5 Tage. Dieser Urlaub wurde dem Kläger zunächst genehmigt, später allerdings ohne Begründung widerrufen.

Die Ehefrau des Klägers wurde am 5.1.2007 mit Kaiserschnitt vom zweiten Kind des Klägers entbunden. Da dieser Geburtstermin bereits längere Zeit feststand, bat der Kläger die Beklagte um Urlaub für den 5.1.2007, der dem Kläger allerdings verweigert wurde. Der Kläger teilte dann unter den Hinweis auf § 616 BGB mit, dass er diesen Tag nicht zur Arbeit erscheinen werde. Daraufhin erteilte die Beklagte unter dem Datum des 8.1.2007 eine Abmahnung.

Die Ehefrau des Klägers musste sich am 25. und 26.1.2007 wegen eines gynäkologischen Eingriffs in ärztliche Behandlung begeben. Der Kläger entschuldigte sich bei der Beklagten zuvor für beide Tage und wies darauf hin, dass er seine Kinder während dieser Zeit betreuen müsste. Der Kläger blieb dann der Arbeit am 25. und 26.1.2007 fern.

Daraufhin kündigte die Beklagte das Arbeitsverhältnis unter Bezugnahme auf die bereits am 8.1.2007 erteilte Abmahnung unter Einhaltung der ordentlichen Kündigungsfrist zum 31.5.2007. Eine Ablichtung dieses Kündigungsschreibens fügen wir als **Anlage K 2** bei.

II. Rechtliche Würdigung

1. Rechtsunwirksamkeit der Kündigung *[→ C. Rn. 45]*

Die Klage ist begründet, da die Kündigung sozial nicht gerechtfertigt ist.

a) Soziale Rechtfertigung der Kündigung

Die soziale Rechtfertigung der Kündigung wird mit
Nichtwissen
bestritten.

b) Betriebsratsanhörung *[→ B. Rn. 120, 327]*

Die ordnungsgemäße Anhörung des Betriebsrats nach § 102 BetrVG wird ebenfalls mit
Nichtwissen
bestritten.

2. Allgemeiner Feststellungsantrag *[→ C. Rn. 11]*

Der Klagantrag zu Ziffer 2. beinhaltet eine selbständige allgemeine Feststellungsklage gem. § 256 ZPO. Dem Kläger sind zwar derzeit keine anderen möglichen Beendigungstatbestände außer der mit dem Klagantrag zu Ziffer 1. angegriffenen Kündigung vom 2.2.2007 bekannt, es besteht jedoch die Gefahr, dass die Beklagte im Laufe des Verfahrens weitere Kündigung ausspricht. Es wird deshalb mit dem Klagantrag zu Ziffer 2. die Feststellung begehrt, dass das Arbeitsverhältnis auch durch solche weiteren Kündigungen nicht beendet wird.

3. Auflösungsantrag *[→ C. Rn. 45]*

Gem. § 9 Abs. 1 S. 1 KSchG hat das Gericht auf Antrag des Arbeitnehmers das Arbeitsverhältnis aufzulösen und den Arbeitgeber zur Zahlung einer angemessenen Abfindung zu verurteilen, wenn das Gericht feststellt, dass das Arbeitsverhältnis durch die Kündigung nicht aufgelöst ist, jedoch dem Arbeitnehmer die Fortsetzung des Arbeitsverhältnisses nicht mehr zuzumuten ist. Dabei kommen bei der Prüfung der Auflösungsgründe nicht nur solche in Betracht, die zur Unzumutbarkeit der Fortsetzung des Arbeitsverhältnisses iSd § 626 Abs. 1 S. 1 BGB führen, sondern auch solche, die ein geringeres Gewicht haben als ein wichtiger Grund gem. § 626 Abs. 1 BGB.

Vorliegend liegen die Gründe für die Unzumutbarkeit der Fortsetzung des Arbeitsverhältnisses einerseits in den Gründen für die Kündigung selbst, zum anderen im Verhalten des Arbeitgebers, das in einem inneren Zusammenhang mit der unwirksam erklärten Kündigung steht und im Laufe des Kündigungsrechtsstreites entstanden ist. Während dem Kläger im Zusammenhang mit den Gründen, die zur Kündigung geführt haben, kein Vorwurf gemacht werden kann, hat sich die Beklagte gegenüber dem Kläger grob fehlerhaft und schikanös verhalten. Bei dem Verhalten des Arbeitgebers handelt es sich insgesamt um ein fortgesetztes schikanöses Verhalten gegenüber dem Kläger, das aus Sicht des Klägers eine Unzumutbarkeit begründet.

Als Abfindung halten wir einen Betrag in Höhe von 8.000,00 EUR für angemessen. [→ C. Rn. 46]

Rechtsanwalt

6. Änderungskündigung

a) Grundlagen

Eine Änderungskündigung liegt dann vor, wenn der Arbeitgeber das Arbeitsverhältnis kündigt und dem Arbeitnehmer im Zusammenhang mit der Kündigung die **Fortsetzung des Arbeitsverhältnisses zu geänderten Arbeitsbedingungen** anbietet (§ 2 KSchG). Der Arbeitnehmer hat dann folgende **Reaktionsmöglichkeiten:**[51] **49**
- Der Arbeitnehmer kann das Angebot annehmen, dann gelten zukünftig die neuen Vertragsbedingungen.
- Der Arbeitnehmer kann das Angebot ablehnen, in diesem Fall wirkt die in der Änderungskündigung enthaltene Kündigung als Beendigungskündigung. Der Arbeitnehmer kann hiergegen mit einer Kündigungsschutzklage nach § 4 S. 1 KSchG vorgehen.
- Der Arbeitnehmer kann das Angebot schließlich aber auch unter dem Vorbehalt annehmen, dass die Änderung der Arbeitsbedingungen nicht sozial ungerechtfertigt ist (§ 2 S. 1 KSchG).

Will der Arbeitnehmer das **Angebot unter Vorbehalt annehmen,** muss er diesen **50** Vorbehalt dem Arbeitgeber gegenüber erklären. Dabei ist es dringend anzuraten, die Annahme unter Vorbehalt **schriftlich** gegenüber dem Arbeitgeber unter Verwendung der in § 2 S. 1 KSchG vorgegebenen Formulierung zu erklären („Ich nehme das Angebot unter dem Vorbehalt an, dass die Änderung der Arbeitsbedingungen nicht sozial ungerechtfertigt ist"). Der Vorbehalt muss nach § 2 S. 2 KSchG spätestens **innerhalb von drei Wochen** nach Zugang der Änderungskündigung gegenüber dem Arbeitgeber erklärt werden. Zusätzlich muss der Arbeitnehmer in diesem Fall ebenfalls innerhalb von drei Wochen nach Zugang der Kündigung Kündigungsschutzklage erheben und gem. § 4 S. 2 KSchG die Feststellung beantragen, dass „die Änderung der Arbeitsbedingungen sozial ungerechtfertigt oder aus anderen Gründen rechtsunwirksam ist".[52]

Die **Begründetheit der Änderungsschutzklage** setzt voraus, dass in dem Zeit- **51** punkt, zu welchem die Änderungskündigung ausgesprochen wird, das Arbeitsverhältnis nicht ohnehin schon zu den Bedingungen besteht, die dem Arbeitnehmer mit der Kündigung angetragen werden. Ist die Änderung bereits auf anderem Wege – etwa

---

[51] Vgl. hierzu Schaub/*Linck,* ArbR.-HdB, § 137.
[52] Vgl. zur Antragstellung KR/*Friedrich* KSchG § 4 Rn. 285.

aufgrund wirksamer Ausübung des Direktionsrechts – eingetreten, ist die Klage unbegründet.[53]

52 Eine Änderungskündigung kann bereits deshalb **unwirksam** sein, weil das Änderungsangebot nicht hinreichend bestimmt ist.[54] Eine betriebsbedingte Änderungskündigung ist darüber hinaus nur dann sozial gerechtfertigt und damit wirksam, wenn sich der Arbeitgeber darauf beschränkt, solche Änderungen vorzuschlagen, die erforderlich und geeignet sind, den Vertragsinhalt an die geänderte Beschäftigungsmöglichkeit anzupassen. Im Prozess muss der Arbeitgeber dies beweisen.[55] Es ist deshalb ausreichend, wenn der Arbeitnehmer in der Kündigungsschutzklage die soziale Rechtfertigung der Änderungskündigung insgesamt bestreitet. Der Arbeitgeber muss dann im Prozess zunächst die Voraussetzungen der betriebsbedingten Kündigung (insbesondere den Wegfall des Beschäftigungsbedürfnisses) darlegen, aber auch, dass er sich auf solche Änderungen des Vertragsinhaltes beschränkt hat, die der Arbeitnehmer billigerweise hinnehmen muss.[56] Hingegen ist für eine Änderungskündigung zum Zwecke der Versetzung die Zustimmung des Betriebsrats gem. § 99 BetrVG keine Wirksamkeitsvoraussetzung.[57]

b) Muster

aa) Muster: Änderungsschutzklage

53

Arbeitsgericht Hannover
Ellernstr. 42
30175 Hannover

Klage

der Frau Susanne Peters, Ostfeldstr. 42, 30559 Hannover

– Klägerin –

Prozessbevollmächtigte: Rechtsanwälte Müller, Siebrechtstr. 29, 30558 Hannover

gegen

die A-GmbH, vertr. d. d. Geschäftsführer, Herrn Michael Schulz, Kaiserstr. 23, 30788 Hannover

– Beklagte –

Namens und im Auftrag der Klägerin erheben wir Klage und beantragen,

1. festzustellen, dass die Änderung der Arbeitsbedingungen durch die Kündigung der Beklagten vom 25.3.2011 sozial ungerechtfertigt oder aus anderen Gründen rechtsunwirksam ist;
2. festzustellen, dass das Arbeitsverhältnis über den 31.7.2011 zu unveränderten Bedingungen fortbesteht.

Die Parteien streiten um eine ordentliche, betriebsbedingte Änderungskündigung.

I. Sachverhalt

Die am 24.3.1973 geborene Klägerin ist verheiratet und einem Kind zum Unterhalt verpflichtet. Bei der Beklagten ist sie seit dem 1.1.2004 als Kassiererin beschäftigt. Den Arbeitsvertrag vom 1.1.2004 fügen wir als **Anlage K 1** bei.

Die Klägerin verdient 2.500,00 EUR brutto pro Monat.

---

[53] BAG 26.8.2008 – 1 AZR 353/07, NZA-RR 2009 300.
[54] BAG 10.9.2009 – 2 AZR 822/07, NZA 2010, 333.
[55] BAG 23.6.2005 – 2 AZR 642/04, NZA 2006, 92.
[56] Vgl. BAG 23.6.2005 – 2 AZR 642/04, NZA 2006, 92; dazu *Schrader/Straube* DB 2006, 1678.
[57] BAG 22.4.2010 – 2 AZR 491/09, NZA 2010, 1235.

Die Beklagte beschäftigt mehr als zehn Vollzeitarbeitnehmer, es gibt einen Betriebsrat.

Mit Schreiben vom 25.3.2011 hat die Beklagte das Arbeitsverhältnis zum 31.7.2011 gekündigt und der Klägerin gleichzeitig angeboten, das Arbeitsverhältnis zu den im Sanierungstarifvertrag vorgesehenen verschlechterten Bedingungen fortzusetzen. Der Sanierungstarifvertrag sieht insbesondere eine zusätzliche unentgeltliche Tätigkeit von 145 Stunden, die Streichung des zusätzlichen Urlaubsgeldes und von Sonderzuwendungen und der Arbeitsbefreiung aufgrund eines AZV-Tages (Ausgleich für Arbeitszeitverkürzung) vor. Eine Ablichtung des Kündigungsschreibens fügen wir als **Anlage K 2** bei.

Namens und in Vollmacht der Klägerin haben wir mit Schreiben vom 5.4.2011 der Beklagten mitgeteilt, dass die Klägerin bereit ist, das Arbeitsverhältnis zu den geänderten Bedingungen fortzusetzen, falls nicht die Änderung der Arbeitsbedingungen sozial ungerechtfertigt ist.

II. Rechtliche Würdigung

Die Klage ist begründet, da die Kündigung sozial nicht gerechtfertigt ist.

1. Soziale Rechtfertigung der Kündigung

Die soziale Rechtfertigung der Kündigung wird mit
Nichtwissen
bestritten.

Die ordnungsgemäße Durchführung und Vornahme einer Sozialauswahl wird mit
Nichtwissen
bestritten.

2. Betriebsratsanhörung [→ B. Rn. 120, 327]

Die ordnungsgemäße Anhörung des Betriebsrats nach § 102 BetrVG wird mit
Nichtwissen
bestritten.

Rechtsanwalt

bb) Muster: Klageerwiderung[58]

Arbeitsgericht Hannover
Ellernstr. 42
30175 Hannover

In dem Rechtsstreit

Peters ./. A-GmbH
– 2 Ca 739/10 –

begründen wir die ordentliche, betriebsbedingte Änderungskündigung der Beklagten vom 25.3.2011.

---

[58] Das Muster der Klageerwiderung basiert auf der Entscheidung des BAG 26.6.2008 – 2 AZR 139/07, NZA 2008, 1182.

I. Sachverhalt

1. Die Beklagte

Die Beklagte betreibt mehrere Sportgeschäfte. Sie beschäftigt 447 Mitarbeiter. Soweit die Klägerin in der Klage behauptet, dass es bei der Beklagten einen Betriebsrat gibt, ist dies insoweit zutreffend, als dass in den Betrieben in München und Düsseldorf Betriebsräte errichtet wurden. In den übrigen Betrieben wurden jedoch keine Betriebsräte gebildet.

2. Die Klägerin

Die am 24.3.1973 geborene Klägerin ist verheiratet und einem Kind zum Unterhalt verpflichtet. Bei der Beklagten ist sie seit dem 1.1.2004 in dem Betrieb in Hannover als Kassiererin tätig. Den Arbeitsvertrag vom 1.1.2004 hat die Klägerin selbst ihrer Klage als Anlage K 1 beigelegt.

3. Die wirtschaftliche Situation

Die Beklagte befindet sich seit dem Jahr 2007 in erheblichen wirtschaftlichen Schwierigkeiten. Ausweislich einer gutachterlichen Stellungnahme der Wirtschaftsprüfungsgesellschaft G. waren zur Gewährleistung des Fortbestandes der Beklagten und zur Abwendung der Insolvenz einschneidende Umstrukturierungs- und Sanierungsmaßnahmen erforderlich. Unter anderem wird in dem Gutachten vom 27.9.2010 gefordert, die Personalkosten durch Änderung der Arbeitsbedingungen der Mitarbeiter in insgesamt vier Punkten im Gesamtvolumen von ca. 1,5 Mio. EUR zu entlasten. Das Gutachten der Wirtschaftsprüfungsgesellschaft G. fügen wir als **Anlage B 1** bei.

Die Beklagte entwarf daraufhin einen Sanierungsplan vom 11.11.2010, nach dem allen vollzeitbeschäftigten Arbeitnehmern – und damit auch der Klägerin – eine zusätzliche unentgeltliche Tätigkeit von 145 Stunden innerhalb eines Zeitraumes von November 2010 bis April 2011 abverlangt wurde. Als weitere Maßnahmen sah der Sanierungsplan die Streichung des zusätzlichen Urlaubsgeldes, von Sonderzuwendungen und der Arbeitsbefreiung aufgrund eines AZV-Tages (Ausgleich für Arbeitszeitverkürzung) vor.

Zur Umsetzung des Sanierungskonzeptes schloss die Beklagte mit der Gewerkschaft ver.di einen Sanierungstarifvertrag. Um die Regelungen des Sanierungstarifvertrages gegenüber den Mitarbeitern in Geltung zu setzen, bedurfte es einer individualvertraglichen Vereinbarung mit jedem einzelnen Arbeitnehmer. 439 Arbeitnehmer stimmten der Änderungsvereinbarung zu. Die restlichen Mitarbeiter, die eine freiwillige vertragliche Vereinbarung im Hinblick auf die Geltung des Sanierungstarifvertrages ablehnten, erhielten eine Änderungskündigung. Zu diesen Mitarbeitern gehörte auch die Klägerin.

4. Die Änderungskündigung

Die Beklagte kündigte das Arbeitsverhältnis mit der Klägerin unter dem 25.3.2011 und bot der Klägerin zugleich die Fortsetzung des Arbeitsverhältnisses zu den im Sanierungstarifvertrag vorgesehenen verschlechterten Bedingungen an. Die Klägerin nahm die Änderungskündigung unter Vorbehalt an.

II. Rechtliche Würdigung [→ C. Rn. 49, 51]

Die Klage ist unbegründet. Die der Klägerin mit der Kündigung angebotene Änderung der Arbeitsbedingungen ist nicht sozial ungerechtfertigt iSd §§ 1, 2 KSchG.

> Sie ist durch dringende betriebliche Erfordernisse gerechtfertigt, die der Weiterbeschäftigung der Klägerin zu unveränderten Bedingungen entgegenstehen.
>
> Die Unrentabilität eines Betriebs kann der Weiterbeschäftigung des Arbeitnehmers zu unveränderten Bedingungen entgegenstehen und ein dringendes betriebliches Erfordernis zur Änderung der Arbeitsbedingungen sein, wenn durch die Senkung der Personalkosten die Stilllegung des Betriebs oder die Reduzierung der Belegschaft verhindert werden kann und die Kosten durch andere Maßnahmen nicht zu senken sind. Nach der Rechtsprechung des BAG kann die Änderungskündigung zur Entgeltsenkung aber nur dann begründet sein, wenn bei einer Aufrechterhaltung der bisherigen Personalkostenstruktur weitere, betrieblich nicht mehr auffangbare Verluste entstünden, die absehbar zu einer Reduzierung der Belegschaft oder sogar zu einer Schließung des Betriebs führen. Regelmäßig bedarf es deshalb eines umfassenden Sanierungsplans, der alle gegenüber der beabsichtigten Änderungskündigung milderen Mittel ausschöpft. Diesen Anforderungen wird die angebotene Vertragsänderung gerecht, da das Sanierungskonzept den vorgenannten Maßstäben entsprach. Die in dem Sanierungskonzept enthaltenen Sanierungs- und Umstrukturierungsmaßnahmen waren zur Abwendung der drohenden Insolvenz geeignet und erforderlich. Mildere Mittel waren ausgeschöpft.
>
> Rechtsanwalt

7. Betriebsübergang

a) Grundlagen

Erfolgt eine **Kündigung im Zusammenhang mit einem möglichen Betriebsübergang,** ist für den Arbeitnehmer nicht immer ersichtlich, wie er sich am besten verhält. Der Arbeitnehmer muss sich insbesondere genau überlegen, wen er mit welchem Ziel verklagt und welche Begründung er hierfür vorbringt. Eine Reihe verschiedener Konstellationen sind denkbar.[59] Dabei wird der Arbeitnehmer die Kündigungsschutzklage zunächst immer gegen denjenigen richten müssen, der die Kündigung ausgesprochen hat. 55

Hat der bisherige Arbeitgeber und mögliche Betriebsveräußerer die **Kündigung vor dem im Raume stehenden Betriebsübergang** ausgesprochen, ist anerkannt, dass dieser auch nach dem möglichen Betriebsübergang für die gerichtliche Klärung der sozialen Rechtfertigung der Kündigung prozessführungsbefugt bleibt. Dies gilt nicht nur für den Fall, dass der mögliche Betriebsübergang nach Klageerhebung erfolgt,[60] sondern auch dann, wenn die Kündigungsschutzklage erst nach dem möglichen Betriebsübergang erhoben wird.[61] 56

Stützt der Arbeitnehmer die **Unwirksamkeit der Kündigungen** in einem solchen Prozess auf § 613a Abs. 4 BGB, hat er selbst darzulegen und zu beweisen, dass ihm wegen eines rechtsgeschäftlichen Betriebsübergangs gekündigt worden ist.[62] Der Arbeitnehmer hat im Prozess also insbesondere auch darzulegen und zu beweisen – was ihm idR schwer gelingt –, dass überhaupt ein Betriebsübergang vorgelegen hat.[63] § 613a Abs. 4 BGB ist ein eigenständiges Kündigungsverbot, auf das sich der Arbeitnehmer nur dann gem. § 6 KSchG bis zum Schluss der mündlichen Verhandlung erster Instanz berufen kann, wenn er innerhalb der Klagefrist von drei Wochen gem. § 4 KSchG Kündigungsschutzklage erhoben hat.[64] 57

---

[59] Eine guten Überblick bieten Schaub/*Linck,* ArbR-HdB, § 138 Rn. 26; KR/*Friedrich* KSchG § 4 Rn. 96 ff.
[60] Vgl. ausdrücklich BAG 24.8.2006 – 8 AZR 574/05, NZA 2007, 328.
[61] Schaub/*Linck,* ArbR-HdB, § 138 Rn. 26; KR/*Friedrich* KSchG § 4 Rn. 96a.
[62] BAG 26.5.2011 – 8 AZR 37/10, NZA 2011, 1143.
[63] BAG 22.6.2011 – 8 AZR 107/10, DB 2011, 2553.
[64] Schaub/*Linck,* ArbR-HdB, § 138 Rn. 28.

58 Stützt ein Arbeitnehmer seine Kündigungsschutzklage hingegen allein auf die Behauptung, der Betrieb sei bereits vor Ausspruch der Kündigung auf einen Erwerber übergegangen, so führt dies zur **Unschlüssigkeit der Klage.** Denn nach dem eigenen Vorbringen des Arbeitnehmers bestand in diesem Fall zum Zeitpunkt der Kündigung kein Arbeitsverhältnis mehr, was aber Voraussetzung für einen Erfolg im Kündigungsschutzprozess ist. Behauptet der Arbeitgeber in dem Verlauf des Kündigungsschutzprozesses allerdings, dass ein Betriebsübergang überhaupt nicht stattgefunden hat, kann der Arbeitnehmer sich dieses Vorbringen hilfsweise zu eigen machen und die Kündigungsschutzklage dann auf weitere Unwirksamkeitsgründe stützen. Liegt nach Auffassung des Gerichts ein Betriebsübergang vor, ist die Klage unbegründet, liegt er nicht vor, hat das Gericht weiter zu prüfen, ob die vom Arbeitnehmer geltend gemachten Unwirksamkeitsgründe greifen.[65]

59 Um eine andere Fragestellung geht es hingegen, wenn der kündigende, bisherige Arbeitgeber die Voraussetzungen der betriebsbedingten Kündigung mit einer beabsichtigten Betriebsstilllegung begründen will, der Arbeitnehmer im Prozess aber erwidert, dass gar keine Betriebsstilllegung, sondern ein Betriebsübergang stattgefunden hat. Da der kündigende Arbeitgeber die Tatsachen darzulegen und zu beweisen hat, die die Kündigung bedingen, muss er in diesem Fall seinen eigenen Stilllegungswillen nachweisen. Gelingt ihm dies nicht, ist der Kündigungsschutzklage stattzugeben, ohne dass es überhaupt einer Feststellung zum Betriebsübergang bedarf.[66]

60 Steht für den Arbeitnehmer nicht klar fest, ob ein Betriebsübergang stattgefunden hat, ist es in jedem Fall anzuraten, den potenziellen Betriebserwerber im Wege der subjektiven Klagenhäufung mit dem Kündigungsschutzantrag auf Feststellung zu verklagen, dass das Arbeitsverhältnis zu unveränderten Arbeitsbedingungen mit dem Betriebserwerber fortbesteht.[67]

61 Kündigt hingegen der Erwerber, ist die Kündigungsschutzklage gegen diesen zu richten. Zudem kann es zweckmäßig sein, zugleich den bisherigen Arbeitgeber auf Feststellung zu verklagen, dass mit diesem ein Arbeitsverhältnis zu unveränderten Bedingungen fortbesteht.[68]

b) Muster: Kündigungsschutzklage und Weiterbeschäftigung beim Erwerber[69]

62

Arbeitsgericht Hannover
Ellernstr. 42
30175 Hannover

Klage

der Frau Susanne Peters, Ostfeldstr. 42, 30559 Hannover

– Klägerin –

Prozessbevollmächtigte: Rechtsanwälte Müller, Siebrechtstr. 29, 30558 Hannover

gegen

1. die A-GmbH, vertr. d. d. Geschäftsführer, Herrn Michael Schulz, Kaiserstr. 23, 30788 Hannover

– Beklagte zu 1. –

---

[65] BAG 26.7.2007 – 8 AZR 769/06, NZA 2008, 112; Schaub/*Linck,* ArbR-HdB, § 138 Rn. 27.
[66] BAG 26.5.2011 – 8 AZR 37/10, NZA 2011, 1143.
[67] Schaub/*Linck,* ArbR-HdB, § 138 Rn. 26; KR/*Friedrich* KSchG § 4 Rn. 97. Zum Klagantrag: BAG 22.7.2004 – 8 AZR 350/03, NZA 2004, 1383.
[68] KR/*Friedrich* KSchG § 4 Rn. 96e, 97.
[69] Das Muster basiert auf der Entscheidung des BAG 25.6.2009 – 8 AZR 258/08, NZA 2009, 1412.

2. die B-GmbH, vertr. d. d. Geschäftsführer, Herrn Torsten Bolle, Hohe Str. 52a, 30765 Hannover

– Beklagte zu 2. –

Namens und im Auftrag der Klägerin erheben wir Klage und beantragen,

1. festzustellen, dass das zwischen der Klägerin und der Beklagten zu 1. bestehende Arbeitsverhältnis durch die ordentliche Kündigung der Beklagten zu 1. vom 20.9.2006 nicht aufgelöst werden wird;
2. festzustellen, dass das Arbeitsverhältnis auch nicht durch andere Beendigungstatbestände endet, sondern über den 31.3.2007 hinaus andauert;
3. festzustellen, dass das Arbeitsverhältnis zwischen der Klägerin und der Beklagten zu 2. zu den zuletzt zwischen der Klägerin und der Beklagten zu 1. geltenden Arbeitsbedingungen vom 1.1.2006 fortbesteht. [→ C. Rn. 60]

Die Parteien streiten um die Wirksamkeit einer ordentlichen, betriebsbedingten Kündigung und die Frage, ob das Arbeitsverhältnis im Wege eines Betriebsüberganges auf die Beklagte zu 2. übergegangen ist.

I. Sachverhalt

1. Die Beklagte zu 1.

Die Beklagte zu 1. ist eine 100%ige Tochter des Y-Konzerns. Sie betrieb ein Callcenter und erbrachte für die Konzernunternehmen Dienstleistungen (zB telefonische Auftragsannahme und Kundenberatung sowie „Service-Beschwerde-Management").

Die Beklagte beschäftigte im März 2006 484 Mitarbeiter, im März 2007 noch 88 Mitarbeiter. Es gab einen Betriebsrat.

2. Die Klägerin

Die am 24.3.1973 geborene Klägerin ist verheiratet und einem Kind zum Unterhalt verpflichtet. Bei der Beklagten zu 1. war sie seit dem 1.1.2003 beschäftigt, zuletzt als Supervisor-Assistentin/Trainerassistentin. Den Arbeitsvertrag vom 1.1.2006 fügen wir als **Anlage K 1** bei. Die Klägerin verdiente zuletzt 3.000,00 EUR brutto pro Monat.

3. Die behauptete Betriebsstilllegung

Am 30.6.2006 beschloss die Beklagte zu 1. im Hinblick auf die geplante Gründung der Beklagten zu 2. die Stilllegung ihres Betriebes zum 31.3.2007. Sie vereinbarte am 26.7.2006 mit dem bei ihr gebildeten Betriebsrat einen Interessenausgleich und die Eckpunkte für einen Sozialplan, kündigte in der Folgezeit ihre laufenden Vertragsverhältnisse (zB Mietvertrag über die Gewerberäume, Bankkonten usw.) und meldete ihr Gewerbe zum 31.3.2007 ab. Die Betriebsmittel wurden veräußert oder entsorgt, so auch die bislang genutzte Telefonanlage. Bereits am 30.08.2006 war die Beklagte zu 2. gegründet worden. Allerdings stellte die Beklagte zu 1. noch in der Zeit von September bis November 2006 ca. 200 Mitarbeiter neu ein und ließ diese für eine Tätigkeit bei der Beklagten zu 2. schulen. Bei der Beklagten zu 1. waren zum Zeitpunkt der Betriebsaufnahme der Beklagten zu 2. 256 Mitarbeiter unbefristet und ca. 172 Mitarbeiter befristet beschäftigt. Die befristeten Arbeitsverhältnisse endeten spätestens zum 31.3.2007. Die Beklagte zu 2. bot den unbefristet beschäftigten Mitarbeitern der Beklagten zu 1. den Abschluss neuer Arbeitsverträge zu geringerer Vergütung bei erhöhter Arbeitszeit sowie eine einjährige Ausgleichszahlung an. 161 Mitarbeiter nahmen dieses Angebot an, die Klägerin lehnte es jedoch ab. Die bei der Beklagten zu 1. befristet beschäftigten Mitarbeiter erhielten kein Vertragsangebot der Beklagten zu 2., wurden nach entsprechender Bewerbung jedoch weitgehend von ihr eingestellt. Zwischen dem 1.10.2006 und dem 1.3.2007 beschäftigte die Beklagte zu 2. insgesamt 230 Arbeitnehmer, von denen 220 zuvor bei der Beklagten zu 1. tätig waren.

4. Die Kündigung

Mit Schreiben vom 20.9.2006 kündigte die Beklagte zu 1. das Arbeitsverhältnis mit der Klägerin zum 31.3.2007. Eine Ablichtung dieses Kündigungsschreibens fügen wir als **Anlage K 2** bei.

II. Rechtliche Würdigung

Die Klage ist begründet, da die Kündigung sozial nicht gerechtfertigt ist. Zudem hat ein Betriebsübergang auf die Beklagte zu 2. stattgefunden.

1. Soziale Rechtfertigung der Kündigung

Die soziale Rechtfertigung der Kündigung wird mit
Nichtwissen
bestritten.

Insbesondere wird eine Stilllegungsabsicht der Beklagten zu 1. mit
Nichtwissen
bestritten. Tatsächlich hat die Beklagte zu 1. ihren Betrieb nicht stillgelegt, sondern an die Beklagte zu 2. veräußert. Eine Betriebsstilllegung und eine Betriebsveräußerung schließen sich aber systematisch aus.

2. Betriebsratsanhörung *[→ B. Rn. 120, 327]*

Die ordnungsgemäße Anhörung des Betriebsrats nach § 102 BetrVG wird ebenfalls mit
Nichtwissen
bestritten.

3. Allgemeiner Feststellungsantrag *[→ C. Rn. 11]*

Der Klagantrag zu 2. beinhaltet eine selbständige allgemeine Feststellungsklage gem. § 256 ZPO. Der Klägerin sind zwar derzeit keine anderen möglichen Beendigungstatbestände außer der mit dem Klagantrag zu Ziffer 1. angegriffenen Kündigung vom 20.9.2006 bekannt, es besteht jedoch die Gefahr, dass die Beklagte im Laufe des Verfahrens weitere Kündigungen ausspricht. Es wird deshalb mit dem Klagantrag zu Ziffer 2. die Feststellung begehrt, dass das Arbeitsverhältnis auch durch solche weiteren Kündigungen nicht beendet wird.

4. Betriebsübergang *[→ C. Rn. 59]*

Die von der Beklagten zu 1. zur Rechtfertigung der Kündigung behauptete Stilllegung ihres Betriebes hat nicht stattgefunden, weil der Betrieb auf die Beklagte zu 2. nach § 613a Abs. 1 BGB übergegangen ist. Wegen des erfolgten Betriebsübergangs ist auch der Klagantrag zu Ziffer 3. auf Feststellung, dass zwischen der Klägerin und der Beklagten zu 2. ein unbefristetes Arbeitsverhältnis zu den zuletzt zwischen der Klägerin und der Beklagten zu 1. geltenden Arbeitsbedingungen besteht, begründet.

Straube

> Ein Betriebsübergang nach § 613a Abs. 1 BGB setzt die Wahrung der Identität der betreffenden wirtschaftlichen Einheit voraus. Eine solche besteht aus einer organisatorischen Gesamtheit von Personen und/oder Sachen zur auf Dauer angelegten Ausübung einer wirtschaftlichen Tätigkeit mit eigener Zielsetzung. In Branchen, in denen es im Wesentlichen auf die menschliche Arbeitskraft ankommt, kann die Gesamtheit von Arbeitnehmern, die durch eine gemeinsame Tätigkeit dauerhaft verbunden ist, eine wirtschaftliche Einheit darstellen. Die Wahrung der Identität der wirtschaftlichen Einheit ist in diesem Fall anzunehmen, wenn der neue Betriebsinhaber nicht nur die betreffende Tätigkeit weiterführt, sondern auch einen nach Zahl und Sachkunde wesentlichen Teil des Personals übernimmt, das sein Vorgänger gezielt für diese Tätigkeit eingesetzt hatte.
>
> Unter Berücksichtigung dieser Grundsätze hat ein Betriebsübergang stattgefunden. Bei dem von der Beklagten zu 1. betriebenen Callcenter handelt es sich um eine wirtschaftliche Einheit. Bei einem solchen klassischen Dienstleistungsunternehmen steht die menschliche Arbeitskraft für die betriebliche Wertschöpfung im Mittelpunkt. Die Beklagte zu 2. hat einen nach Zahl und Sachkunde wesentlichen Teil des Personals der Beklagten zu 1. übernommen und damit die Identität der wirtschaftlichen Einheit gewahrt. Die Beklagte zu 2. hat auch den Betriebszweck des Callcenters der Beklagten zu 1. nicht geändert. Die Beklagte zu 2. erledigt vielmehr ähnliche Aufgaben wie zuvor die Beklagte zu 1.
>
> Wir bitten, wie beantragt zu entscheiden.
>
> Rechtsanwalt

8. Wiedereinstellungsklage

a) Grundlagen

Voraussetzung eines Wiedereinstellungsanspruchs ist es, dass das Arbeitsverhältnis – idR durch eine Kündigung – beendet und die der Kündigung zugrunde liegende Prognose über die Weiterbeschäftigungsmöglichkeit hinfällig geworden ist.[70] Hauptanwendungsfall des Wiedereinstellungsanspruches ist in der Praxis die betriebsbedingte Kündigung. Dabei kommt ein Wiedereinstellungsanspruch in Betracht, wenn sich die der betriebsbedingten Kündigung zugrunde liegende Vorstellung des Arbeitgebers über die in Zukunft nicht mehr bestehende Weiterbeschäftigungsmöglichkeit nachträglich als unzutreffend herausstellt. Dazu muss sich zwischen dem Ausspruch der Kündigung und dem Ablauf der Kündigungsfrist unvorhergesehen eine Weiterbeschäftigungsmöglichkeit ergeben. Entsteht die Weiterbeschäftigungsmöglichkeit erst nach Ablauf der Kündigungsfrist, kommt nur ausnahmsweise ein Wiedereinstellungsanspruch in Betracht.[71]

63

Der Klagantrag kann **auf verschiedene Ziele gerichtet** sein:

64

– Im Regelfall sollte die **Verurteilung des Beklagten zu der Annahme des Angebotes des Klägers** auf Abschluss eines Arbeitsvertrages und damit auf Abgabe einer Willenserklärung, die mit Rechtskraft eines dem Klagantrag stattgebenden Urteils gem. § 894 Abs. 1 S. 1 ZPO als abgegeben gilt, beantragt werden. Der Inhalt des abzuschließenden Arbeitsvertrages ist dabei im Klagantrag hinreichend zu bezeichnen.[72] Ein Antrag und eine Verurteilung zur Eingehung eines rückwirkenden Vertragsverhältnisses sind möglich.[73]

– Neben der Verurteilung zur Annahme eines Vertragsangebotes, welches selbst mit Zustellung des Hauptantrages abgegeben werden kann, kann ein Arbeitnehmer auch

---

[70] Tschöpe/*Tschöpe*, Anwalts-HdB Arbeitsrecht, Teil 3 E Rn. 323 ff.; Schaub/*Linck*, ArbR-HdB, § 146.
[71] BAG 21.8.2008 – 8 AZR 201/07, NZA 2009, 29; 25.10.2007 – 8 AZR 989/06, NZA 2008, 357.
[72] BAG 21.8.2008 – 8 AZR 201/07, NZA 2009, 29; 25.10.2007 – 8 AZR 989/06, NZA 2008, 357; Schaub/*Linck*, ArbR-HdB, § 146 Rn. 15.
[73] BAG 25.10.2007 – 8 AZR 989/06, NZA 2008, 357.

lediglich die **Verurteilung des Beklagten zur Abgabe eines Arbeitsvertragsangebotes** beantragen. Ein dahingehender Antrag ist dann sinnvoll, wenn der Arbeitnehmer nicht schon mit Rechtskraft des seiner Klage stattgebenden Urteils vertraglich gebunden sein möchte, sondern unter Berücksichtigung der konkreten Umstände zunächst entscheiden möchte, ob er das Vertragsangebot des potenziellen Arbeitgebers annimmt.[74]

– Darüber hinaus wird mit Hinweis auf eine Entscheidung des BAG aus dem Jahr 1997[75] die Auffassung vertreten, dass die **Klage sogleich auf die Rechtsfolgen eines zu begründenden Arbeitsverhältnisses (insbesondere auf Beschäftigung) gerichtet** werden kann.[76] Ob sich diese Rechtsfolge aus der Rechtsprechung des BAG allerdings herleiten lässt, dürfte zweifelhaft sein. Denn in dem zitierten Urteil war nicht die Verurteilung zur Beschäftigung beantragt und ausgeurteilt worden, sondern lediglich die Feststellung, dass die dort Beklagte zur Beschäftigung verpflichtet war. Das Berufungsgericht hatte das hiermit verbundene Klageziel dahingehend ausgelegt, dass die Klägerin die Abgabe einer Willenserklärung zur Wiederbegründung des Arbeitsverhältnisses begehre. Das BAG hat dann nicht nur diese Auslegung gestützt, sondern ausdrücklich ausgeführt, dass es der Klägerin auch in diesem Verfahren zunächst darum ging, einen neuen Arbeitsvertrag zu begründen.

b) Muster: Wiedereinstellungsklage[77] *[→ C. Rn. 64]*

65

Arbeitsgericht Hannover
Ellernstr. 42
30175 Hannover

Klage

der Frau Susanne Peters, Ostfeldstr. 42, 30559 Hannover

– Klägerin –

Prozessbevollmächtigte: Rechtsanwälte Müller, Siebrechtstr. 29, 30558 Hannover

gegen

die A-GmbH, vertr. d. d. Geschäftsführer, Herrn Michael Schulz, Kaiserstr. 23, 30788 Hannover

– Beklagte –

Namens und im Auftrag der Klägerin erheben wir Klage und beantragen,

die Beklagte zu verurteilen, das Angebot der Klägerin auf Abschluss eines Arbeitsvertrages zu den Arbeitsbedingungen, wie sie zuvor zwischen der Klägerin und der S-GmbH gemäß Arbeitsvertrag vom 24.3.2003 bestanden, unter Anrechnung der bisherigen Beschäftigungsdauer seit dem 1.3.1990 anzunehmen.

Alternativ:[78]

Die Beklagte zu verurteilen, dem Abschluss eines Arbeitsvertrages mit der Beklagten zu den Bedingungen des Arbeitsvertrages vom 24.3.2003 mit der S-GmbH, unter Anrechnung der bisherigen Beschäftigungsdauer seit dem 1.3.1990 und einem Bruttomonatsgehalt in Höhe von 1.573,01 EUR zuzustimmen.

Die Parteien streiten über einen Wiedereinstellungsanspruch der Klägerin bei der beklagten Betriebserwerberin.

---

[74] BAG 9.2.2011 – 7 AZR 91/10, DB 2011, 1584.
[75] BAG 27.2.1997 – 2 AZR 160/96, NZA 1997, 757.
[76] Vgl. so beispielsweise Tschöpe/*Tschöpe,* Anwalts-HdB Arbeitsrecht, Teil 3 E Rn. 332.
[77] Das Muster basiert auf der Entscheidung des BAG 25.10.2007 – 8 AZR 989/06, NZA 2008, 357.
[78] Vgl. Antrag in dem Verfahren des BAG 21.8.2008 – 8 AZR 201/07, NZA 2009, 29.

I. Sachverhalt

1. Die Klägerin

Die am 24.3.1963 geborene Klägerin ist verheiratet und einem Kind zum Unterhalt verpflichtet. Sie war seit dem 1.3.1990 bei der Rechtsvorgängerin der Beklagten, der S-GmbH in B. beschäftigt, zuletzt in Teilzeit als Servicemechanikerin in der Kundendienstabteilung zu einem monatlichen Bruttoverdienst in Höhe von 1.573,01 EUR.

2. Der geplante Betriebsübergang

Die S-GmbH verlegte im Sommer 2004 ihre Produktion von M. in die in B. neu errichtete Betriebsstätte der Beklagten. Bei der ebenfalls zur S-Unternehmensgruppe gehörenden S.-AG in B. verblieben Vertrieb, das Marketing, die EDV und die Kundendienstabteilung. Mit Schreiben vom 10.9.2004 unterrichtete die S-AG die Klägerin und die anderen Mitarbeiter der Abteilung Kundenservice darüber, dass diese Abteilungen der Produktion in M. angegliedert werden und auf die Beklagte übergehen soll.

3. Widerspruch der Klägerin

Wegen ihrer persönlichen Verhältnisse und der schlechten Verkehrsanbindung widersprach die Klägerin dem geplanten Übergang ihres Arbeitsverhältnisses auf die Beklagte in M. mit einem an die S-AG gerichteten Schreiben vom 6.10.2004.

4. Die Kündigung

Darauf kündigte die S-AG das Arbeitsverhältnis zur Klägerin mit Schreiben vom 25.10.2004 zum 31.3.2005.

5. Änderung der Unternehmensplanung

Anfang März 2005 beschloss die Beklagte, die Kundendienstabteilung nicht nach M. zu verlegen, sondern sie in B. zu belassen und die dort bestehende Abteilung der S-AG zu übernehmen. Die Stellen der Mitarbeiter, die widersprochen hatten, wurden in B. innerbetrieblich ausgeschrieben. Die Klägerin bewarb sich Ende März 2005, wurde jedoch abgelehnt. Die Stelle wurde anderweitig besetzt.

6. Angebot der Arbeitsleistung

Mit Schreiben vom 18.7.2005 erklärte die Klägerin sowohl gegenüber der S-AG als auch gegenüber der Beklagten die Anfechtung ihres Widerspruchs und bot ihre Arbeitsleistung an. Bis zum heutigen Tage hat die Beklagte die Kundendienstabteilung nicht nach M. verlagert.

II. Rechtliche Würdigung

1. Voraussetzung des Wiedereinstellungsanspruches [→ C. Rn. 63]

Die Klägerin hat einen Anspruch auf Wiedereinstellung der auch nach dem 31.3.2005 in B. verbliebenen Abteilung „Kundenservice". Die ursprünglich von ihrer Arbeitgeberin, der S-AG unter dem 25.10.2004 aus betriebsbedingten Gründen ausgesprochene Kündigung ist wirksam, weil im Zeitpunkt der Kündigung die Stilllegung der Abteilung „Kundenservice" in B. zu prognostizieren war. Jedoch ist spätestens Anfang März 2005, also noch während des Laufes der Kündigungsfrist, der

> Entschluss gefasst worden, den Kundenservice weiter in B. fortzuführen, jetzt mit der Beklagten als Betriebsinhaberin. Damit entstand eine Weiterbeschäftigungsmöglichkeit für die Klägerin, die zu einem Wiedereinstellungsanspruch führt.
>
> **2. Anspruchsgegnerin**
>
> Dieser Wiedereinstellungsanspruch richtet sich gegen die Beklagte, die ab dem 1.4.2005 die Abteilung „Kundenservice" als Betriebsteil in B. übernommen hat.
>
> Wir bitten, wie beantragt zu entscheiden.
>
> Rechtsanwalt

9. Insolvenz

a) Grundlagen

66 Voraussetzung für die Einhaltung der Klagefrist gem. § 4 KSchG ist insbesondere, dass sich die **Kündigungsschutzklage gegen den „richtigen" Arbeitgeber** richtet. Im Zusammenhang mit einer Insolvenz ist darauf zu achten, dass der amtlich bestellte Insolvenzverwalter nach der ständigen Rechtsprechung des BAG die Prozesse in gesetzlicher Prozessstandschaft führt. Ist danach zum Zeitpunkt der Klageerhebung ein Insolvenzverwalter bestellt, ist die Kündigungsschutzklage gegen diesen in seiner Eigenschaft als Partei kraft Amtes zu erheben.[79] Dies gilt zunächst dann, wenn der Insolvenzverwalter die Kündigung selbst ausgesprochen hat. Die Klage ist aber auch dann gegen den Insolvenzverwalter zu richten, wenn die Kündigung zunächst noch von dem „ursprünglichen" Arbeitgeber (Gemeinschuldnerin) ausgesprochen und dann erst kurze Zeit danach über dessen Vermögen das Insolvenzverfahren eröffnet und ein Insolvenzverwalter bestellt wird.[80] Erhebt ein Arbeitnehmer nach diesem Zeitpunkt die Klage gegen die Gemeinschuldnerin, ist die Klagefrist des § 4 KSchG nicht gewahrt mit der Folge, dass die Kündigung gem. § 7 KSchG als von Anfang an rechtswirksam gilt. Ein anderes Ergebnis kommt allenfalls dann in Betracht, wenn der Klageschrift oder dem ihr beigefügten Kündigungsschreiben zu entnehmen ist, dass ein Insolvenzverfahren über das Vermögen der Gemeinschuldnerin eröffnet und ein Insolvenzverwalter bestellt wurde. Ist dies nicht der Fall, ist die Klagefrist nicht eingehalten. Der Arbeitnehmer kann dann nur noch versuchen, eine Zulassung der verspäteten Klage gem. § 5 KSchG zu beantragen.[81] Ist ein „starker" vorläufiger Insolvenzverwalter bestellt, ist die Klage ab seiner Bestellung gegen ihn zu richten. Ist hingegen ein „schwacher" vorläufiger Insolvenzverwalter bestellt, ist die Klage weiterhin gegen die Gemeinschuldnerin zu richten.[82] Sofern die Klage gegen den Insolvenzverwalter zu richten ist, sollte diese derart formuliert werden, dass sie sich gegen „Herrn Schulz als Insolvenzverwalter über das Vermögen der A-GmbH" richtet.[83]

67 Ein Kündigungsrechtsstreit, der zunächst gegen den „ursprünglichen" Arbeitgeber geführt wird, wird unterbrochen, wenn über dessen Vermögen das Insolvenzverfahren eröffnet wird. Die **Unterbrechung** tritt gem. § 240 ZPO kraft Gesetzes mit Eröffnung des Insolvenzverfahrens ein.[84] Ein unterbrochenes Gerichtsverfahren kann während der Dauer des Insolvenzverfahrens nur nach den für das Insolvenzverfahren geltenden Vorschriften aufgenommen werden. Ist danach die Aufnahme des Kündigungsschutzprozesses möglich, muss sie dem Gericht schriftsätzlich gegenüber erklärt werden. Der Schriftsatz muss die Aufnahme zweifelsfrei erkennen lassen.[85]

---

[79] Vgl. hierzu ausführlich *Schrader/Straube*, Insolvenzarbeitsrecht, VI. Rn. 122 ff.; Schaub/*Linck*, ArbRHdB, § 93 Rn. 54.
[80] BAG 21.9.2006 – 2 AZR 573/05, AP KSchG 1969 § 4 Nr. 58.
[81] BAG 21.9.2006 – 2 AZR 573/05, AP KSchG 1969 § 4 Nr. 58.
[82] *Schrader/Straube*, Insolvenzarbeitsrecht, VI. Rn. 127.
[83] *Schrader/Straube*, Insolvenzarbeitsrecht, VI. Rn. 126.
[84] *Schrader/Straube*, Insolvenzarbeitsrecht, VI. Rn. 128.
[85] Vgl. dazu im Einzelnen *Schrader/Straube*, Insolvenzarbeitsrecht, VI. Rn. 131.

§ 126 InsO bietet dem Insolvenzverwalter die Möglichkeit einer **Verfahrenskonzentration,** indem er beim Arbeitsgericht in einem „einheitlichen Verfahren" die Feststellung beantragen kann, dass die Kündigung sämtlicher im Antrag bezeichneter Arbeitnehmer durch dringende betriebliche Erfordernisse bedingt und sozial gerechtfertigt ist.[86] Dieses Beschlussverfahren hat in der Praxis jedoch kaum Bedeutung.

Materiell-rechtlich ist im Zusammenhang mit einer Insolvenz insbesondere zu berücksichtigen, dass der Insolvenzverwalter – ebenso wie die Arbeitnehmer – die **Arbeitsverhältnisse** gem. § 113 S. 1 und S. 2 InsO **mit einer Frist von drei Monaten zum Monatsende kündigen** kann, soweit nicht eine kürzere Kündigungsfrist maßgeblich ist. Es gelten mithin zunächst die „normalen" Fristen, die ohne Insolvenz gelten würden. Sind diese bei den einzelnen Arbeitnehmern aber länger als drei Monate, wird die Kündigungsfrist jeweils auf drei Monate beschränkt. Ist die „normale" Kündigungsfrist hingegen kürzer als drei Monate, gilt diese.[87] Darüber hinaus gelten im Rahmen einer betriebsbedingten Kündigung Besonderheiten bei einem Interessenausgleich mit Namensliste. Denn in diesem Fall modifiziert § 125 Abs. 1 S. 1 Nr. 1 InsO den Grundsatz, dass der Arbeitgeber das Vorliegen dringender betrieblicher Erfordernisse darzulegen und zu beweisen hat, dahingehend, dass für den im Interessenausgleich namentlich bezeichneten Personenkreis vom Vorliegen betrieblicher Erfordernisse, die einer Weiterbeschäftigung entgegenstehen, auszugehen ist. Es handelt sich um eine gesetzliche Vermutung, die im Kündigungsschutzprozess zur Beweislastumkehr führt.[88] Beim Interessenausgleich mit Namensliste ist die Sozialauswahl darüber hinaus gem. § 125 Abs. 1 S. 1 Nr. 2 InsO nur auf grobe Fehlerhaftigkeit nachzuprüfen.

b) Muster: Kündigungsschutzklage gegen Insolvenzverwalter

Arbeitsgericht Hannover
Ellernstr. 42
30175 Hannover

Klage

der Frau Susanne Peters, Ostfeldstr. 42, 30559 Hannover

– Klägerin –

Prozessbevollmächtigte: Rechtsanwälte Müller, Siebrechtstr. 29, 30558 Hannover

gegen

Herrn Rechtsanwalt Michael Schulz als Insolvenzverwalter über das Vermögen der A-GmbH, Kaiserstr. 23, 30788 Hannover

– Beklagter –

Namens und im Auftrag der Klägerin erheben wir Klage und beantragen,

1. festzustellen, dass das zwischen den Parteien bestehende Arbeitsverhältnis durch die ordentliche Kündigung des Beklagten vom 25.3.2011 nicht aufgelöst werden wird;
2. festzustellen, dass das Arbeitsverhältnis auch nicht durch andere Beendigungstatbestände endet, sondern über den 31.5.2011 hinaus andauert.

Die Parteien streiten um eine ordentliche, betriebsbedingte Kündigung.

I. Sachverhalt

Die am 24.3.1973 geborene Klägerin ist verheiratet und einem Kind zum Unterhalt verpflichtet. Bei der Gemeinschuldnerin ist sie seit dem 1.1.2003 beschäftigt, zuletzt

---

[86] Vgl. hierzu *Schrader/Straube,* Insolvenzarbeitsrecht, VII. Rn. 1 ff.; Schaub/*Linck,* ArbR-HdB, § 93 Rn. 59 ff.
[87] *Schrader/Straube,* Insolvenzarbeitsrecht, VI. Rn. 113 f.; Schaub/*Linck,* ArbR-HdB, § 93 Rn. 52a.
[88] *Schrader/Straube,* Insolvenzarbeitsrecht, VI. Rn. 104; Schaub/*Linck,* ArbR-HdB, § 93 Rn. 56.

> als Abteilungsleiterin IT. Den Arbeitsvertrag vom 1.1.2006 fügen wir als **Anlage K 1** bei.
>
> Die Klägerin verdiente zuletzt 4.500,00 EUR brutto pro Monat.
>
> Die Gemeinschuldnerin beschäftigte zuletzt 30 Mitarbeiter. Es gibt einen Betriebsrat. Am 15.1.2011 wurde über das Vermögen der Gemeinschuldnerin das Insolvenzverfahren eröffnet. Insolvenzverwalter ist der Beklagte. Der Beklagte hat das Arbeitsverhältnis nunmehr mit Kündigung vom 25.3.2011 zum 31.5.2011 gekündigt. Eine Ablichtung dieses Kündigungsschreibens fügen wir als **Anlage K 2** bei. Hiergegen richtet sich die vorliegende Kündigungsschutzklage.
>
> **II. Rechtliche Würdigung**
>
> Die Klage ist begründet, da die Kündigung sozial nicht gerechtfertigt ist.
>
> **1. Soziale Rechtfertigung der Kündigung**
>
> Die soziale Rechtfertigung der Kündigung wird mit
> **Nichtwissen**
> bestritten. Die ordnungsgemäße Durchführung und Vornahme einer Sozialauswahl wird ebenso mit
> **Nichtwissen**
> bestritten.
>
> **2. Betriebsratsanhörung** *[→ B. Rn. 120, 327]*
>
> Die ordnungsgemäße Anhörung des Betriebsrats nach § 102 BetrVG wird mit
> **Nichtwissen**
> bestritten.
>
> **3. Allgemeiner Feststellungsantrag** *[→ C. Rn. 11]*
>
> Der Klagantrag zu Ziffer 2. beinhaltet eine selbständige allgemeine Feststellungsklage gem. § 256 ZPO. Der Klägerin sind zwar derzeit keine anderen möglichen Beendigungstatbestände außer der mit dem Klagantrag zu Ziffer 1. angegriffenen Kündigung vom 25.3.2011 bekannt, es besteht jedoch die Gefahr, dass die Beklagte im Verlaufe des Verfahrens weitere Kündigungen ausspricht. Es wird deshalb mit dem Klagantrag zu Ziffer 2. die Feststellung begehrt, dass das Arbeitsverhältnis auch durch solche weiteren Kündigungen nicht beendet wird.
>
> Wir bitten, wie beantragt zu entscheiden.
>
> Rechtsanwalt

III. Einstweilige Verfügung auf Weiterbeschäftigung (Vollstreckung Weiterbeschäftigungstitel)

1. Grundlagen

71 Eine Kündigungsschutzklage mit einem Weiterbeschäftigungsantrag kann aus Arbeitnehmersicht oftmals zweckmäßigerweise mit einem gesonderten Antrag auf Erlass einer einstweiligen Verfügung auf Weiterbeschäftigung begleitet werden.

72 **Voraussetzung der einstweiligen Verfügung** ist das Bestehen
– eines Verfügungsanspruches und
– eines Verfügungsgrundes.

Im Hinblick auf den **Verfügungsanspruch** muss zwischen der Zeit bis zum Ablauf der 73 Kündigungsfrist und der Zeit danach differenziert werden. Dementsprechend ist auch zu prüfen, ob im Wege der einstweiligen Verfügung „nur" die Weiterbeschäftigung bis zum Ablauf der Kündigungsfrist oder darüber hinaus bis zum rechtskräftigen Abschluss des Kündigungsschutzverfahrens durchgesetzt werden soll. Dies ist bereits in der Antragstellung klarzustellen. Für die Zeit bis zum Ablauf der Kündigungsfrist ist zunächst zu prüfen, ob der Arbeitgeber den Arbeitnehmer aufgrund einer vertraglichen Regelung freistellen durfte.[89] Haben die Parteien arbeitsvertraglich eine derartige **Freistellungsregelung** vereinbart, muss diese einer AGB-Kontrolle standhalten. In der vertraglichen Vereinbarung muss deshalb genau geregelt sein, unter welchen Voraussetzungen eine Freistellung erfolgen kann. Umstritten ist dabei insbesondere, ob eine Regelung mit dem Inhalt ausreichend ist, nach der eine Freistellung nach Ausspruch einer (betriebsbedingten) Kündigung erfolgen kann.[90] Fehlt eine vertragliche Regelung oder ist diese unwirksam, wird von den Instanzgerichten eine Freistellungsmöglichkeit nach Ausspruch der Kündigung noch im laufenden Arbeitsverhältnis oftmals abgelehnt. Die Gerichte stützen sich dabei idR auf die Grundsatzentscheidung des BAG aus dem Jahr 1985.[91] Hieraus ergibt sich allerdings etwas anderes. Denn das BAG geht in dieser Entscheidung ausdrücklich davon aus, dass sich die Interessenlage mit Ausspruch einer Kündigung dahingehend ändert, dass – abgesehen von den Fällen der offensichtlich unwirksamen Kündigung – die Unsicherheit über die Wirksamkeit der Kündigung ein Freistellungsinteresse des Arbeitgebers nach Ausspruch einer Kündigung begründet. In jedem Fall muss eine Freistellung nach Ausspruch einer betriebsbedingten Kündigung noch im laufenden Arbeitsverhältnis jedenfalls dann zulässig sein, wenn der Arbeitgeber damit eine unternehmerische Entscheidung umsetzt. Ansonsten würde in unzulässiger Weise in die unternehmerische Entscheidungsfreiheit der Unternehmen eingegriffen.[92] Nach Ablauf der Kündigungsfrist wird das Interesse des Arbeitgebers an der Nichtbeschäftigung des gekündigten Arbeitnehmers das Beschäftigungsinteresse des Arbeitnehmers idR überwiegen, so dass insbesondere für diesen Zeitpunkt ein Verfügungsanspruch schwer darstellbar ist.[93] Ein Arbeitnehmer sollte deshalb in jedem Fall im Kündigungsrechtsstreit einen **Weiterbeschäftigungsantrag** stellen, da das Arbeitsgericht in der ersten Instanz die Weiterbeschäftigung bis zum rechtskräftigen Abschluss des Rechtsstreites grundsätzlich auszuurteilen hat, wenn es zu dem Ergebnis kommt, dass die Kündigung unwirksam ist.[94]

Im Hinblick auf den **Verfügungsgrund** scheinen die Landesarbeitsgerichte zwei 74 unterschiedliche Ansätze zu verfolgen: Bei dem nahezu „klassischen Lösungsweg" steht im Vordergrund, dass durch die einstweilige Verfügung die Hauptsache nicht vorweggenommen werden darf. Danach ist die Leistungsverfügung nur ausnahmsweise zur Abwendung „schwerer und unzumutbarer, anders nicht abwendbarer Nachteile" zulässig.[95] An den Verfügungsgrund sind danach strenge Anforderungen zu stellen: Der Antragsteller muss auf die sofortige Erfüllung seines Anspruchs dringend angewiesen sein, die geschuldete Handlung ist, wenn sie ihren Sinn nicht verlieren soll, so kurzfristig zu erbringen, dass die Erwirkung eines Titels im ordentlichen Verfahren nicht möglich ist, und der dem Antragsteller aus der Nichterfüllung drohende Schaden außer Verhältnis zu dem Schaden steht, der dem Antragsgegner aus der sofortigen – vorläufigen – Erfüllung droht.[96] Eine andere Auffassung mildert die Voraussetzung an den Verfügungsgrund dagegen deutlich ab, wenn dort das Vorliegen des Verfügungsgrundes von dem Vorliegen eines Verfügungsanspruches abhängig gemacht wird. Danach sind die Anforderungen an den Verfügungsgrund umso

---

[89] Vgl. hierzu *Straube/Klagges* ArbRAktuell 2010, 211.
[90] *Straube/Klagges* ArbRAktuell 2010, 211.
[91] BAG 27.2.1985 – GS 1/84, NZA 1985, 702.
[92] *Straube/Klagges* ArbRAktuell 2010, 211.
[93] Schaub/*Linck,* ArbR-HdB, § 125 Rn. 16; LAG Hamm 21.12.2010 – 18 Sa 1827/10, BeckRS 2011, 73631.
[94] Hierzu → C. Rn. 16 ff.
[95] BVerfG 25.2.2009 – 1 BvR 120/09, NZS 2009, 674; LAG Niedersachsen 27.5.2011 – 14 SaGa 456/11.
[96] LAG Niedersachsen 27.5.2011 – 14 SaGa 456/11.

geringer, je schwerer und offensichtlicher ein tatsächlich bestehender Anspruch auf Weiterbeschäftigung verletzt wird.[97] Nach dieser Auffassung wird dem Verfügungsgrund nahezu keine eigenständige Bedeutung mehr beigemessen. Denn bejaht das entscheidende Gericht einen Beschäftigungsanspruch des Klägers, liegt zugleich auch ein Verfügungsgrund vor. Diese unterschiedlichen Auffassungen haben natürlich massive unterschiedliche Auswirkungen auf den Erlass von einstweiligen Verfügungen auf Weiterbeschäftigung in der Praxis.

75 Gerade vor dem Hintergrund dieser sehr unterschiedlichen Auffassungen der Landesarbeitsgerichte sollte der Arbeitgeber bei der Gefahr eines Antrags auf Erlass einer einstweiligen Verfügung auf Weiterbeschäftigung eine **Schutzschrift** bei dem zuständigen Arbeitsgericht einreichen, in der er seine Auffassung detailliert darlegt. Diese Schutzschrift kann auch dazu beitragen, dass das Arbeitsgericht nicht sofort und unmittelbar über den Antrag auf Erlass einer einstweiligen Verfügung entscheidet, sondern zumindest eine mündliche Verhandlung durchführt.

76 Liegt ein **Weiterbeschäftigungstitel** vor, hat der **Arbeitgeber folgende Reaktionsmöglichkeiten:**
– Ist die Weiterbeschäftigung durch das erstinstanzliche Arbeitsgericht ausgeurteilt, bleibt dem Arbeitgeber noch die Möglichkeit, **kurzfristig Berufung einzulegen,** verbunden mit dem Antrag auf Einstellung der Zwangsvollstreckung gem. § 62 Abs. 1 S. 3 ArbGG. Dies setzt allerdings nach dem Gesetzeswortlaut voraus, dass der Arbeitgeber glaubhaft machen kann, dass ihm durch die Vollstreckung ein „nicht zu ersetzender Nachteil" entstehen würde.[98]
– Der Arbeitgeber kann nach Erlass des Weiterbeschäftigungsurteils eine weitere unternehmerische Entscheidung treffen, aufgrund derer das Beschäftigungsbedürfnis für den Arbeitnehmer endet und auf dieser Basis eine **weitere Kündigung „nachschieben".** In diesem Fall endet die Wirkung der Verurteilung zur vorläufigen Weiterbeschäftigung aufgrund des zuerst verkündeten Urteils. Dieser materiellrechtliche Einwand schlägt jedoch nicht „automatisch" auf das formalisierte Vollstreckungsrecht durch. Der Arbeitgeber muss also nach Erlass des Vollstreckungstitels eine neue betriebsbedingte Kündigung aussprechen und kann hierauf eine Vollstreckungsabwehrklage gem. § 767 ZPO, verbunden mit einer einstweiligen Anordnung gem. § 769 ZPO, stützen.[99] Allerdings soll der Vollstreckungsabwehrklage das Rechtsschutzbedürfnis fehlen, wenn der Arbeitgeber gegen das zu vollstreckende Weiterbeschäftigungsurteil Berufung eingelegt hat und dort den Einwand der erneuten Kündigung geltend macht.[100]
– Neuerdings wird aber auch die Auffassung vertreten, dass es bei einer Vorgehensweise nach § 62 Abs. 1 S. 3 ArbGG dann der Darlegung eines „nicht zu ersetzenden Nachteils" nicht bedarf, wenn der Arbeitgeber erfolgreich **materielle Einwendungen gegen den zu vollstreckenden Anspruch** geltend macht, die erst nach Abschluss der mündlichen Verhandlung erster Instanz entstanden sind.[101] Spricht der Arbeitgeber mithin nach Erlass des durchzusetzenden Weiterbeschäftigungstitels eine weitere Kündigung aus, durch die der Bestand des Arbeitsverhältnisses erneut unsicher wird, kann der Arbeitgeber Berufung einlegen und diese Einwendungen im Rahmen des Antrages gem. § 62 Abs. 1 S. 3 ArbGG vorbringen. Der gesonderten Erhebung einer Vollstreckungsabwehrklage soll es in diesem Fall nicht bedürfen.[102]

---

[97] LAG Hamm 6.11.2007 – 14 SaGa 39/07.
[98] Vgl. zum Begriff „nicht zu ersetzender Nachteil" LAG Niedersachen 19.3.2009 – 10 Sa 1681/08, BeckRS 2009, 59012; LAG Berlin-Brandenburg 6.1.2009 – 15 Sa 2311/08, BeckRS 2009, 74501.
[99] LAG Hamm 22.1.2008 – 7 Ta 10/08, BeckRS 2008, 52692; LAG Rheinland-Pfalz 1.9.2010 – 8 Ta 197/10, BeckRS 2011, 73097.
[100] LAG Hamm 10.11.2008 – 14 Sa 1507/08.
[101] LAG Hamm 21.12.2010 – 18 Sa 1827/10, BeckRS 2011, 73631; LAG Baden-Württemberg 30.6.2010 – 19 Sa 22/10, LAGE ArbGG 1979 § 62 Nr. 34.
[102] LAG Hamm 21.12.2010 – 18 Sa 1827/10, BeckRS 2011, 73631; LAG Baden-Württemberg 30.6.2010 – 19 Sa 22/10, LAGE ArbGG 1979 § 62 Nr. 34.

2. Muster

a) Muster: Schutzschrift [→ C. Rn. 75]

Arbeitsgericht Hannover
Ellernstr. 42
30175 Hannover

Schutzschrift

der A-GmbH, vertr. d. d. Geschäftsführer, Herrn Michael Schulz, Kaiserstr. 23, 30788 Hannover

– mögliche Antragsgegnerin –

Prozessbevollmächtigte: Rechtsanwälte Meier, Hohe Allee 27, 30556 Hannover

gegen

Frau Susanne Peters, Ostfeldstr. 42, 30559 Hannover

– mögliche Antragstellerin –

Prozessbevollmächtigte: Rechtsanwälte Müller, Siebrechtstr. 29, 30558 Hannover

Namens und im Auftrag der möglichen Antragsgegnerin beantragen wir,

1. den möglichen Antrag auf Erlass einer einstweiligen Verfügung der möglichen Antragstellerin zurückzuweisen.

Hilfsweise,

2. über einen möglichen Antrag auf Erlass einer einstweiligen Verfügung der möglichen Antragstellerin nicht ohne mündliche Verhandlung zu entscheiden.

I. Vorbemerkung

Zwischen der möglichen Antragstellerin und der möglichen Antragsgegnerin ist unter dem Aktenzeichen – 2 Ca 483/11 – ein Kündigungsrechtsstreit vor dem Arbeitsgericht Hannover anhängig. Gegenstand des Kündigungsrechtsstreites ist eine betriebsbedingte Kündigung der möglichen Antragsgegnerin vom 30.4.2011 zum 31.7.2011. Zugleich stellte die mögliche Antragsgegnerin die mögliche Antragstellerin mit Wirkung vom 15.5.2011 von der Verpflichtung zur Erbringung der Arbeitsleistung bis zum Ablauf der Kündigungsfrist frei. Der Prozessbevollmächtigte der möglichen Antragstellerin forderte die mögliche Antragsgegnerin daraufhin auf, sie unverzüglich weiter zu beschäftigen und drohte den Antrag auf Erlass einer einstweiligen Verfügung auf Weiterbeschäftigung an. Im Hinblick auf diese Ankündigung reichen wir die vorliegende Schutzschrift ein.

II. Sachverhalt

Die mögliche Antragstellerin ist am 24.3.1973 geboren, verheiratet und einem Kind zum Unterhalt verpflichtet. Bei der möglichen Antragsgegnerin ist sie seit dem 1.1.2003 tätig, zuletzt als Abteilungsleiterin IT. Als Abteilungsleiterin IT gehörte die mögliche Antragstellerin zur Geschäftsleitung der möglichen Antragsgegnerin. Den Arbeitsvertrag vom 1.1.2006 fügen wir als **Anlage 1** bei.

In dem Arbeitsvertrag vom 1.1.2006 ist wörtlich Folgendes geregelt:

„Frau Peters wird ab dem 1.1.2006 als Abteilungsleiterin IT beschäftigt. In dieser Funktion ist sie Mitglied der Geschäftsleitung. Sie berichtet fachlich und disziplinarisch an den Geschäftsführer.

Die A-GmbH ist berechtigt, Frau Peters nach Ausspruch einer Kündigung unter Fortzahlung des vereinbarten Gehalts widerruflich oder unwiderruflich von der Verpflichtung zur Arbeitsleistung freizustellen. In diesem Fall entfällt eine Verpflichtung der Gesellschaft zur tatsächlichen Beschäftigung."

Die A-GmbH hat am 20.3.2011 die unternehmerische Entscheidung getroffen, die Abteilung IT mit Wirkung zum 15.5.2011 zu schließen und die IT zukünftig von der Muttergesellschaft C-GmbH betreuen zu lassen. Sämtliche Tätigkeiten, die die IT betreffen, werden zukünftig allein von der C-GmbH durchgeführt. Die mögliche Antragsgegnerin hat daraufhin das Arbeitsverhältnis mit der möglichen Antragstellerin aufgrund des Wegfalls des Beschäftigungsbedürfnisses unter dem 30.4.2011 mit Wirkung zum 31.7.2011 unter Einhaltung der ordentlichen Kündigungsfrist betriebsbedingt gekündigt.

Zugleich stellte die mögliche Antragsgegnerin die mögliche Antragstellerin mit Schreiben vom 30.4.2011 und Wirkung ab 15.5.2011 frei, da das Beschäftigungsbedürfnis für die mögliche Antragstellerin mit Ablauf des 14.5.2011 entfallen ist. Eine Sozialauswahl war nicht durchzuführen, da es keinen Arbeitnehmer gibt, der mit der möglichen Antragstellerin vergleichbar ist. Die mögliche Antragsgegnerin hat auch keinen anderen, freien Arbeitsplatz, den sie der möglichen Antragstellerin hätte anbieten können.

III. Verfügungsanspruch [→ C. Rn. 73]

Es besteht schon kein Verfügungsanspruch.

Die mögliche Antragsgegnerin war aufgrund der vertraglichen Vereinbarungen berechtigt, die mögliche Antragstellerin nach Ausspruch einer betriebsbedingten Kündigung von der Verpflichtung zur Erbringung der Arbeitsleistung freizustellen. Diese Freistellungsregelung hält auch einer Inhaltskontrolle gem. § 307 Abs. 1 BGB stand. Bereits das BAG[103] hat in seiner grundlegenden Entscheidung zur Beschäftigungspflicht aus dem Jahr 1985 die Auffassung vertreten, dass sich aus der Stellung des gekündigten Arbeitnehmers im Betrieb und der Art seines Arbeitsbereiches ein überwiegend schutzwürdiges Interesse des Arbeitgebers ergeben kann, den betreffenden Arbeitnehmer wegen der Ungewissheit des Fortbestandes des Arbeitsverhältnisses von seinem Arbeitsplatz fernzuhalten. So ist es hier. Denn die vertragliche Freistellungsklausel stellt bezogen auf das Arbeitsverhältnis der Parteien unter Berücksichtigung der Stellung der möglichen Antragstellerin keine erhebliche Abweichung vom wesentlichen Grundgedanken des richterlich anerkannten Beschäftigungsanspruches dar. Die herausgehobene Stellung der möglichen Antragstellerin rechtfertigt die Freistellung der möglichen Antragstellerin bis zum Ablauf der Kündigungsfrist. Als Mitglied der Geschäftsleitung hatte die mögliche Antragstellerin Einblick und Einfluss auf die wirtschaftliche Entwicklung, strategische Ausrichtung und somit auch auf die Marktpositionierung der möglichen Antragsgegnerin. In ihrer Funktion hatte sie insbesondere darüber hinaus auch Zugang zu Geschäftsgeheimnissen. Besteht aber die Möglichkeit, dass ein Arbeitnehmer zu einem Unternehmen wechselt, für das ein Wettbewerbsverbot vereinbart werden könnte, ist von einem anerkennenswerten Interesse des Arbeitgebers auszugehen, den Arbeitnehmer bis zum Ablauf der Kündigungsfrist in seinem Unternehmen nicht mehr zu beschäftigen. Darüber war der möglichen Antragsgegnerin die faktische Weiterbeschäftigung der möglichen Antragstellerin aufgrund der unternehmerischen Entscheidung tatsächlich unmöglich geworden.

Die mögliche Antragsgegnerin hat von der vertraglich vereinbarten Freistellungsmöglichkeit auch in rechtlich nicht zu beanstandender Art und Weise gem. § 315 Abs. 1, 3 BGB Gebrauch gemacht.

---

[103] BAG 27.2.1985 – GS 1/84, NZA 1985, 702.

IV. Verfügungsgrund [→ C. Rn. 74]

Darüber hinaus besteht auch kein Verfügungsgrund.

Eine Leistungsverfügung ist nur ausnahmsweise zulässig. Dabei sind gerade an den Verfügungsgrund strenge Anforderungen zu stellen. Der Antragsteller muss auf die sofortige Erfüllung seines Anspruchs dringend angewiesen sein, die geschuldete Handlung ist, wenn sie ihren Sinn nicht verlieren soll, so kurzfristig zu erbringen, dass die Erwirkung eines Titels im ordentlichen Verfahren nicht möglich ist und der dem Antragsteller aus der Nichterfüllung drohende Schaden außer Verhältnis zu dem Schaden steht, der dem Antragsgegner aus der sofortigen – vorläufigen – Erfüllung droht. Die Vorwegnahme der Hauptsache durch eine einstweilige Verfügung auf Weiterbeschäftigung ist deshalb auf solche Fälle beschränkt, in denen dem Arbeitnehmer ohne die einstweilige Verfügung schwere und unzumutbare, anders nicht abwendbare Nachteile entstehen würden. Derartige Nachteile sind im vorliegenden Verfahren nicht einmal ansatzweise erkennbar.

Rechtsanwalt

b) Muster: Antrag auf Erlass einer einstweiligen Verfügung

Arbeitsgericht Hannover
Ellernstr. 42
30175 Hannover

Antrag auf Erlass einer einstweiligen Verfügung

der Frau Susanne Peters, Ostfeldstr. 42, 30559 Hannover

– Antragstellerin –

Prozessbevollmächtigte: Rechtsanwälte Müller, Siebrechtstr. 29, 30558 Hannover

gegen

die A-GmbH, vertr. d. d. Geschäftsführer, Herrn Michael Schulz, Kaiserstr. 23, 30788 Hannover

– Antragsgegnerin –

Prozessbevollmächtigte: Rechtsanwälte Meier, Hohe Allee 27, 30556 Hannover

Namens und im Auftrag der Antragstellerin beantragen wir,

die Antragsgegnerin zu verurteilen, die Antragstellerin bis zum Ablauf der Kündigungsfrist am 31.7.2011 (*alternativ:* über den 31.7.2011 hinaus bis zum rechtskräftigen Abschluss des Kündigungsschutzverfahrens) zu unveränderten Bedingungen als Leiterin der Abteilung IT weiter zu beschäftigen. [→ C. Rn. 18]

I. Vorbemerkung

Zwischen der Antragstellerin und der Antragsgegnerin ist unter dem Aktenzeichen – 2 Ca 483/11 – ein Kündigungsrechtsstreit vor dem Arbeitsgericht Hannover anhängig. Gegenstand des Kündigungsrechtsstreites ist eine betriebsbedingte Kündigung der Antragsgegnerin vom 30.4.2011 zum 31.7.2011. Zugleich stellte die Antragsgegnerin die Antragstellerin ab dem 15.5.2011 von der Verpflichtung zur Erbringung der Arbeitsleistung bis zum Ablauf der Kündigungsfrist frei.

II. Sachverhalt

Die Antragstellerin ist am 24.3.1973 geboren, verheiratet und einem Kind zum Unterhalt verpflichtet. Bei der Antragsgegnerin ist sie seit dem 1.1.2003 tätig, zuletzt als Abteilungsleiterin IT. Als Abteilungsleiterin IT gehörte die Antragstellerin zur Geschäftsleitung der Antragsgegnerin. Den Arbeitsvertrag vom 1.1.2006 fügen wir als **Anlage 1** bei.

In dem Arbeitsvertrag vom 1.1.2006 ist wörtlich Folgendes geregelt:

„Frau Peters wird ab dem 1.1.2006 als Abteilungsleiterin IT beschäftigt. In dieser Funktion ist sie Mitglied der Geschäftsleitung. Sie berichtet fachlich und disziplinarisch an den Geschäftsführer.

Die A-GmbH ist berechtigt, Frau Peters nach Ausspruch einer Kündigung unter Fortzahlung des vereinbarten Gehalts widerruflich oder unwiderruflich von der Verpflichtung zur Arbeitsleistung freizustellen. In diesem Fall entfällt eine Verpflichtung der Gesellschaft zur tatsächlichen Beschäftigung."

Die A-GmbH hat angeblich am 20.3.2011 die unternehmerische Entscheidung getroffen, die Abteilung IT mit Wirkung zum 15.5.2011 zu schließen und die IT zukünftig von der Muttergesellschaft C-GmbH betreuen zu lassen. Sämtliche Tätigkeiten, die die IT betreffen, sollen zukünftig allein von der C-GmbH durchgeführt. Die Antragsgegnerin hat daraufhin das Arbeitsverhältnis mit der Antragstellerin aufgrund des Wegfalls des Beschäftigungsbedürfnisses unter dem 30.4.2011 mit Wirkung zum 31.7.2011 unter Einhaltung der ordentlichen Kündigungsfrist betriebsbedingt gekündigt. Zugleich stellte die Antragsgegnerin die Antragstellerin dann mit Schreiben vom 30.4.2011 mit Wirkung ab dem 15.5.2011 frei, da das Beschäftigungsbedürfnis für die Antragstellerin mit Ablauf des 14.5.2011 entfallen sei.

III. Verfügungsanspruch *[→ C. Rn. 73]*

Die Antragstellerin hat einen Verfügungsanspruch. Sie hat Anspruch auf tatsächliche Beschäftigung bis zum Ablauf der ordentlichen Kündigungsfrist.

Nach der ständigen Rechtsprechung des BAG[104] hat ein Arbeitnehmer im bestehenden Arbeitsverhältnis grundsätzlich einen Anspruch auf tatsächliche vertragsgemäße Beschäftigung. Die vertraglich vereinbarte Freistellungsmöglichkeit berechtigte die Antragsgegnerin nicht zur Freistellung der Antragstellerin, da diese vertragliche Regelung gem. § 307 Abs. 1 BGB unwirksam ist. Durch diese Regelung wird die Antragstellerin unangemessen benachteiligt, da die Klausel ihrem Wortlaut nach allein an den Ausspruch einer Kündigung einer Vertragspartei anknüpft und keinerlei weitere inhaltliche Einschränkungen aufweist.[105] Selbst wenn man an die Suspendierungsberechtigung durch den Arbeitgeber in einem gekündigten Arbeitsverhältnis nicht die strengen Anforderungen stellt, wie sie ansonsten für das ungekündigte Arbeitsverhältnis gelten, so bedarf es zur Suspendierungsberechtigung zumindest berechtigter Interessen des Arbeitgebers. Eine solche Einschränkung sieht die streitgegenständliche Vertragsklausel jedoch gerade nicht vor. Aufgrund des Verbotes einer geltungserhaltenden Reduktion kann eine solche Einschränkung auch nicht durch Auslegung des Gerichts in die Vertragsklausel implementiert werden. Unabhängig von der Wirksamkeit der vertraglich vereinbarten Freistellungsklausel ergibt sich die Freistellungsberechtigung auch nicht aus dem Ausspruch der Kündigung an sich. Eine solche Freistellungsberechtigung ergibt sich insbesondere nicht aus dem Urteil des BAG aus dem Jahr 1985, da es dort im konkreten Fall um eine Freistellung nach Ablauf der ordentlichen Kündigungsfrist ging. Vorliegend geht es jedoch um eine Freistellung während der laufenden Kündigungsfrist. Bis zum Ablauf der Kündigungsfrist überwiegt jedoch das Beschäftigungsinteresse des Arbeitnehmers in jedem Fall.

---
[104] BAG 27.2.1985 – GS 1/84, NZA 1985, 702.
[105] Vgl. hierzu die Darstellung der Rechtsprechung bei *Straube/Klagges* ArbRAktuell 2010, 211.

Rein vorsorglich sei darauf hingewiesen, dass der Antragsgegnerin die Beschäftigung der Antragstellerin tatsächlich auch möglich ist. Denn einerseits ist die Stelle der Abteilungsleiterin IT mit Wirkung zum 15.4.2011 tatsächlich nicht entfallen, die Stelle wurde nur mit einer anderen Mitarbeiterin besetzt. Selbst wenn die Stelle aber weggefallen sein sollte, wäre eine Weiterbeschäftigung in der Abteilung Forschung und Entwicklung im Bereich Softwareentwicklung tatsächlich möglich.

Glaubhaftmachung: Eidesstattliche Versicherung der Klägerin vom 13.5.2011 **(Anlage 2).**

IV. Verfügungsgrund [→ C. Rn. 74]

Die Antragstellerin hat auch einen Verfügungsgrund.

Voraussetzung für den Verfügungsgrund im Rahmen einer Beschäftigungsverfügung ist, dass die einstweilige Verfügung zur Abwehr wesentlicher Nachteile für den Antragsteller notwendig ist. Die im Rahmen des Verfügungsgrundes zu prüfende Notwendigkeit der Verfügung ergibt sich schon daraus, dass anderenfalls wegen Zeitablaufs ein endgültiger Rechtsverlust droht. Die Dringlichkeit für eine Weiterbeschäftigungsverfügung folgt im vorliegenden Fall aus dem anderenfalls eintretenden Rechtsverlust. Mindestens muss angenommen werden, dass die Anforderungen an den Verfügungsgrund umso geringer sind, desto schwerer und offensichtlicher die drohende oder bestehende Rechtsverletzung ist. Im vorliegenden Fall stellt die Freistellung der Antragstellerin während der Kündigungsfrist eine Rechtsverletzung dar. Eine Rechtsgrundlage für die Freistellung besteht nicht. Vielmehr überwiegt das Beschäftigungsinteresse der Antragstellerin. Würde die begehrte einstweilige Verfügung nicht ergehen, drohte der Antragstellerin mithin für einen nicht unerheblichen Zeitraum der endgültige Verlust ihres Beschäftigungsanspruches. Dabei ist insbesondere auch zu berücksichtigen, dass die Antragstellerin ein besonderes Interesse daran hat, ihre Fertigkeiten und Kenntnisse im Betrieb der Antragsgegnerin zu praktizieren, da der Bereich IT einer schnelllebigen Wandlung und einer schnellen Entwicklung unterliegt.

Rechtsanwalt

c) Muster: Berufung gegen Weiterbeschäftigungstitel

Landesarbeitsgericht Niedersachsen
Siemensstr. 10
30173 Hannover

79
⇨ **380**

In dem Verfahren auf Erlass einer einstweiligen Verfügung

der A-GmbH, vertr. d. d. Geschäftsführer, Herrn Michael Schulz, Kaiserstr. 23, 30788 Hannover

– Antragsgegnerin –

Prozessbevollmächtigte: Rechtsanwälte Meier, Hohe Allee 27, 30556 Hannover

gegen

Frau Susanne Peters, Ostfeldstr. 42, 30559 Hannover

– Antragstellerin –

Prozessbevollmächtigte I. Instanz: Rechtsanwälte Müller, Siebrechtstr. 29, 30558 Hannover

Aktenzeichen I. Instanz: – 7 Ga 25/11 – ArbG Hannover

legen wir namens und im Auftrag der Antragsgegnerin gegen das Urteil des Arbeitsgerichts Hannover, Az.: – 7 Ga 25/11 –, vom 1.6.2011, zugestellt am 7.6.2011, das Rechtsmittel der

Berufung *[→ C. Rn. 76]*

ein.

Wir beantragen,

1. das Urteil des Arbeitsgerichts Hannover vom 1.6.2011, Aktenzeichen – 7 Ga 25/11 –, abzuändern und den Antrag zurückzuweisen;
2. die Zwangsvollstreckung aus dem Urteil des Arbeitsgerichts Hannover vom 1.6.2011, Aktenzeichen – 7 Ga 25/11 –, einstweilen einzustellen.

Die Parteien streiten um die Verpflichtung der Antragsgegnerin, die Antragstellerin nach Ausspruch einer betriebsbedingten Kündigung vorläufig weiter beschäftigen zu müssen.

I. Berufungsbegründung

1. Sachverhalt

Die A-GmbH hat am 20.3.2011 die unternehmerische Entscheidung getroffen, die Abteilung IT mit Wirkung zum 15.5.2011 zu schließen und die IT zukünftig von der Muttergesellschaft C-GmbH betreuen zu lassen. Damit ist das Beschäftigungsbedürfnis für die Antragstellerin als Abteilungsleiterin IT mit Wirkung zum 15.5.2011 (Tag der Schließung) entfallen. Die Antragsgegnerin hat deshalb das Arbeitsverhältnis am 30.4.2011 unter Einhaltung der ordentlichen Kündigungsfrist mit Wirkung zum 31.7.2011 gekündigt und die Antragstellerin am selben Tage mit Wirkung ab 15.5.2011 von der Verpflichtung zur Erbringung der Arbeitsleistung freigestellt. Eine Sozialauswahl war nicht durchzuführen. Einen anderen, freien Arbeitsplatz, den man der Antragstellerin hätte anbieten können, gab es bei der Antragsgegnerin nicht.

2. Die Entscheidung des Arbeitsgerichts

Das Arbeitsgericht Hannover hat in seinem Urteil vom 1.6.2011, Aktenzeichen – 7 Ga 25/11 –, die Antragsgegnerin gleichwohl verpflichtet, die Antragstellerin bis zum rechtskräftigen Abschluss des Kündigungsschutzverfahrens zu unveränderten Bedingungen als Leiterin der Abteilung IT weiter zu beschäftigen. Das Arbeitsgericht Hannover folgt dabei der Argumentation der Antragstellerin, dass die Antragsgegnerin verpflichtet sei, die Antragstellerin bis zum rechtskräftigen Abschluss des Kündigungsschutzverfahrens in der Abteilung Forschung und Entwicklung im Bereich Softwareentwicklung weiter zu beschäftigen. Da ein Verfügungsanspruch bestehe, bejahte das Arbeitsgericht Hannover auch einen Verfügungsgrund. Zudem sei die Antragsgegnerin aufgrund der schnelllebigen Entwicklung im Bereich IT auf eine tatsächliche Weiterbeschäftigung angewiesen.

3. Rechtliche Würdigung

Das Arbeitsgericht Hannover verkennt dabei die Voraussetzungen einer einstweiligen Verfügung auf Weiterbeschäftigung deutlich. Es liegt schon kein Verfügungsanspruch vor. In keinem Fall steht der Antragstellerin ein Verfügungsgrund zur Seite.

a) Verfügungsanspruch *[→ C. Rn. 73]*

Das Arbeitsgericht Hannover hat bereits zu Unrecht einen Verfügungsanspruch angenommen. Die Antragsgegnerin war berechtigt, aufgrund der Schließung der

Abteilung IT mit Wirkung zum 15.5.2011 die Antragstellerin mit Wirkung ab diesem Tage von der Verpflichtung zur Erbringung der Arbeitsleistung freizustellen. Entgegen der Auffassung des Arbeitsgerichts Hannover bestand auch in der Abteilung Forschung und Entwicklung im Bereich Softwareentwicklung keine Möglichkeit, die Antragstellerin tatsächlich weiter zu beschäftigen.

Glaubhaftmachung:	Eidesstattliche Versicherung des Herrn Hansmann vom 15.6.2011 **(Anlage 1)**.

b) Verfügungsgrund [→ C. Rn. 74]

In keinem Fall steht der Antragstellerin ein Verfügungsgrund zur Seite. Die Antragstellerin hat nicht einmal ansatzweise dargelegt, dass die Weiterbeschäftigung zur Abwendung schwerer und unzumutbarer, anders nicht abwendbarer Nachteile notwendig ist.

4. Zwischenergebnis

Die Berufung ist danach begründet. Ein Anspruch auf Weiterbeschäftigung bis zum rechtskräftigen Abschluss des Kündigungsrechtsstreits im Wege des einstweiligen Rechtsschutzes steht der Antragstellerin nicht zu.

5. Einstellung der Zwangsvollstreckung [→ C. Rn. 76]

In jedem Fall liegen die Voraussetzungen des § 62 Abs. 1 S. 3 ArbGG vor. Die Zwangsvollstreckung ist danach einzustellen.

Zwar verlangt die Vorschrift des § 62 Abs. 1 S. 3 ArbGG ihrem Wortlaut nach als Voraussetzung für die einstweilige Einstellung der Zwangsvollstreckung einen nicht zu ersetzenden Nachteil für den Vollstreckungsschuldner. Die Vorschrift erfährt jedoch eine teleologische Reduktion, falls der Vollstreckungsschuldner erfolgreich materielle Einwendungen gegen den zu vollstreckenden Anspruch geltend macht, die erst nach Abschluss der mündlichen Verhandlung erster Instanz entstanden sind. In diesem Fall ist die Zwangsvollstreckung auch dann einzustellen, wenn kein besonderer, nicht zu ersetzender Nachteil ersichtlich ist.[106]

Im vorliegenden Fall hat die Antragsgegnerin am 20.6.2011 die unternehmerische Entscheidung getroffen, auch den Bereich Softwareentwicklung der Abteilung Forschung und Entwicklung zu schließen und die Softwareentwicklung ab dem 1.7.2011 ebenfalls von der Muttergesellschaft, der C-GmbH, durchführen zu lassen. Das Arbeitsverhältnis wurde deshalb erneut am 21.6.2011 unter Einhaltung der ordentlichen Kündigungsfrist gekündigt, die Antragstellerin mit Wirkung ab 1.7.2011 freigestellt.

Glaubhaftmachung:	Eidesstattliche Versicherung des Herrn Hansmann vom 15.6.2011 **(Anlage 1)**.

Damit ist – wovon das Arbeitsgericht Hannover bei seiner erstinstanzlichen Entscheidung ausgegangen ist – in keinem Fall mehr eine Weiterbeschäftigung der Antragstellerin in dem Bereich Softwareentwicklung der Abteilung Forschung und Entwicklung möglich. Das Beschäftigungsbedürfnis in diesem Bereich ist ebenfalls spätestens mit Wirkung zum 30.6.2011 entfallen. Eine Sozialauswahl war nicht durchzuführen. Andere freie Arbeitsplätze, die man der Antragstellerin hätte anbieten können, gibt es bei der Antragsgegnerin nicht.

Glaubhaftmachung:	Eidesstattliche Versicherung des Herrn Hansmann vom 15.6.2011 **(Anlage 1)**.

---

[106] LAG Hamm 21.12.2010 – 18 Sa 1827/10, BeckRS 2011, 73631.

Straube

> Da der Bestand des Arbeitsverhältnisses durch die weitere Kündigung erneut unsicher geworden ist, ist die Zwangsvollstreckung einstweilen einzustellen.
>
> Rechtsanwalt

3. Vollstreckung des Weiterbeschäftigungstitels

a) Grundlagen

80 Die Vollstreckung des Weiterbeschäftigungsanspruches erfolgt nach § 888 ZPO.[107] Im Rahmen eines einstweiligen Verfügungsverfahrens muss der Antrag auf Zwangsgeld dabei allerdings innerhalb der einmonatigen Vollziehungsfrist des § 929 Abs. 2 ZPO gestellt werden. Wird der Zwangsgeldantrag später gestellt, kann der Zwangsgeldbeschluss erfolgreich mit der sofortigen Beschwerde angegriffen werden.[108]

b) Muster: Antrag Zwangsgeld [→ C. Rn. 80]

81

> Arbeitsgericht Hannover
> Ellernstr. 42
> 30175 Hannover
>
> **Antrag gem. § 888 ZPO**
>
> In der Zwangsvollstreckungssache
> der Frau Susanne Peters, Ostfeldstr. 42, 30559 Hannover
>
> – Antragstellerin und Vollstreckungsgläubigerin –
>
> Prozessbevollmächtigte: Rechtsanwälte Müller, Siebrechtstr. 29, 30558 Hannover
>
> gegen
>
> die A-GmbH, vertr. d. d. Geschäftsführer, Herrn Michael Schulz, Kaiserstr. 23, 30788 Hannover
>
> – Antragsgegnerin und Vollstreckungsschuldnerin –
>
> beantragen wir namens und in Vollmacht der Vollstreckungsgläubigerin,
>
> gegen die Vollstreckungsschuldnerin wird wegen Nichtbeschäftigung der Vollstreckungsgläubigerin entsprechend dem Urteil des Arbeitsgerichts Hannover vom 1.6.2011, Aktenzeichen – 7 Ga 25/11 –, ein Zwangsgeld festgesetzt und für den Fall, dass dieses nicht beigetrieben werden kann, Zwangshaft.
>
> Mit Urteil des Arbeitsgerichts Hannover vom 1.6.2011, Aktenzeichen – 7 Ga 25/11 –, wurde die Vollstreckungsschuldnerin verurteilt, die Vollstreckungsgläubigerin bis zum rechtskräftigen Abschluss des Kündigungsrechtsstreits zu unveränderten arbeitsvertraglichen Bedingungen als Leiterin der Abteilung IT weiter zu beschäftigen. Mit unserem Schreiben vom 15.6.2011 **(Anlage 1)** haben wir die vollstreckbare Urteilsausfertigung an die Prozessbevollmächtigten der Vollstreckungsschuldnerin im Parteibetrieb zugestellt. Das Empfangsbekenntnis fügen wir als **Anlage 2** bei. Mit dem Schreiben haben wir die Vollstreckungsschuldnerin sogleich aufgefordert, die Vollstreckungsgläubigerin entsprechend zu beschäftigen. Da keine Reaktion der Vollstreckungsschuldnerin erfolgte, haben wir die Prozessbevollmächtigten der Vollstreckungsschuldnerin mit Schreiben vom 25.11.2011 **(Anlage 3)** noch einmal aufgefordert, die Vollstreckungsgläubigerin entsprechend dem Urteil des Arbeitsgerichts Hannover vom 1.6.2011 zu beschäftigen. Eine Beschäftigung erfolgte bislang nicht. Wir haben bis heute noch nicht einmal eine Rückmeldung der Prozessbevollmächtigten oder der Vollstreckungsschuldnerin erhalten.
>
> Rechtsanwalt

---

[107] Schaub/*Linck*, ArbR-HdB, § 126 Rn. 21.
[108] LAG Niedersachsen 30.12.2010 – 12 Ta 548/10, LAGE ZPO 2002 § 929 Nr. 1.

IV. Leistungsklagen

1. Arbeitsvergütung

a) Grundlagen

Klagen des Arbeitnehmers gegen den Arbeitgeber auf **Zahlung ausstehender Vergütung** sind dann notwendig, wenn der Arbeitgeber die Vergütung nicht zahlt und der Arbeitnehmer die Vergütungsansprüche unmittelbar durchsetzen will. Der Arbeitnehmer kann aber auch in die Situation kommen, dass er **während eines laufenden Kündigungsschutzprozesses** Vergütungsansprüche für die Zeit nach Ablauf der Kündigungsfrist einklagen muss, weil ihn Ausschlussfristen oder die Verjährung an der späteren Durchsetzung hindern würden. Im Hinblick auf ein- oder zweistufige Ausschlussfristen hat das BAG allerdings bereits ausdrücklich entschieden, dass diese Ausschlussfristen durch die Kündigungsschutzklage gewahrt sind.[109] Hingegen wird die Verjährung im Hinblick auf die Vergütungsansprüche durch die Erhebung der Kündigungsschutzklage nicht unterbrochen,[110] so dass bei drohender Verjährung die Vergütungsansprüche in jedem Fall eingeklagt werden müssen. Die Vergütungsansprüche können dabei im bereits anhängigen Kündigungsschutzverfahren im Wege der Klagehäufung eingeklagt werden[111] oder in einem gesonderten Verfahren.

82

Neben der **Bruttovergütung** können dabei auch die **Verzugszinsen** aus der entgeltgeschuldeten Bruttovergütung eingeklagt werden.[112] Die ausstehende Bruttovergütung kann dabei zusammengefasst als einmaliger Klagbetrag geltend gemacht werden, im Hinblick auf die Verzugszinsen bietet sich jedoch eine Differenzierung zwischen den einzelnen geschuldeten Bruttomonatsvergütungen an. Um eine teilweise Klageabweisung zu vermeiden, muss bereits im Klagantrag der Nettobetrag des bezogenen Arbeitslosengeldes abgezogen werden. Darüber hinaus sind auch die von der Bundesagentur für Arbeit zu Gunsten des Arbeitnehmers abgeführten Arbeitnehmeranteile zur Gesamtsozialversicherung abzuziehen. Die Klage wird aber nicht deshalb unschlüssig, weil diese Arbeitnehmeranteile in der Klage zunächst nicht abgezogen werden.[113] Die Bundesagentur für Arbeit kann den Arbeitnehmer auch dazu ermächtigen, die auf sie übergegangenen Ansprüche klageweise geltend zu machen (gewillkürte Prozessstandschaft).[114]

83

b) Muster: Klage auf Arbeitsvergütung

Arbeitsgericht Hannover Ellernstr. 42 30175 Hannover
Klage
der Frau Susanne Peters, Ostfeldstr. 42, 30559 Hannover
– Klägerin –
Prozessbevollmächtigte: Rechtsanwälte Müller, Siebrechtstr. 29, 30558 Hannover
gegen
die A-GmbH, vertr. d. d. Geschäftsführer, Herrn Michael Schulz, Kaiserstr. 23, 30788 Hannover
– Beklagte –

84

↷ 382

---

[109] BAG 23.9.2009 – 5 AZR 518/08, NZA 2010, 781; Schaub/Linck, ArbR-HdB, § 138 Rn. 42–44.
[110] Schaub/Linck, ArbR-HdB, § 138 Rn. 45.
[111] Tschöpe/Rolfs, Anwalts-HdB Arbeitsrecht, Teil 5 A Rn. 226.
[112] BAG 7.3.2001 – GS 1/00, NZA 2001, 1195.
[113] ArbG Frankfurt 25.8.2004 – 2 Ca 3809/04, NZA-RR 2005, 362; aA LAG Nürnberg 24.6.2003 – 6 Sa 424/02, BeckRS 2003, 41274.
[114] BAG 23.9.2009 – 5 AZR 518/08, NZA 2010, 781; 19.3.2008 – 5 AZR 432/07, NZA 2008, 900.

Straube

Namens und im Auftrag der Klägerin erheben wir Klage und beantragen,

die Beklagte zu verurteilen, an die Klägerin 13.500,00 EUR brutto abzüglich von der Bundesagentur für Arbeit am 1.10.2011, 1.11.2011 sowie 1.12.2011 jeweils gezahlter 2.388,75 EUR netto zuzüglich Zinsen in Höhe von 5% über dem Basiszinssatz auf jeweils 4.500,00 EUR brutto seit dem 1.10.2011, 1.11.2011 sowie 1.12.2011 zu zahlen. [→ C. Rn. 83]

Alternativ, wenn kein Arbeitslosengeld gezahlt wurde:

die Beklagte zu verurteilen, an die Klägerin 13.500,00 EUR brutto nebst 5% Zinsen über dem Basiszinssatz auf jeweils 4.500,00 EUR seit dem 1.10.2011, 1.11.2011 und 1.12.2011 zu zahlen.

Die Parteien streiten um die der Klägerin zustehenden Vergütungsansprüche.

I. Sachverhalt

Die am 24.3.1973 geborene Klägerin ist verheiratet und einem Kind zum Unterhalt verpflichtet. Bei der Beklagten ist sie seit dem 1.1.2003 beschäftigt, zuletzt als Abteilungsleiterin IT. Den Arbeitsvertrag vom 1.1.2006 fügen wir als **Anlage K 1** bei. Hieraus ergibt sich, dass die Klägerin zum damaligen Zeitpunkt einen Vergütungsanspruch in Höhe von monatlich 4.500,00 EUR brutto hatte. In dieser Höhe bestanden die Vergütungsansprüche auch im Jahr 2008 fort.

Mit Schreiben vom 30.6.2008 kündigte die Beklagte das Arbeitsverhältnis mit der Klägerin unter Einhaltung der ordentlichen Kündigungsfrist mit Wirkung zum 30.9.2008 aus krankheitsbedingten Gründen. Die Klägerin hat gegen diese Kündigung innerhalb der dreiwöchigen Klagefrist gem. § 4 KSchG Kündigungsschutzklage erhoben. Der Kündigungsschutzprozess dauert nach wie vor an, nachdem wiederholt Sachverständigengutachten über den Gesundheitszustand der Klägerin eingeholt wurden. Die Vergütungsansprüche aus dem Jahr 2008 drohen aufgrund der dreijährigen Verjährungsfrist gem. § 195 BGB Ende des Jahres 2011 zu verjähren. Auf schriftliche Anfrage hat die Beklagte außergerichtlich erklärt, dass sie auf die Einrede der Verjährung nicht verzichten wird. Aus diesem Grund ist nunmehr Klage geboten.

Die Klägerin hat am 1.10., 1.11. und 1.12. von der Bundesagentur Arbeitslosengeld in Höhe von 2.388,75 EUR erhalten.

II. Rechtliche Würdigung

Die Vergütungsansprüche stehen der Klägerin zu, sofern das Gericht in dem Kündigungsrechtsstreit zu dem Ergebnis kommt, dass die Kündigung vom 30.6.2008 unwirksam ist. Anspruchsgrundlage ist der vorgelegte Arbeitsvertrag vom 1.1.2006.

Rechtsanwalt

2. Zahlungsansprüche wegen Schmiergeld (und Auskunft)

a) Zahlungsansprüche gegenüber dem Schmiergeldempfänger[115]

85 Erhält ein Arbeitnehmer von einem Geschäftspartner des Arbeitgebers Schmiergelder, hat er diese **in voller Höhe an den Arbeitgeber** gem. §§ 687 Abs. 2, 681 S. 2, 667 BGB herauszugeben.[116] Zu dem herauszugebenden Schmiergeld gehören nicht nur **Barzahlungen,** sondern alle **Sondervorteile,** die sich ein Arbeitnehmer bei der Ausführung von vertraglichen Aufgaben versprechen lässt oder entgegennimmt und

---
[115] Vgl. hierzu *Straube* DB 2008, 1744.
[116] BAG 26.2.1971 – 3 AZR 97/70, AP BGB § 687 Nr. 5; BGH 19.5.1988 – VII ZR 315/86, NJW-RR 1988, 1104.

die dazu bestimmt oder auch nur geeignet sind, ihn in seinem geschäftlichen Verhalten zu Gunsten des Dritten und zum Nachteil seines Arbeitgebers zu beeinflussen.[117]

Der **Herausgabeanspruch** der erlangten Schmiergelder besteht auch **unabhängig davon, ob dem Arbeitgeber ein Nachteil bzw. ein Schaden entstanden ist.**[118] Da der Arbeitgeber prozessual zunächst einmal „nur" darlegen muss, dass der Arbeitnehmer Schmiergelder erhalten hat, wird der Arbeitgeber seine Zahlungsansprüche in erster Linie auf den Herausgabeanspruch gem. §§ 687 Abs. 2, 681 S. 2, 667 BGB stützen. Im Rahmen der Darlegungs- und Beweislast ist dabei stets zu berücksichtigen, dass einem Geständnis des Arbeitnehmers in einem möglicherweise noch andauernden oder bereits abgeschlossenen Strafverfahren besondere Bedeutung zukommt. Zwar kann dieses nicht die Wirkung der §§ 288, 290 ZPO entfalten. Das Arbeitsgericht kann das Geständnis des Arbeitnehmers im Strafverfahren (was oftmals abgelegt wird, um dort ein milderes Strafmaß zu erreichen) jedoch als Erkenntnisquelle im Rahmen der freien Beweiswürdigung im arbeitsgerichtlichen Verfahren verwerten und als Indiz für die Wahrheit der zugestandenen Tatsachen berücksichtigen. Das Geständnis kann dabei eine derart große Beweiskraft entfalten, dass es zur richterlichen Überzeugungsbildung auch dann ausreicht, wenn es (im Strafverfahren oder im arbeitsgerichtlichen Verfahren) widerrufen wird und der beweisbelastete Arbeitgeber keine weiteren Beweismittel vorbringen kann.[119] Ein pauschales Bestreiten der Schmiergeldzahlungen durch den Arbeitnehmer im arbeitsgerichtlichen Verfahren kann damit die sich aus einem Geständnis im Strafverfahren ergebende Indizwirkung nicht erschüttern.[120]

Daneben steht dem Arbeitgeber aber noch ein **Schadensersatzanspruch** gem. § 826 BGB und § 823 Abs. 2 BGB iVm § 299 StGB zu. Dabei ist mittlerweile anerkannt, dass § 299 StGB ein Schutzgesetz iSd § 823 Abs. 2 BGB ist.[121] Prozessual kommt dem Arbeitgeber aber der Grundsatz zu Gute, dass der Beweis des ersten Anscheins dafür spricht, dass der Geschäftspartner ohne die Schmiergeldzahlungen preisgünstiger angeboten hätte, mithin ein Schaden in Höhe der gewährten Schmiergelder besteht.[122] Aufgrund dieser „Beweiserleichterung" sollten die Zahlungsansprüche auch immer als Schadensersatzansprüche geltend gemacht werden. Prozessual hat der Arbeitnehmer aber selbstverständlich die Möglichkeit, diesen Beweis des ersten Anscheins zu widerlegen mit der Folge, dass der Arbeitgeber dann den Schaden in voller Höhe darlegen und beweisen muss.

Dem Arbeitgeber steht gegenüber dem Arbeitnehmer, der Schmiergelder angenommen hat, ein **Auskunftsanspruch** über die Höhe der angenommenen Schmiergelder zu. Der Auskunftsanspruch ergibt sich sowohl aus § 242 BGB als auch aus § 666 BGB.[123]

b) Muster: Zahlungsklage wegen Schmiergeld

| Arbeitsgericht Hannover
Ellernstr. 42
30175 Hannover | 89
⚖ 383 |
|---|---|

---

[117] BGH 2.4.2001 – II ZR 217/99, NJW 2001, 2476; BAG 21.6.2001 – 2 AZR 30/00, BAGReport 2002, 40; LAG Hamm 17.8.2006 – 15 Sa 511/06, BeckRS 2006, 44787.
[118] BAG 26.2.1971 – 3 AZR 97/70, AP BGB § 687 Nr. 5; BGH 19.5.1988 – VII ZR 315/86, NJW-RR 1988, 1104; 2.4.2001 – II ZR 217/99, NJW 2001, 2476; LAG Niedersachsen 14.9.2005 – 15 Sa 1610/03, BeckRS 2005, 43363; OLG München 18.7.2007 – 20 U 2312/07, BeckRS 2007, 14748.
[119] BGH 15.3.2004 – II ZR 136/02, NJW-RR 2004, 1001; 15.6.1994 – XII ZR 128/93, NJW 1994, 3165.
[120] LAG Niedersachsen 16.6.2004 – 15 Sa 4/04.
[121] OLG Zweibrücken 12.3.2009 – 4 U 68/08, BeckRS 2009, 10754.
[122] LAG Niedersachsen 14.9.2005 – 15 Sa 1610/03, BeckRS 2005, 43363; Hess. LAG 25.1.2008 – 10 Sa 1195/06, ZInsO 2008, 1094.
[123] LAG Hamm 6.6.2007 – 18 Sa 83/07, BeckRS 2007, 48502; ArbG Braunschweig 18.1.2005 – 1 Ca 380/03; BAG 18.1.1996 – 6 AZR 314/95, DB 1996, 2182; 7.9.1995 – 8 AZR 828/93, AP BGB § 242 Auskunftspflicht Nr. 24.

Klage

der A-GmbH, vertr. d. d. Geschäftsführer, Herrn Michael Schulz, Kaiserstr. 23, 30788 Hannover

– Klägerin –

Prozessbevollmächtigte: Rechtsanwälte Meier, Sonnenstr. 25, 30775 Hannover

gegen

Frau Susanne Peters, Waldstr. 7, 30779 Hannover

– Beklagte –

Namens und im Auftrag der Klägerin erheben wir Klage gegen die Beklagte und beantragen,

1. die Beklagte zu verurteilen, an die Klägerin 20.000,00 EUR nebst 5% Zinsen über dem Basiszinssatz seit dem 1.1.2010 zu zahlen;
2. die Beklagte zur verurteilen,
   a) der Klägerin Auskunft zu geben, wann und in welcher Höhe sie von welchen Lieferanten und Geschäftspartnern der Klägerin und deren Beauftragten oder deren Geschäftspartnern, Geld, Zahlungen oder sonstige Vorteile erhalten hat, zudem ist der Grund der Zahlungen, insbesondere die einzelnen Leistungen, anzugeben, für die die Zahlungen angeblich erfolgt sind;
   b) die Richtigkeit ihrer Auskünfte eidesstattlich zu versichern und
   c) den sich aus der Auskunft ergebenden Betrag nebst 5% Zinsen über den Basiszinssatz seit dem 1.1.2010 zu zahlen.

Der Antrag zu 2. wird zusätzlich zu dem Antrag zu 1. gestellt. Soweit er jedoch dessen Streitgegenstand betrifft, wird er nur hilfsweise gestellt.

I. Sachverhalt

Die Klägerin nimmt die Beklagte auf Rückzahlung von Schmiergeldern in Anspruch, die diese von Lieferanten der Klägerin kassiert hat.

1. Die Klägerin

Die Klägerin stellt Gabelstapler her. Sie hatte bislang zwei Werke in Berlin und Köln. Im Jahr 2009 entschloss sich die Klägerin, ein weiteres Werk in Dresden zu bauen. Die Beauftragung von externen Baufirmen mit dem Bau des Werkes in Dresden erfolgte durch die Vergabeabteilung der Klägerin nach Abstimmung mit den Fachabteilungen.

2. Die Beklagte

Die am 1.1.1963 geborene, verheiratete und einem Kind zum Unterhalt verpflichtete Beklagte ist bei der Klägerin seit dem 1.1.2003 in der Vergabeabteilung tätig. Dort ist sie für die Vergabe von Aufträgen über Bauleistungen an externe Bauunternehmen zuständig.

3. Die Schmiergelder

Die B-GmbH, ein externes Bauunternehmen aus Augsburg, zahlte der Beklagten Schmiergelder in Höhe von 20.000,00 EUR, damit die Klägerin die B-GmbH mit dem Bau des neuen Werkes der Klägerin in Dresden beauftragt. Tatsächlich vergab die Beklagte dann „im Gegenzug" den Bauauftrag an die B-GmbH. Diese baute das Werk der Klägerin in Dresden und stellten den Bau im Jahr 2011 fertig.

Straube

4. Höhe der Schmiergelder

Die Staatsanwaltschaft hat gegen die Beklagte ein Ermittlungsverfahren wegen Bestechlichkeit im geschäftlichen Verkehr gem. § 299 StGB eingeleitet. Die Klägerin hat mittlerweile Einsicht in die Ermittlungsakten erhalten. Danach ergibt sich, dass die Beklagte mindestens 20.000,00 EUR in bar von der B-GmbH erhielt, damit diese den Bauauftrag an die B-GmbH vergibt. Der Betrag in Höhe von 20.000,00 EUR wurde der Beklagten von dem Prokuristen der B-GmbH, Herrn Dornhöfer, am 27.8.2009 in einem Parkhaus in Rostock übergeben. Dieser Bargeldbetrag entspricht dem Klagantrag zu Ziffer 1.

Darüber hinaus ergeben sich aus der Ermittlungsakte aber noch hinreichende Anhaltspunkte für weitere Schmiergeldzahlungen an die Beklagte.

II. Rechtliche Würdigung

1. Herausgabeanspruch [→ C. Rn. 86]

Die Klägerin hat gegen die Beklagte Anspruch auf Herausgabe der erhaltenen Schmiergelder in Höhe von 20.000,00 EUR. Denn Sondervorteile, die ein Arbeitnehmer vom Geschäftspartner seines Arbeitgebers erhält, hat er in jedem Fall an den Arbeitgeber herauszugeben (§§ 687 Abs. 2, 681 S. 2, 667 BGB). Dies gilt unabhängig davon, ob die Geschäftsverbindung im Übrigen ordnungsgemäß abgewickelt wurde oder nicht. Die Beklagte hat alles herauszugeben, was sie erlangt hat. Hierzu gehören insbesondere „Provisionen", Geschenke oder andere Sondervorteile, die der Beklagten von dritter Seite zugewandt worden sind und die eine Willensbeeinflussung zum Nachteil der Klägerin auch nur befürchten lassen.

Der Herausgabeanspruch der erlangten Schmiergelder besteht auch unabhängig davon, ob der Klägerin ein Nachteil bzw. ein Schaden entstanden ist. Die Beklagte hat somit alle erlangten Schmiergelder herauszugeben, und zwar unabhängig davon, ob der Klägerin ein Schadensersatzanspruch zusteht.

2. Schadensersatzanspruch [→ C. Rn. 87]

Der geltend gemachte Anspruch besteht auch als Schadensersatzanspruch gem. § 826 BGB und § 823 Abs. 2 BGB iVm § 299 StGB, da § 299 StGB ein Schutzgesetz iSd § 823 Abs. 2 BGB ist. Dabei gilt der Grundsatz, dass der Beweis des ersten Anscheins dafür spricht, dass ohne die Schmiergeldzahlungen der Geschäftspartner preisgünstiger angeboten hätte, mithin ein Schaden in Höhe des gewährten Schmiergeldes besteht.

3. Auskunftsanspruch [→ C. Rn. 88]

Darüber hinaus bestehen hinreichende Anhaltspunkte, dass der Klägerin weitergehende Herausgabeansprüche wegen Schmiergeldzahlungen zustehen. Der geltend gemachte Auskunftsanspruch ergibt sich aus §§ 242, 261, 666 BGB. Die Klägerin ist dabei in entschuldbarer Weise über das Bestehen und den Umfang der gezahlten Schmiergelder im Ungewissen. Die Beklagte hingegen kann hierüber unschwer Auskunft erteilen. Die Beklagte ist danach zur Auskunft über die erhaltenen Schmiergelder in voller Höhe verpflichtet.

Rechtsanwalt

3. Entschädigungsanspruch gem. § 15 Abs. 2 AGG

a) Anspruchsvoraussetzungen

90 Die **Entschädigungsregel** des § 15 Abs. 2 AGG ist in der Praxis von deutlich größerer Bedeutung als die Schadensersatzregel des § 15 Abs. 1 AGG, da Voraussetzung des § 15 Abs. 2 AGG allein ein Verstoß gegen das Benachteiligungsverbot des § 7 Abs. 1 AGG ist. Im Gegensatz zu § 15 Abs. 1 AGG ist ein Verschulden des Arbeitgebers nicht Voraussetzung, der Anspruch nach § 15 Abs. 2 AGG ist verschuldensunabhängig. Des Weiteren sind weder eine Verletzung des allgemeinen Persönlichkeitsrechts noch die objektive Eignung des Bewerbers für eine Stelle Voraussetzung für den Entschädigungsanspruch nach § 15 Abs. 2 AGG.[124] Zudem sieht § 22 AGG eine Beweiserleichterung der benachteiligten Person im Prozess vor.[125]

91 Im Hinblick auf die Antragsstellung hat das BAG wiederholt entschieden, dass ein **unbezifferter Zahlungsantrag** zulässig ist. Ausreichend ist mithin, wenn der Klagantrag auf Zahlung einer der Höhe nach in das Ermessen des Gerichts gestellten Entschädigung gerichtet ist. Der Kläger muss dann allerdings in der Begründung Tatsachen benennen, die das Gericht bei der Bestimmung des Betrages heranziehen soll und die Größenordnung der geltend gemachten Forderung angeben.[126] Wenn der Arbeitnehmer aber in jedem Fall eine Größenordnung der geforderten Entschädigung angeben muss, bietet es sich an, diesen Betrag sogleich auch mit in den Klagantrag aufzunehmen.

92 Im Hinblick auf die prozessuale Geltendmachung eines Entschädigungsanspruches gem. § 15 Abs. 2 AGG sind in jedem Fall die **besonderen Ausschlussfristen** des § 15 Abs. 4 AGG und § 61b Abs. 1 ArbGG zu beachten. § 15 Abs. 4 AGG sieht zunächst vor, dass der Anspruch innerhalb einer Frist von zwei Monaten schriftlich geltend gemacht werden muss. Lehnt der Arbeitgeber den Anspruch ab oder reagiert er auf das Anspruchsschreiben überhaupt nicht, muss der Arbeitnehmer dann nach § 61b Abs. 1 ArbGG innerhalb von drei Monaten, nachdem der Anspruch schriftlich geltend gemacht worden ist, Klage erheben.[127]

b) Muster: Klage auf Entschädigung gem. § 15 Abs. 2 AGG

93

Arbeitsgericht Hannover
Ellernstr. 42
30175 Hannover

Klage

der Frau Susanne Peters, Ostfeldstr. 42, 30559 Hannover

– Klägerin –

Prozessbevollmächtigte: Rechtsanwälte Müller, Siebrechtstr. 29, 30558 Hannover

gegen

die A-GmbH, vertr. d. d. Geschäftsführer, Herrn Michael Schulz, Kaiserstr. 23, 30788 Hannover

– Beklagte –

Namens und im Auftrag der Klägerin erheben wir Klage und beantragen,

die Beklagte zu verurteilen, an die Klägerin eine Entschädigung, deren Höhe in das Ermessen des Gerichts gestellt wird, die aber 5.000,00 EUR nicht unterschreiten

---

[124] Zu den Voraussetzungen von § 15 Abs. 2 AGG vgl. Schaub/*Linck,* ArbR-HdB, § 36 Rn. 84 ff.; Tschöpe/*Schrader/Straube,* Anwalts-HdB Arbeitsrecht, Teil 1 F Rn. 136 ff.
[125] Zur abgestuften Prüfungsreihenfolge s. Tschöpe/*Schrader/Straube,* Anwalts-HdB Arbeitsrecht, Teil 1 F Rn. 169 ff.; weiterhin BAG 7.7.2011 – 2 AZR 396/10, NZA 2012, 34.
[126] BAG 22.6.2011 – 8 AZR 48/10, NZA 2011, 1226; 19.8.2011 – 8 AZR 530/09, NZA 2010, 1412.
[127] Vgl. hierzu Schaub/*Linck,* ArbR-HdB, § 36 Rn. 97 ff.

sollte, nebst Zinsen in Höhe von 5% über dem Basiszinssatz seit dem 4.4.2011 zu zahlen. [→ C. Rn. 91]

Die Klägerin macht mit der vorliegenden Klage einen Entschädigungsanspruch gem. § 15 Abs. 2 AGG wegen einer nicht gerechtfertigten Benachteiligung aufgrund ihres Alters geltend.

I. Sachverhalt

1. Die Beklagte

Die Beklagte bietet Objektschutz, Messe- und Veranstaltungsdienste an und hat dafür auf dem Gelände der Messe Hannover ein so genanntes Messebüro eingerichtet. Von dort aus organisiert sie Dienstleistungsaufträge, die ihr von der Y-AG erteilt werden.

2. Die Klägerin

Die am 24.2.1959 geborene Klägerin hat ein Hochschulstudium als Diplom-Übersetzerin für Französisch und Spanisch absolviert und verfügt über gute Englischkenntnisse. Seit 1986 ist sie beim Arbeitgeber des öffentlichen Dienstes im Fremdsprachendienst beschäftigt, war jedoch im April 2011 bereits über einen längeren Zeitraum ohne Bezüge beurlaubt.

3. Das diskriminierende Verhalten

Während der Y-Messe vom 16. bis 20.4.2011 sollte die Beklagte die Besucherregistrierung durchführen, mit der die exakte Besucherzahl ermittelt und die persönlichen Besucherdaten erfasst wurden. Die Besucherregistrierung erfolgte dabei nach einem genau festgelegten System, das deutschlandweit alle Messeveranstalter anerkannt haben und praktizieren.

Dafür suchte die Beklagte mit einer Zeitungsanzeige vom 4.4.2011 „Mitarbeiter mit mindestens einer Fremdsprache zur Aushilfe". Auf die Zeitungsannonce bewarb sich die Klägerin noch am 4.4.2011 telefonisch. Ihr Gesprächspartner, Herr T. von der Beklagten, merkte die Klägerin aufgrund der Fremdsprachenkenntnisse zunächst für eine Tätigkeit in der „Vollregistrierung" vor, die mit 9,05 EUR pro Stunde vergütet wurde. Bei der persönlichen Vorstellung im Messebüro der Beklagten noch am selben Tage erklärte Herr T. dann allerdings, nachdem die Klägerin in dieser persönlichen Vorstellung ihr Alter angegeben hatte, dass die Klägerin für die vorgesehene Tätigkeit in der Vollregistrierung „zu alt" sei. Die Klägerin erhielt daraufhin die Stelle in der „Vollregistrierung" nicht.

4. Die Geltendmachung

Mit anwaltlichem Schreiben vom 14.4.2011, der Beklagten am 15.4.2011 zugegangen, machte die Klägerin einen Entschädigungsanspruch wegen Altersdiskriminierung in Höhe von 5.000,00 EUR geltend. Die Beklagte reagierte hierauf bislang jedoch nicht, so dass nunmehr Klage geboten ist.

II. Rechtliche Würdigung [→ C. Rn. 90]

Der Klägerin steht der geltend gemachte Entschädigungsanspruch gem. § 15 Abs. 2 AGG zu.

1. Anwendung des AGG

Gem. § 6 AGG galt die Klägerin schon im Zeitpunkt ihrer Benachteiligung als Beschäftigte. Ebenso war die Beklagte Arbeitgeberin iSd AGG, weil sie mittels einer Zeitungsanzeige um Bewerbungen, also um Beschäftigte iSd § 6 Abs. 1 AGG geworben hat. Dies ergibt sich aus § 6 Abs. 2 S. 1 AGG.

2. Ungerechtfertigte Benachteiligung

Die Beklagte hat die Klägerin wegen ihres Alters unmittelbar iSd § 3 Abs. 1 AGG benachteiligt. Diese unmittelbare Benachteiligung war auch nicht gem. § 8 AGG oder § 10 AGG gerechtfertigt.

3. Zurechnung des Verhaltens des Herrn T.

Das Verhalten des bei der Beklagten beschäftigten Herrn T., der die unmittelbare Benachteiligung durchgeführt hat, war der Beklagten auch zuzurechnen. Denn bedient sich der Arbeitgeber bei der Anbahnung eines Arbeitsverhältnisses eigener Mitarbeiter oder Dritter, so trifft ihn die volle Verantwortung für deren Verhalten.

4. Höhe der Entschädigung [→ C. Rn. 91]

Bei der Festsetzung der angemessenen Entschädigung durch das Gericht sind alle Umstände des Einzelfalles zu berücksichtigen. Zu diesen zählen etwa die Schwere und Art der Benachteiligung, ihre Dauer und Folgen, der Anlass und Beweggrund des Handelns, der Grad der Verantwortlichkeit des Arbeitgebers, etwa geleistete Wiedergutmachung oder erhaltene Genugtuung und das Vorliegen eines Wiederholungsfalles. Eine Entschädigung in Höhe von 5.000,00 EUR erscheint danach angemessen.

5. Geltendmachung [→ C. Rn. 92]

Der Entschädigungsanspruch ist auch innerhalb der gesetzlichen Frist schriftlich und gerichtlich geltend gemacht worden.

Rechtsanwalt

4. Nachteilsausgleichsansprüche gem. § 113 BetrVG (Ansprüche in der Insolvenz)

a) Voraussetzungen des § 113 BetrVG

94 Die Absätze 1 bis 3 des § 113 BetrVG stellen unterschiedliche Voraussetzungen für einen Nachteilsausgleichsanspruch der Arbeitnehmer auf.[128] Nach § 113 BetrVG besteht der **Nachteilsausgleichsanspruch,** wenn der Unternehmer
– ohne zwingenden Grund
– von einem Interessenausgleich über die geplante Betriebsänderung abweicht (Abs. 1) oder diesen gar nicht erst versucht (Abs. 3) und
– in Folge dieser Abweichung/Durchführung der Maßnahme ohne Versuch eines Interessenausgleiches der Arbeitnehmer entlassen wird (Abs. 1) oder andere wirtschaftliche Nachteile (Abs. 2) erleidet.

95 Im Hinblick auf die **Höhe des Nachteilsausgleichsanspruchs** verweist § 113 Abs. 1 BetrVG auf § 10 KSchG. Ebenso wie beim Auflösungsantrag gem. §§ 9, 10 KSchG ist es deshalb auch bei einem auf § 113 Abs. 1 BetrVG beruhenden Klagantrag

---

[128] Vgl. dazu im Einzelnen Schaub/*Koch,* ArbR-HdB, § 244; *Schrader/Straube,* Insolvenzarbeitsrecht, III. Rn. 52 ff.

erforderlich, den gewünschten Abfindungsbetrag in jedem Fall konkret zu beziffern.[129] Fehlt hingegen eine konkrete Bezifferung, wird der Antragsteller nicht beschwert sein, wenn das Gericht hinter seinen Vorstellungen zurück bleibt. Auch wenn dabei unerheblich sein dürfte, ob der konkret gewünschte Abfindungsbetrag „nur" in den Klagegründen benannt wird oder auch im Antrag selbst, erscheint es zweckmäßig, den Abfindungsbetrag sogleich in den Klagantrag aufzunehmen.[130]

b) Geltendmachung von Ansprüchen in der Insolvenz

Will ein Arbeitnehmer gegen einen insolventen Arbeitgeber Ansprüche geltend machen, muss er zunächst genau prüfen, um welche Art von Ansprüchen es sich handelt.[131] **96**

Insolvenzforderungen sind nach § 38 InsO solche Ansprüche, die bereits bei der Eröffnung des Insolvenzverfahrens begründet waren. Derartige Ansprüche kann der Arbeitnehmer nach § 87 InsO nur im Rahmen des Insolvenzverfahrens verfolgen und muss diese gem. § 174 InsO beim Insolvenzverwalter anmelden. Diesbezügliche Zahlungsklagen sind unzulässig. Bestreitet der Insolvenzverwalter die geltend gemachte Forderung, kann der Arbeitnehmer gem. § 180 InsO auf Feststellung der Forderung zur Tabelle klagen.[132] **97**

Masseverbindlichkeiten gem. § 55 InsO sind hingegen gem. § 53 InsO „vorweg zu berichtigen". Masseverbindlichkeiten sind gem. § 55 Abs. 1 Nr. 1 InsO insbesondere solche Ansprüche, die durch Handlungen des Insolvenzverwalters begründet wurden. Derartige Ansprüche können grundsätzlich mit einer Leistungsklage geltend gemacht werden.[133] Von wesentlicher Bedeutung ist insofern allerdings, ob der Insolvenzverwalter dem Insolvenzgericht gem. § 208 Abs. 1 InsO bereits Masseunzulänglichkeit angezeigt hat. Denn handelt es sich bei dem geltend gemachten Anspruch um eine **Altmasseverbindlichkeit** iSd § 209 Abs. 1 Nr. 3 InsO, ist nach Anzeige der Masseunzulänglichkeit eine Leistungsklage unzulässig. Der Leistungsklage fehlt dann das Rechtsschutzbedürfnis, sie wäre als unzulässig abzuweisen. Die Ansprüche können dann nur noch im Wege einer Feststellungsklage geltend gemacht werden, bereits im Wege einer Leistungsklage geltend gemachte Altmasseverbindlichkeiten müssen dann auf eine Feststellungsklage umgestellt werden.[134] **98**

Etwas anderes gilt allerdings im Hinblick auf **Neumasseverbindlichkeiten** nach § 209 Abs. 1 Nr. 2 InsO. Diese können auch nach Anzeige der Masseunzulänglichkeit durch den Insolvenzverwalter weiter im Wege der Leistungsklage geltend gemacht werden.[135] **99**

Im Hinblick auf den **Nachteilsausgleichsanspruch** gem. § 113 BetrVG gilt danach: Ein Arbeitnehmer wird während eines Prozesses zunächst nicht unmittelbar einschätzen können, welche von mehreren betriebsbedingten Kündigungen das Arbeitsverhältnis tatsächlich wirksam beendet hat. Sind ihm gegenüber betriebsbedingte Kündigungen sowohl vor als auch nach Anzeige der Masseunzulänglichkeit ausgesprochen worden, bleibt dem Arbeitnehmer letztendlich nichts anderes übrig, als den Ausgleichsanspruch in erster Linie im Wege der Leistungsklage (Hauptantrag), hilfsweise jedoch im Wege der Feststellungsklage (Hilfsantrag) geltend zu machen.[136] **100**

---

[129] In einem früheren Urteil hat das BAG 22.2.1983 – 1 AZR 260/81, NJW 1984, 323, die Auffassung vertreten, dass es bei einem Antrag nach § 113 Abs. 1 BetrVG sogar allein ausreiche, wenn in der Klageschrift das Lebensalter, die Art und Dauer der Beschäftigung und das monatliche Bruttogehalt des Arbeitnehmers angegeben ist. Angesichts der neueren Rechtsprechung zu §§ 9, 10 KSchG sollte aber in jedem Fall eine Bezifferung der Nachteilsausgleichsansprüche vorgenommen werden.
[130] Dazu → C. Rn 46, 91.
[131] *Schrader/Straube*, Insolvenzarbeitsrecht, S. 53 ff.; Schaub/*Linck*, ArbR-HdB, § 93 Rn. 28 ff.
[132] Schaub/*Linck*, ArbR-HdB, § 93 Rn. 30.
[133] *Schrader/Straube*, Insolvenzarbeitsrecht, III. Rn. 74 ff.; Schaub/*Linck*, ArbR-HdB, § 93 Rn. 36.
[134] *Schrader/Straube*, Insolvenzarbeitsrecht, III. Rn. 78; Schaub/*Linck*, ArbR-HdB, § 93 Rn. 38.
[135] *Schrader/Straube*, Insolvenzarbeitsrecht, III. Rn. 79; Schaub/*Linck*, ArbR-HdB, § 93 Rn. 42a.
[136] *Schrader/Straube*, Insolvenzarbeitsrecht, III. Rn. 81.

c) Muster: Nachteilsausgleichsansprüche in der Insolvenz

Arbeitsgericht Hannover
Ellernstr. 42
30175 Hannover

Klage

der Frau Susanne Peters, Ostfeldstr. 42, 30559 Hannover

– Klägerin –

Prozessbevollmächtigte: Rechtsanwälte Müller, Siebrechtstr. 29, 30558 Hannover

gegen

Herrn Rechtsanwalt Michael Schulz als Insolvenzverwalter über das Vermögen der A-GmbH, Kaiserstr. 23, 30788 Hannover

– Beklagter –

Namens und im Auftrag der Klägerin erheben wir Klage und beantragen,

1. festzustellen, dass das zwischen den Parteien bestehende Arbeitsverhältnis durch die Kündigung des Beklagten vom 25.4.2010 nicht aufgelöst werden wird;
2. festzustellen, dass das Arbeitsverhältnis auch nicht durch andere Beendigungstatbestände endet, sondern über den 31.7.2010 hinaus andauert;
3. den Beklagten zu verurteilen, an die Klägerin eine Abfindung, deren Höhe in das Ermessen des Gerichts gestellt wird, aber 42.501,55 EUR nicht unterschreiten sollte, zu zahlen;
4. hilfsweise zu 3. festzustellen, dass der Klägerin eine Abfindung in Höhe von 42.501,55 EUR als Masseverbindlichkeit iSd § 55 Abs. 1 Nr. 1 InsO zusteht.

Die Parteien streiten um eine ordentliche Kündigung sowie um Nachteilsausgleichsansprüche.

I. Sachverhalt

Die am 4.10.1969 geborene Klägerin ist seit dem 1.3.1990 für die Gemeinschuldnerin als Elektro-Monteurin tätig. Eine Ablichtung des letzten Arbeitsvertrages vom 21.5.1995 fügen wir als **Anlage K 1** bei. Ihre vertragsgemäße Vergütung betrug zuletzt durchschnittlich rd. 4.100,00 EUR brutto.

Über das Vermögen der Gemeinschuldnerin wurde am 27.6.2009 das Insolvenzverfahren eröffnet. Der Beklagte ist der Insolvenzverwalter. Dieser hat mit Schreiben vom 25.4.2010, von dem wir eine Ablichtung als **Anlage K 2** beifügen, das Arbeitsverhältnis zum 31.7.2010 gekündigt.

Die Klägerin war in der Niederlassung Hannover der Gemeinschuldnerin tätig. Die Kündigung vom 25.04.2010 begründete der Beklagte vorprozessual mit einer Betriebsstilllegung zum 31.5.2010. In welchem Umfang zu diesem Zeitpunkt eine Betriebsstilllegung stattgefunden hat, kann die Klägerin nicht beurteilen. Wir bestreiten deshalb mit

Nichtwissen,

dass der Beklagte – wie von ihm behauptet – am 14.4.2010 die Entscheidung getroffen hat, den Geschäftsbetrieb aller Unternehmen der B-Gruppe, zu der auch die Gemeinschuldnerin gehört, zum 31.5.2010 komplett einzustellen. Darüber hinaus bestreiten wir mit

Nichtwissen,

dass zum 31.5.2010 tatsächlich eine Betriebsstilllegung stattgefunden hat.

Die von dem Beklagten behauptete Betriebsstilllegung war jedenfalls interessenausgleichspflichtig. Ein ordnungsgemäßer Versuch eines Interessenausgleichs iSd Rechtsprechung des Bundesarbeitsgerichtes wurde von dem Beklagten jedoch nicht versucht.

Die Klägerin ist selbst Mitglied des bei der Gemeinschuldnerin in dem Betrieb in Hannover gebildeten Betriebsrats. Sie kann daher definitiv ausschließen, dass der Beklagte zu irgendeinem Zeitpunkt versucht hat, mit dem Betriebsrat in Hannover über einen Interessenausgleich und Sozialplan zu verhandeln. Aus Gesprächen mit Mitgliedern des Gesamtbetriebsrats ist der Klägerin aber auch bekannt, dass der Beklagte auch nicht versucht hat, mit dem Gesamtbetriebsrat einen Interessenausgleich und Sozialplan zu verhandeln.

II. Rechtliche Würdigung

Die Klage ist begründet.

1. Soziale Rechtfertigung der Kündigung

Die soziale Rechtfertigung der Kündigung wird mit
Nichtwissen
bestritten. Insbesondere wird die Durchführung einer ordnungsgemäßen Sozialauswahl mit
Nichtwissen
bestritten.

2. Betriebsratsanhörung [→ B. Rn. 120, 327]

Die ordnungsgemäße Anhörung des Betriebsrats wird mit
Nichtwissen
bestritten.

3. Unwirksamkeit der Kündigung gem. § 15 KSchG

Die Kündigung ist auch gem. § 15 KSchG unzulässig.

4. Allgemeiner Feststellungsantrag [→ C. Rn. 11]

Der Klagantrag zu Ziffer 2. beinhaltet eine selbständige allgemeine Feststellungsklage gem. § 256 ZPO. Der Klägerin sind zwar derzeit keine anderen möglichen Beendigungstatbestände außer der mit dem Klagantrag zu Ziffer 1. angegriffenen Kündigung vom 25.4.2010 bekannt, es besteht jedoch die Gefahr, dass die Beklagte im Verlaufe des Verfahrens weitere Kündigungen ausspricht. Es wird deshalb mit dem Klagantrag zu Ziffer 2. die Feststellung begehrt, dass das Arbeitsverhältnis auch durch solche weiteren Kündigungen nicht beendet wird.

5. Nachteilsausgleichsanspruch [→ C. Rn. 94]

Der Beklagte hat weder mit dem Betriebsrat der Gemeinschuldnerin in Hannover noch mit dem bei ihr gebildeten Gesamtbetriebsrat einen Interessenausgleich versucht. Der Klägerin stehen deshalb die geltend gemachten Nachteilsausgleichsansprüche gem. § 113 Abs. 3 BetrVG zu.

Straube

a) Leistungsantrag

Nach der Rechtsprechung des Bundesarbeitsgerichts fehlt für Leistungsklagen das Rechtsschutzbedürfnis, sobald der Insolvenzverwalter die Masseunzulänglichkeit angezeigt hat.

Nach der Gegenmeinung, die wir für überzeugend halten, können Ansprüche auch nach Anzeige der Masseunzulänglichkeit durch den Insolvenzverwalter im Wege der Leistungsklage geltend gemacht werden, und zwar aus folgenden Gründen:
– Der Gesetzgeber hat die Möglichkeit einer vorübergehenden Masseunzulänglichkeit im Wege der Nachtragsverteilung gem. § 211 Abs. 3 InsO geregelt. Dem Gesetzgeber ist diese Möglichkeit also bekannt. Eine Nachtragsverteilung nach vorübergehender Masseunzulänglichkeit ist aber nur unter den Voraussetzungen denkbar, dass die Forderungen der Massegläubiger trotz möglicherweise nur quotal erfolgter Befriedigung in ihrem Bestand ungeschmälert fortbestanden haben.
– Zudem berührt die materiell aufgefasste Verkürzung des Bezugsrechts unweigerlich den Bestand akzessorischer Sicherheiten der Massegläubiger. Das Bundesarbeitsgericht müsste somit konsequenterweise die Möglichkeit verneinen, Forderungen aus Sicherheiten nach Verfahrensaufhebung gegen den Schuldner dann noch in voller Höhe durchzusetzen.

Die Verfolgung des geltend gemachten Nachteilsausgleichsanspruchs ist deshalb nach unserer Auffassung auch im Wege einer Leistungsklage zulässig. Die Argumentation des Bundesarbeitsgerichts überzeugt insofern nicht.

Zudem betrifft die vorgenannte Rechtsprechung des Bundesarbeitsgerichts nur Altmasseverbindlichkeiten. Neumasseverbindlichkeiten können auch nach Anzeige der Masseunzulänglichkeit im Wege der Leistungsklage geltend gemacht werden. Selbst wenn man somit der Rechtsprechung des Bundesarbeitsgerichts folgt, kann ein Nachteilsausgleichsanspruch im Wege der Leistungsklage geltend gemacht werden, da es sich um eine Neumasseverbindlichkeit handelt: [→ C. Rn. 96 ff.]

Neumasseverbindlichkeiten iSd § 209 Abs. 1 Nr. 2 InsO sind solche, die nach Anzeige der Masseunzulänglichkeit begründet worden sind. Eine Verbindlichkeit idS ist begründet, wenn der Insolvenzverwalter den Rechtsgrund dafür erst nach der Anzeige der Masseunzulänglichkeit gelegt hat.

Im vorliegenden Fall hat der Beklagte die Masseunzulänglichkeit am 21.1.2010 angezeigt. Die hier maßgebliche Kündigung, die das Arbeitsverhältnis beendet haben soll, wurde aber erst am 25.4.2010 und damit danach ausgesprochen. Selbst wenn man also einmal unterstellt, dass die Betriebsstilllegung – wie von dem Beklagten behauptet – zum 31.5.2010 erfolgt ist, handelt es sich bei dem geltend gemachten Nachteilsausgleichsanspruch gem. § 113 Abs. 3 BetrVG um eine Neumasseverbindlichkeit, da diese erst nach Anzeige der Masseunzulänglichkeit begründet worden ist. Denn der Anspruch nach § 113 Abs. 3 BetrVG setzt voraus, dass der Unternehmer, der eine Betriebsänderung durchführt, einen Interessenausgleich nicht versucht hat und in Folge dieser Maßnahme der Arbeitnehmer entlassen wurde. Die zweite Voraussetzung, die Entlassung der Klägerin, erfolgte durch den Beklagten aber erst nach Anzeige der Masseunzulänglichkeit. Die Voraussetzungen des § 113 Abs. 3 BetrVG, auf den wir den Ausgleichsanspruch stützen, lagen somit erst nach Anzeige der Masseunzulänglichkeit vollständig vor. Der Insolvenzverwalter hat die Verbindlichkeiten somit erst nach Anzeige der Masseunzulänglichkeit iSd § 209 Abs. 1 Nr. 2 InsO begründet. Der Anspruch nach § 113 Abs. 3 BetrVG kann erst entstehen und damit begründet werden iSd § 209 Abs. 1 Nr. 2 InsO, wenn beide Tatbestandsvoraussetzungen des § 113 Abs. 3 BetrVG erfüllt sind. Im vorliegenden Fall wurde die zweite Tatbestandsvoraussetzung, die Kündigung, erst nach Anzeige der Masseunzulänglichkeit ausgesprochen. Zu diesem Zeitpunkt wurde deshalb auch erst der Nachteilsausgleichsanspruch durch den Insolvenzverwalter begründet.

b) Feststellungsantrag *[→ C. Rn. 100]*

Für den Fall, dass das Gericht unserer Argumentation nicht folgt, stellen wir hilfsweise den Feststellungsantrag.

c) Höhe *[→ C. Rn. 95]*

Die Klägerin hält einen Nachteilsausgleichsanspruch in Höhe von 42.501,55 EUR für angemessen.

Rechtsanwalt

5. Provision (Stufenklage)

a) Grundlagen

Die Provision ist die **typische Erfolgsvergütung eines Handelsvertreters.** Nach § 65 HGB kann eine Provision jedoch auch in einem Arbeitsverhältnis vereinbart werden. Es finden dann die §§ 87 Abs. 2, Abs. 3, 87a–87c HGB Anwendung.[137] Zu unterscheiden sind dabei die **Vermittlungs- und Bezirksprovision.** Auf die **Umsatzprovision** finden im Allgemeinen hingegen die gesetzlichen Vorschriften über die Provision keine Anwendung.[138] Der Arbeitnehmer kann die begehrten Provisionsansprüche im Wege einer Stufenklage geltend machen. Dabei kann nach § 254 ZPO mit der Klage auf Erteilung des Buchauszugs zugleich die Klage auf Zahlung der nach Abrechnung geschuldeten Provision verbunden werden. Das Gesetz lässt somit in Abweichung von dem Bestimmtheitsgebot des § 253 Abs. 2 Nr. 2 ZPO den Vorbehalt zu, die Angaben der herauszugebenden Leistung nach Rechnungslegung zu bestimmen. Maßgebend für diesen Vorbehalt ist allein, ob der Kläger ohne Erteilung der geforderten Auskünfte die nähere Bestimmung nicht vornehmen kann.[139] Danach sind folgende **Prozesssituationen** denkbar:

102

– Der Kläger hat hinreichende Kenntnis über die anspruchsbegründenden Tatsachen, er kann unmittelbar Klage auf Zahlung eines bestimmten Provisionsbetrages erheben.
– Da die Stufenklage unzulässig sein kann, wenn das Gericht zu dem Ergebnis kommt, dass der Kläger bereits hinreichende Kenntnis hat, kann es zur Minderung der prozessualen Risiken zweckmäßig sein, einen Zahlungsantrag zu stellen und hilfsweise Stufenklage zu erheben.
– Der Kläger hat nur hinreichende Kenntnis über einen Teil seines Anspruches, über einen weitergehenden Teil hingegen nicht. Im Hinblick auf den hinreichend bekannten Anspruch muss er unmittelbar Zahlungsklage erheben, über den noch nicht hinreichenden Teil Stufenklage. Im Gegensatz zur Konstellation aus dem vorherigen Spiegelstrich stehen hier Zahlungsantrag und Stufenklage als echte Hauptanträge nebeneinander.
– Der Kläger hat über seinen Provisionsanspruch insgesamt keine hinreichende Kenntnis, um unmittelbar auf Zahlung zu klagen. Er erhebt deshalb im Hinblick auf den gesamten Provisionsanspruch „nur" Stufenklage.

---

[137] Schaub/*Vogelsang,* ArbR-HdB, § 75 Rn. 7, 9.
[138] Schaub/*Vogelsang,* ArbR-HdB, § 75, Rn. 1 f.
[139] BAG 6.5.2009 – 10 AZR 390/08, NZA-RR 2009, 593; 21.11.2000 – 9 AZR 665/99, NZA 2001, 1093.

b) Muster: Stufenklage[140]

Arbeitsgericht Hannover
Ellernstr. 42
30175 Hannover

Klage

der Frau Susanne Peters, Ostfeldstr. 42, 30559 Hannover

– Klägerin –

Prozessbevollmächtigte: Rechtsanwälte Müller, Siebrechtstr. 29, 30558 Hannover

gegen

die A-GmbH, vertr. d. d. Geschäftsführer, Herrn Michael Schulz, Kaiserstr. 23, 30788 Hannover

– Beklagter –

Namens und im Auftrag der Klägerin erheben wir Klage und beantragen,

1. die Beklagte zu verurteilen, der Klägerin für den Zeitraum vom 1. Januar 2011 bis einschließlich 31. Oktober 2011 einen Buchauszug zu erstellen, der Auskunft über sämtliche Verträge gibt, die die Klägerin zwischen dem 1. Januar 2011 bis einschließlich 31. Oktober 2011 vermittelt und/oder betreut hat;
2. die Beklagte zu verurteilen, der Klägerin auf der Grundlage der ihr gemäß Klagantrag zu Ziffer 1. zu erteilenden Buchauszüge eine vollständige Provisionsabrechnung zu erteilen;
3. die Beklagte zu verurteilen, der Klägerin die sich aus der Provisionsabrechnung gemäß Klagantrag zu Ziffer 2. ergebene Provision nebst 5% Zinsen über dem Basiszinssatz seit Rechtshängigkeit zu zahlen.

I. Sachverhalt

Die Klägerin war bei der Beklagten auf der Grundlage des als **Anlage K 1** beigefügten Arbeitsvertrages seit dem 1. Januar 2011 als Verkäuferin im Außendienst der Filialdirektion H tätig. Das Arbeitsverhältnis der Parteien wurde zum 31. Oktober 2011 einvernehmlich aufgehoben.

Nach § 7 des Vertrages hat die Klägerin Anspruch auf eine Provision für die von ihr vermittelten und von ihr betreuten Verträge. Gleichwohl hat die Beklagte die Provision für das Jahr 2011 weder abgerechnet noch an die Klägerin ausgezahlt. Die Klägerin hat zuletzt mit dem als **Anlage K 2** beigefügten Schreiben vom 15.11.2011 die Abrechnung und Auszahlung der ausstehenden Provisionen angemahnt. Da die Beklagte auch hierauf nicht reagiert hat, ist nunmehr Klage geboten.

II. Rechtliche Würdigung [→ C. Rn. 102]

Die Klage ist begründet.

Der Klägerin steht ein Anspruch auf Erteilung von Buchauszügen gem. § 87c Abs. 2 HGB sowie auf Erteilung von Abrechnungen gem. § 87c Abs. 1 HGB jeweils iVm § 65 HGB zu.

Die Klägerin ist auch berechtigt, die Ansprüche im Wege einer Stufenklage geltend zu machen. Denn die Klägerin ist ohne die begehrte Auskunft nicht in der Lage, festzustellen, ob und in welcher Höhe ihr ein Provisionsanspruch gegen die Beklagte zusteht.

Rechtsanwalt

---

[140] Das Muster basiert auf der Entscheidung des BAG 6.5.2009 – 10 AZR 390/08, NZA-RR 2009, 593.

6. Betriebsrente

a) Grundlagen

Nach § 4a BetrAVG hat der **Arbeitnehmer** gegen den Arbeitgeber oder den Versorgungsträger **Auskunftsansprüche**. Nach § 4a Abs. 1 Nr. 1 BetrAVG hat der Arbeitgeber dem Arbeitnehmer bei einem berechtigten Interesse auf dessen Verlangen insbesondere schriftlich mitzuteilen, in welcher Höhe aus der bisher erworbenen unverfallbaren Anwartschaft bei Erreichen der in der Versorgungsregelung vorgesehenen Altersgrenze ein Anspruch auf Altersversorgung besteht. Bei der Auskunft handelt es sich um eine Wissenserklärung, die dem Arbeitnehmer Klarheit über die Höhe der zu erwartenden Betriebsrente verschaffen soll. Nach Auffassung des BAG dient die Auskunft aber nicht dazu, einen Streit über den Inhalt des Versorgungsanspruches zu beseitigen. Sie soll lediglich Meinungsverschiedenheiten über die Berechnungsgrundlagen aufdecken und dem Arbeitnehmer Gelegenheit geben, derartige Streitigkeiten noch vor dem Eintritt des Versorgungsfalles durch eine Klage auf Feststellung des Inhalts und der Höhe der Versorgungsanwartschaft zu bereinigen.[141] Ein „berechtigtes Interesse" auf Auskunftserteilung hat der Arbeitnehmer immer dann, wenn er eine Entscheidung von Inhalt und Höhe seiner Versorgungsanwartschaft abhängig machen will.[142]

104

Die Betriebsrentenansprüche selbst kann der Arbeitnehmer grundsätzlich sowohl im Wege der **Feststellungsklage** als auch im Wege der **Leistungsklage** geltend machen. Zwar hat nach allgemeinen Grundsätzen eine Leistungsklage idR Vorrang vor einer Feststellungsklage. Ist der Versorgungsfall aber noch gar nicht eingetreten, lässt der grundsätzliche Vorrang der Leistungsklage das Feststellungsinteresse schon deshalb nicht entfallen, weil noch keine Zahlungspflicht des potenziell Verpflichteten besteht. Das Feststellungsinteresse besteht dann auch vor Eintritt des Versorgungsfalls.[143] Aber auch wenn der Versorgungsfall eingetreten ist und damit eine Leistungsklage möglich wäre, bejaht das BAG in ständiger Rechtsprechung ein Feststellungsinteresse mit der Folge, dass auch dann noch eine Feststellungsklage möglich ist. Dies gilt jedenfalls für den Fall, dass die Betriebsrentenansprüche streitig sind und durch die Feststellungsklage eine sachgemäße, einfache Erledigung der auftretenden Streitpunkte zu erreichen ist und prozesswirtschaftliche Erwägungen gegen einen Zwang der Leistungsklage sprechen.[144] Das Feststellungsinteresse kann danach insbesondere dann angenommen werden, wenn die Bezifferung der Versorgungsleistungen zum einen die Aufklärung länger zurückliegender Sachverhalte und zum anderen aufwendige, schwierige Berechnungen erfordern würde.[145] Will ein (ehemaliger) Arbeitnehmer mithin Betriebsrentenansprüche für die Vergangenheit und die Zukunft klären lassen, muss er unter den genannten Voraussetzungen die bereits fälligen Betriebsrentenansprüche nicht mit einer Leistungsklage geltend machen. Er hat vielmehr die Möglichkeit, die Gesamtforderung im Wege der Feststellungsklage zu verfolgen, einer Aufspaltung in einen Leistungs- und einen Feststellungsantrag bedarf es in diesem Fall nicht.[146] Der Feststellungsantrag kann einen konkreten Zahlungsbetrag beinhalten („... festzustellen, dass die Beklagte verpflichtet ist, an den Kläger ab dem 1.9.2010 eine jährliche Altersrente in Höhe von 5.564,00 EUR zu zahlen"[147]), das BAG akzeptiert aber auch unbezifferte Feststellungsanträge („... festzustellen, dass sich die Ruhe-

105

---

[141] BAG 23.8.2011 – 3 AZR 669/09, BeckRS 2011, 78479.
[142] *Blomeyer/Rolfs/Otto*, BetrAVG, § 4a Rn. 22.
[143] BAG 19.7.2011 – 3 AZR 434/09, DB 2012, 294.
[144] Grundlegend BAG 12.3.1996 – 3 AZR 993/94, NZA 1996, 939; 7.3.1995 – 3 AZR 282/94, NZA 1996, 48. Bestätigung durch BAG 23.8.2011 – 3 AZR 650/09, NZA 2012, 37; 31.5.2011 – 3 AZR 387/09, AP BetrAVG § 1 Auslegung Nr. 23; 15.2.2011 – 3 AZR 964/08, AP BetrAVG § 1 Auslegung Nr. 22; 29.9.2010 – 3 AZR 557/08, NZA 2011, 206; 13.11.2007 – 3 AZR 460/06, AP BGB § 13 Nr. 4.
[145] BAG 12.3.1996 – 3 AZR 993/94, NZA 1996, 939; 7.3.1995 – 3 AZR 282/94, NZA 1996, 48.
[146] BAG 22.2.2000 – 3 AZR 39/99, NZA 2001, 541.
[147] BAG 31.5.2011 – 3 AZR 387/09, AP BetrAVG § 1 Auslegung Nr. 23.

geldansprüche des Klägers auch weiterhin nach der Ruhegeldordnung der Beklagten vom 1.9.1970 richten ......"[148]).

106 Nach § 16 Abs. 1 BetrAVG hat der Arbeitgeber **alle drei Jahre eine Anpassung der laufenden Leistungen der betrieblichen Altersversorgung zu prüfen** und hierüber nach billigem Ermessen zu entscheiden. Dabei sind insbesondere die Belange des Versorgungsempfängers und die wirtschaftliche Lage des Arbeitgebers zu berücksichtigen. Die Belange des Versorgungsempfängers bestehen im Ausgleich des Kaufkraftverlustes seit Rentenbeginn. Nach § 16 Abs. 2 Nr. 1 BetrAVG ist für die Ermittlung des Kaufkraftverlustes auf den Verbraucherpreisindex für Deutschland abzustellen.[149] Das diesbezügliche Klagerecht der Arbeitnehmer kann verwirken. Denn der Arbeitgeber kann nach Auffassung des BAG erwarten, dass nach einer ausdrücklichen Anpassungsentscheidung der Versorgungsberechtigte nicht nur rechtzeitig rügt, sondern im Anschluss an den Rügezeitraum binnen drei Jahren gerichtlich vorgeht.[150] Zu beachten ist zudem, dass für den Anspruch auf Anpassungsprüfung und -entscheidung einerseits und den Anspruch auf höhere laufende Rentenleistungen andererseits unterschiedliche Verjährungsfristen gelten.[151]

b) Muster

aa) Muster: Auskunftsklage gem. § 4a BetrAVG

107

Arbeitsgericht Hannover
Ellernstr. 42
30175 Hannover

Klage

der Frau Susanne Peters, Ostfeldstr. 42, 30559 Hannover

– Klägerin –

Prozessbevollmächtigte: Rechtsanwälte Müller, Siebrechtstr. 29, 30558 Hannover

gegen

die A-GmbH, vertr. d. d. Geschäftsführer, Herrn Michael Schulz, Kaiserstr. 23, 30788 Hannover

– Beklagter –

Namens und im Auftrag der Klägerin beantragen wir,

1. der Klägerin die Höhe ihrer unverfallbaren Anwartschaft bei Erreichen der in der Versorgungsregelung der Beklagten vom 1.2.1970 vorgesehenen Altersgrenze mitzuteilen;
2. der Klägerin mitzuteilen, wie hoch der Übertragungswert der unverfallbaren Anwartschaft auf die betriebliche Altersversorgung ist.

I. Sachverhalt

Die Klägerin war vom 1.5.1995 bis zum 31.10.2005 bei der Beklagten beschäftigt. Die Beklagte hat der Klägerin eine Versorgungszusage erteilt. Die Einzelheiten sind der als **Anlage K 1** beigefügten Versorgungsordnung zu entnehmen.

Die Klägerin hat ab dem 1.11.2005 ein Arbeitsverhältnis mit einem anderen Arbeitgeber begründet. Auch bei dem jetzigen Arbeitgeber besteht eine betriebliche

---

[148] BAG 13.11.2007 – 3 AZR 460/06, AP BGB § 313 Nr. 4. Weitere Beispiele: BAG 15.2.2011 – 3 AZR 964/08, AP BetrAVG § 1 Auslegung Nr. 22; 12.3.1996 – 3 AZR 993/94, NZA 1996, 939; 7.3.1995 – 3 AZR 282/94, NZA 1996, 48.
[149] BAG 28.6.2011 – 3 AZR 859/09, NZA 2011, 1285.
[150] BAG 25.4.2006 – 3 AZR 372/05, NZA-RR 2007, 374.
[151] BAG 17.8.2004 – 3 AZR 367/03, AP BetrAVG § 16 Nr. 55.

Altersversorgung. Die Klägerin benötigt die Mitteilung der bisher erreichten unverfallbaren Anwartschaft, um zu entscheiden, ob und in welchem Umfang sie eigene Mittel zum Aufbau einer zusätzlichen Altersversorgung einsetzt.

Die Klägerin muss auch entscheiden, ob sie die Möglichkeit hat, von der Beklagten zu verlangen, den Übertragungswert der bisher erdienten Anwartschaft auf den neuen Arbeitgeber gem. § 4 Abs. 3 BetrAVG zu übertragen.

II. Rechtliche Würdigung [→ C. Rn. 104]

Die Beklagte ist gem. § 4a Abs. 1 Nr. 1 und 2 BetrAVG verpflichtet, die erbetenen Auskünfte zu erteilen.

Rechtsanwalt

bb) **Muster: Feststellungsklage**[152]

Arbeitsgericht Hannover
Ellernstr. 42
30175 Hannover

Klage

der Frau Susanne Peters, Ostfeldstr. 42, 30559 Hannover

– Klägerin –

Prozessbevollmächtigte: Rechtsanwälte Müller, Siebrechtstr. 29, 30558 Hannover

gegen

die A-GmbH, vertr. d. d. Geschäftsführer, Herrn Michael Schulz, Kaiserstr. 23, 30788 Hannover

– Beklagte –

Namens und in Vollmacht der Klägerin erheben wir Klage und beantragen,

festzustellen, dass sich die Ruhegeldansprüche der Klägerin auch weiterhin nach der Ruhegeldordnung der Beklagten vom 1.9.1970 richten.

I. Sachverhalt

Die Parteien streiten darüber, ob sich die Betriebsrentenansprüche der Klägerin nach einer vom 1.9.1970 stammenden, zum 1.11.1969 in Kraft getretenen, Ruhegeldordnung richten oder ob diese wirksam abgelöst wurde.

1. Die Beklagte

Die Beklagte betreibt öffentlichen Personennahverkehr. Sie ist Mitglied des kommunalen Arbeitgeberverbandes Niedersachsen.

2. Die Klägerin

Die Klägerin ist am 26.7.1948 geboren. Sie war seit dem 29.9.1974 bei der Beklagten beschäftigt und schied mit Ablauf des 30.9.2006 aufgrund eines Auflösungsvertrages aus dem Arbeitsverhältnis aus.

108

↷ 388

---

[152] Das Muster basiert auf der Entscheidung des BAG 13.11.2007 – 3 AZR 460/06, AP BGB § 313 Nr. 4.

3. Die Betriebsrente

Bei der Beklagten galt eine Ruhegeldordnung, die am 1.9.1970 vom Aufsichtsrat genehmigt worden ist und nach ihrem § 17 mit dem 1.11.1969 in Kraft trat (RO 1969). Die RO 1969 fügen wir als **Anlage K 1** bei. Diese Ruhegeldordnung wurde mit einem Schreiben des Vorstandes an den Betriebsrat der Beklagten vom Februar 1971 allen Betriebsangehörigen bekannt gemacht.

Zum Zeitpunkt der Verhandlungen über die RO 1969 war es außerordentlich schwer, geeignetes Personal für die Beklagte zu finden und zu halten. Seinerzeit expandierte in Niedersachsen die Metallindustrie, die höhere Vergütungen zahlte als die Beklagte.

Die Beklagte schloss die RO 1969 zum 31.12.1976. Später eintretende Mitarbeiter erhielten eine Versorgungszusage nach Maßgabe der Versorgungsrichtlinien der Niedersächsischen Zusatzversorgungskasse. Diese Zusage entsprach grundsätzlich der im öffentlichen Dienst gewährten Zusatzversorgung. Bei der Beklagten sind nur noch einzelne Mitarbeiter tätig, die der RO 1969 unterfallen.

Seit 1984 wurde bei der Beklagten in mehreren Anläufen intern überprüft, inwieweit eine Begrenzung von Rechten nach der RO 1969 in Betracht kommt. Unter dem 8.9.2008 schlossen die Beklagte und ihr Betriebsrat die „Betriebsvereinbarung Nr. 06/2008 zur Ablösung der Ruhegeldordnung vom 1.9.1970" (BV 06/2008). Die BV 06/2008 fügen wir als **Anlage K 2** bei.

4. Widerruf der Versorgungszusage

Mit Schreiben vom 18.2.2009 kündigte die Beklagte den Auflösungsvertrag vom 7.2.2006 zum 31.12.2008 und widerrief gleichzeitig die erteilte Versorgungszusage rückwirkend zum 31.12.2008. Ferner teilte sie der Klägerin mit, sie erhalte ab dem 1.1.2009 eine neue Betriebsrente auf der Grundlage der Betriebsvereinbarung vom 8.9.2008. Eine nähere Erläuterung einer Berechnung der ab dem 1.1.2009 (niedrigeren) zustehenden Betriebsrente war dem Schreiben beigefügt. Ein Einspruch der Klägerin gegen die Kürzung blieb erfolglos.

II. Rechtliche Würdigung

Die Beklagte hat nicht wirksam in die Betriebsrentenansprüche der Klägerin eingegriffen. Die Klägerin hat deshalb Anspruch auf Feststellung, dass sich ihre Betriebsrentenansprüche weiterhin nach der RO 1969 richten.

1. Feststellungsinteresse [→ C. Rn. 105]

Die Klägerin hat ein Interesse an der Feststellung des Inhaltes ihres Versorgungsverhältnisses zur Beklagten. Der Feststellungsantrag ist geeignet, die zwischen den Parteien bestehenden Streitpunkte in prozesswirtschaftlicher Art zu klären, so dass sich die Klägerin nicht auf den Vorrang der Leistungsklage verweisen lassen muss.

2. Grundlage des Betriebsrentenanspruchs

Für die Klägerin stellte die RO 1969 eine Gesamtzusage dar, die ihr einen einzelvertraglichen Anspruch auf die darin gewährten Leistungen eröffnete, soweit sie die vom Arbeitgeber genannten Anspruchsvoraussetzungen erfüllt.

3. Kein wirksamer Eingriff

In diese vertragliche Grundlage hat die Beklagte nicht wirksam eingegriffen. Es ist nicht ersichtlich, auf welcher Rechtsgrundlage die Beklagte die Betriebsrentenansprüche der Klägerin zu ihren Lasten verändern konnte. Insbesondere war die Beklagte nicht berechtigt, in die Rechte der Klägerin aus der RO 1969 unter dem Gesichtspunkt des Abbaus einer planwidrigen Überversorgung wirksam einzugreifen.

Die Klägerin hat deshalb im Ergebnis Anspruch auf Feststellung, dass sich ihre Betriebsrentenansprüche weiterhin nach der RO 1969 richten.

Rechtsanwalt

cc) Muster: Klage auf Anpassung gem. § 16 BetrAVG[153]

Arbeitsgericht Hannover
Ellernstr. 42
30175 Hannover

Klage

der Frau Susanne Peters, Ostfeldstr. 42, 30559 Hannover

– Klägerin –

Prozessbevollmächtigte: Rechtsanwälte Müller, Siebrechtstr. 29, 30558 Hannover

gegen

die A-GmbH, vertreten durch den Geschäftsführer, Herrn Michael Schulz, Kaiserstr. 23, 30788 Hannover

– Beklagte –

Namens und in Vollmacht der Klägerin erheben wir Klage und beantragen,

1. die Beklagte zu verurteilen, an die Klägerin 1.271,70 EUR brutto nebst Zinsen in Höhe von 5% über dem jeweiligen Basiszinssatz aus jeweils 42,39 EUR brutto seit dem 2. eines jeden Kalendermonats, beginnend mit dem 1.7.2006 und endend mit dem 2.12.2008, zu zahlen;
2. die Beklagte zu verurteilen, der Klägerin ab Januar 2009 zusätzlich zu der monatlichen Werksrente in Höhe von 1.114,04 EUR brutto weitere 42,39 EUR brutto monatlich zu zahlen.

I. Sachverhalt

Die Klägerin war bei der Beklagten als Tarifangestellte (Maschinenbau/Technikerin) langjährig beschäftigt und bezieht seit dem 1.2.2002 eine Betriebsrente. Grundlage für die Gewährung der Betriebsrente der Klägerin ist die Versorgungsordnung 1976 (VO 1976), die wir als **Anlage K 1** beifügen.

Die Betriebsrente der Klägerin belief sich zunächst auf 1.086,87 EUR brutto monatlich. Sie wurde zuletzt nach § 14 Nr. 1 VO 1976 zum 1.1.2003 um 2,5% auf 1.114,04 EUR brutto erhöht.

Die Beklagte nahm zum 1.7.2006 eine Anpassungsprüfung der Betriebsrenten vor. Dabei teilte sie der Klägerin allerdings mit, dass die Beklagte aus wirtschaftlichen Gründen nicht in der Lage sei, eine Anpassung der Werkspension durchzuführen.

II. Rechtliche Würdigung

Die Klage ist begründet. Die Beklagte ist verpflichtet, der Klägerin ab dem 2.7.2006 eine weitere Betriebsrente in Höhe von monatlich 42,39 EUR brutto zu zahlen. Die Klägerin hat nach § 16 Abs. 1 BetrAVG einen Anspruch auf Anpassung ihrer Betriebsrente zum 1.7.2006 um 6,4%.

---

[153] Das Muster beruht auf der Entscheidung des BAG 11.10.2011 – 3 AZR 732/09, NZA 2012, 337.

Straube

1. Anspruchsvoraussetzung [→ C. Rn. 106]

Die Klägerin hat nach § 16 Abs. 1 BetrAVG einen Anspruch auf Anpassung ihrer Betriebsrente zum 1.7.2006. Denn nach § 16 Abs. 1 BetrAVG ist der Arbeitgeber verpflichtet, alle drei Jahre eine Anpassung der laufenden Leistungen der betrieblichen Altersversorgung zu prüfen und hierüber nach billigem Ermessen zu entscheiden. Das bedeutet, dass er in zeitlichen Abständen von jeweils drei Jahren nach dem individuellen Leistungsbeginn die Anpassungsprüfung vorzunehmen hat.

Da die Klägerin seit dem 1.2.2002 eine Betriebsrente bezieht, ist ihr individueller Anpassungsstichtag der 1.2.2005. Dabei zwingt allerdings der vorgeschriebene 3-Jahre-Turnus nicht zu starren, individuellen Prüfungsterminen. Die Beklagte hat eine Bündelung aller in dem Unternehmen anfallenden Prüfungstermine durchgeführt, so dass die von der Beklagten zum Juli 2006 durchgeführte Anpassungsprüfung von der Klägerin akzeptiert wird.

Allerdings gilt die Anpassung der Betriebsrente der Klägerin zum 1.7.2006 nicht gem. § 16 Abs. 4 S. 2 BetrAVG als zu Recht unterblieben. Die Fiktion des § 16 Abs. 4 S. 1 BetrAVG ist trotz des nicht fristgerechten Widerspruchs der Klägerin gegen die unterbliebene Anpassung ihrer Betriebsrente nicht eingetreten, da das Unterrichtungsschreiben der Beklagten vom 7.7.2006 den gesetzlichen Anforderungen des § 16 Abs. 4 S. 2 BetrAVG nicht genügt.

Die zum 1.7.2006 unterlassene Anpassung der Betriebsrente der Klägerin ist auch nicht wegen der wirtschaftlichen Lage der Beklagten gerechtfertigt.

2. Rentenberechnung

Der Anpassungsbedarf der Klägerin errechnet sich auf der Grundlage der so genannten Rückrechnungsmethode, dh der Preisindex für die Lebenshaltung von 4-Personen-Haushalten von Arbeitern und Angestellten mit mittlerem Einkommen wird auf den Verbraucherpreisindex umgerechnet. Dadurch wird sichergestellt, dass der gesamte Anpassungsbedarf vom Rentenbeginn bis zum aktuellen Anpassungsstichtag ohne Zwischenschritte berechnet wird.

Der Verbraucherpreisindex für Deutschland steht zu dem Preisindex für die Lebenshaltung von 4-Personen-Haushalten von Arbeitern und Angestellten mit mittlerem Einkommen unter Zugrundelegung der Indexwerte für Dezember 2002 von 110,4 bzw. 104,0 in einem Verhältnis von 1 zu 0,94203. Zur Umrechnung auf den Verbraucherpreisindex für Deutschland ist der Preisindex für die Lebenshaltung von 4-Personen-Haushalten von Arbeitern und Angestellten mit mittlerem Einkommen, Stand Januar 2002 (dh dem Monat vor dem Rentenbeginn), der bei 110,1 lag, mit dem Faktor 0,94203 zu multiplizieren. Der sich ergebende gerundete Wert von 103,7 ist ins Verhältnis zum Verbraucherpreisindex für Juni 2006 von 110,3 zu setzen. Daraus errechnet sich eine prozentuale Steigerung von gerundet 6,4% [(110,3 : 103,7 − 1) x 100].

Die Klägerin bezog ab Februar 2002 eine Betriebsrente in Höhe von 1.086,87 EUR. Auf dieser Basis entspricht die Anpassung in Höhe von 6,4% einem absoluten Betrag in Höhe von 69,56 EUR. Die Klägerin kann danach eine Werksrente in Höhe von insgesamt 1.156,43 EUR ab dem 1.7.2006 beanspruchen. Nachdem die Werksrente mit Wirkung zum 1.1.2003 aber bereits auf 1.114,04 EUR brutto erhöht worden war, ist die Beklagte seit dem 1.7.2006 verpflichtet, eine weitere Betriebsrente in Höhe der Differenz von monatlich 42,39 EUR brutto zu zahlen.

Rechtsanwalt

dd) Muster: Leistungsklage

Arbeitsgericht Hannover
Ellernstr. 42
30175 Hannover

Klage

der Frau Susanne Peters, Ostfeldstr. 42, 30559 Hannover

– Klägerin –

Prozessbevollmächtigte: Rechtsanwälte Müller, Siebrechtstr. 29, 30558 Hannover

gegen

A-Unterstützungskasse e. V., vertr. d. d. Vorstandsvorsitzenden, Herrn Adelbert Müller, Schneiderstr. 5, 30171 Hannover

– Beklagte –

Namens und im Auftrag der Klägerin erheben wir Klage gegen die Beklagte und beantragen,

1. die Beklagte zu verurteilen, an die Klägerin für die Monate April und Mai 2012 527,58 EUR zu zahlen nebst 5% Zinsen über dem Basiszinssatz von 263,79 EUR ab dem 30.4.2012 und von weiteren 263,79 EUR ab dem 31.5.2012;
2. die Beklagte zu verurteilen, an die Klägerin ab dem 30.6.2012 monatlich 263,79 EUR zzgl. 5% Zinsen über dem Basiszinssatz ab Fälligkeit zu zahlen.

I. Sachverhalt

Die Klägerin trat zum 1.1.1984 in die Dienste der A-Dienstleistungsgruppe ein und schied zum 30.9.1994 im gegenseitigen Einvernehmen aus. Die Beklagte ist die für die A-Dienstleistungsgruppe zuständige Unterstützungskasse. Diese bestätigte der Klägerin, dass sie eine unverfallbare Anwartschaft habe. Das entsprechende Schreiben vom 9.10.1996 fügen wir als **Anlage K 1** bei.

Die Beklagte, die 1973 errichtet wurde, machte die bei ihr gültigen Versorgungsrichtlinien u. a. mit Firmenrundschreiben aus Januar 1987 bekannt, welches wir als **Anlage K 2** beifügen.

Die Klägerin ist am 25.3.1947 geboren, vollendete somit am 25.3.2012 ihr 65. Lebensjahr. Sie nimmt die Beklagte auf Zahlung einer Betriebsrente in Höhe der unverfallbaren Anwartschaft in Anspruch.

II. Rentenberechnung

Die Rentenberechnung richtet sich nach § 2 BetrAVG. Danach ist zunächst zu ermitteln, welche Betriebsrente die Klägerin erhalten hätte, wenn sie bis zum Eintritt des Versorgungsfalles in den Diensten der A-Unternehmensgruppe gestanden hätte. Allerdings sind dabei die Daten zum Zeitpunkt ihres Ausscheidens zugrunde zu legen.

Die Klägerin ist am 1.1.1984 eingetreten. Bis zum 31.03.2012 hätte sie somit 28 Jahre und 3 Monate Betriebszugehörigkeit erreicht.

Die Versorgungsrichtlinien sehen vor, dass für jedes Jahr 0,4% des höchsten Durchschnittsgehaltes von drei Kalenderjahren zu berücksichtigen ist. Folglich betrüge der Steigerungssatz der Klägerin, wäre sie bis zum 31.3.2012 beschäftigt gewesen: 28 x 0,4% = 11,2%.

Zugrunde zu legen ist das Durchschnittsgehalt der günstigsten drei zusammenhängenden Jahre. Maßgebend sind die Bruttoentgelte.

Die Klägerin verdiente im Jahr 1991	132.614,00 DM.

Wir überreichen eine Gehaltsbestätigung vom Dezember 1990, aus welcher sich ergibt, dass die Klägerin (ohne Weihnachtsgratifikation) 9.072,00 DM verdiente **(Anlage K 3)**. Dieselben Bezüge erhielt die Klägerin in der Folgezeit bis zum September,

somit: 9.072,00 DM x 9 =	81.648,00 DM.
Im Oktober erhielt sie	24.072,00 DM
(Gehaltsabrechnung, **Anlage K 4**).	
Im November erhielt sie	17.822,00 DM
(Gehaltsabrechnung, **Anlage K 5**)	
und im Dezember wieder	9.072,00 DM
(Gehaltsabrechnung, **Anlage K 6**).	
	132.614,00 DM

Wir weisen darauf hin, dass die Gehaltsabrechnung für den Dezember einen aufgelaufenen Bruttoverdienst von nur 78.182,00 DM ausweist. Dies ist jedoch **offensichtlich** unzutreffend.

Im Jahr 1992 bezog die Klägerin insgesamt	141.249,48 DM
(Gehaltsabrechnung für den Dezember 1992, **Anlage K 7**).	
Im Jahr 1993 bezog die Klägerin insgesamt	161.928,50 DM

(Gehaltsabrechnung für den Dezember 1993, **Anlage K 8**).
Die Gesamtvergütung der Klägerin für die Jahre 1991 bis 1993 betrug daher insgesamt 435.791,98 DM. Hieraus

ergibt sich ein durchschnittlicher Monatsverdienst von:	12.105,33 DM.

Die hypothetische Rente, die die Klägerin erhalten würde, wenn sie bis zum 31.3.2012 bei der A-Unternehmensgruppe beschäftigt gewesen wäre, beliefe sich somit auf

12.105,33 DM x 11,2% =	1.355,80 DM.

Diese hypothetische Rente ist nun gem. § 2 BetrAVG im Verhältnis der tatsächlichen zur möglichen Betriebszugehörigkeit zu kürzen. Die Klägerin war beschäftigt vom 1.1.1984 bis zum 30.9.1994 (= 10 Jahre und neun Monate = 129 Monate).

Die Klägerin hätte, wäre sie bis zum 65. Lebensjahr beschäftigt gewesen, eine Betriebszugehörigkeit vom 1.1.1984 bis zum 31.3.2012 ausgewiesen, nämlich: 28 Jahre und 3 Monate oder 339 Monate.

Die unverfallbare Anwartschaft beträgt somit:

1.355,80 DM x 129/339 =	515,92 DM,
entspricht	263,79 EUR.

III. Zahlungsverzug

Die Beklagte hat bislang trotz mehrfachen Hinweises der Klägerin, zuletzt durch unser Schreiben vom 11.3.2012 **(Anlage K 9)**, keine Rente gezahlt, obwohl diese – nach Vollendung des 65. Lebensjahres der Klägerin – spätestens am 30.4.2012 fällig gewesen wäre.

Aus diesem Grunde ist Klage geboten, und zwar sowohl für die laufende als auch für die zukünftigen Leistungen.

Dabei entspricht der von uns ermittelte DM-Betrag in Höhe von 515,92 DM 263,79 EUR.

Rechtsanwalt

V. Befristungskontrollklage

1. Grundlagen

Will der Arbeitnehmer die **Rechtsunwirksamkeit einer Befristung** geltend machen, so muss er gem. § 17 TzBfG innerhalb von drei Wochen nach dem vereinbarten Ende des befristeten Arbeitsvertrages Klage beim Arbeitsgericht auf Feststellung erheben, dass das Arbeitsverhältnis aufgrund der Befristung nicht beendet ist. Eine Befristungskontrollklage ist aber auch bereits vor dem Ablauf der Befristung, nach Abschluss des befristeten Arbeitsvertrages, zulässig.[154] Die dreiwöchige Klagefrist gilt dabei für alle zeit- und zweckbefristeten sowie auflösend bedingten Arbeitsverträge, selbst wenn die Befristung nicht auf das TzBfG gestützt wird. Sie erfasst alle Unwirksamkeitsgründe.[155] War der Arbeitnehmer trotz der Anwendung aller ihm nach Lage der Umstände zuzumutenden Sorgfalt verhindert, die Klage innerhalb von drei Wochen zu erheben, so ist sie nach § 17 S. 2 TzBfG iVm § 5 Abs. 1 S. 1 KSchG nachträglich zuzulassen. Nach § 17 S. 2 TzBfG iVm § 5 Abs. 2 S. 1 Hs. 1 KSchG ist mit dem Antrag die Klageerhebung zu verbinden.[156]

111

2. Muster: Befristungskontrollklage[157]

112

Arbeitsgericht Hannover
Ellernstr. 42
30175 Hannover

Klage

der Frau Susanne Peters, Ostfeldstr. 42, 30559 Hannover

– Klägerin –

Prozessbevollmächtigte: Rechtsanwälte Müller, Siebrechtstr. 29, 30558 Hannover

gegen

die A-GmbH, vertr. d. d. Geschäftsführer, Herrn Michael Schulz, Kaiserstr. 23, 30788 Hannover

– Beklagte –

Namens und im Auftrag der Klägerin erheben wir Klage und beantragen,

festzustellen, dass das Arbeitsverhältnis nicht aufgrund der Befristung im Änderungsvertrag vom 18.7.2011 mit Ablauf des 30.11.2011 beendet ist.

Die Parteien streiten über die Frage, ob das Arbeitsverhältnis wirksam durch eine Befristung mit Wirkung zum 30.11.2011 beendet worden ist.

I. Sachverhalt

Die am 25.1.1968 geborene Klägerin promovierte im Jahr 2003. Aufgrund eines zwischen ihr und dem Land Niedersachsen am 31.5.2005 geschlossenen und vom 1.6.2005 bis 31.5.2007 befristeten Arbeitsvertrages war sie bei der beklagten Universität als wissenschaftliche Angestellte auf einer Stelle zur Förderung des wissenschaftlichen Nachwuchses beschäftigt. Vor dem 31.5.2007 beantragte das Institut eine Verlängerung des Arbeitsvertrages mit der Klägerin um zwei Jahre. Die Beklagte lehnte dies unter Hinweis auf einen Beschluss des Rektorats ab, der vorsieht, dass die Einstellung von wissenschaftlichem Personal auf befristet zu besetzenden Nachwuchsstellen in aller Regel nur zulässig ist, wenn das Beschäftigungs-

---

[154] Schaub/*Koch*, ArbR-HdB, § 38 Rn. 68.
[155] Schaub/*Koch*, ArbR-HdB, § 38 Rn. 70.
[156] Vgl. hierzu BAG 6.10.2010 – 7 AZR 569/09, NZA 2011, 477.
[157] Das Muster basiert auf dem Urteil des BAG 6.4.2011 – 7 AZR 524/09, NZA 2011, 970.

verhältnis vor dem vollendeten 40. Lebensjahr endet. Am 14.5.2007 schlossen die Parteien einen Änderungsvertrag, wonach die Klägerin „befristet bis zum 30.6.2008 im Rahmen einer Befristung gem. §§ 1 ff. Wissenschaftszeitvertragsgesetz weiterbeschäftigt" wird. Der Arbeitsvertrag mit der Klägerin, die am 25.1.2008 ihr 40. Lebensjahr vollendete, wäre ohne den Rektoratsbeschluss mit einem über den 30.6.2008 hinausgehenden Endtermin – jedenfalls mit einer Dauer bis zum 31.5.2009 – vereinbart worden. Unter dem 28.1.2008 beantragte das Institut erneut eine Verlängerung des Arbeitsvertrages um zwei Jahre, die das Rektorat der Beklagten mit Schreiben vom 15.2.2008 erneut unter Hinweis auf den Rektoratsbeschluss ablehnte.

II. Rechtliche Würdigung

Die Befristungskontrollklage der Klägerin ist zulässig und begründet.

1. Klagefrist [→ C. Rn. 111]

Die heutige Klage vom 28.5.2008 wird zwar noch vor dem vereinbarten Ende des befristeten Arbeitsvertrages beim Arbeitsgericht eingereicht. Die materiell-rechtliche Klagefrist des § 17 S. 1 TzBfG wird nach ständiger Rechtsprechung des Senates aber auch durch die Erhebung einer Klage vor dem Ablauf der vereinbarten Vertragslaufzeit gewahrt.

2. Benachteiligung der Klägerin

Die Klägerin wurde durch die im Vertrag vom 14.5.2007 vereinbarte Befristungsdauer wegen ihres Alters unmittelbar benachteiligt. Diese unterschiedliche Behandlung wegen ihres Alters war auch nicht nach § 10 AGG zulässig.

3. Unwirksamkeit der Befristung

Die unzulässige Benachteiligung der Klägerin bei der Befristungsdauer führt gem. § 7 Abs. 2 AGG zur Unwirksamkeit der Befristungsabrede. Das Arbeitsverhältnis hat auch nicht etwa nur zu einem späteren Zeitpunkt geendet, sondern überhaupt nicht.

Wir bitten daher, wie beantragt zu entscheiden.

Rechtsanwalt

VI. Elementenfeststellungsklage (Klärung des Inhalts des Arbeitsverhältnisses)

1. Grundlagen

113 Eine Feststellungsklage kann sich auf einzelne Beziehungen oder Folgen aus einem Rechtsverhältnis, auf bestimmte Ansprüche oder Verpflichtungen oder auf den Umfang einer Leistungspflicht beschränken. Mit einer derartigen Elementenfeststellungsklage kann ein Arbeitnehmer mithin den Inhalt des Arbeitsverhältnisses im Einzelnen näher feststellen lassen. Insbesondere kann auch die Anwendbarkeit eines bestimmten Tarifvertrages oder Tarifwerkes auf ein Arbeitsverhältnis aufgrund einer entsprechenden arbeitsvertraglichen Bezugnahmeklausel Gegenstand einer derartigen Feststellungsklage sein.[158]

---

[158] BAG 6.7.2011 – 4 AZR 706/09, NZA 2012, 100.

2. Muster: Elementenfeststellungsklage[159]

Arbeitsgericht Hannover
Ellernstr. 42
30175 Hannover

Klage

der Frau Susanne Peters, Ostfeldstr. 42, 30559 Hannover

– Klägerin –

Prozessbevollmächtigte: Rechtsanwälte Müller, Siebrechtstr. 29, 30558 Hannover

gegen

die A-GmbH, vertr. d. d. Geschäftsführer, Herrn Michael Schulz, Kaiserstr. 23, 30788 Hannover

– Beklagte –

Namens und in Vollmacht der Klägerin beantragen wir,

festzustellen, dass auf das Arbeitsverhältnis der Klägerin mit der Beklagten die Tarifverträge der DB AG, Tarifstand 24.6.2008, anzuwenden sind.

I. Sachverhalt

1. Die Klägerin

Die am 24.3.1973 geborene Klägerin ist verheiratet und einem Kind zum Unterhalt verpflichtet. Die Klägerin ist nicht tarifgebunden.

2. Der Verlauf des Arbeitsverhältnisses

Die Klägerin begründete das Arbeitsverhältnis mit Wirkung zum 1.1.2000 zunächst mit der DB AG. Im Jahr 2009 gründete die DB AG drei Servicegesellschaften, darunter die Beklagte. Das Arbeitsverhältnis der Klägerin ging in Folge eines Betriebsübergangs mit Wirkung zum 25.6.2009 auf diese über.

3. Die anzuwendenden Tarifverträge

In dem Arbeitsvertrag der Klägerin vom 15.12.1999, den die Klägerin mit der DB AG abschloss, ist in § 10 wörtlich Folgendes geregelt:

„Die Bestimmungen des Tarifvertrages für die Arbeiter der DB AG und die sonstigen Tarifverträge für die Arbeiter der DB AG gelten in ihrer jeweiligen Fassung als unmittelbar zwischen den Vertragsparteien vereinbart."

Bis zum Zeitpunkt des Betriebsübergangs wurden auf das Arbeitsverhältnis der Klägerin stets die jeweiligen für sie einschlägigen Tarifverträge der DB AG angewendet.

Die Beklagte schloss allerdings ihrerseits am 25.6.2009 mit der Gewerkschaft ver.di Hausverträge ab, die insbesondere im Hinblick auf die Arbeitszeit und das Entgelt Abweichungen gegenüber den Tarifverträgen der DB AG enthalten. Die Beklagte wendete seitdem die neu im Jahr 2009 mit der Gewerkschaft ver.di abgeschlossenen Haustarifverträge auf das Arbeitsverhältnis mit der Klägerin an. Die Klägerin erhielt hierdurch insbesondere eine niedrigere Vergütung. Die wöchentliche Arbeitszeit erhöhte sich.

---

[159] Das Muster basiert auf der Entscheidung des BAG 6.7.2011 – 4 AZR 706/09, NZA 2012, 100.

> Die Klägerin hat mehrfach Ansprüche aus den vormals bei der DB AG angewendeten Tarifverträgen der DB AG erfolglos gegenüber der Beklagten geltend gemacht. Es ist deshalb Klage geboten.
>
> **II. Rechtliche Würdigung [→ C. Rn. 113]**
>
> Die Klage ist zulässig und begründet.
>
> **1. Zulässigkeit der Klage**
>
> Die Klägerin begehrt die Feststellung, dass die im Antrag genannten Tarifverträge ab dem Zeitpunkt des Betriebsübergangs angewendet werden. Dieser Antrag ist zulässig. Im Wege einer so genannten Elementenfeststellungsklage kann auch die Anwendbarkeit eines bestimmten Tarifvertrages oder Tarifwerkes auf ein Arbeitsverhältnis Gegenstand einer Feststellungsklage sein.
>
> **2. Begründetheit der Klage**
>
> Die Tarifverträge der DB AG sind kraft arbeitsvertraglicher Bezugnahme auf das Arbeitsverhältnis der Parteien mit dem tariflichen Regelungsbestand vom 24.6.2008 ab dem Tag vor dem Betriebsübergang auf die Beklagte anzuwenden.
>
> Bei der vereinbarten Bezugnahmeklausel handelt es sich um eine so genannte Gleichstellungsabrede im Sinne der früheren Rechtsprechung des Bundesarbeitsgerichts. Diese Bezugnahmeklausel erfasst nach dem Betriebsübergang auf die Beklagte allerdings nicht die von ihr geschlossenen Haustarifverträge, weil sie auch im Wege einer ergänzenden Vertragsauslegung weder als Tarifwechselklausel noch als eine Bezugnahmeklausel verstanden werden kann, die jedenfalls auf den Konzern der DB AG für die einzelnen Konzernunternehmen jeweils einschlägigen Tarifverträge verweist. In Folge des Betriebsübergangs auf die Beklagte hat sich an dieser Rechtslage nichts geändert. Die so begründeten, aus den in Bezug genommenen Tarifwerken herrührenden individualvertraglichen Rechte und Pflichten wurden nach § 613a Abs. 1 S. 1 BGB Inhalt des Arbeitsverhältnisses mit der Beklagten als Erwerberin, und zwar, weil es sich um eine Gleichstellungsabrede handelt, mit dem tariflichen Regelungsbestand vom 24.6.2008. Die Bezugnahme erstreckt sich hingegen nicht auf die von der Beklagten geschlossenen Tarifverträge.
>
> Die Klägerin hat danach Anspruch auf die Feststellung, dass auf das Arbeitsverhältnis der Klägerin mit der Beklagten die Tarifverträge der DB AG, Tarifstand 24.6.2008, anzuwenden sind.
>
> Rechtsanwalt

VII. Versetzung

1. Grundlagen

115 Nach § 106 GewO kann der Arbeitgeber **Inhalt, Ort und Zeit der Arbeitsleistung** nach billigem Ermessen näher bestimmen, soweit diese Arbeitsbedingungen nicht durch den Arbeitsvertrag, Bestimmungen oder Betriebsvereinbarungen, eines anwendbaren Tarifvertrages oder gesetzliche Vorschriften festgelegt sind.

116 Danach ist eine **Versetzung nur dann wirksam,** wenn **drei Voraussetzungen** erfüllt sind:[160]
– Die Versetzung des Arbeitnehmers ist nach dem Arbeitsvertrag zulässig.
– Die Ausübung des Direktionsrechts gem. § 106 S. 1 GewO muss billigem Ermessen entsprechen. Eine Leistungsbestimmung entspricht billigem Ermessen, wenn die

---
[160] BAG 13.4.2010 – 9 AZR 36/09, AP BGB § 307 Nr. 45.

wesentlichen Umstände des Falls abgewogen und die beiderseitigen Interessen angemessen berücksichtigt worden sind. Ob die Entscheidung der Billigkeit entspricht, unterliegt der vollen gerichtlichen Kontrolle (§ 315 Abs. 3 S. 2 BGB).
- Der Betriebsrat muss der Versetzung gem. § 99 BetrVG zugestimmt haben. Ohne die erforderliche Zustimmung des Betriebsrats ist die ausgesprochene Versetzung auch individualrechtlich unwirksam.[161]

Bei einem **Streit über die Berechtigung einer Versetzung** bestehen für den Arbeitnehmer zwei Möglichkeiten:[162]

117

- Der Arbeitnehmer kann die Berechtigung der Versetzung im Rahmen einer **Feststellungsklage** klären lassen.[163]
- Der Arbeitnehmer hat die Möglichkeit, den Anspruch auf vertragsgemäße Beschäftigung im Rahmen einer **Klage auf zukünftige Leistungen** gem. § 259 ZPO durchzusetzen. Bei der Prüfung des Beschäftigungsanspruchs ist dann die Wirksamkeit der Versetzung als Vorfrage zu beurteilen. Voraussetzung für eine derartige Klage ist die Besorgnis, dass der Schuldner sich anderenfalls der rechtzeitigen Leistung entziehen werde.

2. Muster

a) Muster: Feststellungsklage[164]

Arbeitsgericht Hannover
Ellernstr. 42
30175 Hannover

118
↦ 393

Klage

der Frau Susanne Peters, Ostfeldstr. 42, 30559 Hannover

– Klägerin –

Prozessbevollmächtigte: Rechtsanwälte Müller, Siebrechtstr. 29, 30558 Hannover

gegen

die A-GmbH, vertr. d. d. Geschäftsführer, Herrn Michael Schulz, Kaiserstr. 23, 30788 Hannover

– Beklagte –

Namens und im Auftrag der Klägerin erheben wir Klage und beantragen,

festzustellen, dass die Versetzung der Klägerin vom 1.12.2007 als Managerin in den Bereich Tax Human Resources Services nach München unwirksam ist.

Alternativ:

festzustellen, dass die Versetzung vom 1.12.2007 unwirksam ist.[165]

Die Parteien streiten um die Wirksamkeit einer Versetzung.

I. Sachverhalt

1. Die Beklagte

Die Beklagte ist eine Wirtschaftsprüfungsgesellschaft. Sie unterhält mehrere Niederlassungen innerhalb der Bundesrepublik Deutschland.

---

[161] BAG 22.4.2010 – 2 AZR 491/09, NZA 2010, 1235.
[162] BAG 25.8.2010 – 10 AZR 275/09, NZA 2010, 1355.
[163] BAG 17.8.2011 – 10 AZR 202/10, NZA 2012, 265; 13.4.2010 – 9 AZR 36/09, AP BGB § 307 Nr. 45; 22.4.2010 – 2 AZR 491/09, NZA 2010, 1235.
[164] Das Muster basiert auf dem Urteil des BAG 13.4.2010 – 9 AZR 36/09, AP BGB § 307 Nr. 45.
[165] BAG 17.8.2011 – 10 AZR 202/10, NZA 2012, 265; 22.4.2010 – 2 AZR 491/09, NZA 2010, 1235.

2. Die Klägerin

Die am 24.3.1973 geborene Klägerin ist verheiratet und einem Kind zum Unterhalt verpflichtet. Bei der Beklagten ist sie seit dem 1.7.2000 als Steuerberaterin/Managerin in der Niederlassung Hannover der Beklagten beschäftigt.

3. Die arbeitsvertraglichen Regelungen

Im Arbeitsvertrag vom 23.5.2000 ist wörtlich Folgendes geregelt:

„§ 1 Beginn und Inhalt des Arbeitsverhältnisses

(1) Sie werden ab 1.7.2000 als Manager für den Bereich TLS in unserer Niederlassung Hannover eingestellt.

(2) Die A-GmbH behält sich das Recht vor, sie im Bedarfsfall auch an einem anderen Arbeitsort und/oder bei einer anderen Gesellschaft des Konzerns B entsprechend ihrer Vorbildung und ihren Fähigkeiten für gleichwertige Tätigkeiten einzusetzen. Hierbei werden ihre persönlichen Belange angemessen berücksichtigt."

4. Die Versetzung

Im Oktober 2007 fanden zwischen den Parteien Gespräche über einen zukünftigen Einsatz der Klägerin in München statt. Mit dem als **Anlage K 1** beigefügten Schreiben vom 1.11.2007 versetzte die Beklagte die Klägerin mit Wirkung zum 1.12.2007 zur Niederlassung München als „Manager in dem Bereich Tax Human Resources Services".

Gegen diese Versetzung wehrt sich die Klägerin mit der vorliegenden Klage.

II. Rechtliche Würdigung [→ C. Rn. 115, 116]

Die Versetzung ist unwirksam.

1. Arbeitsvertragliche Zulässigkeit

Nach dem Wortlaut der Versetzungsklausel in § 1 des Arbeitsvertrages war die Beklagte zwar berechtigt, die Klägerin nach München zu versetzen. Entgegen der Auffassung des Bundesarbeitsgerichts hält diese vertragliche Regelung einer AGB-Kontrolle jedoch nicht stand.[166] Damit gab es bereits keine arbeitsvertragliche Grundlage für die Versetzung. Diese ist aus diesem Grunde bereits unwirksam.

2. Ausübungskontrolle

Selbst wenn man einmal von der Wirksamkeit der arbeitsvertraglichen Versetzungsklausel ausgeht, ist die Versetzung der Klägerin deshalb unwirksam, weil sie nicht billigem Ermessen entspricht (§ 106 S. 1 GewO, § 315 Abs. 1 BGB). Dies ergibt sich aus der Berücksichtigung und der Bewertung der Interessen unter Abwägung aller Umstände des Einzelfalls.

Die Klägerin ist die dienstälteste Mitarbeiterin in der Niederlassung Hannover. In dieser Niederlassung gibt es weiterhin Beschäftigungsmöglichkeiten für die Klägerin. Die Klägerin ist darauf angewiesen, weiterhin an ihrem Wohnort in Hannover zu arbeiten. Sie hat dort mit ihrem Ehemann vor einem Jahr ein Haus gebaut. Ihre sechsjährige Tochter ist gerade erst vor kurzem eingeschult worden. Die Klägerin

---

[166] Das BAG hat in der Entscheidung vom 13.4.2010 – 9 AZR 36/09, AP BGB § 307 Nr. 40, entschieden, dass die zitierte Versetzungsklausel einer AGB-Kontrolle standhält. Bei einer Versetzungsklausel, über deren Wortlaut das BAG noch nicht entschieden hat, hat der Arbeitnehmer an dieser Stelle selbstverständlich größere Argumentationsmöglichkeiten.

müsste dieses soziale Umfeld vollständig aufgeben, obwohl in der Niederlassung in Hannover Weiterbeschäftigungsmöglichkeiten bestehen, die auch der Qualifikation der Klägerin entsprechen. Dagegen erfüllt die Klägerin das Stellenprofil der übertragenen Tätigkeit in der Niederlassung München nicht.

Rechtsanwalt

b) Muster: Klage auf künftige Leistung gem. § 259 ZPO[167]

Arbeitsgericht Hannover
Ellernstr. 42
30175 Hannover

Klage

der Frau Susanne Peters, Ostfeldstr. 42, 30559 Hannover

– Klägerin –

Prozessbevollmächtigte: Rechtsanwälte Müller, Siebrechtstr. 29, 30558 Hannover

gegen

die A-GmbH, vertr. d. d. Geschäftsführer, Herrn Michael Schulz, Kaiserstr. 23, 30788 Hannover

– Beklagte –

Namens und im Auftrag der Klägerin erheben wir Klage und beantragen,

die Beklagte zu verurteilen, die Klägerin als Bereichsleiterin Tax der Niederlassung Hannover am Standort Hannover zu beschäftigen.[168]

Die Parteien streiten um die Wirksamkeit einer Versetzung.

I. Sachverhalt

1. Die Beklagte

Bei der Beklagten handelt es sich um eine bundesweit tätige Wirtschaftsprüfungsgesellschaft.

2. Die Klägerin

Die am 24.3.1973 geborene Klägerin ist verheiratet und einem Kind zum Unterhalt verpflichtet. Bei der Beklagten ist sie seit dem 1.1.2003 in der Niederlassung Hannover tätig.

3. Die arbeitsvertraglichen Regelungen

Mit Wirkung zum 1.1.2006 wurde zwischen den Parteien ein neuer Arbeitsvertrag geschlossen, der in § 1 folgende Regelung enthält:

„Mit Wirkung vom 1.1.2006 ist Frau Peters zur Bereichsleiterin der Zweigniederlassung Hannover ernannt worden. Die A-GmbH behält sich vor, Frau Peters – sofern Geschäftsnotwendigkeiten dies erfordern – anderweitig einzusetzen und zu versetzen."

---

[167] Das Muster basiert auf der Entscheidung des BAG 25.8.2010 – 10 AZR 275/09, NZA 2010, 1355.
[168] Das BAG weist in der Entscheidung vom 25.8.2010 – 10 AZR 275/09, NZA 2010, 1355, ausdrücklich darauf hin, dass dieser Klagantrag hinreichend bestimmt sei, weil er in Verbindung mit der Klagbegründung erkennen lasse, welche konkrete Beschäftigung die Klägerin anstrebe. Es ist deshalb in jedem Fall zu beachten, die begehrte Tätigkeit in der Klagebegründung näher darzustellen oder den Klagantrag näher zu konkretisieren.

4. Versetzung

Die Klägerin war zuletzt als Bereichsleiterin Tax der Niederlassung Hannover tätig. Mit Schreiben vom 2.5.2007 sprach die Beklagte eine Versetzung der Klägerin „mit Wirkung zum 21.5.2007 zur Niederlassung Frankfurt in den Bereich Tax und Legal" aus. Dort soll die Klägerin als „verantwortliche Sales-Partnerin" eingesetzt werden und überwiegend Vertriebstätigkeiten ausüben. Zudem soll sie den Bereich „Education/Social Security" aufbauen und ihre bereits zuvor im Bereich Controlling übernommenen Aufgaben bundesweit ausweiten.

Gegen diese Versetzung wehrt sich die Klägerin mit der vorliegenden Klage.

II. Rechtliche Würdigung [→ C. Rn. 117]

Die Klägerin hat Anspruch auf ihre bisherige Tätigkeit, da die Versetzung unwirksam ist.

Die Auslegung des § 1 des Arbeitsvertrages ergibt, dass die bisher ausgeübte Tätigkeit und der Tätigkeitsort vertraglich festgelegt sind. Danach ist die Klägerin in der Zweigniederlassung in Hannover als Bereichsleiterin zu beschäftigen. Der vereinbarte Versetzungsvorbehalt ist unwirksam, da er einer AGB-Kontrolle nicht standhält. Es bleibt danach bei der vertraglich festgelegten Tätigkeit an dem vertraglich festgelegten Tätigkeitsort. Dieser ist in Hannover. Die Versetzung nach Frankfurt ist danach unwirksam, ohne dass es einer Ausübungskontrolle bedarf.

Rechtsanwalt

VIII. Anfechtung eines Aufhebungsvertrages

1. Grundlagen

120 Ein Aufhebungsvertrag kann **wegen Irrtums, Drohung oder Täuschung** gem. §§ 119, 123 BGB angefochten werden.[169] Hauptanwendungsfälle der Anfechtung wegen Drohung gem. § 123 Abs. 1 BGB sind die Ankündigung einer außerordentlichen Kündigung, einer Strafanzeige oder von Schadensersatzforderungen durch den Arbeitgeber für den Fall, dass der Arbeitnehmer einen Aufhebungsvertrag nicht unterzeichnet. Eine Drohung iSd § 123 BGB setzt objektiv die Ankündigung eines zukünftigen Übels voraus. Die Drohung muss widerrechtlich und für die angefochtene Willenserklärung des Bedrohten ursächlich gewesen sein.[170] Will der Arbeitnehmer einen von ihm unterzeichneten Aufhebungsvertrag anfechten, muss er dem Arbeitgeber gegenüber zunächst die Anfechtung erklären. Darüber hinaus muss er Klage beim zuständigen Arbeitsgericht auf Feststellung erheben, dass das Arbeitsverhältnis über den im Aufhebungsvertrag festgelegten Beendigungszeitpunkt hinaus fortbesteht.[171]

2. Muster: Klage auf Anfechtung eines Aufhebungsvertrages

121

Arbeitsgericht Hannover
Ellernstr. 42
30175 Hannover

Klage

der Frau Susanne Peters, Ostfeldstr. 42, 30559 Hannover

– Klägerin –

---

[169] Vgl. zu den Voraussetzungen Schaub/*Linck*, ArbR-HdB, § 122 Rn. 25 ff.
[170] Vgl. im Einzelnen Schaub/*Linck*, ArbR-HdB § 122 Rn. 27 ff.; BAG 28.11.2007 – 6 AZR 1108/06, NZA 2008, 348; 15.12.2005 – 6 AZR 197/05, NZA 2006, 841.
[171] Vgl. zur Antragstellung BAG 28.11.2007 – 6 AZR 1108/06, NZA 2008, 348.

Straube

Prozessbevollmächtigte: Rechtsanwälte Müller, Siebrechtstr. 29, 30558 Hannover

gegen

die A-GmbH, vertr. d. d. Geschäftsführer, Herrn Michael Schulz, Kaiserstr. 23, 30788 Hannover

– Beklagte –

Namens und im Auftrag der Klägerin erheben wir Klage und beantragen,

festzustellen, dass das Arbeitsverhältnis über den 31.7.2011 hinaus fortbesteht.

Die Parteien streiten über die Wirksamkeit der Anfechtung eines von den Parteien unterzeichneten Aufhebungsvertrages.

I. Sachverhalt

1. Das Arbeitsverhältnis

Die am 24.3.1973 geborene Klägerin ist verheiratet und einem Kind zum Unterhalt verpflichtet. Bei der Beklagten ist sie seit dem 1.1.2003 beschäftigt, zuletzt als Abteilungsleiterin IT. Den Arbeitsvertrag vom 1.1.2006 fügen wir als **Anlage K 1** bei.

2. Der Aufhebungsvertrag

Anfang des Jahres 2011 kam es zu Differenzen zwischen den Parteien über die Erfüllung der Vertragspflichten durch die Klägerin. Sie legte die Bescheinigung für eine Arbeitsunfähigkeit vom 7.1. bis zum 19.1.2011 verspätet vor. Zudem kam der Klägerin im März 2011 ein Handy abhanden. Die Beklagte gab der Klägerin daraufhin mit Schreiben vom 15.3.2011 Gelegenheit, zu einer von ihr beabsichtigten Abmahnung Stellung zu nehmen. Mit Schreiben vom 21.3.2011 nahm die Klägerin zu den Vorwürfen Stellung. Ohne dass diese Stellungnahme durch die Beklagte abschließend gewürdigt und eine Abmahnung ausgesprochen wurde, erlangte der Geschäftsführer der Klägerin, Herr Schulz, Kenntnis von einem gegen die Klägerin ergangenen Pfändungs- und Überweisungsbeschluss sowie von Mietrückständen der Klägerin. Wegen dieser Vorgänge führte der Geschäftsführer mit der Klägerin ein Personalgespräch, woraufhin diese mit Schreiben vom 2.4.2011 gegenüber dem Geschäftsführer erklärte, sie werde die Mietrückstände bis zum 20.4.2011 ausgleichen.

Nachdem der ehemalige Vermieter sich am 15.7.2011 bei dem Geschäftsführer darüber beschwert hatte, dass der offene Mietrückstand immer noch nicht ausgeglichen sei, führte der Geschäftsführer der Beklagten, Herr Schulz, mit der Klägerin am 20.7.2011 ein Personalgespräch. In diesem Personalgespräch hat der Geschäftsführer der Klägerin in einem aggressiven Tonfall zehn Minuten Zeit gegeben, sich zu überlegen, ob sie einen Aufhebungsvertrag mit Wirkung zum 31.7.2011 unterzeichnet, anderenfalls werde er ihr sofort fristlos kündigen. Als Grund nannte der Geschäftsführer die Vorfälle aus dem Frühjahr 2011. Der Geschäftsführer gab vor, dass die Klägerin bei Nichtunterzeichnung mit einem Eintrag in die Personalakte rechnen und noch eine Sperrfrist beim Arbeitsamt in Kauf nehmen müsse. Die Klägerin unterschrieb daraufhin den Aufhebungsvertrag, weil sie nunmehr den Eindruck hatte, sie werde anderenfalls fristlos entlassen und habe zusätzlich die weiteren beschriebenen Unannehmlichkeiten zu befürchten.

Mit Schreiben vom 27.10.2011 erklärte die Klägerin gegenüber dem Geschäftsführer, Herrn Schulz, die Anfechtung dieses Aufhebungsvertrages und bot ihre Arbeitskraft an. Die Beklagte hat die Fortsetzung des Arbeitsverhältnisses abgelehnt. Es ist deshalb Klage geboten.

II. Rechtliche Würdigung [→ C. Rn. 120]

Das Arbeitsverhältnis der Parteien wurde nicht durch den Auflösungsvertrag beendet.

Gem. § 123 Abs. 1 zweite Alternative BGB kann derjenige, der widerrechtlich durch Drohung zur Abgabe einer Willenserklärung bestimmt wird, die Erklärung mit der Nichtigkeitsfolge des § 142 Abs. 1 BGB anfechten. Die Klägerin hat die Anfechtung ihrer Erklärung zum Abschluss des Aufhebungsvertrages gegenüber dem Geschäftsführer der Beklagten, Herrn Schulz, fristgemäß erklärt (§ 123 Abs. 1 zweite Alternative, § 124 BGB). Die Anfechtung ist auch gem. § 123 Abs. 1 zweite Alternative BGB begründet. Betrachtet man die Gesamtumstände, die zur Unterzeichnung des Aufhebungsvertrages geführt haben, ist eine Drohung mit einer fristlosen Kündigung gegeben. Der Geschäftsführer der Beklagten handelte auch mit dem für die Drohungsanfechtung erforderlichen Nötigungswillen. Weiterhin war die Drohung für die Unterzeichnung des Aufhebungsvertrages durch die Klägerin auch ursächlich. Schließlich war die Drohung mit der außerordentlichen Kündigung auch widerrechtlich, weil ein verständiger Arbeitgeber eine außerordentliche Kündigung nicht ernsthaft in Betracht gezogen hätte.

Da die Klägerin danach den Aufhebungsvertrag wirksam angefochten hat, hat die Klägerin Anspruch auf Feststellung, dass das Arbeitsverhältnis über den 31.7.2011 hinaus andauert.

Rechtsanwalt

IX. Zeugnisklage

1. Grundlagen

122 Nach § 109 GewO hat der Arbeitnehmer bei Beendigung eines Arbeitsverhältnisses **Anspruch auf ein schriftliches Zeugnis.**[172] Der Arbeitnehmer kann ein **einfaches oder qualifiziertes Zeugnis** verlangen. Das vom Arbeitgeber erstellte Zeugnis muss klar und verständlich formuliert sein.

123 Erteilt der Arbeitgeber dem Arbeitnehmer gleichwohl **gar kein Zeugnis,** muss der Arbeitnehmer Klage mit dem Antrag erheben, den Arbeitgeber „zu verurteilen, dem Kläger ein einfaches (alternativ: qualifiziertes) Zeugnis zu erteilen".[173]

124 Erteilt der Arbeitgeber dem Arbeitnehmer zwar ein Zeugnis, **genügt dies nach Form oder Inhalt den gesetzlichen Anforderungen aber nicht,** kann der Arbeitnehmer dessen Berichtigung oder Ergänzung beanspruchen.[174] Dabei muss bereits der Klagantrag die exakt begehrte Zeugnisformulierung enthalten.[175] Der Arbeitnehmer hat insoweit aber die Wahl, ob er nur die begehrten Zeugnisformulierungen in den Antrag mit aufnimmt[176] oder das gesamte aus seiner Sicht zu erteilende Zeugnis.[177] Zur Vermeidung von Missverständnissen darüber, welche Formulierungen aus dem bereits erteilten Zeugnis zu streichen sind und welche in das neu zu erteilende Zeugnis aufzunehmen sind, sollte das vollständig neu zu erteilende Zeugnis in den Klagantrag aufgenommen werden.

2. Muster: Zeugnisklage[178]

125

Arbeitsgericht Hannover
Ellernstr. 42
30175 Hannover

---

[172] Vgl. dazu Schaub/Linck, ArbR-HdB, § 147.
[173] Schaub/Linck, ArbR-HdB, § 147 Rn. 32.
[174] BAG 12.8.2008 – 9 AZR 632/07, NZA 2008, 1349.
[175] Schaub/Linck, ArbR-HdB, § 147 Rn. 32.
[176] Vgl. hierzu BAG 21.6.2005 – 9 AZR 352/04, NZA 2006, 104.
[177] BAG 12.8.2008 – 9 AZR 632/07, NZA 2008, 1349.
[178] Das Muster basiert auf der Entscheidung des BAG 12.8.2008 – 9 AZR 632/07, NZA 2008, 1349.

Klage

der Frau Susanne Peters, Ostfeldstr. 42, 30559 Hannover

– Klägerin –

Prozessbevollmächtigte: Rechtsanwälte Müller, Siebrechtstr. 29, 30558 Hannover

gegen

die A-GmbH, vertr. d. d. Geschäftsführer, Herrn Michael Schulz, Kaiserstr. 23, 30788 Hannover

– Beklagte –

Namens und im Auftrag der Klägerin erheben wir Klage und beantragen,

die Beklagte zu verurteilen, der Klägerin nachfolgendes Zeugnis zu erteilen: [→ C. Rn. 124]

„Frau Peters, geboren am 24.3.1973, war vom 1.1.2003 bis zum 31.7.2011 als Redakteurin der S-Zeitung bei der A-GmbH beschäftigt. Die A-GmbH ist eines der großen deutschen Druck- und Verlagsunternehmen. Im Verbund mit der B-GmbH gibt der Unternehmensbereich Zeitungen mit der S-Zeitung, der S-Zeitung am Sonntag, der Morgenpost-S und der Morgenpost am Sonntag die führenden Zeitungen im Regierungsbezirk H heraus. Mehr regionale Zeitschriften und der Internet-Dienst S-online runden das Unternehmensportfolio ab. Täglich erreicht das Unternehmen mit seinen Produkten rund eine Million Leser.

Frau Peters war für unser Haus als Redakteurin in der Lokalredaktion W tätig. Dort wurde sie in allen Bereichen des Lokaljournalismus eingesetzt. Sie recherchierte und schrieb Meldungen und führte Interviews. Dabei zeigte Frau Peters starkes Interesse an kommunalpolitischen und wirtschaftlichen Themen sowie an technischen Bau- und Landschaftsdenkmalen. Ihre besonderen Fachkenntnisse in Bauwesen, Architektur und Städteplanung unterstützten ihre journalistische Tätigkeit.

Frau Peters arbeitet sich schnell in neue Fachgebiete ein und kann diese journalistisch verwerten. Sie erschließt in kurzer Zeit Gesprächspartner und kann deren Informationen redaktionell umsetzen. Frau Peters ist stilsicher, hat Sprachgefühl, beherrscht in Theorie und Praxis die journalistischen Genre, kann aus aktuellen Erfordernissen journalistische Themen ableiten, deren politische Bedeutung erfassen und redaktionell sowie medienspezifisch umsetzen. Ihr Schreibstil ist sachlich, originell, verständlich und variabel.

Bei ihrer journalistischen Tätigkeit für unser Haus zeichnete sich Frau Peters durch gründliche Recherche sowie zielstrebige und gewissenhafte Arbeitsweise aus. Entwicklungen und Missstände bei von ihr bearbeiteten Themen verfolgte sie hartnäckig und gründlich. Frau Peters führte ihre Aufgabe stets selbständig aus.

Sie ist offen für neue journalistische Sichten und Anregungen und arbeitet auch in Stresssituationen zuverlässig und effektiv. Wir waren mit ihren Leistungen jederzeit sehr zufrieden. Das Verhalten von Frau Peters war vorbildlich. Bei Vorgesetzten und Kollegen war sie sehr geschätzt. Das Arbeitsverhältnis endete zum 31.7.2011. Wir danken Frau Peters für die geleistete Arbeit und wünschen ihr für ihren weiteren persönlichen und beruflichen Lebensweg viel Erfolg."

Die Parteien streiten über den genauen Inhalt eines der Klägerin zu erteilenden Arbeitszeugnisses.

I. Sachverhalt

Die Klägerin war bei der Beklagten vom 1.1.2003 bis zum 31.7.2011 als Redakteurin in der Lokalredaktion H tätig. Das Arbeitsverhältnis endete mit Wirkung zum

31.7.2011. Unter diesem Datum erteilte die Beklagte der Klägerin auch das als **Anlage K 1** beigefügte Arbeitszeugnis. Dieses Arbeitszeugnis entspricht im wesentlichen dem mit dem Klagantrag geltend gemachten Arbeitszeugnis. Allerdings fehlt in dem bereits erteilten und als Anlage K 1 vorgelegten Arbeitszeugnis die Aussage, dass die Klägerin auch in Stresssituationen zuverlässig und effektiv arbeite.

Die Klägerin hat die Beklagte deshalb mehrfach, zuletzt mit dem als **Anlage K 2** beigefügten Schreiben vom 25.10.2011 aufgefordert, ihr ein entsprechend ergänztes Arbeitszeugnis zu übersenden. Die Beklagte hat hierauf nie reagiert.

Es gehört zum üblichen Zeugnisinhalt bei Tageszeitungsredakteuren, die Belastbarkeit in Stresssituationen gesondert zu beurteilen. Schweigt sich ein Zeugnis darüber aus, ist das Zeugnis unvollständig und suggeriert, dass der Arbeitnehmer in diesem Beurteilungsmerkmal unterdurchschnittlich oder allenfalls durchschnittlich gearbeitet hat.

Beweis: Sachverständigengutachten.

II. Rechtliche Würdigung [→ C. Rn. 122, 123]

Die Klägerin hat Anspruch auf das begehrte Zeugnis gem. § 109 GewO. Dabei bestimmt sich der gesetzlich geschuldete Inhalt des Zeugnisses nach den mit ihm verfolgten Zwecken. Nach § 109 Abs. 2 S. 2 GewO ist es aber in jedem Fall unzulässig, ein Zeugnis mit geheimen Merkmalen oder unklaren Formulierungen zu versehen, durch die der Arbeitnehmer anders beurteilt werden soll, als dies aus dem Zeugniswortlaut ersichtlich ist. Ein Zeugnis darf deshalb dort keine Auslassungen enthalten, wo der verständige Leser eine positive Hervorhebung erwartet. Anspruch auf ausdrückliche Bescheinigung bestimmter Merkmale hat damit der Arbeitnehmer, in dessen Berufskreis dies üblich ist und bei dem das Fehlen einer entsprechenden Aussage im Zeugnis sein berufliches Fortkommen behindern könnte. Soweit diese Merkmale in besonderem Maße gefragt sind und deshalb der allgemeine Brauch besteht, diese im Zeugnis zu erwähnen, kann die Nichterwähnung ein erkennbarer Hinweis für den Zeugnisleser sein. Dies ist im vorliegenden Fall durch den nicht aufgenommenen Hinweis, dass die Klägerin auch in Stresssituationen zuverlässig und effektiv arbeitet, der Fall. Die Klägerin hat deshalb Anspruch auf eine entsprechende Ergänzung des Arbeitszeugnisses.

Rechtsanwalt

X. Entfernung einer Abmahnung aus der Personalakte

1. Grundlagen

126 Mahnt der Arbeitgeber ein Verhalten des Arbeitnehmers ab, kann es aus Sicht des Arbeitnehmers zweckmäßig sein, **hiergegen zunächst nicht vorzugehen,** um das Arbeitsverhältnis nicht weiter zu belasten. Spricht der Arbeitgeber später auf der Basis dieser Abmahnung nach einem weiteren Vertragsverstoß eine verhaltensbedingte Kündigung aus, kann der Arbeitnehmer die Wirksamkeit der Abmahnung dann immer noch im Rahmen des Kündigungsschutzprozesses überprüfen lassen.

127 Der Arbeitnehmer kann sich **aber auch sogleich gegen die Abmahnung zur Wehr setzen** und Klage auf Entfernung der Abmahnung aus der Personalakte erheben.[179] Der Entfernungsanspruch besteht, wenn die Abmahnung entweder inhaltlich unbestimmt ist, unrichtige Tatsachenbehauptungen enthält, auf einer unzutreffenden rechtlichen Bewertung des Verhaltens des Arbeitnehmers beruht, den Grundsatz der

---

[179] Zu den Reaktionsmöglichkeiten des Arbeitnehmers gegen eine Abmahnung vgl. Schaub/*Linck,* ArbR-HdB § 132 Rn. 37 ff.

Verhältnismäßigkeit verletzt oder kein schutzwürdiges Interesse des Arbeitgebers am Verbleib der Abmahnung in der Personalakte mehr besteht.[180]

2. Muster: Klage auf Entfernung einer Abmahnung

Arbeitsgericht Hannover
Ellernstr. 42
30175 Hannover

Klage

der Frau Susanne Peters, Ostfeldstr. 42, 30559 Hannover

– Klägerin –

Prozessbevollmächtigte: Rechtsanwälte Müller, Siebrechtstr. 29, 30558 Hannover

gegen

die A-GmbH, vertr. d. d. Geschäftsführer, Herrn Michael Schulz, Kaiserstr. 23, 30788 Hannover

– Beklagte –

Namens und im Auftrag der Klägerin erheben wir Klage und beantragen,

die Beklagte zu verurteilen, die der Klägerin mit Schreiben vom 15.5.2011 erteilte Abmahnung aus der Personalakte zu entfernen.

I. Sachverhalt

Die am 24.3.1973 geborene Klägerin ist verheiratet und einem Kind zum Unterhalt verpflichtet. Bei der Beklagten ist sie seit dem 1.1.2003 beschäftigt, zuletzt als Abteilungsleiterin IT. Den Arbeitsvertrag vom 1.1.2006 fügen wir als **Anlage K 1** bei.

Mit Schreiben vom 15.5.2011 erteilte die Beklagte der Klägerin die als **Anlage K 2** beigefügte Abmahnung, welche folgenden Wortlaut hat:

„Betreff: Arbeitsbeginn

Sehr geehrte Frau Peters,

uns ist in letzter Zeit aufgefallen, dass Sie immer wieder zu spät zur Arbeit kommen. Sie verstoßen damit gegen Ihre vertraglichen Pflichten. Gerade als Abteilungsleiterin haben Sie eine Vorbildfunktion und müssen die im Betrieb geltenden Arbeitszeiten einhalten.

Wir können Ihr Verhalten deshalb nicht weiter dulden, so dass wir gezwungen sind, Ihnen aufgrund des dargelegten Sachverhaltes eine

Abmahnung

zu erteilen verbunden mit der gleichzeitigen Aufforderung, zukünftig pünktlich zur Arbeit zu erscheinen.

Wir weisen Sie darauf hin, dass Sie bei nochmaligen Pflichtverletzungen mit weiteren arbeitsrechtlichen Konsequenzen bis hin zur Kündigung rechnen müssen."

Die Klägerin kann den Vorwurf, sie sei wiederholt verspätet zur Arbeit erschienen, in keiner Weise nachvollziehen. Die Klägerin hat auch überhaupt keine Möglichkeit, sich gegen diesen Vorwurf zur Wehr zu setzen. Ihr ist nicht einmal ansatzweise bekannt, an welchen Tagen sie angeblich zu spät gekommen sein soll. Nach dem Verständnis der Klägerin gibt es für die IT-Abteilung auch gar keinen festen tägli-

---

[180] BAG 12.8.2010 – 2 AZR 593/09, NZA-RR 2011, 162.

chen Arbeitsbeginn. Die Mitarbeiter der Abteilung, insbesondere die Klägerin, arbeiten teilweise bis spät in die Nacht, so dass es bisher sowieso immer üblich war, dass die Mitarbeiter vormittags zu unterschiedlichen Zeiten zur Arbeit erscheinen.

II. Rechtliche Würdigung [→ *C. Rn. 127*]

Die Klägerin kann in entsprechender Anwendung der §§ 242, 1004 BGB die Entfernung der zu Unrecht erteilten Abmahnung aus ihrer Personalakte verlangen. Unabhängig davon, dass der Vorwurf inhaltlich unzutreffend und damit auf einer unzutreffenden rechtlichen Bewertung des Verhaltens der Klägerin beruht, ist die Abmahnung inhaltlich viel zu unbestimmt. Der Klägerin wird nicht mitgeteilt, wann ihr angeblicher täglicher Arbeitsbeginn sein soll und an welchen Tagen sie diesen angeblichen Arbeitsbeginn nicht eingehalten hat. Mit der Abmahnung wird die der Klägerin vorgeworfene Vertragspflichtverletzung und das von ihr erwartete zukünftige Verhalten nicht hinreichend präzise beschrieben, so dass die Klägerin bereits deshalb einen Anspruch auf Entfernung der Abmahnung aus der Personalakte hat.

Rechtsanwalt

2. Teil. Urteilsverfahren Berufungsinstanz

Übersicht

	Rn.
I. Einlegung Rechtsmittel	129–132
1. Grundlagen	129–131
2. Muster: Berufungsschrift	132
II. Anträge	133–138
1. Grundlagen	133, 134
2. Muster	135–138
a) Muster: Kläger: 1. Instanz verloren	135
b) Muster: Kläger: 1. Instanz teilweise verloren	136
c) Muster: Beklagte: 1. Instanz verloren	137
d) Muster: Beklagte: 1. Instanz teilweise verloren	138
III. Begründung der Berufung	139–144
1. Grundlagen	139–143
2. Muster: Berufungsbegründungsschrift	144

I. Einlegung Rechtsmittel

1. Grundlagen

In § 64 Abs. 2 ArbGG sind die **Voraussetzungen** festgelegt, unter denen das Rechts- **129** mittel der Berufung eingelegt werden kann. Nach § 66 Abs. 1 beträgt die **Frist** für die Einlegung der Berufung einen Monat. Die Frist beginnt mit der Zustellung des in vollständiger Form abgefassten Urteils, spätestens aber mit Ablauf von fünf Monaten nach der Verkündung. Wird die Frist versäumt, kommt unter den Voraussetzungen des § 233 ZPO eine Wiedereinsetzung in den vorherigen Stand in Betracht. Nach § 234 ZPO muss die Wiedereinsetzung innerhalb einer zweiwöchigen Frist nach Behebung des Hindernisses erhoben werden. Eine Partei, die teilweise in der ersten Instanz gewonnen, teilweise verloren hat, kann von einer selbständigen Berufung gegen das erstinstanzliche Urteil absehen und sich in der zweiten Instanz gem. § 524 ZPO darauf beschränken, sich der Berufung der Gegenseite anzuschließen. Gem. § 524 Abs. 1 ZPO erfolgt die Anschließung durch Einreichung der Berufungsanschlussschrift. Gem. § 524 Abs. 2 ZPO ist die Anschließung bis zum Ablauf der dem Berufungsbeklagten gesetzten Frist zur Berufungserwiderung zulässig („In dem Rechtsstreit ...... erwidern wir auf die Berufungsbegründung der Klägerin vom ...... Zugleich legen wir namens und in Vollmacht der Beklagten gegen das Urteil des Arbeitsgerichtes Hannover, Aktenzeichen ......, vom ......, das Rechtsmittel der Anschlussberufung ein. Wir beantragen ......"). Gem. § 524 Abs. 3 ZPO muss die Anschlussberufung in der Anschlussschrift begründet werden und verliert nach § 524 Abs. 4 ZPO ihre Wirkung, wenn die Berufung zurückgenommen wird.

Nach § 519 ZPO wird die **Berufung durch Einreichung der Berufungsschrift** **130** beim Landesarbeitsgericht eingelegt. Gem. § 519 Abs. 2 ZPO muss die **Berufungsschrift** enthalten:
– Die Bezeichnung des Urteils, gegen das die Berufung gerichtet wird.
– Die Erklärung, dass gegen dieses Urteil Berufung eingelegt wird.

Gem. § 519 Abs. 3 ZPO soll der Berufungsschrift eine **Ausfertigung oder** **131** **beglaubigte Abschrift des angefochtenen Urteils** vorgelegt werden. Dies ist in jedem Fall anzuraten. Denn innerhalb der Berufungsfrist muss die Identität des angefochtenen Urteils unzweifelhaft feststehen. Ist dies – beispielsweise mangels Angabe des erstinstanzlichen Gerichts oder Aktenzeichens – nicht der Fall, erfüllt die Berufungsschrift nicht die gesetzlichen Anforderungen. Die Berufung ist dann bereits unzulässig.[181] Die Berufung muss von einem dazu bevollmächtigten und bei dem Prozessgericht zugelassenen Rechtsanwalt eigenhändig unterschrieben sein.[182]

---

[181] BAG 27.7.2011 – 10 AZR 454/10, NZA 2011, 998.
[182] BAG 5.8.2009 – 10 AZR 692/08, NZA 2009, 1165.

2. Muster: Berufungsschrift

132

> Landesarbeitsgericht Niedersachsen
> Siemensstr. 10
> 30173 Hannover
>
> In dem Rechtsstreit
>
> der A-GmbH, vertr. d. d. Geschäftsführer, Herrn Michael Schulz, Kaiserstr. 23, 30788 Hannover
> – Beklagte und Berufungsklägerin –
> Prozessbevollmächtigte: Rechtsanwälte Meier, Sonnenstr. 25, 30775 Hannover
>
> gegen
>
> Frau Susanne Peters, Ostfeldstr. 42, 30559 Hannover
> – Klägerin und Berufungsbeklagte –
> Prozessbevollmächtigte I. Instanz: Rechtsanwalt Müller, Siebrechtstr. 29, 30558 Hannover
>
> Aktenzeichen I. Instanz: – 1 Ca 224/10 –
>
> legen wir namens und in Vollmacht der Beklagten und Berufungsklägerin gegen das Urteil des Arbeitsgerichts Hannover, Aktenzeichen – 1 Ca 224/10 –, vom 12.6.2011, zugestellt am 5.10.2011, das Rechtsmittel der
>
> **Berufung** *[→ C. Rn. 130]*
>
> ein.
>
> Die Anträge behalten wir der Berufungsbegründungsschrift vor.
>
> Eine Kopie des erstinstanzlichen Urteils ist zum dortigen Verbleib beigefügt.
>
> Ferner beantragen wir,
>
> die Frist zur Begründung der Berufung um einen Monat zu verlängern.
>
> Der Unterzeichner und Sachbearbeiter dieses Verfahrens, Herr Meier, hat noch eine Vielzahl weiterer fristgebundener Verfahren zu bearbeiten und eine Reihe von Terminen wahrzunehmen. Daher wird es voraussichtlich nicht möglich sein, die Berufungsbegründung bis zum regulären Ablauf der Berufungsbegründungsfrist ordnungsgemäß zu erstellen und mit der Partei abzustimmen.
>
> Zudem beantragen wir
>
> Akteneinsicht.
>
> Rechtsanwalt *[→ C. Rn. 131]*

II. Anträge

1. Grundlagen

133 Die Berufungsschrift selbst muss die Berufungsanträge nicht enthalten. § 520 Abs. 3 S. 2 Nr. 1 ZPO sieht vielmehr vor, dass erst die Berufungsbegründung die Erklärung enthalten muss, inwieweit das erstinstanzliche Urteil angefochten wird und welche Abänderungen des Urteils beantragt werden (Berufungsanträge). Aus Gründen der Klarheit sollten die Berufungsanträge ausdrücklich formuliert und nicht einfach auf die Schlussanträge in der ersten Instanz Bezug genommen werden.

134 Aus § 520 Abs. 3 S. 2 Nr. 1 ZPO ergibt sich zudem (ebenso wie aus § 528 S. 2 ZPO), dass erstinstanzliche Urteile der Arbeitsgerichte in der Berufungsinstanz **abgeändert** werden. Diese Begrifflichkeit sollte sich in dem Antrag des Berufungsklägers deshalb wiederfinden. Der Berufungsbeklagte beantragt idR, die Berufung zurückzuweisen.

2. Muster

a) Muster: Kläger: 1. Instanz verloren

Das Urteil des Arbeitsgerichts Hannover vom 12.6.2011, Aktenzeichen – 1 Ca 224/10 –, abzuändern und festzustellen, dass das Arbeitsverhältnis durch die Kündigung vom 25.3.2011 nicht aufgelöst worden ist.	135 ☞ 399

b) Muster: Kläger: 1. Instanz teilweise verloren

Das Urteil des Arbeitsgerichts Hannover vom 12.6.2011, Aktenzeichen – 1 Ca 224/10 – abzuändern, soweit es die Klage abgewiesen hat und die Beklagte zu verurteilen, den Kläger über den 30.7.2011 hinaus zu unveränderten Bedingungen als Mechaniker weiter zu beschäftigen.	136 ☞ 400

c) Muster: Beklagte: 1. Instanz verloren

Das Urteil des Arbeitsgerichts Hannover vom 12.6.2011, Aktenzeichen – 1 Ca 224/10 – abzuändern und die Klage abzuweisen.	137 ☞ 401

d) Muster: Beklagte: 1. Instanz teilweise verloren

Das Urteil des Arbeitsgerichts Hannover vom 12.6.2010, Aktenzeichen – 1 Ca 224/10 – abzuändern, soweit es der Klage stattgegeben hat und die Klage insgesamt abzuweisen.	138 ☞ 402

III. Begründung der Berufung

1. Grundlagen

Gem. § 66 Abs. 1 S. 1 ArbGG beträgt die **Frist für die Begründung der Berufung zwei Monate.** Die Frist beginnt mit der Zustellung des in vollständiger Form abgefassten Urteils, spätestens aber mit Ablauf von fünf Monaten nach der Verkündung. Gem. § 66 Abs. 1 S. 5 ArbGG kann die Frist zur Begründung nur einmal auf Antrag verlängert werden. Wird die Frist versäumt, kommt eine Wiedereinsetzung in den vorherigen Stand gem. § 233 ZPO in Betracht. Im Gegensatz zur Einlegung der Berufung beträgt die Frist bei der Begründung gem. § 234 Abs. 1 S. 2 ZPO insoweit aber einen Monat ab Behebung des Hindernisses. 139

Im Hinblick auf den **Inhalt der Berufung** verweist § 64 Abs. 6 ArbGG insbesondere auf § 520 Abs. 3 ZPO, der den notwendigen Inhalt der Berufungsbegründung angibt. 140

Das BAG[183] fordert eine **hinreichende Darstellung der Gründe,** aus denen sich die Rechtsfehlerhaftigkeit der angefochtenen Entscheidung ergeben soll. Deshalb hat der Berufungsführer die Beurteilung des Streitfalls durch den Erstrichter zu überprüfen und darauf hinzuweisen, in welchen Punkten und mit welchem Grund er das angefochtene Urteil für unrichtig hält. Die Berufungsbegründung muss danach auf den Streitfall zugeschnitten sein und sich mit den rechtlichen und tatsächlichen Argumenten des angefochtenen Urteils befassen. Für die erforderliche Auseinandersetzung mit den Urteilsgründen der angefochtenen Entscheidung reicht es hingegen nicht aus, die tatsächliche oder rechtliche Würdigung durch das Arbeitsgericht mit formelhaften Wendungen zu rügen und lediglich auf das erstinstanzliche Vorbringen zu verweisen oder dieses zu wiederholen. 141

---

[183] BAG 18.5.2011 – 4 AZR 552/09, EZA-SD 2011, Nr. 17, 15; 15.3.2011 – 9 AZR 813/09, NZA 2011, 767.

142 Im arbeitsgerichtlichen Berufungsverfahren ist insbesondere § 67 ArbGG zu beachten. Aus dieser Norm ergibt sich, dass in der arbeitsgerichtlichen Berufungsinstanz **neue Angriffs- und Verteidigungsmittel** (und damit insbesondere auch neuer Sachvortrag) grundsätzlich zulässig sind.[184] § 67 ArbGG geht gem. § 64 Abs. 6 S. 1 ArbGG § 531 ZPO als Spezialregelung vor, der in Abs. 2 davon ausgeht, dass neues Vorbringen in der Berufungsinstanz grundsätzlich unzulässig und nur in Ausnahmefällen zulässig ist.

143 Ebenso wie die Einlegung der Berufung ist auch die Berufungsbegründung eigenhändig von dem Prozessbevollmächtigten des Berufungsklägers zu unterzeichnen.[185]

2. Muster: Berufungsbegründungsschrift

144

Landesarbeitsgericht Niedersachsen
Siemensstr. 10
30173 Hannover

In dem Rechtsstreit

Peters ./. A-GmbH
– 8 Sa 357/11 –

begründen wir unsere Berufung vom 27.8.2010, eingegangen beim Landesarbeitsgericht Niedersachsen am 30.8.2010, gegen das Urteil des Arbeitsgerichts Hannover vom 12.8.2010, zugestellt am 24.8.2010, nachdem das Landesarbeitsgericht Niedersachsen mit Beschluss vom 31.8.2010 die Frist zur Begründung der Berufung bis zum 24.11.2010 verlängert hat.

Wir beantragen,

das Urteil des Arbeitsgerichts Hannover vom 12.8.2010, Aktenzeichen – 1 Ca 224/10 – abzuändern und die Klage abzuweisen.

Die Parteien streiten um die Frage, unter welchen Voraussetzungen ein Unternehmen nach Einführung von Kurzarbeit betriebsbedingte Kündigungen aussprechen kann.

I. Sachverhalt

1. Die Beklagte

Die Beklagte gehört zum B-Konzern, der Gabelstapler herstellt. Die Beklagte ist für den Service und die Reparaturen der Gabelstapler beim Kunden zuständig.

Um diese Aufgaben durchführen zu können, hält die Beklagte ein Ersatzteil-Center vor. Dieses untergliedert sich seinerseits in die Bereiche Ersatzteile Inland und Ersatzteile Ausland.

2. Die Klägerin

Die am 24.3.1973 geborene Klägerin ist weder verheiratet noch bestehen Unterhaltspflichten. Bei der Beklagten ist sie mit Wirkung zum 1.1.2003 als Sachbearbeiterin Ersatzteile Inland eingestellt worden. Die wesentliche Aufgabe der Klägerin bestand darin, Anfragen von im Inland ansässigen Kunden für Aufträge zu bearbeiten und formal entsprechende Angebote zu erstellen. Diese Tätigkeit hat sie auch bis zum Wegfall des Beschäftigungsbedürfnisses ausgeführt.

---

[184] BAG 15.2.2005 – 9 AZN 892/04, NZA 2005, 484.
[185] BAG 5.8.2009 – 10 AZR 692/08, NZA 2009, 1165.

3. Bisherige Struktur

Der Bereich Ersatzteile Inland wurde bis zum Jahr 2009 von vier Mitarbeitern organisiert.

4. Rückgang der Aufträge

Die Frage, ob die Beklagte für die Klägerin ein Beschäftigungsbedürfnis hatte, hing danach allein davon ab, ob und in welchem Umfang Anfragen und Aufträge von Kunden aus dem Inland für Ersatzteile vorhanden waren. Das Vorhandensein von Anfragen und Aufträgen von Kunden aus dem Inland für Ersatzteile war gleichermaßen Voraussetzung für das Beschäftigungsbedürfnis hinsichtlich der anderen drei Mitarbeiter des Bereiches Ersatzteile Inland. Nachvollziehbar dürfte jedenfalls sein, dass das Beschäftigungsbedürfnis für die Mitarbeiter des Bereiches Ersatzteile Inland insgesamt sinkt, wenn die Anfragen und Aufträge von Kunden für Ersatzteile aus dem Inland nachlassen. Erfolgt dieser Rückgang dauerhaft, muss sich die Beklagte selbstverständlich die Frage stellen, mit welcher Belegschaftsstärke sie dann diesen Bereich zukünftig noch bearbeiten lassen möchte.

Die weltweite Finanzkrise hat in der ersten Hälfte des Jahres 2009 zu einem der massivsten Wirtschaftseinbrüche in der Geschichte geführt. Während viele Unternehmen im Jahr 2008 zunächst noch Rekordumsätze verzeichnen konnten, erreichte die Bankenkrise Ende des Jahres 2008 die Realwirtschaft. Im ersten Halbjahr des Jahres 2009 befand sich die Wirtschaft „im freien Fall", es war nicht absehbar, wann und in welchem Umfang sich die Wirtschaft wieder stabilisieren würde.

Diese dramatische Entwicklung spiegelte sich auch bei den Geschäftszahlen der Beklagten wieder. Aufgrund eines ganz erheblichen Auftragsrückgangs seit November 2008 erlitt die Beklagte in der Zeit vom 1.11.2008 bis 31.5.2009 bei dem Verkauf von Ersatzteilen an Kunden im Inland einen Auftragsrückgang in Höhe von 35,1%.

Während die Anzahl der Aufträge im Januar 2009 noch bei 961 lag, reduzierte sich diese Anzahl im Februar 2009 auf 868 Aufträge. Nachdem die Anzahl der Aufträge im März 2009 noch einmal auf 905 anstieg, fiel sie dann im April 2009 auf 767 ab. Auch im Mai 2009 lag die Anzahl der Aufträge von Kunden aus dem Inland für Ersatzteile nur bei 763.

Gegenüber dem Vorjahreszeitraum bedeutet dies einen Rückgang im April um 39% und im Mai um 26%.

5. Kurzarbeit

Aufgrund des dramatischen Auftragsrückgangs im ersten Quartal 2009 beschloss die Beklagte mit Wirkung zum 1.4.2009 Kurzarbeit einzuführen und schloss hierzu am 17.3.2009 eine Betriebsvereinbarung mit dem Betriebsrat. Damit wurde die Einführung der Kurzarbeit bis zum 31.12.2009 vereinbart. Mit der Einführung der Kurzarbeit im April 2009 versuchte die Beklagte zunächst kurzfristig, den massiven Rückgang des Beschäftigungsbedürfnisses für die Mitarbeiter im Bereich Ersatzteile Inland aufzufangen. Damit war aber bei weitem noch nicht die Frage geklärt, in welchem Maße die Beklagte die dort tätigen Mitarbeiter auf Dauer in Zukunft auslasten konnte.

6. Unternehmerische Entscheidung [→ A. Rn. 535 ff.]

Im weiteren Verlauf des ersten Halbjahrs musste die Beklagte – wie wir konkret an den Auftragszahlen dargelegt haben – zur Kenntnis nehmen, dass die Anzahl der Aufträge weiterhin deutlich gegenüber den Zahlen des Vorjahres zurückblieb.

Aufgrund dieser dramatischen Entwicklung und einer nicht absehbaren Erholung der Wirtschaft zu diesem Zeitpunkt ging die Beklagte deshalb davon aus, dass sie auf Dauer keine vier Mitarbeiter mehr im Bereich Ersatzteile Inland auslasten könne und traf deshalb am 18.5.2009 die unternehmerische Entscheidung, die Anzahl der in der Abteilung Ersatzteile Inland tätigen Arbeitnehmer von vier auf drei zu reduzieren und in der Abteilung Ersatzteile Inland dauerhaft nur noch drei Mitarbeiter vorzuhalten. Danach war ein Arbeitsverhältnis mit einem dieser Mitarbeiter zu kündigen.

7. Sozialauswahl

In die Sozialauswahl waren von vornherein nur die Mitarbeiter des Bereiches Ersatzteile Inland einzubeziehen. Wie wir erstinstanzlich anhand der Sozialdaten der vier dort tätigen Mitarbeiter dargelegt haben, hatte die Klägerin bei weitem die schlechtesten Sozialdaten. Es war deshalb das Arbeitsverhältnis der Klägerin zu kündigen.

8. Keine anderweitige Tätigkeit

Bei der Beklagten gibt es keinen anderweitigen freien Arbeitsplatz, den man der Klägerin hätte anbieten können.

9. Keine überobligatorische Mehrarbeit

Bei den verbleibenden Sachbearbeitern im Bereich Ersatzteilverkauf Inland kommt es aufgrund der Kündigung des Arbeitsverhältnisses mit der Klägerin nicht zu einer überobligatorischen Mehrarbeit. Soweit es bei diesen Mitarbeitern zu einer Leistungsverdichtung kommen sollte, ist dies als Teil der unternehmerischen Entscheidung mit gewollt.

10. Betriebsratsanhörung [→ B. Rn. 120, 327]

Der Betriebsrat ist vor Ausspruch der Kündigung ordnungsgemäß angehört worden. Nach Einhaltung der Wochenfrist gem. § 102 BetrVG hat die Beklagte dann unter dem 31.5.2010 die Kündigung ausgesprochen.

II. Das Urteil des Arbeitsgerichts Hannover

Das Arbeitsgericht Hannover ist in seinem Urteil davon ausgegangen, dass die Beklagte die Voraussetzungen einer betriebsbedingten Kündigung nicht hinreichend dargelegt hat. Auf der Grundlage der Entscheidung des Bundesarbeitsgerichts vom 26.6.1997, Aktenzeichen – 2 AZR 494/96 –, geht das Arbeitsgericht Hannover dabei davon aus, dass weitere Gründe als diejenigen, die zur Einführung von Kurzarbeit geführt haben, vorliegen müssen, um auch während einer Kurzarbeitsphase betriebsbedingte Kündigungen aussprechen zu können. Es müssen mithin nach Auffassung des Arbeitsgerichts Hannover nach Einführung der Kurzarbeit weitere Umstände hinzukommen, die eine von der zum Zeitpunkt der Einführung der Kurzarbeit getroffene Prognose abweichende Prognose rechtfertigen. Bei dem von uns erstinstanzlich vorgetragenen Auftragsrückgang in Höhe von 39% im April 2009 im Vergleich zum Vorjahr handele es sich dabei allerdings nur um einen „einmaligen Ausreißer", der eine solche abweichende Prognose nicht rechtfertige. Der Auftragsrückgang von immerhin noch 26% im Mai 2009 im Vergleich zum Vorjahr wurde von dem Gericht in diesem Zusammenhang überhaupt nicht bewertet.

III. Berufungsbegründung

Die betriebsbedingte Kündigung ist wirksam. Die Voraussetzungen einer betriebsbedingten Kündigung liegen vor. Die Tatsache, dass zum Zeitpunkt des Ausspruchs der Kündigung bei der Beklagten Kurzarbeit „gefahren" wurde, ändert hieran nichts.

1. Voraussetzungen der betriebsbedingten Kündigung [→ C. Rn. 27]

Die Beklagte hat im ersten Halbjahr 2009 einen erheblichen Auftragseinbruch im Bereich Ersatzteile Inland erlitten. Die Beklagte hat daraufhin die unternehmerische Entscheidung getroffen, den Personalbestand der deutlich reduzierten Anzahl von Aufträgen im Bereich Ersatzteile Inland dauerhaft anzupassen und deshalb in dem Bereich Ersatzteile Inland zukünftig nur noch drei anstatt vier Sachbearbeiter vorzuhalten. Hierdurch ist das Beschäftigungsbedürfnis für einen Sachbearbeiter entfallen. Aufgrund der von der Beklagten vorgenommen Sozialauswahl kündigte die Beklagte das Arbeitsverhältnis mit der Klägerin. Einen anderen freien Arbeitsplatz, den man der Klägerin hätte anbieten können, gibt es bei der Beklagten nicht. Da die Entscheidung aufgrund der wirtschaftlichen Entwicklung offensichtlich auch nicht willkürlich oder unsachlich ist, liegen die Voraussetzungen einer betriebsbedingten Kündigung vor.

2. Kündigung trotz Kurzarbeit

Hieran ändert die zum Zeitpunkt der Kündigung anhaltende Kurzarbeit nichts. Das Arbeitsgericht Hannover geht in seiner Entscheidung dabei von einem völlig falschen Verständnis des Urteils des Bundesarbeitsgerichts vom 29.6.1997, Aktenzeichen – 2 AZR 494/96 –, aus. Denn das Arbeitsgericht Hannover versteht diese Entscheidung dahingehend, dass gesonderte Umstände vorzutragen sind, die nach Einführung der Kurzarbeit auftreten und deshalb nach Einführung der Kurzarbeit eine geänderte Prognose zum Beschäftigungsbedürfnis rechtfertigen. Derart zeitliche Vorgaben stellt das Bundesarbeitsgericht jedoch in keiner Weise auf. In seiner Entscheidung vom 29.6.1997 geht das Bundesarbeitsgericht nur davon aus, dass bei einer Kurzarbeitsphase zusätzliche Umstände dargelegt werden müssen, die die Kündigung eines einzelnen Mitarbeiters rechtfertigen. In welchem zeitlichen Zusammenhang diese Umstände auftreten müssen, sagt das Bundesarbeitsgericht hingegen nicht. Schon gar nicht geht das Bundesarbeitsgericht davon aus, dass es sich nur um Umstände handeln darf, die nach Einführung der Kurzarbeit auftreten und damit eine abweichende Prognose rechtfertigen.

Das Bundesarbeitsgericht unterscheidet in seinem Urteil vom 26.6.1997 zwischen der Prognose für sämtliche Beschäftigte (Kurzarbeit) und der Prognose für einzelne Mitarbeiter (betriebsbedingte Kündigung). Diese Rechtsprechung wird durch ein Urteil des Landesarbeitsgerichts Hamm vom 24.6.2010, Aktenzeichen – 8 Sa 1488/09 –, bestätigt. Das Landesarbeitsgericht Hamm macht in dieser Entscheidung deutlich, dass es allein Sache der Unternehmen ist, zu entscheiden, ob bei einer Prognose von einem nur vorübergehenden Auftragsrückgang oder von einem dauerhaften Auftragsrückgang auszugehen ist. Das Landesarbeitsgericht Hamm betont ausdrücklich, dass die Gerichte für Arbeitssachen überfordert wären, wenn sie Aussagen über die künftige Auftragsentwicklung treffen sollen. Deshalb entzieht sich die vom Arbeitgeber getroffene Beurteilung der künftigen Entwicklung regelmäßig auch der gerichtlichen Kontrolle. Dies gilt insbesondere auch während der Kurzarbeit. Der Arbeitgeber ist während der Kurzarbeitsphase insbesondere nicht daran gehindert, seine Prognose zu ändern und sich nunmehr für ein Konzept zu entscheiden, welches einen teilweisen Personalabbau und die teilweise Durchführung von Kurzarbeit miteinander verbindet. Dies gilt unabhängig von der tatsächlichen Entwicklung nach Einführung der Kurzarbeit. Auch nach Auffassung des Landesarbeitsgerichts Hamm kommt es damit – entgegen der Auffassung des Arbeitsgerichts Hannover – offensichtlich nicht auf die Änderung der Umstände seit Einführung der Kurzarbeit an, sondern auf die grundsätzliche und alleinentscheidende Frage, ob ein Arbeitgeber einen Arbeitnehmer auf Dauer noch beschäftigen kann oder nicht.

Bei Berücksichtigung dieser Grundsätze wird im vorliegenden Fall deutlich, dass das Beschäftigungsbedürfnis für die Klägerin auf Dauer entfallen ist. Die Anzahl der Aufträge in dem Jahr 2009 ist – wie wir ausführlich erstinstanzlich dargelegt haben – im Vergleich zum Jahr 2008 derart zurückgegangen, dass das Beschäftigungsbedürfnis im Bereich Ersatzteilverkauf Inland jedenfalls für einen Mitarbeiter entfallen ist. Die durchgeführte Sozialauswahl rechtfertigt dabei die Kündigung der Klägerin.

IV. Ergebnis

Im Ergebnis dürfen wir deshalb festhalten, dass die Kündigung der Klägerin wirksam ist und das Arbeitsverhältnis wirksam zum 31.8.2009 beendet hat.

Indem wir im Übrigen Bezug nehmen auf unseren gesamten Sach- und Rechtsvortrag erster Instanz einschl. aller Beweisantritte bitten wir nochmals, wie beantragt zu entscheiden.

Rechtsanwalt [→ C. Rn. 143]

3. Teil. Nichtzulassungsbeschwerde

Übersicht

	Rn.
I. Einlegung Rechtsmittel	145, 146
1. Grundlagen	145
2. Muster: Nichtzulassungsbeschwerde	146
II. Begründung	147–160
1. Grundlagen	147–149
2. Grundsatzbeschwerde	150–153
a) Voraussetzungen	150–152
b) Muster: Begründung Grundsatzbeschwerde	153
3. Divergenzbeschwerde	154–157
a) Voraussetzungen	154–156
b) Muster: Begründung Divergenzbeschwerde	157
4. Gehörsbeschwerde	158–160
a) Voraussetzungen	158, 159
b) Muster: Begründung Gehörsbeschwerde	160
III. Fortgang des Verfahrens	161–164

I. Einlegung Rechtsmittel

1. Grundlagen

145 Hat das Landesarbeitsgericht die Revision nicht zugelassen, kann diese Nichtzulassung gem. § 72a ArbGG selbständig durch Beschwerde angefochten werden. Die Nichtzulassungsbeschwerde ist beim BAG gem. § 72a Abs. 2 ArbGG innerhalb einer **Notfrist von einem Monat** nach Zustellung des in vollständiger Form abgefassten Urteils schriftlich einzulegen. In der sofortigen Beschwerde sind als Mindestvoraussetzung der Beschwerdeführer und der Beschwerdegegner anzugeben, das anzufechtende Urteil ist genau zu bezeichnen.[186] Darüber hinaus soll der Beschwerdeschrift gem. § 72a Abs. 2 S. 2 ArbGG eine Ausfertigung oder beglaubigte Abschrift des Urteils beigefügt werden, gegen das die Revision eingelegt werden soll. Gem. § 72a Abs. 4 ArbGG hat die Einlegung der Beschwerde aufschiebende Wirkung. Der Antrag des Beschwerdeführers sollte darauf hin gerichtet sein, die Revision gegen das angefochtene Urteil zuzulassen. Der Antrag kann in der Beschwerdeschrift selbst oder später in der Beschwerdebegründung enthalten sein. IdR bietet es sich aber an, den Antrag sogleich in der Beschwerdeschrift selbst mit zu formulieren.

2. Muster: Nichtzulassungsbeschwerde *[→ C. Rn. 145]*

146

Bundesarbeitsgericht
Hugo-Preuß-Platz 1
99084 Erfurt

Nichtzulassungsbeschwerde

In dem Rechtsstreit
der A-GmbH, vertr. d. d. Geschäftsführer, Herrn Michael Schulz, Kaiserstr. 23, 30788 Hannover

        – Beklagte, Berufungsklägerin und Beschwerdeführerin –

Prozessbevollmächtigte: Rechtsanwälte Meier, Sonnenstr. 25, 30775 Hannover

gegen

Frau Susanne Peters, Ostfeldstr. 42, 30559 Hannover

        – Klägerin, Berufungsbeklagte und Beschwerdegegnerin –

Prozessbevollmächtigte II. Instanz: Rechtsanwälte Müller, Siebrechtstr. 29, 30558 Hannover

---

[186] BAG 30.7.1982 – 3 AZN 265/82, nv.

> Aktenzeichen I. Instanz: – 3 Ca 457/09 – Arbeitsgericht Hannover
>
> Aktenzeichen II. Instanz: – 10 Sa 740/10 – Landesarbeitsgericht Niedersachsen
>
> legen wir Frist wahrend namens und im Auftrag der Beklagten, Berufungsklägerin und Beschwerdeführerin gegen das Urteil des Landesarbeitsgerichts Niedersachsen vom 10.9.2011, Aktenzeichen – 10 Sa 740/10 –, zugestellt am 25.11.2010, das Rechtsmittel der
>
> **Nichtzulassungsbeschwerde**
>
> ein.
>
> Wir beantragen,
>
> die Revision gegen das Urteil des Landesarbeitsgerichts Niedersachsen vom 10.9.2011, Aktenzeichen – 10 Sa 740/10 –, zuzulassen.
>
> Die Begründung erfolgt in einem gesonderten Schriftsatz.
>
> Eine Kopie des zweitinstanzlichen Urteils ist zum dortigen Verbleib beigefügt.
>
> Rechtsanwalt

II. Begründung

1. Grundlagen

147 Die Nichtzulassungsbeschwerde ist gem. § 72a Abs. 3 S. 1 ArbGG innerhalb einer Notfrist von zwei Monaten nach Zustellung des in vollständiger Form abgefassten Urteils zu begründen. Eine Verlängerung der Frist ist nicht möglich.

148 Die Nichtzulassungsbeschwerde kann nur auf die in § 72a Abs. 3 Nr. 1 bis 3 ArbGG genannten **Gründe** gestützt werden. Diese sind:
– eine entscheidungserhebliche Rechtsfrage hat grundsätzliche Bedeutung (Grundsatzbeschwerde),
– das angefochtene Urteil weicht von der Entscheidung eines anderen – in § 72 Abs. 2 Nr. 2 ArbGG angegebenen – Gerichts ab (Divergenzbeschwerde),
– es liegt ein absoluter Revisionsgrund vor oder der Anspruch auf rechtliches Gehör ist verletzt (Verfahrens- oder Gehörsbeschwerde).

149 Die Nichtzulassungsbeschwerde kann auf mehrere dieser Gründe gestützt werden. Das BAG ist dabei an die **Überprüfung der in der Nichtzulassungsbeschwerde angegebenen Gründe** gebunden.[187] Auch wenn es insofern „nur" auf den Inhalt der Beschwerdebegründung ankommt, sollten die von dem Beschwerdeführer behaupteten Beschwerdegründe aber in jedem Fall ausdrücklich benannt werden.

2. Grundsatzbeschwerde

a) Voraussetzungen

150 Gem. § 72a Abs. 3 Nr. 1 ArbGG kann die Nichtzulassung der Revision auf die grundsätzliche Bedeutung einer Rechtsfrage gestützt werden. Nach der Rechtsprechung des BAG[188] ist die **Beschwerde begründet,** wenn
– der Beschwerdeführer die durch die anzufechtende Entscheidung aufgeworfene Rechtsfrage konkret benennt;
– die Entscheidung des Rechtsstreits von der aufgeworfenen Rechtsfrage abhängt;
– diese Rechtsfrage durch das Revisionsgericht klärungsfähig ist;
– diese Rechtsfrage durch das Revisionsgericht klärungsbedürftig ist und
– diese Klärung entweder von allgemeiner Bedeutung für die Rechtsordnung ist oder sie wegen ihrer tatsächlichen Auswirkung die Interessen der Allgemeinheit oder jedenfalls eines größeren Teils der Allgemeinheit eng berührt.

---

[187] BAG 28.7.2009 – 3 AZN 224/09, NZA 2009, 859.
[188] BAG 8.12.2011 – 6 AZN 1371/11, NZA 2012, 286.

Die Grundsatzbeschwerde sollte zwingend anhand dieser Voraussetzungen abgearbeitet **151** werden. Dabei sollte die **aufgeworfene Rechtsfrage auch konkret als Frage formuliert** und nicht lediglich umschrieben werden.[189] Dabei muss die Rechtsfrage so formuliert werden, dass sie mit „Ja" oder „Nein" beantwortet werden kann. Unzulässig ist hingegen eine Fragestellung, deren Beantwortung von den Umständen des Einzelfalls abhängt und damit auf die Antwort „Kann sein" hinausläuft.[190] Entscheidungserheblich ist die Rechtsfrage, wenn die Entscheidung des Landesarbeitsgerichts von ihr abhängt. Klärungsfähig ist eine Rechtsfrage, wenn sie vom Revisionsgericht beantwortet werden kann. Klärungsbedürftig ist eine Rechtsfrage, wenn sie höchstrichterlich noch nicht entschieden und ihre Beantwortung nicht offenkundig ist.[191] Von grundsätzlicher Bedeutung ist die Rechtsfrage, wenn sie sich in einer unbestimmten Vielzahl weiterer Fälle stellen könnte und deshalb das abstrakte Interesse der Allgemeinheit an der einheitlichen Entwicklung und Handhabung des Rechts berühren. Das kann der Fall sein, wenn die Rechtsfrage über ein einzelnes Unternehmen hinaus Bedeutung hat und deshalb das abstrakte Interesse der Allgemeinheit an der einheitlichen Entwicklung und Handhabung des Rechts betroffen ist.[192] Dies schließt eine grundsätzliche Bedeutung der Rechtsfrage aus, wenn sie lediglich einen Einzelfall betrifft. Entgegen der bisherigen Auffassung des BAG kann eine grundsätzliche Bedeutung zukünftig auch nicht allein deshalb mehr angenommen werden, weil von ihr eine Vielzahl, jedenfalls mehr als 20 Arbeitsverhältnisse bei dem beklagten Arbeitgeber betroffen sein könnten. Allein die Nennung von Arbeitnehmern des vom Rechtsstreit betroffenen Arbeitgebers mit gleicher oder ähnlicher Vertragskonstellation reicht danach zukünftig nicht mehr aus, um die grundsätzliche Bedeutung darzulegen.[193]

In der Praxis sollte versucht werden, eine **Nichtzulassungsbeschwerde auch** **152** **immer als Grundsatzbeschwerde zu begründen.** Denn aufgrund der weiten Definition des Begriffs der „grundsätzlichen Bedeutung" besteht hier der größte Spielraum für das BAG, die Voraussetzungen anzunehmen. Dabei zeigt die Praxis, dass das BAG sich „die Fälle holt, die es auch entscheiden will". In dem Beschluss des BAG über die Nichtzulassungsbeschwerde im Verfahren „Emmely"[194] bejahte das BAG beispielsweise zwar die Voraussetzungen der Grundsatzbeschwerde, begründete die „grundsätzliche Bedeutung" jedoch mit keinem Wort.

b) Muster: Begründung Grundsatzbeschwerde[195]

Bundesarbeitsgericht **153**
Hugo-Preuß-Platz 1
99084 Erfurt

→ 405

In dem Rechtsstreit

A-GmbH ./. Peters
– 7 AZN 290/11 –

begründen wir unsere mit Schriftsatz vom 10.12.2011 eingelegte Nichtzulassungsbeschwerde.

Wir beantragen,

die Revision gegen das Urteil des Landesarbeitsgerichts Niedersachsen vom 10.9.2011, Aktenzeichen – 10 Sa 740/10 –, zuzulassen.

---

[189] BAG 14.4.2005 – 1 AZN 840/04, NZA 2005, 708.
[190] BAG 23.1.2007 – 9 AZN 792/06, NZA 2008, 376.
[191] BAG 8.12.2011 – 6 AZN 1371/11, NZA 2012, 286.
[192] BAG 28.6.2011 – 3 AZN 146/11, NZA 2011, 939.
[193] BAG 28.6.2011 – 3 AZN 146/11, NZA 2011, 939.
[194] BAG 28.7.2009 – 3 AZN 224/09, NZA 2009, 859.
[195] Das Muster beruht auf der Entscheidung des BAG vom 28.7.2009 – 3 AZN 224/09, NZA 2009, 859 (Nichtzulassungsbeschluss im Verfahren „Emmely").

I. Sachverhalt

Die Parteien streiten über die Wirksamkeit einer außerordentlichen, hilfsweise ordentlichen Kündigung. Die Beklagte hatte diese Kündigung auf den Verdacht gestützt, die als Verkäuferin mit Kassentätigkeit beschäftigte Klägerin habe zwei von einer Kollegin gefundene Leergutbons im Wert von insgesamt 1,30 EUR beim Einkauf zum eigenen Vorteil eingelöst.

Das Arbeitsgericht Hannover hat die Kündigungsschutzklage abgewiesen. Das Landesarbeitsgericht Niedersachsen hat die Berufung der Klägerin zurückgewiesen. Aufgrund des Ergebnisses der durchgeführten Beweisaufnahme ist es zu der Überzeugung gelangt, dass die Klägerin die Pflichtverletzung tatsächlich beging und nicht nur ein dringender Tatverdacht bestand. Auch unter Berücksichtigung der besonderen Umstände des Einzelfalls und nach Abwägung der Interessen beider Vertragsparteien sei es der Beklagten unzumutbar, das Arbeitsverhältnis bis zum Ablauf der ordentlichen Kündigungsfrist fortzusetzen. Zu Gunsten der Klägerin hat das Landesarbeitsgericht ihre Betriebszugehörigkeit, ihr Alter und ihre schlechten Chancen auf dem Arbeitsmarkt berücksichtigt, zu ihren Lasten insbesondere den eingetretenen Vertrauensverlust, die Anforderung an die Zuverlässigkeit und Korrektheit einer Kassiererin sowie den mehrfachen Versuch der Klägerin, den Verdacht auf andere abzuwälzen. In die Interessenabwägung ist auch das prozessuale Verhalten der Klägerin zu ihren Lasten einbezogen worden.

Das Landesarbeitsgericht Niedersachsen hat die Revision gegen seine Entscheidung nicht zugelassen. Hiergegen wendet sich die Nichtzulassungsbeschwerde der Klägerin.

II. Voraussetzungen der Grundsatzbeschwerde [→ C. Rn. 150, 151]

Die Voraussetzungen der Grundsatzbeschwerde gem. § 72a Abs. 3 Nr. 1 ArbGG liegen vor.

1. Rechtsfrage

Die Revision ist bezüglich folgender Rechtsfrage zuzulassen:

„Kann das spätere prozessuale Verhalten eines gekündigten Arbeitnehmers bei der erforderlichen Interessenabwägung als mitentscheidend berücksichtigt werden?"

2. Entscheidungserheblichkeit

Die Rechtsfrage ist nach den Ausführungen im Berufungsurteil entscheidungserheblich. Das Landesarbeitsgericht Niedersachsen hat die Einlassung der Klägerin im Prozess als wesentlichen Gesichtspunkt in die Interessenabwägung einbezogen. Es ist nicht auszuschließen, dass bei Berücksichtigung dieses Umstandes die Interessenabwägung anders ausgefallen wäre.

3. Klärungsfähigkeit

Die Rechtsfrage ist auch klärungsfähig, da sie vom Bundesarbeitsgericht beantwortet werden kann.

4. Klärungsbedürftigkeit

Die Klärungsbedürftigkeit fehlt, wenn die Rechtsfrage höchstrichterlich entschieden ist und dagegen keine neuen beachtlichen Gesichtspunkte vorgebracht werden oder wenn eine eindeutige Rechtslage vorliegt und deshalb divergierende Entscheidungen der Landesarbeitsgerichte nicht zu erwarten sind. Nach diesen Maßstäben besteht eine Klärungsbedürftigkeit, da durch die Urteile des BAG vom 13.10.1977 und vom 24.11.2005 die aufgeworfene Rechtsfrage noch nicht abschließend geklärt ist.

5. Grundsätzliche Bedeutung

Die aufgeworfene Rechtsfrage ist auch von allgemeiner Bedeutung für die Rechtsordnung, da sie sich potenziell bei jedem Kündigungsschutzprozess über eine verhaltensbedingte Kündigung im Rahmen der Interessenabwägung auswirken kann.

Rechtsanwalt

3. Divergenzbeschwerde

a) Voraussetzungen

Gem. § 72a Abs. 3 Nr. 2 ArbGG iVm § 72 Abs. 2 Nr. 2 ArbGG kann eine Beschwerde gegen die Nichtzulassung der Revision darauf gestützt werden, dass das Urteil des Landesarbeitsgerichts von einer Entscheidung des Bundesverfassungsgerichts, von einer Entscheidung des Gemeinsamen Senats der Obersten Gerichtshöfe des Bundes, von einer Entscheidung des BAG oder, solange eine Entscheidung des BAG in der Rechtsfrage nicht ergangen ist, von einer Entscheidung einer anderen Kammer desselben Landesarbeitsgerichts oder anderen Landesarbeitsgerichts abweicht und die Entscheidung auf dieser Abweichung beruht. **154**

Zur **ordnungsgemäßen Begründung einer Divergenzbeschwerde** gehört danach,[196] dass der Beschwerdeführer **155**
– einen abstrakten Rechtssatz aus der anzufechtenden Entscheidung sowie
– einen hiervon abweichenden abstrakten Rechtssatz aus einer Entscheidung des BAG oder eines anderen der in § 72 Abs. 2 Nr. 2 ArbGG genannten Gerichte anführt und
– darlegt, dass das anzufechtende Urteil auf dieser Abweichung beruht.

Diese Voraussetzungen müssen in der Begründung der Nichtzulassungsbeschwerde dargelegt und die Entscheidung, von der das Urteil abweicht, bezeichnet werden. Divergenzfähig ist dabei nur eine frühere Entscheidung, die mithin vor der anzufechtenden Entscheidung ergangen ist.[197] Ein **abstrakter Rechtssatz** liegt nur vor, wenn durch fallübergreifende Ausführungen ein Grundsatz aufgestellt wird, der für eine Vielzahl von gleichgelagerten Fällen Geltung beansprucht. Er kann auch in scheinbar einzelfallbezogenen Ausführungen enthalten sein. Jedoch müssen sich die voneinander abweichenden abstrakten Rechtssätze aus der anzufechtenden und den angezogenen Entscheidungen unmittelbar ergeben und so deutlich ablesbar sein, dass nicht zweifelhaft bleibt, welche abstrakten Rechtssätze die Entscheidungen jeweils aufgestellt haben.[198] Die anzufechtende Entscheidung beruht auf dem abstrakten Rechtssatz, wenn das Beschwerdegericht auf der Grundlage des in der angezogenen Entscheidung enthaltenen Rechtssatzes möglicherweise eine andere, für den Nichtzulassungsbeschwerdeführer günstigere Entscheidung getroffen hätte.[199] **156**

b) Muster: Begründung Divergenzbeschwerde[200]

Bundesarbeitsgericht
Hugo-Preuß-Platz 1
99084 Erfurt

157
↬ **406**

In dem Rechtsstreit

---

[196] BAG 17.1.2012 – 5 AZN 1358/11, NZA 2012, 411.
[197] BAG 17.1.2012 – 5 AZN 1358/11, NZA 2012, 411.
[198] BAG 22.3.2005 – 1 ABN 1/05, NZA 2005, 652.
[199] BAG 22.3.2005 – 1 ABN 1/05, NZA 2005, 652.
[200] Das Muster beruht auf der Entscheidung des BAG 5.11.2002 – 9 AZN 374/02.

A-GmbH ./. Peters
– 7 AZN 290/11 –

begründen wir unsere mit Schriftsatz vom 10.12.2011 eingelegte Nichtzulassungsbeschwerde.

Wir beantragen,

die Revision gegen das Urteil des Landesarbeitsgerichts Niedersachsen vom 10.9.2011, Aktenzeichen – 10 Sa 740/10 – zuzulassen.

I. Gegenstand des vorliegenden Rechtsstreits

In dem vorliegenden Rechtsstreit macht die Klägerin eine Arbeitszeitreduzierung gem. § 8 TzBfG geltend. Die Arbeitszeit sollte von 37,5 auf 25 Stunden reduziert werden.

Das Landesarbeitsgericht Niedersachsen gab dem Antrag der Klägerin auf kürzere Arbeitszeit statt und begründete seine Entscheidung damit, dass dem Wunsch der Klägerin „betriebliche Gründe" iSv § 8 Abs. 4 TzBfG nicht entgegenstehen. Aus der Vorschrift ergebe sich, die Gründe müssten zwar nicht die Qualität eines dringenden betrieblichen Erfordernisses iSd Kündigungsschutzrechtes aufweisen, es seien an die betrieblichen Gründe aber auch nicht allzu hohe Anforderungen zu stellen. Es handele sich nicht nur um ein Willkürverbot und nicht jeder sachliche Grund reiche zur Versagung des Reduzierungswunsches aus. Solche Gründe habe die Beklagte nicht vorgetragen, weshalb dem Anspruch der Klägerin zu entsprechen sei.

Die Nichtzulassungsbeschwerde stützt sich auf die Auslegung des Begriffs „betriebliche Gründe" gem. § 8 Abs. 4 TzBfG sowie darauf, dass das Landesarbeitsgericht Köln eine gegenteilige Auffassung vertritt.

II. Voraussetzungen der Divergenzbeschwerde [→ C. Rn. 155, 156]

Die Nichtzulassungsbeschwerde wird auf Divergenz gestützt.

1. Abstrakter Rechtssatz des Landesarbeitsgerichts Niedersachsen

Das Landesarbeitsgericht Niedersachsen definiert den Begriff „betriebliche Gründe" wie folgt:

Aus einem Vergleich mit § 15 VII. Nr. 4 des wenige Monate vorher, nämlich am 7.8.2001 im Bundesgesetzblatt (S. 533) veröffentlichten Bundeserziehungsgeldgesetzes, wonach Eltern von Kindern ebenfalls einen Anspruch auf Verringerung der Arbeitszeit haben, es sei denn, dass „dringende betriebliche Gründe" entgegenstehen, folgt für § 8 IV TzBfG, dass an die entgegenstehenden Gründe nicht allzu hohe Anforderungen gestellt werden dürfen, insbesondere, dass sie nicht die Qualität eines „dringenden betrieblichen Erfordernisses" iSv § 1 II KSchG aufweisen müssen.

Wenngleich weniger hoch, so können sie andererseits nicht so gering sein, dass lediglich ein Willkürverbot besteht und jedweder sachliche Grund für eine Versagung des Reduzierungswunsches ausreicht.

Dies folgt daraus, dass § 8 Abs. 4 S. 2 TzBfG nur solche Organisationsstörungen oder Arbeitsablaufstörungen als bedeutsam anerkennt, die „wesentlich" sind und dass im Übrigen Mehrkosten nur dann dem Reduzierungswunsch entgegengehalten werden können, wenn sie „unverhältnismäßig" sind.

2. Abweichender Rechtssatz des Landesarbeitsgerichts Berlin-Brandenburg

Das Landesarbeitsgericht Berlin-Brandenburg vertritt im Urteil vom 21.8.2009, Az.: – 3 Sa 520/10 – hingegen folgende Auffassung:

„Seit Inkrafttreten des TzBfG zum 1.1.2008 wird im arbeitsrechtlichen Schrifttum kontrovers diskutiert, welche Anforderungen an den unbestimmten Rechtsbegriff der „betrieblichen Gründe" zu stellen sind. Während einige Autoren meinen, in Anlehnung an die in § 8 Abs. 4 S. 2 TzBfG beispielhaft aufgeführten betrieblichen Gründe müsse eine „wesentliche Beeinträchtigung" bzw. „durchaus schwerwiegende Gründe" vorliegen, will die Gegenauffassung demgegenüber schon „rationale, nachvollziehbare Gründe" genügen lassen. Sie stützt sich hierbei auf die Intention des Gesetzgebers. Dass die in § 8 Abs. 4 S. 2 TzBfG beispielhaft aufgeführten betrieblichen Gründe hinsichtlich ihrer Anforderung deutlich höher seien, sei darauf zurückzuführen, dass der alte Referenzentwurf noch den Begriff der „dringenden betrieblichen Gründe" enthielt. Zwar sei das Wort „dringend" im Referenzentwurf gestrichen worden; die beispielhaft genannten Gründe des § 8 Abs. 4 S. 2 TzBfG seien dagegen beibehalten worden.

Die erkennende Kammer schließt sich mit dem Arbeitsgericht der Auffassung an, dass an die Ablehnung des Anspruchs durch den Arbeitgeber keine unzumutbaren Anforderungen gestellt werden sollen, sondern dass vielmehr rationale, nachvollziehbare Gründe ausreichen."

3. Divergenz

Das Urteil des Landesarbeitsgerichts Niedersachsen definiert die betrieblichen Gründe nach Maßstab des § 8 Abs. 4 S. 2 TzBfG. Es kommt zu dem Ergebnis, die „betrieblichen Gründe" müssten wesentlich sein oder die Kosten müssten unverhältnismäßig sein. Der Prüfungsmaßstab orientiere sich nicht an einem Willkürverbot, nicht jedweder sachliche Grund sei ausreichend.

Das Landesarbeitsgericht Berlin-Brandenburg vertritt die gegenteilige Auffassung. Es betrachtet § 8 Abs. 4 S. 2 TzBfG als ein aus der Zeit des Referentenentwurfes stammendes Redaktionsversehen, welches für die Auslegung des S. 1 dieser Vorschrift nicht heranzuziehen sei und kommt zu dem Ergebnis, dass rationale nachvollziehbare Gründe ausreichen, also letztlich nur ein Willkürverbot bestehe und sachliche Gründe ausreichen.

Während das Landesarbeitsgericht Berlin-Brandenburg danach rationale, nachvollziehbare und somit sachliche Gründe ausreichen lässt, lässt das Landesarbeitsgericht Niedersachsen diese nicht genügen. Damit liegt eine Divergenz vor.

III. Kausalität

Das Landesarbeitsgericht Niedersachsen prüft den Sachvortrag der Beklagten darauf hin, ob die Arbeitszeitreduzierung zu wesentlichen Nachteilen führt. Das Landesarbeitsgericht Niedersachsen hat sich offenkundig nicht mit der Frage befasst, ob die Gründe der Beklagten sachlich, also willkürfrei und rational nachvollziehbar sind. In diesem Fall hätte das Landesarbeitsgericht Niedersachsen möglicherweise eine andere, für die Beschwerdeführerin günstigere Entscheidung getroffen. Damit beruht das Urteil des Landesarbeitsgerichts Niedersachsen auf der dargelegten Divergenz.

Rechtsanwalt

4. Gehörsbeschwerde

a) Voraussetzungen

158 Gem. § 72a Abs. 3 Nr. 3 ArbGG iVm § 72 Abs. 2 Nr. 3 ArbGG kann eine Nichtzulassungsbeschwerde auch auf eine **entscheidungserhebliche Verletzung des Anspruchs auf rechtliches Gehör** (Art. 103 Abs. 1 GG) gestützt werden. Das Gebot

des rechtlichen Gehörs soll als Prozessgrundrecht sicherstellen, dass die vom Fachgericht zu treffende Entscheidung frei von Verfahrensfehlern ergeht, die ihren Grund in unterlassener Kenntnisnahme und Nichtberücksichtigung des Sachvortrags der Parteien haben.[201] Will der Beschwerdeführer mithin geltend machen, dass das Landesarbeitsgericht seinen Anspruch auf rechtliches Gehör verletzt hat, indem es seine Ausführungen nicht berücksichtigt habe, muss er konkret dartun, welches wesentliche Vorbringen das Landesarbeitsgericht bei seiner Entscheidung übergangen haben soll.[202] **Voraussetzung der Gehörsbeschwerde** ist mithin die Darlegung[203]
- der Verletzung des Anspruchs auf rechtliches Gehör und
- deren Entscheidungserheblichkeit.

159 Der Beschwerdeführer hat die Voraussetzungen – insbesondere die Verletzungen des Anspruchs auf rechtliches Gehör – substantiiert vorzutragen. Das Revisionsgericht muss dadurch in die Lage versetzt werden, allein anhand der Lektüre der Beschwerdebegründung und des Berufungsurteils die **Voraussetzungen für die Zulassung prüfen zu können**.[204] Die bloße Benennung eines Zulassungsgrundes genügt nicht.[205] Die Gehörsverletzung ist entscheidungserheblich, wenn das Landesarbeitsgericht bei Berücksichtigung des entsprechenden Sachvortrags ganz oder teilweise anders entschieden hätte bzw. hätte entscheiden müssen.[206]

b) Muster: Begründung Gehörsbeschwerde[207]

160

Bundesarbeitsgericht
Hugo-Preuß-Platz 1
99084 Erfurt

In dem Rechtsstreit

A-GmbH ./. Peters
– 7 AZN 290/11 –

begründen wir unsere mit Schriftsatz vom 10.12.2011 eingelegte Nichtzulassungsbeschwerde.

Wir beantragen,

die Revision gegen das Urteil des Landesarbeitsgerichts Niedersachsen vom 10.9.2011, Aktenzeichen – 10 Sa 740/10 –, zuzulassen.

I. Sachverhalt

Die am 24.3.1973 geborene Klägerin ist bei der Beklagten seit dem 1.1.2003 beschäftigt, zuletzt als Abteilungsleiterin IT. Mit Schreiben vom 12.5.2010 erklärte die Beklagte die Kündigung des Arbeitsverhältnisses zum 31.10.2010. Gegen diese Kündigung richtet sich die Kündigungsschutzklage der Klägerin. Die Beklagte beantragt dort Klagabweisung und hilfsweise, das Arbeitsverhältnis gegen Zahlung einer Abfindung, deren Höhe in das Ermessen des Gerichts gestellt wird, aber 15.000,00 EUR nicht überschreiten sollte, zum 31.10.2010 aufzulösen. Den Auflösungsantrag begründet die Beklagte ua damit, dass es die Kollegen der Klägerin ablehnen, mit der Klägerin zukünftig weiter zusammenzuarbeiten. Die Beklagte hat diesen Sachvortrag unter Beweis des Zeugnisses der benannten Mitarbeiter gestellt. Darüber

---

[201] BAG 17.1.2012 – 5 AZN 1358/11, NZA 2012, 411.
[202] BAG 22.3.2005 – 1 ABN 1/05, NZA 2005, 652.
[203] BAG 17.1.2012 – 5 AZN 1358/11, NZA 2012, 411; 14.12.2010 – 6 AZN 986/10, NZA 2011, 229; 22.3.2005 – 1 ABN 1/05, NZA 2005, 652.
[204] BAG 17.1.2012 – 5 AZN 1358/11, NZA 2012, 411.
[205] BAG 20.4.2012 – 9 AZN 32/12, nv.
[206] BAG 14.12.2010 – 6 AZN 986/10, NZA 2011, 229.
[207] Das Muster beruht auf der Entscheidung des BAG 17.5.2011 – 9 AZN 387/11.

hinaus hat die Beklagte von den einzelnen Kollegen dahingehende schriftliche Stellungnahmen vorgelegt.

Das Arbeitsgericht hat der Kündigungsschutzklage stattgegeben und den Hilfsantrag der Beklagten, das Arbeitsverhältnis gegen Zahlung einer Abfindung aufzulösen, zurückgewiesen. Auf die Berufung der Beklagten hat das Landesarbeitsgericht das Urteil des Arbeitsgerichts teilweise abgeändert und dem Auflösungsantrag der Beklagten stattgegeben. Im Übrigen hat es die Berufung der Beklagten zurückgewiesen. Gegen die Entscheidung des Landesarbeitsgerichts, die Revision nicht zuzulassen, wendet sich die Klägerin mit der vorliegenden Nichtzulassungsbeschwerde, die sie auf eine Verletzung ihres Anspruchs auf rechtliches Gehör stützt.

II. Verletzung des rechtlichen Gehörs *[→ C. Rn. 158, 159]*

Art. 103 Abs. 1 GG sichert iVm Art. 2 Abs. 1 GG und dem in Art. 20 Abs. 3 GG gewährleisteten Rechtsstaatsprinzip den Anspruch auf rechtliches Gehör vor Gericht und das mit ihm im Zusammenhang stehende Recht auf Gewährleistung eines wirkungsvollen Rechtsschutzes. Art. 103 Abs. 1 GG bietet ein Ausmaß an rechtlichem Gehör, das sachangemessen ist, um den in bürgerlich-rechtlichen Streitigkeiten aus dem Rechtsstaatsprinzip folgenden Erfordernissen eines wirkungsvollen Rechtsschutzes gerecht zu werden. Insbesondere müssen die Beteiligten einer bürgerlichen Rechtsstreitigkeit die Möglichkeit haben, sich im Prozess mit tatsächlichen und rechtlichen Argumenten zu behaupten. Auch gehört es zu den für einen fairen Prozess und einen wirkungsvollen Rechtsschutz in bürgerlichen Rechtsstreitigkeiten unerlässlichen Verfahrensregeln, dass das Gericht über die Richtigkeit bestrittener Tatsachenbehauptungen nicht ohne hinreichende Prüfung entscheidet. Ohne eine solche Prüfung fehlt es an einer dem Rechtsstaatsprinzip genügenden Entscheidungsgrundlage.

BAG, Beschluss vom 22.5.2007 – 3 AZN 1155/06 – = BAGE 122, 347 –

Gemessen an diesen Maßstäben hat das Landesarbeitsgericht Art. 103 GG verletzt. Denn die Klägerin hat den Sachvortrag der Beklagten, dass die Arbeitskollegen nicht bereit seien, mit der Klägerin in Zukunft weiter zusammenzuarbeiten, ausdrücklich bestritten. Dieses Bestreiten hat das Landesarbeitsgericht ohne Begründung außer Acht gelassen und auf S. 15 der anzufechtenden Entscheidung ausgeführt, dass die betroffenen Kollegen eine weitere Zusammenarbeit mit der Klägerin ablehnen. Das Landesarbeitsgericht hat die von der Beklagten vorgelegten schriftlichen Aussagen der Kollegen auch nicht im Wege des Urkundsbeweises bewertet. Das Landesarbeitsgericht hat dem Auflösungsantrag der Beklagten stattgegeben, ohne zuvor in die Beweisaufnahme einzutreten. Es hat weder einen Beweisbeschluss verkündet, noch mit den Parteien das Ergebnis einer etwaigen Beweisaufnahme erörtert. Dies stellt einen Verstoß gegen Art. 103 Abs. 1 GG dar. Das Landesarbeitsgericht durfte seiner Entscheidung nicht den von der Klägerin bestrittenen Vortrag der Beklagten zugrunde legen, ohne über die Behauptung der Beklagten Beweis zu erheben.

III. Entscheidungserheblichkeit *[→ C. Rn. 158, 159]*

Die Verletzung des Anspruchs auf rechtliches Gehör ist auch entscheidungserheblich. Das Landesarbeitsgericht ist aufgrund des bestrittenen Vortrags der Beklagten, die Arbeitskollegen der Klägerin seien zu einer weiteren Zusammenarbeit mit der Klägerin nicht bereit, zu dem Ergebnis gelangt, dass für die Zukunft eine den Betriebszwecken dienliche Zusammenarbeit zwischen den Parteien nicht zu erwarten sei. Hätte das Landesarbeitsgericht beachtet, dass die Klägerin den Vortrag der

> Beklagten bestritten hat, ist nicht auszuschließen, dass das Landesarbeitsgericht zu einer für die Klägerin günstigeren Entscheidung gelangt wäre.
>
> Rechtsanwalt

III. Fortgang des Verfahrens

161 Gem. § 72a Abs. 4 S. 1 ArbGG hat die **Einlegung der Nichtzulassungsbeschwerde aufschiebende Wirkung.**

162 Wird der Nichtzulassungsbeschwerde stattgegeben, so wird das **Beschwerdeverfahren** gem. § 72a Abs. 6 ArbGG **als Revisionsverfahren fortgesetzt.** In diesem Fall gilt die form- und fristgerechte Einlegung der Nichtzulassungsbeschwerde als Einlegung der Revision. Das Rechtsmittel der Revision muss in diesem Fall also nicht noch einmal „formal" eingelegt werden. Mit der Zustellung der positiven Entscheidung beginnt vielmehr die zweimonatige Revisionsbegründungsfrist gem. § 74 Abs. 1 S. 1 ArbGG. Bei der Revisionsbegründung kann der Revisionsführer gem. § 72 Abs. 5 ArbGG, § 551 Abs. 3 S. 2 ZPO auf seine Ausführungen in der Begründung der Nichtzulassungsbeschwerde Bezug nehmen.

163 Ein anderer Verfahrensgang kann sich allerdings bei der **Gehörsbeschwerde** ergeben. Denn gem. § 72a Abs. 7 ArbGG kann das BAG in diesem Fall in dem der Beschwerde stattgebenden Beschluss das angefochtene Urteil des Landesarbeitsgerichts aufheben und den Rechtsstreit zur neuen Verhandlung und Entscheidung an das Landesarbeitsgericht zurückverweisen. Zu beachten ist, dass der Beschluss des BAG kurz zu begründen ist, von einer Begründung aber gem. § 72a Abs. 5 S. 5 ArbGG abgesehen werden kann, wenn die Begründung nicht geeignet wäre, zur Klärung der Voraussetzungen beizutragen, unter denen eine Revision zuzulassen ist oder wenn der Beschwerde stattgegeben wird. Von dieser Regelung macht das BAG auch durchaus Gebrauch, so dass der Fall eintreten kann, dass der Nichtzulassungsbeschwerde stattgegeben und das Verfahren als Revisionsverfahren fortgeführt wird, ohne dass die Parteien wissen, welche Gründe das BAG der stattgebenden Entscheidung zugrunde gelegt hat.

164 Wird die Nichtzulassungsbeschwerde durch das BAG abgelehnt, wird das Urteil des Landesarbeitsgerichts gem. § 72a Abs. 5 S. 6 ArbGG rechtskräftig. Der Beschwerdeführer kann dann nur noch die Anhörungsrüge gem. § 78a ArbGG oder eine Verfassungsbeschwerde erheben.[208]

---

[208] BVerfG 24.10.2011 – 2 BvR 1969/09, BeckRS 2011, 56458, zu den Voraussetzungen einer Verfassungsbeschwerde bei Nichtvorlage an den EuGH.

4. Teil. Urteilsverfahren Revisionsinstanz

Übersicht

	Rn.
I. Einlegung Rechtsmittel	165–169
1. Grundlagen	165–168
2. Muster: Revisionsschrift	169
II. Anträge	170–177
1. Grundlagen	170–172
2. Muster	173–177
a) Muster: Kläger: 1. Instanz erfolgreich, 2. Instanz erfolglos	173
b) Muster: Kläger: In beiden Vorinstanzen erfolglos	174
c) Muster: Beklagte: 1. Instanz erfolgreich, 2. Instanz erfolglos	175
d) Muster: Beklagte: In beiden Vorinstanzen erfolglos	176, 177
III. Begründung der Revision	178–182
1. Grundlagen	178–181
2. Muster: Revisionsbegründungsschrift	182

I. Einlegung Rechtsmittel

1. Grundlagen

165 Ist die Revision in dem Urteil des anzugreifenden Landesarbeitsgerichts zugelassen worden, ist die Revision gem. § 74 Abs. 1 S. 1 ArbGG **innerhalb eines Monats nach Zustellung des in vollständiger Form abgefassten Urteils**, spätestens aber mit Ablauf von fünf Monaten nach der Verkündung, einzulegen.

166 Auch bei der Revision besteht – ebenso wie bei der Berufung[209] – gem. § 554 ZPO die Möglichkeit, dass sich eine Partei auf das Rechtsmittel der **Anschlussrevision** beschränkt. Dies setzt allerdings voraus, dass beide Parteien die Möglichkeit haben, die Revision durchzuführen. Diese Möglichkeit besteht insbesondere dann, wenn das Landesarbeitsgericht für beide Parteien die Revision zugelassen hat. Die Anschlussrevision ist aber beispielsweise auch dann möglich, wenn der Nichtzulassungsbeschwerde einer Partei stattgegeben wird und diese dann das Revisionsverfahren durchführt.[210] Die Anschließung der anderen Partei, für die die Revision durch das Landesarbeitsgericht zugelassen worden ist, muss dann gem. § 554 Abs. 2 S. 2 ZPO innerhalb eines Monats nach der Zustellung der Revisionsbegründung erklärt werden und erfolgt durch Einreichung einer Revisionsanschlussschrift („In dem Rechtsstreit …… erwidern wir auf die Revisionsbegründung der Klägerin vom …… und legen zugleich gegen das Urteil des Landesarbeitsgerichts Niedersachsen, Aktenzeichen – …… –, vom …… das Rechtsmittel der Anschlussrevision ein. Wir beantragen: 1. Die Revision der Klägerin wird zurückgewiesen. 2. Das Urteil des Landesarbeitsgericht Niedersachsen, Aktenzeichen – …… –, vom …… wird aufgehoben und die Klage abgewiesen.").

167 Gem. § 549 Abs. 1 ZPO **muss die Revisionsschrift enthalten:**
– Die Bezeichnung des Urteils, gegen das die Revision gerichtet wird,
– die Erklärung, dass gegen dieses Urteil Revision eingelegt wird.

168 Gem. § 550 Abs. 1 ZPO soll mit der Revisionsschrift eine Ausfertigung oder beglaubigte Abschrift des angefochtenen Urteils vorgelegt werden. Die Revisionsschrift muss von einem Rechtsanwalt eigenhändig unterzeichnet sein.[211]

2. Muster: Revisionsschrift

169
⇨ 408

Bundesarbeitsgericht
Hugo-Preuß-Platz 1
99084 Erfurt

In dem Rechtsstreit

---

[209] Dazu → C. Rn. 129 ff.
[210] BAG 18.3.2010 – 8 AZR 1044/08, NZA 2010, 1129.
[211] BAG 20.9.2011 – 9 AZN 582/11, NZA 2012, 175; 27.3.1996 – 5 AZR 576/94, NZA 1996, 1115.

> der A-GmbH, vertr. d. d. Geschäftsführer, Herrn Michael Schulz, Kaiserstr. 23, 30788 Hannover
>
> – Beklagte, Berufungsbeklagte und Revisionsklägerin –
>
> Prozessbevollmächtigte: Rechtsanwälte Meier, Sonnenstr. 25, 30775 Hannover
>
> gegen
>
> Frau Susanne Peters, Ostfeldstr. 42, 30559 Hannover
>
> – Klägerin, Berufungsklägerin und Revisionsbeklagte –
>
> Prozessbevollmächtigte II. Instanz: Rechtsanwälte Müller, Siebrechtstr. 29, 30558 Hannover
>
> Aktenzeichen I. Instanz: – 1 Ca 224/10 –
>
> Aktenzeichen II. Instanz: – 6 Sa 68/11 – LAG Niedersachsen
>
> legen wir namens und in Vollmacht der Beklagten, Berufungsbeklagten und Revisionsklägerin gegen das Urteil des Landesarbeitsgerichts Niedersachsen, Aktenzeichen – 6 Sa 68/11 –, vom 13.8.2011, zugestellt am 20.11.2011, das Rechtsmittel der
>
> **Revision**
>
> ein.
>
> Wir beantragen,
>
> die Frist zur Begründung der Revision um einen Monat zu verlängern.
>
> Der Unterzeichner und alleinige Sachbearbeiter dieses Verfahrens wird aufgrund einer Vielzahl weiterer fristgebundener Verfahren und Fristabläufe sowie eines zweiwöchigen Urlaubs ab der nächsten Woche nicht in der Lage sein, die Revision innerhalb eines Monats zu begründen. Wir bitten daher, die Frist zu verlängern.
>
> Die Anträge behalten wir der Revisionsbegründungsschrift vor.
>
> Eine Kopie des zweitinstanzlichen Urteils ist zum Verbleib beigefügt. *[→ C. Rn. 167 f.]*
>
> Rechtsanwalt

II. Anträge

1. Grundlagen

170 Bei der Antragstellung ist zu beachten, dass Urteile der Landesarbeitsgerichte im Revisionsverfahren gem. § 562 Abs. 1 ZPO **aufgehoben** werden (während hingegen erstinstanzliche Urteil der Arbeitsgerichte abgeändert werden). Dahingehend sollten die Anträge auch ausdrücklich formuliert werden.

171 Eine **Antragsänderung in der Revisionsinstanz** ist grundsätzlich ausgeschlossen. Antragsänderungen können aber jedenfalls aus prozessökonomischen Gründen zugelassen werden, wenn es sich dabei um Fälle des § 264 Nr. 2 ZPO handelt und der neue Sachantrag sich auf den in der Berufungsinstanz festgestellten Sachverhalt und auf den unstreitigen Parteivortrag stützt. Dies trifft auf einen Wechsel von Haupt- und Hilfsantrag regelmäßig zu.[212]

172 Am **Beispiel einer Zahlungsklage** ergeben sich je nach Prozessverlauf folgende Revisionsanträge:

---

[212] BAG 17.11.2010 – 4 AZR 118/09, NZA-RR 2011, 365.

2. Muster

a) Muster: Kläger: 1. Instanz erfolgreich, 2. Instanz erfolglos

> Das Urteil des Landesarbeitsgerichts Niedersachsen vom 13.8.2011, Aktenzeichen – 6 Sa 68/11 –, aufzuheben und die Berufung der Beklagten gegen das Urteil des Arbeitsgerichts Hannover vom 2.2.2011, Aktenzeichen – 3 Ca 5/10 –, zurückzuweisen.

173
☞ 409

b) Muster: Kläger: In beiden Vorinstanzen erfolglos

> Das Urteil des Landesarbeitsgerichts Niedersachsen vom 13.8.2011, Aktenzeichen – 6 Sa 68/11 –, aufzuheben, das Urteil des Arbeitsgerichts Hannover vom 2.2.2011, Aktenzeichen – 3 Ca 5/10 –, abzuändern und die Beklagte zu verurteilen, an die Klägerin 10.000,00 EUR zu zahlen.

174
☞ 410

c) Muster: Beklagte: 1. Instanz erfolgreich, 2. Instanz erfolglos

> Das Urteil des Landesarbeitsgerichts Niedersachsen vom 13.8.2011, Aktenzeichen – 6 Sa 68/11 –, aufzuheben und die Berufung des Klägers gegen das Urteil des Arbeitsgerichts Hannover vom 2.2.2011, Aktenzeichen – 3 Ca 5/10 –, zurückzuweisen.

175
☞ 411

d) Muster: Beklagte: In beiden Vorinstanzen erfolglos

> Das Urteil des Landesarbeitsgerichts Niedersachsen vom 13.8.2011, Aktenzeichen – 6 Sa 68/11 –, aufzuheben, das Urteil des Arbeitsgerichts Hannover vom 2.2.2011, Aktenzeichen – 3 Ca 5/10 –, abzuändern und die Klage abzuweisen.

176
☞ 412

Hinweis:

Der Antrag des Revisionsbeklagten muss dahingehend lauten, dass die Revision des Klägers/Beklagten gegen das Urteil des Landesarbeitsgerichts Niedersachsen vom 13.8.2011, Aktenzeichen – 6 Sa 68/11 –, zurückgewiesen wird.

177

III. Begründung der Revision

1. Grundlagen

Gem. § 74 ArbGG beträgt die **Frist für die Begründung der Revision** zwei Monate. Sie beginnt mit der Zustellung des in vollständiger Form abgefassten Urteils, spätestens aber mit Ablauf von fünf Monaten nach der Verkündung. Die Frist kann einmal bis zu einem weiteren Monat verlängert werden.

178

Gem. § 73 ArbGG kann die Revision nur darauf gestützt werden, dass das Urteil des Landesarbeitsgerichts auf der **Verletzung einer Rechtsnorm** beruht.

179

Das BAG[213] fordert, dass die Revisionsbegründung den angenommenen Rechtsfehler des Landesarbeitsgerichts in einer Weise verdeutlicht, die Gegenstand und Richtung des Revisionsangriffs erkennen lässt. Die Revisionsbegründung hat sich deshalb **mit den tragenden Gründen des Berufungsurteils auseinanderzusetzen.** Dadurch soll sichergestellt werden, dass der Prozessbevollmächtigte des Revisionsklägers das angefochtene Urteil auf das Rechtsmittel hin überprüft und die Rechtslage genau durchdenkt. Die Revisionsbegründung soll durch ihre Kritik an dem angefochtenen Urteil außerdem zur richtigen Rechtsfindung des Revisionsgerichts beitragen. Deshalb genügt die bloße Darstellung anderer Rechtsansichten ohne jede Auseinandersetzung mit den Gründen des Berufungsurteils nicht den Anforderungen an eine

180

---

[213] BAG 18.5.2011 – 10 AZR 346/10, NZA 2011, 878; 27.7.2010 – 1 AZR 186/09, NZA 2010, 1446.

ordnungsgemäße Revisionsbegründung. Hat das Berufungsgericht über mehrere selbständige Streitgegenstände entschieden, muss die Revision für jeden Streitgegenstand begründet werden, wenn die Entscheidung des Berufungsgerichts über einen Streitgegenstand nicht denknotwendig von der Entscheidung über einen anderen korrekt angefochtenen abhängig ist.[214]

181 Ebenso wie die Einlegung der Revision ist auch die Revisionsbegründung eigenhändig von dem Prozessbevollmächtigten des Revisionsklägers zu unterzeichnen.[215]

2. Muster: Revisionsbegründungsschrift[216]

182

Bundesarbeitsgericht
Hugo-Preuß-Platz 1
99084 Erfurt

In dem Rechtsstreit

A-GmbH ./. Peters
– 6 AZR 68/11 –

begründen wir unsere mit Schriftsatz vom 2.12.2011 eingelegte und beim Bundesarbeitsgericht am 3.12.2011 eingegangene Revision gegen das Urteil des Landesarbeitsgerichts Niedersachsen vom 13.8.2011, zugestellt am 20.11.2011, Aktenzeichen – 6 Sa 68/11 –, nachdem die Frist zur Revisionsbegründung durch Beschluss des Bundesarbeitsgerichts vom 5.12.2011 bis zum 20.2.2012 verlängert worden ist.

Wir beantragen,

1. das Urteil des Landesarbeitsgerichts Niedersachsen vom 13.8.2011, Aktenzeichen – 6 Sa 68/11 – aufzuheben;
2. die Berufung der Klägerin gegen das Urteil des Arbeitsgerichts Hannover vom 2.2.2011, Aktenzeichen – 1 Ca 224/10 –, zurückzuweisen.

Die Parteien streiten um eine ordentliche personenbedingte Kündigung. Die gegen die ordentliche Kündigung gerichtete Kündigungsschutzklage hat das Arbeitsgericht Hannover abgewiesen, das Landesarbeitsgericht Niedersachsen hat der Kündigungsschutzklage auf die Berufung der Klägerin hin allerdings stattgegeben. Das Landesarbeitsgericht hat die Revision für die Beklagte zugelassen.

I. Sachverhalt

Die 1976 geborene ledige Klägerin war seit 1992 bei der Beklagten als Industriemechanikerin tätig. Im November 2006 wurde die Klägerin in Untersuchungshaft genommen. Am 8.5.2007 wurde sie bei fortbestehender Inhaftierung – wegen unerlaubten Handelbetreibens mit Betäubungsmitteln – zu einer Freiheitsstrafe von vier Jahren und sieben Monaten verurteilt. Zudem erfolgte der Widerruf einer Strafaussetzung zur Bewährung, die ihr im Hinblick auf eine frühere Verurteilung zu einer Freiheitsstrafe von einem Jahr und vier Monaten gewährt worden war.

Die Beklagte erfuhr im Sommer 2007 von der – inzwischen rechtskräftigen – Verurteilung der Klägerin. Die Parteien verhandelten daraufhin über den Abschluss und die Modalitäten eines Aufhebungsvertrages. Im November 2007 teilte die Klägerin über ihre Prozessbevollmächtigten mit, sie strebe den offenen Vollzug an und rechne mit baldiger Arbeitsaufnahme.

Mitte Januar 2008 wurde für die Klägerin ein Vollzugsplan erstellt. Darin sind der „2/3-Zeitpunkt" für den 16.2.2011 und das Strafende für den 7.4.2013 notiert. Die

---

[214] BAG 24.3.2011 – 6 AZR 691/09, NZA 2011, 1116.
[215] BAG 20.9.2011 – 9 AZN 582/11, NZA 2012, 175; 27.3.1996 – 5 AZR 576/94, NZA 1996, 1115.
[216] Das Muster beruht auf der Entscheidung des BAG 24.3.2011 – 2 AZR 790/09, NZA 2011, 1084.

Möglichkeit eines offenen Vollzugs wurde zunächst verneint. Eine Überprüfung dieser Entscheidung war gemäß dem Plan „im Rahmen einer langfristigen vollzuglichen Perspektivplanung" und vor dem Hintergrund einer möglichen Beschäftigung bei der Beklagten – nach erfolgter Bewährung der Klägerin in Vollzugslockerung – für den Dezember 2008 angedacht.

Noch im Januar 2008 lehnte die Klägerin einen Aufhebungsvertrag endgültig ab. Darauf kündigte die Beklagte das Arbeitsverhältnis nach Anhörung des Betriebsrats mit Schreiben vom 8.2.2008 ordentlich zum 30.4.2008.

Die Klägerin hat Kündigungsschutzklage erhoben und geltend gemacht, die Kündigung sei sozial ungerechtfertigt. Das Arbeitsgericht hat die Klage abgewiesen. Das Landesarbeitsgericht hat auf die Berufung der Klägerin die Unwirksamkeit der Kündigung festgestellt. Mit der Revision erstrebt die Beklagte die Wiederherstellung des arbeitsgerichtlichen Urteils.

II. Rechtliche Würdigung [→ C. Rn. 180]

Die Revision rügt die Verletzung materiellen Rechts. Das Landesarbeitsgericht hat § 1 KSchG verletzt. Denn das Landesarbeitsgericht stellt Anforderungen an eine personenbedingte Kündigung eines inhaftierten Arbeitnehmers auf, die die Voraussetzungen von § 1 KSchG übersteigen.

Auf S. 6 der Entscheidungsgründe formuliert das Landesarbeitsgericht:

„Es ist für die Kammer nicht erkennbar, weshalb es für die Beklagte nicht möglich sein sollte, den Arbeitsplatz der Klägerin mit befristeten Einstellungen zu besetzen. Bis zu einem Zeitraum von 24 Monaten ist dies nach § 14 Abs. 2 TzBfG sachgrundlos möglich. Damit war bis Ende 2008 die Möglichkeit von sachgrundlosen Befristungen gegeben. Danach hätte die Beklagte den Arbeitsplatz ggf. befristet mit Sachgrund nach § 14 Abs. 1 Nr. 3 TzBfG besetzen können, oder aber auch durch eine andere sachgrundlose Befristung mit einem weiteren Arbeitnehmer besetzen können."

Weiterhin heißt es auf S. 6 der Entscheidungsgründe:

„Tatsächlich bestand die Notwendigkeit für eine derartige befristete Beschäftigung bei der Beklagten weder zum Zeitpunkt der Inhaftierung der Klägerin im November 2006 noch zum Zeitpunkt der Verkündung des Strafurteils im Mai 2007 noch im Zeitpunkt des Ausspruchs der Kündigung im Februar 2008. Die Beklagte hat die Vakanz der Klägerin störungsfrei mit einem anderen Mitarbeiter aus ihrem Personalbestand ersetzen können."

Auf S. 6 unten stellt das Landesarbeitsgericht schließlich folgenden Rechtssatz auf:

„Allein die Unsicherheit, die darin besteht, dass die Beklagte nicht sicher erkennen kann, wann die Klägerin den Freigängerstatus erlangen wird, rechtfertigt ohne weitere Darlegung der Beklagten nicht die Annahme, die Fortsetzung des Arbeitsverhältnisses sei für die Beklagte im Zeitpunkt des Ausspruchs der Kündigung unzumutbar."

Diese durch das Landesarbeitsgericht aufgestellten Voraussetzungen sind unseres Erachtens nicht durch die Rechtsprechung des Bundesarbeitsgerichts für den Fall einer langanhaltenden, dauernden Inhaftierung gedeckt. Denn das Bundesarbeitsgericht hat bereits entschieden, dass als personenbedingter Kündigungsgrund auch eine Arbeitsverhinderung des Arbeitnehmers, die auf einer Straf- oder Untersuchungshaft beruht, zählt. Voraussetzung einer Kündigung wegen haftbedingter Arbeitsverhinderung ist danach, dass der Arbeitnehmer für eine verhältnismäßig erhebliche Zeit nicht in der Lage sein wird, seine arbeitsvertraglichen Verpflichtungen zu erfüllen. Dabei hängt es von der Dauer sowie Art und Ausmaß der betrieblichen Auswirkungen ab, ob die Inhaftierung geeignet ist, einen Grund zur Kündigung abzugeben. Da der Arbeitnehmer die Arbeitsverhinderung in der Regel selbst zu vertreten hat, sind dem Arbeitgeber zur Überbrückung des Arbeitsausfalls regelmäßig aber nicht die gleichen Anstrengungen und Belastungen zuzumuten wie etwa bei einer Krankheit.

– **vgl. BAG, Urteil vom 25.11.2010 – 2 AZR 984/08 – = NZA 2011, 686 –**

Auf dieser Grundlage hat das Bundesarbeitsgericht bereits ausdrücklich entschieden, dass jedenfalls dann, wenn der Arbeitnehmer eine Freiheitsstrafe von mehr als zwei Jahren zu verbüßen hat und nicht absehbar ist, ob und ggf. wann er vorzeitig aus der Haft entlassen wird, im Regelfall – unbeschadet einer abschließenden Interessenabwägung – ein personenbedingter Grund zur Kündigung vorliegt.

– **vgl. BAG, Urteil vom 25.11.2010 – 2 AZR 984/08 – = NZA 2011, 686 –**

Besonderheiten des vorliegenden Falls verlangen keine andere Beurteilung.

Damit liegt eine Verletzung des materiellen Rechts vor. Das Landesarbeitsgericht hat § 1 KSchG unzutreffend angewandt, indem es den Umfang und die Reichweite einer personenbedingten Kündigung wegen Inhaftierung verkannt hat. Die Entscheidung des Landesarbeitsgerichts beruht auch auf dieser unzutreffenden Rechtsanwendung, da es ansonsten zu einem anderen Ergebnis, nämlich einer Abweisung der Kündigungsschutzklage, gekommen wäre.

Die Revision ist begründet. Wir bitten, wie beantragt zu entscheiden.

Rechtsanwalt *[→ C. Rn. 181]*

5. Teil. Arrest

Übersicht

	Rn.
I. Arrestverfahren	183–188
1. Grundlagen	183–187
2. Muster: Arrestantrag	188
II. Arrestvollziehung	189–195
1. Grundlagen	189–191
2. Muster	192–195
a) Muster: Antrag auf Erlass eines Pfändungsbeschlusses	192
b) Muster: Antrag auf Eintragung einer Arresthypothek	193
c) Muster: Zulassung der Arrestvollziehung	194
d) Muster: Antrag auf Rangänderung	195

I. Arrestverfahren

1. Grundlagen

Will ein Arbeitgeber Vermögenswerte eines Arbeitnehmers und/oder unternehmensdritter Personen kurzfristig sichern, benötigt er hierfür einen **Arrestbefehl**. Durch die Anordnung des Arrestes sind die einzelnen Vermögenswerte aber noch nicht gesichert. Es bedarf hierzu vielmehr der Vollziehung des Arrestbefehls.[217] **183**

Zur **vorläufigen Sicherung finanzieller Ansprüche** benötigt der Arbeitgeber einen Arrestbefehl, mit dem er dann unmittelbar auf möglicherweise bei dem Arbeitnehmer vorhandene Vermögenswerte zugreifen kann. Den zivilrechtlichen Arrestbefehl benötigt der Arbeitgeber selbst dann, wenn die Staatsanwaltschaft die Vermögenswerte bereits zuvor im Rahmen der sog. Rückgewinnungshilfe für den geschädigten Arbeitgeber (strafprozessual) gesichert hat.[218] **184**

Soll der Zugriff auf Vermögenswerte aufgrund von Ansprüchen des Arbeitgebers gegen einen Arbeitnehmer erfolgen, wird idR das **örtlich zuständige Arbeitsgericht** für die Anordnung des Arrestes zuständig sein. Denn nach § 919 ZPO ist für die Anordnung des Arrestes in erster Linie auch das Gericht der Hauptsache zuständig. Dies ist – beispielsweise bei der Klage auf Herausgabe von Schmiergeldern gegen den Arbeitnehmer – gem. § 2 Abs. 1 ArbGG das Arbeitsgericht. Ist bei diesem Arbeitsgericht bereits ein Kündigungsschutzprozess wegen der gleichen Angelegenheit anhängig oder steht in Aussicht, dass dort ein Kündigungsschutzprozess anhängig wird, ist regelmäßig auch zu empfehlen, den Antrag beim Arbeitsgericht zu stellen, da sich dieses Gericht dann ohnehin im Rahmen des Kündigungsschutzprozesses mit der Angelegenheit befassen muss. Darüber hinaus wird das Arbeitsgericht hierdurch zum „Arrestgericht". Die Arrestvollziehung kann dann – jedenfalls zum Teil – ebenfalls über das Arbeitsgericht abgewickelt werden.[219] **185**

Der Arrestantrag muss auf den Erlass eines Arrestbefehls gerichtet sein.[220] Gem. § 920 ZPO muss in dem Antrag die **exakte Arrestsumme** angegeben werden, in deren Höhe der Arrestbefehl erlassen werden soll. Des Weiteren muss gem. § 923 ZPO beantragt werden, einen Geldbetrag festzusetzen, durch dessen Hinterlegung die Vollziehung des Arrestes durch den Arbeitnehmer gehemmt werden kann. IdR wird dieser Geldbetrag der Arrestsumme entsprechen. Da der Arbeitgeber nie abschätzen kann, ob das Gericht den Arrest erlassen wird, sollte der Arbeitgeber deshalb stets vorsichtshalber hilfsweise beantragen, die Anordnung des Arrestes oder dessen Vollziehung von einer Sicherheitsleistung abhängig zu machen. Das Gesetz sieht in § 921 ZPO selbst die Möglichkeit vor, die Anordnung des Arrestbefehls von einer Sicherheitsleistung abhängig zu machen. Darüber hinaus ist aber auch die Möglichkeit aner- **186**

---

[217] Vgl. zum gesamten Verfahrensablauf *Straube* DB 2008, 1744.
[218] Vgl. hierzu *Straube* DB 2008, 1744.
[219] *Straube* DB 2008, 1744.
[220] Vgl. zur Antragstellung im Einzelnen *Straube* DB 2008, 1744.

kannt, den Arrest sofort anzuordnen und erst seine Vollziehung von der Leistung der Sicherheit abhängig zu machen.

187 In dem Arrestantrag muss gem. § 916 ZPO zunächst ein **Arrestanspruch** geltend gemacht werden (beispielsweise Anspruch auf Herausgabe von Schmiergeldern gem. §§ 687 Abs. 1, 681 S. 2, 676 BGB, Schadensersatzansprüche). Darüber hinaus muss der Antragsteller einen Arrestgrund gem. § 917 ZPO darlegen. Nach § 917 Abs. 1 ZPO ist der Arrestbefehl zu erlassen, wenn die Befürchtung besteht, dass ohne den Arrestbefehl die Vollstreckung des Urteils in der Hauptsache vereitelt oder wesentlich erschwert würde. Dabei steht dem Arbeitgeber idR jedoch ohne Hinzutreten weiterer Umstände ein Arrestgrund zur Seite, wenn der bisherige Arbeitnehmer während des bestandenen Arbeitsverhältnisses in Ausübung seiner vertraglichen Tätigkeit und unter Ausnutzung des jeden Arbeitsverhältnisses innewohnenden Vertrauens des Arbeitgebers auf die Redlichkeit seiner Arbeitnehmer vorsätzliche strafbare Handlungen begangen hat.[221] Beabsichtigt der Arbeitgeber, verschiedene Vermögenswerte an verschiedenen Orten zu sichern, ist es in jedem Fall zweckmäßig, die Erteilung mehrerer vollstreckbarer Ausfertigungen zu beantragen.

2. Muster: Arrestantrag

188

Arbeitsgericht Hannover [→ C. Rn. 185]
Ellernstr. 42
30175 Hannover

Antrag auf Erlass eines Arrestes

der A-GmbH, vertr. d. d. Geschäftsführer, Herrn Michael Schulz, Kaiserstr. 23, 30788 Hannover

– Antragstellerin –

Prozessbevollmächtigte: Rechtsanwälte Meier, Hinteln 27, 30556 Hannover

gegen

Frau Susanne Peters, Ostfeldstr. 42, 30559 Hannover

– Antragsgegnerin –

Namens und kraft beigefügter Vollmacht der Antragstellerin beantragen wir,

gegen die Antragsgegnerin – wegen der Dringlichkeit ohne mündliche Verhandlung – durch die Vorsitzende oder den Vorsitzenden allein den Erlass folgenden Arrestbefehls:

1. Zur Sicherung der Zwangsvollstreckung wegen einer der Antragstellerin gegen die Antragsgegnerin zustehenden Forderung in Höhe von 20.000,00 EUR nebst 5% Zinsen über dem Basiszinssatz seit dem 1.1.2010 wird der dingliche Arrest in das gesamte bewegliche und unbewegliche Vermögen der Antragsgegnerin angeordnet;
2. In dem Arrestbefehl wird ein Geldbetrag festgesetzt, durch dessen Hinterlegung die Vollziehung des Arrestes gehemmt und durch den die Antragsgegnerin auf Aufhebung des vollzogenen Arrestes berechtigt wird.
3. In Vollziehung des Arrestes werden die angeblichen Forderungen der Antragsgegnerin gegen die Z-Bank GmbH, Münchener Str. 26, 30778 Hannover (Drittschuldnerin), auf Zahlungen und Leistungen jeglicher Art aus der gesamten Geschäftsverbindung, insbesondere gegenwärtig und zukünftig entstehender Guthaben bzw. gegenwärtig und zukünftig entstehender Salden aus den laufenden Rechnungen bestehender Geschäftsverbindungen (insbesondere des Kontos Nr. 1500866038) einschließlich aller Ansprüche aus zugrunde liegenden Giroverträgen, auf Auszah-

---

[221] *Straube* DB 2008, 1744.

lung, Gutschrift und Überweisung an den Antragsgegner und an Dritte von Kreditmitteln aus bereits abgeschlossenen und künftigen Kreditverträgen, auf Gutschriften aller künftigen Eingänge und auf fortlaufende Auszahlung der Guthaben sowie auf Durchführung von Überweisungen an Dritte, gepfändet.
Der Drittschuldnerin wird verboten, an die Antragsgegnerin zu leisten, soweit gepfändet ist. Der Antragsgegnerin wird verboten, über die Forderung zu verfügen, insbesondere sie einzuziehen, sobald sie gepfändet ist.

Hilfsweise beantragen wir,

4. Zur Sicherung der Zwangsvollstreckung wegen einer der Antragstellerin gegen die Antragsgegnerin zustehenden Forderung in Höhe von 20.000,00 EUR nebst 5% Zinsen über dem Basiszinssatz seit dem 1.1.2010 wird der dingliche Arrest in das gesamte bewegliche und unbewegliche Vermögen der Antragsgegnerin angeordnet. Die Vollstreckung des Arrestes gegenüber der Antragsgegnerin wird von einer Sicherheitsleistung in Höhe von 20.000,00 EUR (hilfsweise in einer vom Gericht festzusetzenden Höhe) abhängig gemacht, wobei diese auch durch eine selbstschuldnerische und unwiderrufliche Bürgschaft einer deutschen Großbank erbracht werden kann. [→ C. Rn. 186]

Ferner beantragen wir,

5. zwei vollstreckbare Ausfertigungen zu erteilen.

I. Gegenstand des Verfahrens

Die Antragsgegnerin war Arbeitnehmerin der Antragstellerin. Die Antragsgegnerin hat von einem Geschäftspartner der Antragstellerin, der B-GmbH, Schmiergelder in Höhe von 20.000,00 EUR erhalten. Das Arbeitsverhältnis wurde deshalb durch außerordentliche Kündigung der Antragstellerin vom 23.3.2011 beendet. Dies hat das Arbeitsgericht Hannover mit Urteil vom 27.6.2011, Aktenzeichen – 1 Ca 320/11 – rechtskräftig austituliert. Eine Ablichtung des Urteils des Arbeitsgerichts Hannover vom 27.6.2011, Aktenzeichen – 1 Ca 320/11 – ist als **Anlage 1** beigefügt.

Die Antragstellerin nimmt die Antragsgegnerin nunmehr auf Rückzahlung dieser Schmiergelder in Anspruch. Im Rahmen eines gegen die Antragsgegnerin und den Inhaber der B-GmbH, Herrn Müller, gerichteten Ermittlungsverfahrens der Staatsanwaltschaft Hannover, Aktenzeichen – NZS 405 Js 44379/10 –, hat die Staatsanwaltschaft Hannover im Wege der Rückgewinnungshilfe für die Antragstellerin bei der Antragsgegnerin einen Geldbetrag in Höhe von 15.000,00 EUR gepfändet. Die Antragstellerin benötigt den Arrestbefehl, um ihrerseits in jedem Fall diesen Betrag sichern zu können. Nachdem die Staatsanwaltschaft ohne weitere Mitteilung an die Antragstellerin den als **Anlage 2** beigefügten Strafbefehl beantragt hat und dieser auch erlassen wurde, besteht die Gefahr, dass das Strafverfahren unmittelbar beendet wird und die gesicherten Vermögenswerte der Antragsgegnerin sofort freigegeben werden. Die Antragstellerin ist deshalb auf den Erlass des Arrestbefehles dringend angewiesen, um ihrerseits die noch gesicherten Vermögenswerte sichern zu können.

II. Sachverhalt

1. Die Antragstellerin

Die Antragstellerin stellt Gabelstapler her. Sie hatte bislang zwei Werke in Berlin und Köln. Im Jahr 2009 entschloss sich die Antragstellerin, ein weiteres Werk in Dresden zu bauen. Die Beauftragung von externen Baufirmen mit dem Bau des Werkes in Dresden erfolgte durch die Vergabeabteilung der Antragstellerin nach Abstimmung mit den Fachabteilungen.

2. Die Antragsgegnerin

Die am 1.1.1963 geborene, verheiratete und einem Kind zum Unterhalt verpflichtete Antragsgegnerin ist bei der Antragstellerin seit dem 1.1.2003 in der Vergabeabteilung tätig. Dort ist sie für die Vergabe von Aufträgen über Bauleistungen an externe Bauunternehmen zuständig.

3. Die B-GmbH

Die B-GmbH, ein externes Bauunternehmen aus Augsburg, zahlte der Antragsgegnerin Schmiergelder in Höhe von 20.000,00 EUR, damit die Antragsgegnerin die B-GmbH mit dem Bau des neuen Werkes der Antragstellerin in Dresden beauftragt. Tatsächlich vergab die Antragsgegnerin dann „im Gegenzug" den Bauauftrag an die B-GmbH. Diese baute das Werk der Antragstellerin in Dresden und stellte den Bau im Jahr 2011 fertig.

4. Höhe der Schmiergelder

Die Staatsanwaltschaft hat gegen die Antragsgegnerin und den Inhaber der B-GmbH, Herrn Müller, ein Ermittlungsverfahren wegen Bestechlichkeit im geschäftlichen Verkehr gem. § 299 StGB eingeleitet. Die Antragstellerin hat mittlerweile Einsicht in die Ermittlungsakten erhalten. Danach ergibt sich, dass die Antragsgegnerin mindestens 20.000,00 EUR in bar von der B-GmbH erhielt, damit diese dann den Bauauftrag an die B-GmbH vergibt. Der Betrag in Höhe von 20.000,00 EUR wurde der Antragsgegnerin von dem Inhaber der B-GmbH, Herrn Müller, am 27.8.2009 in einem Parkhaus übergeben. Dieser Schmiergeldbetrag entspricht der Arrestsumme aus dem Antrag zu Ziffer 1.

III. Arrestanspruch [→ C. Rn. 187]

Die Antragstellerin hat gegen die Antragsgegnerin Anspruch auf Herausgabe von Schmiergeldern. Denn Sondervorteile, die ein Arbeitnehmer vom Geschäftspartner seines Arbeitgebers erhält, hat er in jedem Fall an den Arbeitgeber herauszugeben (§§ 687 Abs. 2, 681 S. 2, 667 BGB). Dies gilt unabhängig davon, ob die Geschäftsverbindung im Übrigen ordnungsgemäß abgewickelt wurde oder nicht.

Die Antragsgegnerin hat dabei alles herauszugeben, was sie erlangt hat. Hierzu gehören insbesondere „Provisionen", Geschenke und andere Sondervorteile, die der Antragsgegnerin von dritter Seite zugewandt worden sind und die eine Willensbeeinflussung zum Nachteil der Antragstellerin auch nur befürchten lassen. Der Herausgabeanspruch der erlangten Schmiergelder besteht auch unabhängig davon, ob der Antragstellerin ein Nachteil bzw. ein Schaden entstanden ist. Die Antragsgegnerin hat somit alle erlangten Schmiergelder herauszugeben, und zwar unabhängig davon, ob der Antragstellerin ein Schadensersatzanspruch zusteht.

Unabhängig hiervon besteht der Arrestanspruch auch als Schadensersatzanspruch gem. § 826 BGB und § 823 Abs. 2 BGB iVm § 299 StGB. Dabei gilt der Grundsatz, dass der Beweis des ersten Anscheins dafür spricht, dass ohne die Schmiergeldzahlungen ein Geschäftspartner preisgünstiger angeboten hätte, mithin ein Schaden in Höhe des gewährten Schmiergeldes besteht.

IV. Arrestgrund

Ein Arrestgrund ist dann zu bejahen, wenn ohne dessen Verhängung die Vollstreckung des Urteils vereitelt oder wesentlich erschwert werden würde (§ 917 Abs. 1 ZPO). Dem Arbeitgeber steht für den arbeitsgerichtlichen Erlass des Arrestes in das bewegliche sowie unbewegliche Vermögen seines bisherigen Arbeitnehmers ein Arrestgrund iSd § 917 Abs. 1 ZPO idR ohne Hinzutreten weiterer Umstände dann zu, wenn der bisherige Arbeitnehmer während des beanstandeten Arbeitsverhältnisses in Ausübung seiner vertraglichen Tätigkeiten und unter Ausnutzung des jedem Arbeitsverhältnisses innewohnenden Vertrauens des Arbeitgebers auf die Redlichkeit seiner Arbeitnehmer vorsätzliche strafbare Handlungen begangen hat.

Zusätzlich ist vorliegend zu berücksichtigen, dass die Staatsanwaltschaft die Vermögenswerte der Antragsgegnerin im Wege der Rückgewinnungshilfe für die Antragstellerin bereits gesichert hat. In einem solchen Fall ist die Antragstellerin als Arbeitgeberin zwingend darauf angewiesen, ebenfalls einen Arrest zu erhalten, um die Vermögenswerte dann für sich selbst vereinnahmen zu können. Hat also die Staatsanwaltschaft für den verletzten Arbeitgeber Sicherungsmaßnahmen durchgeführt, muss der Arbeitgeber sich selbst zunächst einen zivilrechtlichen Titel in Form eines Arrestes einholen, um auf dieser Basis dann selbst Sicherungsmaßnahmen durchführen zu können. Allein dies entspricht auch der Systematik und dem Zweck der strafrechtlichen Rückgewinnungshilfe. Dabei ist der Arrestgrund im vorliegenden Fall zusätzlich noch dadurch verstärkt, dass ein Strafbefehl „in der Welt" ist und das Strafverfahren deshalb ganz kurzfristig beendet werden könnte. In diesem Fall müsste die Staatsanwaltschaft die gesicherten Werte unmittelbar freigeben, wodurch sie dem Zugriff der Antragstellerin entzogen würden.

V. Die Anträge

1. Antrag zu 2. *[→ C. Rn. 186]*

Die mit dem Antrag zu 2. angesprochene Lösungssumme ist gem. § 923 ZPO von Amts wegen festzusetzen.

2. Antrag zu 3.

Es ist zulässig, den Arrestantrag sogleich mit dem Antrag auf Erlass eines Pfändungsbeschlusses (als Vollziehung des erlassenen Arrestes) zu verbinden.

Wir bitten dabei, die Zustellung zu vermitteln an die Drittschuldnerin durch Gerichtsvollzieher persönlich mit der Aufforderung nach § 840 ZPO.

3. Antrag zu 4. (Hilfsantrag) *[→ C. Rn. 186]*

Nachdem durch den Erlass des Strafbefehls das Strafverfahren unmittelbar beendet werden könnte mit der Folge, dass die Vermögenswerte freizugeben wären, sind wir der Auffassung, dass der Arrest ohne mündliche Verhandlung und ohne Sicherheitsleistung erlassen werden sollte. Dies gilt insbesondere auch deshalb, weil auch die Staatsanwaltschaft von der Zahlung der Schmiergelder ausgeht und auch das Arbeitsgericht Braunschweig in seinem Urteil im Kündigungsschutzverfahren die Zahlung der Urteilsbegründung zugrunde gelegt hat.

Hilfsweise beantragen wir den Erlass des Arrestes dahingehend,

dass der Vollzug von einer Sicherheitsleistung abhängig gemacht wird.

§ 921 S. 2 ZPO ermöglicht es dem Gericht, die Anordnung des Arrestes von einer Sicherheitsleistung abhängig zu machen. Folgt das Gericht diesem Weg, müsste zunächst in einem Beschluss, welcher der Antragsgegnerin nicht zugestellt wird, festgestellt werden, dass der Arrestbefehl erst nach erfolgter Sicherheitsleistung ergehen soll. Es ist jedoch zulässig und in der Praxis weit verbreitet, den Arrest sofort anzuordnen und erst die Vollziehung von der Leistung der Sicherheit abhängig zu machen. Diese Vorschrift ermöglicht es, insbesondere auch dann einen

> Arrest zu erlassen, wenn der Arrestanspruch und der Arrestgrund nicht glaubhaft gemacht sind. Die Anordnung der Sicherheit ermöglicht es dem Gericht, sich mit einem geringeren, unterhalb der Glaubhaftmachung liegenden Grad an Wahrscheinlichkeit zu begnügen, wenn nur die Tatsachen, aus denen sich der Arrestanspruch und der Arrestgrund ergeben, bezeichnet sind.
>
> Dieses Verfahren ist in der Abwicklung praktischer und einfacher als zunächst Sicherheit zu verlangen und dann einen Arrest zu erlassen. Die Rechte der Antragsgegnerin sind in beiden Verfahren in gleicher Weise gewahrt.
>
> Rechtsanwalt

II. Arrestvollziehung

1. Grundlagen

189 Bei der Arrestvollziehung kommt es in erster Linie darauf an, innerhalb einer bestimmten Zeit erforderliche Maßnahmen zu ergreifen, um die **Sicherung der Vermögenswerte auf der Basis des Arrestbefehls** zu erreichen.[222] Die Einhaltung der gesetzlich vorgeschriebenen Fristen ist maßgebliches Ziel der Arrestvollziehung. Denn nach § 929 Abs. 2 ZPO muss die Arrestvollziehung innerhalb eines Monats erfolgen. Erlässt das Arbeitsgericht den Arrestbefehl ohne mündliche Verhandlung in Form eines Beschlusses, beginnt die Ein-Monats-Frist bereits dann, wenn der Beschluss (formlos) an den Arbeitgeber oder seine Prozessbevollmächtigten übergeben wird. In jedem Fall beginnt die Frist mit der von Amts wegen vorzunehmenden Zustellung des Arrestbefehls an den Arbeitgeber. Ergeht der Arrestbefehl hingegen in Form eines Urteils nach Durchführung einer mündlichen Verhandlung, beginnt die Ein-Monats-Frist des § 929 Abs. 2 ZPO hingegen mit Verkündung des Urteils (und nicht erst mit der Zustellung der Urteilsausfertigung).

190 Ergeht der Arrestbefehl in Form eines Beschlusses ohne mündliche Verhandlung, muss der Arbeitgeber dem Arbeitnehmer den Arrestbefehl nach § 929 Abs. 2 ZPO selbst im Parteibetrieb zustellen. Wurde der Arbeitnehmer im Arrestverfahren nicht durch einen Prozessbevollmächtigten vertreten, muss die **Zustellung** durch einen Gerichtsvollzieher an den Arbeitnehmer erfolgen. Hatte der Arbeitnehmer hingegen einen Prozessbevollmächtigten, so ist der Arrestbefehl nach § 172 ZPO an diesen zuzustellen. Selbst wenn der Arrestbefehl in Form eines Urteils ergeht, hat der Arbeitgeber dem Arbeitnehmer nach überwiegender Auffassung den Arrestbefehl gleichwohl selbst im Wege des Parteibetriebs zuzustellen. Um den Arbeitnehmer nicht unnötig durch die Zustellung zu warnen, ist es aus Sicht des Arbeitgebers selbstverständlich zweckmäßiger, den Arrest zu vollziehen, bevor der Arbeitnehmer hiervon durch die Zustellung Kenntnis erlangt. Diese Möglichkeit lässt das Gesetz in § 929 Abs. 3 ZPO ausdrücklich zu. Der Arbeitgeber muss den Arrestbefehl dann aber innerhalb einer Woche nach Vollziehung des Arrestbefehls an den Arbeitnehmer zustellen. Zudem darf zum Zeitpunkt der Zustellung auch noch nicht die Ein-Monats-Frist des § 929 Abs. 2 ZPO abgelaufen sein.

191 Sind die Vermögenswerte zuvor im Rahmen der **strafrechtlichen Rückgewinnungshilfe** durch die Strafverfolgungsbehörden gesichert worden, muss der Arbeitgeber die Zulassung der Arrestvollziehung gem. § 111g Abs. 2 StPO beantragen. In dem Antrag sollte ausdrücklich nicht nur auf § 111g Abs. 2 StPO Bezug genommen werden, sondern bei der Eintragung einer Arresthypothek zugleich auch auf § 111h Abs. 2 StPO. Durch den **Zulassungsbeschluss** tritt der Staat, der aufgrund seiner Beschlagnahme vorrangiger Pfändungspfandgläubiger ist, mit seinem Pfandrecht im Umfang der titulierten Forderung des Arbeitgebers hinter dessen Pfandrecht zurück.[223]

---

[222] Vgl. im Einzelnen dazu *Straube* DB 2008, 1744.
[223] *Straube* DB 2008, 1744.

2. Muster

a) Muster: Antrag auf Erlass eines Pfändungsbeschlusses

Arbeitsgericht Hannover
Ellernstr. 42
30175 Hannover

Antrag auf Erlass eines Pfändungsbeschlusses

Wegen der Ansprüche der Gläubigerin sowie wegen der Kosten für diesen Beschluss und seiner Zustellung werden,

1. die angeblichen Ansprüche der Schuldnerin gegen das Land Niedersachsen (Drittschuldnerin), vertr. d. d. Staatsanwaltschaft, diese vertr. d. d. leitende Oberstaatsanwältin, Frau Dr. ……, …… (Adresse) auf Herausgabe des

   – Kraftrades der Marke BMW, Typ: ……, FIN: ……, mit dem deutschen Kennzeichen ……, Erstzulassung: ……,
   – Pkw der Marke ……, Typ: ……, FIN: ……, mit dem deutschen Kennzeichen ……, Erstzulassung: ……,

   gepfändet. Zugleich wird angeordnet, dass das vorbezeichnete Kraftrad und der vorbezeichnete Pkw an einen von der Gläubigerin zu beauftragenden Gerichtsvollzieher herauszugeben sind;

2. Ferner werden die angeblichen Forderungen der Schuldnerin gegen die Drittschuldnerinnen:

   – Sparkasse Hannover, …… (Adresse),
   – Z-Bank, …… (Adresse),

   auf Zahlungen und Leistungen jeglicher Art aus den gesamten Geschäftsverbindungen, insbesondere gegenwärtig und zukünftig entstehender Guthaben bzw. gegenwärtig und zukünftig entstehender Salden aus den laufenden Rechnungen bestehender Geschäftsverbindungen, insbesondere:

   – des Depots Nr. ……,
   – des Geldkontos Nr. …… und
   – des Tagegeld-Plus-Kontos Nr. ……

   bei der Sparkasse Hannover, …… (Adresse),

   – des Geschäfts-Girokontos Nr. ……,
   – des Privat-Girokontos Nr. ……

   bei der Z-Bank, …… (Adresse),

   einschließlich aller Ansprüche aus zugrunde liegender Giroverträge, auf Auszahlung, Gutschrift oder Überweisung an die Schuldnerin und an Dritte von Kreditmitteln aus bereits abgeschlossenen und künftigen Kreditverträgen, auf Gutschrift aller künftigen Eingänge und auf fortlaufende Auszahlung der Guthaben sowie auf Durchführung von Überweisungen an Dritte, gepfändet.

3. Des Weiteren werden gepfändet die Ansprüche der Schuldnerin auf Zutritt zu Bankstahlfächern sowie Schließfächern und Mitwirkung bei der Öffnung zum Zwecke der Entnahme des Inhalts. Zugleich wird angeordnet, dass ein von der Gläubigerin zu beauftragender Gerichtsvollzieher an Stelle der Gläubigerin Zutritt zu den Schließfächern zu nehmen hat, um nach Öffnen der Fächer den Inhalt derselben für die Gläubigerin zu pfänden.

4. Den Drittschuldnerinnen wird verboten, an die Schuldnerin zu leisten, sobald gepfändet ist. Der Schuldnerin wird verboten, über die Forderung zu verfügen, insbesondere sie einzuziehen, sobald sie gepfändet sind.

Wir bitten, die Zustellung zu vermitteln an die Drittschuldnerinnen persönlich mit der Aufforderung nach § 840 ZPO.

Rechtsanwalt

b) Muster: Antrag auf Eintragung einer Arresthypothek

193

Amtsgericht Hannover
Volgersweg 1
30175 Hannover

Namens und kraft beigefügter Vollmacht der Gläubigerin beantragen wir,

eine Arresthypothek in Höhe von 130.000,00 EUR auf dem halben Miteigentumsanteil der Schuldnerin an dem Grundstück in Hannover, Fridolinstraße, eingetragen im Grundbuch von Hannover Blatt 2244, einzutragen.

c) Muster: Zulassung der Arrestvollziehung

194

Amtsgericht Hannover
Volgersweg 1
30175 Hannover

Namens und kraft beigefügter Vollmacht der Antragstellerin beantragen wir,

die Vollziehung des Arrestbefehles des Arbeitsgerichts Hannover vom 23.7.2011, Aktenzeichen – 1 Ga 4/11 –, zu Gunsten der Antragstellerin in das gesamte beschlagnahmte Vermögen der Beschuldigten gem. §§ 111g Abs. 2, 111h Abs. 2 StPO zuzulassen.

d) Muster: Antrag auf Rangänderung

195

Amtsgericht Hannover
Volgersweg 1
30175 Hannover

Namens und kraft beigefügter Vollmacht der Gläubigerin beantragen wir,

dass die zu Gunsten des Landes Niedersachsen am 24.4.2011 eingetragene Höchstbetragssicherungshypothek in Höhe von 120.000,00 EUR hinter dem Recht der Gläubigerin aus der zu ihren Gunsten am 1.8.2011 eingetragenen Höchstbetragssicherungshypothek in Höhe von 200.000,00 EUR im Rang zurücktritt.

6. Teil. Beschlussverfahren

Übersicht

	Rn.
I. Gesetzliche Vorgaben	196–198
II. Bestellung eines Wahlvorstands gem. § 17 Abs. 4 BetrVG	199, 200
1. Grundlagen	199
2. Muster: Antrag auf Bestellung eines Wahlvorstands	200
III. Wahlanfechtungsverfahren gem. § 19 BetrVG	201–207
1. Grundlagen	201–203
2. Muster	204–207
a) Muster: Antrag des Arbeitgebers auf Wahlanfechtung	204, 205
b) Muster: Replik des Betriebsrats	206
c) Muster: Duplik des Arbeitgebers	207
IV. Ausschluss eines Betriebsratsmitglieds gem. § 23 Abs. 1 BetrVG	208–211
1. Grundlagen	208–210
2. Muster: Antrag auf Ausschluss eines Betriebsratsmitglieds	211
V. Antrag auf Unterlassung gegen den Arbeitgeber gem. § 23 Abs. 3 BetrVG	212–214
1. Grundlagen	212, 213
2. Muster: Antrag auf Unterlassung gem. § 23 Abs. 3 BetrVG	214
VI. Erstattung von Schulungskosten gem. § 40 Abs. 1 BetrVG	215–218
1. Grundlagen	215–217
2. Muster: Antrag auf Erstattung von Schulungskosten	218
VII. Überlassung von sachlichen Hilfsmitteln gem. § 40 Abs. 2 BetrVG	219–221
1. Grundlagen	219, 220
2. Muster: Antrag auf Überlassung von sachlichen Hilfsmitteln	221
VIII. Personelle Einzelmaßnahmen gem. §§ 99 ff. BetrVG	222–225
1. Grundlagen	222, 223
2. Muster	224, 225
a) Muster: Antrag auf Zustimmungsersetzung gem. §§ 99, 100 BetrVG	224
b) Muster: Aufhebungsantrag gem. § 101 S. 1 BetrVG	225
IX. Zustimmungsersetzung gem. § 103 Abs. 2 BetrVG	226–233
1. Grundlagen	226–232
2. Muster: Antrag auf Zustimmungsersetzung gem. § 103 Abs. 2 BetrVG	233
X. Einigungsstelle	234–237
1. Grundlagen	234, 235
2. Muster	236, 237
a) Muster: Antrag auf Einsetzung einer Einigungsstelle gem. § 98 ArbGG	236
b) Muster: Antrag auf Feststellung der Unwirksamkeit eines Einigungsstellenspruchs gem. § 76 Abs. 5 S. 4 BetrVG	237

I. Gesetzliche Vorgaben

Das arbeitsgerichtliche Beschlussverfahren ist in den §§ 80–98 ArbGG geregelt. **196** Nach § 80 Abs. 1 ArbGG findet das Beschlussverfahren in den in § 2a ArbGG bezeichneten Fällen Anwendung, mithin insbesondere in Angelegenheiten aus dem BetrVG (§ 2a Abs. 1 Nr. 1 ArbGG). Das Beschlussverfahren wird gem. § 81 Abs. 1 ArbGG **nur auf Antrag eingeleitet.** Begrifflich kennt das Beschlussverfahren neben dem Antragsteller nur Beteiligte. Wer neben dem Antragsteller Beteiligter des Verfahrens ist, bestimmt sich nach § 83 Abs. 3 ArbGG. Dabei folgt die Beteiligtenstellung dem materiellen Recht. Hingegen kennt das Beschlussverfahren keinen förmlichen Antragsgegner.[224] Gleichwohl werden in der Praxis bestimmte Beteiligte regelmäßig als Antragsgegner bezeichnet. Um eine einheitliche und dem Gesetz entsprechende Terminologie zu verwenden, bietet es sich an, den Antragsteller als „Antragsteller und Beteiligter zu 1.", den Antragsgegner als „Antragsgegner und Beteiligten zu 2." und die weiteren Beteiligten als „Beteiligte zu 3., Beteiligte zu 4." usw. zu bezeichnen.[225]

Nach § 84 ArbGG **entscheidet das zuständige Arbeitsgericht durch Beschluss.** **197** Gegen den Beschluss findet gem. § 87 Abs. 1 ArbGG die Beschwerde an das Landesarbeitsgericht statt. § 87 Abs. 2 ArbGG verweist für das Beschwerdeverfahren auf die maßgebenden Vorschriften für das Berufungsverfahren. Das Landesarbeitsge-

---

[224] Vgl. hierzu BAG 23.1.2008 – 1 ABR 64/06, NZA 2008, 841; 20.4.1999 – 1 ABR 13/98, NZA 1999, 1235; 20.7.1982 – 1 ABR 19/81, AP BetrVG § 76 Nr. 26.
[225] Vgl. beispielsweise BAG 17.2.2010 – 7 ABR 89/08, AP BetrVG 1972 § 78a Nr. 53.

richt entscheidet über die Beschwerde gem. § 91 Abs. 1 ArbGG ebenfalls durch Beschluss. Gegen den das Verfahren beendenden Beschluss des Landesarbeitsgerichts findet gem. § 92 Abs. 1 ArbGG die Rechtsbeschwerde an das BAG statt, wenn sie in dem Beschluss des Landesarbeitsgerichts oder in einem Beschluss des BAG aufgrund einer Nichtzulassungsbeschwerde nach § 92a S. 2 ArbGG zugelassen ist. Für das Rechtsbeschwerdeverfahren verweisen §§ 92, 92a ArbGG auf die maßgebenden Vorschriften für das Revisionsverfahren.

198 Für die **Zwangsvollstreckung** verweist § 85 Abs. 1 ArbGG auf die ZPO. Gleiches gilt im Hinblick auf die Möglichkeit einer einstweiligen Verfügung gem. § 85 Abs. 2 ArbGG.

II. Bestellung eines Wahlvorstands gem. § 17 Abs. 4 BetrVG

1. Grundlagen

199 Die Leitung einer Betriebsratswahl obliegt gem. § 1 Wahlordnung (WO) dem Wahlvorstand. Die Bestellung des Wahlvorstands für die Betriebsratswahl ist abhängig davon, ob es sich um einen bisher betriebsratslosen Betrieb handelt oder bereits ein Betriebsrat gebildet ist.[226] Besteht in einem Betrieb bereits ein Betriebsrat, kommt eine Bestellung des Wahlvorstandes durch das Arbeitsgericht gem. § 16 Abs. 2 BetrVG in Betracht. Besteht in dem Betrieb noch kein Betriebsrat, kann das Arbeitsgericht den Wahlvorstand unter den Voraussetzungen des § 17 Abs. 4 BetrVG bestellen. Danach bestellt das Arbeitsgericht einen Wahlvorstand auf Antrag von mindestens drei wahlberechtigten Arbeitnehmern oder einer im Betrieb vertretenen Gewerkschaft,[227] wenn trotz Einladung keine Betriebsversammlung stattfindet oder die Betriebsversammlung keinen Wahlvorstand wählt.

2. Muster: Antrag auf Bestellung eines Wahlvorstands

200

Arbeitsgericht Hannover
Ellernstr. 42
30175 Hannover

Antrag auf Einleitung eines Beschlussverfahrens [→ C. Rn. 199]

1. der Frau Susanne Peters, Ostfeldstr. 42, 30559 Hannover
   – Antragstellerin und Beteiligte zu 1. –
2. der Frau Beatrice Meier, Hoher Weg 7, 30446 Hannover
   – Antragstellerin und Beteiligte zu 2. –
3. des Herrn Peter Schulte, Lange Str. 5, 30468 Hannover
   – Antragsteller und Beteiligter zu 3. –

Prozessbevollmächtigte: Rechtsanwälte Müller, Siebrechtstr. 29, 30558 Hannover

gegen

die A-GmbH, vertr. d. d. Geschäftsführer, Herrn Michael Schulz, Kaiserstr. 23, 30788 Hannover
– Antragsgegnerin und Beteiligte zu 4. –

Namens und im Auftrag der Antragsteller und Beteiligten zu 1. bis 3. bitten wir um Einleitung eines Beschlussverfahrens und beantragen,

1. die Antragstellerin und Beteiligte zu 1. als Vorsitzende und die Antragsteller und Beteiligten zu 2. und 3. als Beisitzende eines aus drei Personen bestehenden Wahlvorstands zur Durchführung der Betriebsratswahl zu ernennen;

---

[226] Vgl. hierzu im Einzelnen Schaub/*Koch*, ArbR-HdB, § 217.
[227] Zu dem Antrag einer Gewerkschaft s. BAG 10.11.2004 – 7 ABR 19/04, NZA 2005, 426.

> 2. als Ersatzmitglied für die Vorsitzende wird die Antragstellerin und Beteiligte zu 2., als Ersatzmitglieder für die Beisitzer werden die Arbeitnehmer, Herr Julian Kiene, Landstr. 7, 30778 Hannover und Frau Maria Schneider, Tiergartenstr. 2, 30557 Hannover, bestellt.
>
> Die Antragsteller und Beteiligten zu 1. bis 3. begehren die Bestellung eines Wahlvorstandes gem. § 17 Abs. 4 BetrVG.
>
> **I. Zulässigkeit des Antrags**
>
> Die drei Antragsteller und Beteiligten zu 1. bis 3. sind wahlberechtigte Arbeitnehmer und damit antragsbefugt gem. § 17 Abs. 4 BetrVG.
>
> **II. Begründetheit des Antrags**
>
> Die Antragsgegnerin und Beteiligte zu 4. beschäftigt 50 Arbeitnehmer. Sie ist daher gem. § 1 BetrVG betriebsratspflichtig. Ein Betriebsrat besteht bislang nicht.
>
> Die Antragsteller und Beteiligten zu 1. bis 3. haben am 17.9.2011 zu einer Betriebsversammlung eingeladen, um in dem bislang betriebsratslosen Betrieb einen Wahlvorstand zur Durchführung einer Betriebsratswahl wählen zu lassen. An der Betriebsversammlung nahmen 40 Arbeitnehmer der Antragsgegnerin und Beteiligten zu 4. teil, ohne jedoch einen Wahlvorstand zu wählen.
>
> Daher ist der Wahlvorstand gem. § 17 Abs. 4 S. 1 BetrVG durch das Arbeitsgericht zu bestellen.
>
> Rechtsanwalt

III. Wahlanfechtungsverfahren gem. § 19 BetrVG
1. Grundlagen

Eine Betriebsratswahl kann mit **Rechtsmängeln** behaftet sein. Diese führen grundsätzlich nicht zur Nichtigkeit, sondern nur zur **Anfechtbarkeit der Wahl**. Ist die Wahl nichtig, kann die Nichtigkeit zu jeder Zeit auch als Vorfrage in einem arbeitsgerichtlichen Verfahren geltend gemacht werden. Dagegen wird durch die Wahlanfechtung das Amt des Betriebsrats erst für die Zukunft beseitigt. Die Fehlerhaftigkeit der Wahl kann nur binnen einer Frist von zwei Wochen seit Bekanntgabe des Wahlergebnisses in einem besonderen Verfahren geltend gemacht werden. Bildet die Frage der Nichtigkeit die einzige Streitfrage, kann auch deren Feststellung im Beschlussverfahren erfolgen. In dem Antrag, die Betriebsratswahl für unwirksam zu erklären, liegt nicht nur deren Anfechtung, sondern auch der Antrag auf Feststellung einer etwaigen Nichtigkeit.[228] **201**

Das **praktische Problem für den Arbeitgeber** besteht darin, dass auch bei der Anfechtung einer Betriebsratswahl dieser solange im Amt bleibt, bis rechtskräftig feststeht, dass die Betriebsratswahl unwirksam war. Der Betriebsrat hat bis dahin alle sich ergebenden Rechte und Pflichten, so beispielsweise auch das Recht auf Fortbildung. Er ist, soweit Mitbestimmungsrechte bestehen, zu beteiligen. **202**

Wird der Wahlanfechtung durch **rechtskräftigen Beschluss des Arbeitsgerichts** stattgegeben, besteht für die Zukunft ein Betriebsrat nicht mehr. Betriebsverfassungsrechtliche Handlungen eines aus der anfechtbaren Wahl hervorgegangenen Betriebsrats bleiben aber wirksam. Mit der rechtskräftigen Anfechtung der Betriebsratswahl verlieren die Betriebsratsmitglieder ihren Kündigungsschutz nach § 15 KSchG, § 103 BetrVG. Da § 23 Abs. 2 BetrVG weder direkt noch entsprechend anzuwenden ist, muss die Neuwahl des Betriebsrats neu eingeleitet werden. Der aufgelöste Betriebsrat führt die Amtsgeschäfte nicht kommissarisch weiter und kann auch keinen Wahlvorstand einsetzen. **203**

---

[228] Zur Anfechtung einer Betriebsratswahl und den Gründen vgl. ausführlich Schaub/*Koch*, ArbR-HdB, § 218 Rn. 11 ff. mzN.

2. Muster
a) Muster: Antrag des Arbeitgebers auf Wahlanfechtung

204 **Hinweis:**
Die Anfechtung einer Betriebsratswahl soll anhand des nachfolgenden Musters deutlich gemacht werden. Es geht um einen Betrieb, bei dem Arbeitgeber und Betriebsrat sich darüber streiten, ob mehr oder weniger als 50 Arbeitnehmer beschäftigt werden. Es wurde ein vereinfachtes Wahlverfahren durchgeführt. Ob eine Einigung mit dem Arbeitgeber dazu vorlag, ist zwischen den Parteien streitig.

205

Arbeitsgericht Hannover
Ellernstr. 42
30175 Hannover

Antrag auf Entscheidung im Beschlussverfahren

der A-GmbH, gesetzl. vertr. d. d. Geschäftsführer, Herrn Michael Schulz, Kaiserstr. 23, 30788 Hannover

– Antragstellerin und Beteiligte zu 1. –

Prozessbevollmächtigte: Rechtsanwälte Meier, Sonnenstr. 25, 30775 Hannover

gegen

den Betriebsrat der A-GmbH, gesetzl. vertr. d. d. Betriebsratsvorsitzende, Frau Susanne Peters, Kaiserstr. 23, 30788 Hannover

– Antragsgegner und Beteiligter zu 2. –

bitten wir um Einleitung eines Beschlussverfahrens. Wir werden namens und in Vollmacht der Antragstellerin und Beteiligten zu 1. beantragen,

festzustellen, dass die im Betrieb der Antragstellerin und Beteiligten zu 1. am 14.2.2011 durchgeführte Betriebsratswahl rechtsunwirksam ist.

Die Parteien streiten um die Anfechtung einer Betriebsratswahl.

I. Sachverhalt

Die Antragstellerin und Beteiligte zu 1. unterhält in Hannover einen Betrieb, in dem im weitesten Sinne Bauteile für die Automobilbranche hergestellt werden.

Die Antragstellerin und Beteiligte zu 1. hat im Jahre 2010 in erheblichem Umfang Personal abgebaut. Dieser Personalabbau stellt eine Betriebsänderung im Sinne von § 111 BetrVG dar. Die Antragstellerin und Beteiligte zu 1. und der Betriebsrat haben über einen Interessenausgleich und Sozialplan verhandelt und sind nach mehreren Sozialplanverhandlungen am 23.7.2010 zu einem Ergebnis gekommen. Das Ergebnis ist eine Betriebsvereinbarung zum Interessenausgleich und Sozialplan mit Namensliste. Eine Ablichtung der Vereinbarung fügen wir als **Anlage 1** bei.

Diese Betriebsänderung hatte zur Folge, dass von vormals 123 Arbeitnehmern insgesamt 37 Arbeitnehmer abgebaut werden mussten.

Nach dem Personalabbau verbleiben bei der Antragstellerin und Beteiligten zu 1. noch 86 Arbeitnehmer und vier leitende Angestellte iSv § 5 Abs. 3 BetrVG. Von den 86 wahlberechtigten Arbeitnehmern treten allerdings eine Reihe im Jahr 2012 aus dem Arbeitsverhältnis aus.

Dies liegt daran, dass nach der Betriebsänderung Arbeitnehmern gekündigt worden ist. Die gekündigten Arbeitnehmer haben zum Teil extrem lange Kündigungsfristen, so dass die Arbeitsverhältnisse erst im Jahre 2013 enden. Ferner gibt es eine Reihe von Arbeitnehmern, die Sonderkündigungsschutz haben, so dass erst nach Zustimmung der jeweiligen Behörden die Kündigungen ausgesprochen wurden.

Von den 86 wahlberechtigten Arbeitnehmern scheiden im Jahr 2012 aus:

...... *(Es folgen die Namen von 38 Arbeitnehmern nebst Ausscheidensdaten.)* ......

Beweis: Zeugnis von Frau Beatrice Meier, zu laden über die Antragstellerin und Beteiligte zu 1.

Das bedeutet, dass von den vormals 86 Arbeitnehmern per 30.6.2012 nur noch 48 Arbeitnehmer im Unternehmen verbleiben. Sind alle Arbeitnehmer nach Ablauf der Kündigungsfristen ausgeschieden, und dies wird spätestens am 30.6.2013 der Fall sein, verbleiben nur noch 27 Arbeitnehmer, die in dem Betrieb in Hannover tätig sind.

Diese Tatsache ist nichts Neues. Sämtliche Namen der zu kündigenden Arbeitnehmer finden sich auch im Interessenausgleich in der Namensliste.

Der Wahlvorstand hat ein Wahlausschreiben erlassen, nach dem die Betriebsratswahl im vereinfachten Wahlverfahren durchgeführt werden soll. Eine Ablichtung des Wahlausschreibens fügen wir als **Anlage 2** bei. Daraus ergibt sich zunächst, dass der Wahlvorstand von 86 Arbeitnehmern ausgeht und ausgehend von dieser Zahl fünf Betriebsratsmitglieder wählen lassen wollte – und um das Ergebnis vorweg zu nehmen – dies auch getan hat. Der Betriebsrat hat die Wahl nach dem vereinfachten Wahlverfahren für Kleinbetriebe nach § 14a BetrVG durchführen lassen. Diesem vereinfachten Wahlverfahren hat die Beteiligte zu 1. nicht zugestimmt.

Dies ergibt sich in aller Eindeutigkeit aus einem Schreiben vom 5.2.2011, das der Geschäftsführer der Antragstellerin und Beteiligten zu 1. an die frühere Betriebsratsvorsitzende der Antragsgegnerin und Beteiligten zu 2. sowie den Wahlvorstandsvorsitzenden, Herrn Schulte, übersandt hat. Dies war vor Bestellung des Wahlvorstands und Einleitung des Wahlverfahrens. In diesem Schreiben vom 5.2.2011, von dem wir jeweils eine Ablichtung als **Anlagenkonvolut 3** beifügen, hat der Geschäftsführer, Herr Michael Schulz, darauf hingewiesen,

– dass zu viele Betriebsratsmitglieder gewählt werden, da von einer zu großen Arbeitnehmeranzahl ausgegangen wird sowie
– wenn man schon von einer größeren Arbeitnehmeranzahl ausgeht, das vereinfachte Wahlverfahren nicht zulässig ist und dass der Arbeitgeber diesem nicht zustimmt.

Der Antragstellerin und Beteiligten zu 1. wurde am 15.2.2011 die Niederschrift über die geführte Wahl übermittelt. Eine Ablichtung fügen wir als **Anlage 4** bei. Daraus ergibt sich, dass fünf Betriebsratsmitglieder gewählt worden sind, hinzu kommen drei Ersatzmitglieder. Mit Schreiben vom 15.2.2011 schließlich, beigefügt als **Anlage 5,** wurde der Antragstellerin und Beteiligten zu 1. das Wahlergebnis bekannt gegeben.

Gegen die Betriebsratswahl wendet sich die Antragstellerin und Beteiligte zu 1. im vorliegenden Beschlussverfahren.

II. Rechtliche Würdigung

Dem Antrag ist zu entsprechen, da die Betriebsratswahl offensichtlich nicht den gesetzlichen Vorgaben entsprach, und zwar insbesondere in zweierlei Hinsicht:

1. Vereinfachtes Wahlverfahren

Ein vereinfachtes Wahlverfahren ist ohne Zustimmung des Arbeitgebers nur in Kleinbetrieben mit bis zu 50 Arbeitnehmern zulässig. Im Wahlausschreiben wird von 86 Arbeitnehmern ausgegangen. Nach der eigenen Prämisse des Wahlvorstands hätte daher ein vereinfachtes Wahlverfahren nicht durchgeführt werden dürfen. Wird ein falsches Wahlverfahren wie im vorliegenden Fall zugrunde gelegt, handelt es sich um einen eklatanten Verstoß gegen Vorschriften über das Wahlverfahren, der zur Anfechtbarkeit der Betriebsratswahl führt.

– vgl. BAG, Beschluss v. 19.11.2003 – 7 ABR 24/03 – = AP Nr. 54 zu § 19 BetrVG 1972 –

2. Arbeitnehmeranzahl

Der Antragsgegner und Beteiligte zu 2. ist von einer unzutreffenden Arbeitnehmeranzahl ausgegangen und hat aufgrund dessen eine zu hohe Anzahl von Betriebsratsmitgliedern gewählt.

Bei der Wahl der Arbeitnehmer ist abzustellen auf die in der Regel Beschäftigten. Dabei handelt es sich um eine Prognoseentscheidung, bei der der Wahlvorstand – zugegebenermaßen – einen gewissen Beurteilungsspielraum hat. Im Rahmen seines Beurteilungsspielraums darf der Wahlvorstand den Regelstand ebenso wenig ohne weiteres mit dem Ist-Stand bei Erlass des Wahlausschreibens gleichsetzen wie mit der Zahl der in der Vergangenheit regelmäßig Beschäftigten.

– vgl. BAG, Beschluss v. 7.5.2008 – 7 ABR 17/07 – = AP Nr. 12 zu § 9 BetrVG 1972;
– BAG, Beschluss v. 15.3.2006 – 7 ABR 39/05 – = EzAÜG Nr. 93 BetrVG;
– BAG, Beschluss v. 16.4.2003 – 7 ABR 53/02 – = AP Nr. 1 zu § 9 BetrVG 2002;
– BAG, Beschluss v. 29.5.1991 – 7 ABR 27/90 – = AP Nr. 1 zu § 17 BPersVG –

Schwankungen bleiben unberücksichtigt, die erkennbar auf vorübergehender zeitbedingter Arbeitshäufung wie beispielsweise einer Inventur, einem Ausverkauf, Festtagen oder entsprechendem Arbeitsrückgang beruhen. In der Regel bedeutet auch nicht durchschnittlich, deshalb kommt es auf eine Jahresdurchschnittszahl nicht an.

– vgl. GK-BetrVG/Kreutz, 9. Auflage 2010, § 9 Rn. 10 –

Zu berücksichtigen sind Prognosen für die Zukunft, soweit sie auf betrieblichen Fakten oder konkreten Entscheidungen des Arbeitgebers beruhen. Dazu zählen beispielsweise ein Personalabbau oder eine Personalaufstockung im Rahmen einer konkreten Personalplanung, an der der Betriebsrat beteiligt worden ist oder geplante Entlassungen aufgrund eines Interessenausgleichs oder eines Interessenausgleichs mit Sozialplan. Dies gilt selbst dann, wenn einzelne Arbeitnehmer eine Kündigungsschutzklage angekündigt haben. Demnach ist vom Wahlvorstand die zukünftige Entwicklung zu beachten, soweit der Arbeitgeber konkrete Veränderungsentscheidungen getroffen hat.

– vgl. LAG München, Beschluss v. 24.7.2007 – 6 TaBV 3/07 – = zitiert nach Juris;
– LAG Hamburg, Beschluss v. 26.4.2006 – 6 TaBV 6/06 – = NZA-RR 2006, 413;
– GK-BetrVG/Kreutz, 9. Auflage 2010, § 9 Rn. 10 –

Für den vorliegenden Fall bedeutet dies: Es liegt ein Interessenausgleich nebst Sozialplan vor. Dieser enthält eine Namensliste. Danach ist die Anzahl der Arbeitnehmer, die das Unternehmen verlassen werden, offensichtlich. Da der Antragsgegner und Beteiligte zu 2. zu den Kündigungen aller Arbeitnehmer angehört worden ist, kennt er auch die Arbeitnehmer, die austreten nebst Beendigungsdaten, so dass diese Tatsachen kein großes „Geheimnis" sind. Der Antragsgegner und Beteiligte zu 2. weiß auch, dass von allen diesen Verfahren insgesamt nur eine Kündigungsschutzklage rechtshängig ist (Arbeitsgericht Hannover, Az.: 1 Ca 308/11).

Straube

Das bedeutet, dass die überwiegende Anzahl der Arbeitsverhältnisse mit Ausspruch der Kündigung und Ablauf der Kündigungsfristen rechtskräftig beendet ist.

Diese ganzen Tatsachen hätten im Rahmen der Prognoseentscheidung berücksichtigt werden müssen. Der Wahlvorstand hat dies nicht getan. Das Wahlverfahren leidet offensichtlich an einem wesentlichen Mangel iSv § 19 Abs. 1 BetrVG. Denn es wurden zu viele Betriebsratsmitglieder gewählt, da von zu vielen wahlberechtigten Arbeitnehmern ausgegangen worden ist. Es ist nunmehr aber unbestrittene Auffassung in der Rechtsprechung, dass die Wahl von zu vielen Betriebsratsmitgliedern die Anfechtung einer Betriebsratswahl rechtfertigt.

- vgl. BAG, Beschluss v. 29.5.1991 – 7 ABR 67/90 – = AP Nr. 2 zu § 9 BetrVG 1972;
- BAG, Beschluss v. 12.10.1976 – 1 ABR 1/76 – = AP Nr. 1 zu § 8 BetrVG 1972 –

Das bedeutet insgesamt, dass die Betriebsratswahl unzweifelhaft rechtsunwirksam ist.

3. Sonstige Verfahrensmängel

Das Wahlverfahren sowie das Wahlergebnis leiden, wie wir in den vorstehenden Erwägungen bereits deutlich gemacht haben, an Mängeln. Die Antragstellerin und Beteiligte zu 1. weiß aber nicht, welche Mängel sonst noch vorhanden sind. Vor diesem Hintergrund beantragen wir in Übereinstimmung mit der Rechtsprechung des Bundesarbeitsgerichts,

dem Antragsgegner und Beteiligten zu 2. aufzugeben, die Wahlunterlagen herauszugeben,

hilfsweise der Antragstellerin und Beteiligten zu 1. zur Einsicht zur Verfügung zu stellen, damit das Wahlverfahren im Hinblick auf formelle Mängel im Einzelnen überprüft werden kann.

Die Antragstellerin und Beteiligte zu 1. als Arbeitgeberin hat ansonsten keine Möglichkeit, weitere Ausführungen zu der formellen Ordnungsgemäßheit oder auch Nichtordnungsgemäßheit der Wahl zu machen.

Auf allen oben aufgeführten Wahlverstößen beruht die Betriebsratswahl. Diese wäre anders ausgegangen, wenn die oben von uns aufgeführten Prämissen beachtet worden wären.

Nun ist auch der Antragstellerin und Beteiligten zu 1. bekannt, dass ein rechtsunwirksam gewählter Betriebsrat bis zur rechtskräftigen Entscheidung über die Wahlanfechtung im Amt ist. Dass dies zu Spannungen innerhalb des Unternehmens führt, liegt ebenfalls auf der Hand. Vor diesem Hintergrund wären wir verbunden, wenn möglichst kurzfristig ein Termin zur Entscheidung in dieser Angelegenheit anberaumt werden könnte. Da eine gütliche Einigung bei zwingenden Verfahrensfragen, wie im vorliegenden Fall, kaum in Betracht kommen dürfte, wären wir verbunden, wenn direkt ein Kammertermin anberaumt und die Angelegenheit entschieden werden könnte.

Wir bitten, wie beantragt zu entscheiden.

Rechtsanwalt

b) Muster: Replik des Betriebsrats

Arbeitsgericht Hannover
Ellernstr. 42
30175 Hannover

206
☞ 421

Straube

In dem Beschlussverfahren

1. der A-GmbH
2. Betriebsrat der A-GmbH
– 2 BV 56/10 –

teile ich mit, dass ich den Antragsgegner und Beteiligten zu 2. vertrete und erwidere auf die Antragsschrift wie folgt:

1.

Der Antragsgegner und Beteiligte zu 2. ist zu Recht von einer Arbeitnehmerzahl von mindestens 50 bei im Zeitpunkt der Durchführung der Betriebsratswahl noch 86 wahlberechtigten Arbeitnehmern ausgegangen. Dies ist belegt durch das Schreiben der Antragstellerin und Beteiligten zu 1. vom 5.2.2011 (Anlage zur Antragsschrift). Danach verbleiben im Unternehmen auch nach dem von der Antragstellerin und Beteiligten zu 1. als Stichtag angenommenen 30.6.2012 noch mindestens 51 Mitarbeiter. Die im Schreiben der Antragstellerin und Beteiligten zu 1. vom 5.2.2011 benannten Mitarbeiter Sabine Beier, Hans Richter und Jan Dahlke sind keine leitenden Angestellten iSv § 5 Abs. 3 BetrVG.

2.

Auf der Grundlage des Schreibens der Antragstellerin und Beteiligten zu 1. vom 31.1.2011 sind der Antragsgegner und Beteiligte zu 2. und der Wahlvorstand von einem konkludenten Einverständnis der Antragstellerin und Beteiligten zu 1. mit einer Durchführung der Wahl im vereinfachten Wahlverfahren nach § 14 a Abs. 5 BetrVG ausgegangen.

Im Schreiben war für Betriebsrat und Wahlvorstand nicht, wie in der Antragsschrift zu entnehmen, erkennbar, dass der Arbeitgeber dem vereinfachten Wahlverfahren nicht zustimmt. Der Antragsgegner und Beteiligte zu 2. und der Wahlvorstand sind davon ausgegangen, dass ein konkludentes Einverständnis vorliegt, wobei nach dem Beurteilungsspielraum vom Antragsgegner und Beteiligten zu 2. und Wahlvorstand die Anzahl der zu berücksichtigenden beschäftigten Mitarbeiter 50 oder mehr ist.

Beweis: Zeugnis von Herrn Peter Zieger, zu laden über die Antragstellerin und Beteiligte zu 1.

3.

Einsicht in die Wahlakten kann nach entsprechender Terminabsprache erfolgen. Ich teile dies gleichzeitig den Verfahrensbevollmächtigten der Antragstellerin und Beteiligten zu 1. mit.

Rechtsanwalt

c) Muster: Duplik des Arbeitgebers

In dem Beschlussverfahren
1. der A-GmbH
2. Betriebsrat der A-GmbH
– 2 BV 56/10 –

erwidern wir auf den Schriftsatz vom 14.3.2011 wie folgt:

1. Arbeitnehmeranzahl

Seine Ansicht zur Arbeitnehmeranzahl hat der Antragsgegner und Beteiligte zu 2. gegenüber dem Betriebsrat bereits mit Schreiben vom 15.1.2011, von dem wir eine Ablichtung als **Anlage 6** beifügen, kundgetan. Daraus ergibt sich, dass Herr Michael Schulz als Geschäftsführer Organvertreter, und damit kein Arbeitnehmer ist. Frau Sabine Beier ist Leiterin der Personalabteilung, Herr Hans Richter ist Leiter der Abteilung IT, Herr Jan Dahlke ist Betriebsleiter. Aus Sicht des Antragsgegners und Beteiligten zu 2. handelt es sich um leitende Angestellte im Sinne von § 5 Abs. 3 BetrVG.

2. Vereinfachtes Wahlverfahren

Die Voraussetzung für das vereinfachte Wahlverfahren ist, dass Wahlvorstand und Arbeitgeber entweder eine ausdrückliche oder eine denkbare konkludente Vereinbarung getroffen haben. Der – so das Bundesarbeitsgericht – in § 14a Abs. 5 BetrVG normierte Vertrag betriebsverfassungsrechtlicher Art bedarf korrespondierender Willenserklärungen von Wahlvorstand und Arbeitgeberin. Dabei kommt dem Schweigen keine Willenserklärung zu.

– vgl. BAG, Beschluss v. 19.11.2003 – 7 ABR 24/03 – = zitiert nach juris unter dort Randziffer 19 –

Irgendwelche Anhaltspunkte, dass der Arbeitgeber von einem konkludenten Einverständnis ausgeht bzw. der Wahlvorstand von einem solchen ausgehen konnte, gab es nicht. Im Gegenteil: Die Antragstellerin und Beteiligte zu 1. hat immer wieder deutlich gemacht, dass sie mit einer Betriebsratswahl nicht einverstanden ist, in der mehr als drei Betriebsratsmitglieder gewählt werden.

Wir bitten, wie beantragt zu entscheiden.

Rechtsanwalt

IV. Ausschluss eines Betriebsratsmitglieds gem. § 23 Abs. 1 BetrVG

1. Grundlagen

208 § 23 Abs. 1 BetrVG bestimmt abschließend, aufgrund wessen Antrags und unter welchen Voraussetzungen der Betriebsrat aufgelöst (Antrag: „Beantragen wir, den Betriebsrat der A-GmbH aufzulösen") oder ein Betriebsratsmitglied seines Amtes enthoben werden kann.[229]

209 Im Hinblick auf die Amtsenthebung eines Betriebsratsmitglieds sind **antragsbefugt**:
– mindestens ein Viertel der wahlberechtigten Arbeitnehmer,
– der Arbeitgeber,
– eine im Betrieb vertretene Gewerkschaft und
– der Betriebsrat.

210 Ein den Ausschluss eines Betriebsratsmitglieds rechtfertigender grober Verstoß gegen gesetzliche Pflichten liegt dann vor, wenn diese **Pflichtverletzung objektiv erheblich und offensichtlich schwerwiegend** ist. Ein solcher Verstoß ist anzunehmen, wenn unter Berücksichtigung aller Umstände die weitere Amtsausübung des Betriebsratsmitglieds untragbar erscheint.[230] Das arbeitsgerichtliche Erkenntnisverfahren nach § 23 Abs. 1 BetrVG ist dabei auf ein zukünftiges Verhalten des Betriebsrats, nicht aber auf Sanktionen gegen ihn gerichtet. Der Antrag ist auf den Ausschluss des Betriebsratsmitglieds zu richten. Der Antrag auf Amtsenthebung gem. § 23 Abs. 1 BetrVG kann mit einem **Antrag auf**

---
[229] Vgl. zu den Voraussetzungen im Einzelnen: Schaub/*Koch*, ArbR-HdB, § 219 Rn. 19 ff.
[230] Hess. LAG 11.12.2008 – 9 TaBV 141/08, BeckRS 2011, 71710; Schaub/*Koch*, ArbR-HdB, § 219 Rn. 20 ff.

Ersetzung der Zustimmung zur außerordentlichen Kündigung des Betriebsratsmitglieds gem. § 103 Abs. 2 BetrVG verbunden werden. Dabei ist wie folgt zu unterscheiden: Wenn dem Betriebsratsmitglied lediglich die Verletzung einer Amtspflicht zum Vorwurf gemacht wird, ist die Kündigung unzulässig und nur ein Ausschlussverfahren nach § 23 Abs. 1 BetrVG möglich. Sofern eine Handlung sowohl eine Amtspflichtverletzung als auch einen Verstoß gegen die Pflicht aus dem Arbeitsverhältnis darstellt oder die Vertragsverletzung nur deshalb eingetreten ist, weil der Arbeitnehmer als Betriebsratsmitglied tätig geworden ist, dann kann ein wichtiger Grund im Sinne des § 626 Abs. 1 BGB vorliegen.[231] Bei Vorliegen der Voraussetzung kann der Antrag auf Ersetzung der Zustimmung zur außerordentlichen Kündigung nach § 103 Abs. 2 BetrVG dann zugleich mit dem Antrag auf Ausschluss des Betriebsratsmitglieds gem. § 23 Abs. 1 BetrVG kumulativ oder auch hilfsweise verbunden werden. Liegt mithin nach Ansicht des Arbeitgebers im Verhalten des Betriebsratsmitglieds nicht nur eine Verletzung arbeitsvertraglicher Pflichten, sondern zugleich eine Verletzung von betriebsverfassungsrechtlichen Pflichten, so kann der Arbeitgeber neben dem Zustimmungsersetzungsantrag nach § 103 Abs. 2 BetrVG auch einen Antrag nach § 23 Abs. 1 BetrVG stellen.[232]

2. Muster: Antrag auf Ausschluss eines Betriebsratsmitglieds[233]

211

Arbeitsgericht Hannover
Ellernstr. 42
30175 Hannover

Antrag auf Einleitung eines Beschlussverfahrens

1. der A-GmbH, vertr. d. d. Geschäftsführer, Herrn Michael Schulz, Kaiserstr. 23, 30788 Hannover

– Antragstellerin und Beteiligte zu 1. –

Prozessbevollmächtigte: Rechtsanwälte Meier, Sonnenstr. 25, 30775 Hannover

gegen

2. den Betriebsrat der A-GmbH, vertr. d. d. Betriebsratsvorsitzende, Frau Susanne Peters, Kaiserstr. 23, 30788 Hannover

– Antragsgegner und Beteiligter zu 2. –

3. das Betriebsratsmitglied Egon Müller, Sandweg 2, 30448 Hannover

– Beteiligter zu 3. –

Namens und in Vollmacht der Antragstellerin und Beteiligten zu 1. bitten wir um Einleitung eines Beschlussverfahrens und beantragen,

den Beteiligten zu 3. aus dem Betriebsrat der A-GmbH, Objekt B, auszuschließen. [→ C. Rn. 210]

I. Sachverhalt

1. Die Antragstellerin und Beteiligte zu 1.

Die zu 1. beteiligte Arbeitgeberin ist ein Unternehmen der Gebäudereinigungsbranche. Sie führt im Auftrag der C-GmbH die Reinigung eines Gebäudes, in dem sich eine Großküche befindet, durch.

---

[231] LAG Baden-Württemberg 23.11.2007 – 7 Sa 118/06, BeckRS 2010, 67397.
[232] LAG Hamm 20.3.2009 – 10 TaBV 149/08, BeckRS 2009, 72938; LAG Hamm 9.2.2007 – 10 TaBV 54/06, ArbuR 2007, 316.
[233] Das Muster basiert auf der Entscheidung des Hess. LAG 11.12.2008 – 9 TaBV 141/08, BeckRS 2011, 71710.

2. Der Antragsgegner und Beteiligte zu 2.

Die Arbeitgeberin begehrt den Ausschluss des Beteiligten zu 3. aus dem in diesem Objekt gewählten dreiköpfigen Betriebsrat, den Antragsgegner und Beteiligten zu 2., dessen Vorsitzender der Beteiligte zu 3. ist.

3. Der Beteiligte zu 3.

Der am 25.12.1962 geborene, verheiratete Beteiligte zu 3. ist seit Oktober 2000 bei der Antragstellerin und Beteiligten zu 1. im Objekt B beschäftigt. Seine monatliche Bruttovergütung beträgt EUR 1.450,00. Er gehört dem Beteiligten zu 2. seit dem 2.6.2004 ununterbrochen an.

4. Grober Verstoß vertraglicher Pflichten

Bei der Antragstellerin und Beteiligten zu 1. ist vom 1.2.2010 bis zum 31.12.2010 aufgrund befristeten Vertrags die türkischsprachige Mitarbeiterin Yilmaz als Reinigungskraft beschäftigt. Am 15.11.2010 ging bei der Antragstellerin und Beteiligten zu 1. ein Telefaxschreiben der Zeugin Yilmaz mit Datum des 14.11.2010 ein, in dem diese mitteilte, der Beteiligte zu 3., der sie eingestellt habe, belästige sie seit dem Beginn ihrer Beschäftigung bei der Antragstellerin und Beteiligten zu 1. sexuell. Er habe eine Gegenleistung für ihre Einstellung gefordert, habe auf der Arbeitsstelle wiederholt versucht, sie anzufassen und habe ihr mehrfach erklärt, nur wenn sie sich auf sexuelle Kontakte mit ihm einlasse, schließe er mit ihr einen Festvertrag. Die Belästigungen seien so stark geworden, dass sie keine andere Möglichkeit mehr gesehen habe, als sich bei der Antragstellerin und Beteiligten zu 1. zu melden.

Beweis: 1. Zeugnis der Frau Bütün Yilmaz, Steinstr. 23, 30778 Hannover;
2. Telefax vom 14.11.2010 **(Anlage 1)**.

Unter dem Datum des 30.11.2010 gab die Zeugin im Büro des auch türkischsprachigen Prozessbevollmächtigten der Antragstellerin und Beteiligten zu 1., dem Zeugen Meier, eine eidesstattliche Versicherung ab, mit der sie versicherte, der Beteiligte zu 3. habe wiederholt versucht, sie auf der Arbeitsstelle anzufassen und ihr gegen Ende der Befristungszeit angeboten, er werde sich für ihre unbefristete Übernahme einsetzen, sofern sie sich ihm sexuell hingebe.

Beweis: 1. Zeugnis der Frau Yilmaz, b. b.;
2. Zeugnis des Rechtsanwalts Meier, Sonnenstr. 25, 30775 Hannover;
3. Eidesstattliche Versicherung vom 30.11.2010 **(Anlage 2)**.

II. Rechtliche Würdigung

Der Ausschließungsantrag der Antragstellerin und Beteiligten zu 1. ist zulässig und begründet.

1. Zulässigkeit des Ausschließungsantrags

Die Antragstellerin und Beteiligte zu 1. ist antragsbefugt. Im Beschlussverfahren ist ein Beteiligter nur insoweit antragsbefugt, als er eigene Rechte geltend macht. Regelmäßig kann nur derjenige ein gerichtliches Verfahren einleiten, der vorträgt, Träger des streitbefangenen Rechts zu sein. Im Beschlussverfahren ist die Antragsbefugnis deshalb nur gegeben, wenn der Antragsteller durch die begehrte Entscheidung in seiner betriebsverfassungsrechtlichen Rechtsposition betroffen werden kann. Dies ist regelmäßig nur der Fall, wenn er eigene Rechte geltend macht. Die Antragstellerin und Beteiligte zu 1. macht mit ihrem Ausschließungsantrag eigene

> Rechte geltend. Die Antragstellerin und Beteiligte zu 1. hat ein eigenes Antragsrecht, weil sie es nicht hinnehmen kann, dass in ihrem Betrieb der Betriebsratsvorsitzende gegenüber einer Arbeitnehmerin seine tatsächlichen oder vermeintlichen Bemühungen um deren Vertragsverlängerung von sexuellen Gegenleistungen abhängig macht. § 75 BetrVG gebietet ihr sogar ein Eingreifen, wenn sie sich nicht selbst eine Verletzung ihrer Pflichten aus dieser Vorschrift vorwerfen lassen will. Den Amtsmissbrauch des Beteiligten zu 3. muss die Antragstellerin und Beteiligte zu 1. in ihrem Betrieb nicht hinnehmen. Sie hat ihre Beschäftigten davor zu schützen.
>
> **2. Begründetheit des Ausschließungsantrags** [→ C. Rn. 210]
>
> Ein den Ausschluss eines Betriebsratsmitglieds rechtfertigender grober Verstoß gegen gesetzliche Pflichten liegt dann vor, wenn diese Pflichtverletzung objektiv erheblich und offensichtlich schwerwiegend ist. Ein solcher Verstoß ist bei der massiven sexuellen Belästigung der Zeugin Yilmaz durch den Beteiligten zu 3. anzunehmen, da er sein Betriebsratsamt und die damit in den Augen der Beschäftigten verbundenen Einflussmöglichkeiten missbraucht hat, um von der Zeugin Yilmaz eine sexuelle Hingabe zu fordern. Dabei spielt es keine Rolle, in welchem Umfang der Beteiligte zu 3. tatsächlich Einfluss auf die Einstellung der Zeugin Yilmaz und deren Umwandlung in ein unbefristetes Arbeitsverhältnis hatte. Denn der Betriebsrat, dessen Mitglied der Beteiligte zu 3. ist, hat nach § 99 BetrVG im erheblichen Umfang Einfluss auf Einstellungen. In vielen Fällen sehen Arbeitgeber für den Fall, dass der Betriebsrat der Einstellung widerspricht, von einem aufwendigen Zustimmungsersetzungsverfahren ab, insbesondere, wenn wie in der Reinigungsbranche das Angebot an Arbeitskräften groß ist. Entscheidend ist, dass der Beteiligte zu 3. bei der Zeugin diesen Eindruck erweckt und verstärkt hat. In Folge dieses Amtsmissbrauchs ist der Beteiligte zu 3. als Betriebsratsmitglied nicht mehr tragbar. Dabei besteht für das zukünftig zu erwartende Verhalten des Beteiligten zu 3. eine deutliche Negativprognose. Die Nachhaltigkeit der sexuellen Verfolgung begründet eine deutliche Wiederholungsgefahr und belegt die Befürchtung, der Beteiligte zu 3. werde sich auch zukünftig gegenüber anderen Arbeitnehmerinnen derart verhalten.
>
> Rechtsanwalt

V. Antrag auf Unterlassung gegen den Arbeitgeber gem. § 23 Abs. 3 BetrVG

1. Grundlagen

212 Nach der Auffassung des BAG steht dem Betriebsrat jedenfalls **bei Verletzung eines Mitbestimmungsrechts** aus § 87 BetrVG (soziale Angelegenheiten) ein allgemeiner Unterlassungsanspruch gegenüber dem Arbeitgeber zu. Hingegen hat das BAG außerhalb der sozialen Mitbestimmung bislang offen gelassen, ob auch insoweit ein allgemeiner Unterlassungsanspruch besteht.[234] Besteht kein allgemeiner Unterlassungsanspruch, steht dem Betriebsrat jedenfalls bei groben Verstößen des Arbeitgebers gegen seine Verpflichtung aus dem BetrVG ein Unterlassungsanspruch nach § 23 Abs. 3 BetrVG zu. Ein grober Verstoß iSd Norm liegt vor, wenn es sich um eine objektiv erhebliche und offensichtlich schwerwiegende Pflichtverletzung handelt, wobei es auf ein Verschulden nicht ankommt. Ein grober Verstoß des Arbeitgebers kommt hingegen nicht in Betracht, wenn er seine Rechtsposition in einer schwierigen und ungeklärten Rechtsfrage verteidigt.[235]

213 Nach § 23 Abs. 3 S. 2 BetrVG ist Zwangsmittel das **Ordnungsgeld.** Dabei ist der Arbeitgeber auf Antrag vom Arbeitsgericht wegen jeder Zuwiderhandlung zu einem Ordnungsgeld zu verurteilen, allerdings erst nach vorheriger Androhung. Die Androhung

---
[234] Vgl. hierzu im Einzelnen: Schaub/*Koch*, ArbR-HdB, § 219 Rn. 41 ff.
[235] BAG 19.1.2010 – 1 ABR 55/08, NZA 2010, 659.

kann bereits in dem ursprünglichen Beschluss über die Unterlassung aufgenommen werden.[236] Der Betriebsrat kann deshalb sogleich die Unterlassung unter Androhung des Ordnungsgeldes beantragen. Handelt der Arbeitgeber der daraufhin erlassenen Entscheidung des Arbeitsgerichts zuwider, muss der Betriebsrat dann beim Arbeitsgericht die Festsetzung des Ordnungsgeldes beantragen. Das Höchstmaß des Ordnungsgeldes beträgt gem. § 23 Abs. 3 S. 5 BetrVG 10.000,00 EUR („Es wird beantragt, gegen den Arbeitgeber ein Ordnungsgeld in Höhe von ...... EUR festzusetzen.").

2. Muster: Antrag auf Unterlassung gem. § 23 Abs. 3 BetrVG[237]

Arbeitsgericht Hannover
Ellernstr. 42
30175 Hannover

Antrag auf Einleitung eines Beschlussverfahrens

1. des Betriebsrats der A-GmbH, vertr. d. d. Betriebsratsvorsitzende, Frau Susanne Peters, Kaiserstr. 23, 30788 Hannover

　　　　　　　　　　　　　　　　– Antragsteller und Beteiligter zu 1. –

Prozessbevollmächtigte: Rechtsanwälte Müller, Siebrechtstr. 29, 30558 Hannover

gegen

2. die A-GmbH, vertr. d. d. Geschäftsführer, Herrn Michael Schulz, Kaiserstr. 23, 30788 Hannover

　　　　　　　　　　　　　　　　– Antragsgegnerin und Beteiligte zu 2. –

Namens und in Vollmacht des Antragstellers und Beteiligten zu 1. bitten wir um Einleitung eines Beschlussverfahrens und beantragen,

der Antragsgegnerin und Beteiligten zu 2. für jeden Fall der Zuwiderhandlung unter Androhung eines Ordnungsgeldes in Höhe von bis zu 10.000,00 EUR zu untersagen, Arbeitnehmer in einer anderen Filiale ohne vorherige Beteiligung des Antragstellers und Beteiligten zu 1. zu beschäftigen, wenn der Einsatz voraussichtlich die Zeitdauer von einem Monat überschreiten soll, es sei denn, die Antragsgegnerin und Beteiligte zu 2. macht sachliche Gründe, die eine solche Maßnahme dringend erforderlich machen, geltend und leitet, falls der Antragsteller und Beteiligte zu 1. dies bestreitet, hiernach innerhalb von drei Tagen das arbeitsgerichtliche Verfahren nach § 100 BetrVG ein.

Die Parteien streiten über einen Anspruch auf Unterlassung bestimmter personeller Einzelmaßnahmen.

I. Sachverhalt

Die Antragsgegnerin und Beteiligte zu 2. erbringt Finanzdienstleistungen. Der Antragsteller und Beteiligte zu 1. ist der aufgrund eines Zuordnungstarifvertrages für den Regionalbetrieb Hannover gebildete Betriebsrat.

Die zuständige Filialgebietsleitung Hannover beabsichtigte Anfang März 2010 einen „Ringtausch", der in ihren Filialen in Garbsen, Lehrte und Hannover eingesetzten Beamten Berger und Lampe sowie der Arbeitnehmerin Krüger vorzunehmen. Anlass hierfür war, dass sich Herr Berger mit der Führung der Masterkasse in der Filiale Garbsen überfordert fühlte und auf seine Umsetzung drängte. Herr Berger sollte zunächst vom 1.4.2010 bis zum 30.6.2010 in der Filiale Hannover eingesetzt werden und Frau Krüger von Hannover nach Lehrte sowie Herr Lampe von Lehrte nach Garbsen umgesetzt werden.

---
[236] Schaub/*Koch*, ArbR-HdB, § 219 Rn. 39.
[237] Das Muster basiert auf der Entscheidung des BAG 19.1.2010 – 1 ABR 55/08, NZA 2010, 659.

Die Filialgebietsleitung Hannover unterrichtete die Personalabteilung der Antragsgegnerin und Beteiligten zu 2. am 12.3.2010 über den beabsichtigten Wechsel der Einsatzfilialen. Da der Antrag nach Ansicht der Personalabteilung in der nächsten turnusmäßigen Betriebsratssitzung nicht mehr behandelt werden konnte, sollten die Maßnahmen nach der Betriebsratsvorlage vom 14.3.2010 erst ab dem 16.4.2010 vorgenommen werden. Tatsächlich führte sie der zuständige Regionalgebietsleiter bereits am 19.3.2010 durch.

II. Rechtliche Würdigung

Der Antrag ist begründet. Die Antragsgegnerin und Beteiligte zu 2. hat die Arbeitnehmerin Krüger ohne die erforderliche Zustimmung des Antragstellers und Beteiligten zu 1. von der Filiale Hannover in die Filiale Lehrte versetzt und damit grob gegen ihre Pflicht aus dem Betriebsverfassungsgesetz verstoßen.

Nach § 23 Abs. 3 S. 1 BetrVG kann der Betriebsrat dem Arbeitnehmer bei einem groben Verstoß gegen seine Verpflichtung aus dem Betriebsverfassungsgesetz durch das Arbeitsgericht aufgeben lassen, eine Handlung zu unterlassen. Diese Voraussetzungen liegen vor. [→ C. Rn. 212]

Die Antragsgegnerin und Beteiligte zu 2. hat den Betriebsrat bei dem ab dem 19.3.2010 durchgeführten „Ringtausch" nicht beteiligt. Der Betriebsrat war jedenfalls hinsichtlich der Arbeitnehmerin Krüger nach § 99 Abs. 1 S. 1, § 95 Abs. 3 S. 1 Alt. 1 BetrVG zu beteiligen. Die mit dem Wechsel der Einsatzfiliale verbundene Zuweisung eines anderen Arbeitsbereichs war bis zum 30.6.2010 und damit für die Dauer von mehr als einem Monat vorgesehen. Dies wird von der Antragsgegnerin und Beteiligten zu 2. nicht in Frage gestellt; ein Mitbestimmungsrecht des Antragstellers und Beteiligten zu 1. war somit unzweifelhaft gegeben.

Der Pflichtverstoß der Antragsgegnerin und Beteiligten zu 2. war auch grob im Sinne des § 23 Abs. 3 S. 1 BetrVG. Die unterbliebene Beteiligung des Antragstellers und Beteiligten zu 1. führt dazu, dass dieser über die Ausübung seines Zustimmungsverweigerungsrechts nicht befinden konnte. Die Antragsgegnerin und Beteiligte zu 2. konnte auch nicht ernsthaft in Betracht ziehen, das Beteiligungsrecht sei aufgrund eines Notfalls entfallen. Das Bestehen einer solchen Ausnahmesituation hat die Antragsgegnerin und Beteiligte zu 2. in Bezug auf den in Aussicht genommenen „Ringtausch" auch nicht behauptet. Der Wunsch des Arbeitnehmers Berger stellt jedenfalls einen solchen Notfall nicht dar.

Auch die Ansicht der Personalabteilung, der Antrag habe in der nächsten turnusmäßigen Betriebsratssitzung nicht mehr behandelt werden können, steht dem Unterlassungsbegehren ebenfalls nicht entgegen. Denn das Beteiligungsrecht aus § 99 Abs. 1 S. 1 BetrVG ist bei Beschlussunfähigkeit des Betriebsrats oder seiner fehlenden Erreichbarkeit nicht eingeschränkt oder ausgeschlossen. Nach § 100 Abs. 1 und Abs. 2 BetrVG kann der Arbeitgeber eine personelle Einzelmaßnahme im Sinne des § 99 Abs. 1 S. 1 BetrVG zunächst ohne die Zustimmung des Betriebsrats vornehmen. Das Gesetz verlangt dafür neben der Aufklärung des Arbeitnehmers über die Sach- und Rechtslage (§ 100 Abs. 1 S. 2 BetrVG) lediglich die unverzügliche Unterrichtung des Betriebsrats über die vorläufige Durchführung (§ 100 Abs. 2 S. 1 BetrVG). Mit dieser Regelung wird dem Interesse des Arbeitgebers an der Vornahme einer dringend notwendigen personellen Einzelmaßnahme ausreichend Rechnung getragen. Einer weitergehenden Beschränkung der in §§ 99 ff. BetrVG normierten Beteiligungsrechte bedarf es offenkundig nicht.

Rechtsanwalt

VI. Erstattung von Schulungskosten gem. § 40 Abs. 1 BetrVG
1. Grundlagen

Gem. § 40 Abs. 1 BetrVG hat der Arbeitgeber die durch die Tätigkeit des Betriebs- **215** rats entstehenden Kosten zu tragen. Hierzu gehören insbesondere Reise- und Übernachtungskosten, Rechtsverfolgungskosten[238] sowie Kosten für Schulungsveranstaltungen gem. § 37 Abs. 6 und Abs. 7 BetrVG.[239] Kosten, die anlässlich der Teilnahme eines Betriebsratsmitglieds an einer Schulungsveranstaltung nach § 37 Abs. 6 BetrVG entstanden sind, sind vom Arbeitgeber gem. § 40 Abs. 1 BetrVG nur dann zu erstatten, wenn das bei der Schulung vermittelte Wissen für die Betriebsratsarbeit erforderlich ist. Nach § 37 Abs. 6 S. 1 BetrVG ist die Vermittlung von Kenntnissen erforderlich, wenn sie unter Berücksichtigung der konkreten Verhältnisse im Betriebsrat und für den Betriebsrat notwendig sind, damit der Betriebsrat seine gegenwärtigen oder in naher Zukunft anstehenden Aufgaben sach- und fachgerecht erfüllen kann.[240] Ob ein Betriebsratsmitglied zu einer Schulungsveranstaltung entsandt werden soll, entscheidet der Betriebsrat. Dabei hat er unter Berücksichtigung der konkreten betrieblichen Umstände insbesondere zu prüfen, ob die Teilnahme für die zu erwerbenden Kenntnisse erforderlich ist iSv § 37 Abs. 6 S. 1 BetrVG.[241] Der Arbeitgeber hat nur diejenigen Schulungskosten zu tragen, die auf einen entsprechenden **ordnungsgemäßen Betriebsratsbeschluss** zurückgehen.[242]

Beschließt ein Betriebsrat durch ordnungsgemäß gefassten Beschluss die Teilnahme **216** eines Betriebsratsmitglieds an einer Schulungsveranstaltung iSv § 37 Abs. 6 BetrVG, ist das Betriebsratsmitglied befugt, der Arbeit fernzubleiben, ohne dass es noch einer dahingehenden Freistellungserklärung des Arbeitgebers bedarf. Ist die Teilnahme erforderlich, entfällt automatisch die **Verpflichtung des Betriebsratsmitglieds zur Arbeitsleistung**; ist sie es nicht, bleibt die Verpflichtung bestehen. Der Arbeitgeber löst dadurch, dass er die Erforderlichkeit der Teilnahme an einer Schulungsveranstaltung bestreitet, keine Teilnahmesperre aus. Ein Feststellungsantrag des Betriebsrats und der beteiligten Betriebsratsmitglieder auf Freistellung von der Verpflichtung zur Arbeit für die Zeit der Seminarveranstaltung ist daher idR unzulässig.[243] Bestreitet der Arbeitgeber hingegen die Ordnungsgemäßheit des zugrunde liegenden Betriebsratsbeschlusses oder die Erforderlichkeit der Schulungsveranstaltung und zahlt daraufhin dem Betriebsratsmitglied für die Zeit der Schulungsmaßnahme keine Vergütung, muss das Betriebsratsmitglied eine Klage auf Zahlung der Vergütung erheben. In diesem Verfahren ist dann die Ordnungsgemäßheit des Betriebsratsbeschlusses und die Erforderlichkeit der Schulungsmaßnahme zu überprüfen.[244] Der Betriebsrat und auch die einzelnen betroffenen Betriebsratsmitglieder haben aber auch die Möglichkeit, eine Klage auf Feststellung zu erheben, dass die Teilnahme eines Betriebsratsmitglieds an einer Schulungsveranstaltung erforderlich ist. Ein dahingehender Feststellungsantrag ist aber nur zulässig, wenn die Schulungsveranstaltung hinreichend konkret benannt ist, insbesondere ihre zeitliche Lage und der Ort der Schulungsveranstaltung angegeben sind.[245]

Hinsichtlich der Kosten für die Schulungsveranstaltung selbst entsteht der **Erstat-** **217** **tungsanspruch** gem. § 40 Abs. 1 BetrVG entweder als ein auf Zahlung an einen Dritten gerichteter Leistungsanspruch oder als ein auf Freistellung von einer Verbindlichkeit gegenüber einem Dritten gerichteter Anspruch („…… beantragen wir, die Arbeitgeberin zu verpflichten, das Betriebsratsmitglied Frau Müller von den Schu-

---

[238] Hier ist ggf. eine Abgrenzung im Hinblick auf § 80 Abs. 3 BetrVG vorzunehmen, vgl. hierzu: Schaub/ Koch, ArbR-HdB, § 222 Rn. 7a; Richardi/Thüsing, BetrVG, § 40 Rn. 26.
[239] Vgl. zu den Kosten des Betriebsrats insgesamt Schaub/Koch, ArbR-HdB, § 222.
[240] Vgl. hierzu BAG 17.11.2010 – 7 ABR 113/09, NZA 2011, 816; 12.1.2011 – 7 ABR 94/09, NZA 2011, 813.
[241] BAG 17.11.2010 – 7 ABR 113/09, NZA 2011, 816.
[242] Schaub/Koch, ArbR-HdB, § 222 Rn. 5a, 25a.
[243] So LAG Hamm 17.9.2010 – 10 TaBV 26/10, BeckRS 2011, 67980.
[244] BAG 7.5.2008 – 7 AZR 90/07, NZA-RR 2009, 195.
[245] BAG 12.1.2011 – 7 ABR 94/09, NZA 2011, 813.

lungskosten für das vom 1.9. bis 7.9.2011 in Hannover im Hotel Dorint stattfindende Rhetorik-Seminar des Schulungsträgers A-Akademie für Arbeits- und Sozialrecht R-GmbH in Höhe von 750,00 EUR freizustellen."[246]). Erfüllt das Betriebsratsmitglied den Anspruch des Dritten (zB durch Zahlung an einen Schulungsveranstalter), wandelt sich der Freistellungsanspruch in einen Erstattungsanspruch gegen den Arbeitgeber um.[247] Sowohl der Betriebsrat als auch das einzelne betroffene Betriebsratsmitglied sind berechtigt und damit antragsbefugt, die Erstattung der dem einzelnen Betriebsratsmitglied entstandenen Kosten gegenüber dem Arbeitgeber geltend zu machen.[248] In den Verfahren des Betriebsrats ist das einzelne betroffene Betriebsratsmitglied notwendiger Beteiligter.[249]

2. Muster: Antrag auf Erstattung von Schulungskosten[250]

Arbeitsgericht Hannover
Ellernstr. 42
30175 Hannover

Antrag auf Einleitung eines Beschlussverfahrens

1. des Betriebsratsmitglieds, Herrn Gerald Schulte, Ostfeldstr. 42, 30559 Hannover
– Antragsteller und Beteiligter zu 1. –
2. des Betriebsrats der A-GmbH, vertr. d. d. Betriebsratsvorsitzende, Frau Susanne Peters, Kaiserstr. 23, 30788 Hannover
– Antragsteller und Beteiligter zu 2. –
Prozessbevollmächtigte: Rechtsanwälte Müller, Siebrechtstr. 29, 30558 Hannover

gegen

3. die A-GmbH, vertr. d. d. Geschäftsführer, Herrn Michael Schulz, Kaiserstr. 23, 30788 Hannover
– Antragsgegnerin und Beteiligte zu 3. –

Namens und im Auftrag der Antragsteller und Beteiligten zu 1. und 2. bitten wir um Einleitung eines Beschlussverfahrens. Wir beantragen,

die Antragsgegnerin und Beteiligte zu 3. zu verpflichten, dem Antragsteller und Beteiligten zu 1. 750,00 EUR nebst Zinsen in Höhe von 5% über dem Basiszinssatz seit dem 1.11.2011 zu erstatten.

I. Sachverhalt

Die zu 3. beteiligte Arbeitgeberin stellt Schuhe her und hat ein Produktionswerk in Hannover. Der Antragsteller und Beteiligte zu 2. ist der erstmals im Sommer 2011 gewählte, dreiköpfige Betriebsrat. Der Antragsteller und Beteiligte zu 1. ist Mitglied dieses Betriebsrats.

Der Antragsteller und Beteiligte zu 1. nahm im September 2011 an einem Seminar mit dem Titel „Einführung in die Betriebsratstätigkeit" teil. Themen des Seminars waren die Rechtsstellung des Betriebsrats und der einzelnen Betriebsratsmitglieder gegenüber dem Arbeitgeber, die interne Organisation der Betriebsratstätigkeit, Grundbegriffe der Betriebsverfassung, Beteiligungsrecht und Durchsetzungsmög-

---

[246] Nach BAG 12.1.2011 – 7 ABR 94/09, NZA 2011, 813, muss der auf Freistellung von den Seminarkosten gerichtete Antrag die zeitliche Lage, den Ort der Seminarveranstaltung und die – nach Art und konkreter Höhe aufgeschlüsselten – Schulungskosten beinhalten.
[247] Schaub/*Koch*, ArbR-HdB, § 222 Rn. 25a.
[248] BAG 16.1.2008 – 7 ABR 71/06, NZA 2008, 546.
[249] Schaub/*Koch*, ArbR-HdB, § 222 Rn. 25b.
[250] Das Muster basiert auf der Entscheidung des BAG 17.11.2010 – 7 ABR 113/09, NZA 2011, 816.

lichkeiten des Betriebsrats, Gewerkschaft im Betrieb, Gewerkschaften und Betriebsrat sowie Informationsansprüche der Belegschaft.

Der Antragsteller und Beteiligte zu 2. beschloss am 22.10.2011, den Antragsteller und Beteiligten zu 1. in der Zeit vom 1.11. bis 4.11.2011 zu dem Seminar des Instituts zur Fortbildung von Betriebsräten mit dem Thema „Von der Einstellung bis zur Kündigung" im Marriot Hotel in Hamburg zu entsenden. Gegenstände des Seminars waren Einstellung, Eingruppierung, Umgruppierung, Versetzung, Kündigungsarten, Kündigungsschutz, die Beteiligung des Betriebsrats an Kündigungen und das Kündigungsschutzverfahren vor dem Arbeitsgericht. Der Antragsteller und Beteiligte zu 2. teilte der Antragsgegnerin und Beteiligten zu 3. die Entsendung unter dem 25.10.2011 mit. Die Antragsgegnerin und Beteiligte zu 3. wies einen Antrag des Antragstellers und Beteiligten zu 1. auf Reisekostenvorschuss zurück. Der Antragsteller und Beteiligte zu 1. nahm dennoch an dem Seminar teil. Er beglich die Seminarkosten von 1.400,00 EUR und die Hotelkosten von 300,00 EUR. Ihm entstanden Reisekosten von 50,00 EUR. Die Antragsgegnerin und Beteiligte zu 3. lehnte es ab, die Kosten zu übernehmen.

II. Rechtliche Würdigung

Neben dem Antragsteller und Beteiligten zu 1. als Mitglied des Antragstellers und Beteiligten zu 2. ist auch der Antragsteller und Beteiligte zu 2. antragsbefugt.

Nach ständiger Rechtsprechung des BAG gehören zu den Kosten des Betriebsrats auch die Schulungskosten seiner Mitglieder. Soweit einzelne Betriebsratmitglieder für den Besuch betriebsverfassungsrechtlicher Schulungsveranstaltungen Zahlungsverpflichtungen eingegangen sind, ist der Betriebsrat als Gremium berechtigt, den Arbeitgeber auf Kostenerstattung an das Einzelmitglied in Anspruch zu nehmen.
[→ C. Rn. 217, → B. Rn. 59 ff.]

Die Antragsgegnerin und Beteiligte zu 3. ist nach § 40 Abs. 1, § 37 Abs. 6 S. 1 BetrVG verpflichtet, dem Antragsteller und Beteiligten zu 1. die Schulungs-, Unterbringungs-, Verpflegungs- und Reisekosten zu erstatten, die ihm für die Teilnahme an dem Seminar „Von der Einstellung bis zur Kündigung" in der Zeit vom 1.11. bis 4.11.2011 entstanden sind. Der Antragsteller und Beteiligte zu 2. durfte die Teilnahme des Antragstellers und Beteiligten zu 2. an der Seminarveranstaltung für erforderlich halten. Auch die Höhe der Schulungskosten ist rechtsbeschwerderechtlich nicht zu beanstanden.

Nach § 40 Abs. 1 BetrVG hat der Arbeitgeber die durch die Tätigkeit des Betriebsrats entstehenden Kosten zu tragen. Dazu gehören die Kosten, die anlässlich der Teilnahme eines Betriebsratsmitglieds an einer Schulungsveranstaltung nach § 37 Abs. 6 BetrVG entstanden sind, sofern das bei der Schulung vermittelte Wissen für die Betriebsratsarbeit erforderlich ist. Erforderlich sind die Kenntnisse, wenn sie unter Berücksichtigung der konkreten Verhältnisse im Betrieb und im Betriebsrat notwendig sind, damit der Betriebsrat seine gegenwärtigen oder in naher Zukunft anstehenden Aufgaben sach- oder fachgerecht erfüllen kann. Dazu muss ein aktueller oder absehbarer betrieblicher oder betriebsratsbezogener Anlass dargelegt werden, aus dem sich der Schulungsbedarf ergibt. Dies gilt allerdings nicht bei erstmals gewählten Betriebsratsmitgliedern. Bei diesen braucht die Schulungsbedürftigkeit nicht näher dargelegt zu werden, denn Grundkenntnisse im Betriebsverfassungsrecht, im allgemeinen Arbeitsrecht oder im Bereich der Arbeitssicherheit oder Unfallverhütung müssen vermittelt werden. [→ C. Rn. 215, → B. Rn. 51 ff.]

Danach musste der Antragsteller und Beteiligte zu 2. nicht gesondert einen aktuellen oder absehbaren betrieblichen oder betriebsratsbezogenen Schulungsbedarf darlegen. Der Antragsteller und Beteiligte zu 1. verfügte bis zum Zeitpunkt des Entsendungsbeschlusses vom 22.10.2011 noch nicht über das notwendige Grundwissen für die Ausübung seiner Betriebsratsaufgaben. Dem steht nicht entgegen, dass er im September 2011 an dem Seminar „Einführung in die Betriebsratstätigkeit" teilgenommen hatte. Die Themen dieser Schulungsveranstaltung überschnitten sich nur sehr allgemein in zwei Punkten mit Gegenständen des nun umstrittenen Seminars: Den Grundbegriffen der Betriebsverfassung sowie den Beteiligungsrechten und Durchsetzungsmöglichen des Betriebsrats. Die Fragen der personellen Einzelmaßnahmen und der Beteiligung des Betriebsrats an Kündigungen wurden nicht im Einzelnen behandelt. Im Hinblick auf die Schulungsinhalte „Rechtstellung des Betriebsrats und der einzelnen Betriebsratsmitglieder gegenüber dem Arbeitgeber", „Interne Organisation der Betriebsratstätigkeit", „Gewerkschaften und Betrieb", „Gewerkschaften und Betriebsrat" sowie „Informationsansprüche der Belegschaft" bestanden keine Themenüberschneidungen.

Die Antragsgegnerin und Beteiligte zu 3. hat daher die geltend gemachten Kosten zu erstatten.

Rechtsanwalt

VII. Überlassung von sachlichen Hilfsmitteln gem. § 40 Abs. 2 BetrVG

1. Grundlagen

219 Gem. § 40 Abs. 2 BetrVG hat der Arbeitgeber den Betriebsrat die **für die Betriebsratstätigkeit notwendigen sachlichen Hilfsmittel** bereitzustellen. Die Prüfung, ob ein von ihm verlangtes Sachmittel zur Erledigung von Betriebsratsaufgaben erforderlich und vom Arbeitgeber zur Verfügung zu stellen ist, obliegt dem Betriebsrat. Die Entscheidung hierüber darf der Betriebsrat aber nicht allein an seinen subjektiven Bedürfnissen ausrichten. Von ihm wird vielmehr verlangt, dass er die betrieblichen Verhältnisse und die sich ihm stellenden Aufgaben berücksichtigt. Dabei hat er die Interessen der Belegschaft an einer sachgerechten Ausübung des Betriebsratsamts und berechtigte Interessen des Arbeitgebers, auch soweit sie auf eine Begrenzung der Kostentragungspflicht gerichtet sind, gegeneinander abzuwägen.[251]

220 Der **Antrag des Betriebsrats** in einem gerichtlichen Verfahren ist unmittelbar auf die Zurverfügungstellung zu richten. Dabei unterliegt aber die Entscheidung des Betriebsrats über die Erforderlichkeit des verlangten Sachmittels der arbeitsgerichtlichen Kontrolle. Dieses ist auf die Prüfung beschränkt, ob das verlangte Sachmittel aufgrund der konkreten betrieblichen Situation der Erledigung der gesetzlichen Aufgaben des Betriebsrats dient und der Betriebsrat bei seiner Entscheidung nicht nur die Interessen der Belegschaft berücksichtigt, sondern auch berechtigten Interessen des Arbeitgebers Rechnung getragen hat. Dient das jeweilige Sachmittel der Erledigung betriebsverfassungsrechtlicher Aufgaben und hält sich die Interessenabwägung des Betriebsrats im Rahmen seines Beurteilungsspielraums, kann das Gericht die Entscheidung des Betriebsrats nicht durch seine eigene ersetzen.[252]

2. Muster: Antrag auf Überlassung von sachlichen Hilfsmitteln[253]

221
426
Arbeitsgericht Hannover
Ellernstr. 42
30175 Hannover

Antrag auf Einleitung eines Beschlussverfahrens

1. des Betriebsrats der A-GmbH, vertr. d. d. Betriebsratsvorsitzende, Frau Susanne Peters, Kaiserstr. 23, 30788 Hannover

---

[251] BAG 17.2.2010 – 7 ABR 81/09, NZA-RR 2010, 413; Schaub/Koch, ArbR-HdB, § 222 Rn. 15 ff.
[252] BAG 17.2.2010 – 7 ABR 81/09, NZA-RR 2010, 413.
[253] Das Muster beruht auf der Entscheidung des BAG 17.2.2010 – 7 ABR 81/09, NZA-RR 2010, 413.

– Antragsteller und Beteiligter zu 1. –
Prozessbevollmächtigte: Rechtsanwälte Müller, Siebrechtstr. 29, 30558 Hannover

gegen

2. die A-GmbH, vertr. d. d. Geschäftsführer, Herrn Michael Schulz, Kaiserstr. 23, 30788 Hannover

– Antragsgegnerin und Beteiligte zu 2. –

Namens und in Vollmacht des Antragstellers und Beteiligten zu 1. bitten wir um Einleitung eines Beschlussverfahrens und beantragen,

der Antragsgegnerin und Beteiligten zu 2. aufzugeben, dem Antragsteller und Beteiligten zu 1. einen Internetzugang zur Nutzung im Betriebsratsbüro einzurichten.

I. Sachverhalt

Die Antragsgegnerin und Beteiligte zu 2. ist ein bundesweit tätiges Einzelhandelsunternehmen mit Sitz in Hannover. Sie betreibt in Deutschland mehr als 300 Filialen, in denen Bekleidungsartikel und Accessoires verkauft werden. Der Antragsteller und Beteiligte zu 1. ist der in Hannover gebildete Betriebsrat. Er verfügt über einen mit einem persönlichen Laufwerk zur Datenspeicherung, einem Zugang zum Intranet der Antragsgegnerin und Beteiligten zu 2. sowie einem Office-Standardpaket ausgerüsteten Personalcomputer. Außerdem hat er als einziger PC-Nutzer der Filiale einen E-Mail-Account und kann daher E-Mails empfangen und versenden. Einen Zugang zum World-Wide-Web (Internet) hat der Antragsteller und Beteiligte zu 1. nicht. Die Leiterin der Filiale Hannover verfügt weder über einen PC noch einen Internetzugang. Im Unternehmen der Antragsgegnerin und Beteiligten zu 2. haben die Mitglieder des Gesamtbetriebsausschusses und die Mitarbeiter der in Hannover ansässigen Personalabteilung einen Internetanschluss.

Der Antragsteller und Beteiligte zu 1. hat die Antragsgegnerin und Beteiligte zu 2. in der Vergangenheit mehrfach aufgefordert, ihm einen Internetzugang einzurichten. Die Antragsgegnerin und Beteiligte zu 2. lehnt dies ab. Es ist deshalb die Einleitung eines Beschlussverfahrens erforderlich.

II. Rechtliche Würdigung

Die Antragsgegnerin und Beteiligte zu 2. ist verpflichtet, dem Antragsteller und Beteiligten zu 1. einen Internetzugang zur Nutzung einzurichten.

1. Zulässigkeit des Antrags

Der Antrag ist zulässig, er ist insbesondere hinreichend bestimmt. Der Antragsteller und Beteiligte zu 1. hat insbesondere nicht die zur Erfüllung des Anspruchs notwendigen technischen Maßnahmen in dem Antrag näher zu bezeichnen, da es Sache des verpflichteten Arbeitgebers ist, zu entscheiden, auf welche Weise er das geschuldete Ergebnis herbeiführt.

2. Begründetheit des Antrags [→ C. Rn. 220, → B. Rn. 61 ff.]

Der Antragsteller und Beteiligte zu 1. kann nach § 40 Abs. 2 BetrVG von der Antragsgegnerin und Beteiligten zu 2. die Einrichtung eines Internetzugangs zur Nutzung verlangen. Denn nach § 40 Abs. 2 BetrVG hat der Arbeitgeber dem Betriebsrat für die Sitzungen, die Sprechstunden und die laufende Geschäftsführung im erforderlichen Umfang Räume, sachliche Mittel, Büropersonal sowie Informations- und Kommunikationstechnik zur Verfügung zu stellen. Zur Informationstechnik im Sinne des § 40 Abs. 2 BetrVG gehört auch das Internet. Die Einrichtung

> eines Internetzugangs ist auch für die ordnungsgemäße Wahrnehmung der dem Antragsteller und Beteiligten zu 1. nach dem Gesetz obliegenden Aufgaben erforderlich. Denn das Internet dient der gesetzlichen Aufgabenerfüllung des Antragstellers und Beteiligten zu 1. Der Antragsteller und Beteiligte zu 1. kann diese Aufgaben sachgerecht nur wahrnehmen, wenn er über die erforderlichen rechtlichen oder tatsächlichen Informationen verfügt. Die Einholung dieser Informationen ist für seine Aufgabenerfüllung mithin notwendig. Entscheidet sich der Antragsteller und Beteiligte zu 1. zur Informationsbeschaffung durch das Internet, ist dies in der Regel nicht ermessensfehlerhaft. Denn durch das Internet können Sachinformationen zu jedem nur denkbaren Themenbereich eingeholt werden.
>
> Berechtigte Interessen der Antragsgegnerin und Beteiligten zu 2. stehen dem nicht entgegen. Insbesondere spricht nicht die unmittelbar durch die Einrichtung und Unterhaltung eines Internetzugangs entstehende Kostenbelastung gegen das Sachmittelverlangen. Denn der Antragsteller und Beteiligte zu 1. verfügt bereits über einen PC, mit dem der Zugriff auf das unternehmensweite Intranet und der Empfang und Versand von E-Mails möglich ist. Die Installation eines Internetzugangs erfordert mithin weder umfangreiche technische Veränderungen noch eine kostenintensive Anschaffung der erforderlichen Hardware. Der Internetnutzung steht schließlich auch nicht der Umstand entgegen, dass in der betroffenen Filiale Hannover bislang an keinem Personalcomputer ein Internetanschluss existiert. Denn die Antragsgegnerin und Beteiligte zu 2. verzichtet nicht etwa generell auf die Nutzung des Internets. Vielmehr verfügen die Mitarbeiter der Personalabteilung in der Unternehmenszentrale über einen Internetzugang. Das verhältnismäßig geringe Ausstattungsniveau in der Filiale wird dadurch relativiert.
>
> Rechtsanwalt

VIII. Personelle Einzelmaßnahmen gem. §§ 99 ff. BetrVG

1. Grundlagen

222 Bei **Einstellung, Eingruppierung, Umgruppierung und Versetzung** steht dem Betriebsrat in Unternehmen mit idR mehr als 20 wahlberechtigten Arbeitnehmern ein **Beteiligungsrecht** zu.[254] Dabei können folgende Konstellationen unterschieden werden:

- Der Betriebsrat **verweigert seine Zustimmung zu der beabsichtigten personellen Einzelmaßnahme.** Der Arbeitgeber kann dann gem. § 99 Abs. 4 BetrVG beim Arbeitsgericht beantragen, die Zustimmung zu ersetzen. Zu beachten ist aber, dass nur bei einer rechtlich beachtlichen Zustimmungsverweigerung die verweigerte Zustimmung ersetzt werden kann. Hat der Betriebsrat seine Verweigerung bereits nicht form- oder fristgerecht dem Arbeitgeber mitgeteilt, gilt die Zustimmung als erteilt. Der Zustimmungsersetzungsantrag geht dann ins Leere, der Antrag auf Ersetzung der Zustimmung wird zurückgewiesen.[255] Der Arbeitgeber erreicht zwar auch in diesem Fall inhaltlich sein Ziel, weil in den Urteilsgründen festgestellt wird, dass die Zustimmung aufgrund der gesetzlichen Fiktion des § 99 Abs. 3 S. 2 BetrVG als erteilt gilt. Formal „verliert" er aber das Zustimmungsersetzungsverfahren. Aus diesem Grund ist es aber auch zulässig, als Hauptantrag die Feststellung zu begehren, dass die Zustimmung des Betriebsrats als erteilt gilt. Der Zustimmungsersetzungsantrag wird dann lediglich hilfsweise für den Fall gestellt, dass die Zustimmung aufgrund der gesetzlichen Fiktion noch nicht als erteilt gilt.[256]
- Darüber hinaus ist in § 100 BetrVG gesetzlich die Situation vorgesehen, dass der Arbeitgeber die **personelle Maßnahme vorläufig durchführen kann,** bevor der

---

[254] Vgl. zu den schwierigen, gesetzlich vorgegebenen Verfahrensabläufen im Einzelnen Schaub/*Koch*, ArbR-HdB, § 241.
[255] LAG München 4.4.2008 – 3 TaBV 139/07, BeckRS 2009, 67672.
[256] BAG 10.3.2009 – 1 ABR 93/07, NZA 2009, 622.

Betriebsrat sich geäußert oder wenn er die Zustimmung verweigert hat. Voraussetzung dafür ist nach § 100 Abs. 1 BetrVG, dass die vorläufige Durchführung aus sachlichen Gründen dringend erforderlich ist. Bestreitet der Betriebsrat diese Voraussetzung, darf der Arbeitgeber die vorläufige personelle Maßnahme nur aufrechterhalten, wenn er innerhalb von drei Tagen beim Arbeitsgericht
- die Ersetzung der Zustimmung des Betriebsrats **und**
- die Feststellung beantragt, dass die Maßnahme aus sachlichen Gründen dringend erforderlich war.

Auch in diesem Zusammenhang kann – ebenso wie in der ersten Fallkonstellation – als Hauptantrag die Feststellung begehrt werden, dass die Zustimmung als erteilt gilt. Die beiden in § 100 Abs. 2 BetrVG benannten Anträge sind dann als Hilfsanträge zu stellen.[257]

- Nach § 101 BetrVG kann der Betriebsrat beim Arbeitsgericht beantragen, dem Arbeitgeber aufzugeben, die **personelle Maßnahme aufzuheben,** wenn
 - der Arbeitgeber sie ohne Zustimmung des Betriebsrats durchführt oder
 - eine vorläufige personelle Maßnahme entgegen § 100 Abs. 2 S. 3 oder Abs. 3 BetrVG aufrechterhält.

Entgegen dem Wortlaut kann der Antrag auf Aufhebung inhaltlich nur bei einer Einstellung oder Versetzung gestellt werden.[258] Bei einer Ein- oder Umgruppierung hat der Betriebsrat in entsprechender Anwendung von § 101 BetrVG beim Arbeitsgericht zu beantragen, dem Arbeitgeber aufzugeben, eine Ein- oder Umgruppierungsentscheidung vorzunehmen, ihn um Zustimmung zu ersuchen und im Fall der beachtlichen Zustimmungsverweigerung das arbeitsgerichtliche Zustimmungsverfahren einzuleiten.[259] Hebt der Arbeitgeber die personelle Maßnahme entgegen einer rechtskräftigen gerichtlichen Entscheidung nicht auf, kann der Betriebsrat beim Arbeitsgericht gem. § 101 S. 2 BetrVG beantragen, den Arbeitgeber zur Aufhebung durch Zwangsgeld anzuhalten. Dieses Verfahren ist § 888 ZPO nachgebildet und schließt die Vollstreckung nach dem 8. Buch der ZPO aus. Die Zwangsvollstreckung gem. § 101 S. 2 BetrVG findet nur aus rechtskräftigen Beschlüssen statt. Einer vorhergehenden Androhung des Zwangsgelds bedarf es nicht.[260]

Der **betroffene Arbeitnehmer** ist an dem Ersetzungsverfahren nicht beteiligt.[261]

2. Muster

a) Muster: Antrag auf Zustimmungsersetzung gem. §§ 99, 100 BetrVG[262]

| Arbeitsgericht Hannover
Ellernstr. 42
30175 Hannover |
| --- |
| **Antrag auf Einleitung eines Beschlussverfahrens** [→ C. Rn. 222] |
| 1. der A-GmbH, vertr. d. d. Geschäftsführer, Herrn Michael Schulz, Kaiserstr. 23, 30788 Hannover |
| – Antragstellerin und Beteiligte zu 1. – |
| Prozessbevollmächtigte: Rechtsanwälte Meier, Sonnenstr. 25, 30775 Hannover |
| gegen |
| 2. den Betriebsrat der A-GmbH, vertr. d. d. Betriebsratsvorsitzende, Frau Susanne Peters, Kaiserstr. 23, 30788 Hannover |
| – Antragsgegner und Beteiligter zu 2. – |

---

[257] Vgl. hierzu sogleich das Muster unter → C. Rn. 224.
[258] Schaub/Koch, ArbR-HdB, § 241 Rn. 70a.
[259] BAG 4.5.2011 – 7 ABR 10/10, NZA 2011, 1239.
[260] Vgl. hierzu im Einzelnen: Schaub/Koch, ArbR-HdB, § 241 Rn. 71.
[261] Schaub/Koch, ArbR-HdB, § 241 Rn. 59, 66.
[262] Das Muster beruht auf der Entscheidung des BAG 10.3.2009 – 1 ABR 93/07, NZA 2009, 622.

Namens und in Vollmacht der Antragstellerin und Beteiligten zu 1. bitten wir um Einleitung eines Beschlussverfahrens und beantragen,[263]

1. festzustellen, dass die Zustimmung des Antragsgegners und Beteiligten zu 2. zu der beabsichtigten Einstellung des Herrn Peter Neuner als „Operations Agent" in die Abteilung GTS als erteilt gilt,

hilfsweise,

2. die von dem Antragsgegner und Beteiligten zu 2. verweigerte Zustimmung zur Einstellung des Herrn Neuner als „Operations Agent" in die Abteilung GTS zu ersetzen,
3. festzustellen, dass die am 6.11.2011 durchgeführte Einstellung von Herrn Neuner als „Operations Agent" in die Abteilung GTS aus sachlichen Gründen dringend erforderlich war.

Die Beteiligten streiten über die Einstellung eines Arbeitnehmers.

I. Sachverhalt

Die Antragstellerin und Beteiligte zu 1. ist die deutsche Niederlassung der A-Europe-Inc. In ihrem Betrieb in Hannover beschäftigt sie etwa 780 Arbeitnehmer. Der Antragsgegner und Beteiligte zu 2. ist die für den Betrieb gewählte Arbeitnehmervertretung. Am 14.9.2011 schrieb die Antragstellerin und Beteiligte zu 1. die Stelle eines „Operations Agent" in der Zollabteilung innerbetrieblich aus. Die Ausschreibung fügen wir als **Anlage 1** bei. Auf die innerbetriebliche Stellenausschreibung bewarben sich zwei Mitarbeiter und extern Herr Neuner. Nach Auswahlgesprächen entschied sich die Antragstellerin und Beteiligte zu 1. für diesen, insbesondere wegen seiner Sprachkenntnisse. Mit dem als **Anlage 2** beigefügten Schreiben vom 10.10.2011 teilte die Antragstellerin und Beteiligte zu 1. dem Antragsgegner und Beteiligten zu 2. mit, dass sie beabsichtige, Herrn Neuner zum 15.10.2011 als „OPS Agent" einzustellen und in die Tarifgruppe 2 des geltenden Vergütungs-Tarifvertrages einzugruppieren. Sie bat um Zustimmung „zur Einstellung". Das Schreiben ging dem Antragsgegner und Beteiligten zu 2. am 12.10.2011 zu.

Am 16.10.2011 sandte der Antragsgegner und Beteiligte zu 2. an die Personalabteilung die als **Anlage 3** beigefügte E-Mail, mit der der Antragsgegner und Beteiligte zu 2. der Einstellung mit der Begründung widersprach, dass eine ordnungsgemäße Ausschreibung der Stelle unterblieben ist. Der Antragsgegner und Beteiligte zu 2. begründete dies mit einer Diskrepanz zwischen der Eingruppierung auf der Ausschreibung und dem geltenden Tarifvertrag. Mit Schreiben vom 31.10.2011 teilte die Antragstellerin und Beteiligte zu 1. dem Antragsgegner und Beteiligten zu 2. mit, dass sie Herrn Neuner zum 6.11.2011 „aus dringenden sachlichen Gründen" vorläufig einstellen werde. Der Antragsgegner und Beteiligte zu 2. widersprach auch dem. Davon erhielt die Antragstellerin und Beteiligte zu 1. am 6.11.2011 Kenntnis. Mit dem heutigen Schriftsatz vom 9.11.2011 leitet die Antragstellerin und Beteiligte zu 1. deshalb beim Arbeitsgericht Hannover das vorliegende Beschlussverfahren ein.

II. Rechtliche Würdigung

1. Antrag zu Ziffer 1.

Der Hauptantrag ist zulässig. Er ist auf das Bestehen eines betriebsverfassungsrechtlichen Rechtsverhältnisses gerichtet. Es soll festgestellt werden, dass die

---

[263] Der Betriebsrat kann widerklagend 1. die Feststellung beantragen, dass die Einstellung aus sachlichen Gründen nicht dringend erforderlich war, 2. hilfsweise beantragen, der Arbeitgeberin die Aufhebung der Maßnahme gem. § 101 S. 1 BetrVG aufzugeben. Vgl. dazu BAG 10.3.2009 – 1 ABR 93/07, NZA 2009, 622.

Antragstellerin und Beteiligte zu 1. im Verhältnis zum Antragsgegner und Beteiligten zu 2. aufgrund ihres Zustimmungsersuchens vom 10.10.2011 ohne Durchführung eines Zustimmungsersetzungsverfahren zur endgültigen Einstellung von Herrn Neuner berechtigt ist. Das erforderliche Feststellungsinteresse ist gegeben. Der Antragsgegner und Beteiligte zu 2. stellt die entsprechende Berechtigung der Antragstellerin und Beteiligten zu 1. in Frage. Diese hat damit ein berechtigtes Interesse an der gerichtlichen Klärung.

Der Hauptantrag ist auch begründet. Die Zustimmung des Antragsgegners und Beteiligten zu 2. zur Einstellung des Herrn Neuner gilt gem. § 99 Abs. 3 S. 2 BetrVG als erteilt, weil die E-Mail vom 16.10.2011 nicht den gesetzlichen Formerfordernissen genügt.

2. Hilfsantrag zu Ziffer 2.

Sofern das Gericht der Auffassung sein sollte, dass der Antragsgegner und Beteiligte zu 2. mit den Ausführungen in seiner E-Mail vom 16.10.2011 seiner gesetzlichen Begründungspflicht hinreichend nachgekommen ist und die E-Mail vom 16.10.2011 auch den Schriftlichkeitsgebot des § 99 Abs. 3 S. 1 BetrVG genügt, ist die Zustimmung des Antragsgegners und Beteiligten zu 2. zur Einstellung des Herrn Neuner zu ersetzen. Der dahingehende Hilfsantrag ist zulässig und begründet. Der Antragsgegner und Beteiligte zu 2. hat der beabsichtigten Einstellung nicht wirksam widersprochen.

Der Hinweis auf die „Diskrepanz" zur tariflichen Vergütungsgruppe für einen „Operations Agent" steht allenfalls der beabsichtigten Eingruppierung des Herrn Neuner entgegen, nicht aber dessen Einstellung selbst. Danach hat der Antragsgegner und Beteiligte zu 2. nur dann wirksam widersprochen, wenn eine nach § 93 BetrVG erforderliche Ausschreibung im Betrieb unterblieben ist. Aber auch diese Voraussetzung ist nicht erfüllt. Denn die Antragstellerin und Beteiligte zu 1. hat ihre Absicht, die Stelle eines „Operations Agent" zu besetzen, am 14.9.2011 im Betrieb bekannt gemacht und damit eine Ausschreibung vorgenommen. Die Bekanntmachung enthält auch die Mindestangaben einer Ausschreibung iSd § 93 BetrVG.

3. Hilfsantrag zu Ziffer 3.

Die Einstellung des Herrn Neuner war aus sachlichen Gründen auch dringend erforderlich. Denn im Gegensatz zu den anderen beiden internen Mitbewerbern war Herr Neuner aufgrund seiner Sprachkenntnisse der einzige, der den längerfristigen krankheitsbedingten Ausfall des bisherigen Stelleninhabers kompensieren konnte. Nur auf diese Weise konnte sichergestellt werden, dass die Überwachung der Auslagerung von Zoll- und Freigutsendungen sowie die Terminkontrolle in der Zollabteilung reibungslos erledigt werden. Es handelt sich bei diesen Aufgaben um unaufschiebbare Arbeiten. Wären diese Aufgaben nicht von Herrn Neuner kurzfristig durchgeführt worden, hätte dies nicht nur zu einem zeitweisen „Zusammenbruch" der Zollabteilung, sondern sämtlicher von einem ordnungsgemäßen Ablauf in der Zollabteilung abhängigen Tätigkeiten bei der Antragstellerin und Beteiligten zu 1. geführt.

Rechtsanwalt

b) Muster: Aufhebungsantrag gem. § 101 S. 1 BetrVG[264]

Arbeitsgericht Hannover Ellernstr. 42 30175 Hannover	**225** 👉 **428**

---

[264] Das Muster basiert auf der Entscheidung des BAG 23.6.2010 – 7 ABR 1/09, NZA 2010, 1302.

Antrag auf Einleitung eines Beschlussverfahrens

1. des Betriebsrats der DRK-Schwesternschaft „Hannover" e. V., vertr. d. d. Betriebsratsvorsitzenden, Herrn Gerald Schulte, Kaiserstr. 23, 30788 Hannover

– Antragsteller und Beteiligter zu 1. –

Prozessbevollmächtigte: Rechtsanwälte Müller, Siebrechtstr. 29, 30558 Hannover

gegen

2. der DRK-Schwesternschaft „Hannover" e. V., vertr. d. d. geschäftsführenden Vorstand, dieser wiederum vertr. d. d. Oberin Emma Günther, Kaiserstr. 23, 30788 Hannover

– Antragsgegner und Beteiligter zu 2. –

Namens und in Vollmacht des Antragstellers und Beteiligten zu 1. bitten wir um Einleitung eines Beschlussverfahrens und beantragen,

dem Antragsgegner und Beteiligten zu 2. aufzugeben, die Einstellung des Krankenpflegers Neuner aufzuheben.

Die Beteiligten streiten über das Bestehen eines Mitbestimmungsrechts des Antragstellers und Beteiligten zu 1. nach § 99 BetrVG bei der Aufnahme eines Mitglieds durch den Antragsgegner und Beteiligten zu 2.

I. Sachverhalt

Der Antragsgegner und Beteiligte zu 2. ist eine als eingetragener Verein verfasste DRK-Schwesternschaft. Nach § 1 Abs. 2 der Satzung ermöglicht die Schwesternschaft ihren Mitgliedern die Ausübung ihres Berufes im caritativen Geist. Ihre Mitglieder sind nach § 7 Abs. 1 der Satzung verpflichtet, der Schwesternschaft ihre volle Arbeitskraft zur Verfügung zu stellen. Sie werden bei der Schwesternschaft selbst, ihren Einrichtungen oder – im Rahmen von Gestellungsverträgen und im Auftrag der Schwesternschaft – bei anderen Einrichtungen der Pflege kranker oder hilfsbedürftiger Menschen eingesetzt. Mit den Mitgliedern werden nach § 7 Abs. 2 S. 2 der Satzung keine Arbeitsverhältnisse begründet. Die Rechte und Pflichten zwischen der Schwesternschaft und den Mitgliedern richten sich nach der Satzung und der Mitgliederordnung.

Der Antragsgegner und Beteiligte zu 2. beschäftigt außer seinen Mitgliedern 375 Arbeitnehmer im Pflegebereich. Diese werden von dem Antragsteller und Beteiligten zu 1. repräsentiert. Auf der Grundlage eines Gestellungsvertrages sind derzeit 1.053 Mitglieder und 372 Arbeitnehmer des Antragsgegners und Beteiligten zu 2. bei dem Universitätsklinikum Hannover tätig. Dieses Pflegepersonal unterliegt nach dem Gestellungsvertrag den fachlichen und organisatorischen Weisungen der zuständigen Stellen des Universitätsklinikums.

Am 2.5.2011 wurde der Krankenpfleger Neuner auf seinen Antrag als Mitglied in die Schwesternschaft aufgenommen. Er wird auf der Grundlage des Gestellungsvertrages im Universitätsklinikum Hannover eingesetzt. Mit Schreiben vom 24.10.2011 machte der Antragsteller und Beteiligte zu 1. gegenüber dem Antragsgegner und Beteiligten zu 2. ein Mitbestimmungsrecht bei der Einstellung von Herrn Neuner geltend. Der Antragsgegner und Beteiligte zu 2. stellte das Bestehen eines Mitbestimmungsrechts unter Hinweis darauf, dass Herr Neuner Mitglied und nicht Arbeitnehmer sei, in Abrede. Zudem sei seine Aufnahme in die Schwesternschaft zum ausschließlichen Einsatz im Universitätskrankenhaus Hannover erfolgt. Die arbeitsrechtlichen Weisungsbefugnisse lägen beim Universitätskrankenhaus.

II. Rechtliche Würdigung [→ C. Rn. 222]

Der Antrag ist zulässig und begründet. Der Antragsgegner und Beteiligte zu 2. ist nach § 101 S. 1 BetrVG verpflichtet, die Einstellung des Krankenpflegers Neuner aufzuheben, da er die Maßnahme ohne vorherige Zustimmung des Antragstellers und Beteiligten zu 1. durchgeführt hat. Bei der Aufnahme von Herrn Neuner als Mitglied handelte es sich um eine nach § 99 Abs. 1 S. 1 BetrVG mitbestimmungspflichtige Einstellung des Antragsgegners und Beteiligten zu 2. Denn für die Annahme einer Einstellung reicht es nach der Rechtsprechung des BAG aus, wenn ein Vereinsmitglied auf vereinsrechtlicher Grundlage eine ihrer Art nach weisungsgebundene Tätigkeit verrichtet, die der Arbeitgeber organisiert. Diese Voraussetzungen sind bei der Aufnahme von Herrn Neuner als Mitglied in die Schwesternschaft erfüllt. Herr Neuner übt Pflegetätigkeiten aus, die ihrer Art nach weisungsgebunden sind. Sein Einsatz wird – zumindest teilweise – von dem Antragsgegner und Beteiligten zu 2. organisiert.

Rechtsanwalt

IX. Zustimmungsersetzung gem. § 103 Abs. 2 BetrVG

1. Grundlagen

Gem. § 103 Abs. 1 BetrVG bedarf die außerordentliche Kündigung von Mitgliedern des Betriebsrats der Zustimmung des Betriebsrats. Verweigert der Betriebsrat seine Zustimmung, so kann das **Arbeitsgericht** die Zustimmung auf Antrag des Arbeitgebers gem. § 103 Abs. 2 BetrVG ersetzen, wenn die außerordentliche Kündigung unter Berücksichtigung aller Umstände gerechtfertigt ist. Dies setzt einen wichtigen Grund iSd § 626 Abs. 1 BGB voraus.[265] Danach ergibt sich folgender Verfahrensablauf: 226

Der Arbeitgeber hat zunächst die **Zustimmung des Betriebsrats zu einer beabsichtigten außerordentlichen Kündigung eines Betriebsratsmitglieds unter Angabe der Kündigungsgründe** – wie nach § 102 Abs. 1 BetrVG – beim Betriebsrat zu beantragen. Der Arbeitgeber ist daher verpflichtet, dem Betriebsrat die Gründe für die außerordentliche Kündigung in dem Antrag mitzuteilen. Hinsichtlich der Art und des Umfangs der Information gelten hierbei dieselben Grundsätze wie zur Anhörung nach § 102 Abs. 1 BetrVG.[266] 227

Stimmt der Betriebsrat der beabsichtigten außerordentlichen Kündigung nicht zu, kann der Arbeitgeber dann **beim Arbeitsgericht einen Antrag auf Zustimmungsersetzung stellen.** Dabei kann der Arbeitgeber während des Zustimmungsersetzungsverfahrens grundsätzlich noch neue Gründe für die Kündigung vorbringen. Dies gilt nicht nur für solche Gründe, die bei Einleitung des Zustimmungsersetzungsverfahrens bereits vorlagen, sondern vielmehr auch für solche Umstände, die erst im Laufe des Verfahrens bis zu dessen rechtskräftigem Abschluss eintreten. Bevor der Arbeitgeber allerdings solche neuen Kündigungsgründe im Zustimmungsersetzungsverfahren vorbringen kann, muss er dem Betriebsrat zuvor Gelegenheit gegeben haben, seine Stellungnahme im Licht der neuen Tatsachen zu überprüfen.[267] 228

In dem Verfahren vor dem Arbeitsgericht ist der betroffene Arbeitnehmer gem. § 103 Abs. 2 S. 2 BetrVG Beteiligter. 229

Beim Zustimmungsersetzungsverfahren sind unbedingt **zwei Fristen** zu beachten:[268] Da es um eine außerordentliche Kündigung geht, muss der Arbeitgeber die Zwei-Wochen-Frist gem. § 626 BGB einhalten. Hierzu ist es erforderlich, dass der Arbeitgeber innerhalb der Zwei-Wochen-Frist gem. § 626 Abs. 2 BGB den Antrag 230

---

[265] BAG 23.4.2008 – 2 ABR 71/07, NZA 2008, 1081.
[266] BAG 23.4.2008 – 2 ABR 71/07, NZA 2008, 1081.
[267] BAG 23.4.2008 – 2 ABR 71/07, NZA 2008, 1081.
[268] ErfK/*Kania* BetrVG § 103 Rn. 9, 13.

auf gerichtliche Zustimmungsersetzung beim Arbeitsgericht stellt.[269] Dabei hat der Arbeitgeber allerdings zu berücksichtigen, dass der Betriebsrat in entsprechender Anwendung von § 102 Abs. 2 S. 3 BetrVG eine Frist zur Zustimmung von drei Tagen hat.[270] Der Arbeitgeber muss den Antrag auf Zustimmung zur Kündigung beim Betriebsrat mithin so zeitig stellen, dass der Betriebsrat die dreitägige Erklärungsfrist voll ausschöpfen kann und der Arbeitgeber gleichwohl noch in der Lage ist, innerhalb der Zwei-Wochen-Frist gem. § 626 Abs. 2 BGB den Antrag auf Zustimmungsersetzung beim Arbeitsgericht zu stellen. Zu beachten ist, dass die Zustimmung als verweigert gilt, wenn der Betriebsrat innerhalb der Drei-Tages-Frist keine Erklärung abgibt.[271]

231 Zum Ausspruch der außerordentlichen Kündigung ist der Arbeitgeber erst dann berechtigt, wenn eine die **Zustimmung ersetzende Entscheidung des Arbeitsgerichts rechtskräftig** wird. Der Arbeitgeber muss die Kündigung dann aber nach Rechtskraft unverzüglich aussprechen.[272]

232 Der **Antrag auf Ersetzung der Zustimmung zur außerordentlichen Kündigung** gem. § 103 Abs. 2 BetrVG kann mit einem Antrag auf Amtsenthebung gem. § 23 Abs. 1 BetrVG verbunden werden.[273]

2. Muster: Antrag auf Zustimmungsersetzung gem. § 103 Abs. 2 BetrVG[274]

233

Arbeitsgericht Hannover
Ellernstr. 42
30175 Hannover

Antrag auf Einleitung eines Beschlussverfahrens

1. der A-GmbH, vertr. d. d. Geschäftsführer, Herrn Michael Schulz, Kaiserstr. 23, 30788 Hannover

– Antragstellerin und Beteiligte zu 1. –

Prozessbevollmächtigte: Rechtsanwälte Meier, Sonnenstr. 25, 30775 Hannover

gegen

2. den Betriebsrat der A-GmbH, vertr. d. d. Betriebsratsvorsitzende, Frau Susanne Peters, Kaiserstr. 23, 30788 Hannover

– Antragsgegner und Beteiligter zu 2. –

und

3. das Betriebsratsmitglied, Herrn Egon Müller, Sandweg 2, 30448 Hannover

– Beteiligter zu 3. –

Namens und in Vollmacht der Antragstellerin und Beteiligten zu 1. beantragen wir die Einleitung eines Beschlussverfahrens und beantragen,

die Zustimmung des Antragsgegners und Beteiligten zu 2. zur außerordentlichen Kündigung des Beteiligten zu 3. gem. § 103 Abs. 2 BetrVG zu ersetzen.

Die Antragstellerin und Beteiligte zu 1. beabsichtigt, das Arbeitsverhältnis mit dem Beteiligten zu 3. außerordentlich zu kündigen. Der Beteiligte zu 3. ist Mitglied des Antragsgegners und Beteiligten zu 2. Der Antragsgegner und Beteiligte zu 2. hat der beabsichtigten außerordentlichen Kündigung nicht zugestimmt. Mit dem vorliegenden Verfahren begehrt die Antragstellerin und Beteiligte zu 1. die Zustimmungsersetzung.

---

[269] ErfK/*Kania* BetrVG § 103 Rn. 9, 13.
[270] ErfK/*Kania* BetrVG § 103 Rn. 9.
[271] ErfK/*Kania* BetrVG § 103 Rn. 9.
[272] ErfK/*Kania* BetrVG § 103 Rn. 14.
[273] Dazu → C. Rn. 210.
[274] Vgl. zum Sachverhalt bereits das Muster → C. Rn. 38.

Straube

I. Sachverhalt

1. Das Arbeitsverhältnis

Die Antragstellerin und Beteiligte zu 1. betreibt bundesweit Drogeriemärkte. Der am 24.3.1973 geborene, ledige und einem Kind zum Unterhalt verpflichtete Antragsgegner und Beteiligte zu 3. ist seit dem 1.1.1994 bei der Antragstellerin und Beteiligten zu 1. als Verkäufer/Kassierer tätig. Zuletzt erzielte er bei einer regelmäßigen wöchentlichen Arbeitszeit von 20 Stunden einen monatlichen Bruttoverdienst von 1.323,86 EUR.

Der Beteiligte zu 3. ist seit 2007 Mitglied des Antragsgegners und Beteiligten zu 2.

2. Die Kündigungsgründe

Die Antragstellerin und Beteiligte zu 1. hat in der Filiale, in der der Beteiligte zu 3. tätig war, Videoaufzeichnungen durchgeführt. Dabei fiel auf, dass der Beteiligte zu 3. am 23.3.2011 nach Dienstschluss einen sogenannten Personaleinkauf getätigt hatte. Eine anschließende Überprüfung des den Einkauf dokumentierenden Kassenstreifens ergab, dass der Beteiligte zu 3. Waren im Wert von etwas über 60,00 EUR erworben hatte. In Höhe von 36,00 EUR war der Kaufpreis mit insgesamt sieben „produktbezogenen Gutscheinen" verrechnet worden, obwohl der Beteiligte zu 3. solche Artikel nicht eingekauft hatte. Das entsprach nicht dem Verwendungszweck des Coupons. Produktbezogene Gutscheine sind an dem jeweiligen Warenregal angebracht, werden aber auch in Form von Gutscheinheften an Kunden ausgegeben. Sie dürfen, wie dem Beteiligten zu 3. bekannt war, nur beim Erwerb der betreffenden Waren verrechnet werden.

Der Beteiligte zu 3. hat mithin ein strafrechtlich bewährtes Vermögensdelikt zu Lasten der Antragstellerin und Beteiligten zu 1. begangen.

3. Anhörung des Beteiligten zu 3.

Die Verkaufsleiterin hörte den Beteiligten zu 3. in einem Personalgespräch vom 2.4.2011 unter Vorlage des Kassenstreifens zu den Vorwürfen an und gab dem Beteiligten zu 3. Gelegenheit zur Stellungnahme. Der Beteiligte zu 3. räumte ein, dass er die Gutscheine nicht habe einlösen dürfen. Er wies aber darauf hin, dass der Antragstellerin und Beteiligten zu 1. hierdurch kein Schaden entstanden sei.

4. Keine Zustimmung des Betriebsrats [→ C. Rn. 227, 228]

Die Antragstellerin und Beteiligte zu 1. beantragte mit dem als **Anlage 1** beigefügten Schreiben vom 4.4.2011 beim Antragsgegner und Beteiligten zu 2. die Zustimmung zur beabsichtigten außerordentlichen Kündigung des Beteiligten zu 3. gem. § 103 Abs. 1 BetrVG. Der Personalleiter der Antragstellerin und Beteiligten zu 1., Herr Köhler, hat dem Vorsitzenden des Antragsgegners und Beteiligten zu 2., Herrn Gerald Schulte, hierzu am 4.4.2011 das als Anlage 1 beigefügte Schreiben samt Anlagen übergeben. Der Antragsgegner hat mit Schreiben vom 6.4.2011, bei der Personalleitung eingegangen am 6.4.2011 **(Anlage 2)**, mitgeteilt, dass er die Zustimmung nicht erteilen wird.

Da der Antragsgegner und Beteiligte zu 2. somit seine Zustimmung verweigert hat, begehrt die Antragstellerin und Beteiligte zu 1. nunmehr die Zustimmung zu ersetzen.

5. Einhaltung der Zwei-Wochen-Frist [→ C. Rn. 230]

Die Antragstellerin und Beteiligte zu 1. wahrt mit dem heutigen Antrag die 2-Wochen-Frist gem. § 626 Abs. 2 BGB. Der am 23.3.2011 getätigte Personaleinkauf gelangte der kündigungsberechtigten Verkaufsleiterin erst am 31.3.2011 zur Kenntnis. Mit dem heutigen Antrag auf Zustimmungsersetzung ist die Zwei-Wochen-Frist gem. § 626 Abs. 2 BGB damit in jedem Fall gewahrt, ebenso die dreitägige Bedenkzeit für den Betriebsrat.

II. Rechtliche Würdigung

Die Zustimmung ist durch das Arbeitsgericht Hannover zu ersetzen, da die außerordentliche Kündigung unter Berücksichtigung aller Umstände gerechtfertigt ist.

Der Beteiligte zu 3. hat sich vorsätzlich auf Kosten der Antragstellerin und Beteiligten zu 1. einen ihm nicht zustehenden Vermögensvorteil verschafft. Damit hat er seine gegenüber der Antragstellerin und Beteiligten zu 1. bestehende Pflicht zur Rücksichtnahme erheblich verletzt. Die außerordentliche Kündigung ist auch unter Berücksichtigung der weiteren Umstände des Streitfalls und nach Abwägung der widerstreitenden Interessen der Parteien gerechtfertigt.

Die Zwei-Wochen-Frist gem. § 626 Abs. 2 BGB ist eingehalten.

Wir bitten daher nochmals, wie beantragt zu entscheiden.

Rechtsanwalt

X. Einigungsstelle

1. Grundlagen

234 Gem. § 76 Abs. 1 BetrVG ist zur **Beilegung von Meinungsverschiedenheiten zwischen Arbeitgeber und Betriebsrat** bei Bedarf eine Einigungsstelle zu bilden.[275] Die Einigungsstelle besteht nach § 76 Abs. 2 S. 1 BetrVG aus einer gleichen Anzahl von Beisitzern, die vom Arbeitgeber und Betriebsrat bestellt werden, und einem unparteiischen Vorsitzenden, auf dessen Person sich beide Seiten einigen müssen. Kommt eine Einigung über die Errichtung oder Besetzung der Einigungsstelle nicht zustande, entscheidet das Arbeitsgericht im Beschlussverfahren gem. § 98 ArbGG. Voraussetzung für den Antrag ist jedoch, dass die Betriebspartner in der beteiligungspflichtigen Angelegenheit zumindest den Versuch gem. § 74 Abs. 1 S. 2 BetrVG unternommen haben, mit Einigungswillen zu verhandeln. Entsprechend fehlt bei einer sofortigen Anrufung des Arbeitsgerichts regelmäßig das Rechtsschutzbedürfnis für einen Antrag gem. § 98 ArbGG.[276] Wegen fehlender (inhaltlicher) Zuständigkeit der Einigungsstelle kann ein Antrag gem. § 98 Abs. 1 S. 1 ArbGG nach § 98 Abs. 1 S. 2 ArbGG nur dann zurückgewiesen werden, wenn die Einigungsstelle offensichtlich unzuständig ist. Offensichtlich unzuständig ist die Einigungsstelle, wenn bei fachkundiger Beurteilung durch das Gericht sofort erkennbar ist, dass ein Mitbestimmungsrecht des Betriebsrats in der fraglichen Angelegenheit unter keinem rechtlichen Gesichtspunkt in Frage kommt und sich die beizulegende Streitigkeit zwischen Arbeitgeber und Betriebsrat erkennbar nicht unter einen mitbestimmungspflichtigen Tatbestand des BetrVG subsummieren lässt.[277] In der Praxis hat es sich bewährt, dass der von dem Antragsteller vorgeschlagene Vorsitzende der Einigungsstelle vor Antragstellung gefragt wird, ob er zur Übernahme des Vorsitzes der Einigungsstelle bereit ist. Die Zahl der Beisitzer ist nach der Gewichtigkeit und Schwierigkeit der Angelegenheit zu bemessen. Die Bestellung von zwei Beisitzern auf jeder Seite ist im Regelfall als erforderlich anzusehen.[278] Um später keine Zweifel über die Zuständigkeit der Einigungsstelle aufkommen zu lassen, ist es notwendig, den Gegenstand der Einigungsstelle in dem Antrag bereits genau zu beschreiben.

---

[275] Vgl. zur Einigungsstelle im Einzelnen Schaub/*Koch,* ArbR-HdB, § 232.
[276] LAG Hamm 19.9.2011 – 13 TaBV 62/11.
[277] LAG Hamm 12.12.2011 – 10 TaBV 87/11, BeckRS 2012, 65703. Siehe des Weiteren die detaillierte Rechtsprechungsübersicht bei Schaub/*Koch,* ArbR-HdB, § 232 Rn. 15.
[278] Schaub/*Koch,* ArbR-HdB, § 232 Rn.13.

Die Einigungsstelle fasst ihre Beschlüsse gem. § 76 Abs. 5 S. 3 BetrVG unter angemessener Berücksichtigung der Belange des Betriebs und der betroffenen Arbeitnehmer **nach billigem Ermessen.** Die Überschreitung der Grenzen des Ermessens kann durch den Arbeitgeber oder den Betriebsrat gem. § 76 Abs. 5 S. 4 BetrVG nur binnen einer Frist von zwei Wochen, vom Tage der Zuleitung des Beschlusses an gerechnet, beim Arbeitsgericht geltend gemacht werden.[279] Der Antragsteller muss die Feststellung der Unwirksamkeit des Spruchs der Einigungsstelle beantragen.[280] Gegenstand der gerichtlichen Überprüfung des von der Einigungsstelle ausgeübten Ermessens ist, ob die Regelung im Verhältnis zwischen den Betriebsparteien untereinander einen billigen Ausgleich der Interessen von Arbeitgeber und Betriebsrat als Sachwalter der Belegschaft darstellt. Die gerichtliche Beurteilung bezieht sich allein auf die getroffene Regelung.[281]

235

2. Muster

a) Muster: Antrag auf Einsetzung einer Einigungsstelle gem. § 98 ArbGG
[→ C. Rn. 234 f.]

Arbeitsgericht Hannover
Ellernstr. 42
30175 Hannover

236

Antrag auf Einleitung eines Beschlussverfahrens [→ A. Rn. 618, → B. Rn. 306]

1. der A-GmbH, vertr. d. d. Geschäftsführer, Herrn Michael Schulz, Kaiserstr. 23, 30788 Hannover

– Antragstellerin und Beteiligte zu 1. –

Prozessbevollmächtigte: Rechtsanwälte Meier, Sonnenstr. 25, 30775 Hannover

gegen

2. den Betriebsrat der A-GmbH, vertr. d. d. Betriebsratsvorsitzende, Frau Susanne Peters, Kaiserstr. 23, 30788 Hannover

– Antragsgegner und Beteiligter zu 2. –

Namens und in Vollmacht der Antragstellerin und Beteiligten zu 1. bitten wir um Einleitung eines Beschlussverfahrens und beantragen,

1. zum Einigungsstellenvorsitzenden über die Verhandlung über einen Interessenausgleich zur Reduzierung der Anzahl der Druckmaschinen wird der Vorsitzende Richter am Arbeitsgericht Hannover, Herr Max Mustermann, bestellt;
2. die Zahl der Beisitzer wird auf jeweils zwei festgesetzt.

Die Antragstellerin und Beteiligte zu 1. ist eine große Druckerei. Sie beschäftigt 200 Arbeitnehmer. Zurzeit gibt es fünf Druckmaschinen des Typs A. An jeder Druckmaschine werden 30 Arbeitnehmer beschäftigt. Am 1.5.2011 hatte die Antragstellerin und Beteiligte zu 1. die unternehmerische Entscheidung getroffen, anstatt wie bisher mit fünf Druckmaschinen nur noch mit zwei Druckmaschinen zu arbeiten. Eine Ablichtung der unternehmerischen Entscheidung ist als **Anlage 1** beigefügt. Die Umsetzung der Maßnahmen ist zum 31.8.2011 beabsichtigt.

Die Antragstellerin und Beteiligte zu 1. hat daher mit dem Antragsgegner und Beteiligten zu 2. Gespräche aufgenommen mit dem Ziel, diese unternehmerische Entscheidung zum geplanten Zeitpunkt umzusetzen. Die Beteiligten haben am 15.5. und 25.5. über den Versuch eines Interessenausgleichs verhandelt, sich aber nicht verständigen können. Dabei hat die Antragstellerin und Beteiligte zu 1. dem

---

[279] Zu weiteren Anfechtungsgründen s. Schaub/*Koch*, ArbR-HdB, § 232 Rn. 32 ff.
[280] BAG 14.9.2010 – 1 ABR 30/09, NZA-RR 2011, 526; 23.3.2010 – 1 ABR 82/08, NZA 2011, 642.
[281] BAG 30.5.2006 – 1 ABR 21/05, EzA TVG § 4 Chemische Industrie Nr. 9; darüber hinaus Schaub/*Koch*, ArbR-HdB, § 232 Rn. 31 f.

Antragsgegner und Beteiligten zu 2. den Entwurf eines Interessenausgleichs übergeben **(Anlage 2)**. Im Rahmen der Gespräche hat der Antragsgegner und Beteiligte zu 2. seinerseits im Gegenzug den Entwurf eines Sozialplans vorgelegt **(Anlage 3)**, der jedoch die finanziellen Möglichkeiten der Antragstellerin und Beteiligten zu 1. bei weitem überschreitet. Die Verhandlungen sind daher insgesamt ergebnislos geblieben.

Am 30.5.2011 hat die Antragstellerin und Beteiligte zu 1. daher in einem Schreiben an den Antragsgegner und Beteiligten zu 2. die Einigungsstelle angerufen und vorgeschlagen, den Vorsitzenden Richter am Arbeitsgericht Hannover, Herrn Max Mustermann, zum Vorsitzenden der Einigungsstelle zu bestellen und die Anzahl der Beisitzer auf jeweils zwei festzusetzen **(Anlage 4)**. Der Antragsgegner und Beteiligte zu 2. hat als Einigungsstellenvorsitzenden den Rechtsanwalt Jan Hofmann vorgeschlagen und ist der Auffassung, die Zahl der Beisitzer soll auf jeweils vier festgelegt werden.

Da mit dem Antragsgegner und Beteiligten zu 2. keine Einigung erzielt werden konnte, ist die Einigungsstelle durch das Gericht einzusetzen.

Eine auf uns lautende Vollmacht ist beigefügt **(Anlage 5)**.

Rechtsanwalt

b) Muster: Antrag auf Feststellung der Unwirksamkeit eines Einigungsstellenspruchs gem. § 76 Abs. 5 S. 4 BetrVG[282]

237

Arbeitsgericht Hannover
Ellernstr. 42
30175 Hannover

Antrag auf Einleitung eines Beschlussverfahrens *[→ C. Rn. 234 f.]*

1. der A-GmbH, vertr. d. d. Geschäftsführer, Herrn Michael Schulz, Kaiserstr. 23, 30788 Hannover

– Antragstellerin und Beteiligte zu 1. –

Prozessbevollmächtigte: Rechtsanwälte Meier, Sonnenstr. 25, 30775 Hannover

gegen

2. den Betriebsrat der A-GmbH, vertr. d. d. Betriebsratsvorsitzende, Frau Susanne Peters, Kaiserstr. 23, 30788 Hannover

– Antragsgegner und Beteiligter zu 2. –

Namens und in Vollmacht der Antragstellerin und Beteiligten zu 1. bitten wir um Einleitung eines Beschlussverfahrens und beantragen,

festzustellen, dass der Spruch der Einigungsstelle vom 20.9.2011 unwirksam ist.

Die Beteiligten streiten über die Wirksamkeit eines durch Einigungsstellenspruch beschlossenen Sozialplans.

I. Sachverhalt

Die Antragstellerin und Beteiligte zu 1. betreibt seit dem Jahr 2006 eine Rehabilitationsklinik in Hannover. Alleinige Gesellschafterin der Antragstellerin und Beteiligten zu 1. ist die B-GmbH. Diese wiederum stand im streitbefangenen Zeitraum zu 93,8% im Eigentum der C-GmbH.

---

[282] Das Muster basiert auf der Entscheidung des BAG 15.3.2011 – 1 ABR 97/09, NZA 2011, 1112.

Bis zum Jahr 2006 betrieb die B-GmbH die Rehabilitationsklinik in Hannover zusammen mit fünf weiteren Rehabilitationskliniken. Im Januar 2006 gliederte sie diese im Wege einer Vermögensübertragung auf sechs neu gegründete Gesellschaften aus. Durch notariellen Vertrag vom 4.1.2006 übertrug sie im Wege der Ausgliederung zur Aufnahme alle Rechtsstellungen, die wirtschaftlich zur Rehabilitationsklinik in Hannover gehörten und in der Schlussbilanz zum 30.06.2005 enthalten waren, auf die seit dem Jahr 2001 bestehende „Onkologische Fachklinik H-GmbH". Das erfasste Anlage- und Umlaufvermögen war in einer Anlage zu dem Ausgliederungs- und Übernahmevertrag aufgelistet. Hierzu gehörte nicht die Klinikimmobilie. Diese hatte die B-GmbH von der nicht mit ihr konzernrechtlich verbundenen D-AG zu einem Pachtzins von monatlich 54.000,00 EUR gepachtet. Der Pachtvertrag hatte eine Laufzeit bis zum Jahr 2016. Die übernehmende Onkologische Fachklinik H-GmbH trat in das Pachtverhältnis ein. Zur Durchführung der Ausgliederung wurde das Stammkapital der übernehmenden Gesellschaft von 25.000,00 EUR auf 26.000,00 EUR erhöht. Die Firma der Onkologischen Fachklinik H-GmbH wurde im Jahr 2007 in „A-GmbH" geändert. Die fünf weiteren Rehabilitationskliniken der B-GmbH wurden in entsprechender Weise ausgegliedert, wobei allerdings der jeweilige Grundbesitz nicht Bestandteil der Übertragung war, sondern bei der B-GmbH verblieb. Deren bilanziertes Anlagevermögen aus Grundstücken und Bauten belief sich zum 30.6.2005 auf 47,9 Mio. EUR.

Nach der Ausgliederung sicherte die B-GmbH die Weiterführung des Geschäftsbetriebes der Rehabilitationsklinik in Hannover, indem sie deren Verbindlichkeiten auf der Grundlage eines monatlich erhöhten Darlehens erfüllte. Dieses betrug zum 30.6.2006 rd. 1,74 Mio. EUR und erhöhte sich zum 30.6.2007 auf etwa 3,16 Mio. EUR. Für das Geschäftsjahr 2006/2007 betrug der Jahresfehlbetrag der Antragstellerin und Beteiligten zu 1. 1,63 Mio. EUR. Unter Berücksichtigung des Verlustvortrags aus dem Vorjahr ergab sich ein durch Eigenkapital nicht gedeckter Fehlbetrag von rd. 3,0 Mio. EUR. Die B-GmbH erwirtschaftete demgegenüber im Geschäftsjahr 2006/2007 einen Gewinn von rd. 6,5 Mio. EUR.

Aufgrund des defizitären Klinikbetriebs beschloss die Antragstellerin und Beteiligte zu 1. Ende 2006, die Rehabilitationsklinik in Hannover zu schließen. Sie kündigte den Pachtvertrag sowie Dienstleistungsverträge und nahm keine weiteren Patienten mehr auf.

Nach dem Scheitern der Sozialplanverhandlungen mit dem bei der Antragstellerin und Beteiligten zu 1. bestehenden Antragsgegner und Beteiligten zu 2. beschloss die Einigungsstelle durch Spruch vom 20.9.2007 einen Sozialplan mit einem Gesamtvolumen von rd. 1,3 Mio. EUR. Der Spruch wurde der Antragstellerin und Beteiligten zu 1. am 26.9.2007 zugeleitet.

Mit dem heutigen Antrag macht die Antragstellerin und Beteiligte zu 1. geltend, dass der Einigungsstellenspruch unwirksam ist, weil das Gesamtvolumen des Sozialplans im Hinblick auf die wirtschaftliche Situation des Unternehmens nicht vertretbar ist. Das Unternehmen ist hochdefizitär und hat keinen positiven Geschäftswert mehr.

II. Begründetheit des Antrags

Der Spruch der Einigungsstelle ist unwirksam. Diese hat das ihr eingeräumte Regelungsermessen überschritten. Der Spruch verstößt gegen § 112 Abs. 5 S. 1 BetrVG. Der Gesamtbetrag der Sozialplanleistung überschreitet die Grenzen der wirtschaftlichen Vertretbarkeit für die Antragstellerin und Beteiligte zu 1. Die wirtschaftliche Lage ihrer Alleingesellschafterin, der B-GmbH, ist nicht zu berücksichtigen.

Straube

Gem. § 112 Abs. 5 S. 1 BetrVG hat die Einigungsstelle bei ihrer Entscheidung über einen Sozialplan sowohl die sozialen Belange der betroffenen Arbeitnehmer zu berücksichtigen als auch die wirtschaftliche Vertretbarkeit ihrer Entscheidung für das Unternehmen zu achten. Im Rahmen billigen Ermessens muss sie unter Berücksichtigung der Gegebenheit des Einzelfalls Leistungen zum Ausgleich oder der Milderung wirtschaftlicher Nachteile vorsehen, dabei die Aussichten der betroffenen Arbeitnehmer auf dem Arbeitsmarkt berücksichtigen und bei der Bemessung des Gesamtbetrages der Sozialplanleistungen darauf achten, dass der Fortbestand des Unternehmens oder die nach der Durchführung der Betriebsänderung verbleibenden Arbeitsplätze nicht gefährdet werden. Der Ausgleichs- und Milderungsbedarf der Arbeitnehmer bemisst sich nach den ihnen entstehenden Nachteilen. Der wirtschaftlichen Vertretbarkeit kommt dabei eine Korrekturfunktion zu. Die Einigungsstelle hat von dem von ihr vorgesehenen Ausgleich der wirtschaftlichen Nachteile abzusehen, wenn dieser Ausgleich den Fortbestand des Unternehmens gefährden würde. Die wirtschaftliche Vertretbarkeit ihrer Entscheidung stellt damit für sie eine Grenze der Ermessensausübung dar. [→ C. Rn. 235]

Bei Berücksichtigung dieser Grundsätze ist das von der Einigungsstelle für den Sozialplan festgesetzte Gesamtvolumen von 1,3 Mio. EUR für die Antragstellerin und Beteiligte zu 1. wirtschaftlich nicht mehr vertretbar, da die Antragstellerin und Beteiligte zu 1. zum maßgeblichen Zeitpunkt der Aufstellung des Sozialplans bilanziell überschuldet war. Da aufgrund der geplanten Betriebsänderung auch nicht mit einer Veränderung der wirtschaftlichen Situation zu rechnen war, erweist sich das Sozialplanvolumen von ca. 1,3 Mio. EUR für die Antragstellerin und Beteiligte zu 1. als nicht mehr wirtschaftlich vertretbar.

Ein Bemessungsdurchgriff auf das Vermögen der B-GmbH nach § 134 Abs. 1 UmwG war der Einigungsstelle verwehrt. Die Voraussetzungen des § 134 Abs. 1 UmwG sind nicht erfüllt. Der Antragstellerin und Beteiligten zu 1. sind im Zuge ihrer Ausgliederung aus der B-GmbH keine für die Betriebsführung wesentlichen Vermögenswerte entzogen worden.

Ein Bemessungsdurchgriff auf das Vermögen der B-GmbH ergibt sich auch nicht aus den Grundsätzen der Existenzvernichtungshaftung im GmbH-Konzern.

Schließlich kommt auch ein Bemessungsdurchgriff nicht aus anderen Gründen in Betracht, so dass der Spruch der Einigungsstelle wegen Überschreitung des ihr eingeräumten Regelungsermessens unwirksam ist.

Rechtsanwalt

7. Teil. Gerichtliche Verfügungen und Entscheidungen

Übersicht

	Rn.
I. Erstinstanzliches Verfahren	238–296
1. Muster: Anberaumen der Güteverhandlung	238
2. Muster: Streitigkeit aus einem bestehenden Berufsausbildungsverhältnis (Anfrage nach § 111 Abs. 2 ArbGG)	239
3. (Un)Zuständigkeit des Gerichts	240–246
a) Hinweise auf Bedenken wegen der Zuständigkeit des Gerichts	240, 241
aa) Muster: Örtliche Unzuständigkeit	240
bb) Muster: Unzulässiger Rechtsweg	241
b) Beschlüsse	242–244
aa) Muster: Örtliche Unzuständigkeit	242
bb) Muster: Örtliche Zuständigkeit	243
cc) Muster: (Un)zulässiger Rechtsweg	244
c) Entscheidungen nach § 36 ZPO	245, 246
aa) Muster: Beschluss nach § 36 Abs. 1 Nr. 3 ZPO	245
bb) Muster: Beschluss nach § 36 Abs. 1 Nr. 6 ZPO	246
4. Muster: Anberaumen der Kammerverhandlung	247
5. Muster: Einleitung des Beschlussverfahrens	248
6. Verfahrensverbindung und -abtrennung	249, 250
a) Muster: Verfahrensverbindung	249
b) Muster: Verfahrensabtrennung	250
7. Beweisbeschluss mit Anordnung der schriftlichen Beantwortung der Beweisfrage	251, 252
a) Muster: Beweisbeschluss	251
b) Muster: Schreiben an den Zeugen	252
8. Muster: Beschluss gem. § 356 ZPO (Zeugenladung nicht möglich)	253
9. Beweisaufnahme durch Einholen eines Sachverständigengutachtens	254–256
a) Muster: Beweisbeschluss	254
b) Muster: Anfrage an die Parteien	255
c) Muster: Schreiben an den Gutachter	256
10. Ausbleiben eines Zeugen	257, 258
a) Muster: Anhörung gem. § 381 ZPO	257
b) Muster: Beschluss gem. § 380 ZPO	258
11. Muster: Beschluss gem. § 141 Abs. 3 iVm § 380 ZPO	259
12. Muster: Zurückweisung eines Terminsverlegungsantrags	260
13. Ausschluss der Öffentlichkeit	261–264
a) Gesetzliche Vorgaben	261, 262
b) Muster	263, 264
aa) Muster: Verhandlung über den Ausschluss der Öffentlichkeit (Kammerverhandlung)	263
bb) Muster: Entscheidung über den Ausschluss der Öffentlichkeit (Kammerverhandlung)	264
14. Muster: Unterbrechung nach Insolvenzeröffnung	265
15. Muster: Unterbrechung/Aussetzung nach Tod einer Partei	266
16. Muster: Hinweis nach verspätetem Einspruch	267
17. Vergleich gem. § 278 Abs. 6 ZPO	268, 269
a) Muster: Vergleichsvorschlag	268
b) Muster: Vergleichsfeststellung	269
18. Anfragen und Beschlüsse nach Erledigungserklärung	270–272
a) Muster: Anfrage im Klageverfahren	270
b) Muster: Anfrage im Beschlussverfahren	271
c) Kostenbeschluss	272
19. Muster: Anfrage nach Klagerücknahme	273
20. Muster: Zurückweisung eines Antrags auf Wiedereröffnung der mündlichen Verhandlung	274
21. Anhörungsrüge	275–280
a) Muster: Zurückweisung als unzulässig	275
b) Muster: Zurückweisung als unbegründet	276
c) Begründete Rüge	277–280
aa) Prozessuale Folgen	277, 278
bb) Muster	279, 280
(1) Muster: Beschluss	279
(2) Muster: Sachentscheidung nach erfolgreicher Anhörungsrüge	280
22. Urteilsformeln; Beschlüsse im Beschlussverfahren	281–296
a) Muster: Zahlungsurteil, teilweise Klagestattgabe	281
b) Muster: Zahlungsurteil, Klagestattgabe gegenüber einem Streitgenossen und Abweisung gegenüber einem weiteren Streitgenossen (Baumbach'sche Formel)	282
c) Muster: Vorbehaltsurteil, Aufrechnung mit einer rechtswegfremden Forderung	283

	Rn.
d) Muster: Vornahme einer Handlung	284
e) Muster: Unterlassung	285
f) Muster: Unterlassung im Beschlussverfahren	286
g) Muster: Abgabe einer Willenserklärung	287
h) Muster: Feststellungsurteil	288
i) Muster: Feststellung der Erledigung durch Vergleich	289
j) Muster: Feststellung der Unwirksamkeit eines Vergleichs	290
k) Muster: Vollstreckungsabwehrklage (§ 767 ZPO)	291
l) Muster: Klage gem. § 826 BGB gegen einen Vollstreckungstitel	292
m) Muster: Drittwiderspruchsklage (§ 771 ZPO)	293
n) Muster: Urteilsformeln nach vorhergegangenem Versäumnisurteil	294
o) Muster: Wahlanfechtung (Beschluss im Beschlussverfahren)	295
p) Weitere Entscheidungsformeln	296
II. Verfahren vor dem Landesarbeitsgericht	297–315
1. Verlängerung der Begründungs-/Beantwortungsfrist	297
2. Muster: Zurückweisung des Antrags auf Fristverlängerung	298
3. Verspätete Berufungseinlegung	299, 300
a) Muster: Hinweis an die Partei	299
b) Muster: Beschluss gem. § 522 ZPO	300
4. Verspätete Beschwerdeeinlegung	301, 302
a) Hinweis an die Partei	301
b) Muster: Beschluss gem. § 89 Abs. 3 ArbGG	302
5. Verspätete Berufungsbegründung	303, 304
a) Muster: Hinweis an die Partei	303
b) Muster: Beschluss gem. § 522 ZPO	304
6. Nicht ordnungsgemäße Berufungsbegründung	305, 306
a) Hinweispflicht	305
b) Muster: Beschluss gem. § 522 ZPO	306
7. Muster: Beschluss gem. § 516 Abs. 3 ZPO	307
8. Muster: Entscheidung im schriftlichen Verfahren	308, 309
a) Muster: Entscheidung im Klageverfahren	308
b) Muster: Entscheidung im Beschlussverfahren	309
9. Urteilsformeln	310–315
a) Muster: Zurückweisung der Berufung	310
b) Muster: Erfolgreiche Berufung	311
c) Muster: Teilweise erfolgreiche Berufung	312, 313
d) Muster: Urteilstenor bei Zurückverweisung	314
e) Weitere Entscheidungsformeln	315
III. Zwangsvollstreckung	316–323
1. Beschluss nach § 62 ArbGG	316–319
a) Muster: Zurückweisung	316
b) Muster: Stattgebende Entscheidung	317
c) Muster: Vorläufige Entscheidung	318, 319
2. Muster: Dinglicher Arrest, stattgebende Entscheidung	320
3. Muster: Beschlusstenor: Persönlicher Arrest	321
4. Muster: Beschluss nach § 888 ZPO	322
5. Muster: Beschluss nach § 887 ZPO	323

I. Erstinstanzliches Verfahren[283]

1. Muster: Anberaumen der Güteverhandlung

238
432

Beschluss

In Sachen pp. *(kurzes Rubrum)*

( ) wird Termin zur Güteverhandlung
( ) und zur evtl. Kammerverhandlung
   bestimmt auf den ...... um ...... Uhr.
   Zu diesem Termin wird hiermit geladen.
( ) Zu diesem Termin wird das persönliche Erscheinen
   ( ) d. Klägerin/Klägers
   ( ) d. Beklagten
   ( ) d. Geschäftsführerin/Geschäftsführers d. Beklagten
   ( ) d. Geschäftsführerin/Geschäftsführers d. persönlich haftenden Gesellschafterin der Beklagten

---

[283] Die Muster orientieren sich teilweise an den in der niedersächsischen Arbeitsgerichtsbarkeit verwendeten Vordrucken.

zur Sachaufklärung und Führung von Vergleichsgesprächen angeordnet.

( ) D. Beklagten wird aufgegeben, kurzfristig mitzuteilen, ob auch ohne eine entsprechende förmliche Anordnung das Erscheinen eines/r mit dem Sachverhalt vertrauten und gem. § 141 Abs. 3 ZPO bevollmächtigten Vertreters sichergestellt ist.

( ) D. Bekl. wird Gelegenheit gegeben, zu dem Antrag d. Klägers/Klägerin auf Gewährung von Prozesskostenhilfe Stellung zu nehmen. Frist: 2 Wochen

Hinweise

Wenn Sie zu dem anberaumten Termin nicht erscheinen und sich auch nicht durch eine nach § 11 Abs. 2 ArbGG berechtigte Person vertreten lassen, kann auf Antrag Versäumnisurteil gegen Sie erlassen oder nach Lage der Akten entschieden werden. Dabei ergeht ein Versäumnisurteil gegen die nicht erschienene klagende Partei, durch das die Klage abgewiesen wird, allein aufgrund der Säumnis. Ein Versäumnisurteil gegen die nicht erschienene beklagte Partei, durch das der Klage stattgegeben wird, ergeht dann, wenn die Klage nach dem Vorbringen der klagenden Partei begründet ist, und zwar ohne Rücksicht auf eine etwaige schriftliche Einlassung der beklagten Partei. Bei einer Entscheidung nach Lage der Akten wird dem Urteil der bisherige Inhalt der Gerichtsakten zu Grunde gelegt. Soweit danach gegen die nicht erschienene Partei entschieden wird, hat das auch die Verpflichtung zur Folge, die Kosten des Rechtsstreits zu tragen. Die Entscheidung ist in jedem Fall vorläufig vollstreckbar.

Dieser Hinweis gilt auch weiterhin für alle Termine in dieser Instanz wie auch in einem eventuellen Berufungsverfahren.

( )
Es wird darauf hingewiesen, dass sich d. Arbeitnehmer/in zur Begründung der Unwirksamkeit der Kündigung auf innerhalb der Klagefrist nicht geltend gemachte weitere Unwirksamkeitsgründe nur bis zum Schluss der mündlichen Verhandlung erster Instanz berufen kann (§ 6 KSchG).[284]

( )
Es wird darauf hingewiesen, dass die Anwendbarkeit des Kündigungsschutzgesetzes nicht dargelegt ist (vgl. §§ 1 Abs. 1, 23 KSchG). Es fehlen Angaben

( )
zur Anzahl der regelmäßig beschäftigten Arbeitnehmer (ausschließlich der Auszubildenden)

( )
zur Frage, seit wann das Arbeitsverhältnis besteht.

( )
Es wird darauf hingewiesen, dass Prozesskostenhilfe frühestens ab dem Zeitpunkt bewilligt werden kann, zu dem die Erklärung über die persönlichen Verhältnisse bei Gericht eingeht.

( )
Es wird gebeten, die Bezeichnung der beklagten Partei zu ergänzen *(Name d. Geschäftsführers/in d. Bekl.)*.

---

[284] Hinweise auf konkrete Unwirksamkeitsgründe sind nach § 6 S. 2 KSchG nicht geboten, und zwar auch dann nicht, wenn im weiteren Verfahrensverlauf deutlich wird, dass Unwirksamkeitsgründe in Betracht kommen, auf die sich der Arbeitnehmer bisher nicht berufen hat. Hinweispflichten können sich allerdings aus § 139 ZPO ergeben, BAG 18.1.2012 – 6 AZR 407/10, NZA 2012, 817; ausf. *Eylert* NZA 2012, 9; zu den Folgen eines unterbliebenen Hinweises s. auch BAG 4.5.2011 – 7 AZR 252/10, NZA 2011, 1178 sowie Schaub/*Linck,* ArbR-HdB § 138 Rn. 48 mwN.

> ( )
> Es wird gebeten, eine Kopie des schriftlichen Arbeitsvertrages der Parteien zu den Akten zu reichen.

2. Muster: Streitigkeit aus einem bestehenden Berufsausbildungsverhältnis (Anfrage nach § 111 Abs. 2 ArbGG)

239

> **Beschluss**
>
> In Sachen pp. *(kurzes Rubrum)*
>
> wird zunächst von der Anberaumung eines Termins zur Güteverhandlung abgesehen.
>
> Es wird gebeten, bis zum ...... mitzuteilen, ob ein Schlichtungsausschuss nach § 111 Abs. 2 ArbGG gebildet ist. Sofern ein Schlichtungsverfahren durchgeführt worden ist, ist der Ausgang des Verfahrens mitzuteilen.

3. (Un)Zuständigkeit des Gerichts

a) Hinweise auf Bedenken wegen der Zuständigkeit des Gerichts

aa) Muster: Örtliche Unzuständigkeit

240

> Schreiben an ......
>
> In Sachen pp. *(kurzes Rubrum)*
>
> wird darauf hingewiesen, dass sich die örtliche Zuständigkeit des Gerichts grundsätzlich nach dem Wohn- bzw. Firmensitz der beklagten Partei (§§ 12 ff. ZPO), nach dem Erfüllungsort (§ 29 ZPO) oder dem gewöhnlichen Arbeitsort (§ 48 Abs. 1a ArbGG) richtet.
>
> Nach dem bisherigen Vorbringen dürfte das Arbeitsgericht ...... örtlich zuständig sein.
>
> Den Parteien wird Gelegenheit gegeben, bis zum ...... zur Frage der örtlichen Zuständigkeit Stellung zu nehmen.
>
> Sollten keine ausreichenden Tatsachen zur örtlichen Zuständigkeit des angerufenen Gerichts vorgetragen werden, ist beabsichtigt, den Rechtsstreit nach Fristablauf ohne mündliche Verhandlung durch d. Vorsitzende/n allein[285] an das örtlich zuständige Gericht zu verweisen.

bb) Muster: Unzulässiger Rechtsweg

241

> Schreiben an ......
>
> In Sachen pp. *(kurzes Rubrum)*
>
> wird darauf hingewiesen, dass nicht erkennbar ist, dass gem. §§ 2 ff. ArbGG der Rechtsweg zu den Gerichten für Arbeitssachen gegeben ist.
>
> Es wird Gelegenheit gegeben, bis zum ...... Tatsachen vorzutragen, aus denen sich der Rechtsweg zu den Gerichten für Arbeitssachen ergeben soll.
>
> Es ist beabsichtigt, über die Zulässigkeit des Rechtswegs und eine evtl. Verweisung an das ...... am ...... gem. §§ 48 Abs. 1, 17a Abs. 4 GVG zu entscheiden.[286]

---

[285] S. § 48 Abs. 1 Nr. 2 ArbGG.
[286] Hier bedarf es gem. § 48 Abs. 1 Nr. 2 ArbGG einer Entscheidung durch die Kammer.

b) Beschlüsse

aa) Muster: Örtliche Unzuständigkeit

Beschluss

In Sachen pp. *(volles Rubrum)*

erklärt sich das Arbeitsgericht ...... für örtlich unzuständig und verweist den Rechtsstreit an das Arbeitsgericht ......

Gründe:

Das Gericht, bei dem eine Person ihren allgemeinen Gerichtsstand hat, ist für alle gegen sie zu erhebenden Klagen zuständig (§ 12 ZPO). Der allgemeine Gerichtsstand juristischer Personen wird durch ihren Sitz bestimmt (§ 17 ZPO). Sitz d. Beklagten ist .... Dieser Ort gehört zum Zuständigkeitsbereich des Arbeitsgerichts ......

Dem Sachvortrag d. Klägers/in ist auch nicht zu entnehmen, dass bei dem Arbeitsgericht ...... ein besonderer Gerichtsstand der Niederlassung (§ 21 ZPO), des Erfüllungsortes oder des Arbeitsortes besteht.

......

Die Verweisung war nach Anhörung der Parteien von Amts wegen vorzunehmen.

Die Entscheidung ergeht gem. § 55 Abs. 1 Nr. 7 ArbGG durch d. Vorsitzende/n allein und gem. § 55 Abs. 2 ArbGG ohne mündliche Verhandlung.

Dieser Beschluss ist gem. § 48 Abs. Nr. 1 ArbGG unanfechtbar.

bb) Muster: Örtliche Zuständigkeit

Beschluss

In Sachen pp. *(volles Rubrum)*

erklärt sich das Arbeitsgericht ...... für örtlich zuständig.

Gründe:

......

Die Entscheidung ergeht gem. § 55 Abs. 1 Nr. 7 ArbGG durch d. Vorsitzende/n allein und gem. § 55 Abs. 2 ArbGG ohne mündliche Verhandlung.

Dieser Beschluss ist gem. § 48 Abs. Nr. 1 ArbGG unanfechtbar.

cc) Muster: (Un)zulässiger Rechtsweg

Beschluss

In Sachen pp. *(volles Rubrum)*

hat die ...... Kammer des Arbeitsgerichts ...... durch d. Richter/in am Arbeitsgericht ...... als Vorsitzende/n und die ehrenamtlichen Richter ...... und ...... ohne mündliche Verhandlung am ...... beschlossen:

( )
Der Rechtsweg zu den Arbeitsgerichten ist unzulässig. Der Rechtsstreit wird gem. § 48 ArbGG, § 17a Abs. 2 GVG an das ...... als zuständiges Gericht des zulässigen Rechtsweges verwiesen.

( )
Der Rechtsweg zum Arbeitsgericht ist zulässig.

Gründe:
......²⁸⁷

Die Entscheidung kann gem. § 48 Abs. 1 ArbGG iVm § 17a Abs. 4 GVG ohne mündliche Verhandlung ergehen.

Rechtsmittelbelehrung: ...... (sofortige Beschwerde)

c) Entscheidungen nach § 36 ZPO

aa) Muster: Beschluss nach § 36 Abs. 1 Nr. 3 ZPO

245
439

Beschluss

In Sachen pp. *(volles Rubrum)*

hat die ...... Kammer des Landesarbeitsgerichts ...... ohne mündliche Verhandlung durch d. Vorsitzende/n Richter/in am Landesarbeitsgericht ...... beschlossen:

Als zuständiges Gericht zur Verhandlung des Rechtsstreits wird das Arbeitsgericht ...... bestimmt.

Gründe:

I.

...... *(evtl. Ausführungen zum Sachverhalt)*

II.

Die Entscheidung beruht auf § 36 Abs. 1 Nr. 3 ZPO. Zuständig hierfür ist gem. § 46 Abs. 2 ArbGG iVm § 36 Abs. 2 ZPO das Landesarbeitsgericht ......

Die Bestimmung des zuständigen Gerichts nach § 36 Abs. 1 Nr. 3 erfolgt nach Zweckmäßigkeitsgesichtspunkten und der Prozesswirtschaftlichkeit.²⁸⁸ Für die Bestimmung des Arbeitsgerichts ...... spricht ......

Die Entscheidung ist unanfechtbar (§ 37 Abs. 2 ZPO).

bb) Muster: Beschluss nach § 36 Abs. 1 Nr. 6 ZPO

246
440

Beschluss

In Sachen pp. *(volles Rubrum)*

hat die ...... Kammer des Landesarbeitsgerichts ...... ohne mündliche Verhandlung durch d. Vorsitzende/n Richter/in am Landesarbeitsgericht ...... beschlossen:

---

²⁸⁷ Nach der Rechtsprechung des BAG gibt es drei unterschiedlichen Fallgruppen für die Prüfung der Rechtswegzuständigkeit/Arbeitnehmereigenschaft: (1) sic-non-Fall: die Tatsachenbehauptungen sind doppelrelevant sowohl für die Frage der Rechtswegzuständigkeit als auch der Begründetheit der Klage (zB auf Feststellung des Bestehens eines Arbeitsverhältnisses gerichtete Klage), (2) aut-aut-Fall: der Anspruch kann sowohl auf eine bürgerlich-rechtliche als auch auf eine arbeitsrechtliche Anspruchsgrundlage gestützt werden, wobei sich die Anspruchsgrundlagen gegenseitig ausschließen, (3) et-et-Fall: der Anspruch kann gleichzeitig auf eine bürgerlich-rechtliche als auch auf eine arbeitsrechtliche Anspruchsgrundlage gestützt werden; vgl. BAG 24.4.1996 – 5 AZB 25/95, AP ArbGG 1979 § 2 Zuständigkeitsprüfung Nr. 1 = NZA 1996, 1005; 10.12.1996 – 5 AZB 20/96, AP ArbGG 1979 § 2 Zuständigkeitsprüfung Nr. 4 = NZA 1997, 674.

²⁸⁸ BGH 16.2.1984 – I ARZ 395/83, BGHZ 90, 155 = NJW 1984, 1624; 7.2.2007 – X ARZ 423/06, NJW 2007, 1365.

Als zuständiges Gericht zur Verhandlung des Rechtsstreits wird das Arbeitsgericht …… bestimmt.

Gründe:

I.

…… (evtl. Ausführungen zum Sachverhalt)

Mit Beschluss vom …… hat sich das Arbeitsgericht …… für örtlich unzuständig erklärt und den Rechtsstreit an das Arbeitsgericht …… verwiesen. Das Arbeitsgericht …… hat sich daraufhin mit Beschluss vom …für örtlich unzuständig erklärt und den Rechtsstreit zur Bestimmung des örtlich zuständigen Gerichts dem Landesarbeitsgericht …… vorgelegt.

II.

Die Bestimmung des zuständigen Gerichts war gem. § 46 Abs. 2 ArbGG iVm § 36 Abs. 1 Nr. 6 ZPO vorzunehmen. Sowohl das Arbeitsgericht …… als auch das Arbeitsgericht …… haben sich mit unanfechtbaren Beschlüssen für örtlich unzuständig erklärt. Dabei kommt es nicht darauf an, ob einem Verweisungsbeschluss ausnahmsweise keine Bindungswirkung zukommt. Dies steht einer Bestimmung nach § 36 Abs. 1 Nr. 6 ZPO nicht entgegen. Vielmehr ist die etwaige fehlende Bindungswirkung bei der Bestimmung des zuständigen Gerichts zu beachten.[289]

Die Zuständigkeit des Landesarbeitsgericht …… ergibt sich aus § 46 Abs. 2 ArbGG iVm § 36 Abs. 2 ZPO.[290]

Als zuständiges Gericht war das Arbeitsgericht …… zu bestimmen.

Rechtskräftige Verweisungsbeschlüsse sind für das Gericht, an das der Rechtsstreit verwiesen wird, gem. § 48 Abs. 1 iVm § 17a Abs. 2 S. 3 GVG bindend. Diese Bindungswirkung ist auch im Bestimmungsverfahren nach § 36 Abs. 1 Nr. 6 ZPO zu beachten. Damit ist regelmäßig dasjenige Gericht als zuständig zu bestimmen, an das die Sache durch den ersten Verweisungsbeschluss gelangt ist.[291] Auch fehlerhafte Verweisungsbeschlüsse sind bindend. Lediglich eine offensichtlich gesetzeswidrige Verweisung kann die Bindungswirkung nicht entfalten.[292] Offensichtlich gesetzeswidrig ist ein Verweisungsbeschluss dann, wenn er jeder Rechtsgrundlage entbehrt, willkürlich gefasst ist oder auf Versagung rechtlichen Gehörs gegenüber den Verfahrensbeteiligten beruht.[293]

( )
Nach diesen Grundsätzen ist der Verweisungsbeschluss des Arbeitsgerichts …… an das Arbeitsgericht …… bindend. Denn ……

Daher war das Arbeitsgericht …… als zuständiges Arbeitsgericht zu bestimmen.

( )
Nach diesen Grundsätzen ist der Verweisungsbeschluss des Arbeitsgerichts …… an das Arbeitsgericht …… nicht bindend. Denn ……

Wegen der fehlenden Bindungswirkung war daher die Frage zu untersuchen, ob das Arbeitsgericht …… oder das Arbeitsgericht …… örtlich zuständig ist. ……

Die Entscheidung ist unanfechtbar (§ 37 Abs. 2 ZPO).

---

[289] Vgl. Zöller/*Vollkommer,* ZPO, § 36 Rn. 25; Stein/Jonas/*Roth,* ZPO, § 36 Rn. 45.
[290] Zuständig ist das LAG, zu dessen Bezirk das zuerst mit der Sache befasste Arbeitsgericht gehört.
[291] BAG 14.1.1994 – 5 AS 22/93, AP ZPO § 36 Nr. 43 = NZA 1994, 478.
[292] BAG 29.9.1976 – 5 AR 232/76, AP ZPO § 36 Nr. 20.
[293] BAG 1.7.1992 – 5 AS 4/92, AP ZPO § 36 Nr. 39 = NZA 1992, 1047; 14.1.1994 – 5 AS 22/93, AP ZPO § 36 Nr. 43 = NZA 1994, 478; 17.6.2004 – 5 AS 3/04, AP ZPO § 36 Nr. 60; 19.2.2006 – 5 AS 1/06, AP ZPO § 36 Nr. 61 = NJW 2006, 1371.

Vogelsang

4. Muster: Anberaumen der Kammerverhandlung

Beschluss

In Sachen pp. *(kurzes Rubrum)*

( ) wird Termin zur Kammerverhandlung
( ) wird Termin zur mündlichen Verhandlung über den Einspruch und die Hauptsache[294]
bestimmt auf den ...... um ...... Uhr.
Zu diesem Termin wird hiermit geladen.
( ) Zu diesem Termin wird das persönliche Erscheinen
( ) (→ *C. Rn. 238 Muster: Anberaumen der Güteverhandlung*)
zur Sachaufklärung und Führung von Vergleichsgesprächen angeordnet.
( ) D. Beklagten wird aufgegeben, kurzfristig mitzuteilen, ob ...... (→ *C. Rn. 238 Muster: Anberaumen der Güteverhandlung*).

(Es folgen meist Auflagen und Hinweise mit Fristsetzung an die Parteien. ZB bei einer betriebsbedingten Kündigung:)

D. Beklagten wird aufgegeben, die Gründe für die Kündigung darzulegen. Es ist anzugeben, aufgrund welcher Umstände der Arbeitsplatz d. Klägers/in weggefallen ist. Sofern die Kündigung auf einen Auftrags- oder Umsatzrückgang gestützt wird, sind monatliche Zahlen der letzten drei Jahre vorzulegen oder ähnliche Daten. Sofern die Kündigung auf eine unternehmerische Entscheidung gestützt wird, ist darzulegen, welche Umstrukturierungsmaßnahmen vorgenommen wurden und wie sich diese auf den Arbeitsplatz d. Klägers/in auswirken.

Ferner sind die Gründe anzugeben, die zu der getroffenen sozialen Auswahl geführt haben. Dabei sind die Sozialdaten (Dauer der Betriebszugehörigkeit, Lebensalter, Unterhaltspflichten, evtl. Schwerbehinderung) vergleichbarer Arbeitnehmer anzugeben.[295]

Außerdem ist zur Anhörung des Betriebsrats vorzutragen (wem wurde wann was mitgeteilt, wann hat der Betriebsrat wie Stellung genommen?). Evtl. vorhandene schriftliche Unterlagen sind in Kopie zu den Akten zu reichen.[296]

Frist: ......[297]

Erwiderungsfrist für d. Kläger/in: ......[298]

Die Parteien werden darauf hingewiesen,[299] dass Vorbringen, das nach Ablauf der gesetzten Fristen eingeht, nach §§ 56 Abs. 2, 61a Abs. 5 ArbGG[300] als verspätet zurückgewiesen werden kann. Angriffs- und Verteidigungsmittel, die erst nach Fristablauf vorgebracht werden, sind nur zuzulassen, wenn ihre Zulassung nach der freien Überzeugung des Gerichts die Erledigung des Rechtsstreits nicht verzögert oder die Parteien die Verspätung genügend entschuldigen. Eine Verzögerung ist insbesondere dann gegeben, wenn durch das nicht fristgerechte sachliche oder

---

[294] Bei vorausgegangenem Versäumnisurteil, vgl. § 341a ZPO.
[295] Bei einem entsprechenden Verlangen des/der Arbeitnehmers/in, § 1 Abs. 3 S.1 Hs. 2 KSchG.
[296] Bei einer entsprechenden Rüge.
[297] In Kündigungsschutzverfahren muss die Frist gem. § 61a Abs. 3 S. 2 ArbGG mindestens zwei Wochen betragen.
[298] In Kündigungsschutzverfahren muss die Erwiderungsfrist gem. § 61a Abs. 4 ArbGG mindestens zwei Wochen betragen.
[299] Die Belehrungspflicht folgt aus §§ 56 Abs. 2 S. 2, 61a Abs. 6 ArbGG; ausf. zum Umfang der Belehrungspflicht ArbGG/*Kloppenburg/Ziemann* § 56 Rn. 42 ff.
[300] Die Regelung in § 296 ZPO wird durch diese spezielleren Bestimmungen des ArbGG verdrängt. Nach § 46 Abs. 2 ArbGG (für das Berufungsverfahren iVm § 64 Abs. 6 ArbGG) anwendbar ist dagegen § 282 ZPO; GMPM/*Germelmann*, ArbGG, § 56 Rn. 2.

Vogelsang

prozessuale Vorbringen, das der Durchsetzung bzw. der Abwehr des geltend gemachten Anspruchs dient, die Durchführung eines weiteren Verhandlungstermins erforderlich würde. Eine Versäumung der Frist kann daher zum vollständigen Unterliegen im Rechtsstreit führen.

( ) *(evtl. Hinweis nach § 6 KSchG, → C. Rn. 238 Muster: Anberaumen der Güteverhandlung.)*

(falls vorbereitend Zeugen geladen werden sollen)

( )
Die Zeugen
......
sollen vorbereitend geladen werden mit folgendem vorläufigen Beweisthema:[301]
......

(Unterschrift d. Vorsitzenden[302])

5. Muster: Einleitung des Beschlussverfahrens

Beschluss

In Sachen pp. *(volles Rubrum)*

( ) wird Termin das Beschlussverfahren eingeleitet.
( ) als Beteiligte/r zu ...... wird am Beschlussverfahren weiterhin beteiligt die/der
......
( ) Termin
    ( ) zur Güteverhandlung vor d. Vorsitzenden
    ( ) als Anhörungstermin vor der Kammer
    ( ) zur Anhörung vor dem Vorsitzenden[303]
wird bestimmt auf den ...... um ...... Uhr.[304]
Zu diesem Termin wird hiermit geladen.
Der Pflicht zur Anhörung ist genügt, wenn ein Beteiligter auf Ladung unentschuldigt ausbleibt, § 83 Abs. 4 ArbGG.
Zum Termin wird das persönliche Erscheinen

( ) d. Vorsitzenden des Betriebsrats
( ) d. Geschäftsführerin/Geschäftsführers d. Beteiligten zu
( ) d. Geschäftsführerin/Geschäftsführers d. persönlich haftenden Gesellschafterin d. Beteiligten zu
( ) d. ......

angeordnet.

( ) D. Beteiligten zu ...... wird aufgegeben, bis zum[305] ...... auf die Antragsschrift zu erwidern. ( ) Dabei ist insbesondere zu folgenden Fragen vorzutragen:
( ) Folgende Unterlagen sind zu den Akten zu reichen:
......

---

[301] Vgl. § 377 Abs. 2 Nr. 2 ZPO. Ohne Angabe des Beweisthemas ist bei Nichterscheinen des Zeugen kein Beschluss nach § 380 ZPO möglich; Zöller/*Greger*, ZPO, § 380 Rn. 1.
[302] Eine bloße Paraphierung ist nicht ausreichend; ferner ist eine förmliche Zustellung erforderlich, vgl. BGH 5.3.1990 – II ZR 109/89, NJW 1990, 2389; GMPM/*Germelmann*, ArbGG, § 56 Rn. 30 f.
[303] Im Fall des § 98 ArbGG.
[304] Zu einer nach § 83 Abs. 4 S. 3 ArbGG mit Einverständnis aller Beteiligten möglichen Entscheidung im schriftlichen Verfahren s. das Muster unter → C. Rn. 309.
[305] In Verfahren über die Besetzung der Einigungsstelle sind die besonderen Ladungs- und Einlassungsfristen nach § 98 Abs. 1 S. 3 sowie die Erledigungsfristen in § 98 Abs. 1 S. 6 ArbGG zu beachten.

6. Verfahrensverbindung und -abtrennung

a) Muster: Verfahrensverbindung

249
443

Nach Anhörung der Parteien ergeht folgender Beschluss:

Die Verfahren …… und …… werden zur gemeinsamen Verhandlung und Entscheidung verbunden. Es führt das Verfahren mit dem Aktenzeichen …… .

b) Muster: Verfahrensabtrennung

250
444

Beschluss

In Sachen pp. *(kurzes Rubrum)*

ergeht nach Anhörung der Parteien folgender Beschluss:

Die Rechtsstreitigkeiten der Kläger/innen zu …… und …… werden abgetrennt und unter gesondertem Aktenzeichen fortgeführt und verhandelt.

Oder: Der Rechtsstreit wird wegen des Antrags zu …… aus der Klageschrift/aus dem Schriftsatz des/r Klägers/in abgetrennt und unter gesondertem Aktenzeichen fortgeführt und verhandelt.

7. Beweisbeschluss mit Anordnung der schriftlichen Beantwortung der Beweisfrage

a) Muster: Beweisbeschluss

251
445

Beschluss

Es soll Beweis erhoben werden über die Frage, …… *(Beweisthema)*

durch Vernehmung der/des Zeugin/Zeugen ……, von der/dem Kläger/in/Beklagten benannt.

Die Zeugin/Der Zeuge braucht (zunächst) nicht zum Termin am …… erscheinen, wenn sie/er zuvor eine schriftliche Beantwortung der Beweisfrage

( ) unter eidesstattlicher Versicherung ihrer Richtigkeit[306]

einreicht.

b) Muster: Schreiben an den Zeugen

252
446

In Sachen *(kurzes Rubrum)*

Soll aufgrund eines Beschlusses des Arbeitsgerichts …… Beweis erhoben werden über die Frage …… *(Beweisthema).*

( ) Der/Die Kläger/in/Beklagte hat Sie von Ihrer Schweigepflicht entbunden.

Zur Vermeidung einer mündlichen Beweisaufnahme werden Sie gebeten, bis zum …… eine schriftliche Beantwortung der Beweisfrage

( ) unter eidesstattlicher Versicherung ihrer Richtigkeit

einzureichen und dabei insbesondere zu folgenden Fragen Stellung zu nehmen:
……

---

[306] Aufgrund einer Entscheidung durch die Kammer, § 58 Abs. 2 S. 2 ArbGG und nur bei Vorliegen der Voraussetzungen gem. § 58 Abs. 2 S. 1 ArbGG.

> Es wird darauf hingewiesen, dass Sie möglicherweise auch nach einer schriftlichen Beantwortung der Beweisfrage zur Vernehmung geladen werden können.[307] Mit einer solchen Ladung müssen Sie in jedem Fall rechnen, wenn Sie die Beweisfrage nicht, verspätet oder unzulänglich beantworten.
>
> ...... *(Hinweis auf die Wahrheitspflicht[308] sowie auf ein dem Gericht bekanntes etwaiges Aussageverweigerungsrecht[309])*

8. Muster: Beschluss gem. § 356 ZPO (Zeugenladung nicht möglich)

> **Beschluss**
>
> In Sachen pp. *(volles Rubrum)*
>
> ( ) fehlt die Angabe der ladungsfähigen Anschrift des Zeugen/der Zeugin ......
>
> ( ) konnte der Zeuge/die Zeugin ...... unter der angegebenen Anschrift nicht geladen werden. Die Ladung kam mit dem Postvermerk
>
> ......
>
> zurück.
>
> Für die Angabe der ladungsfähigen Anschrift des Zeugen/der Zeugin wird gem. § 356 ZPO eine Frist bis zum ...... gesetzt. Nach fruchtlosem Ablauf dieser Frist kann das Beweismittel nur genutzt werden, wenn nach der freien Überzeugung des Gerichts dadurch das Verfahren nicht verzögert wird.

9. Beweisaufnahme durch Einholen eines Sachverständigengutachtens[310]

a) Muster: Beweisbeschluss

> **Beschluss**
>
> Es soll Beweis erhoben werden über die Frage, ob zum Zeitpunkt der Kündigung am ...... die Prognose bestand, dass der Kläger aufgrund seines Gesundheitszustandes auch in Zukunft häufig krankheitsbedingt ausfallen wird und mindestens 30 Tage im Jahr arbeitsunfähig erkrankt sein wird durch Einholung eines Sachverständigengutachtens.
>
> ( ) Als Sachverständiger wird ...... benannt.[311]
>
> ( ) D. ...... *(zB arbeitsmedizinische Dienst der Berufsgenossenschaften)* soll um die Benennung eines/einer geeigneten Sachverständigen ersucht werden.
>
> Dem Sachverständigen wird aufgegeben, die Beweisfrage zunächst im Rahmen eines schriftlichen Gutachtens aufgrund einer Untersuchung des Klägers und Auswertung der ihn betreffenden ärztlichen Unterlagen der ihn damals behandelnden Ärztin ...... sowie einer Besichtigung des Arbeitsplatzes zu beantworten.
>
> ( ) Von der Arbeitsplatzbesichtigung sind die Parteien rechtzeitig zu informieren.
>
> Dem Kläger wird aufgegeben, sich bei entsprechender Aufforderung durch den/die Sachverständige/n von diesem/r untersuchen zu lassen.
>
> Der Beklagten wird aufgegeben, dem/r Sachverständigen eine Besichtigung des Arbeitsplatzes des Klägers zu ermöglichen.

---

[307] S. § 377 Abs. 3 S. 2 ZPO.
[308] § 395 Abs. 1 ZPO.
[309] § 383 Abs. 2 ZPO.
[310] Hier: Einholung eines Sachverständigengutachtens zu der Frage zu befürchtender weiterer häufiger Kurzerkrankungen.
[311] Nach vorheriger Anhörung der Parteien zur Person des/der Sachverständigen.

b) Muster: Anfrage an die Parteien

In Sachen pp. *(kurzes Rubrum)*

Ist als Gutachter ...... vorgeschlagen worden. Ich beabsichtige, diese/n mit der Erstellung des Gurtachtens gem. Beweisbeschluss vom ...... zu beauftragen, falls nicht bis zum ...... Einwendungen erhoben werden.

c) Muster: Schreiben an den Gutachter

In Sachen pp.

hat das Gericht Sie mit Beweisbeschluss vom ...... die Einholung eines Sachverständigengutachtens zu der Frage beschlossen, ob zum Zeitpunkt der Kündigung am ...... die Prognose bestand, dass der Kläger aufgrund seines Gesundheitszustandes auch in Zukunft häufig krankheitsbedingt ausfallen wird und mindestens 30 Tage im Jahr arbeitsunfähig erkrankt sein wird.

( ) Das Gericht hat beschlossen, Sie zum Sachverständigen für die Erstellung des Gutachtens zu bestellen.

( ) Nach Anhörung der Parteien bestelle ich Sie hiermit zum Sachverständigen für die Erstellung des Gutachtens.

Anliegend übersende ich Ihnen die Gerichtsakten des Verfahrens mit dem Aktenzeichen ...... unter Bezugnahme auf die Schweigepflichtentbindungserklärung des Klägers vom (Bl. ...... d.A.).

Ich bitte Sie, in Ihrem Gutachten zu der Beweisfrage unter Berücksichtigung des Gesundheitszustandes des Klägers und der vorangegangenen Ausfallzeiten (s. Bl. ...... d.A. sowie die überreichten Arbeitsunfähigkeitsbescheinigungen, Bl. ......) sowie einer noch durchzuführenden Arbeitsplatzbesichtigung Stellung zu nehmen.

Von der durchzuführenden Arbeitsplatzbesichtigung sind die Parteien rechtzeitig zu informieren, damit sie hieran teilnehmen können.

Behandelnde Ärztin des Klägers ist ......

Sie werden geben, die Beweisfrage zunächst im Rahmen eines schriftlichen Gutachtens aufgrund einer Untersuchung des Klägers und Auswertung der ihn betreffenden ärztlichen Unterlagen der ihn behandelnden Ärztin sowie einer Arbeitsplatzbesichtigung zu beantworten.

Ich weise Sie vorsorglich darauf hin, dass Sie Ihr Gutachten gegebenenfalls in einem späteren Termin zur Kammerverhandlung persönlich mündlich erläutern müssen.

Sie sind gehalten, unverzüglich zu prüfen, ob das zu erstellende Gutachten in Ihr Fachgebiet fällt oder von Ihnen ohne Hinzuziehung weiterer Sachverständiger erstellt werden kann. Sollte die Hinzuziehung weiterer Sachverständiger erforderlich sein, ist das Gericht hierauf unverzüglich hinzuweisen. In diesem Fall werden Sie gebeten, die Fachgebiete anzuzeigen, die zur ergänzenden Begutachtung notwendig sind.

Ohne Zustimmung des Gerichts sind Sie nicht befugt, den erteilten Auftrag einem Dritten zu übertragen. Sofern Sie sich der Mitarbeit von Personen bedienen, sind Name, Funktion und Umfang der Tätigkeit des/r Mitarbeiter/s/in anzugeben. Hilfsdienste von untergeordneter Bedeutung bleiben hiervon unberührt.

Bestehen Zweifel am Inhalt und Umfang des Auftrags, bitte ich Sie, unverzüglich eine Klärung durch das Gericht herbeizuführen. Entstehen durch das Gutachten voraussichtlich unverhältnismäßig hohe Kosten, die zB in keinem Verhältnis zum Wert des Streitgegenstandes stehen, bitte ich Sie, das Gericht rechtzeitig hierauf hinzuweisen.

Sie sind verpflichtet, auf Verlangen des Gerichts die Akten und sonstige für die Begutachtung beigezogene Unterlagen sowie Untersuchungsergebnisse unverzüglich herauszugeben.

Ihre Entschädigung erfolgt gem. § 413 ZPO nach dem Justizvergütungs- und -entschädigungsgesetz (JVEG).

Da es sich bei dem vorliegenden Rechtsstreit um ein Kündigungsverfahren handelt für das nach dem Arbeitsgerichtsgesetz der besondere Beschleunigungsgrundsatz gilt, bitte ich Sie, das Gutachten möglichst frühzeitig zu erstellen.

10. Ausbleiben eines Zeugen

a) Muster: Anhörung gem. § 381 ZPO

Schreiben an die Zeugin/den Zeugen ......

In Sachen pp. *(kurzes Rubrum)*

sind Sie trotz ordnungsgemäßer Ladung zu dem Termin am ...... nicht erschienen. Es wird Ihnen Gelegenheit gegeben, das Ausbleiben bis zum ...... zu entschuldigen. Anderenfalls wird gegen Sie gem. § 380 ZPO ein Ordnungsgeld, hilfsweise für den Fall, dass dieses nicht beigetrieben werden kann, Ordnungshaft verhängt. Außerdem werden Ihnen dann die durch das Ausbleiben im Termin entstandenen Kosten auferlegt.

( )[312] Ferner wird darauf hingewiesen, dass zu einem neuen Termin gem. § 380 Abs. 2 ZPO Ihre zwangsweise Vorführung angeordnet werden kann.

257
↣ 451

b) Muster: Beschluss gem. § 380 ZPO

Beschluss

In Sachen pp. *(kurzes Rubrum)*

wird gegen den Zeugen ...... *(genaue Angabe von Namen und Anschrift)* ein Ordnungsgeld in Höhe von ...... EUR festgesetzt und für den Fall, dass dieses nicht beigetrieben werden kann, ein Tag Ordnungshaft je 100 EUR. Dem Zeugen werden die durch sein Ausbleiben im Termin am ...... verursachten Kosten auferlegt.

( )[313] Zu dem Termin am ...... wird die zwangsweise Vorführung des Zeugen ...... angeordnet.

Gründe:

Die Entscheidung beruht auf § 380 Abs. 1 ZPO. Der Zeuge ...... ist zum Termin am ...... ordnungsgemäß geladen worden. Gleichwohl ist er zu diesem Termin nicht erschienen, ohne sein Ausbleiben nach § 381 ZPO genügend zu entschuldigen. ......

Rechtsmittelbelehrung: sofortige Beschwerde

258
↣ 452

---

[312] Für den Fall eines wiederholten Ausbleibens, § 380 Abs. 2 ZPO.
[313] Für den Fall eines wiederholten Ausbleibens, § 380 Abs. 2 ZPO.

11. Muster: Beschluss gem. § 141 Abs. 3 iVm § 380 ZPO

259
453

Beschluss

In Sachen pp. *(volles Rubrum)*

wird gegen die/den Kläger/in/Beklagte/n[314] ein Ordnungsgeld in Höhe von ...... EUR festgesetzt.[315]

Gründe:

Die Entscheidung beruht auf § 141 Abs. 3 iVm § 380 Abs. 1 ZPO. Der/die Kläger/in/Beklagte ist zum Termin am ...... ordnungsgemäß geladen worden. Gleichwohl ist er/sie zu diesem Termin nicht erschienen, ohne sein/ihr Ausbleiben nach § 381 ZPO genügend zu entschuldigen. ......

Er/Sie hat auch keinen gem. § 141 Abs. 3 S. 2 ZPO bevollmächtigten Vertreter entsandt. ......

Durch das Ausbleiben konnte das Verfahren im Termin am ...... nicht zum Abschluss gebracht werden. ......[316]

12. Muster: Zurückweisung eines Terminsverlegungsantrags[317]

260
454

Beschluss

In Sachen pp. *(kurzes Rubrum)*

wird der Antrag d. Verfügungsklägers/in/Verfügungsbeklagten vom ...... auf Verlegung des Termins am ...... zurückgewiesen.

Gründe:

Eine Terminsverlegung ist gem. § 227 ZPO nur aus erheblichen Gründen zulässig. Erheblich sind nur Gründe, die einer sachgemäßen Vorbereitung des Termins entgegenstehen. Dabei ist wegen des für das Arbeitsgerichtsverfahrens geltenden Beschleunigungsprinzips (§ 9 Abs. 1 ArbGG) ein strenger Maßstab anzulegen.

Das gilt erst recht im Rahmen eines Verfahrens auf Erlass einer einstweiligen Verfügung.

Die von d. Verfügungsklägers/in/Verfügungsbeklagten dargelegten Gründe genügen diesen Anforderungen nicht. ......[318]

Die Entscheidung ist unanfechtbar, § 227 Abs. 4 S. 3 ZPO.

---

[314] Zu der streitigen Frage, ob ein Ordnungsgeld gegen den geladenen gesetzlichen Vertreter einer juristischen Person verhängt werden kann oder nur gegen die Partei selbst vgl. Stein/Jonas/*Leipold*, ZPO, § 141 Rn. 50; Zöller/*Greger*, ZPO, § 141 Rn. 14.

[315] Da § 141 Abs. 3 S. 1 ZPO als Sanktion nur das Ordnungsgeld nennt, kann – anders als bei einem nicht erschienenen Zeugen – keine Ordnungshaft verhängt werden. Ebenso wenig kann eine zwangsweise Vorführung oder Auferlegung der Kosten (§ 380 Abs. 1 S. 1 ZPO) angeordnet werden.

[316] Von der Möglichkeit der Verhängung eines Ordnungsgeldes sollte schon in Anbetracht der Tatsache, dass die Partei nur zum Erscheinen und nicht auch zu einer Einlassung verpflichtet werden kann, nur zurückhaltend Gebrauch gemacht werden. Auf keinen Fall kann ein Ordnungsgeld verhängt werden, wenn im Termin keine Fragen zum Sachverhalt offen geblieben sind oder das Verfahren durch Vergleich oder Klagerücknahme abgeschlossen wird, vgl. Zöller/*Greger*, ZPO, § 141 Rn. 12.

[317] Hier: im Verfahren auf Erlass einer einstweiligen Verfügung.

[318] Zu der – in der Praxis häufigen – Frage, ob eine Verhinderung des Prozessbevollmächtigte (insbes. bei einer Anwaltssozietät) ausreicht: BVerwG 9.12.1983 – 4 C 44/83, NJW 1984, 882; 23.1.1995 – 9 B 1/95, NJW 1995, 1231; Stein/Jonas/*Roth*, ZPO, § 227 Rn. 8f; Wieczorek/Schütze/*Gerken*, ZPO, § 227 Rn. 13; Musielak/*Stadler*, ZPO, § 227 Rn. 5; Zöller/*Stöber*, ZPO, § 227 Rn. 6; Thomas/Putzo/*Hüßtege*, ZPO, § 227 Rn. 6.

13. Ausschluss der Öffentlichkeit

a) Gesetzliche Vorgaben

Der Ausschluss der Öffentlichkeit richtet sich nach § 52 ArbGG, der teilweise auf **261** die Regelungen des GVG in den §§ 171b ff. GVG verweist. In der arbeitsgerichtlichen Praxis stellt sich diese Frage zumeist im Zusammenhang mit wichtigen Geschäfts- oder Betriebsgeheimnissen (§ 52 S. 2 ArbGG). Die Öffentlichkeit kann hier gem. § 52 S. 2 ArbGG **nur auf Antrag einer Partei** ausgeschlossen werden. Es empfiehlt sich in diesen Fällen, gem. § 52 S. 4 ArbGG iVm § 174 Abs. 1 S. 2 GVG – auch ohne gesonderten Antrag – auch schon über die Ausschließung der Öffentlichkeit in nicht öffentlicher Sitzung zu verhandeln. Nach § 52 S. 4 ArbGG iVm § 173 Abs. 1 GVG erfolgt die Verkündung des Urteils immer öffentlich, lediglich für die Verkündung der Urteilsgründe kann die Öffentlichkeit ausgeschlossen werden (§ 52 S. 4 ArbGG iVm § 173 Abs. 2 GVG).

In der Güteverhandlung kann die Öffentlichkeit gem. § 52 S. 3 ArbGG auch aus **262** **Zweckmäßigkeitsgründen** ausgeschlossen werden.

b) Muster

aa) Muster: Verhandlung über den Ausschluss der Öffentlichkeit (Kammerverhandlung)

> **Beschluss**[319]
>
> Über den Antrag auf Ausschluss der Öffentlichkeit soll in nichtöffentlicher Sitzung verhandelt werden.

263
▶ 455

bb) Muster: Entscheidung über den Ausschluss der Öffentlichkeit (Kammerverhandlung)

> **Beschluss**[320]
>
> Die Öffentlichkeit wird für die Dauer der Erörterung über folgende Aspekte der wirtschaftlichen Lage der Beklagten ausgeschlossen:
> ……
>
> Den anwesenden Personen wird zur Pflicht gemacht, die Tatsachen zu den genannten Punkten geheim zu halten, die durch die Verhandlung oder durch ein die Sache betreffendes amtliches Schriftstück zu ihrer Kenntnis gelangen.[321]
>
> Gründe:
>
> Die Entscheidung beruht in ihrem ersten Teil auf § 52 S. 2 ArbGG. Dabei hat das Gericht nach pflichtgemäßem Ermessen unter Abwägung der Interessen der Parteien und der Bedeutung des Grundsatzes der Öffentlichkeit zu entscheiden.[322] Nach Ansicht der Kammer liegt ein Betriebsgeheimnis im Sinne von § 52 S. 2 ArbGG vor. Ausreichend hierfür ist, dass jedenfalls unberufenen Personen die betreffende Tatsache nicht bekannt ist. Nicht erforderlich ist hingegen, dass nur einzelne Personen hiervon Kenntnis haben. Es besteht auch ein schutzwürdiges Interesse für die Beklagte an der Geheimhaltung dieser Tatsachen. ……
>
> Eine erhebliche Beeinträchtigung der Interessenwahrnehmung des Klägers ist im vorliegenden Verfahren nicht erkennbar. ……
>
> Wegen des zweiten Teils des Beschlusses beruht die Entscheidung auf § 52 S. 4 ArbGG iVm § 174 Abs. 3 S. 1 GVG.

264
▶ 456

---

[319] Im Protokoll der mündlichen Verhandlung.
[320] Im Protokoll der mündlichen Verhandlung, vgl. § 174 Abs. 1 S. 2 GVG.
[321] S. § 174 Abs. 3 S. 1, 2 GVG.
[322] Schwab/Weth/*Berscheid*, ArbGG, § 52 Rn. 21; GMPM/*Germelmann*, ArbGG, § 52 Rn. 17.

14. Muster: Unterbrechung nach Insolvenzeröffnung

Beschluss

In Sachen pp. *(volles Rubrum)*

hat das Amtsgericht …… durch Beschluss vom ……, Aktenzeichen: …… über das Vermögen d. Beklagten die Eröffnung des

( ) Insolvenzverfahrens

( ) vorläufigen Insolvenzverfahrens bei gleichzeitigem Übergang des Verfügungsrechts auf den vorläufigen Insolvenzverwalter

beschlossen.

Zum ( ) Insolvenzverwalter ( ) vorläufigen Insolvenzverwalter ist …… bestellt worden.

Das Verfahren ist deshalb gem. § 240 ZPO bis zur Aufnahme nach den für das Insolvenzverfahren geltenden Vorschriften unterbrochen.

Der Termin am …… wird aufgehoben.

Es wird anheimgestellt,

( ) die Forderung gegenüber dem Insolvenzverwalter geltend zu machen.

( ) den Rechtsstreit gegenüber dem Insolvenzverwalter aufzunehmen.

( ) beim Insolvenzverwalter unter Beachtung des § 174 InsO etwaige Insolvenzforderungen schriftlich anzumelden.

( ) bei der zuständigen Agentur für Arbeit gem. §§ 183–189, 327 Abs. 3 SGB III einen Antrag auf Zahlung von Insolvenzgeld zu stellen. Es wird darauf hingewiesen, dass dieser Antrag innerhalb einer Ausschlussfrist von zwei Monaten nach Eröffnung des Insolvenzverfahrens zu stellen ist.

15. Muster: Unterbrechung/Aussetzung nach Tod einer Partei

Beschluss

In Sachen pp. *(volles Rubrum)*

( ) *(wenn die verstorbene Partei nicht durch einen Prozessbevollmächtigten vertreten ist)*[323]

wird mitgeteilt, dass d. …… am …… verstorben ist.

Das Verfahren ist gem. § 239 ZPO bis zur Aufnahme durch d. Rechtsnachfolger unterbrochen.

( ) *(wenn die verstorbene Partei durch einen Prozessbevollmächtigten vertreten ist)*

wird das Verfahren gem. § 246 ZPO auf Antrag des …… bis zur Aufnahme durch d. Rechtsnachfolger des am …… verstorbenen …… ausgesetzt.

---

[323] Maßgeblich für die Frage, ob ein Fall des § 239 oder des § 246 ZPO vorliegt, ist allein, ob eine Vertretung durch einen Prozessbevollmächtigten vorliegt, nicht, ob (gem. § 11 Abs. 4 ArbG) eine solche Vertretung vorgeschrieben ist, vgl. BGH 29.5.1951 – IV ZR 83/50, BGHZ 2, 227 (229); Zöller/*Greger* ZPO § 246 Rn. 2.

16. Muster: Hinweis nach verspätetem Einspruch

Schreiben an ......

In Sachen pp. *(kurzes Rubrum)*

wird darauf hingewiesen, dass der Einspruch gegen

( ) das Versäumnisurteil

( ) den Vollstreckungsbescheid

vom ...... hier erst am ...... eingegangen ist.

Gem. § 59 ArbGG kann der Einspruch nur binnen einer Woche nach Zustellung eingelegt werden.

( ) Das Versäumnisurteil ( ) Der Vollstreckungsbescheid ist laut ( ) Zustellungsurkunde ( ) Empfangsbekenntnis am ......

( ) durch Aushändigung an ......

( ) durch Einlegen in den Hausbriefkasten

( ) durch Einlegen in den zu den Geschäftsräumen gehörenden Briefkasten

( ) durch Ersatzzustellung an ......

( ) durch Niederlegung bei der Post

zugestellt worden.

Der Einspruch ist damit verspätet.

Auf die Möglichkeit der Wiedereinsetzung in den vorigen Stand wegen Fristversäumung gem. § 233 ZPO wird hingewiesen. Danach ist auf Antrag Wiedereinsetzung in den vorigen Stand zu gewähren, wenn die Partei ohne ihr Verschulden verhindert war, die Einspruchsfrist zu wahren. Der schriftliche Antrag muss die Angaben der die Wiedereinsetzung begründenden Tatsachen enthalten. Diese Tatsachen sind bei Antragstellung oder im Verfahren über den Antrag glaubhaft zu machen, § 236 Abs. 2 ZPO. Die Wiedereinsetzung muss binnen einer Frist von **2 Wochen** beantragt werden, nachdem das Hindernis beseitigt ist, aufgrund dessen der Einspruch nicht fristgerecht eingelegt wurde.

Sollten Wiedereinsetzungsgründe während dieser Frist nicht glaubhaft gemacht werden, ist der Einspruch gem. § 341 ZPO als unzulässig zu verwerfen.

Zwecks Vermeidung weiterer Kosten wird für den Fall, dass Wiedereinsetzungsgründe nicht glaubhaft gemacht werden können, anheimgestellt, den Einspruch zurückzunehmen.

Es wird eine Frist von **2 Wochen** gesetzt, um eine solche Prozesserklärung abzugeben.

( ) Es ist beabsichtigt, gem. § 341 Abs. 2 ZPO ohne mündliche Verhandlung zu entscheiden.

17. Vergleich gem. § 278 Abs. 6 ZPO

a) Muster: Vergleichsvorschlag

Beschluss

In Sachen pp. *(kurzes Rubrum)*

( ) schlägt das Gericht folgenden Vergleich vor:

( ) hat ( ) d. Kläger/in ( ) d. Beklagte mit Schriftsatz vom ...... einen Vergleichsvorschlag unterbreitet.

D. ( ) Parteien ( ) Kläger/in ( ) Beklagte wird/werden gebeten, bis zum mitzuteilen, ob sie/er diesem Vergleichsvorschlag zustimmen. Im Fall der Annahme wird das Gericht das Zustandekommen und den Inhalt des Vergleichs gem. § 278 Abs. 6 ZPO feststellen.

b) Muster: Vergleichsfeststellung

269

Beschluss

In Sachen pp. *(volles Rubrum)*

wird gem. § 278 Abs. 6 ZPO festgestellt, dass die Parteien einen Vergleich mit folgendem Inhalt geschlossen haben:

(einfügen Bl. ...... d.A., Ziff. 1– ......)

Das Verfahren ist damit beendet.

( ) Der Termin am ...... wird aufgehoben.

18. Anfragen und Beschlüsse nach Erledigungserklärung

a) Muster: Anfrage im Klageverfahren

270

Schreiben an ......

In Sachen pp. *(kurzes Rubrum)*

ist der Rechtsstreit von d. Kläger/in für erledigt erklärt worden.

D. Beklagte wird um Mitteilung gebeten, ob sie/er sich der Erledigungserklärung anschließt. Wenn der Erledigungserklärung nicht innerhalb einer Notfrist von **zwei Wochen** ab Zustellung widersprochen wird, gilt die Zustimmung gem. § 91a Abs.1 S. 2 ZPO als erteilt. In diesem Fall wird das Gericht ebenso wie bei einer übereinstimmenden Erledigungserklärung durch Beschluss über die Kosten des Rechtsstreits entscheiden. Diese Entscheidung erfolgt nach billigem Ermessen unter Berücksichtigung des bisherigen Sach- und Streitstands.

( )[324]
Es wird darauf hingewiesen, dass bisher Auslagen (Zustellkosten) in Höhe von ...... EUR entstanden sind. Die daneben zu zahlenden Gerichtsgebühren entfallen, wenn die Kostenentscheidung einer zuvor mitgeteilten Einigung der Parteien über die Kostentragung folgt oder eine Partei die Kostentragung übernimmt (vgl. KV Nr. 8311 Teil 8 der Anlage 1 zu § 3 Abs. 2 GKG). In diesem Fall sind nur die genannten Auslagen zu erstatten. Es wird daher angeregt,

( ) dass sich die Parteien über die Gerichtskosten einigen. ......[325]

( ) sich d. ......[326] mit der Übernahme der Kosten einverstanden erklärt. ......[327] Die Übernahmeerklärung muss ausdrücklich erfolgen.

---

[324] Bei einem Klageverfahren.
[325] Hier empfiehlt sich ein konkreter Vorschlag, der auf die voraussichtliche Kostenfolge im Fall einer Entscheidung nach § 91a ZPO abstellt.
[326] Je nach der voraussichtlichen Kostenfolge im Fall einer Entscheidung nach § 91a ZPO.
[327] Evtl. mit einer Begründung, warum die betreffende Partei bei einer Entscheidung nach § 91a ZPO voraussichtlich zum Tragen der Kosten verpflichtet wäre.

Ansonsten ist über die Kosten durch gesonderten Beschluss zu entscheiden, wodurch – wie ausgeführt – zusätzliche Gerichtskosten entstehen.

( )[328]
Es wird darauf hingewiesen, dass bisher eine Gerichtsgebühr von 0,4 entstanden ist (KV Nr. 8310 Teil 8 der Anlage 1 zu § 3 Abs. 2 GKG). Sofern ein Beschluss nach § 91a ZPO ergeht, erhöht sich die Gerichtsgebühr auf 2,0, es sei denn, der Beschluss folgt einer zuvor mitgeteilten Einigung der Parteien über die Kostentragung oder der Kostenübernahmeerklärung einer Partei (vgl. KV Nr. 8311 Teil 8 der Anlage 1 zu § 3 Abs. 2 GKG). Es wird daher angeregt,

( ) dass sich die Parteien über die Gerichtskosten einigen. ......[329]

( ) sich d. ......[330] mit der Übernahme der Kosten einverstanden erklärt. ......[331] Die Übernahmeerklärung muss ausdrücklich erfolgen.

Ansonsten ist über die Kosten durch gesonderten Beschluss zu entscheiden, wodurch – wie ausgeführt – zusätzliche Gerichtskosten entstehen.

b) Muster: Anfrage im Beschlussverfahren

Beschluss

In Sachen pp. *(kurzes Rubrum)*

ist das Verfahren von ( ) d. Antragsteller/in ( ) d. Beteiligten zu ...... für erledigt erklärt worden.

( ) *(bei einer Erledigungserklärung durch d. Antragsteller/in)*

D. Beteiligte/n zu ...... wird/werden um Mitteilung binnen 2 Wochen[332] gebeten, ob sie/er der Erledigung zustimmt/zustimmen.

Wenn d. Beteiligte/n zu ...... sich nicht innerhalb dieser Frist nicht äußert/äußern, gilt die Zustimmung als erteilt, § 83a Abs. 3 ArbGG.

( ) *(bei einer Erledigungserklärung durch einen der übrigen Beteiligten[333])*

D. Antragsteller/in wird um Mitteilung binnen 2 Wochen gebeten, ob er/sie das Verfahren ihrerseits/seinerseits für erledigt erklärt.

271
463

c) Kostenbeschluss

Beschluss

In Sachen pp. *(volles Rubrum)*

hat die ...... Kammer des Arbeitsgerichts ...... durch d. Richter/in am Arbeitsgericht ...... als Vorsitzende/n[334] ohne mündliche Verhandlung am ...... beschlossen:

272
464

---

[328] Bei einem Arrestverfahren oder Verfahren auf Erlass einer einstweiligen Verfügung.
[329] Hier empfiehlt sich ein konkreter Vorschlag, der auf die voraussichtliche Kostenfolge im Fall einer Entscheidung nach § 91a ZPO abstellt.
[330] Je nach der voraussichtlichen Kostenfolge im Fall einer Entscheidung nach § 91a ZPO.
[331] Evtl. mit einer Begründung, warum die betreffende Partei bei einer Entscheidung nach § 91a ZPO voraussichtlich zum Tragen der Kosten verpflichtet wäre.
[332] Gem. § 83a Abs. 2 S. 1 ArbGG muss die Frist mindestens 2 Wochen betragen
[333] Die Regelung in § 83a ArbGG gilt nur bei einer Erledigungserklärung durch den Antragsteller. Bei einer Erledigungserklärung durch einen anderen Beteiligten ist sie nicht (entsprechend) anzuwenden; die Erledigungserklärung kann hier allenfalls Indizwirkung für ein fehlendes Rechtsschutzinteresse entfalten, BAG 26.3.1991 – 1 ABR 43/90, AP BPersVG § 75 Nr. 32 = NZA 1991, 783; GK-ArbGG/*Dörner* § 83a Rn. 32; GMPM/*Matthes*, ArbGG, § 83a Rn. 25; Schwab/Weth/*Weth*, ArbGG, § 83a Rn. 24; ErfK/*Koch* ArbGG § 83a Rn. 2.
[334] Gem. § 55 Abs. 1 Nr. 9 ArbGG ergeht die Entscheidung außerhalb der streitigen Verhandlung durch die/den Vorsitzende/n allein. Das gilt auch bei einer Entscheidung im Rahmen der Güteverhandlung, nach-

Die Kosten des Rechtsstreits trägt d. ...... / tragen d. Kläger/in zu ...... % und d. Beklagte zu ...... %.

Gründe:

Die Parteien haben den Rechtsstreit

( ) am ...... übereinstimmend für erledigt erklärt.

( ) durch Schriftsätze vom ...... und ...... übereinstimmend für erledigt erklärt.

( ) D. Kläger/in/Beklagte hat den Rechtsstreit mit Schriftsatz vom ...... für erledigt erklärt. D. Kläger/in/Beklagte wurde dieser Schriftsatz mit Beschluss vom ......, mit dem er/sie über die Rechtsfolgen des § 91a ZPO belehrt wurde, am ...... zugestellt. Eine Stellungnahme hat d. Kläger/in/Beklagte innerhalb von zwei Wochen nicht abgegeben. Damit gilt die Zustimmung gem. § 91a Abs. 1 S. 2 ZPO als erteilt.

Gem. § 91a Abs. 1 S. 1 ZPO war über die Kosten des Rechtsstreits unter Berücksichtigung des bisherigen Sach- und Streitstandes nach billigem Ermessen zu entscheiden. Danach waren die Kosten d. ...... aufzuerlegen. Ohne das erledigende Ereignis hätte d. ...... im Rechtsstreit voraussichtlich unterlegen. ......

Rechtsmittelbelehrung:

Gegen diesen Beschluss kann sofortige Beschwerde eingelegt werden, wenn der Wert des Beschwerdegegenstandes 200 EUR und der Streitwert der Hauptsache 600 EUR übersteigen.[335] Die Beschwerde muss innerhalb einer Notfrist von **2 Wochen** nach der Zustellung dieses Beschlusses schriftlich oder zur Niederschrift der Geschäftsstelle beim Arbeitsgericht ...... eingelegt werden. Sie kann innerhalb dieser Frist auch schriftlich beim Landesarbeitsgericht ...... eingelegt werden. Die Beschwerde soll begründet werden.

19. Muster: Anfrage nach Klagerücknahme

Schreiben an ......

In Sachen pp. *(kurzes Rubrum)*

hat d. Kläger/in die Klage mit Schriftsatz vom ...... zurückgenommen. Die Klagerücknahme bedarf der Zustimmung d. Beklagten.[336] Diese Zustimmung gilt gem. § 269 Abs. 2 S. 4 ZPO als erteilt, wenn d. Beklagte der Rücknahme der Klage nicht binnen einer Notfrist von **2 Wochen** seit Zustellung des Schriftsatzes, mit dem die Klage zurückgenommen wurde, widerspricht.

20. Muster: Zurückweisung eines Antrags auf Wiedereröffnung der mündlichen Verhandlung

Beschluss

In Sachen pp. *(volles Rubrum)*

hat die ...... Kammer des Arbeitsgerichts ...... durch d. Richter/in am Arbeitsgericht ...... als Vorsitzende/n sowie die ehrenamtlichen Richter ...... und ......[337] ohne mündliche Verhandlung am ...... beschlossen:

---

dem die Parteien dort übereinstimmend die Erledigung der Hauptsache erklärt haben; vgl. Schwab/Weth/*Korinth*, ArbGG, § 54 Rn. 34 mwN.

[335] S. §§ 91a Abs. 2 S. 2, 567 Abs. 2 ZPO.

[336] Bei einer Rücknahme nach Stellen der Anträge, § 54 Abs. 2 S. 1 ArbGG.

[337] Die Entscheidung ergeht durch die Kammer, und zwar unter Beteiligung der ehrenamtlichen Richter, die an der Kammerverhandlung und anschließenden Beratung der zu verkündenden Entscheidung teilgenommen haben, BAG 18.12.2008 – 6 AZN 646/08, AP ArbGG 1979 § 72a Rechtliches Gehör Nr. 15 = NZA 2009, 334.

Der auf den ......, ... Uhr anberaumte Termin zur Verkündung einer Entscheidung bleibt bestehen.

Gründe:

Eine Wiedereröffnung der mündlichen Verhandlung aufgrund des Schriftsatzes d. Klägers/in/Beklagten vom ......, der erst nach der Kammerverhandlung am ...... beim Arbeitsgericht eingegangen ist, war nicht geboten.

Nach § 46 Abs. 2 ArbGG iVm § 156 Abs. 2 ZPO hat das Gericht die Wiedereröffnung insbesondere anzuordnen, wenn (1) das Gericht einen entscheidungserheblichen und rügbaren Verafahrensfehler, insbesondere eine Verletzung der Hinweis- und Aufklärungspflicht (§ 139 ZPO) oder eine Verletzung des Anspruchs auf rechtliches Gehör, feststellt, (2) nachträglich Tatsachen vorgetragen und glaubhaft gemacht werden, die einen Wiederaufnahmegrund (§§ 578, 580 ZPO) bilden, oder (3) zwischen dem Schluss der mündlichen Verhandlung und dem Schluss der Beratung und Abstimmung ein Richter ausgeschieden ist.

Diese Voraussetzungen sind im vorliegenden Fall nicht erfüllt. ......

Es liegen auch keine sonstigen Gründe vor, die eine Wiedereröffnung der mündlichen Verhandlung gebieten.[338] ......

Außerdem sind keine Gründe nach § 46 Abs. 2 ArbGG iVm § 156 Abs. 1 ZPO vorhanden, die nach pflichtgemäßem Ermessen der Kammer Veranlassung zu einer Wiedereröffnung der mündlichen Verhandlung gegeben hätten. ......

Eine Wiedereröffnung ist nicht allein deshalb geboten, weil nach Schluss der mündlichen Verhandlung noch Angriffs- und Verteidigungsmittel vorgebracht werden.[339]

Gegen diesen Beschluss ist ein Rechtsmittel nicht gegeben.

21. Anhörungsrüge

a) Muster: Zurückweisung als unzulässig

Beschluss

In Sachen pp. *(volles Rubrum)*

hat die .... Kammer des Arbeitsgerichts ...... durch d. Richter/in am Arbeitsgericht ...... als Vorsitzende/n[340] ohne mündliche Verhandlung am ...... beschlossen:

Die Anhörungsrüge des Klägers gegen das Urteil/den Beschluss[341] vom ...... wird kostenpflichtig als unzulässig verworfen.

Gebühr: 40 EUR[342]

Gründe:

Die Anhörungsrüge des Klägers war gem. § 78a Abs. 4 S. 2 ArbGG als unzulässig zu verwerfen, weil ......[343]

Gegen diesen Beschluss ist ein Rechtsmittel nicht gegeben (§ 78a Abs. 4 S. 4 ArbGG).

275

---

[338] Die Aufzählung in § 156 Abs. 2 ZPO ist nicht abschließend, Schwab/Weth/*Zimmerling*, ArbGG, § 46 Rn. 37; s. auch die Beispiele bei Thomas/Putzo/*Reichold*, ZPO, § 156 Rn. 5 ff.
[339] ErfK/*Koch* ArbGG § 46 Rn. 2; GMPM/*Germelmann*, ArbGG § 46 Rn. 37.
[340] Gem. § 78a Abs. 6 S. 2 ArbGG ergeht die Entscheidung hier ohne Beteiligung der ehrenamtlichen Richter.
[341] Anders als bei § 321a ZPO werden nicht nur – nicht rechtsmittelfähige – Urteile erfasst, sondern auch Beschlüsse. Bei LAG-Urteilen ist die Anhörungsrüge nur statthaft, wenn keine Nichtzulassungsbeschwerde statthaft ist, also in den Fällen des § 72 Abs. 4 ArbGG.
[342] KV Nr. 8500 Teil 8 der Anlage 1 zu § 3 Abs. 2 GKG.
[343] Gem. § 78a Abs. 4 S. 5 ArbGG soll der Beschluss kurz begründet werden.

b) Muster: Zurückweisung als unbegründet

276

> **Beschluss**
>
> In Sachen pp. *(volles Rubrum)*
>
> hat die ...... Kammer des Arbeitsgerichts ...... durch d. Richter/in am Arbeitsgericht ...... als Vorsitzende/n und die ehrenamtlichen Richter[344] ...... und ......[345] ohne mündliche Verhandlung am ...... beschlossen:
>
> Die Anhörungsrüge des Klägers gegen das Urteil/den Beschluss vom ...... wird kostenpflichtig als unbegründet zurückgewiesen.
>
> Gebühr: 40 EUR[346]
>
> Gründe:
>
> Die Anhörungsrüge des Klägers war gem. § 78a Abs. 4 S. 3 ArbGG als unbegründet zurückzuweisen, weil ......[347]
>
> Gegen diesen Beschluss ist ein Rechtsmittel nicht gegeben (§ 78a Abs. 4 S. 4 ArbGG).

c) Begründete Rüge

aa) Prozessuale Folgen

277 Die Folgen einer begründeten Anhörungsrüge ergeben sich aus § 78a Abs. 5 ArbGG. Das betreffende Verfahren ist wie bei einem zulässigen Einspruch gegen ein Versäumnisurteil fortzuführen. Hierfür bedarf es daher keines gesonderten Beschlusses.[348] Ein solcher Beschluss ist aber zweckmäßig. Zur Klarstellung erforderlich ist er dann, wenn das Verfahren nur wegen eines bestimmten Streitgegenstandes fortzuführen ist, weil sich die Gehörsrüge nur auf einen bestimmten Streitgegenstand auswirkt. In jedem Fall bedarf es aber, sofern die angefochtene Entscheidung durch die Kammer ergangen ist, gem. § 78a Abs. 6 ArbGG eines **Beschlusses durch die Kammer,** und zwar auch dann, wenn die Abhilfe nur in Form einer Terminsbestimmung erfolgt.

278 Das Verfahren ist sodann fortzusetzen. Im Urteilsverfahren oder im Beschlussverfahren ist **Termin zur mündlichen Verhandlung bzw. zur Anhörung der Beteiligten** anzuberaumen, ggfs. mit prozessleitenden Auflagen und Hinweisen. Soweit die spätere Entscheidung im Ergebnis mit der früheren übereinstimmt, wird diese aufrechterhalten. Ansonsten hebt das Gericht die frühere Entscheidung auf und ersetzt sie durch eine andere.[349]

---

[344] Gem. § 78a Abs. 6 S. 1, 2 ArbGG entscheidet die Kammer, wenn die ehrenamtlichen Richter an der angegriffenen Entscheidung beteiligt waren.
[345] Streitig ist, ob die nach den Regelungen des Geschäftsverteilungsplans zuständigen ehrenamtlichen Richter heranzuziehen sind (so: BAG 22.7.2008 – 3 AZN 584/08 (F), AP ArbGG § 78a Nr. 7 = NZA 2009, 1054; GK-ArbGG/*Dörner* § 78a Rn. 39; GMPM/*Prütting,* ArbGG, § 78a Rn. 23; BCF/*Creutzfeld,* ArbGG, § 78a Rn. 22; Schwab/Weth/*Schwab,* ArbGG, § 78a Rn. 54) oder die ehrenamtlichen Richter, die an der angefochtenen Entscheidung mitgewirkt haben (so: *Bepler* RdA 2005, 65 (68); *Düwell* FA 2005, 75 (76); *Treber* NJW 2005, 97 (100); ErfK/*Koch* ArbGG § 78a Rn. 6).
[346] KV Nr. 8500 Teil 8 der Anlage 1 zu § 3 Abs. 2 GKG.
[347] Gem. § 78a Abs. 4 S. 5 ArbGG soll der Beschluss kurz begründet werden.
[348] BCF/*Creutzfeld,* ArbGG, § 78a Rn. 24; vgl. zur gleichlautenden Bestimmung des § 321a Abs. 5 ZPO: Stein/Jonas/*Leipold,* ZPO, § 321a Rn. 55; Wieczorek/Schütze/*Rensen,* ZPO, § 321a Rn. 74.
[349] Zu der Frage, welche ehrenamtlichen Richter hierbei zu beteiligen sind, → C. Fn. 345.

bb) Muster

(1) Muster: Beschluss

> Der Anhörungsrüge des Klägers gegen das Urteil/den Beschluss vom ...... wird abgeholfen.
>
> *Oder (wenn das Verfahren nur wegen eines bestimmten Streitgegenstandes fortzuführen ist):*
>
> Der Anhörungsrüge des Klägers gegen das Urteil/den Beschluss vom ...... wird abgeholfen, soweit über den Antrag des Klägers zu ...... entschieden worden ist."
> *(Evtl. folgt eine Zurückweisung der Rüge im Übrigen, wobei dann die Formalien wie unter → C. Rn. 276 zu beachten sind.)*[350]

279
469

(2) Muster: Sachentscheidung nach erfolgreicher Anhörungsrüge

> Das Urteil vom ...... wird aufrechterhalten.
>
> *Oder (bei abweichender Entscheidung):*
>
> Das Urteil vom ...... wird aufgehoben. Die Beklagte wird verurteilt, ...
>
> ...... *(Nebenentscheidungen)*
>
> *Oder (bei teilweise abweichender Entscheidung):*
>
> Das Urteil vom ...... wird insoweit aufgehoben, als festgestellt wurde, dass ...... Insoweit wird die Klage abgewiesen.
>
> ...... *(Nebenentscheidungen)*

280
470

22. Urteilsformeln; Beschlüsse im Beschlussverfahren

a) Muster: Zahlungsurteil, teilweise Klagestattgabe

> Die Beklagte wird verurteilt, an den Kläger ...... EUR nebst Zinsen in Höhe von 5 Prozentpunkten über dem Basiszinssatz seit dem ...... zu zahlen.
>
> Im Übrigen wird die Klage abgewiesen.
>
> Die Kosten des Rechtsstreits tragen die Beklagte zu ...... % und der Kläger zu ...... %./ Die Kosten des Rechtsstreits werden gegeneinander aufgehoben.
>
> Der Streitwert wird auf ...... festgesetzt.
>
> Die Berufung wird nicht gesondert zugelassen./ Die Berufung wird zugelassen.[351]/ *(bei teilweiser Berufungszulassung*[352]*)* Die Berufung wird zugelassen, soweit das Gericht über die Widerklage entschieden hat; im Übrigen wird die Berufung nicht gesondert zugelassen.[353]/ Die Berufung wird zugelassen, soweit das Gericht über den Antrag zu 2) aus der Klageschrift entschieden hat; im Übrigen wird die Berufung nicht gesondert zugelassen.

281
471

---

[350] Die Gebühr KV Nr. 8500 Teil 8 der Anlage 1 zu § 3 Abs. 2 GKG fällt dann allerdings nicht an, weil diese nur bei völliger Verwerfung oder Zurückweisung der Rüge zu erheben ist.

[351] Vgl. § 64 Abs. 3a ArbGG; die Berufung ist nur zugelassen, wenn das Arbeitsgericht das ausdrücklich erklärt hat; Schwab/Weth/*Schwab*, ArbGG, § 64 Rn. 42.

[352] Die Berufung kann für einen bestimmten Teil des Rechtsstreits zugelassen werden. Es muss sich aber um einen teilbaren Streitgegenstand handeln, über den auch ein Teilurteil erlassen werden könnte. Die Zulassung der Berufung nur für bestimmte rechtliche Gesichtspunkte (zB eine Anspruchsgrundlage) oder einzelne Entscheidungselemente (zB Wahrung einer Ausschlussfrist) ist nicht möglich; vgl. Schwab/Weth/ *Schwab*, ArbGG, § 64 Rn. 45; GMPM/*Germelmann*, ArbGG, § 64 Rn. 39 ff.

[353] Auch ohne diese Klarstellung wäre die Berufung im Übrigen nicht zugelassen, da eine Zulassung ausdrücklich erklärt werden muss, → C. Fn. 351.

b) Muster: Zahlungsurteil, Klagestattgabe gegenüber einem Streitgenossen und Abweisung gegenüber einem weiteren Streitgenossen (Baumbach'sche Formel)[354]

282
472

> Die Beklagte zu 1) wird verurteilt, an den Kläger ...... EUR nebst Zinsen in Höhe von 5 Prozentpunkten über dem Basiszinssatz seit dem ...... zu zahlen.
>
> Im Übrigen wird die Klage abgewiesen.
>
> Die Gerichtskosten tragen der Kläger und der Beklagte zu 1) je zur Hälfte.
>
> Von den außergerichtlichen Kosten[355] tragen der Kläger die des Beklagten zu 2) voll und die eigenen zu 50%, der Beklagte zu 1) die eigenen voll und die des Klägers zu 50%.[356]
>
> *Oder:*
>
> Der Kläger trägt die außergerichtlichen Kosten des Beklagten zu 2) voll und der Beklagte zu 1) die des Klägers zur Hälfte; im Übrigen tragen die Parteien ihre außergerichtlichen Kosten selbst.[357]
>
> ...... *(Streitwert, Entscheidung über die Zulassung der Berufung)*

c) Muster: Vorbehaltsurteil, Aufrechnung mit einer rechtswegfremden Forderung[358]

283
473

> Die Beklagte wird verurteilt, an den Kläger ...... EUR nebst Zinsen in Höhe von 5 Prozentpunkten über dem Basiszinssatz seit dem ...... zu zahlen.
>
> Die Verurteilung erfolgt unter dem Vorbehalt der Entscheidung über die Aufrechnung des Beklagten mit einer Gegenforderung über ...... EUR wegen ......
>
> ...... *(Nebenentscheidungen)*

d) Muster: Vornahme einer Handlung

284
474

> Die Beklagte wird verurteilt, ... *(genaue Beschreibung der vorzunehmenden Handlung)*
>
> zB *(Weiterbeschäftigung)* die Klägerin (bis zum rechtskräftigen Abschluss des vorliegenden Verfahrens) zu den bisherigen Arbeitsbedingungen als ......[359] weiterzubeschäftigen.
>
> zB *(Verurteilung zur Zeugniserteilung)* dem Kläger ein Zeugnis zu erteilen, das sich auf Art und Dauer sowie Leistung und Verhalten im Arbeitsverhältnis erstreckt.
>
> oder *(Verurteilung zur Zeugnisberichtigung oder -ergänzung)* das der Klägerin unter dem ...... erteilte Zeugnis dahingehend zu berichtigen/ergänzen, dass der zweite Satz im dritten Absatz wie folgt gefasst wird: „......" *(genaue Formulierung)*/ dass nach dem

---

[354] Hier: bei einer gleich hohen Beteiligung beider Beklagter; zur Tenorierung bei mehr als zwei Beklagten vgl. Zöller/*Herget*, ZPO, § 100 Rn. 6a.
[355] Soweit trotz § 12a ArbGG ein Anspruch auf Erstattung in Betracht kommt.
[356] BL/*Hartmann*, ZPO, § 100 Rn. 52.
[357] Zöller/*Herget*, ZPO, § 100 Rn. 6.
[358] Dabei besteht für das Gericht die Möglichkeit, entweder den Rechtsstreit auszusetzen und die Partei, die eine Aufrechnung erklärt hat, auf einen vor einem anderen Gericht zu führenden Rechtsstreit zu verweisen oder aber den Rechtsstreit nach Rechtskraft des Vorbehaltsurteils an das zuständige Gericht zu verweisen; vgl. BAG 28.11.2007 – 5 AZB 44/07, AP ArbGG 1979 § 2 Zuständigkeitsprüfung Nr. 11 = NZA 2008, 843; ausf. zu den denkbaren Entscheidungsalternativen: ErfK/*Koch* ArbGG § 2 Rn. 37.
[359] Hier sollte die Tätigkeit möglichst genau wiedergegeben werden, damit das Urteil einen vollstreckungsfähigen Inhalt hat.

ersten Satz im zweiten Absatz folgender Satz eingefügt wird: „......" *(genaue Formulierung).*

...... (Nebenentscheidungen)

e) Muster: Unterlassung

Die Beklagte wird verurteilt, es zu unterlassen, ... *(genaue Beschreibung der Unterlassungsverpflichtung).*

( )[360] Für jeden Fall der Zuwiderhandlung wird ein Ordnungsgeld in Höhe von ...... EUR angedroht und für den Fall, dass dieses nicht beigetrieben werden kann, ein Tag Ordnungshaft je ...... EUR, zu vollziehen gegen den Geschäftsführer ...... der Beklagten.

...... (Nebenentscheidungen)

285
475

f) Muster: Unterlassung im Beschlussverfahren

Der/m Beteiligten zu ...... wird aufgegeben, es zu unterlassen, ... *(genaue Beschreibung der Unterlassungsverpflichtung).*

( )[361] Für jeden Fall der Zuwiderhandlung wird ein Ordnungsgeld in Höhe von ...... EUR angedroht.[362]

286
476

g) Muster: Abgabe einer Willenserklärung

Die Beklagte wird verurteilt, dem Kläger gegenüber folgende Willenserklärung abzugeben ...... *(genaue Beschreibung des Erklärungsinhalts).*

zB *(Eingehen eines Altersteilzeitverhältnisses)*[363] das schriftliche Angebot des Klägers mit seinem Schreiben vom ...... auf Abschluss eines Altersteilzeitvertrages anzunehmen/ das Angebot des Klägerin auf Abschluss eines Altersteilzeitvertrages nach dem Blockmodell nach den Regelungen des Tarifvertrages ...... vom ...... anzunehmen.

...... (Nebenentscheidungen)

287
477

h) Muster: Feststellungsurteil

Es wird festgestellt, dass das Arbeitsverhältnis der Parteien durch die Kündigung der Beklagten vom ...... nicht zum ...... aufgelöst worden ist.

...... (Nebenentscheidungen)

Oder (bei teilweisem Obsiegen):

Es wird festgestellt, dass das Arbeitsverhältnis der Parteien durch die Kündigung der Beklagten vom ...... nicht mit sofortiger Wirkung aufgelöst worden ist, sondern bis zum ...... fortbestanden hat; im Übrigen wird die Klage abgewiesen.

...... (Nebenentscheidungen)

288
478

---

[360] Bei einem Antrag nach § 23 Abs. 3 BetrVG.
[361] Bei einem Antrag nach § 890 Abs. 2 ZPO.
[362] Die Bestimmung des § 890 ZPO ist zwar auch im Beschlussverfahren gem. § 85 Abs. 1 S. 3 ArbGG anwendbar. Die Androhung und Verhängung einer Ordnungshaft scheidet hier aber als Sanktion gegenüber einem betriebsverfassungswidrigen Verhalten des Arbeitgebers wegen der Spezialregelung des § 23 Abs. 3 BetrVG aus, BAG 5.10.2010 – 1 ABR 71/09, AP ArbGG 1979 § 85 Nr. 12 = NZA 2011, 174; zur Begrenzung des Ordnungsgeldes auf 10.000 EUR gem. § 23 Abs. 3 BetrVG s. BAG 29.4.2004 – 1 ABR 30/02, AP BetrVG 1972 § 77 Durchführung Nr. 3 = NZA 2004, 670.
[363] Zur Möglichkeit einer Verurteilung zum rückwirkenden Abschluss eines Altersteilzeitvertrages vgl. BAG 15.9.2009 – 9 AZR 608/07, AP BGB § 311a Nr. 3 = NZA 2010, 32; 4.5.2010 – 9 AZR 155/09, NZA 2010, 1063; Schaub/*Vogelsang*, ArbR-HdB, § 83 Rn. 7.

Vogelsang

*Oder (bei der Entscheidung über einen **Auflösungsantrag**):*

Es wird festgestellt, dass das Arbeitsverhältnis der Parteien durch die Kündigung der Beklagten vom ...... nicht aufgelöst worden ist.[364]

Auf Antrag des Klägers/des Beklagten wird das Arbeitsverhältnis zum ...... aufgelöst.[365] Der Beklagte wird verurteilt, an den Kläger eine Abfindung in Höhe von ...... EUR brutto zu zahlen./ Der Antrag des Klägers/des Beklagten auf Auflösung des Arbeitsverhältnisses wird abgewiesen.[366]

...... *(Nebenentscheidungen)*

i) Muster: Feststellung der Erledigung durch Vergleich[367]

289

Es wird festgestellt, dass das der Rechtsstreit durch den Vergleich vom ...... erledigt ist.

Die weiteren Kosten des Rechtsstreits trägt ......[368]

...... *(weitere Nebenentscheidungen)*

j) Muster: Feststellung der Unwirksamkeit eines Vergleichs[369]

290

Es wird festgestellt, dass der von den Parteien in der mündlichen Verhandlung am ...... vor dem Arbeitsgericht ...... geschlossene Vergleich unwirksam ist.

...... *(Hauptsacheentscheidung und/oder Nebenentscheidungen)*

k) Muster: Vollstreckungsabwehrklage (§ 767 ZPO)

291

Die Vollstreckung aus dem Urteil des Arbeitsgerichts ...... vom ......, Aktenzeichen: ...... (*oder* aus dem Vergleich vom ......, Aktenzeichen: ......) wird für unzulässig erklärt/insoweit für unzulässig erklärt, als der Beklagte verurteilt worden ist, ...[370]

...... *(Nebenentscheidungen)*

l) Muster: Klage gem. § 826 BGB gegen einen Vollstreckungstitel[371]

292

Die Klägerin wird verurteilt, die Zwangsvollstreckung aus dem Urteil des Arbeitsgerichts ...... vom ......, Aktenzeichen: ......, zu unterlassen und *(falls beantragt und nur falls die Vollstreckung aus dem Titel insgesamt ausscheidet)* die vollstreckbare Ausfertigung des Urteils an die Beklagte herauszugeben.[372]

...... *(Nebenentscheidungen)*

---

[364] Wird der Feststellungsantrag als unbegründet abgewiesen, ist der Auflösungsantrag im Tenor nicht gesondert zu erwähnen, sondern es ist lediglich auszusprechen, dass die Klage abgewiesen (bei teilweiser Stattgabe wegen sonstiger Anträge: im Übrigen abgewiesen) wird; vgl. APS/*Biebl* KSchG § 9 Rn. 77.

[365] Wird dem Auflösungsantrag des Arbeitnehmers entsprochen, muss ein hilfsweise gestellter Auflösungsantrag des Arbeitgebers im Tenor nicht erwähnt werden, KR/*Spilger* KSchG § 9 Rn. 86.

[366] Oder: „zurückgewiesen", so: KR/*Spilger* KSchG § 9 Rn. 82.

[367] Bei einem Antrag auf Feststellung der Unwirksamkeit eines Vergleichs. Die Frage der Wirksamkeit des Vergleichs ist im selben Verfahren auszutragen, vgl. BGH 18.11.1966 – IV ZR 235/65, BGHZ 46, 277. Wird die Wirksamkeit des Vergleichs festgestellt, ist durch Endurteil – und nicht durch Zwischenurteil – zu entscheiden, BGH 18.9.1996 – VIII ZB 28/96, AP ZPO § 794 Nr. 45 = NJW 1996, 3345.

[368] Die weiteren Kosten sind der Partei aufzuerlegen, die mit dem Antrag auf Feststellung der Unwirksamkeit des Vergleichs unterlegen ist.

[369] Die Entscheidung kann entweder gem. § 303 ZPO durch Zwischenurteil ergehen oder durch Endurteil, in dem zugleich über die gestellten Sachanträge der Parteien entschieden wird, vgl. Stein/Jonas/*Münzberg* ZPO § 794 Rn. 60 mwN.

[370] Bei teilweiser Unzulässigkeit der Zwangsvollstreckung.

[371] Zur Durchbrechung der Rechtskraft eines Vollstreckungstitels gem. § 826 BGB s. Zöller/*Vollkommer*, ZPO, vor § 322 Rn. 72 ff.

[372] Vgl. BGH 22.12.1987 – VI ZR 165/87, BGHZ 103, 44 = NJW 1988, 971.

m) Muster: Drittwiderspruchsklage (§ 771 ZPO)

> Die Zwangsvollstreckung in die laut Pfändungsprotokoll des Gerichtsvollziehers ...... vom ......, Aktenzeichen: ...... gepfändeten Gegenstände, nämlich ......, wird für unzulässig erklärt.
>
> ...... *(Nebenentscheidungen)*

293

483

n) Muster: Urteilsformeln nach vorhergegangenem Versäumnisurteil

> *Aufrechterhaltung:*
>
> Das Versäumnisurteil vom ...... wird aufrechterhalten.
>
> D. Beklagte trägt die weiteren Kosten des Rechtsstreits.
>
> ......
>
> *Teilweise Aufrechterhaltung:*
>
> Das Versäumnisurteil vom ...... wird insoweit aufrechterhalten, als der Beklagte verurteilt worden ist, ...; im Übrigen wird das Versäumnisurteil aufgehoben und die Klage abgewiesen.
>
> Die Kosten des Rechtsstreits tragen die Klägerin zu ...... % und der Beklagte zu ...... % mit Ausnahme der durch die Säumnis der Klägerin im Termin am ...... entstandenen Mehrkosten, die der Klägerin auferlegt werden.
>
> ......
>
> *Aufhebung:*
>
> – bei stattgebendem Versäumnisurteil:
>
> Das Versäumnisurteil vom ...... wird aufgehoben und die Klage abgewiesen.
>
> Die Kosten des Rechtsstreits trägt der Kläger mit Ausnahme der durch die Säumnis des Klägers im Termin am ...... entstandenen Mehrkosten, die dem Beklagten auferlegt werden.
>
> ......
>
> – bei klageabweisendem Versäumnisurteil:
>
> Das Versäumnisurteil vom ...... wird aufgehoben. Die Beklagte wird verurteilt, ...
>
> Die Kosten des Rechtsstreits trägt die Beklagte mit Ausnahme der durch die Säumnis des Klägers im Termin am ...... entstandenen Mehrkosten, die dem Kläger auferlegt werden.
>
> ......
>
> *Zweites Versäumnisurteil, § 345 ZPO (Säumnis nach zulässigem Einspruch):*[373]
>
> Der Einspruch des Klägers gegen das Versäumnisurteil vom ...... wird verworfen.
>
> Der Kläger trägt die weiteren Kosten des Rechtsstreits.
>
> ......
>
> *Unzulässiger Einspruch:*[374]

294

484

---

[373] Die Entscheidung ergeht gem. § 55 Abs. 1 Nr. 4 ArbGG durch die/den Vorsitzende/n allein, ArbGG/ Kloppenburg/Ziemann § 55 Rn. 13; GMPM/*Germelmann* § 55 Rn. 17.

[374] Nach § 341 ZPO iVm § 59 S. 4 ArbGG kann das Urteil ohne mündliche Verhandlung ergehen. Die Entscheidung ergeht gem. § 55 Abs. 1 Nr. 4a ArbGG durch die/den Vorsitzende/n allein.

Der Einspruch des Klägers gegen das Versäumnisurteil vom ...... wird als unzulässig verworfen.

Der Kläger trägt die weiteren Kosten des Rechtsstreits.

......

o) Muster: Wahlanfechtung (Beschluss im Beschlussverfahren)

295

Die am ...... im Betrieb der Beteiligten zu ...... durchgeführte Betriebsratswahl wird für unwirksam erklärt.

Oder: Bei einer Nichtigkeit der Wahl:

Die am ...... im Betrieb der Beteiligten zu ...... durchgeführte Betriebsratswahl ist nichtig.

p) Weitere Entscheidungsformeln

296 Wegen weiterer, hier nicht aufgeführter Entscheidungsformeln wird auf die jeweiligen Antragsformulierungen in den entsprechenden Formularen verwiesen.

II. Verfahren vor dem Landesarbeitsgericht

1. Verlängerung der Begründungs-/Beantwortungsfrist

297

Beschluss

In Sachen pp. *(kurzes Rubrum)*

wird die

( ) Berufungsbegründungsfrist

( ) Berufungsbeantwortungsfrist

( ) Beschwerdebegründungsfrist

auf den Antrag d. ......

bis zum ......[375] verlängert.

2. Muster: Zurückweisung des Antrags auf Fristverlängerung

298

Beschluss

In Sachen pp. *(volles Rubrum)*

wird der Antrag d. ...... auf Verlängerung der

( ) Berufungsbegründungsfrist

( ) Berufungsbeantwortungsfrist

( ) Beschwerdebegründungsfrist

zurückgewiesen, weil

---

[375] Die Frist sollte grundsätzlich nicht um mehr als einen Monat verlängert werden; vgl. GMPM/*Germelmann*, ArbGG, § 66 Rn. 37. Eine gesetzliche Begrenzung auf einen Monat gibt es aber – anders als zB bei §§ 74 Abs. 1 S. 3, 92 Abs. 2 S. 1 ArbGG, § 520 Abs. 2 S. 3 ZPO – nicht, vgl. BAG 16.7.2008 – 7 ABR 13/07, AP BetrVG 1972 § 78a Nr. 50 = NZA 2009, 202; kritisch *Müller-Glöge* RdA 1999, 80 (87); abweichend noch – bei einer nachträglichen Verlängerung – BAG (GS) 24.8.1979 – GS 1/78, AP ArbGG § 66 Nr. 1 = NJW 1980, 309.

( ) die Frist gem. § 66 Abs. 1 S. 5 ArbGG nur einmal verlängert werden kann.[376] Die Frist ist jedoch bereits durch Beschluss vom ...... bis zum ...... verlängert worden.

( ) erhebliche Gründe hierfür nicht dargelegt worden sind. ......

3. Verspätete Berufungseinlegung
a) Muster: Hinweis an die Partei

Schreiben an ......

In Sachen pp. *(kurzes Rubrum)*

ist das Urteil der ersten Instanz d. Berufungskläger/in am ...... zugestellt worden. Die einmonatige Frist gem. § 66 Abs. 1 ArbGG für die Berufungseinlegung ist am ...... abgelaufen. Die Berufungsschrift ist erst am ...... beim Landesarbeitsgericht eingegangen damit nicht innerhalb der gesetzlichen Frist.

Es wird um Mitteilung bis zum ...... gebeten, ob eine Prozesserklärung abgegeben wird oder gem. § 522 Abs. 1 ZPO entschieden werden soll.

299

↪ 488

b) Muster: Beschluss gem. § 522 ZPO

Beschluss

In Sachen pp. *(volles Rubrum)*

hat die ...... Kammer des Landesarbeitsgerichts ...... ohne mündliche Verhandlung durch d. Vorsitzende/n Richter/in am Landesarbeitsgericht ......[377] beschlossen:

Die Berufung des/der ...... gegen das Urteil des Arbeitsgerichts ...... vom ......, Aktenzeichen ......, wird kostenpflichtig als unzulässig verworfen.

Gründe:

Das Urteil des Arbeitsgerichts ...... vom ...... ist der/dem ...... am ...... mit Rechtsmittelbelehrung zugestellt worden. Die einmonatige gesetzliche Frist gem. § 66 Abs. 1 ArbGG zum Einlegen der Berufung ist daher am ...... abgelaufen. Die Berufung des/der ...... ist erst am ...... beim Landesarbeitsgericht eingegangen. Sie war daher gem. § 64 Abs. 6 ArbGG, § 66 Abs. 2 ArbGG iVm § 522 ZPO als unzulässig zu verwerfen.

Die Kostenentscheidung beruht auf § 97 ZPO.

Gründe, gem. § 77 S. 2 ArbGG iVm § 72 Abs. 2 ArbGG die Rechtsbeschwerde zuzulassen, bestehen nicht. Gegen diesen Beschluss ist daher ein Rechtsmittel nicht gegeben (§ 77 S. 1 ArbGG).

300

↪ 489

4. Verspätete Beschwerdeeinlegung
a) Hinweis an die Partei

Hier kann das Muster zur verspäteten Berufungseinlegung (→ C. Rn. 299) in leicht abgewandelter Form übernommen werden. Zu beachten ist, dass die Regelung in § 66 ArbGG über den Verweis in § 87 Abs. 2 ArbGG Anwendung findet und dass die Verwerfung als unzulässig gem. § 89 Abs. 3 S. 1 ArbGG erfolgt.

301

---

[376] Das gilt auch dann, wenn das Urteil noch nicht zugestellt ist (BAG 16.6.2004 – 5 AZR 529/03, AP ZPO 2002 § 551 Nr. 2) oder wenn durch die zweite Verlängerung insgesamt nur eine einmonatige Verlängerung erreicht würde (BAG 6.12.1994 – 1 ABR 34/94, AP ArbGG 1979 § 66 Nr. 7 = NZA 1995, 549).

[377] Die Verwerfung ohne mündliche Verhandlung ergeht gem. § 66 Abs. 2 S. 2 Hs. 2 ArbGG durch Beschluss des Vorsitzenden.

b) Muster: Beschluss gem. § 89 Abs. 3 ArbGG

302

Beschluss

In Sachen pp. *(volles Rubrum)*

hat die ...... Kammer des Landesarbeitsgerichts ...... ohne mündliche Verhandlung durch d. Vorsitzende/n Richter/in am Landesarbeitsgericht ...[378] beschlossen:

Die Beschwerde des/der ...... gegen den Beschluss des Arbeitsgerichts ...... vom ......, Aktenzeichen ......, wird als unzulässig verworfen.

Gründe:

Der Beschluss des Arbeitsgerichts ...... vom ...... ist der/dem Antragsteller/in/Beteiligten zu ...... am ...... mit Rechtsmittelbelehrung zugestellt worden. Die einmonatige gesetzliche Frist gem. § 87 Abs. 2 iVm § 66 Abs. 1 ArbGG zum Einlegen der Beschwerde ist daher am ...... abgelaufen. Die Beschwerde des/der Antragstelles/in/Beteiligten zu ...... ist erst am ...... beim Landesarbeitsgericht eingegangen. Sie war daher gem. § 89 Abs. 3 ArbGG als unzulässig zu verwerfen.

Gegen diesen Beschluss ist gem. § 89 Abs. 3 S. 2 ArbGG ein Rechtsmittel nicht gegeben.

5. Verspätete Berufungsbegründung

a) Muster: Hinweis an die Partei

303

Schreiben an ......

In Sachen pp. *(kurzes Rubrum)*

ist das in vollständiger Form abgefasste Urteil der ersten Instanz d. Berufungskläger/in am ...... zugestellt worden. Nach § 66 Abs. 1 ArbGG ist die Frist für die Begründung der Berufung

( ) daher am ......

( ) nach erfolgter Verlängerung am ......

abgelaufen.

( ) Ein Berufungsbegründungsschriftsatz ist innerhalb dieser Frist beim Landesarbeitsgericht nicht eingegangen.

( ) Die Berufungsbegründung vom ...... ist erst am ...... beim Landesarbeitsgericht eingegangen.

Es wird um Mitteilung bis zum ...... gebeten, ob eine Prozesserklärung abgegeben wird oder gem. § 522 Abs. 1 ZPO entschieden werden soll.

b) Muster: Beschluss gem. § 522 ZPO

304

Beschluss

In Sachen pp. *(volles Rubrum)*

hat die ...... Kammer des Landesarbeitsgerichts ...... ohne mündliche Verhandlung durch d. Vorsitzende/n Richter/in am Landesarbeitsgericht ......[379] beschlossen:

---

[378] Die Verwerfung ohne mündliche Verhandlung ergeht gem. § 89 Abs. 2 S. 2 ArbGG durch Beschluss des Vorsitzenden.

[379] Die Verwerfung ohne mündliche Verhandlung ergeht gem. § 66 Abs. 2 S. 2 Hs. 2 ArbGG durch Beschluss des Vorsitzenden.

> Die Berufung des/der ...... gegen das Urteil des Arbeitsgerichts ...... vom ......, Aktenzeichen ......, wird kostenpflichtig als unzulässig verworfen.
>
> Gründe:
>
> Das in vollständiger Form abgefasste Urteil des Arbeitsgerichts ...... vom ...... ist der/dem ...... am ...... zugestellt worden. Die gesetzliche Frist gem. § 66 Abs. 1 ArbGG zur Berufungsbegründung ist
>
> ( ) daher am ......
>
> ( ) nach erfolgter Verlängerung am ......
>
> abgelaufen.
>
> Innerhalb dieser Frist ist ein Begründungsschriftsatz nicht eingegangen. Die Berufung des/der ...... war daher gem. § 64 Abs. 6 ArbGG, § 66 Abs. 2 ArbGG iVm § 522 ZPO als unzulässig zu verwerfen.
>
> Die Kostenentscheidung beruht auf § 97 ZPO.
>
> Gründe, gem. § 77 S. 2 ArbGG iVm § 72 Abs. 2 ArbGG die Rechtsbeschwerde zuzulassen, bestehen nicht. Gegen diesen Beschluss ist daher ein Rechtsmittel nicht gegeben (§ 77 S. 1 ArbGG).

6. Nicht ordnungsgemäße Berufungsbegründung

a) Hinweispflicht

Auch hier sollte vor einer etwaigen Verwerfungsentscheidung ein Hinweis an die Partei erfolgen, in dem die Bedenken gegen die Ordnungsgemäßheit der Berufungsbegründung dargelegt werden.[380] **305**

b) Muster: Beschluss gem. § 522 ZPO

> *Einleitungssatz und Tenor unter → C. Rn. 304.* **306**
>
> Gründe:
>
> Die Berufung des/der ...... war gem. § 64 Abs. 6 ArbGG, § 66 Abs. 2 ArbGG iVm § 522 ZPO als unzulässig zu verwerfen. Die Berufung ist nämlich innerhalb der Berufungsbegründungsfrist nicht ordnungsgemäß begründet worden. Der Berufungsbegründungsschriftsatz entspricht nicht den Anforderungen gem. § 64 Abs. 6 ArbGG iVm § 520 Abs. 3 S. 2 Nr. 2 ZPO. Danach muss die Berufungsbegründung die Bezeichnung der Umstände enthalten, aus denen sich die Rechtsverletzung und deren Erheblichkeit für die angefochtene Entscheidung ergibt. Die Berufung muss dabei im Einzelnen erkennen lassen, welche Gründe das Urteil nach Ansicht des Berufungsführers tatsächlich oder rechtlich als unrichtig kennzeichnen.[381] Es ist klar anzugeben, gegen welche Ausführungen des Urteils sich der Angriff richtet und wie er begründet wird. Nicht ausreichend ist es, wenn lediglich die Auffassung der Vorinstanz als falsch oder die Anwendung einer oder mehrerer Vorschriften als irrig gerügt wird oder nur Bezug genommen wird auf das erstinstanzliche Vorbringen, das nach Meinung des Berufungsführers nicht oder nicht richtig gewürdigt wurde. Erforderlich ist vielmehr, dass sich die Partei inhaltlich mit den Gründen der

---

[380] Zur Hinweispflicht vor Ablauf der Begründungsfrist vgl. BAG 19.10.2010 – 6 AZR 120/10.
[381] Wenn das Arbeitsgericht seine Entscheidung auf mehrere, voneinander unabhängige, selbständig tragende rechtliche Erwägungen gestützt hat, muss die Berufung das Urteil in all diesen Punkten angreifen, BAG 21.11.2002 – 6 AZR 82/01, AP BGB § 611 Direktionsrecht Nr. 63 = DB 2003, 1630; 28.5.2009 – 2 AZR 223/08, AP ZPO § 520 Nr. 2 = BB 2010, 1863 (LS).

angefochtenen Entscheidung auseinandersetzt und darlegt, was an der Entscheidung beanstandet und warum sie für unrichtig gehalten wird.[382]

Diesen Anforderungen genügt die Berufungsbegründung mit Schriftsatz vom ...... nicht. ......

Die Kostenentscheidung beruht auf § 97 ZPO.

Gründe, gem. § 77 S. 2 ArbGG iVm § 72 Abs. 2 ArbGG die Rechtsbeschwerde zuzulassen, bestehen nicht. Gegen diesen Beschluss ist daher ein Rechtsmittel nicht gegeben (§ 77 S. 1 ArbGG)./Die Rechtsbeschwerde war gem. § 77 S. 2 ArbGG iVm § 72 Abs. 2 Nr. ...... ArbGG zuzulassen.

7. Muster: Beschluss gem. § 516 Abs. 3 ZPO

307

Beschluss

In Sachen pp. *(volles Rubrum)*

Der/die Berufungskläger/in ist des eingelegten Rechtsmittels der Berufung verlustig und hat die Kosten des von ihm/ihr eingelegten Rechtsmittels zu tragen.

Gründe:

Der/die Berufungskläger/in hat die am ...... eingelegte Berufung am ...... zurückgenommen. Die Berufungsrücknahme hat die im Beschlusstenor ausgesprochene Rechtsfolge, die von Amts wegen durch Beschluss auszusprechen ist. Der Beschluss ist ohne mündliche Verhandlung vom Vorsitzenden allein zu erlassen (§ 516 Abs. 3 ZPO iVm §§ 64 Abs. 6, 53 Abs. 1 ArbGG).

( ) Gründe, die Rechtsbeschwerde gem. § 64 Abs. 4 ArbGG, § 574 ZPO zuzulassen, liegen nicht vor. Gegen diesen Beschluss ist daher ein Rechtsmittel nicht gegeben.

( ) Die Rechtsbeschwerde gegen diesen Beschluss wird gem. § 64 Abs. 6 ArbGG, § 574 ZPO zugelassen.

8. Muster: Entscheidung im schriftlichen Verfahren

a) Muster: Entscheidung im Klageverfahren[383]

308

Beschluss

In Sachen pp. *(volles Rubrum)*

soll im Einverständnis der Parteien eine Entscheidung ohne mündliche Verhandlung ergehen.

Schriftsätze können bis zum ...... eingereicht werden.

Termin zur Verkündung einer Entscheidung wird bestimmt auf den ......, ... Uhr.[384]

---

[382] BAG 10.2.2005 – 6 AZR 183/04, NZA 2005, 597; 28.5.2009 – 2 AZR 223/08, AP ZPO § 520 Nr. 2 = BB 2010, 1863 (LS); 15.3.2011 – 9 AZR 813/09, NZA 2011, 767; BGH 17.9.1992 – IX ZB 45/92, NJW 1992, 3243; 9.3.1995 – IX ZR 142/94, NJW 1995, 1559.

[383] Die Anwendbarkeit des § 128 Abs. 2 ZPO ist gem. § 46 Abs. 2 S. 2 ArbGG nur für das Verfahren vor dem Arbeitsgericht ausgeschlossen, vgl. § 64 Abs. 6, 7 ArbGG.

[384] Hier ist die 3-Monats-Frist gem. § 128 Abs. 2 S. 3 ZPO zu beachten. Außerdem ist § 60 Abs. 1 S. 2 ArbGG anzuwenden mit der Folge, dass zwischen dem Ende der Schriftsatzfrist und dem Verkündungstermin nicht mehr als drei Wochen liegen sollten, vgl. zu der vergleichbaren Regelung in § 310 Abs. 1 S. 2 ZPO: BGH 16.2.2000 – XII ZR 279/97, NJW 2000, 1714.

b) Muster: Entscheidung im Beschlussverfahren[385]

Beschluss
In Sachen pp. *(volles Rubrum)*
soll im Einverständnis der Beteiligten gemäß § 90 Abs. 2 ArbGG iVm § 83 Abs. 4 S. 3 ArbGG eine Entscheidung ohne mündliche Verhandlung ergehen.
Schriftsätze können bis zum …… eingereicht werden.
Es wird darauf hingewiesen, dass ohne Stellungnahme der Beteiligten entschieden werden kann, wenn sie innerhalb der gesetzten Frist keinen Schriftsatz einreichen.[386]
Termin zur Verkündung einer Entscheidung wird bestimmt auf den ……, …… Uhr.[387]

309
☞ 496

9. Urteilsformeln

a) Muster: Zurückweisung der Berufung

Die Berufung der Beklagten gegen das Urteil des Arbeitsgerichts …… – …… Ca …… / …… – wird kostenpflichtig zurückgewiesen.
Die Revision wird zugelassen/nicht zugelassen.
(bei teilweiser Revisionszulassung[388]*)* Die Revision wird zugelassen, soweit das Gericht über die Widerklage entschieden hat; im Übrigen wird die Revision nicht gesondert zugelassen.[389]/Die Revision wird zugelassen, soweit das Gericht über den Antrag zu 2) aus der Klageschrift entschieden hat; im Übrigen wird die Revision nicht gesondert zugelassen.

310
☞ 497

b) Muster: Erfolgreiche Berufung[390]

Auf die Berufung des Beklagten wird das Urteil des Arbeitsgerichts …… – …… Ca …… / …… – abgeändert.
Die Klage wird abgewiesen.
Die Kosten des Rechtsstreits trägt der Kläger.
…… *(Entscheidung über die Zulassung der Revision)*

311
☞ 498

---

[385] Hier ist § 90 Abs. 2 ArbGG iVm § 83 Abs. 4 S. 3 ArbGG anwendbar, der die Möglichkeit einer Entscheidung im schriftlichen Verfahren – anders als § 46 Abs. 2 S. 2 ArbGG – auch vor dem Arbeitsgericht eröffnet.

[386] Zur Hinweispflicht s. Schwab/*Weth*, ArbGG, § 83 Rn. 117.

[387] Auch hier sollte die 3-Monats-Frist gem. § 128 Abs. 2 S. 3 ZPO beachtet werden. Außerdem ist gem. § 84 S. 3 ArbGG für das erstinstanzliche Verfahren § 60 Abs. 2 ArbGG anzuwenden mit der Folge, dass zwischen dem Ende der Schriftsatzfrist und dem Verkündungstermin nicht mehr als drei Wochen liegen sollten, vgl. zu der vergleichbaren Regelung in § 310 Abs. 1 S. 2 ZPO: BGH 16.2.2000 – XII ZR 279/97, NJW 2000, 1714. Für das Verfahren in der Beschwerdeinstanz verweist das Gesetz in § 91 ArbGG nur auf § 84 S. 2 und nicht auf § 84 S. 3 ArbGG, so dass § 60 ArbGG keine Anwendung findet.

[388] Die Revision kann für einen bestimmten Teil des Rechtsstreits zugelassen werden. Es muss sich aber um einen teilbaren Streitgegenstand handeln, über den auch ein Teilurteil erlassen werden könnte. Die Zulassung der Berufung nur für bestimmte rechtliche Gesichtspunkte (zB eine Anspruchsgrundlage) oder einzelne Entscheidungselemente (zB Wahrung einer Ausschlussfrist) ist nicht möglich; vgl. BAG 18.12.1984 – 3 AZR 125/84, AP BetrAVG § 17 Nr. 8; 28.8.2001 – 9 AZR 611/99, AP BUrlG § 7 Abgeltung Nr. 80 = NZA 2002, 323 mwN; Schwab/Weth/*Ulrich*, ArbGG, § 72 Rn. 49 ff.

[389] Auch ohne diese Klarstellung wäre die Revision im Übrigen nicht zugelassen, da eine Zulassung ausdrücklich erklärt werden muss, Schwab/Weth/*Ulrich*, ArbGG, § 72 Rn. 47.

[390] Hier: Berufung des Beklagten, die zur vollständigen Abänderung einer erstinstanzlich der Klage stattgebenden Entscheidung führt.

c) Muster: Teilweise erfolgreiche Berufung[391]

312 **Beispiel:** Erstinstanzlich werden 12.000 EUR eingeklagt. Das Arbeitsgericht gibt der Klage in Höhe von 6.000 EUR statt. Mit der Berufung beantragt der Beklagte Abänderung dahingehend, dass er nur noch zur Zahlung von 2.000 EUR verurteilt werden soll, begehrt also eine Reduzierung um 4.000 EUR. Er ist vor dem LAG nur in Höhe eines Teilbetrages von 1.000 EUR erfolgreich.

313
499

> Auf die Berufung des Beklagten wird das Urteil des Arbeitsgerichts ...... – ...... Ca ...... / ...... – teilweise abgeändert.
>
> Die Klage wird abgewiesen, soweit der Kläger die Zahlung eines 5.000 EUR übersteigenden Betrages begehrt.
>
> Die weitergehende Berufung des Beklagten wird zurückgewiesen.
>
> Die erstinstanzlichen Kosten des Rechtsstreits tragen der Kläger zu 58% und der Beklagte zu 42%.
>
> Die Kosten des Berufungsverfahrens tragen der Beklagte zu 75% und der Kläger zu 25%.
>
> ...... *(Entscheidung über die Zulassung der Revision)*

d) Muster: Urteilstenor bei Zurückverweisung[392]

314
500

> Auf die Berufung d. ...... wird das Urteil des Arbeitsgerichts ...... vom ...... – ...... Ca .../... – aufgehoben. Die Sache wird an das Arbeitsgericht ...... zurückverwiesen.
>
> Die Kostenentscheidung – auch über die Kosten des Berufungsverfahrens – bleibt der arbeitsgerichtlichen Entscheidung vorbehalten.
>
> Die Revision wird nicht zugelassen.

e) Weitere Entscheidungsformeln

315 Wegen weiterer, hier nicht aufgeführter Entscheidungsformeln wird auf die jeweiligen Antragsformulierungen in den entsprechenden Formularen verwiesen.

III. Zwangsvollstreckung

1. Beschluss nach § 62 ArbGG

a) Muster: Zurückweisung

316
501

> **Beschluss**
>
> In Sachen pp. *(volles Rubrum)*
>
> wird der Antrag d. ...... auf Einstellung der Zwangsvollstreckung aus dem Urteil des Arbeitsgerichts ...... vom ......, Aktenzeichen: ...... zurückgewiesen.
>
> Gründe:
>
> Nach § 62 Abs. 1 ArbGG kann die Einstellung der Zwangsvollstreckung aus einem mit der Berufung angefochtenen arbeitsgerichtlichen Urteil nur angeordnet werden, wenn d. Berufungskläger/in glaubhaft macht, dass die Vollstreckung ihr/ihm einen nicht zu ersetzenden Nachteil bringen würde.
>
> ( ) Tatsachen dafür hat d. ...... nicht konkret vorgetragen. ......

---

[391] Hier: Teilweise erfolgreiche Berufung des Beklagten, mit der eine teilweise Abänderung einer erstinstanzlichen Klage stattgebenden Entscheidung begehrt wird.

[392] Eine Zurückverweisung kommt nur in den Fällen des § 538 Abs. 2 Nr. 2–7 ZPO in Betracht (s. § 68 ArbGG). Außerdem bedarf es in den Fällen des § 538 Abs. 2 Nr. 2–6 ZPO des Antrags einer Partei.

( ) Tatsachen dafür hat d. ...... nicht glaubhaft gemacht (§ 294 ZPO).

( ) Eine Einstellung der Zwangsvollstreckung gegen Sicherheitsleistung ist bei Urteilen der Gerichte für Arbeitssachen nicht zulässig, § 62 Abs. 1 S. 4 ArbGG.

Gegen diesen Beschluss ist ein Rechtsmittel nicht gegeben, § 62 Abs. 1 S. 5 ArbGG.

b) Muster: Stattgebende Entscheidung

Beschluss

In Sachen pp. *(volles Rubrum)*

wird auf Antrag d. ...... angeordnet: Die Zwangsvollstreckung aus dem Urteil des Arbeitsgerichts ...... vom ......, Aktenzeichen: ......

( ) wird bis zum Erlass des Urteils in der Berufungsinstanz

( ) wird bis

einstweilen eingestellt.

( ) Die erfolgten Vollstreckungsmaßregeln werden aufgehoben.

Gründe:

D. ...... hat glaubhaft gemacht, dass die Vollstreckung ihr/ihm einen nicht zu ersetzenden Nachteil im Sinne von § 62 Abs. 1 ArbGG bringen würde.

Gegen diesen Beschluss ist ein Rechtsmittel nicht gegeben, § 62 Abs. 1 S. 5 ArbGG.

317
↻ 502

c) Muster: Vorläufige Entscheidung

Hinweis:

In der Praxis ist gelegentlich bei Antragseingang eine sofortige Entscheidung geboten, obwohl dem Berufungsgericht die Akten noch nicht vorliegen und auch noch keine Stellungnahme der Gegenseite erfolgen konnte.

318

Beschluss

In Sachen pp. *(volles Rubrum)*

wird auf Antrag d. ...... angeordnet: Die Zwangsvollstreckung aus dem Urteil des Arbeitsgerichts ...... vom ......, Aktenzeichen: ...... wird einstweilen eingestellt.

Eine Änderung der Entscheidung nach Akteneingang und Stellungnahme der Gegenseite bleibt vorbehalten.

319
↻ 503

2. Muster: Dinglicher Arrest, stattgebende Entscheidung

Beschluss

In Sachen pp. *(volles Rubrum)*

Zur Sicherung der Zwangsvollstreckung wegen einer dem Antragsteller zustehenden Forderung in Höhe von ...... EUR nebst 5% Zinsen über dem Basiszinssatz seit dem ...... wird der dingliche Arrest in das bewegliche und unbewegliche Vermögen des Antragsgegners angeordnet.

Der Antragsgegner hat die Kosten des Verfahrens zu tragen.

320
↻ 504

Die Vollziehung wird von einer Sicherheitsleistung in Höhe von ...... EUR durch den Antragsteller abhängig gemacht.[393]

Die Vollziehung des Arrests wird durch Hinterlegung eines Geldbetrages in Höhe von ...... EUR durch den Antragsgegner gehemmt. Der Antragsgegner ist berechtigt zu verlangen, einen bereits vollzogenen Arrest gegen Hinterlegung des genannten Betrages aufzuheben.[394]

( )[395] In Vollziehung des Arrests wird die Forderung des Antragsgegners wegen ...... in Höhe von ...... EUR zugunsten des Arrestanspruchs gepfändet. Dem Drittschuldner wird verboten, an den Antragsgegner zu zahlen und dem Antragsgegner auferlegt, sich jeder Verfügung über die gepfändete Forderung, insbesondere der Einziehung, zu enthalten.

Gründe:[396]

Der Antragsteller hat dargelegt, dass ihm gegen den Antragsgegner ein Anspruch in Höhe von ...... EUR zusteht. ......

Nach dem Vorbringen des Antragstellers besteht die Besorgnis, dass ohne Verhängung des dinglichen Arrests die Zwangsvollstreckung gegen den Antragsgegner vereitelt oder wesentlich erschwert würde. ......

( )[397] Dieses Vorbringen ist glaubhaft gemacht durch ....

( )[398] Da dieses Vorbringen nicht glaubhaft gemacht worden ist, war die Vollziehung des Arrests gem. § 921 S. 1 ZPO von einer Sicherheitsleistung abhängig zu machen.

Die Kostenentscheidung beruht auf § 91 ZPO.

(Rechtsmittelbelehrung: Widerspruch (§ 924 ZPO), ggfs. sofortige Beschwerde für den Antragsteller, falls dessen Antrag auf Arrest ohne Sicherheitsleistung zurückgewiesen wurde.)

3. Muster: Beschlusstenor: Persönlicher Arrest[399]

Beschluss[400]

In Sachen pp. *(volles Rubrum)*

wird zur Sicherung der dem Antragsteller zustehenden Forderung sowie der zu erwartenden Kosten der persönliche Sicherheitsarrest angeordnet.[401]

In Vollziehung des persönlichen Arrests wird gegen den Antragsgegner die Haft verhängt[402] und der Antragsteller ermächtigt, die Verhaftung des Antragsgegner durch einen Gerichtsvollzieher durchführen zu lassen. Die Verhaftung hat zu unterbleiben, wenn der Antragsgegner dem Gerichtsvollzieher seine Ausweispapiere übergibt.

---

[393] S. § 921 S. 1 ZPO für den Fall, dass der Anspruch oder der Arrestgrund nicht glaubhaft gemacht ist, sowie § 921 S. 2 ZPO für die übrigen Fälle.
[394] S. § 923 ZPO.
[395] Falls mit dem Arrestantrag auch ein Antrag auf Forderungspfändung gestellt wurde (zur Zuständigkeit s. § 930 Abs. 1 S. 3 ZPO) und keine Sicherheitsleistung angeordnet ist.
[396] Nach § 922 Abs. 1 S. 2 ZPO dürfte zwar für die stattgebende Entscheidung grundsätzlich keine Begründungspflicht bestehen (Zöller/*Vollkommer* ZPO § 922 Rn. 10; *Herr* NJW 1993, 2287; aA *Nägele* NJW 1993, 1045; *Lippold* NJW 1994, 1110), eine Begründung der Entscheidung ist aber zu empfehlen.
[397] Bei einer Glaubhaftmachung.
[398] Im Fall des § 921 S. 1 ZPO.
[399] S. §§ 917, 933 ZPO. Voraussetzung für einen persönlichen Arrest ist gem. § 918 ZPO, dass pfändbares Vermögen vorhanden ist; Stein/Jonas/*Grunsky* ZPO § 918 Rn. 4 mwN.
[400] Zu den Rechtsmitteln gegenüber Entscheidungen im Rahmen des persönlichen Arrests vgl. *Schuschke/Walker* ZPO § 933 Rn. 5 f.
[401] Ggfs. neben einem dinglichen Arrest.
[402] Die Haftdauer darf gem. § 933 S. 1 iVm § 913 S. 1 ZPO sechs Monate nicht übersteigen.

Die Vollziehung des persönlichen Arrests wird gehemmt, wenn der Antragsgegner den Geldbetrag in Höhe von ...... EUR[403] oder die selbstschuldnerische Bürgschaft einer deutschen Großbank hinterlegt. Unter denselben Voraussetzungen ist der Antragsgegner berechtigt, die Aufhebung eines vollzogenen Arrests zu beantragen.

4. Muster: Beschluss nach § 888 ZPO

Beschluss

In Sachen pp. *(volles Rubrum)*

wird gegen die/den Beklagte/n wegen der Nichterfüllung der Verpflichtung aus dem Urteil des Arbeitsgerichts, *(genaue Bezeichnung der Verpflichtung: zB: „die Klägerin als Buchhalterin zu beschäftigen"*[404]*)* ein Zwangsgeld in Höhe von ...... EUR festgesetzt und für den Fall, dass dieses nicht beigetrieben werden kann, ein Tag Zwangshaft je ...... EUR.

Gründe:

Die Beklagte ist durch Urteil des Urteil des Arbeitsgerichts ...... vom ...... verurteilt worden, ... Dieser Verpflichtung ist die/der Beklagte nicht nachgekommen. ......

Bei dieser Verpflichtung handelt es sich um eine unvertretbare Handlung iSv § 888 ZPO. Denn ......

(Rechtsmittelbelehrung: sofortige Beschwerde)

322
506

5. Muster: Beschluss nach § 887 ZPO

Beschluss

In Sachen pp. *(volles Rubrum)*

wird gegen die/der Kläger ermächtigt, die nach Ziffer ...... des Vergleichs vom ...... im Verfahren vor dem Arbeitsgericht ...... mit dem Aktenzeichen ...... der/m Beklagten obliegende Verpflichtung, ... *(genaue Bezeichnung der Verpflichtung: zB: „eine Entgeltabrechnung für den Monat ...... zu erteilen"*[405]*), ... (zB: „durch einen Steuerberater")* vornehmen zu lassen.

( ) Der/m Beklagten wird aufgegeben, das Betreten der Firmenräume durch den ...... zu dulden.[406]

( )[407] Der/Die Beklagte/n wird verpflichtet, die für die ...... entstehenden voraussichtlichen Kosten in Höhe von ...... EUR an die/den Kläger/in vorauszuzahlen.

Gründe:

Die Beklagte hat sich gem. Ziffer ...... des Vergleichs vom ...... im Verfahren vor dem Arbeitsgericht ...... mit dem Aktenzeichen ...... verpflichtet, ... Dieser Verpflichtung ist die/der Beklagte nicht nachgekommen. ......

Bei dieser Verpflichtung handelt es sich um eine vertretbare Handlung iSv § 887 ZPO. Denn ......

(Rechtsmittelbelehrung: sofortige Beschwerde)

323
507

---

[403] Vgl. § 933 S. 2 iVm § 923 ZPO.
[404] Vgl. zur Anwendbarkeit des § 888 ZPO: BAG 15.4.2009 – 3 AZB 93/08, AP ZPO § 888 Nr. 11 = NZA 2009, 917; Schwab/Weth/*Walker*, ArbGG, § 62 Rn. 80 mwN.
[405] Vgl. zur Anwendbarkeit des § 887 ZPO LAG Köln 22.11.1990 – 12 (11) Ta 247/90, MDR 1991, 650; Schwab/Weth/*Walker*, ArbGG, § 62 Rn. 79 jew. mwN.
[406] Vgl. Zöller/*Stöber*, ZPO, § 887 Rn. 8.
[407] Bei einem entsprechenden Antrag des Gläubigers, s. § 887 Abs. 2 ZPO; die Entscheidung ergeht trotz der Gesetzesformulierung „verurteilen" gem. § 891 S. 1 ZPO durch Beschluss.

Stichwortverzeichnis

Die fetten Buchstaben verweisen auf die übergeordneten Kapitel,
die mageren Ziffern auf die Randnummern

Abfall
 Betriebsbeauftragte für Abfall **A** 405
Abfindung
 Altersabhängigkeit **B** 293 f.
 Anrechnung auf Arbeitslosengeld **A** 663 ff.
 Arbeitnehmer **A** 656
 Besteuerung **A** 649 f., 662
 Betriebsänderung **B** 256, 284, 286 f.
 Betriebszugehörigkeit **A** 659; **B** 293
 Einkommensteuer **A** 651
 Einkünfte, außerordentliche **A** 654 f., 661
 Entschädigung **A** 654, 660
 Fälligkeit **A** 647
 Fünftelungsregelung **A** 651, 658, 662
 Lebensalter **B** 293 f.
 Nichtleistung **A** 648
 Ratenzahlung **A** 662
 Rentenversicherung **A** 671
 Ruhenstatbestände **A** 647, 663 ff.
 Sozialplan **B** 290 f.
 Sperrzeit **A** 647, 663, 673 ff.
 Steuerbegünstigung **A** 650 ff.
 Steuerfreiheit **A** 649, 653 ff.
 Versorgungseinrichtung, berufsständische **A** 671
Abfindungsvergleich A 631, 640 f.
 Feststellung des Zustandekommens **A** 642 f.
 Muster **A** 641
 Vergleichsvorschlag **A** 643 f.
Abfindungszusage A 555 f.
 Muster **A** 555
Abmahnung
 allerletzte ~ **A** 458 ff.
 allerletzte ~, Muster **A** 459
 Gegendarstellung **A** 460
 Klage auf Entfernung aus der Personalakte **A** 460; **C** 127 f.
 – Muster **C** 128
 Kündigung, verhaltensbedingte **C** 126
 Kündigungsschutzprozess **C** 126
 Muster **A** 455 ff.
 Warnfunktion **A** 458
Abrufarbeit A 337 f.
 Arbeitszeitflexibilisierung **B** 179
 Muster **A** 338

Absage A 37 ff.
 Allgemeines Gleichbehandlungsgesetz **A** 38
 Auskunftsanspruch **A** 40
 Grund für die ~ **A** 38
 Muster **A** 39
Abtretungsverbot
 abgeschwächtes ~ **A** 142
 absolutes ~ **A** 141
 Lohnforderung **A** 138 ff
 Muster **A** 141 f., 265 f.
 Zustimmungsvorbehalt, arbeitgeberseitiger **A** 140
Abwicklungsvertrag A 631, 640, 645 ff.
 Checkliste **A** 647
 Muster **A** 646
AGB-Kontrolle; *s. auch Allgemeine Geschäftsbedingungen*
 Arbeitsvertrag **A** 47 ff.
 Bezugnahmeklauseln **A** 197
AGG A 5, 7
 Absageschreiben **A** 38
 Altersgrenzen, tarifliche **A** 188
 Benachteiligung durch Dritte **B** 163
 Betriebsvereinbarung **B** 166 ff.
 – Muster **B** 168
 Beweiserleichterung **C** 90
 Beweislast **A** 5, 17
 Darlegungslast **A** 5, 17
 Eignungsuntersuchung **A** 30
 Entschädigungsanspruch **C** 90 ff.
 Entschädigungsklage, Muster **C** 93
 Gesprächsprotokolle **A** 17
 Mitbestimmungsrecht **B** 164 f.
 Verschulden des Arbeitgebers **C** 90
 Zurechnung von Verfehlungen **B** 163
AGG-Kontrolle A 66 f.
Akkordlohn A 108
 Betriebsvereinbarung, Muster **B** 228
 Einigungsstellenspruch **B** 318
 Mitbestimmung **B** 236
 Muster **A** 122
Alkoholverbot
 Abmahnung, Muster **A** 456
 Aushang, Muster **A** 501
 Betriebsvereinbarung, Muster **B** 160
Allgemeine Arbeitsvertragsbedingungen A 69 ff., 268 f.

Allgemeine Geschäftsbedingungen
A 48; s. auch *AGB-Kontrolle*; *Inhaltskontrolle*
  Arbeitsrecht, Besonderheiten A 61 f.
  Aushandeln A 50
  Auslegung A 53 f.
  Benachteiligung, unangemessene A 57 ff.
  Bestimmtheitsgebot A 51
  Individualabrede, Vorrang A 50
  Klauselverbote A 60
  Transparenzgebot A 51, 110
  überraschende Klausel A 52
  Unklarheitenregelung A 54 f.
  Unwirksamkeit A 262
Allgemeines Gleichbehandlungsgesetz; s. *AGG*
Altersgrenzen A 187 ff.
  Formulararbeitsvertrag A 189
  Muster A 190
  tarifliche ~ A 188
Altersteilzeit A 323 ff.
  Altersrente A 325
  Blockmodell A 324
  Kontinuitätsmodell A 324
  Ruhestand, gleitender Übergang in den A 323, 327
Altersteilzeitvertrag A 269, 326
  Ruhestand, gleitender Übergang in den A 327
Altersversorgung, betriebliche; s. *Betriebliche Altersversorgung*
Amtsenthebung; s. *Betriebsratsmitglieder, Amtsenthebung*
Anbahnungsverhältnis A 2 ff.
  Absage A 37 ff.
  Auskunftsanspruch A 40
  Beendigung A 37
  Dokumentation A 4 ff.
  Einfühlungsverhältnis A 35 f.
Änderungskündigung A 425 ff.; C 49 ff.
  Ablehnung C 49
  Änderungsangebot, Bestimmtheit C 52
  Ankündigung A 429 f.
  Annahme C 49
  Annahme unter Vorbehalt C 49 f.
  Antwortschreiben A 431
  betriebsbedingte ~ C 52
  Kündigungsschutzklage C 49, 51 ff.
  Muster A 427 ff., 557; C 53 f.
  Tätigkeit A 558
  Vergütung A 558
  Verhältnismäßigkeitsgrundsatz A 558

  Versetzung C 52
  Zustimmung des Betriebsrats B 138
Änderungsschutzklage C 49, 52
  Begründetheit C 51
  Klageerwiderung C 54
  Muster C 53 f.
Änderungsvereinbarung
  Schriftformklausel; s. *dort*
Änderungsvertrag A 432 ff.
  Muster A 435
  Neuabschluss A 433 ff.
Änderungsvorbehalt A 94 ff.
  Änderungsgrund A 97
  Angemessenheitskontrolle A 96 f.
  äußere Grenze A 96
  Entgeltbestandteile A 96 f.
  Inhaltskontrolle A 96 f.
  Muster A 100
  Transparenzgebot A 97
Anfechtung
  Arbeitsvertrag A 532, 571
  Aufhebungsvertrag A 572, 574, 576; C 120 f.
  Betriebsratswahlen C 201 ff.
  Beweislast A 573
  Klagefrist A 573
  Kündigung A 572
  Kündigung, vorsorgliche A 575
Anfechtungsgrund A 573
Anforderungsprofil A 5, 539
  Änderung A 539, 542
  Dokumentation A 5 f., 17, 19
  Kündigung, betriebsbedingte A 539, 542; C 27
  Muster A 6
Angelegenheiten, soziale
  Mitbestimmung B 141 ff., 242
  Unterlassungsanspruch des Betriebsrats C 212
Angelegenheiten, wirtschaftliche
  Mitbestimmung B 243 ff.
Anhörung des Arbeitnehmers
  Anhörungsschreiben A 545
  Muster A 545
  Verdachtskündigung A 543 f.
Anhörung des Betriebsrats
  Empfangsbestätigung B 136 f.
  Formblatt B 135
  Kündigung B 114, 120, 134 ff
  Muster B 135, 137
Anhörungsrüge C 164
  begründete ~ C 277 ff.
  Muster C 275 f., 279 f.
  Sachentscheidung, Muster C 280

Verfahrensfortsetzung **C** 277 f.
Verfahrensfortsetzung, Beschluss
C 277, 279
Zurückweisung als unbegründet **C** 276
Zurückweisung als unzulässig **C** 275
Annahme von Geschenken A 242 ff.
Muster **A** 243 f.
Verbot **A** 242 f.
Wertgrenze **A** 242, 244
Anschlussbeschäftigung A 574
Anschlussrevision C 166
Anschrift A 70 f.
Anschrift, ladungsfähige
Fristsetzung, Muster **C** 253
Anspruchsgeltendmachung A 519 ff.
Muster **A** 522 f.
Anwartschaftsrecht
Pfändung **A** 512
Anwerbung A 3
Arbeitgeberwechsel A 425, 440
Absicherung **A** 449 f.
Muster **A** 450
Arbeitnehmer A 393
Abhängigkeit, persönliche **A** 395
Arbeitsorganisation, Eingliederung in **A** 395
Tod des Arbeitnehmers **A** 531
Weisungsrecht des Arbeitgebers **A** 395
Arbeitnehmerdarlehen
Betriebsvereinbarung, Muster **B** 242
Arbeitnehmerdatenschutz; *s. Datenschutz*
Arbeitnehmererfindungen
Muster **A** 283, 338
Arbeitnehmerüberlassung A 414 ff.
Lohnsteuer **A** 419
Merkblatt Arbeitnehmerüberlassungsgesetz **A** 419
Muster **A** 420
Arbeitnehmerüberlassungsvertrag
A 415 ff.
Arbeitnehmerverhalten B 152 f., 155, 157 f.
Arbeitsablauf B 109 ff.
Arbeitsantritt
Vertragsstrafe **A** 169, 172 f.
Arbeitsanweisung
Muster **A** 454, 499
Arbeitsbedingungen B 154
AGG-Kontrolle **A** 66
Nachweisgesetz **A** 43 ff.
Niederschrift **A** 43
Tätigkeit **A** 92

Arbeitsentgelt
Abrechnungszeitraum **B** 187
AGG-Kontrolle **A** 66
Ausschlussfristen **B** 189
Auszahlung, bargeldlose **B** 186
Auszahlung, Mitbestimmungsrecht **B** 186
Betriebsvereinbarung **B** 186
Betriebsvereinbarung, Muster **B** 188
Nachweisgesetz **A** 43
Arbeitsgericht
Wahlvorstand, Bestellung **B** 7, 10
Arbeitsleistung A 41 ff.
Direktionsrecht **C** 115 f.
Leistungsbestimmung **A** 92 ff.; **C** 115 f.
Arbeitslosengeld
Abfindung, Anrechnung **A** 663 ff.
Versicherungspflicht **A** 672, 675
Arbeitsordnung B 154 f., 159
Arbeitnehmerverhalten **B** 152 f., 157 f.
Arbeitszeit **B** 155 f.
Betriebsvereinbarung **B** 156, 159
Günstigkeitsprinzip **B** 159
Mitbestimmungsrechte **B** 155
Muster **B** 156, 158, 160
Ordnung des Betriebes **B** 152, 155, 157 f.
Urlaub **B** 155 f.
Vergütung **B** 155 f.
Arbeitsort
Nachweisgesetz **A** 43
Arbeitspflicht
Dokumentation **A** 498
Durchsetzbarkeit **A** 170
Freistellung **A** 182 ff.
Kündigung, verhaltensbedingte **A** 498
Arbeitsplatzbeschreibung A 26
Arbeitsplatzgestaltung B 109 ff.
Arbeitsplatzteilung A 342
Arbeitsschutz
Beauftragte **A** 413
Betriebsvereinbarung, Muster **B** 219 ff.
Mitbestimmung **B** 218
Arbeitssicherheit
Betriebsvereinbarung, Muster **B** 219, 221
Arbeitssicherheitsausschuss
Betriebsvereinbarung, Muster **B** 221
Arbeitsstätten
außerbetriebliche ~ **B** 103 f.
Arbeitsumgebung B 109 ff.
Arbeitsunfähigkeit A 143, 267
Anzeigepflicht **A** 470 f.
Bescheinigung, ärztliche **A** 473

Muster **A** 471 ff.
Nachweis **A** 470
Unfall **A** 475
Arbeitsunfähigkeitsbescheinigung
A 145
 ärztliche ~ **A** 474
 Aufforderung zur Vorlage einer ~
 A 472
Arbeitsunfall
 Mitbestimmung **B** 218
Arbeitsvergütung; *s. Vergütung*
Arbeitsverhalten B 164
Arbeitsverhältnis A 422 ff.
 Elementenfeststellungsklage **C** 113 f.
 faktisches ~; *s. dort*
 Nachweisgesetz **A** 43
Arbeitsverhältnis, Auflösung
 Schriftform **A** 371
 Steuerbegünstigung **A** 653 ff.
Arbeitsverhältnis, Beendigung A 2,
 528 ff.
 Schriftform **A** 41
 Willenserklärungen **A** 534
Arbeitsverhinderung A 143 f.
 Muster **A** 265 ff., 335, 338
 persönliche Gründe **A** 143
Arbeitsvertrag
 Abschluss **A** 2
 Änderung **A** 425
 Aushändigung **A** 265 ff., 335, 338
 Austauschvertrag **A** 41
 befristeter ~ **A** 266
 Form **A** 41 ff.
 Inhaltskontrolle **A** 47 ff.
 Muster **A** 71, 73, 265 ff.
 Nachweisgesetz **A** 45
 Nichterteilung des Nachweises **A** 46
 Sprache **A** 280 ff.
 unbefristeter Arbeitsvertrag **A** 265
 Verbrauchervertrag **A** 49
 Vertragsparteien **A** 70
Arbeitszeit A 101 ff.
 Betriebsvereinbarung **B** 179 f.
 Flexibilisierung **B** 179
 Gegenleistung **A** 102
 Inhaltskontrolle **A** 103
 kollektivrechtliche Vereinbarung
 A 102
 Mitbestimmungsrecht **A** 104; **B** 175 ff.
 Muster **A** 107, 265 ff.; **B** 180
 Nachweisgesetz **A** 43
 Synallagma **A** 103
 Tarifvertrag **A** 102
 Transparenzgebot **A** 103

Arbeitszeitkonto A 106; **B** 179
 Betriebsvereinbarung, Muster **B** 181
Arbeitszeitlage
 Mitbestimmung **A** 101, 104; **B** 178
Arbeitszeitverkürzung A 436 ff.;
 B 183
 Ablehnung **A** 436, 438
 Muster **A** 437 f.
Arbeitszeitverlängerung B 183
Arbeitszeitverringerung; *s. Arbeitszeitverkürzung*
Arbeitszeitverteilung
 Arbeitnehmereigenschaft **A** 395
 Mitbestimmungspflicht **A** 101, 104;
 B 175, 178
 Teilzeitbeschäftigung **A** 334, 336
Arbeitszeugnis; *s. Zeugnis*
Arglistige Täuschung A 532, 571
Arrest C 183 ff., 187
 dinglicher ~ **A** 518
 dinglicher ~, Muster **C** 320
 Handlungen, strafbare **C** 187
 persönlicher ~, Muster **C** 321
 Zuständigkeit, örtliche **C** 185
Arrestanspruch C 187
Arrestantrag C 186 ff.
 Hilfsantrag **C** 186
 Muster **C** 188
Arrestbefehl C 183 f.
 Ausfertigungen **C** 187
 Rückgewinnungshilfe **C** 184, 191
 Sicherheitsleistung **C** 186
 Vollziehung **C** 183
 Zustellung **C** 190
Arrestgericht C 185
Arrestgrund C 187
Arresthypothek
 Muster **C** 193
Arrestsumme C 186
Arrestvollziehung C 189 ff.
 Frist **C** 189
 Muster **A** 518; **C** 192 ff.
 Pfändungsbeschluss **C** 192
 Rangänderung **C** 195
 Zulassungsantrag **C** 191
 Zulassungsantrag, Muster **C** 194
 Zulassungsbeschluss **C** 191
AT-Angestellte
 Betriebsvereinbarung, Muster **B** 233
 Gehaltsgruppen **B** 233
Aufhebungsvertrag A 529, 631, 634
 Angebot **A** 635
 Annahme **A** 635
 Checkliste **A** 647

mit Geschäftsführer **A** 638 f.
Muster **A** 635 ff., 639
Rücktrittsrecht **A** 648
Aufhebungsvertrag, Anfechtung
A 572, 574, 576; **C** 120 f.
Drohung **C** 120
Feststellungsklage **C** 120
Muster **C** 121
Auflösung des Arbeitsverhältnisses; s.
Arbeitsverhältnis, Auflösung
Auflösungsantrag C 43 ff.
Arbeitgeber **C** 44, 46 f.
Arbeitnehmer **C** 45 f., 48
Begründung **C** 44
Berufungsinstanz **C** 46
Betriebszwecke **C** 44
Bezifferung **C** 46
Muster **C** 47 f., 288
Sozialwidrigkeit der Kündigung
C 44 f.
Aufrechnung
Forderung, rechtswegfremde **C** 283
Auftragsrückgang A 535, 541
Ausbildungsverhältnis; s. *Berufsausbildungsverhältnis*
Ausbildungsvernachlässigung
Abmahnung, Muster **A** 457
Ausgleichsquittung A 683 f.
Kündigungsschutzklage **A** 683 f.
Muster **A** 684
Aushang A 500, 502
Aushilfe, vorübergehende A 44
Auslandseinsatz A 270 ff.
Arbeitsvertrag, Ergänzung **A** 278
Direktionsrecht **A** 271, 277
Einvernehmen **A** 272
Entsendungsvertrag **A** 270
Heimreise **A** 274, 277
Muster **A** 274, 276, 278
Ruhensvereinbarung **A** 270
Sozialversicherungsrecht **A** 273
Steuerrecht **A** 273
Tochterunternehmen, ausländische
A 274
Umzugskosten **A** 274
Verpflichtung des Arbeitnehmers
A 271
Wiedereingliederungsklausel **A** 277
Aussageverweigerungsrecht C 252
Ausscheiden älterer Arbeitnehmer, freiwilliges
Ausgleichsleistungen **B** 100
Ausschluss der Öffentlichkeit
C 261 ff.
Antrag **C** 261, 263

Beschluss **C** 264
Güteverhandlung **C** 262
Kammerverhandlung **C** 263 f.
Muster **C** 263 f.
Ausschlussfristen A 46, 245 ff., 519 ff.
3-Monats-Frist **A** 247
Arbeitsentgelt **B** 189
Arbeitsvertrag **A** 246
doppelte ~ **A** 245 f.
einfache ~ **A** 245
Kündigungsschutzklage **C** 82
Muster **A** 248, 265 ff., 335, 338, 525
Regressrisiko **A** 246
Tarifvertrag **A** 246
überraschende Klausel **A** 247
Verzicht **A** 524 f.
Ausschuss
Betriebsrat **B** 43 ff.
Mitbestimmungsrechte **B** 143
Außendienst B 103 f.
Zuständigkeit, örtliche **C** 9 f.
Auswahlrichtlinien
Betriebsvereinbarung **B** 127
Mitbestimmung des Betriebsrats **B** 117
Punktesysteme **B** 117
Auszubildende
Berufsbildung **B** 129
Zeugnis **A** 679

Beauftragte A 405 ff.
Bestellung **A** 406, 409 ff.
Muster **A** 409 ff.
Selbstüberwachung, betriebliche
A 405
Sonderkündigungsschutz **A** 405
Bédaux-System B 318
Beendigungskündigung A 557
Beendigungsvereinbarung A 630 ff.
Schriftform **A** 632 f.
Vertragsfreiheit **A** 633
Befristung A 74 ff., 530
Arbeitsvertrag, befristeter **A** 266
Erprobung **A** 81
mündliche Befristungsabrede **A** 77
Muster **A** 80
Projektarbeit **A** 83
Rechtsunwirksamkeit **C** 111
Regelaltersgrenze **A** 187
mit Sachgrund **A** 74 f., 81
sachgrundlose ~ **A** 76, 80
Schriftform **A** 74, 78
Vertretungsfall **A** 82
Widerspruch gegen Weiterbeschäftigung **A** 347 f.

Befristungsdauer
 Muster **A** 266
 Nachweisgesetz **A** 43
Befristungskontrollklage C 111
 Klagefrist **C** 111
 Muster **C** 112
Behinderung A 30
Benachteiligungsverbote A 66 ff.; *s.
 auch AGG*
Beratervertrag A 402
Berufsausbildungsverhältnis
 Anfrage, Muster **C** 239
 Kündigung, außerordentliche **A** 565 f.
 – Muster **A** 565 f.
 Vertragsstrafe, Ausschluss **A** 170
Berufsbildung B 128
 Auszubildende **B** 129
 Betriebsvereinbarung **B** 128 f.
Berufskrankheiten
 Mitbestimmung **B** 218
Berufung C 129 ff.
 Angriffsmittel, neue **C** 142
 Beantwortungsfristverlängerung, Muster **C** 297
 erfolgreiche ~ **C** 311
 Frist **C** 129
 Fristverlängerung, Muster **C** 297 f.
 Fristversäumung **C** 129
 Sachvortrag, neuer **C** 142
 teilweise erfolgreiche ~ **C** 312 f.
 Urteilsformeln, Muster **C** 310 f., 313 f.
 Verteidigungsmittel, neue **C** 142
 Verwerfung als unzulässig, Muster **C** 300, 304
 Wiedereinsetzung in den vorigen Stand **C** 139
 Zurückverweisung, Muster **C** 314
 Zurückweisung, Muster **C** 310
Berufungsanschließung C 129
Berufungsanschlussschrift C 129
Berufungsanträge C 133
 Muster **C** 134 ff.
 Urteilsabänderung **C** 134 ff.
Berufungsbegründung C 133, 139 ff.
 Frist **C** 139
 Ordnungsgemäßheit **C** 305 f.
 Unterzeichnung **C** 143
 verspätete ~, Muster **C** 303
 Verwerfung als unzulässig, Muster **C** 306
Berufungsbegründungsschrift
 Muster **C** 144
Berufungseinlegung C 130
 Unterzeichnung **C** 143

 verspätete ~, Muster **C** 299 f.
Berufungserwiderung C 129
Berufungsrücknahme
 Kostentragung **C** 307
 Rechtsmittelverlust **C** 307
Berufungsschrift C 130 f.
 Muster **C** 132
 Unterschrift **C** 131
 Urteil, beglaubigte Abschrift **C** 131
 Urteilsausfertigung **C** 131
 Urteilsbezeichnung **C** 130
Beschäftigtendatenschutz
 Datenschutz **B** 211
 Erlaubnistatbestand **B** 212 f.
Beschäftigung, geringfügige; *s. Geringfügige Beschäftigung*
**Beschäftigung, leidensgerechte
 A** 504 f.
 Anspruchsgeltendmachung, Muster **A** 505
 Schadensersatz **A** 504
**Beschäftigung, vertragsgerechte
 A** 504
Beschäftigungsanspruch, allgemeiner A 183
Beschäftigungsbedarf A 539, 541
Beschäftigungsbedingungen
 AGG-Kontrolle **A** 66
Beschäftigungsbeginn A 72 f.
 Muster **A** 73
Beschäftigungsgesellschaft
 Arbeitsverhältnisse, Überleitung **B** 278, 297 f.
 Bundesagentur für Arbeit, Beteiligung **B** 278
 Folgeverträge **B** 278
 Kooperationsvertrag **B** 278, 295 f.
 Muster **B** 296, 298
 Sozialplan **B** 275, 278 ff.
 Transferleistungen **B** 278
 Überleitungsvertrag **B** 297 f.
Beschlussverfahren C 196 ff.
 Antrag **C** 196
 Antragsgegner **C** 196
 Antragsteller **C** 196
 Beschwerdeverfahren **C** 197
 Erledigungserklärung **C** 271
 Nichtzulassungsbeschwerde **C** 197
 Rechtsbeschwerde **C** 197
 Unterlassung **C** 286
 Verfahren, schriftliches **C** 309
 Verfahrensbeteiligte **C** 196
 Verfahrenseinleitung, Muster **C** 248
 Zwangsvollstreckung **C** 198

Beschwerde, sofortige C 6
  Begründung C 8
  Muster C 7 f.
  Nichtzulassungsbeschwerde C 145
  Verwerfung als unzulässig, Muster
  C 302
Beschwerdebegründungsfrist
  Fristverlängerung, Muster C 297 f.
Beschwerdeeinlegung
  verspätete ~, Muster C 301 f.
Beschwerderechte Arbeitnehmer
  B 78 ff.
  Abhilfe B 82, 85 f., 90
  Adressat der Beschwerde B 81
  Beschwerde beim Betriebsrat B 79 f., 87 ff.
  Beschwerde, individuelle B 79 f., 84
  Einigungsstellenverfahren B 78, 81, 93 f.
  Einigungsstellenverfahren, Muster B 94
  Individualanspruch B 80
  Muster B 84 ff.
  Unterrichtungspflicht B 82
Betriebliche Altersversorgung
  A 284 ff.; s. auch Betriebsrentenansprüche
  Abfindung A 312
  Altersversorgung A 285
  Anpassungsklage, Muster C 109
  Anpassungsprüfung C 106
  Anwartschaft A 293
  Betriebsvereinbarung, Muster B 235
  Bezugsrecht, eingeschränkt unwiderrufliches A 295
  Bezugsrecht, unwiderrufliches A 294, 320
  Bezugsrecht, widerrufliches A 293
  Direktversicherung A 291 ff., 317 f.
  Durchführungswege A 287 ff.
  Entgeltumwandlung A 320
  Gesamtzusage A 321
  Hinterbliebenenversorgung A 285
  Insolvenz des Arbeitgebers A 290, 307
  Insolvenzsicherung A 311
  Invaliditätsversorgung A 285
  Kapitalzahlung A 286
  Konzernbetriebsvereinbarung, Muster B 235
  Lebensversicherung, gehaltsumwandelnde A 320
  Lohnsteuer A 302
  Nutzungsleistungen A 286
  Pensionsfonds A 308 ff.
  Pensionskasse A 297
  Renten, laufende A 286

  Sachleistungen A 286
  Teuerungsanpassung A 313
  Unterstützungskasse A 298 ff., 322
  Versorgungszusage; s. auch dort
Betriebliche Übung
  gegenläufige ~ A 109
  vorbehaltlose Leistung A 109
Betriebsänderung A 609; B 247 f.
  Abfindung B 256, 284, 286 f.
  einstweilige Verfügung B 257
  Insolvenz B 284
  Interessenausgleich B 243, 246, 251
  Massenentlassung A 609
  Mitbestimmung B 243, 247, 250
  Muster B 260, 263
  Personalabbau B 248 ff.
  Sozialplan B 243, 250 f.
  Unterrichtung des Betriebsrats B 262 ff.
  Verhandlungen B 279
  Zustimmung des Arbeitsgerichts B 284
Betriebsarzt
  Betriebsvereinbarung, Muster B 221
Betriebsbeauftragte für Abfall
  Sonderkündigungsschutz A 405
Betriebseinschränkung
  Mitbestimmung B 250
  Personalabbau B 248 ff.
Betriebsfortführung
  Interessenausgleich B 268 f.
Betriebsgeheimnisse A 155, 157
  Ausschluss der Öffentlichkeit C 261
Betriebskindergarten
  Mitbestimmung B 223
Betriebsmittel
  Außerdienststellung B 250
Betriebsrat
  Aufgaben, allgemeine B 96 ff.
  Auflösung C 208
  Aufwendungen B 60
  Ausschussbildung B 43 ff.
  Beratungsrecht B 109 f.
  Beschlussfähigkeit B 39
  Beschlussfassung; s. Betriebsrat, Beschlussfassung
  Beteiligungsrechte B 48
  Ehrenamt B 50
  Entgegennahme von Erklärungen B 35
  Geschäftsordnung B 39
  Integration ausländischer Arbeitnehmer B 97 f.
  Internet-Privatnutzung B 62 ff
  Internet-Privatnutzung, Ablehnung des Arbeitgebers B 65 f.

Kosten **B** 59
Kosten, personelle **B** 60
Mitbestimmungsrechte **B** 48, 110
Muster **B** 32, 44, 46, 64, 66, 73, 75, 98, 107 f.
Sachkosten **B** 60
Sachmittel **B** 62
Sachverständigenhinzuziehung **B** 106 ff.
Schulungs- und Bildungsveranstaltungen **B** 49 ff.
Schweigen **B** 144
Sitzung, konstituierende **B** 31 f.
Sprechstunden **B** 72 ff.
– Ablehnung des Arbeitgebers **B** 74 f.
Unterlassungsanspruch **B** 147
Unterrichtungsrecht **B** 109, 119
Wahlvorstand, Bestellung **B** 8 ff.
Zustimmungserklärung **B** 144
Betriebsrat, Beschlussfassung B 35 ff.
Beschlussverfahren, arbeitsgerichtliches **B** 38
Bestreiten mit Nichtwissen **B** 38
Mängel **B** 38
Stimmengleichheit **B** 37
Stimmenmehrheit. einfache **B** 37
Stimmenmehrheit, qualifizierte **B** 37
Umlaufverfahren **B** 37
Betriebsratsanhörung
Anhörungsfrist **B** 329
Anhörungsschreiben **B** 327
Empfangsbestätigung **B** 330 f.
Formblatt **B** 328
Kündigung **B** 114, 120, 134 ff, 326 ff.
Kündigungsschutzklage **C** 12
Muster **B** 328, 331
Betriebsratsarbeit; *s. Betriebsratstätigkeit*
Betriebsratsbüro
Büropersonal **B** 62
Räume **B** 61
Sachkosten **B** 60
Betriebsratsmitglieder
Amtsenthebung **C** 209; *s. Betriebsratsmitglieder, Amtsenthebung*
Arbeitsbefreiung **B** 50
Ausschluss **C** 208 ff.
Betriebsstilllegung **A** 628
Entgeltfortzahlung **B** 50, 58
Kündigung **A** 628 f.
Kündigung, außerordentliche **C** 210, 226 ff.
– Antrag **C** 227
– Mitteilungspflicht **C** 227
– wichtiger Grund **C** 226 f.

– Zustimmungsersetzung **C** 210, 226, 228 ff.
– Zustimmungspflicht **C** 226 f.
Muster **A** 629
Schulungs- und Bildungsveranstaltungen **B** 51 f.
Sonderkündigungsschutz **A** 628; **C** 203
Wahlanfechtung **C** 203
Betriebsratsmitglieder, Amtsenthebung C 208 ff.
Antrag **C** 210, 232
Antrag, Muster **C** 211
Antragsbefugnis **C** 209
Beschlussverfahren **C** 211
Pflichtverletzung **C** 210
Betriebsratssitzung
Dokumentation **B** 40
Muster **B** 41 f.
Protokoll; *s. Sitzungsniederschrift*
Sitzungsniederschrift **B** 39, 41 f.
Betriebsratstätigkeit
Abmeldung **B** 50
Freizeitausgleich **B** 50
Hilfsmittel **B** 61; **C** 219 ff.
Kosten **B** 59 ff.; **C** 215
Rechtsverfolgungskosten **B** 60; **C** 215
Reisekosten **C** 215
Sachmittel **C** 219 ff.
Übernachtungskosten **C** 215
Betriebsratsvorsitzender B 35
Stellvertreter **B** 35
Betriebsratswahlen B 3, 12 ff.
Anfechtung **C** 201 ff.; *s. auch Wahlanfechtung*
Einspruchsfristen **B** 13
Muster **B** 22 ff., 33 f.; **C** 200
Nichtigkeit **C** 201
Rechtsmängel **C** 201
Vorschlagslisten **B** 27 f.
Wahlablauf **B** 12
Wahlausschreiben **B** 12, 15, 26, 33 f.
Wahlausschreiben, Bekanntmachung **B** 12
Wahlergebnis **B** 13, 15
Wahlergebnis, Bekanntmachung **B** 29
Wahlergebnis, Information des Arbeitgebers **B** 30
Wählerliste **B** 12 f.
Wählerliste, Bekanntmachung **B** 12, 27 f.
Wahlordnung **B** 27 f.
Wahlverfahren, normales **B** 26
Wahlverfahren, vereinfachtes **B** 33 f.
Wahlversammlung **B** 12

Wahlvorschläge **B** 13, 27
Wahlvorstand; *s. dort*
Betriebsrentenansprüche; *s. auch Betriebliche Altersversorgung*
  Auskunftsanspruch **C** 104
  Auskunftsklage, Muster **C** 107
  Feststellungsklage **C** 105
  Feststellungsklage, Muster **C** 108
  Leistungsklage **C** 105
  Leistungsklage, Muster **C** 110
  Wartezeit **A** 85
Betriebsstilllegung A 539 f.
  Anhörung des Betriebsrats **A** 628 f.
  Kündigung, betriebsbedingte **C** 27
  Muster **A** 540, 629
Betriebsübergang A 425
  Betriebsstilllegung **C** 59
  Feststellungsklage **C** 60 f.
  Kündigungsschutzklage **C** 55 ff.
  Kündigungsschutzklage, Muster **C** 62
  Unterrichtungspflicht **A** 440 ff.
  Vertragsänderung **A** 440
  Weiterbeschäftigung beim Erwerber **C** 62
  Widerspruchsrecht der Arbeitnehmer **A** 440 ff.
  Widerspruchsrecht der Arbeitnehmer, Verwirkung **A** 441, 448
Betriebsurlaub B 190, 192
  Betriebsvereinbarung **B** 192 f.
  – Muster **B** 193
Betriebsvereinbarung B 99 ff., 144
  Arbeitsordnung **B** 156
  Arbeitsstätten, außerbetriebliche **B** 103 f.
  Ausscheiden älterer Arbeitnehmer, freiwilliges **B** 100
  Auswahlrichtlinien **B** 127
  Bildungsmaßnahmen **B** 128
  Billigkeitskontrolle **B** 154
  Diskriminierung ausländischer Arbeitnehmer, Bekämpfung **B** 105
  Familiengründung, Wiedereingliederung nach **B** 101
  Geschlecht, unterrepräsentiertes **B** 102
  Inhaltskontrolle **A** 56; **B** 154
  Kinderbetreuung **B** 101
  Muster **B** 100 ff., 104, 112, 123 ff
  Nachweisgesetz **A** 43
  Personalplanung **B** 123
  Rechtskontrolle **B** 154
  Stellenausschreibung **B** 124
  Techniken, Einführung neuer **B** 112
  Telearbeit **B** 103 f.

Betriebsversammlung B 68 ff.
  Einladung **B** 70 f.
  Muster **B** 71
Betriebswohnheim
  Mitbestimmung **B** 223
Betriebszugehörigkeit
  Anrechnung **A** 84 ff.
  Anrechnung, eingeschränkte **A** 87
  Beschäftigungszeiten, Zusammenrechnung **A** 84
  Muster **A** 86 f.
  Sozialplan **B** 292 f.
  Unterbrechungszeitraum **A** 84
Beurteilungsgrundsätze
  Betriebsvereinbarung **B** 125
  Mitbestimmung des Betriebsrats **B** 121
  Muster **B** 125
Beweisaufnahme
  Sachverständigengutachten **C** 254
Beweisbeschluss
  Muster **C** 251, 254
Beweisfrage
  Anordnung der schriftlichen Beantwortung, Muster **C** 252
Bewerberauswahl A 4 f.
  Datenschutz **A** 33 f.
Bewerbungsgespräch; *s. Vorstellungsgespräch*
Bezirksprovision C 102
Bezugnahmeklauseln A 195 ff.
  AGB-Kontrolle **A** 197
  Muster **A** 199
Bildschirmarbeit
  Betriebsvereinbarung, Muster **B** 222
Bildungsausschuss B 128
Bildungsmaßnahmen
  Betriebsvereinbarung **B** 128
Brückentage B 196
  Betriebsvereinbarung **B** 196 f.
  – Muster **B** 197
Bruttovergütung C 83
  Leistungsklage **C** 83
  Verzugszinsen **C** 83
Bundesagentur für Arbeit A 3
  Beschäftigungsgesellschaft **B** 278
  Interessenausgleich, Vermittlungsversuch **B** 254
  Massenentlassungsanzeige, Mustervordrucke **A** 625; **B** 337 f.
  Prozessstandschaft, gewillkürte **C** 83

Change of Control-Klausel A 255 ff.
  Amtsniederlegungsrecht **A** 258

Dienstverhältnis **A** 258
  Muster **A** 257
  Offenlegungspflicht **A** 256
  Sonderkündigungsrecht **A** 257
Codes of business Conduct and ethics B 169

D&O A 381
Darlehen A 191 ff.
  Muster **A** 194
Datennutzung A 33 f.
  Datenschutz **B** 212
  Einwilligung **A** 33 f.; **B** 216
  Muster **A** 34
Datenschutz
  Arbeitnehmerdatenschutz **B** 209 f.
  Beschäftigtendatenschutz **B** 211
  Beschäftigungsverhältnis **B** 212 ff.
  Beschäftigungsverhältnis, Beendigung **B** 213 f.
  Beschäftigungsverhältnis, Begründung **B** 213 f.
  Beschäftigungsverhältnis, Durchführung **B** 212
  Betriebsvereinbarung **B** 217
  Datenerhebung **B** 212, 214, 216
  Datennutzung **B** 212, 216
  Datenspeicherung **B** 216
  Datenverarbeitung **B** 212
  Einwilligung des Beschäftigten **B** 215 f.
  Mitbestimmung **B** 214, 216
Datenschutzbeauftragte A 405 ff.
  Arbeitsvertrag **A** 406, 408 ff.
  Bestellung **A** 406, 409
  Muster **A** 409
  Sonderkündigungsschutz **A** 405
Datenverarbeitung
  Betriebsvereinbarung **B** 202
  Datenschutz **B** 212
  Einwilligung, individuelle ausdrückliche **B** 202
  Kommunikationssysteme **B** 201
  Überwachungseinrichtungen, technische **B** 198
  Verhältnismäßigkeit **B** 201
Dauerarbeitsverhältnis
  Kündigung, ordentliche **A** 552
Diensterfindung; s. *Arbeitnehmererfindungen*
Dienstvereinbarung
  Inhaltskontrolle **A** 56
  Nachweisgesetz **A** 43
Dienstverhinderung A 283

Dienstvertrag A 358 ff.; s. auch dort
  AGB-Kontrolle **A** 379 f.
  Befristung **A** 364
  Entgeltfortzahlung **A** 358
  freie Mitarbeit **A** 392 ff.
  Geschäftsführervertrag; s. dort
  Interim Management; s. dort
  Kostenrisiko **A** 381
  Kündigungsschutz **A** 358, 364
  Muster **A** 383 ff.
  Organstellung **A** 365 ff.
  Rechtsschutzversicherung **A** 381
  Rechtsweg **A** 381
  Schutzvorschriften, arbeitsrechtliche **A** 358, 364
  Urlaub **A** 358
  Vermögensschadenshaftpflichtversicherung **A** 381
  Vorstandsvertrag; s. *Vorstände*
  Zivilrecht **A** 358
Dienstwagenordnung A 208, 210
  Verstoß, erheblicher **A** 217
Dienstwagenüberlassung A 208 ff.
  Arbeitsverhältnis, Beendigung **A** 217
  Fahrerlaubnis, Entzug **A** 217
  Freistellung **A** 216
  Herausgabeverlangen **A** 214 ff.
  Inhaltskontrolle **A** 209, 213, 216
  Krankheit des Arbeitnehmers **A** 217
  Kündigungserschwerung **A** 212
  Mehrkostenübernahme durch Arbeitnehmer **A** 211
  Muster **A** 219 f.
  Privatnutzung, vereinbarte **A** 215, 220
  Sachbezug **A** 215
  Sonderausstattung **A** 211
  Verschlechterung der Konditionen, einseitige **A** 213
  Vorteil, geldwerter **A** 215
  Widerruf **A** 214 ff.
Dienstwagenvertrag A 208
Direktionsrecht A 497 ff.
  Arbeitsleistung **C** 115 f.
  Nachweisgesetz **A** 43
  Sozialauswahl **A** 93
  Tätigkeitszuweisung **A** 497
  Versetzung **A** 93 f.
  Weiterbeschäftigungsantrag **C** 18
Direktversicherung A 291 ff.
  Abtretung **A** 296
  Ausscheiden des Arbeitnehmers nach Unverfallbarkeitsvoraussetzungen **A** 296

Beleihung **A** 296
 Muster **A** 317 f.
 ohne Vorbehalt **A** 317
 mit Vorbehalt **A** 318
Divergenzbeschwerde C 148, 154 ff.
 Begründung **C** 155 ff.
 Muster **C** 157
 Rechtssatz, abstrakter **C** 155 f.
Dokumentationsausgestaltung
 Mitbestimmung **B** 218
Drittwiderspruchsklage
 Muster **C** 293
Drogenberater B 162
Drohungsanfechtung
 Aufhebungsvertrag **C** 120
Durchsuchung, Verhaltensregeln
 A 502 f.
 Muster **A** 503
DV-Anlagen
 Betriebsvereinbarung, Dateneinsicht
 B 217

E-Learning
 Betriebsvereinbarung **B** 131
E-Mail-Privatnutzung A 221 ff.;
 B 201
 Betriebsvereinbarung **B** 202
 – Muster **B** 203
 Dienstanbietereigenschaft des Arbeitgebers **B** 201
 Fernmeldegeheimnis **B** 201
 Gestattung **A** 223 ff.; **B** 201
 Kontrolle **A** 225, 227; **B** 201 f.
 Mitbestimmung **A** 221
 Muster **A** 226 f.; **B** 200
 Telekommunikationsgesetz **B** 214
 Telemediengesetz **B** 201, 214
 Untersagung **B** 202, 214
 Verbindungsdaten, Speicherung **A** 222
 Verbot **A** 222
Ehrenamt A 200 f.
 Muster **A** 201, 265 f., 338
Eigenkündigung des Arbeitnehmers
 A 560
 Kündigungsfrist **A** 177
 Muster **A** 561
Eignungsuntersuchung A 28 ff.
 Allgemeines Gleichbehandlungsgesetz
 A 30
 Daten, personenbezogene **A** 34
 Einwilligung **A** 31 f., 34
 graphologische ~ **A** 31
 Muster **A** 32, 34
 physische ~ **A** 28 f., 31 f.

 psychische ~ **A** 28, 31 f.
Ein-Euro-Jobber A 394
Einfühlungsverhältnis A 35 f.
 Arbeitsverhältnis, Eingehung **A** 35
 Muster **A** 36
Eingliederungsmanagement A 470,
 482 ff.; *s. auch Wiedereingliederung*
 Ablehnungserklärung **A** 489
 Anschreiben des Arbeitgebers **A** 485 f.
 Antwortschreiben des Arbeitnehmers
 A 487 f.
 Betriebsvereinbarung **A** 492
 Darlegungslast **A** 482
 Datenschutzerklärung **A** 491
 Einverständniserklärung **A** 489
 Gesundheitsvorsorge **A** 486
 Muster **A** 485 f.
 Schweigepflicht, Entbindung von der
 A 490
 Verhältnismäßigkeitsgrundsatz **A** 482
Eingruppierung; *s. auch Einzelmaßnahmen, personelle*
 Mitbestimmung des Betriebsrats
 B 114, 118 f.; **C** 222
Einigungsstelle B 299 ff.; **C** 234
 Anrufung **B** 149 f., 252, 301 ff.
 Anschreiben Arbeitgeber **B** 303
 Anschreiben Betriebsrat **B** 304
 Beschlüsse **B** 300
 Beschlussfassung **C** 235
 Besetzung **C** 234
 Betriebsverfassungsorgan **B** 300
 Ermessen **C** 235
 Mitbestimmung, zwingende **B** 299
 Muster **B** 150, 303, 305
 Schlichtungsstelle, innerbetriebliche
 B 300
 Unzuständigkeit, offensichtliche **C** 234
Einigungsstellenbeisitzer B 150 f.,
 253, 301; **C** 234
Einigungsstellenerrichtung A 615 ff.
 Bestellung, gerichtliche **A** 617 f.;
 B 151, 306; **C** 234
 – Muster **C** 236
 Muster **A** 616, 618
Einigungsstellenspruch B 111, 149,
 317 ff.
 Muster **B** 318 ff.; **C** 237
 Sozialplan **B** 321
 Unwirksamkeit, Feststellungsantrag
 C 237
Einigungsstellenverfahren B 111, 302,
 307 ff.
 Betriebsänderung **B** 252 ff.

Einstellung **B** 322 f.
Interessenausgleich **B** 252 ff.
Muster **B** 308, 310, 323, 325
Niederschrift **B** 309 f.
Protokoll **B** 309 f.
Zuständigkeit **B** 322, 324 f.
Einigungsstellenvorsitzender B 150 f.,
253, 301; **C** 234
Befangenheitsantrag **B** 313 ff.
– Muster **B** 316
Besorgnis der Befangenheit **B** 311 ff.
Einkommensteuer
Abfindung **A** 651
Einkommensteuererstattungsanspruch
Pfändung **A** 513
Einsatzsteuerungsunterstützungssystem, GPS-gestütztes
Betriebsvereinbarung, Muster **B** 208
Einspruch
Hinweis nach verspätetem ~, Muster **C** 267
Unzulässigkeit **C** 294
Einstellung; *s. auch Einzelmaßnahmen, personelle*
Mitbestimmung des Betriebsrats **B** 114, 118 f., 133; **C** 222
Einstellungsfragebogen; *s. Personalfragebogen*
Einzelmaßnahmen, personelle C 222
Aufhebung **C** 222
Aufhebungsantrag, Muster **C** 225
Beteiligungsrecht des Betriebsrats **C** 222
Durchführung, vorläufige **C** 222
Eingruppierung **C** 222; *s. auch dort*
Einstellung **C** 222; *s. auch dort*
Feststellungsantrag **C** 222
Hilfsanträge **C** 222
Umgruppierung **C** 222; *s. auch dort*
Versetzung **C** 222; *s. auch dort*
Zustimmungsersetzung **C** 222 f.
Zustimmungsersetzung, Antragsmuster **C** 224
Zustimmungsverweigerung **C** 222
Elementenfeststellungsklage C 113
Muster **C** 114
Elternzeit A 493 ff.
Antrag auf ~ **A** 595, 598 f.
Antragsablehnung **A** 601 f.
Kündigung, Zulässigkeitserklärung **A** 596, 603
Muster **A** 598, 600 f., 603
Sonderkündigungsschutz **A** 595

Teilzeitarbeit, Rechtsanspruch auf **A** 333, 439, 493, 597
– Antrag **A** 600
Emmely C 152
Englische Arbeitsvertragsfassung A 280 ff.
Muster **A** 282
Entbindung
Arbeitsbefreiung **A** 493 f.
Informationsschreiben des Arbeitgebers **A** 495 f.
Entgeltfortzahlung im Krankheitsfall A 42, 143, 145 ff.
Arbeitsunfähigkeitsbescheinigung **A** 145 f., 148
Muster **A** 146, 265 ff., 335, 338
Entgeltfortzahlungsgesetz A 470
Entgeltfortzahlungskosten A 481
Entgeltfortzahlungszeitraum A 145
Verlängerung **A** 147 f.
Entlassungsbedingungen
AGG-Kontrolle **A** 66
Entlohnungsgrundsätze
Einigungsstellenspruch **B** 318
Mitbestimmung **B** 226
Entlohnungsmethoden
Betriebsvereinbarungen, Muster **B** 228 ff.
Mitbestimmung **B** 226
Entschädigungsanspruch
AGG **C** 90 ff.
Ausschlussfristen **C** 92
Bezifferung **C** 91
Geltendmachungsschreiben **A** 526
Zahlungsantrag, unbezifferter **C** 91
Entschädigungsklage
Muster **C** 93
Entscheidungsformeln C 315
Muster **C** 281 ff., 295
Entsendungsvertrag A 270 ff.; *s. auch Auslandseinsatz*
Erfüllungsort
Zuständigkeit, örtliche **C** 9
Erholungsheim
Mitbestimmung **B** 223
Erholungsurlaub
Muster **A** 463
Nachweisgesetz **A** 43
Erkenntnisverfahren, arbeitsgerichtliches C 210
Erkrankung A 470
Anfrage des Arbeitgebers, Muster **A** 481
Arbeitsunfähigkeit **A** 143

chronische ~ **A** 30
Entgeltfortzahlung im Krankheitsfall; *s. dort*
Fehlzeiten **A** 481, 485
Erledigungserklärung
Anfrage, Muster **C** 270 f.
Kostenbeschluss, Muster **C** 272
Erprobung A 35
Befristungsgrund **A** 81
Einführungsverhältnis; *s. dort*
Muster **A** 81
Probearbeitsverhältnis; *s. dort*
Ersthelfer
Betriebsvereinbarung, Muster **B** 221
Ethikrichtlinien B 169

Familiäre Ereignisse
Arbeitsverhinderung **A** 143
Familiengründung
Wiedereingliederung nach Familiengründung **B** 101
Fehlen, unentschuldigtes
Abmahnung **A** 455
Muster **A** 455
Fernmeldegeheimnis
E-Mail-Privatnutzung **B** 201
Feststellungsurteil
Muster **C** 288
Firmenwagen; *s. Dienstwagenüberlassung*
Firmenwagenordnung; *s. Dienstwagenordnung*
Fortbildung, berufliche
Betriebsvereinbarung **B** 130
Fortbildungskosten A 202 ff.
Bindungsdauer **A** 205
Lehrgangsdauer **A** 205 f.
Muster **A** 207
Rückzahlungsvereinbarung **A** 202 ff.
Fortsetzungserkrankung
Anfrage des Arbeitgebers, Muster **A** 476
Foto des Arbeitnehmers
Muster **A** 236
Recht am eigenen Bild **A** 235
Veröffentlichung im Internet **A** 234 ff.
Fragen des Arbeitgebers A 23 ff.
Daten, persönliche **A** 26
eidesstattliche Versicherung **A** 26
Gesundheitszustand **A** 26
Nebentätigkeit **B** 214
Qualifikation, berufliche **A** 26; **B** 214
Qualifikation, schulische **A** 26
Recht auf Lüge **A** 27
Schwangerschaft **B** 214

Schwerbehinderung **B** 214
Staatsangehörigkeit **A** 26
Straffälligkeit **A** 26
Vermögensverhältnisse **A** 26
Wehrdienst **A** 26
Werdegang, beruflicher **B** 214
Zivildienst **A** 26
Freie Mitarbeit A 392
Arbeitnehmereigenschaft, Abgrenzung **A** 397
Gerichtsweg **A** 398
Muster **A** 399 ff.
Rahmenvereinbarung **A** 397
Freistellung A 182
Angemessenheitskontrolle **A** 183
Ausübungskontrolle **A** 182
Dienstwagenüberlassung **A** 216
nach Kündigung **A** 184
Muster **A** 186
Resturlaub **A** 185
Sabbatical **A** 259, 261
Verdienst, Anrechnung **A** 185
Wettbewerbsverbot **A** 185
Freistellungserklärung A 569 f.
Freiwilligkeitsvorbehalt A 115
Inhaltskontrolle **A** 111, 115
Muster **A** 127
Transparenzgebot **A** 111, 116
Fremdsprache
Arbeitsvertrag **A** 280 ff.
Fristen A 519 f.
Führungskräfte
Arbeitsvertragsmuster **A** 267
Change of Control-Klausel **A** 255 ff.
Geschäftsführerbestellung **A** 370
Interim Management **A** 387 ff.
Fusion
Interessenausgleich **B** 273 f.

Gefährdungsanalyse; *s. Gefährdungsbeurteilung*
Gefährdungsbeurteilung
Betriebsvereinbarung, Muster **B** 220
Mitbestimmung **B** 218
Gehaltsabtretung A 265 f., 335
Muster **A** 338
Gehaltsbestandteile, flexible A 108
Inhaltskontrolle **A** 112
Gehaltsbestandteile, leistungsabhängige A 108
Gehaltspfändung A 139
Erstattungsanspruch **A** 139
Gehaltsverpfändung A 265 f.
Muster **A** 338

Gehörsbeschwerde C 148, 158 ff.
 Muster **C** 160
 Verfahrensfortgang **C** 163
Gehörsrüge; *s. Anhörungsrüge*
Geldfaktoren
 Einigungsstellenspruch **B** 320
 Mitbestimmung **B** 236
Geltendmachungsschreiben A 526
 Beweislast **A** 527
 Muster **A** 522 f.
Generalklauseln A 528
Gerichtsstand
 allgemeiner ~ **C** 9
 Erfüllungsort **C** 9
Geringfügige Beschäftigung A 339 ff.
 Aufstockungsmöglichkeit **A** 339 ff.
 geringfügig versicherungspflichtige Beschäftigte **A** 339
 Muster **A** 340
 Steuerpauschalierung **A** 339 f.
 Teilzeitarbeitsverhältnis **A** 339
 versicherungsfrei geringfügig Beschäftigte **A** 339
 Versicherungsfreiheit in der Rentenversicherung **A** 339 ff.
 Versicherungsfreiheit in der Rentenversicherung, Verzicht auf **A** 339
Gesamtbetriebsrat B 19
 Wahlvorstand, Bestellung **B** 5 f., 9
Geschäftsführer; *s. auch GmbH-Geschäftsführer*
 Abberufung **A** 367, 372 f.
 Arbeitnehmereigenschaft **A** 360 ff.
 Arbeitsverhältnis, Ruhen **A** 370
 Bestellung **A** 366
 Change of Control-Klausel **A** 255 ff.
 Dienstvertrag; *s. Geschäftsführervertrag*
 Doppelverhältnis **A** 368
 Organstellung **A** 365
 Vergütung **A** 376
 Vertretungsbefugnis **A** 369
 Weisungsbefolgungspflicht **A** 369
 Zuständigkeit, arbeitsgerichtliche **C** 1 f.
Geschäftsführervertrag A 269
 Arbeitsverhältnis, Auflösung **A** 371
 Arbeitsverhältnis, Wiederaufleben **A** 372
 Befristung **A** 374
 Dienstvertrag **A** 358 ff.; *s. auch dort*
 Kopplungsklausel **A** 375
 Muster **A** 283, 383 f.
Geschäftsgeheimnisse A 155, 157
 Ausschluss der Öffentlichkeit **C** 261

Geschenke; *s. Annahme von Geschenken*
Geschlecht, unterrepräsentiertes B 102
Gesundheitsschutz
 Betriebsvereinbarung, Muster **B** 219 f.
 Mitbestimmung **B** 218
Gewässerschutzbeauftragte
 Sonderkündigungsschutz **A** 405
Gewinnbeteiligung A 108
 Muster **A** 124 f.
Glatteis
 Arbeitsverhinderung **A** 143
Gleichgestellte
 Gleichstellungsbescheid **A** 581
 Grad der Behinderung **A** 581
 Sonderkündigungsschutz **A** 580 ff.
Gleichstellungsabrede A 195
Gleichstellungsbeauftragte auf Bundesebene
 Sonderkündigungsschutz **A** 405
Gleitzeit B 179
 Betriebsvereinbarung, Muster **B** 182
GmbH-Geschäftsführer; *s. auch Geschäftsführer*
 Arbeitnehmereigenschaft **A** 362, 655
 Arbeitsvertrag, Aufhebung **A** 634
 Aufhebungsvertrag **A** 638 f.
 – Muster **A** 639
GPS; *s. Einsatzsteuerungsunterstützungssystem, GPS-gestütztes*
Graphologisches Gutachten A 31
Gratifikation
 betriebliche Übung **A** 109
Grundsatzbeschwerde C 148, 150 ff.
 Begründung **C** 152 f.
 Muster **C** 153
Gruppenarbeit
 Mitbestimmung **B** 239
Günstigkeitsprinzip
 Arbeitsordnung **B** 159
Güteverhandlung
 Anberaumung, Muster **C** 238
 Ausschluss der Öffentlichkeit **C** 262

Handelsvertretervertrag A 403 f.
Handy A 228
Headhunter A 3, 8
Hilfsfond für Notlagen
 Betriebsvereinbarung, Muster **B** 224
Hochwasser
 Arbeitsverhinderung **A** 143
Homeoffice B 103 f.
 Kündigungsschutzklage **C** 9 f.
 – Muster **C** 10

Zuständigkeit, örtliche **C** 9
Humanisierung der Arbeitswelt
B 109 ff.

Immissionsschutzbeauftragte
  Bestellung **A** 412
  Sonderkündigungsschutz **A** 405
Informationstechnik
  Rahmenvereinbarung, Muster **B** 113
Inhaltskontrolle A 56 ff., 65, 110; *s. auch Allgemeine Geschäftsbedingungen*
  Änderungsvorbehalt **A** 96
  Arbeitsvertrag **A** 47 ff.; **B** 154
  Betriebsvereinbarung **A** 56; **B** 154
  Dienstvereinbarung **A** 56
  Dienstwagenüberlassung **A** 209, 216
  Hauptleistung **A** 97
  Lohnwucher **A** 117
  Sittenwidrigkeit **A** 117
  Tarifvertrag **A** 56; **B** 154
  Unwirksamkeit einzelner Klauseln **A** 63 f.
  Vergütungsregelungen **A** 112
  Vertragsstrafe **A** 170
  Wettbewerbsverbot, nachvertragliches **A** 160
Insolvenz
  Kündigungsfrist **C** 69
  Kündigungsrechtsstreit, Unterbrechung **C** 67
  Kündigungsschutzklage **C** 66 ff.
  Kündigungsschutzklage, Muster **C** 70
  Sozialplan **B** 282 ff.
  Verfahrenskonzentration **C** 68
Insolvenzeröffnung
  Verfahrensunterbrechung, Muster **C** 265
Integrationsamt, Zustimmung zur Kündigung A 580
  Antrag, Briefform **A** 584
  Antrag, Formularform **A** 583
  Antrag, Muster **A** 583 f.
  Auflösungsvertrag **A** 587
  Klage, verwaltungsgerichtliche **A** 588
  Stellungnahme der Schwerbehindertenvertretung **A** 586
  Stellungnahme des Betriebsrats **A** 585
  Widerspruch **A** 588
Interessenausgleich A 609, 620 ff.
  Abfindungen **B** 256
  Altersgruppenbildung **B** 271 f.
  Betriebsänderung **B** 243, 246
  zur Betriebsfortführung **B** 268 f.

Betriebsrat, bestehender **B** 244 f.
  einfacher ~ **B** 266
  Einigungsstellenverfahren **B** 252 ff.
  Insolvenz **C** 69
  Kopplung Sozialplan/Interessenausgleich **B** 288 f.
  Mitbestimmung **B** 243 ff.
  Muster **A** 621, 624; **B** 266 f., 269, 272, 274, 289
  mit Namensliste **B** 265, 267, 270; **C** 69
  Restrukturierung **B** 273 f.
  Sanktionen **B** 255 ff.
  Schriftform **B** 252
  Verfahren **B** 259 ff.
  Verhandlungen **B** 252, 265
  Verhandlungsangebot **B** 260
  Vermittlungsversuch des Vorstandes der Bundesagentur für Arbeit **B** 254
  Versuch, ordnungsgemäßer **A** 609; **B** 258
  wirtschaftliche Situation, schlechte **B** 246
Interim Management A 387 ff.
  Muster **A** 391
Internet
  Mitarbeiterfotos, Veröffentlichung **A** 234 ff.
Internet-Privatnutzung A 221 ff.; **B** 201
  Betriebsvereinbarung **B** 202
  – Muster **B** 203
  Dienstanbietereigenschaft des Arbeitgebers **B** 201
  Download, unbefugter **A** 224
  Fernmeldegeheimnis **B** 201
  Gestattung **A** 223 ff.; **B** 201
  Kontrolle **A** 225, 227; **B** 201 f.
  Mitbestimmung **A** 221
  Muster **A** 226 f.; **B** 200
  Telekommunikationsgesetz **B** 214
  Telemediengesetz **B** 201, 214
  Untersagung **B** 202, 214
  Verbindungsdaten, Speicherung **A** 222, 227
  Verbot **A** 222, 226
Intranet B 201
  Betriebsvereinbarung, Muster **B** 203

Jahresvergütung A 119
Jobsharing A 333
  Aufteilung, funktionelle **A** 343
  Aufteilung, zeitliche **A** 343
  Muster **A** 342 f.

Jugend- und Auszubildendenvertretung B 16 f.
Schulungs- und Bildungsveranstaltungen **B** 51 f.
Umstrukturierung, Mitteilung über **A** 613 f.
– Muster **A** 614
Wahlen **B** 17

Kammerverhandlung
Anberaumung, Muster **C** 247
Ausschluss der Öffentlichkeit **C** 263 f.
Kantine
Mitbestimmung **B** 223
Kinderbetreuung B 101
Klageerwiderung
Änderungsschutzklage **C** 54
Kündigung, krankheitsbedingte **C** 31 ff.
Kündigung, verhaltensbedingte **C** 34 ff.
Kündigungsschutzklage **C** 27 ff.
Muster **C** 30, 33, 38, 54
Klagerücknahme A 630
Anfrage, Muster **C** 273
Klagestattgabe
Muster **C** 281 f.
Streitgenossenschaft **C** 282
teilweise ~ **C** 281 f.
Klageverfahren
Erledigungserklärung **C** 271
Verfahren, schriftliches **C** 308
Klageverzichtsvereinbarung A 633
Kleiderordnung B 153
Kleinbetriebe
Betriebsratswahlen **B** 11
Kommunikationstechnik
Betriebsvereinbarung **B** 199
Rahmenvereinbarung **B** 199
Rahmenvereinbarung, Muster **B** 113
Kontostunde B 186
Kontrollwechsel; s. *Change of Control-Klausel*
Konzernbetriebsrat B 20
Wahlvorstand, Bestellung **B** 5 f., 9
Konzernbetriebsvereinbarung
betriebliche Altersversorgung **B** 235
Dateneinsicht **B** 217
Kooperationsvertrag B 278, 295 f.
Kopplungsklausel A 375
Kostenbeschluss
Muster **C** 272
Krankengespräche
Mitbestimmungspflicht **A** 479

Krankenrückkehrgespräche A 486
Krankheitsfall; s. *Erkrankung*
Entgeltfortzahlung im Krankheitsfall; s. *dort*
Kredit; s. *Darlehen*
Kündigung A 176 ff., 549 ff.
Anfechtung **A** 572
Arbeitsverhältnis, Beendigung **A** 528
Betriebsratsanhörung **B** 114, 120, 134 ff, 326 ff.
Determinierung, subjektive **B** 120, 327
Freistellung **A** 184; **C** 73
Mitbestimmung **B** 326 ff.
Nachschieben **C** 76
Sozialwidrigkeit **C** 44 f.
Sprecherausschuss, Mitwirkung **B** 333
Stellungnahme des Betriebsrats, Muster **B** 332
Verhältnismäßigkeitsgrundsatz **A** 558
Vollmachtsurkunde, fehlende **A** 577 f.
– Muster **A** 578
Weiterbeschäftigungsanspruch **B** 120, 134
Widerspruch des Betriebsrats **B** 120, 138
Willenserklärung, einseitige empfangsbedürftige **A** 549
Kündigung, außerordentliche
A 562 ff.
Auflösungsantrag **C** 44 f.
Betriebsratsmitglieder **C** 210, 226 ff.
Kündigungsgrund **A** 563 f., 567 f.
Kündigungsschutzklage **C** 12, 15
Muster **A** 562, 564
Organe, betriebsverfassungsrechtliche **A** 628
Stellungnahme des Betriebsrats, Muster **B** 332
Zustimmung des Betriebsrats **B** 138
Zwei-Wochen-Frist **C** 12, 15, 35
Kündigung, betriebsbedingte A 93 f., 528
Arbeitskräfteüberhang **A** 535; **C** 29
Arbeitsplatz, freier **C** 27
Auftragsrückgang **A** 535, 541
Beschäftigungsbedarf **A** 539, 541
Beschäftigungsbedürfnis, Wegfall **C** 27, 29
Beschäftigungsmöglichkeit, Fehlen anderweitiger **C** 29
Gründe, außerbetriebliche **A** 535 f.
Gründe, innerbetriebliche **A** 535 f.
Kausalität **A** 535

Leistungsverdichtung **C** 29
Muster **A** 553
Organisationsentscheidung, unternehmerische **A** 535 ff.
Sozialauswahl **C** 27, 29
Kündigung, krankheitsbedingte
C 31 ff.
Beeinträchtigung, betriebliche **C** 31
Beeinträchtigung, wirtschaftliche **C** 31
Beweislast, abgestufte **C** 32
Darlegungslast, abgestufte **C** 32
Gesundheitsprognose, negative **C** 31 f.
Interessenabwägung **C** 31
Klageerwiderung **C** 31 ff.
Sachverständigengutachten **C** 32
Kündigung, ordentliche
Anhörung des Betriebsrats **B** 120
Auflösungsantrag **C** 45
Dauerarbeitsverhältnis **A** 552
Klageerwiderung **C** 30
Kündigungsschutzklage **C** 14 f.
Muster **A** 551, 551 f.
Stellungnahme des Betriebsrats, Muster **B** 332
Zustimmung des Betriebsrats **B** 138
Kündigung, personenbedingte A 528
Muster **A** 553
Kündigung, verhaltensbedingte
A 451, 528; **C** 34 ff.
Abmahnung **C** 126
Arbeitspflicht **A** 498
außerordentliche Kündigung **C** 35, 37
Beweislast **A** 452 f.
Darlegungslast **A** 452 f.
Interessenausgleich, **C** 34
Klageerwiderung **C** 38
Muster **A** 553
ordentliche Kündigung, hilfsweise
C 35, 37
Tatkündigung **C** 36 f.
Verdachtskündigung **A** 543; **C** 36 f.
Vertragsverletzung **C** 34 f.
Zwei-Wochen-Frist **C** 35
Kündigungsfrist A 176 ff.
Mindestkündigungsfristen **A** 176 f.
Muster **A** 180 f.
Nachweisgesetz **A** 43
Probezeit **A** 181
Verlängerung **A** 177 f.
Vertragsstrafe **A** 169
Weiterbeschäftigung nach Ablauf der
Kündigungsfrist **A** 349 ff.
Kündigungsgrund A 528, 553 f., 563 f.
Aufforderung zur Mitteilung über den
~ **A** 567 f.

Unterrichtungspflicht **B** 327
Kündigungsschreiben
Abhandenkommen **C** 40
Kündigungsschutzklage **C** 12
Kündigungsschutz A 528
Anzeigepflicht **B** 339 f.
besonderer ~; *s. Sonderkündigungsschutz*
Muster **B** 340
Unterrichtung des Betriebsrats
B 339 f.
Wartezeit **A** 85
Kündigungsschutzgesetz A 630
Kündigungsschutzklage C 11 ff.
Abfindung **A** 555 f.
Änderungskündigung **C** 49
Arbeitsverhältnis **C** 12
Ausgleichsquittung **A** 683 f.
Ausschlussfristen **C** 82
Betriebsratsanhörung **C** 12
Betriebsübergang **C** 55 ff.
Fristversäumung **C** 39 f.
Inhalt **C** 12
Insolvenz **C** 66 ff.
Klageantrag **C** 11
Klageerwiderung **C** 27 ff., 33, 38
Klagefrist **C** 11, 39 f.
Kündigung **C** 12 f.
Kündigung, außerordentliche **C** 12, 15
Kündigung, ordentliche **C** 14 f.
Kündigungsschreiben **C** 12
Muster **C** 14 f., 42, 62
Schleppnetzantrag **C** 11
Weiterbeschäftigungsantrag **C** 16 ff., 71
Zulassung, nachträgliche **C** 39 ff.
Zuständigkeit, örtliche **C** 9
Kündigungsschutzprozess
Abmahnung **C** 126
Vergütungsansprüche **C** 82
Kündigungsschutzverfahren
Weiterbeschäftigung nach Ablauf der
Kündigungsfrist; *s. dort*
Kurzarbeit A 105
Betriebsvereinbarung, Muster **B** 184
Mitbestimmung, erzwingbare **A** 105
Muster **A** 107

Langzeiturlaub B 194
Lebensalter
Vergütung **A** 67
Lebenslauf
handschriftlicher Lebenslauf **A** 31
Leiharbeitsvertrag A 418
Leistungsbestimmungsrecht A 182; *s. auch* Direktionsrecht

Leistungsbeurteilung
  Betriebsvereinbarung **B** 125
  Muster **B** 125 f.
  Verfahren **B** 126
Leistungsentgelte
  Mitbestimmung **B** 236
Leistungsfähigkeit, körperliche
  A 28 f.
Leistungsklage C 82 ff.
Leistungslohn A 108
Leistungspflicht
  Beschreibung, rahmenmäßige **A** 97
Leitende Angestellte A 237 ff.
  Auflösungsantrag, Begründung
  C 44
  Einstellungs-/Entlassungsbefugnis
  A 241
  Vollmachtserteilung, Muster **A** 240
Lohngerechtigkeit B 226
Lohngestaltung, betriebliche
  Leistungsentlohnung **B** 236
  Mitbestimmung **B** 226 ff., 236
Lohnordnung B 226
Lohnpfändung A 139, 507 ff.
  Ausschluss **A** 138 f., 141 f.
  Erstattungsanspruch **A** 139
  Muster **A** 141 f., 508 ff.
  Pfändungs- und Überweisungsbeschluss **A** 511
  Vorpfändung **A** 509
  Zustellungsersuchen **A** 510
Lohnsteuererstattungsanspruch
  Pfändung **A** 514
Lohnwucher A 117

Managing Director Agreement
  A 282
Massenentlassung B 335 ff.
  Betriebsänderung **A** 609
  Entlassungsbegriff **B** 335
  Mitbestimmung **B** 243
Massenentlassungsanzeige A 609,
  625 ff.; **B** 335 ff.
  Anzeigepflicht **B** 339 f.
  Inhalt **B** 336
  Muster **A** 626 f.; **B** 338, 340 f.
  Mustervordrucke der Bundesagentur
  für Arbeit **A** 625; **B** 337 f.
  Sperrfrist **B** 336
  Stellungnahme des Betriebsrats **A** 627;
  B 341
Medizinischer Dienst
  Aufforderung zur Untersuchung, Muster **A** 477

Mehrarbeit A 265 ff.
  Muster **A** 133 f., 137, 335, 338
  Tarifvertrag **A** 136
  Vergütung **A** 131, 133 f., 137
  Zuschläge **A** 136
Minderheitengeschlecht B 12, 29
  Stimmabgabe, nachträgliche schriftliche **B** 12
  Stimmauszählung **B** 12 f.
Mindesturlaub A 149, 151 f., 154
  Muster **A** 153
Mitbestimmung
  Angelegenheiten, personelle **B** 114 ff.
  Angelegenheiten, soziale **B** 141 ff., 242
  Angelegenheiten, wirtschaftliche
  B 243 ff.
  Eilfall **B** 146
  freiwillige ~ **B** 240 ff.
  Notfall **B** 144, 146
  notwendige ~ **B** 141
  obligatorische ~ **B** 141
  Ordnungsgeld **C** 213
  Theorie der Wirksamkeitsvoraussetzung **B** 148
  Zusammenleben, betriebliches **B** 152
  zwingende ~ **B** 299
Mitbestimmungsrecht B 48
  korrigierendes ~ **B** 110
  Unterlassungsanspruch des Betriebsrats
  C 212 f.
  Zuständigkeit **B** 143
Mobbing B 169, 172
Mutterschutz A 589 ff.
  Erlaubnisvorbehalt **A** 589
  Kündigung, Zulässigkeitserklärung
  A 590, 592, 594
  Kündigungsgrund **A** 591
  Kündigungsverbot **A** 589
  Muster **A** 593 f.
  Schwangerschaftsmitteilung **A** 593
  Sonderkündigungsschutz **A** 589

Nachschieben
  Kündigung/Kündigungsgründe **C** 76,
  228
Nachteilsausgleichsansprüche C 94
  Abfindungsbetrag **C** 95
  Altmasseverbindlichkeiten **C** 98
  Anrechnung **B** 256
  Betriebsänderung **B** 243, 256, 258
  Bezifferung **C** 95
  Feststellungsklage **C** 100 f.
  Hauptantrag **C** 100
  Hilfsantrag **C** 100

Höhe **C** 94
Insolvenz **C** 96 ff.
Insolvenzforderungen **C** 97
Klagantrag **C** 95
Leistungsklage **C** 100 f.
Masseverbindlichkeiten **C** 98
Muster **C** 101
Neumasseverbindlichkeiten **C** 99
Sozialplan in der Insolvenz **B** 282
Nachweisgesetz
Arbeitsbedingungen **A** 43 ff.
Arbeitsbedingungen, Änderung **A** 44
Arbeitsvertrag **A** 45
Beweiserleichterung **A** 46
elektronische Form **A** 45
Nichterteilung des Nachweises **A** 46
Niederschrift **A** 43
Schadensersatzpflicht **A** 46
Nebentätigkeit A 163 ff.
Arbeitskraft, erhebliche Beeinträchtigung **A** 163
Auskunftsanspruch **A** 166
berufliche Tätigkeit **A** 163
Berufswahl, freie **A** 163
Fragen des Arbeitgebers **B** 214
Genehmigungsvorbehalt **A** 165
Muster **A** 167, 265 ff., 335, 338
nicht berufliche Tätigkeit **A** 163
Wettbewerbsinteressen, entgegenstehende **A** 163 f.
Zustimmungsfiktion **A** 168
Nebentätigkeitsverbot A 165
Nichtzulassungsbeschwerde C 145
Ablehnung **C** 164
Antrag **C** 145
aufschiebende Wirkung **C** 161
Begründung **C** 147 f.
Beschlussverfahren **C** 197
Beschwerdegründe **C** 148 f.
Beschwerdeschrift **C** 145 f.
Divergenzbeschwerde **C** 148, 154 ff.
Gehörsbeschwerde **C** 148, 158 ff.
Grundsatzbeschwerde **C** 148, 150 ff.
Muster **C** 146, 153, 157, 160
Notfrist **C** 145, 147
sofortige Beschwerde **C** 145
Stattgabe **C** 162
Verfahrensbeschwerde **C** 148
Verfahrensfortgang **C** 161 ff.
Notlagen, Hilfsfond für
Betriebsvereinbarung, Muster **B** 224

Öffentlichkeit, Ausschluss; *s. Ausschluss der Öffentlichkeit*

Ordnung des Betriebes B 152, 155, 157 f.
Ordnungsgeld C 213
Androhung **C** 213 f.
Beklagter **C** 259
Kläger **C** 259
Muster **C** 214, 258 f., 285 f.
Unterlassungsanspruch des Betriebsrats **C** 213
Zeugen **C** 258
Ordnungsverhalten B 165
Organvertreter
Dienstvertrag **A** 365 ff.
Geschäftsführervertrag; *s. dort*
Vorstandsvertrag; *s. dort*
Zuständigkeit, arbeitsgerichtliche **C** 1 f.

Pausen
Muster **A** 107
Pensionsfonds A 308 ff.
Pensionskasse A 297
Mitbestimmung **B** 223
Personalabbau B 248 ff.; *s. auch Betriebsänderung*
Betriebsänderung, gleichzeitige **B** 251
Kündigung, betriebsbedingte **C** 27
reiner ~ **B** 251
Personalakten
Abmahnung, Klage auf Entfernung aus der Personalakte **A** 460
Betriebsvereinbarung **B** 132
Personalberatungsunternehmen A 3
Personalfragebogen A 23 ff.
Anspruch auf Vernichtung **A** 24
Arbeitsplatzbeschreibung **A** 26
Beantwortung, wahrheitsgemäße **A** 27
Daten, persönliche **A** 26
Fragen, zulässige **A** 25
Gesundheitszustand **A** 26
Mitbestimmung des Betriebsrats **B** 121
Mitbestimmungspflicht **A** 24
Muster **A** 26 f.
Personalakte **A** 24
Qualifikation, berufliche **A** 26
Qualifikation, schulische **A** 26
Straffälligkeit **A** 26
Tätigkeitsbeschreibung **A** 26
Vermögensverhältnisse **A** 26
Wehrdienst **A** 26
Zivildienst **A** 26
Personalplanung
Betriebsvereinbarung **B** 123
Mitbestimmung des Betriebsrats **B** 114 f.

Personalvermittlungsgesellschaft A 8
Pfändungs- und Überweisungsbeschluss
  Anwartschaftsrecht **A** 512
  Einkommensteuererstattungsanspruch **A** 513
  Kontoguthaben **A** 516
  Lohnsteuererstattungsanspruch **A** 514
  Muster **A** 511 ff.
  unerlaubte Handlung **A** 515
  Unterhaltsberechtigte, Nichtberücksichtigung **A** 517
Pfändungsbeschluss C 192
Pflegezeit A 604
  Antrag auf ~ **A** 605
  Antrag auf Zustimmung zur Kündigung **A** 608
  Antragsablehnung **A** 607
  Erlaubnisvorbehalt **A** 604
  Freistellung, teilweise **A** 606
  Kündigung, Zulässigkeitserklärung **A** 604
  Kündigungsverbot **A** 604
  Muster **A** 605, 607 f.
Pflichtverletzung A 451 ff.
Piloten
  Altersgrenzenregelung **A** 188
Präklusivfristen; s. *Ausschlussfristen*
Praktikanten
  Zeugnis **A** 680
Prämienentlohnung
  Betriebsvereinbarungen, Muster **B** 229 ff.
  Einigungsstellenspruch **B** 320
  Gruppenprämie **B** 230
  Mengenprämie **B** 231, 320
  Mitbestimmung **B** 236
  Rahmenvereinbarung **B** 230 f.
Probearbeitsverhältnis
  Befristung **A** 81, 91
  Kündigungsfrist **A** 88, 181, 265 ff., 338
  Muster **A** 89 f., 265
Probezeit A 88 ff., 265 ff.
  Kündigung, ordentliche **A** 551
  Muster **A** 89 ff., 338, 551
  Vertragsstrafe **A** 169
Produktionseinstellung A 541
Produktionsverlagerung ins Ausland A 541
Projektarbeit
  Befristungsabrede **A** 83
  Muster **A** 83
Prokuraerteilung A 239 f.

Prostitution; s. *Sexuelle Dienstleistung*
Provision A 108
  Arbeitsverhältnis **C** 102
  Bezirksprovision **C** 102
  Muster **A** 123
  Stufenklage **C** 102
  – Muster **C** 103
  Umsatzprovision **C** 102
  Vermittlungsprovision **C** 102
  Zahlungsklage **C** 102
Prozessrechtsverhältnis
  Weiterbeschäftigung nach Ablauf der Kündigungsfrist **A** 350, 353

Quittung A 683 f.
  Muster **A** 684

Ratenzahlungsvereinbarung; s. *Darlehen*
Rauchverbot
  Betriebsvereinbarung, Muster **B** 160
Recht auf Lüge A 27
  Anschlussbeschäftigung **A** 574
Rechtsmitteleinlegung
  Muster **C** 7
Rechtsverfolgungskosten
  Betriebsrat **B** 60; **C** 215
Rechtsweg C 1 f.
  unzulässiger ~, Muster **C** 241, 244
Rechtswegzuständigkeit C 1 ff.
  Beschwerde, sofortige **C** 6
Refa-System B 318
Regelabfindung A 574
Regelaltersgrenze A 188 ff., 265, 267
  Muster **A** 335, 338
Regelungsabrede B 144
Reisekosten
  Betriebsrat **C** 215
Restrukturierung
  Interessenausgleich **B** 273 f.
Resturlaub
  Hinweis auf Verfall, Muster **A** 465
Revision C 165 ff.
  Anschlussrevision **C** 166
  Frist **C** 165
  Rechtsfehler **C** 179 f.
  Streitgegenstand **C** 180
  Unterzeichnung **C** 181
  Urteilsaufhebung **C** 170
  Zahlungsklage **C** 172 ff.
  Zulassung **C** 310 f.
  Zulassung, teilweise **C** 310
Revisionsanträge C 170 ff.
  Antragsänderung **C** 171

Muster **C** 173 ff.
Revisionsbegründung C 178 ff.
  Berufungsurteil **C** 180
  Frist **C** 178
  Unterzeichnung **C** 181
Revisionsbegründungsschrift
  Muster **C** 182
Revisionsschrift C 167
  Muster **C** 169
  Urteil, beglaubigte Abschrift **C** 168
  Urteilsausfertigung **C** 168
  Urteilsbezeichnung **C** 167
Rückgabepflichten
  Vertragsstrafe **A** 169
Rückgewinnungshilfe C 184, 191
Rückzahlungsvereinbarung
  Fortbildungskosten **A** 202 ff.
Ruhenstatbestände A 647, 663 ff.
Ruhensvereinbarung A 270

Sabbatical A 259 ff.; **B** 194
  Ankündigungsfrist **A** 261
  Ansparphase **A** 261
  Betriebsvereinbarung **A** 259; **B** 190, 194 f.
  – Muster **B** 195
  Freistellungsphase **A** 259, 261
  Muster **A** 261
  Teilzeitbeschäftigung **A** 259, 261
Sachmittel
  Antrag, Muster **C** 221
  Betriebsratstätigkeit **C** 219 ff.
  Erforderlichkeit **C** 220
  Kostentragung **C** 219
  Zurverfügungstellung **C** 219 f.
Sachverständigenbestellung
  Muster **C** 256
Sachverständigengutachten
  Anfrage an die Parteien, Muster **C** 255
  Beschluss, Muster **C** 254
Sachverständigenhinzuziehung
  Betriebsratstätigkeit **B** 106 ff.
  Muster **B** 107 f.
  Vergütungsvereinbarung **B** 108
Salvatorische Klausel A 262 f.
  Muster **A** 263, 265 ff., 335, 338
Schadensersatzansprüche A 526
  Geltendmachungsschreiben **A** 523
Schichtarbeit B 179
Schikane am Arbeitsplatz B 169
Schleppnetzantrag C 11
Schmiergeld C 85 ff.
  Auskunftsanspruch **C** 88
  Barzahlungen **C** 85
  Beweislast **C** 86
  Darlegungslast **C** 86
  Herausgabeanspruch **C** 85 f., 185
  Schadensersatzanspruch **C** 87
  Sondervorteile **C** 85
  Zahlungsklage, Muster **C** 89
  Zuständigkeit, örtliche **C** 185
Schneeverwehung
  Arbeitsverhinderung **A** 143
Schrankkontrolle
  Betriebsvereinbarung **B** 173 f.
Schreibkraft
  Freier Mitarbeiter-Vertrag **A** 401
Schriftformklausel A 250 ff.
  betriebliche Übung **A** 251 f.
  doppelte Schriftformklausel **A** 251 f., 254
  einfache Schriftformklausel **A** 253
  Muster **A** 253 f., 265 ff., 335, 338
Schriftliches Verfahren; *s. Verfahren, schriftliches*
Schriftlichkeit A 423
Schulungs- und Bildungsveranstaltungen B 49 ff.
  Ablehnung des Arbeitgebers **B** 56 f.
  Arbeitsleistung **C** 216
  Betriebsratsbeschluss **C** 215 f.
  Einigungsstellenverfahren **B** 56 ff
  Entsendung **C** 215
  Erforderlichkeit **C** 216
  Freistellung **C** 216
  Kosten **C** 215 ff.; *s. auch Schulungskosten*
  Mitteilungspflicht des Betriebsrats **B** 53 ff
  Muster **B** 55, 57
  Notwendigkeit **B** 52
Schulungskosten C 215 ff.
  Betriebsratsbeschluss **C** 215 f.
  Erforderlichkeit **C** 215
  Erstattungsanspruch **C** 217 f.
  Freistellungsanspruch **C** 217
  Muster **C** 218
Schutzschrift C 75
  Muster **C** 77
Schwangerschaft A 493 ff.
  Arbeitsbefreiung **A** 494
  Informationsschreiben des Arbeitsgebers **A** 494
  Mitteilung **A** 593
  Probearbeitsverhältnis **A** 91
Schwarzarbeit A 163
Schweigepflicht
  Entbindung von der ~ **A** 490

Schwerbehinderte
 Auflösungsvertrag **A** 587
 Beschäftigung, leidensgerechte
  A 504 ff.
 Fragen des Arbeitgebers **B** 214
 Gleichgestellte **A** 580; **B** 214
 Teilzeitarbeit, Rechtsanspruch auf
  A 333
Schwerbehinderte, Sonderkündigungsschutz A 580 ff.
 Erlaubnisvorbehalt **A** 580
 Grad der Behinderung **A** 581
 Kündigungsverbot **A** 580
 Muster **A** 583 ff.
 Negativtestat **A** 580
 Wartezeit **A** 581
 Zustimmung des Integrationsamts
  A 580, 583
Schwerbehindertenvertretung B 18
 Umstrukturierung, Mitteilung über
  A 613 f.
 − Muster **A** 614
Schwerbehinderung; *s. Schwerbehinderte*
Selbständige A 395 ff.
Selbstüberwachung, betriebliche
 A 405
Sexuelle Belästigung am Arbeitsplatz
 Betriebsvereinbarung **B** 170 ff.
 − Muster **B** 171
Sexuelle Dienstleistung A 344 ff.
 Musterarbeitsvertrag **A** 346
Sicherheitsbeauftragte
 Betriebsvereinbarung, Muster **B** 221
Sittenwidrigkeit A 117
Sonderkündigungsschutz A 579 ff., 627
 Beauftragte **A** 405
 Betriebsbeauftragte für Abfall **A** 405
 Datenschutzbeauftragte **A** 405
 Elternzeit **A** 595
 Gewässerschutzbeauftragte **A** 405
 Gleichgestellte **A** 580 ff.
 Gleichstellungsbeauftragte auf Bundesebene
  A 405
 Immissionsschutzbeauftragte **A** 405
 Mutterschutz **A** 589
 Organe, betriebsverfassungsrechtliche
  A 628
 Störfallbeauftragter **A** 405
Sonderurlaub A 463
 Muster **A** 463 f.

Sonderzahlungen
 betriebliche Übung **A** 109
 Transparenzgebot **A** 110
Sozialauswahl
 Direktionsrecht **A** 93
Sozialeinrichtungen
 Betriebsvereinbarung, Muster **B** 224
 Mitbestimmung **B** 223 f.
Sozialplan A 620
 Abfindung **B** 290 f.
 Altersversorgung **B** 276
 Beschäftigungsgesellschaft **B** 275, 278 ff., 296
 Betriebsrat, bestehender **B** 244 f.
 Betriebszugehörigkeit **B** 292
 einfacher ∼ **B** 275 ff.
 Einigungsstellenverfahren **B** 258, 321
 Erzwingbarkeit **B** 250 f., 258
 Insolvenz **B** 282 ff.
 Jubiläumsleistungen **B** 276
 komplexer ∼ **B** 275
 Kopplung Interessenausgleich/Sozialplan **B** 288 f.
 Lebensalter **B** 292 ff.
 Mitbestimmung **B** 243 ff.
 Muster **A** 623 f.; **B** 277, 281, 289, 291 f., 296
 Nachteilsausgleichsansprüche **B** 243, 256
 Punkteschema **B** 291
 Sonderzahlungen **B** 276
 Urlaub **B** 276
 Verfahren **B** 259 ff.
 Verhandlungsangebot **B** 260
 Versuch, ordnungsgemäßer **A** 609; **B** 243, 258
 Volumenbegrenzung **B** 283 ff.
 Weihnachtsgeld **B** 276
 Wiedereinstellungsklauseln **B** 276
Sperrfrist
 Massenentlassungsanzeige **B** 336
Sperrzeit A 647, 663, 673 ff.
Spielbank
 Videoüberwachung **B** 206 f.
Sprecherausschuss B 21
 Kündigung, Mitwirkung bei **B** 139 f.
 − Muster **B** 333 f.
 Stellungnahme, Muster **B** 334
Stechuhr B 153
Stellenanzeigen A 3
Stellenausschreibung A 2 ff., 7
 Allgemeines Gleichbehandlungsgesetz
  A 7
 Betriebsvereinbarung **B** 124

externe ~ **A** 7 ff.
innerbetriebliche ~ **A** 10; **B** 116, 124
interne ~ **A** 7, 10 f.
Mitbestimmung des Betriebsrats
B 114, 116
Muster **A** 9, 11; **B** 124
Stellenprofil A 5
Sterbebeihilfen
Betriebsvereinbarung, Muster **B** 241
Steuererstattungsanspruch
Pfändung **A** 513
Stilllegung; s. *Betriebsstilllegung*
Störfallbeauftragter
Sonderkündigungsschutz **A** 405
Streitbeilegung, außergerichtliche
A 630
Stufenklage
Provision **C** 102 f.
Suchtberater B 162
Suchterkrankung
Betriebsvereinbarung, Muster **B** 161

Tarifautomatik A 558
Tarifvertrag
Bezugnahme **A** 195 ff.
Inhaltskontrolle **A** 56; **B** 154
Nachweisgesetz **A** 43, 46
Vergütung **A** 120 f.
Tarifwechselklausel A 196, 198
Große Tarifwechselklausel **A** 121
Taschenkontrolle
Betriebsvereinbarung **B** 173 f.
Tätigkeit A 97 ff.
Arbeitsbedingungen **A** 92 ff.
Muster **A** 89 ff., 265 ff., 266, 338
Tätigkeitsänderungsklauseln A 97
Tätigkeitsbeschreibung A 26, 94
Nachweisgesetz **A** 43
Tätigkeitsfestschreibung A 98 f.
Muster **A** 99
Tätigkeitszuweisung A 497
Tatkündigung
Kündigung, verhaltensbedingte **C** 36 f.
Techniken, Einführung neuer
Betriebsvereinbarung **B** 112
Teilbetriebsschließung
Kündigung, betriebsbedingte **C** 27
Teilkündigung
Muster **A** 559
Teilzeitantrag A 436
Muster **A** 437
Teilzeitarbeitsvertrag A 335
Teilzeitbeschäftigung A 328 ff.
Arbeitszeitflexibilisierung **B** 179

Arbeitszeitverteilung **A** 334, 336
Begriff **A** 328
Entscheidung über den Teilzeitantrag
A 331
Erörterung des Teilzeitantrags **A** 331
geringfügige Beschäftigung **A** 339
Jahresdurchschnitt **A** 328
Klage **A** 332
Rechtsanspruch **A** 329 f., 333
Vergütung **A** 336
Wochenarbeitszeit **A** 328
Telearbeit
Betriebsvereinbarung **B** 103 f.
Telefon-Privatnutzung A 228 ff.
Gestattung **A** 228, 230, 233
Muster **A** 232 f.
Teilerlaubnis **A** 231
Verbot **A** 229, 232; **B** 214
Telefondaten
Datenerhebung **B** 214
Telekommunikationsgeheimnis
A 223
Terminsverlegungsantrag
Zurückweisung, Muster **C** 260
Textform A 441
Tod des Arbeitnehmers A 531
Tod einer Partei
Verfahrensaussetzung, Muster **C** 266
Verfahrensunterbrechung, Muster
C 266
Torkontrolle B 153
Betriebsvereinbarung **B** 173 f.
- Muster **B** 174
Transferkurzarbeitergeld B 279
Transferleistungen B 279
Transparenzgebot A 51
Änderungsvorbehalt **A** 97
Arbeitsvertrag **A** 110
Arbeitszeit **A** 103
Freiwilligkeits-/Widerrufsvorbehalt,
Kombination **A** 111, 116
Versetzungsklauseln **A** 97
Tropentauglichkeit A 274

Überbrückungszeitraum A 647
Überleitungsvertrag B 297 f.
Muster **B** 298
Schriftform **B** 297
Übernachtungskosten
Betriebsrat **C** 215
Vorstellungsgespräch **A** 13
Überstunden A 130, 265 ff.
Anordnung **A** 337
Begriff **A** 337

Betriebsvereinbarung, Muster **B** 185
Freizeitgewährung **A** 135
Muster **A** 335, 338
Tarifvertrag **A** 136
Überstundenvergütung A 131 f.
Muster **A** 133 ff.
Pauschale **A** 132 ff.
Zuschläge **A** 136
Überwachungseinrichtungen, technische B 198
Übungsleiter
Freier Mitarbeiter-Vertrag **A** 400
Umgruppierung; s. auch Einzelmaßnahmen, personelle
Mitbestimmung des Betriebsrats
B 114, 118 f., 138; **C** 222
Stellungnahme des Betriebsrats, Muster **B** 332
Umsatzprovision C 102
Umstrukturierung A 536, 541
Antwortschreiben des Betriebsrats
A 611
Interessenausgleich; s. dort
Mitteilungspflichten **A** 613
Muster **A** 610 f.
Sozialplan; s. dort
Unterrichtung des Betriebsrats **A** 612
Verhandlungsangebot an Betriebsrat
A 610; **B** 260
Umweltschutzbeauftragte
Bestellung **A** 410, 413
Unerlaubte Handlung
Pfändung wegen Forderung **A** 515
Unfall
Arbeitsunfähigkeit **A** 475
Unfallverhütung
Mitbestimmung **B** 218
Ungleichbehandlungen; s. AGG
Unterlassung
Urteilsformel **C** 285
Unterlassungsanspruch des Betriebsrats
Antrag, Muster **C** 214
Ordnungsgeld **C** 213
Pflichtverletzung **C** 213
Unternehmensübernahme
Change of Control-Klausel **A** 255 ff.
**Unternehmerische Entscheidung
A** 535 ff.
Arbeitskräfteüberhang **C** 29
Aufbau **C** 29
Beweiserleichterung **C** 28
Kündigung, betriebsbedingte **C** 27
vor Kündigungsausspruch **C** 28

Muster **A** 540 f.
Schriftlichkeit **A** 539; **C** 28 f.
Umstrukturierung **B** 261
Unternehmerische Freiheit A 538
Unterrichtung über Betriebsübergang A 440 ff.
Muster **A** 444
Muster BAG **A** 445 f.
Textform **A** 442
Unterstützungskasse A 298 ff., 305 ff.
Lohnsteuer **A** 302
Mitbestimmung **B** 223
Satzung **A** 322
Untersuchung
Eignungsuntersuchung; s. dort
Unterweisung der Arbeitnehmer
Mitbestimmung **B** 218
Unzuständigkeit, örtliche
Beschluss, Muster **C** 242
Hinweis auf örtliche Unzuständigkeit,
Muster **C** 240
Urlaub A 149 ff.
Arbeitsunfähigkeit **A** 151
Arbeitsunfähigkeit, dauerhafte **A** 152
bezahlter ~ **A** 463
Mindesturlaub **A** 149, 151 f., 154
Mitbestimmung **A** 154; **B** 194
Muster **A** 153, 265 ff., 335, 338,
462 ff.
übergesetzlicher ~ **A** 152 ff., 265 f.
Übertragungszeitraum **A** 151 f.
Unabdingbarkeit **A** 149, 152
unbezahlter ~ **A** 463 f.; **B** 194
Urlaubsabgeltung A 151
Anrechnung auf Arbeitslosengeld
A 666
Arbeitsunfähigkeit **A** 151
Urlaubsantrag
Bewilligung, formularmäßige **A** 462
Muster **A** 462
Urlaubsbescheinigung A 681 f.
Muster **A** 469, 682
Urlaubsfestsetzung
Mitbestimmungsrecht **B** 190
Urlaubsgeld A 108
Freiwilligkeitsvorbehalt **A** 127
Muster **A** 127
Tarifvertrag **A** 109
Urlaubsgewährung A 150, 461
Urlaubsgrundsätze
Betriebsvereinbarung, Muster **B** 191
Mitbestimmungsrecht **B** 190
Urlaubsnahme, eigenmächtige A 461

Urlaubsplan
Mitbestimmungsrecht **B** 190
Urlaubsübertragung
Muster **A** 466
Urlaubsunterbrechung A 467 f.
Muster **A** 468
Urteilsformeln
Muster **C** 281 ff., 310 f.
Urteilsgründe
Ausschluss der Öffentlichkeit **C** 261
Urteilsverkündung C 261

Verbesserungsvorschläge
Betriebsvereinbarung, Muster **B** 238
Verbrauchervertrag
Arbeitsvertrag **A** 49
Verdachtskündigung A 543
Anhörung des Arbeitnehmers **A** 543 f.
Kündigung, verhaltensbedingte **C** 36 f.
Muster **A** 545 ff.
Stellungnahme des Arbeitnehmers
A 546 ff.
Verfahren, schriftliches
Beschluss, Muster **C** 308 f.
Verfahrensabtrennung
Muster **C** 250
Verfahrensaussetzung
Muster **C** 266
Tod einer Partei **C** 266
Verfahrensbeschwerde C 148
Verfahrensunterbrechung
Insolvenzeröffnung **C** 265
Muster **C** 265 f.
Tod einer Partei **C** 266
Verfahrensverbindung
Muster **C** 249
Verfallfristen A 520; *s. auch Ausschlussfristen*
Verfassungsbeschwerde C 164
Verfügungen, gerichtliche
Muster **C** 240 ff.
Vergleich A 630
Unwirksamkeit **C** 290
Vergleichsfeststellung
Muster **C** 269, 289
Vergleichsvorschlag
Muster **C** 268
Vergütung A 42, 108 ff.
Anspruchsgrundlage **A** 109
Bruttovergütung **C** 83
erfolgsbezogene Vergütung **A** 108
flexible Gehaltsbestandteile **A** 108
Inhaltskontrolle **A** 112
leistungsbezogene Vergütung **A** 108

Leistungsklage **C** 82 ff.
Muster **A** 118 ff., 265 ff., 335, 338;
C 84
Rückstände, Geltendmachung **A** 522
Tarifvertrag **A** 120 f.
Urlaub **A** 42
Verhandlung, mündliche
Muster **C** 274
Wiedereröffnung, Antragszurückweisung **C** 274
Verjährung
Vergütungsansprüche **C** 82
Verkaufsstand
Mitbestimmung **B** 223
Verkehrsstörungen
Arbeitsverhinderung **A** 143
Vermittlungsprovision C 102
Verpfändungsverbot
Muster **A** 141 f.
Versäumnisurteil
Aufhebung **C** 294
Aufrechterhaltung **C** 294
Aufrechterhaltung, teilweise **C** 294
Einspruch, verspäteter **C** 267
klageabweisendes ~ **C** 294
Muster **C** 267, 294
zweites ~ **C** 294
Verschwiegenheitspflicht A 155 ff.
Betriebsgeheimnisse **A** 155, 157
Muster **A** 157, 265 ff., 335, 338
nachvertragliche ~ **A** 155 ff.
vertragliche ~ **A** 155
Vertragsstrafe **A** 169
Versetzung C 115; *s. auch Einzelmaßnahmen, personelle*
Änderungskündigung **C** 52
Direktionsrecht **C** 116
Feststellungsklage **C** 117
Feststellungsklage, Muster **C** 118
Klage auf zukünftige Leistungen
C 117
Klage auf zukünftige Leistungen, Muster **C** 119
Mitbestimmung des Betriebsrats
B 114, 116, 118 f., 138; **C** 222
Stellungnahme des Betriebsrats, Muster **B** 332
Zustimmung des Betriebsrats **C** 116
Versetzungsgrund A 97
Versetzungsklauseln
Inhaltskontrolle **A** 97
Transparenzgebot **A** 97
Versetzungsgrund **A** 97
Versetzungsvorbehalt A 94

Versicherungsvermittlung A 403 f.
Versorgungszusage A 284, 287 ff.,
 305 ff.; *s. auch Betriebliche Altersversorgung*
 Kürzung, ratierliche **A** 311
 Muster **A** 314 ff.
 unmittelbare ~ **A** 315
Vertragsänderung A 440 f.
Vertragsbedingungen; *s. Arbeitsbedingungen*
Vertragsstrafe A 169 ff.
 Arbeitsantritt **A** 169, 172 f.
 Bestimmtheitsgebot **A** 171
 Dauerverstoß **A** 169
 Einzelverstoß **A** 169
 Formulararbeitsvertrag **A** 170 ff.
 Höhe **A** 172 f.
 Interesse, berechtigtes **A** 172
 Kündigungsfristen **A** 169
 Muster **A** 174 f.; 265 ff.; 338
 Probezeit **A** 169
 Rückgabepflichten **A** 169
 Treuepflichten **A** 169
 Unangemessenheit **A** 172 f.
 Verschwiegenheitspflicht **A** 169
 Wettbewerbsverbot **A** 169
Vertragsverletzung
 Kündigung, außerordentliche **A** 562 ff.
Vertrauensarbeitszeit B 179
Vertretung
 Befristungsgrund **A** 82
 Muster **A** 82
Verweisungsbeschluss
 Muster **C** 245 f.
Verwirkungsfristen; *s. Ausschlussfristen*
Verzugszinsen
 Bruttovergütung **C** 83
Videoüberwachung B 204 ff.
 Betriebsvereinbarung, Muster **B** 207
 Mitbestimmungsrecht **B** 204 f.
 Persönlichkeitsrecht, allgemeines **B** 204 f.
Vollstreckungsabwehrklage
 Muster **C** 291
Vollstreckungsbescheid
 Einspruch, verspäteter **C** 267
Vollstreckungstitel
 Klage gem. § 826 BGB **C** 292
Vorbehaltsurteil
 Muster **C** 283
Vornahme einer Handlung
 Muster **C** 284 ff.
Vorpfändung
 Muster **A** 509

 Zustellung **A** 508
Vorschlagswesen, betriebliches
 Betriebsvereinbarung, Muster **B** 238
 Mitbestimmung **B** 237 f.
Vorschüsse A 191 ff.
 Muster **A** 194
Vorstand
 Weisungsunabhängigkeit **A** 369
Vorstandsvertrag
 Abberufung **A** 367
 Arbeitnehmereigenschaft **A** 360 f.
 Arbeitsverhältnis, Ruhen **A** 370
 Aufhebungsvertrag **A** 377
 Befristung **A** 374
 Bestellung **A** 366
 Change of Control-Klausel **A** 255 ff.
 Dienstvertrag **A** 358 ff.; *s. auch dort*
 Doppelverhältnis **A** 368
 Kopplungsklausel **A** 375
 Muster **A** 385 f.
 Organstellung **A** 366
 Stellvertreter **A** 378
 Vergütung **A** 376 ff.
 Vergütungskürzung **A** 377
 Versorgungszusage **A** 316
Vorstellungseinladung A 13 ff.
 Kostenübernahme **A** 13 ff.
 Muster **A** 14 f.
Vorstellungsgespräch A 12, 16 ff.
 Anforderungsprofil **A** 17, 19
 Einladungsschreiben **A** 13 f.
 Fahrtkosten **A** 13
 Fragenkatalog **A** 20 ff.
 Gesprächsergebnis **A** 17, 21
 Kostentragungspflicht **A** 12 f.
 Muster **A** 19, 22
 Protokoll **A** 16 ff.
 Taxikosten **A** 13
 Übernachtungskosten **A** 13
 Verpflegungsaufwand **A** 13

Wahlanfechtung C 201 ff.
 Antrag **C** 204 f.
 Beschlussverfahren **C** 203, 205 ff., 295
 Duplik **C** 207
 Frist **B** 14; **C** 201
 Kündigungsschutz **C** 203
 Muster **C** 205 ff., 295
 Replik **C** 206
Wahlvorstand B 3
 Beschlussverfahren **C** 199 f.
 Bestellung **B** 4 ff.; **C** 199 f.
 betriebsratsloser Betrieb **B** 4 f.
 Muster **B** 23 f.; **C** 200

Unterlagen, Anforderung **B** 24
Wahrheitspflicht C 252
Warenautomaten
　Mitbestimmung **B** 223
Wartezeit
　Betriebsrentenansprüche **A** 85
　Kündigungsschutz **A** 85
Wegfall der Geschäftsgrundlage
　Arbeitsverhältnis, Beendigung **A** 533
Weihnachtsgeld A 108
　Freiwilligkeits-/Widerrufsvorbehalt, Kombination **A** 116
　Freiwilligkeitsvorbehalt **A** 127
　Muster **A** 126 f.
　Tarifvertrag **A** 109
　vorbehaltlose Leistung **A** 109
　Widerrufsvorbehalt **A** 126
Weisungsrecht; *s. Direktionsrecht*
Weiterbeschäftigung
　Urteilsformel **C** 284
Weiterbeschäftigung nach Ablauf der Kündigungsfrist A 349 ff.
　Arbeitsverhältnis, neues befristetes **A** 350 f.
　Bedingung, auflösende **A** 352
　Muster **A** 351 ff.
　Prozessrechtsverhältnis **A** 350, 353
　Zweckbefristung **A** 350
Weiterbeschäftigungsanspruch B 120, 134
　allgemeiner ~ **C** 16 ff., 22
　Entbindung von der Verpflichtung zur Weiterbeschäftigung **C** 26
　gesetzlich normierter ~ **C** 16, 20 ff.
　Muster **C** 25 f.
Weiterbeschäftigungsantrag C 16 ff., 73
　einstweilige Verfügung **C** 19, 26, 71 ff.
　einstweilige Verfügung, Muster **C** 78
　Konkretheit **C** 18
　Schutzschrift **C** 75, 77
　Verfügungsanspruch **C** 72 f.
　Verfügungsgrund **C** 72, 74
Weiterbeschäftigungstitel
　Berufung **C** 76
　Berufung, Muster **C** 79
　Einwendungen, materielle **C** 76
　Nachschieben weiterer Kündigung **C** 76
　Vollstreckungsabwehrklage **C** 76
　Zwangsvollstreckung **C** 80 f.
　Zwangsvollstreckung, Einstellung **C** 76
Weiterbeschäftigungsurteil C 18

Werksferien B 192
　Betriebsvereinbarung **B** 192 f.
Werkvertrag A 415, 417
　Muster **A** 421
Werkwohnungen
　Mitbestimmung **B** 225
Wettbewerbsverbot A 158 ff.
　Entschädigungsvereinbarung **A** 156
　Karenzentschädigung **A** 159
　Vertragsstrafe **A** 169
Wettbewerbsverbot, nachvertragliches A 158 ff.
　Inhaltskontrolle **A** 160
　Muster **A** 161 f.
Widerrufsvorbehalt A 129
　AGB-Kontrolle **A** 113 f.
　Muster **A** 126
　Transparenzgebot **A** 111, 116
　Vergütungsteile **A** 97
Widerspruch gegen Betriebsübergang A 440 ff.
　Muster **A** 447
　Widerspruchsrecht der Arbeitnehmer, Form **A** 442
Widerspruch gegen Weiterbeschäftigung A 347
　Muster **A** 348
Wiedereingliederung A 470, 478 ff.; *s. auch Eingliederungsmanagement*
Wiedereingliederungsplan A 355, 357
Wiedereingliederungsvertrag A 354 ff.
　Muster **A** 356 f.
　Nebenabrede, arbeitsvertragliche **A** 355 f.
Wiedereinsetzung in den vorigen Stand C 129, 139
　Einspruch, verspäteter **C** 267
Wiedereinstellungsanspruch C 63
Wiedereinstellungsklage C 63 ff.
　Klageantrag **C** 64
　Muster **C** 65
Willenserklärung, Abgabe
　Urteilsformel **C** 287
Wirtschaftsausschuss
　Umstrukturierung, Mitteilung über **A** 613 f.
　– Muster **A** 614

Zahlungsklage
　Revision **C** 172 ff.
Zahlungsurteil
　Muster **C** 281 f.
Zeitlohn A 108

Zeitvorgabe
  Einigungsstellenspruch **B** 319
Zeugen
  Anhörung, Muster **C** 257
  Ausbleiben eines ~ **C** 257 f.
  Beschluss, Muster **C** 257 f.
  Beweisfrage, Anordnung der schriftlichen Beantwortung **C** 252
  Ordnungsgeld **C** 258
Zeugenladung
  Beschluss, Muster **C** 253
Zeugnis
  Auszubildende **A** 679
  Berichtigung **C** 124, 284
  einfaches ~ **A** 676; **C** 122 f.
  Ergänzung **C** 124, 284
  Muster **A** 677 ff.; **C** 284
  Praktikanten **A** 680
  qualifiziertes ~ **A** 676; **C** 122 f.
  Schriftform **C** 122
  Urteilsformel **C** 284
Zeugnisklage C 123
  Klagantrag **C** 124
  Muster **C** 125
Zielvereinbarung
  Betriebsvereinbarung, Muster **B** 234
Zugangskontrolle B 153
Zulagen
  Nachweisgesetz **A** 43
Zulagen, übertarifliche
  Betriebsvereinbarung **B** 232
  Muster **A** 128; **B** 232
  Widerrufsvorbehalt **A** 128 f.
Zusammenhangsklage C 3 f.
  Muster **C** 5
  Zusammenhang, rechtlicher **C** 3
  Zusammenhang, unmittelbarer wirtschaftlicher **C** 3 f.
Zuschläge
  Mehrarbeit **A** 136
  Nachweisgesetz **A** 43
  Schichtarbeit **A** 136
  Überstunden **A** 136
Zuständigkeit C 1 ff.
Zuständigkeit, ausschließliche C 1
Zuständigkeit, örtliche C 6, 9 f., 185
  Beschluss, Muster **C** 243
  Hinweis auf örtliche Unzuständigkeit, Muster **C** 240
Zuständigkeitsbestimmung, gerichtliche
  Beschluss, Muster **C** 245 f.
Zustellung
  Vorpfändung **A** 508
  Zustellungsersuchen, Muster **A** 510
Zustimmungsersetzungsverfahren
  Antrag **C** 228, 232
  Antrag, Muster **C** 233
  Beteiligte **C** 229
  Betriebsratsmitglieder, außerordentliche Kündigung **C** 228 ff.
  Fristen **C** 230
  Kündigungsgründe, Nachschieben **C** 228
  Rechtskraft **C** 231
Zuwendungen Dritter; s. *Annahme von Geschenken*
Zwangsgeld
  Handlungen, unvertretbare **C** 322
Zwangsgeldantrag C 80 f.
  Muster **C** 81
Zwangsvollstreckung
  Handlungen, unvertretbare **C** 322
  Handlungen, vertretbare **C** 323
Zwangsvollstreckung, Einstellung
  Muster **C** 317, 319
  vorläufige Entscheidung **C** 318 f.
  Weiterbeschäftigungstitel **C** 76
  Zurückweisung, Muster **C** 316